Schulz

SCHÄFFER
POESCHEL

Dietmar Vahs / Jan Schäfer-Kunz

Einführung in die Betriebswirtschaftslehre

6., überarbeitete Auflage

2012
Schäffer-Poeschel Verlag Stuttgart

Dozenten finden Lehrmaterialien unter:
www.sp-dozenten.de/2932 (Anmeldung erforderlich)

Gedruckt auf chlorfrei gebleichtem, säurefreiem und alterungsbeständigem Papier

Bibliografische Information der Deutschen Nationalbibliothek
Die Deutsche Nationalbibliothek verzeichnet diese Publikation in der Deutschen
Nationalbibliografie; detaillierte bibliografische Daten sind im Internet
über http://dnb.d-nb.de abrufbar.

ISBN 978-3-7910-2932-0

Dieses Werk einschließlich aller seiner Teile ist urheberrechtlich geschützt.
Jede Verwertung außerhalb der engen Grenzen des Urheberrechtsgesetzes ist ohne Zustimmung des Verlages unzulässig und strafbar. Das gilt insbesondere für Vervielfältigungen, Übersetzungen, Mikroverfilmungen und die Einspeicherung und Verarbeitung in elektronischen Systemen.

© 2012 Schäffer-Poeschel Verlag für Wirtschaft · Steuern · Recht GmbH
www.schaeffer-poeschel.de
info@schaeffer-poeschel.de

Einbandgestaltung: Melanie Frasch (Foto: Gläserne Manufaktur, Dresden, © Volkswagen Media Services)
Druck und Bindung: Kösel, Krugzell · www.koeselbuch.de
Layout: Ingrid Gnoth | GD 90
Satz: Claudia Wild, Konstanz

Printed in Germany
August 2012

Schäffer-Poeschel Verlag Stuttgart
Ein Tochterunternehmen der Verlagsgruppe Handelsblatt

Vorwort

Betriebswirtschaftliche Kenntnisse sind in unserer heutigen Welt eine wesentliche Voraussetzung für das Verständnis der komplexen Vorgänge innerhalb unserer Wirtschafts- und Gesellschaftssysteme. Dabei ist in der Regel weniger ein umfangreiches Detailwissen als vielmehr die Fähigkeit gefragt, ökonomische Sachverhalte in ihrem Zusammenhang erfassen und beurteilen zu können.

So unstrittig die Notwendigkeit der Vermittlung entsprechenden Wissens ist, so fraglich ist es doch, wie entsprechende Lehrbücher idealerweise aussehen sollten. Um dies herauszufinden, haben wir uns einige der besten deutschen und amerikanischen Fachbücher angesehen und angeregt davon in diesem Buch eine Reihe von Elementen realisiert, die den Lernerfolg nachhaltig sicherstellen sollen:

▸ Zur Strukturierung des Buchs wurde ein **4-Ebenen-Modell** entwickelt, das den Zusammenhang aller Kapitel aufzeigt.   *Ausstattung des Buchs*
▸ Am Anfang jeden Kapitels gibt der **Kapitelnavigator** einen ersten Überblick über den nachfolgend dargebotenen Stoff und die zu erreichenden Lernziele. Letztere wurden dabei weiter in die zu erwerbenden Kenntnisse (»kennen«) und die zu erwerbenden Fertigkeiten (»können«) unterteilt.
▸ Die **Marginalien** seitlich des Textes ermöglichen eine schnelle Orientierung.
▸ Wichtige **Definitionen** werden im Text gesondert hervorgehoben.
▸ Unter der Rubrik **Wirtschaftspraxis** werden aus einer Vielzahl von Unternehmen Beispiele dargestellt, die der Verdeutlichung der theoretischen Sachverhalte dienen sollen.
▸ An zahlreichen Stellen erfolgt zusätzlich eine Erläuterung anhand des **Fallbeispiels** eines fiktiven Automobilherstellers.
▸ Im Anschluss an die meisten Berechnungen gibt es **Zwischenübungen**, um das Erlernte direkt anwenden zu können.
▸ Am Ende der Hauptkapitel erfolgt im Rahmen einer **Zusammenfassung** eine Wiederholung der wichtigsten Sachverhalte.
▸ Die danach aufgeführten **Internet- und Literaturhinweise** ermöglichen eine weitere Vertiefung.
▸ Die **Schlüsselbegriffe** verdeutlichen, welche Begriffe nach der Lektüre des jeweiligen Kapitels verstanden sein sollten.
▸ Mithilfe der **Wiederholungsfragen** sind eine laufende Lernkontrolle und eine gezielte Prüfungsvorbereitung möglich.
▸ Die **Fallstudien** dienen schließlich dazu, den vermittelten Stoff im Eigenstudium oder im Rahmen von Gruppenarbeiten anzuwenden.

Neben diesen Textelementen galt unser besonderes Augenmerk der Gestaltung von aussagekräftigen Abbildungen. Dadurch, dass alle wesentlichen Strukturen und Sachverhalte entsprechend dargestellt werden, lässt sich das Buch in einer ersten Annäherung allein über die Abbildungen erschließen.

Bei der Auswahl der Inhalte und deren Gliederung haben wir uns von unseren langjährigen Erfahrungen als Hochschullehrer und als Praktiker leiten lassen. Dabei wurde bewusst auf die Bildung von ausgeprägten Schwerpunkten verzichtet und stattdessen versucht, die verschiedenen betriebswirtschaftlichen Teilbereiche möglichst ausgewogen darzustellen.

Wiewohl die Hauptlast der Arbeit an einem Buch naturgemäß bei den Autoren liegt, ist doch eine Vielzahl von Personen an dessen Entwicklung und dessen Herstellung beteiligt. Diesen möchten wir an dieser Stelle herzlich für ihre Unterstützung danken. Für die inhaltlichen Anregungen zur aktuellen Auflage gilt unser Dank dabei insbesondere *Herrn Prof. Dr. Ronald Herter*, *Herrn Prof. Dr. Thomas Seemann*, *Herrn Martin Bühler*, *Herrn Norbert Ebenritter* und *Frau Stefanie Braun-Scholz*, für das Lektorat *Frau Dr. Katharina Jenak* und *Frau Adelheid Fleischer*, für die Produktion *Frau Antje Wachsmann* und für die verlagsseitige Gesamtbetreuung *Herrn Frank Katzenmayer*.

Zuletzt bleibt uns nur Ihnen, dem geneigten Leser, eine interessante und aufschlussreiche Lektüre zu wünschen.

Stuttgart, im April 2012

Dietmar Vahs
Jan Schäfer-Kunz

Hinweise für Studierende

Dieses Buch ist ein Lehrbuch, das das Ziel verfolgt, Ihnen grundlegende **Kenntnisse** und einen gewissen Grad an **Fertigkeiten** in den wichtigsten Teilbereichen der Betriebswirtschaftslehre zu vermitteln. Wenn Sie eine wirtschaftswissenschaftliche Ausbildung absolvieren, dient das Buch in der Regel auch dazu, die häufig recht unterschiedlichen Vorkenntnisse innerhalb von Semestern anzugleichen. Viele der vermittelten Themen werden Sie zudem nochmals in nachfolgenden vertiefenden Vorlesungen hören. Auch dies ist sinnvoll und gewollt, denn nur durch das mehrmalige Lernen wichtiger Inhalte werden Sie sich diese dauerhaft einprägen. Zuletzt bietet die Behandlung verschiedener betriebswirtschaftlicher Teilbereiche in einer einzigen Vorlesung auch die Chance, die Beziehungen zwischen den Teilbereichen besser zu verstehen.

Unterstützende didaktische Elemente

Um Ihnen das Lernen zu erleichtern, wurde dieses Buch mit einer Reihe didaktischer Elemente ausgestattet, die Sie abhängig von Ihren jeweiligen Lernzielen einsetzen können. Zur Aneignung der benötigten Kenntnisse können Sie:

- die **Schlüsselbegriffe** am Ende jeden Hauptkapitels als Checkliste der zu beherrschenden Begriffe verwenden und
- die **Fragen** am Ende jeden Hauptkapitels als Möglichkeit zur Überprüfung Ihrer Kenntnisse und zur Vorbereitung von Klausuren (Hinweis: Zum Trainieren der Fragen wird ergänzend die Software BrainYoo mit **digitalen Lernkarteikarten** angeboten.).

Um sich in der Betriebswirtschaftslehre einen gewissen Grad an Fertigkeiten anzueignen, ist es in der Regel unumgänglich, den Lernstoff im Rahmen einer eigenständigen Durchführung anzuwenden. Dazu können Sie:

- die **Zwischenübungen** in vielen Kapiteln zum ersten Trainieren Ihrer Fertigkeiten und
- die **Fallstudien** am Ende der Hauptkapitel zur weiteren Vertiefung Ihrer Kenntnisse und zur Vervollkommnung Ihrer Fertigkeiten verwenden.

Materialien im Internet

Unter der Internetadresse des Buchs finden Sie eine Reihe ergänzender Materialien, so:

- **Lösungshinweise** zu den quantitativen Zwischenübungen und Fallstudien,
- **ausführliche Lösungen** zu den Zwischenübungen und Fallstudien, die allerdings nur für die Verwendung in der Lehre gedacht sind, weshalb sie mit Passwörtern versehen wurden, die die Dozenten zusammen mit den Lehrmaterialien erhalten,
- **Übungsklausuren**,
- **Kalkulationstabellen** zu den Rechnungen im Buch,
- **Internetverweise** zur weiteren Vertiefung und
- **Errata**, die gegebenenfalls auf nach der Veröffentlichung erkannte Fehler im Buch hinweisen.

Die Internetadresse des Buchs lautet:

www.EinfuehrungInDieBetriebswirtschaftslehre.de

Kontakt

Vielleicht haben Sie Vorschläge für die Weiterentwicklung des Buchs oder Ihnen sind Fehler aufgefallen? Dann kontaktieren Sie uns bitte per E-Mail:

Service@EinfuehrungInDieBetriebswirtschaftslehre.de

Hinweise für Lehrende

Da wir die in diesem Buch aufgeführten Inhalte selbst unterrichten, haben wir versucht, ein Buch und Lehrmaterialien zu entwickeln, die optimal für die Lehre geeignet sind.

Inhaltliche Vorgehensweise
Zur Strukturierung des Buchs und der darauf basierenden Lehre wurde ein 4-Ebenen-Modell entwickelt, das bei den konstitutiven Entscheidungen beginnt und bei der Leistungserstellung endet (vergleiche zum Modell das ↗ Kapitel 1.7.2). Alternativ dazu können beispielsweise eher qualitativ orientierte Vorlesungen mit eher quantitativ orientierten Vorlesungen abgewechselt werden. Entsprechende Vorlesungspläne finden Sie im Skript.

Einteilung des Lehrstoffs
Das Buch wurde entsprechend der Vorlesungszeiten an Hochschulen auf 14 Lehreinheiten im Umfang von jeweils 4 Semesterwochenstunden hin ausgelegt. Dabei würden wir folgende Kapitel aufgrund ihres Umfangs jeweils zu einer Lehreinheit zusammenfassen:
- Kapitel 1: »Grundlagen« und Kapitel 4: »Rechtsformentscheidungen«,
- Kapitel 6: »Unternehmensverfassung« und Kapitel 7: »Organisation«,
- Kapitel 12: »Finanzierung« und Kapitel 13: »Investition« sowie
- Kapitel 15: »Beschaffung« und Kapitel 16: »Logistik«.

Die meisten Hauptkapitel im Buch wurden bewusst umfangreich gestaltet, sodass durch Weglassen einzelner Themen eine individuelle Schwerpunktbildung möglich ist.

Vorgehensweise in den Vorlesungen
Das Buch wurde für einen in etwa jeweils hälftigen Anteil von Unterricht und Übung konzipiert. Die Zwischenübungen am Ende vieler Kapitel sind dabei zur gemeinsamen Erarbeitung innerhalb des Unterrichts gedacht. Die Fallstudien am Ende der Hauptkapitel sollen dann durch die Studierenden selbstständig bearbeitet werden.

Mittels freier Felder zur Eintragung der Lösungen können die quantitativen Zwischenübungen und die quantitativen Fallstudien dabei direkt im Buch bearbeitet werden.

Die qualitativen Fallstudien eignen sich auch für eine Bearbeitung durch Gruppen und eine anschließende Präsentation am Ende der Übung oder zur Rekapitulation am Anfang der nächsten Vorlesung.

Für die Lösungen der Zwischenübungen und Fallstudien gibt es ein zweistufiges Konzept. Für die quantitativen Zwischenübungen und Fallstudien gibt es auf der Buchplattform im Internet frei zugängliche Lösungshinweise. Diese setzen allerdings eine eigene Erarbeitung voraus. Im Internet werden zudem ausführliche passwortgeschützte Lösungen zur Verfügung gestellt, deren Passwörter Sie den Studierenden im

Anschluss an die Übungen nennen können. Die Passwörter werden Ihnen zusammen mit den Lehrmaterialien zur Verfügung gestellt.

Klausurstellung
Die Schlüsselbegriffe und die Fragen am Ende jeden Hauptkapitels dienen nicht nur der Vorbereitung der Studierenden auf die Klausur, sondern können von Ihnen auch als Basis für die Formulierung von Klausurfragen verwendet werden.

Darüber hinaus steht mit den Zwischenübungen und den Fallstudien im Buch sowie mit den Übungsklausuren im Internet eine umfangreiche Aufgabensammlung als Basis für die Entwicklung eigener Klausuraufgaben zur Verfügung.

Auf der Buchplattform im Internet finden Sie zudem eine Word-Vorlage für Klausuren und eine Formelsammlung, die Sie Ihren Klausuren gegebenenfalls beilegen können.

Lehrmaterialien
Neben den bereits bei den Studierenden aufgeführten Materialien, die uneingeschränkt im Internet verfügbar sind, gibt es exklusiv für Dozentinnen und Dozenten ein professionell gestaltetes Skript auf der Basis von Microsoft PowerPoint.

Das Skript führt durch den gesamten Inhalt des Buchs. Es wurde für den Einsatz mit Beamer konzipiert, kann aber auch auf Folien ausgedruckt und mit Overhead-Projektor verwendet werden. Um eine möglichst enge Verknüpfung zum Buch herzustellen, stimmen alle Nummerierungen, Texte und Abbildungen im Skript mit denen im Buch überein. Das Skript wurde dabei bewusst knapp gehalten, um eine Substitution des Buchs zu verhindern. Es empfiehlt sich insofern, in der Vorlesung parallel zum Skript auch im Buch weiterzublättern.

Bestellung der Lehrmaterialien
Für den Bezug der Lehrmaterialien müssen Sie sich beim Schäffer-Poeschel Verlag unter Nachweis einer Dozententätigkeit registrieren lassen. Die Lehrmaterialien erhalten Sie dann unter folgender Internetadresse:
http://www.sp-dozenten.de/2932

Kontakt
Haben Sie Vorschläge für die Weiterentwicklung des Buchs oder der Lehrmaterialien, sind Ihnen Fehler aufgefallen oder haben Sie Fragen? Dann kontaktieren Sie uns bitte per E-Mail:
Dozentenservice@EinfuehrungInDieBetriebswirtschaftslehre.de

Änderungshistorie
Gegenüber der 5. Auflage wurden in der aktuellen Auflage insbesondere folgende Änderungen vorgenommen:
- Das Buch wurde in einem neuen Layout gesetzt.
- Das Buch wurde um Hinweise zur Benutzung des Buchs, Hinweise für Studierende und Hinweise für Lehrende erweitert.

Hinweise für Lehrende

- Die Reihenfolge der Teile und der Kapitel wurde entsprechend dem diesem Buch zugrunde liegenden 4-Ebenen-Modell verändert.
- Alle Kapitel wurden mit einem Kapitelnavigator ausgestattet, in dem die Kapitelinhalte und Lernziele vorgestellt werden.
- In allen Teilen und in vielen Kapiteln wird die Verankerung in das 4-Ebenen-Modell aufgezeigt, um die Einordnung in den Gesamtkontext zu verdeutlichen.
- Die bisherigen Literaturnachweise der einzelnen Kapitel wurden in einem einzigen Literaturverzeichnis am Ende des Buchs zusammengefasst. In den einzelnen Kapiteln werden stattdessen Literaturhinweise zur weiteren Vertiefung gegeben.
- Die Wiederholungsfragen zu den Kapiteln wurden spezifischer formuliert, um sie direkt in Klausuren verwenden zu können.
- Die Fallstudien wurden jeweils an das Ende der Kapitel verlagert.
- Die Jahreszahlen der *Speedy GmbH* wurden auf 0001 und folgende umgestellt.
- Folgende Kapitel und Teile wurden umbenannt:
  - »Gegenstand der Betriebswirtschaftslehre« in »Grundlagen«,
  - »Zwischenbetriebliche Zusammenarbeit« in »Entscheidungen über zwischenbetriebliche Verbindungen«,
  - »Personalwirtschaft« in »Personalmanagement« und
  - »Betriebliche Leistungserstellung« in »Leistungserstellung«.
- Im Kapitel »Grundlagen« wurde das Kapitel zur historischen Entwicklung der Betriebswirtschaftslehre neu gestaltet.
- Im Kapitel »Entscheidungstheorie« wurden die Zwischenübungen neu gestaltet.
- Das Kapitel »Rechtsformentscheidungen« wurde um die Rechtsformen Unternehmergesellschaft und Societas Europaea erweitert.
- Das Kapitel »Unternehmensverfassung« wurde vollständig neu gestaltet.
- Im Kapitel »Controlling« wurde das Kapitel »Planung und Kontrolle« aufgeteilt. Das Kapitel wurde zudem um Berechnungen zur Erfahrungskurve erweitert.
- Im Kapitel »Internes Rechnungswesen« wurde das Kapitel zur Kostenträgerrechnung überarbeitet und die Zwischenübungen neu gestaltet.
- Innerhalb des Kapitels »Finanzierung« wurde die Reihenfolge der Finanzierungsformen verändert. Das Kapitel wurde zudem um Berechnungen zum Cash-to-Cash-Zyklus erweitert.
- Im Kapitel »Investition« wurden die Zwischenübungen und die Fallstudie neu gestaltet. Die Investitionsrechnungen wurden zudem um Aussagen zur Vorteilhaftigkeit erweitert.
- Das Kapitel »Materialwirtschaft« wurde in die zwei Kapitel »Beschaffung« und »Logistik« aufgeteilt.
- Innerhalb des Kapitels »Beschaffung« wurde eine deutlichere Unterteilung in die bedarfsgesteuerte und die verbrauchsgesteuerte Materialbereitstellung vorgenommen. Das Kapitel wurde zudem um Berechnungen zur XYZ-Klassifikation erweitert.
- Das Kapitel »Marketing« wurde um Kaufarten erweitert.

Hinweise zur Benutzung des Buchs

In diesem Buch werden verschiedene Elemente verwendet, die Ihnen helfen sollen, die dargebotenen Inhalte besser zu verstehen.

Kapitelnavigator: Die Kapitelnavigatoren zeigen Ihnen, welche Inhalte in den Kapiteln behandelt werden und welche Lernziele damit erreicht werden sollen.

Marginalien: Die Marginalien erleichtern Ihnen die Orientierung innerhalb der Texte.

Definitionen: Damit Sie wichtige Definitionen sofort erkennen, werden diese im Text gesondert hervorgehoben.

Wirtschaftspraxis: Unter der Rubrik Wirtschaftspraxis finden Sie ergänzende Informationen, die eine Brücke zwischen Theorie und Praxis schlagen.

Hinweise zur Benutzung des Buchs

Fallbeispiel: Damit die theoretischen Sachverhalte für Sie konkreter werden, werden diese in den Fallbeispielen auf einen fiktiven Automobilhersteller, die *Speedy GmbH*, angewendet.

Zwischenübungen: Damit Sie das Erlernte direkt anwenden können, gibt es im Anschluss an die meisten Berechnungen Zwischenübungen.

Schlüsselbegriffe: Mit den Schlüsselbegriffen können Sie checklistenartig überprüfen, ob Sie alle relevanten Begriffe des Kapitels beherrschen.

Zusammenfassung: Die Zusammenfassungen geben Ihnen einen schnellen Überblick über die wichtigsten Inhalte der Kapitel.

Fallstudien: In den Fallstudien können Sie das im Kapitel Erlernte auf reale Fragestellungen anwenden und es sich dadurch besser einprägen.

Fragen: Mithilfe der Wiederholungsfragen können Sie sich gezielt auf Prüfungen vorbereiten.

Inhaltsübersicht

1	Grundlagen	1
Teil I	**Konstitutive Entscheidungen**	**47**
2	Entscheidungstheorie	51
3	Standortentscheidungen	97
4	Rechtsformentscheidungen	131
5	Entscheidungen über zwischenbetriebliche Verbindungen	183
Teil II	**Unternehmensführung**	**223**
6	Unternehmensverfassung	227
7	Organisation	243
8	Personalmanagement	293
9	Controlling	345
Teil III	**Rechnungs- und Finanzwesen**	**403**
10	Externes Rechnungswesen	407
11	Internes Rechnungswesen	455
12	Finanzierung	515
13	Investition	543
Teil IV	**Leistungserstellung**	**583**
14	Innovationsmanagement	587
15	Beschaffung	637
16	Logistik	675
17	Produktionswirtschaft	691
18	Marketing	727

Inhaltsverzeichnis

Vorwort	V
Hinweise für Studierende	VII
Hinweise für Lehrende	IX
Hinweise zur Benutzung des Buchs	XII
Inhaltsübersicht	XV
Abkürzungsverzeichnis	XXXIII

1	**Grundlagen**	**1**
1.1	Begriffe	2
1.1.1	Wirtschaftssubjekte	2
1.1.1.1	Haushalte	2
1.1.1.2	Betriebe	3
1.1.1.2.1	Arten von Betrieben	4
1.1.1.2.2	Unterteilung der Unternehmen	4
1.1.1.2.2.1	Unterteilung von Unternehmen nach der Güterart	4
1.1.1.2.2.2	Unterteilung von Unternehmen nach der Größe	5
1.1.1.2.2.3	Unterteilung von Unternehmen nach der Gewinnorientierung	6
1.1.1.2.3	Lebens- und Entwicklungsphasen von Unternehmen	6
1.1.2	Wirtschaften	8
1.1.3	Güter	10
1.1.4	Märkte	13
1.1.5	Anspruchsgruppen	15
1.2	Einordnung der Betriebswirtschaftslehre in die Wissenschaften	17
1.3	Unterteilung der Betriebswirtschaftslehre	19
1.4	Entwicklung der Betriebswirtschaftslehre	20
1.5	Restriktionen durch die Wirtschaftsordnung	21
1.5.1	Zentralverwaltungswirtschaft	22
1.5.2	Marktwirtschaft	23
1.5.3	Soziale Marktwirtschaft	23
1.6	Normativer Rahmen	24
1.6.1	Vision	25
1.6.2	Mission	26
1.6.3	Wertesystem	26
1.6.3.1	Unternehmensidentität	26
1.6.3.2	Unternehmensgrundsätze	28
1.6.4	Zielsystem	29
1.7	Geschäftsmodelle zur Strukturierung der betriebswirtschaftlichen Lehre	32
1.7.1	St. Galler Management-Modell	32
1.7.2	4-Ebenen-Modell	34
1.8	Kennzahlen	40

Teil I Konstitutive Entscheidungen 47

2 Entscheidungstheorie 51

2.1	Grundlagen	52
2.1.1	Unterteilung der Entscheidungstheorie	52
2.1.2	Vorgehensweise bei Entscheidungen	52
2.2	Elemente zur Beschreibung und Lösung von Entscheidungsproblemen	54
2.2.1	Entscheidungsfeld	55
2.2.1.1	Aktionenraum	55
2.2.1.2	Zustandsraum	56
2.2.1.3	Ergebnisfunktion und Ergebnismatrix	57
2.2.2	Zielsystem	60
2.2.2.1	Unterteilung von Zielen	60
2.2.2.2	Zielbeziehungen	60
2.2.2.2.1	Präferenzrelationen	61
2.2.2.2.2	Instrumentalrelationen	61
2.2.2.2.3	Interdependenzrelationen	62
2.2.2.3	Operationalisierung von Zielen	64
2.2.3	Nutzenfunktion und Nutzenmatrix	66
2.2.4	Entscheidungsmodelle	68
2.2.4.1	Entscheidungsfunktion und Beurteilungsgröße	68
2.2.4.2	Entscheidungsregel	69
2.2.4.3	Unterteilung der Entscheidungsmodelle	69
2.3	Entscheidungsmodelle bei Sicherheit	70
2.3.1	Entscheidungsmodell bei Sicherheit mit einer Zielsetzung	70
2.3.2	Entscheidungsmodelle bei Sicherheit mit mehrfacher Zielsetzung	72
2.3.2.1	Zielgewichtung	72
2.3.2.2	Lexikographische Ordnung	74
2.4	Entscheidungsmodelle bei Unsicherheit	75
2.4.1	Maximax-Regel	75
2.4.2	Maximin-/Wald-Regel	77
2.4.3	Pessimismus-Optimismus-/Hurwicz-Regel	78
2.4.4	Minimum-Regret-/Savage-Niehans-Regel	79
2.4.5	Laplace-Regel	81
2.5	Entscheidungsmodelle bei Risiko	83
2.5.1	µ-/Bayes-Prinzip	83
2.5.2	(µ, σ)-Prinzip	85
2.6	Weiterführende Fragestellungen der Entscheidungstheorie	87
2.6.1	Bernoulli-Prinzip	87
2.6.2	Mehrstufige Entscheidungen	89
2.6.3	Entscheidungen in Spielsituationen	90

3 Standortentscheidungen 97

3.1	Grundlagen	99
3.1.1	Begriffe	99

3.1.2	Unterteilung von Standortentscheidungen	99
3.1.3	Ziele von Standortentscheidungen	100
3.1.4	Restriktionen von Standortentscheidungen	102
3.1.5	Vorgehensweise	103
3.2	Strategische Standortplanung	104
3.2.1	Grundformen der Standortstruktur	104
3.2.2	Anzahl der Standorte	105
3.2.2.1	Einfluss der betrieblichen Funktion	105
3.2.2.2	Einfluss der Branche	107
3.3	Operative Standortplanung	107
3.3.1	Standortmaßnahmen	107
3.3.2	Standortbestimmung	110
3.3.2.1	Vorgehensweise bei der Standortbestimmung	110
3.3.2.2	Standortfaktoren	111
3.3.2.2.1	Systematisierung von Standortfaktoren	112
3.3.2.2.2	Unternehmensbezogene Standortfaktoren	113
3.3.2.2.2.1	Gesellschaftliche Situation	113
3.3.2.2.2.2	Politische Situation	113
3.3.2.2.2.3	Rechtliche Situation	114
3.3.2.2.2.4	Wirtschaftspolitik	114
3.3.2.2.2.5	Staatliche Verwaltung	115
3.3.2.2.3	Produktionsbezogene Standortfaktoren	115
3.3.2.2.3.1	Arbeitskräfte	115
3.3.2.2.3.2	Grundstücke und Gebäude	116
3.3.2.2.3.3	Kapital	117
3.3.2.2.3.4	Öffentliche Infrastruktur	117
3.3.2.2.3.5	Zuliefererinfrastruktur	118
3.3.2.2.3.6	Importmöglichkeiten	119
3.3.2.2.3.7	Klima und Geologie	119
3.3.2.2.4	Absatzbezogene Standortfaktoren	120
3.3.2.2.4.1	Lokale Nachfrage	120
3.3.2.2.4.2	Konkurrenzsituation	120
3.3.2.2.4.3	Absatzinfrastruktur	121
3.3.2.2.4.4	Exportmöglichkeiten	121
3.3.2.3	Methoden der Standortwahl	122
3.3.2.3.1	Prüflistenverfahren	123
3.3.2.3.2	Spieltheoretische Ansätze	123
3.3.2.3.3	Kontinuierliche und diskrete Modelle der Standortoptimierung	123
3.3.2.3.4	Simulationsverfahren	124
3.3.2.3.5	Investitionsrechnungen	124
3.3.2.3.6	Nutzwertanalysen	125
3.4	Kennzahlen	126
4	**Rechtsformentscheidungen**	**131**
4.1	Grundlagen	132
4.1.1	Unterteilung der Rechtsformen	132

4.1.1.1	Unterteilung hinsichtlich der Rechtsgrundlage	132
4.1.1.2	Unterteilung hinsichtlich der Gegenstandsbindung	133
4.1.1.3	Unterteilung hinsichtlich des Verselbstständigungsgrades des Betriebsvermögens	133
4.1.1.4	Unterteilung hinsichtlich der Kaufmannseigenschaften	135
4.1.1.5	Unterteilung hinsichtlich der Erscheinung gegenüber Dritten	137
4.1.2	Ziele von Rechtsformentscheidungen	139
4.1.2.1	Rechtsgrundlage	140
4.1.2.2	Firma	140
4.1.2.3	Gründung	140
4.1.2.4	Geschäftsführung	141
4.1.2.5	Haftung	142
4.1.2.6	Gewinn- und Verlustverteilung	142
4.1.2.7	Besteuerung	142
4.1.2.8	Arbeitnehmer-Mitbestimmung	142
4.1.2.9	Publizität	144
4.1.2.10	Prokura und Handlungsvollmachten	145
4.1.2.11	Rechtsformabhängige Kosten	146
4.1.2.12	Kapitalbeschaffung	146
4.1.2.13	Eignung für die Unternehmensnachfolge	146
4.2	Einzelunternehmen	147
4.2.1	Freiberufliche Einzelunternehmen	147
4.2.2	Gewerbliche Einzelunternehmen, die kein Handelsgewerbe betreiben	147
4.2.3	Einzelkaufleute	148
4.3	Personengesellschaften	148
4.3.1	Gesellschaft bürgerlichen Rechts (GbR/BGB-Gesellschaft)	149
4.3.2	Personenhandelsgesellschaften	151
4.3.2.1	Offene Handelsgesellschaft (OHG)	151
4.3.2.2	Kommanditgesellschaft (KG)	152
4.3.2.3	GmbH & Co. KG	155
4.3.3	Europäische Wirtschaftliche Interessenvereinigung (EWIV)	157
4.3.4	Partnerschaftsgesellschaft	158
4.3.5	Stille Gesellschaft (StG)	160
4.4	Körperschaften	162
4.4.1	Kapitalgesellschaften	162
4.4.1.1	Gesellschaft mit beschränkter Haftung (GmbH)	162
4.4.1.2	Unternehmergesellschaft (haftungsbeschränkt) (UG)	165
4.4.1.3	Aktiengesellschaft (AG)	166
4.4.1.4	Societas Europaea (SE)	170
4.4.1.5	Kommanditgesellschaft auf Aktien (KGaA)	171
4.4.2	Eingetragene Genossenschaft (eG)	173
4.5	Stiftungen	174

5	**Entscheidungen über zwischenbetriebliche Verbindungen**	183
5.1	Grundlagen	183
5.1.1	Formen zwischenbetrieblicher Verbindungen	183
5.1.1.1	Ebenen zwischenbetrieblicher Verbindungen	184
5.1.1.2	Reichweite zwischenbetrieblicher Verbindungen	186
5.1.1.3	Bindungsintensität zwischenbetrieblicher Verbindungen	187
5.1.1.4	Bindungsinstrumente zwischenbetrieblicher Verbindungen	188
5.1.1.4.1	Verträge	189
5.1.1.4.2	Beteiligungen	190
5.1.2	Ziele zwischenbetrieblicher Verbindungen	193
5.1.3	Restriktionen zwischenbetrieblicher Verbindungen	195
5.1.3.1	Unternehmensinterne Restriktionen	195
5.1.3.2	Unternehmensexterne Restriktionen	195
5.1.3.2.1	Marktformen	195
5.1.3.2.2	Gesetzliche Regelungen	196
5.1.3.2.3	Auswirkungen auf den Wettbewerb	197
5.1.4	Vorgehensweise beim Eingehen von zwischenbetrieblichen Verbindungen	198
5.1.4.1	Vorgehensweise beim Eingehen von Kooperationen	198
5.1.4.2	Vorgehensweise bei Beteiligungen und Fusionen	199
5.2	Formen der Kooperation	200
5.2.1	Unternehmensverbände	201
5.2.2	Gelegenheitsgesellschaften	202
5.2.3	Kartelle	204
5.2.4	Franchiseunternehmen	205
5.2.5	Genossenschaften	206
5.2.6	Gemeinschaftsunternehmen	206
5.3	Formen der Konzentration	208
5.3.1	Konzerne	208
5.3.2	Fusionierte Unternehmen	210
5.4	Besondere Ausprägungen zwischenbetrieblicher Verbindungen	213
5.4.1	Strategische Allianzen	213
5.4.2	Vernetzte Organisationen	214
5.4.3	Keiretsus	215
5.4.4	Virtuelle Unternehmen	216
Teil II	**Unternehmensführung**	223
6	**Unternehmensverfassung**	227
6.1	Grundlagen	228
6.1.1	Unternehmensverfassungen als Staatsverfassungen der Unternehmen	228
6.1.2	Manager als wichtigste Adressaten der Unternehmensverfassung	228
6.2	Regelwerke der Unternehmensverfassung	229
6.2.1	Transnationale Regelwerke	230

6.2.2	Nationale Regelwerke	230
6.2.2.1	Gesetz zur Kontrolle und Transparenz im Unternehmensbereich	230
6.2.2.2	Deutscher Corporate Governance Kodex	231
6.2.2.3	Sarbanes Oxley Act (SOX)	232
6.2.3	Unternehmerische Regelwerke	232
6.3	Regelungsgegenstände von Unternehmensverfassungen	232
6.3.1	Übersicht über die Regelungsgegenstände	233
6.3.2	Spitzenorganisation	236
6.3.2.1	Monistische Spitzenorganisation	236
6.3.2.2	Dualistische Spitzenorganisation	237
6.3.3	Beschlussfassung	238

7	**Organisation**	**243**
7.1	Grundlagen	244
7.2	Organisatorische Analyse	245
7.2.1	Ermittlung von Teilaufgaben im Rahmen der Aufgabenanalyse	245
7.2.2	Ermittlung von Arbeitsgängen im Rahmen der Arbeitsanalyse	246
7.3	Gestaltung der Ablauforganisation mittels der Arbeitssynthese	248
7.3.1	Bildung von Prozessen	249
7.3.1.1	Merkmale von Prozessen	249
7.3.1.2	Arten von Prozessen	251
7.3.2	Bildung von Prozessketten	252
7.3.3	Möglichkeiten der Gestaltung und Optimierung von Prozessen und Prozessketten	254
7.3.4	Bildung der Ablauforganisation	256
7.4	Gestaltung der Aufbauorganisation mittels der Aufgabensynthese	256
7.4.1	Bildung von Organisationseinheiten	256
7.4.1.1	Stellen	257
7.4.1.1.1	Linienstellen	258
7.4.1.1.1.1	Leitungsstellen	258
7.4.1.1.1.2	Ausführungsstellen	259
7.4.1.1.2	Unterstützende Stellen	259
7.4.1.1.2.1	Stabsstellen	259
7.4.1.1.2.2	Assistenzstellen	260
7.4.1.1.2.3	Dienstleistungsstellen	260
7.4.1.2	Gremien	261
7.4.1.2.1	Leitungsgruppen	261
7.4.1.2.2	Arbeitsgruppen	261
7.4.1.2.3	Projektgruppen	262
7.4.1.2.4	Problemlösegruppen	263
7.4.1.2.5	Ausschüsse	263
7.4.1.3	Möglichkeiten der Bildung von Organisationseinheiten	264
7.4.2	Abteilungsbildung	266
7.4.2.1	Leitungsspanne und -tiefe	266
7.4.2.2	Leitungsbeziehungen	267

7.4.2.3	Strukturierungsgegenstand	269
7.4.2.4	Strukturierungsebenen	270
7.4.2.5	Strukturierungsmerkmale	272
7.4.2.5.1	Strukturierung nach Verrichtungen	272
7.4.2.5.2	Strukturierung nach Produkten	274
7.4.2.5.3	Strukturierung nach Kundengruppen	276
7.4.2.5.4	Strukturierung nach Regionen	277
7.4.2.5.5	Strukturierung nach Projekten	277
7.4.2.5.6	Strukturierung nach Prozessen	279
7.4.2.5.7	Strukturierung nach strategischen Geschäftsfeldern	279
7.4.2.6	Aufgabenverteilung	280
7.5	Neuere Organisationsansätze	281
7.6	Gestaltung organisatorischer Veränderungen	282
7.6.1	Ausmaß des organisatorischen Wandels	282
7.6.2	Ansätze des organisatorischen Wandels	284
7.6.3	Veränderungsmodelle	286
8	**Personalmanagement**	**293**
8.1	Grundlagen	294
8.1.1	Entwicklung des Personalmanagements	294
8.1.2	Ziele des Personalmanagements	295
8.1.3	Restriktionen des Personalmanagements	296
8.1.4	Aufgaben und Vorgehensweise	297
8.2	Personalbeschaffung	299
8.2.1	Personalplanung	299
8.2.1.1	Ermittlung des quantitativen Personalbedarfs	300
8.2.1.2	Ermittlung des qualitativen Personalbedarfs	302
8.2.1.3	Personalanpassungsmaßnahmen	304
8.2.2	Personalbereitstellung	305
8.2.2.1	Personalsuche	305
8.2.2.2	Personalauswahl	306
8.3	Personaleinsatz	309
8.3.1	Einarbeitung	310
8.3.2	Gestaltung der Arbeitsbedingungen	311
8.3.3	Zeitwirtschaft	312
8.3.3.1	Arbeitszeit	312
8.3.3.2	Arbeitszeitmodelle	313
8.3.4	Vergütung	315
8.3.4.1	Zusammensetzung der Vergütung	315
8.3.4.2	Formen der Vergütung	315
8.3.5	Personalführung	320
8.3.5.1	Modelle des Personalmanagements	320
8.3.5.1.1	Mechanistisches Grundmodell des Scientific Management	320
8.3.5.1.2	Grundmodell der Human-Relations-Bewegung	322
8.3.5.1.3	Human-Resource-Modell	322
8.3.5.2	Motivationstheoretische Ansätze	323

8.3.5.3	Führungsstile	324
8.3.5.4	Managementprinzipien	326
8.3.5.4.1	Management-by-Delegation	326
8.3.5.4.2	Management-by-Decision-Rules	326
8.3.5.4.3	Management-by-Exception	327
8.3.5.4.4	Management-by-Results	327
8.3.5.4.5	Management-by-Objectives	327
8.3.6	Personalverwaltung	328
8.4	Personalbeurteilung	329
8.5	Personalentwicklung	332
8.6	Personalfreisetzung	333
8.6.1	Interne Personalfreisetzung	334
8.6.2	Externe Personalfreisetzung	335
8.7	Kennzahlen	336
9	**Controlling**	**345**
9.1	Grundlagen	345
9.1.1	Führungsprozess	345
9.1.2	Aufgaben des Controllings im Führungsprozess	348
9.2	Planung	349
9.2.1	Grundlagen	349
9.2.1.1	Arten der Planung	349
9.2.1.1.1	Strategische, taktische und operative Planung	350
9.2.1.1.2	Retrograde, progressive und zirkuläre Planung	352
9.2.1.1.3	Sukzessive und simultane Planung	352
9.2.1.1.4	Starre und flexible Planung	353
9.2.1.1.5	Anpassungsformen der Planung	354
9.2.1.2	Aufgaben der Planung	354
9.2.2	Strategische Planung	356
9.2.2.1	Grundlagen	356
9.2.2.1.1	Arten von Strategien	356
9.2.2.1.2	Vorgehensweise bei der strategischen Planung	358
9.2.2.2	Ressourcenorientierte Strategieformulierung	360
9.2.2.2.1	SWOT-Analyse und TOWS-Matrix	360
9.2.2.2.2	Wertkettenmodell	362
9.2.2.2.3	Benchmarking	363
9.2.2.2.4	PIMS-Studie	364
9.2.2.2.5	7-S-Modell	365
9.2.2.2.6	Kernkompetenzenansatz	366
9.2.2.3	Marktorientierte Strategieformulierung	368
9.2.2.3.1	Branchenstrukturanalyse	368
9.2.2.3.2	Szenariotechnik	369
9.2.2.3.3	Marktwachstum-Marktanteil-Portfolio	371
9.2.2.3.3.1	Normstrategien	373
9.2.2.3.3.2	Produktlebenszyklus-Modell	373
9.2.2.3.3.3	Erfahrungskurvenkonzept	375

9.2.2.3.4	Marktattraktivität-Wettbewerbsvorteil-Matrix	378
9.2.2.3.5	Shareholder-Value-Ansatz	378
9.2.3	Operative Planung	380
9.2.3.1	Grundlagen	380
9.2.3.2	Budgetierung	381
9.2.3.3	Besondere Ausprägungen der Budgetierung	383
9.3	Kontrolle	384
9.3.1	Kontrollarten	384
9.3.2	Aufgaben der Kontrolle	385
9.4	Informationsversorgung	387
9.4.1	Berichtswesen	387
9.4.2	Kennzahlen und Kennzahlensysteme	388
9.4.2.1	Kennzahlen	388
9.4.2.2	Kennzahlensysteme	390
9.4.2.2.1	ROI-Kennzahlensystem	390
9.4.2.2.2	ZVEI-Kennzahlensystem	392
9.4.2.2.3	Balanced-Scorecard	393

Teil III Rechnungs- und Finanzwesen 403

10	**Externes Rechnungswesen**	**407**
10.1	Grundlagen	408
10.1.1	Rechengrößen	408
10.1.1.1	Aus- und Einzahlungen	409
10.1.1.2	Ausgaben und Einnahmen	409
10.1.1.3	Aufwendungen und Erträge	410
10.1.2	Einordnung	411
10.1.3	Unterteilung	412
10.1.4	Aufgaben des externen Rechnungswesens	412
10.2	Buchführung	415
10.2.1	Gesetzliche Grundlagen	415
10.2.2	Bücher	416
10.2.3	Konten	418
10.2.4	Buchungen	419
10.3	Jahresabschluss	420
10.3.1	Bilanz	422
10.3.1.1	Bilanzpositionen der Aktivseite	423
10.3.1.2	Bilanzpositionen der Passivseite	426
10.3.1.3	Bilanzänderungen	427
10.3.2	Gewinn- und Verlustrechnung	429
10.3.2.1	Erträge	429
10.3.2.2	Aufwendungen	430
10.3.2.3	Aufbau der Gewinn- und Verlustrechnung	431
10.3.2.4	Gesamtkostenverfahren versus Umsatzkostenverfahren	433
10.3.2.5	Zusammenhang zwischen Gewinn- und Verlustrechnung und Bilanz	434

10.3.3	Kapitalflussrechnung	434
10.3.4	Anhang	437
10.3.5	Lagebericht	437
10.3.6	Verwendung des Jahresergebnisses	438
10.3.7	Offenlegung des Jahresabschlusses	439
10.4	Internationale Rechnungslegung	445
10.5	Kennzahlen	446
11	**Internes Rechnungswesen**	**455**
11.1	Grundlagen	456
11.1.1	Kosten und Leistungen	456
11.1.2	Einordnung	457
11.1.3	Unterteilung	458
11.1.4	Aufgaben der Kostenrechnung	461
11.1.5	Vorgehensweise bei der Kostenrechnung	461
11.2	Kostentheorie	462
11.3	Kalkulation	463
11.3.1	Kostenartenrechnung	464
11.3.1.1	Kostenermittlung	465
11.3.1.1.1	Materialkosten	465
11.3.1.1.2	Personalkosten	465
11.3.1.1.3	Abschreibungen	466
11.3.1.1.4	Fremdleistungskosten	467
11.3.1.1.5	Wagniskosten	467
11.3.1.1.6	Zinsen	467
11.3.1.1.7	Steuern, Gebühren und Abgaben	467
11.3.1.2	Kostencharakterisierung	468
11.3.1.2.1	Einzel- und Gemeinkosten	468
11.3.1.2.2	Fixe und variable Kosten	469
11.3.2	Kostenstellenrechnung	472
11.3.2.1	Bildung und Strukturierung von Kostenstellen	472
11.3.2.2	Verrechnung der Kostenträgergemeinkosten	474
11.3.2.3	Verrechnung innerbetrieblicher Leistungen	476
11.3.3	Kostenträgerrechnung	479
11.3.3.1	Verfahren der Kostenträgerrechnung	480
11.3.3.2	Divisionskalkulation	481
11.3.3.3	Äquivalenzziffernkalkulation	482
11.3.3.4	Zuschlagskalkulation	483
11.3.3.4.1	Ermittlung der Zuschlagssätze des Unternehmens	483
11.3.3.4.2	Kalkulation einzelner Kostenträger	486
11.3.3.5	Maschinenstundensatzrechnung	488
11.3.4	Ermittlung des Verkaufspreises	492
11.3.5	Prozesskostenrechnung	494
11.4	Erfolgsrechnungen	494
11.4.1	Erfolgsrechnungen auf Vollkostenbasis	494
11.4.2	Erfolgsrechnungen auf Teilkostenbasis	495

11.4.2.1	Einstufige Deckungsbeitragsrechnung	496
11.4.2.2	Mehrstufige Deckungsbeitragsrechnung	497
11.4.2.3	Relative Einzelkosten- und Deckungsbeitragsrechnung	499
11.5	Entscheidungsrechnungen	500
11.5.1	Programmplanung	501
11.5.2	Preisbestimmung	501
11.5.3	Break-even-Analyse	502
11.5.4	Make-or-buy-Analysen	503
11.6	Kontrollrechnungen	504
11.6.1	Systeme der Kontrollrechnung	504
11.6.2	Plankostenrechnungen	505
12	**Finanzierung**	**515**
12.1	Grundlagen	515
12.1.1	Begriffe	515
12.1.2	Einordnung	516
12.1.3	Unterteilung der Finanzierungsformen	517
12.1.4	Ziele der Finanzierung	518
12.1.5	Vorgehensweise	519
12.2	Beteiligungsfinanzierung	522
12.3	Selbstfinanzierung	523
12.4	Kreditfinanzierung	524
12.4.1	Kundenkredit	526
12.4.2	Lieferantenkredit	526
12.4.3	Kontokorrentkredit	527
12.4.4	Lombardkredit	527
12.4.5	Darlehen von Kreditinstituten	527
12.4.6	Schuldverschreibungen	528
12.4.7	Schuldscheindarlehen	529
12.4.8	Genussscheine	529
12.5	Finanzierung aus Rückstellungen	529
12.6	Weitere Formen der Finanzierung	530
12.6.1	Finanzierung aus Vermögensumschichtungen	530
12.6.2	Subventionsfinanzierung	531
12.7	Kapitalsubstitution	531
12.7.1	Miete, Pacht und Leasing	531
12.7.2	Sale-and-lease-back	532
12.7.3	Factoring	532
12.8	Kennzahlen	532
12.8.1	Horizontale Kapitalstruktur	533
12.8.1.1	Liquiditätsgrade	533
12.8.1.2	Goldene Finanzierungsregel/Goldene Bankregel	534
12.8.2	Vertikale Kapitalstruktur	535
12.8.2.1	Vertikale Kapitalstrukturregel	535
12.8.2.2	Leverage-Effekt	536

13	**Investition**	**543**
13.1	Grundlagen	543
13.1.1	Einordnung	543
13.1.2	Unterteilung der Investitionen	544
13.1.3	Aufgaben im Investitionsbereich	547
13.1.4	Vorgehensweise bei Investitionsentscheidungen	548
13.2	Ermittlung der Investitionsdaten	550
13.2.1	Ermittlung der Investitionsauszahlung	551
13.2.2	Ermittlung der Nutzungsdauer	552
13.2.3	Ermittlung des Liquidationserlöses	553
13.2.4	Ermittlung der Rückflüsse	553
13.2.4.1	Ermittlung der durch Investitionen verursachten Einzahlungen	554
13.2.4.2	Ermittlung der durch Investitionen verursachten Auszahlungen	555
13.2.4.3	Ansatz von Abschreibungen im Rahmen von Investitionsrechnungen	556
13.2.5	Aufstellung der Zahlungsreihe	557
13.3	Statische Verfahren der Investitionsrechnung	559
13.3.1	Kostenvergleichsrechnung	560
13.3.2	Gewinnvergleichsrechnung	561
13.3.3	Rentabilitätsvergleichsrechnung	563
13.3.4	Statische Amortisationsrechnung	564
13.4	Dynamische Verfahren der Investitionsrechnung	566
13.4.1	Diskontierung	567
13.4.2	Kapitalwertmethode	568
13.4.3	Interne Zinsfußmethode	571
13.4.4	Annuitätenmethode	573
13.5	Qualitative Aspekte von Investitionsentscheidungen	574
13.6	Kennzahlen	576

Teil IV	**Leistungserstellung**	**583**
14	**Innovationsmanagement**	**587**
14.1	Grundlagen	587
14.1.1	Begriffe	590
14.1.1.1	Forschung und Entwicklung	590
14.1.1.2	Theorien als Ergebnis der Grundlagenforschung	590
14.1.1.3	Technologien als Ergebnis der angewandten Forschung	591
14.1.1.4	Technik als Ergebnis der Entwicklung	593
14.1.1.5	Innovationen als Ergebnis der Produktion und Markteinführung	594
14.1.2	Einordnung des Innovationsmanagements	596
14.1.3	Entwicklung des Innovationsmanagements	596
14.1.4	Ziele des Innovationsmanagements	598
14.1.5	Restriktionen des Innovationsmanagements	599
14.1.6	Aufgaben und Vorgehensweise	600
14.2	Strategisches Innovationsmanagement	601

14.2.1	Innovationsstrategie	601
14.2.1.1	Technologiestrategie	601
14.2.1.2	Anstoß zur Technologieentwicklung	602
14.2.1.3	Auswahl der Technologiestrategie	603
14.2.1.4	Produktstrategie	605
14.2.1.4.1	Anstoß zur Produktentwicklung	605
14.2.1.4.2	Auswahl der Produktstrategie	607
14.2.1.4.3	Abgleich zwischen Technologie- und Produktstrategie	609
14.2.1.5	Prozessstrategie	610
14.2.1.6	Timingstrategie	610
14.2.1.6.1	Inventionstiming	610
14.2.1.6.2	Innovationstiming	611
14.2.2	Forschungs- und Entwicklungsprojektprogrammplanung	612
14.2.2.1	Auflegen von neuen Forschungs- und Entwicklungsprojekten	613
14.2.2.2	Bewertung und Auswahl von Forschungs- und Entwicklungsprojekten	614
14.2.2.3	Budget- und Ressourcenzuweisung	616
14.2.3	Technologie- und Technikbereitstellung	616
14.3	Operatives Innovationsmanagement	618
14.3.1	Phasen der Durchführung von Forschung und Entwicklung	618
14.3.2	Detailplanung von Forschungs- und Entwicklungsprojekten	618
14.3.2.1	Festlegung der Aufgabenstellung über Lasten- und Pflichtenhefte	618
14.3.2.2	Strukturierung von Forschungs- und Entwicklungsprojekten	620
14.3.2.3	Termin- und Kapazitätsplanung	621
14.3.3	Instrumente des operativen Innovationsmanagements	622
14.3.3.1	Quality Function Deployment	622
14.3.3.2	Methoden der Ideengewinnung	623
14.3.3.2.1	Ideengenerierung	624
14.3.3.2.2	Ideensammlung	625
14.3.3.2.3	Ideenbewertung und -auswahl	625
14.3.3.3	Failure Mode and Effects Analysis	625
14.3.3.4	Target-Costing	626
14.3.3.5	Wertanalyse	626
14.3.4	Überwachung von Forschungs- und Entwicklungsprojekten	627
14.3.5	Produktion und Markteinführung	628
14.4	Innovationskultur	628
14.5	Kennzahlen	629
15	**Beschaffung**	**637**
15.1	Grundlagen	638
15.1.1	Begriffe	638
15.1.2	Einordnung der Beschaffung	639
15.1.3	Ziele der Beschaffung	640
15.1.4	Aufgaben der Beschaffung	641
15.2	Strategische Aspekte der Beschaffung	642

15.2.1	Insourcing versus Outsourcing	642
15.2.2	Strategien im Rahmen des Outsourcings	643
15.3	Operative Aspekte der Beschaffung	644
15.3.1	Bedarfsplanung	644
15.3.1.1	Bedarfsarten	645
15.3.1.2	Klassifikation der zu beschaffenden Güter	646
15.3.1.2.1	ABC-Analyse	646
15.3.1.2.2	XYZ-Analyse	648
15.3.1.2.3	Kombinierte ABC-XYZ-Analyse	648
15.3.2	Bedarfsgesteuerte Materialbereitstellung	648
15.3.2.1	Deterministische Bedarfsermittlung	650
15.3.2.2	Bereitstellungsprinzipien	652
15.3.3	Verbrauchsgesteuerte Materialbereitstellung	652
15.3.3.1	Bedarfsermittlung	653
15.3.3.1.1	Stochastische Bedarfsermittlung	653
15.3.3.1.2	Schätzverfahren zur Bedarfsermittlung	654
15.3.3.2	Bestandsarten	654
15.3.3.3	Bestellpolitiken	655
15.3.3.3.1	t-S-Bestellpolitik	657
15.3.3.3.2	s-q-Bestellpolitik	657
15.3.3.3.2.1	Ermittlung des Bestellpunktbestandes	659
15.3.3.3.2.2	Ermittlung der optimalen Bestellmenge	661
15.4	Lieferantenpolitik	664
15.4.1	Lieferantenstruktur	664
15.4.2	Lieferantenbeurteilung	665
15.4.3	Angebotsvergleich	667
15.5	Elektronische Beschaffung	667
15.6	Kennzahlen	669
16	**Logistik**	**675**
16.1	Grundlagen	676
16.1.1	Einordnung der Logistik	676
16.1.2	Unterteilung der Logistik	676
16.1.2.1	Unterteilung der Logistik nach Gütern	676
16.1.2.2	Unterteilung der Logistik nach Phasen	677
16.1.3	Ziele der Logistik	678
16.1.4	Aufgaben der Logistik	679
16.2	Logistikfunktionen	680
16.3	Gestaltung von Logistiksystemen	681
16.3.1	Komponenten von Logistiksystemen	681
16.3.2	Transportsysteme	682
16.3.3	Lagersysteme	684
16.4	Steuerung der Logistik	685
16.5	Kennzahlen	687

17	**Produktionswirtschaft**	691
17.1	Grundlagen	692
17.1.1	Begriffe	692
17.1.2	Einordnung der Produktion	693
17.1.3	Ziele der Produktionswirtschaft	693
17.1.4	Aufgaben der Produktionswirtschaft	694
17.2	Produktionstheorie	696
17.2.1	Mengenverhältnisse der Produktionsfaktoren	697
17.2.1.1	Substitutionale Produktionsfunktionen	697
17.2.1.2	Limitationale Produktionsfunktionen	697
17.2.2	Verhältnis der Produktionsfaktoren zur Ausbringungsmenge	698
17.2.2.1	Produktionsfunktion vom Typ A	699
17.2.2.2	Produktionsfunktion vom Typ B	699
17.3	Gestaltung von Produktionssystemen	701
17.3.1	Festlegung des Produktionsprogramms	701
17.3.2	Bestimmung der Produktionskapazitäten	703
17.3.3	Festlegung der Auftragseindringtiefe	704
17.3.4	Festlegung des Prozesstyps der Produktion	706
17.3.5	Festlegung des Organisationstyps der Produktion	708
17.3.6	Wahl der Produktionsverfahren	710
17.3.7	Gestaltung der Qualitätssicherung	712
17.3.8	Layoutgestaltung	714
17.4	Produktionsplanung und -steuerung	714
17.4.1	Programmplanung	716
17.4.2	Mengenplanung	717
17.4.3	Termin- und Kapazitätsplanung	717
17.4.4	Produktionssteuerung	719
17.5	Kennzahlen	721
18	**Marketing**	727
18.1	Grundlagen	728
18.1.1	Einordnung des Marketings	728
18.1.2	Unterteilung des Marketings	728
18.1.3	Entwicklung des Marketings	729
18.1.4	Ziele des Marketings	731
18.1.5	Restriktionen des Marketings	732
18.1.6	Aufgaben und Vorgehensweise	732
18.2	Preistheorie	733
18.2.1	Preis-Absatz-Funktion	734
18.2.2	Nachfrageeffekte	735
18.3	Marktanalyse	736
18.3.1	Käuferverhalten	737
18.3.1.1	Entscheider im Kaufprozess	737
18.3.1.2	Erklärungsmodelle des Käuferverhaltens	738
18.3.1.3	Kaufprozesse	739
18.3.1.3.1	Bedürfnisrealisierung	739

18.3.1.3.2	Informationssuche	740
18.3.1.3.3	Alternativenbewertung	741
18.3.1.3.4	Kaufentscheidung	741
18.3.1.3.5	Verhalten nach dem Kauf	742
18.3.1.4	Kaufarten	742
18.3.2	Marktforschung	743
18.3.2.1	Durch die Marktforschung zu beantwortenden Fragen	743
18.3.2.2	Formen der Marktforschung	743
18.3.2.3	Neuere Ansätze der Marktforschung	744
18.3.3	Marktsegmentierung	745
18.4	Marketingstrategien	747
18.4.1	Produkt-Markt-Strategien	747
18.4.2	Generische Strategien	750
18.5	Absatzpolitische Instrumente	751
18.5.1	Produktpolitik	751
18.5.2	Preis- und Konditionenpolitik	754
18.5.2.1	Preispolitik	756
18.5.2.1.1	Preisbestimmung	756
18.5.2.1.2	Preisdifferenzierung	757
18.5.2.1.3	Preisverlauf	758
18.5.2.2	Konditionenpolitik	760
18.5.3	Kommunikationspolitik	760
18.5.3.1	Werbung	761
18.5.3.2	Verkaufsförderung (Sales-Promotion)	763
18.5.3.3	Weitere produktbezogene Kommunikationsinstrumente	764
18.5.3.4	Öffentlichkeitsarbeit (Public Relations)	765
18.5.3.5	Customer-Relationship-Management	765
18.5.4	Distributionspolitik	766
18.5.4.1	Absatzwegepolitik (Akquisitorische Distribution)	766
18.5.4.2	Distributionslogistik (Physische Distribution)	768
18.6	Kennzahlen	769

Literaturverzeichnis	775
Autoren	784
Firmen-, Organisationen- und Markenverzeichnis	785
Sach- und Personenverzeichnis	789

Abkürzungsverzeichnis

↗	Interner Verweis auf Kapitel oder Abbildungen
🖱	Externer Verweis auf Materialien unter www.EinfuehrungInDieBetriebswirtschaftslehre.de
€	Währungszeichen des Euros
$	Währungszeichen des amerikanischen Dollars
A	Abschreibung, Aktiva
a	Aktion
AB	Anfangsbestand
Abs.	Absatz
AC	Assessment-Center
ADC	Art Directors Club für Deutschland
AG	Aktiengesellschaft
AGFA	Aktiengesellschaft für Anilinfabrikation
AIDA	Attention Interest Desire Action
AktG	Aktiengesetz
ALDI	Albrecht Discount
AN	Annuität
ASEAN	Association of Southeast Asian Nations
ÄZ	Äquivalenzziffer
B	Bedarfsmenge, Beschäftigungsabweichung
BA	British Airways
BAB	Betriebsabrechnungsbogen
BCG	Boston Consulting Group
Bd.	Band
BDA	Bundesvereinigung der Deutschen Arbeitgeberverbände
BDI	Bundesverband der Deutschen Industrie
BdP	Berufsverband deutscher Psychologinnen und Psychologen
BetrVG	Betriebsverfassungsgesetz
BGB	Bürgerliches Gesetzbuch
BHW	Beamten Heimstättenwerk
BME	Bundesverband für Materialwirtschaft, Einkauf und Logistik
BMBF	Bundesministerium für Bildung und Forschung
BMW	Bayerische Motorenwerke
BP	British Petroleum
BPMN	Business Process Model and Notation
BPR	Business Process Reengineering
BVL	Bundesvereinigung Logistik
BVW	Betriebliches Vorschlagswesen
C_0	Kapitalwert
CERN	Conseil Européen pour la Recherche Nucléaire
CEO	Chief Executive Officer

CIP	Continuous Improvement Process
CKD	Completely-knocked-down
CNC	Computerized Numerical Control
Co.	Compagnie
CPFR	Collaborative Planning, Forecasting and Replenishment
CRM	Customer Relationship Management
d	Intensität
DATEV	Datenverarbeitungszentrale (der steuerberatenden Berufe)
DB	Deckungsbeitrag
DCF	Discounted-Cash-Flow
DCGK	Deutscher Corporate Governance Kodex
DFV	Deutscher Franchise Verband
DGB	Deutscher Gewerkschaftsbund
DGfL	Deutsche Gesellschaft für Logistik
DGRV	Deutscher Genossenschafts- und Raiffeisenverband
DIHK	Deutscher Industrie- und Handelskammertag
DIN	Deutsche Industrie-Norm, Deutsches Institut für Normung
DrittelbG	Gesetz über die Drittelbeteiligung der Arbeitnehmer im Aufsichtsrat
E	Erfolg, Gewinn
e	Ergebnis
e.K.	Eingetragene/r Kauffrau/mann
e.Kfm.	Eingetragener Kaufmann
e.Kfr.	Eingetragene Kauffrau
e.V.	Eingetragener Verein
EBIT	Earnings Before Interest and Taxes
EBITDA	Earnings Before Interest, Taxes, Depreciation and Amortisation
ECOWAS	Economic Community of West African States
EDI	Electronic Data Interchange
eG	Eingetragene Genossenschaft
EG	Europäische Gemeinschaft
EK	Eigenkapital
EPK	Ereignisgesteuerte Prozessketten
et al.	und andere
EU	Europäische Union
EWG	Europäische Wirtschaftsgemeinschaft
EWGV	Vertrag zur Gründung der Europäischen Wirtschaftsgemeinschaft
EWIV	Europäische wirtschaftliche Interessenvereinigung
f	Funktion
F&E	Forschung und Entwicklung
f.	folgende (Seite)
FEI	Financial Executive Institute
FEk	Fertigungseinzelkosten
ff.	folgende (Seiten)
FGk	Fertigungsgemeinkosten
Fk	Fertigungskosten

FK	Fremdkapital
FMEA	Failure Mode and Effects Analysis
f_S	Sicherheitsfaktor
g	Gewichtung
GAAP	Generally Accepted Accounting Principles
GbR	Gesellschaft bürgerlichen Rechts
GE	General Electric
GenG	Genossenschaftsgesetz
GfK	Gesellschaft für Konsumforschung
Gk	Gemeinkosten
GmbH	Gesellschaft mit beschränkter Haftung
GmbHG	Gesetz betreffend die Gesellschaft mit beschränkter Haftung
GoB	Grundsätze ordnungsmäßiger Buchführung
GuV	Gewinn- und Verlustrechnung
GWB	Gesetz gegen Wettbewerbsbeschränkungen
H	Haben
h	Stunde
HB	Hilfs- und Betriebs(stoffe)
HGB	Handelsgesetzbuch
Hk	Herstellkosten
HSG	Hochschule St. Gallen
I	Ist
I_0	Investitionsauszahlung
IAS	International Accounting Standards
IASB	International Accounting Standards Board
IBM	International Business Machines
iF	Industrie Forum
IFRS	International Financial Reporting Standards
IIS	Institut für Integrierte Schaltungen
IKEA	Ingvar Kamprad Elmtaryd Agunnaryd
IKR	Industriekontenrahmen
IMD	International Institute for Management Development
INA	Industrie Nadellager
Inc.	Incorporated
IPO	Initial Public Offering
ISI	Institut für System- und Innovationsforschung
ISO	International Standardization Organization
JVC	Victor Company of Japan
K	Kosten
k	Stückkosten, Einkaufspreis, Faktorpreis, Ziel
K_B	Bestellkosten
K_f	Fixkosten
K_G	Gesamtkosten
KG	Kommanditgesellschaft
KGaA	Kommanditgesellschaft auf Aktien

K_L	Lagerkosten
k_L	Zins- und Lagerkostensatz
km	Kilometer
KonTraG	Gesetz zur Kontrolle und Transparenz im Unternehmensbereich
KPMG	Klynveld, Peat, Marwick, Goerdeler
KSchG	Kündigungsschutzgesetz
KVP	Kontinuierlicher Verbesserungsprozess
L	Liquidationserlös
Lkw	Lastkraftwagen
Ltd.	Limited
m_B	Anzahl jährlicher Bestellungen
MBA	Master of Business Administration
MEk	Materialeinzelkosten
MGk	Materialgemeinkosten
Mill.	Million(en)
MIT	Massachusetts Institute of Technology
MitbestG	Mitbestimmungsgesetz
Mk	Materialkosten
MP3	MPEG-1, Layer 3
Mrd.	Milliarde(n)
MRP I:	Material Requirements Planning,
II:	Manufacturing Resource Planning
n	Anzahl, Perioden, Nutzungsdauer
N	Zahlungsbetrag
NAFTA	North American Free Trade Agreement
NASA	National Aeronautics and Space Administration
NGO	Non-Governmental Organization
Nr.	Nummer
OECD	Organization for Economic Cooperation and Development
OEM	Original Equipment Manufacturer
OHG	Offene Handelsgesellschaft
OPEC	Organization of Petroleum Exporting Countries
P	Plan, Passiva
p	Verkaufspreis
PIMS	Profit Impact of Market Strategy
Pkw	Personenkraftwagen
PLC	Public Limited Company
PMI	Post Merger Integration
PR	Public Relations
PS	Pferdestärke
PublG	Publizitätsgesetz
q	Bestellmenge, Produktionsfaktormenge
QFD	Quality Function Deployment
QMS	Qualitätsmanagementsystem
q_{opt}	Optimale Bestellmenge

R	Rückfluss, Rentabilität
r	Zinssatz, Zinsfuß
R_E	Eigenkapitalrentabilität
RFP	Request for Proposal
RFQ	Request for Quotation
RHB	Roh-, Hilfs- und Betriebs(stoffe)
ROI	Return-on-Investment
RWE	Rheinisch-Westfälisches Elektrizitätswerk
s	Meldebestand, Bestellpunktbestand
S	Soll, Sollniveau
SAP	Systeme Anwendungen Produkte (in der Datenverarbeitung)
SCM	Supply Chain Management
SGE	Strategische Geschäftseinheiten
SGF	Strategisches Geschäftsfeld
Sk	Selbstkosten
S-O-R	Stimulus-Organismus-Response
S_S	Sicherheitsbestand
StG	Stille Gesellschaft
S_W	Bestand zur Überbrückung der Wiederbeschaffungszeit
T	Tausend
t	Zeit, Jahr
TCO	Total Cost of Ownership
TQM	Total Quality Management
TUI	Touristik Union International
TV	Television
t_W	Wiederbeschaffungszeit
u	Nutzenwert, Nutzenfunktion
U	Umsatzerlös
UK	United Kingdom
UML	Unified Modeling Language
US	United States
USA	United States of America
USB	Universal Serial Bus
V	Verbrauchsabweichung
VCI	Verband der Chemischen Industrie
VDA	Verband der Deutschen Automobilindustrie
VDE	Verband der Elektrotechnik und Elektronik
VDI	Verein Deutscher Ingenieure
VfB	Verein für Bewegungsspiele
VtGk	Vertriebsgemeinkosten
VW	Volkswagen
v_x	Variationskoeffizient
VwGk	Verwaltungsgemeinkosten
w	Eintrittswahrscheinlichkeit
WMF	Württembergische Metallwaren Fabrik

x	Beschäftigung, Ausbringungsmenge, Absatzmenge, Lagerabgang
x_B	Bedarfsmenge
x_{Be}	Break-even-Menge
Z	Eigenschaft
z	Umweltzustand
z. B.	zum Beispiel
ZDH	Zentralverband des Deutschen Handwerks
ZF	Zahnradfabrik
ZMET	Zaltman Metaphor Elicitation Technique
Zs	Zuschlagssatz
ZVEI	Zentralverband der Elektrotechnischen Industrie
λ	Optimismus-Parameter
μ	Erwartungswert
σ	Standardabweichung
Φ	Beurteilungsgröße

1 Grundlagen

Kapitelnavigator

Inhalt	Lernziel
1.1 Begriffe	1-1 Die grundlegenden betriebswirtschaftlichen Begriffe kennen.
1.2 Einordnung der Betriebswirtschaftslehre	1-2 Die Einordnung der Betriebswirtschaftslehre in die Wissenschaften kennen.
1.3 Unterteilung der Betriebswirtschaftslehre	1-3 Die Möglichkeiten zur Unterteilung der Betriebswirtschaftslehre kennen.
1.4 Entwicklung der Betriebswirtschaftslehre	1-4 Die historische Entwicklung der Betriebswirtschaftslehre kennen.
1.5 Restriktionen durch die Wirtschaftsordnung	1-5 Den Einfluss der Wirtschaftsordnung auf die Betriebswirtschaftslehre kennen.
1.6 Normativer Rahmen	1-6 Die Elemente des normativen Rahmens kennen.
1.7 Geschäftsmodelle zur Strukturierung der betriebswirtschaftlichen Lehre	1-7 Die Modelle zur Strukturierung der betriebswirtschaftlichen Lehre kennen.
1.8 Kennzahlen	1-8 Die grundlegenden betriebswirtschaftlichen Kennzahlen ermitteln können.

In der Wirtschaftspresse wird nahezu täglich davon berichtet, dass Unternehmen neue Unternehmen gründen, dass Unternehmen Standorte verlegen, dass Unternehmen sich umstrukturieren oder dass Unternehmen neue Produkte auf den Markt bringen.

Da Unternehmen eine Form von Betrieben sind und sich ihr Handeln – zumindest in der Regel – an wirtschaftlichen Prinzipien orientiert, sind alle der aufgeführten Vorgänge Beispiele für den Gegenstand und das Erkenntnisobjekt der Betriebswirtschaftslehre:

> Gegenstand und Erkenntnisobjekt der **Betriebswirtschaftslehre** ist das Wirtschaften von Betrieben.

Was aber kennzeichnet »Betriebe« genau und was bedeutet es, zu »wirtschaften«? Mit diesen Fragen werden wir uns nachfolgend näher beschäftigen.

1.1 Begriffe

1.1.1 Wirtschaftssubjekte

Die am Wirtschaftsgeschehen Beteiligten werden als Wirtschaftssubjekte oder **Wirtschaftseinheiten** bezeichnet. Sie werden unterteilt in Haushalte und Betriebe (↗ Abbildung 1-1, zum Folgenden vergleiche *Gutenberg, E.* 1955: Seite 322 ff., *Schierenbeck, H.* 2003: Seite 15 ff., *Thommen, J.-P./Achleitner A.-K.* 2003: Seite 35 ff. und *Wöhe, G.* 2002: Seite 2 ff.).

1.1.1.1 Haushalte
Haushalte sind die Nachfrager der von Betrieben angebotenen Güter. Sie können folgendermaßen definiert werden:

> **Haushalte** sind Wirtschaftssubjekte, in denen zur Deckung eigener Bedarfe Güter konsumiert werden.

Arten von Haushalten

Sie werden dementsprechend auch als **Konsumtionswirtschaften** bezeichnet und weiter in private und in öffentliche Haushalte unterteilt:

Private Haushalte
Die privaten Haushalte decken Bedarfe, wie beispielsweise Nahrungsmittel, Wohnraum oder Bildung. Als Gegenleistung für die von ihnen konsumierten Güter bieten sie den Betrieben ihre Arbeitskraft an. Nach der Anzahl ihrer Mitglieder können sie weiter in **Ein-** und **Mehrpersonenhaushalte** unterteilt werden.

Abb. 1-1 Haushalte und Betriebe

Vergleiche *Schierenbeck, H.* 2003: Seite 25 und *Wöhe, G.* 2002: Seite 10, 16

Begriffe 1.1

Öffentliche Haushalte

Der **Bund**, die **Länder** und die **Kommunen** bilden die öffentlichen Haushalte. Ihre Bedarfe ergeben sich aus den kollektiven Bedarfen der ihnen angehörenden privaten Haushalte. Den Schwerpunkt bildet dabei die Sicherstellung einer funktionierenden öffentlichen Infrastruktur in Bereichen, wie dem Gesundheitswesen, der Altersvorsorge, dem Rechtswesen, dem Bildungswesen, der Sicherheit oder dem Verkehr. Die entsprechende Infrastruktur wird den Mitgliedern der Gesellschaft und den Betrieben zur Verfügung gestellt. Die wirtschaftlichen Aspekte öffentlicher Haushalte sind Gegenstand der **Finanzwissenschaften**, die eine eigene wissenschaftliche Disziplin darstellen.

Wirtschaftspraxis 1-1

Haushalte und Betriebe

Im Jahr 2010 gab es in Deutschland 40,3 Millionen Haushalte mit rund 81,8 Millionen Haushaltsmitgliedern. Damit ist die Zahl der Privathaushalte seit April 1991 um 5 Millionen, die Zahl der Haushaltsmitglieder um gut 1,6 Millionen gestiegen. Die durchschnittliche Haushaltsgröße ging zurück: 1991 lebten durchschnittlich 2,27 Personen in einem Haushalt, 2010 nur noch 2,03 Personen. Den Haushalten standen 2009 rund 3,6 Millionen Betriebe gegenüber. Gemessen an den Umsatzerlösen waren dabei das verarbeitende Gewerbe mit über 1555 Milliarden Euro und der Handel mit über 1599 Milliarden Euro die wichtigsten Wirtschaftszweige.

Quelle: Statistisches Bundesamt Deutschland, www.destatis.de, Stand: 01.05.2012

1.1.1.2 Betriebe

Anders als Haushalte haben Betriebe nicht das Ziel, eigene Bedarfe zu decken, sondern sie dienen primär der Deckung fremder Bedarfe. Betriebe können dementsprechend wie folgt definiert werden (vergleiche *Wöhe, G.* 2002: Seite 2):

> **Betriebe** sind Wirtschaftssubjekte, in denen zur Deckung fremder Bedarfe Güter produziert und abgesetzt werden.

Sie werden dementsprechend auch als **Produktionswirtschaften** bezeichnet. Kennzeichnend für sie sind:

- das **ökonomische Prinzip**, das dem Wirtschaften zugrunde liegt und auf das wir im nachfolgenden Kapitel noch genauer eingehen werden, und
- das **Prinzip des finanziellen Gleichgewichts**, wonach allen Auszahlungen mindestens Einzahlungen in gleicher Höhe gegenüberstehen müssen.

Kennzeichen von Betrieben

1.1.1.2.1 Arten von Betrieben
Die Betriebe können in öffentliche und private Betriebe unterteilt werden:

Öffentliche Betriebe

Arten von Betrieben

Beispiele für öffentliche Betriebe sind Energieversorger, Verkehrsbetriebe, Flughafengesellschaften, Messegesellschaften, Krankenhäuser, Theater, Sparkassen und Rundfunkanstalten. Kennzeichnend für diese Betriebe sind:
- das **Prinzip des Gemeineigentums**, da diese Betriebe mehrheitlich Bund, Ländern und Kommunen gehören,
- das **Organprinzip**, nach dem staatliche Stellen ein Mitbestimmungsrecht an den betrieblichen Entscheidungen der »Organe« – also der Teileinheiten des »öffentlichen Gesamtkörpers« – haben, und
- das **Prinzip der Gemeinnützigkeit**, nach dem keine oder nur »sozial angemessene« Gewinne erzielt werden dürfen.

Private Betriebe
Private Betriebe, die im Mittelpunkt der nachfolgenden Ausführungen stehen werden, werden als Unternehmen bezeichnet. Kennzeichnend für Unternehmen sind:
- das **Prinzip des Privateigentums**, da die Verfügungsrechte an Unternehmen und deren Gewinnen mehrheitlich bei Privatpersonen oder anderen Unternehmen liegen,
- das **Autonomieprinzip**, nach dem die Unternehmen die Freiheit haben, ihre betrieblichen Entscheidungen zumindest weitgehend autonom und damit unabhängig von staatlichen Stellen und anderen Wirtschaftssubjekten zu treffen, und
- das **erwerbswirtschaftliche Prinzip**, das für die meisten Unternehmen charakteristisch ist und besagt, dass Unternehmen eine Maximierung ihrer Gewinne anstreben.

Unternehmen können dementsprechend folgendermaßen definiert werden:

> **Unternehmen** sind Betriebe in mehrheitlich privatem Eigentum, die autonom und in der Regel gemäß dem erwerbswirtschaftlichen Prinzip handeln (vergleiche *Gutenberg, E.* 1955: Seite 379).

1.1.1.2.2 Unterteilung der Unternehmen
Unternehmen können nach verschiedenen Kriterien systematisiert werden, auf die wir nachfolgend genauer eingehen werden.

1.1.1.2.2.1 Unterteilung von Unternehmen nach der Güterart
In Abhängigkeit von den Gütern, die sie erstellen, können Unternehmen weiter in Sachleistungs- und Dienstleistungsunternehmen unterteilt werden (↗ Abbildung 1-2, zum Folgenden vergleiche *Schierenbeck, H.* 2003: Seite 34 und *Wöhe, G.* 2002: Seite 14):

Abb. 1-2
Unterteilung von Unternehmen nach der Güterart und der Erzeugungsstufe

Vergleiche Thommen, J.-P./Achleitner A.-K. 2003: Seite 61

Sachleistungsunternehmen

Zu den Sachleistungsunternehmen gehören insbesondere die Industrie- und die Handwerksbetriebe. Sie können entsprechend der **Erzeugungsstufen** weiter in folgende Betriebsarten aufgeteilt werden:

- **Gewinnungsbetriebe**, wie landwirtschaftliche Betriebe oder Bergwerke, die Urprodukte hervorbringen. Da es sich dabei um die ersten wirtschaftlichen Tätigkeiten in der Entwicklungsgeschichte handelt, werden entsprechende Betriebe dem sogenannten **primären Sektor** zugeordnet.
- **Veredlungs-** beziehungsweise **Aufbereitungsbetriebe**, wie Stahlwerke, produzieren Zwischenprodukte aus den Urprodukten.
- **Verarbeitungsbetriebe**, wie Automobilhersteller, produzieren Endprodukte aus den Zwischenprodukten. Sie werden wie die vorgenannten Veredlungsbetriebe dem **sekundären Sektor** zugeordnet.

Arten von Sachleistungsunternehmen

Dienstleistungsunternehmen

Zu den Dienstleistungsunternehmen gehören beispielsweise Handels-, Bank-, Versicherungs- und Beratungsbetriebe. Sie werden dem **tertiären Sektor** zugeordnet.

Dienstleistungsunternehmen

1.1.1.2.2.2 Unterteilung von Unternehmen nach der Größe

Mit Blick auf die Größe werden **kleine**, **mittlere** und **große Unternehmen** unterschieden. Als Maßstab für die Unterscheidung werden beispielsweise im Publizitätsgesetz folgende Kriterien herangezogen (vergleiche zu den Grenzwerten das ↗ Kapitel 10 Externes Rechnungswesen):

Größenmaßstäbe von Unternehmen

- Bilanzsumme,
- Umsatzerlöse und
- Beschäftigtenzahl.

Weitere gebräuchliche Größenmaßstäbe sind die Börsenkapitalisierung beziehungsweise der Börsenwert und die Jahresüberschüsse.

1.1.1.2.2.3 Unterteilung von Unternehmen nach der Gewinnorientierung

Nach der Gewinnorientierung können Unternehmen in gewinnorientierte Unternehmen, die entsprechend dem erwerbswirtschaftlichen Prinzip handeln, und in nicht gewinnorientierte Unternehmen unterteilt werden. Letztere werden auch als **Nonprofit-Organisationen** bezeichnet. Diese können weiter unterteilt werden in (vergleiche *Schwarz, P.* 1992: Seite 18 und *Thommen, J.-T./Achleitner, A.-K.* 2003: Seite 59 f.):

Arten von Nonprofit-Organisationen

- **wirtschaftliche Nonprofit-Organisationen**, zum Beispiel Wirtschaftsverbände oder Verbraucherorganisationen,
- **soziokulturelle Nonprofit-Organisationen**, zum Beispiel Sportvereine oder Kirchen,
- **politische Nonprofit-Organisationen**, zum Beispiel Parteien oder Umweltschutzorganisationen, und
- **karitative Nonprofit-Organisationen**, zum Beispiel Hilfsorganisationen für Behinderte oder Selbsthilfegruppen.

1.1.1.2.3 Lebens- und Entwicklungsphasen von Unternehmen

Ähnlich wie Menschen durchlaufen auch Unternehmen verschiedene Lebensphasen, die spezifische Entscheidungen und Handlungen bedingen. Hinsichtlich der Lebensphasen können die Gründungs-, die Umsatz- und die Auflösungsphase unterschieden werden (↗ Abbildung 1-3, zum Folgenden vergleiche *Thommen, J.-P./Achleitner A.-K.* 2003: Seite 55 f.):

Lebensphasen von Unternehmen

Gründungsphase

In der Gründungsphase von Unternehmen sind grundlegende Entscheidungen über die anzubietenden Leistungen, den Standort, die Rechtsform und die Leistungserstellung zu treffen.

Umsatzphase

In der anschließenden Umsatzphase werden insbesondere Entscheidungen über die für das Wachstum des Unternehmens wichtigen Sachverhalte getroffen. Hierzu gehören unter anderem Fragen der Markterschließung und der Diversifikation sowie Festlegungen hinsichtlich der Art und Weise von Verbindungen mit anderen Unternehmen. Falls es erforderlich sein sollte, stehen in dieser Phase auch Entscheidungen über die Restrukturierung des Unternehmens an, wie beispielsweise eine Neuausrichtung der Unternehmensstrategie oder eine Neugestaltung der Strukturen und der Prozesse.

Auflösungs-/Liquidationsphase

In der häufig durch eine Insolvenz eingeleiteten Auflösungs- oder Liquidationsphase sind schließlich Entscheidungen hinsichtlich einer schadensbegrenzenden Auflösung oder eines Gewinn bringenden Verkaufs des Unternehmensvermögens zu treffen.

Abb. 1-3 Lebens- und Entwicklungsphasen von Unternehmen

Vergleiche *Bleicher, K.* 1991: Seite 793

Wirtschaftspraxis 1-2

Die ältesten Unternehmen der Welt

Auch wenn Großunternehmen heute im Durchschnitt nur ein Alter von 75 Jahren erreichen, gibt es doch viele Unternehmen, die schon mehrere Hundert Jahre alt sind. Einige der ältesten Familienunternehmen der Welt haben sich in der *Association les Hénokiens* zusammengeschlossen. Das älteste deutsche Unternehmen dieser Vereinigung ist beispielsweise die *von Poschinger Glasmanufaktur*, die im Jahre 1568 gegründet wurde. Als ältestes noch bestehendes Familienunternehmen der Welt gilt der japanische Tempelbauspezialist *Kongo Gumi Co. Ltd.*, der im Jahre 578 gegründet wurde.

Quellen: *Steinbeis, M.*: Die Kunst, alt zu werden, in: Handelsblatt, Nummer 75 vom 16.04.2003, Seite 10; The World's oldest Companies, The Business of Survival, in: The Economist vom 16.12.2004.

Abb. 1-4

Transformationsprozess

Input → Transformation → Output

Knappe Mittel → **Wirtschaften** → Unendliche Bedürfnisse

Vergleiche *Schmalen, H.* 2002: Seite 25

1.1.2 Wirtschaften

In Betrieben wird im Rahmen von **Transformations-** beziehungsweise **Leistungsprozessen** ein Input, wie beispielsweise menschliche Arbeitskraft und Material, in einen Output, wie beispielsweise ein Fahrzeug, transformiert (↗ Abbildung 1-4, vergleiche *Schmalen, H.* 2002: Seite 25).

Notwendigkeit des Wirtschaftens

Die allgemeine Notwendigkeit des Wirtschaftens ergibt sich für die Menschheit aus der Tatsache, dass auf der einen Seite die menschlichen Bedürfnisse und damit der nachgefragte Output weitgehend grenzenlos sind, während auf der anderen Seite die Mittel zur Befriedigung dieser Bedürfnisse und damit der zur Verfügung stehende Input beschränkt sind.

Wirtschaftspraxis 1-3

Das Wachstum der Weltbevölkerung als Triebfeder des Wirtschaftens

Die Notwendigkeit zu wirtschaften ergibt sich nicht nur aus immer größer werdenden individuellen Bedürfnissen, sondern insbesondere auch aus der Tatsache, dass einer weitgehend gleichbleibenden Menge an Rohstoffen eine immer größer werdende Weltbevölkerung gegenübersteht. So hat sich die Weltbevölkerung zwischen dem Jahr 1965, als sie noch 3,3 Milliarden Menschen betrug und dem Jahr 2010 mit 6,9 Milliarden Menschen, mehr als verdoppelt. Die 10-Milliarden-Grenze und damit eine Verdreifachung wird wahrscheinlich im Jahr 2085 erreicht werden.

Quelle: *Population Division of the Department of Economic and Social Affairs of the United Nations Secretariat:* World Population Prospects – The 2010 Revision, unter: http://esa.un.org/unpd/wpp/index.htm, Stand 2012.

Begriffe 1.1

> **Wirtschaften** bedeutet, knappe Güter geplant so einzusetzen, dass die Bedürfnisbefriedigung in möglichst vorteilhafter Weise erfolgt (vergleiche *Cassel, G.* 1923: Seite 3).

Die Zielsetzungen des Wirtschaftens werden durch Anwendung des **ökonomischen Prinzips** erreicht. Dieses kann folgende Ausprägungen haben (vergleiche *Schierenbeck, H.* 2003: Seite 3 und *Wöhe, G.* 2002: Seite 1 f.):

Ausprägungen des ökonomischen Prinzips

Maximumprinzip

Bei Anwendung des Maximum- oder **Maximalprinzips** soll mit einem gegebenen mengen- oder wertmäßigen Input, beispielsweise den in einem Unternehmen vorhandenen Maschinen- und Personalkapazitäten, ein möglichst großer mengen- oder wertmäßiger Output, beispielsweise an produzierten Erzeugnissen, erzielt werden.

Wirtschaftspraxis 1-4

Anwendung des Maximumprinzips in der Baubranche

Im Jahr 2005 einigte sich die *Gewerkschaft Bauen-Agrar-Umwelt* mit den Arbeitgeberverbänden darauf, dass die 800 000 Beschäftigten der krisengeschüttelten deutschen Baubranche aufgrund der schlechten wirtschaftlichen Lage zukünftig 40 Stunden pro Woche und damit eine Stunde länger als bisher arbeiten, ohne dafür einen Lohnausgleich zu erhalten.

Quelle: Baubranche: Mehr Arbeit für weniger Geld, in: Handelsblatt, Nummer 118 vom 22.06.2005, Seite 1.

Minimumprinzip

Bei Anwendung des Minimum- oder **Minimalprinzips** soll ein gegebener mengen- oder wertmäßiger Output durch einen möglichst geringen mengen- oder wertmäßigen Input erzielt werden. Dies wird häufig durch die Reduzierung von Kosten erreicht, wie beispielsweise durch Lohnkürzungen oder Sachkosteneinsparungen.

Wirtschaftspraxis 1-5

Anwendung des Minimumprinzips bei der Audi AG

Anfang des Jahres 2006 trat bei der *Audi AG* die Betriebsvereinbarung »Zukunft *Audi*« in Kraft. Darin wurde vereinbart, die Entgelte aller Beschäftigten der *VW*-Tochter um 2,79 Prozent und damit die Personalkosten um jährlich 150 Millionen Euro zu senken. 136 Millionen Euro entfielen dabei auf Lohnkürzungen, die restlichen 14 Millionen Euro auf den Wegfall von Zuschlägen.

Quelle: *Audi*-Betriebsvereinbarung bringt 150 Millionen, in: Handelsblatt, Nummer 97 vom 23.05.2005, Seite 14.

1.1.3 Güter

Die Mittel, die in den betrieblichen Transformationsprozess ein- und aus ihm wieder hervorgehen, werden als Güter bezeichnet. Im Hinblick auf das Wirtschaften werden freie und knappe Güter unterschieden.

Freie Güter sind in der Umwelt quasi unbegrenzt vorhandene kostenlose Güter (vergleiche *Cassel, G.* 1923: Seite 11). Hierzu zählen klassischerweise die Luft, das Wasser und das Sonnenlicht, wobei heutzutage zumindest für saubere Luft und reines Wasser gilt, dass auch diese Güter häufig nicht mehr unbegrenzt vorhanden sind.

Die **knappen Güter**, die Gegenstand des Wirtschaftens sind, werden auch als **Wirtschaftsgüter** bezeichnet (vergleiche zur Verwendung des Begriffs im Steuerrecht *Schäfer-Kunz, J.* 2011: Seite 472). Sie können nach verschiedenen Merkmalen systematisiert werden (↗ Abbildung 1-5 sowie *Schierenbeck, H.* 2003: Seite 2, *Thommen, J.-P./Achleitner A.-K.* 2003: Seite 33 ff. und *Wöhe, G.* 2002: Seite 339):

Einteilung der Wirtschaftsgüter

Materielle und immaterielle Güter

Nach der **Gegenständlichkeit** lassen sich materielle und immaterielle Güter unterscheiden (vergleiche *Cassel, G.* 1923: Seite 8).
- Materielle Güter, wie Maschinen oder Automobile, sind körperlich fassbar.
- Immaterielle Güter, wie Beratungsleistungen oder Lizenzen, sind im Gegensatz dazu nicht gegenständlich.

Real- und Nominalgüter

Nach dem **Anspruchsgegenstand** lassen sich Real- und Nominalgüter unterscheiden (vergleiche *Kosiol, E.* 1976a: Seite 321).
- Realgüter sind materielle und immaterielle Güter, die aus sich heraus einen Wert besitzen.
- Nominalgüter haben hingegen nur einen zugewiesenen Wert. Als Nominalgüter gelten das Bargeld und das Recht auf Bargeld.

Wirtschaftspraxis 1-6

Der Wandel des Geldes vom Real- zum Nominalgut

Es wird heute vermutet, dass es schon in der Steinzeit so etwas wie Zahlungsmittel gegeben hat. Dabei handelte es sich um Realgüter, die allgemein begehrt, haltbar und relativ leicht zu transportieren waren, wie beispielsweise Steinbeile.

Die Wiege des Münzgeldes liegt in Griechenland, wo im 7. Jahrhundert vor unserer Zeitrechnung der Feingehalt und das Gewicht von Gold- und Silberbarren durch Einstempelungen offiziell garantiert wurden. Auch bei diesen Barren handelte es sich um Realgüter und noch bis zum Ersten Weltkrieg bestanden 20-Markstücke zu großen Teilen aus Gold.

Zum Nominalgut wurde Geld etwa ab dem Jahr 950, als die Chinesen das von ihnen erfundene Papier durch Bedrucken zu einem Zahlungsmittel machten.

Quelle: *Kreissparkasse Köln:* Geschichte des Geldes, Einführung, unter: www.geldgeschichte.de, Stand: 2006.

Abb. 1-5

Güterarten und abgeleitete Begriffe

Input- und Outputgüter

Nach der **Stellung im Transformationsprozess** können Input- und Outputgüter unterschieden werden.
- Inputgüter, wie beispielsweise menschliche Arbeitskraft, Material oder Maschinen, gehen in den Transformationsprozess ein. Synonym wird teilweise der Begriff **Einsatzgut** verwendet.
- Outputgüter, wie beispielsweise Automobile, gehen aus dem Transformationsprozess hervor. Synonym wird teilweise der Begriff **Ausbringungsgut** verwendet.

Gebrauchs- und Verbrauchsgüter

Im Hinblick auf die **Nutzungsdauer** lassen sich Gebrauchs- und Verbrauchsgüter unterscheiden (vergleiche *Cassel, G.* 1923: Seite 8).
- Gebrauchsgüter werden bei ihrer Verwendung gar nicht, wie beispielsweise Kapital oder Grundstücke, oder zumindest nur nach mehrmaligem Gebrauch, wie beispielsweise Maschinen oder andere Betriebsmittel, aufgebraucht. Teilweise wird der Begriff **Potenzialfaktoren** synonym verwendet.
- Verbrauchsgüter, wie Werkstoffe oder Lebensmittel, werden bei ihrer Verwendung sofort aufgebraucht oder in ein anderes Gut transferiert. Teilweise wird der Begriff **Repetierfaktoren** synonym verwendet.

Investitions- und Konsumgüter

Nach dem **Verwendungszweck** lassen sich Investitions- und Konsumgüter unterscheiden.

- Investitionsgüter, wie beispielsweise menschliche Arbeitskraft, Material oder Maschinen, werden zur Produktion von anderen Gütern in Betrieben verwendet. Teilweise wird der Begriff **Produktionsgut** synonym verwendet.
- Konsumgüter, wie beispielsweise Bekleidung oder Automobile, dienen der Bedarfsdeckung in Haushalten.

Ergänzende Güterterminologie

Ergänzend zu der oben dargestellten Güterterminologie werden in der Betriebswirtschaftslehre eine Reihe weiterer Begriffe verwendet:

Produktionsfaktoren

Der Begriff der Produktionsfaktoren wird häufig synonym zu den Begriffen Investitionsgüter oder **Ressourcen** verwendet. Im ↗ Kapitel 17 Produktionswirtschaft wird näher auf die verschiedenen Produktionsfaktoren eingegangen.

Eigenleistungen

Eigenleistungen sind für die Verwendung in Betrieben bestimmte Güter, die im Betrieb produziert wurden, wie beispielsweise ein Prüfautomat, der in der Produktion des Betriebes eingesetzt werden soll und nicht von einem externen Sondermaschinenhersteller, sondern im Werkzeugbau des Betriebes produziert wurde.

Erzeugnisse

Erzeugnisse sind für den Absatz bestimmte Güter, die im Betrieb produziert wurden. Die Erzeugnisse können weiter in **unfertige** und **fertige Erzeugnisse** unterteilt werden. Als unfertige Erzeugnisse werden die Teile und Baugruppen innerhalb der Produktion bezeichnet, wie beispielsweise ein Kotflügel in der Automobilproduktion. Teilweise werden die Begriffe **Halbfabrikate** oder **Zwischenprodukte** synonym für unfertige Erzeugnisse sowie **Fertigerzeugnisse**, **Fertigfabrikate** oder **Endprodukte** synonym für fertige Erzeugnisse verwendet.

Waren

Waren sind für den Absatz bestimmte Güter, die vom Betrieb gekauft und abgesetzt werden, ohne dass sie im Betrieb verändert werden. Der Kauf und der Absatz von Waren werden als **Handel** bezeichnet, weshalb synonym zum Begriff Waren häufig auch der Begriff **Handelswaren** verwendet wird.

Produkte

Produkte sind die für den Absatz bestimmten Güter von Betrieben. Wiewohl dem Begriff im Rechnungswesen eine etwas andere Bedeutung zugewiesen wird (↗ Kapitel 10 Externes Rechnungswesen), wird der Begriff **Leistungen** häufig synonym für Produkte verwendet. Die Produkte können weiter in Sach- und Dienstleistungen unterteilt werden.

Sachleistungen
Sachleistungen sind die materiellen Produkte von Betrieben. Da sie gegenständlicher Natur sind, können Sachleistungen in der Regel transportiert und gelagert werden.

Dienstleistungen
Dienstleistungen sind die immateriellen Produkte von Betrieben. Es kann sich dabei um **Verrichtungen**, wie beispielsweise das Putzen von Räumen, oder um die **Bereitstellung von Gütern**, wie beispielsweise die Vermietung von Büroräumen oder die Bereitstellung von Adressen potenzieller Kunden, handeln.

1.1.4 Märkte

Beim Übergang der Güter zwischen den Wirtschaftssubjekten bilden sich die sogenannten Märkte, die folgendermaßen definiert werden können:

> **Märkte** bestehen jeweils aus allen Wirtschaftssubjekten, die Güter anbieten und nachfragen, die sich gegenseitig ersetzen können.

Wie eng Märkte abgegrenzt werden, hängt davon ab, wie umfassend die Ersetzbarkeit definiert wird. Bei einer weiten Marktabgrenzung könnten beispielsweise Personenkraftwagen durch Lastkraftwagen ersetzt werden, bei einer engen Marktabgrenzung können beispielsweise Roadster mit einer bestimmten Motorleistung nur durch andere Roadster mit einer ähnlichen Motorleistung ersetzt werden.

Marktabgrenzung

Abb. 1-6

Marktumfeld von Betrieben

Vergleiche *Jung, H.* 2004: Seite 8

1.1 Grundlagen
Begriffe

Die Märkte können nach ihrer Stellung zum Betrieb in Beschaffungsmärkte, in Arbeitsmärkte, in Geld- und Kapitalmärkte sowie in Absatzmärkte unterteilt werden (↗ Abbildung 1-6).

In Abhängigkeit von der Anzahl und der Marktstellung der anbietenden und der nachfragenden Wirtschaftssubjekte können darüber hinaus verschiedene **Marktformen**, wie beispielsweise Angebotsmonopole, unterschieden werden. Auf diese Marktformen wird im ↗ Kapitel 5 Entscheidungen über zwischenbetriebliche Verbindungen noch näher eingegangen.

Preisbildung

Durch das Zusammentreffen von Angebot und Nachfrage werden den Gütern auf den Märkten bestimmte Werte in Form von **Preisen** zugewiesen und die Angebots- und Nachfragemengen aufeinander abgestimmt. Für die **Preisbildung** gibt es verschiedene Mechanismen, wie die nachfolgenden Beispiele zeigen:

- Wenn einem Anbieter für ein Gut mehrere Nachfrager gegenüberstehen, wie das beispielsweise bei eBay oder Sotheby's häufig der Fall ist, kann die Preisbildung über **Auktionen** erfolgen, bei denen sich die Nachfrager gegenseitig überbieten.
- Wenn einem Nachfrager für ein Gut mehrere Anbieter gegenüberstehen, wie dies beispielsweise beim Einkauf von Normteilen wie Schrauben durch Industrieunternehmen häufig der Fall ist, kann die Preisbildung über **reverse Auktionen** erfolgen, bei denen sich die Anbieter gegenseitig unterbieten.
- Wenn mehreren Anbietern für ein Gut mehrere Nachfrager gegenüberstehen, wie dies beispielsweise bei Wertpapierbörsen der Fall ist, kann die Preisbildung erfolgen, indem nach dem sogenannten **Meistausführungsprinzip** ein Preis gewählt wird, der möglichst viele Angebote und Nachfragen erfüllt.

Zwischenübung Kapitel 1.1.4

An einer Wertpapierbörse ergeben sich bei der untertätigen Preisbestimmung die in der nachfolgenden Tabelle aufgeführten Angebote und Nachfragen nach einer Aktie, die jeweils teilweise erfüllt werden können. Ermitteln Sie, gemäß dem Meistausführungsprinzip, bei welchem Preis wie viele Aktien gehandelt würden und bestimmen Sie den Gleichgewichtskurs, bei dem am meisten Aktien umgesetzt würden (Hinweis: Zwischenergebnisse dienen der Selbstkontrolle).

Preislimit	Angebotene Aktien	Kumuliertes Angebot	Nachgefragte Aktien	Kumulierte Nachfrage	Gehandelte Stück
20,00 €	250 Stück	250	900 Stück	2 540 Stück	250
20,21 €	0 Stück	250	700 Stück	1840	
20,34 €	280 Stück	530	0 Stück	1840	
20,50 €	300 Stück	830	400 Stück	1440	830 Stück
20,56 €	290 Stück	1120	0 Stück	1440	
20,73 €	0 Stück	1120	340 Stück	1100	
20,88 €	450 Stück	1570	0 Stück	1100	
21,00 €	800 Stück	2 370 Stück	200 Stück	900	

Wenn der Wert der gesamten Outputgüter eines Betriebes während eines Zeitraums größer ist als der Wert der gesamten Inputgüter während dieses Zeitraums, ergibt sich eine **Wertschöpfung** und es wird ein Gewinn erwirtschaftet. Der sich ergebende **Mehrwert** wird über die **Mehrwert-** beziehungsweise **Umsatzsteuer** besteuert (vergleiche *Jung, H.* 2004: Seite 7 f. und *Schierenbeck, H.* 2003: Seite 18 f.).

Wert und Mehrwert

1.1.5 Anspruchsgruppen

> **Anspruchsgruppen** beziehungsweise **Stakeholder** eines Betriebes sind alle Wirtschaftssubjekte, die in Beziehung zu dem Betrieb stehen und damit das Handeln des Betriebes beeinflussen und/oder von den Handlungen des Betriebes betroffen sind (vergleiche *Rüegg-Stürm, J.* 2002: Seite 33).

Das Management und die Mitarbeiter stellen dabei interne, die Eigentümer, die Fremdkapitalgeber, die Lieferanten, die Kunden, die Konkurrenten, der Staat und die Gesellschaft externe Anspruchsgruppen dar (↗ Abbildung 1-7).

Abb. 1-7

Stakeholder

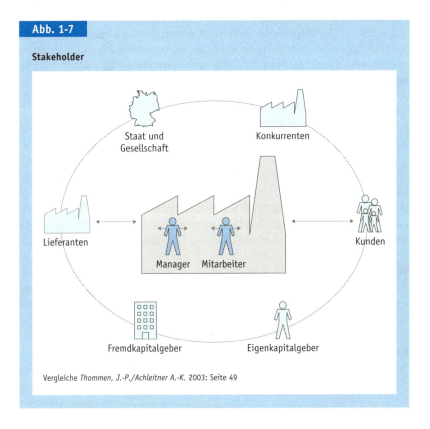

Vergleiche *Thommen, J.-P./Achleitner A.-K.* 2003: Seite 49

Grundlagen
Begriffe

Zwischen den Anspruchsgruppen und den Betrieben bestehen die folgenden vertraglichen Beziehungen und die Anspruchsgruppen haben typischerweise folgende Interessen (vergleiche *Ulrich, P./Fluri E.* 1995: Seite 79):

Interessen der internen Anspruchsgruppen

Manager
Manager leiten Betriebe und erhalten im Gegenzug eine Vergütung. Typische Interessen der Manager sind neben den nachfolgend unter Mitarbeitern aufgeführten Interessen noch Macht, Einfluss, Selbstständigkeit und Entscheidungsautonomie.

Mitarbeiter
Mitarbeiter stellen Betrieben ihre Arbeitsleistung zur Verfügung und erhalten im Gegenzug eine Entlohnung. Typische Interessen der Mitarbeiter sind hohe Einkommen, sichere Arbeitsplätze, Möglichkeiten zur Persönlichkeitsentfaltung, zwischenmenschliche Kontakte, Status, Anerkennung und Prestige.

Interessen der externen Anspruchsgruppen

Eigenkapitalgeber
Eigenkapitalgeber, die abhängig von der Rechtsform auch als Eigentümer, (Anteils-)Eigner, Gesellschafter, Aktionäre oder Shareholder bezeichnet werden, stellen Betrieben Eigenkapital zur Verfügung und erhalten im Gegenzug Gewinnanteile. Typische Interessen der Eigenkapitalgeber sind Wertsteigerungen des investierten Kapitals, hohe Gewinne und damit eine hohe Verzinsung des investierten Kapitals, der Erhalt und die Selbstständigkeit des Unternehmens und eine weitgehende Entscheidungsautonomie.

Fremdkapitalgeber
Fremdkapitalgeber stellen Betrieben Fremdkapital zur Verfügung und erhalten im Gegenzug Zinsen. Typische Interessen der Fremdkapitalgeber sind sichere Kapitalanlagen und hohe Verzinsungen.

Lieferanten
Lieferanten stellen Betrieben Güter zur Verfügung und erhalten im Gegenzug eine Bezahlung. Typische Interessen der Lieferanten sind stabile Lieferbeziehungen, gute Verkaufskonditionen und die ständige Zahlungsfähigkeit der Abnehmer.

Kunden
Kunden leisten Zahlungen an Betriebe und erhalten im Gegenzug Produkte. Typische Interessen der Kunden sind qualitativ hochwertige Produkte zu günstigen Konditionen und ein guter Service.

Konkurrenten
Typische Interessen der Konkurrenten sind Markterfolge zulasten der Betriebe und die Einhaltung fairer Spielregeln.

Staat und Gesellschaft
Der Staat und die Gesellschaft stellen Betrieben eine Infrastruktur zur Verfügung und erhalten im Gegenzug Steuern. Typische Interessen von Staat und Gesellschaft sind hohe Steuerzahlungen, Schaffung und Erhalt von Arbeitsplätzen, hohe Beiträge zur Infrastruktur und zur Kultur, Einhaltung von Rechtsvorschriften und Normen und Schutz der Umwelt.

1.2 Einordnung der Betriebswirtschaftslehre in die Wissenschaften

> Unter dem Begriff **Wissenschaft** wird die forschende Tätigkeit in einem bestimmten Bereich verstanden, die mit dem Ziel betrieben wird, Wissen hervorzubringen.

Die Betriebswirtschaftslehre ist eine Wissenschaft, die im Gefüge der Wissenschaften folgendermaßen eingeordnet werden kann:

Nichtmetaphysische Wissenschaft
Innerhalb der Wissenschaften stellt die Betriebswirtschaftslehre eine nichtmetaphysische Wissenschaft dar (↗ Abbildung 1-8), die anders als metaphysische Wissenschaften, wie die Philosophie oder die Theologie, überprüfbare Sachverhalte zum Gegenstand hat und sich nicht damit beschäftigt, was jenseits des Physischen sein könnte.

Realwissenschaft
Die nichtmetaphysischen Wissenschaften werden weiter in die Real- und die Idealwissenschaften unterteilt. Die Betriebswirtschaftslehre wird den **Realwissenschaften** zugeordnet, die in der Wirklichkeit vorhandene Sachverhalte zum Gegenstand haben. Ihre Aussagen sind dadurch nicht nur logisch, sondern immer auch faktisch überprüfbar. **Idealwissenschaften**, wie die Logik oder die Mathematik, haben hingegen keinen Bezug zu realen Handlungsfeldern, sondern nur zu von Menschen erdachten Sachverhalten.

Geisteswissenschaft
Zu den Realwissenschaften gehören die **Naturwissenschaften**, wie die Physik, die Chemie oder die Biologie, die sich mit Sachverhalten auseinandersetzen, die auch ohne den Einfluss des Menschen existieren und deren Aussagen in der Natur überprüfbar sind, und die **Geisteswissenschaften**, die sich mit Sachverhalten befassen, die aufgrund des menschlichen Geistes existieren. Die Betriebswirtschaftslehre wird den Geisteswissenschaften zugerechnet.

1.2 Grundlagen
Einordnung der Betriebswirtschaftslehre in die Wissenschaften

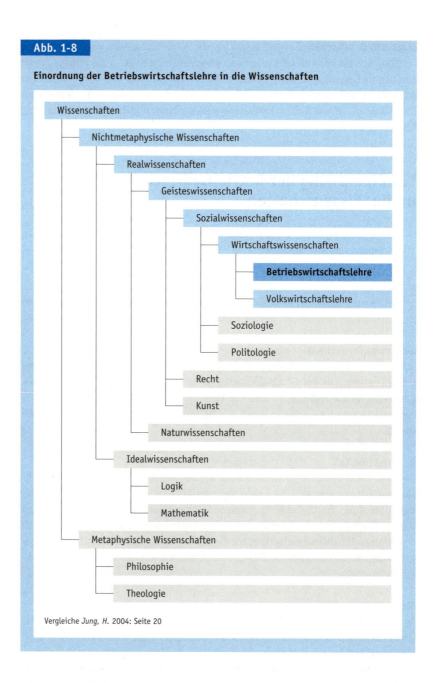

Abb. 1-8

Einordnung der Betriebswirtschaftslehre in die Wissenschaften

Vergleiche *Jung, H.* 2004: Seite 20

Sozialwissenschaft

Teilbereiche der Geisteswissenschaften sind unter anderem die Rechtswissenschaften, die Sprachwissenschaften und die Sozialwissenschaften, denen wiederum die Betriebswirtschaftslehre zugeordnet wird. Die Sozialwissenschaften beschäftigen sich mit dem Handeln und dem Zusammenleben der Menschen im sozialen und gesellschaftlichen Kontext.

Wirtschaftswissenschaft
Zu den Sozialwissenschaften gehören, neben der Soziologie, der Sozialpädagogik und der Politologie, die Wirtschaftswissenschaften. Die Wirtschaftswissenschaften umfassen die Volks- und die Betriebswirtschaftslehre (vergleiche *Jung, H.* 2004: Seite 19 f. und *Wöhe, G.* 2002: Seite 24 f.):
- Die **Volkswirtschaftslehre** untersucht die gesamtwirtschaftlichen Zusammenhänge der Aktivitäten, die von den einzelnen Wirtschaftseinheiten (Unternehmen, Organisationen, Staat) ausgehen, und betrachtet diese von oben, also aus der übergeordneten Perspektive einer Wirtschaftsregion oder eines Staates. Diese Betrachtungsweise soll es ermöglichen, das Wesen der Wirtschaft als Ganzes zu untersuchen und in seinen Zusammenhängen zu erkennen (vergleiche *Schierenbeck, H.* 2003: Seite 6). Dadurch sollen Lösungen für Probleme wie Rezession, Inflation, Arbeitslosigkeit oder die Rentenfinanzierung gefunden werden.
- Die **Betriebswirtschaftslehre** orientiert sich dagegen an den Vorgängen innerhalb der Wirtschaftssubjekte. Sie kann als angewandte praktische Wissenschaft charakterisiert werden, die insbesondere die Aufgaben hat:
  – reale Sachverhalte zu beschreiben (Deskription),
  – theoretische Erklärungen für Ursache-Wirkungs-Zusammenhänge zu liefern (Kausalitäten) und daraus abgeleitet
  – realitätsnahe und umsetzbare Handlungsempfehlungen zu geben.

1.3 Unterteilung der Betriebswirtschaftslehre

Nach der Branchenorientierung kann die Betriebswirtschaftslehre folgendermaßen unterteilt werden:

Unterteilung nach der Branchenorientierung

Allgemeine Betriebswirtschaftslehre
Die Allgemeine Betriebswirtschaftslehre hat Sachverhalte und Probleme zum Gegenstand, die für die Betriebe in allen Branchen gleich sind, und zwar unabhängig von dem Wirtschaftszweig, dem sie angehören. In der Regel werden deshalb die verschiedenen Funktionsbereiche von Unternehmen betrachtet.

Spezielle Betriebswirtschaftslehre
Die speziellen Betriebswirtschaftslehren beschäftigen sich mit den spezifischen Problemen und Fragestellungen von Betrieben, die einzelnen Branchen angehören. Die wichtigsten Formen der speziellen Betriebswirtschaftslehre sind:
- die Industriebetriebslehre,
- die Handelsbetriebslehre,
- die Bankbetriebslehre,
- die Versicherungsbetriebslehre,

- die Verkehrsbetriebslehre,
- die Betriebswirtschaftslehre des Handwerks und
- die Betriebswirtschaftslehre der Landwirtschaft.

Unterteilung nach dem Wissenschaftsprogramm

Nach dem zugrunde liegenden Wissenschaftsprogramm können folgende Ausrichtungen der Betriebswirtschaftslehre unterschieden werden:

Produktionsfaktororientierte Betriebswirtschaftslehre
Im Mittelpunkt der insbesondere auf *Erich Gutenberg* zurückgehenden produktionsfaktororientierten Betriebswirtschaftslehre steht die Gestaltung der Kombination von Produktionsfaktoren in Betrieben.

Entscheidungsorientierte Betriebswirtschaftslehre
Im Mittelpunkt der insbesondere auf *Edmund Heinen* zurückgehenden entscheidungsorientierten Betriebswirtschaftslehre steht die Entwicklung von Entscheidungsmodellen für die in Betrieben zu treffenden Entscheidungen.

Systemorientierte Betriebswirtschaftslehre
Im Mittelpunkt der insbesondere auf *Hans Ulrich* zurückgehenden systemorientierten Betriebswirtschaftslehre steht die Entwicklung von kybernetischen Systemen zur Abbildung der in und zwischen Betrieben und Haushalten vorhandenen Regelkreise.

Institutionenökonomieorientierte Betriebswirtschaftslehre
Im Mittelpunkt der insbesondere auf *Ronald Coase* zurückgehenden institutionenökonomieorientierten Betriebswirtschaftslehre steht die Gestaltung des institutionellen Rahmens von Tauschprozessen zwischen den Wirtschaftssubjekten.

1.4 Entwicklung der Betriebswirtschaftslehre

Die Entwicklung der Betriebswirtschaftslehre muss im Kontext der Entwicklung des Wirtschaftens gesehen werden. Wichtige Meilensteine der Entwicklung waren:
- Nicht datierbar: Beginn des Handels zwischen Stämmen.
- Etwa 8000 vor unserer Zeitrechnung: Beginn der Landwirtschaft im sogenannten Fruchtbaren Halbmond, der Teile der heutigen Länder Türkei, Irak, Syrien und Libanon umfasste.
- Etwa 8000 vor unserer Zeitrechnung: Physische Dokumentation landwirtschaftlicher Bestände über Ton-Tokens.
- Etwa 5000 vor unserer Zeitrechnung: Beginn der Landwirtschaft in Gebieten des heutigen Deutschlands.
- Etwa 4000 vor unserer Zeitrechnung: Gründung von befestigten Städten und Staaten und Erhebung von Steuern durch die Sumerer im Zweistromland nördlich des heutigen Bagdads.

- Etwa 3500 vor unserer Zeitrechnung: Erfindung der Keilschrift auf Tontafeln durch die Sumerer. Erste Anwendungen für Verträge und Rechnungen.
- Etwa 700 vor unserer Zeitrechnung: Erfindung des Geldes in Form von Goldklumpen durch die Lyder.
- Etwa 450 vor unserer Zeitrechnung: Entwicklung eines differenzierten Rechtssystems durch die Römer.
- 380 vor unserer Zeitrechnung: Der griechische Philosoph *Xenophon* verfasst die Lehrschrift »Oikonomeia« über die Bewirtschaftung von Landgütern.
- 350 vor unserer Zeitrechnung: Der griechische Philosoph *Aristoteles* verfasst die Lehrschrift »Über Haushaltung in Familie und Staat«.
- 1340: Erste Belege für eine doppelte Buchführung in den Büchern der städtischen Finanzbeamten Genuas.
- 1494: Der italienische Franziskanermönch und Mathematikprofessors *Luca Pacioli* verfasst ein Lehrbuch zur Buchführung.
- 1511: Die *Fugger* in Augsburg erstellen erste Bilanzen und Jahresabschlüsse.
- 1673: Veröffentlichung des französischen Handelsgesetzbuches »Ordonnance de Commerce«.
- 1675: Der Franzose *Jacques Savary* (1622–1690) veröffentlicht das erste Lehrbuch zur Betriebswirtschaftslehre »Le parfait Négociant«.
- 1861: Veröffentlichung des Allgemeinen Deutschen Handelsgesetzbuches.
- 1898: Gründung von Handelshochschulen in Leipzig, Aachen, St. Gallen und Wien und damit Beginn der Betrachtung der Betriebswirtschaftslehre als Wissenschaft.
- 1912: Der deutsche Professor *Heinrich Nicklisch* veröffentlicht das erste deutsche Lehrbuch zur allgemeinen Betriebswirtschaftslehre.
- 1919: Der deutsche Professor *Eugen Schmalenbach* veröffentlicht die erste Auflage des Buchs »Dynamische Bilanz«.
- 1951: Der deutsche Professor *Erich Gutenberg* veröffentlicht den ersten von drei Bänden seines Werks »Grundlagen der Betriebswirtschaftslehre«. In ihnen behandelt *Gutenberg* die Bereiche der Produktion, des Absatzes und der Finanzen als ein geschlossenes System.
- 1960: Der deutsche Professor *Günter Wöhe* veröffentlicht die erste Auflage des Lehrbuchs »Einführung in die Allgemeine Betriebswirtschaftslehre«.

1.5 Restriktionen durch die Wirtschaftsordnung

Wirtschaftsordnungen geben allen Betrieben einen verbindlichen Handlungsrahmen vor.

Historisch gesehen, stehen sich zwei Grundtypen von Wirtschaftsordnungen gegenüber, die jeweils durch eine ganz bestimmte politische Systemidee geprägt sind: die Zentralverwaltungswirtschaft und die Marktwirtschaft (↗ Tabelle 1-1, vergleiche *Bartling, H./Luzius, F.* 1991: Seite 35, *Frantzke, A.* 1999: Seite 54 ff.). In der wirtschaftspolitischen Realität zeigen sich in aller Regel Mischformen dieser beiden Extreme, die in Abhängigkeit von der politischen Ordnung mehr in die eine oder in

Grundtypen von Wirtschaftsordnungen

Tab. 1-1

Vergleich von Zentralverwaltungs- und Marktwirtschaft

	Kapitalistische Marktwirtschaft (Privateigentum)	Sozialistische Zentralverwaltungswirtschaft (Staatseigentum)
Entscheidungsstrukturen	▸ dezentral ▸ in eigener Verantwortung ▸ kollegiale Entscheidungsstrukturen	▸ zentral ▸ in Verantwortung gegenüber der nächsthöheren Instanz ▸ hierarchische Entscheidungsstrukturen
Information und Koordination	▸ dezentrale Informationsverarbeitung ▸ dezentrale Wirtschaftspläne ▸ Preissystem (relative Preise)	▸ zentrale Informationsverarbeitung ▸ zentraler Volkswirtschaftsplan ▸ zentrale Bürokratie
Motivation und Sanktion	▸ Privateigentum ▸ Gewinn und Verlust	▸ Soziale Anerkennung in Abhängigkeit von der Planerfüllung ▸ Leistungskontrollen, Prämiensystem

Vergleiche *Frantzke, A.* 1999: Seite 56

die andere Richtung tendieren. In der jeweiligen **Wirtschaftsverfassung** werden dabei die Normen und Gesetze definiert, innerhalb derer sich die reale Wirtschaftsordnung bewegen kann.

1.5.1 Zentralverwaltungswirtschaft

Idee des Sozialismus

Zentralverwaltungswirtschaften beruhen auf der Systemidee des Sozialismus. Im Gegensatz zu den Verfechtern der Marktwirtschaft glaubten *Karl Marx* (1818–1883) und *Friedrich Engels* (1820–1895), dass die ökonomische Freiheit des Individuums nicht zu einer allgemeinen Wohlfahrtssteigerung führt, sondern vielmehr dazu, dass die Menschen sich gegenseitig »ausbeuten« und dadurch letztlich die Volkswirtschaft zusammenbricht. Aus diesem Grund forderten sie die Begrenzung der Freiheit des einzelnen Individuums und insbesondere des Unternehmers mit staatlicher Hilfe. Dementsprechend ist die Zentralverwaltungswirtschaft durch einen **staatlichen**

Staatliche Planung

Dirigismus geprägt. Alle wirtschaftlichen Aktivitäten werden zentral von einer der politischen Führung direkt zugeordneten Behörde geplant, die den überwiegenden Anteil der Produktionsmittel, etwa in Form von Kolchosen, Landwirtschaftlichen Produktionsgenossenschaften oder Volkseigenen Betrieben, in der Hand hält. Alle wirtschaftlichen Prozesse werden an einem **zentralen Wirtschaftsplan** ausgerichtet (in der Regel ein Fünfjahresplan). Er gibt beispielsweise vor, welche Güterarten- und -mengen zu produzieren sind. Privateigentum an Produktionsmitteln ist nicht vorgesehen.

Problematik

Das grundlegende Problem der Zentralverwaltungswirtschaft liegt in der Komplexität des erforderlichen Planungs- und Kontrollsystems, die von der zentralen Planungsinstanz kaum zu bewältigen ist. Zeitnahe Reaktionen auf Nachfrageänderungen oder die schnelle Integration von neuen Technologien in den Produktionsprozess sind nicht möglich. Zudem bestehen keine Möglichkeiten zur Gestaltung eines wirksamen Leistungsanreizsystems. Die in der Praxis noch vorhandenen Varianten dieses Modells werden aufgrund der politischen Veränderungen im Zusammenhang mit ihrer wirtschaftlichen Erfolglosigkeit zunehmend durch marktwirtschaftliche Systeme beziehungsweise Systemelemente ersetzt.

1.5.2 Marktwirtschaft

Die Marktwirtschaft beruht auf der Systemidee des Liberalismus, der die völlige Entscheidungsfreiheit aller Wirtschaftssubjekte postuliert. Ihre Hauptvertreter sind der englische Philosoph und Nationalökonom *Adam Smith* (1723–1790) mit seinem Werk »Inquiry into the Nature and Causes of the Wealth of Nations« und *David Ricardo* (1772–1823). Ferner zählen *Thomas Robert Malthus* (1766–1834), *John Stuart Mill* (1806–1873) sowie *Jean Baptiste Say* (1767–1832) zu den Verfechtern eines Wirtschaftsliberalismus. *Smith* ging davon aus, dass sich der durch den Eigennutz motivierte freie Wettbewerb wie durch eine unsichtbare Hand (»invisible hand«) in Gemeinnutz wandelt und so eine optimale Bedürfnisbefriedigung und eine Steigerung der allgemeinen Wohlfahrt erreicht wird. Der Staat sollte sich dabei wirtschaftspolitisch möglichst zurückhalten.

Idee des Liberalismus

Die wirtschaftlichen Aktivitäten in einer Marktwirtschaft beruhen demzufolge auf den individuell aufgestellten Plänen der einzelnen Wirtschaftssubjekte (Unternehmen, Haushalte), die jeweils das Ziel der Gewinnmaximierung verfolgen. Sie stellen gemäß ihren jeweiligen Präferenzen die Konsum- und Produktionspläne auf. Die Abstimmung der Pläne erfolgt über den Wettbewerb auf den nicht regulierten Märkten, auf denen das Angebot und die Nachfrage aufeinandertreffen. Eine wesentliche Voraussetzung ist das Vorhandensein von **Privateigentum**, über das der Eigentümer nach Belieben verfügen darf und aus dem ihm die Erträge zustehen.

Individuelle Planung

Ein Hauptproblem des marktwirtschaftlichen Systems stellen die Konzentrationsvorgänge von Wirtschaftssubjekten dar, die ihren Ausdruck in Unternehmenszusammenschlüssen jedweder Art finden. Die sich daraus ergebende wirtschaftliche Macht, beispielsweise von Monopolisten als alleinigen Anbietern eines bestimmten Produkts, kann das freie Zusammenspiel von Angebot und Nachfrage einseitig beeinflussen und damit die Grundvoraussetzungen der Marktwirtschaft außer Kraft setzen. Zu bemängeln ist auch das Fehlen von sozialen Komponenten: Diejenigen Menschen, die nicht in der Lage sind, ihre ganze Arbeitskraft in den Produktionsprozess einzubringen, werden schnell an den Rand von Wirtschaft und Gesellschaft gedrängt (vergleiche *Frantzke, A.* 1999: Seite 61 und *Heubes, J.* 1992: Seite 51).

Problematik

1.5.3 Soziale Marktwirtschaft

Die Ausprägung der Marktwirtschaft in Deutschland wird als Soziale Marktwirtschaft bezeichnet. Sie versucht, unter Beibehaltung möglichst weitreichender wirtschaftlicher Freiheiten, die Nachteile der freien Marktwirtschaft zu verringern.

Sozialstaatsprinzip

Um die soziale Gerechtigkeit zu gewährleisten, muss es dem Staat möglich sein, unter bestimmten Bedingungen in die Freiheit des Individuums einzugreifen. Im *Grundgesetz* Artikel 20 Absatz 1 und Artikel 28 Absatz 1 wird deshalb das Prinzip der Sozialstaatlichkeit definiert. In einer umfassenden Sozialordnung wird dabei geregelt, wie eine Einkommensumverteilung zugunsten sozial Schwächerer stattfinden kann, so zum Beispiel durch eine Progression der Einkommensteuer. Ein wichtiges Instrument zur Sicherung der sozial Schwachen – und damit einer Umverteilung von denjenigen, die »stärker« sind – ist die Sozialversicherung, deren Beiträge von der Höhe des Einkommens der Arbeitnehmer abhängen. Sie setzt sich aus Kranken-, Renten-, Arbeitslosen- und Pflegeversicherung zusammen.

1.6 Normativer Rahmen

Der normative Rahmen von Unternehmen (↗ Abbildung 1-9) schränkt zum einen durch die Vorgabe eines Wertesystems und einer Mission den Handlungsspielraum der Mitarbeiter in sinnvoller Weise ein. Zum anderen gibt er durch die Vorgabe einer Vision und eines Zielsystems Orientierung hinsichtlich der Ausrichtung des Unternehmens (vergleiche dazu und zum Folgenden *Müller-Stewens, G./Brauer, M.* 2009: Seite 150 ff.; *Meffert, H.* 2000: Seite 69 ff. und *Thommen, J.-P./Achleitner A.-K.* 2003: Seite 834 ff.).

Abb. 1-9

Elemente des normativen Rahmens von Unternehmen

Normativer Rahmen 1.6

Zur internen und externen Kommunikation werden die Bestandteile des normativen Rahmens häufig in sogenannten **Unternehmensleitbildern** explizit formuliert.

Unternehmensleitbild

1.6.1 Vision

Die Vision gibt eine Antwort auf die Frage: »Wo sehen wir uns selbst langfristig?«. Sie gibt damit eine Orientierung, wohin sich das Unternehmen zukünftig entwickeln will.

> Unter einer **Unternehmensvision** wird eine generelle unternehmerische Leitidee verstanden, die zwar szenarische, aber dennoch realistische und glaubwürdige Aussagen hinsichtlich einer anzustrebenden und im Prinzip auch erreichbaren Zukunft formuliert.

Unternehmensvisionen sollen also ein attraktives Bild der Zukunft des Unternehmens aufzeigen und damit die Leistungsbereitschaft der Mitarbeiter fördern und ihrer Arbeit einen Sinn geben. Unternehmensvisionen können erhebliche Motivationswirkungen haben, wenn sie akzeptiert und als erstrebenswert angesehen werden. Sie haben damit einen handlungsleitenden Charakter (vergleiche *Vahs, D.* 2012: Seite 132 f.). Die Art und Weise, wie Unternehmen mit ihren Leistungen einen langfristigen Nutzen für die Nachfrager stiften können, ist dabei ein wesentliches Element für die Formulierung einer Vision.

Wirtschaftspraxis 1-7

Die Visionen von Daimler und Ford

Viele herausragende Unternehmerpersönlichkeiten der Wirtschaftsgeschichte haben mit den von ihnen formulierten Visionen dafür gesorgt, dass sich ihre Unternehmen trotz vielfältiger Veränderungen dauerhaft auf eine Leitidee konzentrierten. So war beispielsweise die Vision von *Gottlieb Daimler*, dass sich die Menschheit schneller und bequemer fortbewegen kann.
Dass eine Vision nicht vieler Worte bedarf und dennoch, oder gerade deshalb, eine große Aussage- und Anziehungskraft besitzt und weitreichende Auswirkungen haben kann, macht die Leitidee von *Henry Ford* deutlich. Dessen prägnante Vision »Autos für jedermann« verhalf nicht nur dem Erfolgsmodell *Tin Lizzy* Anfang des 20. Jahrhunderts zu seiner Geburtsstunde, sondern dient auch heute noch dem Automobilkonzern als Orientierungshilfe.

Quellen: *Küttenbaum, V.*: Fortschritt durch Basisanalyse, in: IO Management, Nummer 9, 1992, Seite 93; *Henzler, H. A.*: Vision und Führung, in: *Hahn, D./Taylor, B.* (Herausgeber): Strategische Unternehmensführung, 7. Auflage, Heidelberg 1997, Seite 291.

1.6.2 Mission

Eng verknüpft mit dem durch die Unternehmensvision vorgegebenen Zukunftsbild des Unternehmens ist die daraus resultierende Mission als Handlungsauftrag für das gegenwärtige Unternehmen. Die Mission gibt entsprechend Antworten auf die Frage »Warum gibt es uns?«.

> Die **Unternehmensmission** beziehungsweise die **Business-Mission** beschreibt den Zweck und den Gegenstand des gegenwärtigen unternehmerischen Handelns.

Mit der Beschreibung des grundlegenden Tätigkeitsfeldes des Unternehmens legt die Unternehmensmission also fest, welche Leistungen das Unternehmen anbietet und welche Probleme es löst. In den meisten Fällen wird dies als sogenannter »Gegenstand des Unternehmens« bereits bei der Gründung im Gesellschaftsvertrag niedergelegt. Zur Kommunikation gegenüber Mitarbeitern, Kunden und anderen Interessenten wird die Unternehmensmission häufig auch in Form eines sogenannten **Mission-Statements** festgehalten.

Wirtschaftspraxis 1-8

Gegenstand der BMW AG

In ihrer Satzung gibt die *BMW* AG folgenden Gegenstand des Unternehmens an: »Gegenstand des Unternehmens ist die Herstellung und der Vertrieb von Motoren und allen damit ausgestatteten Fahrzeugen, deren Zubehör sowie aller Erzeugnisse der Maschinen-, Metall- und Holzindustrie.«

Quelle: *BMW AG*: Satzung vom 23.11.2011, § 2, Absatz 1.

1.6.3 Wertesystem

Das Wertesystem von Unternehmen umfasst zum einen die Unternehmensidentität und zum anderen die Unternehmensgrundsätze.

1.6.3.1 Unternehmensidentität

Die Frage »Wer sind wir?« wird im Rahmen der Festlegung der Unternehmensidentität beziehungsweise der **Corporate Identity** (CI) geklärt. Die Corporate Identity bestimmt gewissermaßen die Unternehmenspersönlichkeit und damit das Bild beziehungsweise das Image des Unternehmens, das intern gegenüber den Mitarbeitern und extern gegenüber der Öffentlichkeit vermittelt werden soll. Dies ist heute besonders wichtig, da viele Produkte austauschbar geworden sind und Kaufentscheidungen deshalb häufig aufgrund des Unternehmensimages getroffen werden.

Normativer Rahmen 1.6

Die Unternehmensidentität wird durch den sogenannten Identitäts-Mix aus:
- Erscheinungsbild (Corporate Design),
- Verhalten (Corporate Behaviour) und
- Kommunikation (Corporate Communication)

geschaffen und vermittelt (vergleiche dazu und zum Folgenden *Herbst, D.* 2006 und *Meffert, H.* 2000: Seite 705 ff.).

Identitäts-Mix

Erscheinungsbild (Corporate Design)

So wie sich Menschen in einer bestimmten Art und Weise kleiden, um einen bestimmten Eindruck zu erwecken, legt das Corporate Design das Erscheinungsbild des Unternehmens fest. So kann sich ein Unternehmen beispielsweise als besonders innovativ darstellen, um den Anforderungen eines dynamischen Markt- und Wettbewerbsumfeldes gerecht zu werden. Das Corporate Design kann dabei unter anderem Vorgaben für folgende Elemente umfassen:

- Logo des Unternehmens,
- zu verwendende Farben,
- Stil von Abbildungen und Fotos,
- typographische Gestaltung von Geschäftspapieren, Geschäftsberichten und anderen Druckmedien,
- Internetauftritt,
- Gestaltung von Produkten und deren Verpackungen,
- Architektur (Corporate Architecture),
- Arbeitskleidung (Corporate Fashion),
- Erkennungsklang des Unternehmens (Sonic Identity) und
- Raumdüfte (Corporate Scent), die in Geschäfts- und Verkaufsräumen eingesetzt werden.

Elemente des Corporate Designs

Da das Corporate Design unmittelbar in der Öffentlichkeit wahrgenommen wird und im Vergleich zum Corporate Behaviour relativ leicht zu beeinflussen ist, haben heute fast alle größeren Unternehmen ein professionell gestaltetes Erscheinungsbild.

Wirtschaftspraxis 1-9

Corporate Design der Festo AG & Co. KG

Der Hersteller von pneumatischen und elektrischen Automatisierungskomponenten und -systemen hat ein sehr weit entwickeltes Corporate Design, das in einem Manual ausführlich beschrieben wird. Es basiert farblich auf zwei Blau- und zwei Grautönen. Diese Farben werden nicht nur zur Gestaltung des Firmenlogos und von Druckmedien verwendet, sondern auch bei der Farbgebung von Produkten und sogar von Betriebsgebäuden.

Quelle: *Festo AG & Co. KG*: Corporate Design, Oktober 2000.

1.6 Grundlagen
Normativer Rahmen

Verhalten (Corporate Behaviour)

Das Corporate Behaviour versucht, das Verhalten der Mitarbeiter und damit die **Unternehmenskultur** zu beeinflussen. Während es sich bei den nachfolgend beschriebenen Unternehmensgrundsätzen um zumeist schriftlich fixierte Regeln handelt, wird die Unternehmenskultur primär von ungeschriebenen Gesetzen geprägt, die sich in bestimmten Verhaltensweisen und Ritualen äußern, so etwa

Faktoren der Unternehmenskultur

- wie der Umgangston untereinander und gegenüber Externen ist,
- wer wie informiert wird,
- wer welche Entscheidungen trifft,
- wie Entscheidungen getroffen werden,
- welcher Führungsstil angestrebt wird,
- welche Risiken eingegangen werden,
- wie mit Verbesserungsvorschlägen umgegangen wird,
- wie auf Erfolge und Misserfolge reagiert wird,
- wer protegiert und befördert wird,
- wer welche Art von Kleidung trägt oder
- wie sozialer Status symbolisiert wird.

Das Verhalten der Mitarbeiter und die Unternehmenskultur sind wesentlich schwieriger zu beeinflussen als das visuelle Erscheinungsbild des Unternehmens. Entsprechende Veränderungen setzen einen Wandel der subjektiven und kollektiven Einstellungen und Verhaltensweisen voraus. Sie müssen insbesondere von den Führungskräften ausgehen, indem diese beispielsweise die gewünschten Verhaltensmuster aktiv vorleben oder Mitarbeiter mit bestimmten Persönlichkeitsmerkmalen einstellen und befördern.

Kommunikation (Corporate Communication)

Die Corporate Communication umfasst insbesondere Instrumente der Öffentlichkeitsarbeit beziehungsweise der Public-Relations, auf die wir im ↗ Kapitel 18 Marketing noch ausführlich eingehen werden.

1.6.3.2 Unternehmensgrundsätze

Die Unternehmensgrundsätze beziehungsweise **Policies and Practice** geben Auskunft auf die Frage »Nach welchen Grundwerten und Grundsätzen handeln wir?«. Meistens werden die Unternehmensgrundsätze schriftlich fixiert und innerhalb des Unternehmens kommuniziert. Die Unternehmensgrundsätze können weiter in die Unternehmensverfassung und die Verhaltenskodizes unterteilt werden.

Unternehmensverfassung (Corporate-Governance-System)

Unternehmensverfassungen geben der Unternehmensführung Regeln für die Leitung und die Überwachung von Unternehmen vor. Auf sie werden wir im ↗ Kapitel 6 Unternehmensverfassung noch ausführlich eingehen.

Wirtschaftspraxis 1-10

Unternehmensgrundsätze der Nestlé S. A.

In seinen Unternehmensgrundsätzen vom September 2004 legt der schweizerische Nahrungsmittelkonzern seine Haltung zu den Bereichen nationale Gesetzgebung und internationale Empfehlungen, Konsumenten, Gesundheit und Ernährung von Säuglingen, Menschenrechte, Mitarbeiter und ihr Arbeitsplatz, Kinderarbeit, Geschäftspartner, Umweltschutz, Wasserpolitik und landwirtschaftliche Rohstoffe fest.

So hat *Nestlé* im Hinblick auf die Konsumentenkommunikation unter anderem den Grundsatz »*Nestlé* soll mit ihrer Konsumentenkommunikation einen maßvollen Konsum von Nahrungsmitteln und nicht übermäßiges Essen fördern. Das ist besonders im Hinblick auf Kinder wichtig«.

Bezüglich der eigenen Mitarbeiter und deren Arbeitsplätze unterstützt *Nestlé* unter anderem die Leitsätze zu den Arbeitsnormen der *UNO*-Initiative Global Compact. Dazu wahrt *Nestlé* die Vereinigungsfreiheit und die wirksame Anerkennung des Rechtes auf Kollektivverhandlungen und tritt für die Beseitigung aller Formen der Zwangs- oder Pflichtarbeit, die wirksame Abschaffung der Kinderarbeit und die Beseitigung von Diskriminierung im Beruf ein.

Im Hinblick auf Geschäftspartner hat *Nestlé* unter anderem hinsichtlich der Beziehungen zu Lieferanten den Grundsatz »*Nestlé* strebt an, nur mit Zulieferern von einwandfreiem Ruf zu arbeiten, die bereit sind, die Qualitätsstandards von *Nestlé* anzuwenden. Die Beziehungen zu den Lieferanten werden in Vergleichen überprüft (Benchmarking) und mit dem Ziel einer kontinuierlichen Verbesserung auf den Gebieten Qualität, Service usw. bewertet. Wenn sich die Geschäftsbeziehung zwischen *Nestlé* und einem Zulieferer verfestigt und weiterentwickelt, kann Letzterer den Status eines bevorzugten Zulieferers erhalten«.

Quelle: *Nestlé S. A., Public Affairs*: Nestlé-Unternehmensgrundsätze, 3. Auflage, September 2004.

Verhaltenskodizes (Corporate Codes of Conduct)
Verhaltenskodizes, die teilweise auch als Ethikkodizes bezeichnet werden, sind moralische Standards, an denen sich alle Mitarbeiter orientieren sollen. In der Regel haben sie insbesondere die Beziehungen zu externen Stakeholdern, wie Lieferanten und Kunden, zum Gegenstand. Als Handlungsrahmen und Verhaltenskodex besitzen sie eine integrierende und steuernde Funktion.

1.6.4 Zielsystem

Aus den vorgenannten Elementen des normativen Rahmens wird ein System von sogenannten **Handlungszielen** abgeleitet. In der Regel besteht innerhalb von Betrieben beziehungsweise Unternehmen eine **Zielhierarchie**. Für die verschiedenen Hierarchieebenen ergeben sich damit Handlungsziele in Form von Ober-, Zwischen- und Unterzielen (vergleiche zu den entsprechenden Instrumentalrelationen das ↗ Kapitel 2 Entscheidungstheorie). Oberziele für das gesamte Unternehmen können beispielsweise die nachfolgend beschriebenen Rentabilitäts- und Marktziele sein, die dann – abhängig von der Aufbauorganisation des Unternehmens – in entsprechende Ziele für die Unternehmensbereiche und/oder Funktionsbereiche und von dort aus beispielsweise im Rahmen von Zielvereinbarungen weiter bis auf die Ebene der einzelnen Mitarbeiter heruntergebrochen werden (vergleiche dazu und zum Folgenden *Meffert, H.* 2000: Seite 71 ff.).

Meist verfolgen Betriebe mehrere Handlungsziele gleichzeitig. Diese lassen sich in monetäre, also in Geldeinheiten messbare Ziele, wie das häufig primäre Ziel der Gewinnmaximierung, und in nichtmonetäre Ziele, wie beispielsweise die Bewahrung

Monetäre und nichtmonetäre Ziele

Handlungsziele von Unternehmen

der Unabhängigkeit, unterteilen. Die möglichen Handlungsziele von Betrieben können in den folgenden Kategorien zusammengefasst werden (↗ Abbildung 1-10, zum Folgenden vergleiche *Ulrich, P./Fluri, E.* 1995: Seite 97 f.):

Erfolgsziele
Die Steigerung der Rentabilität ist eines der wichtigsten Handlungsziele vieler Unternehmen, da diese im Außenverhältnis in der Regel nach der Gesamtkapital-, der Eigenkapital- und der Umsatzrentabilität beurteilt werden. Zur Steigerung der Rentabilität wird dabei insbesondere das Ziel angestrebt, den Gewinn zu maximieren.

Finanzziele
Aus der Sicherstellung des Unternehmenserhalts ergibt sich das Ziel, die Zahlungsfähigkeit des Unternehmens zu gewährleisten. Um dabei nicht zu viel Fremdkapital einzusetzen und nicht zu hohe Fremdkapitalzinsen bezahlen zu müssen, beziehen sich weitere mögliche Handlungsziele auf die Optimierung der Kapitalstruktur und die Erhöhung der Kreditwürdigkeit. Im Hinblick auf die Interessen von Aktionären und Gesellschaftern kann es zudem ein Handlungsziel sein, den Unternehmenswert zu steigern.

Produkt- und Marktziele
Hinsichtlich der Märkte, in denen Unternehmen tätig sind, sind die Optimierung des bestehenden und des zukünftigen Produktprogramms und die Erhöhung von Umsatzerlösen und von Marktanteilen wichtige Handlungsziele. Darüber hinaus kann auch die Etablierung in neuen Märkten, wie beispielsweise in bestimmten ausländischen Märkten, Ziel eines Unternehmens sein.

Soziale Ziele
Da die Zufriedenheit der Mitarbeiter für den Erfolg von Unternehmen von großer Bedeutung ist, haben viele Unternehmen das Ziel, die Interessen der Mitarbeiter zu wahren und deren Weiterentwicklung zu fördern. Weitere Handlungsziele im Hinblick auf die Mitarbeiter sind die Sicherung von deren Arbeitsplätzen, von deren Einkommen und von deren Pensionen.

Macht- und Prestigeziele
Insbesondere das Management hat meist das Ziel, die Unabhängigkeit von Unternehmen zu wahren. Um andere Unternehmensziele durchsetzen zu können, ist es ein weiteres mögliches Handlungsziel, den politischen und den gesellschaftlichen Einfluss eines Unternehmens zu erhöhen. Die Verbesserung des Unternehmensimages und die Fortführung einer Unternehmenstradition sind weitere, von vielen Unternehmen verfolgte Ziele.

Ökologische Ziele
Aufgrund des zunehmenden ökologischen Bewusstseins der Bevölkerung sind heute auch Ziele im Hinblick auf den Schutz der Umwelt, den schonenden Umgang mit Ressourcen und die Recyclingfähigkeit der angebotenen Produkte von großer Bedeutung.

Abb. 1-10

Mögliche Handlungsziele von Unternehmen

- Handlungsziele
  - Erfolgsziele
    - Gewinn
    - Eigenkapitalrentabilität
    - Gesamtkapitalrentabil.
  - Finanzziele
    - Zahlungsfähigkeit
    - Kapitalstruktur
    - Kreditwürdigkeit
    - Unternehmenswert
  - Produkt- und Marktziele
    - Produktprogramm
    - Umsatzerlös
    - Marktanteil
  - Soziale Ziele
    - Arbeitszufriedenheit
    - Personalentwicklung
    - Arbeitsplätze
    - Einkommen, Pensionen
  - Macht- und Prestigeziele
    - Unabhängigkeit
    - Politischer Einfluss
    - Unternehmensimage
    - Unternehmenstradition
  - Ökologische Ziele
    - Umweltschutz
    - Ressourcenschonung

1.7 Geschäftsmodelle zur Strukturierung der betriebswirtschaftlichen Lehre

Geschäftsmodelle, die auch als **Business Models** bezeichnet werden, beschreiben in vereinfachender Weise die grundlegenden Strukturen und Funktionen von Unternehmen. In der Praxis werden sie insbesondere für die Entwicklung neuer, verbesserter Geschäftsmodelle verwendet. In der betriebswirtschaftlichen Lehre dienen sie dazu, den Studierenden einen integralen Bezugsrahmen zu geben, damit diese die ökonomischen Sachverhalte in ihrem Gesamtzusammenhang besser verstehen können (vergleiche *Rüegg-Stürm, J.* 2002: Seite 6). Nachfolgend werden wir uns mit zwei »didaktischen« Geschäftsmodellen beschäftigen, dem Managementmodell der *Universität St. Gallen* und dem 4-Ebenen-Modell, das diesem Buch zugrunde liegt.

1.7.1 St. Galler Management-Modell

In den 1970er-Jahren wurde an der schweizerischen *Hochschule St. Gallen* (*HSG*), heute *Universität St. Gallen*, ein Management-Modell zur Strukturierung der dortigen Lehre geschaffen. Ende der 1990er-Jahre wurde dieses Modell zum sogenannten »Neuen St. Galler Management-Modell« weiterentwickelt. Das Modell besteht aus den folgenden Elementen (↗ Abbildung 1-11, zum Folgenden vergleiche *Rüegg-Stürm, J.* 2002):

Elemente des Neuen St. Galler Management-Modells

Umweltsphären
Die Umweltsphären beschreiben in dem Modell die sich aus den Veränderungen von Gesellschaft, Natur, Technologie und Wirtschaft ergebenden Rahmenbedingungen von Unternehmen.

Anspruchsgruppen
Anspruchsgruppen beziehungsweise **Stakeholder** sind in dem Modell Lieferanten, Kunden, Konkurrenten, Kapitalgeber, Mitarbeitende, Staat, Öffentlichkeit und NGOs beziehungsweise Non-Governmental Organizations (englisch: Nichtregierungsorganisationen).

Interaktionsthemen
Die Interaktionsthemen des Modells umfassen zum einen thematische Felder, wie Normen, Werte, Anliegen und Interessen, und zum anderen Ressourcen, wie Rohstoffe und Arbeitsleistungen, hinsichtlich denen Unternehmen in Interaktion mit den Anspruchsgruppen treten.

Ordnungsmomente, Prozesse, und Entwicklungsmodi
Im Mittelpunkt des Modells stehen Ordnungsmomente, Prozesse und Entwicklungsmodi, die die eigentliche Wertschöpfung des Unternehmens bestimmen. Die Ordnungsmomente umfassen:

- die **Strategie** zur Orientierung des Unternehmens,
- die **Strukturen**, die weiter in Aufbau- und Ablaufstrukturen unterteilt werden und
- die **Kultur** des Unternehmens.

Ordnungsmomente

Die Prozesse werden weiter unterteilt in:
- **Managementprozesse**, wie beispielsweise Führungs- und Controllingtätigkeiten,
- **Geschäftsprozesse**, wie beispielsweise Produktionsprozesse, die unmittelbar Wertschöpfung generieren und Kundennutzen stiften, und
- **Unterstützungsprozesse**, wie beispielsweise Informations- und Transportprozesse, die für die Geschäftsprozesse Dienstleistungen erbringen und eine entsprechende Infrastruktur bereitstellen.

Prozesse

Die Entwicklungsmodi werden nach dem Ausmaß des organisationalen Wandels differenziert in:
- die **Optimierung** des Unternehmens durch einen inkrementellen Wandel in kleinen Schritten und
- die **Erneuerung** durch einen radikalen Wandel mit einer umfassenden und schnellen Veränderung der Unternehmenssituation.

Entwicklungsmodi

Abb. 1-11

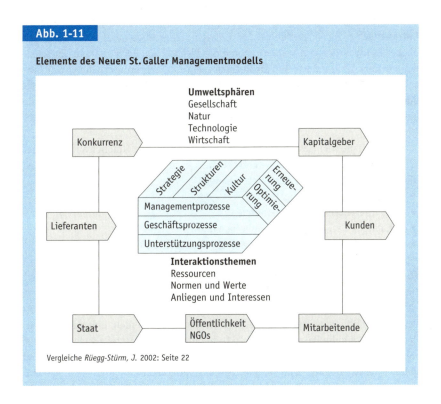

Elemente des Neuen St. Galler Managementmodells

Vergleiche *Rüegg-Stürm, J.* 2002: Seite 22

1.7.2 4-Ebenen-Modell

In der Betriebswirtschaftslehre hat das Gesamtmodell von *Wöhe* große Verbreitung gefunden, das die betrieblichen Güter- und Finanzbewegungen im marktlichen Umfeld von Betrieben beschreibt (vergleiche *Wöhe, G.* 2002: Seite 11). In früheren Auflagen dieses Buchs haben wir auf Basis dieses Modells ein entscheidungs- und funktionsorientiertes Gesamtmodell entwickelt. Aufgrund des von vielen Dozenten und Studierenden immer wieder artikulierten Bedürfnisses einer detaillierteren Darstellung der Verbindungen zwischen den verschiedenen betriebswirtschaftlichen Teilbereichen wurde das entscheidungs- und funktionsorientierte Modell zu einem 4-Ebenen-Modell der BWL weiterentwickelt (↗ Abbildung 1-12). Das Modell dient der Strukturierung dieses Buchs und der darauf basierenden Lehre und umfasst die folgenden vier Ebenen:

Elemente des 4-Ebenen-Modells

Ebene 1: Konstitutive Entscheidungen
Bei der Gründung von Unternehmen und in der anschließenden Umsatzphase sind immer wieder grundlegende Entscheidungen zu treffen, die später nur noch schwer oder vielleicht sogar nicht mehr zu revidieren sind. In der Gründungsphase sind dies insbesondere Entscheidungen über den Standort und die Rechtsform des neuen Unternehmens. In der nachfolgenden Umsatzphase sind es dann Entscheidungen über die Verlagerung von Standorten und den Wechsel von Rechtsformen, Entscheidungen über die Standorte und die Rechtsformen von Tochterunternehmen und Entscheidungen über Verbindungen zu anderen Unternehmen. Entsprechende Entscheidungen werden als konstitutive oder Metaentscheidungen bezeichnet. Da sie die meisten Folgeentscheidungen beeinflussen, bilden sie die äußere Ebene unseres Modells.

Um Ihnen die wichtigsten Kenntnisse und Fertigkeiten im Hinblick auf die aufgeführten Teilbereiche konstitutiver Entscheidungen zu vermitteln, wurde der erste Teil dieses Buchs in folgende Kapitel untergliedert:
- ↗ Kapitel 2 Entscheidungstheorie,
- ↗ Kapitel 3 Standortentscheidungen,
- ↗ Kapitel 4 Rechtsformentscheidungen und
- ↗ Kapitel 5 Entscheidungen über zwischenbetriebliche Verbindungen.

Ebene 2: Unternehmensführung
Um erfolgreich zu sein, müssen Unternehmen zielgerichtet gestaltet und gesteuert werden. Dies wird erreicht, indem über Unternehmensverfassungen Regeln für die Leitung und Überwachung von Unternehmen vorgegeben werden, indem im Rahmen der Organisation die Prozesse und Strukturen innerhalb von Unternehmen gestaltet werden, indem im Rahmen des Personalmanagements Mitarbeiter eingesetzt und geführt werden und indem im Rahmen des Controllings kontinuierlich Planungs- und Kontrollprozesse für das Gesamtsystem durchgeführt werden. Die Unternehmensführung erfolgt dabei zu großen Teilen innerhalb des durch die konstitutiven Entscheidungen vorgegebenen Rahmens, weshalb sie die zweite Ebene unseres Modells bildet.

1.7 Geschäftsmodelle zur Strukturierung der betriebswirtschaftlichen Lehre

Abb. 1-12

Das 4-Ebenen-Modell der BWL dient der Strukturierung dieses Buchs und der darauf basierenden Lehre

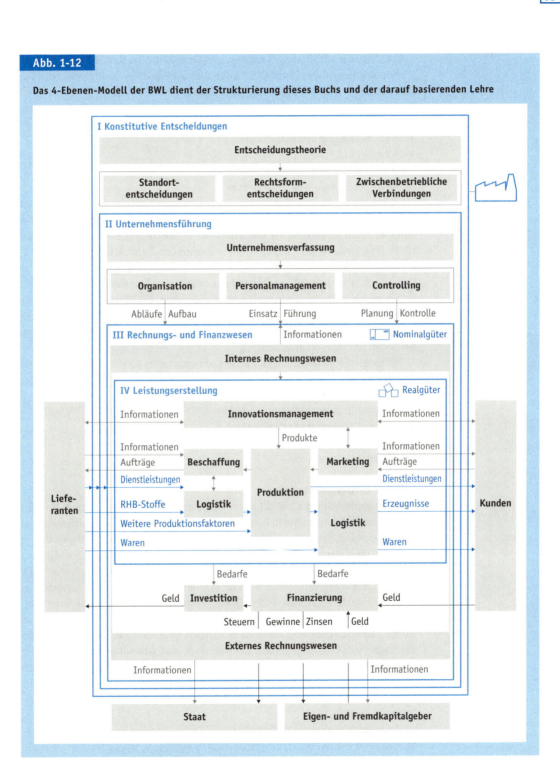

Um Ihnen die wichtigsten Kenntnisse und Fertigkeiten im Hinblick auf die aufgeführten Teilbereiche der Unternehmensführung zu vermitteln, wurde der zweite Teil dieses Buchs in folgende Kapitel untergliedert:
- ↗ Kapitel 6 Unternehmensverfassung,
- ↗ Kapitel 7 Organisation,
- ↗ Kapitel 8 Personalmanagement und
- ↗ Kapitel 9 Controlling.

Ebene 3: Rechnungs- und Finanzwesen

Die dritte Ebene unseres Modells hat die Nominalgüter in Form von Geld und von Rechten auf Geld zum Gegenstand und bildet die Schnittstelle zwischen der Ebene der Unternehmensführung und der Ebene der Leistungserstellung. Das Rechnungswesen bildet die informationelle Schnittstelle. In ihm werden Informationen über monetären Größen und die ihnen zugrunde liegenden mengenmäßigen Größen aus der Ebene der Leistungserstellung ermittelt und externen und internen Stakeholdern zur Verfügung gestellt. Das Finanzwesen hat die Aufgabe, die Vorgaben der Unternehmensführung im Hinblick auf die Leistungserstellung umzusetzen. Dies erfolgt durch die Beschaffung von Geld im Rahmen der Finanzierung und durch die Verwendung des Geldes im Zuge von Investitionen.

Um Ihnen die wichtigsten Kenntnisse und Fertigkeiten im Hinblick auf die aufgeführten Teilbereiche des Rechnungs- und Finanzwesens zu vermitteln, wurde der dritte Teil dieses Buchs in folgende Kapitel untergliedert:
- ↗ Kapitel 10 Externes Rechnungswesen,
- ↗ Kapitel 11 Internes Rechnungswesen,
- ↗ Kapitel 12 Finanzierung und
- ↗ Kapitel 13 Investition.

Ebene 4: Leistungserstellung

Die Leistungserstellung bildet die vierte Ebene und damit den Kern unseres Modells. Sie hat primär die Realgüter in Form von Erzeugnissen, Waren und Dienstleistungen zum Gegenstand, deren Fluss weitgehend entgegengesetzt zu dem der Nominalgüter verläuft. Die Leistungserstellung beginnt mit der vom Innovationsmanagement gesteuerten Entwicklung von Produkten. Im Rahmen der Beschaffung werden Aufträge an Lieferanten vergeben, um die für die Herstellung der Produkte notwendigen Produktionsfaktoren zu beschaffen. Soweit es sich dabei um materielle Güter handelt, sorgt die Beschaffungslogistik für die Versorgung der Produktion mit diesen Gütern. Die Produktion wird durch die in Aufträge umgewandelte Nachfrage der Kunden nach Produkten angestoßen. Die Nachfrage wird dabei durch Aktivitäten des Marketings hervorgerufen. In der Produktion werden die Produktionsfaktoren dann in die Produkte des Unternehmens transformiert und soweit es sich um materielle Güter handelt über die Distributionslogistik den Kunden des Unternehmens zur Verfügung gestellt.

Um Ihnen die wichtigsten Kenntnisse und Fertigkeiten im Hinblick auf die aufgeführten Teilbereiche der Leistungserstellung zu vermitteln, wurde der vierte Teil dieses Buchs in folgende Kapitel untergliedert:

1.7 Geschäftsmodelle zur Strukturierung der betriebswirtschaftlichen Lehre

↗ Kapitel 14 Innovationsmanagement
↗ Kapitel 15 Beschaffung
↗ Kapitel 16 Logistik
↗ Kapitel 17 Produktionswirtschaft
↗ Kapitel 18 Marketing

Fallbeispiel 1-1 **Vorstellung des Beispielunternehmens**

▶▶▶ In den nachfolgenden Kapiteln werden viele Sachverhalte am Beispiel eines fiktiven deutschen Automobilherstellers, der *Speedy GmbH,* verdeutlicht werden. Die *Speedy GmbH* wurde in Anlehnung an real existierende Automobilhersteller modelliert und ist von der Größenordnung her mit der *Smart GmbH* im Jahre 2004 vergleichbar. Ihr Jahresabschluss des Geschäftsjahres 0001 weist ähnliche Strukturen auf wie der Jahresabschluss der im zugrunde liegenden Geschäftsjahr 2001/02 etwa dreimal so großen ehemaligen *Dr. Ing. h.c. F. Porsche AG*.

Chronik der Speedy GmbH

▸ Wir befinden uns am Anfang des Jahres 0003.
▸ Vor neun Jahren wurden in einem großen deutschen Automobilkonzern Überlegungen angestellt, das Produktspektrum um einen designorientierten Kleinwagen zu erweitern. Der Vorstandsvorsitzende beauftragt damals seinen Assistenten, Herrn *Dr. Karl-Heinz Scharrenbacher,* eine entsprechende Machbarkeitsstudie durchzuführen.
▸ Aufgrund der Ergebnisse der Machbarkeitsstudie beschließt der Automobilkonzern, den Kleinwagen nicht alleine, sondern gemeinsam mit einem innovativen deutschen Entwicklungsdienstleister zur Serienreife zu entwickeln. Ein Jahr später wird dazu ein Gemeinschaftsunternehmen gegründet, die *Speedy GmbH*. Geschäftsführer des Unternehmens wird *Dr. Scharrenbacher*. Die *Speedy GmbH* hat zunächst die Aufgabe, den geplanten Kleinwagen zu produzieren. Die Unternehmenszentrale und die Entwicklung werden dazu in der Nähe von **Stuttgart** angesiedelt.
▸ Noch im gleichen Jahr fällt auch die Entscheidung, die zukünftige Produktion der *Speedy GmbH* in der sogenannten *Speedcity* in der Nähe von **Leipzig** anzusiedeln. Die entsprechenden Bauarbeiten beginnen ein Jahr später.
▸ Vor sieben Jahren stellte die *Speedy GmbH* auf der *Internationalen Automobil-Ausstellung IAA* in Frankfurt der Öffentlichkeit eine Konzeptstudie für ihr **erstes Produkt** vor: einen zweisitzigen Kleinwagen für die Stadt, den »*Speedster City*«.
▸ Anfang des folgenden Jahres wird der Produktionsstandort *Speedcity* eingeweiht.
▸ Vor fünf Jahren hatte der *Speedster City* auf der *IAA* seine **Weltpremiere**. Gleichzeitig wird eine Studie für ein familienfreundliches Fahrzeug vorgestellt, den »*Speedster Family*«.
▸ Anfang des folgenden Jahres begannen in Deutschland der **Absatz** und die **Produktion** des *Speedster City*.
▸ Vor drei Jahren wurde damit begonnen, in anderen europäischen Ländern **Händlernetze** aufzubauen.
▸ Ende des gleichen Jahres hat der *Speedster Family* auf der *IAA* seine **Premiere**.

- Im Jahr **0001** beginnen die **Produktion** und der **Absatz** des *Speedster Family*.
- Ende **0002** präsentiert die *Speedy GmbH* auf der *IAA* die Konzeptstudie für einen **geländetauglichen Sportwagen**, den »*Speedster Off-Road*«.

Produkte und Märkte

Die *Speedy GmbH* weist aktuell die folgende Produktpalette auf (↗ Abbildung 1-13):
- *Speedster City*, ein zweisitziger, designorientierter Kleinwagen für die Stadt, das erste Produkt der *Speedy GmbH*,
- *Speedster Family*, ein viersitziger, familienfreundlicher Personenkraftwagen auf dem neuesten technischen Stand, das zweite Produkt der *Speedy GmbH*,
- *Speedster Off-Road*, ein viersitziger geländetauglicher Sportwagen, der sich derzeit in der Entwicklung befindet,
- Ersatzteile für die Fahrzeuge und
- Dienstleistungen.

Die aktuellen Marktschwerpunkte der *Speedy GmbH* sind Deutschland und das europäische Ausland. In den Jahren 0001 und 0002 wurden von den Baureihen des *Speedster City* und des *Speedster Family* die in der ↗ Tabelle 1-2 aufgeführten Stückzahlen produziert und abgesetzt. Die Prognose der Marketingabteilung für das Jahr 0003 ist dort ebenfalls aufgeführt.

Organisation

Die *Speedy GmbH* ist derzeit funktional organisiert. Die Geschäftsführung setzt sich aus den Vertretern der Bereiche Produktion (*Hermann Röthi*), Finanzen (*Manfred*

Abb. 1-13 Produkte der *Speedy GmbH*

Tab. 1-2

Produktions- und Absatzzahlen der *Speedy GmbH*

Jahr	Speedster City	Speedster Family	Summe
0001	85 000 Stück	40 000 Stück	125 000 Stück
0002	95 000 Stück	65 000 Stück	160 000 Stück
Prognose 0003	100 000 Stück	75 000 Stück	175 000 Stück

Kolb) sowie Marketing (*Dirk Süßlich*) zusammen. Der Vorsitzende der Geschäftsführung ist *Dr. Karl-Heinz Scharrenbacher*, dem die beiden Stabsstellen Controlling und Recht direkt unterstellt sind (↗ Abbildung 1-14).

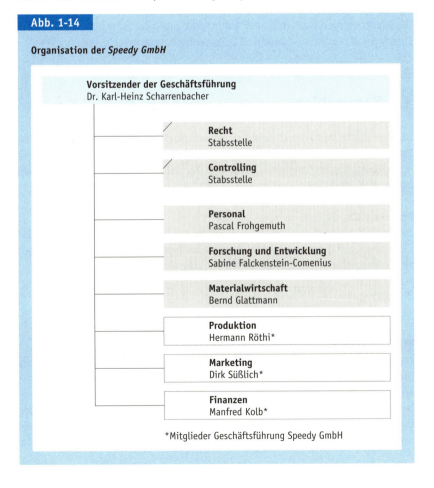

Abb. 1-14

Organisation der *Speedy GmbH*

Vorsitzender der Geschäftsführung
Dr. Karl-Heinz Scharrenbacher

- **Recht** Stabsstelle
- **Controlling** Stabsstelle
- **Personal** Pascal Frohgemuth
- **Forschung und Entwicklung** Sabine Falckenstein-Comenius
- **Materialwirtschaft** Bernd Glattmann
- **Produktion** Hermann Röthi*
- **Marketing** Dirk Süßlich*
- **Finanzen** Manfred Kolb*

*Mitglieder Geschäftsführung Speedy GmbH

Tab. 1-3

Mitarbeiterzahlen der *Speedy GmbH*

Jahr	Lohnempfänger	Gehaltsempfänger	Summe
0001	1 398 Mitarbeiter	1 290 Mitarbeiter	2 688 Mitarbeiter
0002	1 463 Mitarbeiter	1 350 Mitarbeiter	2 813 Mitarbeiter

Personal

Die *Speedy GmbH* hatte in den Jahren 0001 und 0002 die in der ↗ Tabelle 1-3 aufgeführte Anzahl an Mitarbeitern.

Jahresabschlüsse

Die Bilanzen sowie die Gewinn- und Verlustrechnungen der Jahre 0001 und 0002 der *Speedy GmbH* werden im ↗ Kapitel 10 Externes Rechnungswesen aufgeführt.◂◂◂

1.8 Kennzahlen

Die Wirkung der vorher beschriebenen ökonomischen Prinzipien in der betrieblichen Praxis kann durch Kennzahlen wie die Produktivität oder die Wirtschaftlichkeit quantifiziert werden (vergleiche *Wöhe, G.* 2002: Seite 47 f. und *Thommen, J.-P./Achleitner, A.-K.* 2003: Seite 104 f.):

Produktivität

Die Produktivität ist das Verhältnis zwischen der Ausbringungs- beziehungsweise Outputmenge und der Einsatz- beziehungsweise Inputmenge. Sie wird deshalb auch als mengenmäßige Wirtschaftlichkeit bezeichnet.

$$\text{Produktivität} = \frac{\text{Outputmenge}}{\text{Inputmenge}}$$

Fallbeispiel 1-2 Produktivität eines Automobilherstellers

▸▸▸ Vor einer Rationalisierungsmaßnahme produzieren 100 Mitarbeiter der *Speedy GmbH* 50 000 Stück eines bestimmten Artikels pro Zeiteinheit, etwa im Monat. Daraus errechnet sich eine Arbeitsproduktivität von 500 Stück (Ausbringungsmenge je Mitarbeiter). Nachdem die Rationalisierung durchgeführt wurde, können die 50 000 Stück von 80 Mitarbeitern produziert werden. Durch die Verringerung des Personaleinsatzes um 20 Mitarbeiter ist die Arbeitsproduktivität auf 625 Stück gestiegen. ◂◂◂

Wirtschaftlichkeit

Unter der Wirtschaftlichkeit wird das Verhältnis zwischen der bewerteten Outputmenge und der dafür verwendeten bewerteten Inputmenge verstanden.

$$\text{Wirtschaftlichkeit} = \frac{\text{Bewertete Outputmenge}}{\text{Bewertete Inputmenge}}$$

Fallbeispiel 1-3 **Wirtschaftlichkeit eines Automobilherstellers**

▶▶▶ Für ein Fahrzeug der *Speedy GmbH* kann derzeit auf dem Absatzmarkt ein Umsatzerlös von 20 000,00 Euro erzielt werden, während die Kosten für die Produktion und den Absatz insgesamt 17 000,00 Euro betragen. Die Wirtschaftlichkeit liegt also bei etwa 1,18. Nach umfangreichen Rationalisierungsmaßnahmen in den Bereichen Produktion und Materialwirtschaft konnten die Kosten auf 13 000,00 Euro gesenkt und die Wirtschaftlichkeit damit auf etwa 1,54 erhöht werden. ◀◀◀

Zwischenübung Kapitel 1.8

Für die 2688 Mitarbeiter der Speedy GmbH entstand im Jahr 0001 gemäß der Gewinn- und Verlustrechnung (↗ Kapitel 10 Externes Rechnungswesen) ein Personalaufwand von 215 000 T€. Die Mitarbeiter haben im Jahr 0001 125 000 Fahrzeuge produziert und abgesetzt, wodurch ein Umsatzerlös von 1 150 000 T€ erzielt wurde. Wie hoch waren die Produktivität und die Wirtschaftlichkeit der Mitarbeiter? (Hinweis: Zwischenergebnisse dienen der Selbstkontrolle).

	Outputmenge	
/	Inputmenge	
=	**Produktivität**	
	Bewertete Outputmenge	
/	Bewertete Inputmenge	
=	**Wirtschaftlichkeit**	5,35

Zusammenfassung Kapitel 1

- Gegenstand der Betriebswirtschaftslehre ist das Wirtschaften in Betrieben.
- Haushalte sind Wirtschaftssubjekte, die eigene Bedarfe decken.
- Betriebe sind Wirtschaftssubjekte, die fremde Bedarfe decken.
- Unternehmen sind autonom handelnde Betriebe in mehrheitlich privatem Eigentum, die in der Regel das Ziel der Gewinnmaximierung verfolgen.
- Wirtschaften bedeutet das planvolle Verfügen über knappe Güter zur Bedürfnisbefriedigung entsprechend dem ökonomischen Prinzip.
- Das ökonomische Prinzip leitet sich aus dem menschlichen Vernunftsprinzip ab, ein Ziel mit dem Einsatz möglichst geringer Mittel zu erreichen.
- Gegenstand des Wirtschaftens sind knappe Güter.
- Märkte bestehen aus der Gesamtheit von Wirtschaftssubjekten, die Güter anbieten und nachfragen, die sich gegenseitig ersetzen können.
- Auf Märkten entstehen Preise.

- Anspruchsgruppen beeinflussen das Handeln von Betrieben und/oder sind von den Handlungen von Betrieben betroffen.
- Die Betriebswirtschaftslehre ist eine pragmatische Wissenschaft und wird den Geistes-, Sozial- und Wirtschaftswissenschaften zugeordnet.
- Die Betriebswirtschaftslehre wird in die Allgemeine Betriebswirtschaftslehre und in die Speziellen Betriebswirtschaftslehren unterteilt.
- Die Wirtschaftsordnung in ihren Ausprägungen Zentralverwaltungs- und Marktwirtschaft hat erheblichen Einfluss auf das Wirtschaften.
- Die Ziele von Betrieben leiten sich aus der Unternehmensvision und -mission und dem Wertesystem von Unternehmen ab.
- Innerhalb von Betrieben existiert eine Zielhierarchie.
- Die abgeleiteten Handlungsziele können weiter in monetäre und nichtmonetäre Ziele unterteilt werden.
- Die Produktivität beschreibt das mengenmäßige, die Wirtschaftlichkeit das wertmäßige Input-Output-Verhältnis.

Weiterführende Literatur Kapitel 1

Wirtschaften
Cassel, G.: Theoretische Sozialökonomie, Erlangen, Leipzig.

Geschichte der Betriebswirtschaftslehre
Schneider, D.: Betriebswirtschaftslehre – Band 4: Geschichte und Methoden der Wirtschaftswissenschaft, München et al.
Albach, H.: Eine allgemeine Theorie der Unternehmung, in: Zeitschrift für Betriebswirtschaft, 69. Jahrgang, 1999, Heft 4, Seite 411–427.

Normativer Rahmen
Müller-Stewens, G./Brauer, M.: Corporate Strategy & Governance: Wege zur nachhaltigen Wertsteigerung im diversifizierten Unternehmen, Stuttgart.

Geschäftsmodelle
Rüegg-Stürm, J.: Das neue St. Galler Management-Modell, Bern.
Osterwalder, A./Pigneur, Y.: Business Model Generation: Ein Handbuch für Visionäre, Spielveränderer und Herausforderer, Frankfurt/New York.

Weiterführende Internetverweise Kapitel 1

www.handelsblatt.com: Internetseite der Zeitung *Handelsblatt* mit aktuellen Wirtschaftsinformationen.

www.wiwo.de: Internetseite der Zeitschrift *Wirtschaftswoche* mit aktuellen Wirtschaftsinformationen.

www.betriebswirtschaft.info: Allgemeine Internetplattform zur Betriebswirtschaftslehre.

www.business-wissen.de: Allgemeine Internetplattform zur Betriebswirtschaftslehre.
www.wiwi-online.de: Allgemeine Internetplattform für Studierende der Wirtschaftswissenschaften.
http://bundesrecht.juris.de/gg/: Text des Grundgesetzes für die Bundesrepublik Deutschland.
www.bmwi.de/Navigation/Wirtschaft/Wirtschaftspolitik/soziale-marktwirtschaft.html: Internetseite des *Bundesministeriums für Wirtschaft und Technologie* zur Sozialen Marktwirtschaft.
www.destatis.de: Internetseite des *Statistischen Bundesamtes Deutschland* mit Statistiken zu Haushalten und Unternehmen.
www.geldgeschichte.de: Internetseite des *Geldgeschichtlichen Museums* der *Kreissparkasse Köln*.
www.henokiens.com: Internetseite der *Association les Hénokiens*, einer Vereinigung der ältesten Familienunternehmen der Welt.

Schlüsselbegriffe Kapitel 1

- Betriebswirtschaftslehre
- Haushalt
- Betrieb
- Unternehmen
- Wirtschaften
- Ökonomisches Prinzip
- Knappes Gut
- Produktionsfaktor
- Erzeugnis
- Ware
- Produkt
- Leistung
- Sachleistung
- Dienstleistung
- Markt
- Anspruchsgruppe
- Wirtschaftswissenschaft
- Volkswirtschaftslehre
- Zentralverwaltungswirtschaft
- Soziale Marktwirtschaft
- Unternehmensvision
- Unternehmensmission
- Unternehmensidentität
- Unternehmensgrundsatz
- Zielhierarchie
- Handlungsziel
- Produktivität
- Wirtschaftlichkeit

Fragen Kapitel 1

Frage 1-1: *Nennen Sie den Gegenstand und das Erkenntnisobjekt der Betriebswirtschaftslehre.*
Frage 1-2: *Nennen Sie die zwei Arten von Wirtschaftssubjekten, die am Wirtschaftsgeschehen beteiligt sind.*
Frage 1-3: *Definieren Sie den Begriff »Haushalt«.*
Frage 1-4: *Nennen Sie ein Synonym für den Begriff »Haushalt«.*
Frage 1-5: *Definieren Sie den Begriff »Betrieb«.*
Frage 1-6: *Nennen Sie ein Synonym für den Begriff »Betrieb«.*
Frage 1-7: *Nennen Sie zwei Kennzeichen von allen Betrieben.*
Frage 1-8: *Nennen Sie mindestens zwei Unterschiede zwischen öffentlichen und privaten Betrieben.*
Frage 1-9: *Definieren Sie den Begriff »Unternehmen«.*
Frage 1-10: *Nennen Sie mindestens zwei Arten von Sachleistungsunternehmen.*

Grundlagen
Fragen Kapitel 1

Frage 1-11: *Nennen Sie mindestens zwei Maßstäbe zur Unterteilung von Unternehmen nach der Größe.*
Frage 1-12: *Erläutern Sie, was unter Nonprofit-Organisationen verstanden wird.*
Frage 1-13: *Nennen Sie mindestens zwei verschiedene Arten von Nonprofit-Organisationen und Beispiele für diese.*
Frage 1-14: *Nennen Sie die drei Lebensphasen von Unternehmen.*
Frage 1-15: *Erläutern Sie, was der Transformationsprozess beschreibt.*
Frage 1-16: *Definieren Sie den Begriff »Wirtschaften«.*
Frage 1-17: *Nennen Sie die zwei Ausprägungen des ökonomischen Prinzips.*
Frage 1-18: *Erläutern Sie das Maximumprinzip.*
Frage 1-19: *Erläutern Sie das Minimumprinzip.*
Frage 1-20: *Erläutern Sie, was unter freien Gütern verstanden wird und welche Güter dazu zählen.*
Frage 1-21: *Erläutern Sie, was unter Wirtschaftsgütern verstanden wird.*
Frage 1-22: *Erläutern Sie den Unterschied zwischen Real- und Nominalgütern und nennen Sie jeweils ein Beispiel dafür.*
Frage 1-23: *Erläutern Sie den Unterschied zwischen Gebrauchs- und Verbrauchsgütern und nennen Sie jeweils ein Beispiel dafür.*
Frage 1-24: *Erläutern Sie den Unterschied zwischen Investitions- und Konsumgütern und nennen Sie jeweils ein Beispiel dafür.*
Frage 1-25: *Erläutern Sie, was unter Eigenleistungen verstanden wird und nennen Sie ein Beispiel dafür.*
Frage 1-26: *Erläutern Sie den Unterschied zwischen Erzeugnissen und Waren und nennen Sie jeweils ein Beispiel dafür.*
Frage 1-27: *Nennen Sie ein Beispiel für ein unfertiges Erzeugnis.*
Frage 1-28: *Nennen Sie die zwei Arten von Produkten, die unterschieden werden können.*
Frage 1-29: *Definieren Sie den Begriff »Markt«.*
Frage 1-30: *Nennen Sie die vier Märkte, die das Marktumfeld von Betrieben bilden.*
Frage 1-31: *Erläutern Sie, wie die Preise an Wertpapierbörsen ermittelt werden.*
Frage 1-32: *Definieren Sie den Begriff »Anspruchsgruppe«.*
Frage 1-33: *Nennen Sie ein Synonym für den Begriff »Anspruchsgruppe«.*
Frage 1-34: *Nennen Sie mindestens sechs Anspruchsgruppen von Betrieben.*
Frage 1-35: *Erläutern Sie, welche Austauschbeziehung zwischen Managern und Betrieben besteht.*
Frage 1-36: *Erläutern Sie, welche Austauschbeziehung zwischen Eigenkapitalgebern und Betrieben besteht.*
Frage 1-37: *Erläutern Sie, welche Austauschbeziehung zwischen Fremdkapitalgebern und Betrieben besteht.*
Frage 1-38: *Erläutern Sie, welche Austauschbeziehung zwischen Staaten und Betrieben besteht.*
Frage 1-39: *Definieren Sie den Begriff »Wissenschaft«.*
Frage 1-40: *Nennen Sie mindestens vier der Betriebswirtschaftslehre übergeordnete Wissenschaften.*

Frage 1-41: *Erläutern Sie den Unterschied zwischen der Betriebs- und der Volkswirtschaftslehre.*

Frage 1-42: *Erläutern Sie, inwiefern sich die allgemeine Betriebswirtschaftslehre von den speziellen Betriebswirtschaftslehren unterscheidet.*

Frage 1-43: *Nennen Sie mindestens drei Ausrichtungen der Betriebswirtschaftslehre nach dem zugrunde liegenden Wissenschaftsprogramm.*

Frage 1-44: *Nennen Sie die zwei Grundtypen von Wirtschaftsordnungen.*

Frage 1-45: *Erläutern Sie, welche Einschränkungen das Wirtschaftssystem in Deutschland gegenüber einer freien Marktwirtschaft vornimmt, und warum diese Einschränkungen erfolgen.*

Frage 1-46: *Erläutern Sie, welche zwei Aufgaben der normative Rahmen von Unternehmen hat.*

Frage 1-47: *Definieren Sie den Begriff »Vision«.*

Frage 1-48: *Erläutern Sie, auf welche Frage die Vision eine Antwort gibt.*

Frage 1-49: *Definieren Sie den Begriff »Mission«.*

Frage 1-50: *Erläutern Sie, auf welche Frage die Mission eine Antwort gibt.*

Frage 1-51: *Erläutern Sie, auf welche Frage die Unternehmensidentität eine Antwort gibt.*

Frage 1-52: *Nennen Sie die drei Elemente des Identitätsmixes.*

Frage 1-53: *Nennen Sie mindestens fünf Elemente, die das Erscheinungsbild von Unternehmen prägen.*

Frage 1-54: *Nennen Sie die zwei Elemente, die die Unternehmensgrundsätze umfassen.*

Frage 1-55: *Erläutern Sie, auf welche Frage die Unternehmensgrundsätze eine Antwort geben.*

Frage 1-56: *Erläutern Sie, für wen Verhaltenskodizes in Unternehmen gelten.*

Frage 1-57: *Nennen Sie mindestens fünf Kategorien, in die die Handlungsziele von Unternehmen unterteilt werden können.*

Frage 1-58: *Nennen Sie die vier Ebenen des 4-Ebenen-Modells der Betriebswirtschaftslehre.*

Frage 1-59: *Erläutern Sie den Unterschied zwischen der Produktivität und der Wirtschaftlichkeit.*

Fallstudie Kapitel 1

(1) Begründen Sie, weshalb die Speedy GmbH ein Unternehmen ist, und analysieren Sie, um welche Art von Unternehmen es sich dabei handelt.

(2) Entwickeln Sie Vorschläge, wie die Unternehmensvision, die Unternehmensgrundsätze und die Handlungsziele der Speedy GmbH lauten könnten.

(3) Ordnen Sie die verschiedenen Vorgänge in der Chronik der Speedy GmbH den jeweils primär betroffenen nachfolgenden Teilbereichen der Betriebswirtschaftslehre zu: Standortentscheidungen, Rechtsformentscheidungen, Entscheidungen über zwischenbetriebliche Verbindungen, Unternehmensverfassung, Controlling, Organisation, Personalmanagement, Innovationsmanagement, Materialwirtschaft, Produktionswirtschaft,

Marketing, Externes Rechnungswesen, Internes Rechnungswesen, Investition, Finanzierung.

(4) Ermitteln Sie in der nachfolgenden Tabelle die Produktivität und die Wirtschaftlichkeit der Mitarbeiter der Speedy GmbH für das Jahr 0002. Die benötigten Daten finden Sie in diesem ↗ Kapitel und im ↗ Kapitel 10 Externes Rechnungswesen.

	Outputmenge
/	Inputmenge
=	**Produktivität**
	Bewertete Outputmenge
/	Bewertete Inputmenge
=	**Wirtschaftlichkeit**

Lösungen Kapitel 1

Lösungshinweise zu den Rechnungen im Kapitel finden Sie unter folgender Internetadresse:
www.EinfuehrungInDieBetriebswirtschaftslehre.de/bwl-loesungshinweise.html

Studierende, deren Dozenten das Buch einsetzen, finden ausführliche passwortgeschützte Lösungen unter folgender Internetadresse:
www.EinfuehrungInDieBetriebswirtschaftslehre.de/bwl-loesungen.html

Das Passwort für die Lösungen erhalten Sie von Ihrem Dozenten:

Passwort:	

Teil I
Konstitutive Entscheidungen

Abb. I-1

Einordnung der konstitutiven Entscheidungen in das 4-Ebenen-Modell der BWL

I Konstitutive Entscheidungen
- Entscheidungstheorie
  - Standortentscheidungen
  - Rechtsformentscheidungen
  - Zwischenbetriebliche Verbindungen

II Unternehmensführung
- Unternehmensverfassung
  - Organisation (Abläufe, Aufbau)
  - Personalmanagement (Einsatz, Führung)
  - Controlling (Planung, Kontrolle)

III Rechnungs- und Finanzwesen
- Informationen — Nominalgüter
- Internes Rechnungswesen

IV Leistungserstellung — Realgüter

Lieferanten:
- Informationen
- Informationen
- Aufträge — Beschaffung
- Dienstleistungen
- RHB-Stoffe — Logistik
- Weitere Produktionsfaktoren
- Waren

Produktion
- Innovationsmanagement
- Produkte

Kunden:
- Informationen
- Informationen
- Marketing — Aufträge
- Dienstleistungen
- Logistik — Erzeugnisse
- Waren

Bedarfe — Bedarfe
- Geld — Investition — Finanzierung — Geld
- Steuern | Gewinne | Zinsen | Geld

Externes Rechnungswesen
- Informationen — Informationen

Staat | Eigen- und Fremdkapitalgeber

Konstitutive Entscheidungen

Die konstitutiven Entscheidungen bilden die erste Ebene des diesem Buch zugrunde liegenden 4-Ebenen-Modells der BWL (↗ Abbildung I-1).

> Unter **konstitutiven Entscheidungen** werden grundlegende, schwer zu revidierende Entscheidungen verstanden, die den langfristigen Handlungsrahmen für eine Vielzahl betrieblicher Folgeentscheidungen festlegen.

Um Ihnen die wichtigsten Kenntnisse und Fertigkeiten im Hinblick auf konstitutive Entscheidungen zu vermitteln, wurde der erste Teil dieses Buchs in folgende Kapitel untergliedert:

- Im ↗ **Kapitel 2 Entscheidungstheorie** werden wir uns damit beschäftigen, wie Entscheidungen allgemein zu treffen sind.
- Im ↗ **Kapitel 3 Standortentscheidungen** werden wir uns dann anschauen, an wie vielen und an welchen geographischen Orten Unternehmen idealerweise welche Leistungen erstellen und absetzen.
- Im ↗ **Kapitel 4 Rechtsformentscheidungen** werden wir darauf eingehen, welche Rechtsformen es gibt und für welche Art von Unternehmen welche Art von Rechtsform am besten geeignet ist.
- Im ↗ **Kapitel 5 Entscheidungen über zwischenbetriebliche Verbindungen** werden wir zuletzt betrachten, welche Arten von Verbindungen es zwischen Unternehmen gibt.

2 Entscheidungstheorie

Kapitelnavigator

Inhalt	Lernziel
2.1 Grundlagen	2-1 Die Grundlagen der Entscheidungstheorie kennen.
2.2 Elemente zur Beschreibung und Lösung von Entscheidungsproblemen	2-2 Entscheidungsprobleme beschreiben können.
2.3 Entscheidungsmodelle bei Sicherheit	2-3 Entscheidungen bei Sicherheit treffen können.
2.4 Entscheidungsmodelle bei Unsicherheit	2-4 Entscheidungen bei Unsicherheit treffen können.
2.5 Entscheidungsmodelle bei Risiko	2-5 Entscheidungen bei Risiko treffen können.
2.6 Weiterführende Fragestellungen der Entscheidungstheorie	2-6 Die weiterführenden Fragestellungen der Entscheidungstheorie kennen.

So wie unser Leben von einer Vielzahl von Entscheidungen geprägt wird, so ergibt sich auch der Erfolg oder der Misserfolg von Unternehmen aus der Gesamtheit aller von ihnen getroffenen Entscheidungen. Neben den bereits aufgeführten konstitutiven Entscheidungen sind dies beispielsweise Entscheidungen darüber:
- welche Abteilungen welches Budget erhalten,
- wer eingestellt, wer befördert und wer entlassen wird,
- welche Maschinen gekauft werden,
- wo und in welchem Umfang Lager errichtet werden oder
- welche Art von Werbung für welche Produkte durchgeführt wird.

In Unternehmen sind also täglich viele Entscheidungen zu treffen. Entscheidungen ergeben sich dabei als Resultat eines Wahlprozesses, der mit dem Ziel durchgeführt wird, die **nutzenmaximale** Alternative auszuwählen:

> Eine **Entscheidung** ist die Wahl zwischen mindestens zwei Alternativen, von denen eine die sogenannte Unterlassungsalternative sein kann.

Nachfolgend werden wir davon ausgehen, dass Entscheidungen in Unternehmen **rational** getroffen werden. Hier soll allerdings nicht verschwiegen werden, dass auch in Unternehmen die weitaus meisten Entscheidungen **intuitiv** getroffen werden.

2.1 Grundlagen

2.1.1 Unterteilung der Entscheidungstheorie

Die Entscheidungstheorie lässt sich in zwei große Grundrichtungen unterteilen (vergleiche *Bamberg, G./Coenenberg, A. G.* 1996: Seite 6, *Laux, H./Liermann, F.* 1997: Seite 37, *Schildbach, T.* 1993: Seite 61 f.):

Deskriptive Entscheidungstheorie

Grundrichtungen der Entscheidungstheorie

Die deskriptive oder **empirisch-realistische Entscheidungstheorie** beschreibt, wie Entscheidungen in der Realität getroffen werden und versucht dann zu erklären, warum sie so und nicht anders getroffen wurden. Dabei werden insbesondere die Erkenntnisse aus den Verhaltenswissenschaften genutzt, um die in einem Entscheidungsträger ablaufenden kognitiven Prozesse zu untersuchen und daraus Schlüsse über seine Entscheidungsprozesse zu ziehen. Das Ziel der deskriptiven Entscheidungstheorie ist es dann, voraussagen zu können, wie sich Entscheidungsträger bei zukünftigen Entscheidungen verhalten werden und wie dieses Verhalten beeinflusst werden kann.

Präskriptive Entscheidungstheorie

Die präskriptive oder **normative Entscheidungstheorie** basiert häufig auf Erkenntnissen der deskriptiven Entscheidungstheorie. Anders als diese hat sie die Zielsetzung, Vorgaben zu erarbeiten, wie in bestimmten Entscheidungssituationen vorzugehen ist, um rationale Entscheidungen zu treffen. »Rational« bedeutet dabei, dass die getroffenen Entscheidungen im Hinblick auf die verfolgten Ziele die bestmöglichen sind, die in der gegebenen Situation getroffen werden können.

2.1.2 Vorgehensweise bei Entscheidungen

Die Entscheidungsfindung ist ein Teil des Führungsprozesses, der im ↗ Kapitel 9 Controlling ausführlich beschrieben wird. Entscheidungen erfolgen dabei als letzter Schritt der Planung vor der sich anschließenden Realisierung. Um zu Entscheidungen zu kommen, werden den verschiedenen möglichen Entscheidungsalternativen, die wir nachfolgend auch als Aktionen bezeichnen werden, bestimmte Größen zur Beurteilung ihrer Vorteilhaftigkeit zugeordnet. Dies geschieht in folgenden Schritten (↗ Abbildung 2-1, zum Folgenden vergleiche *Berens, W./Delfmann, W./Schmitting, W.* 2004: Seite 50 f.):

1. Aufstellung des **Aktionenraums,** der die möglichen Handlungsalternativen beziehungsweise Aktionen des Unternehmens im Hinblick auf die Entscheidung umfasst.
2. Aufstellung des **Zustandsraums** zur Beschreibung von Umweltzuständen, die durch das Unternehmen im Rahmen des zeitlichen Entscheidungshorizonts nicht beeinflusst werden können.
3. Aufstellung einer **Ergebnismatrix** mit den Ergebnissen, die sich als unbewertete Resultate bei der Realisierung von Aktionen bei bestimmten Umweltzuständen ergeben.

Grundlagen 2.1

Abb. 2-1

Vorgehensweise bei Entscheidungen

Vergleiche Berens, W./Delfmann, W./Schmitting, W. 2004: Seite 51

4. Eventuell Aufstellung einer **disaggregierten Ergebnismatrix**, falls zusätzlich Ziele und/oder Zeitpunkte von Aktionen berücksichtigt werden sollen.
5. Aufstellung eines **Zielsystems** zur Bewertung der Ergebnisse.
6. Anwendung einer **Nutzenfunktion**, um auf Basis des Zielsystems jedem der vorgenannten Ergebnisse einen **Nutzenwert** zuzuordnen.
7. Aufstellung einer **Nutzenmatrix** mit den Nutzenwerten von Aktionen bei bestimmten Umweltzuständen.
8. Anwendung einer **Entscheidungsfunktion**, um jeder Aktion auf Basis der Nutzenwerte eine **Beurteilungsgröße** hinsichtlich ihrer Vorteilhaftigkeit zuzuordnen.
9. **Entscheidung** für eine Aktion anhand der Beurteilungsgröße durch die Anwendung einer **Entscheidungsregel**.

Fallbeispiel 2-1 Entscheidung über eine Produktionsstätte

▶▶▶ Für die Produktion des neuen *Speedster Off-Road* müssen entsprechende Produktionskapazitäten geschaffen werden. Dazu stehen verschiedene Alternativen zur Auswahl, die sich insbesondere durch die zu produzierende Stückzahl unterscheiden:

- Bis zu einer Jahresstückzahl von **20 000 Einheiten** könnte die **Produktion in der nicht ganz ausgelasteten Produktionslinie des** *Speedster Family* in Leipzig erfolgen. Mit der Produktion könnte in diesem Fall sehr schnell begonnen werden, und der Investitionsbedarf wäre vergleichsweise niedrig. Da die Produktionseinrichtungen nicht speziell auf den *Speedster Off-Road* ausgelegt sind, wären die Stückkosten allerdings relativ hoch, weshalb der Deckungsbeitrag je Einheit nur 500,00 Euro betragen würde. Die Alternative hätte zudem den Nachteil, dass die Produktionsstückzahlen auch bei einer größeren Nachfrage nicht weiter gesteigert werden könnten.
- Bis zu einer Jahresstückzahl von **50 000 Einheiten** könnte die **Produktion auf dem bestehenden Gelände** der *Speedy GmbH* in Leipzig erfolgen. Da die verfügbare Fläche beschränkt ist, ließe sich nur eine Produktionsstätte mit einer Kapazität von 50 000 Einheiten errichten. Der Investitionsbedarf wäre aber nicht so groß wie bei der Einrichtung eines völlig neuen Standorts, da ein Teil der vorhandenen Produktions- und Infrastruktureinrichtungen mitgenutzt werden könnte. Der erzielbare Deckungsbeitrag je Einheit würde 1 500,00 Euro betragen, da die Stückkosten aufgrund der spezialisierten Produktionseinrichtungen relativ niedrig wären. Da die Planung und Errichtung der Produktionsstätten vergleichsweise viel Zeit beanspruchen würde, könnte mit der Produktion aber erst spät begonnen werden. Zudem gäbe es keine Möglichkeit, die Produktionsstückzahlen bei einer größeren Nachfrage weiter zu steigern.
- Ab einer Jahresstückzahl von **50 000 Einheiten** müsste die **Produktion an einem neuen Produktionsstandort** erfolgen. Der entsprechende Investitions- und Zeitbedarf wäre enorm. Der Deckungsbeitrag je Einheit würde 1 000,00 Euro betragen, da keine bestehenden Produktions- und Infrastruktureinrichtungen mitgenutzt werden könnten. Da der Standort erweitert werden könnte, wäre es bei einer größeren Nachfrage zukünftig allerdings auch möglich, mehr als die vorerst geplanten 90 000 Einheiten pro Jahr herzustellen.

Die Geschäftsführung der *Speedy GmbH* ist sich unsicher, wie sie sich entscheiden soll, und beauftragt deshalb das Controlling mit der Erarbeitung einer entsprechenden Entscheidungsvorlage. ◀◀◀

2.2 Elemente zur Beschreibung und Lösung von Entscheidungsproblemen

Damit ein Entscheidungsproblem gelöst werden kann, muss es beschrieben und dann durch die Ermittlung von Nutzenwerten und Beurteilungsgrößen und durch die Anwendung von Entscheidungsregeln eine Entscheidung getroffen werden. Zur Beschreibung und Lösung von Entscheidungsproblemen kommen Modelle zur Anwendung, mittels derer die mehr oder weniger komplexe Realität abgebildet und auf die als relevant erscheinenden Ursache-Wirkungs-Zusammenhänge reduziert wird (vergleiche dazu und zum Folgenden *Rehkugler, H./Schindel, V.* 1990: Seite 86 ff., *Bamberg, G./Coenenberg, A. G.* 1996: Seite 14 ff., *Berens, W./Delfmann, W./Schmitting, W.* 2004: Seite 52 ff., *Heinen, E.* 1991: Seite 26 f. und *Schildbach, T.* 1993: Seite 66 ff.).

2.2.1 Entscheidungsfeld

Entscheidungsfelder dienen der Beschreibung von Entscheidungsproblemen. Sie bestehen aus folgenden Elementen, auf die wir nachfolgend noch genauer eingehen werden:
- Aktionenraum,
- Zustandsraum sowie
- Ergebnisfunktion und Ergebnismatrix.

2.2.1.1 Aktionenraum
Der Aktionenraum ist der vom Entscheidungsträger beeinflussbare Teil des Entscheidungsfeldes. Er besteht aus allen möglichen, aber mindestens zwei Aktionen beziehungsweise (Handlungs-)Alternativen, die dem Entscheidungsträger in einer bestimmten Entscheidungssituation offen stehen.

> Eine **Aktion a** beziehungsweise (Handlungs-)Alternative ist eine unabhängige Vorgehensweise zur Zielerreichung, die vom Entscheidungsträger ausgewählt werden kann.

Dabei ist es unerheblich, ob die Aktionen Einzelmaßnahmen sind oder aus mehreren Teilaktionen bestehen. Beispiele für Aktionen sind die Realisierung einer bestimmten Investition, die Durchführung einer Marketingaktion, die Errichtung einer Betriebsstätte an einem bestimmten Standort und so weiter. Der Aktionenraum muss zwei Forderungen erfüllen:
- Erstens muss er den gesamten Möglichkeitenraum des Entscheidungsträgers voll ausschöpfen und insbesondere auch die sogenannte **Unterlassungsalternative**, das heißt nichts zu tun, beinhalten, und
- zweitens muss die Wahl einer Aktion die Möglichkeit der gleichzeitigen Wahl einer anderen Aktion ausschließen.

Anforderungen an den Aktionenraum

Zusätzlich wird der Aktionenraum durch die Tatsache eingegrenzt, dass er nur solche Aktionen beinhalten darf, die den Einsatz von knappen Gütern, wie beispielsweise Kapital, erfordern (vergleiche *Bamberg, G./Coenenberg, A. G.* 1996: Seite 14 ff. und *Berens, W./Delfmann, W./Schmitting, W.* 2004: Seite 52 f.).

Tab. 2-1

Aktionenraum des Fallbeispiels

Aktion	Produktionsort
Produktionsstätte a_1	Produktion in der bestehenden Produktionsstätte des *Speedster Family* in Leipzig
Produktionsstätte a_2	Errichtung einer neuen Produktionsstätte auf dem Gelände der *Speedy GmbH* in Leipzig
Produktionsstätte a_3	Errichtung einer neuen Produktionsstätte an einem neuen Standort

Fallbeispiel 2-2 (Fortsetzung 2-1) **Entscheidung über eine Produktionsstätte**

▶▶▶ Hinsichtlich der im Fallbeispiel beschriebenen Entscheidung über die Produktionsstätte für den neuen *Speedster Off-Road* sind die in der ↗ Tabelle 2-1 dargestellten Aktionen möglich. ◀◀◀

Zwischenübung Kapitel 2.2.1.1

Sie parken mit Ihrem Auto auf einem kostenpflichtigen Parkplatz. Welche zwei Aktionen können Sie durchführen?

Aktion a_1	
Aktion a_2	

2.2.1.2 Zustandsraum

Im Gegensatz zum Aktionenraum ist der Zustandsraum vom Entscheidungsträger im Rahmen des zeitlichen Entscheidungshorizonts nicht beeinflussbar. Der Zustandsraum umfasst die Umweltzustände der Entscheidung.

> Ein **Umweltzustand z** ist ein Zustand, der vom Entscheidungsträger im Rahmen der zu treffenden Entscheidung nicht beeinflusst werden kann.

Beispiele für Umweltzustände sind etwa die Nachfragesituation, die konjunkturelle Entwicklung, die Gesetzgebung und die Wettbewerbssituation. Obwohl diese Zustände nicht direkt und nicht kurzfristig beeinflusst werden können, beeinflussen sie selbst die Ergebnisse der Aktionen erheblich und müssen daher bei der Entscheidungsfindung angemessen berücksichtigt werden (vergleiche *Bamberg, G./Coenenberg, A. G.* 1996: Seite 16 ff. und *Berens, W./Delfmann, W./Schmitting, W.* 2004: Seite 53).

Tab. 2-2

Zustandsraum des Fallbeispiels

Umweltzustand	Jährliche Absatzzahlen Speedster Off-Road
Absatzszenario z_1	10 000 Einheiten
Absatzszenario z_2	75 000 Einheiten
Absatzszenario z_3	90 000 Einheiten

Fallbeispiel 2-3 (Fortsetzung 2-1) **Entscheidung über eine Produktionsstätte**

▶▶▶ Für die im Fallbeispiel beschriebene Entscheidung über die Produktionsstätte für den neuen *Speedster Off-Road* wird der Marketingbereich beauftragt, drei Szenarien für die Absatzzahlen zu entwickeln. Nach der Einschätzung des Marketingbereichs hängen die Absatzzahlen des *Speedster Off-Road* insbesondere von der konjunkturellen Situation und der Preisgestaltung der bereits in diesem Marktsegment tätigen Wettbewerber ab. Zudem hat ein anderer Automobilhersteller auf der letzten *IAA* eine Konzeptstudie vorgestellt, die dem *Speedster Off-Road* sehr ähnelt. Der Marketingbereich der *Speedy GmbH* hält deshalb die in der ↗ Tabelle 2-2 dargestellten Werte für den jährlichen Absatz des *Speedster Off-Road* und damit für die Umweltzustände für möglich. ◀◀◀

Zwischenübung Kapitel 2.2.1.2

Sie parken mit Ihrem Auto auf einem kostenpflichtigen Parkplatz. Welche zwei Umweltzustände können sich während der Parkdauer ergeben?

Umweltzustand z_1	
Umweltzustand z_2	

2.2.1.3 Ergebnisfunktion und Ergebnismatrix

Ein **Ergebnis e** ist das unbewertete Resultat der Realisierung einer Aktion bei einem bestimmten Umweltzustand.

Das Ergebnis ergibt sich dabei durch die Verknüpfung der Aktion und des Umweltzustandes in der sogenannten Ergebnisfunktion:

$$e_{ij} = f(a_i, z_j)$$

Ergebnisfunktion

mit:

e_{ij} = Ergebnis der Aktion i bei Eintritt des Umweltzustandes j
f = Ergebnisfunktion
a_i = Aktionen i mit i = 1 bis m
m = Anzahl der Aktionen
z_j = Umweltzustände j mit j = 1 bis n
n = Anzahl der Umweltzustände

2.2 Entscheidungstheorie
Elemente zur Beschreibung und Lösung von Entscheidungsproblemen

Tab. 2-3

Ergebnismatrix

Aktion \ Umweltzustand	z_1	...	z_n
a_1	e_{11}	...	e_{1n}
...	...	...	...
a_m	e_{m1}	...	e_{mn}

Vergleiche *Berens, W./Delfmann, W./Schmitting, W.* 2004: Seite 55

Beispiele für Ergebnisse sind die Rückflüsse bei Investitionsentscheidungen, die Absatzstückzahlen bei Marketingentscheidungen, die Kosten bei Rationalisierungsentscheidungen oder der Schadstoffausstoß bei Entscheidungen über Produktionsverfahren. Da diese Ergebnisse noch nicht im Hinblick auf die der Entscheidung zugrunde liegenden Ziele bewertet wurden, sind sie in der Regel wertfrei.

Ergebnismatrix

Die Gesamtheit der Ergebnisse als Kombinationen von Aktionen und Umweltzuständen ergibt die sogenannte Ergebnismatrix (↗ Tabelle 2-3).

Fallbeispiel 2-4 (Fortsetzung 2-1) **Entscheidung über eine Produktionsstätte**
▶▶▶ Für die im Fallbeispiel beschriebene Entscheidung über die Produktionsstätte für den neuen *Speedster Off-Road* ergeben sich die maximal produzier- und absetzbaren Einheiten der Produktionsalternativen als Minimum aus den jeweiligen Absatzzahlen und den Produktionskapazitäten. Das entsprechende Ergebnis wird in der ↗ Tabelle 2-4 in Form einer Ergebnismatrix dargestellt. ◀◀◀

Tab. 2-4

Ergebnismatrix für das Fallbeispiel mit den maximal produzier- und absetzbaren Einheiten (📄 BWL6_02_Tabelle-Fallbeispiel.xls)

Produktionsstückzahl der Produktionsstätte \ Absatzstückzahl des Absatzszenarios	z_1 : 10 000	z_2 : 75 000	z_3 : 90 000
a_1 : 20 000	e_{11} : 10 000	e_{12} : 20 000	e_{13} : 20 000
a_2 : 50 000	e_{21} : 10 000	e_{22} : 50 000	e_{23} : 50 000
a_3 : 90 000	e_{31} : 10 000	e_{32} : 75 000	e_{33} : 90 000

Disaggregierte Ergebnismatrix

Die Ergebnismatrix kann noch weiter unterteilt werden, indem innerhalb der Umweltzustände aufgeführt wird, welche Ergebnisse im Hinblick auf die verschiedenen Ziele zu erwarten sind. Soll zudem berücksichtigt werden, zu welchen Zeitpunkten die

Tab. 2-5

Disaggregierte Ergebnismatrix

Umweltzustand		z_1				z_n		
	Ziel	k^1	...	k^r	...	k^1	...	k^r
Aktion	Zeitpunkt							
	t^1	e_{11}^{11}	...	e_{11}^{1r}	...	e_{1n}^{11}	...	e_{1n}^{1r}
a_1	...	...	...	...	...	...	...	...
	t^q	e_{11}^{q1}	...	e_{11}^{qr}	...	e_{1n}^{q1}	...	e_{1n}^{qr}
...	...	...	...	...	...	...	...	...
	t^1	e_{m1}^{11}	...	e_{m1}^{1r}	...	e_{mn}^{11}	...	e_{mn}^{1r}
a_m	...	...	...	...	...	...	...	...
	t^q	e_{m1}^{q1}	...	e_{m1}^{qr}	...	e_{mn}^{q1}	...	e_{mn}^{qr}

Vergleiche *Berens, W./Delfmann, W./Schmitting, W.* 2004: Seite 55

Aktionen durchgeführt werden, können auch die Ergebnisse aufgeführt werden, die sich bei der Durchführung einer Aktion zu einem bestimmten Zeitpunkt ergeben. Erfolgt eine Differenzierung der Ergebnismatrix nach Zielen und/oder Zeitpunkten wird die resultierende Matrix als disaggregierte Ergebnismatrix bezeichnet (↗ Tabelle 2-5, vergleiche *Bamberg, G./Coenenberg, A. G.* 1996: Seite 21 ff., *Berens, W./Delfmann, W./Schmitting, W.* 2004: Seite 54 ff. sowie *Rehkugler, H./Schindel, V.* 1990: Seite 15).

Fallbeispiel 2-5 (Fortsetzung 2-1) **Entscheidung über eine Produktionsstätte**
▶▶▶ Für das Fallbeispiel ergibt sich für das zweite Absatzszenario bei einer Differenzierung nach zwei weiteren Zielen die in der ↗ Tabelle 2-6 dargestellte disaggregierte Ergebnismatrix. ◀◀◀

Tab. 2-6

Nach Zielen disaggregierte Ergebnismatrix für das Fallbeispiel
(🖱 BWL6_02_Tabelle-Fallbeispiel.xls)

Absatzszenario	z_2	z_2	z_2
Ziel	k_1	k_2	k_3
Zielinhalt Produktionsstätte	Deckungsbeitrag je Jahr	Realisierungsdauer	Erweiterungsmöglichkeit
a_1	20 000 Stück	kurz	nicht möglich
a_2	50 000 Stück	mittel	nicht möglich
a_3	75 000 Stück	lang	möglich

2.2 Entscheidungstheorie
Elemente zur Beschreibung und Lösung von Entscheidungsproblemen

Zwischenübung Kapitel 2.2.1.3

Sie parken mit Ihrem Auto auf einem kostenpflichtigen Parkplatz. Ein Parkschein für die geplante Parkdauer kostet 1,00 Euro. Bei einer Kontrolle ohne Parkschein müssen Sie 5,00 Euro zahlen. Welche Ergebnismatrix ergibt sich dadurch (Hinweis: Auszahlungen ist ein Minuszeichen voranzustellen)?

	Keine Kontrolle z_1	Kontrolle z_2
Keinen Parkschein kaufen a_1		
Parkschein kaufen a_2		

2.2.2 Zielsystem

Um zu ermitteln, welchen Nutzen die Ergebnisse für den Entscheidungsträger haben, werden sie anhand von einem oder mehreren Zielen bewertet.

> Ein **Ziel k** ist ein angestrebter Zustand, der durch die Entscheidung für eine Aktion und deren Realisierung erreicht werden soll.

Zielbildung

Die meisten Ziele leiten sich dabei aus den im ↗ Kapitel 1 Grundlagen aufgeführten grundlegenden Handlungszielen von Betrieben ab (vergleiche *Bamberg, G./Coenenberg, A. G.* 1996: Seite 25 ff. und *Berens, W./Delfmann, W./Schmitting, W.* 2004: Seite 53 f.).

2.2.2.1 Unterteilung von Zielen
Neben der im ↗ Kapitel 1 Grundlagen aufgeführten Unterteilung der Handlungsziele ist für betriebliche Entscheidungen insbesondere eine Unterteilung von Zielen nach ihren Bezugsobjekten wichtig. Danach lassen sich zwei Arten von Zielen unterscheiden (vergleiche *Thommen, J.-P./Achleitner A.-K.* 2003: Seite 99 ff.):
- **Sachziele** beziehen sich insbesondere auf die Art, die Menge und die Qualität von Realgütern und damit auf die Leistungssphäre von Betrieben. Sie werden deshalb auch als **Leistungsziele** bezeichnet.
- **Formalziele** sind den Sachzielen übergeordnete ökonomische Ziele, die sich insbesondere auf die Nominalgüter und damit auf die Finanzsphäre von Betrieben beziehen.

2.2.2.2 Zielbeziehungen
Im Rahmen von betrieblichen Entscheidungen sollen häufig mehrere Ziele gleichzeitig erreicht werden. In derartigen Fällen ist es unbedingt erforderlich, die zwischen den einzelnen Zielen bestehenden Beziehungen eingehend zu untersuchen. Dabei werden drei Arten von Zielbeziehungen unterschieden (↗ Abbildung 2-2, zum Folgenden vergleiche *Bamberg, G./Coenenberg, A. G.* 1996: Seite 46 ff. sowie *Eisenführ, F./Weber, M.* 1994: Seite 60 ff.).

Abb. 2-2
Zielbeziehungen

2.2.2.2.1 Präferenzrelationen

Bei Entscheidungen mit mehrfacher Zielsetzung muss der Entscheidungsträger sein Präferenzsystem definieren. Dadurch legt er fest, wie wichtig ihm die Ziele im Vergleich zueinander sind. Beispielsweise kann die kostenintensive Gewinnung von neuen Kunden Vorrang vor allgemeinen Kostensenkungen im Marketingbereich haben. Entsprechend können:

- **Hauptziele** mit einer hohen Präferenz, wie im ersten Fall, und
- **Nebenziele** mit einer geringen Präferenz, wie im zweiten Fall,

unterschieden werden (vergleiche *Rehkugler, H./Schindel, V.* 1990: Seite 59 ff.).

2.2.2.2.2 Instrumentalrelationen

Eine weitere Möglichkeit, Beziehungen zwischen mehreren Zielen aufzuzeigen, ist die Bildung einer Zielhierarchie. Dabei erfolgt eine Unterteilung in:
- **Oberziele**, die den Zweck beschreiben, sowie
- **Zwischenziele** und
- **Unterziele**, die jeweils die Mittel zur Erreichung des Zwecks beschreiben.

Kennzeichnend für Oberziele ist dabei, dass sie über die Realisierung von Zwischen- und Unterzielen erreicht werden. Die Ober- und Unterziele stehen damit in einer Zweck-Mittel-Beziehung oder Instrumentalrelation zueinander. Die Hauptentscheidung hinsichtlich des Zwecks wird also in einzelne, kleinere Teilentscheidungen hinsichtlich der Mittel zerlegt und schrittweise erfüllt.

Zielhierarchie

Abb. 2-3

Instrumentalrelation im ROI-Kennzahlensystem

Eine Instrumentalrelation besteht beispielsweise bei den im Return-on-Investment-Kennzahlensystem abgebildeten Zielen. So ergibt sich der Return-on-Investment durch Multiplikation des Kapitalumschlags mit der Umsatzrentabilität (↗ Abbildung 2-3, zum ROI-Kennzahlensystem siehe ↗ Kapitel 9 Controlling).

2.2.2.2.3 Interdependenzrelationen

Hinsichtlich der Interdependenzrelationen lassen sich die folgenden Zielbeziehungen unterscheiden (↗ Abbildung 2-4):

Abb. 2-4

Interpendenzrelationen zwischen Zielen

Komplementäre Zielbeziehung

Eine komplementäre Zielbeziehung besteht dann, wenn die auf die Erreichung des Ziels k_1 gerichtete Aktion gleichzeitig die Erreichung des Ziels k_2 unterstützt. So ist zum Beispiel ein positiver Zusammenhang zwischen einer Verbesserung der betrieblichen Sozialleistungen und einer Erhöhung der Arbeitszufriedenheit zu vermuten. Im Extremfall besteht zwischen zwei Zielen eine vollständige Übereinstimmung, die als **Zielidentität** bezeichnet wird.

Mögliche Interdependenzrelationen von Zielen

Neutrale Zielbeziehung

Bei einer neutralen oder indifferenten Zielbeziehung hat die Erfüllung des Ziels k_1 keinen Einfluss auf die Erfüllung des Ziels k_2. Beispielsweise hat die Erhöhung der Arbeitszufriedenheit keinen Einfluss auf die Senkung des Energieverbrauchs in der Produktion.

Konkurrierende Zielbeziehung

Eine konkurrierende oder konfliktäre Zielbeziehung liegt vor, wenn eine bessere Erfüllung des Ziels k_1 die Erreichung des Ziels k_2 verschlechtert. Im Extremfall können sich zwei Ziele sogar ausschließen. Dies wird als **Zielantinomie** bezeichnet.

Ein klassisches Beispiel für konkurrierende Ziele stellt das sogenannte **magische Zieldreieck** mit den Zielen Ergebnis, Aufwand und Zeit dar (↗ Abbildung 2-5). Dass diese Ziele konkurrierend sind, zeigt sich zum Beispiel dann, wenn die Qualität erhöht werden soll. Dies kann durch zusätzliche Mitarbeiter und durch zusätzliche Prüfprozesse in der Qualitätssicherung erreicht werden. Dadurch entstehen aber höhere Kosten und längere Durchlaufzeiten.

Abb. 2-5

Magisches Zieldreieck

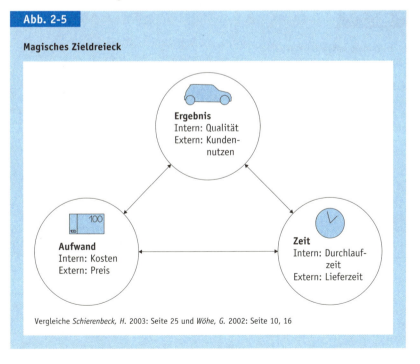

Vergleiche *Schierenbeck, H.* 2003: Seite 25 und *Wöhe, G.* 2002: Seite 10, 16

2.2.2.3 Operationalisierung von Zielen

Trotz ihrer großen Bedeutung weisen Ziele in der betrieblichen Praxis häufig Schwachstellen beziehungsweise sogenannte **Zieldefekte** auf. Problematisch sind beispielsweise Ziele, die nicht in das übergeordnete Zielsystem passen, Ziele, die unscharf formuliert wurden, Ziele, die aktuellen Entwicklungen nicht angepasst wurden, und Ziele, die nicht verbindlich festgelegt wurden.

Um solche Zieldefekte zu vermeiden, sollten Ziele anhand der nachfolgenden Merkmale definiert und damit operationalisiert werden (↗ Abbildung 2-6, zum Folgenden vergleiche *Thommen, J.-P./Achleitner A.-K.* 2003: Seite 106 ff.):

Inhalt des Ziels

Damit erkannt wird, wann ein angestrebter Zustand erreicht wurde, ist eine möglichst exakte inhaltliche Definition des Zielinhalts erforderlich. Grundsätzlich können quantitative und qualitative Zielinhalte unterschieden werden (vergleiche *Rehkugler, H./Schindel, V.* 1990: Seite 43 f.):

- **Quantitative Zielinhalte** lassen sich in Geld- oder in Mengendimensionen erfassen, wie beispielsweise der zu erzielende Gewinn, die zu erzielende Eigenkapitalrentabilität oder der zu erzielende Marktanteil.
- **Qualitative Zielinhalte**, die auch als **nicht-quantitativ** bezeichnet werden, sind dagegen nicht in Geld- oder Mengendimensionen zu messen. Vielmehr handelt es sich um verbale Zustandsbeschreibungen, die allerdings möglichst präzise sein sollten, zum Beispiel »Die Unabhängigkeit des Unternehmens soll gewahrt werden« oder »Der politische Einfluss soll erhöht werden«.

Abb. 2-6 Merkmale operationaler Ziele

Ausmaß des Ziels

Damit Ziele richtungweisenden Charakter haben, muss das Zielausmaß festgelegt werden. Dafür gibt es zwei grundsätzliche Möglichkeiten (vergleiche *Rehkugler, H./ Schindel, V.* 1990: Seite 44 f.):

- Kennzeichnend für die **Extremierung** ist, dass ein Ziel so weit wie möglich erreicht wird, also beispielsweise der Realisierungszeitraum minimiert oder der Gewinn maximiert wird.
- Kennzeichnend für die **Fixierung** ist, dass für ein Ziel genaue Werte vorgegeben werden, die überschritten **(Mindestwert)** oder unterschritten **(Höchstwert)** werden sollen oder innerhalb von denen das Ziel liegen soll **(Zielkorridor)**, also beispielsweise dass an einer neuen Produktionsstätte mindestens 1 000 Einheiten pro Tag hergestellt werden können.

Mögliche Zielausmaße

Zeitbezug des Ziels

Im Rahmen der Operationalisierung von Zielen muss deren Zeitbezug eindeutig festgelegt werden. Hierfür gibt es zwei Möglichkeiten:

- Festlegung eines **Zeitpunktes**, bis zu dem das Ziel zu erreichen ist, beispielsweise bis zum 31. Dezember.
- Festlegung eines **Zeitraums** innerhalb dessen das Ziel zu erreichen ist, beispielsweise innerhalb von zwei Monaten.

Geltungsbereich des Ziels

Der Geltungsbereich des Ziels legt fest, für welche Organisationseinheiten das Ziel gilt.

Fallbeispiel 2-6 (Fortsetzung 2-1) **Entscheidung über eine Produktionsstätte**
▶▶▶ Die Geschäftsführung der *Speedy GmbH* entwickelte für die im Fallbeispiel beschriebene Entscheidung über die Produktionsstätte für den neuen *Speedster Off-Road* gemeinsam mit dem Controlling das in ↗ Tabelle 2-7 dargestellte Zielsystem. Der als Hauptziel aufgeführte Deckungsbeitrag deckt einen Teil der Fixkosten der *Speedy GmbH* und trägt damit zur Steigerung von deren Gewinn bei (Hinweis: Der Deckungsbeitrag wird aus Vereinfachungsgründen statt des aufwändiger zu ermittelnden Kapitalwerts verwendet). Die Realisierungsdauer ist der Zeitraum bis zum Produktionsbeginn. Die Erweiterungsmöglichkeit bezieht sich auf die in der Produktionsstätte produzierbaren Einheiten. ◀◀◀

Tab. 2-7

Zielsystem für das Fallbeispiel

Ziel	Präferenz	Zielinhalt	Gewichtung
k_1	Hauptziel	Deckungsbeitrag je Jahr	0,6
k_2	Nebenziel	Realisierungsdauer	0,3
k_3	Nebenziel	Erweiterungsmöglichkeit	0,1

> **Zwischenübung** Kapitel 2.2.2.3
>
> *Sie parken mit Ihrem Auto auf einem kostenpflichtigen Parkplatz. Operationalisieren Sie die Zielsetzung, die sich dabei für Sie ergibt.*
>
> | | |
> |---|---|
> | Inhalt des Ziels k_1 | |
> | Ausmaß des Ziels k_1 | |
> | Zeitbezug des Ziels k_1 | |
> | Geltungsbereich des Ziels k_1 | |

2.2.3 Nutzenfunktion und Nutzenmatrix

Nach der Festlegung der Ziele können die in der Ergebnismatrix aufgeführten Ergebnisse hinsichtlich dieser Ziele bewertet und damit ihr Nutzen beziehungsweise Nutzenwert ermittelt werden. Die Ermittlung der Nutzenwerte stellt dabei eine zwischengeschaltete Bewertung dar, die entfallen kann, wenn die Ergebnisse bereits ein Maß für die Erfüllung der Ziele darstellen (vergleiche *Berens, W./Delfmann, W./Schmitting, W.* 2004: Seite 56).

> Der **Nutzenwert u** ist ein Maß für die Erfüllung der Ziele eines Entscheidungsträgers.

Der Nutzenwert ergibt sich ebenso wie das Ergebnis als Konsequenz aus dem Einfluss eines Umweltzustandes auf eine Aktion. Die Ermittlung des Nutzenwertes erfolgt anhand der sogenannten Nutzenfunktion, die jedem Ergebnis einen Nutzenwert zuordnet:

Nutzenfunktion

$$u_{ij} = u(e_{ij})$$

mit:

u_{ij} = Nutzenwert der Aktion i bei Eintritt des Umweltzustandes j
u = Nutzenfunktion
e_{ij} = Ergebnis der Aktion i bei Eintritt des Umweltzustandes j

Aus dem Ergebnis »Rückfluss bei einer Investitionsentscheidung« kann über die Nutzenfunktion beispielsweise der Kapitalwert als Maßstab für die wirtschaftliche Vorteilhaftigkeit und damit den Nutzenwert des Entscheidungsträgers ermittelt werden. Über die Nutzenfunktion kann zudem den zunächst nur qualitativ beschriebenen Ergebnissen mithilfe einer Wertetabelle eine reelle Zahl für die weiteren Berechnungen zugewiesen werden, wie beispielsweise dem Ergebnis »Markteinführung des Produkts erfolgt vor der Konkurrenz« der Nutzenwert »1« und dem Ergebnis »Markteinführung des Produkts erfolgt nach der Konkurrenz« der Nutzenwert »0«.

Nutzenmatrix

Die Gesamtheit der Nutzenwerte als Kombinationen von Aktionen und Umweltzuständen ergibt die sogenannte Nutzenmatrix, die die Basis für die nachfolgend be-

Tab. 2-8

Nutzenmatrix

Aktion \ Umweltzustand	z_1	...	z_n
a_1	u_{11}	...	u_{1n}
...	...	...	...
a_m	u_{m1}	...	u_{mn}

schriebenen Entscheidungsmodelle ist (↗ Tabelle 2-8, vergleiche *Bamberg, G./Coenenberg, A. G.* 1996: Seite 33 ff. sowie *Eisenführ, F./Weber, M.* 1994: Seite 34 ff., 99 ff.).

Fallbeispiel 2-7 (Fortsetzung 2-1) **Entscheidung über eine Produktionsstätte**

▶▶▶ Für die im Fallbeispiel beschriebene Entscheidung über die Produktionsstätte für den neuen *Speedster Off-Road* ermittelte das Controlling auf Basis der Ergebnismatrix die in der ↗ Tabelle 2-9 dargestellte Nutzenmatrix. Dazu wurden näherungsweise die jährlichen Deckungsbeiträge ermittelt, indem die produzier- und absetzbaren Stückzahlen mit einem von der Produktionsstätte abhängigen Stückdeckungsbeitrag von 0,5 T€ bei der Produktionsstätte a_1, mit 1,5 T€ bei der Produktionsstätte a_2 und mit 1 T€ bei der Produktionsstätte a_3 multipliziert wurden. Der Nutzenwert der ersten Produktionsstätte hinsichtlich des ersten Absatzszenarios ergibt sich somit beispielsweise folgendermaßen:

$$u_{11} = 5\,000 \text{ T€} = e_{11} \times 0{,}5 \text{ T€/Stück} = 10\,000 \text{ Stück} \times 0{,}5 \text{ T€/Stück}$$

Tab. 2-9

Nutzenmatrix für das Fallbeispiel (🖱 BWL6_02_Tabelle-Fallbeispiel.xls)

Produktionsstätte \ Absatzszenario	z_1	z_2	z_3
a_1	u_{11}: 5 000 T€	u_{12}: 10 000 T€	u_{13}: 10 000 T€
a_2	u_{21}: 15 000 T€	u_{22}: 75 000 T€	u_{23}: 75 000 T€
a_3	u_{31}: 10 000 T€	u_{32}: 75 000 T€	u_{33}: 90 000 T€

Für das Fallbeispiel würde sich für das zweite Absatzszenario bei einer Differenzierung nach zwei weiteren Zielen die in ↗ Tabelle 2-10 dargestellte Nutzenmatrix ergeben. Eine kurze Realisierungsdauer wurde dabei mit 1, eine mittlere mit 0,5 und eine lange mit 0 bewertet. Eine Erweiterungsmöglichkeit der Produktion wurde mit 1, eine nicht bestehende Möglichkeit mit 0 bewertet. ◀◀◀

Tab. 2-10

Nach Zielen disaggregierte Nutzenmatrix für das Fallbeispiel
(BWL6_02_Tabelle-Fallbeispiel.xls)

Absatzszenario	z_2	z_2	z_2
Ziel	k_1	k_2	k_3
Zielinhalt	Deckungsbeitrag je Jahr	Realisierungsdauer	Erweiterungsmöglichkeit
Produktionsstätte / Zielgewichtung	0,6	0,3	0,1
a_1	10 000 T€	1,0	0,0
a_2	75 000 T€	0,5	0,0
a_3	75 000 T€	0,0	1,0

Zwischenübung Kapitel 2.2.3

Ermitteln Sie unter der Zielsetzung »Minimierung des Entgelts für das Parken« die Nutzenmatrix für die vorangegangene Zwischenübung des Parkens auf einem kostenpflichtigen Parkplatz.

	Keine Kontrolle z_1	Kontrolle z_2
Keinen Parkschein kaufen a_1		
Parkschein kaufen a_2		

2.2.4 Entscheidungsmodelle

Nachdem in den vorangegangenen Schritten die Nutzenwerte der verschiedenen Aktionen ermittelt wurden, kann nun eine Entscheidung für eine Aktion getroffen werden. Wie dabei vorzugehen ist, wird in sogenannten Entscheidungsmodellen beschrieben. Diese umfassen:
- Entscheidungsfunktionen, um Beurteilungsgrößen zu ermitteln und
- Entscheidungsregeln, um die finale Entscheidung zu treffen.

2.2.4.1 Entscheidungsfunktion und Beurteilungsgröße

Auf Basis der in der Nutzenmatrix abgebildeten Nutzenwerte der verschiedenen Aktionen können mittels einer sogenannten Entscheidungsfunktion für alle Aktionen Beurteilungsgrößen ermittelt werden:

$\Phi(a_i) = \Phi(u_{i1}, ..., u_{in})$

Entscheidungsfunktion

mit:

$\Phi(a_i)$ = Beurteilungsgröße der Aktion i
Φ = Entscheidungsfunktion
u_{ij} = Nutzenwerte der Aktion i
n = Anzahl der Umweltzustände

Die Gestaltung der Entscheidungsfunktion hängt dabei vom Entscheidungsmodell ab.

2.2.4.2 Entscheidungsregel

Nachdem für jede Aktion eine Beurteilungsgröße ermittelt wurde, erfolgt die finale Entscheidung für eine Aktion auf Basis einer Entscheidungsregel. Die Entscheidungsregel hängt vom Entscheidungsmodell ab. Nachfolgend kommen insbesondere folgende Entscheidungsregeln zur Anwendung:
- »Wähle die Aktion mit der maximalen Beurteilungsgröße.«
- »Wähle die Aktion mit der minimalen Beurteilungsgröße.«

2.2.4.3 Unterteilung der Entscheidungsmodelle

Die verschiedenen, nachfolgend dargestellten Entscheidungsmodelle unterscheiden sich hinsichtlich der verwendeten Entscheidungsfunktionen und Entscheidungsregeln (vergleiche *Bamberg, G./Coenenberg, A. G.* 1996: Seite 34 und *Berens, W./Delf-*

Abb. 2-7

Unterteilung der Entscheidungsmodelle

mann, W./Schmitting, W. 2004: Seite 57). Der Entscheidungsträger wird für die von ihm zu treffende Entscheidung ein Entscheidungsmodell verwenden, das zum einen die Entscheidungssituation möglichst gut abbildet und zum anderen auf einer Entscheidungsfunktion und -regel basiert, die sein Entscheidungsverhalten widerspiegelt. Für die Auswahl eines Entscheidungsmodells sind deshalb insbesondere die nachfolgenden Kriterien wichtig (↗ Abbildung 2-7, zum Folgenden vergleiche *Bamberg, G./Coenenberg, A. G.* 1996: Seite 36 ff.):

Informationsstand des Entscheidungsträgers
Abhängig vom Informationsstand des Entscheidungsträgers lassen sich folgende Arten von Entscheidungsmodellen unterscheiden:
- **Entscheidungsmodelle bei Sicherheit** werden eingesetzt, wenn Entscheidungen bei einem einzigen bekannten Umweltzustand getroffen werden sollen.
- **Entscheidungsmodelle bei Unsicherheit** werden eingesetzt, wenn lediglich bekannt ist, dass irgendeiner der möglichen Umweltzustände aus dem Zustandsraum eintreten wird, dafür aber keine Eintrittswahrscheinlichkeiten angegeben werden können.
- **Entscheidungsmodelle bei Risiko** werden eingesetzt, wenn Wahrscheinlichkeiten für das Eintreten der verschiedenen Umweltzustände ermittelt werden konnten.

Anzahl der Zielsetzungen
Abhängig von der Anzahl der zu berücksichtigenden Zielsetzungen lassen sich folgende Arten von Entscheidungsmodellen unterscheiden:
- **Entscheidungsmodelle bei einfacher Zielsetzung** und
- **Entscheidungsmodelle bei mehrfacher Zielsetzung.**

Die nachfolgend vorgestellten Modelle der Zielgewichtung und der lexikographischen Ordnung sind Entscheidungsmodelle bei mehrfacher Zielsetzung, alle anderen Modelle sind Entscheidungsmodelle bei einfacher Zielsetzung.

2.3 Entscheidungsmodelle bei Sicherheit

Merkmale einer Sicherheitssituation

Entscheidungsmodelle bei Sicherheit werden eingesetzt, wenn Entscheidungen bei einem einzigen bekannten Umweltzustand getroffen werden sollen oder wenn die Umweltzustände keinen Einfluss auf die Ergebnisse haben. Die Entscheidungsmodelle werden weiter unterteilt in Modelle, die nur eine Zielsetzung berücksichtigen, und Modelle, die mehrere Zielsetzungen berücksichtigen.

2.3.1 Entscheidungsmodell bei Sicherheit mit einer Zielsetzung

Merkmale des Modells

Entscheidungen unter Sicherheit mit nur einer Zielsetzung sind relativ leicht zu treffen, da die Beurteilungsgrößen der Aktionen deren Nutzenwerten entsprechen. Beispiele für entsprechende Entscheidungen sind Einkaufsentscheidungen, bei denen nur die Zielsetzung verfolgt wird, das Produkt mit dem niedrigsten Preis zu kaufen.

2.3 Entscheidungsmodelle bei Sicherheit

Dem Entscheidungsmodell bei Sicherheit mit einer Zielsetzung liegt folgende Entscheidungsfunktion zugrunde:

$\Phi(a_i) = u_{ip}$

mit:

$\Phi(a_i)$ = Beurteilungsgröße der Aktion i
u_{ip} = Nutzenwert der Aktion i hinsichtlich des Ziels p

Dem Entscheidungsmodell liegt folgende Vorgehensweise zugrunde:
1. Die Beurteilungsgrößen der Aktionen ergeben sich direkt aus deren Nutzenwerten.
2. Zum Treffen der Entscheidung wird auf die ermittelten Beurteilungsgrößen die Entscheidungsregel angewendet »Wähle die Aktion mit der maximalen Beurteilungsgröße«.

Fallbeispiel 2-8 (Fortsetzung 2-1) **Entscheidung über eine Produktionsstätte**
▶▶▶ Die ↗ Tabelle 2-11 zeigt die Entscheidung bei einer Zielsetzung für das Fallbeispiel. Die Geschäftsführung der *Speedy GmbH* würde sich danach für die zweite oder dritte Produktionsstätte entscheiden, da diese die höchsten Beurteilungsgrößen ausweisen. ◀◀◀

Tab. 2-11

Entscheidung bei einer Zielsetzung im Fallbeispiel

Produktionsstätte \ Beurteilungsgröße \ Zielinhalt \ Ziel	k_1 — Deckungsbeitrag je Jahr — $\Phi(a_i)$
a_1	10 000 T€
a_2	75 000 T€
a_3	75 000 T€

Zwischenübung Kapitel 2.3.1

Die Parkplatzkontrolleure streiken für höhere Gehälter und führen deshalb keine Kontrollen durch. Für das Parken auf einem kostenpflichtigen Parkplatz ergibt sich damit folgende Nutzenmatrix. Für welche Aktion würden Sie sich unter der Zielsetzung »Minimierung des Entgelts für das Parken« unter Anwendung des Entscheidungsmodells bei Sicherheit mit einer Zielsetzung entscheiden?

	Keine Kontrolle z_1	$\Phi(a_i)$
Keinen Parkschein kaufen a_1	0,00 €	
Parkschein kaufen a_2	− 1,00 €	

2.3 Entscheidungstheorie
Entscheidungsmodelle bei Sicherheit

> **Wirtschaftspraxis 2-1**
>
> **Kaufentscheidungen für Mobiltelefone**
>
> Bei den in vielen Fachzeitschriften zu findenden Produkttests handelt es sich um Nutzenmatrizen für Kaufentscheidungen unter Sicherheit bei mehrfacher Zielsetzung.
> In der Zeitschrift *connect* werden Mobiltelefone – als Aktionen der Käufer – beispielsweise anhand des folgenden Zielsystems beurteilt (in Klammern jeweils die maximal erreichbare Punktezahl und damit die Zielgewichtung):
> - »Ausdauer« (maximal 100 Punkte),
> - »Ausstattung« (maximal 150 Punkte),
> - »Handhabung« (maximal 150 Punkte),
> - »Messwerte Sende- und Empfangsqualität« (maximal 50 Punkte) sowie
> - »Messwerte Akustik« (maximal 50 Punkte).
>
> Den Mobiltelefonen werden hinsichtlich dieser Ziele als Ergebnisse von Tests Punkte zugeordnet, die die Nutzenwerte potenzieller Käufer darstellen. Die Punkte werden anschließend addiert und ergeben die Beurteilungsgröße je Mobiltelefon. In Abhängigkeit von der erreichten Gesamtpunktezahl werden die Mobiltelefone zusätzlich noch über eine Werttabelle von »sehr gut« bis »mangelhaft« bewertet.
>
> Quelle: *Motor Presse Stuttgart GmbH & Co. KG*: So testet *connect*, unter: www.connect.de/ test/so_testet_connect 11118.htm, Stand: 01.01.2006.

2.3.2 Entscheidungsmodelle bei Sicherheit mit mehrfacher Zielsetzung

2.3.2.1 Zielgewichtung

Merkmale des Modells

Die Zielgewichtung ist ein in der Praxis sehr häufig angewendetes Entscheidungsmodell. Sie wird auch als **Nutzwertanalyse**, als Scoringmodell oder als Punktbewertungsmodell bezeichnet. Bei der Zielgewichtung geht ein vom Entscheidungsträger als wichtig erachtetes Ziel mit einer hohen Zielgewichtung und ein weniger wichtiges Ziel mit einer niedrigeren Zielgewichtung in die Entscheidung ein. Um die Gewichtung nicht zu verfälschen, müssen dabei die Nutzenwerte normiert werden (vergleiche dazu und zum Folgenden *Bamberg, G./Coenenberg, A. G.* 1996: Seite 49 ff., 55, *Berens, W./Delfmann, W./Schmitting, W.* 2004: Seite 62 f. und *Eisenführ, F./Weber, M.* 1994: Seite 113 ff.).

Dem Entscheidungsmodell der Zielgewichtung liegt folgende Entscheidungsfunktion zugrunde:

Entscheidungsfunktion

$$\Phi(a_i) = \sum_{p=1}^{r} g_p \times u_{ip}$$

mit:

$\Phi(a_i)$ = Beurteilungsgröße der Aktion i
r = Anzahl der Ziele
g_p = Gewichtung des Ziels p
u_{ip} = Normierter Nutzenwert der Aktion i hinsichtlich des Ziels p

Dem Entscheidungsmodell liegt folgende Vorgehensweise zugrunde:
1. Zunächst werden die Nutzenwerte u_i der einzelnen Aktionen (a_1, ..., a_m) bezüglich der verschiedenen Ziele (k_1, ..., k_r) ermittelt und normiert. Die Normierung erfolgt, indem die Nutzenwerte je Ziel jeweils in vorgegebene Intervalle transformiert wer-

den. Üblich sind die Intervalle von 0 bis 1 oder von 0 bis 100. Der kleinste Nutzenwert je Ziel wird dabei in die 0, der größte in die 1 oder die 100 transformiert.
2. Im nächsten Schritt muss der Entscheidungsträger die Gewichtungen (g_1, ..., g_r) der Ziele (k_1, ..., k_r) bestimmen. Die Summe der Zielgewichtungen sollte sich dabei zu 1 ergänzen. Das wichtigste Ziel erhält beispielsweise 0,4 als Zielgewichtung, das zweitwichtigste 0,3 und so weiter.
3. Die Beurteilungsgrößen der Aktionen ergeben sich dann, indem die Nutzenwerte der einzelnen Aktionen mit der jeweiligen Zielgewichtung multipliziert und zum Gesamtnutzenwert aufsummiert werden.
4. Zum Treffen der Entscheidung wird auf die ermittelten Beurteilungsgrößen die Entscheidungsregel angewendet »Wähle die Aktion mit der maximalen Beurteilungsgröße«.

Obwohl die Zielgewichtung eines der am häufigsten in der Praxis angewendeten Entscheidungsmodelle ist, ist sie dennoch sehr umstritten, da sie nicht so objektiv ist, wie sie zu sein vorgibt. Grund dafür ist, dass die Beurteilung von Aktionen davon abhängt:

Modellkritik

- welche Ziele zu ihrer Beurteilung verwendet werden,
- wie diese Ziele gewichtet werden und
- wie die Nutzenwerte bei qualitativen Zielen ermittelt werden.

Alle der vorgenannten Punkte erfolgen in der Regel subjektiv, weshalb die Zielgewichtung manchmal auch für bewusste Manipulationen missbraucht wird.

Fallbeispiel 2-9 (Fortsetzung 2-1) **Entscheidung über eine Produktionsstätte**
▶▶▶ Die ↗ Tabelle 2-12 zeigt die Anwendung des Entscheidungsmodells der Zielgewichtung auf das Fallbeispiel. Die Werte der Deckungsbeiträge wurden dazu normiert. Die Geschäftsführung der *Speedy GmbH* würde sich danach für die zweite Produktionsstätte entscheiden, da sie den größten Gesamtnutzenwert ausweist. Der Gesamtnutzenwert der zweiten Produktionsstätte ergibt sich beispielsweise folgendermaßen:

$\Phi(a_2) = 0{,}75 = 1{,}0 \times 0{,}6 + 0{,}5 \times 0{,}3 + 0{,}0 \times 0{,}1$ ◀◀◀

Tab. 2-12

Anwendung der Zielgewichtung auf das Fallbeispiel (📄 BWL6_02_Tabelle-Fallbeispiel.xls)

Ziel	k_1		k_2		k_3		
Zielgewichtung Produktionsstätte	0,6	$g_1 \times u_{i1}$	0,3	$g_2 \times u_{i2}$	0,1	$g_3 \times u_{i3}$	$\Phi(a_i)$
a_1	0,0	0,00	1,0	0,30	0,0	0,00	0,30
a_2	1,0	0,60	0,5	0,15	0,0	0,00	**0,75**
a_3	1,0	0,60	0,0	0,00	1,0	0,10	0,70

Zwischenübung Kapitel 2.3.2.1

Bei einem Unternehmen soll ein neuer Mitarbeiter eingestellt werden. Die Ziele ergeben sich dabei aus den im ↗ Kapitel 8 Personalmanagement aufgeführten Kriterien der Personalauswahl, ihre Gewichtung aus den Erfordernissen der zu besetzenden Stelle. Für die Stellenbesetzung ergibt sich folgende Nutzenmatrix. Für welchen Bewerber würden Sie sich unter Anwendung der Zielgewichtung entscheiden?

	k_1	$g_1 \times u_{i1}$	k_2	$g_2 \times u_{i2}$	k_3	$g_3 \times u_{i3}$	$\Phi(a_i)$
Zielgewichtung	0,5		0,4		0,1		
a_1	90		20		80		
a_2	90		50		60		
a_3	80		90		90		
a_4	90		50		40		

2.3.2.2 Lexikographische Ordnung

Merkmale des Modells

Bei dem Entscheidungsmodell der lexikographischen Ordnung werden die Ziele entsprechend der **Präferenz** des Entscheidungsträgers geordnet – alphabetisch wie die einzelnen Begriffe eines Lexikons. Das wichtigste Ziel wird zum Bewertungsmaßstab erklärt, die restlichen Zielsetzungen bleiben in der Regel außer Betracht. Eine solche Verhaltensweise ist plausibel, wenn ein Ziel die übrigen Ziele eindeutig dominiert und seine Realisierung beispielsweise für den Fortbestand des Unternehmens unerlässlich ist.

Vorgehensweise

Dem Entscheidungsmodell liegt folgende Vorgehensweise zugrunde:
1. Wähle die Aktion, die das wichtigste Ziel am besten erfüllt.
2. Falls sich beim vorangegangenen Schritt mehrere Aktionen ergeben, wähle aus diesen die Aktion, die das zweitwichtigste Ziel am besten erfüllt.
3. Falls sich beim vorangegangenen Schritt mehrere Aktionen ergeben, wähle aus diesen die Aktion, die das drittwichtigste Ziel am besten erfüllt.
4. …

Modellkritik

Bei dem Entscheidungsmodell finden in der Regel nicht alle Ziele des Entscheidungsträgers eine Berücksichtigung, da eine Aktion bereits dann vorgezogen wird, wenn sie einer anderen Alternative bezüglich der Erreichung des jeweils betrachteten Ziels nur geringfügig überlegen ist, selbst wenn diese das zweitrangige Ziel sehr viel besser erfüllt (vergleiche *Bamberg, G./Coenenberg, A. G.* 1996: Seite 50 f.).

Fallbeispiel 2-10 (Fortsetzung 2-1) **Entscheidung über eine Produktionsstätte**

▶▶▶ Die ↗ Tabelle 2-13 zeigt die Anwendung des Entscheidungsmodells der lexikographischen Ordnung auf das Fallbeispiel. Die Geschäftsführung der *Speedy GmbH* würde sich danach aufgrund des ersten Ziels für die zweite oder dritte Produktionsstätte entscheiden und aufgrund des zweiten Ziels dann für die zweite Produktionsstätte, da diese schneller realisiert werden kann. ◀◀◀

Tab. 2-13

Anwendung der lexikographischen Ordnung auf das Fallbeispiel

Produktionsstätte \ Zielinhalt (Ziel)	k_1 Deckungsbeitrag je Jahr	k_2 Realisierungsdauer
a_1	10 000 T€	1,0
a_2	75 000 T€	0,5
a_3	75 000 T€	0,0

Zwischenübung Kapitel 2.3.2.2

Bei einem Unternehmen soll ein neuer Mitarbeiter eingestellt werden. Für die Stellenbesetzung ergibt sich folgende Nutzenmatrix. Für welchen Bewerber würden Sie sich unter Anwendung der lexikographischen Ordnung entscheiden (Hinweis: Führen Sie die Auswahl durch Ankreuzen durch)?

	k_1		k_2		k_3	
Zielgewichtung	0,5		0,4		0,1	
a_1	90		20		80	
a_2	90		50		60	
a_3	80		90		90	
a_4	90		50		40	

2.4 Entscheidungsmodelle bei Unsicherheit

Entscheidungsmodelle bei Unsicherheit werden eingesetzt, wenn lediglich bekannt ist, dass irgendeiner der möglichen Umweltzustände aus dem Zustandsraum eintreten wird, dafür aber keine Eintrittswahrscheinlichkeiten angegeben werden können. Nachfolgend werden mit der Maximax-, der Maximin-, der *Hurwicz*-, der *Laplace*- und der *Savage-Niehans*-Regel fünf Entscheidungsmodelle bei Unsicherheit vorgestellt (vergleiche dazu *Schildbach, T.* 1993: Seite 84 ff.).

2.4.1 Maximax-Regel

Die Maximax-Regel ist typisch für »unverbesserliche Optimisten« und »Spielernaturen«. Diese betrachten bei jeder Aktion nur den besten Fall, also den maximal möglichen Nutzenwert, und wählen dann aus diesen Werten den maximalen Wert. Wie der

Merkmale des Modells

2.4 Entscheidungstheorie
Entscheidungsmodelle bei Unsicherheit

Name der Regel bereits ausdrückt, wird also das Maximum des Maximums gewählt (vergleiche dazu und zum Folgenden *Bamberg, G./Coenenberg, A. G.* 1996: Seite 108 und *Berens, W./Delfmann, W./Schmitting, W.* 2004: Seite 68).

Dem Entscheidungsmodell der Maximax-Regel liegt die folgende Entscheidungsfunktion zugrunde:

Entscheidungsfunktion

$$\Phi(a_i) = \max_j u_{ij}$$

mit:

$\Phi(a_i)$ = Beurteilungsgröße der Aktion i
$\max_j u_{ij}$ = Maximaler Nutzenwert aller Umweltzustände der Aktion i

Dem Entscheidungsmodell liegt folgende Vorgehensweise zugrunde:

Vorgehensweise
1. Die Beurteilungsgrößen der Aktionen ergeben sich jeweils aus ihrem maximalen Nutzenwert.
2. Zum Treffen der Entscheidung wird auf die ermittelten Beurteilungsgrößen die Entscheidungsregel angewendet »Wähle die Aktion mit der maximalen Beurteilungsgröße«.

Fallbeispiel 2-11 (Fortsetzung 2-1) **Entscheidung über eine Produktionsstätte**
▶▶▶ Die ↗ Tabelle 2-14 zeigt die Anwendung der Maximax-Regel auf das Fallbeispiel. Die Geschäftsführung der *Speedy GmbH* würde sich danach für die dritte Produktionsstätte entscheiden, da sie die größte Beurteilungsgröße ausweist. Die Beurteilungsgröße der dritten Produktionsstätte ergibt sich beispielsweise folgendermaßen:

$$\Phi(a_3) = 90\,000\,T€ = \max(10\,000\,T€, 75\,000\,T€, 90\,000\,T€)$$ ◀◀◀

Tab. 2-14

Anwendung der Maximax-Regel auf das Fallbeispiel (BWL6_02_Tabelle-Fallbeispiel.xls)

Produktionsstätte \ Absatzszenario	z_1	z_2	z_3	$\Phi(a_i)$
a_1	5 000 T€	10 000 T€	10 000 T€	10 000 T€
a_2	15 000 T€	75 000 T€	75 000 T€	75 000 T€
a_3	10 000 T€	75 000 T€	90 000 T€	**90 000 T€**

Zwischenübung Kapitel 2.4.1

Für das Parken auf einem kostenpflichtigen Parkplatz ergibt sich folgende Nutzenmatrix. Für welche Aktion würden Sie sich unter Anwendung der Maximax-Regel entscheiden?

	Keine Kontrolle z_1	Kontrolle z_2	$\Phi(a_i)$
Keinen Parkschein kaufen a_1	0,00 €	– 5,00 €	
Parkschein kaufen a_2	– 1,00 €	– 1,00 €	

2.4.2 Maximin-/Wald-Regel

Die Maximin-Regel, die auch nach dem Mathematiker *A. Wald* als *Wald*-Regel bezeichnet wird, ist ein typisches Entscheidungsmodell von »pathologischen Pessimisten« (*Krelle, W.* 1968: Seite 185). Diese betrachten bei jeder Aktion nur den schlechtesten Fall, also den minimal möglichen Nutzenwert, und wählen dann aus diesen Werten den maximalen Wert. Wie der Name der Regel bereits ausdrückt, wird also das Maximum des Minimums gewählt (vergleiche dazu und zum Folgenden *Bamberg, G./ Coenenberg, A. G.* 1996: Seite 108 und *Berens, W./Delfmann, W./Schmitting, W.* 2004: Seite 67).

Dem Entscheidungsmodell der Maximin-Regel liegt die folgende Entscheidungsfunktion zugrunde:

$$\Phi(a_i) = \min_j u_{ij}$$

mit:

$\Phi(a_i)$ = Beurteilungsgröße der Aktion i
$\min_j u_{ij}$ = Minimaler Nutzenwert aller Umweltzustände der Aktion i

Dem Entscheidungsmodell liegt folgende Vorgehensweise zugrunde:
1. Die Beurteilungsgrößen der Aktionen ergeben sich jeweils aus ihrem minimalen Nutzenwert.
2. Zum Treffen der Entscheidung wird auf die ermittelten Beurteilungsgrößen die Entscheidungsregel angewendet »Wähle die Aktion mit der maximalen Beurteilungsgröße«.

Fallbeispiel 2-12 (Fortsetzung 2-1) **Entscheidung über eine Produktionsstätte**
▶▶▶ Die ↗ Tabelle 2-15 zeigt die Anwendung der Maximin-Regel auf das Fallbeispiel. Die Geschäftsführung der *Speedy GmbH* würde sich danach für die zweite Produktionsstätte entscheiden, da sie die größte Beurteilungsgröße ausweist. Die Beurteilungsgröße der zweiten Produktionsstätte ergibt sich beispielsweise folgendermaßen:

$\Phi(a_2) = 15\,000\,T€ = \min\,(15\,000\,T€,\,75\,000\,T€,\,75\,000\,T€)$ ◀◀◀

Tab. 2-15

Anwendung der Maximin-Regel auf das Fallbeispiel
(🗎 BWL6_02_Tabelle-Fallbeispiel.xls)

Produktionsstätte \ Absatzszenario	z_1	z_2	z_3	$\Phi(a_i)$
a_1	5 000 T€	10 000 T€	10 000 T€	5 000 T€
a_2	15 000 T€	75 000 T€	75 000 T€	**15 000 T€**
a_3	10 000 T€	75 000 T€	90 000 T€	10 000 T€

Zwischenübung Kapitel 2.4.2

Für das Parken auf einem kostenpflichtigen Parkplatz ergibt sich folgende Nutzenmatrix. Für welche Aktion würden Sie sich unter Anwendung der Maximin-Regel entscheiden?

	Keine Kontrolle z_1	Kontrolle z_2	$\Phi\,(a_i)$
Keinen Parkschein kaufen a_1	0,00 €	– 5,00 €	
Parkschein kaufen a_2	– 1,00 €	– 1,00 €	

2.4.3 Pessimismus-Optimismus-/Hurwicz-Regel

Merkmale des Modells

Die Pessimismus-Optimismus-Regel, die nach dem amerikanischen Wirtschaftswissenschaftler *L. Hurwicz* auch als *Hurwicz*-Regel bezeichnet wird, ermöglicht eine beliebig gewichtete Kombination der Maximin- und der Maximax-Regel. Über den sogenannten **Optimismus-Parameter** λ kann der Entscheidungsträger dabei seine Risikopräferenz abbilden. Optimistische Entscheidungsträger wählen ein größeres λ, wodurch die Maximax-Regel stärker gewichtet wird, pessimistische Entscheidungsträger ein kleineres λ, wodurch die Maximin-Regel stärker gewichtet wird (vergleiche dazu und zum Folgenden *Bamberg, G./Coenenberg, A. G.* 1996: Seite 109 und *Berens, W./Delfmann, W./Schmitting, W.* 2004: Seite 68 f.).

Dem Entscheidungsmodell der *Hurwicz*-Regel liegt die folgende Entscheidungsfunktion zugrunde:

Entscheidungsfunktion

$$\Phi\,(a_i) = \lambda \times \max_j u_{ij} + (1 - \lambda) \times \min_j u_{ij}$$

mit:

$\Phi\,(a_i)$ = Beurteilungsgröße der Aktion i

λ = Optimismus-Parameter (0 bis 1)

$\max_j u_{ij}$ = Maximaler Nutzenwert aller Umweltzustände der Aktion i

$\min_j u_{ij}$ = Minimaler Nutzenwert aller Umweltzustände der Aktion i

Vorgehensweise

Dem Entscheidungsmodell liegt folgende Vorgehensweise zugrunde:
1. Die Beurteilungsgrößen der Aktionen ergeben sich jeweils aus der Summe des mit λ gewichteten maximalen Nutzenwerts und des mit $(1 - \lambda)$ gewichteten minimalen Nutzenwerts.
2. Zum Treffen der Entscheidung wird auf die ermittelten Beurteilungsgrößen die Entscheidungsregel angewendet »Wähle die Aktion mit der maximalen Beurteilungsgröße«.

2.4 Entscheidungsmodelle bei Unsicherheit

Fallbeispiel 2-13 (Fortsetzung 2-1) **Entscheidung über eine Produktionsstätte**

▶▶▶ Die ↗ Tabelle 2-16 zeigt die Anwendung der Pessimismus-Optimismus-Regel mit $\lambda = 0{,}2$ auf das Fallbeispiel. Die Geschäftsführung der *Speedy GmbH* würde sich danach für die zweite Produktionsstätte entscheiden, da sie die größte Beurteilungsgröße ausweist. Die Beurteilungsgröße der zweiten Produktionsstätte ergibt sich beispielsweise folgendermaßen:

$$\Phi(a_2) = 27\,000\,T\text{€} = 0{,}2 \times 75\,000\,T\text{€} \times (1 - 0{,}2) \times 15\,000\,T\text{€} \blacktriangleleft\blacktriangleleft\blacktriangleleft$$

Tab. 2-16

Anwendung der Pessimismus-Optimismus-Regel auf das Fallbeispiel
(🖱 BWL6_02_Tabelle-Fallbeispiel.xls)

Produktionsstätte \ Absatzszenario	z_1	z_2	z_3	$\Phi(a_i)$ $\lambda = 0{,}2$
a_1	5 000 T€	10 000 T€	10 000 T€	6 000 T€
a_2	15 000 T€	75 000 T€	75 000 T€	**27 000 T€**
a_3	10 000 T€	75 000 T€	90 000 T€	26 000 T€

Zwischenübung Kapitel 2.4.3

Für das Parken auf einem kostenpflichtigen Parkplatz ergibt sich folgende Nutzenmatrix. Für welche Aktion würden Sie sich unter Anwendung der Pessimismus-Optimismus-Regel mit $\lambda = 0{,}7$ entscheiden?

	Keine Kontrolle z_1	Kontrolle z_2	$\Phi_{Maximax}$	$\Phi_{Maximin}$	$\Phi(a_i)$
Keinen Parkschein kaufen a_1	0,00 €	– 5,00 €	0,00 €	– 5,00 €	
Parkschein kaufen a_2	– 1,00 €	– 1,00 €	– 1,00 €	– 1,00 €	

2.4.4 Minimum-Regret-/Savage-Niehans-Regel

Die *Savage-Niehans*-Regel, die nach dem Chicagoer Statistiker *L. J. Savage* und seinem Schweizer Kollegen *J. Niehans* benannt wurde, geht von der Vorstellung aus, dass der Entscheidungsträger aufgrund der verschiedenen möglichen Umweltzustände in den meisten Fällen nicht die Aktion wählt, die nach Eintreten des Umweltzustandes den maximalen Nutzenwert ergibt. Der Entscheidungsträger sollte deshalb

Merkmale des Modells

2.4 Entscheidungstheorie
Entscheidungsmodelle bei Unsicherheit

eine Aktion wählen, deren Wahl er möglichst wenig bereut, da sie die kleinsten Abweichungen gegenüber allen möglichen optimalen Aktionen aufweist. Aus diesem Grund wird die *Savage-Niehans*-Regel auch »Regel des kleinsten Bedauerns« oder »Minimum-Regret-Regel« genannt (vergleiche dazu und zum Folgenden *Bamberg, G./Coenenberg, A. G.* 1996: Seite 110 f., *Berens, W./Delfmann, W./Schmitting, W.* 2004: Seite 70 ff. und *Rehkugler, H./Schindel, V.* 1990: Seite 122).

Dem Entscheidungsmodell der *Savage-Niehans*-Regel liegt die folgende Entscheidungsfunktion zugrunde:

Entscheidungsfunktion

$$\Phi(a_i) = \max_j (\max_i u_{ij} - u_{ij})$$

mit:

$\Phi(a_i)$ = Beurteilungsgröße der Aktion i

$\max_i u_{ij}$ = Maximaler Nutzenwert aller Aktionen des Umweltzustandes j

$\max_j (...)$ = Maximaler Nutzenentgang aller Umweltzustände der Aktion i

Vorgehensweise

Dem Entscheidungsmodell liegt folgende Vorgehensweise zugrunde:
1. Zunächst wird für jeden Umweltzustand, also für jede Spalte der Nutzenmatrix, der größte Nutzenwert ermittelt. Von diesem Wert werden dann jeweils die anderen Nutzenwerte der Spalte abgezogen. Dadurch ergibt sich der Nutzenentgang bei der Wahl einer Aktion.
2. Die Beurteilungsgrößen der Aktionen ergeben sich dann jeweils aus ihrem maximalen Nutzenentgang.
3. Zum Treffen der Entscheidung wird auf die ermittelten Beurteilungsgrößen die Entscheidungsregel angewendet »Wähle die Aktion mit der **minimalen** Beurteilungsgröße«.

Fallbeispiel 2-14 (Fortsetzung 2-1) **Entscheidung über eine Produktionsstätte**
▶▶▶ Die ↗ Tabelle 2-17 zeigt die Anwendung der Minimum-Regret-Regel auf das Fallbeispiel. Die Geschäftsführung der *Speedy GmbH* würde sich danach für die dritte Produktionsstätte entscheiden, da sie die kleinste Beurteilungsgröße ausweist. Der Nut-

Tab. 2-17

Anwendung der Minimum-Regret-Regel auf das Fallbeispiel (⌂ BWL6_02_Tabelle-Fallbeispiel.xls)

Produktionsstätte \ Absatzszenario	z_1	Nutzenentgang	z_2	Nutzenentgang	z_3	Nutzenentgang	$\Phi(a_i)$
a_1	5 000 T€	10 000 T€	10 000 T€	65 000 T€	10 000 T€	80 000 T€	80 000 T€
a_2	15 000 T€	0 T€	75 000 T€	0 T€	75 000 T€	15 000 T€	15 000 T€
a_3	10 000 T€	5 000 T€	75 000 T€	0 T€	90 000 T€	0 T€	**5 000 T€**

zenentgang der dritten Produktionsstätte ergibt sich beim ersten Absatzszenario beispielsweise folgendermaßen:

5 000 T€ = max. (5 000 T€, 15 000 T€, 10 000 T€) − 10 000 T€ ◂◂◂

Zwischenübung Kapitel 2.4.4

Für das Parken auf einem kostenpflichtigen Parkplatz ergibt sich folgende Nutzenmatrix. Für welche Aktion würden Sie sich unter Anwendung der Minimum-Regret-Regel entscheiden?

	Keine Kontrolle z_1	Nutzenentgang	Kontrolle z_2	Nutzenentgang	$\Phi(a_i)$
Keinen Parkschein kaufen a_1	0,00 €		− 5,00 €		
Parkschein kaufen a_2	− 1,00 €		− 1,00 €		

2.4.5 Laplace-Regel

Bei der *Laplace*-Regel, die nach dem französischen Mathematiker und Physiker *P. S. Laplace* benannt wurde, wird davon ausgegangen, dass anders als bei den nachfolgend beschriebenen Entscheidungsmodellen bei Risiko alle Umweltzustände die gleiche Eintrittswahrscheinlichkeit haben. Aus diesem Grund erfolgt die Entscheidung auf der Basis des Durchschnitts aller Nutzenwerte (vergleiche dazu und zum Folgenden *Bamberg, G./Coenenberg, A. G.* 1996: Seite 110 und *Berens, W./Delfmann, W./ Schmitting, W.* 2004: Seite 70).

Merkmale des Modells

Dem Entscheidungsmodell der *Laplace*-Regel liegt die folgende Entscheidungsfunktion zugrunde:

$$\Phi(a_i) = \frac{1}{n}\sum_{j=1}^{n} u_{ij}$$

Entscheidungsfunktion

mit:
- $\Phi(a_i)$ = Beurteilungsgröße der Aktion i
- n = Anzahl der Umweltzustände
- u_{ij} = Nutzenwert des Umweltzustandes j der Aktion i

Dem Entscheidungsmodell liegt folgende Vorgehensweise zugrunde:

1. Die Beurteilungsgrößen der Aktionen ergeben sich als Durchschnitt der Nutzenwerte jeder Aktion, also, indem die Nutzenwerte aufsummiert und dann durch die Anzahl der Nutzenwerte, die der Anzahl der Umweltzustände entspricht, geteilt werden.

Vorgehensweise

2.4 Entscheidungstheorie
Entscheidungsmodelle bei Unsicherheit

2. Zum Treffen der Entscheidung wird auf die ermittelten Beurteilungsgrößen die Entscheidungsregel angewendet »Wähle die Aktion mit der maximalen Beurteilungsgröße«.

Fallbeispiel 2-15 (Fortsetzung 2-1) **Entscheidung über eine Produktionsstätte**

▶▶▶ Die ↗ Tabelle 2-18 zeigt die Anwendung der *Laplace*-Regel auf das Fallbeispiel. Die Geschäftsführung der *Speedy GmbH* würde sich danach für die dritte Produktionsstätte entscheiden, da sie die größte Beurteilungsgröße ausweist. Die Beurteilungsgröße der dritten Produktionsstätte ergibt sich beispielsweise folgendermaßen:

$$\Phi(a_3) = 58\,333 \text{ T€} = \frac{10\,000 \text{ T€} + 7\,000 \text{ T€} + 90\,000 \text{ T€}}{3}$$ ◀◀◀

Tab. 2-18

Anwendung der *Laplace*-Regel auf das Fallbeispiel
(📄 BWL6_02_Tabelle-Fallbeispiel.xls)

Produktionsstätte \ Absatzszenario	z_1	z_2	z_3	$\Phi(a_i)$
a_1	5 000 T€	10 000 T€	10 000 T€	8 333 T€
a_2	15 000 T€	75 000 T€	75 000 T€	55 000 T€
a_3	10 000 T€	75 000 T€	90 000 T€	**58 333 T€**

Zwischenübung Kapitel 2.4.5

Für das Parken auf einem kostenpflichtigen Parkplatz ergibt sich folgende Nutzenmatrix. Für welche Aktion würden Sie sich unter Anwendung der Laplace-Regel entscheiden?

	Keine Kontrolle z_1	Kontrolle z_2	$\Phi(a_i)$
Keinen Parkschein kaufen a_1	0,00 €	– 5,00 €	
Parkschein kaufen a_2	– 1,00 €	– 1,00 €	

2.5 Entscheidungsmodelle bei Risiko

Entscheidungsmodelle bei Risiko werden eingesetzt, wenn der Entscheidungsträger den möglichen Umweltzuständen bestimmte Eintrittswahrscheinlichkeiten zuordnen kann. Die Eintrittswahrscheinlichkeiten können auf zwei Arten ermittelt werden (vergleiche *Eisenführ, F./Weber, M.* 1994: Seite 150 ff.):

Objektive Ermittlung
Bei einer objektiven Ermittlung werden die Eintrittswahrscheinlichkeiten theoretisch hergeleitet oder experimentell bestimmt. So kann die Eintrittswahrscheinlichkeit, dass sich beim Würfeln eine bestimmte Augenzahl ergibt, durch häufiges Würfeln ermittelt werden. Eine objektive Ermittlung von Eintrittswahrscheinlichkeiten erfolgt zum Beispiel in der Versicherungsbranche.

Ermittlung der Eintrittswahrscheinlichkeiten

Subjektive Ermittlung
Die subjektive Ermittlung ist in der betrieblichen Realität häufiger anzutreffen. Die Eintrittswahrscheinlichkeiten werden dabei aufgrund von Expertenschätzungen ermittelt.

Die Summe der Eintrittswahrscheinlichkeiten aller Umweltzustände ergibt dabei immer »1«.

Fallbeispiel 2-16 (Fortsetzung 2-1) **Entscheidung über eine Produktionsstätte**
▶▶▶ Für das Fallbeispiel schätzt das Marketing der *Speedy GmbH* die in der ↗ Tabelle 2-19 angegebenen Eintrittswahrscheinlichkeiten der Umweltzustände. ◀◀◀

Tab. 2-19

Eintrittswahrscheinlichkeiten der Umweltzustände des Fallbeispiels

Umweltzustand	Eintrittswahrscheinlichkeiten
Absatzszenario z_1	20 %
Absatzszenario z_2	50 %
Absatzszenario z_3	30 %

2.5.1 µ-/Bayes-Prinzip

Das µ-Prinzip, das nach dem englischen Mathematiker und Pfarrer *T. Bayes* auch als *Bayes*-Prinzip bezeichnet wird, geht von einer Risikoneutralität des Entscheidungsträgers aus, da beispielsweise eine Aktion, die einen sicheren Nutzenwert in Höhe von 100 hat, gleich gut beurteilt wird, wie eine Aktion, die mit einer fünfzigprozentigen Wahrscheinlichkeit einen Nutzenwert von 200 hat (vergleiche dazu und zum Fol-

Merkmale des Modells

genden *Bamberg, G./Coenenberg, A. G.* 1996: Seite 88 ff. und *Berens, W./Delfmann, W./Schmitting, W.* 2004: Seite 74).

Dem Entscheidungsmodell des µ-Prinzips liegt die folgende Entscheidungsfunktion zugrunde:

Entscheidungsfunktion

$$\Phi(a_i) = \mu_i = \sum_{j=1}^{n} w_j \times u_{ij}$$

mit:

$\Phi(a_i)$ = Beurteilungsgröße der Aktion i
μ_i = Erwartungswert der Aktion i
n = Anzahl der Umweltzustände
w_j = Eintrittswahrscheinlichkeit des Umweltzustandes j
u_{ij} = Nutzenwert des Umweltzustandes j der Aktion i

Vorgehensweise

Dem Entscheidungsmodell liegt folgende Vorgehensweise zugrunde:
1. Die Nutzenwerte der verschiedenen Umweltzustände einer Aktion werden mit der Eintrittswahrscheinlichkeit der Umweltzustände multipliziert.
2. Die Beurteilungsgrößen der Aktionen ergeben sich dann durch Aufsummieren der Produkte des vorangegangenen Schritts.
3. Zum Treffen der Entscheidung wird auf die ermittelten Beurteilungsgrößen die Entscheidungsregel angewendet »Wähle die Aktion mit der maximalen Beurteilungsgröße«.

Fallbeispiel 2-17 (Fortsetzung 2-1) **Entscheidung über eine Produktionsstätte**

▶▶▶ Die ↗ Tabelle 2-20 zeigt die Anwendung des µ-Prinzips auf das Fallbeispiel. Die Geschäftsführung der *Speedy GmbH* würde sich danach für die dritte Produktionsstätte entscheiden, da sie die maximale Beurteilungsgröße ausweist. Der Erwartungswert der dritten Produktionsstätte ergibt sich beispielsweise folgendermaßen:

$$\Phi(a_3) = 66\,500\text{ T€} = 10\,000\text{ T€} \times 0{,}2 + 75\,000\text{ T€} \times 0{,}5 + 90\,000\text{ T€} \times 0{,}3 \blacktriangleleft\blacktriangleleft\blacktriangleleft$$

Tab. 2-20

Anwendung des µ-Prinzips auf das Fallbeispiel (🖱 BWL6_02_Tabelle-Fallbeispiel.xls)

Absatzszenario / Wahrscheinlichkeit / Produktionsstätte	z_1 0,2	$w_1 \times u_{i1}$	z_2 0,5	$w_2 \times u_{i2}$	z_3 0,3	$w_3 \times u_{i3}$	$\Phi(a_i) = \mu$
a_1	5 000 T€	1 000 T€	10 000 T€	5 000 T€	10 000 T€	3 000 T€	9 000 T€
a_2	15 000 T€	3 000 T€	75 000 T€	37 500 T€	75 000 T€	22 500 T€	63 000 T€
a_3	10 000 T€	2 000 T€	75 000 T€	37 500 T€	90 000 T€	27 000 T€	**66 500 T€**

Zwischenübung Kapitel 2.5.1

Für das Parken auf einem kostenpflichtigen Parkplatz ergibt sich folgende Nutzenmatrix. Nach Ihrer Schätzung beträgt die Eintrittswahrscheinlichkeit für eine Kontrolle während der Parkdauer 0,1. Für welche Aktion würden Sie sich unter Anwendung des µ-Prinzips entscheiden?

	Keine Kontrolle z_1	$w_1 \times u_{i1}$	Kontrolle z_2	$w_2 \times u_{i2}$	$\Phi(a_i) = \mu$
Keinen Parkschein kaufen a_1	0,00 €		– 5,00 €		
Parkschein kaufen a_2	– 1,00 €		– 1,00 €		

2.5.2 (µ, σ)-Prinzip

In vielen Bereichen, wie beispielsweise bei Finanzanlagen, gehen größere Erwartungswerte mit höheren Risiken – ausgedrückt durch eine größere Standardabweichung – einher. So stehen der geringen Verzinsung von Sparbüchern geringe Risiken gegenüber, während die höhere Verzinsung von Aktien in der Regel mit höheren Risiken verbunden ist. Das (µ, σ)-Prinzip erweitert das µ-Prinzip deshalb um eine Beurteilungsgröße für das Risiko. Das Risiko wird über die Standardabweichung σ bewertet. Die Standardabweichung ist dabei ein Maß für die durchschnittliche Abweichung der Nutzenwerte vom Erwartungswert und damit die Streuung um den Erwartungswert (vergleiche dazu und zum Folgenden *Bamberg, G./Coenenberg, A. G.* 1996: Seite 89 ff. und *Berens, W./Delfmann, W./Schmitting, W.* 2004: Seite 74 ff.).

Merkmale des Modells

Die Entscheidungsfunktion des (µ, σ)-Prinzips ergibt sich somit aus der Kombination der zwei Beurteilungsgrößen µ und σ:

$$\Phi(a_i) = \Phi(\mu_i, \sigma_i)$$

Entscheidungsfunktion

mit:
- $\Phi(a_i)$ = Beurteilungsgröße der Aktion i
- μ_i = Erwartungswert der Aktion i
- σ_i = Gewichtete Standardabweichung der Nutzenwerte der Aktion i

Entsprechend dem Entscheidungsmodell muss zusätzlich die mit den Eintrittswahrscheinlichkeiten der Umweltzustände **gewichtete Standardabweichung** der Nutzenwerte berechnet werden:

Vorgehensweise

$$\sigma_i = \sqrt{\sum_{j=1}^{n} w_j \times (u_{ij} - \mu_i)^2}$$

mit:
- σ_i = Gewichtete Standardabweichung der Nutzenwerte der Aktion i
- n = Anzahl der Umweltzustände
- w_j = Eintrittswahrscheinlichkeit des Umweltzustandes j

u_{ij} = Nutzenwert des Umweltzustandes j der Aktion i
μ_i = Erwartungswert der Aktion i

Wie die Entscheidung zu treffen ist, hängt primär von der Risikopräferenz des Entscheidungsträgers ab. Zum Treffen der Entscheidung wird auf die ermittelten Beurteilungsgrößen die Entscheidungsregel angewendet »Wähle die Aktion, die bei einem Risiko, das kleiner oder gleich Deiner Risikopräferenz ist, den maximalen Erwartungswert hat«.

Fallbeispiel 2-18 (Fortsetzung 2-1) **Entscheidung über eine Produktionsstätte**
▶▶▶ Die ↗ Tabelle 2-21 zeigt die Anwendung des (μ, σ)-Prinzips auf das Fallbeispiel. Die Standardabweichung steigt dabei mit dem Erwartungswert an. Für welche Produktionsstätte sich der Geschäftsführung der *Speedy GmbH* entscheidet, hängt deshalb von ihrer Risikopräferenz ab. Die Standardabweichung der ersten Produktionsstätte ergibt sich beispielsweise folgendermaßen:

$$\sigma_i = 2\,000 = \sqrt{0{,}2 \times (5\,000 - 9\,000)^2 + 0{,}5 \times (10\,000 - 9\,000)^2 + 0{,}3 \times (10\,000 - 9\,000)^2}$$ ◀◀◀

Tab. 2-21

Anwendung des (μ, σ)-Prinzips auf das Fallbeispiel
(📄 BWL6_02_Tabelle-Fallbeispiel.xls)

Absatzszenario / Wahrscheinlichkeit / Produktionsstätte	z_1	z_2	z_3		
	0,2	0,5	0,3	μ	σ
a_1	5 000 T€	10 000 T€	10 000 T€	9 000 T€	2 000
a_2	15 000 T€	75 000 T€	75 000 T€	63 000 T€	24 000
a_3	10 000 T€	75 000 T€	90 000 T€	66 500 T€	28 987

Zwischenübung Kapitel 2.5.2

(1) Für das Parken auf einem kostenpflichtigen Parkplatz ergibt sich folgende Nutzenmatrix. Nach Ihrer Schätzung beträgt die Eintrittswahrscheinlichkeit für eine Kontrolle während der Parkdauer 0,1. Für welche Aktion würden Sie sich unter Anwendung des (μ, σ)-Prinzips entscheiden, wenn Sie eine risikofreudige Einstellung haben?

	Keine Kontrolle z_1	Kontrolle z_2	μ	σ
Keinen Parkschein kaufen a_1	0,00 €	– 5,00 €	– 0,50 €	
Parkschein kaufen a_2	– 1,00 €	– 1,00 €	– 1,00 €	

(2) Für welche Aktion würden Sie sich unter Anwendung des (μ, σ)-Prinzips entscheiden, wenn die Eintrittswahrscheinlichkeit für eine Kontrolle während der Parkdauer nach Ihrer Schätzung 0,3 beträgt und Sie eine risikoneutrale Einstellung haben?

	Keine Kontrolle z_1	Kontrolle z_2	μ	σ
Keinen Parkschein kaufen a_1	0,00 €	– 5,00 €		
Parkschein kaufen a_2	– 1,00 €	– 1,00 €		

2.6 Weiterführende Fragestellungen der Entscheidungstheorie

2.6.1 Bernoulli-Prinzip

Viele Menschen beteiligen sich an Glücksspielen, obwohl die Summe der mit Eintrittswahrscheinlichkeiten gewichteten möglichen Gewinne kleiner ist als das eingesetzte Kapital. Der Schweizer Mathematiker und Physiker *D. Bernoulli* beobachtete dies bereits vor über 250 Jahren und schloss daraus, dass die Ergebnisse bei der Ermittlung der Nutzenwerte zusätzlich mit einer von der Risikoeinstellung des Entscheidungsträgers abhängigen subjektiven Nutzenfunktion bewertet werden müssen, der sogenannten *Bernoulli*- oder **Risikopräferenzfunktion** (↗ Abbildung 2-8).

Merkmale des Modells

Die sich ergebenden Risikonutzenwerte werden dann wie beim μ-Prinzip mit den Eintrittswahrscheinlichkeiten der Umweltzustände multipliziert und zur Beurteilungsgröße aufsummiert:

$$\Phi(a_i) = \sum_{j=1}^{n} w_j \times u(e_{ij})$$

Entscheidungsfunktion

mit:

$\Phi(a_i)$ = Beurteilungsgröße der Aktion i
n = Anzahl der Umweltzustände
w_j = Eintrittswahrscheinlichkeit des Umweltzustandes j
$u(e_{ij})$ = Risikonutzenwert des Ergebnisses des Umweltzustandes j der Aktion i

In Abhängigkeit von der Risikoeinstellung und der entsprechenden Risikopräferenzfunktion des Entscheidungsträgers ergeben sich unterschiedliche Entscheidungen.

Vorgehensweise

Risikoneutrale Entscheidungsträger

Risikoneutrale Entscheidungsträger bewerten Ergebnisse und Risiken realistisch. Charakteristisch für sie ist eine lineare Risikopräferenzfunktion. Der Nutzenwert für den Entscheidungsträger steigt proportional mit dem Ergebnis. Beim Vorliegen einer solchen Risikopräferenzfunktion gibt es keinen Unterschied zum μ-Prinzip.

Abb. 2-8

Risikopräferenzfunktionen

Risikofreudige Entscheidungsträger

Risikofreudige Entscheidungsträger überbewerten Ergebnisse und unterbewerten Risiken. Charakteristisch für sie ist eine konvexe Risikopräferenzfunktion. Der Nutzenwert für den Entscheidungsträger steigt dabei überproportional mit dem Ergebnis. Diese Risikopräferenzfunktion ist typisch für Spieler, die beim anfangs geschilderten Glücksspiel einem möglichen Gewinn gegenüber einem möglichen Verlust einen überproportional hohen Nutzenwert zuordnen und deshalb an dem Spiel teilnehmen. In der betrieblichen Praxis können entsprechende Entscheidungsträger bei

---

Wirtschaftspraxis 2-2

Prozesskostenfinanzierer setzen auf Bernoulli

Die Risiken von Gerichtsprozessen werden von den meisten kleinen und mittleren Unternehmen überbewertet. Viele dieser Unternehmen verfügen weder über eine Rechtsschutzversicherung noch über eine eigene Rechtsabteilung. Deshalb und aufgrund von erheblich gestiegenen Rechtsanwalts- und Gerichtsgebühren – üblich sind Gesamtkosten von 10 Prozent des Streitwerts – führen viele Unternehmen Gerichtsprozesse selbst dann nicht, wenn die Erfolgswahrscheinlichkeit sehr hoch ist. Denn die Gefahr, aufgrund eines verlorenen Prozesses illiquide zu werden, wird von diesen Unternehmen als sehr hoch bewertet. Diesen Umstand machen sich Dienstleister zunutze, die Unternehmen nach Prüfung des Sachverhalts eine Prozesskostenfinanzierung anbieten. Wird der Prozess gewonnen, erhalten die Prozesskostenfinanzierer etwa 20 bis 30 Prozent des Streitwerts, wird er dagegen verloren, so tragen sie die Kosten alleine.

Quelle: Als »Kleiner« gegen größere Gegner bestehen, unter: www.handelsblatt.com, Stand: 09.11.2005.

einer mäßig gesteigerten Risikofreude durchaus aktivierend wirken, eine stark gesteigerte Risikofreude kann aber auch zu ruinösen Entscheidungen führen.

Risikoscheue Entscheidungsträger
Risikoscheue beziehungsweise risikoaverse Entscheidungsträger unterbewerten Ergebnisse und überbewerten Risiken. Charakteristisch für sie ist eine konkave Risikopräferenzfunktion. Der Nutzenwert für den Entscheidungsträger steigt dabei unterproportional mit dem Ergebnis. In der betrieblichen Praxis können entsprechende Entscheidungsträger blockierend wirken, da sie sich bietende Chancen häufig nicht nutzen.

2.6.2 Mehrstufige Entscheidungen

Häufig bedingen bestimmte Entscheidungen die wählbaren Aktionen nachfolgender Entscheidungen. Die Wahl des Standortes für ein Tochterunternehmen in einem bestimmten Land bedingt beispielsweise, dass nur die in diesem Land vorhandenen Rechtsformen für das Unternehmen infrage kommen. Entsprechende Entscheidungen werden als mehrstufige Entscheidungen bezeichnet. Für ihre Darstellung können sogenannte **Entscheidungsbäume** (↗ Abbildung 2-9) verwendet werden. Diese zeigen, wie die Wahl einer Aktion a_1 im Zeitpunkt t_0 die Anzahl der nächstmöglich wählbaren Aktionen und damit das Entscheidungsfeld beschränkt. Bei der Wahl von a_1 können dann beispielsweise zum Zeitpunkt t_1 nur noch die Aktionen a_{11} und a_{12} gewählt werden und nicht mehr die Aktionen a_{21} und a_{22}. Mehrstufige Entscheidungen erfordern komplexere Entscheidungsmodelle, auf die hier aufgrund des einführenden Charakters des Buchs nicht näher eingegangen werden soll (vergleiche *Mag, W.* 1990: Seite 18, *Schildbach, T.* 1993: Seite 77 f.).

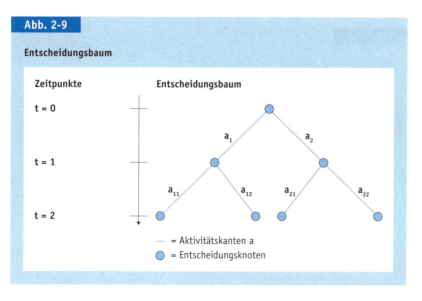

Abb. 2-9
Entscheidungsbaum

2.6.3 Entscheidungen in Spielsituationen

Spieltheorie

Bei den bisher betrachteten Entscheidungsmodellen wurden die Aktionen von anderen Unternehmen als mögliche Reaktion auf die eigenen Aktionen nicht betrachtet. Entscheidungen in Spielsituationen, also in Situationen mit bewusst handelnden Gegenspielern wie Zulieferern, Kunden, Wettbewerbern oder Tarifpartnern, sind Gegenstand der Spieltheorie.

Gefangenendilemma

Ein klassisches Beispiel für eine Spielsituation ist das sogenannte Gefangenendilemma. Dabei werden zwei Gefangene, die gemeinsam ein Verbrechen begangen haben, getrennt voneinander verhört. Beide Gefangene haben nun die Möglichkeiten, die Tat zu gestehen oder die Tat zu leugnen. Dadurch ergeben sich die folgenden Alternativen:
- Beide Gefangene gestehen die Tat und erhalten eine mittlere Strafe.
- Beide Gefangene leugnen die Tat und können nur aufgrund von Indizien verurteilt werden, weshalb sie eine niedrige Strafe erhalten.
- Ein Gefangener gesteht die Tat und tritt gegen den anderen als Kronzeuge auf, der seinerseits leugnet. Der geständige Gefangene erhält damit eine sehr niedrige Strafe, der leugnende Gefangene hingegen eine sehr hohe Strafe.

Ähnliche Situationen ergeben sich im Wirtschaftsleben sehr häufig, so beispielsweise wenn zwei Unternehmen eine Forschungs- und Entwicklungskooperation eingehen und entscheiden müssen, wie viel eigenes Know-how sie dem anderen Unternehmen offenbaren.

Spielmatrix

Entsprechende Spielsituationen werden in sogenannten Spielmatrizen dargestellt, wie das eben beschriebene Beispiel des Gefangenendilemmas in ↗ Tabelle 2-22 zeigt (vergleiche *Bamberg, G./Coenenberg, A. G.* 1996: Seite 154 ff. und *Berens, W./Delfmann, W./Schmitting, W.* 2004: Seite 83 ff.).

Tab. 2-22

Die Spielmatrix des Gefangenendilemmas

Gefangener B \ Gefangener A	Leugnen	Gestehen
Leugnen	A: Niedrige Strafe B: Niedrige Strafe	A: Sehr niedrige Strafe B: Sehr hohe Strafe
Gestehen	A: Sehr hohe Strafe B: Sehr niedrige Strafe	A: Mittlere Strafe B: Mittlere Strafe

Zwischenübung Kapitel 2.6.3

Angenommen, die Speedy GmbH hätte im Marktsegment des neuen Speedster Off-Roads genau einen Konkurrenten. Beide haben bei relativ konstanten Absatzmöglichkeiten jeweils die Möglichkeit kleine oder große Produktionskapazitäten aufzubauen.
(1) Stellen Sie eine Spielematrix für diese Entscheidungssituation auf.
(2) Für welche Alternative würden Sie sich entscheiden?

Zusammenfassung Kapitel 2

- Eine Entscheidung ist die Wahl zwischen mindestens zwei Alternativen, von denen eine die sogenannte Unterlassungsalternative sein kann.
- Die deskriptive Entscheidungstheorie beschreibt, wie Entscheidungen getroffen werden, die präskriptive Entscheidungstheorie stellt Vorschriften über die Vorgehensweise bei Entscheidungen auf.
- Das Entscheidungsfeld umfasst den Aktionen- und den Zustandsraum sowie die Ergebnismatrix.
- Eine Aktion ist eine unabhängige Vorgehensweise zur Zielerreichung, die vom Entscheidungsträger ausgewählt werden kann.
- Ein Umweltzustand ist ein Zustand, der vom Entscheidungsträger im Rahmen der zu treffenden Entscheidung nicht beeinflusst werden kann.
- Ein Ergebnis ist das unbewertete Resultat der Realisierung einer Aktion bei einem bestimmten Umweltzustand.
- Die Ergebnismatrix umfasst die Ergebnisse, die aus der Kombination von Aktionen und Umweltzuständen resultieren.
- Eine disaggregierte Ergebnismatrix ist zusätzlich nach Zielen und/oder Zeiten unterteilt.
- Ein Ziel ist ein angestrebter Zustand, der durch die Entscheidung für eine Aktion und deren Realisierung erreicht werden soll.
- Zwischen Zielen können Präferenz-, Instrumental- und Interdependenzrelationen bestehen.
- Der Nutzenwert ist ein Maß für die Erfüllung der Ziele eines Entscheidungsträgers.
- Anhand von Nutzenfunktionen, die aus Zielen abgeleitet werden, werden den Ergebnissen Nutzenwerte zugeordnet und diese in einer Nutzenmatrix dargestellt.

- Entscheidungsmodelle geben Entscheidungsfunktionen oder -regeln vor, um auf der Basis der Nutzenwerte jeder Aktion eine Beurteilungsgröße zuzuordnen, anhand der eine Entscheidung getroffen werden kann.
- Bei dem Entscheidungsmodell der Zielgewichtung wird die Aktion mit der größten Summe der mit Zielgewichten multiplizierten Nutzenwerte gewählt.
- Bei dem Entscheidungsmodell der lexikographischen Ordnung wird zuerst nach dem Nutzenwert des wichtigsten Ziels und bei gleicher Bewertung nach dem Nutzenwert des jeweils nächstwichtigeren Zieles entschieden.
- Gemäß der Maximax-Regel wird die Aktion mit dem größten maximalen Nutzenwert gewählt.
- Gemäß der Maximin-Regel wird die Aktion mit dem größten minimalen Nutzenwert gewählt.
- Gemäß der *Savage-Niehans*-Regel wird die Aktion mit der geringsten maximalen Abweichung gegenüber dem besten Nutzenwert gewählt.
- Gemäß der *Laplace*-Regel wird die Aktion mit dem größten Durchschnitt der Nutzenwerte gewählt.
- Gemäß der *Bayes*-Regel wird die Aktion mit dem höchsten Erwartungswert gewählt.
- Beim (μ, σ)-Prinzip wählt der Entscheidungsträger abhängig von seiner Risikopräferenz einen niedrigen Erwartungswert mit einem geringen Risiko oder einen hohen Erwartungswert mit einem hohen Risiko.
- Gemäß dem *Bernoulli*-Prinzip entscheidet der Entscheidungsträger aufgrund seiner individuellen Risikopräferenzfunktion.
- Spielsituationen sind dadurch gekennzeichnet, dass es bewusst handelnde Gegenspieler gibt.

Weiterführende Literatur Kapitel 2

Entscheidungstheorie allgemein
Bamberg, G./Coenenberg, A. G./Krapp, M.: Betriebswirtschaftliche Entscheidungslehre, München
Berens, W./Delfmann, W./Schmitting/W.: Quantitative Planung, Stuttgart.

Spieltheorie
Dixit, A. K./Nalebuff, B. J./Schütte, C.: Spieltheorie für Einsteiger: Strategisches Know-how für Gewinner, Stuttgart.

Weiterführende Internetverweise Kapitel 2

www.gametheorysociety.org: Internetseite der an der London School of Economics beheimateten Game Theory Society.
www.spieltheorie.de: Private Internetseite zur Spieltheorie.

Schlüsselbegriffe Kapitel 2

- Entscheidung
- Entscheidungsfeld
- Aktionenraum
- Aktion
- Alternative
- Unterlassungsalternative
- Zustandsraum
- Umweltzustand
- Ergebnis
- Ergebnisfunktion
- Ergebnismatrix
- Ziel
- Sachziel
- Formalziel
- Hauptziel
- Nebenziel
- Oberziel
- Unterziel
- Präferenzrelation
- Instrumentalrelation
- Interdependenzrelation
- Nutzenwert
- Nutzenfunktion
- Nutzenwert
- Nutzenmatrix
- Entscheidungsmodell
- Entscheidungsfunktion
- Beurteilungsgröße
- Sicherheit
- Unsicherheit
- Risiko
- risikofreudig
- risikoneutral
- risikoavers
- Zielgewichtung
- Nutzwertanalyse
- Lexikographisch
- Maximin-Regel
- Maximax-Regel
- Pessimismus-Optimismus-Regel
- *Savage-Niehans*-Regel
- *Laplace*-Regel
- Eintrittswahrscheinlichkeit
- µ-Prinzip
- Erwartungswert
- (µ, σ)-Prinzip
- Standardabweichung
- *Bernoulli*-Prinzip
- Risikopräferenzfunktion
- Spieltheorie
- Gefangenendilemma
- Spielmatrix

Fragen Kapitel 2

Frage 2-1: *Definieren Sie den Begriff »Entscheidung«.*
Frage 2-2: *Erläutern Sie, mit welchem Ziel Entscheidungen allgemein getroffen werden.*
Frage 2-3: *Erläutern Sie den Unterschied zwischen der präskriptiven und der deskriptiven Entscheidungstheorie.*
Frage 2-4: *Nennen Sie die drei Elemente, aus denen ein Entscheidungsfeld besteht.*
Frage 2-5: *Definieren Sie den Begriff »Aktion«.*
Frage 2-6: *Definieren Sie den Begriff »Umweltzustand«.*
Frage 2-7: *Definieren Sie den Begriff »Ergebnis«.*
Frage 2-8: *Erläutern Sie, was unter einer disaggregierten Ergebnismatrix verstanden wird.*
Frage 2-9: *Definieren Sie den Begriff »Ziel«.*
Frage 2-10: *Erläutern Sie den Unterschied zwischen Sach- und Formalzielen.*
Frage 2-11: *Erläutern Sie den Unterschied zwischen Haupt- und Nebenzielen.*
Frage 2-12: *Erläutern Sie den Unterschied zwischen Ober- und Unterzielen.*
Frage 2-13: *Nennen Sie die drei Ziele des magischen Zieldreiecks.*
Frage 2-14: *Nennen Sie die vier Merkmale, anhand derer Ziele operationalisiert werden.*
Frage 2-15: *Definieren Sie den Begriff »Nutzenwert«.*
Frage 2-16: *Nennen Sie die drei Arten von Entscheidungsmodellen, die nach dem Informationsstand des Entscheidungsträgers unterschieden werden.*
Frage 2-17: *Erläutern Sie, was Entscheidungsmodelle bei Sicherheit kennzeichnet.*

Frage 2-18: *Erläutern Sie, was Entscheidungsmodelle bei Unsicherheit kennzeichnet.*
Frage 2-19: *Erläutern Sie, was Entscheidungsmodelle bei Risiko kennzeichnet.*
Frage 2-20: *Erläutern Sie, welche Entscheider die Maximax-Regel typischerweise zur Entscheidungsfindung anwenden.*
Frage 2-21: *Erläutern Sie, welche Entscheider die Maximin-Regel typischerweise zur Entscheidungsfindung anwenden.*
Frage 2-22: *Erläutern Sie, welche zwei Möglichkeiten es gibt, um die Eintrittswahrscheinlichkeiten von Umweltzuständen zu bestimmen.*
Frage 2-23: *Erläutern Sie, für welche Aktion sich ein Entscheidungsträger gemäß dem (μ, σ)-Prinzip entscheidet, wenn alle Aktionen dasselbe Risiko aufweisen.*
Frage 2-24: *Erläutern Sie, warum Menschen nach Bernoulli an Glücksspielen teilnehmen.*
Frage 2-25: *Erläutern Sie, welche Besonderheiten Spielsituationen aufweisen.*

Fallstudie Kapitel 2

*Die Geschäftsführung der Speedy GmbH muss sich zwischen drei vorgeschlagenen **Entwicklungsprojekten** a_1, a_2 und a_3 entscheiden, da nur eines dieser Projekte finanziert werden kann. Die Entwicklungsprojekte beziehen sich auf neuartige Fahrzeugkomponenten, die Kunden als Zubehör bei der Autokonfiguration mitbestellen können. Die Geschäftsführung verfolgt im Hinblick auf die Entscheidung drei Ziele mit folgender Gewichtung:*

- **Ziel k_1, Gewichtung 0,7:** *Die Fahrzeugkomponente soll einen möglichst hohen Deckungsbeitrag erwirtschaften.*
- **Ziel k_2, Gewichtung 0,2:** *Die Markteinführung soll möglichst lange vor der Konkurrenz erfolgen.*
- **Ziel k_3, Gewichtung 0,1:** *Die Fahrzeugkomponente soll das Image der Speedy GmbH im Hinblick auf deren Innovationskraft verbessern.*

Fallstudie 2-1: Entscheidung bei Sicherheit

Die Geschäftsführung der Speedy GmbH beschließt, zuerst zu schauen, welches Projekt unabhängig von verschiedenen Umweltzuständen zu wählen ist. Das Controlling erstellt dazu eine normierte Nutzenmatrix.

*(1) Ermitteln Sie auf der Basis der normierten Nutzenmatrix in der folgenden Tabelle, mittels dem Entscheidungsmodell der **Zielgewichtung**, für welche Fahrzeugkomponente sich die Geschäftsführung entscheiden soll (Hinweis: Zwischenergebnisse dienen der Selbstkontrolle).*

Ziel	k_1		k_2		k_3		
Zielgewichtung	0,7		0,2		0,1		$\Phi(a_i)$
Aktion a_1	1,0	0,7	0,5		0,5		
Aktion a_2	1,0		1,0		0		0,90
Aktion a_3	0		0		1,0		

*(2) Wieso würde sich die Geschäftsführung bei Anwendung des Entscheidungsmodells der **lexikographischen Ordnung** für die Aktion a_2 entscheiden, und wie würde die Entscheidung ausfallen, wenn das Ziel k_3 wichtiger als das Ziel k_2 wäre?*

Fallstudie 2-2: Entscheidung bei Unsicherheit
Aufgrund der großen Bedeutung des Deckungsbeitrags beschließt die Geschäftsführung, für die folgenden Untersuchungen nur noch das erste Ziel k_1 weiter zu betrachten und zu prüfen, welchen Einfluss verschiedene Umweltzustände auf die Entscheidung haben. Dabei wird von folgenden Umweltzuständen ausgegangen:

- **Umweltzustand z_1:** *Die Fahrzeugkomponenten werden seltener als vergleichbare Komponenten verkauft.*
- **Umweltzustand z_2:** *Die Fahrzeugkomponenten werden genauso häufig wie vergleichbare Komponenten verkauft.*
- **Umweltzustand z_3:** *Die Fahrzeugkomponenten werden häufiger als vergleichbare Komponenten verkauft.*

(1) Ermitteln Sie auf der Basis der Nutzenmatrix in der nachfolgenden Tabelle für die angegebenen Entscheidungsmodelle die Beurteilungsgrößen und kreuzen Sie an, für welche Fahrzeugkomponente sich die Geschäftsführung jeweils entscheiden soll. Bei der Anwendung der Hurwicz-Regel gehen Sie von $\lambda = 0,3$ aus.

Umweltzustand	z_1	z_2	z_3	Maximax	Maximin	Hurwicz $\lambda = 0,3$	Laplace
Aktion a_1	20	30	40		20		
Aktion a_2	0	30	90	90			40
Aktion a_3	10	10	130			46	

(2) Ermitteln Sie auf der Basis der Nutzenmatrix in der nachfolgenden Tabelle für welche Fahrzeugkomponente sich die Geschäftsführung bei der Anwendung der Savage-Niehans-Regel entscheiden soll.

Umweltzustand	z_1	Nutzenentgang	z_2	Nutzenentgang	z_3	Nutzenentgang	$\Phi(a_i)$
Aktion a_1	20		30		40		
Aktion a_2	0		30		90		
Aktion a_3	10		10	20	130		20

Fallstudie 2-3: Entscheidung bei Risiko

Für eine noch genauere Entscheidung werden die Eintrittswahrscheinlichkeiten der Umweltzustände geschätzt. Es wird von den in der nachfolgenden Nutzenmatrix angegebenen Eintrittswahrscheinlichkeiten ausgegangen. Ermitteln Sie darauf basierend die Erwartungswerte und die gewichteten Standardabweichungen der Aktionen. Für welche Fahrzeugkomponente soll sich die Geschäftsführung entsprechend dem μ-Prinzip und dem (μ, σ)-Prinzip jeweils entscheiden, wenn sie risikofreudig ist?

Umweltzustand	z_1	z_2	z_3		
Wahrscheinlichkeit	0,1	0,5	0,4	μ	σ
Aktion a_1	20	30	40		
Aktion a_2	0	30	90	51,00	
Aktion a_3	10	10	130		58,79

Lösungen Kapitel 2

Lösungshinweise zu den Rechnungen im Kapitel finden Sie unter folgender Internetadresse:
www.EinfuehrungInDieBetriebswirtschaftslehre.de/bwl-loesungshinweise.html

Studierende, deren Dozenten das Buch einsetzen, finden ausführliche passwortgeschützte Lösungen unter folgender Internetadresse:
www.EinfuehrungInDieBetriebswirtschaftslehre.de/bwl-loesungen.html

Das Passwort für die Lösungen erhalten Sie von Ihrem Dozenten:

Passwort:	

3 Standortentscheidungen

Kapitelnavigator

Inhalt	Lernziel
3.1 Grundlagen	3-1 Die Grundlagen von Standortentscheidungen kennen.
3.2 Strategische Standortplanung	3-2 Die Elemente und Vorgehensweisen der strategischen Standortplanung kennen.
3.3 Operative Standortplanung	3-3 Die Elemente und Vorgehensweisen der operativen Standortplanung kennen.
3.4 Kennzahlen	3-4 Die wichtigsten Standort-Kennzahlen kennen.

Die Art und Weise, mit der immer wieder über die Attraktivität bestimmter Wirtschaftsstandorte diskutiert wird, zeigt, welche grundlegende Bedeutung Standorte und Entscheidungen über Standorte haben. So stellen Unternehmen beispielsweise Überlegungen an:

- in welchen Ländern sie Produktionsstandorte ansiedeln, um Lohnkostenvorteile zu nutzen,
- an welchen Standorten sie Zentrallager errichten, um ihre Produktions- und Vertriebsstandorte zu beliefern,
- wo und wie viele Vertriebsniederlassungen sie innerhalb eines Landes gründen, um ihre Kunden optimal zu erreichen,
- ob es sinnvoll ist, ihre Hauptverwaltung in ein anderes Land zu verlegen, um Steuervorteile zu nutzen.

Die Bedeutung von Standortentscheidungen ergibt sich dabei nicht nur aus der Tatsache, dass sie schwierig zu revidieren sind, sondern auch aus der Tatsache, dass mit der Entscheidung für einen bestimmten Standort die Rahmenbedingungen für zahlreiche Folgeentscheidungen vorgegeben werden, so beispielsweise im Hinblick auf die infrage kommenden Rechtsformen. Aus betriebswirtschaftlicher Sicht können Standorte und Standortentscheidungen folgendermaßen definiert werden:

Standorte sind die geographischen Orte, an denen Unternehmen Leistungen herstellen und/oder absetzen (vergleiche *Hansmann, K.-W.* 1974: Seite 15).

3.1 Standortentscheidungen
Grundlagen

> **Standortentscheidungen** sind Entscheidungen darüber, an wie vielen und an welchen geografischen Orten welche Leistungen eines Unternehmens hergestellt und abgesetzt werden.

Die Notwendigkeit entsprechender Entscheidungen ergibt sich dabei primär aus der **Inhomogenität der Fläche**, denn wären alle Standorte mit den gleichen Voraussetzungen ausgestattet, müssten Unternehmen nicht zwischen ihnen wählen.

Wirtschaftspraxis 3-1

Die Standorte von VW

Die *Volkswagen AG* bietet ihre Fahrzeuge in mehr als 150 Ländern an. An 44 Standorten in elf Ländern Europas und in sieben Ländern Amerikas, Asiens und Afrikas produzierten dazu im Jahr 2006 fast 345 000 Mitarbeiter an jedem Arbeitstag mehr als 21 500 Fahrzeuge. Die Komplexität der entsprechenden Standortstrukturen verdeutlicht eine Übersicht aus dem *Handelsblatt*:

»Im Inland hat die *Volkswagen AG* 102 500 Mitarbeiter in den Werken Wolfsburg, Hannover, Braunschweig, Kassel, Emden und Salzgitter. Sie bauen die Modelle *Golf* und *Bora* (Wolfsburg), *Passat* (Emden), *LT*, *Multivan* und *Transporter* (Hannover) sowie Motoren, Getriebe und Komponenten. Hinzu kommen 3 700 Mitarbeiter der *Auto 5000 GmbH*, die in Wolfsburg den *Touran* fertigen, und 7 300 Mitarbeiter der *Volkswagen Sachsen GmbH*, die in den Werken Chemnitz und Mosel Motoren und Komponenten sowie *Golf*- und *Passat*-Modelle bauen. In der gläsernen Automobilmanufaktur Dresden fertigen 400 Beschäftigte die Luxuslimousine *Phaeton*, geplant ist dort ferner die Montage von *Bentley*-Modellen.

Die *Audi AG* hat im Inland 44 700 Mitarbeiter und zwei Werke: In Ingolstadt werden die Modelle *A3* und *A4* sowie die Karosserien der *TT*-Cabrios und Roadster gebaut, in Neckarsulm die Aluminium-Modelle *A6* und *A8*. Die Fertigung des kompakten *A2* wurde dort unlängst eingestellt. Zum Fertigungsverbund Europa zählen Werke in Belgien, Bosnien-Herzegowina, Großbritannien, Italien, Polen, Portugal, Spanien, der Slowakei, Tschechien und Ungarn.

Im Werk Brüssel, über dessen Fortbestand zuletzt spekuliert wurde, bauen 5 700 Beschäftigte *Golf*, *Lupo* und den *Audi A3*. Aus Großbritannien (3 700 Beschäftigte) kommen vor allem die *Bentley*-Luxusmodelle. In Portugal fertigen 3 000 Mitarbeiter im Werk Setubal die nahezu baugleichen Großraum-Limousinen *VW Sharan*, *Seat Alhambra* und *Ford Galaxy*. In Spanien (16 300 Beschäftigte) werden alle Modelle der Marke *Seat* gefertigt sowie im Werk Pamplona der *VW Polo*. Aus dem italienischen Sant' Agata Bolognese (720 Beschäftigte) kommen die Sportwagen der Audi-Tochter *Lamborghini*.

In Osteuropa werden im polnischen Poznan (4 700 Beschäftigte) *Transporter* und *Caddys* gebaut, im slowakischen Bratislava (8 300 Beschäftigte) die Modelle *Golf*, *Touareg* und *Polo*, *Seat Ibiza* sowie für *Porsche* der *Cayenne*. Hauptstandort der Marke *Skoda* (21 800 Beschäftigte) ist das tschechische Mlada Boleslav, hinzukommen Werke in Kvasiny und Vrchlabi. *Audi* baut im ungarischen Györ (5 100 Beschäftigte) Motoren und fertigt die *TT*-Cabrios und Roadster.

Außerhalb Europas hat der *VW*-Konzern Werke in Mexiko (13 800 Beschäftigte), Argentinien (2 700), Brasilien (22 300), Südafrika (6 200), Indien (300) und China (13 400). Der in Brasilien gebaute Kleinwagen *VW Fox* soll im unteren Preissegment auch den europäischen Markt erobern. Schon länger im Handel sind der *New Beetle* und das *Beetle-Cabrio* aus dem mexikanischen Puebla.«

Quellen: Hintergrund – VW-Werke im In- und Ausland, unter: www.handelsblatt.com, Stand: 16.09.2005;
Der Konzern im Überblick, unter: www.volkswagen-ag.de, Stand: 12.06.2006.

Abb. 3-1

Typische Internationalisierungsstufen von Unternehmen

Vergleiche *Bankhofer, U.* 2001: Seite 3 ff., 73 f.

3.1 Grundlagen

3.1.1 Begriffe

Abhängig vom Internationalisierungsgrad werden Unternehmen wie folgt unterteilt (vergleiche *Bankhofer, U.* 2001: Seite 3 ff., 73 f. und *Schierenbeck, H.* 2003: Seite 43 ff.):

- **Nationale Unternehmen** sind dadurch gekennzeichnet, dass sich alle ihre Produktionsstandorte im Inland befinden und sie keine Leistungsbeziehungen zu ausländischen Wirtschaftssubjekten haben.
- **Internationale Unternehmen** sind dadurch gekennzeichnet, dass sich zwar alle ihre Produktionsstandorte im Inland befinden, sie aber Produkte exportieren.
- **Multinationale Unternehmen** sind dadurch gekennzeichnet, dass sie in mehreren Ländern Produktionsstandorte haben.

3.1.2 Unterteilung von Standortentscheidungen

Standortentscheidungen können im Hinblick auf die Lebensphase eines Unternehmens, in der sie getroffen werden, und im Hinblick auf die mit der Standortwahl verfolgte Zielsetzung unterteilt werden:

3.1 Standortentscheidungen
Grundlagen

Standortentscheidungen in der Gründungsphase

Standortentscheidungen sind zunächst bei der Gründung von Unternehmen zu treffen. In der Regel spielen die persönlichen Präferenzen der Gründer bei der Wahl des ersten Standorts eines Unternehmens eine entscheidende Rolle. So wählten viele große Unternehmerpersönlichkeiten Standorte in unmittelbarer Nähe ihrer eigenen Wohnorte, zum Beispiel *Robert Bosch* und *Gottlieb Daimler* in Stuttgart, *Werner von Siemens* in Berlin, *Alfred Krupp* in Essen oder *Karl Benz* in Mannheim. Neben emotionalen Gründen sind dabei zumeist persönliche Beziehungen zu Kunden, Lieferanten und Geldgebern wesentliche Motive für eine »heimatnahe« Standortwahl.

Standortentscheidungen in den Lebensphasen von Unternehmen

Standortentscheidungen in der Umsatzphase

In der sich an die Gründungsphase anschließenden Umsatzphase stellt sich oft heraus, dass der vorhandene Standort den Anforderungen nicht mehr genügt, sei es beispielsweise weil die vorhandenen Grundstücksflächen am Gründungsstandort für eine geplante Unternehmenserweiterung nicht ausreichen oder weil die Produktionskosten an anderen Standorten deutlich geringer sind.

In Abhängigkeit von der Unternehmensentwicklung können Standortentscheidungen in der Umsatzphase hinsichtlich ihrer Zielsetzung weiter in Standortwachstums-, Standortstrukturveränderungs- und Standortschrumpfungsentscheidungen unterteilt werden.

3.1.3 Ziele von Standortentscheidungen

Die möglichen Ziele von Standortentscheidungen lassen sich in folgende Kategorien unterteilen (↗ Abbildung 3-2, zum Folgenden vergleiche *Bankhofer, U.* 2001: Seite 87 ff., 92, 100, *Schierenbeck, H.* 2003: Seite 42 sowie *Steiner, M.* 1993: Seite 133):

Wachstumsziele

Im Rahmen des Wachstums von Unternehmen kann es zu einer Errichtung neuer oder zu einer Erweiterung von bereits bestehenden Standorten mit folgenden typischen Zielsetzungen kommen:

Errichtung oder Erweiterung von Standorten

- Erschließung neuer **Beschaffungsquellen** durch die Errichtung von Einkaufs- oder Produktionsstandorten an den Beschaffungsquellen, etwa durch die Errichtung einer Ölbohrplattform zur Erschließung eines Ölfeldes,
- Vergrößerung der **Produktionskapazitäten** durch die Erweiterung bestehender oder die Errichtung neuer Produktionsstandorte,
- Erweiterung des **Produktsortiments** von Unternehmen und in der Folge Errichtung neuer Absatzstandorte und Erweiterung oder Errichtung von Produktionsstandorten und
- Erschließung neuer **Absatzmärkte** durch die Errichtung von Absatzstandorten in den entsprechenden Märkten.

Grundlagen 3.1

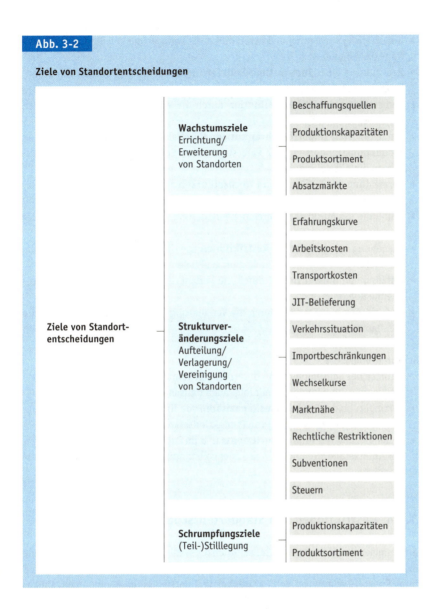

Abb. 3-2: Ziele von Standortentscheidungen

Strukturveränderungsziele

Im Rahmen von Strukturveränderungen kann es zur Aufteilung, Verlagerung oder Vereinigung von Standorten mit folgenden typischen Zielsetzungen kommen:

- Realisierung von **Erfahrungskurven- und Synergieeffekten** durch die Vereinigung von Standorten, etwa im Rahmen der Gründung von Gemeinschaftsunternehmen oder im Rahmen von Fusionen,
- Reduzierung von **Arbeitskosten** durch die Verlagerung von Standorten in Niedriglohnländer,

Aufteilung, Verlagerung oder Vereinigung von Standorten

- Reduzierung von **Transportkosten** durch die Verlagerung von Standorten in die Nähe der Abnehmer,
- Realisierung einer **Just-in-time-Belieferung** durch die Verlagerung von Standorten in die Nähe der Abnehmer,
- Verbesserung der **Verkehrssituation** durch die Verlagerung von Standorten an verkehrsgünstigere Orte,
- Umgehung von **Importbeschränkungen** durch die Verlagerung von kompletten Produktionsstandorten oder eine sogenannte Completely-knocked-down-Montage in die Absatzländern,
- Vermeidung des Einflusses von **Wechselkursen** auf die Gewinne durch die Verlagerung von Produktionsstandorten in die Absatzländer,
- Erhöhung der **Marktnähe** durch die Verlagerung von Standorten in die Nähe der Abnehmer,
- Umgehung von **rechtlichen Restriktionen** wie Umweltschutzauflagen durch die Verlagerung von Standorten in Regionen ohne entsprechende Restriktionen,
- Nutzung von **Subventionen** durch die Verlagerung von Standorten in entsprechende Regionen und
- Reduzierung von **Steuern** durch die Verlagerung von Standorten in sogenannte »Steueroasen«.

Schrumpfungsziele

Im Rahmen des Schrumpfens von Unternehmen kann es zur teilweisen oder kompletten Stilllegung von Standorten mit folgenden typischen Zielsetzungen kommen:

- Verringerung der **Produktionskapazitäten** von Unternehmen durch die teilweise oder vollständige Stilllegung von Produktionsstandorten und
- Verkleinerung des **Produktsortiments** und im Zuge dessen Stilllegung bestehender Absatzstandorte und teilweise oder vollständige Stilllegung von Produktionsstandorten.

Teilweise oder komplette Stilllegung von Standorten

3.1.4 Restriktionen von Standortentscheidungen

Nicht immer sind Unternehmen hinsichtlich der Wahl ihrer Standorte frei. Bestimmte Branchen, wie die Land- und die Forstwirtschaft oder der Bergbau, sind aufgrund ihres Rohstoffbedarfs von den natürlichen standorttypischen Bedingungen abhängig. So kann beispielsweise nur dort Erzbergbau betrieben werden, wo auch Erze vorhanden sind. In Abhängigkeit von dem Vorliegen solcher Restriktionen erfolgt eine Unterscheidung (vergleiche *Bankhofer, U.* 2001: Seite 108)

- in **freie Standortentscheidungen**, die ohne bindende Restriktionen erfolgen, und
- in **gebundene Standortentscheidungen**, die mit bindenden Restriktionen erfolgen.

Grundlagen 3.1

Abb. 3-3

Standortplanung

3.1.5 Vorgehensweise

Standortentscheidungen sind Teil des Standortmanagementprozesses, der in folgende Phasen unterteilt werden kann (↗ Abbildung 3-3):

Standortmanagementprozess

Strategische Standortplanung
Als Basis der strategischen Standortplanung wird festgelegt, in welchen Staaten welche Produkte in welchem Umfang angeboten werden sollen. Darauf aufbauend wird die internationale Standortstruktur ermittelt, die mit einem relativ niedrigen Detaillierungsgrad die Verteilung der Produkte, der betrieblichen Funktionen und der Produktionsstufen auf Staaten oder Regionen beschreibt. Als Ergebnis der strategischen Standortplanung entsteht eine Soll-Standortstruktur.

Operative Standortplanung
Die Soll-Standortstruktur aus der strategischen Standortplanung wird im Rahmen der operativen Standortplanung mit der vorhandenen Ist-Standortstruktur verglichen, und es werden Wachstums-, Strukturveränderungs- und Schrumpfungsmaßnahmen abgeleitet. Im Falle der Errichtung von neuen Standorten wird zusätzlich eine Standortbestimmung durchgeführt.

Entscheidung, Realisierung und Kontrolle
Im Anschluss an die operative Standortplanung erfolgen die Entscheidung über die geplanten Standortmaßnahmen, die Realisierung dieser Maßnahmen und deren Kontrolle.

3.2 Strategische Standortplanung

3.2.1 Grundformen der Standortstruktur

Im Rahmen der strategischen Standortplanung wird die räumliche Struktur der Gesamtheit der Betriebsstätten eines Unternehmens ermittelt (vergleiche *Lüder, K./ Küpper, W.* 1983: Seite 15). Für die Strukturierung von Standorten bestehen die folgenden grundlegenden Möglichkeiten (↗ Abbildung 3-4, zum Folgenden vergleiche *Bankhofer, U.* 2001: Seite 66 ff., 79 ff. sowie *Ihde, G. B.* 1984: Seite 94):

Standorteinheit

Einbetrieb-Unternehmen

Kennzeichnend für die Standorteinheit ist die komplette Leistungserstellung eines Unternehmens an einem einzigen Standort. Die Standorteinheit ist typisch für Unternehmen in der Gründungsphase und für kleine Unternehmen mit einem homogenen Produktprogramm, wie beispielsweise Handwerksunternehmen. Während es sich bei den nachfolgenden Unternehmen um Mehrbetrieb-Unternehmen handelt, werden Unternehmen mit nur einem Standort als Einbetrieb-Unternehmen bezeichnet.

Standortspaltung

Mehrbetrieb-Unternehmen

Bei der Standortspaltung werden im Rahmen einer Aufteilung der Leistungsmengen die gleichen Produkte und/oder die gleichen betrieblichen Funktionen an mehreren Standorten erstellt und/oder durchgeführt. Die Standortspaltung ist typisch für größere Unternehmen und findet sich beispielsweise in der Automobilindustrie, wenn an mehreren Standorten die gleichen Fahrzeuge montiert oder abgesetzt werden.

Standortteilung

Die Standortteilung ist ebenfalls typisch für größere Unternehmen. Bei ihr erfolgt im Rahmen einer Aufteilung nach der Leistungsart:
- eine **produktorientierte Standortteilung**, etwa wenn in der Automobilindustrie verschiedene Fahrzeugtypen an verschiedenen Standorten produziert werden, und/oder
- eine **funktionsorientierte Standortteilung**, etwa wenn in der Automobilindustrie die betrieblichen Funktionen Forschung und Entwicklung, Produktion und Absatz an unterschiedlichen Standorten erbracht werden, und/oder
- eine **produktionsstufenorientierte Standortteilung**, etwa wenn in der Automobilindustrie die Motorenproduktion an einem anderen Standort erfolgt als die Montage der Fahrzeuge.

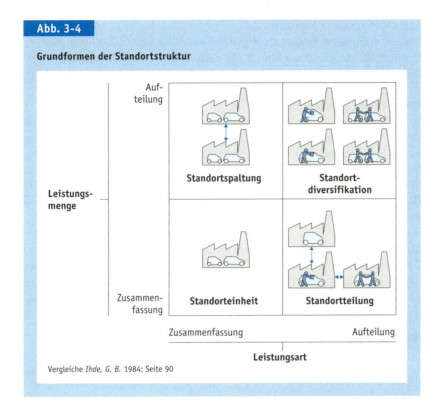

Abb. 3-4
Grundformen der Standortstruktur

Vergleiche *Ihde, G. B.* 1984: Seite 90

Standortdiversifikation
Die Standortspaltung und die verschiedenen Varianten der Standortteilung schließen sich nicht gegenseitig aus, sondern werden in der Praxis häufig kombiniert. In diesem Fall wird von einer Standortdiversifikation gesprochen.

3.2.2 Anzahl der Standorte

Bei Mehrbetrieb-Unternehmen muss ergänzend zur Wahl der Grundform der Standortstruktur auch die Anzahl der Standorte festgelegt werden. Diese hängt in erster Linie von der betroffenen betrieblichen Funktion und der Branche ab.

3.2.2.1 Einfluss der betrieblichen Funktion

Zur Bestimmung der Anzahl der Standorte muss geplant werden, welche betrieblichen Funktionen weltweit an einem einzigen beziehungsweise an einigen wenigen Standorten im Rahmen einer **Integration** zusammengefasst werden sollen, um die entsprechenden Leistungen dann von dort aus **global** für das ganze Unternehmen weltweit zu erbringen, und welche betrieblichen Funktionen auf viele Standorte im Rahmen einer **Differenzierung** verteilt werden sollen, um die entsprechenden Leistungen in Kundennähe vor Ort und damit **lokal** zu erbringen (↗ Abbildung 3-5):

3.2 Standortentscheidungen
Strategische Standortplanung

Lokal-differenzierte Standortstruktur

Lokal-differenzierte Standortstrukturen eignen sich für betriebliche Funktionen wie den Vertrieb oder den Kundendienst, die meistens in der Nähe der Abnehmer angesiedelt werden.

Global-lokale Standortstruktur

Bei der Entscheidung über Produktionsstandorte gibt es je nach Branche in der Regel sowohl Lokalisierungs- als auch Globalisierungsvorteile. Für die Integration an einem Standort sprechen unter anderem Erfahrungskurveneffekte und niedrige interne Logistikaufwendungen. Für eine Ansiedlung der Produktion an mehreren Standorten sprechen beispielsweise die Umgehung von Importzöllen, die größere Unabhängigkeit von Währungsschwankungen, die niedrigeren Transportkosten bei der Belieferung von Kunden und eine Risikominimierung.

Global-integrierte Standortstruktur

Betriebliche Funktionsbereiche wie die Unternehmensführung oder die Forschung werden in der Regel jeweils an einem Standort zusammengefasst. Dies geschieht vor allem, um eine unmittelbare und schnelle Kommunikation und Entscheidungsfindung zu gewährleisten.

Abb. 3-5

Anzahl der Standorte für verschiedene betriebliche Funktionen

Lokal-differenziert
Viele Standorte in Kundennähe: Vertrieb und Service

Global-lokal
Wenige Standorte: Produktion und Einkauf

Global-integriert
Ein Standort: Unternehmensführung, Personalwesen, Forschung

> **Wirtschaftspraxis 3-2**
>
> **General Motors bündelt die Entwicklung von Kompakt- und Mittelklassewagen**
>
> Ein Beispiel für eine global-integrierte Standortstruktur ist die Zusammenfassung der Entwicklung von Kompakt- und Mittelklassewagen von *General Motors* an einem Standort. Der Konzern entschied sich im Jahr 2005 dafür, im *Opel*-Entwicklungszentrum *ITEZ* in Rüsselsheim mit 7 000 Mitarbeitern global alle Kompaktwagen der *Astra*-Baureihe und alle Mittelklassewagen der *Vectra*-Baureihe zu entwickeln. Das Entwicklungszentrum wurde damit zum Kompetenzzentrum für die Kompakt- und Mittelklasse des weltgrößten Automobilherstellers. Interne Konkurrenten bei der Wahl der Standortalternative waren Entwicklungszentren in Asien und in den Vereinigten Staaten.
>
> Quelle: *Opel* Rüsselsheim entwickelt künftig alle Kompaktwagen, unter: www.handelsblatt.com, Stand: 17.06.2005.

3.2.2.2 Einfluss der Branche

Die Entscheidung für eine globale oder eine lokale Standortstruktur hängt nicht nur von der betrieblichen Funktion, sondern auch von der Branche ab, wie nachfolgende Beispiele zeigen:

- **Fitnesscenter** werden lokal in der Nähe ihrer Kunden angesiedelt, da sie eine Dienstleitung anbieten, die aufgrund ihrer Immaterialität nicht zu den Kunden transportiert werden kann.
- Die Produktion von **Bier** erfolgt in der Regel lokal in der Nähe der Abnehmer, da die Transportkosten einen erheblichen Anteil an den Gesamtkosten ausmachen und da das Bier – damit es frisch ist – möglichst schnell zu den Kunden kommen soll.
- Die Produktion von **Halbleitern** erfolgt global an sehr wenigen Standorten, da die Produktionseinrichtungen extrem kostenintensiv und gleichzeitig die Kosten der Transporte zu den Abnehmern sehr niedrig sind. Durch eine globale Produktion ergeben sich deshalb erhebliche Erfahrungskurveneffekte.
- Die Produktion von **Großturbinen** und **Großpressen** erfolgt ebenfalls global, da für die Produktion sehr kostenintensive und spezielle Produktionseinrichtungen benötigt werden. Gleichzeitig bestehen aber auch erhebliche Lokalisierungsvorteile, da der Transport zu den Abnehmern aufgrund der Größe der Produkte in den meisten Fällen sehr aufwändig ist.

3.3 Operative Standortplanung

3.3.1 Standortmaßnahmen

Im Rahmen der operativen Standortplanung werden die Standortmaßnahmen festgelegt, die notwendig sind, um die bestehende Ist-Standortstruktur in die im Rahmen der strategischen Standortplanung ermittelte Soll-Standortstruktur zu überführen.

Folgende Standortmaßnahmen lassen sich unterscheiden (↗ Abbildung 3-6, zum Folgenden vergleiche *Bankhofer, U.* 2001: Seite 50, 93 ff., 177 f., 190 ff.):

Errichtung (Off-Site-Expansion)

Wachstumsmaßnahmen

Bei der Errichtung werden zusätzliche Leistungen an einem neuen Standort erbracht. Für die Errichtung neuer Standorte gibt es mehrere alternative Möglichkeiten. Die Errichtung kann:

- im Rahmen einer sogenannten **Do-it-yourself-Strategie** im Alleingang erfolgen oder
- durch **Kauf** einer vorhandenen Betriebsstätte von einem anderen Unternehmen oder
- indem mit anderen Unternehmen **Gemeinschaftsunternehmen** beziehungsweise **Joint-Ventures** gegründet werden, in die vorhandene Betriebsstätten eingehen, oder
- durch **Beteiligung** an oder **Fusion** mit Unternehmen, die über entsprechende Standorte verfügen (↗ Kapitel 5 Entscheidungen über zwischenbetriebliche Verbindungen).

Die Errichtung setzt dabei eine Standortbestimmung voraus, auf die im nachfolgenden ↗ Kapitel noch näher eingegangen wird.

Erweiterung (On-Site-Expansion)

Bei der Erweiterung wird ein bestehender Standort ausgebaut, indem beispielsweise ein angrenzendes Grundstück erworben und dort ein neues Produktionsgebäude errichtet wird.

Aufteilung

Strukturveränderungsmaßnahmen

Durch die Aufteilung eines Standorts wird ein Teil der Leistungen an einem neuen Standort erbracht. Dazu erfolgen eine Teilstilllegung des bestehenden Standorts und die Errichtung eines neuen Standorts.

Verlagerung

Durch eine Verlagerung werden die gesamten Leistungen eines Standorts an einem neuen Standort erbracht. Dazu erfolgen eine komplette Stilllegung des bestehenden Standorts und die Errichtung eines neuen Standorts.

Vereinigung

Durch eine Vereinigung werden die gesamten Leistungen eines Standorts an einem bestehenden anderen Standort erbracht. Dazu erfolgen die Stilllegung des einen Standorts und eine Erweiterung des bestehenden anderen Standorts.

Teilstilllegung (On-Site-Contraction)

Schrumpfungsmaßnahmen

Bei einer Teilstilllegung wird ein Teil der an einem Standort bisher erbrachten Leistungen nicht mehr erbracht.

Abb. 3-6

Standortmaßnahmen

Vergleiche *Bankhofer, U.* 2001: Seite 96 und 191

Wirtschaftspraxis 3-3

Verlagerungen und ihre Probleme

In den letzten Jahren haben viele Unternehmen Teile ihrer Produktion in sogenannte Niedriglohnländer verlagert, so beispielsweise:

▸ der Haushaltsartikelhersteller *Leifheit*, der die Produktion von Personenwaagen seiner Tochterfirma *Soehnle* von Murrhardt in Baden-Württemberg nach China verlegte,

▸ der Tresorhersteller *Format Tresorbau*, der die Produktion seiner Präzisionsgeldschränke von Hessisch-Lichtenau in das polnische Bromberg verlagerte, oder

▸ der Datenspeicherhersteller *N-Tec*, der seine hochspezialisierten Datenspeicher nicht mehr im bayerischen Ismaning, sondern in Tschechien produzierte.

Diese Beispiele zeigen allerdings auch die Kehrseite von Verlagerungen. So holten die Unternehmen *Format Tresorbau* und *N-Tec* ihre Produktionen nach einiger Zeit wieder nach Deutschland zurück, da den Lohnkostenvorteilen im Ausland massive Qualitätsprobleme, unerwartete Lieferverzögerungen und hohe Transportkosten gegenüberstanden.

Quelle: *Lixenfeld, C.*: Mit heißer Nadel, in: Handelsblatt, Nummer 45 vom 03.03.2006, Seite k02.

Stilllegung (Whole-Site-Contraction)
Bei der Stilllegung wird die Erstellung aller bisher an einem Standort erbrachten Leistungen eingestellt. Die komplette Stilllegung bestehender Standorte kann günstigstenfalls durch den Verkauf des Standorts oder durch die Verlagerung der Produktionseinrichtungen an einen anderen Standort erfolgen. Alternativen dazu sind die Verschrottung der Produktionseinrichtungen und der Abriss von Gebäuden. Zusätzliche Kosten entstehen bei Stilllegungen in der Regel insbesondere durch Abfindungszahlungen für Mitarbeiter und durch vertragliche Verpflichtungen gegenüber Zulieferern und Kunden.

3.3.2 Standortbestimmung

3.3.2.1 Vorgehensweise bei der Standortbestimmung

Falls sich im Rahmen der Standortplanung ergibt, dass ein neuer Standort errichtet werden soll, muss dessen geographische Lage bestimmt werden. Die Bestimmung erfolgt dabei schrittweise ausgehend von einer Staatengemeinschaft über einen bestimmten Staat und eine bestimmte Region bis hin zu dem eigentlichen Grundstück (↗ Abbildung 3-7, zum Folgenden vergleiche *Bankhofer, U.* 2001: Seite 10, 50, 118, 186 sowie *Schierenbeck, H.* 2003: Seite 45):

Makrostandortbestimmung
Falls dieses noch nicht bei der strategischen Standortplanung festgelegt wurde, werden im Rahmen der Makrostandortbestimmung die Staatengemeinschaft, also EU, NAFTA, ASEAN oder ECOWAS, und der Staat ermittelt, in dem der Standort errichtet werden soll. Bei der Beurteilung kommen dabei insbesondere **nationale Standortfaktoren**, wie beispielsweise die Steuerbelastung, zur Anwendung.

Abb. 3-7 Stufen der Standortbestimmung

Vergleiche *Bankhofer, U.* 2001: Seite 118

Operative Standortplanung 3.3

> **Wirtschaftspraxis 3-4**
>
> ### VW untersuchte 70 Standorte für ein neues Werk in Russland
>
> Wie aufwändig die Standortbestimmung sein kann, zeigt das Beispiel der *Volkswagen AG*, die für einen neuen Produktionsstandort in Russland 70 Standorte zwischen St. Petersburg, dem Ural und dem Schwarzen Meer untersuchte und sich schließlich für Kaluga, eine Stadt südwestlich von Moskau, entschied.
>
> Quelle: VW hat seinen Standort in Russland gefunden, unter www.handelsblatt.com, Stand: 26.05.2006.

Mikrostandortbestimmung

Nach der Auswahl eines Staates erfolgt eine sukzessive Auswahl der Region, der Stadt beziehungsweise der Gemeinde und zuletzt des Grundstücks. Die Auswahl erfolgt dabei insbesondere anhand von **regionalen Standortfaktoren**, wie beispielsweise dem Vorhandensein einer Autobahnanbindung.

3.3.2.2 Standortfaktoren

Der Begriff des »Standortfaktors« geht auf *Alfred Weber* zurück, der zu den Begründern der klassischen betriebswirtschaftlichen Standortlehre gehört. Er verstand unter einem Standortfaktor »... einen seiner Art nach scharf abgegrenzten Kostenvorteil, der einen bestimmten Industrieprozess hierhin oder dorthin zieht« (*Weber, A.* 1914: Seite 57). Diese einseitig monetäre Sichtweise wurde in der Folge erweitert, sodass Standortfaktoren heute folgendermaßen definiert werden können:

Begriff des Standortfaktors

> **Standortfaktoren** sind entscheidungsrelevante Kriterien, anhand derer die Eignung eines bestimmten geographischen Ortes für die Errichtung einer Betriebsstätte überprüft werden kann.

Welche Standortfaktoren für eine Standortentscheidung relevant sind, hängt dabei insbesondere von der betroffenen betrieblichen Funktion und der Branche sowie der Art und der Größe des Unternehmens, das einen Standort sucht, ab.

> **Wirtschaftspraxis 3-5**
>
> ### Die Standortfaktoren in der Zeit der Frühindustrialisierung
>
> Bereits in der Zeit der Frühindustrialisierung wurden Standortentscheidungen von Zielkriterien beeinflusst, die auch für heutige Unternehmen noch relevant sind. So stellt *J. Beckmann* in seiner »Anleitung zur Technologie« von 1796 fest: »Bey der Auswahl des Orts für eine Fabrike oder Manufactur, hat man vornehmlich darauf zu sehn, daß die Haupt- und Nebenmaterialien, in hinreichender Menge, und in billigen Preisen zu haben sind, daß der Arbeitslohn wohlfeil sey, und daß die Zufuhr der Materialien, und die Abfuhr der Waaren, ohne grosse Kosten und Gefahr geschehen könne.«
>
> Quelle: *Beckmann, J.*: Anleitung zur Technologie, Göttingen 1796.

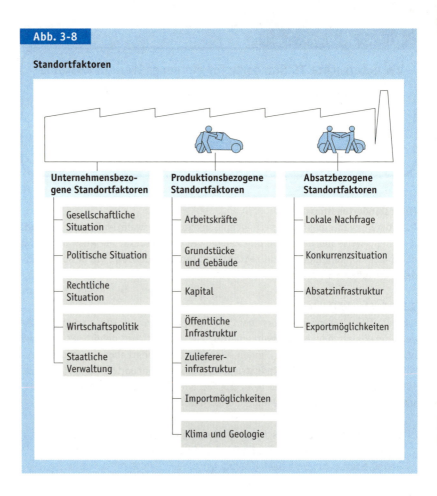

Abb. 3-8

Standortfaktoren

3.3.2.2.1 Systematisierung von Standortfaktoren
Die einzelnen Standortfaktoren können nach verschiedenen Aspekten systematisiert werden (vergleiche *Schierenbeck, H.* 2003: Seite 46):

Entscheidungsrelevanz
Hinsichtlich der Entscheidungsrelevanz können die Standortfaktoren unterteilt werden in (vergleiche *Lüder, K./Küpper, W.* 1983: Seite 192 f.):
- **limitationale Standortfaktoren**, die ein Standort erfüllen muss, und
- **substitutionale Standortfaktoren**, die ein Standort erfüllen soll.

Hierarchische Einordnung
Hinsichtlich der hierarchischen Einordnung bei der Standortbestimmung können die Standortfaktoren unterteilt werden in:
- **nationale Standortfaktoren**, die relativ einheitlich für den gesamten Staat gelten, und

- **regionale Standortfaktoren**, die nur für einzelne Regionen innerhalb des Staates gelten.

Phase der Leistungserstellung
Eine in der Betriebswirtschaftslehre sehr verbreitete Systematisierung stammt von *Behrens*, der die Standortfaktoren entsprechend den Phasen der betrieblichen Leistungserstellung unterteilt in (vergleiche *Behrens, K. C.* 1971: Seite 49 ff.):
- einsatzbezogene Standortfaktoren,
- produktionsbezogene Standortfaktoren und
- absatzbezogene Standortfaktoren.

Insbesondere wegen der problematischen Abgrenzung zwischen einsatz- und produktionsbezogenen Standortfaktoren, verwenden wir nachfolgend in Anlehnung an *Tesch* (vergleiche *Tesch, P.* 1980: Seite 364 ff.) eine Unterteilung in (↗ Abbildung 3-8, zum Folgenden vergleiche *Bankhofer, U.* 2001: Seite 30 ff., *Jung, H.* 2004: Seite 60 ff. und *Steiner, M.* 1993: Seite 133):
- **unternehmensbezogene Standortfaktoren,**
- **produktionsbezogene Standortfaktoren** und
- **absatzbezogene Standortfaktoren.**

3.3.2.2.2 Unternehmensbezogene Standortfaktoren
Die unternehmensbezogenen Standortfaktoren beschreiben die für das ganze Unternehmen geltenden Rahmenbedingungen an einem Standort. Bei den meisten der Faktoren handelt es sich dabei um nationale Standortfaktoren.

3.3.2.2.2.1 Gesellschaftliche Situation
Die gesellschaftliche Situation wirkt sich insbesondere auf die Arbeitsleistung und die Sicherheit der Arbeitnehmer, aber auch auf die Kommunikation mit diesen aus. Sie umfasst im Einzelnen Faktoren wie:
- die Sprache,
- die Schrift,
- die Kultur,
- die Religion,
- die sozialen Unterschiede zwischen den verschiedenen Gesellschaftsschichten,
- die Einstellung der Bevölkerung zur Arbeit,
- die Kriminalität oder
- die Korruption.

Gesellschaftliche Faktoren

3.3.2.2.2.2 Politische Situation
Für den langfristigen Aufbau von Standorten im Ausland kann politische Instabilität ein Ausschlusskriterium sein, weil die Risiken eines Standorts als zu hoch eingeschätzt werden. Dies ist insbesondere dann der Fall, wenn die Gefahr von Zerstörungen durch Kriege, die Gefahr von Enteignungen oder die Gefahr von größeren Änderungen der wirtschaftlichen Rahmenbedingungen bestehen.

> **Wirtschaftspraxis 3-6**
>
> **Die gefährlichsten Städte der Welt**
>
> Da Kriminalität in Form von Diebstählen, Überfällen, Entführungen, Anschlägen oder Morden Geschäfte erschwert und zusätzliche Kosten für Sicherheitseinrichtungen und -personal verursacht, kann sie einen großen Einfluss auf die Standortwahl haben. Um die entsprechende Sicherheitslage einschätzen zu können, erstellt das Beratungsunternehmen *Mercer Human Resource Consulting* regelmäßig Rankings der gefährlichsten Städte der Welt. Das Ranking für das Jahr 2006 enthält unter anderem die unten genannten Städte mit dem folgenden Gesamtrang (Hinweis: Je höher der Rang ist, desto gefährlicher ist die Stadt):
>
> - Bagdad im Irak, Rang 215,
> - Bangui in der Zentralafrikanischen Republik, Rang 214,
> - Kinshasa im Kongo, Rang 205,
> - Port-au-Prince in Haiti, Rang 201,
> - Havanna in Kuba, Rang 188,
> - Nowosibirsk in Russland, Rang 188,
> - Minsk in Weißrussland, Rang 184,
> - Teheran im Iran, Rang 174,
> - Sarajewo in Bosnien/Herzegowina, Rang 163 und
> - Medellín in Kolumbien, Rang 143.
>
> Quelle: Gefährlicher Auslandseinsatz, in: Capital 6/2006, Seite 81 ff.

3.3.2.2.2.3 Rechtliche Situation

Die in einem Land geltenden rechtlichen Regelungen und deren Umsetzung sind Restriktionen des unternehmerischen Handelns, die Standortentscheidungen erheblich beeinflussen können. Auswirken können sich insbesondere:

Rechtliche Regelungen

- wettbewerbsrechtliche Regelungen,
- Verbote bestimmter Forschungsaktivitäten,
- Verbote bestimmter Produktionsaktivitäten,
- Local-content-Bedingungen, die vorschreiben, wie groß der im Land zu produzierende Anteil an Produkten sein muss,
- Umwelt- und Verbraucherschutzbestimmungen,
- Regelungen zum Arbeitsrecht und zur Arbeitnehmer-Mitbestimmung und
- grenzüberschreitende Regelungen, wie Einfuhrverbote oder Beschränkungen des Kapitalverkehrs.

Umsetzung

Neben dem Vorhandensein rechtlicher Regelungen ist auch deren Umsetzung wichtig. So ist beispielsweise zu beurteilen, welche Rechtssicherheit besteht, wenn Verträge nicht eingehalten werden und in welchem Ausmaß und mit welchem Erfolg Kriminalität und Korruption bekämpft werden.

3.3.2.2.2.4 Wirtschaftspolitik

Die Wirtschaftspolitik an einem Standort und ihre Berechenbarkeit sind ebenfalls Standortfaktoren. Die Wirtschaftspolitik umfasst unter anderem die Geld-, die Finanz-, die Einkommens-, die Wachstums-, die Konjunktur- und die Beschäftigungspolitik. Für Standortentscheidungen besonders relevant sind darüber hinaus:

- Die **Steuerpolitik**, die sich insbesondere in der Komplexität des Steuersystems, der Belastung von Einkommen und Ertrag mit Steuern und der Effizenz der Steu-

erverwaltung zeigt, ist für die meisten Unternehmen ein wichtiges Kriterium bei der Beurteilung von Standorten. Viele deutsche Städte und Gemeinden erhöhen ihre Attraktivität für Unternehmen deshalb auch durch niedrige Hebesätze und eine dadurch geringe Gewerbesteuer.
- Die **standortbezogene Förderpolitik**, die insbesondere Subventionen für die Neugründung von Unternehmen, für die Errichtung von Betriebsstätten und für die Durchführung von Forschungsprojekten umfasst. Entsprechende Fördermaßnahmen können für die Wahl eines Standorts mit ausschlaggebend sein.

3.3.2.2.2.5 Staatliche Verwaltung

Die Effizienz der staatlichen Verwaltung, die sich insbesondere in dem Umfang und der Erteilungsdauer von erforderlichen Genehmigungen zeigt, ist ein weiterer Standortfaktor.

3.3.2.2.3 Produktionsbezogene Standortfaktoren

Die produktionsbezogenen Standortfaktoren betreffen insbesondere die Verfügbarkeit, die Kosten und die Qualität der zur Leistungserstellung notwendigen Faktoren.

3.3.2.2.3.1 Arbeitskräfte

Dem Standortfaktor Arbeitskraft räumen viele Unternehmen eine sehr hohe Priorität bei ihrer Standortwahl ein. Insbesondere für Unternehmen mit personalintensiver Produktion und in der Dienstleistungsbranche sind die Arbeitsmarktbedingungen und damit die Verfügbarkeit, die Kosten und die Qualifikation von Arbeitskräften von großer Bedeutung.

Verfügbarkeit

Die Verfügbarkeit kann nach der Qualifikation in die Verfügbarkeit von ungelernten Kräften und die Verfügbarkeit von Fachkräften unterteilt werden. Teilweise ist auch die Verfügbarkeit von qualifizierten Berufsanfängern relevant. Auf die Verfügbarkeit hat neben der vorhandenen Anzahl an qualifizierten Arbeitskräften auch die Effizienz der Arbeitsvermittlung, die Mobilität der Arbeitskräfte und die Attraktivität des Standorts Einfluss. Die Standortattraktivität wird dabei aus Sicht der Arbeitnehmer insbesondere durch das Image des Standorts, durch die Verfügbarkeit und die Kosten von Wohnraum, durch die Ausbildungsmöglichkeiten für Kinder und durch das Freizeitangebot bestimmt.

Arbeitskosten

Neben der Verfügbarkeit sind die Arbeitskosten von großer Bedeutung. Diese ergeben sich aus dem Lohn oder Gehalt pro Arbeitsstunde und den Lohnnebenkosten. Im Hinblick auf die Standortwahl sind die Arbeitskosten dabei im Verhältnis zur Arbeitsleistung und damit zur Produktivität der Arbeitskräfte zu sehen. So sind die oft erheblich geringeren Löhne von Arbeitern in Entwicklungs- und Schwellenländern nur dann ein Standortargument, wenn die Produktivität dieser Arbeitnehmer nicht wesentlich unter derjenigen von Arbeitskräften in den Industrieländern liegt.

3.3 Standortentscheidungen
Operative Standortplanung

Wirtschaftspraxis 3-7

Arbeitskosten in der Europäischen Union

Arbeitgeber in der deutschen Privatwirtschaft bezahlten im Jahr 2011 durchschnittlich 30,10 Euro für eine geleistete Arbeitsstunde. Das Arbeitskostenniveau in Deutschland lag damit innerhalb der Europäischen Union (EU) auf Rang sieben. Arbeitgeber in der deutschen Privatwirtschaft zahlten 32 % mehr für eine Stunde Arbeit als im Durchschnitt der EU, aber 12 % weniger als zum Beispiel im Nachbarland Frankreich. Belgien hatte mit 39,30 Euro die höchsten, Bulgarien mit 3,50 Euro die niedrigsten Arbeitskosten je geleistete Stunde.

Über einen längeren Zeitraum betrachtet nimmt Deutschland bei der Entwicklung der Arbeitskosten in der Privatwirtschaft eine Sonderstellung ein: Zwischen 2001 und 2011 hatte Deutschland mit + 19,4 % den mit Abstand geringsten Anstieg der Arbeitskosten aller Mitgliedstaaten der EU. Zum Vergleich: In Frankreich sind die Arbeitskosten in diesem Zeitraum mit + 39,2 % mehr als doppelt so stark gestiegen.

Arbeitskosten in der EU, Privatwirtschaft (je geleistete Stunde im Jahr 2011, in Euro)

Rang	Land/Gebiet	Arbeitskosten
1	Belgien	39,30 €/h
2	Schweden	39,10 €/h
3	Dänemark	38,90 €/h
4	Frankreich	34,20 €/h
9	Luxemburg	33,70 €/h
6	Niederlande	31,10 €/h
5	Deutschland	30,10 €/h
7	Finnland	29,70 €/h
8	Österreich	29,20 €/h
10	Irland	27,40 €/h
11	Italien	26,70 €/h
12	Spanien	20,60 €/h
13	Vereinigtes Königreich	20,10 €/h
16	Zypern	16,50 €/h
14	Griechenland	16,40[1] €/h
15	Slowenien	14,40 €/h
18	Portugal	12,10 €/h
17	Malta	11,90 €/h
19	Tschechische Republik	10,50 €/h
20	Slowakei	8,40 €/h
21	Estland	8,10 €/h
22	Ungarn	7,60 €/h
23	Polen	7,10 €/h
24	Lettland	5,90 €/h
24	Litauen	5,50 €/h
26	Rumänien	4,50 €/h
27	Bulgarien	3,50 €/h
–	Europäische Union (EU 27)	22,80 €/h

[1] Werte für das Jahr 2011 wurden auf der Basis der ersten drei Quartale 2011 geschätzt.

Rechenstand: 4. Quartal 2011

Quelle: Statistisches Bundesamt, Pressemitteilung Nr. 144 vom 24.04.2012, unter: www.destatis.de, Stand: 24.04.2012

Gewerkschaften

Zusätzlich zu den vorgenannten Faktoren ist auch die Verhandlungsstärke und die Streikbereitschaft der Gewerkschaften von Bedeutung, da sie Einfluss auf die Arbeitskosten, die Jahresarbeitszeit, die Möglichkeit eines Drei-Schicht- und Wochenendbetriebs und die Sicherstellung der Belieferung anderer Betriebsstätten hat.

3.3.2.2.3.2 Grundstücke und Gebäude

Um sich an einem Standort ansiedeln zu können, müssen Grundstücke und Gebäude verfügbar sein. Geeignete Standorte zeichnen sich deshalb dadurch aus, dass Grundstücke und Gebäude in ausreichender Qualität und Quantität zu geringen Kosten vorhanden sind und zusätzlich möglichst noch Expansionsflächen bestehen.

Kauf und Errichtung
Grundstücke können gekauft und Gebäude können gekauft oder neu errichtet werden. Soll ein Kauf oder eine Errichtung vorgenommen werden, sind die Erschließungskosten und die Bebauungs- beziehungsweise Nutzungspläne zu berücksichtigen, aufgrund derer eine gewerbliche Nutzung überhaupt erst möglich wird.

Miete und Pacht
Alternativ können Grundstücke und Gebäude gemietet beziehungsweise gepachtet werden. Miete oder Pacht haben zumeist den Vorteil, dass eine schnellere Nutzung möglich ist und eine größere Flexibilität im Hinblick auf Änderungen des Flächenbedarfs besteht.

3.3.2.2.3.3 Kapital
Der Standortfaktor Kapital wird bestimmt durch die Finanzinfrastruktur, also die Anzahl und die Qualität von Banken, die Kredite vergeben und finanzielle Geschäfte abwickeln können, sowie durch die erhältlichen Kreditmengen und die Kreditkosten.

3.3.2.2.3.4 Öffentliche Infrastruktur
Von großer Bedeutung für die Standortwahl kann die am Standort vorhandene öffentliche Infrastruktur sein.

Verkehrsinfrastruktur
Die Verkehrsinfrastruktur beeinflusst insbesondere die logistische Einbindung von Unternehmen. Sie wird bestimmt durch das Vorhandensein und die Auslastung von Bahnhöfen, Flughäfen und Häfen sowie den Zustand und die Auslastung der Verkehrswege (Straßen, Schienen- und Wasserwege).

Energie- und Wasserversorgung
Auch die Energieversorgung, also die Versorgung mit Strom, Gas und Wärme, und die Versorgung mit Nutz- und Trinkwasser kann in Abhängigkeit von der Branche eine entscheidende Rolle bei der Standortwahl spielen.

Kommunikationsinfrastruktur
Die Kommunikationsinfrastruktur wird durch die Verfügbarkeit und die Kosten von Telefon- und Datenleitungen bestimmt. Angesichts der umfangreichen Nutzung von Kommunikationsmitteln spielt sie heute für viele Unternehmen eine besondere Rolle.

Abfallentsorgung
In der produzierenden Industrie und ganz besonders in Branchen, in denen schadstoffhaltige Abfälle entstehen, sind darüber hinaus die Möglichkeiten zur umweltgerechten Entsorgung von Abfällen und alten Produkten wichtig.

3.3.2.2.3.5 Zuliefererinfrastruktur

Unternehmen sind bei ihrer Standortwahl nicht nur auf das Vorhandensein einer öffentlichen Infrastruktur angewiesen, sondern auch auf das Vorhandensein einer Zuliefererinfrastruktur.

Produktionseinrichtungen

Zur Leistungserstellung müssen in der Regel technische Anlagen und Maschinen, wie beispielsweise Werkzeugmaschinen, sowie eine Betriebs- und Geschäftsausstattung, wie beispielsweise Computer, beschafft werden. Im Hinblick auf Standortentscheidungen sind die Verfügbarkeit, die Preise und die Qualität dieser Produktionseinrichtungen wichtig.

Daneben kann auch die Entfernung zu entsprechenden Zulieferern insbesondere im Hinblick auf Reparaturen und Instandhaltungen von Bedeutung sein.

Roh, Hilfs- und Betriebsstoffe

Hinsichtlich der Beschaffung von Material, wie Roh-, Hilfs- und Betriebsstoffen, Vorprodukten und Verbrauchswerkzeugen, sind die Zuliefererinfrastruktur, also die Anzahl, die Entfernung und die Qualität der Zulieferer am Standort, und die Preise von großer Bedeutung. Die Entfernung zu den Zulieferern bestimmt dabei die Transport- und die Lagerkosten, die Möglichkeiten für Just-in-time-Belieferungen sowie die Transportzeiten, die für bestimmte Materialien, wie beispielsweise flüssiges Metall, ebenfalls wichtig sein können.

Dienstleistungen

Unternehmen benötigen in der Regel eine Reihe von Dienstleistungen, wie beispielsweise Reinigungsleistungen, Wachdienste, Reparaturen und Instandhaltungen, Transport- und Lagerleistungen oder Unternehmens-, Rechts- und Steuerberatungen. Der Standortfaktor Dienstleistungen wird durch die Verfügbarkeit, die Kosten und die Qualität dieser Leistungen bestimmt.

Forschungsinfrastruktur

Soll am Standort geforscht oder entwickelt werden, ist auch das Vorhandensein einer entsprechenden Forschungsinfrastruktur, in Form von Hochschulen und Forschungseinrichtungen, wie der *Fraunhofer-Gesellschaft* oder der *Max-Planck-Gesellschaft*, von Bedeutung für die Standortentscheidung.

Cluster

In aller Regel ist die Zuliefererinfrastruktur nicht überall gleich gut, sondern regional sehr unterschiedlich. Kommt es zu einer Anhäufung entsprechender Unternehmen, wird von Clustern gesprochen:

> Geographische **Cluster** bezeichnen die Konzentration von Unternehmen einer bestimmten Branche in einer bestimmten Region.

Beispiele für entsprechende Cluster sind in Deutschland die Automobilindustrie in der Region um Stuttgart, die Uhrenindustrie in der Region um Glashütte, die Medizintechnik in der Region um Erlangen oder die Optoelektronik in der Region um Jena. Cluster umfassen dabei in der Regel nicht nur Zulieferer, sondern auch Hersteller von Endprodukten.

3.3.2.2.3.6 Importmöglichkeiten

Importmöglichkeiten sind insbesondere dann von Bedeutung für die Standortwahl, wenn die vorgenannten Produktionsfaktoren nicht auf dem Binnenmarkt beschafft werden können oder sollen, sondern aus anderen Staaten importiert werden müssen oder sollen. Dies ist beispielsweise in der Automobilindustrie häufig der Fall, da dort oft bestimmte Komponenten an einem globalen Standort für alle anderen weltweiten Standorte produziert werden und dort dann importiert werden müssen. Die Importmöglichkeiten sind zudem von Bedeutung, wenn in einem Land nur Absatz- und keine Produktionsfunktionen angesiedelt werden sollen.

Auf die Importmöglichkeiten haben insbesondere Importbeschränkungen, wie Importzölle, Einfluss. Darüber hinaus spielt die Wechselkursstabilität eine große Rolle, da sich der Wechselkurs direkt auf die Preise der importierten Güter auswirkt.

Wirtschaftspraxis 3-8

Importzölle begünstigen die lokale Produktion

Welchen Einfluss Importzölle auf die Standortplanung haben, zeigt das Beispiel der *Daimler AG*, die in Vietnam, Malaysia, Indonesien und Thailand vier relativ kleine Produktionsstandorte mit einer jährlichen Produktion zwischen 1000 und 4500 Fahrzeugen betreibt. Da bei der Einfuhr von fertigen Automobilen hohe Zölle anfallen, ist die Montage von vorgefertigten Teilen in einer sogenannten Completely-knocked-down-Montage (CKD) in diesen Ländern wesentlich kostengünstiger. So erhebt beispielsweise Vietnam einen Zoll von 100 Prozent auf eingeführte Automobile, während die Teile für die Completely-knocked-down-Montage dieser Automobile im eigenen Land nur mit einem Zoll von 25 Prozent belegt werden.

Quelle: *Daimler* forciert Produktion in Asien, unter: www.handelsblatt.com, Stand: 02.09.2005.

3.3.2.2.3.7 Klima und Geologie

Klimatische und geologische Gegebenheiten beeinflussen die Standortwahl vor allem dann, wenn sie die Voraussetzung für die Aufnahme der Produktion sind oder diese in einem entscheidenden Maße begünstigen.

Klima

Die klimatischen Verhältnisse sind insbesondere in der Land- und Forstwirtschaft und in der Tourismusindustrie von großer Bedeutung. So wird beispielsweise zur Produktion von Obst ein bestimmtes Klima benötigt. Für alle Unternehmen ist zudem die Sicherheit vor klimabedingten Naturkatastrophen, wie Überschwemmungen, Dürren oder Stürmen, ein wichtiger Standortfaktor, der aufgrund der globalen Veränderung des Klimas eine zunehmende Bedeutung gewinnt.

Geologie
Die geologischen Bedingungen spielen für die Urproduktion und die land- und forstwirtschaftliche Produktion eine wesentliche Rolle. Die Sicherheit vor geologisch bedingten Naturkatastrophen, wie Erdbeben oder Vulkanausbrüchen, ist ebenfalls für alle Unternehmen ein wichtiger Standortfaktor.

3.3.2.2.4 Absatzbezogene Standortfaktoren
Die absatzbezogenen Standortfaktoren geben Auskunft darüber, wie gut ein Standort für den Absatz der erstellten Leistungen geeignet ist.

3.3.2.2.4.1 Lokale Nachfrage
Die lokale Nachfrage bezieht sich auf die Binnennachfrage innerhalb des Staates oder die Nachfrage innerhalb der Region, in der sich der Standort befindet. Die lokale Nachfrage ist besonders für solche Unternehmen ein wichtiger Standortfaktor, deren Produkte nicht oder nur eingeschränkt transportiert werden können, wie dies beispielsweise bei Dienstleistungen oder bei leicht verderblichen Lebensmitteln der Fall ist (vergleiche *Jung, H.* 2004: Seite 68 f.). Manche Unternehmen verfolgen entsprechend die Strategie »Produziere dort, wo der Kunde ist«, was auch als **Local-for-local-Strategie** bezeichnet wird.

Nachfrage durch private Haushalte
Die lokale Nachfrage von privaten Haushalten hängt von Faktoren wie der Bevölkerungszahl, der Bevölkerungsstruktur sowie dem Bedarf und der Kaufkraft potenzieller Kunden ab. Darüber hinaus kann auch der **Herkunftsgoodwill**, also die positive Einstellung von Käufern gegenüber lokalen oder nationalen Produkten sowie gegenüber Produkten aus bestimmten Ländern, wie beispielsweise »Made in Germany«, von Bedeutung sein.

Nachfrage durch Betriebe und öffentliche Haushalte
Je nach dem Produktangebot eines Unternehmens kann auch die lokale Nachfrage anderer Betriebe und öffentlicher Haushalte von Bedeutung sein. Dies ist beispielsweise bei Bauleistungen nach wie vor häufig der Fall, wobei auch hier immer öfter überregional angeboten und von den Landkreisen und Kommunen beauftragt wird. Im Hinblick darauf sind insbesondere die Zahlungsmoral der Kunden und die Praxis bei der Vergabe von öffentlichen Aufträgen zu beachten.

Entfernung
Ein weiterer wichtiger Faktor ist die Entfernung des Standorts von den Nachfragern, da sich diese auf die Transportzeiten und -kosten auswirkt und unter Umständen die Errichtung von Lagern erforderlich macht.

3.3.2.2.4.2 Konkurrenzsituation
Der Standortfaktor Konkurrenz wird durch die Anzahl und die Stärke der am Standort vorhandenen Wettbewerber und die vorzufindenden Wettbewerbspraktiken bestimmt.

Während auf den Export ausgerichtete Produktionsstätten weitgehend unabhängig von der lokal vorhandenen Konkurrenz angesiedelt werden können, gibt es bei denjenigen Unternehmen, die eine lokale Nachfrage befriedigen wollen, konkurrenzmeidende und konkurrenzsuchende Unternehmen (vergleiche *Jung, H.* 2004: Seite 69 f.):

▸ **Konkurrenzmeidende Unternehmen** siedeln sich bewusst dort an, wo noch keine oder nur wenige Konkurrenten vorhanden sind. Dies ist häufig bei Produkten des täglichen Bedarfs der Fall, wie beispielsweise Lebensmitteln oder Arzneimitteln.

▸ **Konkurrenzsuchende Unternehmen** siedeln sich im Gegensatz dazu bewusst dort an, wo bereits Konkurrenten vorhanden sind. Diese sogenannte **Agglomeration** findet sich häufig bei Produkten mit einem periodischen oder aperiodischen Bedarf. So kommt es beispielsweise in Einkaufszentren zu einer Ansammlung von Bekleidungsgeschäften oder in bestimmten Stadtgebieten zu einer Ansammlung von Cafés, Restaurants und Clubs.

Konkurrenzmeidende und -suchende Unternehmen

3.3.2.2.4.3 Absatzinfrastruktur
Die Absatzinfrastruktur umfasst alle Faktoren, die notwendig sind, um einen Absatzmarkt ausreichend erschließen zu können. Ausschlaggebend dafür sind insbesondere die Verfügbarkeit und die Kosten der Inanspruchnahme von Marktforschungsinstituten, Werbeagenturen, Medien, Messen, Börsen sowie von Absatzhelfern und -mittlern (↗ Kapitel 18 Marketing).

3.3.2.2.4.4 Exportmöglichkeiten
Die Exportmöglichkeiten sind insbesondere für Unternehmen wichtig, die – beispielsweise aus Kostengründen – nur einen Produktionsstandort in einem Staat errichten und nicht in erster Linie die Binnennachfrage in diesem Staat befriedigen wollen.

Exportförderung
Positive Faktoren im Hinblick auf die Exportmöglichkeiten sind Maßnahmen der Exportförderung und der Absatzfinanzierung. Negative Faktoren sind grenzüberschreitende Regelungen, wie Ausfuhrverbote oder Exportzölle.

Wirtschaftspraxis 3-9

Die internationale Wettbewerbsfähigkeit Deutschlands

Im Global Competitiveness Report 2011–2012 des World Economic Forum steht Deutschland in der Gesamtwertung der wettbewerbsfähigsten Staaten der Welt auf Platz 6 (Vorjahr Platz 5). An erster Stelle steht die Schweiz, danach folgen Singapur, Schweden, Finnland und die USA. Deutschland schneidet im Vergleich mit anderen Ländern, die ähnlich innovativ sind, vor allem bei der Infrastruktur, der Gesundheit, der Grundlagenbildung, der weiterführenden Bildung und der Marktgröße besser ab. Schlechter als ähnlich innovative Länder ist Deutschland bei der Effizienz des Gütermarkts und des Arbeitsmarkts sowie bei der Entwicklung seiner Finanzmärkte.

Quelle: World Economic Forum, Global Competitiveness Report 2011–2012, Geneva, Switzerland, 2011, unter: http://www.weforum.org/reports, Stand: 24.04.2012

Wechselkursstabilität

Eine große Rolle im Hinblick auf den Export spielt auch die Stabilität der Wechselkurse zwischen dem Staat, in dem produziert wird, und dem Staat, in dem die Produkte abgesetzt werden, da sich Wechselkursschwankungen erheblich auf die Gewinne auswirken können. Oftmals wirkt sich deshalb die Mitgliedschaft eines Staates in einer Währungsunion positiv auf eine Standortentscheidung aus.

3.3.2.3 Methoden der Standortwahl

Aus den verschiedenen vorgenannten Standortfaktoren lassen sich Zielsetzungen für eine Standortwahl ableiten. Mithilfe der nachfolgend aufgeführten Methoden kann die Entscheidung für einen geeigneten Standort getroffen werden. Dabei empfiehlt sich die folgende Vorgehensweise (↗ Abbildung 3-9):

Vorgehensweise bei der Standortwahl

Vorauswahl

Die verschiedenen infrage kommenden Standortalternativen werden anhand der auf jeden Fall zu erfüllenden limitationalen Standortfaktoren einer systematischen Vorauswahl unterzogen.

Bewertung einzelner Standorteigenschaften

In einem zweiten Schritt werden für die verbliebenen Standortalternativen anhand von Partialmodellen einzelne Standorteigenschaften, wie die Transportkosten, die Auswirkungen auf die Logistik oder die monetäre Vorteilhaftigkeit, genauer bewertet.

Abb. 3-9 Methoden der Standortwahl

Gesamtbewertung

In einer abschließenden Gesamtbewertung wird dann anhand der Ergebnisse der vorgenannten Schritte und anhand der Bewertungen weiterer substitutionaler Standortfaktoren ein als besonders geeignet erkannter Standort ausgewählt.

Nachfolgend wird näher auf die verschiedenen Methoden der Standortwahl eingegangen (vergleiche dazu *Bankhofer, U.* 2001: Seite 119 ff., *Bestmann, U.* 1992: Seite 44 f. und *Jung, H.* 2004: Seite 70 ff.).

3.3.2.3.1 Prüflistenverfahren

Prüflisten- beziehungsweise Checklistenverfahren werden zur Vorauswahl von Standorten im Rahmen der Makro- und der Mikrostandortbestimmung eingesetzt. Bei den Verfahren handelt es sich um sogenannte heuristische Verfahren (von: heuriskein, griechisch: finden, entdecken), die aufgrund von empirischen Untersuchungen von Standortentscheidungen entwickelt und im Laufe der Zeit dann immer weiterentwickelt wurden.

Vorauswahl

Zur Durchführung des Verfahrens wird eine Prüf- beziehungsweise Checkliste aufgestellt, die auch als **Standortfaktorenkatalog** bezeichnet wird und die auf jeden Fall zu erfüllenden limitationalen Standortfaktoren umfasst. Anhand dieser Liste wird dann für alle Standortalternativen überprüft, ob sie die aufgeführten Mindestanforderungen erfüllen. Standorte, die dies nicht tun, werden in den folgenden Bewertungen nicht weiter berücksichtigt.

3.3.2.3.2 Spieltheoretische Ansätze

Die spieltheoretischen Ansätze der Standortwahl berücksichtigen die möglichen Reaktionen der an einem Standort vorhandenen und der potenziellen Konkurrenten. Entsprechende Ansätze werden primär für Standortentscheidungen im Absatzbereich eingesetzt. So berücksichtigen beispielsweise Mineralölkonzerne bei der Wahl der Standorte ihrer Tankstellen neben den bereits vorhandenen Tankstellen der Konkurrenten auch deren mögliche Reaktionen auf die Eröffnung weiterer Tankstellen. Spieltheoretische Modelle werden in der Regel schon bei der strategischen Standortplanung eingesetzt.

Berücksichtigung von Konkurrenten

3.3.2.3.3 Kontinuierliche und diskrete Modelle der Standortoptimierung

Die kontinuierlichen und diskreten Modelle der Standortoptimierung, wie beispielsweise das *Steiner-Weber*-Modell (↗ Abbildung 3-10), werden in erster Linie dazu eingesetzt, Standorte mit minimalen Transportkosten innerhalb des Standortverbundes aus Zulieferern, anderen Produktionsstätten, Lagern und Kunden zu bestimmen.

Bewertung der Transportkosten

Die kontinuierlichen und diskreten Modelle der Standortoptimierung unterscheiden sich dabei hinsichtlich der Flächenhomogenität. Während die kontinuierlichen Modelle von einer homogenen Fläche mit einer unendlichen Anzahl möglicher Standorte ausgehen, berücksichtigen räumlich-diskrete Modelle lediglich vorgegebene realistische Standortalternativen.

Da die kontinuierlichen und diskreten Modelle der Standortwahl andere Standortfaktoren als die Transportkosten weitgehend ausklammern, werden sie in der Praxis

Abb. 3-10

Steiner-Weber-Modell

Standort mit minimalen Transportkosten

Vergleiche *Jung, H.* 2004: Seite 74

im Allgemeinen nur ergänzend zu den anderen Verfahren eingesetzt (vergleiche *Bankhofer, U.* 2001: Seite 121 ff. und *Jung, H.* 2004: Seite 73 f.).

3.3.2.3.4 Simulationsverfahren

Bewertung der Logistik

Anhand von Simulationsverfahren werden im Rahmen der Standortwahl die Materialflüsse zwischen und innerhalb von Standorten abgebildet. Simulationsverfahren eignen sich deshalb insbesondere für die logistische und eingeschränkt auch die produktionswirtschaftliche Beurteilung von Standortalternativen innerhalb von komplexen Standortnetzwerken, wie sie beispielsweise in der Automobilindustrie anzutreffen sind. Ergebnisse von Simulationen können dann zum Beispiel die durch die Wahl eines Standorts bedingten Transportvorgänge, Lagerbestände, Produktionskapazitäten und Transportausfallrisiken sein.

Da der Aufbau und die Pflege von Simulationsmodellen sehr aufwändig sind und nichtlogistische Aspekte der Standortwahl weitgehend unberücksichtigt bleiben, werden Simulationsverfahren insbesondere in Großunternehmen ergänzend zu den anderen Methoden der Standortwahl eingesetzt.

3.3.2.3.5 Investitionsrechnungen

Bewertung der monetären Vorteilhaftigkeit

Auch wenn sie nur monetäre Aspekte abbilden, kommen Investitionsrechnungen dennoch sehr häufig bei der Standortwahl zum Einsatz. Um sie durchzuführen, werden die Ein- und Auszahlungen ermittelt, die sich bei verschiedenen Standortalternativen ergeben. Die resultierenden Zahlungsreihen werden dann über die Verfahren der Investitionsrechnung bewertet (↗ Kapitel 13 Investition).

Die Standortalternativen unterscheiden sich in der Regel insbesondere durch die resultierenden Auszahlungen, etwa durch die zu schaffende Infrastruktur, durch die zu zahlenden Löhne und Gehälter oder durch die Transportkosten für die An- und Ablieferung.

3.3.2.3.6 Nutzwertanalysen

Für die Gesamtbewertung von Standortalternativen und die abschließende Wahl eines Standorts eignet sich die Nutzwertanalyse sehr gut. Sie entspricht der im ↗ Kapitel 2 Entscheidungstheorie beschriebenen Methode der Zielgewichtung, die im Fall von Entscheidungen bei Sicherheit mit mehrfacher Zielsetzung eingesetzt wird. Die Aktionen sind bei diesem Verfahren die verschiedenen Standortalternativen, während sich die Ziele aus den Standortfaktoren ableiten lassen (↗ Tabelle 3-1).

Gesamtbewertung

Die Nutzwertanalyse bietet bei der Standortwahl den Vorteil, dass sowohl die Ergebnisse der Partialmodelle, also beispielsweise die Kapitalwerte der verschiedenen Standortalternativen, als auch zusätzliche qualitative Aspekte, wie zum Beispiel die Kriminalitätsrate, berücksichtigt werden können. Als kritisch an der Nutzwertanalyse als Verfahren der Standortwahl ist allerdings der große subjektive Bewertungsspielraum bei der Einschätzung der relevanten Standortalternativen durch die Entscheidungsträger zu sehen.

Tab. 3-1

Beispielhafte Nutzwertanalyse zur Standortwahl

Ziel	Kosten Arbeitskräfte		Qualifikation Arbeitskräfte		
	Nutzenwerte	Gewichtete Nutzenwerte	Nutzenwerte	Gewichtete Nutzenwerte	Gesamt-nutzenwerte
Zielgewichtung / Aktion		0,6		0,4	
Standort Stuttgart	70	42	100	40	82
Standort Leipzig	100	60	60	24	84

Wirtschaftspraxis 3-10

Die wichtigsten Standortfaktoren

Eine Umfrage, die im Jahr 2006 von mehreren Auslandshandelskammern und Delegiertenbüros durchgeführt wurde, ergab für Investitionen in Mittel- und Südosteuropa folgendes Ranking der zehn wichtigsten Standortfaktoren:
- Leistungsbereitschaft der Arbeitnehmer,
- Produktivität der Arbeitnehmer,
- Zahlungsmoral,
- Rechtssicherheit,
- Qualifikation der Arbeitnehmer,
- Steuerbelastung,
- Steuersystem,
- Arbeitskosten,
- Verfügbarkeit von Fachkräften und
- politische Stabilität.

Quelle: *von der Hagen, H.*: Konjunkturbericht MOE 2006, 4/2006, Seite 14.

3.4 Kennzahlen

Im Rahmen von Standortentscheidungen kommen insbesondere Kennzahlen zur Anwendung, die sich aus dem Erfüllungsgrad der für das Unternehmen relevanten Standortfaktoren ableiten. Diese Kennzahlen können im Rahmen der Standortbestimmung oder im Rahmen eines Benchmarkings zum Vergleich von bereits bestehenden Standorten eingesetzt werden. Nachfolgend sind verschiedene Beispiele für entsprechende Standortkennzahlen dargestellt:

Kennzahlen zu unternehmensbezogenen Standortfaktoren

$$\text{Kriminalitätsrate} = \frac{\text{Anzahl jährlicher Straftaten}}{\text{Anzahl Einwohner}} \text{ [Straftaten/Einwohner]}$$

$$\text{Politische Stabilitätsrate} = \frac{\text{Wechsel der regierenden Partei}}{\text{Zeitraum}} \text{ [Wechsel/Jahr]}$$

Kennzahlen zu produktionsbezogenen Standortfaktoren

$$\text{Durchschnittliche Sonnenscheindauer} = \frac{\text{Jährliche Sonnenscheindauer}}{365 \text{ Tage}} \text{ [h/Tag]}$$

$$\text{Produktionsstückkosten} = \frac{\text{Produktionskosten}}{\text{Produzierte Stückzahl}} \text{ [€/Stück]}$$

Kennzahlen zu absatzbezogenen Standortfaktoren

$$\text{Bevölkerungsdichte} = \frac{\text{Gesamte Einwohner}}{\text{Gesamtfläche}} \text{ [Einwohner/km}^2\text{]}$$

$$\text{Durchschnittliche Kaufkraft} = \frac{\text{Nettoeinkommen der Bevölkerung}}{\text{Gesamtzahl Einwohner}} \text{ [€/Einwohner]}$$

Zusammenfassung Kapitel 3

- Der Standort ist der geographische Ort, an dem ein Unternehmen seine Leistungen erstellt und absetzt.
- Standortentscheidungen sind Entscheidungen darüber, an wie vielen und an welchen geografischen Orten welche Leistungen eines Unternehmens erstellt und abgesetzt werden.
- Standortentscheidungen können in Entscheidungen in der Gründungs- und in solche in der Umsatzphase unterteilt werden.
- Mit Standortentscheidungen werden Wachstums-, Strukturveränderungs- oder Schrumpfungsziele verfolgt.

- Standortentscheidungen können natürlichen Restriktionen unterliegen.
- In der strategischen Standortplanung wird eine Soll-Standortstruktur ermittelt, aus der sich in der operativen Standortplanung konkrete Standortmaßnahmen ergeben.
- Grundformen der Standortstruktur sind die Standorteinheit, die Standortspaltung, die Standortteilung und die Standortdiversifikation.
- Die Anzahl der Standorte hängt von der betroffenen Funktion und der Branche ab.
- Standortmaßnahmen sind die Errichtung, die Erweiterung, die Aufteilung, die Verlagerung, die Vereinigung, die Teilstilllegung und die Stilllegung.
- Die Standortbestimmung erfordert erst eine Makro- und dann eine Mikrostandortbestimmung.
- Standortfaktoren sind entscheidungsrelevante Kriterien, anhand deren die Eignung eines bestimmten geographischen Ortes für die Errichtung einer Betriebsstätte überprüft werden kann.
- Die Standortfaktoren können in nationale und regionale, limitationale und substitutionale, monetäre und nichtmonetäre sowie in unternehmens-, produktions- und absatzbezogene Faktoren unterteilt werden.
- Die unternehmensbezogenen Standortfaktoren beschreiben die für das ganze Unternehmen geltenden Rahmenbedingungen an einem Standort.
- Die produktionsbezogenen Standortfaktoren betreffen insbesondere die Verfügbarkeit, die Kosten und die Qualität der zur Leistungserstellung notwendigen Faktoren.
- Die absatzbezogenen Standortfaktoren geben Auskunft darüber, wie gut ein Standort für den Absatz der erstellten Leistungen geeignet ist.
- Eine Vorauswahl von Standorten kann mithilfe des Prüflistenverfahrens erfolgen. Partialmodelle dienen dann zur Bewertung einzelner Standorteigenschaften. Eine Gesamtbewertung ist mit der Nutzwertanalyse möglich.

Weiterführende Literatur Kapitel 3

Standortentscheidungen allgemein
Bankhofer, U.: Industrielles Standortmanagement – Aufgabenbereiche, Entwicklungstendenzen und problemorientierte Lösungsansätze, Wiesbaden.
Kinkel, S. (Herausgeber): Erfolgsfaktor Standortplanung: In- und ausländische Standorte richtig bewerten, Berlin, Heidelberg.

Klassiker
Weber, A.: Industrielle Standortlehre, Tübingen.
Behrens, K. C.: Allgemeine Standortbestimmungslehre, Opladen.

Weiterführende Internetverweise Kapitel 3

www.ahk.de: Internetseiten der deutschen Auslandshandelskammern.

www.imd.ch/wcy/: Internetseite zum World Competitiveness Yearbook des *International Institute for Management Development (IMD)*.

www.invest-in-germany.de/de/: Internetseite der Bundesagentur *Invest in Germany GmbH* mit Standortinformationen zu Deutschland.

www.ixpos.de: Internetseite zur Außenwirtschaft.

www.standorte-bewerten.de: Internetseite des *Fraunhofer Instituts für System- und Innovationsforschung ISI* zur Standortwahl.

Schlüsselbegriffe Kapitel 3

- Standort
- Standortentscheidung
- Standortplanung
- Standortstruktur
- Standorteinheit
- Standortspaltung
- Standortteilung
- Standortdiversifikation
- Global
- Lokal
- Integration
- Differenzierung
- Standortmaßnahme
- Errichtung
- Off-Site-Expansion
- Erweiterung
- On-Site-Expansion

- Aufteilung
- Verlagerung
- Vereinigung
- Teilstilllegung
- On-Site-Contraction
- Stilllegung
- Whole-Site-Contraction
- Do-it-yourself-Strategie
- Local-for-local-Strategie
- Standortbestimmung
- Makrostandortbestimmung
- Mikrostandortbestimmung
- Standortfaktor
- Wirtschaftspolitik
- Subvention
- Local-content-Bedingung
- Arbeitskosten

- Infrastruktur
- Importzoll
- Wechselkursstabilität
- Completely-knocked-down
- Binnennachfrage
- Herkunftsgoodwill
- konkurrenzmeidend
- konkurrenzsuchend
- Agglomeration
- Partialmodell
- Prüflistenverfahren
- Standortfaktorenkatalog
- Spieltheorie
- Steiner-Weber-Modell
- Simulation
- Nutzwertanalyse

Fragen Kapitel 3

Frage 3-1: *Definieren Sie den Begriff »Standort«.*

Frage 3-2: *Definieren Sie den Begriff »Standortentscheidung«.*

Frage 3-3: *Erläutern Sie, warum Standortentscheidungen überhaupt getroffen werden müssen.*

Frage 3-4: *Erläutern Sie, was internationale Unternehmen kennzeichnet.*

Frage 3-5: *Erläutern Sie, was multinationale Unternehmen kennzeichnet.*

Frage 3-6: *Nennen Sie die drei Kategorien, in die die Ziele von Standortentscheidungen unterteilt werden können.*

Frage 3-7: *Erläutern Sie den Unterschied zwischen freien und gebundenen Standortentscheidungen.*

Frage 3-8: *Erläutern Sie, was im Rahmen der strategischen Standortplanung ermittelt wird.*
Frage 3-9: *Erläutern Sie, wie die durchzuführenden Standortmaßnahmen im Rahmen der operativen Standortplanung bestimmt werden.*
Frage 3-10: *Nennen Sie die vier Grundformen der Standortstruktur.*
Frage 3-11: *Erläutern Sie den Unterschied zwischen der Standortspaltung und der Standortteilung.*
Frage 3-12: *Nennen Sie die drei Möglichkeiten der Standortteilung.*
Frage 3-13: *Erläutern Sie den Unterschied zwischen der globalen und der lokalen Erbringung von Leistungen.*
Frage 3-14: *Nennen Sie zwei Beispiele für betriebliche Funktionen, die normalerweise lokal erbracht werden.*
Frage 3-15: *Nennen Sie zwei Beispiele für betriebliche Funktionen, die normalerweise global erbracht werden.*
Frage 3-16: *Erläutern Sie die Vorteile einer globalen gegenüber einer lokalen Produktion.*
Frage 3-17: *Nennen Sie ein Beispiel für eine Branche, die typischerweise eine lokale Standortstruktur hat.*
Frage 3-18: *Nennen Sie zwei Standortmaßnahmen, die im Rahmen des Wachstums erfolgen.*
Frage 3-19: *Nennen Sie drei Standortmaßnahmen, die im Rahmen von Strukturveränderungen erfolgen.*
Frage 3-20: *Nennen Sie zwei Standortmaßnahmen, die im Rahmen der Schrumpfung erfolgen.*
Frage 3-21: *Erläutern Sie, was unter der Verlagerung von Standorten verstanden wird.*
Frage 3-22: *Nennen Sie die drei Standortmaßnahmen im Rahmen derer eine Standortbestimmung durchgeführt werden muss.*
Frage 3-23: *Erläutern Sie, in welchen zwei Schritten die Standortbestimmung durchgeführt wird.*
Frage 3-24: *Definieren Sie den Begriff »Standortfaktor«.*
Frage 3-25: *Erläutern Sie den Unterschied zwischen limitationalen und substitutionalen Standortfaktoren.*
Frage 3-26: *Nennen Sie die drei Arten von Standortfaktoren, die nach den Phasen der Leistungserstellung unterschieden werden können.*
Frage 3-27: *Nennen Sie mindestens vier unternehmensbezogene Standortfaktoren.*
Frage 3-28: *Nennen Sie mindestens fünf produktionsbezogene Standortfaktoren.*
Frage 3-29: *Nennen Sie mindestens zwei absatzbezogene Standortfaktoren.*
Frage 3-30: *Erläutern Sie, was unter Local-content-Bedingungen verstanden wird.*
Frage 3-31: *Definieren Sie den Begriff »Geographische Cluster«.*
Frage 3-32: *Nennen Sie zwei Beispiele für Branchen, in denen die klimatischen Verhältnisse von besonderer Bedeutung sind.*
Frage 3-33: *Erläutern Sie, was unter dem Herkunftsgoodwill verstanden wird.*
Frage 3-34: *Erläutern Sie an einem Beispiel, was unter einer Agglomeration verstanden wird.*
Frage 3-35: *Erläutern Sie, wozu das Steiner-Weber-Modell eingesetzt wird.*
Frage 3-36: *Erläutern Sie, woraus sich die Ziele beim Einsatz der Nutzwertanalysen zur Standortwahl ableiten.*

Standortentscheidungen
Lösungen Kapitel 3

Fallstudie Kapitel 3

Bislang hat die Speedy GmbH an den beiden Standorten Stuttgart und Leipzig Betriebsstätten (↗ Kapitel 1 Grundlagen). Im Hinblick auf die zukünftige Entwicklung und Produktion des neuen Speedster Off-Road muss eine Standortentscheidung getroffen werden.

(1) Welche Zielsetzungen können mit dieser Standortentscheidung verfolgt werden?
(2) Schätzen Sie als Grundlage für die nachfolgenden Fragen grob ab, wie sich der Absatz von Off-Road-Fahrzeugen prozentual auf die verschiedenen Weltregionen (Afrika, Asien, Australien und Ozeanien, Europa, Nordamerika, Süd- und Mittelamerika) verteilt.
(3) Entwickeln Sie zwei Alternativen für die zukünftige Standortstruktur der Speedy GmbH.
(4) Welche Standortmaßnahmen müssten jeweils durchgeführt werden, um die beiden von Ihnen entwickelten Standortstrukturalternativen zu realisieren?
(5) Welche limitationalen und welche substitutionalen Standortfaktoren würden Sie aus welchen Gründen für die Bestimmung eines neu zu errichtenden Entwicklungs- und eines neu zu errichtenden Produktionsstandorts für den Speedster Off-Road verwenden?
(6) Eine Vorauswahl ergab für den Produktionsstandort des neuen Speedster Off-Road die folgenden drei Alternativen: Leipzig, in der Nähe der bestehenden Produktionsstätte, Bratislava in der Slowakei und Detroit in den Vereinigten Staaten. Ermitteln Sie mithilfe einer Nutzwertanalyse, welcher der drei Standorte am besten geeignet ist.
(7) Präsentieren Sie nachfolgend Ihre Ergebnisse. Untermauern Sie Ihre Überlegungen dabei mit zusätzlichen Recherchen.

Lösungen Kapitel 3

Für die Fallstudie gibt es keine eindeutige Lösung. Lösungshinweise werden deshalb nicht zur Verfügung gestellt.

Studierende, deren Dozenten das Buch einsetzen, finden passwortgeschützte Lösungsbeispiele unter folgender Internetadresse:
www.EinfuehrungInDieBetriebswirtschaftslehre.de/bwl-loesungen.html

Das Passwort für die Lösungen erhalten Sie von Ihrem Dozenten:

Passwort:

4 Rechtsformentscheidungen

Kapitelnavigator

Inhalt	Lernziel
4.1 Grundlagen	4-1 Die Grundlagen von Rechtsformentscheidungen kennen.
4.2 Einzelunternehmen	4-2 Die Merkmale der Rechtsformen von Einzelunternehmen kennen.
4.3 Personengesellschaften	4-3 Die Merkmale der Rechtsformen von Personengesellschaften kennen.
4.4 Körperschaften	4-4 Die Merkmale der Rechtsformen von Körperschaften kennen.
4.5 Stiftungen	4-5 Die Merkmale von Stiftungen kennen.

Das Zusammenleben von Menschen erfordert dauerhafte Regelungen in Form von Gesetzen, durch die den Menschen bestimmte Rechte und bestimmte Pflichten auferlegt werden. Auch für die am Wirtschaftsgeschehen beteiligten Wirtschaftssubjekte bedarf es rechtlicher Regelungen. Dabei gibt es allgemeine rechtliche Regelungen für alle Wirtschaftssubjekte und spezielle rechtliche Regelungen, die nur für Wirtschaftssubjekte einer bestimmten Art gelten.

Zu den rechtlichen Regelungen, die nur für bestimmte Wirtschaftssubjekte gelten, gehören die Rechtsformen. Aus betriebswirtschaftlicher Sicht können Rechtsformen und Rechtsformentscheidungen entsprechend folgendermaßen definiert werden:

Rechtsformen bezeichnen die für bestimmte Arten von Wirtschaftssubjekten geltenden Gesetze, die die Rechtsbeziehungen des Wirtschaftssubjekts im Innen- und im Außenverhältnis regeln.

Rechtsformentscheidungen sind Entscheidungen über die Zuordnung von Rechtsformen zu Wirtschaftssubjekten.

Die Wirtschaftssubjekte können abhängig von ihrer Art häufig aus verschiedenen Rechtsformen wählen. Allerdings besteht ein sogenannter **Typenzwang**, das heißt, dass nur die gesetzlich definierten Rechtsformalternativen zulässig sind.

Im Hinblick auf Rechtsformentscheidungen werden zwei Entscheidungssituationen unterschieden:

- Bei der **Gründung** von Unternehmen muss eine erste Rechtsformentscheidung getroffen werden. Die gewählte Rechtsform wird häufig über die gesamte Lebensdauer des Unternehmens beibehalten.
- Ein **Wechsel der Rechtsform** kann sinnvoll sein, wenn beispielsweise durch das geplante Wachstum des Unternehmens ein erhöhter Kapitalbedarf entsteht, der nur durch einen Gang an die Börse (»going public«) gedeckt werden kann, oder wenn eine Verbindung mit anderen Unternehmen erforderlich wird (↗ Kapitel 5 Entscheidungen über zwischenbetriebliche Verbindungen). Darüber hinaus können auch veränderte Rahmenbedingungen einen Rechtsformwechsel erforderlich machen, etwa wenn bei Personengesellschaften einzelne Gesellschafter ausscheiden oder neue Gesellschafter eintreten.

4.1 Grundlagen

4.1.1 Unterteilung der Rechtsformen

Die Rechtsformen lassen sich hinsichtlich der Rechtsgrundlage, der Gegenstandsbindung, des Grades der Verselbstständigung des Betriebsvermögens, der Kaufmannseigenschaften und der Erscheinung gegenüber Dritten unterteilen (↗ Abbildung 4-1).

4.1.1.1 Unterteilung hinsichtlich der Rechtsgrundlage

Die Rechtsformen können in Rechtsformen des öffentlichen und Rechtsformen des privaten Rechts unterteilt werden. Die Rechtsformen des öffentlichen Rechts sind für öffentliche Betriebe (↗ Kapitel 1 Grundlagen) relevant. Beispiele dafür sind Eigenbe-

Abb. 4-1 Rechtsformen

Vergleiche *Klunzinger, E.* 2004: Seite 1

triebe sowie Anstalten, Körperschaften und Stiftungen des öffentlichen Rechts (vergleiche *Klunzinger, E.* 2004: Seite 1 f.).

4.1.1.2 Unterteilung hinsichtlich der Gegenstandsbindung

Die privatrechtlichen Rechtsformen lassen sich weiter in **gegenstandsgebundene** und **gegenstandsungebundene Rechtsformen** unterteilen. Die gegenstandsgebundenen Rechtsformen gelten für Unternehmen in bestimmten Tätigkeitsbereichen. Eine gewisse Bedeutung in der Praxis haben noch die folgenden gegenstandsgebundenen Rechtsformen:

- **Reederei** beziehungsweise **Partenreederei** und
- **Versicherungsverein auf Gegenseitigkeit**.

Gegenstandsgebundene Rechtsformen

Als auslaufende gegenstandsgebundene Rechtsformen gelten die Bergrechtliche Gewerkschaft und die Bohrgesellschaft (vergleiche *Klunzinger, E.* 2004: Seite 328 ff. und *Rose, G./Glorius-Rose, C.* 2001: Seite 24 ff.).

4.1.1.3 Unterteilung hinsichtlich des Verselbstständigungsgrades des Betriebsvermögens

Hinsichtlich des Verselbstständigungsgrades des Betriebsvermögens können Einzelunternehmen, Personengesellschaften, Körperschaften und Stiftungen unterschieden werden. Die Verselbstständigung hat dabei insbesondere im Hinblick auf die Haftung erhebliche Auswirkungen (↗ Abbildung 4-2, zum Folgenden vergleiche *Klunzinger, E.* 2004: Seite 55 und *Rose, G./Glorius-Rose, C.* 2001: Seite 4 ff. und 81 ff.):

Verselbstständigungsgrade

Einzelunternehmen
Bei Einzelunternehmen bleibt das Betriebsvermögen ein Teil des Gesamtvermögens des Unternehmers und geht nicht auf das Einzelunternehmen über. Der Unternehmer haftet dadurch mit seinem gesamten Vermögen. Insbesondere im Hinblick auf die Besteuerung erfolgt jedoch eine rechnerische Aufteilung des Gesamtvermögens in ein Privat- und ein Betriebsvermögen.

Personengesellschaften
Zu einer größeren Verselbstständigung des Betriebsvermögens kommt es bei den sogenannten Gesellschaften.

> **Gesellschaften** sind zweckgerichtete Personenvereinigungen auf der Grundlage von privatrechtlichen Gesellschaftsverträgen.

Bei Personengesellschaften entsteht bei den sogenannten Außengesellschaften ein Betriebsvermögen der Gesellschaft. Da die Gesellschafter nicht alleine, sondern nur mit »gesamter Hand« darüber verfügen können, wird dieses Vermögen auch als sogenanntes **Gesamthandsvermögen** bezeichnet. Es ist allerdings nicht völlig von den Gesellschaftern getrennt, sondern bleibt gleichzeitig noch Teil des Gesamtvermögens der einzelnen Gesellschafter. Die Gesellschafter haften dadurch für Verbindlichkeiten der Gesellschaft mit ihrem gesamten Vermögen.

4.1 Rechtsformentscheidungen
Grundlagen

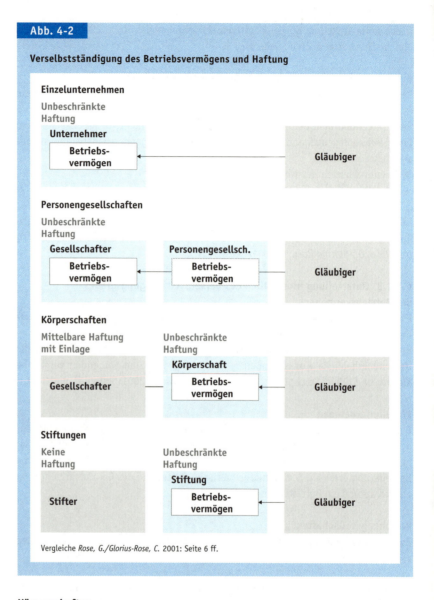

Abb. 4-2: Verselbstständigung des Betriebsvermögens und Haftung

Vergleiche Rose, G./Glorius-Rose, C. 2001: Seite 6 ff.

Körperschaften

Bei den Körperschaften kommt es gemäß dem sogenannten **Trennungsprinzip** zu einer Verselbstständigung des Betriebsvermögens.

> **Körperschaften** sind rechtlich verselbstständigte Gesellschaften mit eigener Rechtspersönlichkeit (vergleiche Rose, G./Glorius-Rose, C. 2001: Seite 9).

Aufgrund ihrer Rechtspersönlichkeit sind Körperschaften auch sogenannte juristische Personen.

Grundlagen 4.1

> **Juristische Personen** sind Rechtspersönlichkeiten, die über ihre Organe wie natürliche Personen am Rechtsverkehr als Träger von Rechten und Pflichten teilnehmen und dadurch Rechte erwerben, Verbindlichkeiten eingehen, Eigentum erwerben und vor Gericht klagen können (vergleiche *Klunzinger, E.* 2004: Seite 148).

Im Gegensatz zu den Personengesellschaften sind die Körperschaften Eigentümer ihres Betriebsvermögens, haften gleichzeitig aber auch alleine für ihre Verbindlichkeiten. Die Gesellschafter haben hingegen keine unmittelbaren Rechte an dem Betriebsvermögen der Körperschaft, sondern über ihre Anteile nur an der Körperschaft an sich.

Stiftungen
Bei den Stiftungen gibt es auch diese Rechte nicht mehr. Im Rahmen des sogenannten **Stiftungsgeschäfts** überträgt der Stifter der Stiftung dauerhaft einen Teil seines Vermögens und hat danach auf den von ihm übertragenen Vermögensteil keinen Anspruch mehr. Das Betriebsvermögen der Stiftung wird deshalb auch als **Zweckvermögen** bezeichnet, da es nur noch dem Zweck der Stiftung dient, die als juristische Person die alleinigen Rechte an dem Vermögen hat, gleichzeitig aber auch alleine für ihre Verbindlichkeiten haftet.

4.1.1.4 Unterteilung hinsichtlich der Kaufmannseigenschaften
Innerhalb der Rechtsformen ist eine weitere Unterteilung nach den Kaufmannseigenschaften möglich.

> **Kaufmann** ist, wer ein Handelsgewerbe betreibt (*Handelsgesetzbuch* § 1, Absatz 1).

Der Begriff des **Handels** geht dabei über die betriebswirtschaftliche Bedeutung im Sinne eines Austausches von Gütern hinaus und umfasst auch die Produktion von Gütern. Aus rechtlicher Sicht betreiben alle Unternehmen ein **Handelsgewerbe**, die die im *Handelsgesetzbuch* § 1, Absatz 2 genannten folgenden zwei Voraussetzungen erfüllen:

Voraussetzungen Handelsgewerbe

Vorhandensein eines Gewerbebetriebes
Gemäß *Einkommensteuergesetz* § 15 Einkünfte aus Gewerbebetrieb, Absatz 2 sind Gewerbebetriebe insbesondere durch eine selbstständige nachhaltige Betätigung mit Gewinnerzielungsabsicht gekennzeichnet. Unternehmen, die ein Gewerbe betreiben, werden im Gesetz als **gewerbliche Unternehmen** oder **Gewerbetreibende** bezeichnet. Die Land- und die Forstwirtschaft sowie freiberufliche Tätigkeiten gelten dabei grundsätzlich nicht als Gewerbebetrieb.

In kaufmännischer Weise eingerichteter Geschäftsbetrieb
Als weitere Voraussetzung für das Vorliegen eines Handelsgewerbes muss aufgrund der Art oder des Umfangs des Unternehmens ein in kaufmännischer Weise eingerich-

4.1 Rechtsformentscheidungen
Grundlagen

teter Geschäftsbetrieb beziehungsweise eine kaufmännische Organisation erforderlich sein. Durch diese Regelung wird sichergestellt, dass kleine gewerbliche Unternehmen nicht den gesetzlichen Vorschriften für Kaufleute unterliegen.

Anhaltspunkte für das Erfordernis eines in kaufmännischer Weise eingerichteten Geschäftsbetriebs ergeben sich nach herrschender Meinung dabei insbesondere aus:

- den Umsatzerlösen,
- der Anzahl der Arbeitnehmer,
- dem Warenangebot,
- der Anzahl der Geschäftskontakte und
- dem Umfang der Organisation,

ohne dass hierfür in den Gesetzen genaue Angaben gemacht werden.

Kaufmannsarten

Im Hinblick auf Unternehmen und ihre Rechtsformen können entsprechend vier Arten der Kaufmannseigenschaften unterschieden werden (↗ Abbildung 4-3):

Ist-Kaufmann
Ein Ist-Kaufmann im Sinne des Handelsgesetzbuches (*Handelsgesetzbuch* § 1 Absatz 1) ist dadurch gekennzeichnet, dass er ein Handelsgewerbe betreibt. Er ist damit

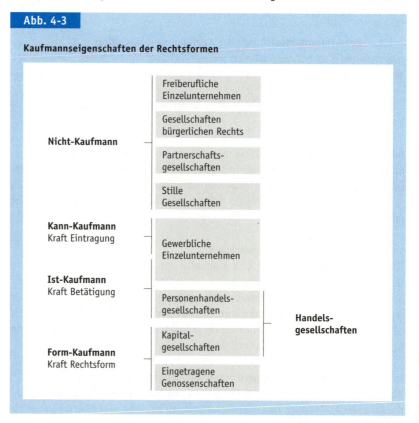

Abb. 4-3 Kaufmannseigenschaften der Rechtsformen

ein »Kaufmann kraft Betätigung«. Ist-Kaufleute sind die Einzelkaufleute und die Personenhandelsgesellschaften. Letztere gelten darüber hinaus als Handelsgesellschaften.

Form-Kaufmann
Unternehmen, die in einer bestimmten Rechtsform geführt werden, sind unabhängig davon, ob sie ein Handelsgewerbe betreiben oder nicht aufgrund dieser Rechtsform Kaufmann, also »Kaufmann kraft Rechtsform«. Form-Kaufleute sind die Kapitalgesellschaften und die eingetragenen Genossenschaften. Die Kapitalgesellschaften gelten darüber hinaus als Handelsgesellschaften.

Kann-Kaufmann
Auf Land- und Forstwirte sowie kleinere gewerbliche Einzelunternehmen, deren Unternehmen keinen in kaufmännischer Weise eingerichteten Geschäftsbetrieb erfordern, findet das *Handelsgesetzbuch* § 1, Absatz 1 keine Anwendung. Dieser Personenkreis kann sich jedoch freiwillig in das Handelsregister eintragen lassen und damit die Kaufmannseigenschaften erwerben (*Handelsgesetzbuch* § 2, 3). In diesem Fall wird von einem Kann-Kaufmann beziehungsweise einem »Kaufmann kraft Eintragung« gesprochen.

Nicht-Kaufmann
Freiberufliche Einzelunternehmen, Gesellschaften bürgerlichen Rechts, Partnerschaftsgesellschaften und Stille Gesellschaften sind keine Kaufleute.

Für Kaufleute gilt das Handelsgesetzbuch und sie müssen in der Regel eine doppelte Buchführung einsetzen und Jahresabschlüsse aufstellen.

4.1.1.5 Unterteilung hinsichtlich der Erscheinung gegenüber Dritten

Je nachdem, ob eine Gesellschaft gegenüber Dritten in Erscheinung tritt oder nicht, werden:

- **Außengesellschaften**, die in Erscheinung treten, und
- **Innengesellschaften**, die nicht in Erscheinung treten,

unterschieden. Die meisten der nachfolgend behandelten Rechtsformen sind Außengesellschaften, lediglich die stille Gesellschaft ist eine Innengesellschaft (vergleiche *Stehle, H./Stehle, A.* 2005: Seite 10).

Aufgrund der vorgenannten Unterteilungsmerkmale können eine Reihe von gegenstandsungebundenen Rechtsformen unterschieden werden, auf die wir nachfolgend genauer eingehen werden (↗ Abbildung 4-4).

4.1 Rechtsformentscheidungen
Grundlagen

Abb. 4-4

Gegenstandsungebundene Rechtsformen des privaten Rechts

Vergleiche *Klunzinger, E.* 2004: Seite 3

Wirtschaftspraxis 4-1

Die GmbH ist die häufigste Rechtsform der Gesellschaften

Die GmbH ist die häufigste Rechtsform der Gesellschaften Die verschiedenen Rechtsformen hatten im Jahr 2006 folgenden Anteil an den fast drei Millionen umsatzsteuerpflichtigen Unternehmen in Deutschland und deren Umsatzerlösen:

- Einzelunternehmen: 70,3% der Unternehmen, 10,5% der Umsatzerlöse.
- Gesellschaften mit beschränkter Haftung: 14,7% der Unternehmen, 35,1% der Umsatzerlöse.
- Offene Handelsgesellschaften: 8,5% der Unternehmen, 4,7% der Umsatzerlöse.
- Kommanditgesellschaften: 4,1% der Unternehmen; 23,5% der Umsatzerlöse.
- Aktiengesellschaften: 0,3% der Unternehmen, 19,3% der Umsatzerlöse.

Quelle: *Statistisches Bundesamt Deutschland*: Steuerpflichtige und deren Lieferungen und Leistungen 2006 nach der Rechtsform, unter: www.destatis.de

4.1.2 Ziele von Rechtsformentscheidungen

Die verschiedenen Rechtsformen können anhand einiger wesentlicher Merkmale charakterisiert werden. Aus diesen Merkmalen lassen sich zugleich auch die Ziele für Rechtsformentscheidungen ableiten, wie beispielsweise aus dem Merkmal »Haftung« das Ziel, die Haftung möglichst zu beschränken (↗ Abbildung 4-5, zum Folgenden vergleiche *Rose, G./Glorius-Rose, C.* 2001: Seite 13 ff., *Stehle, H./Stehle, A.* 2005, *Steiner, M.* 1993: Seite 147 ff. und *Wöhe, G.* 2002: Seite 267 ff.).

Abb. 4-5

Merkmale der Rechtsformen

Merkmale Rechtsformen
- **Rechtsgrundlage**
  BGB/HGB/GmbHG/AktG/GenG/...
- **Firma**
  Kennzeichnung, Zusatz für Rechtsform
- **Gründung**
  Gründerzahl, Mindesteinlage, Handelsregister
- **Geschäftsführung**
  Unternehmer, Gesellschafter/Dritte
- **Haftung**
  Unbeschränkt/beschränkt/keine
- **Gewinn- und Verlustverteilung**
  Nach Anteilen/nach Köpfen
- **Besteuerung**
  Einkommens-/Körperschafts-/Gewerbesteuer, ...
- **Arbeitnehmer-Mitbestimmung**
  Erforderlich/nicht erforderlich
- **Publizität**
  Handelsregister, Rechnungslegung
- **Prokura und Handlungsvollmachten**
  Erteilung möglich/nicht möglich
- **Rechtsformabhängige Kosten**
  Einmalige/laufende Kosten
- **Kapitalbeschaffung**
  Leicht/schwierig
- **Eignung Unternehmensnachfolge**
  Erbschaftsteuer, Geschäftsführung, ...

Vergleiche *Klunzinger, E.* 2004: Seite 6

4.1 Rechtsformentscheidungen
Grundlagen

4.1.2.1 Rechtsgrundlage
Die Rechtsgrundlage bezeichnet das Gesetz, auf das sich eine bestimmte Rechtsform maßgeblich stützt. Bei den gegenstandsungebundenen Rechtsformen des privaten Rechts sind dies unter anderem das Bürgerliche Gesetzbuch (BGB), das Handelsgesetzbuch (HGB), das Gesetz betreffend die Gesellschaften mit beschränkter Haftung (GmbHG), das Aktiengesetz (AktG) und das Gesetz betreffend die Erwerbs- und Wirtschaftsgenossenschaften (GenG).

4.1.2.2 Firma

> Die **Firma** ist der Name eines Kaufmanns, unter dem dieser seine Geschäfte betreibt und seine Unterschrift leistet (vergleiche *Handelsgesetzbuch § 17 Absatz 1*).

Im Gegensatz zu dem umgangssprachlichen Gebrauch ist eine Firma also nicht das Unternehmen an sich, sondern lediglich der Name, unter dem der Unternehmensträger das Unternehmen betreibt. Unternehmensträger ist, wer das Unternehmen im eigenen Namen betreibt, also ein Einzelunternehmer oder eine Gesellschaft. Insofern ist die Firma im juristischen Sinne von einer bloßen »Geschäftsbezeichnung«, wie beispielsweise »Gasthaus zum Löwen«, abzugrenzen.

Aufgaben der Firma

Gemäß dem *Handelsgesetzbuch* § 18 Absatz 1 muss die Firma den Kaufmann **eindeutig kennzeichnen** und Unterscheidungskraft besitzen. Gemäß dem *Handelsgesetzbuch* § 19 Absatz 1 muss ferner ein Zusatz geführt werden, der die **Rechtsform** kennzeichnet.

Die verschiedenen Rechtsformen unterscheiden sich hinsichtlich der Anforderungen an die Firma. In der Regel hat diese über das Image der Rechtsform hinaus aber keinen großen Einfluss auf die Entscheidung für eine Rechtsform. Die Gesellschaft bürgerlichen Rechts und die Stille Gesellschaft führen keine Firma.

4.1.2.3 Gründung
Die Rechtsformen unterscheiden sich unter anderem hinsichtlich der Voraussetzungen für ihre Wahl und damit verbunden hinsichtlich des Aufwandes, der für die Gründung eines Einzelunternehmens oder einer Gesellschaft erforderlich ist. Für Rechtsformentscheidungen sind insbesondere die folgenden Voraussetzungen von Bedeutung:

Voraussetzungen für die Gründung

Mindestzahl der Gründer
Zur Gründung von Personengesellschaften sind immer mindestens zwei Gründer notwendig. Einzelunternehmen müssen, Kapitalgesellschaften können auch von nur einer Person gegründet werden.

Erforderliche Mindesteinlagen
Für Einzelunternehmen und Personengesellschaften gibt es im Gegensatz zu den Kapitalgesellschaften keine gesetzlichen Vorschriften hinsichtlich einer Mindesteinlage.

Eintragung ins Handelsregister
Gewerbliche Einzelunternehmen und Handelsgesellschaften sind beim Registergericht des örtlichen Amtsgerichts in das Handelsregister einzutragen.

4.1.2.4 Geschäftsführung
Im Allgemeinen wird im Gesellschaftsvertrag geregelt, wer die Geschäftsführung in einem Unternehmen übernimmt. Dieses dispositive Recht wird durch verschiedene, rechtsformspezifische Regelungen zur Geschäftsführung eingeschränkt.

Grundsätzlich wird zwischen der Geschäftsführung und der Vertretung des Unternehmens unterschieden. Während die Geschäftsführung die Beziehungen der Gesellschafter im Innenverhältnis regelt, definiert die Vertretung die Vertretungsbefugnisse im Außenverhältnis. *(Geschäftsführung und Vertretung)*

Von dem Begriff der »Geschäftsführung« ist der Begriff der »Geschäftsleitung« zu unterscheiden. Während die Geschäftsführung die gesetzlichen Vertreter des Unternehmens bezeichnet, wird unter dem in der *Abgabenordnung* § 10 definierten Begriff der Geschäftsleitung die »geschäftliche Oberleitung« und damit in der Regel ein weiterer Personenkreis als derjenige der Geschäftsführung verstanden. *(Geschäftsführung und Geschäftsleitung)*

Die Möglichkeiten zur Gestaltung der Geschäftsführung unterscheiden sich bei den verschiedenen Rechtsformen wesentlich:

Geschäftsführung bei Einzelunternehmen und Personengesellschaften
Je direkter und durchgreifender die Haftung ist, desto aktiver müssen die Gesellschafter an der Führung ihres Unternehmens mitwirken. Die Einzelunternehmen und die Personengesellschaften werden demzufolge grundsätzlich von den unbeschränkt haftenden Unternehmern oder Gesellschaftern geführt.

Bei der Gesellschaft bürgerlichen Rechts sieht das Gesetz eine **Gesamtgeschäftsführung** vor, nach der für jedes Geschäft die Zustimmung aller Gesellschafter erforderlich ist. Bei den Personenhandelsgesellschaften ist hingegen eine **Einzelgeschäftsführung und -vertretung** vorgesehen (*Handelsgesetzbuch* §§ 114 f.), nach der alle unbeschränkt haftenden Gesellschafter dazu berechtigt sind, jeweils alleine im Namen der Gesellschaft Geschäfte zu tätigen. *(Einzel- und Gesamtgeschäftsführung)*

Geschäftsführung bei Körperschaften
Die Körperschaften werden grundsätzlich von **Geschäftsführungsorganen** geführt, die auch mit Nichtgesellschaftern besetzt werden können. Die Geschäftsführungsorgane werden durch Aufsichtsorgane überwacht, wie beispielsweise die Gesellschafterversammlung bei der Gesellschaft mit beschränkter Haftung oder den Aufsichtsrat und die Hauptversammlung bei der Aktiengesellschaft.

4.1 Rechtsformentscheidungen
Grundlagen

4.1.2.5 Haftung

Die Haftung bezieht sich auf die Frage, wer mit welchen Vermögensteilen in welcher Höhe für Geschäftsverbindlichkeiten aufkommen muss. Diese Frage spielt bei der Wahl der Rechtsform eine zentrale Rolle:

Haftung bei verschiedenen Rechtsformen

Haftung bei Einzelunternehmen und Personengesellschaften

Mit der »persönlichen und unbeschränkten Haftung« wird bei den Einzelunternehmen und Personengesellschaften der Tatbestand gekennzeichnet, dass für die Befriedigung von Gläubigern auch das Privatvermögen der Gesellschafter herangezogen werden kann.

Haftung bei Körperschaften

Die Attraktivität der Körperschaften liegt vor allem in der beschränkten Haftung ihrer Gesellschafter, bei der das Privatvermögen zur Deckung von Unternehmensschulden nicht zur Verfügung steht. Allerdings erfolgt eine mittelbare Haftung mit der Einlage in die Gesellschaft. In der Praxis verschaffen sich Fremdkapitalgeber bei Kapitalgesellschaften allerdings häufig darüber hinaus durch Bürgschaften der Gesellschafter die für die Kreditvergabe erforderlichen Sicherheiten.

4.1.2.6 Gewinn- und Verlustverteilung

Die Gewinn- und Verlustverteilung ist im Gesetz nur für den Fall geregelt, dass der Gesellschaftsvertrag keine individuelle Regelung vorsieht. Grundformen sind:

Möglichkeiten der Gewinn- und Verlustverteilung

- eine Gewinn- und Verlustverteilung **nach Anteilen**, wie sie beispielsweise bei der Gesellschaft mit beschränkter Haftung erfolgt, und
- eine Gewinn- und Verlustverteilung **nach Köpfen**, wie sie beispielsweise für Teile des Gewinns in der Offenen Handelsgesellschaft erfolgt.

4.1.2.7 Besteuerung

Die Besteuerung hat gleichfalls einen erheblichen Einfluss auf die Wahl der Rechtsform. Entscheidungsrelevant sind insbesondere:

Entscheidungsrelevante Steuerarten

- die **Einkommensteuer**, die auf die Gewinne von Einzelunternehmern und von Gesellschaftern, die natürliche Personen sind, angewendet wird,
- die **Körperschaftsteuer**, die als »Einkommensteuer der Körperschaften« auf deren Gewinne angewendet wird und
- die **Gewerbesteuer**, die – falls eine gewerbliche Tätigkeit vorliegt – auf den aus dem Gewinn abgeleiteten Gewerbeertrag angewendet wird.

4.1.2.8 Arbeitnehmer-Mitbestimmung

Im Hinblick auf die Arbeitnehmer-Mitbestimmung können die arbeitsrechtliche und die unternehmerische Mitbestimmung unterschieden werden (vergleiche *Rose, G./ Glorius-Rose, C.* 2001: Seite 16, 33):

Arten der Arbeitnehmer-Mitbestimmung

Arbeitsrechtliche Mitbestimmung

Die arbeitsrechtliche beziehungsweise betriebliche Mitbestimmung ist im Betriebsverfassungsgesetz (BetrVG) geregelt. Die entsprechenden Regelungen kommen unabhängig von der Rechtsform bei allen Betrieben mit mindestens fünf wahlberechtigten Mitarbeitern zur Anwendung. Auf die arbeitsrechtliche Mitbestimmung wird im ↗ Kapitel 8 Personalmanagement näher eingegangen.

Unternehmerische Mitbestimmung
Der Grad der unternehmerischen Mitbestimmung der Arbeitnehmer hängt anders als die arbeitsrechtliche Mitbestimmung nicht nur von der Anzahl der Arbeitnehmer sondern auch von der Rechtsform ab. Für die Rechtsformen gilt dabei der Grundsatz, dass eine Vollhaftung eine unternehmerische Mitbestimmung ausschließt. Demgegenüber muss der Aufsichtsrat von Aktiengesellschaften und von Kommanditgesellschaften auf Aktien immer Arbeitnehmervertreter enthalten, der Aufsichtsrat von Gesellschaften mit beschränkter Haftung, Genossenschaften und Versicherungsvereinen auf Gegenseitigkeit allerdings erst ab einer Beschäftigtenzahl von 500 Arbeitnehmern.

Die Verteilung der Aufsichtsratsmandate auf Arbeitnehmer und Arbeitgeber sowie die teilweise erforderliche Bestellung eines Arbeitsdirektors als Mitglied der Geschäftsführung beziehungsweise des Vorstandes regeln das Betriebsverfassungsgesetz (BetrVG) in seinem vierten Teil, das Gesetz über die Drittelbeteiligung der Arbeitnehmer im Aufsichtsrat (DrittelbG), das Mitbestimmungsgesetz (MitbestG) und das Montanmitbestimmungsgesetz (MontanMitbestG). Exemplarisch werden nachfolgend einige Regelungen des Mitbestimmungsgesetzes aufgeführt und in ↗ Abbildung 4-6 veranschaulicht:

- Das Mitbestimmungsgesetz gilt für Unternehmen mit mehr als 2 000 Arbeitnehmern, die in der Rechtsform der Gesellschaft mit beschränkter Haftung, der Aktiengesellschaft, der Kommanditgesellschaft auf Aktien oder der eingetragenen Genossenschaft betrieben werden.
- Die Größe des zu wählenden Aufsichtsrates hängt von der Arbeitnehmerzahl im Unternehmen ab. Bei bis zu 10 000 Arbeitnehmern sind 12 Aufsichtsratsmitglieder vorgesehen, bei bis zu 20 000 Arbeitnehmern 16 Aufsichtsratsmitglieder und ab 20 000 Arbeitnehmern 20 Aufsichtsratsmitglieder.
- Das Gesetz sieht vor, dass der Aufsichtsrat zu gleichen Teilen mit Vertretern der Anteilseigner und der Arbeitnehmer zu besetzen ist.
- Auf der Anteilseignerseite, also bei den Gesellschaftern, Aktionären oder Genossen, wählt die jeweilige Versammlung, also beispielsweise die Hauptversammlung der Aktiengesellschaft, ihre Vertreter direkt.
- Die Vertreter der Arbeitnehmer werden in Unternehmen mit mehr als 8 000 Arbeitnehmern über Delegierte gewählt, es sei denn, die Belegschaft beantragt ausdrücklich eine Urwahl. Bei einer Aufsichtsratsgröße von 20 Mitgliedern müssen 7 der 10 Mandate durch Arbeitnehmer des Unternehmens besetzt werden, von denen wiederum mindestens einer ein Arbeiter, einer ein Angestellter und einer ein leitender Angestellter sein muss. Die verbleibenden drei Mitglieder müssen Gewerkschaftsvertreter sein.

Regelungen des Mitbestimmungsgesetzes

Abb. 4-6

Arbeitnehmervertreter in einer Kapitalgesellschaft mit mehr als 20 000 Arbeitnehmern

Vergleiche *Bundesministerium für Arbeit und Sozialordnung* 1995: Seite 70

4.1.2.9 Publizität

In Abhängigkeit von der Rechtsform und der Größe des Unternehmens bestehen unterschiedliche Publizitätspflichten. Im Hinblick auf Wettbewerber können insbesondere Angaben über die an einem Unternehmen beteiligten Gesellschafter und Angaben über die wirtschaftlichen Verhältnisse durch die Veröffentlichung des Jahresabschlusses kritisch sein.

Handelsregister

Die meisten Veröffentlichungen erfolgen über das Handelsregister. Es soll eine gewisse Mindesttransparenz im Geschäftsleben schaffen. Das Handelsregister befindet sich im Registergericht des örtlichen Amtsgerichts und kann von jedem Interessierten eingesehen werden (vergleiche *Handelsgesetzbuch* § 9).

Eintragungen ins Handelsregister

Kaufleute müssen sich in das Handelsregister eintragen lassen. Dabei werden unter anderem Firma, Sitz und Gegenstand des Unternehmens angegeben. Neueintragungen, Veränderungen und Löschungen sind gleichermaßen in das Handelsregister einzutragen und bekannt zu geben. Während aber bei der Gesellschaft mit beschränkter Haftung auch die Gesellschafter im Handelsregister aufgeführt werden, bleiben die Aktionäre der Aktiengesellschaft anonym.

Rechnungslegungs- und Informationspflichten

Die Publizität der Rechtsformen unterscheidet sich auch im Hinblick auf die Rechnungslegungs- und Informationspflichten (vergleiche *Stehle, H./Stehle, A.* 2005: Seite 14 ff.):

Grundlagen 4.1

Rechnungslegung von Unternehmen ohne Kaufmannseigenschaften
Unternehmen ohne Kaufmannseigenschaften benötigen keine kaufmännische Buchführung und erstellen nur eine Einnahmen-Ausgaben-Rechnung und eine Vermögensaufstellung, die nicht veröffentlicht werden müssen.

Rechnungslegung von gewerblichen Einzelunternehmen und Personenhandelsgesellschaften
Gewerbliche Einzelunternehmen und Personenhandelsgesellschaften müssen bis zu einer gewissen Größenordnung nur eine Gewinn- und Verlustrechnung und eine Bilanz aufstellen, diese aber nicht veröffentlichen.

Rechnungslegung von Kapitalgesellschaften und Genossenschaften
Kapitalgesellschaften und Genossenschaften müssen zusätzlich zur Gewinn- und Verlustrechnung und zur Bilanz noch einen Anhang und je nach Unternehmensgröße auch noch einen Lagebericht erstellen. Welche dieser Unterlagen mit welchem Detaillierungsgrad innerhalb von welchen Fristen aufzustellen und zu veröffentlichen sind, hängt von der Größe des Unternehmens ab (↗ Kapitel 10 Externes Rechnungswesen).

Rechnungslegung von Großunternehmen und Konzernen
Für sehr große Unternehmen und Konzerne gelten zudem die Vorschriften des Publizitätsgesetzes (PublG), die eine umfangreiche Rechnungslegung und Veröffentlichung vorsehen.

4.1.2.10 Prokura und Handlungsvollmachten
In den Rechtsformen des Kaufmanns ist es möglich, Prokura zu erteilen.

> Die **Prokura** ermächtigt zu allen Arten von gerichtlichen und außergerichtlichen Geschäften und Rechtshandlungen, die der Betrieb eines Handelsgewerbes mit sich bringt (*Handelsgesetzbuch* § 49 Absatz 1).

Die Prokura kann nur ausdrücklich, das heißt nicht konkludent durch entsprechendes Handeln, von dem Inhaber des Handelsgeschäftes oder seinem gesetzlichen Vertreter erteilt werden. Zur Veräußerung und Belastung von Grundstücken ist der Prokurist jedoch nur nach ausdrücklicher Genehmigung berechtigt (*Handelsgesetzbuch* § 49 Absatz 2). Die Prokura ist somit eine handelsrechtliche Art der Vollmacht. Sie muss in das Handelsregister eingetragen werden und ist nicht weiter übertragbar. Eine Beschränkung der Handlungsrechte gegenüber Dritten ist nicht möglich (*Handelsgesetzbuch* § 50 Absatz 1). So kann zwar der Gesellschafter mit dem Prokuristen im Innenverhältnis vereinbaren, dass dieser beispielsweise ausschließlich Geschäfte bis zu einem Wert von 500 000,00 Euro abschließen darf. Gegenüber externen Vertragspartnern hat die Unterschrift des Prokuristen jedoch auch bei höheren Vertragssummen Geltung. Der Prokurist muss gemäß dem *Handelsgesetzbuch* § 51 bei Geschäftsabschluss so unterzeichnen, dass seine Berechtigung durch den Namenszusatz »per Prokura« oder abgekürzt »ppa« deutlich wird.

4.1 Rechtsformentscheidungen
Grundlagen

Handlungsvollmacht

Eine im Vergleich zur Prokura eingeschränkte Form der Vollmacht stellt die sogenannte Handlungsvollmacht dar. Sie ist eine Genehmigung, die mit einem Handelsgewerbe einhergehenden Geschäfte zu tätigen, und wird nicht im Handelsregister eingetragen.

4.1.2.11 Rechtsformabhängige Kosten

Die rechtsformabhängigen Kosten ergeben sich insbesondere aus den vorgenannten Merkmalen der verschiedenen Rechtsformen. Sie lassen sich in die einmaligen Kosten der Gründung und die laufenden Kosten des Geschäftsbetriebes unterteilen:

Einmalige Kosten

Durch die Gründung entstehen abhängig von der Rechtsform insbesondere Kosten durch die Vertragsgestaltung, die notarielle Beurkundung, die Handelsregistereintragung und die Veröffentlichung.

Laufende Kosten

Rechtsformspezifische laufende Kosten entstehen beispielsweise durch die Durchführung von Gesellschafter- oder Hauptversammlungen, durch Aufsichtsratstantiemen oder durch die Beiträge zu Industrie- und Handelskammern, zu denen beispielsweise Kapitalgesellschaften verpflichtet sind. Zu den laufenden Kosten sind ferner diejenigen Kosten zu zählen, die aus den jeweiligen Prüfungs- und Rechnungslegungsvorschriften der Rechtsformen resultieren, wie zum Beispiel die Bestellung von Wirtschaftsprüfern oder die Verpflichtung zur Veröffentlichung des Jahresabschlusses.

4.1.2.12 Kapitalbeschaffung

Die Kapitalbeschaffungsmöglichkeiten werden vor allem durch die vorgenannten Haftungsbeschränkungen und die Vorschriften zur Eigenkapitalausstattung beeinflusst. Die Beschaffung von Fremdkapital ist dadurch beispielsweise für eine wirtschaftlich gesunde Offene Handelsgesellschaft aufgrund der unbeschränkten Haftung der Gesellschafter oftmals leichter möglich als für eine Gesellschaft mit beschränkter Haftung.

4.1.2.13 Eignung für die Unternehmensnachfolge

In den nächsten Jahren steht für viele Unternehmen ein Generationswechsel an. Die verschiedenen Rechtsformen eignen sich aufgrund der vorgenannten Merkmale aber auch aufgrund von steuerlichen und erbschaftsteuerrechtlichen Aspekten unterschiedlich gut für die Sicherstellung des Unternehmenserhalts bei der Unternehmensnachfolge. Bei der Wahl der Rechtsform sind im Hinblick darauf insbesondere Fragen der Höhe und der Finanzierung der Erbschaftsteuer, Fragen der Geschäftsführung, Fragen der Beeinflussung des Mitspracherechts bestimmter Erben und Fragen der Sicherstellung von Pensionen für die bisherigen Gesellschafter zu beachten. So eignen sich beispielsweise Kapitalgesellschaften aufgrund der Möglichkeit zur Geschäftsführung durch Dritte als Rechtsform zur Sicherstellung des Unternehmenserhalts, wenn keines der Familienmitglieder in der Gesellschaft tätig werden will oder soll.

4.2 Einzelunternehmen

Bei Einzelunternehmen steht der Unternehmer im Mittelpunkt, in dessen Person sich die Leitungsbefugnis, das geschäftliche Risiko und die Entscheidungskompetenz hinsichtlich der Gewinnverwendung vereinigen. Anders als der Begriff assoziiert, kann das Einzelunternehmen dabei durchaus auch Arbeitnehmer beschäftigen. Die Einzelunternehmen können unterteilt werden in:
- Freiberufler, die ihr Geschäft ohne Gesellschafter betreiben,
- gewerbliche Einzelunternehmen, die kein Handelsgewerbe betreiben, und
- Einzelkaufleute.

4.2.1 Freiberufliche Einzelunternehmen

Freiberufler, die ihr Geschäft ohne Gesellschafter betreiben, werden den Einzelunternehmen zugerechnet. Freiberufliche Tätigkeiten sind gemäß *Einkommensteuergesetz* § 18, Absatz 1, Nummer 1 selbstständig ausgeübte:
- wissenschaftliche,
- künstlerische,
- schriftstellerische,
- unterrichtende oder
- erzieherische Tätigkeiten.

Darüber hinaus gilt als freiberufliche Tätigkeit die selbstständige Berufstätigkeit von Ärzten, Rechtsanwälten, Notaren, Patentanwälten, Ingenieuren, Architekten, Steuerberatern, Krankengymnasten, Journalisten und Übersetzern.

Für Freiberufler gibt es keine Rechtsform. Sie gelten nicht als Gewerbetreibende und somit nicht als Kaufleute und unterliegen deshalb auch nicht der Gewerbesteuer. Freiberufliche Einzelunternehmen führen keine Firma und werden nicht zum Handelsregister angemeldet. In der Regel unterliegen Freiberufler aber der Kontrolle bestimmter Berufskammern, wie beispielsweise der Ärzte- oder der Rechtsanwaltskammer (vergleiche *Rose, G./Glorius-Rose, C.* 2001: Seite 38 ff.).

4.2.2 Gewerbliche Einzelunternehmen, die kein Handelsgewerbe betreiben

Gewerbliche Einzelunternehmen, die kein Handelsgewerbe betreiben, da ihr Unternehmen nach Art oder Umfang keinen in kaufmännischer Weise eingerichteten Geschäftsbetrieb erfordert, gelten als Nicht-Kaufleute. In der Regel handelt es sich dabei um kleine Einzelunternehmen, für die eine Gewerbeanmeldung vorgenommen wurde.

Wird die Firma entsprechender Unternehmen allerdings gemäß *Handelsgesetzbuch* § 2 in das Handelsregister eingetragen, werden sie zu sogenannten Kann-Kaufleuten für die die nachfolgenden Regelungen gelten.

4.2.3 Einzelkaufleute

Einzelkaufleute sind dadurch gekennzeichnet, dass ein Ist- oder ein Kann-Kaufmann sein Handelsgewerbe ohne Gesellschafter betreibt.

Typische Ist-Kaufleute, die ein Handelsgewerbe ohne Gesellschafter betreiben, sind Einzelhändler und Handwerksmeister. Einzelkaufleute weisen folgende charakteristische Merkmale auf (vergleiche *Rose, G./Glorius-Rose, C.* 2001: Seite 31 ff.):

Rechtsgrundlage
Rechtsgrundlage der Einzelkaufleute ist das Handelsgesetzbuch.

Firma
Einzelkaufleute führen als Zusatz zum Namen des Unternehmers, der das Unternehmen gegründet hat, die Rechtsformkennzeichnung »eingetragene Kauffrau« oder »eingetragener Kaufmann« beziehungsweise eine der Abkürzungen »e.K.«, »e.Kfr.« oder »e.Kfm.«.

Gründung
Bei der Gründung muss eine Eintragung in das Handelsregister erfolgen.

Geschäftsführung
Die Geschäftsführung liegt beim Einzelunternehmer.

Haftung
Der Einzelunternehmer haftet allein und unbeschränkt. Bei seinem Vermögen gibt es keine Trennung zwischen Betriebs- und Privatvermögen.

Gewinn- und Verlustverteilung
Eine Gewinn- und Verlustverteilung ist nicht notwendig, da dem Einzelunternehmer der gesamte Gewinn zusteht. Er kann allein über dessen Verwendung im Privat- oder Gesellschaftsbereich entscheiden.

Besteuerung
Die Gewinne der Einzelkaufleute unterliegen der Einkommensteuer und der Gewerbesteuer, da von einer gewerblichen Tätigkeit ausgegangen wird.

4.3 Personengesellschaften

Die Rechtsform des Einzelunternehmens bringt eine Reihe von möglichen Nachteilen mit sich, so zum Beispiel beschränktes Eigenkapital, Überforderung mit der Unternehmensführung oder mangelnde fachliche Kompetenzen. So kann es sinnvoll sein, dass sich mindestens zwei Personen auf der Grundlage eines privatrechtlichen Vertrages, dem sogenannten Gesellschaftsvertrag, rechtsgeschäftlich zusammenschließen, um einen konkreten gemeinsamen Zweck zu verfolgen. Mögliche Gründe für die Gesellschaftsbildung können die Erhöhung des Eigenkapitals, die Ergänzung der Arbeitskraft oder die Verteilung der Arbeitslast, die Ausschaltung gegenseitiger Konkurrenz, die Verteilung des unternehmerischen Risikos und steuerliche Vorteile sein, um nur einige zu nennen. Wesentliche Merkmale der Personengesellschaften sind:

- Die Gesellschafter als natürliche Personen besitzen besondere Bedeutung.
- Idealtypisch sind Unternehmensleitung und Kapitaleigentum in Personalunion vereint.
- Grundsätzlich besitzen die Gesellschafter die uneingeschränkte Leitungsbefugnis und haften voll (zumindest bei den Grundformen der GbR und der OHG).
- In der Regel ist die Gesellschafterzahl wesentlich geringer als bei den Kapitalgesellschaften.
- Es fehlt die eigene Rechtsfähigkeit der Gesellschaft, und die Führungsnachfolge ist problematisch.

Merkmale von Personengesellschaften

4.3.1 Gesellschaft bürgerlichen Rechts (GbR/BGB-Gesellschaft)

Die Gesellschaft bürgerlichen Rechts ist keine Handelsgesellschaft wie die im Folgenden beschriebenen Alternativen. Da sie jedoch der Grundtyp aller anderen Personengesellschaften ist, werden hier ihre rechtlichen Grundlagen vorgestellt. Alle für die Gesellschaft bürgerlichen Rechts geltenden Vorschriften finden auch bei der Offenen Handelsgesellschaft, der Kommanditgesellschaft und der stillen Gesellschaft Anwendung, und zwar dann, wenn im Handelsgesetzbuch nichts anderes bestimmt ist.

> Eine **Gesellschaft bürgerlichen Rechts** ist eine auf einem Vertrag beruhende Personengesellschaft zur Förderung eines von mindestens zwei Gesellschaftern gemeinsam verfolgten beliebigen Zwecks, der nicht auf den Betrieb eines Handelsgewerbes gerichtet ist (vergleiche *Klunzinger, E.* 2004: Seite 13).

Die Gesellschaft bürgerlichen Rechts kommt in der Wirtschaftspraxis relativ häufig vor, so beispielsweise bei (vergleiche *Klunzinger, E.* 2004: Seite 13 ff., *Rose, G./Glorius-Rose, C.* 2001: Seite 41 ff. und *Stehle, H./Stehle, A.* 2005: Seite 26 ff.):

- **Gelegenheitsgesellschaften**, wie Arbeitsgemeinschaften und Konsortien,
- **Kartellen**,
- **Holding-Gesellschaften** und
- **Zusammenschlüssen von Handwerkern oder Freiberuflern**, wie zum Beispiel Ärzten in Gemeinschaftspraxen oder Architekten in Gemeinschaftsbüros. Für diese besteht allerdings auch die Möglichkeit, eine Partnerschaftsgesellschaft zu gründen.

Beispiele für Gesellschaften bürgerlichen Rechts

Die an einer Gesellschaft bürgerlichen Rechts beteiligten Personen sind sich dessen oft gar nicht bewusst, denn die Gründung einer Gesellschaft bürgerlichen Rechts erfordert keinen schriftlichen oder mündlichen Gesellschaftsvertrag, sondern sie

4.3 Rechtsformentscheidungen
Personengesellschaften

Merkmale der Gesellschaft bürgerlichen Rechts

kann auch auf ein konkludentes Verhalten der Beteiligten zurückgehen (sogenannte »unbewusste Zusammenschlüsse«, die durch übereinstimmendes Verhalten erfolgen; Beispiel: Mitfahrgemeinschaften oder besser: »Mitfahrgesellschaften«).

Rechtsgrundlage
Rechtsgrundlage ist das *Bürgerliche Gesetzbuch* §§ 705 – 740. In der Regel handelt es sich hier um dispositives Recht, das heißt, im Vertrag können abweichende Regelungen vereinbart werden. Dieses Recht soll vor allem bei unbewussten Zusammenschlüssen gelten.

Firma
Die Gesellschaft bürgerlichen Rechts hat keine Firma, da diese Kaufleuten vorbehalten ist.

Gründung
Die Gründung erfolgt durch einen Vertrag, der ausdrücklich schriftlich, mündlich oder stillschweigend (durch konkludentes Verhalten) abgeschlossen werden kann. Aus Beweisgründen empfiehlt sich in der Praxis die Schriftform. Eine Handelsregistereintragung erfolgt nicht. Gesellschafter können natürliche und juristische Personen sein.

Geschäftsführung
Die Geschäftsführung erfolgt gemeinschaftlich durch alle Gesellschafter (*Bürgerliches Gesetzbuch* § 709), wobei der Gesellschaftsvertrag abweichende Regelungen vorsehen kann.

Haftung
Die Haftung der Gesellschafter ist unbeschränkt und gesamtschuldnerisch. Für Gesellschaftsschulden kann jeder Gesellschafter mit seinem Gesellschafts- und Privatvermögen herangezogen werden (»unbeschränkte Haftung« gemäß *Bürgerliches Gesetzbuch* §§ 420 ff., 427, 431). Die gesamtschuldnerische Haftung besagt, dass jeder Gesellschafter dem Gläubiger gegenüber für den vollen geschuldeten Betrag haftet. Er kann die Haftung also nicht auf seinen Anteil am Gesellschaftsvermögen beschränken. Vielmehr bleibt es den Gesellschaftern überlassen, untereinander einen Ausgleich durchzuführen (*Bürgerliches Gesetzbuch* § 426).

Gewinn- und Verlustverteilung
Bezüglich der Gewinn- und Verlustverteilung sieht das Gesetz völlige Gleichheit vor. Gemäß dem *Bürgerlichen Gesetzbuch* § 722 Absatz 1 erhält jeder Gesellschafter den gleichen Anteil des Gewinns beziehungsweise muss im Verlustfall einen gleich hohen Anteil tragen.

Besteuerung
Die Gewinne der Gesellschaft bürgerlichen Rechts unterliegen anteilig der Einkommens- oder der Körperschaftsteuer der Gesellschafter und bei einer gewerblichen Tätigkeit der Gesellschaft zusätzlich der Gewerbesteuer.

4.3.2 Personenhandelsgesellschaften

4.3.2.1 Offene Handelsgesellschaft (OHG)

> Eine **Offene Handelsgesellschaft** ist eine Personengesellschaft, deren Zweck auf den Betrieb eines kaufmännischen Handelsgewerbes (*Handelsgesetzbuch* § 1 Absatz 2) unter gemeinschaftlicher Firma (*Handelsgesetzbuch* §§ 17 ff.) gerichtet ist, ohne, dass eine Haftungsbeschränkung der Gesellschafter gegenüber den Gesellschaftsgläubigern besteht (vergleiche *Klunzinger, E.* 2004: Seite 53).

Die offene Handelsgesellschaft ist eine typische Rechtsform für kleine und mittlere Unternehmen, die durch folgende Merkmale charakterisiert wird (↗ Abbildung 4-7, zum Folgenden vergleiche *Klunzinger, E.* 2004: Seite 53 ff., *Rose, G./Glorius-Rose, C.* 2001: Seite 47 ff. sowie *Stehle, H./Stehle, A.* 2005: Seite 26 ff.):

Merkmale der Offenen Handelsgesellschaft

Rechtsgrundlage
Rechtsgrundlage ist zunächst das *Handelsgesetzbuch* §§ 105 ff. Im *Handelsgesetzbuch* § 105 Absatz 2 wird zudem explizit darauf hingewiesen, dass zusätzlich die für die Gesellschaft bürgerlichen Rechts geltenden Vorschriften Anwendung finden (*Bürgerliches Gesetzbuch* §§ 705 ff.).

Firma
Die Firma der Offenen Handelsgesellschaft muss gemäß dem *Handelsgesetzbuch* § 19 Absatz 1 Nummer 2 die Bezeichnung »Offene Handelsgesellschaft« oder eine allgemein verständliche Abkürzung führen (zum Beispiel OHG).

Gründung
Die Gründung erfolgt durch einen formlosen Vertrag, wobei sich auch hier die Schriftform empfiehlt. Da es sich um ein Handelsgewerbe handelt, muss zwingend eine Anmeldung zum Handelsregister gemäß dem *Handelsgesetzbuch* § 106 Absatz 1 erfolgen, in der die Namen aller Gesellschafter sowie die Firma, der Sitz und der Gegenstand des Unternehmens enthalten sind. Gesellschafter können natürliche und juristische Personen sein.

Geschäftsführung
Im Gegensatz zur Gesellschaft bürgerlichen Rechts sieht das Gesetz die Einzelgeschäftsführung und -vertretung vor (*Handelsgesetzbuch* §§ 114 f.).

Tab. 4-1

Beispielhafte Gewinnverteilung bei der Offenen Handelsgesellschaft

	Gesellschafter A	Gesellschafter B	Gesellschafter C
Einlage	1 000,00 € (1/7 von 7 000,00 €)	2 000,00 € (2/7 von 7 000,00 €)	4 000,00 € (4/7 von 7 000,00 €)
Verteilung von 400,00 € Gewinn			
280,00 € zur Verzinsung der Einlage mit 4 %	40,00 € = 280,00 € × 1/7	80,00 € = 280,00 € × 2/7	160,00 € = 280,00 € × 4/7
120,00 € Restgewinn nach Köpfen	40,00 € = 120,00 € × 1/3	40,00 € = 120,00 € × 1/3	40,00 € = 120,00 € × 1/3
Summe	**80,00 €**	**120,00 €**	**200,00 €**

Haftung

Alle Gesellschafter sind Vollhafter. Sie haften unbeschränkt und gesamtschuldnerisch (*Handelsgesetzbuch* § 128 Absatz 1). Neue Gesellschafter haften auch für die Altschulden der Gesellschaft (*Handelsgesetzbuch* § 130). Anderslautende (interne) Vereinbarungen sind Außenstehenden gegenüber unwirksam.

Gewinn- und Verlustverteilung

Grundsätzlich gilt gemäß dem *Handelsgesetzbuch* § 120 Vertragsfreiheit bei der Gewinn- und Verlustverteilung. Falls nichts anderes vereinbart ist, sieht das Gesetz vor, dass jeder vom Gewinn eine Verzinsung von 4 Prozent auf seinen Eigenkapitalanteil erhält und der Rest nach Köpfen verteilt wird. Der Verlust wird gemäß dem *Handelsgesetzbuch* § 121 Absatz 3 nur nach Köpfen verteilt (↗ Tabelle 4-1).

Besteuerung

Die Gewinne der Offenen Handelsgesellschaft unterliegen anteilig der Einkommens- oder der Körperschaftsteuer der Gesellschafter und der Gewerbesteuer, da von einer gewerblichen Tätigkeit der Gesellschaft ausgegangen wird.

4.3.2.2 Kommanditgesellschaft (KG)

Eine **Kommanditgesellschaft** ist eine Personengesellschaft, deren Zweck auf den Betrieb eines Handelsgewerbes unter gemeinschaftlicher Firma gerichtet ist und bei der mindestens ein Gesellschafter gegenüber den Gesellschaftsgläubigern unbeschränkt und mindestens ein Gesellschafter nur mit seiner Einlage haftet (vergleiche *Handelsgesetzbuch* § 161 sowie *Klunzinger, E.* 2004: Seite 100 und *Rose, G./Glorius-Rose, C.* 2001: Seite 51).

Abb. 4-7

Merkmale der Offenen Handelsgesellschaft

An der Kommanditgesellschaft sind also zwei verschiedene Arten von Gesellschaftern beteiligt:

- **Komplementäre**, die unbeschränkt haften und deshalb auch als Vollhafter bezeichnet werden, und
- **Kommanditisten**, die nur mit ihrer Einlage haften und deshalb auch als »Teilhafter« bezeichnet werden.

Komplementäre und Kommanditisten

Wenn die Kommanditisten aus der Gesellschaft ausscheiden, so wird diese abhängig von der Anzahl verbliebener Komplementäre unter Umständen automatisch zu einer Offenen Handelsgesellschaft oder zu einem Einzelunternehmen.

Kommanditgesellschaften weisen die folgenden charakteristischen Merkmale auf (↗ Abbildung 4-8, zum Folgenden vergleiche *Klunzinger, E.* 2004: Seite 100 ff., *Rose, G./Glorius-Rose, C.* 2001: Seite 51 ff. sowie *Stehle, H./Stehle, A.* 2005: Seite 26 ff.):

Merkmale der Kommanditgesellschaft

Rechtsgrundlage

Rechtsgrundlage für die Kommanditgesellschaft ist das *Handelsgesetzbuch* §§ 161 ff., das wiederum auf die Regelungen der Offenen Handelsgesellschaft verweist. Primäre Rechtsquellen sind somit das *Handelsgesetzbuch* §§ 161 ff., 105 ff. und das *Bürgerliche Gesetzbuch* §§ 705 ff.

Firma

Die Firma der Kommanditgesellschaft muss gemäß dem *Handelsgesetzbuch* § 19 Absatz 1 Nummer 3 die Bezeichnung »Kommanditgesellschaft« oder eine allgemein verständliche Abkürzung führen (KG).

4.3 Rechtsformentscheidungen
Personengesellschaften

Abb. 4-8

Merkmale der Kommanditgesellschaft

Gründung
Für die Gründung gelten die Rechtsvorschriften analog zur Offenen Handelsgesellschaft. Im Handelsregister werden zusätzlich die Höhe der Einlagen und die Namen aller teilhaftenden Kommanditisten eingetragen.

Geschäftsführung
Das Recht und die Pflicht zur Geschäftsführung liegen grundsätzlich bei den vollhaftenden Komplementären. Die teilhaftenden Kommanditisten haben dieses Recht nicht, können jedoch die Prokura erhalten. Das *Handelsgesetzbuch* § 166 regelt die Kontrollrechte für die Kommanditisten.

Haftung

Wie bereits gezeigt, werden hinsichtlich der Haftung zwei Arten von Gesellschaftern unterschieden. Die Komplementäre entsprechen den OHG-Gesellschaftern und haften unbeschränkt und gesamtschuldnerisch, also mit ihrem jeweiligen Geschäfts- und Privatvermögen. Die Kommanditisten haften nur mit ihrer Einlage, das heißt, ihr Privatvermögen bleibt außen vor. Aus diesem Grund haben sie auch a priori kein Recht zur Geschäftsführung.

Gewinn- und Verlustverteilung

Im Falle eines Gewinns sieht das Gesetz vor, 4 Prozent auf den Kapitalanteil und den Rest in einem angemessenen Verhältnis zu verteilen (*Handelsgesetzbuch* §§ 167–169). Im Verlustfall soll der Verlust vollständig »angemessen« verteilt werden. Was eine »angemessene« Verteilung ist, muss dann im Einzelfall entschieden werden. Klar ist jedoch, dass der Gesetzgeber davon ausgeht, dass die konkrete Regelung der Gewinn- und Verlustverteilung ein essenzieller Bestandteil des zur Disposition stehenden Gesellschaftsvertrags ist.

Besteuerung

Die Gewinne der Kommanditgesellschaft unterliegen anteilig der Einkommensteuer der Komplementäre und der Kommanditisten und der Gewerbesteuer, da von einer gewerblichen Tätigkeit der Gesellschaft ausgegangen wird.

4.3.2.3 GmbH & Co. KG

Die GmbH & Co. KG wird häufig verwendet, wenn Einzelunternehmen oder Personengesellschaften in eine Rechtsform mit Haftungsbeschränkung wechseln wollen. Bei der GmbH & Co. KG liegt eine sogenannte **Grundtypenvermischung** vor, da verschiedene Elemente der beiden Grundtypen GmbH und KG in legaler Weise miteinander kombiniert werden, um die Vorteile von beiden Rechtsformen zu nutzen.

> Eine **GmbH & Co. KG** ist eine Kommanditgesellschaft, deren Vollhafter eine Gesellschaft mit beschränkter Haftung ist (vergleiche *Klunzinger, E.* 2004: Seite 297 und *Rose, G./Glorius-Rose, C.* 2001: Seite 85).

In der Regel ist die Gesellschaft mit beschränkter Haftung dabei der einzige Vollhafter beziehungsweise Komplementär (vergleiche dazu und zum Folgenden *Klunzinger, E.* 2004: Seite 297 ff., *Rose, G./Glorius-Rose, C.* 2001: Seite 85 ff. und *Stehle, H./Stehle, A.* 2005: Seite 26 ff.).

Bei der GmbH & Co. KG werden die personengleiche und die personenverschiedene Form unterschieden:

- Bei der **personengleichen Form** sind die Gesellschafter von GmbH und KG identisch. Hier wird auch von der »typischen« Erscheinungsform gesprochen. Die Beteiligungen an GmbH und KG erfolgen dabei oft im gleichen Verhältnis.
- Bei der **personenverschiedenen Form** sind die beiden Personengruppen nicht identisch. Vielmehr beteiligen sich auch Kommanditisten, die nicht an der GmbH beteiligt sind.

Formen der GmbH & Co. KG

4.3 Rechtsformentscheidungen
Personengesellschaften

Merkmale der GmbH & Co. KG

Die GmbH & Co. KG weist die folgenden charakteristischen Merkmale auf:

Rechtsgrundlage
Für die GmbH & Co. KG gilt zunächst dieselbe Rechtsgrundlage wie für die Kommanditgesellschaft, also das *Handelsgesetzbuch* §§ 161 ff. und §§ 105 ff. sowie das *Bürgerliche Gesetzbuch* §§ 705 ff. Für die Komplementär-GmbH gilt das Gesetz betreffend die Gesellschaften mit beschränkter Haftung.

Firma
Aus der Firma der Kommanditgesellschaft muss hervorgehen, dass mehrere Gesellschafter an dem Unternehmen beteiligt sind (*Handelsgesetzbuch* § 19). Dazu werden entweder alle Komplementäre genannt beziehungsweise mindestens einer sowie ein Zusatz, der auf das Vorhandensein mehrerer Gesellschafter hinweist (üblich ist der Zusatz »& Co. KG«). Der Name des Komplementärs entspricht der Firma der Gesellschaft mit beschränkter Haftung, die den Zusatz »GmbH« enthalten muss (*Gesetz betreffend die Gesellschaften mit beschränkter Haftung* § 4).

Gründung
Bezüglich der Gründung gelten die Vorschriften für die KG beziehungsweise die Komplementär-GmbH analog. Bei der Kommanditgesellschaft ist ein formfreier Vertrag mit mindestens zwei Gründern ausreichend. Ein Mindestkapital ist nicht erforderlich. Für die Komplementär-GmbH gelten analog die Ausführungen zur Gesellschaft mit beschränkter Haftung, das heißt, es sind ein notariell beurkundeter Vertrag (*Gesetz betreffend die Gesellschaften mit beschränkter Haftung* § 2), eine natürliche oder eine juristische Person als Gründer und 25 000,00 Euro als Mindestkapital erforderlich. Beide Gesellschaften sind in das Handelsregister einzutragen.

Geschäftsführung
Die Geschäftsführung einer Kommanditgesellschaft erfolgt durch den oder die Komplementäre. Da die Gesellschaft mit beschränkter Haftung in der Regel der einzige Komplementär ist, werden ihr die entsprechenden Befugnisse übertragen.

Haftung
Bei der Kommanditgesellschaft haften Kommanditisten nur mit ihrer Einlage, Komplementäre mit ihrem gesamten Vermögen. Die unbeschränkte Haftung der Komplementär-GmbH wird durch die beschränkte Realisierbarkeit des Haftungszugriffs abgeschwächt, da keine natürlichen Personen mit ihrem Privatvermögen haften (vorausgesetzt die Gesellschaft mit beschränkter Haftung ist der einzige Komplementär). Die Komplementär-GmbH haftet als juristische Person mit ihrem gesamten (Gesellschafts-)Vermögen.

Gewinn- und Verlustverteilung
Die Gewinn- und Verlustverteilung ist bei der Kommanditgesellschaft dispositives Recht (*Handelsgesetzbuch* § 168), wobei aus steuerlichen Gründen der Gesellschaft mit beschränkter Haftung ein Mindestanteil am Gewinn zugerechnet werden muss.

Besteuerung
Die Gewinne der GmbH & Co. KG unterliegen anteilig der Körperschaftsteuer der Komplementäre, der Einkommen- oder Körperschaftsteuer der Kommanditisten und der Gewerbesteuer, da von einer gewerblichen Tätigkeit der Gesellschaft ausgegangen wird.

4.3.3 Europäische Wirtschaftliche Interessenvereinigung (EWIV)

Die Europäische Wirtschaftliche Interessenvereinigung stellt eine supranationale Gesellschaftsrechtsform zur Erleichterung der grenzüberschreitenden Zusammenarbeit von mittelständischen Unternehmen und von Angehörigen der freien Berufe dar, wie beispielsweise von Anwaltskanzleien oder vertriebsorientierten Mittelstandsunternehmen. Die Europäische Wirtschaftliche Interessenvereinigung ist eine besondere Form der Offenen Handelsgesellschaft, deren Geschäftsführung jedoch ähnlichen Regeln unterliegt wie diejenige der Gesellschaft mit beschränkter Haftung (»OHG mit Fremdgeschäftsführung«; vergleiche *Baumbach, A./Hopt, K. J.* 2000, Anhang § 160, Randnummer 1 ff., *Klunzinger, E.* 2004: Seite 332 ff. und *Rose, G./ Glorius-Rose, C.* 2001: Seite 191 f.).

Merkmale der Europäischen Wirtschaftlichen Interessenvereinigung

Rechtsgrundlage
Die Verordnung Nummer 2137/85 des EG-Ministerrates vom 25.07.1985 über die Schaffung einer Europäischen wirtschaftlichen Interessenvereinigung (EWIV-Verordnung) stellt die Rechtsgrundlage für die Europäische Wirtschaftliche Interessenvereinigung dar. Sie ist durch das »Gesetz zur Ausführung der EWG-Verordnung über die Europäische Wirtschaftliche Interessenvereinigung« (EWIV-Ausführungsgesetz) vom 14.04.1988 in nationales Recht transformiert worden. Danach gelten für Vereinigungen mit Sitz in Deutschland grundsätzlich die Vorschriften über die Offene Handelsgesellschaft.

Firma
Die Europäische Wirtschaftliche Interessenvereinigung muss ihren Namen mit den voran- oder nachgestellten Worten »Europäische Wirtschaftliche Interessenvereinigung« oder der Abkürzung »EWIV« führen, es sei denn, dass die Abkürzung bereits im Namen enthalten ist.

Gründung
Voraussetzungen für die Gründung einer Europäischen Wirtschaftlichen Interessenvereinigung sind der Abschluss eines Gründungsvertrages zwischen den Mitgliedern und die Eintragung in das entsprechende Register des Landes, in dem die Gesellschaft ihren Sitz hat. Der Gesellschaftervertrag muss gemäß der *EWIV-Verordnung:* Artikel 5 bestimmte Mindestangaben enthalten, wie beispielsweise den Namen der Gesellschaft. Er wird dadurch geschlossen, dass sich mehrere Mitglieder über einen Zusammenschluss in der Form einer Europäischen wirtschaftlichen Interessenvereinigung einigen. Als Mitglieder kommen natürliche Personen, Personengesellschaften oder juristische Personen in Betracht. Die Europäische Wirtschaftliche Interessenvereini-

gung muss aus mindestens zwei Mitgliedern bestehen (*EWIV-Verordnung* Artikel 4 Absatz 2) und mindestens zwei ihrer Mitglieder müssen ihre Hauptverwaltung beziehungsweise ihren Hauptsitz in verschiedenen Mitgliedsstaaten der Europäischen Union haben. Mangels eines Registers der Europäischen Union erfolgt die Eintragung in dem Mitgliedsstaat, in dem die Vereinigung ihren Sitz hat. Für eine Europäische wirtschaftliche Interessenvereinigung mit dem Sitz in Deutschland ist das Handelsregister am Ort des Sitzes zuständig.

Geschäftsführung
Die Europäische Wirtschaftliche Interessenvereinigung wird durch den Geschäftsführer vertreten. Der Geschäftsführer muss nicht Mitglied der Gesellschaft sein. Sind mehrere Geschäftsführer bestellt, so haben diese grundsätzlich Alleinvertretungsmacht. Die Geschäftsführer werden im Gesellschaftervertrag oder durch Gesellschafterbeschluss bestellt. Gemäß dem *EWIV-Ausführungsgesetz* § 5 Absatz 1 Satz 1 haben die Geschäftsführer die Sorgfalt eines ordentlichen und gewissenhaften Geschäftsleiters anzuwenden.

Haftung
Die Mitglieder der Europäischen Wirtschaftlichen Interessenvereinigung haften gemäß der *EWIV-Verordnung* Artikel 24 unbeschränkt und gesamtschuldnerisch für deren Verbindlichkeiten. Allerdings ist die Haftung der Mitglieder subsidiär. Das heißt, die Gläubiger können erst dann die Mitglieder in Anspruch nehmen, wenn sie die Gesellschaft zur Zahlung aufgefordert haben und diese nicht innerhalb einer angemessenen Frist erfolgt ist.

Gewinn- und Verlustverteilung
Die Europäische Wirtschaftliche Interessenvereinigung hat nicht den Zweck, Gewinn für sich selbst zu erzielen. Vielmehr ist der Gesellschaftszweck gemäß der *EWIV-Verordnung* Artikel 34 auf eine Hilfstätigkeit beschränkt, nach der die Europäische Wirtschaftliche Interessenvereinigung die wirtschaftliche Tätigkeit ihrer Mitglieder und die Ergebnisse der Tätigkeit zu fördern hat.

Besteuerung
Das Ergebnis der Geschäftstätigkeit der Europäischen Wirtschaftlichen Interessenvereinigung ist nur bei ihren Mitgliedern zu versteuern. Auch steuerlich entspricht die Europäische Wirtschaftliche Interessenvereinigung damit einer Offenen Handelsgesellschaft.

4.3.4 Partnerschaftsgesellschaft

Durch das im Jahr 1995 in Kraft getretene Partnerschaftsgesetz ist es den Angehörigen der freien Berufe, wie beispielsweise Rechtsanwälten oder Ärzten, die kein Gewerbe im Sinne des Handelsgesetzbuches ausüben, ermöglicht worden, sich zu einer Gesellschaftsform, nämlich der Partnerschaft, zusammenzuschließen. Die

Partnerschaft ist eine Personengesellschaft, deren Angehörige nur natürliche Personen sein können (*Gesetz über Partnerschaftsgesellschaften* § 1 Absatz 4; vergleiche zum Folgenden auch *Klunzinger, E.* 2004: Seite 335 ff. und *Rose, G./Glorius-Rose, C.* 2001: Seite 55 f.).

Merkmale der Partnerschaftsgesellschaft

Rechtsgrundlage
Das *Gesetz über Partnerschaftsgesellschaften Angehöriger Freier Berufe* (nachfolgend: *Gesetz über Partnerschaftsgesellschaften*) regelt die Partnerschaftsgesellschaft. Dieses auch als Partnerschaftsgesetz bezeichnete Gesetz verweist teilweise auf das Recht der Offenen Handelsgesellschaft. Soweit das Partnerschaftsgesetz keine speziellen Regelungen enthält, ist das *Bürgerliche Gesetzbuch* §§ 705 ff. entsprechend anwendbar.

Firma
Die Partnerschaft ist verpflichtet, einen Namen zu führen. Gemäß dem *Gesetz über Partnerschaftsgesellschaften* § 2 muss dieser mindestens den Namen eines Partners, den Zusatz »und Partner« oder »Partnerschaft« sowie die Berufsbezeichnungen aller in der Partnerschaft vertretenen Berufe enthalten. Gemäß dem *Gesetz über Partnerschaftsgesellschaften* § 2 Absatz 2 finden die Vorschriften des Handelsgesetzbuches über die Firma teilweise entsprechende Anwendung.

Gründung
Die Partnerschaft entsteht mit dem Abschluss des Gesellschaftsvertrages. Der Gesellschaftsvertrag bedarf der Schriftform und enthält als zwingende Vertragsbestandteile den Namen, den Sitz und den Gegenstand der Partnerschaft sowie Namen, Vornamen, Beruf und Wohnort jedes Partners (*Gesetz über Partnerschaftsgesellschaften* § 3 Absatz 2). Zudem ist die Partnerschaft bei dem zuständigen Amtsgericht zur Eintragung in das Partnerschaftsregister anzumelden. Die Partnerschaft wird im Verhältnis zu Dritten erst mit der Eintragung in das Partnerschaftsregister wirksam (*Gesetz über Partnerschaftsgesellschaften* § 7 Absatz 1). Vor der Registereintragung ist die Partnerschaft eine Gesellschaft bürgerlichen Rechts.

Geschäftsführung
Die Vertretung der Partnerschaft entspricht im Wesentlichen derjenigen der Offenen Handelsgesellschaft. Danach besteht Einzelvertretungsmacht jedes Partners. Allerdings kann durch den Partnerschaftsvertrag auch eine Gesamtvertretung bestimmt werden.

Haftung
Gemäß dem *Gesetz über Partnerschaftsgesellschaften* § 7 Absatz 2 in Verbindung mit dem *Handelsgesetzbuch* § 124 haftet die Gesellschaft selbst. Daneben haften alle Partner für die Verbindlichkeiten der Partnerschaft persönlich und unbeschränkt als Gesamtschuldner (*Gesetz über Partnerschaftsgesellschaften* § 8 Absatz 1). Das *Gesetz über Partnerschaftsgesellschaften* § 8 Absatz 2 beschränkt jedoch die Haftung für berufliche Fehler auf diejenigen Partner, die mit der Bearbeitung eines Auftrages

befasst waren. Dadurch wird das Haftungsrisiko der anderen Partnerschaftsmitglieder begrenzt.

Gewinn- und Verlustverteilung
Hinsichtlich der Finanzierung einer Partnerschaft gibt es keine zwingenden Rechtsvorschriften.

Besteuerung
Die Besteuerung folgt den gleichen Regelungen, denen auch die Gesellschaft bürgerlichen Rechts unterliegt.

4.3.5 Stille Gesellschaft (StG)

Stille Gesellschaften werden häufig für Beteiligungen im Rahmen von Finanzierungen verwendet. Bei der Stillen Gesellschaft kommt es nicht zu der Bildung eines gemeinschaftlichen Gesellschaftsvermögens.

> Eine **Stille Gesellschaft** ist eine Personengesellschaft, bei der sich eine Person, die als stiller Gesellschafter bezeichnet wird, an dem Handelsgewerbe einer anderen Person mit einer Einlage beteiligt, die in das Vermögen des Gesellschafters des Handelsgewerbes und nicht in das Vermögen des Handelsgewerbes übergeht (vergleiche *Klunzinger, E.* 2004: Seite 128).

Die Einlage durch den stillen Gesellschafter ähnelt dabei der Vergabe eines Kredits. Die Stille Gesellschaft ist keine Handelsgesellschaft an sich, sondern eine reine **Innengesellschaft**, die nach außen hin nicht in Erscheinung tritt. Sie hat immer genau zwei Gesellschafter.

Merkmale der Stillen Gesellschaft

Stille Gesellschaften weisen die folgenden charakteristischen Merkmale auf (↗ Abbildung 4-9, zum Folgenden vergleiche *Klunzinger, E.* 2004: Seite 128 ff., *Rose, G./Glorius-Rose, C.* 2001: Seite 53 ff. sowie *Stehle, H./Stehle, A.* 2005: Seite 26 ff.):

Rechtsgrundlage
Rechtsgrundlagen sind primär das *Handelsgesetzbuch* §§ 230–237 sowie das *Bürgerliche Gesetzbuch* §§ 705 ff.

Firma
Da die Stille Gesellschaft kein Handelsunternehmen ist, führt sie auch keine eigene Firma.

Gründung
Die Gründung erfolgt durch einen formlosen Vertrag zwischen genau zwei Gesellschaftern, die natürliche oder juristische Personen sein können. Eine Handelsregistereintragung findet nicht statt.

Abb. 4-9

Merkmale der Stillen Gesellschaft

Geschäftsführung
Der stille Gesellschafter hat kein Recht, die Geschäftsführung zu übernehmen. Er besitzt aber gewisse Kontrollrechte (*Handelsgesetzbuch* § 233).

Haftung
Allein der Inhaber des Handelsunternehmens haftet. Wurde der stille Gesellschafter im Vertrag von einer Verlustbeteiligung ausgeschlossen, so hat er im Konkursfall sogar Anspruch auf Rückgewährung seiner Einlage. Ein gemeinsames Vermögen entsteht bei der Stillen Gesellschaft nicht, da die Einlage in das Vermögen der Gesellschaft übergeht, bei der die Einlage getätigt wird.

Gewinn- und Verlustverteilung
Die Gewinnbeteiligung des stillen Gesellschafters ist gemäß dem *Handelsgesetzbuch* § 231 Absatz 2 zwingend vorgeschrieben. Eine Verlustbeteiligung ist dagegen optional und kann im Gesellschaftsvertrag ausgeschlossen werden.

Besteuerung
Die Gewinne des typischen stillen Gesellschafters unterliegen der Einkommensteuer.

4.4 Körperschaften

4.4.1 Kapitalgesellschaften

Merkmale von Kapitalgesellschaften

Gegenüber den Personengesellschaften weisen die Kapitalgesellschaften folgende Merkmale auf:
- Die Kapitaleinlage steht im Vordergrund, das heißt, es handelt sich um eine unpersönliche kapitalmäßige Beteiligung von natürlichen und/oder juristischen Personen.
- Die Gesellschafterhaftung ist auf die Höhe der Kapitaleinlage begrenzt. Die Gläubiger greifen erforderlichenfalls nicht auf die Gesellschafter, sondern auf die juristische Person der Kapitalgesellschaft zu.
- Eine Trennung von Geschäftsführungsbefugnis und Beteiligung an der Gesellschaft ist möglich.
- Die Geschäftsanteile sind grundsätzlich vererblich und veräußerlich.

4.4.1.1 Gesellschaft mit beschränkter Haftung (GmbH)

> Eine **Gesellschaft mit beschränkter Haftung** ist eine Kapitalgesellschaft, die einen beliebigen Zweck verfolgen kann und bei der alle Gesellschafter gegenüber den Gesellschaftsgläubigern nur mit ihrer Einlage haften (vergleiche *Klunzinger, E.* 2004: Seite 220).

Für bestimmte Wirtschaftsbereiche ist diese Rechtsform jedoch nicht zulässig, beispielsweise für Hypothekenbanken, Versicherungsvereine, Versicherungsunternehmen in der Lebens-, Unfall-, Haftpflicht-, Feuer- und Hagelversicherung.

Merkmale der Gesellschaft mit beschränkter Haftung

Für die Verbindlichkeiten steht den Gläubigern nur das Gesellschaftsvermögen (das sogenannte Stammkapital) zur Verfügung, das sich aus den Einlagen der Gesellschafter (**Stammeinlagen**) zusammensetzt. Die Gesellschaft mit beschränkter Haftung weist viele Parallelen zur Aktiengesellschaft auf, ist aber einfacher zu gründen und aus diesem Grund besonders für kleinere Unternehmen geeignet. Gesellschaften mit beschränkter Haftung weisen die folgenden charakteristischen Merkmale auf (↗ Abbildung 4-10, zum Folgenden vergleiche *Klunzinger, E.* 2004: Seite 220 ff., *Rose, G./Glorius-Rose, C.* 2001: Seite 59 ff. und *Stehle, H./Stehle, A.* 2005: Seite 26 ff.):

Rechtsgrundlage
Die Rechtsgrundlage ist das *Gesetz betreffend die Gesellschaften mit beschränkter Haftung* (GmbHG).

Firma
Die Firma muss immer den Zusatz »Gesellschaft mit beschränkter Haftung« oder eine allgemein verständliche Abkürzung enthalten, zum Beispiel »GmbH« (*Gesetz betreffend die Gesellschaften mit beschränkter Haftung* § 4).

Gründung

Zur Gründung ist ein notariell beurkundeter Vertrag erforderlich (*Gesetz betreffend die Gesellschaften mit beschränkter Haftung* § 2), wobei eine natürliche oder eine juristische Person als Gründer ausreicht (Ein-Mann-Gründung). Der Mindestinhalt des Gesellschaftsvertrags sind der Sitz, die Firma, der Gegenstand der Gesellschaft, das Stammkapital und die Stammeinlagen der Gesellschafter. Das Mindestkapital beträgt 25 000,00 Euro (Stammkapital), der Mindestgeschäftsanteil 100,00 Euro (Stammeinlage), wobei höhere Anteile durch 50,00 Euro teilbar sein müssen. Gesellschafteranteile können verschieden hoch sein, sie müssen jedoch in jedem Fall auf einen Geldbetrag lauten, auch wenn sie nicht in Geld zu leisten sind. Im Unterschied zu den meisten Aktien können GmbH-Anteile nicht ohne Weiteres verkauft werden. Vielmehr ist die Veräußerung von Anteilen notariell zu beurkunden. Zudem kann im Gesellschaftsvertrag vereinbart werden, dass die Veräußerung der Zustimmung der anderen Gesellschafter bedarf.

Geschäftsführung

Die Geschäftsführung kann (muss aber nicht) durch Gesellschafter erfolgen, das heißt, sowohl Gesellschaftern als auch Dritten steht die Möglichkeit offen, die Geschäftsführung zu übernehmen.

Haftung

Die Gesellschaft haftet als juristische Person mit ihrem gesamten Vermögen, während die Gesellschafter nur mit ihrem Gesellschaftsanteil haften.

Gewinn- und Verlustverteilung

Die Gewinn- und Verlustverteilung erfolgt nach Geschäftsanteilen (*Gesetz betreffend die Gesellschaften mit beschränkter Haftung* § 29 Absatz 3).

Organe

Die Organe der Gesellschaft mit beschränkter Haftung sind die Geschäftsführung, die Gesellschafterversammlung und in bestimmten Fällen ein Aufsichtsrat:

- Die **Gesellschafterversammlung** besteht aus allen Anteilseignern. Sie ist das oberste Organ der Gesellschaft mit beschränkter Haftung. Ihre Aufgaben sind im *Gesetz betreffend die Gesellschaften mit beschränkter Haftung* § 46 definiert und umfassen insbesondere die Feststellung des Jahresabschlusses, die Verwendung des Ergebnisses, die Bestellung, Abberufung und Entlastung von Geschäftsführern und die Maßnahmen zur Prüfung und Überwachung der Geschäftsführung.
- Die **Geschäftsführung** der Gesellschaft mit beschränkter Haftung wird durch die Gesellschafterversammlung bestellt und entlastet. Sie ist als gesetzlicher Vertreter der Gesellschaft mit beschränkter Haftung für die Leitung der Geschäfte verantwortlich. Der Umfang der Geschäftsführungs- und Vertretungsbefugnisse richtet sich dabei nach dem Gesellschaftsvertrag. Die Vertretungsbefugnis (Einzel- oder Gesamtvertretung) ist in das Handelsregister einzutragen. In einer den Gesellschaftsvertrag ergänzenden Geschäftsordnung kann zudem festgelegt werden, welche Rechtsgeschäfte und Geschäftsführungsmaßnahmen der Geschäftsfüh-

4.4 Rechtsformentscheidungen
Körperschaften

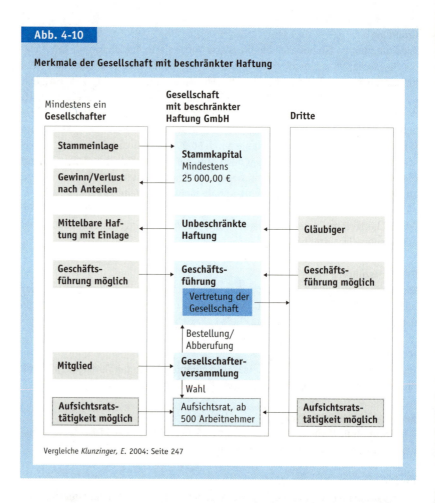

Abb. 4-10: Merkmale der Gesellschaft mit beschränkter Haftung

Vergleiche *Klunzinger, E.* 2004: Seite 247

rung einer vorherigen Zustimmung der Gesellschafterversammlung bedürfen, wie beispielsweise der Erwerb und die Veräußerung von Beteiligungen an anderen Unternehmen, die Erteilung und der Widerruf von Generalvollmachten und Prokuren oder die Einleitung und Beendigung von Rechtsstreitigkeiten.

▸ Der **Aufsichtsrat** der Gesellschaft mit beschränkter Haftung entspricht hinsichtlich seiner Aufgaben und seiner Zusammensetzung dem Aufsichtsrat der Aktiengesellschaft. In der Regel haben nur größere Gesellschaften mit beschränkter Haftung einen Aufsichtsrat. Die Bestellung eines Aufsichtsrats kann aufgrund von Regelungen in der Satzung oder Aufgrund gesetzlicher Vorgaben zur Gewährleistung der Mitbestimmung der Arbeitnehmer erfolgen.

Besteuerung

Die Gesellschaft mit beschränkter Haftung unterliegt der Körperschafts- und der Gewerbesteuer.

4.4.1.2 Unternehmergesellschaft (haftungsbeschränkt) (UG)

Bei der Unternehmergesellschaft handelt es sich nicht um eine neue Rechtsform, sondern um eine Unterform der Gesellschaft mit beschränkter Haftung, die ohne Mindeststammkapital gegründet werden kann. Sie wurde im Rahmen der Reformierung des GmbH-Gesetzes eingeführt. Im Gegensatz zur Gesellschaft mit beschränkter Haftung dürfen Unternehmergesellschaften Gewinne solange nicht voll ausschütten, bis das Mindeststammkapital der normalen Gesellschaft mit beschränkter Haftung erreicht wird. Dies soll insbesondere den Bedürfnissen von Existenzgründern entgegenkommen, die am Anfang in der Regel nur über sehr wenig Stammkapital verfügen. Die Unternehmergesellschaft hat zudem den Vorteil, dass sie einfach, unbürokratisch und kostengünstig gegründet werden kann (*Volkelt, L.* 2011: Seite 5).

Rechtsgrundlage

Das am 23. Oktober 2008 vom Bundestag beschlossene *Gesetz zur Modernisierung des GmbH-Rechts und zur Bekämpfung von Missbräuchen* (MoMiG) beinhaltet die Einführung der haftungsbeschränkten Unternehmergesellschaft nach § 5a GmbHG.

Firma

Der Name einer Unternehmergesellschaft kann in Form einer Personen-, Sach-, Fantasie- oder Mischfirma gewählt werden. Der Zusatz »Unternehmergesellschaft (haftungsbeschränkt)« oder »UG (haftungsbeschränkt)« ist nach dem *Gesetz betreffend die Gesellschaften mit beschränkter Haftung* § 5a Absatz 1 verpflichtend zu führen.

Gründung

Eine Unternehmergesellschaft kann nach *Gesetz betreffend die Gesellschaften mit beschränkter Haftung* § 1 wie eine Gesellschaft mit beschränkter Haftung zu jedem gesetzlich zulässigen Zweck durch eine oder mehrere Personen gegründet werden. Im Fall der Unternehmergesellschaft sind maximal drei Gesellschafter zulässig. Für die Unternehmergesellschaft sieht das Gesetz hierbei ausdrücklich ein kosten- und zeitsparendes Musterprotokoll zur Eintragung in das Handelsregister vor. Zur Gründung einer Unternehmergesellschaft wird nur noch eine symbolische Einlage von mindestens 1,00 Euro Stammkapital benötigt, das Haftungskapital entfällt hierbei (vergleiche *Volkelt, L.* 2011: Seite 19 ff.).

Geschäftsführung

Gemäß dem *Gesetz betreffend die Gesellschaften mit beschränkter Haftung* § 6 Absatz 1 muss eine Unternehmergesellschaft einen oder mehrere Geschäftsführer haben. Geschäftsführer kann nur eine natürliche, unbeschränkt geschäftsfähige Person sein.

Haftung

Bei der Unternehmergesellschaft gelten die Haftungsreglungen des *Gesetzes betreffend die Gesellschaften mit beschränkter Haftung*.

4.4 Rechtsformentscheidungen
Körperschaften

Gewinn- und Verlustverteilung
Da die Unternehmergesellschaft eine Variante der Gesellschaft mit beschränkter Haftung ist, gelten für sie auch die gleichen Bestimmungen.

Besteuerung
Die Unternehmergesellschaft unterliegt wie die Gesellschaft mit beschränkter Haftung der Körperschafts- und Gewerbesteuer.

4.4.1.3 Aktiengesellschaft (AG)

> Eine **Aktiengesellschaft** ist eine Kapitalgesellschaft, die einen beliebigen Zweck verfolgen kann, deren Grundkapital in Aktien zerlegt ist und bei der alle Aktionäre gegenüber Gesellschaftsgläubigern nur mit ihrer Einlage haften (vergleiche *Klunzinger, E.* 2004: Seite 147).

Die vorgenannten Aktien haben drei Funktionen. Sie sind: ein Bruchteil des Grundkapitals, ein Mitgliedschaftsrecht und ein Wertpapier.

Aktienarten

In diesem Sinne können verschiedene Aktienarten unterschieden werden (↗ Abbildung 4-11, zum Folgenden vergleiche *Klunzinger, E.* 2004: Seite 156 ff.):

Aktien als Bruchteil des Grundkapitals
Hinsichtlich ihrer Funktion als Bruchteil des Grundkapitals können Nennbetrags- und Stückaktien unterschieden werden (vergleiche *Aktiengesetz* § 8 Absatz 3). **Nennbetragsaktien** lauten auf einen Nennbetrag, zum Beispiel »50 Euro«. Mit der Umstellung auf den Euro wurden sie weitgehend durch nennwertlose **Stückaktien** verdrängt, die jeweils einen gleichgroßen Anteil am Grundkapital repräsentieren.

Abb. 4-11 Aktienarten

Körperschaften 4.4

> **Wirtschaftspraxis 4-2**
>
> **TUI stellte von Inhaber- auf Namensaktien um**
>
> Im Geschäftsbericht für das Geschäftsjahr 2005 berichtete die *TUI AG* von der Umstellung ihrer Aktien:
> »Die *TUI AG* hat im Juli 2005 die Umstellung der bisherigen Inhaberaktien im Verhältnis 1 : 1 in auf den Namen lautende Stückaktien vorgenommen. Seit dem 4. Juli 2005 werden die Aktien der *TUI AG* als Namensaktien ... im amtlichen Handel in Deutschland und im elektronischen Handel Xetra notiert. Die Umstellung auf Namensaktien ermöglicht der *TUI* einen direkteren Kontakt zu ihren im Aktienregister eingetragenen Aktionären. Zudem wird es für die *TUI AG* leichter, den Nachweis zu führen, dass sie sich mehrheitlich im Eigentum von Staatsangehörigen der Mitgliedsstaaten der EU befindet. Dieser Nachweis ist für die luftverkehrsrechtlichen Betriebsgenehmigungen der Fluggesellschaften des Konzerns von Bedeutung.«
>
> Quelle: *TUI AG*: Geschäftsbericht 2005, Hannover 2006, Seite 127.

Aktien als Mitgliedschaftsrecht
Hinsichtlich der sich aus den Aktien ergebenden Mitgliedschaftsrechten werden Stamm- und Vorzugsaktien unterschieden. Die meisten Aktien sind **Stammaktien**, die ein allgemeines Stimmrecht gewähren. Bei **Vorzugsaktien** wird das Stimmrecht in der Regel zugunsten einer Vorzugsdividende eingeschränkt.

Aktien als Wertpapier
Hinsichtlich ihrer Funktion als Wertpapier können Inhaber- und Namensaktien unterschieden werden. Die meisten Aktien sind derzeit **Inhaberaktien**. Kennzeichnend für diese Aktienform ist, dass sie auf die jeweiligen Inhaber lauten, ohne dass zu den Namen der Aktionäre eine Verbindung besteht. **Namensaktien** lauten dagegen auf den Namen der jeweiligen Aktionäre. Um die Verbindung zwischen den Aktien und den Namen der Aktionäre herzustellen, werden die Aktionäre oder ihre Vertreter im sogenannten **Aktienregister** der Aktiengesellschaft verzeichnet.

Die Aktiengesellschaften besitzen in Deutschland eine große wirtschaftliche Bedeutung. Die größten deutschen Unternehmen haben die Rechtsform einer Aktiengesellschaft, so *Daimler AG, Siemens AG, Volkswagen AG*. Einer der wesentlichen Vorteile der Aktiengesellschaft ist die relativ einfache Beschaffung von Eigenkapital durch die Ausgabe von neuen Aktien. Aktiengesellschaften weisen die folgenden charakteristischen Merkmale auf (↗ Abbildung 4-12, zum Folgenden vergleiche *Klunzinger, E.* 2004: Seite 147 ff., *Rose, G./Glorius-Rose, C.* 2001: Seite 65 ff. und *Stehle, H./Stehle, A.* 2005: Seite 26 ff.):

Merkmale der Aktiengesellschaft

Rechtsgrundlage
Die Rechtsgrundlage ist das Aktiengesetz (AktG).

Firma
Die Firma muss den Zusatz »Aktiengesellschaft« oder eine allgemein verständliche Abkürzung beinhalten (zum Beispiel »AG«; *Aktiengesetz* § 4 Absatz 1).

Gründung

Die Gründung einer Aktiengesellschaft ist im Vergleich zu den Personengesellschaften sehr aufwändig. Der Gesellschaftsvertrag (Satzung) muss notariell beurkundet werden, es gilt also keine Formfreiheit. Das *Aktiengesetz* § 23 schreibt zudem vor, welche Inhalte die Satzung haben muss. Dies sind unter anderem der beziehungsweise die Namen des/der Gründer(s), die Firma, der Sitz und der Gegenstand der Gesellschaft, die Höhe des Grundkapitals, die Art der Aktien, die Namen der Vorstandsmitglieder und die Form der Bekanntmachungen. Eine Gründungsprüfung bestätigt die in der Satzung gemachten Angaben.

Die Aktiengesellschaft entsteht erst mit der Eintragung in das Handelsregister. Dabei müssen gemäß dem *Aktiengesetz* § 2 mindestens ein Gründer sowie ein Mindestkapital in Höhe von 50 000 Euro vorhanden sein.

Geschäftsführung

Die Geschäftsführung erfolgt durch den Vorstand, der vom Aufsichtsrat bestellt wird.

Haftung

Die juristische Person, also die Aktiengesellschaft, haftet mit ihrem gesamten Vermögen. Aktionäre haften nur mit ihren Einlagen, nicht aber mit ihrem Privatvermögen.

Gewinn- und Verlustverteilung

Die Grundlage für die Gewinnverteilung bildet der festgestellte Jahresabschluss. Über die Verwendung beschließt die Hauptversammlung auf Vorschlag des Vorstandes. Das *Aktiengesetz* § 60 Absatz 1 schlägt als Verteilungsmodus das Verhältnis der Aktiennennbeträge vor. Die Gewinnausschüttung erfolgt in Form der sogenannten Dividende.

Organe

Damit die Aktiengesellschaft handlungsfähig ist, benötigt sie Organe aus natürlichen Personen. Diese Organe sind der Vorstand, der Aufsichtsrat und die Hauptversammlung:

- Die **Hauptversammlung** setzt sich aus allen Aktionären zusammen. Im Regelfall entspricht deren Stimmrecht den Aktiennennbeträgen, wobei Stimmrechtsbeschränkungen in der Satzung möglich sind. Die wesentlichen Funktionen der Hauptversammlung liegen in der Wahl des Aufsichtsrates sowie in der Fassung von Beschlüssen über die Verwendung des Bilanzgewinns, über Satzungsänderungen und über Maßnahmen der Kapitalbeschaffung und der Kapitalherabsetzung (*Aktiengesetz* §§ 118 ff.).
- Der **Aufsichtsrat** setzt sich gemäß dem *Aktiengesetz* § 95 beziehungsweise gemäß dem *Mitbestimmungsgesetz* aus Vertretern der Kapitalgeber und der Arbeitnehmer zusammen. Die Sitzverteilung hängt dabei von der Anzahl der Arbeitnehmer ab. Er hat mindestens drei Mitglieder, wobei die Höchstzahl der Mitglieder durch das Gesetz limitiert wird und sich an der Höhe des Grundkapitals orientiert (bis zu 1,5 Millionen Euro: 9 Mitglieder, zwischen 1,5 und 10 Millionen Euro: 15 Mitglieder und darüber 21 Mitglieder). Die Amtszeit beträgt vier Jahre. Ein Aufsichtsratsmit-

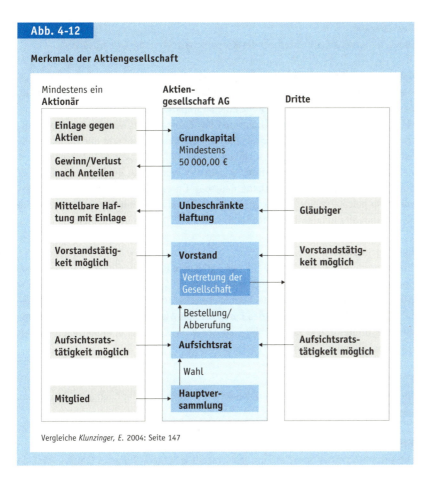

Abb. 4-12

Merkmale der Aktiengesellschaft

Vergleiche *Klunzinger, E.* 2004: Seite 147

glied kann nie gleichzeitig im Vorstand desselben Unternehmens sein. Die Aufgaben des Aufsichtsrates sind vor allem die Bestellung und Entlastung des Vorstandes sowie dessen Überwachung. Er ist damit das Aufsichtsorgan der Aktiengesellschaft und gleichzeitig ein Instrument der Mitbestimmung.

▸ Der **Vorstand** besteht gemäß dem *Aktiengesetz* § 76 aus einer oder mehreren natürlichen Personen. Bei mehr als drei Millionen Euro Grundkapital werden mehr als zwei Personen empfohlen. Er wird für höchstens fünf Jahre durch den Aufsichtsrat bestellt, wobei eine Wiederbestellung möglich ist. Die Hauptaufgabe des Vorstandes ist die Geschäftsführung. Er ist das eigenverantwortliche Leitungsorgan der Aktiengesellschaft. Zudem bestehen gewisse festgelegte Rechte und Pflichten, unter anderem eine regelmäßige Berichtspflicht an den Aufsichtsrat. Der Aufsichtsrat kann ein Vorstandsmitglied nur abberufen, wenn ein wichtiger Grund vorliegt. Wichtige Gründe sind insbesondere grobe Pflichtverletzungen, die Unfähigkeit zur ordnungsmäßigen Geschäftsführung oder ein Vertrauensentzug durch die Hauptversammlung.

Besteuerung
Die Aktiengesellschaft unterliegt der Körperschafts- und der Gewerbesteuer.

4.4.1.4 Societas Europaea (SE)

Die Societas Europaea oder Europäische Aktiengesellschaft, die teilweise auch als »Europa-AG« bezeichnet wird, stellt eine supranationale Rechtsform für Aktiengesellschaften der Europäischen Union und des Europäischen Wirtschaftsraumes dar, die grenzüberschreitend tätig sind. Sie ist eine besondere Form der Aktiengesellschaft und unterliegt bei der Ausübung ihrer Geschäftstätigkeit den jeweiligen nationalen Rechtsvorschriften ihres Sitzstaates (vergleiche *Binder, U.* et al. 2007: Seite 27). Inzwischen haben etliche deutsche Unternehmen diese Rechtsform gewählt, so beispielsweise die *Porsche Automobil Holding SE* mit Sitz in Stuttgart, die *BASF SE* mit Sitz in Ludwigshafen oder die *Allianz SE* mit Sitz in München.

Rechtsgrundlage
Die Verordnung (EG) Nr. 2157/2001 des Rates vom 8. Oktober 2001 über das Statut der europäischen Gesellschaft (SE) stellt die Rechtsgrundlage für die Societas Europaea dar. Seit dem 8. Oktober 2004 können innerhalb der Mitgliedsstaaten der Europäischen Union beziehungsweise des Europäischen Wirtschaftsraumes Societas Europaea gegründet und in das jeweilige nationale Handelsregister eingetragen werden (vergleiche *Binder, U.* et al. 2007: Seite 27).

Firma
Die Societas Europaea muss ihren Namen mit dem voran- oder nachgestellten Zusatz »SE« versehen.

Gründung
Die Gründung einer Societas Europaea unterliegt einem Numerus Clausus, der die Gründungsformen auf vier Möglichkeiten beschränkt (vergleiche *Binder, U.* et al. 2007: Seite 36 und Verordnung (EG) Nr. 2157/2001: Artikel 2):

- **Verschmelzung** mindestens zweier Aktiengesellschaften zu einer Societas Europaea: Mindestens zwei der Aktiengesellschaften müssen aus verschiedenen Mitgliedsstaaten stammen beziehungsweise deren jeweiligem Recht unterliegen.
- Gründung einer **Holding Societas Europaea**: Mindestens zwei Kapitalgesellschaften gründen eine gemeinsame Holding Societas Europaea. Hierbei müssen mindestens zwei der beteiligten Gesellschaften entweder, wie bei der Verschmelzung, dem Recht unterschiedlicher Mitgliedsstaaten unterliegen oder seit mindestens zwei Jahren ein Tochterunternehmen oder eine Zweigniederlassung in einem anderen Mitgliedsstaat unterhalten.
- Gründung einer **Tochter Societas Europaea**: Die Gründung erfolgt in gleicher Weise wie die Gründung einer Holding Societas Europaea mit dem Unterschied, dass auch Nicht-Kapitalgesellschaften die Tochter Societas Europaea gemeinsam gründen können.
- **Umwandlung** einer bestehenden nationalen Aktiengesellschaft in eine Societas Europaea: Die betreffende Aktiengesellschaft muss seit mindestens zwei Jahren

eine dem Recht eines anderen Mitgliedsstaates unterliegende Tochtergesellschaft unterhalten. Eine reine Zweigniederlassung ist in diesem Fall nicht ausreichend. Das Grundkapital einer Societas Europaea muss mindestens 120 000,00 Euro betragen, das in Aktien zerlegt ist. Jede primär gegründete Mutter Societas Europaea kann ohne weitere Einschränkungen eine sekundäre Tochter Societas Europaea gründen.

Geschäftsführung
Die Spitzenorganisation der Societas Europaea kann entweder dualistisch oder monistisch sein:
- Im ersteren Falle erfolgt die Geschäftsführung wie bei einer deutschen Aktiengesellschaft über einen Vorstand.
- Im zweiten Fall erfolgt die Geschäftsführung wie im angelsächsischen Raum üblich durch einen Verwaltungsrat (Board of Management).

Bei der Gründung einer Societas Europaea muss entschieden werden, welches der beiden Systeme gewählt werden soll. Diese Wahl ist nicht endgültig, sondern kann durch eine Satzungsänderung zu einem späteren Zeitpunkt geändert werden. Für die konkrete Ausgestaltung der Spitzenorganisation gelten die jeweiligen nationalen Rechtsvorschriften des Staates, in dem die Societas Europaea ihren Sitz hat. (vergleiche *Binder, U.* et al. 2007: Seiten 27, 213–214).

Haftung
Die Societas Europaea haftet mit ihrem gesamten Vermögen. Aktionäre haften nur mit ihren Einlagen, nicht aber mit ihrem Privatvermögen.

Gewinn- und Verlustverteilung
Die Grundlage für die Gewinnverteilung bildet der festgestellte Jahresabschluss. Eine Societas Europaea mit Sitz in Deutschland hat ihre Rechnungslegung, die Aufstellung, Feststellung und Offenlegung ihrer Abschlüsse sowie die Verwendung des Gewinns nach den für eine deutsche Aktiengesellschaft anwendbaren Gesetzen und Vorschriften vorzunehmen.

Besteuerung
Sofern eine Societas Europaea ihren Sitz in Deutschland hat, gilt sie als unbeschränkt körperschaftssteuerpflichtige Kapitalgesellschaft (vergleiche *Binder, U.* et al. 2007: Seite 308).

4.4.1.5 Kommanditgesellschaft auf Aktien (KGaA)

> Eine **Kommanditgesellschaft auf Aktien** ist eine Kapitalgesellschaft, deren Grundkapital in Aktien zerlegt ist und bei der mindestens ein Gesellschafter, der keine Einlage leisten muss, gegenüber den Gesellschaftsgläubigern unbeschränkt und mindestens ein Kommanditaktionär nur mit seiner Einlage haftet (vergleiche *Klunzinger, E.* 2004: Seite 201).

Die Kommanditgesellschaft auf Aktien ist also eine Kombination von Kommanditgesellschaft und Aktiengesellschaft. Obwohl bei der Kommanditgesellschaft auf Aktien eigentlich eine Personengesellschaft vorliegt, ist sie aus juristischer Sicht eine Kapitalgesellschaft. Die Geschäftsführung erfolgt wie bei der Kommanditgesellschaft durch die vollhaftenden Komplementäre und nicht durch einen Vorstand wie bei der Aktiengesellschaft. Die teilhaftenden Kommanditisten sind die Aktionäre und werden entsprechend auch als Kommanditaktionäre bezeichnet. Prominente Beispiele dieser Rechtsform sind die *Henkel KGaA* oder die *Steigenberger Hotel KGaA*.

Merkmale der Kommanditgesellschaft auf Aktien

Kommanditgesellschaften auf Aktien weisen die folgenden charakteristischen Merkmale auf (vergleiche *Klunzinger, E.* 2004: Seite 201 ff., *Rose, G./Glorius-Rose, C.* 2001: Seite 71 ff. und *Stehle, H./Stehle, A.* 2005: Seite 26 ff.):

Rechtsgrundlage
Rechtsgrundlagen der Kommanditgesellschaft auf Aktien sind das *Aktiengesetz* §§ 278–290 für Tatbestände, welche die Kommanditaktionäre betreffen, und die einschlägigen Rechtsvorschriften der Kommanditgesellschaft für die Komplementäre.

Firma
Die Firma muss den Zusatz »Kommanditgesellschaft auf Aktien« beinhalten oder eine allgemein verständliche Abkürzung dieser Bezeichnung (zum Beispiel »KGaA«; *Aktiengesetz* § 279). Wenn in einer Kommanditgesellschaft auf Aktien keine natürliche Person mit ihrem Privatvermögen haftet (etwa weil der einzige Komplementär eine Gesellschaft mit beschränkter Haftung ist), so muss diese Situation aufgrund der Firma erkennbar sein, das heißt, die Firma muss eine Bezeichnung enthalten, welche die Haftungsbeschränkung sichtbar macht.

Gründung
Die Gründung erfolgt durch einen notariell beurkundeten Vertrag. Dabei müssen fünf Gründer beteiligt sein, die mindestens 50 000,00 Euro Gründungskapital aufbringen.

Geschäftsführung
Die Geschäftsführung erfolgt durch die vollhaftenden Komplementäre, für die sinngemäß die Vorschriften für den Vorstand der Aktiengesellschaft gelten.

Haftung
Die Kommanditaktionäre haften wie die Aktionäre einer Aktiengesellschaft. Die Komplementäre sind Vollhafter, die gesamtschuldnerisch und unmittelbar haften.

Gewinn- und Verlustverteilung
Die Gewinn- und Verlustverteilung ergibt sich aus dem *Aktiengesetz* § 286. Danach beschließt die Hauptversammlung die Feststellung des Jahresabschlusses, dem die persönlich haftenden Gesellschafter zustimmen müssen. Er bildet dann die Grundlage für die von der Hauptversammlung zu beschließende Gewinnverwendung.

Organe
Die Organe der Kommanditgesellschaft auf Aktien entsprechen im Wesentlichen denen der Aktiengesellschaft. Die **Hauptversammlung** setzt sich aus den Kommanditaktionären zusammen und wählt einen **Aufsichtsrat**. Dieser wird je nach Unternehmensgröße zumindest teilweise mit Arbeitnehmervertretern besetzt. Die **Geschäftsführung** wird in der Regel von den persönlich haftenden Gesellschaftern übernommen.

Besteuerung
Die Kommanditgesellschaft auf Aktien unterliegt der Körperschafts- und der Gewerbesteuer.

4.4.2 Eingetragene Genossenschaft (eG)

> Eine **Eingetragene Genossenschaft** ist eine Gesellschaft von nicht geschlossener Mitgliederzahl, die die Förderung des Erwerbes oder der Wirtschaft ihrer Mitglieder mittels gemeinschaftlichen Geschäftsbetriebes bezweckt (vergleiche *Gesetz betreffend die Erwerbs- und Wirtschaftsgenossenschaften* § 1 Absatz 1).

Die Eingetragene Genossenschaft ist eine Körperschaft, aber keine Handelsgesellschaft. Im Gegensatz zu den Kapitalgesellschaften können sich die Zahl der Mitglieder und damit das Genossenschaftskapital laufend verändern. Jedes Mitglied muss bei Eintritt in die Genossenschaft mindestens einen Geschäftsanteil erwerben. Eingetragene Genossenschaften weisen die folgenden charakteristischen Merkmale auf (vergleiche *Klunzinger, E.* 2004: Seite 276 ff., *Rose, G./Glorius-Rose, C.* 2001: Seite 73 ff. und *Stehle, H./Stehle, A.* 2005: Seite 26 ff.):

Merkmale der Eingetragenen Genossenschaft

Rechtsgrundlage
Rechtsgrundlage ist das Gesetz betreffend die Erwerbs- und Wirtschaftsgenossenschaften (GenG).

Firma
Genossenschaften müssen den Zusatz »eingetragene Genossenschaft« in der Firma führen oder eine andere Bezeichnung, die auf das Vorhandensein einer eingetragenen Genossenschaft schließen lässt (zum Beispiel »eG«, *Gesetz betreffend die Erwerbs- und Wirtschaftsgenossenschaften* § 3).

Gründung
Die Gründung erfolgt durch einen schriftlichen Vertrag (*Gesetz betreffend die Erwerbs- und Wirtschaftsgenossenschaften* § 5), der in der Regel »Statut« oder »Satzung« genannt wird, und durch den Eintrag in das Genossenschaftsregister. Für das Mindestvermögen gibt es keine Vorschriften, wohl aber bezüglich der Gründerzahl:

Gemäß dem *Gesetz betreffend die Erwerbs- und Wirtschaftsgenossenschaften* § 4 sind mindestens drei Gründer erforderlich.

Geschäftsführung

Die Geschäftsführung erfolgt durch den Vorstand. Anders als bei der Aktiengesellschaft und der Gesellschaft mit beschränkter Haftung müssen die Vorstandsmitglieder auch Mitglieder der Genossenschaft sein (*Gesetz betreffend die Erwerbs- und Wirtschaftsgenossenschaften* § 9). Aufgrund des zugrunde liegenden Vereinsgedankens ist diese Regelung schlüssig.

Haftung

Für Verbindlichkeiten der eingetragenen Genossenschaft haftet das Gesellschaftsvermögen.

Gewinn- und Verlustverteilung

Gemäß dem *Gesetz betreffend die Erwerbs- und Wirtschaftsgenossenschaften* § 19 wird der Gewinn entsprechend dem Verhältnis der auf den Geschäftsanteil eingezahlten Summe verteilt. Dasselbe gilt für den Verlust.

Organe

Die Organe der Eingetragenen Genossenschaft entsprechen sinngemäß denen der Aktiengesellschaft, das heißt, es gibt einen **Vorstand**, einen **Aufsichtsrat** und eine **Generalversammlung** aller Genossen.

Besteuerung

Die Eingetragene Genossenschaft unterliegt der Körperschafts- und in Abhängigkeit von der Art der Genossenschaft auch der Gewerbesteuer.

4.5 Stiftungen

> Eine **Stiftung** ist eine rechtlich verselbstständigte Vermögensmasse mit eigener Rechtspersönlichkeit, die mit ihrem Vermögen einen vom Stifter festgelegten Zweck dauerhaft fördern soll.

Das Vermögen gehört dabei nur der Stiftung allein, das heißt, es gibt keine »Anteile« oder »Mitgliedschaftsrechte«. Stiftungen können zu jedem legalen privatnützigen oder gemeinnützigen Zweck errichtet werden. Im Jahr 2011 gab es in Deutschland über 18 000 Stiftungen des Privatrechts.

Familienstiftungen

Im Hinblick auf den Unternehmenserhalt sind dabei insbesondere die Familienstiftungen von Bedeutung, von denen es in Deutschland etwa 600 gibt. Durch das Einbringen von Unternehmensanteilen in Familienstiftungen verlieren die Erben des Stifters die an die Unternehmensanteile gebundenen Verfügungs-, Stimm- und Kontrollrechte zugunsten der Stiftungsorgane. Dadurch wird sichergestellt, dass die

Wirtschaftspraxis 4-3

Die größten Stiftungen privaten Rechts in Deutschland

Die größten Stiftungen privaten Rechts waren nach dem Vermögen im Jahr 2010:
- Robert Bosch Stiftung GmbH: 5 126 918 T€ Buchwert
- Dietmar-Hopp-Stiftung gGmbH: 3 400 000 T€ Verkehrswert
- Else Kröner-Fresenius-Stiftung: 2 900 000 T€ Verkehrswert
- Volkswagen Stiftung: 2 457 544 T€ Verkehrswert
- Baden-Württemberg Stiftung gGmbH: 2 243 078 T€ Buchwert
- Deutsche Bundesstiftung Umwelt: 1 986 394 T€ Buchwert
- Klaus Tschira Stiftung gGmbH: 1 960 962 T€ Buchwert
- Joachim Herz Stiftung: 1 300 000 T€ Buchwert
- Software AG-Stiftung: 1 288 170 T€ Verkehrswert
- Alfried Krupp von Bohlen und Halbach-Stiftung: 1 066 803 T€ Buchwert
- Gemeinnützige Hertie-Stiftung: 886 000 T€ Verkehrswert
- ZEIT-Stiftung Ebelin und Gerd Bucerius: 731 764 T€ Buchwert
- Bertelsmann Stiftung: 618 998 T€ Buchwert
- Körber-Stiftung: 515 000 T€ Buchwert
- Fritz Thyssen Stiftung: 425 269 T€ Buchwert

Quelle: *Bundesverband Deutscher Stiftungen*, 2011.

Unternehmensanteile nicht durch Erbgänge zersplittert werden und dass der Unternehmenserhalt nicht durch ein schlechtes Management der Erben oder durch Streit unter ihnen gefährdet wird. In der Regel wird gleichzeitig festgelegt, dass die Erben als sogenannte **Destinatäre** über Versorgungsleistungen der Stiftung wirtschaftlich abgesichert werden. Wenn nur ein geringer – juristisch umstrittener – Anteil der Gewinne der Stiftung an die Erben ausgeschüttet wird, unterliegt diese zudem nicht der Erbschaftsteuer, was sich ebenfalls positiv auf den Unternehmenserhalt auswirken kann (vergleiche dazu und zum Folgenden *Rose, G./Glorius-Rose, C.* 2001: Seite 81 ff.).

Stiftungen des Privatrechts weisen die folgenden charakteristischen Merkmale auf:

Merkmale der Stiftung

Rechtsgrundlage
Rechtsgrundlagen der Stiftungen des bürgerlichen Rechts sind das *Bürgerliche Gesetzbuch* §§ 80–88 und das jeweils geltende *Landesstiftungsgesetz*. Für die in der Praxis auch anzutreffenden **Stiftungs-GmbHs** oder **Stiftungsvereine** gelten entsprechend die Regelungen für Gesellschaften mit beschränkter Haftung oder Vereine.

Firma
Der Name einer Stiftung gehört zu ihrer Identitätsausstattung. Grundsätzlich ist der Stifter in der Wahl des Namens frei. Ein rechtsformkennzeichnender Zusatz zum Namen ist für die Stiftungen des bürgerlichen Rechts gesetzlich nicht vorgeschrieben, in der Regel wird jedoch der Zusatz »Stiftung« geführt.

4.5 Rechtsformentscheidungen
Stiftungen

Wirtschaftspraxis 4-4

Die Robert Bosch Stiftung

»Meine Absicht geht dahin, neben der Linderung von allerhand Not vor allem auf die Hebung der sittlichen, gesundheitlichen und geistigen Kräfte des Volkes hinzuwirken.« So der Auftrag von *Robert Bosch* (1861–1942) an die *Vermögensverwaltung Bosch GmbH*, aus der später mit der *Robert Bosch Stiftung GmbH* die gemessen am Vermögen größte privatrechtliche Stiftung Deutschlands hervorging.
Die Stiftung hält 92 Prozent des Stammkapitals der *Robert Bosch GmbH*. Die damit erzielten Gewinne dienen ausschließlich der Finanzierung gemeinnütziger Zwecke, wofür die Stiftung im Jahr 2005 über 55 Millionen Euro ausgab.

Förderschwerpunkte sind dabei die Bereiche Gesundheitspflege, Völkerverständigung, Wohlfahrtspflege, Bildung und Erziehung, Kunst und Kultur, Geistes-, Sozial- und Naturwissenschaften. Gefördert werden unter anderem über Stipendien, Projektförderungen, Preisstiftungen, Seminare und Förderwettbewerbe.
Die Organe der Stiftung sind die Gesellschafterversammlung, das Kuratorium sowie die Geschäftsführung.

Quelle: *Robert Bosch Stiftung GmbH*: Robert Bosch Stiftung – Profil, Stuttgart Mai 2006.

Gründung
Die Stiftungen des bürgerlichen Rechts entstehen gemäß dem *Bürgerlichen Gesetzbuch* § 80 durch das sogenannte **Stiftungsgeschäft** und die Genehmigung durch die zuständige Behörde des Landes, in dem die Stiftung ihren Sitz hat. Das Stiftungsgeschäft unter Lebenden bedarf der schriftlichen Form in Gestalt einer Satzung, die den Namen und Sitz der Stiftung, den Stiftungszweck, das Vermögen und die Bildung des Stiftungsvorstands regeln muss.

Geschäftsführung
Der Vorstand leitet die Stiftung und vertritt diese nach außen. Einzelheiten der Geschäftsführung und der Vertretung regelt die jeweilige Satzung der Stiftung.

Haftung
Die Stiftung haftet unbeschränkt, während der Stifter nicht einmal mittelbar haftet, da er keine Rechte mehr am Vermögen der Stiftung hat.

Gewinn- und Verlustverteilung
Da Gewinne und Verluste in der Stiftung zur Verwendung für den Stiftungszweck verbleiben, wird keine Gewinn- und Verlustverteilung vorgenommen.

Organe
Als Organ der Stiftung ist nur der **Vorstand** beziehungsweise die **Geschäftsführung** gesetzlich vorgeschrieben. Die Einrichtung weiterer Gremien ist jedoch möglich und erfolgt vielfach in Form von **Gesellschafterversammlungen**, **Kuratorien** oder **Stiftungsräten**. Diese Organe haben die Funktion von Aufsichtsgremien, die die Tätigkeit des Vorstandes im Hinblick auf den Stiftungszweck überwachen und in wesentlichen Fragen der Stiftung ein Mitentscheidungs- oder Vetorecht haben.

Besteuerung
Die Stiftung ist als juristische Person mit den von ihr erzielten Einkünften körperschaftsteuerpflichtig, sofern sie nicht als gemeinnützige Stiftung davon befreit ist. Bei gewerblicher Betätigung wird auch Gewerbesteuer fällig.

Zusammenfassung Kapitel 4

- Rechtsformentscheidungen haben dispositiven Charakter, allerdings besteht Typenzwang.
- Mit der Verselbstständigung des Betriebsvermögens wird die Haftung immer weiter beschränkt.
- Gesellschaften sind zweckgerichtete Personenvereinigungen auf der Grundlage privatrechtlicher Gesellschaftsverträge.
- Körperschaften sind rechtlich verselbstständigte Gesellschaften mit eigener Rechtspersönlichkeit.
- Juristische Personen sind Rechtspersönlichkeiten, die über ihre Organe wie natürliche Personen am Rechtsverkehr als Träger von Rechten und Pflichten teilnehmen.
- Handelsgewerbe ist jeder Gewerbebetrieb, es sei denn, dass das Unternehmen nach Art oder Umfang einen in kaufmännischer Weise eingerichteten Geschäftsbetrieb nicht erfordert.
- Ist-Kaufleute sind Kaufleute Kraft Betätigung, Kann-Kaufleute Kraft Eintragung und Form-Kaufleute kraft Rechtsform.
- Die Firma ist der Name eines Kaufmanns, unter dem dieser seine Geschäfte betreibt und seine Unterschrift leistet.
- Hinsichtlich der Geschäftsführung werden eine Gesamt- und eine Einzelgeschäftsführung unterschieden.
- Die Gewinn- und Verlustverteilung erfolgt in der Regel nach Anteilen oder Köpfen.
- Die unternehmerische Mitbestimmung der Arbeitnehmer hängt von der Rechtsform ab.
- Die meisten Veröffentlichungen erfolgen über das Handelsregister.
- Die Rechtsformen unterscheiden sich im Hinblick auf die Rechnungslegungs- und Informationspflichten.
- Die Prokura ermächtigt zu allen Arten von gerichtlichen und außergerichtlichen Geschäften und Rechtshandlungen, die der Betrieb eines Handelsgewerbes mit sich bringt.
- Einzelkaufleute sind dadurch gekennzeichnet, dass ein Ist- oder ein Kann-Kaufmann sein Handelsgewerbe oder sein gewerbliches Unternehmen ohne Gesellschafter betreibt.
- Eine Offene Handelsgesellschaft ist eine Personengesellschaft, deren Zweck auf den Betrieb eines kaufmännischen Handelsgewerbes unter gemeinschaftlicher Firma gerichtet ist, ohne dass eine Haftungsbeschränkung der Gesellschafter gegenüber den Gesellschaftsgläubigern besteht.

- Eine Kommanditgesellschaft ist eine Personengesellschaft, deren Zweck auf den Betrieb eines Handelsgewerbes unter gemeinschaftlicher Firma gerichtet ist und bei der mindestens ein Komplementär gegenüber den Gesellschaftsgläubigern unbeschränkt und mindestens ein Kommanditist nur mit seiner Einlage haftet.
- Eine GmbH & Co. KG ist eine Kommanditgesellschaft, deren Vollhafter eine Gesellschaft mit beschränkter Haftung ist.
- Eine Europäische wirtschaftliche Interessenvereinigung ist eine besondere Form der Offenen Handelsgesellschaft, die der grenzüberschreitenden Zusammenarbeit von mittelständischen Unternehmen und von Angehörigen der freien Berufe dient.
- Eine Partnerschaft ist eine Personengesellschaft, deren Angehörige nur natürliche Personen sein können, die kein Gewerbe ausüben.
- Eine Gesellschaft mit beschränkter Haftung ist eine Kapitalgesellschaft, die einen beliebigen Zweck verfolgen kann und bei der alle Gesellschafter gegenüber den Gesellschaftsgläubigern nur mit ihrer Einlage haften.
- Eine Aktiengesellschaft ist eine Kapitalgesellschaft, die einen beliebigen Zweck verfolgen kann, deren Grundkapital in Aktien zerlegt ist und bei der alle Aktionäre gegenüber den Gesellschaftsgläubigern nur mit ihrer Einlage haften.
- Eine Eingetragene Genossenschaft ist eine Gesellschaft von nicht geschlossener Mitgliederzahl, die die Förderung des Erwerbs oder der Wirtschaft ihrer Mitglieder mittels eines gemeinschaftlichen Geschäftsbetriebes bezweckt.
- Eine Stiftung ist eine rechtlich verselbstständigte Vermögensmasse mit eigener Rechtspersönlichkeit, die mit ihrem Vermögen einen vom Stifter festgelegten Zweck dauerhaft fördern soll.

Weiterführende Literatur Kapitel 4

Rose, G./Glorius-Rose, C.: Unternehmen: Rechtsformen und Verbindungen. Ein Überblick aus betriebswirtschaftlicher, rechtlicher und steuerlicher Sicht, Köln.
Klunzinger, E.: Grundzüge des Gesellschaftsrechts, München.
Stehle, H./Stehle, A.: Die rechtlichen und steuerlichen Wesensmerkmale der verschiedenen Gesellschaftsformen, Stuttgart et al.
Hierl, S./Huber S.: Rechtsformen und Rechtsformwahl, Wiesbaden.

Weiterführende Internetverweise Kapitel 4

http://bundesrecht.juris.de/aktg/: Text des Aktiengesetzes.
http://bundesrecht.juris.de/betrvg/: Text des Betriebsverfassungsgesetztes.
http://bundesrecht.juris.de/bgb/: Text des Bürgerlichen Gesetzbuches.
http://bundesrecht.juris.de/drittelbg/: Text des Gesetzes über die Drittelbeteiligung der Arbeitnehmer im Aufsichtsrat (DrittelbG).
http://bundesrecht.juris.de/ewivag/: Gesetz zur Ausführung der EWG-Verordnung über die Europäische Wirtschaftliche Interessenvereinigung.

http://bundesrecht.juris.de/geng/: Text des Gesetzes betreffend die Erwerbs- und Wirtschaftsgenossenschaften.
http://bundesrecht.juris.de/gmbhg/: Text des Gesetzes betreffend die Gesellschaften mit beschränkter Haftung.
http://bundesrecht.juris.de/hgb/: Text des Handelsgesetzbuches.
http://bundesrecht.juris.de/mitbestg/: Text des Gesetzes über die Mitbestimmung der Arbeitnehmer.
http://bundesrecht.juris.de/montanmitbestg/: Text des Gesetzes über die Mitbestimmung der Arbeitnehmer in den Aufsichtsräten und Vorständen der Unternehmen des Bergbaus und der Eisen und Stahl erzeugenden Industrie (MontanMitbestG).
http://bundesrecht.juris.de/partgg/: Text des Gesetzes über Partnerschaftsgesellschaften Angehöriger Freier Berufe.
http://bundesrecht.juris.de/publg/: Text des Gesetzes über die Rechnungslegung von bestimmten Unternehmen und Konzernen.
http://eur-lex.europa.eu/LexUriServ/LexUriServ.do?uri=CELEX:31985R2137:DE:HTML: Text der Verordnung (EWG) Nummer 2137/85 des Rates vom 25. Juli 1985 über die Schaffung einer Europäischen wirtschaftlichen Interessenvereinigung (EWIV).
www.dgrv.de: Internetseite des *Deutschen Genossenschafts- und Raiffeisenverbandes (DGRV)*.
www.europaeische-rechtsformen.de: Internetseite zu den wichtigsten europäischen Rechtsformen.
www.gruenderleitfaden.de/recht/unternehmensrecht/rechtsformen.html: Internetseite der *VDI/VDE Innovation + Technik GmbH* in Zusammenarbeit mit dem *Bundesministerium für Wirtschaft und Technologie* mit Hinweisen zur Rechtsformwahl für Gründer.
www.stiftungen.org: Internetseite des *Bundesverbandes Deutscher Stiftungen*.

Schlüsselbegriffe Kapitel 4

- Typenzwang
- Gesellschaft
- Gesamthandsvermögen
- Körperschaft
- Juristische Person
- Zweckvermögen
- Handelsgewerbe
- Ist-Kaufmann
- Kann-Kaufmann
- Form-Kaufmann
- Handelsgesellschaft
- Personenhandelsgesellschaft
- Außengesellschaft
- Innengesellschaft
- Firma
- Geschäftsführung
- Gesamtgeschäftsführung
- Einzelgeschäftsführung
- Vertretung
- Haftung
- Einkommensteuer
- Körperschaftsteuer
- Gewerbesteuer
- Mitbestimmung
- Publizität
- Handelsregister
- Rechnungslegung
- Prokura
- Handlungsvollmacht
- Einzelunternehmen
- Freiberufler
- Personengesellschaft
- Gesellschaft bürgerlichen Rechts
- Offene Handelsgesellschaft
- Kommanditgesellschaft
- Komplementär
- Kommanditist
- Grundtypenvermischung

- Europäische Wirtschaftliche Interessenvereinigung
- Partnerschaftsgesellschaft
- Stille Gesellschaft
- Kapitalgesellschaft
- Gesellschaft mit beschränkter Haftung
- Gesellschafterversammlung
- Aufsichtsrat
- Aktiengesellschaft
- Aktie
- Hauptversammlung
- Eingetragene Genossenschaft
- Stiftung

Fragen Kapitel 4

Frage 4-1: *Definieren Sie den Begriff »Rechtsform«.*
Frage 4-2: *Definieren Sie den Begriff »Rechtsformentscheidung«.*
Frage 4-3: *Definieren Sie den Begriff »Gesellschaft«.*
Frage 4-4: *Erläutern Sie, was unter dem Gesamthandsvermögen verstanden wird und bei welchen Rechtsformen dieses in Erscheinung tritt.*
Frage 4-5: *Definieren Sie den Begriff »Körperschaft«.*
Frage 4-6: *Definieren Sie den Begriff »Juristische Person«.*
Frage 4-7: *Erläutern Sie, was das Trennungsprinzip besagt.*
Frage 4-8: *Erläutern Sie, was unter dem Zweckvermögen verstanden wird und bei welchen Rechtsformen dieses in Erscheinung tritt.*
Frage 4-9: *Definieren Sie den Begriff »Kaufmann«.*
Frage 4-10: *Erläutern Sie die zwei Voraussetzungen für das Vorliegen eines Handelsgewerbes.*
Frage 4-11: *Nennen Sie die vier Kaufmannsarten.*
Frage 4-12: *Erläutern Sie, was Ist-Kaufleute sind und auf welche Rechtsformen dies zutrifft.*
Frage 4-13: *Erläutern Sie, was Form-Kaufleute sind und auf welche Rechtsformen dies zutrifft.*
Frage 4-14: *Erläutern Sie, was Kann-Kaufleute sind und auf welche Rechtsformen dies zutrifft.*
Frage 4-15: *Nennen Sie zwei Rechtsformen, die keine Kaufleute sind.*
Frage 4-16: *Erläutern Sie, welche Konsequenzen sich aus den Kaufmannseigenschaften ergeben.*
Frage 4-17: *Erläutern Sie den Unterschied zwischen Außen- und Innengesellschaften.*
Frage 4-18: *Definieren Sie den Begriff »Firma«.*
Frage 4-19: *Erläutern Sie den Unterschied zwischen der Geschäftsführung und der Geschäftsleitung.*
Frage 4-20: *Erläutern Sie, welche Konsequenzen sich aus der Einzelgeschäftsführung und -vertretung ergeben.*
Frage 4-21: *Erläutern Sie, wie sich Einzelunternehmen, Personengesellschaften und Körperschaften hinsichtlich der Haftung unterscheiden.*
Frage 4-22: *Erläutern Sie, wie die Gewinne und Verluste einer Gesellschaft verteilt werden können.*
Frage 4-23: *Erläutern Sie, welche Steuerarten im Hinblick auf Rechtsformentscheidungen von besonderer Bedeutung sind.*

Frage 4-24: *Erläutern Sie, welche zwei Formen der Arbeitnehmer-Mitbestimmung unterschieden werden.*
Frage 4-25: *Erläutern Sie den Unterschied zwischen der Prokura und der Handlungsvollmacht.*
Frage 4-26: *Erläutern Sie, wozu das Handelsregister dient.*
Frage 4-27: *Erläutern Sie, welche rechtsformabhängigen Kosten bei Rechtsformentscheidungen zu beachten sind.*
Frage 4-28: *Nennen Sie mindestens vier Berufsgruppen, die typische Freiberufler sind.*
Frage 4-29: *Definieren Sie den Begriff »Einzelkaufleute«.*
Frage 4-30: *Definieren Sie den Begriff »Gesellschaft bürgerlichen Rechts«.*
Frage 4-31: *Nennen Sie mindestens drei Beispiele für den Einsatz von Gesellschaften bürgerlichen Rechts.*
Frage 4-32: *Erläutern Sie, inwiefern sich die offene Handelsgesellschaft von der Gesellschaft bürgerlichen Rechts unterscheidet.*
Frage 4-33: *Erläutern Sie, welche zwei Arten von Gesellschaftern es bei der Kommanditgesellschaft gibt.*
Frage 4-34: *Erläutern Sie, inwiefern sich die GmbH & Co. KG von der Kommanditgesellschaft unterscheidet.*
Frage 4-35: *Erläutern Sie die Besonderheiten der Europäischen Wirtschaftlichen Interessenvereinigung.*
Frage 4-36: *Erläutern Sie, in welchen Fällen es sinnvoll ist, eine Partnerschaft nach dem Partnerschaftsgesetz zu gründen?*
Frage 4-37: *Definieren Sie den Begriff »Stille Gesellschaft«.*
Frage 4-38: *Erläutern Sie, welche grundlegenden Unterschiede zwischen Körperschaften und Personengesellschaften bestehen.*
Frage 4-39: *Erläutern Sie, welche Merkmale die Gesellschaften mit beschränkter Haftung kennzeichnen.*
Frage 4-40: *Erläutern Sie, welche Aufgaben die Organe von Gesellschaften mit beschränkter Haftung haben.*
Frage 4-41: *Erläutern Sie, worin sich die Unternehmergesellschaft (haftungsbeschränkt) von der normalen Gesellschaft mit beschränkter Haftung unterscheidet.*
Frage 4-42: *Erläutern Sie, worin sich Stammaktien von Vorzugsaktien unterscheiden.*
Frage 4-43: *Erläutern Sie, worin sich Inhaberaktien von Namensaktien unterscheiden.*
Frage 4-44: *Erläutern Sie, worin sich Aktiengesellschaften von Gesellschaften mit beschränkter Haftung unterscheiden.*
Frage 4-45: *Erläutern Sie, für welche Arten von Unternehmen sich die Societas Europaea eignet.*
Frage 4-46: *Erläutern Sie, worin sich Kommanditgesellschaften auf Aktien von Kommanditgesellschaften unterscheiden.*
Frage 4-47: *Erläutern Sie, welche allgemeinen Zwecke Genossenschaften haben.*
Frage 4-48: *Definieren Sie den Begriff »Stiftung«.*
Frage 4-49: *Erläutern Sie, was unter Destinatären verstanden wird.*

Rechtsformentscheidungen
Lösungen Kapitel 4

Fallstudie Kapitel 4

Die Speedy GmbH will sich an einem Zulieferer, von dem sie relativ abhängig ist, beteiligen. Das Unternehmen hat 120 Mitarbeiter und wird von dem Unternehmer Franz Stur als Einzelunternehmen geführt. Franz Stur ist 73 Jahre alt und hat fünf untereinander sehr zerstrittene Kinder, von denen keines das Unternehmen weiterführen will. Da das Unternehmen das Lebenswerk von Franz Stur ist, will er einen Nachfolger einlernen und noch einige Jahre lang Einfluss auf die Unternehmenspolitik nehmen können. Franz Stur ist finanziell unabhängig und neben der Speedy GmbH scheint sich noch ein anderer Automobilhersteller für den Zulieferer zu interessieren.

(1) Welche Ziele verfolgen die Speedy GmbH und Franz Stur bei der Rechtsformwahl im Rahmen einer Beteiligung wahrscheinlich vorrangig?

(2) Als eine Möglichkeit prüfen die Rechtsanwälte der Speedy GmbH die Umwandlung des Einzelunternehmens von Franz Stur in eine Gesellschaft, an der sich die Speedy GmbH beteiligt. Welche Rechtsformen wären dafür am geeignetsten?

(3) Welche Vor- und Nachteile hätte statt der Umwandlung in eine Gesellschaft eine stille Beteiligung der Speedy GmbH?

(4) Eine weitere Möglichkeit wäre die Gründung eines Gemeinschaftsunternehmens. Welche Rechtsform wäre in diesem Fall für das Gemeinschaftsunternehmen geeignet und welche für das Unternehmen von Franz Stur?

(5) Wäre es für Franz Stur sinnvoll, eine Stiftung zu gründen?

Lösungen Kapitel 4

Für die Fallstudie gibt es keine eindeutige Lösung. Lösungshinweise werden deshalb nicht zur Verfügung gestellt.

Studierende, deren Dozenten das Buch einsetzen, finden passwortgeschützte Lösungsbeispiele unter folgender Internetadresse:
www.EinfuehrungInDieBetriebswirtschaftslehre.de/bwl-loesungen.html

Das Passwort für die Lösungen erhalten Sie von Ihrem Dozenten:

Passwort:

5 Entscheidungen über zwischenbetriebliche Verbindungen

Kapitelnavigator

Inhalt	Lernziel
5.1 Grundlagen	5-1 Die Grundlagen von Entscheidungen über zwischenbetriebliche Verbindungen kennen.
5.2 Formen der Kooperation	5-2 Die verschiedenen Formen der Kooperation kennen.
5.3 Formen der Konzentration	5-3 Die verschiedenen Formen der Konzentration kennen.
5.4 Besondere Ausprägungen zwischenbetrieblicher Verbindungen	5-4 Die besonderen Ausprägungen zwischenbetrieblicher Verbindungen kennen.

So wie es zwischen Menschen mehr oder weniger enge Verbindungen gibt, so kann es auch zwischen Betrieben mehr oder weniger enge Verbindungen geben. In der Regel dienen diese dazu, gemeinsame Ziele zu verfolgen oder – wenn es sich um sehr enge Verbindungen handelt – nicht aus sich selbst heraus, sondern extern zu wachsen.

Bei den weiteren Ausführungen werden wir dabei von folgender Definition zwischenbetrieblicher Verbindungen ausgehen (vergleiche *Pausenberger, E.* 1989: Seite 621):

> Der Begriff der **zwischenbetrieblichen Verbindung** bezeichnet aus funktionaler Sicht den Prozess des Eingehens einer Verbindung zwischen Unternehmen und aus institutioneller Sicht den daraus resultierenden Zustand in Form einer Verbindung zwischen diesen Unternehmen.

5.1 Grundlagen

5.1.1 Formen zwischenbetrieblicher Verbindungen

Die unterschiedlichen Formen von zwischenbetrieblichen Verbindungen lassen sich anhand der in ↗ Abbildung 5-1 aufgeführten Kriterien systematisieren. Nachfolgend werden wir insbesondere auf die Ebenen, die Reichweite, die Bindungsintensität und die Bindungsinstrumente der Verbindungen eingehen (vergleiche zum Folgenden *Hopfenbeck, W.* 1998: Seite 148 f. und *Steiner, M.* 1993: Seite 161).

5.1 Entscheidungen über zwischenbetriebliche Verbindungen
Grundlagen

Abb. 5-1

Merkmale zwischenbetrieblicher Verbindungen

Vergleiche *Pausenberger, E.* 1989: Seite 622

5.1.1.1 Ebenen zwischenbetrieblicher Verbindungen

In Abhängigkeit von Unterschieden hinsichtlich der Produktions- und der Absatzstufen und hinsichtlich der Branchen der sich verbindenden Unternehmen können drei Arten von Verbindungen unterschieden werden (↗ Abbildung 5-2, *Pausenberger, E.* 1989: Seite 622 f. und *Wöhe, G.* 2002: Seite 303 f.):

Vertikale zwischenbetriebliche Verbindungen

Bei einer vertikalen zwischenbetrieblichen Verbindung arbeiten Unternehmen aus vor- und nachgelagerten Produktions- und Absatzstufen zusammen, also beispielsweise ein Automobilhersteller mit einem Zulieferer oder einem Autohändler. Erfolgt eine Mehrheitsbeteiligung an dem vor- oder nachgelagerten Unternehmen oder eine Fusion mit diesem Unternehmen, so wird von einer **Rückwärts-** oder einer **Vorwärtsintegration** gesprochen.

Grundformen von zwischenbetrieblichen Verbindungen

Horizontale zwischenbetriebliche Verbindungen

Kennzeichnend für horizontale zwischenbetriebliche Verbindungen ist die Beteiligung von Unternehmen derselben Branche und derselben Produktions- oder Absatzstufe. Dies ist beispielsweise dann der Fall, wenn zwei Automobilhersteller gemeinsam Fahrzeuge entwickeln.

Diagonale zwischenbetriebliche Verbindungen

Bei diagonalen zwischenbetrieblichen Verbindungen, die auch als heterogen, gemischt, diversifiziert oder konglomerat bezeichnet werden, verbinden sich branchenfremde Unternehmen miteinander. Dies ist beispielsweise der Fall, wenn ein Automobilhersteller mit einem Kreditkartenunternehmen zusammenarbeitet.

Abb. 5-2 Ebenen zwischenbetrieblicher Verbindungen

> **Wirtschaftspraxis 5-1**
>
> **Gemeinsame Entwicklung integrierter Trainingssysteme**
>
> Im Rahmen einer diagonalen Zusammenarbeit entwickelten der Sportartikelhersteller *Adidas* und der marktführende Hersteller von Herzfrequenzmessgeräten, *Polar*, unter der Bezeichnung »*Project Fusion*« ein integriertes Trainingssystem, bei dem ein Sensor zur Messung der Herzfrequenz in die Oberbekleidung und ein Sensor zur Messung der Geschwindigkeit und der Distanz in die Schuhe von *Adidas* integriert wurden. Die damit ermittelten Daten werden per Funk an einen Running Computer von *Polar* am Handgelenk übertragen, wo sie angezeigt und aufgezeichnet werden.
>
> Ein ähnliches System, bei dem der *iPod* als Auswertungssystem arbeitet, entwickelten auch die Unternehmen *Nike* und *Apple* im Rahmen einer diagonalen Zusammenarbeit.
>
> Quellen: *Hofer, J.*: Gespräch mit dem Hosenträger, in: Handelsblatt, Nummer 137 vom 19.07.2006, Seite 18 und *Riecke, T.*: Nike trägt Apples iPod in die Welt des Sports, in: Handelsblatt, Nummer 101 vom 26.05.2006, Seite 18.

Die nachfolgenden Ausführungen beziehen sich vor allem auf horizontale und diagonale zwischenbetriebliche Verbindungen, während auf vertikale Verbindungen im ↗ Kapitel 15 Beschaffung näher eingegangen wird.

5.1.1.2 Reichweite zwischenbetrieblicher Verbindungen

Hinsichtlich der Reichweiten zwischenbetrieblicher Verbindungen können drei Formen unterschieden werden:

Unternehmensweite zwischenbetriebliche Verbindungen

Grundformen von zwischenbetrieblichen Verbindungen

Bei unternehmensweiten zwischenbetrieblichen Verbindungen wird entlang der gesamten Wertschöpfungskette mit anderen Unternehmen zusammengearbeitet. Diese Form der Verbindung findet sich meist bei kleinen und mittleren Unternehmen, die nicht divisional organisiert sind.

> **Wirtschaftspraxis 5-2**
>
> **Bereichs- und funktionsbezogene Verbindung zwischen VW und Ford**
>
> Ein Beispiel für eine bereichs- und funktionsbezogene zwischenbetriebliche Verbindung ist die gemeinsame Entwicklung und Produktion des *VW Sharan*, des *Ford Galaxy* und des *Seat Alhambra* durch die *Volkswagen AG* und die *Ford AG*. Seit die *EU-Kommission* die Verbindung 1991 genehmigte, werden die – bis auf den Kühlergrill und einzelne Designteile – baugleichen Fahrzeuge in einem Gemeinschaftsunternehmen in der Nähe von Lissabon produziert. Der Absatz der Fahrzeuge erfolgt dann getrennt nach Marken, wobei sich die Fahrzeuge hinsichtlich des Verkaufspreises erheblich unterscheiden.
>
> Quelle: *Schäfer-Kunz, J.*: Strategische Allianzen im deutschen und europäischen Kartellrecht, Frankfurt et al. 1995, Seite 112 ff.

Abb. 5-3
Beispiele funktionsbezogener zwischenbetrieblicher Verbindungen

Bereichsbezogene zwischenbetriebliche Verbindungen
Größere Unternehmen arbeiten mit anderen Unternehmen in der Regel nur in bestimmten Produkt-, Kunden- oder geografischen Bereichen zusammen.

Funktionsbezogene zwischenbetriebliche Verbindungen
Unabhängig von der Größe der beteiligten Unternehmen beschränken sich zwischenbetriebliche Verbindungen häufig auf einzelne Funktionen, also beispielsweise die gemeinsame Entwicklung eines neuen Produkts, dessen Produktion oder dessen Absatz (↗ Abbildung 5-3).

5.1.1.3 Bindungsintensität zwischenbetrieblicher Verbindungen
Der Maßstab für die Bindungsintensität von zwischenbetrieblichen Verbindungen ist der Grad der wirtschaftlichen und rechtlichen Selbstständigkeit der beteiligten Unternehmen. Dabei können zwei Grundformen unterschieden werden (↗ Abbildung 5-4, *Pausenberger, E.* 1989: Seite 623 f. und *Wöhe, G.* 2002: Seite 303):

Grundformen zwischenbetrieblicher Verbindungen

Kooperation
Bei der Kooperation bleibt die rechtliche Selbstständigkeit der beteiligten Unternehmen ganz und die wirtschaftliche Selbstständigkeit zumindest weitgehend erhalten. Die Bindungsintensität wird insbesondere durch entsprechende Verträge zwischen den beteiligten Unternehmen erhöht.

Abb. 5-4

Bindungsintensität zwischenbetrieblicher Verbindungen

Vergleiche *Wöhe, G.* 2002: Seite 302

Konzentration

Bei der Konzentration durch die Bildung von Konzernen verlieren die beteiligten Unternehmen ihre wirtschaftliche, bei der Fusion zusätzlich noch ihre rechtliche Selbstständigkeit.

5.1.1.4 Bindungsinstrumente zwischenbetrieblicher Verbindungen

Zwischenbetriebliche Verbindungen lassen sich auch danach differenzieren, welche Bindungsinstrumente eingesetzt werden. Grundsätzlich können Bindungen durch Verhaltenskoordinierung und/oder Strukturveränderungen geschaffen werden (↗ Abbildung 5-5, zum Folgenden vergleiche *Schäfer-Kunz, J.* 1995: Seite 75 ff.):

Bindung durch Verhaltenskoordinierung

Unternehmen können ihr Vorgehen insgesamt oder in bestimmten Unternehmensbereichen und/oder Funktionen aufeinander abstimmen. Mögliche Instrumente zur Verhaltenskoordinierung im Rahmen der Verbindung von Unternehmen sind:

- der Abschluss von **Verträgen**,
- die Stellung von **Aufsichtsorganen**, wie beispielsweise Aufsichtsräten, und
- die – heute nicht mehr ganz so wichtige – Erzeugung von **familiären Beziehungen**, wie etwa durch Heirat.

Instrumente der Verhaltenskoordinierung

Grundlagen **5.1**

Abb. 5-5

Bindungsinstrumente

Bindung durch Strukturveränderungen
Um engere Bindungen zwischen Unternehmen herzustellen, stimmen diese häufig nicht nur ihre Vorgehensweise aufeinander ab, sondern schaffen durch die Gründung von Gesellschaften sowie den Einsatz von Kapital zusätzliche Bindungen. Entsprechende Bindungsinstrumente sind:
- die Gründung **gemeinsamer Gesellschaften**, wie dies beispielsweise bei Verbänden, Arbeitsgemeinschaften, Genossenschaften oder Gemeinschaftsunternehmen anzutreffen ist,
- das Eingehen von einseitigen oder wechselseitigen **Beteiligungen** und
- die **Aufnahme des Vermögens** anderer Unternehmen im Rahmen von Fusionen.

Instrumente der Strukturveränderung

5.1.1.4.1 Verträge
Verträge sind ein wichtiges Instrument zur Bindung von Unternehmen. Sogenannte **Kooperationsverträge** enthalten in der Regel Angaben über den Gegenstand und das Ziel der zwischenbetrieblichen Verbindung, die Dauer der Verbindung und die Rechte und Pflichten der beteiligten Unternehmen.

Ergänzend zu Strukturveränderungen werden häufig noch sogenannte **Unternehmensverträge** geschlossen. Nach dem Aktiengesetz (*Aktiengesetz* §§ 291 und 292) werden folgende Arten von Unternehmensverträgen unterschieden (vergleiche *Jung, H.* 2004: Seite 142 f.):

Arten von Unternehmensverträgen

Beherrschungsverträge
Bei einem Beherrschungsvertrag unterstellt ein Unternehmen seine Leitung einem anderen Unternehmen. Durch den Abschluss eines solchen Vertrages entsteht ein sogenannter **Vertragskonzern**.

5.1 Entscheidungen über zwischenbetriebliche Verbindungen
Grundlagen

> **Wirtschaftspraxis 5-3**
>
> **Der Beherrschungs- und Gewinnabführungsvertrag zwischen Wella und Procter & Gamble**
>
> Im Juni 2004 veröffentlichte die *Wella AG* folgende Presseinformation:
> »Die *Wella AG* gibt bekannt, dass der Beherrschungs- und Gewinnabführungsvertrag mit der *Procter & Gamble Holding GmbH & Co. Operations OHG*, einer 100 %igen Tochter der *Procter & Gamble Company*, im Handelsregister Darmstadt eingetragen und somit wirksam geworden ist. Die Hauptversammlung der *Wella AG* am 8. Juni 2004 hatte dem Vertrag zugestimmt. Damit sind wichtige Weichen für die Zukunft der *Wella AG* gestellt. Auf Basis des Vertrages wird es jetzt möglich, zukünftige Strukturen für das Unternehmen zu erarbeiten und somit Mitarbeitern langfristige Perspektiven aufzuzeigen und Kunden auch weiterhin ein verlässlicher Partner zu sein. ...«
>
> Quelle: *Wella AG*: Beherrschungsvertrag zwischen der Wella AG und Procter & Gamble wirksam, unter: www.wella.com, Stand: 11.06.2004.

Gewinnabführungsverträge
In der Regel wird gleichzeitig mit dem Beherrschungsvertrag auch ein Gewinnabführungsvertrag geschlossen, nach dem sich ein Unternehmen dazu verpflichtet, seinen gesamten Gewinn an ein anderes Unternehmen abzuführen.

Teilgewinnabführungsverträge
Bei Teilgewinnabführungsverträgen verpflichtet sich ein Unternehmen dazu, einen festgelegten Teil seines Gewinns an ein anderes Unternehmen abzuführen.

Verträge über Gewinngemeinschaften
Im Rahmen von Gewinngemeinschaften legen Unternehmen Teile ihrer Gewinne oder ihre gesamten Gewinne zusammen, um den gemeinsamen Gewinn nach bestimmten Schlüsseln wieder untereinander aufzuteilen.

Betriebspacht- und Betriebsüberlassungsverträge
Betriebspacht- und Betriebsüberlassungsverträge regeln die Verpachtung oder die Überlassung des ganzen Betriebes oder von Teilen davon an andere Unternehmen.

5.1.1.4.2 Beteiligungen

Unternehmen können sich an anderen Unternehmen beteiligen, indem sie an Börsen oder direkt von anderen Aktionären beziehungsweise Gesellschaftern Aktien beziehungsweise Geschäftsanteile des Unternehmens erwerben. Durch die Beteiligung erhalten die Unternehmen nicht nur Gewinnansprüche, sondern können auch auf die Unternehmenspolitik Einfluss nehmen. In Abhängigkeit von dem Anteil am Gesellschaftskapital werden verschiedene Formen der Beteiligung unterschieden (↗ Abbildung 5-6, *Rose, G./Glorius-Rose, C.* 2001: Seite 104 ff. und *Wöhe, G.* 2002: Seite 315 und 317):

Formen der Beteiligung

Minderheitsbeteiligungen

Beteiligungen bis zu 25 Prozent werden als Minderheitsbeteiligungen bezeichnet. Die Einflussmöglichkeiten beschränken sich bei solchen Beteiligungen meist auf die Stimmabgabe bei Hauptversammlungen, also beispielsweise bei der Wahl des Aufsichtsrates. Beteiligungen ab 20 Prozent werden in Konzernabschlüssen als **assoziierte Unternehmen** aufgeführt.

Sperrminderheitsbeteiligungen

Beteiligungen zwischen 25 und 50 Prozent werden als Sperrminderheitsbeteiligungen bezeichnet. Die Sperrminorität ermöglicht es unter anderem, Änderungen der Unternehmenssatzung zu verhindern.

Mehrheitsbeteiligungen

Beteiligungen ab 50 Prozent werden als Mehrheitsbeteiligungen bezeichnet. Durch sie kann die Unternehmenspolitik maßgeblich beeinflusst werden. Mehrheitsbeteiligungen bis 75 Prozent werden dabei als **einfache Mehrheitsbeteiligungen** bezeichnet.

Abb. 5-6 Arten der Beteiligung

Vergleiche *Schierenbeck, H.* 2003: Seite 49 und *Thommen, J.-P./Achleitner A.-K.* 2003: Seite 423

- Mehrheitsbeteiligungen ab 75 Prozent werden als **qualifizierte Mehrheitsbeteiligungen**. bezeichnet. Sie erlauben es unter anderem, die Satzung des Unternehmens zu ändern.
- Ab einer Mehrheitsbeteiligung von 90 Prozent ist für eine Fusion durch Neugründung kein entsprechender Beschluss der Hauptversammlung des Tochterunternehmens mehr erforderlich.
- Ab einer Mehrheitsbeteiligung von 95 Prozent liegt eine sogenannte **Eingliederungsbeteiligung** und damit in der Regel auch ein sogenannter **Eingliederungskonzern** vor. Wird in der Hauptversammlung beschlossen, eine Eingliederung des Unternehmens in das die Eingliederungsbeteiligung haltende Unternehmen vorzunehmen, scheiden die anderen Aktionäre beziehungsweise Gesellschafter, die die restlichen fünf oder weniger Prozent besitzen gegen eine Abfindung aus dem Unternehmen aus.

Wechselseitige Beteiligungen

Je nachdem, ob sich nur ein Unternehmen an einem anderen beteiligt oder ob sich beide Unternehmen aneinander beteiligen, werden **einseitige** und **wechselseitige Beteiligungen** unterschieden. Nach dem Aktiengesetz, gelten dabei Unternehmen als verbunden, wenn die wechselseitigen Beteiligungen jeweils mindestens 25 Prozent betragen (vergleiche *Schierenbeck, H.* 2003: Seite 51).

Um zu verhindern, dass die geschäftsführenden Organe von Unternehmen sich verselbstständigen, indem zwei Unternehmen Mehrheitsbeteiligungen aneinander eingehen, gibt es in den meisten Rechtssystemen Restriktionen hinsichtlich der wechselseitigen Beteiligungen.

Wirtschaftspraxis 5-4

Der Beteiligungstausch von Bertelsmann

Im Jahr 2001 konnte sich die maßgeblich von dem Milliardär Albert Frère beeinflusste belgische Finanzholding GBL mit 25,1 Prozent an dem Gütersloher Medienkonzern Bertelsmann AG beteiligen. GBL musste Bertelsmann im Gegenzug allerdings zusichern, für eine gewisse Zeit auf 0,1 Prozent der Stimmanteile in der Bertelsmann-Hauptversammlung und damit auf eine Sperrminorität zum Verhindern wichtiger Entscheidungen zu verzichten. Im Gegenzug zu der Beteiligung erhielt Bertelsmann knapp 30 Prozent von Europas größtem privaten Fernsehanbieter, der RTL Group und steigerte damit seinen RTL-Anteil auf 67 Prozent. Später stockte Bertelsmann seine Beteiligung bei RTL weiter auf 90,4 Prozent auf. RTL wurde damit die größte und ertragsstärkste der sechs Bertelsmann-Sparten.

Hintergrund des Beteiligungstausches war die Erkenntnis des ehemaligen Bertelsmann-Vorstandschefs Thomas Middelhoff, dass im Internet-Bereich nicht die erhofften Zuwachsraten erzielt werden könnten. Er setzte deshalb verstärkt auf das ertragreiche Fernsehgeschäft.

Quelle: Tauschgeschäft – Hintergrund zur GBL-Beteiligung an Bertelsmann, unter: www.handelsblatt.com, Stand: 25.05.2006.

Grundlagen 5.1

5.1.2 Ziele zwischenbetrieblicher Verbindungen

Es gibt eine Vielzahl möglicher Ziele bei der Verbindung von Unternehmen. Meistens bestimmt dabei eine Zielkombination aus einem Hauptziel und mehreren Nebenzielen die rechtliche Form, die Intensität und die Dauer der Verbindung. Die möglichen Ziele zwischenbetrieblicher Verbindungen lassen sich in folgende Kategorien unterteilen (↗ Abbildung 5-7, zum Folgenden vergleiche *Schäfer-Kunz, J.* 1995: Seite 129 f. und die dort angegebene Literatur):

Mögliche Ziele zwischenbetrieblicher Verbindungen

Ressourcenziele

Häufig verbinden sich Unternehmen mit anderen Unternehmen, um ihre Ressourcen zu vereinen, so beispielsweise wenn zwei Fahrzeughersteller die Ressourcen Kapital und Know-how bei der Entwicklung neuer Fahrzeuge kombinieren. Zwischenbetriebliche Verbindungen können darüber hinaus auch das Ziel haben, durch organisatorisches Lernen vom Partner Know-how und Kompetenzen zuzugewinnen (↗ Kapitel 7 Organisation).

Abb. 5-7 Zielpentagon zwischenbetrieblicher Verbindungen

5.1 Entscheidungen über zwischenbetriebliche Verbindungen
Grundlagen

> **Wirtschaftspraxis 5-5**
>
> **Die wichtigsten Ziele von Fusionen und Unternehmenskäufen**
>
> Im Jahr 1998 befragte die Unternehmensberatung A. T. Kearney 260 Unternehmen der *Fortune-500-Gruppe* zu ihren Zielen bei Fusionen und Unternehmenskäufen. Die Umfrage zeigte, dass die meisten Unternehmen vor allem
> - ein weiteres Wachstum ihres Stammgeschäfts (85 Prozent der Nennungen),
> - die Realisierung von Synergien auf der Kostenseite (57 Prozent der Nennungen) und
> - den Erwerb von bestimmten Technologien (52 Prozent der Nennungen) anstrebten.
>
> Eine Neupositionierung gegenüber den Wettbewerbern (21 Prozent der Nennungen) oder das Erzielen von Steuervorteilen (12 Prozent der Nennungen) spielten dagegen nur eine untergeordnete Rolle.
>
> Quelle: *Picot, G.*: Handbuch Mergers & Acquisitions, Planung, Durchführung, Integration, Stuttgart 2002, Seite 22.

Zeitziele
Zwischenbetriebliche Verbindungen können aus den Zielsetzungen heraus erfolgen, neue Produkte und Prozesse durch die Nutzung entsprechenden Know-hows des Partners schneller zu entwickeln und ausländische Märkte über die Nutzung vorhandener Vertriebsstrukturen schneller zu erschließen.

Kostenziele
Zwischenbetriebliche Verbindungen können auch das Ziel verfolgen, durch eine gemeinsame Forschung und Entwicklung die entsprechenden Kosten zu teilen oder durch eine gemeinsame Produktion Erfahrungskurveneffekte zu erzielen (↗ Kapitel 9 Controlling). Durch einen gemeinsamen Einkauf kann die Einkaufsmacht gegenüber Zulieferern vergrößert und dadurch die Einkaufspreise gesenkt werden.

Marktstellungsziele
Durch zwischenbetriebliche Verbindungen kann versucht werden, die Marktstellung zu verbessern. So kann durch die Verbindung mit ortsansässigen Unternehmen der Zugang zu ausländischen Märkten erleichtert oder sogar erst ermöglicht werden. Auch durch die gemeinsame Entwicklung neuer Produkte, durch die Entwicklung und Durchsetzung neuer Marktstandards und durch Absprachen im Rahmen von Kartellen können die Marktstellung der beteiligten Unternehmen verbessert und durch die Errichtung von Marktschranken Märkte abgeschottet werden.

Risikoziele
Durch wechselseitige Beteiligungen oder Fusionen können sich Unternehmen vor dem Risiko feindlicher Übernahmen schützen. Zwischenbetriebliche Verbindungen können auch dazu dienen, operative Risiken, wie Forschungs- und Entwicklungsrisiken oder Vermarktungsrisiken, zu teilen und in neue Geschäftsfelder zu diversifizieren.

Grundlagen 5.1

5.1.3 Restriktionen zwischenbetrieblicher Verbindungen

Bei der Entscheidung über eine zwischenbetriebliche Verbindung gibt es eine Reihe von internen und externen Rahmenbedingungen, welche die Entscheidungsfreiheit einschränken.

5.1.3.1 Unternehmensinterne Restriktionen

Zu den unternehmensinternen Restriktionen zählen beispielsweise die persönlichen Präferenzen der Entscheidungsträger, die möglicherweise die Unabhängigkeit ihres Unternehmens erhalten wollen. Zudem legt die Satzung oder Geschäftsordnung häufig Bedingungen fest, die auch bei zwischenbetrieblichen Verbindungen beachtet werden müssen, beispielsweise Zustimmungspflicht des Aufsichtsrates oder der Gesellschafter.

5.1.3.2 Unternehmensexterne Restriktionen

Die externen Restriktionen beziehen sich vor allem auf Gesetze, die im Rahmen von zwischenbetrieblichen Verbindungen zu berücksichtigen sind. So hat der Staat in einer marktwirtschaftlichen Ordnung dafür zu sorgen, dass der Markt als Allokationsmechanismus in seiner Funktionsweise nicht beeinträchtigt wird.

5.1.3.2.1 Marktformen

Ein Indikator für einen funktionierenden Markt ist die Verteilung der Marktanteile auf die im Markt agierenden Unternehmen. Durch die Verbindung von Unternehmen kann sich deren Marktanteil erheblich verändern. In Abhängigkeit von der Konzentration der Marktanteile bei Leistungen anbietenden und Leistungen nachfragenden Unternehmen ergeben sich verschiedene Marktformen (↗ Tabelle 5-1).

Monopole und Oligopole werden im *Gesetz gegen Wettbewerbsbeschränkungen* § 19 Absatz 3 dabei folgendermaßen definiert (↗ Abbildung 5-8):

Tab. 5-1

Marktformenschema

Nachfrage \ Angebot	Monopolistisch (ein Anbieter)	Oligopolistisch (mehrere Anbieter)	Atomistisch (viele Anbieter)
Monopolistisch (ein Nachfrager)	Bilaterales Monopol	Beschränktes Nachfragemonopol	Nachfragemonopol (Monopson)
Oligopolistisch (mehrere Nachfrager)	Beschränktes Angebotsmonopol	Bilaterales Oligopol	Nachfrageoligopol (Oligopson)
Atomistisch (viele Nachfrager)	Angebotsmonopol	Angebotsoligopol	Vollkommene Konkurrenz (Polypol)

Vergleiche *Schierenbeck, H.* 2003: Seite 286

Abb. 5-8

Merkmale von Monopolen und Oligopolen

Monopol — Marktanteil > 33,3%
Oligopol I — Marktanteil > 50,0%
Oligopol II — Marktanteil > 66,6%

Ein **Monopol** liegt vor, wenn ein Unternehmen keinem oder keinem wesentlichen Wettbewerb ausgesetzt ist. Dies wird in der Regel bei Unternehmen mit einem Marktanteil von mehr als 33,3 Prozent unterstellt.

Ein **Oligopol** besteht, wenn drei Unternehmen zusammen einen Marktanteil von mehr als 50 Prozent haben oder fünf Unternehmen einen Marktanteil von mehr als 66,6 Prozent.

Einen quantitativen Indikator für die Konzentration innerhalb einer Branche stellt der sogenannte **Herfindahl-Hirschman-Index** (HHI) dar, mittels dem viele Kartellbehörden auch die Auswirkungen von zwischenbetrieblichen Verbindungen untersuchen.

5.1.3.2.2 Gesetzliche Regelungen

In Deutschland wird das Funktionieren des Marktes insbesondere durch das **Gesetz gegen Wettbewerbsbeschränkungen** (GWB), das auch als »Kartellgesetz« bezeichnet wird, und durch Artikel 85 des Vertrages zur Gründung der Europäischen Wirtschaftsgemeinschaft (EWGV) sichergestellt. Die Einhaltung dieser Gesetze überwachen die *EU-Kommission* in Brüssel und das *Bundeskartellamt* in Berlin. Zu den Aufgaben des *Bundeskartellamts* gehören im Einzelnen:

Aufgaben des Bundeskartellamtes

- die Durchsetzung des Kartellverbotes (betreffen Kartelle allerdings nur einzelne Bundesländer, so sind die dortigen Landeskartellämter zuständig),
- die Ausübung der Missbrauchsaufsicht (auch hier gibt es Landesbehörden, die für landesspezifische Fragen zuständig sind),
- die Durchführung der Fusionskontrolle (hier hat das Bundeskartellamt die ausschließliche Zuständigkeit) und
- die Wahrnehmung derjenigen Aufgaben, die den Mitgliedsstaaten der Europäischen Union durch die Wettbewerbsregeln des EU-Vertrages übertragen worden sind.

Die Hauptzielsetzung des Gesetzes gegen Wettbewerbsbeschränkungen und des Artikels 85 des EWGV ist die **Erhaltung der Marktmechanismen** und damit eines **funktionsfähigen Wettbewerbs** (vergleiche *Hopfenbeck, W.* 1998: Seite 166).

5.1.3.2.3 Auswirkungen auf den Wettbewerb

Durch funktionierende Märkte sollen die Konsumenten geschützt werden, da die Angebotsvielfalt an Produkten nicht eingeschränkt wird und der Preiswettbewerb der Anbieter erhalten bleibt. Dementsprechend werden zwei Arten des Wettbewerbs unterschieden:

Wettbewerbsarten

Produktwettbewerb

Der Produktwettbewerb ist der Wettbewerb hinsichtlich der Entwicklung und der Verbesserung von Produkten. Durch einen funktionierenden Wettbewerb sollen die Verbraucher zwischen möglichst vielen Produkten wählen können, und die Produkte sollen eine möglichst hohe Qualität haben.

Preiswettbewerb

Der Preiswettbewerb ist der Wettbewerb hinsichtlich des Preises vergleichbarer Produkte. Durch einen funktionierenden Wettbewerb sollen die Preise, zu denen die Verbraucher die Produkte erwerben können, möglichst niedrig sein. Problematisch ist dabei häufig die Marktabgrenzung. So ist es nicht sinnvoll, den Preis eines Personenkraftwagens mit dem eines Lastkraftwagens zu vergleichen, obwohl es sich bei beiden um Kraftfahrzeuge handelt.

Um den Wettbewerb zu schützen, müssen wettbewerbsbeschränkende Praktiken von Unternehmen unterbunden werden. So werden andere Unternehmen vor der Beschränkung ihrer Marktchancen bewahrt. Das Gesetz gegen Wettbewerbsbeschränkungen verbietet aus diesem Grund wettbewerbsbeschränkende Kartellverträge grundsätzlich (*Gesetz gegen Wettbewerbsbeschränkungen* § 1). Negative Auswirkungen auf den Wettbewerb werden insbesondere in den nachfolgenden Fällen vermutet:

Negative Auswirkungen

- Wenn zwischenbetriebliche Verbindungen mehrere Funktionsbereiche (Entwicklung, Produktion, Marketing) umfassen, werden die Kostenstrukturen der beteiligten Unternehmen ähnlicher und ihre Möglichkeiten, sich preislich zu unterscheiden, geringer.
- Wenn sich Unternehmen verbinden, die vergleichbare Produkte anbieten, können die Produktvielfalt und damit die Wahlmöglichkeiten für die Verbraucher eingeschränkt werden.

Zwischenbetriebliche Verbindungen müssen den Wettbewerb aber nicht zwangsläufig beschränken. Zu positiven Auswirkungen auf den Wettbewerb kann es insbesondere in den nachfolgenden Fällen kommen:

Positive Auswirkungen

- Wenn Unternehmen nur gemeinsam in einen bereits bestehenden Markt eindringen können beziehungsweise nur gemeinsam aus ihm nicht ausscheiden, erhöht sich durch zwischenbetriebliche Verbindungen die Anzahl der Anbieter.

> **Wirtschaftspraxis 5-6**
>
> **Das Zementkartell**
>
> Wie teuer wettbewerbsbeschränkende Absprachen werden können, erfuhren die Mitglieder des sogenannten »Zementkartells«. Im Jahr 2003 verhängte das *Bundeskartellamt* gegen zwölf Mitglieder des Kartells Bußgelder von über 700 Millionen Euro, davon allein 252 Millionen Euro gegen die *Heidelberg-Cement AG*.
> Die Führungskräfte der Zementhersteller hatten sich seit den 1970er-Jahren ein- bis zweimal jährlich am Rande von Messen und Verbandstagen getroffen. Bei den Treffen einigten sie sich unter anderem auf Lieferquoten und Preise sowie den Aufkauf und die spätere Stilllegung von konkurrierenden Zementwerken. Neben den Führungstreffen gab es nach Angaben des Kartellamts eine »Arbeitsebene«, die die getroffenen Beschlüsse operativ umsetzte. Über die entsprechenden Absprachen fand das Bundeskartellamt schriftliche Aufzeichnungen als Beweis.
> Durch das Kartell »zementierten« die Mitglieder ein hohes Preisniveau. So sanken die Preise für Zement nach der Zerschlagung des Kartells um mehr als 10 Prozent.
>
> Quellen: Zementhersteller müssen Bußgeld zahlen, unter: www.handelsblatt.com, Stand: 17.12.2003; Zementkartell muss Rekordbußgeld zahlen, in: Handelsblatt, Nummer 74 vom 15.04.2003, Seite 1.

▸ Wenn neue Produkte erst durch die Koppelung von Ressourcen und Kompetenzen mehrerer Unternehmen entwickelt werden können, erhöht sich durch zwischenbetriebliche Verbindungen die Anzahl angebotener Produkte.
▸ Wenn es durch zwischenbetriebliche Verbindungen zur Bildung von Standards kommt, die sich positiv auf die Produktqualität auswirken.

Ausnahmen vom Kartellverbot

Aufgrund möglicher positiver Auswirkungen gibt es in allen Kartellgesetzen auch Ausnahmetatbestände.

5.1.4 Vorgehensweise beim Eingehen von zwischenbetrieblichen Verbindungen

5.1.4.1 Vorgehensweise beim Eingehen von Kooperationen

Empirische Studien zeigen, dass rund die Hälfte aller Kooperationen scheitern. Die Risiken von Kooperationen liegen vor allem in dem vermehrten Abstimmungs- und Koordinationsbedarf, in dem Abfluss von Know-how und in dem Entstehen von ungewollten Abhängigkeiten, die die unternehmerische Entscheidungsfreiheit einschränken.

Um die Kooperationsrisiken zu verringern, sollte bei der Partnerwahl deshalb vorsichtig verfahren und die Kooperation schrittweise von den Randbereichen hin zu den Kernkompetenzen ausgeweitet werden. Dadurch wird sichergestellt, dass nicht von Anfang an sensible und für die langfristige Wettbewerbsfähigkeit wichtige Bereiche offengelegt werden.

5.1.4.2 Vorgehensweise bei Beteiligungen und Fusionen

Die meisten Fusionen und Unternehmenskäufe, die auch als **Mergers and Acquisitions** bezeichnet werden, sind im Hinblick auf die Rentabilität der beteiligten Unternehmen nicht sehr erfolgreich. In der Regel wird dies auf Fehler bei der Planung und bei der Realisierung zurückgeführt. Die Vorgehensweise erfolgt idealerweise in den folgenden Schritten (↗ Abbildung 5-9, zum Folgenden vergleiche *Picot, G.* 2000 und *Beisel, W./Klumpp, H.-H.* 2006):

Fusionsprozess

Strategieentwicklung
Als Grundlage der Beteiligung oder Fusion muss im Rahmen der unternehmensstrategischen Ausrichtung eine klare und zielgerichtete Strategie erarbeitet werden. Aufbauend auf der Wahl der angestrebten Art der zwischenbetrieblichen Verbindung wird dann ein Soll-Profil des Unternehmens erstellt, an dem eine Beteiligung erworben oder mit dem eine Fusion eingegangen werden soll.

Screening
Das Soll-Profil dient als Grundlage für das sogenannte »Screening«, in dem gezielt nach geeigneten Unternehmenskandidaten für eine Beteiligung oder eine Fusion gesucht und eine Vorauswahl getroffen wird.

Prüfung/Due Diligence
Das Unternehmen, das für eine Beteiligung oder Fusion als am besten geeignet erscheint, wird in der sogenannten »Due Diligence« einer sorgfältigen Beurteilung hinsichtlich seiner Stärken und Schwächen sowie den mit der Beteiligung oder der Fusion verbundenen Chancen und Risiken unterzogen. Dabei ist es insbesondere wichtig, die zu erwartenden Synergien und Transaktionskosten realistisch einzuschätzen.

Verhandlung
Nach einer erfolgreichen Prüfung beginnen die Verhandlungen über die Höhe des Kaufpreises und die Kaufbedingungen sowie die Gestaltung der rechtlichen und steuerlichen Regelungen. Zudem müssen im Allgemeinen viele Abstimmungen durchgeführt werden, wie beispielsweise mit Banken hinsichtlich der Finanzierung und eventuell hinsichtlich der Strategien beim Aufkauf von Aktien an den Börsen oder mit Kartellbehörden hinsichtlich der wettbewerbspolitischen Unbedenklichkeit des Vorhabens.

Beteiligung/Fusion
Wenn die Verhandlungen erfolgreich verlaufen sind, erfolgt die eigentliche Beteiligung oder Fusion. Dazu werden Aktien oder Geschäftsanteile erworben oder bei der Fusion Altaktien gegen Aktien des aufnehmenden Unternehmens getauscht.

Integration
Damit eine Beteiligung oder eine Fusion erfolgreich ist, müssen im Rahmen der sogenannten Post-Merger-Integration (PMI) die bisher wirtschaftlich und rechtlich un-

abhängigen Unternehmen zusammengeführt werden. Im Rahmen eines Change-Management-Prozesses sind dazu beispielsweise die Organisationsstrukturen, die Unternehmenskulturen und die Produktions-, die Datenverarbeitungs- und die sonstigen Systeme zusammenzuführen. Dabei ist eine ganzheitliche Vorgehensweise wichtig, die sowohl die »harten« als auch die »weichen« Faktoren berücksichtigt und unterschiedliche Unternehmenskulturen und -identitäten konsequent und nachhaltig integriert.

Controlling
Ein laufendes Controlling des Integrationsprozesses trägt mit dazu bei, den Erfolg der Beteiligung oder Fusion langfristig sicherzustellen. Für zukünftige Beteiligungen oder Fusionen empfiehlt es sich zudem, die in den vorangegangenen Schritten gewonnenen Erkenntnisse, die sogenannten »Lessons learned«, zu dokumentieren.

5.2 Formen der Kooperation

Kennzeichnend für Kooperationen ist eine niedrige Bindungsintensität zwischen den beteiligten Unternehmen und damit einhergehend eine große Selbstständigkeit der beteiligten Unternehmen. Kooperationen können dementsprechend folgendermaßen definiert werden (vergleiche *Rose, G./Glorius-Rose, C.* 2001: Seite 150 und *Wöhe, G.* 2002: Seite 303):

5.2 Formen der Kooperation

> Eine **Kooperation** ist die Verbindung von zwei oder mehr Unternehmen, bei der die wirtschaftliche Selbstständigkeit der beteiligten Unternehmen weitgehend und die rechtliche Selbstständigkeit ganz erhalten bleibt.

Nachfolgend werden Kooperationen in Form von Unternehmensverbänden, Gelegenheitsgesellschaften, Kartellen, Franchiseunternehmen, Genossenschaften und Gemeinschaftsunternehmen vorgestellt.

5.2.1 Unternehmensverbände

Zu den wettbewerbsneutralen Formen von zwischenbetrieblichen Verbindungen gehören insbesondere die Unternehmensverbände. Diese sehen ihr Ziel in der Erfüllung von gemeinsamen Aufgaben. Vorrangig geht es darum, die Interessen der Mitglieder beispielsweise gegenüber dem Gesetzgeber, den Kunden, der Politik oder der Öffentlichkeit wahrzunehmen. Prominente Beispiele für Verbände sind die Arbeitgeberverbände, die Wirtschaftsfachverbände und die Kammern. Die Rechtsform der Verbände ist in der Regel der »Eingetragene Verein« (vergleiche *Bestmann, U.* 1992: Seite 67 f., *Schierenbeck, H.* 2003: Seite 48, *Olfert, K./Rahn, H.-J.* 1997: Seite 148 f.):

Wirtschaftsfachverbände
Die Unternehmen aus bestimmten Wirtschaftszweigen und Regionen können sich in Wirtschaftsfachverbänden zusammenschließen. Sie haben vor allem **Repräsentationsfunktionen** (zum Beispiel gegenüber dem Gesetzgeber und der Öffentlichkeit), besitzen aber auch **Informationspflichten** gegenüber ihren Mitgliedern. Als Spitzenverband umfasst der *Bundesverband der Deutschen Industrie (BDI)* 34 zentrale Fachverbände, wie beispielsweise den *Verband der Deutschen Automobilindustrie (VDA)*, den *Verband der Chemischen Industrie (VCI)* und den *Zentralverband der Elektrotechnischen Industrie (ZVEI)*. Die Mitgliedschaft in diesen Verbänden ist freiwillig. Sie sind zumeist in der Form von eingetragenen Vereinen organisiert.

Arten von Unternehmensverbänden

Arbeitgeberverbände
Während Wirtschaftsfachverbände sich vor allem mit wirtschaftspolitischen Fragen beschäftigen, sind Arbeitgeberverbände sozialpolitisch engagiert. Ihr primäres Ziel besteht seit ihrer Gründung am Ende des 19. Jahrhunderts darin, bei Tarifverhandlungen einen **Gegenpol zu den Gewerkschaften** zu bilden. Die Arbeitgeberverbände erfüllen lohn- und arbeitsrechtliche Aufgaben, setzen sich mit Fragen der Personalentwicklung auseinander, beschäftigen sich mit Problemen der Altersversorgung, betreiben Öffentlichkeitsarbeit und vertreten Unternehmensinteressen bei der Sozialgesetzgebung. Die Arbeitgeberverbände sind regional (Landesverbände) und branchenspezifisch (zum Beispiel Metallindustrie) organisiert. Sie sind zu Fachspitzenverbänden zusammengeschlossen (zum Beispiel *Südwestmetall Verband der Metall- und Elektroindustrie Baden-Württemberg e. V.*), welche die Tarifverhandlungen mit den Gewerkschaften führen. Die Landesverbände und die Fachspitzenverbände sind auf Bundesebene in der *Bundesvereinigung der Deutschen Arbeitgeberverbände (BDA)*

zusammengefasst. Die Mitgliedschaft in den zumeist als eingetragene oder nicht rechtsfähige Vereine organisierten Verbänden ist freiwillig.

Kammern
Die Kammern sind die speziellen Unternehmensverbände des öffentlichen Rechts, die gesetzlich definierte Aufgaben wahrnehmen. Sie sind Gebietskörperschaften des öffentlichen Rechts und als solche nach regionalen Kriterien gegliedert. Unterschieden werden:
- Industrie- und Handelskammern, die die Interessen der gewerblichen Wirtschaft eines Kammerbezirks vertreten und deren Spitzenverband der *Deutsche Industrie- und Handelskammertag (DIHK)* ist, sowie
- Handwerkskammern, die die Interessen der Handwerksbetriebe des jeweiligen Bezirks fördern sollen und deren Spitzenverband der *Zentralverband des deutschen Handwerks (ZDH)* ist.

Zu den Aufgaben der Kammern gehören vor allem die Wahrnehmung der Interessen ihrer Mitglieder, die Förderung der gewerblichen Wirtschaft, die Unterstützung der Behörden durch Vorschläge, Berichte und Gutachten, sowie die Planung, Koordination und Förderung der Berufsausbildung. Die Mitgliedschaft in den 82 Industrie- und Handelskammern ist nicht freiwillig, sondern es besteht eine Zwangsmitgliedschaft durch das Gesetz zur vorläufigen Regelung des Rechts der Industrie- und Handelskammern vom 18. Dezember 1956.

5.2.2 Gelegenheitsgesellschaften

Arten von Gelegenheitsgesellschaften

Arbeitsgemeinschaften und Konsortien werden auch als »Gelegenheitsgesellschaften« oder als »Kooperationen im engeren Sinne« bezeichnet (vergleiche *Wöhe, G.* 2002: Seite 309 ff.):

Arbeitsgemeinschaften
In Arbeitsgemeinschaften arbeiten Unternehmen mit dem Ziel zusammen, eine inhaltlich klar definierte Aufgabe bis zu einem bestimmten Zeitpunkt zu erfüllen (↗ Abbildung 5-10). Sie sind vorwiegend im Baugewerbe und bei industriellen Großprojekten anzutreffen, wenn ein einzelnes Unternehmen aufgrund seiner produktionstechnischen und/oder finanziellen Möglichkeiten nicht in der Lage oder willens ist, einen Auftrag allein abzuwickeln. Von der »Arge« ist die Generalunternehmerschaft zu unterscheiden, bei der ein Anbieter die Gesamtverantwortung für einen Auftrag trägt und Teile davon an Subunternehmer weitergibt.

Konsortien
Im internationalen Sprachgebrauch wird der Begriff »Konsortium« in der Regel synonym zum vorgenannten Begriff der »Arbeitsgemeinschaft« verwendet, so wird beispielsweise vom »*Airbus*-Konsortium« gesprochen.

5.2 Formen der Kooperation

Abb. 5-10

Arbeitsgemeinschaft

Vergleiche *Jung, H.* 2004: Seite 125

Konsortien im engeren Sinne sind Gelegenheitsgesellschaften von Banken zur Durchführung von sogenannten **Konsortialgeschäften**. Die verschiedenen Formen von Konsortien führen typischerweise folgende Konsortialgeschäfte durch:

▸ **Emissionskonsortien** übernehmen im Rahmen der Beteiligungsfinanzierung übergangsweise neue Aktien und andere Wertpapiere und führen dann eine Emission – also Ausgabe – dieser Aktien und Wertpapiere an der Börse durch,

▸ **Kreditkonsortien** vergeben Großkredite, deren Umfang die finanziellen Möglichkeiten einzelner Banken übersteigt,

▸ **Garantiekonsortien** übernehmen Bürgschaften, beispielsweise bei Finanzierungen im Exportbereich, wenn unsicher ist, ob die Kunden zahlen werden.

Die Zusammenarbeit in Konsortien dient primär der Risiko- und Arbeitsteilung und der Kombination der Finanzkraft der beteiligten Banken. In der Regel erfolgt die Führung des Konsortiums durch eine der beteiligten Banken, den sogenannten **Konsortialführer** (vergleiche *Jung, H.* 2004: Seite 126 f.).

Konsortien und Konsortialgeschäfte

Wirtschaftspraxis 5-7

Ein Konsortium half Metro bei der Trennung von Praktiker

Kurz nachdem sie ihr Tochterunternehmen, die *Praktiker Bau- und Heimwerkermärkte Holding AG* an die Börse gebracht hatte, trennte sich die *Metro AG* im Jahr 2006 komplett von ihrem Anteil in Höhe von 40,5 Prozent. Bei der Platzierung der Aktien am Kapitalmarkt wurde das Unternehmen von einem Konsortium aus *JPMorgan*, *ABN Amro* und *Deutscher Bank* unterstützt.

Quelle: Metro trennt sich komplett von Praktiker, unter: www.handelsblatt.com, Stand: 11.04.2006.

5.2.3 Kartelle

> **Kartelle** sind zwischenbetriebliche Verbindungen, die das Ziel verfolgen, die Funktionsmechanismen von Märkten und damit den Wettbewerb einzuschränken.

In der Regel erfolgt dies zum Vorteil der beteiligten Unternehmen und zum Nachteil der Volkswirtschaft. Als Bindungsinstrumente werden nichtvertragliche Absprachen und Verträge verwendet. Nach dem Inhalt der Verbindung werden insbesondere folgende Kartellarten unterschieden (vergleiche *Bestmann, U.* 1992: Seite 64, *Diederich, H.* 1992: Seite 117 f., *Wöhe, G.* 2002: Seite 312 ff.):

Arten von Kartellen

Preiskartelle
Bei Preiskartellen werden Absprachen hinsichtlich der Preise getroffen. Dies kann sich auf die Preise von angebotenen Produkten beziehen, die möglichst hoch gehalten werden sollen, oder auf die Preise von nachgefragten Gütern, die möglichst niedrig gehalten werden sollen.

Mengenkartelle
Bei Mengenkartellen, die auch als **Quotenkartelle** bezeichnet werden, werden Absprachen hinsichtlich der Produktionsmengen getroffen, wodurch indirekt auch der Preis der angebotenen Produkte beeinflusst wird.

Konditionenkartelle
Bei Konditionenkartellen werden Absprachen hinsichtlich der Konditionen von Lieferungen und Leistungen getroffen, also beispielsweise, ob eine kostenlose Lieferung frei Haus erfolgt. Zu den Konditionenkartellen gehören auch die **Rabattkartelle**, bei denen Absprachen hinsichtlich der zu gewährenden Preisnachlässe getroffen werden.

Submissionskartelle
Bei Submissionskartellen werden Absprachen hinsichtlich der Angebotspreise bei Ausschreibungen getroffen, wodurch festgelegt wird, welches Unternehmen des Kartells einen Auftrag erhält.

Gebietskartell
Bei Gebietskartellen werden Absprachen hinsichtlich Absatzgebieten getroffen, wodurch die Anzahl der Anbieter in einer Region klein gehalten wird.

Syndikate
Syndikate sind Kartelle, bei denen als Bindungsinstrumente gemeinsame Organe verwendet werden. Beispiele für Syndikate sind das Rheinisch-Westfälisches Kohlen-Syndikat, das bis 1945 über eine Aktiengesellschaft den Verkauf der Kohle aus dem rheinisch-westfälischen Kohlenrevier regelte, oder die in Wien beheimatete Organi-

sation erdölexportierender Länder OPEC, in der Förderquoten für die Mitglieder festgelegt werden.

Neben diesen aus volkswirtschaftlicher Sicht negativen Kartellen gibt es auch Kartelle, die positiv beurteilt werden:

Normenkartelle
Bei Normenkartellen werden Absprachen hinsichtlich der technischen Eigenschaften von Produkten getroffen, um diese zu standardisieren.

Mittelstandskartelle
Bei Mittelstandskartellen treffen kleine und mittlere Unternehmen Absprachen, durch die deren Wettbewerbsposition gegenüber größeren Unternehmen verbessert wird. Zu den Mittelstandskartellen gehören die **Spezialisierungskartelle** bei denen Absprachen getroffen werden, welche Unternehmen sich auf welche Produkte spezialisieren.

5.2.4 Franchiseunternehmen

Das Franchising ist dadurch gekennzeichnet, dass ein Franchisegeber mit rechtlich selbstständigen Franchisenehmern zusammenarbeitet. Dabei kann es sich um Handels-, Produktions- oder Dienstleistungsunternehmen handeln. Die Franchisenehmer müssen das für ihre Geschäftstätigkeit erforderliche Kapital selber aufbringen. Die Rechte und Pflichten der beiden Vertragsparteien werden ausführlich geregelt. Die Bindung von Franchisegeber und -nehmer ist dabei oft so eng, dass außenstehende Personen die Vertriebsstätten der Franchisenehmer für unternehmenseigene Filialen halten (sogenannte »Quasi-Filialisierung«). Für den Franchisegeber ist auf diese Weise eine rasche Marktdurchdringung möglich.

Zu den Aufgaben des Franchisegebers gehören beispielsweise die Warenauswahl, die Vorgabe von Kalkulationsrichtlinien, die Gestaltung des Marketingkonzepts, die überregional einheitliche Produktwerbung, die Beteiligung an regionalen Verkaufsförderungs- und Werbeaktionen, die Bereitstellung von Dekorationsmaterial und Messediensten, die Personalschulung und die Verkaufsberatung.

Franchisegeber

Die Pflichten des Franchisenehmers sind insbesondere die Abnahme von Mindestmengen, die ausschließliche Beschränkung des angebotenen Sortiments auf die Produkte des Franchisegebers, die Einhaltung des vorgegebenen Preisniveaus und die Unterstützung der überregionalen Werbemaßnahmen durch eigene, lokale Aktionen. Der Franchisenehmer erhält das Recht, das Firmenzeichen und andere rechtlich geschützte Güter des Franchisegebers zu nutzen (zum Beispiel Verpackungsmaterial, Geschäftsausstattung). Seine Vorteile liegen in der Teilhabe am Know-how und am Unternehmens- und Markenimage des Franchisegebers sowie in der Entlastung von vielen Aufgaben und Entscheidungen im Bereich der Sortiments-, Preis- und Kommunikationspolitik.

Franchisenehmer

Das Franchising wird unter anderem im Automobilhandel, bei Schnellgaststätten, bei Tankstellen oder bei Baumärkten eingesetzt. Prominente Beispiele sind *McDonald's*, *Eismann*, *Schülerhilfe*, *TUI* und *OBI* (vergleiche *Rose, G./Glorius-Rose, C.* 2001: Seite 152 f. und *Wöhe, G.* 2002: Seite 593 f.).

5.2.5 Genossenschaften

Viele Unternehmen arbeiten in Genossenschaften zusammen. So gibt es in Deutschland über 5 000 Genossenschaften mit über sechzehn Millionen Mitgliedern.

> In einer **Genossenschaft** werden betriebliche Teilfunktionen für alle Mitglieder der Genossenschaft durchgeführt.

Entsprechend der durchgeführten Funktionen werden im Genossenschaftsgesetz (*Gesetz betreffend die Erwerbs- und Wirtschaftsgenossenschaften* § 1 Absatz 1) unter anderem die folgenden typischen Ausprägungen der Genossenschaft unterschieden:

- **Rohstoffvereine**, wie Einkaufsgenossenschaften, bei denen die Mitglieder durch den gemeinsamen Einkauf bessere Konditionen erzielen,
- **Produktivgenossenschaften**, wie Winzergenossenschaften, bei denen durch die gemeinsame Nutzung von Produktionsressourcen Erfahrungskurven- und Synergieeffekte erzielt werden,
- **Absatzgenossenschaften**, wie Molkerei- und Obstverwertungsgenossenschaften, die für die Mitglieder deren Produkte absetzen, und
- **Vorschuss- und Kreditvereine**, wie Volks- und Raiffeisenbanken, die primär der Finanzierung der Mitglieder dienen.

Formen von Genossenschaften

Die Bindung der zusammenarbeitenden Unternehmen erfolgt in einer Genossenschaft dabei einerseits durch Verträge und andererseits durch die Beteiligung an der Genossenschaft (vergleiche dazu das ↗ Kapitel 4 Rechtsformentscheidungen sowie *Klunzinger E.* 2004: Seite 276 ff. und *Rose, G./Glorius-Rose, C.* 2001: Seite 154).

5.2.6 Gemeinschaftsunternehmen

Zwischenbetriebliche Verbindungen in Form von Gemeinschaftsunternehmen, die bei der Beteiligung von ausländischen Partnern auch als **Joint-Ventures** bezeichnet werden, erfolgt oftmals dann, wenn zwei Unternehmen in einem bestimmten, abgegrenzten Geschäftsfeld zusammenarbeiten wollen. Gemeinschaftsunternehmen eignen sich insbesondere für die Durchführung einer gemeinsamen Forschung, Entwicklung und Produktion, da sie einem geplanten längerfristigen Engagement der Partner ein starkes Maß an Integration gegenüberstellen, während die beteiligten Unternehmen im Verhältnis zueinander weiterhin rechtlich und wirtschaftlich selbstständig bleiben.

Formen der Kooperation 5.2

Abb. 5-11

Gemeinschaftsunternehmen

Die Verbindung der beteiligten Unternehmen erfolgt in der Regel durch die Gründung eines rechtlich selbstständigen Gemeinschaftsunternehmens. Mögliche Varianten dazu sind die Beteiligung an einer bereits bestehenden Tochtergesellschaft eines der Partner oder der gemeinschaftliche Anteilserwerb an einem bereits bestehenden »fremden« Unternehmen. Üblich bei der Bildung eines Gemeinschaftsunternehmens

Bildung von Gemeinschaftsunternehmen

Wirtschaftspraxis 5-8

Ein funkelndes Gemeinschaftsunternehmen

De Beers, der größte Diamantenproduzent der Welt, brach im Jahr 2002 mit seiner bisherigen Unternehmenstradition und wandte sich zum ersten Mal in seiner über 100-jährigen Geschichte direkt an die Endverbraucher. Das Unternehmen eröffnete dazu in London das erste Geschäft einer geplanten Kette von weltweit 100 Filialen. Allerdings machte *De Beers* seine ersten Schritte auf dem Ladenparkett nicht allein. Der Konzern, der seine Wurzeln in Südafrika und seine Zentrale inzwischen in London hat, gründete dafür im Jahr 2000 mit der französischen *LVMH Group* das Gemeinschaftsunternehmen »*De Beers LV*«. Mit dem Pariser Konzern, zu dem weltberühmte Luxusmarken wie *Louis Vuitton, Moët & Chandon, Hennessy, Dom Pérignon, Veuve Clicquot Ponsardin, TAG Heuer* und *Dior* gehören, soll die neue Marke »*De Beers*« zu einem Begriff wie *Tiffany, Cartier* oder *Bulgari* werden. Die Zusammenarbeit gilt für Marktkenner als ideale Verbindung: *De Beers* steht für die Qualität der Diamanten, *LVHM* bringt sein Know-how im Einzelhandel und das kreative Potenzial seiner Designer ein.

Hinter dem neuen Kapitel in der *De-Beers*-Geschichte steckt dabei *Nicky Oppenheimer*. Der Chairman des Diamantenimperiums hatte lange über neue Vermarktungsstrategien nachgedacht. Die *Oppenheimers*, die laut *Forbes*-Magazin eine der reichsten Familien der Welt sind, bestimmen seit vier Generationen das internationale Diamantengeschäft. *Oppenheimer* sieht im Endkundengeschäft ein großes Potenzial, da die 15 größten Juweliermarken der Welt nur 13 Prozent der Diamantenumsätze auf sich vereinen, während beispielsweise die 13 bekanntesten Parfümmarken 80 Prozent des Branchenumsatzes unter sich aufteilen.

Analysten schätzen, dass *De Beers LV* 400 Millionen Dollar in die ersten 50 Filialen investieren muss. Damit sich diese Investition lohnt, müssen die Geschäfte dann mindestens 250 Millionen Dollar Umsatzerlös und 25 Millionen Dollar Gewinn im Jahr erwirtschaften.

Quelle: *Hoffbauer, A.*: De Beers will als Luxusmarke funkeln, in: Handelsblatt, Nummer 226 vom 22.11.2002, Seite 16.

sind gleich hohe Beteiligungen, beispielsweise bei zwei Partnern jeweils 50 Prozent (↗ Abbildung 5-11).

Rechtsformen von Gemeinschaftsunternehmen

Gemeinschaftsunternehmen werden regelmäßig als Kapitalgesellschaften gegründet, in Deutschland insbesondere als Gesellschaft mit beschränkter Haftung oder als Aktiengesellschaft, in anderen Ländern in vergleichbaren Rechtsformen. Die Gründung als Kapitalgesellschaft erleichtert eine paritätische Führung des Gemeinschaftsunternehmens und ermöglicht einen hohen Grad an Autonomie von den Muttergesellschaften. (vergleiche *Schäfer-Kunz, J.* 1995: Seite 78 f. und die dort angegebene Literatur).

5.3 Formen der Konzentration

Kennzeichnend für die Konzentration ist eine hohe Bindungsintensität zwischen den beteiligten Unternehmen und damit einhergehend eine Einschränkung von deren Selbstständigkeit. Die Konzentration kann wie folgt definiert werden (vergleiche *Wöhe, G.* 2002: Seite 303):

> Eine **Konzentration** ist die Verbindung von zwei oder mehr Unternehmen, bei der die wirtschaftliche Selbstständigkeit der beteiligten Unternehmen ganz verloren geht.

Die Bindung zwischen den beteiligten Unternehmen erfolgt bei der Konzentration außer durch Maßnahmen der Verhaltenskoordinierung vor allem durch Strukturveränderungen in Form von Beteiligungen oder durch die Aufnahme des Vermögens im Rahmen der Fusion.

5.3.1 Konzerne

Ein Konzern entsteht in der Regel durch den Erwerb von Beteiligungen an anderen Unternehmen. Alle Beteiligten bleiben rechtlich selbstständig, das heißt, sie bilanzieren weiterhin getrennt und sind als eigenständige Gesellschaften im Handelsregister eingetragen. Für Konzerne wird im Aktiengesetz der Oberbegriff des verbundenen Unternehmens verwendet (*Aktiengesetz* § 15). Im Aktiengesetz wird dabei zwischen sogenannten **Unterordnungskonzernen** (*Aktiengesetz* § 18 Absatz 1) und **Gleichordnungskonzernen** unterschieden (*Aktiengesetz* § 18 Absatz 2). Die weitaus meisten Konzerne sind Unterordnungskonzerne, die im Aktiengesetz (*Aktiengesetz* § 18 Absatz 1 Satz 1) folgendermaßen definiert werden:

> Sind ein herrschendes und ein oder mehrere abhängige Unternehmen unter der einheitlichen Leitung des herrschenden Unternehmens zusammengefasst, so bilden sie einen **Konzern**; die einzelnen Unternehmen sind **Konzernunternehmen**.

5.3 Formen der Konzentration

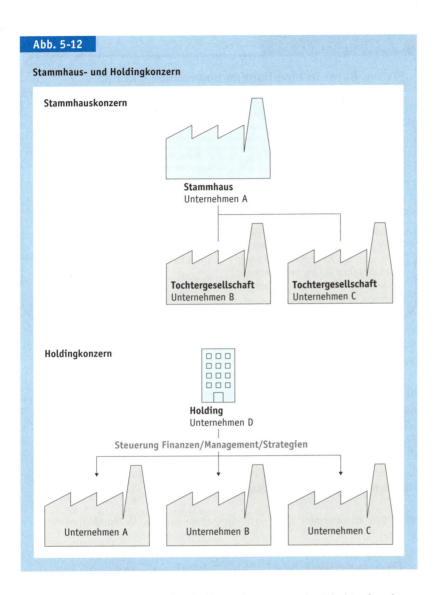

Abb. 5-12

Stammhaus- und Holdingkonzern

Abhängig davon, ob das herrschende Unternehmen operativ tätig ist, also eigene Leistungsbeziehungen zu Märkten unterhält oder nicht, werden Stammhauskonzerne und Holdingkonzerne unterschieden (↗ Abbildung 5-12):

Arten von Konzernen

Stammhauskonzern
Der Stammhauskonzern ist die traditionelle Organisationsform von Konzernen. Stammhauskonzerne sind dadurch gekennzeichnet, dass das herrschende Unternehmen, das als Stammhaus oder **Muttergesellschaft** bezeichnet wird, noch operativ tätig ist. In der Regel ist die Muttergesellschaft deutlich größer als die abhängigen Unternehmen, die als **Tochtergesellschaften** bezeichnet werden. Zudem hat die

5.3 Entscheidungen über zwischenbetriebliche Verbindungen
Formen der Konzentration

> **Wirtschaftspraxis 5-9**
>
> **Warum Bayer in eine Holding umgewandelt wurde**
>
> In ihrem Geschäftsbericht für das Jahr 2001 verdeutlicht die *Bayer AG* unter der Überschrift »Konzernumbau eingeleitet« die Motive für die Umwandlung von einem Stammhaus- in einen Holdingkonzern: »Wir beabsichtigen, den Konzern in eine strategische Holding mit vier rechtlich selbständigen operativen Einheiten für Health Care, CropScience, Polymere und Chemie sowie drei Servicegesellschaften zu überführen. Unter dem Dach einer gemeinsamen *Bayer*-Holding werden so die besten Voraussetzungen für strategische Partnerschaften geschaffen, die insbesondere in den Bereichen Health Care und Chemie angestrebt werden. Für eine rasche und erfolgreiche Integration des Pflanzenschutzgeschäfts von *Aventis CropScience* bildet diese Organisationsform eine optimale Basis. Im Polymergeschäft wird die Holdingstruktur eine noch engere Ausrichtung des Geschäfts an die Bedürfnisse des Marktes und der Kunden ermöglichen. Die Aufgaben des zukünftigen Holding-Vorstands werden auf die Formulierung der Gesamtstrategie und die Festlegung von Performancezielen, die Finanzierung und Kapitalallokation sowie die Führungskräfteentwicklung konzentriert sein.«
>
> Quelle: *Bayer AG*: Geschäftsbericht 2001, Leverkusen 2002.

Muttergesellschaft oft erheblichen Einfluss auf die operativen Tätigkeiten der Tochtergesellschaften, sodass deren Autonomie stark reduziert ist.

Holdingkonzern
Holdingkonzerne sind dadurch gekennzeichnet, dass die Leitung bei einer rechtlich selbstständigen Holdinggesellschaft liegt, die nicht mehr operativ tätig ist. Falls die Holdinggesellschaft den Konzern primär über finanzielle Größen steuert, handelt es sich um eine **Finanzholding**. Hat die Holdinggesellschaft dagegen auch Einfluss auf die Besetzung von Managementpositionen oder die Strategie der Konzernunternehmen, so handelt es sich um eine **Managementholding** oder **Strategieholding**.

Nach den eingesetzten Bindungsinstrumenten können Unterordnungskonzerne auch in:
- **Vertragskonzerne**, die auf Beherrschungsverträgen basieren,
- **faktische Konzerne**, die auf Mehrheitsbeteiligungen basieren, und
- **Eingliederungskonzerne**, die auf Eingliederungsbeteiligungen basieren,

Weitere Klassifikation von Konzernen

unterteilt werden. Der häufig verwendete Begriff des **Mischkonzerns** wird für Konzerne verwendet, die Unternehmen verschiedener Branchen umfassen (vergleiche *Rose, G./Glorius-Rose, C.* 2001: Seite 140 ff. und *Wöhe, G.* 2002: Seite 316 f.).

5.3.2 Fusionierte Unternehmen

> Bei einer **Fusion** verlieren die fusionierenden Unternehmen sowohl ihre wirtschaftliche als auch ihre rechtliche Selbstständigkeit.

Die Fusion, die auch als »Merger« bezeichnet wird, ist damit die engste Form der zwischenbetrieblichen Verbindung. Ihre Motive sind beispielsweise die Verbesserung der Marktposition, die Erweiterung der Eigen- und Fremdkapitalbasis oder die Erzielung von Synergieeffekten. Findet eine Fusion statt, so existiert danach mindestens ein Unternehmen weniger. Eine Fusion kann durch Aufnahme oder durch Neugründung erfolgen (↗ Abbildung 5-13, zum Folgenden vergleiche *Wöhe, G.* 2002: Seite 319):

Arten von Fusionen

Fusion durch Aufnahme (Übernahme)
Bei der Fusion durch Aufnahme wird das Vermögen eines oder mehrerer Unternehmen vollständig von dem aufnehmenden Unternehmen übernommen. Die aufgenommenen Unternehmen werden aus dem Handelsregister gelöscht.

Die Aktionäre des aufgenommenen Unternehmens erhalten im Gegenzug Aktien des aufnehmenden Unternehmens.

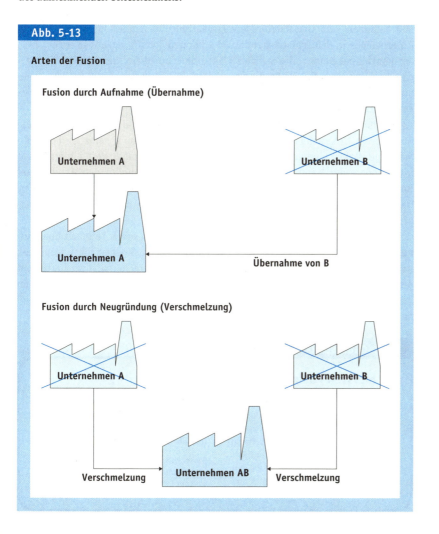

Abb. 5-13 Arten der Fusion

Fusion durch Neugründung (Verschmelzung)

In diesem Fall gehen zwei oder mehr Unternehmen mit allen ihren Vermögensgegenständen in dem neu gegründeten Unternehmen auf. Alle »alten« Unternehmen existieren fortan nicht mehr und werden aus dem Handelsregister gelöscht. Gemäß dem *Umwandlungsgesetz* § 76 Absatz 1 ist dies nur dann möglich, wenn beide Gesellschaften mindestens zwei Jahre im Handelsregister eingetragen waren. Bei den Aktiengesellschaften muss die Fusion mit einer Dreiviertelmehrheit des anwesenden Aktienkapitals auf der Hauptversammlung beschlossen werden (*Umwandlungsgesetz* § 65 Absatz 1, 2).

Die Aktionäre der aufgenommenen Unternehmen erhalten für ihre bisherigen Aktien Aktien des neu gegründeten Unternehmens.

Genehmigungspflicht

Eine Fusion ist unter bestimmten Bedingungen vom *Bundeskartellamt* zu genehmigen. Dies ist dann der Fall, wenn die fusionierenden Unternehmen weltweit mehr als 500 Millionen Euro Umsatzerlöse erwirtschaften und mindestens ein beteiligtes Unternehmen in Deutschland mehr als 25 Millionen Euro Umsatzerlöse erzielt. Falls der gemeinsame Umsatzerlös mehr als 5 Milliarden Euro überschreitet, so ist die *Europäische Kommission* für die Prüfung zuständig. Die Fusionskontrolle entfällt, wenn die sich zusammenschließenden Unternehmen insgesamt weniger als 500 Millionen Euro Umsatzerlös erreichen.

Das *Bundeskartellamt* kann Fusionen untersagen, wenn zu erwarten ist, dass die fusionierten Unternehmen eine marktbeherrschende Stellung aufbauen oder ihre bisherige Marktstellung deutlich verstärken. Die Beurteilungskriterien hierfür sind insbesondere der Marktanteil, die Finanzkraft, der Zugang zu den Absatz- und Beschaffungsmärkten sowie die bereits bestehenden Verflechtungen mit anderen Unternehmen. Dabei können sowohl einzelne Unternehmen als auch Unternehmensgruppen marktbeherrschend sein.

Das *Bundeskartellamt* hat in den rund zwanzig Jahren seiner Tätigkeit über einhundert Fusionen untersagt. Die damit verbundene Rechtsklarheit führt dazu, dass heute in der Regel bereits im Vorfeld Sondierungsgespräche mit dem Kartellamt geführt werden, um die Chancen einer Fusion zu prüfen. So wurden beispielsweise im Jahr 1998 von 1 888 geprüften Fusionen nur sechs nicht zugelassen (vergleiche *Bundeskartellamt* 2001: Seite 16 ff.).

Wirtschaftspraxis 5-10

Die meisten Fusionen sind nicht erfolgreich

Im Rahmen einer von der Unternehmensberatung *A. T. Kearney* im Jahr 1998 durchgeführten empirischen Untersuchung zeigte sich, dass nur bei 29 Prozent der betrachteten Fusionen eine Verbesserung der Rentabilität eintrat, während es bei 57 Prozent der Fusionen sogar zu einer Verschlechterung kam. Darüber hinaus erbrachte die Untersuchung eine weitere wesentliche Erkenntnis: Rund fünfzig Prozent aller Zusammenschlüsse in den Vereinigten Staaten scheiterten innerhalb von vier Jahren.

Quelle: *Picot, G.* (Herausgeber): Handbuch Mergers & Acquisitions, Planung, Durchführung, Integration, Stuttgart 2000, Seite 6 f.

5.4 Besondere Ausprägungen zwischenbetrieblicher Verbindungen

Innerhalb der aufgeführten Grundformen gibt es besondere Ausprägungen zwischenbetrieblicher Verbindungen, die in der Regel aufgrund bestimmter Rahmenbedingungen entstehen. Im Mittelpunkt der neueren Entwicklungen stehen dabei insbesondere Überlegungen, wie sich die Verbindung der beteiligten Unternehmen noch effizienter und flexibler gestalten lässt. Die ↗ Abbildung 5-14 gibt eine Übersicht über die Einordnung der besonderen Ausprägungen zwischenbetrieblicher Verbindungen.

5.4.1 Strategische Allianzen

Strategische Allianzen sind begrifflich schwer abzugrenzen, da sie von informellen Kooperationen ohne verpflichtende Absprachen bis hin zu Gemeinschaftsunternehmen (Joint-Ventures) reichen. Die Verbindung resultiert dabei aus dem Bedürfnis der Kooperationspartner, die erwarteten Synergieeffekte optimal zu nutzen, die bestehenden Risiken zu teilen und so letztendlich die Wettbewerbspositionen merklich zu stärken.

Abb. 5-14 Einordnung besonderer Ausprägungen zwischenbetrieblicher Verbindungen

Vergleiche *Scholz, C.* 1996: Seite 27

> ### Wirtschaftspraxis 5-11
>
> **Die Netzwerke der Fluggesellschaften**
>
> Im Bereich der Fluggesellschaften gibt es weltweit drei große Netzwerke:
> - Die *Star Alliance* um *Lufthansa* und *United Airlines* hatte im Jahr 2004 einen weltweiten Marktanteil von 26,8 Prozent an den verkauften Passagierkilometern.
> - Das *Sky-Team*, in dem *Air France*, *KLM* und *Delta Air Lines* den Ton angeben, hatte im Jahr 2004 einen weltweiten Marktanteil von 24,6 Prozent an den verkauften Passagierkilometern.
> - Das *Oneworld*-Netzwerk um *British Airways* und *American Airlines* hatte im Jahr 2004 einen weltweiten Marktanteil von 18,3 Prozent an den verkauften Passagierkilometern.
>
> Viele Passagiere geben inzwischen netzwerkgebundenen Fluggesellschaften den Vorzug, da diese Gesellschaften größere Streckennetze anbieten und die Leistungen ihrer Mitglieder in den jeweiligen Vielfliegerprogrammen angerechnet werden. Innerhalb der Netzwerke können die Fluggesellschaften Skalen- und Synergieeffekte erzielen. So kann durch das sogenannte Codesharing, bei dem ein Flug die Flugnummern unterschiedlicher Fluggesellschaften hat, die Streckenauslastung erhöht werden. Häufig werden auch der Check-In und das Boarding auf den Flughäfen von einem Netzwerkpartner für die anderen Partner mit betrieben, und die Kunden können die Lounges von Netzwerkpartnern mit benutzen. Die *Deutsche Lufthansa* und ihr amerikanischer Partner *United Airlines* betreiben darüber hinaus auch ihr gesamtes Buchungs- und Flugabwicklungssystem über eine gemeinsame Software-Plattform.
>
> Quellen: *Japan Airlines* tritt *Oneworld* bei, in: Handelsblatt, Nummer 107 vom 06.06.2006, Seite 14; Petersen, D.: *Skyteam* kommt Marktführer *Star Alliance* gefährlich nahe, in: Handelsblatt, Nummer 176 vom 10.09.2004, Seite 14.

Kennzeichnend für strategische Allianzen ist eine strategische, das heißt langfristige und richtungweisende zwischenbetriebliche Verbindung. In der Regel sind sie international und global ausgerichtet. Die Partner kommen dabei häufig aus verschiedenen Ländern und verfügen über unterschiedliche Ressourcen. Sie bleiben rechtlich und wirtschaftlich selbstständig und nehmen nur in den Kooperationsbereichen partielle Einschränkungen ihrer Entscheidungsfreiheit hin. Die Verbindung betrifft somit nicht das gesamte Unternehmen, sondern nur ausgewählte Kooperationsfelder mit genau definierten Zielsetzungen. Anzutreffen sind die strategischen Allianzen am häufigsten in den technologieorientierten Branchen, wie beispielsweise der Telekommunikation, der Elektrotechnik beziehungsweise Elektronik, der Chemie sowie der Luft- und Raumfahrttechnik (vergleiche Hopfenbeck., W. 1998: Seite 188, Schäfer-Kunz, J. 1995: Seite 25 ff.).

5.4.2 Vernetzte Organisationen

Vernetzte Organisationen, die auch als **Netzwerkorganisationen** bezeichnet werden, sind eine Form der Verbindung mehrerer Unternehmen.

> **Netzwerke** sind komplexe und mehrdimensionale Beziehungsgeflechte aus selbstständigen Personen, Gruppen und Unternehmen, die relativ stabile Beziehungen aufweisen, durch gemeinsame Werte verbunden sind und auf die Realisierung von Wettbewerbsvorteilen in komplexen und dynamischen Märkten abzielen (vergleiche Brütsch, D. 1999: Seite 18, Sydow, J. 1999: Seite 3).

Die Netzwerk-Partner sind im Rahmen einer vertikalen und/oder horizontalen Arbeitsteilung auf bestimmte Teilaktivitäten spezialisiert und besitzen dort ihre Kernkompetenzen. Die traditionellen Unternehmensgrenzen werden dadurch fließend und lösen sich tendenziell auf, was allerdings nicht heißt, dass die beteiligten Unternehmen ihre wirtschaftliche oder gar ihre rechtliche Selbstständigkeit aufgeben.

Die Bandbreite von vernetzten Organisationen reicht von eher losen Strukturen mit einer geringen Bindungsintensität bis hin zu sogenannten **fokalen Netzwerken**, in denen ein dominantes Unternehmen die anderen Organisationen in eine enge und gut koordinierte Beziehung einbindet (vergleiche *Vahs, D.* 2012: Seite 507 f.).

5.4.3 Keiretsus

Bis zum Ende des Zweiten Weltkrieges wurde die japanische Wirtschaft von stark hierarchisch organisierten Großkonzernen geprägt, den sogenannten **Zaibatsu**. Nach Zerschlagung dieser Unternehmen durch die amerikanische Besatzungsmacht entwickelte sich in der Folge dann das heute noch bestehende System der **Keiretsus**. Diese bestehen aus einem Netz rechtlich selbstständiger, aber wirtschaftlich interdependenter Unternehmen aus verschiedenen Branchen, die über gegenseitige Minderheitsbeteiligungen miteinander verbunden sind. In der Regel sind auch Zulieferer in die Gruppen eingebunden. Es bestehen also auch vertikale leistungswirtschaftliche Beziehungen.

Keiretsus besitzen keine übergeordnete Instanz, die mit der Konzernzentrale eines westlichen Unternehmens vergleichbar ist. Jedes Unternehmen ist hinsichtlich seiner unternehmerischen Entscheidungen autonom.

Leitung

Zwischen den Unternehmen des Keiretsu bestehen dennoch Abhängigkeiten. Die Unternehmen halten gegenseitige Kapitalbeteiligungen, typischerweise zwischen 2 und 5 Prozent, selten über 10 Prozent (↗ Abbildung 5-15). Stets wird dabei darauf geachtet, dass die Mitglieder des Keiretsu den größten Aktionär stellen. Vor Entscheidungen innerhalb des Keiretsu wird ein Konsens aller Betroffenen hergestellt. Dadurch werden ein identischer Informationsstand und eine Ausrichtung auf ein gemeinsames Ziel erreicht. Innerhalb der Keiretsu herrscht großes gegenseitiges Vertrauen. Informationen und Know-how sind dadurch über Unternehmensgrenzen hinweg frei zugänglich. Hierin liegt die Hauptstärke des Keiretsu. Zwischen den Unternehmen eines Keiretsu erfolgt zudem ein Personalaustausch, der das Gemeinschaftsgefühl weiter verstärkt.

Bindungsinstrumente

Ein wesentliches Prinzip des Keiretsu ist das Weiterbestehen eines internen Wettbewerbs zwischen den verbundenen Unternehmen. Die Unternehmen des Verbundes werden dabei immer an den besten Unternehmen außerhalb des Verbundes gemessen. Eine Auftragsvergabe wegen der reinen Verbundzugehörigkeit, wie sie innerhalb westlicher Konzerne häufig üblich ist, gibt es nicht. Durch den internen Wettbewerb soll das gesamte Unternehmensgeflecht im Wettbewerb nach außen stärker werden (vergleiche *Schäfer-Kunz, J.* 1995: Seite 171 f. und die dort angegebene Literatur).

Abb. 5-15

Ausschnitt aus einem Keiretsu

Wirtschaftspraxis 5-12

Mitsubishi – ein Beispiel für ein Keiretsu

Mitsubishi, Japans größte Unternehmensgruppe, besteht aus einem Kern von 30 Unternehmen, die Mitglieder des sogenannten »*Mitsubishi Kinyokai*« sind und von denen 11 zu Japans 100 größten Unternehmen gehören. Der erweiterten Gruppe des »*Mitsubishi Public Affairs Committee*« gehören weitere 45 Unternehmen an.
Die *Mitsubishi*-Gruppe umfasst eine große Bandbreite von Branchen, wie Handel, Automobilbau, Anlagenbau, Luft- und Raumfahrtindustrie, Elektronik, Banken, Versicherungen, Chemie und mit der *Kirin Brewery Co., Ltd.* auch Japans größte Brauerei. Die Gruppe besitzt dabei kein übergeordnetes Leitungsorgan, sondern nur in ihrem sogenannten »Freitags-Komitee« ein informelles Spitzengremium, das sich aus Vertretern der wichtigsten Unternehmen zusammensetzt.

Quelle: *Mitsubishi.com Committee*: Mitsubishi Companies, unter: www.mitsubishi.com, Stand: 2006.

5.4.4 Virtuelle Unternehmen

Im Jahr 1992 wurde der Begriff der Virtualität von *William H. Davidow* und *Michael S. Malone* in die Managementpraxis eingeführt (vergleiche *Davidow, W. H./Malone, M. S.*: 1993). In einem virtuellen Unternehmen beziehungsweise einer virtuellen Organisation werden für einen begrenzten Zeitraum ad-hoc aufgabenspezifische und standortübergreifende zwischenbetriebliche Kooperationen gebildet, deren Ziele die Bewältigung von komplexen und neuartigen Problemen bei einer hohen Marktunsicherheit, die gegenseitige Ergänzung von Fähigkeiten und die Kostenteilung sind. Die jeweiligen rechtlich und wirtschaftlich unabhängigen Partner konzentrieren sich

Wirtschaftspraxis 5-13

Der virtuelle Mikrosystemtechnikspezialist

Die hochkomplexen Fertigungsverfahren der Mikrosystemtechnik wurden lange in ihrer ganzen Breite nur von wenigen großen Konzernen beherrscht. Um gegenüber solchen Großunternehmen bestehen zu können und die Nachteile kleiner und mittlerer Unternehmen in der Mikrosystemtechnik auszugleichen, bündelten im Jahr 2001 fünf mittlere Unternehmen ihre Innovationskraft und ihre Fertigungskapazitäten in einem virtuellen Unternehmen namens »MikroWebFab«. Das Unternehmen bietet seinen Kunden Entwicklungs-, Fertigungs- und Servicedienstleistungen im Bereich der Mikrosystemtechnik an. Als erste Referenzprodukte dienten beispielsweise magnetoresistive Sensoren und Bioanalysesysteme.

Quellen: Elf Firmen gründen Netzwerk, in: Handelsblatt, Nummer 243 vom 17.12.2001, Seite 19; Das Unternehmen MicroWebFab, unter: www.microwebfab.de, Stand: 2006.

dabei auf ihre komplementären **Kernkompetenzen** und vernetzen diese möglichst effektiv und effizient miteinander.

Durch dieses Modell erreichen die beteiligten Unternehmen bei einer hohen Flexibilität und Reaktionsgeschwindigkeit eine »virtuelle Größe« trotz einer »realen Kleinheit« (vergleiche *Mertens, P. et al.* 1998: Seite 31, 47 ff., *Reichwald, R. et al.* 1998: Seite 253 und *Vahs, D.* 2012: Seite 508 ff.).

Zusammenfassung Kapitel 5

- Unternehmen können intern oder extern wachsen.
- Zwischenbetriebliche Verbindungen können vertikal, horizontal oder diagonal sowie unternehmensweit, bereichsbezogen oder funktionsbezogen erfolgen.
- Bei der Konzentration ist die Bindungsintensität höher als bei der Kooperation.
- Bindungen zwischen Unternehmen können durch Verhaltenskoordinierung und/oder durch Strukturveränderungen geschaffen werden.
- Durch Mehrheitsbeteiligungen kann die Unternehmenspolitik maßgeblich beeinflusst werden.
- Bei zwischenbetrieblichen Verbindungen können Marktstellungs-, Ressourcen-, Kosten-, Zeit- und/oder Risikoziele verfolgt werden.
- Die Kartellbehörden stellen sicher, dass zwischenbetriebliche Verbindungen nicht den Wettbewerb beschränken.
- Bei einer Kooperation bleibt die wirtschaftliche Selbstständigkeit der beteiligten Unternehmen weitgehend und die rechtliche Selbstständigkeit ganz erhalten.
- Formen der Kooperation sind Unternehmensverbände, Gelegenheitsgesellschaften, Kartelle, Franchiseunternehmen, Genossenschaften und Gemeinschaftsunternehmen.
- Bei der Konzentration durch die Bildung von Konzernen verlieren die beteiligten Unternehmen ihre wirtschaftliche, bei der Fusion zusätzlich noch ihre rechtliche Selbstständigkeit.

- Konzerne können in Stammhaus- und Holdingkonzerne unterteilt werden.
- Eine Fusion von Unternehmen kann durch Aufnahme oder durch Neugründung erfolgen.

Weiterführende Literatur Kapitel 5

Zwischenbetriebliche Verbindungen allgemein

Jansen, S. A.: Mergers & Acquisitions: Unternehmensakquisitionen und -kooperationen – Eine strategische, organisatorische und kapitalmarkttheoretische Einführung, Wiesbaden.

Rose, G./Glorius-Rose, C.: Unternehmen: Rechtsformen und Verbindungen, Ein Überblick aus betriebswirtschaftlicher, rechtlicher und steuerlicher Sicht, Köln.

Pausenberger, E.: Zur Systematik von Unternehmenszusammenschlüssen, in: Das Wirtschaftsstudium 11/1989, Seiten 621 – 626.

Zimmermann, A.: Kooperationen erfolgreich gestalten: Konzepte und Instrumente für Berater und Entscheider, Stuttgart.

Kartellrecht

Emmerich, V.: Kartellrecht, München.

Besondere Ausprägungen zwischenbetrieblicher Verbindungen

Brandenburger, A. M./Nalebuff, B. J.: Coopetition: kooperativ konkurrieren, Delmenhorst.

Davidow, W. H./Malone, M. S. 1993: Das virtuelle Unternehmen, Der Kunde als Co-Produzent, Frankfurt, New York 1993.

Weiterführende Internetverweise Kapitel 5

http://bundesrecht.juris.de/aktg/: Text des Aktiengesetzes.

http://bundesrecht.juris.de/geng/: Text des Gesetzes betreffend die Erwerbs- und Wirtschaftsgenossenschaften.

http://bundesrecht.juris.de/gwb/: Text des Gesetzes gegen Wettbewerbsbeschränkungen.

http://europa.eu.int/comm/competition/index_de.html: Internetseite der *Europäischen Kommission* zum Wettbewerbsrecht.

www.bda-online.de: Internetseite der *Bundesvereinigung der Deutschen Arbeitgeberverbände* (*BDA*).

www.bdi-online.de: Internetseite des *Bundesverbandes der Deutschen Industrie* (*BDI*).

www.Bundeskartellamt.de: Internetseite des *Bundeskartellamtes*.

www.dfv-franchise.de: Internetseite des *Deutschen Franchise-Verbandes* (*DFV*).

www.dgrv.de: Internetseite des *Deutschen Genossenschafts- und Raiffeisenverbandes* (*DGRV*).

www.dihk.de: Internetseite des *Deutschen Industrie- und Handelskammertages* (*DIHK*).
www.vda.de: Internetseite des *Verbandes der Deutschen Automobilindustrie* (*VDA*).

Schlüsselbegriffe Kapitel 5

- Vorwärtsintegration
- Rückwärtsintegration
- Bindungsintensität
- Bindungsinstrument
- Verhaltenskoordinierung
- Strukturveränderung
- Beherrschungsvertrag
- Gewinnabführungsvertrag
- Minderheitsbeteiligung
- Sperrminderheitsbeteiligung
- Mehrheitsbeteiligung
- Wechselseitige Beteiligung
- Due Diligence
- Post-Merger-Integration

- Marktform
- Monopol
- Oligopol
- Bundeskartellamt
- Wettbewerb
- Kooperation
- Unternehmensverband
- Arbeitgeberverband
- Kammer
- Arbeitsgemeinschaft
- Emissionskonsortium
- Kartell
- Franchiseunternehmen
- Genossenschaft

- Gemeinschaftsunternehmen
- Konzentration
- Stammhauskonzern
- Holdingkonzern
- Mischkonzern
- Fusion
- Übernahme
- Verschmelzung
- Strategische Allianz
- Vernetzte Organisation
- Keiretsu
- Virtuelles Unternehmen

Fragen Kapitel 5

Frage 5-1: *Definieren Sie den Begriff »zwischenbetriebliche Verbindung«.*
Frage 5-2: *Erläutern Sie anhand von Beispielen die Unterschiede zwischen horizontalen, vertikalen und diagonalen zwischenbetrieblichen Verbindungen.*
Frage 5-3: *Erläutern Sie, welche drei Formen von zwischenbetrieblichen Verbindungen hinsichtlich der Reichweite unterschieden werden können.*
Frage 5-4: *Nennen Sie die drei Möglichkeiten der Bindung zwischen Betrieben über eine Verhaltenskoordinierung.*
Frage 5-5: *Nennen Sie die drei Möglichkeiten der Bindung zwischen Betrieben über Strukturveränderungen.*
Frage 5-6: *Erläutern Sie, was unter einem Beherrschungsvertrag verstanden wird.*
Frage 5-7: *Erläutern Sie, was unter einer Sperrminderheitsbeteiligung verstanden wird.*
Frage 5-8: *Erläutern Sie den Unterschied zwischen einer einfachen und einer qualifizierten Mehrheitsbeteiligung.*
Frage 5-9: *Erläutern Sie, was unter einer Eingliederungsbeteiligung verstanden wird.*
Frage 5-10: *Nennen Sie die fünf möglichen Zielkategorien von zwischenbetrieblichen Verbindungen.*
Frage 5-11: *Definieren Sie den Begriff »Monopol«.*
Frage 5-12: *Definieren Sie den Begriff »Oligopol«.*
Frage 5-13: *Erläutern Sie, welche zwei Arten des Wettbewerbs unterschieden werden.*

Frage 5-14: *Erläutern Sie, was unter einer Due Diligence verstanden wird.*
Frage 5-15: *Definieren Sie den Begriff »Kooperation«.*
Frage 5-16: *Nennen Sie drei Arten von Unternehmensverbänden.*
Frage 5-17: *Erläutern Sie, wozu Arbeitsgemeinschaften gebildet werden.*
Frage 5-18: *Erläutern Sie, welche drei Arten von Bank-Konsortien es für welche Arten von Konsortialgeschäften gibt.*
Frage 5-19: *Definieren Sie den Begriff »Kartell«.*
Frage 5-20: *Nennen Sie mindestens fünf Arten von Kartellen, die volkswirtschaftlich negativ beurteilt werden.*
Frage 5-21: *Nennen Sie zwei Arten von Kartellen, die volkswirtschaftlich positiv beurteilt werden.*
Frage 5-22: *Erläutern Sie den Unterschied zwischen Preis- und Mengenkartellen.*
Frage 5-23: *Erläutern Sie, was unter Franchiseunternehmen verstanden wird.*
Frage 5-24: *Definieren Sie den Begriff »Genossenschaft«.*
Frage 5-25: *Nennen Sie mindestens drei Arten von Genossenschaften.*
Frage 5-26: *Erläutern Sie an einem Beispiel, was unter einer Produktivgenossenschaft verstanden wird.*
Frage 5-27: *Erläutern Sie, was unter einem Gemeinschaftsunternehmen verstanden wird.*
Frage 5-28: *Definieren Sie den Begriff »Konzentration«.*
Frage 5-29: *Definieren Sie den Begriff »Konzern«.*
Frage 5-30: *Erläutern Sie den Unterschied zwischen Stammhaus- und Holdingkonzernen.*
Frage 5-31: *Erläutern Sie, was unter einem Mischkonzern verstanden wird.*
Frage 5-32: *Definieren Sie den Begriff »Fusion«.*
Frage 5-33: *Erläutern Sie, welche zwei Möglichkeiten der Fusion es gibt.*
Frage 5-34: *Erläutern Sie, was unter einer strategischen Allianz verstanden wird.*
Frage 5-35: *Definieren Sie den Begriff »Netzwerk«.*
Frage 5-36: *Erläutern Sie, was unter einem Keiretsu verstanden wird.*
Frage 5-37: *Erläutern Sie, was unter einem virtuellen Unternehmen verstanden wird.*

Fallstudie Kapitel 5

Durch den weiter wachsenden Markt- und Wettbewerbsdruck wird auch für die Speedy GmbH die Frage nach Verbindungen mit anderen Unternehmen immer dringlicher. Die Geschäftsleitung beschließt deshalb, dieses Thema auf die Tagesordnung ihrer nächsten Sitzung zu setzen. Der konkrete Anlass hierfür sind Überlegungen, ob und in welcher Form der geplante geländetaugliche Sportwagen Speedster Off-Road gemeinsam mit anderen Unternehmen realisiert werden soll. Aufgrund des zu diesem Zeitpunkt angenommenen hohen Neuigkeitsgrades sieht die Geschäftsführung einerseits erhebliche Risiken in dem Projekt, möchte aber andererseits nicht auf eine mögliche Marktführerschaft in diesem, nach der Einschätzung von Marktforschern, äußerst attraktiven Marktsegment verzichten. Der Geschäftsführer, Dr. Scharrenbacher, bittet Sie, ihn bei der Vorbereitung der Sitzung mit folgenden Ausarbeitungen zu unterstützen:

(1) Wie könnte mit anderen Unternehmen im Hinblick auf die Entwicklung, die Produktion, das Marketing, die Materialwirtschaft sowie die Finanzierung des Speedster Off-Road zusammengearbeitet werden? Unterteilen Sie die Möglichkeiten in horizontale, vertikale und diagonale Formen der Verbindung und stellen Sie das Ergebnis grafisch dar.

(2) Könnte die Speedy GmbH durch die Verbindung mit anderen Unternehmen für den Speedster Off-Road ergänzende, völlig neue Dienstleistungen anbieten, um sich damit von den Wettbewerbern zu differenzieren?

(3) Stellen Sie jeweils die Vor- und Nachteile sowie die Risiken der verschiedenen gefundenen Möglichkeiten der Verbindung dar.

(4) Für welche der gefundenen Möglichkeiten soll sich die Speedy GmbH Ihrer Meinung nach entscheiden?

Präsentieren Sie nachfolgend Ihre Ergebnisse. Untermauern Sie Ihre Überlegungen dabei zusätzlich mit Recherchen.

Lösungen Kapitel 5

Für die Fallstudie gibt es keine eindeutige Lösung. Lösungshinweise werden deshalb nicht zur Verfügung gestellt.

Studierende, deren Dozenten das Buch einsetzen, finden passwortgeschützte Lösungsbeispiele unter folgender Internetadresse:
www.EinfuehrungInDieBetriebswirtschaftslehre.de/bwl-loesungen.html

Das Passwort für die Lösungen erhalten Sie von Ihrem Dozenten:

Passwort:

Teil II
Unternehmensführung

Abb. II-1

Einordnung der Unternehmensführung in das 4-Ebenen-Modell der BWL

Die Unternehmensführung bildet innerhalb des durch die konstitutiven Entscheidungen vorgegebenen Rahmens die zweite Ebene des diesem Buch zugrunde liegenden 4-Ebenen-Modells der BWL (↗ Abbildung II-1).

> Die **Unternehmensführung** bezeichnet aus funktionaler Sicht die übergeordnete grundlegende Gestaltung und Steuerung von Unternehmen und aus institutioneller Sicht die Träger dieser Aufgaben.

Die Träger der Unternehmensführung werden auch als **Unternehmensleitung** oder als **Management** bezeichnet (vergleiche *Werder, A. von* 2008: Seite 17). Darunter werden mindestens die Personen verstanden, die eine Position in der obersten Hierarchieebene eines Unternehmens innehaben, also Vorstände oder Geschäftsführer. Teilweise werden darunter auch alle Personen verstanden, die überhaupt eine Führungsposition im Unternehmen innehaben, also zusätzlich auch Bereichs-, Abteilungs- oder Gruppenleiter.

Das System der Unternehmensführung umfasst zum einen die Unternehmensverfassung, die den Handlungsrahmen der Führung vorgibt, und zum anderen, innerhalb dieses Rahmens die drei **Führungsinstrumente** Organisation, Personalmanagement und Controlling.

Um Ihnen die wichtigsten Kenntnisse und Fertigkeiten im Hinblick auf die aufgeführten Teilbereiche der Unternehmensführung zu vermitteln, wurde der zweite Teil dieses Buchs dementsprechend in folgende Kapitel untergliedert:

- Im ↗ **Kapitel 6 Unternehmensverfassung** werden wir uns zuerst damit beschäftigen, welche Regeln für die Leitung und die Überwachung von Unternehmen gelten sollten.
- Im ↗ **Kapitel 7 Organisation** werden wir uns dann anschauen, wie die Prozesse und die Strukturen innerhalb von Unternehmen gestaltet werden.
- Im ↗ **Kapitel 8 Personalmanagement** werden wir auf den Einsatz und die Führung von Mitarbeitern innerhalb der durch die Organisation geschaffenen Strukturen eingehen.
- Im ↗ **Kapitel 9 Controlling** werden wir zuletzt betrachten, welche Planungs-, Kontroll- und Informationsprozesse in Unternehmen ablaufen.

6 Unternehmensverfassung

Kapitelnavigator

Inhalt	Lernziel
6.1 Grundlagen	6-1 Die Grundlagen der Unternehmensverfassung kennen.
6.2 Regelwerke der Unternehmensverfassung	6-2 Die wichtigsten Regelwerke der Unternehmensverfassung kennen.
6.3 Regelungsgegenstände von Unternehmensverfassungen	6-3 Die wichtigsten Regelungsgegenstände von Unternehmensverfassungen kennen.

Damit Unternehmen erfolgreich sind, muss sichergestellt werden, dass alle Anspruchsgruppen, die Einfluss auf die Unternehmensführung nehmen können, in erster Linie im Sinne des Unternehmens und nicht im eigenen Sinne, also opportunistisch handeln. Anspruchsgruppen sind dabei insbesondere das Management, aber auch die Eigentümer, die Aufsichtsgremien und – für den Fall einer Mitbestimmung – die Mitarbeiter. Zudem muss sichergestellt werden, dass im Rahmen der Unternehmensführung die »richtigen« Entscheidungen getroffen werden und beispielsweise existenzbedrohende Risiken nicht eingegangen werden. Um diese zu erreichen, gibt es insbesondere für die Führung großer Unternehmen eine Reihe von Vorgaben, die in ihrer Gesamtheit eine Unternehmensverfassung darstellen.

Unternehmensverfassungen, die auch als **Spitzenverfassungen** oder als **Corporate-Governance-Systeme** bezeichnet werden, geben der jeweiligen Unternehmensführung einen Ordnungsrahmen vor (*Macharzina, K.* 2003: Seite 133). Sie können entsprechend folgendermaßen definiert werden:

> **Unternehmensverfassungen** sind Regelwerke für die Leitung und die Überwachung von Unternehmen.

Abb. 6-1
Positionierung der Unternehmensverfassung

6.1 Grundlagen

6.1.1 Unternehmensverfassungen als Staatsverfassungen der Unternehmen

Um sich die Aufgaben von Unternehmensverfassungen zu verdeutlichen, eignen sich insbesondere Vergleiche mit Staatsverfassungen (↗ Tabelle 6-1). Beide Verfassungstypen regeln die Ziele ihrer Systeme und streben eine **Gewaltenteilung** innerhalb ihrer Organe an. Zudem regeln sie die Rechte und Pflichten ihrer Systemmitglieder, also der Bürger oder der Stakeholder. Die entsprechenden Regeln bilden dann eine verbindliche Rahmenordnung für das jeweilige System und die in ihm handelnden Organe (vergleiche *Bleicher, K.* 1994: Seite 290 f., *Macharzina, K.* 2003: Seite 135 f.).

6.1.2 Manager als wichtigste Adressaten der Unternehmensverfassung

Da Manager in der Regel den größten Einfluss auf das Wohlergehen von Unternehmen haben, sind sie auch die wichtigsten Adressaten der in Unternehmensverfassungen hinterlegten Regeln. Der Aufstieg der Manager begann dabei mit der zunehmenden Auftrennung zwischen Eigentum und Leitung in der Mitte des 19. Jahrhunderts. So

Tab. 6-1

Staats- und Unternehmensverfassung im Vergleich

	Staatsverfassung	Unternehmensverfassung
Systemziele	Staatsziele (zum Beispiel finanzielles Gleichgewicht des Staatshaushalts, Sicherung des Umweltschutzes)	Unternehmensziele (zum Beispiel Gewinn, Liquidität, Kapitalrentabilität, Kundenzufriedenheit)
Zweck, Struktur und Kompetenzen der Leitungsorgane	Staatsorgane (zum Beispiel Parlament, Regierung, Bundesrat)	Unternehmensorgane (zum Beispiel Vorstand, Aufsichtsrat, Hauptversammlung)
Grundrechte und -pflichten der Systemmitglieder	Grundrechte und -pflichten der Staatsbürger	Grundrechte und -pflichten der Unternehmensmitglieder (Anteilseigner, Arbeitnehmer, Manager)

Vergleiche *Macharzina, K.* 2003: Seite 136

stieg der Anteil managergeführter deutscher Großunternehmen bis Ende der 1970er-Jahre auf nahezu sechzig Prozent an. Das Gegenmodell dieser Auftrennung ist der **Unternehmer**, der in seiner Person Eigentum und Leitung vereint. Da Managern ein anderes Rollenverständnis als Unternehmern unterstellt wird (↗ Tabelle 6-2), wird auch davon ausgegangen, dass ihr Handeln stärker reguliert werden muss.

Tab. 6-2

Unterschiede zwischen Unternehmern und Managern

	Unternehmer	Manager
Haftung	Unbeschränkte Vollhaftung mit dem Eigenkapital	Haftung nur im Rahmen der Verantwortung
Motivation	Selbstverwirklichung	Machtausübung
Verpflichtung	Zeitlich unbegrenzt	Nur so lange, bis eine bessere Position frei wird
Umgang mit Fehlern	Fehler dienen als Chance, um zu lernen	Fehler werden so weit wie möglich vermieden

6.2 Regelwerke der Unternehmensverfassung

Die Regeln zur Unternehmensführung finden sich nicht in einem einzigen Gesetz, sondern in einer Reihe von gesetzlichen und untergesetzlichen Regelwerken. Welche Vorschriften dabei für ein Unternehmen gelten, hängt davon ab, in welchem Land sich das Unternehmen befindet, welche Rechtsform es hat, wie groß es ist und ob es börsennotiert ist oder nicht.

Die in Unternehmensverfassungen eingehenden Regeln können nach dem Grad der Verpflichtung unterteilt werden in (vergleiche *Werder, A. von* 2008: Seite 11 f.):

- **Gesetzliche Regelwerke**, deren Regeln verbindlich einzuhalten sind, und
- **Untergesetzliche Regelwerke**, die auch als **Soft-Laws** bezeichnet werden und deren Regeln lediglich aufgrund einer Selbstverpflichtung seitens der Unternehmen eingehalten werden.

Außer nach dem Grad der Verpflichtung können die in Unternehmensverfassungen eingehenden Regeln auch nach dem Geltungsbereich in:
- **transnationale Regelwerke**,
- **nationale Regelwerke** und
- **unternehmerische Regelwerke**

unterteilt werden (vergleiche zum Folgenden *Welge, M., K./Eulerich, M.* 2012: Seite 40 ff.).

6.2.1 Transnationale Regelwerke

Eine Reihe von Regelungen zur Unternehmensverfassung gelten länderübergreifend. Entsprechende Regelwerke sind unter anderem:
- Die **Corporate-Governance-Grundsätze der OECD**, die lediglich empfehlenden Charakter haben und insbesondere dabei helfen sollen, Unternehmensziele zu identifizieren und Möglichkeiten für deren Verwirklichung aufzuzeigen.
- Die **Abschlussprüferrichtlinie der Europäischen Union**, die verpflichtenden Charakter hat und von den Mitgliedsstaaten in nationales Recht umgesetzt wurde.
- Der **Europäische Corporate-Governance-Rahmen**, der sich derzeit noch im Entwurfsstadium befindet.

6.2.2 Nationale Regelwerke

Neben den transnationalen Regelungen gibt es eine Vielzahl nationaler Regelungen, von denen nachfolgend nur einige wenige vorgestellt werden sollen.

6.2.2.1 Gesetz zur Kontrolle und Transparenz im Unternehmensbereich

Diverse Fehlentwicklungen und zahlreiche Unternehmenskrisen in den 1990er-Jahren haben zu dem 1998 in Kraft gesetzten *Gesetz zur Kontrolle und Transparenz im Unternehmensbereich (KonTraG)* geführt. Es handelt sich dabei nicht um ein eigenständiges Gesetz, sondern nur um ein sogenanntes **Änderungsgesetz**, das unter anderem Änderungen des Aktiengesetzes, des Handelsgesetzbuches und des Publizitätsgesetzes enthält. Das KonTraG war Teil eines umfassenden Reformpakets zur Sicherung des Finanzplatzes Deutschland. Es zielt im Kern darauf ab:
- die Überwachungsfunktion von Aufsichtsrat und Hauptversammlung zu stärken sowie
- die Qualität der Abschlussprüfung zu verbessern.

Als Konsequenz daraus haben die fachlichen Anforderungen an die Mitglieder des Aufsichtsgremiums und deren zeitliche Belastung, aber auch deren Einflussmöglichkeiten auf die Geschäftsführung zugenommen.

Zur Umsetzung sieht das KonTraG konkrete Maßnahmen vor, so beispielsweise die Einrichtung von Risikomanagement- und Frühwarnsystemen.

6.2.2.2 Deutscher Corporate Governance Kodex

Der Ende des Jahres 2001 erstmals im Entwurf von der hierfür eingesetzten Regierungskommission vorgestellte und in der Zwischenzeit verabschiedete *Deutsche Corporate Governance Kodex* (DCGK) richtet sich in erster Linie an börsennotierte Gesellschaften.

Der Kodex ist kein Gesetz, sondern hat lediglich empfehlenden Charakter. Er umfasst zu etwa 50 Prozent Hinweise auf Gesetze, zu 40 Prozent Empfehlungen, die über das geltende Recht hinausgehen, und zu etwa 10 Prozent unverbindliche Anregungen (↗ Tabelle 6-3). Auch wenn der Kodex nur empfehlenden Charakter hat, müssen Vorstände und Aufsichtsräte von börsennotierten Aktiengesellschaften dennoch gemäß dem *Aktiengesetz* § 161 in einer »Entsprechenserklärung« einmal jährlich erklären, ob sie die Empfehlungen des DCGK eingehalten haben und einhalten werden oder ob und wo sie von diesen Empfehlungen abgewichen sind oder abweichen werden (vergleiche *Lutter, M./Krieger, G.* 2002: Seite 5). Diese Erklärung ist den Aktionären zugänglich zu machen, was im Regelfall in den jeweiligen Geschäftsberichten der Unternehmen erfolgt.

Tab. 6-3

Übersicht über die Bestimmungen und Regelungen des *Deutschen Corporate Governance Kodex*

Kapitel	Inhalt
1. Präambel	Zielsetzungen des Kodex, duales Führungssystem, verwendete Formulierungen, Geltungsbereich
2. Aktionäre und Hauptversammlung	Rechte der Aktionäre, Vorgehensweise bei Hauptversammlungen, Einladung zu Hauptversammlungen
3. Zusammenwirken von Vorstand und Aufsichtsrat	Abzustimmende Sachverhalte, Informationsversorgung des Aufsichtsrates, Erstellung eines Corporate-Governance-Berichtes
4. Vorstand	Aufgaben, Zuständigkeiten, Zusammensetzung, Vergütung, Vorgehen bei Interessenkonflikten
5. Aufsichtsrat	Aufgaben, Zuständigkeiten, Zusammensetzung, Vergütung, Befugnisse des Aufsichtsratsvorsitzenden, Bildung von Ausschüssen, Vorgehen bei Interessenkonflikten, Effizienzprüfung
6. Transparenz	Festlegung der zu veröffentlichenden Sachverhalte, Vorgehen bei der Information von Aktionären und Anlegern
7. Rechnungslegung und Abschlussprüfung	Vorgehen bei der Aufstellung von Konzernabschlüssen und Zwischenberichten, Vorgehen bei der Abschlussprüfung

Vergleiche *Regierungskommission Deutscher Corporate Governance Kodex* 2005

Wirtschaftspraxis 6-1

Nichtanwendung von Empfehlungen des DCGK

Viele Unternehmen wenden nicht alle Empfehlungen des Deutschen Corporate Governance Kodex an. So gaben beispielsweise der Vorstand und der Aufsichtsrat der *Hugo Boss AG* im Jahresabschluss des Geschäftsjahres 2005 folgende Erklärung ab:

»Vorstand und Aufsichtsrat der *HUGO BOSS AG* erklären hiermit gemäß § 161 AktG, dass den Empfehlungen der Regierungskommission Deutscher Corporate Governance Kodex in der Fassung vom 2. Juni 2005 ... seit der Entsprechungserklärung vom Dezember 2004 grundsätzlich entsprochen wurde und wird.
Nicht angewandt wurden und werden die Empfehlungen aus den Ziffern 2.1.2, 3.8 Abs. 2, 4.2.3 Satz 6 und 7, 4.2.4, 5.4.7 Abs. 3 und Ziffer 6.6 Abs. 2 Satz 1.«

Wie die *Hugo Boss AG* folgen viele Unternehmen insbesondere den folgenden Empfehlungen des Deutschen Corporate Governance Kodex nicht:

▸ Ziffer 4.2.4: »Die Vergütung der Vorstandsmitglieder soll im Anhang des Konzernabschlusses aufgeteilt nach Fixum, erfolgsbezogenen Komponenten und Komponenten mit langfristiger Anreizwirkung ausgewiesen werden. Die Angaben sollen individualisiert erfolgen.«
▸ Ziffer 5.4.7 Absatz 3: »Die Vergütung der Aufsichtsratsmitglieder soll im Corporate-Governance-Bericht individualisiert, aufgegliedert nach Bestandteilen ausgewiesen werden. Auch die vom Unternehmen an die Mitglieder des Aufsichtsrats gezahlten Vergütungen oder gewährten Vorteile für persönlich erbrachte Leistungen, insbesondere Beratungs- und Vermittlungsleistungen, sollen individualisiert im Anhang zum Konzernabschluss gesondert angegeben werden.«

Quellen: *Hugo Boss AG*: Jahresabschluss 2005 der Hugo Boss AG, Metzingen 2006: Seite 58; *Regierungskommission Deutscher Corporate Governance Kodex*: Deutscher Corporate Governance Kodex, Fassung vom 02.06.2005.

6.2.2.3 Sarbanes Oxley Act (SOX)

Der *Sarbanes Oxley Act* ist der wichtigste amerikanische Corporate-Governance-Kodex. Ihn müssen in der Regel auch ausländische Unternehmen befolgen, die an amerikanischen Börsen gelistet werden oder die amerikanische Unternehmen beliefern. Er wurde im Jahr 2002 vom amerikanischen Kongress verabschiedet und hat insbesondere Regelungen hinsichtlich der internen Kontrollen, der Dokumentation und der Offenlegung zum Gegenstand. Hauptziel ist dabei der Anlegerschutz.

6.2.3 Unternehmerische Regelwerke

In Unternehmen selbst können Festlegungen und Ergänzungen zu den vorgenannten Gesetzen und Kodizes in eigenen **Governance-Leitlinien** festgelegt werden. Entsprechende Regeln gelten nur für das erlassende Unternehmen und haben insofern nur empfehlenden und keinen verpflichtenden Charakter.

6.3 Regelungsgegenstände von Unternehmensverfassungen

Nachdem wir nun einige der wichtigsten Regelwerke von Unternehmensverfassungen kennen, stellt sich nun die Frage, was in diesen geregelt werden kann. Nachfolgend wird dazu zuerst eine Übersicht über die wichtigsten Regelungsbestände gegeben, bevor dann vertiefend auf die Spitzenorganisation und die Beschlussfassung innerhalb der Spitzenorganisation eingegangen wird.

6.3.1 Übersicht über die Regelungsgegenstände

Die Regelwerke zur Unternehmensverfassung können insbesondere die nachfolgenden Sachverhalte regeln:

Ausrichtung der Unternehmensziele
Hinsichtlich der Ziele von Unternehmen kann beispielsweise geregelt werden:
- welche Ziele am wichtigsten sind,
- inwiefern Ziele der Unternehmenseigner (Shareholder) zu berücksichtigen sind,
- inwiefern Ziele anderer Anspruchsgruppen (Stakeholder) zu berücksichtigen sind.

Zugang zu Leitungs- und Überwachungsorganen
Hinsichtlich des Zugangs zu Leitungs- und Überwachungsorganen kann beispielsweise geregelt werden:
- welche Qualifikationen die Personen haben sollen,
- inwiefern die Personen unabhängig sein sollen,
- inwiefern die Personen bestimmten Anspruchsgruppen, wie Arbeitnehmern oder Frauen, angehören sollen,
- inwiefern Übergänge von Personen aus den Leitungsorganen in die Überwachungsorgane zulässig sein sollen.

Rechte und Pflichten der Leitungsorgane
Die Rechte und Pflichten der Leitungsorgane können insbesondere im Hinblick auf folgende Punkte geregelt werden:
- Verschwiegenheit der Organmitglieder,
- Wettbewerbsverbot der Organmitglieder,
- Interessenskonflikte der Organmitglieder,
- Vorteilsgewährung durch die Organmitglieder,
- Vergütung der Organmitglieder,
- Einhaltung der gesetzlichen Bestimmungen und der unternehmensinternen Richtlinien (Compliance),
- Zusammenarbeit mit Überwachungsorganen,
- Verpflichtungen zur Information von Überwachungsorganen,
- Beteiligung an der Prüfung und Feststellung von Jahresabschlüssen,
- Beteiligung an Hauptversammlungen,
- Haftung der Organmitglieder und zu leistende Entschädigungszahlungen,
- Häufigkeit von Sitzungen,
- Beschlussfassung in Sitzungen,
- Zustimmungspflichtige Geschäfte,

- Aufsichtsratsmandate bei anderen Unternehmen,
- Überprüfung der Effizienz der eigenen Arbeit,
- Weiterbildung der Organmitglieder.

Rechte und Pflichten der Überwachungsorgane
Die Rechte und Pflichten der Überwachungsorgane können insbesondere im Hinblick auf folgende Punkte geregelt werden:
- Verschwiegenheit der Organmitglieder,
- Wettbewerbsverbot der Organmitglieder,
- Interessenskonflikte der Organmitglieder,
- Vorteilsgewährung durch die Organmitglieder,
- Vergütung der Organmitglieder,
- Berater-, Dienstleistungs- oder Werkverträge der Organmitglieder mit dem Unternehmen,
- Zusammenarbeit mit Leitungsorganen,
- Beteiligung an der Gestaltung der Vergütung der Leitungsorgane,
- Möglichkeiten zur Einholung von Informationen im Unternehmen,
- Möglichkeiten zur Beratung durch externe Sachverständige auf Unternehmenskosten,
- Beteiligung an der Prüfung und Feststellung von Jahresabschlüssen,
- Beteiligung an Hauptversammlungen,
- Haftung der Organmitglieder und zu leistende Entschädigungszahlungen,
- Häufigkeit von Sitzungen,
- Beschlussfassung in Sitzungen,
- Zustimmungspflichtige Geschäfte,
- Bildung und Beteiligung an Ausschüssen,
- Aufsichtsratsmandate bei anderen Unternehmen,
- Überprüfung der Effizienz der eigenen Arbeit,
- Weiterbildung der Organmitglieder.

Rechte und Pflichten der Unternehmenseigner
Die Rechte und Pflichten der Unternehmenseigner können insbesondere im Hinblick auf folgende Punkte geregelt werden:
- Beteiligung an Hauptversammlungen,
- Stimmrechte auf Hauptversammlungen,
- Nutzung elektronischer Medien für Stimmabgaben,
- Beteiligung an der Feststellung von Jahresabschlüssen,
- Bezugsrechte neuer Aktien.

Transparenz und Publizität
Durch Transparenz und Publizität sollen Informationsasymmetrien zwischen den verschiedenen Anspruchsgruppen vermieden werden. Entsprechende Regelungen können sich unter anderem auf folgende Informationen beziehen:
- Jahresabschlüsse und Lageberichte,
- Stellungnahmen der Leitungs- und Überwachungsorgane zum Jahresabschluss,

Wirtschaftspraxis 6-2

Corporate Governance bei VW

Im Jahr 2006 kündigte der Aufsichtsratsvorsitzende der *Volkswagen AG*, *Ferdinand Piëch* an, im Folgejahr auf den Vorsitz in dem Überwachungsgremium zu verzichten. *Piëch* zog damit die Konsequenz aus der Kritik, dass seine Position nicht mit den Corporate-Governance-Regeln von *VW* vereinbar sei, da es zu Interessenkonflikten kommen könnte.
Die Familien *Piëch* und *Porsche* sind die wichtigsten Anteilseigner des Stuttgarter Sportwagenherstellers *Dr. Ing. h. c. F. Porsche AG*, der sich im Jahr 2005 mit 18,53 Prozent an *VW* beteiligte und damit größter Aktionär des Unternehmens wurde. Aufgrund dieser Beteiligung war nicht mehr länger gewährleistet, dass *Piëch* in seiner Funktion als Aufsichtsratsvorsitzender von *VW* nur *VW*- und nicht auch *Porsche*-Interessen vertritt.
Bei einer konsequenten Anwendung der Corporate-Governance-Regeln von *VW* hätte *Piëch* auch aus einem anderen Grund nicht Aufsichtsratsvorsitzender von *VW* werden dürfen: In der Ziffer 5.4.4 des Deutschen Corporate Governance Kodex wird empfohlen, dass ein Vorstandsvorsitzender nicht unmittelbar nach dem Auslaufen seines Vertrags den Vorsitz des Aufsichtsrats übernimmt.

Quelle: *Menzel, S.*: Endlich Bewegung, in: Handelsblatt, Nummer 16 vom 23.01.2006, Seite 1.

- Funktionsweisen der internen Kontrollsysteme,
- Ausschüsse der Überwachungsorgane,
- Mitglieder der Leitungs- und Überwachungsorgane,
- Vergütungen der Mitglieder der Leitungs- und Überwachungsorgane,
- weitere Mandate der Mitglieder der Leitungs- und Überwachungsorgane,
- Anzahl der Sitzungen der Leitungs- und Überwachungsorgane,
- Teilnehmer an den Sitzungen der Leitungs- und Überwachungsorgane.

Informationssysteme

Hinsichtlich der Informationssysteme im Unternehmen können insbesondere Anforderungen im Hinblick auf die Einführung und Gestaltung folgender Systeme geregelt werden:
- Risikomanagementsysteme,
- Kontrollsysteme,
- Planungs- und Forecastingsysteme,
- Reportingsysteme.

Prüfung

Hinsichtlich der Prüfung kann beispielsweise geregelt werden:
- welche Abschlussprüfer die Jahresabschlüsse überprüfen,
- was schwerpunktmäßig überprüft werden soll.

6.3.2 Spitzenorganisation

> Die **Spitzenorganisation**, die auch als **Führungsorganisation** bezeichnet wird, beschreibt die Strukturen der Leitungs- und Aufsichtsorgane eines Unternehmens.

Die Gestaltung der Spitzenorganisation hängt dabei von länderspezifischen Regelungen ab. Im Wesentlichen lassen sich zwei Modelle der Spitzenorganisation unterscheiden, die monistische und die dualistische Spitzenorganisation (↗ Abbildung 6-2).

6.3.2.1 Monistische Spitzenorganisation

Die monistische Spitzenorganisation, die auch als **One-Tier-System** oder länderspezifisch als **Board-** oder **Verwaltungsrat-System** bezeichnet wird, ist die international verbreitetste Form der Spitzenorganisation. Die monistische Spitzenorganisation umfasst lediglich ein Board oder einen Verwaltungsrat als Leitungs- und Überwachungsorgan. Alle Entscheidungen werden in diesem **Vereinigungsmodell** also von einem Organ getroffen, sofern sie nicht der Hauptversammlung vorbehalten sind (vergleiche *Lutter, M./Krieger, G.* 2002: Seite 3).

Organe amerikanischer Unternehmen

So kennt beispielsweise die amerikanische Unternehmensverfassung nur zwei Organe, von denen eines Leitungs- und Überwachungskompetenzen in sich vereint (vergleiche *Bühner, R.* 2004: Seite 372 ff.):

Abb. 6-2 Systeme der Spitzenorganisation

Vergleiche *Bleicher, K./Leberl, D./Paul, H.* 1989

Board of Directors
Das Board of Directors ist das zentrale Leitungsorgan der amerikanischen Corporation. Als einziges Verwaltungsorgan hat es unter anderem die Aufgabe, den einflussreichen **Chief-Executive-Officer** (CEO) und die leitenden Angestellten (Officers) zu wählen, die Geschäfte der Gesellschaft zu führen und die Interessen der Anteilseigner zu vertreten. Seine Arbeit erfolgt größtenteils in **Ausschüssen** (Committees), an die auch entsprechende Entscheidungsbefugnisse delegiert werden. In der Regel werden dabei sowohl Ausschüsse gebildet, die die operativen Geschäfte führen und die Gesellschaft im Außenverhältnis vertreten, als auch Ausschüsse wie das sogenannte **Audit Committee**, die Träger von Überwachungsfunktionen sind.

Shareholder's Meeting
Das Shareholder's Meeting entspricht der deutschen Hauptversammlung und ist eine mindestens einmal im Jahr stattfindende Zusammenkunft der Aktionäre (Shareholder). Im Rahmen dieses Meetings werden die Board-Mitglieder gewählt, Geschäftsordnungen (by-laws) erlassen oder geändert und Entscheidungen über außerordentliche Geschäfte getroffen (zum Beispiel Fusionen, Auflösung von Gesellschaften).

6.3.2.2 Dualistische Spitzenorganisation

Die dualistische Spitzenorganisation, die auch als **Two-Tier-System** oder als **Vorstands-Aufsichtsratssystem** bezeichnet wird, findet sich insbesondere in Deutschland und in Österreich. Ihre Wurzeln gehen auf die Mitte des 19. Jahrhunderts zurück. Dort erfolgte mit einer zunehmenden Betriebsgröße und der Gründung zahlreicher Aktiengesellschaften immer mehr eine Trennung von Eigentum und Verfügungsgewalt sowie die Etablierung der Unternehmensleitung als einer eigenständigen Institution.

Im Jahre 1861 verankerte das *Allgemeine Deutsche Handelsgesetzbuch* dann zum ersten Mal die Trennung von Leitung und Überwachung in der Gestalt des Aufsichtsrats als Überwachungsgremium in deutschen Aktiengesellschaften. Diese Organtrennung wurde 1937 durch die Novellierung des *Aktiengesetzes* mit der Hauptversammlung, dem Vorstand und dem Aufsichtsrat weiter konkretisiert und damit das Modell der dualistischen Spitzenverfassung deutscher Kapitalgesellschaften geschaffen (vergleiche *Macharzina, K.* 2003: Seite 137).

Die dualistische Spitzenorganisation umfasst entsprechend zusätzlich zur Hauptversammlung folgende zwei Organe:

Leitungsorgan
In deutschen Kapitalgesellschaften bildet der Vorstand oder die Geschäftsführung das Leitungsorgan. Dem obersten Leitungsorgan obliegen die Geschäftsführung des Unternehmens nach innen und seine Vertretung nach außen. Dabei ist die Leitung zwingend an die ihr auferlegten Rahmenvorgaben gebunden. Im Mittelpunkt steht dabei in der Regel das »Handeln zum Wohl des Unternehmens«, wie es zum Beispiel im *Aktiengesetz* § 70 festgeschrieben ist. Hierunter werden im Allgemeinen die langfristige Existenzsicherung und der Erhalt der Ertragskraft verstanden.

Überwachungsorgan
In deutschen Kapitalgesellschaften bildet der Aufsichtsrat das Überwachungsorgan. Seine Aufgabe besteht primär in der Überwachung des Leitungsorgans.

6.3.3 Beschlussfassung

Um ihre Aufgaben effizient erfüllen zu können, müssen in den Leitungs- und Überwachungsorganen klare Regelungen hinsichtlich der Beschlussfassung getroffen werden. Die Beschlussfassung kann entsprechend des Direktorial- oder des Kollegialprinzips erfolgen. Wie die Beschlussfassung jeweils erfolgt, legen die Leitungs- und Überwachungsorgane dabei in **Geschäftsordnungen** fest (vergleiche *Bleicher, K.* 1991: Seite 374 f., *Seidel, E./Redel, W.* 1987: Seite 23 und *Vahs, D.* 2012: Seite 84 ff.):

Direktorialprinzip
Das Direktorialprinzip sieht vor, dass dem Vorsitzenden des Organs, also beispielsweise dem Geschäftsführungs- oder Vorstandsvorsitzenden, das alleinige Entscheidungs- und Leitungsrecht übertragen wird.
- Beim **reinen Direktorialprinzip** kann der Vorsitzende des Organs gegen den Willen aller übrigen Mitglieder entscheiden und Weisungen erteilen. Dieses Prinzip findet sich in der Gestalt des Chief-Executive-Officers (CEO) vor allem im angloamerikanischen Bereich.
- Das **abgeschwächte Direktorialprinzip** räumt Mitgliedern des Organs ein Vetorecht ein, das es beispielsweise dem Vorstandsvorsitzenden einer Aktiengesellschaft nicht erlaubt, Entscheidungen gegen die Mehrheit seiner Vorstandskollegen durchzusetzen (*Aktiengesetz* § 77 Absatz 1).

Kollegialprinzip
Beim Kollegialprinzip entscheiden alle Mitglieder des Organs in gemeinsamer Verantwortung. Es lassen sich die drei Ausprägungen unterscheiden:
- Bei der **Abstimmungskollegialität** werden die Beschlüsse des Organs mehrheitlich gefasst.
- Im Falle der **Primatkollegialität** hat die Stimme des Vorsitzenden als »Primus inter Pares« bei Stimmengleichheit ein höheres Gewicht.
- Die **Kassationskollegialität** verlangt Einstimmigkeit bei der Beschlussfassung. Wird kein Konsens erzielt, kommt kein gültiger Beschluss zustande.

Zusammenfassung Kapitel 6

- Unternehmensverfassungen sind Regelwerke für die Leitung und die Überwachung von Unternehmen.
- Die Unternehmensverfassung weist Parallelen zur Staatsverfassung auf.
- In anderen Ländern ist die Board-Verfassung sehr verbreitet, die keine Trennung von Aufsichts- und Leitungsorgan vorsieht.
- Die dualistische Spitzenverfassung deutscher Kapitelgesellschaften umfasst ein Aufsichts- und ein Leitungsorgan.

Weiterführende Literatur Kapitel 6

Bleicher, K./Leberl, D./Paul, H.: Unternehmensverfassung und Spitzenorganisation, Wiesbaden.
Müller-Stewens, G./Brauer, M.: Corporate Strategy & Governance: Wege zur nachhaltigen Wertsteigerung im diversifizierten Unternehmen, Stuttgart.
Werder, A. von: Führungsorganisation – Grundlagen der Corporate Governance, Spitzen- und Leitungsorganisation, Wiesbaden.

Weiterführende Internetverweise Kapitel 6

www.aflcio.org/paywatch/: Internetseite der *American Federation of Labor – Congress of Industrial Organizations* mit einer Auflistung der Gehälter der CEOs der größten amerikanischen Unternehmen.
www.corpgov.net: Internetseite des *European Corporate Governance Forums* mit Verweisen auf nationale Corporate-Governance-Regelungen.
www.corporate-governance-code.de: Internetseite der *Regierungskommission Deutscher Corporate Governance Kodex*.
www.sec.gov: Internetseite der amerikanischen Börsenaufsichtsbehörde *U. S. Securities and Exchange Commission*.

Schlüsselbegriffe Kapitel 6

- Corporate-Governance-System
- Spitzenverfassung
- Unternehmensverfassung
- Gewaltenteilung
- Staatsverfassung
- Manager
- Unternehmer
- Untergesetzliches Regelwerk
- Soft-Law
- Corporate-Governance-Grundsätze
- Abschlussprüferrichtlinie
- Gesetz zur Kontrolle und Transparenz im Unternehmensbereich
- Deutscher Corporate Governance Kodex (DCGK)
- Entsprechenserklärung
- Sarbanes Oxley Act (SOX)
- Governance-Leitlinie
- Shareholder
- Stakeholder
- Leitungsorgan
- Überwachungsorgan
- Compliance
- Transparenz
- Publizität

- Informationssystem
- Risikomanagementsystem
- Kontrollsystem
- Forecastingsystem
- Reportingsystem
- Spitzenorganisation
- Führungsorganisation
- Monistische Spitzenorganisation
- One-Tier-System
- Verwaltungsrat-System
- Vereinigungsmodell
- Board-System
- Board of Directors
- Chief Executive Officer (CEO)
- Audit Committee
- Shareholder's Meeting
- Dualistische Spitzenorganisation
- Two-Tier-System
- Vorstands-Aufsichtsratssystem
- Beschlussfassung
- Geschäftsordnung
- Direktorialprinzip
- Kollegialprinzip
- Abstimmungskollegialität
- Primatkollegialität
- Kassationskollegialität

Fragen Kapitel 6

Frage 6-1: *Definieren Sie den Begriff »Unternehmensverfassung«.*

Frage 6-2: *Nennen Sie ein Synonym für den Begriff Unternehmensverfassung.*

Frage 6-3: *Nennen Sie die Art von Unternehmen, für die Unternehmensverfassungen insbesondere von Bedeutung sind.*

Frage 6-4: *Erläutern Sie vier Punkte, in denen sich Manager von Unternehmern unterscheiden.*

Frage 6-5: *Erläutern Sie, was unter untergesetzlichen Regelwerken im Hinblick auf die Unternehmensverfassung verstanden wird.*

Frage 6-6: *Nennen Sie mindestens zwei transnationale Regelwerke der Unternehmensverfassung.*

Frage 6-7: *Nennen Sie zwei deutsche Regelwerke der Unternehmensverfassung.*

Frage 6-8: *Erläutern Sie, wozu die Entsprechungserklärung im Deutschen Corporate Governance Kodex dient und wer diese abgeben muss.*

Frage 6-9: *Nennen Sie den wichtigsten amerikanischen Corporate-Governance-Kodex.*

Frage 6-10: *Nennen Sie mindestens sechs Gruppen von Sachverhalten, die in Unternehmensverfassungen geregelt werden können.*

Frage 6-11: *Nennen Sie mindestens drei Sachverhalte, die in Unternehmensverfassungen im Hinblick auf den Zugang zu Leitungs- und Überwachungsorganen geregelt werden können.*

Frage 6-12: *Nennen Sie mindestens fünf Sachverhalte, die in Unternehmensverfassungen im Hinblick auf die Rechte und Pflichten der Leitungsorgane geregelt werden können.*

Frage 6-13: *Nennen Sie mindestens fünf Sachverhalte, die in Unternehmensverfassungen im Hinblick auf die Rechte und Pflichten der Überwachungsorgane geregelt werden können.*

Frage 6-14: *Erläutern Sie, wozu die Regelung der Transparenz und Publizität dienen soll.*

Frage 6-15: *Definieren Sie den Begriff der Spitzenorganisation.*

Frage 6-16: *Nennen Sie die zwei grundsätzlichen Systeme der Spitzenorganisation.*

Frage 6-17: *Erläutern Sie, was unter einer monistischen Spitzenorganisation verstanden wird und welche Organe dort welche Aufgaben wahrnehmen.*

Frage 6-18: *Erläutern Sie, was unter einer dualistischen Spitzenorganisation verstanden wird und welche Organe dort welche Aufgaben wahrnehmen.*

Frage 6-19: *Erläutern Sie, wie in Deutschland die Trennung von Leitung und Überwachung erstmalig gesetzlich verankert wurde.*

Frage 6-20: *Nennen Sie die zwei grundsätzlichen Möglichkeiten der Beschlussfassung in Leitungs- und Überwachungsorganen.*

Frage 6-21: *Erläutern Sie, was unter dem Direktorialprinzip verstanden wird und welche zwei Ausprägungen es haben kann.*

Frage 6-22: *Erläutern Sie, was unter dem Kollegialprinzip verstanden wird und welche drei Ausprägungen es haben kann.*

Fallstudie Kapitel 6

Auch die Geschäftsführung der Speedy GmbH will einen Corporate Governance Kodex einführen. Unterstützen Sie die Geschäftsführung dabei, indem Sie recherchieren, welchem Kodex sich Vorstände und Aufsichtsräte anderer Unternehmen – insbesondere der Automobilbranche – verpflichten, und entwickeln Sie darauf aufbauend einen Corporate Governance Kodex für die Speedy GmbH.

Lösungen Kapitel 6

Für die Fallstudie gibt es keine eindeutige Lösung. Lösungshinweise werden deshalb nicht zur Verfügung gestellt.

Studierende, deren Dozenten das Buch einsetzen, finden passwortgeschützte Lösungsbeispiele unter folgender Internetadresse:
www.EinfuehrungInDieBetriebswirtschaftslehre.de/bwl-loesungen.html

Das Passwort für die Lösungen erhalten Sie von Ihrem Dozenten:

Passwort:

7 Organisation

Kapitelnavigator

Inhalt	Lernziel
7.1 Grundlagen	7-1 Die Grundlagen der Organisation kennen.
7.2 Organisatorische Analyse	7-2 Die Elemente und Vorgehensweisen bei der organisatorischen Analyse erarbeiten.
7.3 Gestaltung der Ablauforganisation mittels der Arbeitssynthese	7-3 Die Elemente und Vorgehensweisen bei der Gestaltung von Ablauforganisationen kennen.
7.4 Gestaltung der Aufbauorganisation mittels der Aufgabensynthese	7-4 Die Elemente und Vorgehensweisen bei der Gestaltung von Aufbauorganisationen kennen.
7.5 Neuere Organisationsansätze	7-5 Neuere Organisationsansätze benennen.
7.6 Gestaltung organisatorischer Veränderungen	7-6 Die Vorgehensweisen bei organisatorischen Veränderungen erforschen.

Jedes zielgerichtete Zusammenwirken von Teilen eines Ganzen beruht auf einer Ordnung. Ohne diese Ordnung herrscht Chaos. Im Chaos lassen sich aber komplexe Aufgaben nicht systematisch und zielgerichtet bewältigen. Deshalb bedarf es einer Organisation. Die entsprechenden Organisationsstrukturen sind ein Instrument zur Steuerung des Verhaltens und der Leistung der Organisationsmitglieder im Hinblick auf die Organisationsziele.

Der Begriff Organisation bezeichnet entsprechend allgemein die zielorientierte ganzheitliche Gestaltung von Beziehungen in sozialen Systemen (vergleiche *Vahs, D.* 2012: Seite 10 ff.). Innerhalb dieser Definition werden wir aus betriebswirtschaftlicher Sicht von folgender Definition ausgehen:

> Der Begriff **Organisation** bezeichnet aus funktionaler Sicht die zielorientierte ganzheitliche Gestaltung von Prozessen und Strukturen innerhalb von Betrieben und aus institutioneller Sicht das Ergebnis dieser Tätigkeit.

Wirtschaftspraxis 7-1

Webers Bürokratiemodell

Einer der ersten richtungweisenden Ansätze der Organisationstheorie stammt von dem deutschen Juristen, Nationalökonomen und Soziologen *Max Weber* (1864–1920). *Weber* war an der Frage interessiert, wie in der Gesellschaft, in der Verwaltung und in Unternehmen Herrschaft ausgeübt wird. Nach seiner Ansicht gibt es mit der traditionellen, der charismatischen und der bürokratiebasierten Herrschaft drei »Idealtypen« der Herrschaft. Anhand der von ihm identifizierten Strukturmerkmale einer »spezifisch modernen Form der Verwaltung« entwickelte er sein »Bürokratiemodell«. Merkmale dieses Modells sind die Arbeitsteilung, eine Amtshierarchie mit über- und untergeordneten Stellen, die Aufgabenerfüllung nach festen Regeln und Normen und die ausschließlich schriftliche Kommunikation etwa in Form von Briefen, Formularen und Aktennotizen.

Quelle: *Vahs, D.*: Organisation, 8. Auflage, Stuttgart 2012, Seite 27 ff. und die dort angegebene Literatur.

7.1 Grundlagen

Dualproblem der organisatorischen Gestaltung

Die organisatorische Gestaltung erfolgt entsprechend dem **Analyse-Synthese-Konzept** in folgenden Schritten (vergleiche ↗ Abbildung 7-1 und *Vahs, D.* 2012: Seite 51 ff.):

Organisatorische Analyse
Im Rahmen der **organisatorischen Differenzierung** wird die Gesamtaufgabe des Unternehmens analysiert, indem sie in Teilaufgaben und Arbeitsgänge zerlegt wird. Diesem Vorgehen liegt das Prinzip der **Arbeitsteilung** zugrunde.

Organisatorische Synthese
Im Rahmen der **organisatorischen Integration** werden die Teilaufgaben und Arbeitsgänge wieder zu größeren organisatorischen Einheiten wie Prozessketten und Abteilungen zusammengeführt. Diesem Vorgehen liegt das Prinzip der **Arbeitsvereinigung** zugrunde.

Fallbeispiel 7-1 — Organisation der Rechnungsprüfung

▶▶▶ Im Rahmen einer internen Revision bei der *Speedy GmbH* wurde durch Zufall entdeckt, dass es im letzten Geschäftsjahr erhebliche Unregelmäßigkeiten bei der Bezahlung von Rechnungen gab. In einer nachfolgenden Analyse wurden dafür folgende Ursachen ermittelt:

- Es wurden Leistungen in Rechnung gestellt und bezahlt, die so nicht bestellt und/oder erbracht worden waren.
- Es wurden Leistungen in Rechnung gestellt und bezahlt, die offensichtlich nicht für die *Speedy GmbH*, sondern für den Privatbereich einzelner Mitarbeiter der *Speedy GmbH* bestimmt waren.

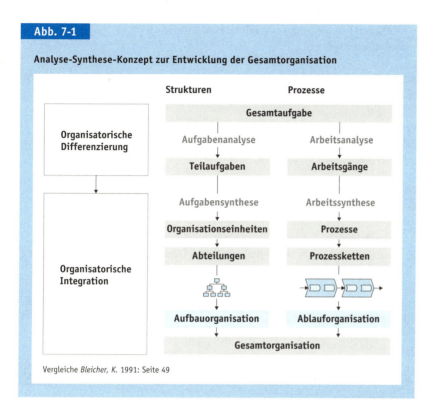

Abb. 7-1

Analyse-Synthese-Konzept zur Entwicklung der Gesamtorganisation

Vergleiche *Bleicher, K.* 1991: Seite 49

▸ Auf Rechnungen wurden die Einzelpositionen zum Schaden der *Speedy GmbH* falsch multipliziert und/oder addiert.

Der entsprechende finanzielle Schaden war erheblich. Zusätzlich zu den sofort eingeleiteten Personalmaßnahmen beauftragte Herr *Dr. Scharrenbacher* deshalb den Leiter Finanzen, Herrn *Kolb* damit, eine verbesserte Vorgehensweise bei der Rechnungsprüfung zu entwickeln und in die Organisation der *Speedy GmbH* zu integrieren. Auf diese Weise sollen entsprechende Unregelmäßigkeiten in Zukunft verhindert werden. ◂◂◂

7.2 Organisatorische Analyse

7.2.1 Ermittlung von Teilaufgaben im Rahmen der Aufgabenanalyse

Die Aufgabenanalyse dient der Ermittlung von Teilaufgaben, auf deren Basis im Rahmen der Aufgabensynthese Organisationseinheiten und Abteilungen und damit die Aufbauorganisation gestaltet werden kann. Unter Aufgaben wird dabei Folgendes verstanden (vergleiche *Hill, W./Fehlbaum, R./Ulrich, P.* 1994: Seite 122 f., *Kosiol, E.* 1976a: Seite 43):

Organisation
Organisatorische Analyse

> **Aufgaben** beschreiben, was verpflichtend auszuführen ist, um ein definiertes Ziel zu erreichen.

Aufgabenmerkmale

Aufgaben beschreiben also, »was« zu machen ist. Konkretisiert wird dies durch folgende Aufgabenmerkmale (vergleiche *Vahs, D.* 2012: Seite 53):

Verrichtung
Art der durchzuführenden geistigen oder körperlichen Tätigkeit, zum Beispiel Planen, Beschaffen oder Produzieren.

Objekt
Gegenstand der Aufgabe, zum Beispiel Werkstücke oder Informationen.

Aufgabenträger
Personen, die die Aufgabe ausführen, zum Beispiel Geschäftsführer oder Lagerarbeiter.

Sachmittel
Hilfsmittel, die bei der Aufgabenerfüllung eingesetzt werden, zum Beispiel Datenverarbeitungssysteme oder Maschinen.

Zeit
Zeitpunkt, Zeitraum oder zeitliche Reihenfolge, zu dem die Aufgabe durchgeführt wird, zum Beispiel 01.01.2012, vom 01.01. bis zum 01.02.2012 oder in chronologischer Reihenfolge.

Raum
Ort, an dem die Aufgabe durchgeführt wird, zum Beispiel Deutschland, Werk Karlsruhe, Gebäude IV, Zimmer 102.

Vorgehen bei der Aufgabenanalyse

Im Rahmen der Aufgabenanalyse werden Gesamtaufgaben systematisch in Teilaufgaben zerlegt und diese wiederum in mehreren Schritten in noch kleinere Teilaufgaben. Durch dieses Vorgehen entsteht eine **Teilaufgabenhierarchie**. Die im Rahmen der Aufgabenanalyse ermittelten Teilaufgaben niedrigster Ordnung werden auch als **Elementaraufgaben** bezeichnet. Sinnvollerweise liegt die Grenze der Aufgabenanalyse dort, wo ein Aufgabenbereich entsteht, der sich einer existierenden oder gedachten Person zuordnen lässt.

7.2.2 Ermittlung von Arbeitsgängen im Rahmen der Arbeitsanalyse

Die Arbeitsanalyse dient der Ermittlung von Arbeitsgängen, auf deren Basis im Rahmen der Arbeitssynthese Prozesse und Prozessketten und damit die Ablauforganisation gestaltet werden kann.

7.2 Organisatorische Analyse

> **Arbeitsgänge** beschreiben in zeitlicher, räumlicher und personeller Hinsicht, wie Aufgaben im Detail zu erfüllen sind.

Die Arbeitsanalyse ist eine Fortführung der Aufgabenanalyse unter besonderer Betonung der für die Aufgabenerfüllung durchzuführenden Arbeitsgänge. Der Übergang von der Aufgaben- zur Arbeitsanalyse ist prinzipiell immer dort zu sehen, wo die Frage nach dem **Aufgabeninhalt** beziehungsweise dem »Was?« in die Frage nach der **Aufgabenerfüllung** beziehungsweise nach dem »Wie?« übergeht (↗ Abbildung 7-2, vergleiche *Wittlage, H.* 1993: Seite 203 ff.).

Der Ausgangspunkt der Arbeitsanalyse sind die Teilaufgaben niedrigster Ordnung, die Elementaraufgaben. Sie stellen als **Arbeitsgänge** die Arbeitsteile höchster Ordnung dar. Indem diese Arbeitsgänge schrittweise weiter zerlegt werden, entsteht wiederum eine Ordnungshierarchie, deren Endpunkt die sogenannten **Gangelemente** als Arbeitsteile niedrigster Ordnung bilden. Gangelemente können beispielsweise einzelne Handgriffe sein, die im Zuge einer bestimmten Verrichtung auszuführen sind.

Vorgehen bei der Arbeitsanalyse

Fallbeispiel 7-2 (Fortsetzung 7-1) **Organisation der Rechnungsprüfung**
▶▶▶ Im Rahmen der Verbesserung der Rechnungsprüfung in der *Speedy GmbH* analysierte die von Herrn *Kolb* gebildete Problemlösegruppe, wie die Rechnungsprüfung aktuell erfolgt. Darauf aufbauend wurden weitere Aufgaben und Arbeitsgänge festgelegt, die im Rahmen der Rechnungsprüfung durchzuführen sind.
Die Rechnungsprüfung ist eine Teilaufgabe des Rechnungswesens. Sie kann weiter in die drei Teilaufgaben: inhaltliche, rechnerische und formale Rechnungsprüfung

Abb. 7-2

Aufgaben- und Arbeitsanalyse am Beispiel einer Verfahrensentscheidung für die Motorenproduktion

Vergleiche *Vahs, D.* 2012: Seite 54 und 56

unterteilt werden. Zur Durchführung dieser Teilaufgaben sind jeweils mehrere Arbeitsgänge durchzuführen. So sind – falls im Bestellsystem der *Speedy GmbH* kein Auftrag vorliegt, anhand dessen die Angaben auf der Rechnung überprüft werden können – zur rechnerischen Prüfung folgende Arbeitsgänge erforderlich: Multiplikation der Nettoeinzelbeträge je Rechnungsposition mit der jeweiligen Menge. Addition der sich ergebenden Nettogesamtbeträge. Addition der Umsatzsteuer zu dem sich ergebenden Nettorechnungsbetrag. Vergleich des sich ergebenden Bruttorechnungsbetrages mit dem auf der vorliegenden Rechnung ausgewiesenen Betrag. ◀◀◀

7.3 Gestaltung der Ablauforganisation mittels der Arbeitssynthese

Die Arbeitssynthese fasst die in der Arbeitsanalyse gewonnenen Arbeitsgänge zu Prozessen und diese wiederum zu Prozessketten zusammen, die dann die Ablauf- beziehungsweise Prozessorganisation bilden. Die Arbeitssynthese erfolgt anhand von drei Kriterien, die sich gegenseitig beeinflussen (vergleiche *Kosiol, E.* 1976a: Seite 212 ff.):

Kriterien der Arbeitssynthese

Zeitliche Synthese (Wann?)
Im Rahmen der zeitlichen Synthese werden die zeitliche Reihenfolge der einzelnen Arbeitsgänge und deren jeweilige Zeitdauer bestimmt. Danach werden die zeitlichen und sachlichen Abhängigkeiten zwischen den Arbeitsgängen gestaltet.

Räumliche Synthese (Wo?)
Die räumliche beziehungsweise lokale Synthese gestaltet die räumliche Anordnung der Arbeitsplätze und Bearbeitungsstationen und die Zuordnung der Arbeitsgänge zu diesen. Insbesondere bei materiellen Prozessen, wie sie in der Produktion und in der Logistik vorkommen, ist dabei auf eine optimale räumliche Anordnung zu achten, um Durchlaufzeiten und Transportwege zu minimieren.

Personale Synthese (Wer?)
Schließlich erfolgt die Zuordnung der einzelnen Arbeitsgänge zu gedachten Personen oder Organisationseinheiten. Hierdurch wird die Ablauf- mit der Aufbauorganisation verknüpft.

In der Organisationspraxis werden die Ergebnisse der Arbeitssynthese in Ablaufdiagrammen, Prozessbeschreibungen und Prozesslandkarten dokumentiert (vergleiche *Vahs, D.* 2012: Seite 58 f.).

7.3.1 Bildung von Prozessen

> Unter einem **Prozess**, der auch als Arbeitsprozess oder Aufgabenerfüllungsprozess bezeichnet wird, wird die zielgerichtete Erstellung einer Leistung durch eine Folge von logisch zusammenhängenden Arbeitsgängen beziehungsweise Aktivitäten verstanden, die innerhalb einer Zeitspanne nach bestimmten Regeln durchgeführt wird.

In diesem Sinne umfassen Prozesse inhaltlich abgeschlossene Vorgänge, die von einem bestimmten Ereignis, zum Beispiel einem Auftrag, angestoßen werden und einen definierten Input und Output haben.

Der inhaltliche Umfang eines Prozesses hängt dabei von der subjektiven Problemsicht des Organisators ab. Beispielsweise handelt es sich bei der aus relativ wenigen Arbeitsgängen bestehenden Rechnungsprüfung ebenso um einen Prozess wie bei der komplexen und schnittstellenübergreifenden Abwicklung eines individuellen Kundenauftrags im Investitionsgüterbereich (vergleiche *Gaitanides, M.* 1983: Seite 65 und *Vahs, D.* 2012: Seite 209).

Inhaltlicher Umfang von Prozessen

7.3.1.1 Merkmale von Prozessen

Prozesse sind durch die im Folgenden dargestellten Merkmale gekennzeichnet (↗ Abbildung 7-3, zum Folgenden vergleiche *Jackson, P./Ashton, D.* 1996: Seite 78 ff., *REFA* (Herausgeber) 1984: Seite 94 ff. und *Vahs, D.* 2012: Seite 233 ff.):

Start- und Endereignis
Ein Prozess wird durch ein **externes Startereignis** in Form eines Inputs oder durch ein **zeitliches Startereignis** in Form des Erreichens eines bestimmten Zeitpunkts angestoßen. Das Prozessergebnis selbst ist ein Endereignis, das als Startereignis wiederum Folgeprozesse auslösen kann. Ein Startereignis bei der Rechnungsprüfung ist beispielsweise der Rechnungseingang, ein Endereignis der Abschluss der Überprüfung.

Prozessmerkmale

In- und Output
Ein Prozess transformiert einen Input, der aus mindestens einem Prozess (Quelle) stammt, in einen Output, der an mindestens einen Prozess (Senke) weitergegeben wird. Der **Input** eines Prozesses besteht entweder aus materiellen Gütern, wie zum Beispiel Werkstoffen, oder aus immateriellen Gütern, wie zum Beispiel Kundenaufträgen. Der **Output** besteht dementsprechend aus materiellen oder immateriellen Gütern, wie beispielsweise Erzeugnissen oder Problemlösungen. Der Input bei der Rechnungsprüfung ist beispielsweise die ungeprüfte Rechnung, der Output die mit einem Prüfvermerk versehene überprüfte Rechnung.

Prozessquellen und -senken
Die Prozessquellen und -senken können interner und externer Natur sein. Interne Prozessquellen und -senken sind als vor- oder nachgelagerte Prozesse ein Teil der Prozesskette, die innerhalb des Betriebes abgewickelt wird. Dadurch entstehen **interne**

Abb. 7-3

Lieferanten-Kunden-Beziehungen zwischen den einzelnen Prozessen. Bei externen Prozessquellen und -senken befinden sich die Kunden oder die Lieferanten außerhalb des Betriebes, so beispielsweise wenn ein Lieferant seine Rechnung schickt.

Prozessaufgaben und -ziele
Ein Prozess hat immer eine Aufgabe und ist auf die Erreichung von bestimmten Zielen gerichtet. Die Aufgabe kennzeichnet den Prozesszweck und dient der Ableitung der erforderlichen Arbeitsgänge. Eine mögliche Prozessaufgabe ist beispielsweise die Prüfung einer Rechnung. Spezifische Prozessziele sind insbesondere die Qualität, die Durchlaufzeit und die Kosten des Prozesses, also beispielsweise alle falschen Rechnungen zu identifizieren und für die Prüfung einer Rechnung im Durchschnitt höchstens zehn Minuten zu benötigen.

Arbeitsgänge
Die Transformation des Inputs in den Output geschieht durch eine Abfolge von inhaltlich miteinander verknüpften und zweckgerichteten Arbeitsgängen. Sie stellen den Kern der Prozessabwicklung dar und werden auch als Aktivitäten, Arbeitsschritte, Tätigkeiten oder Verrichtungen bezeichnet. Ein Arbeitsgang bei der Rechnungsprüfung ist beispielsweise die Prüfung, ob die Preise der Einzelpositionen richtig addiert wurden.

Durchlaufzeit

Der Zeitraum vom Start eines Prozesses bis zu dessen Beendigung wird als Durchlaufzeit bezeichnet.

Zugeordnete Ressourcen

Zur Durchführung von Prozessen werden insbesondere Ressourcen in Form von menschlicher Arbeitskraft und Sachmitteln benötigt. Die Arbeitskraft ergibt sich aus der zugeordneten Organisationseinheit. Sachmittel sind alle materiellen Hilfsmittel zur Prozessabwicklung. Sie reichen von Büroeinrichtungen über Datenverarbeitungssysteme bis zu Fertigungseinrichtungen und Transportmitteln. Eine Ressource bei der Rechnungsprüfung ist beispielsweise ein Taschenrechner.

Zugeordnete Organisationseinheiten

Die Verantwortung für Prozesse wird Organisationseinheiten zugeordnet. Dadurch erfolgt eine Verknüpfung der Ablauforganisation mit der Aufbauorganisation.

7.3.1.2 Arten von Prozessen

Prozesse lassen sich nach verschiedenen Kriterien unterteilen (↗ Abbildung 7-4). In seinem sogenannten **Wertkettenmodell** (↗ Kapitel 9 Controlling) unterscheidet der amerikanische Wirtschaftswissenschaftler *Michael E. Porter* anhand des Marktbezugs Primär- und Sekundärprozesse (vergleiche *Porter, M. E.* 2000: Seite 65 ff. und *Vahs, D.* 2012: Seite 238 ff.):

Unterteilung von Prozessen nach dem Marktbezug

Primärprozesse

Die Primärprozesse sind als Marktprozesse unmittelbar an der Wertschöpfung beteiligt und auf die Erstellung und den Absatz der Produkte des Unternehmens gerichtet,

Abb. 7-4 Prozessarten

Vergleiche *Vahs, D.* 2012: Seite 238

wie zum Beispiel Logistik-, Produktions-, Vertriebs- und Serviceprozesse. Sie werden auch als **direkte Leistungsprozesse** bezeichnet.

Sekundärprozesse
Bei den Sekundärprozessen handelt es sich um Prozesse, die für die Sicherstellung der Betriebsbereitschaft sorgen und die Ausführung der Primärprozesse unterstützen, wie zum Beispiel Planungs-, Beschaffungs-, Wartungs- und Finanzprozesse. Sie besitzen keinen unmittelbaren Marktbezug und werden entsprechend auch als **indirekte Leistungsprozesse** bezeichnet.

Im neuen *St. Galler* Management-Modell, das im ↗ Kapitel 1 Grundlagen vorgestellt wurde, wird der Ansatz von *Porter* weiterentwickelt. In dem Modell erfolgt eine Unterteilung in drei Prozesskategorien nach der Art der Tätigkeit (vergleiche *Rüegg-Stürm, J.* 2002: Seite 68 ff):

Unterteilung von Prozessen nach der Art der Tätigkeit

Managementprozesse
Managementaufgaben werden über normative Orientierungsprozesse, strategische Entwicklungsprozesse und operative Führungsprozesse durchgeführt.

Geschäftsprozesse
Die Geschäftsprozesse dienen der Erbringung der marktbezogenen Kernleistungen von Unternehmen. Sie werden weiter unterteilt in Leistungsinnovations-, Leistungserstellungs- und Kundenprozesse. Geschäftsprozesse werden auch als **Kernprozesse** bezeichnet, da sie es in der Regel sind, die eine entscheidende Differenzierung gegenüber Wettbewerbern ermöglichen.

Unterstützungsprozesse
Unterstützungsprozesse schaffen die zur Durchführung der Geschäftsprozesse notwendige Infrastruktur. Sie werden unterteilt in die Prozesse der Infrastrukturbewirtschaftung, der Informationsbewältigung, der Personalarbeit, der Bildungsarbeit, der Kommunikation, der Risikobewältigung und des Rechtswesens.

7.3.2 Bildung von Prozessketten

Werden mehrere inhaltlich zusammenhängende Prozesse miteinander verbunden, so entstehen sogenannte Prozessketten. Beispielsweise kann sich eine Prozesskette »Auftragsabwicklung« aus den drei Prozessen »Auftrag annehmen«, »Auftrag ausführen« und »Produkt ausliefern« zusammensetzen (vergleiche *Vahs, D.* 2012: Seite 259 f.). Prozessketten sind dabei in der Regel abteilungsübergreifend. So sind beispielsweise an der Durchführung der Prozesskette »Auftragsabwicklung« die Abteilungen Marketing, Produktion, Logistik und Rechnungswesen gemeinsam beteiligt.

Häufig haben Prozessketten keinen sequentiellen Charakter, sondern es gibt innerhalb der Kette Verzweigungen und Zusammenführungen, weil Prozesse parallel ablaufen oder weil es alternative Abläufe gibt. Um entsprechende Abläufe darzustel-

Verknüpfungsarten von Prozessen

7.3 Gestaltung der Ablauforganisation mittels der Arbeitssynthese

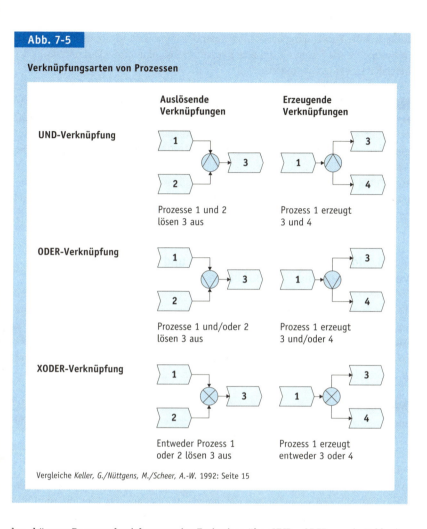

Abb. 7-5 Verknüpfungsarten von Prozessen

Vergleiche *Keller, G./Nüttgens, M./Scheer, A.-W.* 1992: Seite 15

len, können Prozesse beziehungsweise Ereignisse über UND-, ODER- sowie Exklusiv-ODER- beziehungsweise XODER-Operatoren verknüpft werden (↗ Abbildung 7-5). Ein Prozess wird dann beispielsweise erst gestartet, wenn alle vorangegangenen Prozesse durchgeführt wurden oder ein Prozess kann in Abhängigkeit von seinem Ergebnis zu zwei alternativen nachfolgenden Prozessen führen.

Für die grafische Darstellung von Prozessketten gibt es eine Reihe von Standards, wie beispielsweise:

- **objektorientierte Methoden**, wie die Unified Modeling Language (UML),
- **datenflussorientierte Methoden**, wie die in der DIN 66001 genormten Flussdiagramme, und
- **kontrollflussorientierte Methoden**, wie die Ereignisgesteuerten Prozessketten (EPK).

Darstellung von Prozessketten

Aufgrund der Verwendung bei der Implementierung von *SAP*-Systemen haben dabei insbesondere die Ereignisgesteuerten Prozessketten eine große Verbreitung in der betrieblichen Praxis gefunden.

Fallbeispiel 7-3 (Fortsetzung 7-1) **Organisation der Rechnungsprüfung**
▶▶▶ Im Fallbeispiel der Verbesserung der Rechnungsprüfung in der *Speedy GmbH* erfolgt im Anschluss an den Eingang der Rechnung eine Aufteilung der Prüfung auf die Prüfung in der Buchhaltung und mit einer UND-Verknüpfung die Prüfung in der Abteilung, die die Bestellung veranlasst hat. Die Ergebnisse der Prüfung werden mit einer ODER-Verknüpfung zusammengeführt. Ergibt sich bei einer oder beiden Prüfungen, dass die Rechnung nicht bezahlt werden soll, wird diesem Ergebnis gefolgt und es werden entsprechende weitere Prozesse ausgelöst. ◀◀◀

7.3.3 Möglichkeiten der Gestaltung und Optimierung von Prozessen und Prozessketten

Bei der Bildung von Prozessen und Prozessketten wird versucht, eine zeit-, kosten- und qualitätsoptimale Ablaufstruktur zu finden. Als grundsätzliche Optionen für die Gestaltung und Optimierung von Prozessen und Prozessketten bieten sich vor allem folgende Möglichkeiten an (↗ Abbildung 7-6, zum Folgenden vergleiche *Schmelzer, H. J./Sesselmann, W.* 2006: Seite 114 f. und *Vahs, D.* 2012: Seite 270):

Weglassen
Nicht wertschöpfende Arbeitsgänge oder Prozesse, wie beispielsweise unnötige Prüfprozesse bei der Rechnungsprüfung, werden eliminiert.

Hinzufügen
Arbeitsgänge oder Prozesse, die einer Verbesserung der Zielerreichung dienen, werden ergänzt. So ist es beispielsweise sinnvoll, im Rahmen der Rechnungsprüfung zusätzlich zu überprüfen, ob der auf Rechnungen ausgewiesene Umsatzsteuersatz korrekt ist.

Zusammenfassen
Arbeitsgänge oder Prozesse, die besser von einer statt von mehreren Personen nacheinander bewältigt werden können, werden gebündelt. Die Zusammenfassung von Prozessen zur Reduzierung von Schnittstellen ist auch einer der wichtigsten Ansätze des später vorgestellten Business-Process-Reengineering.

Aufteilen
Arbeitsgänge oder Prozesse, die beispielsweise für eine existierende oder gedachte Person zu umfangreich sind, werden auf zwei oder mehr Prozesse aufgeteilt. Durch eine starke Aufteilung von Arbeitsgängen in der industriellen Massenproduktion im Rahmen des sogenannten »Taylorismus« werden die Anforderungen an die Arbeiter niedrig und die Anlernzeiten kurz.

7.3 Gestaltung der Ablauforganisation mittels der Arbeitssynthese

Abb. 7-6

Möglichkeiten der Prozessgestaltung

Vergleiche Vahs, D. 2012: Seite 270

Wirtschaftspraxis 7-2

Prozessoptimierungen bei der Deutsche Post AG

Die *Deutsche Post AG* ist ein Musterbeispiel für ein Unternehmen, das ständig nach Möglichkeiten sucht, die eigenen und die Prozesse seiner Kunden zu verbessern. So ersetzt beispielsweise das Produkt *STAMPIT* die klassische Briefmarke. Bei *STAMPIT* handelt es sich um einen zweidimensionalen Barcode, der so auf Briefe gedruckt wird, dass er im Sichtfenster erscheint und dadurch bei der Briefsortierung automatisch überprüft werden kann. Durch *STAMPIT* können Kunden über das Internet Postwertzeichen kaufen und bei sich vor Ort ausdrucken. Durch Hinzufügen der Prozesse zur Online-Bereitstellung von Postwertzeiten bei der *Deutschen Post AG* entfallen beim Kunden somit die Prozesse zum Kauf von Postwertzeichen in einer Filiale, während bei der *Deutsche Post AG* die Prozesse zur Produktion und zum Absatz von Postwertzeichen überflüssig werden.

Ein weiteres Beispiel für Prozessoptimierungen sind die im Jahre 2005 eingeführten Packstationen. Es handelt sich dabei um eine Art Postfach für Pakete, über das die Kunden rund um die Uhr Pakete empfangen und versenden können. Bei der Logistiktochter der Post, der *DHL*, entfallen dadurch insbesondere die Prozesse zur Auslieferung von Paketen. Bei den Kunden entstehen zwar zusätzliche Prozesse aufgrund der Fahrten zu den Packstationen. Insbesondere ganztägig Berufstätige können dadurch jedoch auch außerhalb der normalen Schalterstunden Pakete empfangen und versenden.

Quellen: *Deutsche Post AG*: Stampit – Porto einfach selbst gedruckt, unter: www.stampit.de, Stand: 2006; *DHL Express Vertriebs GmbH & Co. OHG*: Packstation, unter: www.packstation.de, Stand: 2006.

Parallelisieren
Arbeitsgänge oder Prozesse, die voneinander unabhängig ablaufen können, werden simultan durchgeführt, um Durchlaufzeiten zu verkürzen, wie beispielsweise die gleichzeitige Prüfung einer Rechnung in der Buchhaltung und einer Rechnungskopie in der bestellenden Abteilung. Im Innovationsmanagement ist die parallele Durchführung der Entwicklung von Produkten und der Planung der benötigten Produktionseinrichtungen im Rahmen des sogenannten »Simultaneous Engineering« eine der wichtigsten Möglichkeiten zur Verkürzung der Zeit zur Markteinführung von Produkten.

Verändern der Reihenfolge
Die Veränderung der Reihenfolge der Arbeitsgänge oder Prozesse kann sinnvoll sein, um Durchlaufzeiten zu reduzieren oder Fehlerraten zu verringern. So ist es beispielsweise sinnvoll, erst zu prüfen, ob die auf einer Rechnung aufgeführten Positionen überhaupt bestellt wurden, und erst dann zu prüfen, ob die Einzelbeträge auf der Rechnung richtig addiert wurden.

7.3.4 Bildung der Ablauforganisation

Die Gesamtheit aller Prozessketten bildet die Ablauforganisation und die sogenannte **Wertschöpfungskette** beziehungsweise **Wertkette** (Value Chain) eines Unternehmens. Sie umfasst sämtliche Tätigkeiten, durch die ein Produkt entwickelt, produziert und abgesetzt wird (vergleiche ↗ Kapitel 9 Controlling und *Porter, M. E.* 2000: Seite 63).

7.4 Gestaltung der Aufbauorganisation mittels der Aufgabensynthese

Die Aufgabensynthese fasst die in der Aufgabenanalyse gewonnenen Teilaufgaben zu Aufgabenkomplexen zusammen, die dann wiederum Organisationseinheiten und Abteilungen zugeordnet werden. Dabei ist zu entscheiden, welche Arten von Organisationseinheiten und wie viele gebildet werden.

7.4.1 Bildung von Organisationseinheiten

> **Organisationseinheiten** sind sämtliche organisatorische Elemente, die durch die dauerhafte Zuordnung von Teilaufgaben auf eine oder mehrere existierende oder gedachte Personen entstehen.

Für Organisationseinheiten sind folgende Merkmale charakteristisch (vergleiche *Vahs, D.* 2012: Seite 64 ff.):

Merkmale von Organisationseinheiten

- **Dauerhafte Aufgabenbündelung** durch die Übertragung von auszuführenden Teilaufgaben an die Organisationseinheit.

7.4 Gestaltung der Aufbauorganisation mittels der Aufgabensynthese

Abb. 7-7 Arten von Organisationseinheiten

Vergleiche *Vahs, D.* 2012: Seite 72

- **Versachlichter Personenbezug** durch die Anpassung des Umfangs und des Anspruchsniveaus der übertragenen Teilaufgaben an das Leistungsvermögen mindestens einer gedachten Person, die als **Stelleninhaber** bezeichnet wird.
- **Kompetenzzuweisung** durch die Übertragung von formalen Rechten und Befugnissen an den Stelleninhaber.
- **Verantwortungszuweisung** durch die Pflicht des Stelleninhabers, für die Folgen seiner Entscheidungen und Handlungen einzustehen.

Die Organisationseinheiten können weiter in Stellen und Gremien unterteilt werden (↗ Abbildung 7-7).

7.4.1.1 Stellen

> **Stellen** sind Organisationseinheiten, die durch die dauerhafte Zuordnung von Teilaufgaben auf eine existierende oder gedachte Person entstehen. Sie sind das Basiselement der Aufbauorganisation.

In Anlehnung an die englischsprachige Managementlehre können Stellen weiter in **Linienstellen** (englisch: Line) und **unterstützende Stellen** (englisch: Staff) differenziert werden (vergleiche *Vahs, D.* 2012: Seite 74 ff.).

7.4.1.1.1 Linienstellen

Kennzeichnend für Linienstellen ist ihre unmittelbare Einbindung in die sogenannten **direkten Bereiche** des Unternehmens, die für die Erbringung der marktbezogenen Kernleistungen, wie beispielsweise die Beschaffung, die Produktion oder den Absatz, zuständig sind. Die Linienstellen werden weiter in Leitungs- und Ausführungsstellen unterteilt (vergleiche *Vahs, D.* 2012: Seite 71).

7.4.1.1.1.1 Leitungsstellen

Leitungsstellen, die auch als **Instanzen** bezeichnet werden, treffen für andere Stellen verbindliche Entscheidungen und setzen diese in Weisungen um, die von den untergeordneten Stellen auszuführen sind. Sie sind demgemäß mit Fremdentscheidungs- und Weisungskompetenzen ausgestattete Stellen. Im Allgemeinen wird zwischen disziplinarischen und fachlichen Weisungsbefugnissen differenziert:

Arten von Weisungsbefugnissen

Disziplinarische Weisungsbefugnisse
Die disziplinarischen Weisungsbefugnisse umfassen personalpolitische Maßnahmen gegenüber anderen Stellen. Dazu gehören im Tagesgeschäft unter anderem die Anwesenheitskontrolle, die Regelung von Abwesenheits- und Urlaubszeiten, die Genehmigung von Dienstreisen und die Aussprache von Lob oder Tadel gegenüber den unterstellten Personen. Langfristig beziehen sich die disziplinarischen Weisungsbefugnisse unter anderem auf die Einstellung und die Entlassung von Mitarbeitern, die Aus- und Weiterbildung sowie die Gehaltsfindung.

Fachliche Weisungsbefugnisse
Die fachlichen Weisungsbefugnisse beziehen sich auf die Art und Weise der Aufgabenerfüllung durch andere Stellen. Hierzu gehören zum Beispiel Weisungen hinsichtlich der durchzuführenden Aufgaben, der einzusetzenden Sachmittel, des Ortes, des Zeitraums sowie der einzusetzenden Mitarbeiter.

Die disziplinarischen und fachlichen Weisungsbefugnisse leiten sich aus dem **Direktionsrecht** des Arbeitgebers ab, das den Arbeitnehmer dazu verpflichtet, den Anordnungen des Arbeitgebers im Hinblick auf die ihm im Rahmen seines Arbeitsverhältnisses übertragenen Aufgaben Folge zu leisten. Die Rechtsgrundlage hierfür bilden unter anderem die *Gewerbeordnung* § 121 und das *Bürgerliche Gesetzbuch* § 315 (vergleiche *Bühner, R.* 1996: Seite 67, *Hohmeister, F.* 2002, Seite 35 f. und *Vahs, D.* 2012: Seite 74 ff.).

Arten von Instanzen

In Unternehmen können obere, mittlere und untere Instanzen unterschieden werden (vergleiche *Bühner, R.* 1996: Seite 68 f., *Staehle, W. H.* 1991: Seite 82 f. und *Vahs, D.* 2012: Seite 77 f.):

Obere Instanzen
Obere Instanzen, die auch als **Top-Management** bezeichnet werden, treffen Führungsentscheidungen, die das Unternehmen insgesamt betreffen und für seinen Bestand und seine Zukunft von großer Bedeutung sind, wie Standort-, Koopera-

tions- und Produktprogrammentscheidungen. Beispiele für obere Instanzen sind die Geschäftsführung und der Vorstand.

Mittlere Instanzen
Mittlere Instanzen, die auch als **Middle-Management** bezeichnet werden, haben eine Mittlerfunktion zwischen den Entscheidungen der oberen Instanzen und deren praktischer Umsetzung. Der Schwerpunkt ihrer Tätigkeit liegt in der Konkretisierung der Entscheidungen für ihren jeweiligen Verantwortungsbereich und in der Entscheidung über die Maßnahmen zur Zielerreichung sowie deren Durchsetzung. Typische mittlere Instanzen sind Bereichs-, Werks-, Hauptabteilungs- und Abteilungsleiter.

Untere Instanzen
Untere Instanzen, die auch als **Lower-Management** bezeichnet werden, übermitteln die Pläne und Anordnungen der mittleren Instanzen an die ihnen unterstellten Ausführungsstellen, planen operative Maßnahmen und beaufsichtigen die Ausführungsstellen. Die unteren Instanzen sind dabei selbst in erheblichem Umfang ausführend tätig. Typische untere Instanzen sind Gruppenleiter und Meister.

7.4.1.1.1.2 Ausführungsstellen
Stellen ohne Weisungskompetenzen gegenüber anderen Stellen werden als Ausführungsstellen bezeichnet. Ihnen obliegt in erster Linie die Ausführung der von den Instanzen getroffenen Entscheidungen. Ihre Entscheidungskompetenzen beschränken sich ausschließlich auf den eigenen Verantwortungsbereich. Die Ausführungsstellen bilden die unterste Ebene der Hierarchie eines Unternehmens. Allerdings ist die Bandbreite der Tätigkeitsmerkmale und der Anforderungen an die Stelleninhaber erheblich. Sie reicht von den sich ständig wiederholenden Routinearbeiten am Fließband bis zu der Lösung hoch komplexer Probleme in Entwicklungsabteilungen (vergleiche *Vahs, D.* 2012: Seite 78 f.).

Stellen ohne Leitungskompetenzen

7.4.1.1.2 Unterstützende Stellen
Die unterstützenden Stellen werden dem **indirekten Bereich** zugeordnet, da sie nur mittelbar der Erbringung der marktbezogenen Kernleistungen von Unternehmen dienen. Zu den unterstützenden Stellen zählen die Stabs-, die Assistenz- und die Dienstleistungsstellen. Die ersten beiden Stellenarten sind dabei sogenannte **Leitungshilfsstellen**, da sie den Leitungsstellen direkt zu deren Unterstützung und Entlastung zugeordnet werden (vergleiche *Vahs, D.* 2012: Seite 79 ff.).

7.4.1.1.2.1 Stabsstellen
Stabsstellen sind spezialisierte Leitungshilfsstellen, die insbesondere Beratungsfunktionen und fachbezogene Aufgaben ohne Fremdentscheidungs- und Weisungskompetenzen wahrnehmen. Sie sind immer an eine Leitungsstelle gebunden und erfüllen Funktionen, die zum Aufgabenbereich der jeweiligen Leitungsstelle gehören. Dazu werden die Stabsstellen sowohl an der Vorbereitung von Entscheidungen als auch an der Kontrolle von deren Realisierung beteiligt. Die eigentliche Entscheidung bleibt jedoch der Leitungsstelle und deren Umsetzung den Ausführungsstellen

Spezialisierte Leitungshilfsstellen

7.4 Organisation
Gestaltung der Aufbauorganisation mittels der Aufgabensynthese

> **Wirtschaftspraxis 7-3**
>
> **Stäbe haben ihren Ursprung im militärischen Bereich**
>
> Der Begriff der Stabsstelle kommt aus dem militärischen Bereich. Der obersten Leitung von bestimmten Truppenteilen sind in der Regel Führungs- oder Kommandostäbe zugeordnet, so zum Beispiel General-, Divisions- oder Regimentsstäbe. Die Stäbe sollen die militärischen Führer beraten und bei der Wahrnehmung ihrer Führungsaufgaben unterstützen. Ihnen obliegen unter anderem die taktische Einsatzplanung, das Nachrichtenwesen und die Truppenlogistik.
>
> Erst gegen Ende des 19. Jahrhunderts wurde der Stabsgedanke im Bereich der Wirtschaft aufgegriffen. Von der Leistungsfähigkeit des preußischen Generalstabs im Deutsch-Französischen Krieg 1870/71 beeindruckt, untersuchte *Henri Fayol* die Möglichkeiten, Stäbe auch zur Unterstützung der Unternehmensführung einzusetzen.
>
> Quelle: *Vahs, D.*: Organisation, 8. Auflage, Stuttgart 2012: Seite 79.

überlassen. Beispiele für klassische Stabsaufgaben sind Unternehmensplanung, Revision, Recht, Organisation, Statistik oder Public-Relations (vergleiche *Kieser, A./Kubicek, H.* 1992: Seite 136 ff., *Staehle, W. H.* 1991: Seite 662 ff., *Steinle, C.* 1992 Spalte 2310 ff. und *Vahs, D.* 2012: Seite 79 ff.).

7.4.1.1.2.2 Assistenzstellen

Generalisierte Leitungshilfsstellen

Assistenzstellen sind generalisierte Leitungshilfsstellen ohne Fremdentscheidungs- und Weisungskompetenzen. Während Stabsstellen im Wesentlichen mit klar definierten Daueraufgaben befasst sind, erfüllen Assistenzstellen wechselnde Aufgaben, deren Spektrum von einfachen Schreibtätigkeiten bis hin zur Lösung von komplexen Problemen reichen kann. Assistenzstellen werden nur fallweise und gemäß einem von der Instanz erteilten Auftrag aktiv. Beispiele für Assistenzstellen sind Sekretariate und Vorstandsassistenten (vergleiche *Vahs, D.* 2012: Seite 82).

7.4.1.1.2.3 Dienstleistungsstellen

Unterstützungsaufgaben für mehrere Leitungsstellen

Dienstleistungsstellen, die häufig auch als **Zentralstellen**, **Zentralabteilungen**, **Servicestellen** oder **Service-Center** bezeichnet werden, sind spezialisierte Stellen, die zentrale Unterstützungsaufgaben für mehrere Leitungsstellen wahrnehmen. Im Unterschied zu den Stabsstellen, die lediglich eine beratende Funktion besitzen, haben Dienstleistungsstellen das Recht, Richtlinien für eine einheitliche und wirtschaftliche Abwicklung von bestimmten Aufgaben innerhalb des Unternehmens vorzugeben. Sie besitzen also eine **Richtlinienkompetenz**, die in der Praxis mitunter aufgabenbezogen durch fachliche Weisungsbefugnisse gegenüber Linienstellen ergänzt wird. So gibt es bei größeren Unternehmen häufig ein Zentralcontrolling, das gegenüber den Controllingstellen der Unternehmensbereiche fachliche Weisungsbefugnisse hat (↗ Abbildung 7-13, vergleiche *Vahs, D.* 2012: Seite 82 f.).

7.4 Gestaltung der Aufbauorganisation mittels der Aufgabensynthese

Tab. 7-1

Arten von Gremien

	Aufgaben	Umfang der Mitarbeit	Zeitraum der Mitarbeit
Leitungsgruppen	Unternehmensführung	Vollzeit	Unbefristet
Arbeitsgruppen	Produktion	Vollzeit	Unbefristet
Projektgruppen	Projektdurchführung	Voll- oder Teilzeit	Befristet
Problemlösegruppen	Problemlösung	Teilzeit	Befristet
Ausschüsse	Koordination	Teilzeit	Befristet

Vergleiche *Vahs, D.* 2012: Seite 88

7.4.1.2 Gremien

Häufig ist es sinnvoll, Aufgaben nicht einzelnen Personen, sondern Gruppen zu übertragen, den sogenannten Gremien (vergleiche *Vahs, D.* 2012: Seite 83 ff.):

> **Gremien** beziehungsweise **Gruppen** sind Organisationseinheiten, die durch die dauerhafte Zuordnung von Teilaufgaben auf eine existierende oder gedachte Vereinigung von mehreren Personen entstehen.

Im Hinblick auf die Aufgaben, den Umfang der Mitarbeit und den Zeitraum der Mitarbeit werden fünf verschiedene Gruppen unterschieden, auf die nachfolgend eingegangen wird (↗ Tabelle 7-1, vergleiche *Vahs, D.* 2012: Seite 88 ff.).

7.4.1.2.1 Leitungsgruppen

Leitungsgruppen werden in der Regel auf der Ebene des Top-Managements gebildet, um dort Führungsaufgaben für das gesamte Unternehmen wahrzunehmen. Typische Leitungsgruppen sind die Geschäftsführung einer Gesellschaft mit beschränkter Haftung oder der Vorstand einer Aktiengesellschaft.

7.4.1.2.2 Arbeitsgruppen

Neben der Leitungsgruppe ist die Arbeitsgruppe das zweite hauptamtliche Gremium. Arbeitsgruppen werden im Rahmen der sogenannten **Gruppenarbeit** eingesetzt.

Erste Ansätze der Gruppenarbeit finden sich Anfang der 1970er-Jahre in dem damaligen Werk *Kalmar* des schwedischen Fahrzeugherstellers *Volvo*. Aus etwa 600 Einzelarbeitsplätzen wurden Teams mit jeweils 15 bis 25 Mitgliedern gebildet, denen in sich geschlossene Aufgabenbereiche, wie beispielsweise die Radmontage oder die Produktion von Bremsanlagen, übertragen wurden.

Kennzeichnend für Arbeitsgruppen ist ihre Autonomie hinsichtlich der Aufgabenverteilung, die Möglichkeit zum Arbeitsplatzwechsel innerhalb der Gruppe, die soge-

Merkmale von Arbeitsgruppen

7.4 Organisation
Gestaltung der Aufbauorganisation mittels der Aufgabensynthese

> **Wirtschaftspraxis 7-4**
>
> **Gruppenarbeit bei der BMW AG**
>
> Die *BMW AG* versucht durch Gruppenarbeit die Arbeitszufriedenheit zu erhöhen und gleichzeitig die Produktivität zu steigern. Bereits 1991 wurde eine Vereinbarung über eine »Pilotphase Arbeitsstrukturen der Zukunft« geschlossen, der 1995 eine Betriebsvereinbarung »Neue Arbeitsstrukturen« folgte:
> »Unter Neuen Arbeitsstrukturen versteht man bei *BMW* die Abkehr von den klassischen Methoden der Arbeitsteilung und die Einführung von integrierten Arbeitsstrukturen. Selbständige Arbeitsgruppen mit klar definierten Aufgaben bilden dabei den Kern. Die Gruppen werden mit der notwendigen Kompetenz und Eigenverantwortung ausgestattet. ... Die Mitarbeiter werden stärker an Entscheidungsprozessen beteiligt und Entscheidungen vor Ort – in der Gruppe – getroffen. ... Die Hauptaufgaben der Gruppenmitglieder werden durch sinnvolle Sekundärfunktionen angereichert. So werden im Sinne der Prozessorientierung beispielsweise Instandhaltung, Qualitätssicherung und Logistik in die Gruppenarbeit einbezogen. Dadurch werden unnötige Schnittstellen abgebaut und die Abläufe effizienter gestaltet. Für den Mitarbeiter bedeutet die Übernahme von Aufgaben aus den Sekundärbereichen in Verbindung mit Jobrotation mehr Abwechslung und den Abbau einseitiger Belastungen. Mit der Integration von Aufgaben und durch den höheren Anteil an selbststeuernden Organisationseinheiten steigt die Fach- und Sozialkompetenz und wächst die Flexibilität der Mitarbeiter. Dies bietet für jeden Einzelnen persönliche Entwicklungsmöglichkeiten. ... Eine Gruppe umfasst in der Regel 8 bis 15 Mitarbeiter. Die Gruppenstärke ist abhängig von den fertigungstechnischen und arbeitsorganisatorischen Gegebenheiten.«
>
> Quelle: *BMW AG* (Herausgeber): Neue Arbeitsstrukturen bei BMW, München 1996, Seite 2 f.

nannte **Job-Rotation**, und die Möglichkeit zur Mitgestaltung von Arbeitsinhalten, Arbeitsbedingungen und Arbeitsplätzen. Von den Gruppenmitgliedern werden die weitgehend selbstständige Lösung von Problemen im Arbeitsablauf und deren permanente Verbesserung im Sinne des **Kaizen-Prinzips** (von: Kai, japanisch: Veränderung und von: zen, japanisch: zum Besseren) ebenso erwartet, wie die laufende Erweiterung und Verbesserung ihrer individuellen Kenntnisse, Fähigkeiten und Fertigkeiten.

Jede Gruppe wählt einen Gruppensprecher, der nach innen eine Koordinations- und nach außen eine Vertretungsfunktion hat. Er arbeitet als gleichrangiges Gruppenmitglied mit und besitzt keine Weisungsbefugnisse. Die Entscheidungen über Gruppenangelegenheiten werden in regelmäßigen Sitzungen von den gleichberechtigten Gruppenmitgliedern getroffen.

Arbeitsgruppen können durch die stärkere Beteiligung der Mitarbeiter an der Gestaltung ihrer Arbeitsinhalte einen Abbau von Monotonie, eine erhöhte Motivation, effizientere Arbeitsabläufe, geringere Instandhaltungskosten und eine höhere Produktqualität bewirken (vergleiche *Bartölke, K.* 1992 Spalte 2385 ff., *Bleicher, K.* 1991: Seite 113 ff., *Krüger, W.* 1993: Seite 54 f., *Scholz, C.* 1994: Seite 348 f., *Staehle, W. H.* 1991: Seite 677 ff. und *Vahs, D.* 2012: Seite 91 ff.).

7.4.1.2.3 Projektgruppen

Projektgruppen werden temporär zur Durchführung von bestimmten Vorhaben gebildet.

> **Projekte** sind zeitlich befristete, zielorientierte und neuartige Vorhaben, die eine besonders hohe Komplexität aufweisen und eine interdisziplinäre Zusammenarbeit der betroffenen Bereiche erfordern.

Projektgruppen können sowohl als hauptamtliches als auch als nebenamtliches Gremium installiert werden, wobei sich die Konfiguration im Laufe der Projektabwicklung ändern kann. So können je nach Projektstand weitere Experten hinzugezogen oder zusätzliche Teilprojektgruppen gebildet werden.

Projektgruppen erfordern eine interne Strukturierung, um die Projektaufgabe zielgerichtet und koordiniert bearbeiten zu können. Deshalb wird in der Regel ein **Projektleiter** beziehungsweise **Projektmanager** eingesetzt, der die Verantwortung für die Durchführung des Projekts trägt und mit aufgabenbezogenen Kompetenzen ausgestattet wird.

Der ungestörte und schnelle Kommunikationsfluss ist einer der wichtigsten Vorteile von Projektgruppen, denn das Fach- und Erfahrungswissen jedes einzelnen Teammitgliedes ist für den Projekterfolg unverzichtbar. Der Projektleiter sollte deshalb sozusagen die Rolle des »Dirigenten eines Orchesters« übernehmen (vergleiche *Litke, H.-D.* 1995: Seite 170 ff. und *Vahs, D.* 2012: Seite 97 ff.).

7.4.1.2.4 Problemlösegruppen

Der Begriff der Problemlösegruppe ist ein Oberbegriff für eine Vielzahl verschiedener Arten der Kleingruppenarbeit, die in der betrieblichen Praxis anzutreffen sind. Im Mittelpunkt der Aktivitäten von Problemlösegruppen stehen in der Regel operative Fragen der Qualitäts- und der Produktivitätsverbesserung. Weitere, in diese Richtung wirkende Zielsetzungen können die Verbesserung der Arbeitsabläufe, der Mitarbeitermotivation und des Informationsaustausches sein. Personell werden Problemlösegruppen aufgrund ihrer Aufgabenstellungen in der Regel mit Angehörigen der Ausführungsebene und des unteren Managements besetzt (vergleiche *Schanz, G.* 1994: Seite 423 f., *Scholz, C.* 1994: Seite 349 ff. und *Vahs, D.* 2012: Seite 97).

Zu den Problemlösegruppen gehören auch die sogenannten **Task-Forces**. Sie bestehen zumeist aus Führungskräften und werden nach dem Auftreten eines dringlichen und wichtigen Problems als vorläufiges Gremium zusammengestellt und mit den für die Aufgabenerfüllung erforderlichen Kompetenzen ausgestattet (vergleiche *Hill, W./Fehlbaum, R./Ulrich, P.* 1994: Seite 203 ff., *Krüger, W.* 1993: Seite 398, *Schanz, G.* 1994: Seite 186 f.).

Fallbeispiel 7-4 (Fortsetzung 7-1) **Organisation der Rechnungsprüfung**
▶▶▶ Im Fallbeispiel der Verbesserung der Rechnungsprüfung in der *Speedy GmbH* richtete der Leiter Finanzen, Herr *Kolb*, eine Problemlösegruppe ein, die aus dem Leiter der Buchhaltung und jeweils einem Mitarbeiter aus dem Einkauf und der Produktion bestand. Die Gruppe traf sich solange wöchentlich, bis die verbesserte Rechnungsprüfung erfolgreich in die Organisation der *Speedy GmbH* integriert worden war. ◀◀◀

7.4.1.2.5 Ausschüsse

Ausschüsse gehören zu den nebenamtlichen Gremien. Ihre Mitglieder nehmen Problemlösungs- und Koordinationsaufgaben wahr. Im Vordergrund der Ausschussarbeit steht nicht die arbeitsteilige Aufgabenbewältigung, sondern die ganzheitliche und gemeinsame Bearbeitung der jeweiligen Ausschussthemen. Kennzeichnend für den Ausschuss ist die diskontinuierliche Zusammenarbeit seiner Mitglieder, die sich nur zu bestimmten Terminen treffen und für diese Zeit von ihren hauptamtlichen Tätigkeiten befreit werden.

Ausschüsse können unbefristet zur Bewältigung von Daueraufgaben eingerichtet werden, wie beispielsweise Planungs-, Investitions- oder Produktausschüsse, oder auf Zeit zur Bearbeitung von Sonderaufgaben, wie beispielsweise Untersuchungsausschüsse (vergleiche *Bleicher, K.* 1991: Seite 126, *Mag, W.* 1992 Spalte 252 ff. und *Vahs, D.* 2012: Seite 93 ff.).

7.4.1.3 Möglichkeiten der Bildung von Organisationseinheiten

Die Bildung von Organisationseinheiten kann aufgrund verschiedener Merkmale erfolgen (vergleiche *Bühner, R.* 1996: Seite 71 ff., *Krüger, W.* 1993: Seite 47, *Thom, N.* 1992 Spalte 2325 f. und *Vahs, D.* 2012: Seite 68 f.):

Bildung anhand der Aufgabe (ad rem)
Üblicherweise orientiert sich die Bildung von Organisationseinheiten nicht an einer existierenden, sondern an einer gedachten Person mit einer arbeitswissenschaftlich begründbaren **Normalleistung**. Im Mittelpunkt steht die Aufgabe. Dadurch wird die Bildung von Organisationseinheiten versachlicht.

Bildung anhand einer Person (ad personam)
Bei einer personenunabhängigen Bildung von Organisationseinheiten bleiben individuelle Unterschiede in der Leistungsfähigkeit und dem Leistungswillen einzelner Personen unberücksichtigt. Insofern eignet sich die Bildung von Organisationseinheiten anhand der Aufgabe nicht für hochqualifizierte Spezialisten oder Führungskräfte der oberen Hierarchieebene. In solchen Fällen erfolgt häufig eine Bildung ad personam. Die Stellen werden also direkt auf den konkreten zukünftigen Stelleninhaber zugeschnitten, um dessen Qualifikationspotenzial bestmöglich für die Organisation nutzen zu können.

Bildung anhand der Sachmittel (ad instrumentum)
Besitzt die Sachmittelausstattung einer Organisationseinheit besondere Bedeutung, ist es sinnvoll, sich bei der Bildung der Organisationseinheit nach der technischen Ausstattung zu richten. So orientieren sich beispielsweise die Zusammenfassung von Teilaufgaben und deren personale Zuordnung in einer hochgradig automatisierten Fertigung überwiegend an produktionstechnischen Gesichtspunkten.

Bildung aufgrund gesetzlicher Vorschriften
Schließlich können rechtliche Normen der Grund für die Bildung von bestimmten Organisationseinheiten sein, die dann mit entsprechend qualifizierten Personen, den sogenannten **Beauftragten**, besetzt werden. Die Wahrnehmung der Aufgaben kann entweder vollzeitlich oder teilzeitlich erfolgen. Beispiele für gesetzlich verankerte Stellen sind Datenschutz-, Arbeitssicherheits- und Abfallbeauftragte. Auch der Vorstand einer Aktiengesellschaft, die Geschäftsführung einer Gesellschaft mit beschränkter Haftung und der Betriebsrat gehören zu den gesetzlich vorgeschriebenen Organisationseinheiten.

Fallbeispiel 7-5 (Fortsetzung 7-1) **Organisation der Rechnungsprüfung**
▶▶▶ Im Fallbeispiel der Verbesserung der Rechnungsprüfung in der *Speedy GmbH* erfolgte die Bildung der entsprechenden Organisationseinheit anhand der Aufgabe, also ad rem. Dabei wurde lange diskutiert, ob die Aufgaben einer Ausführungsstelle in der Buchhaltung, einer der Geschäftsführung zugeordneten Stabsstelle oder einem aus Mitarbeitern der Buchhaltung, des Einkaufs und der Produktion bestehenden Rechnungsprüfungsausschuss zugeordnet werden sollten. Schließlich entschieden sich Herr *Dr. Scharrenbacher* und Herr *Kolb* dafür, die Aufgaben einer Ausführungsstelle in der Buchhaltung zu übertragen. ◀◀◀

Abb. 7-8

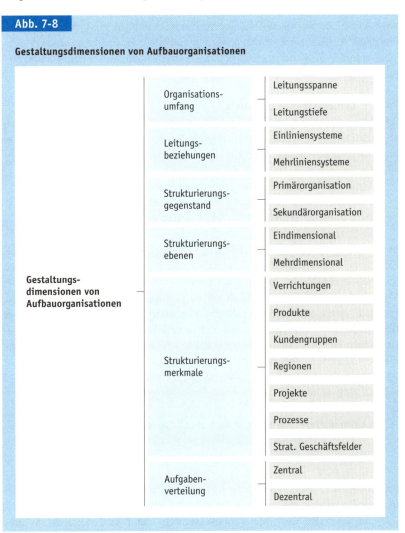

Gestaltungsdimensionen von Aufbauorganisationen

7.4.2 Abteilungsbildung

Nach der Bildung von Organisationseinheiten werden diese anhand von bestimmten Kriterien (↗ Abbildung 7-8) geordnet und im Zuge der Abteilungsbildung zur **Aufbauorganisation** zusammengefasst.

> Eine **Abteilung** entsteht durch die unbefristete Unterstellung von einer oder mehreren Organisationseinheiten unter eine gemeinsame Leitungsstelle.

Gerade größere Organisationen neigen dabei zur Bildung einer Vielzahl von Abteilungsebenen. Es entstehen Abteilungen, Hauptabteilungen, Bereiche, Direktionen und damit eine Hierarchie von Organisationseinheiten. Das Ergebnis der Abteilungsbildung wird in der Regel in einem Organisationsschaubild, dem **Organigramm**, grafisch dargestellt (vergleiche *Vahs, D.* 2012: Seite 100 ff.).

7.4.2.1 Leitungsspanne und -tiefe

Die Leitungsspanne und die Leitungstiefe bestimmen die äußere Gestalt der Aufbauorganisation. Die entsprechende Leitungshierarchie lässt sich als **Managementpyramide** darstellen (↗ Abbildung 7-9).

> Unter der **Leitungsspanne**, die synonym auch als Leitungsbreite, Kontrollspanne oder Subordinationsquote bezeichnet wird, wird die Anzahl der einer Instanz direkt unterstellten Mitarbeiter verstanden.

Optimale Leitungsspanne

Die Leitungsspanne nimmt in der Hierarchie im Allgemeinen von oben nach unten zu. Empirische Studien zeigten dabei, dass die optimale Leitungsspanne nicht existiert. So schwankt die Leitungsspanne in der betrieblichen Praxis zwischen einer und über 100 Personen. Wenn ausschließlich mittels persönlicher Weisungen geführt wird, kommt es durch eine große Anzahl direkt unterstellter Personen schnell zu einer Überlastung der Führungskapazitäten des Vorgesetzten. Mittels formaler **Koordinationsinstrumente**, wie der Selbstkoordination oder standardisierten Abläufen, kann die Leitungsspanne jedoch weiter erhöht werden (vergleiche *Bleicher, K.* 1991: Seite 47, *Kieser, A./Kubicek, H.* 1992: Seite 151, *Schanz, G.* 1994: Seite 125 f. und *Vahs, D.* 2012: Seite 120 ff.).

> Die **Leitungstiefe**, die synonym auch als Gliederungstiefe oder vertikale Spanne bezeichnet wird, ist die Anzahl der Hierarchieebenen unterhalb einer Instanz.

Zusammenhang zwischen Leitungsspanne und Leitungstiefe

Bei gegebener Zahl von Organisationseinheiten vergrößert sich die Leitungstiefe, je geringer die Leitungsspannen sind. Kleine Leitungstiefen ermöglichen einen schnellen und unverfälschten Informationsaustausch und tragen dadurch zu einer Beschleunigung der betrieblichen Kommunikations- und Entscheidungsprozesse bei (vergleiche *Vahs, D.* 2012: Seite 104 ff.).

7.4 Gestaltung der Aufbauorganisation mittels der Aufgabensynthese

Abb. 7-9

Managementpyramide

Vergleiche *Vahs, D.* 2012: Seite 109

Wirtschaftspraxis 7-5

Die Reduzierung der Leitungstiefe der Henkel KGaA

Im Zuge der Umsetzung von Lean-Management-Ansätzen reduzierten viele Unternehmen in den 1990er-Jahren ihre Leitungstiefe, wie auch das folgende Beispiel der *Henkel KGaA* zeigt.

Aufgrund einer Analyse der geänderten externen Rahmenbedingungen und einer ersten weltweiten Führungskräftebefragung unter anderem zu den Themen Information, Führung, Zusammenarbeit und Personalentwicklung wurde bei *Henkel* 1991 mit einem Veränderungsprogramm begonnen, das unter anderem die Hierarchieverflachung und die Verbreiterung der Leitungsspannen vorsah. Mittelfristig wurde aufgaben- und ressortspezifisch eine durchschnittliche Erweiterung der Leitungsspanne, die 1993 je nach Leitungsebene zwischen 4,8 und 6,8 lag, um 50 Prozent angestrebt. Wesentliche Zielsetzungen dieser Maßnahmen waren die stärkere Delegation von Verantwortung und Kompetenzen an die unteren Hierarchieebenen und die Flexibilisierung der Aufgabenstrukturen.

Quelle: *Schweiker, K. F. et al.*: Restrukturierungsprogramme in der *Henkel*-Gruppe, in: Organisationsstrategien zur Sicherung der Wettbewerbsfähigkeit, Lösungen deutscher Unternehmen, herausgegeben von *Frese, E./Maly, W.*, Zeitschrift für betriebswirtschaftliche Forschung, Sonderheft 33/1994, Seite 63–81.

7.4.2.2 Leitungsbeziehungen

Organisationseinheiten sind durch verschiedene Wege miteinander verbunden. Neben **Transportwegen**, die dem Austausch von materiellen Gütern dienen, gibt es **Kommunikationswege**, die als **Mitteilungswege** dem Austausch von Informationen und als **Entscheidungswege** der Willensbildung und -durchsetzung dienen (vergleiche *Hill, W./Fehlbaum, R./Ulrich, P.* 1994: Seite 136 ff.).

Organisation
7.4 Gestaltung der Aufbauorganisation mittels der Aufgabensynthese

Merkmale von Leitungssystemen

Um ein koordiniertes Handeln der einzelnen Organisationseinheiten sicherzustellen, müssen im Rahmen der Abteilungsbildung die Kommunikationswege und die Weisungsbeziehungen zwischen den über- und untergeordneten Organisationseinheiten festgelegt werden. Das so entstehende **Leitungssystem**, das auch als Leitungs- oder Führungsorganisation bezeichnet wird, verbindet die Organisationseinheiten mit den jeweils übergeordneten Leitungsstellen mittels sogenannter **Linien**, die von oben nach unten den Entscheidungsweg und von unten nach oben den Mitteilungsweg bilden.

Organisationstypen

Das Leitungssystem kann grundsätzlich als Einlinien- oder als Mehrliniensystem gestaltet werden. Diese Gestaltungsalternativen werden auch Organisationstypen genannt (↗ Abbildung 7-10, dazu und zum Folgenden vergleiche *Bühner, R.* 1996: Seite 108 ff., *Hill, W./Fehlbaum, R./Ulrich, P.* 1994: Seite 209 ff., *Kieser, A./Kubicek, H.* 1992: Seite 127 ff., *Schanz, G.* 1994: Seite 28 ff., *Staerkle, R.* 1992 Spalte 1232 ff., *Wittlage, H.* 1993a: Seite 136 ff. und *Vahs, D.* 2012: Seite 113 ff.):

Einliniensystem

Dem Einliniensystem liegt das von *Fayol* formulierte **Prinzip der Einheit der Auftragserteilung** zugrunde. Eine nachgeordnete Organisationseinheit erhält danach ausschließlich von der ihr direkt vorgesetzten Leitungsstelle Anweisungen, wobei über die einzelnen Hierarchieebenen hinweg keine Instanz übersprungen werden darf, sondern der sogenannte **Instanzenzug** oder **Dienstweg** eingehalten werden muss. Dadurch werden häufig jedoch die Informations- und Abstimmungsprozesse verzögert.

Abb. 7-10 Ein- und Mehrliniensystem

Vergleiche *Vahs, D.* 2012: Seite 114

> **Wirtschaftspraxis 7-6**
>
> ### Abgleich disziplinarischer und fachlicher Weisungsbefugnisse in der Bayer AG
>
> Das Verhältnis zwischen Disziplinar- und Fachvorgesetzten ist bei der *Bayer AG* in den »Grundsätzen für Führung und Zusammenarbeit« geregelt, in denen es unter anderem heißt:
> »Vorgesetzter eines Mitarbeiters ist der Linienvorgesetzte. Bedingt das Aufgabengebiet eines Mitarbeiters besondere Fachkenntnisse eines Vorgesetzten oder ist es einem anderen Führungsbereich zugeordnet, so kann für den Mitarbeiter zusätzlich ein Fachvorgesetzter bestimmt werden. Dabei bleibt die personelle und organisatorische Verantwortung für den Mitarbeiter bei dem Linienvorgesetzten, die betreffende Fachverantwortung geht auf den Fachvorgesetzten über. Die Kompetenzverteilung zwischen Linien- und Fachvorgesetztem soll durch Absprache festgelegt werden. Linien- und Fachvorgesetzter informieren und beraten sich gegenseitig. Dies gilt insbesondere bei Entscheidungen, die von der abgesprochenen Kompetenzverteilung abweichen. Hat einer der beiden Vorgesetzten Bedenken gegen eine solche Entscheidung des anderen und ist eine Einigung nicht zu erreichen, so entscheiden die jeweils vorgesetzten Führungsstellen.«
>
> Quelle: *Bayer AG* (Herausgeber): Mitarbeiterführung, Führungsgrundsätze, Leverkusen 1991, Seite 8.

Direkte Kommunikationsbeziehungen zwischen Organisationseinheiten der gleichen Hierarchieebene über sogenannte **Fayolsche Brücken** sind nur ausnahmsweise und mit anschließender Unterrichtung der übergeordneten Instanzen erlaubt.

Das Einliniensystem wird zum sogenannten **Stabliniensystem**, wenn den Leitungsstellen Stäbe als Leitungshilfsstellen zugeordnet werden.

Mehrliniensystem

Beim Mehrliniensystem erhalten in Anlehnung an das Funktionsmeistersystem von *Taylor* die nachgeordneten Organisationseinheiten von mehreren vorgesetzten Leitungsstellen Anweisungen. Durch diese Mehrfachunterstellung sollen eine Spezialisierung der Instanzen und eine Verkürzung der Kommunikationswege realisiert werden.

Bei der Anwendung des Mehrliniensystems können sich die Mitarbeiter mit ihren Problemen direkt an die jeweiligen Spezialisten wenden. Deshalb wird das Mehrliniensystem auch als **Prinzip des kürzesten Weges** bezeichnet. Im Vordergrund steht die Fachkompetenz der Vorgesetzten und nicht deren Positionsmacht. Allerdings können aufgrund der sich überschneidenden Kommunikationswege Weisungskonflikte entstehen. Zudem ist bei Vorliegen eines schlechten Arbeitsergebnisses nicht immer eindeutig zu klären, welche Instanz hierfür verantwortlich ist.

7.4.2.3 Strukturierungsgegenstand

Gegenstand der Strukturierung im Rahmen der Abteilungsbildung sind die Primär- und die Sekundärorganisation eines Unternehmens (vergleiche *Vahs, D.* 2012: Seite 153 ff.):

Primärorganisation

Die Verbindung von allen dauerhaften Stellen und Gremien schafft eine hierarchische Struktur, die als Primärorganisation bezeichnet wird. Die Primärorganisation stellt gewissermaßen das »Grundgerüst« der Aufbauorganisation eines Unternehmens dar.

Sie hat vor allem dafür zu sorgen, dass die marktbezogenen Kernleistungen des Unternehmens effektiv erbracht werden.

Sekundärorganisation
Die Primärorganisation ist häufig nicht in der Lage, bestimmte bereichsübergreifende Aufgabenstellungen, wie beispielsweise die Durchführung komplexer Projekte, effizient zu lösen. Deshalb wird die Primärorganisation oft durch bereichsübergreifende, flexible Strukturen ergänzt, die unter dem Begriff der Sekundärorganisation zusammengefasst werden und in erster Linie Planungs-, Koordinations-, Realisations- und Kontrollaufgaben haben.

7.4.2.4 Strukturierungsebenen

Organisationsformen

In Abhängigkeit von der Anzahl der verwendeten Strukturierungsmerkmale werden ein- und mehrdimensionale Organisationsformen unterschieden (vergleiche *Vahs, D.* 2012: Seite 157 ff.):

Eindimensionale Organisationsformen
Eindimensionale Organisationsformen sind dadurch gekennzeichnet, dass ihnen nur ein Strukturierungsmerkmal zugrunde liegt. Zu den eindimensionalen Organisationsformen zählen insbesondere die funktionale und die divisionale Organisation.

Mehrdimensionale Organisationsformen
Bei den mehrdimensionalen Organisationsformen werden die Organisationseinheiten unter gleichzeitiger Anwendung von zwei Strukturierungsmerkmalen in der **Matrixorganisation** und von drei und mehr Strukturierungsmerkmalen in der **Tensororganisation** gebildet. Die Strukturierung erfolgt dabei nach Funktionen und/oder Objekten, wie Produkten, Kundengruppen, Regionen, Projekten, Prozessen oder strategischen Geschäftsfeldern.

Elemente der Matrixorganisation

Durch die Anwendung mehrerer Gestaltungsdimensionen kommt es bei der Matrix-/Tensororganisation zu einer Aufteilung der Leitungsfunktionen. Eine untergeordnete Organisationseinheit, die sogenannte Matrixschnittstelle, erhält dadurch von zwei oder mehr übergeordneten Leitungsstellen, den sogenannten **Matrixstellen**, Anweisungen. Es handelt sich bei der Matrix-/Tensororganisation insofern um ein Mehrliniensystem.

Sämtliche Matrixstellen sind direkt der obersten Instanz unterstellt, die als **Matrixleitung** bezeichnet wird. Vorrangige Aufgaben der Matrixleitung sind die Koordination der Matrixstellen und die Schlichtung im Konfliktfall.

Die **Matrixschnittstellen** sind für die eigentliche Aufgabenerfüllung zuständig. Bei ihnen handelt es sich entweder um reine Ausführungsstellen oder um Leitungsstellen, denen weitere Organisationseinheiten zugeordnet sind (➚ Abbildung 7-11).

Einsatz der Matrixorganisation

Die Matrix-/Tensororganisation ist vorrangig für große Mehrproduktunternehmen geeignet, die sich in einem dynamischen Umfeld befinden, das schnelle und flexible Reaktionen erfordert. Die Anpassungsfähigkeit der Matrix-/Tensororganisation an sich verändernde Umweltbedingungen ist aufgrund ihrer mehrdimensionalen Verknüpfungen sehr hoch. Das vorhandene Spezialwissen und die spezifischen

7.4 Gestaltung der Aufbauorganisation mittels der Aufgabensynthese

Abb. 7-11

Elemente der Matrixorganisation

Wirtschaftspraxis 7-7

Die Tensororganisation von PricewaterhouseCoopers

Um eine konsequente Fokussierung auf die von den Kunden nachgefragten Leistungen, auf die jeweilige Branche und auf die Größe der Kunden und ihre besonderen Aufgabenstellungen zu ermöglichen, hatte sich *PricewaterhouseCoopers* 1998 dafür entschieden, eine Tensororganisation einzuführen. Auf globaler Ebene erfolgte die Strukturierung nach den drei Dimensionen: Services, Industries und Geographies.

In der Dimension »Services« erfolgte eine Strukturierung nach Produkten in die fünf Bereiche: »Wirtschaftsprüfung und prüfungsnahe Dienstleistungen«, »Steuer- und Rechtsberatung«, »Unternehmensberatung«, »Corporate Finance-Beratung« sowie »Human-Resource-Beratung«.

In der Dimension »Industries« erfolgte eine Strukturierung nach Kundengruppen durch die Differenzierung von zwei Größenordnungen von Unternehmen und die Unterteilung in die fünf Branchen: »Finanzdienstleistungen«, »Konsumgüter- und Industrieprodukte«, »Information«, »Telekommunikation und Medien«, »Energiewirtschaft« sowie »Dienstleistungen«.

In der Dimension »Geographies« erfolgte eine Strukturierung nach Regionen in globale Aktivitäten, Aktivitäten in Staatengemeinschaften sowie Aktivitäten in einzelnen Staaten beziehungsweise Territorien.

Die genannten Dimensionen wurden durch die internen Funktionsbereiche »Operations«, »Human Capital« und »Risk Management« ergänzt. Zudem unterstützen mehrere internationale Wissenszentren die Berater mit ihrem Expertenwissen und aktuellen Markt- und Branchenanalysen.

Quelle: *PricewaterhouseCoopers* (Herausgeber): Unternehmens- und Imagebroschüre, 1998.

Sichtweisen der verschiedenen Dimensionen erlauben ganzheitliche und innovative Problemlösungen. Durch das zugrunde liegende Mehrliniensystem sind die Kommunikationswege kurz. Problematisch ist jedoch die Kompetenzabgrenzung. Sie führt immer wieder zu Schnittstellenkonflikten, die einen erhöhten Regelungsbedarf nach sich ziehen, dem beispielsweise in Form von Handbüchern und Richtlinien Genüge getan wird.

Abb. 7-12

Strukturierungsalternativen der Aufbauorganisation

7.4.2.5 Strukturierungsmerkmale

Die Strukturierung der Primär- und Sekundärorganisation kann nach verschiedenen Merkmalen erfolgen, auf die nachfolgend eingegangen wird (↗ Abbildung 7-12, zum Folgenden vergleiche *Kieser, A./Kubicek, H.* 1992: Seite 86 ff. und *Vahs, D.* 2012: Seite 102 ff., 153 ff.).

7.4.2.5.1 Strukturierung nach Verrichtungen

Bei der Strukturierung nach Verrichtungen werden einer Leitungsstelle gleichartige oder verwandte Funktionen zugeordnet. Die Strukturierung nach Verrichtungen kann sich auf die Primär- oder die Sekundärorganisation beziehen:

7.4 Gestaltung der Aufbauorganisation mittels der Aufgabensynthese

Funktionale Organisation

Wird die Primärorganisation eines Unternehmens nach Verrichtungen strukturiert, wird dies als »Funktionale Organisation« bezeichnet. Die Strukturierung erfolgt dabei zumeist entsprechend der Kernleistungen eines Unternehmens in Forschung und Entwicklung, Materialwirtschaft, Produktion, Marketing und so weiter.

Die funktionale Organisation hat in der Praxis insbesondere bei kleinen und mittleren Unternehmen mit einem überschaubaren und homogenen Produktprogramm eine weite Verbreitung gefunden (↗ Abbildung 7-14, vergleiche *Vahs, D.* 2012: Seite 157 ff.).

Organisationsformen bei der Strukturierung nach Verrichtungen

Funktionsmanagement

Das Funktionsmanagement ist eine Form der Sekundärorganisation, die eine vorhandene Primärorganisation um Organisationseinheiten ergänzt, die bereichsübergreifende Querschnittsfunktionen, wie Planungs-, Koordinations-, Realisations- und Kontrollaufgaben, wahrnehmen. Querschnittsfunktionen, die häufig in Form eines Funktionsmanagements organisiert werden, sind das Controlling, die Logistik, die Qualitätssicherung und der Umweltschutz. Die im Rahmen des Funktionsmanagements anzutreffende rein fachliche Zuordnung von Organisationseinheiten der Primärorganisation zu entsprechenden Zentralstellen oder -abteilungen wird auch als **Dotted-Line-Prinzip** bezeichnet (↗ Abbildung 7-13, vergleiche *Vahs, D.* 2012: Seite 200 f.).

Abb. 7-13

Funktionsmanagement am Beispiel des Controllings in einer divisionalen Organisation

Vergleiche *Vahs, D.* 2012: Seite 202

7.4.2.5.2 Strukturierung nach Produkten

Bei der Strukturierung nach Produkten werden diejenigen Organisationseinheiten unter einer Leitungsstelle zusammengefasst, die entweder technologisch ähnliche Produkte oder Produkte für die gleichen Marktsegmente verantworten. Abhängig davon, ob die Primär- oder die Sekundärorganisation von Unternehmen nach Produkten strukturiert wird, ergeben sich unterschiedliche Organisationsformen:

Organisationsformen bei der Strukturierung nach Produkten

Divisionale Organisation

Erfolgt die Strukturierung der Primärorganisation eines Unternehmens nach Produkten, Kundengruppen oder Regionen, wird die entsprechende Organisation als divisionale, Sparten- oder Geschäftsbereichsorganisation und die entsprechenden Unternehmensbereiche als **Divisionen**, **Sparten** oder **Geschäftsbereiche** bezeichnet (↗ Abbildung 7-13).

Vor allem größere Unternehmen mit einem heterogenen Produktprogramm sind vielfach divisional organisiert. Wenn die einzelnen Divisionen für die entstehenden Kosten verantwortlich sind, handelt es sich um sogenannte **Cost-Center**, bei Verantwortung für die wirtschaftlichen Ergebnisse um **Profit-Center** und bei Verantwortung für die Verwendung der erwirtschafteten Gewinne um **Investment-Center**.

Der wesentliche Vorteil der divisionalen Organisation ist in der besseren Ausrichtung des Unternehmens auf die spezifischen Erfordernisse von Markt und Wettbewerb zu sehen. Kritisch ist anzumerken, dass die relativ große Selbstständigkeit der Divisionen und das daraus resultierende Autonomiestreben die Gefahr der Suboptimierung in sich bergen und zu Spartenegoismus führen kann (vergleiche *Vahs, D.* 2012: Seite 162 ff.).

Produktmanagement

Wird die Sekundärorganisation eines Unternehmens nach Produkten strukturiert ergibt sich ein Produktmanagement, das in der Regel eine Produkt-Markt-Querschnittsfunktion gegenüber den Funktionsbereichen wahrnimmt.

Wirtschaftspraxis 7-8

Die Divisionen der Siemens AG

Die Struktur der *Siemens AG* im Jahr 2012 ist ein Beispiel für eine divisionale Organisation. Der operative Bereich des Unternehmens ist nach Produkten in die vier Sektoren »Energy«, »Healthcare«, »Industry« und »Infrastructure & Cities« gegliedert. Diese Bereiche sind jeweils in Divisionsunternehmen aufgeteilt, die ihrerseits für die Entwicklung, die Produktion und den Vertrieb ihrer Leistungen zuständig sind und die operative Verantwortung für ihre Geschäftstätigkeit tragen.

Die vier funktional ausgerichteten Zentralabteilungen »Corporate Development«, »Corporate Finance«, »Corporate Personnel« und »Corporate Technology« und die fünf Zentralstellen »Corporate Communications«, »Corporate Information Office«, »Global Procurement and Logistics«, »Government Affairs« und »Management Consulting Personnel« übernehmen Koordinations-, Kontroll- und Querschnittsaufgaben für das Gesamtunternehmen.

Daneben existieren weitere rechtlich selbstständige Gesellschaften und regionale Einheiten, die das Unternehmen und seine Produktbereiche weltweit einheitlich repräsentieren sollen. Insofern wird die Produktverantwortung durch eine vertriebsbezogene regionale Struktur ergänzt.

Quelle: *Siemens AG*: Unternehmensstruktur, unter: www.siemens.de, Stand 2012.

7.4 Gestaltung der Aufbauorganisation mittels der Aufgabensynthese

Abb. 7-14

Linien-Produktmanagement in einer funktionalen Organisation

Vergleiche *Vahs, D.* 2012: Seite 184

In der betrieblichen Praxis sind vier verschiedene Formen des Produktmanagements anzutreffen (vergleiche *Bühner, R.* 1996: Seite 190, *Vahs, D.* 2012: Seite 192 ff.):

- das **Linien-Produktmanagement**, bei dem die Produktmanager als Linienstellen dem Marketing zugeordnet werden (↗ Abbildung 7-14),
- das **Stabs-Produktmanagement**, bei dem die Produktmanager der Unternehmensführung als Stab zugeordnet werden,
- das **Matrix-Produktmanagement**, bei dem den Produktmanagern gegenüber der Primärorganisation fachliche Weisungsbefugnisse eingeräumt werden und
- der **Produktausschuss**, der sich aus Vertretern der Primärorganisation zusammensetzt und die Aufgaben des Produktmanagements übernimmt.

Formen des Produktmanagements

Wirtschaftspraxis 7-9

Procter & Gamble entwickelte das Produktmanagement

Das Produktmanagement wurde 1927 von *Procter & Gamble* entwickelt und eingeführt, um die sich infolge der Weltwirtschaftskrise abzeichnenden Absatzschwierigkeiten bei Konsumartikeln zu überwinden. Verstärkte Anwendung fand das Produktmanagement in den Vereinigten Staaten nach dem Zweiten Weltkrieg und in Deutschland seit den 1960er-Jahren. Heute wird das Konzept vor allem in der Konsum- und in der Investitionsgüterindustrie eingesetzt.

Quelle: *Tietz, B.*: Organisation des Produktmanagements, in: *Frese, E.* (Herausgeber): Handwörterbuch der Organisation, 3. Auflage, Stuttgart 1992, Spalte 2067.

> **Wirtschaftspraxis 7-10**
>
> ### Key-Account-Manager kümmern sich um Großkunden
>
> Die Ausrichtung der Organisation auf bestimmte Kundengruppen und Großkunden, sogenannte »Key-Accounts« ist in der Investitionsgüterindustrie seit Langem üblich, weil die Individualität der Problemlösungen eine sehr enge Zusammenarbeit zwischen Herstellern und Abnehmern erfordert.
>
> Seit dem Ende der 1970er-Jahre gibt es den Key-Account-Manager auch in der Konsumgüterindustrie. Er soll den mächtigen Einkäufern von Handelsketten wie *Aldi*, *Rewe* oder *Metro* als spezialisierter Gesprächspartner entgegentreten. Mittlerweile ist der Trend zur gezielten Kundenbetreuung auch in anderen Branchen üblich. Ob Automobilzulieferer, Banken oder Telekommunikationsdienstleister – viele Unternehmen haben den Kunden und damit das Kundenmanagement für sich entdeckt und versuchen auf diesem Weg, die Kundenneugewinnung und -bindung zu verbessern.
>
> Quelle: *Meffert, H.*: Organisation des Kundenmanagements, in: Handwörterbuch der Organisation, 3. Auflage, herausgegeben von *Frese, E.*, Stuttgart 1992, Spalte 1215 ff.

7.4.2.5.3 Strukturierung nach Kundengruppen

Um besser auf die Kundenbedürfnisse eingehen zu können, kann die Organisation eines Unternehmens nach Kundengruppen strukturiert werden. So erfolgt beispielsweise bei Banken in der Regel eine Strukturierung nach Geschäfts- und Privatkunden oder im Handel eine Strukturierung nach Groß- und Einzelkunden. Der Vorteil derartiger Strukturen besteht insbesondere darin, dass Kunden entsprechend der »One-face-to-the-customer-Philosophie« nur einen Ansprechpartner haben, wenn es um die gesamte Produktpalette des Unternehmens geht.

Die Strukturierung nach Kundengruppen kann sich sowohl auf die Primär- als auch auf die Sekundärorganisation beziehen. Bei der Anwendung auf die Primärorganisation ergibt sich eine divisionale Organisation, bei der Anwendung auf die Sekundärorganisation ein **Kundenmanagement** (vergleiche *Vahs, D.* 2012: Seite 196 ff. und 180 ff.).

> **Wirtschaftspraxis 7-11**
>
> ### Regionalstrukturen bei Procter & Gamble
>
> Bei *Procter & Gamble* wird der Aspekt des lokalen Agierens durch sieben regionale Marktentwicklungsorganisationen in Nordamerika, Asien/Indien/Australien, Nordostasien, China, Osteuropa/Mittlerer Osten/Afrika, Westeuropa und Lateinamerika abgedeckt, deren Aufgaben wie folgt beschrieben werden: »Interface with customers to ensure marketing plans fully capitalize on local understanding, to seek synergy across programs to leverage Corporate scale, and to develop strong programs that change the game in our favor at point of purchase.«
>
> Quelle: *The Procter & Gamble Company* (Herausgeber): Corporate Structure, unter: www.pg.com, Stand: 2002.

7.4.2.5.4 Strukturierung nach Regionen
Vor allem international tätige Unternehmen werden häufig auch nach Regionen strukturiert. Das ist sinnvoll, wenn wichtige Aufgaben »vor Ort« wahrgenommen werden sollen oder die unmittelbare Marktnähe von Bedeutung ist, also zum Beispiel bei der Nutzung von Standortvorteilen oder bei der Umgehung von Handelshemmnissen.

Die Strukturierung nach Regionen kann sich sowohl auf die Primär- als auch auf die Sekundärorganisation beziehen. Wird die Primärorganisation nach Regionen strukturiert, ergibt sich eine divisionale Organisation (vergleiche Vahs, D. 2012: Seite 167).

7.4.2.5.5 Strukturierung nach Projekten
In der Regel wird die Strukturierung nach Projekten vor allem für die Sekundärorganisation verwendet. Dabei werden die folgenden Grundformen des Projektmanagements unterschieden (vergleiche Vahs, D. 2012: Seite 202 ff.):

Grundformen des Projektmanagements

Reine Projektorganisation
Kennzeichnend für die reine Projektorganisation ist die fachliche und disziplinarische Unterstellung der Projektmitarbeiter unter den Projektmanager als »Vorgesetzten auf Zeit«. Alle Projektbeteiligten sind vollamtlich im Projekt tätig (↗ Abbildung 7-15).

Stabs-Projektorganisation
Die Aufgabe der Projektkoordination kann einer oder mehreren eigens dafür geschaffenen Stabsstellen übertragen werden. Gemäß der Stabsdoktrin bedeutet dies, dass die Projektstelle weder Entscheidungs- noch Weisungskompetenzen besitzt. Die Projektverantwortung liegt bei der übergeordneten Instanz, während der Projektmana-

Abb. 7-15 Reines Projektmanagement ergänzend zu einer funktionalen Organisation

Vergleiche Vahs, D. 2012: Seite 209

Abb. 7-16

Matrix-Projektmanagement in einer funktionalen Organisation

Vergleiche *Vahs, D.* 2012: Seite 207

ger oder besser: »Projektkoordinator« im Wesentlichen für die Terminüberwachung, die Kostenkontrolle und sonstige projektverfolgende Maßnahmen zuständig ist.

Matrix-Projektorganisation

Beim Matrix-Projektmanagement wird die Primärorganisation durch eine Projektstruktur überlagert. Die Projektmanager können sich in der Regel auf einzelne Mitar-

Wirtschaftspraxis 7-12

Die Wurzeln des Projektmanagements liegen im militärischen Bereich

Der Grundgedanke des Projektmanagements geht auf die großen waffentechnischen Vorhaben der Vereinigten Staaten während des Zweiten Weltkriegs zurück. Vor allem das 1941 begonnene »*Manhattan Engineering District Projekt*«, die Entwicklung und der Bau der ersten Atombombe, erforderte wegen der weitreichenden Verflechtungen von Regierung, Militär, Industrie und Universitäten völlig neue Organisationsstrukturen. Nach dem Ende des Zweiten Weltkriegs erfuhr das Projektmanagement in der Realisierung des *Polaris*-Nuklearwaffen-Programms, der Luftwaffenprogramme im Langstreckenbomber-Bereich und des *Apollo*-Programms der *NASA* eine Weiterentwicklung.

Quelle: *Madauss, B. J.*: Handbuch Projektmanagement, 5. Auflage, Stuttgart 1994, Seite 12 ff.

beiter aus den Funktions- oder Geschäftsbereichen stützen, die ihnen zumindest fachlich, teilweise auch disziplinarisch unterstellt werden.

Werden in einem Unternehmen mehrere Projekte im Rahmen eines sogenannten **Multiprojektmanagements** gleichzeitig abgewickelt, kann es sinnvoll sein, eine zentrale **Projektadministration** einzurichten, deren Aufgabe die Unterstützung und die Entlastung der Projektmanager in allen administrativen Angelegenheiten ist, so beispielsweise bei der Projektberichterstattung und -dokumentation. Außerdem wird häufig ein **Lenkungsausschuss** installiert. Hier werden die wesentlichen, für die Projektdurchführung notwendigen Entscheidungen getroffen und deren Umsetzung überwacht (↗ Abbildung 7-16).

7.4.2.5.6 Strukturierung nach Prozessen

Die Strukturierung nach Prozessen wird in der Regel als Sekundärorganisation angewendet. Die Bildung von Organisationseinheiten und Abteilungen erfolgt dabei unter ausdrücklicher Berücksichtigung der spezifischen Erfordernisse eines effizienten Ablaufs der betrieblichen Prozesse. Die sich ergebenden Organisationseinheiten dienen der Unterstützung der Prozesse. Die Orientierung an der Wertschöpfungskette erschließt ein erhebliches Optimierungspotenzial, weil nicht die Aufgabenhierarchie, sondern die zeitlich-logische Ablauffolge das vorrangige Gestaltungskriterium ist (↗ Abbildung 7-17, vergleiche *Gaitanides, M./Scholz, R./Vrohlings, A.* 1994: Seite 5 und *Vahs, D.* 2012: Seite 225 ff.).

7.4.2.5.7 Strukturierung nach strategischen Geschäftsfeldern

Durch die Bildung einer auf strategischen Geschäftsfeldern (SGF) basierenden Sekundärorganisation wird der gesamte Tätigkeitsbereich eines Unternehmens in einzelne, voneinander unterscheidbare Planungseinheiten zerlegt. Das Besondere bei der Bildung von strategischen Geschäftsfeldern ist es, dass der von »innen nach

Abb. 7-17

Matrix-Prozessmanagement in einer funktionalen Organisation

> **Wirtschaftspraxis 7-13**
>
> ### General Electric richtete als erstes Unternehmen strategische Geschäftsfelder ein
>
> Der amerikanische Konzern *General Electric Co. (GE)* richtete erstmalig 1971 strategische Geschäftsfelder (SGF) ein und implementierte sie organisatorisch in Form von 43 strategischen Geschäftseinheiten (SGE). Damit sollte einerseits das seit der Mitte der 1960er-Jahre anhaltende immense Wachstum bewältigt und andererseits den kleineren, spezialisierten Konkurrenten begegnet werden, die in den jeweiligen Marktsegmenten oftmals erfolgreicher waren als das global orientierte Unternehmen *General Electric*. Wenige Jahre später hatten bereits 20 Prozent der besonders erfolgreichen »*Fortune* 500«-Firmen in den Vereinigten Staaten das Konzept der strategischen Geschäftseinheiten umgesetzt. Inzwischen sind nahezu alle mittleren und großen Unternehmen in Europa und in den Vereinigten Staaten in strategische Geschäftseinheiten untergliedert.
>
> Quelle: *Vahs, D.*: Organisation, 8. Auflage, Stuttgart 2012: Seite 210 und die dort angegebene Literatur.

außen« gerichtete Blick durch eine von »außen nach innen« gerichtete Perspektive ergänzt wird. Dabei wird das Unternehmensumfeld in voneinander so gut wie möglich abgegrenzte strategische Geschäftsfelder aufgeteilt.

> Ein **strategisches Geschäftsfeld** kann als die Gesamtheit von homogenen Produkt-Markt-Kombinationen definiert werden, die gemeinsam eine Funktion erfüllen und sich eindeutig von anderen Produkt-Markt-Kombinationen unterscheiden.

Neben Produkten und Märkten kommen Problemlösungen, Technologien oder Wettbewerber als weitere mögliche Kriterien für die Differenzierung von strategischen Geschäftsfeldern in Betracht (vergleiche *Vahs, D.* 2012: Seite 210 ff.).

7.4.2.6 Aufgabenverteilung

Prinzipien der Aufgabenverteilung

Gleichartige Aufgaben können in der Aufgabensynthese nach zwei Grundprinzipien behandelt werden (↗ Abbildung 7-18, zum Folgenden vergleiche *Vahs, D.* 2012: Seite 57 f.):

Aufgabenzentralisation
Eine Aufgabenzentralisation liegt vor, wenn gleichartige Teilaufgaben in einer Organisationseinheit oder Abteilung zusammengefasst werden, also beispielsweise wenn in einem Unternehmen nur eine Controlling-Abteilung für alle Unternehmensbereiche besteht.

Aufgabendezentralisation
Eine Aufgabendezentralisation liegt vor, wenn gleichartige Teilaufgaben auf mehrere Organisationseinheiten oder Abteilungen verteilt werden, also beispielsweise wenn jeder Bereich eines Unternehmens eine eigene Controlling-Abteilung hat.

Abb. 7-18
Zentralisation- und Dezentralisation von Aufgaben

Vergleiche Vahs, D. 2012: Seite 58

7.5 Neuere Organisationsansätze

Zukünftige Organisationen müssen wesentlich anpassungsfähiger sein, als dies heute schon der Fall ist. Hierarchische Strukturen werden dadurch weiter an Bedeutung verlieren und der Trend zu evolutiven und polyzentrischen Organisationsformen wird sich verstärken. Zu diesen Organisationsformen gehören die modulare, die vernetzte und die virtuelle Organisation (↗ Abbildung 7-19, die angegebene Literatur bei Vahs, D. 2012: Seite 581 ff. und zur vernetzten und virtuellen Organisation das ↗ Kapitel 5 Entscheidungen über zwischenbetriebliche Verbindungen).

Die modulare Organisation ähnelt der divisionalen Organisation mit ergebnisverantwortlichen Organisationseinheiten. Durch eine noch stärkere Dezentralisierung entstehen relativ kleine und überschaubare Einheiten, die sogenannten **Module** oder **Segmente**. Diese sind konsequent und ganzheitlich auf den externen Markt hin ausgerichtet, verfügen über ein hohes Maß an Entscheidungsautonomie hinsichtlich ihres Ressourceneinsatzes und sind für die Durchführung operativer Aufgaben und ihre Ergebnisse selbst verantwortlich. Durch die Dezentralisierung im Rahmen der Modularisierung werden Barrieren innerhalb der Unternehmen abgebaut und es wird möglich, schnell und flexibel auf Veränderungen im Umfeld zu reagieren (vergleiche Vahs, D. 2012: Seite 584 f.).

Modulare Organisation

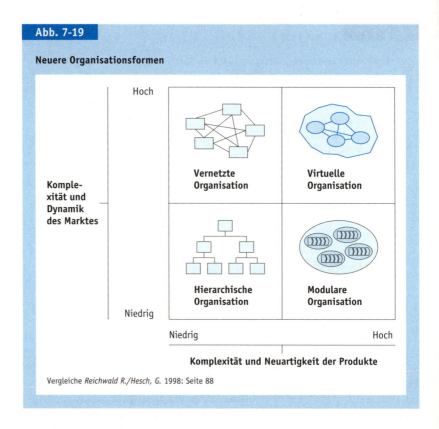

Abb. 7-19: Neuere Organisationsformen

Vergleiche *Reichwald R./Hesch, G.* 1998: Seite 88

7.6 Gestaltung organisatorischer Veränderungen

Ein geplanter organisatorischer Wandel durch die zielgerichtete Anpassung einer bestehenden Organisation an zukünftige Anforderungen kann wesentlich zu der langfristigen Existenz- und Erfolgssicherung von Unternehmen beitragen.

Die entsprechenden Konzepte des organisatorischen Wandels können zum einen hinsichtlich des Ausmaßes und zum anderen hinsichtlich des gewählten Ansatzes unterteilt werden.

7.6.1 Ausmaß des organisatorischen Wandels

Hinsichtlich des Ausmaßes können zwei Arten des Wandels unterschieden werden (↗ Abbildung 7-20, zum Folgenden vergleiche *Vahs, D.* 2012: Seite 283 ff.):

7.6 Gestaltung organisatorischer Veränderungen

Abb. 7-20 Evolutionärer und revolutionärer Wandel

Vergleiche *Rüegg-Stürm, J.* 2002: Seite 83 und *Vahs, D.* 2012: Seite 332

Wandel erster Ordnung

Bei einem Wandel erster Ordnung, der auch als **evolutionärer Wandel** bezeichnet wird, »… erfolgt lediglich eine inkrementelle Modifikation der Arbeitsweise einer Organisation ohne Veränderung des vorherrschenden Bezugsrahmens oder des dominanten Interpretationsschemas« (*Staehle, W. H.* 1991: Seite 829). Ein typisches Vorgehensmodell des Wandels erster Ordnung sind **kontinuierliche Verbesserungsprozesse** (KVP).

Wandel zweiter Ordnung

Der Wandel zweiter Ordnung, der auch als **revolutionärer Wandel** bezeichnet wird, umfasst dagegen eine »… einschneidende, paradigmatische Veränderung der Arbeitsweise einer Organisation insgesamt, und zwar mit einer Änderung des Bezugsrahmens« (*Staehle, W. H.* 1991: Seite 829). Entsprechend groß ist in der Regel die Angst der Betroffenen vor derartigen fundamentalen Änderungen und ihren Auswirkungen, die einen weitreichenden Bruch mit der Vergangenheit beziehungsweise einen **Turnaround** darstellen. Ein typisches Vorgehensmodell des Wandels zweiter Ordnung ist das Business-Process-Reengineering (BPR) auf das nachfolgend noch eingegangen werden wird.

> **Wirtschaftspraxis 7-14**
>
> **Wie Porsche den Turnaround schaffte**
>
> Ein Beispiel für die erfolgreiche Anwendung des revolutionären Ansatzes ist die *Porsche AG*. Durch neue Wettbewerber, den Einbruch der Vereinigten Staaten als wichtigsten Auslandsmarkt und eine falsche Einschätzung der Preiselastizität der Nachfrage bei Sportwagen-Kunden war das Unternehmen Ende der 1980er-Jahre in eine tiefe Krise geraten. Die Konsequenz dieses »Schockereignisses« war der »größte Veränderungsprozess in der Geschichte des Unternehmens«. Die alten Denkmuster und Zusammenhänge galten nicht mehr. Stattdessen musste das Bewährte vollkommen infrage gestellt werden. »Auf das, was als Antwort herauskam, treffen sicherlich auch die Attribute des.. Zauberwortes Reengineering zu: auf den Kunden ausgerichteter Umbau des Unternehmens, in rasantem Tempo, vieles zeitgleich, ein radikales Programm mit dem Ziel einer sprunghaften Prozessinnovation«, so beschreibt der damalige Vorstandsvorsitzende den Veränderungsprozess bei *Porsche*.
>
> Quelle: *Wiedeking, W.*: Reengineering und Restrukturierung am Beispiel der *Porsche AG*, in: Reengineering, Konzepte und Umsetzung innovativer Strategien und Strukturen, Kongress-Dokumentation 48. Deutscher Betriebswirtschafter-Tag 1994, herausgegeben von der *Schmalenbach-Gesellschaft – Deutsche Gesellschaft für Betriebswirtschaft e. V.*, Stuttgart 1995, Seite 205–217.

7.6.2 Ansätze des organisatorischen Wandels

Im Hinblick auf die Herangehensweise lassen sich drei Ansätze des organisatorischen Wandels unterscheiden (↗ Abbildung 7-21, zum Folgenden vergleiche *Vahs, D.* 2012: Seite 373 ff.):

Technologischer Ansatz

Organisationsgestaltung
Die Organisationsgestaltung zielt auf die systematische Planung, Einführung und Kontrolle von organisatorischen Regeln ab und wird deshalb auch als »struktureller Ansatz« oder »technologischer Ansatz« bezeichnet. Im Mittelpunkt stehen die Funktionalität und die Effizienz der betrieblichen Strukturen und Prozesse. Sie werden bewusst und rational gestaltet, ständig überwacht und erforderlichenfalls wieder reorganisiert. Der Mensch spielt in diesem Ansatz als eine Ressource neben anderen nur eine untergeordnete Rolle.

Verhaltensorientierter Ansatz

Organisationsentwicklung
Der Organisationsentwicklung liegt ein verhaltensorientierter Ansatz zugrunde, bei dem die gegenseitigen Abhängigkeiten und vielfältigen Beziehungen zwischen den Individuen, den Gruppen, der Umwelt und der Zeit berücksichtigt werden. Das Ziel der Organisationsentwicklung ist dabei primär die Verbesserung der sozialen Rahmenbedingungen, so etwa der Führungsphilosophie oder des Betriebsklimas. Dieser Ansatz beruht auf der Annahme, dass bessere Arbeitsbedingungen und damit stärker motivierte Mitarbeiter auch die Effektivität und Effizienz von Unternehmen steigern.

7.6 Gestaltung organisatorischer Veränderungen

Abb. 7-21

Ansätze des organisatorischen Wandels

Vergleiche Vahs, D. 2012: Seite 373

Change Management

Change Management ist die zielgerichtete Analyse, Planung, Realisierung, Evaluierung und laufende Weiterentwicklung von ganzheitlichen Veränderungsmaßnahmen in Unternehmen.

Unter dem »Change Management« ist insofern ein Veränderungsansatz zu verstehen, der sowohl die »harte« Seite des Wandels, also die Strategie, die Organisation und die Technologie, als auch die »weiche« Seite des Wandels, also die Unternehmenskultur, miteinander verbindet. Das Change Management zielt nicht auf einzelne, akute Problembereiche, sondern versucht, das Unternehmen als Ganzes vorausschauend und zielgerichtet weiterzuentwickeln. Wie wichtig eine derartige ganzheitliche Perspektive ist, zeigen auch empirische Untersuchungen (vergleiche *Vahs, D./Leiser, W.* 2007).

Wirtschaftspraxis 7-15

Change Management bei Mercedes-Benz

Die *Mercedes-Benz AG* hat 1993 das »Mercedes-Benz-Erfolgsprogramm« initiiert, das seinen Schwerpunkt zunächst im kulturellen Wandel hatte und in seinem Verlauf zu einem ganzheitlichen Veränderungskonzept erweitert wurde. In dem damaligen Geschäftsbericht des Unternehmens hieß es dementsprechend:
»Das *Mercedes-Benz*-Erfolgsprogramm hat 1995 an Schubkraft gewonnen. Als Kulturentwicklungsprogramm 1993 gestartet, welches das Denken und Verhalten der Mitarbeiter als Erfolgsfaktor in den Vordergrund stellte, bündelt es heute die gesamtheitliche Veränderung des Unternehmens in einem integrierten Ansatz. Auf der Basis des Leitbildes »*Mercedes-Benz* – Ihr guter Stern« und den vier Grundhaltungen des Erfolgsprogramms – Kompromisslose Kunden- und Marktorientierung, Kontinuierlicher Verbesserungsprozess, Null-Fehler-Ziel und Konsequente Entscheidungsdelegation – werden strategische, prozess- bzw. strukturorientierte sowie verhaltensbezogene Veränderungen auf allen Ebenen des Unternehmens vorangetrieben«.

Quelle: *Mercedes-Benz AG* (Herausgeber): Geschäftsbericht 1995, Seite 34.

7.6.3 Veränderungsmodelle

In den vergangenen Jahren ist der geplante Wandel von Unternehmen, zum Gegenstand von zahlreichen Veränderungsmodellen geworden (vergleiche *Vahs, D.* 2012: Seite 291 ff.):

Lean-Ansätze
Der Begriff »**Lean-Management**« (englisch: schlankes Management) wurde durch das 1990 erschienene Buch von *Womack, Jones* und *Roos* »The Machine That Changed The World« (deutsch 1991: »Die zweite Revolution in der Automobilindustrie«) bekannt. Das Buch basiert auf Studien des *Massachusetts Institute of Technology (MIT)*. Ziel der Studien war es, im Rahmen eines umfassenden Leistungsvergleichs die Möglichkeiten zur Steigerung der Produktivität und zur Vermeidung von Verschwendung durch eine »schlanke Produktion« (englisch: Lean-Production) aufzuzeigen. Das Vorbild des schlanken Produktionssystems mit geringen Beständen, kurzen Liege- und Leerzeiten und optimiertem Materialeinsatz war die Automobilfertigung von *Toyota*, die *Eiji Toyoda* und *Taiichi Ohno* schon in den 1950er-Jahren nach dem Just-in-time-Prinzip organisiert und durch die Auslagerung von zahlreichen Teilaufgaben an selbstständige Zulieferunternehmen optimiert hatten (vergleiche *Picot, A./Dietl, H./Franck, E.* 1997: Seite 327 f.).

Reengineering-Ansätze
Schon in der ersten Hälfte der 1990er-Jahre wurde das Lean-Management zunehmend vom Business-Reengineering abgelöst. Der Begriff stammt von dem *MIT*-Professor *Michael H. Hammer*. Beim **Business-Process-Reengineering** (BPR) werden alle bestehenden Abläufe kritisch auf ihre Effektivität und Effizienz hinterfragt und dann schnell und radikal völlig neu gestaltet. Dieser »Clean-Sheet-Ansatz« soll sicherstellen, dass nicht nur einzelne Merkmale der relevanten Prozesse verbessert werden, sondern dass sämtliche Geschäftsprozesse optimal gestaltet und schnell umgesetzt werden.

Qualitätsmanagement-Ansätze
Etwa seit Mitte der 1990er-Jahre hat sich die Qualitätsorientierung zum Leitgedanken von vielen Unternehmen entwickelt. Neu daran ist nicht das Streben nach einer verbesserten Qualität der Produkte und Verfahren, sondern die Philosophie eines integrierten, das heißt alle Teilbereiche des Unternehmens und seines relevanten Umfeldes gleichermaßen umfassenden Qualitätsmanagements in Form des sogenannten Total-Quality-Managements (↗ Kapitel 17 Produktionswirtschaft).

Lernende Organisation
Ein neueres Modell des organisatorischen Wandels stellt das Konzept der lernenden Organisation dar. Das organisatorische Lernen beschreibt dabei die Generierung, die Nutzung und die Weiterentwicklung des in einem Unternehmen vorhandenen Wissens. So wie Menschen sich durch die Aneignung von Wissen verändern und sich in ihrer Umwelt besser behaupten können, so sollen sich auch Unternehmen durch

Wirtschaftspraxis 7-16

Wissensmanagement in der Henkel KGaA

Was unter »Wissensmanagement« in der betrieblichen Praxis zu verstehen ist, zeigt das Beispiel der *Henkel KGaA*:
»Seit 1999 sammeln wir unter dem Stichwort »Knowledge Management« systematisch internes Wissen sowie übertragbare Erfahrungen und stellen diese in Datenbanken den Mitarbeitern bereit. Derzeit stehen rund 1 200 Themen zu Prozesswissen, Erfolgsfaktoren, Lösungsvorschlägen und Fehleranalysen zur Verfügung. Wissensmanagement ist ein wirksames Instrument, die Qualität von Entscheidungen zu verbessern und Innovationen zu beschleunigen.«

Quelle: *Vahs, D.*: Organisation, 8. Auflage, Stuttgart 2012, Seite 469.

---

organisatorisches Lernen verändern und wettbewerbsfähiger werden. Dies soll dadurch geschehen, dass das von allen Organisationsmitgliedern geteilte Wissen, die organisatorische Wissensbasis, laufend aktualisiert und erweitert wird. Das Ziel ist damit letztendlich die Kollektivierung des individuellen Wissens, wobei hierin auch das Kernproblem der lernenden Organisation zu sehen ist: Nach wie vor handeln nämlich viele Menschen in den Unternehmen nach dem Motto »Wissen ist Macht«, was per se eine Wissenskollektivierung zumindest teilweise ausschließt (vergleiche *Vahs, D.* 2012: Seite 460 ff.).

Zusammenfassung Kapitel 7

- Der Begriff Organisation umfasst sowohl die zielorientierte ganzheitliche Gestaltung von Beziehungen in sozialen Systemen als auch das Ergebnis dieser Tätigkeit.
- Bei der Organisationsgestaltung erfolgt erst eine organisatorische Differenzierung (Analyse) und dann eine organisatorische Integration (Synthese).
- Im Rahmen der Aufgabenanalyse wird ermittelt, was zu tun ist, im Rahmen der anschließenden Arbeitsanalyse, wie dies zu tun ist.
- In der Arbeitssynthese werden Arbeitsgänge zeitlich, räumlich und personell zu Prozessen und diese wiederum zu Prozessketten zusammengefasst.
- Die Gesamtheit aller Prozessketten bildet die Ablauforganisation.
- In der Aufgabensynthese werden Aufgaben Organisationseinheiten zugeordnet, die dann wiederum in Abteilungen zusammengefasst werden.
- Organisationseinheiten werden in Linienstellen, unterstützende Stellen und Gremien unterteilt.
- Organisationseinheiten können nach Aufgaben, Personen, Sachmitteln oder aufgrund gesetzlicher Vorschriften gebildet werden.
- Eine Abteilung entsteht durch die unbefristete Unterstellung von einer oder mehreren Organisationseinheiten unter eine gemeinsame Leitungsstelle.
- Die Leitungsspanne und -tiefe bestimmen den Organisationsumfang.

- Beim Einliniensystem erhalten Organisationseinheiten von einer, beim Mehrliniensystem von mehreren vorgesetzten Leitungsstellen Anweisungen.
- Ergänzend zur Primärorganisation kann eine Sekundärorganisation zur übergreifenden Koordination eingesetzt werden.
- Wird die Aufbauorganisation nach zwei und mehr Merkmalen strukturiert, entsteht eine Matrix- oder Tensororganisation.
- Durch die Strukturierung der Primärorganisation nach Verrichtungen entsteht eine funktionale Organisation, durch die Strukturierung nach Produkten, Kundengruppen oder Regionen eine divisionale Organisation.
- Die Aufbauorganisation kann auch nach Projekten, Prozessen oder strategischen Geschäftsfeldern strukturiert werden.
- Aufgaben können zentralisiert oder dezentralisiert werden.
- Neuere Organisationsformen wie die modulare, die vernetzte oder die virtuelle Organisation dienen insbesondere der Erhöhung der Flexibilität.
- Der organisatorische Wandel kann evolutionär oder revolutionär erfolgen.
- Change Management ist ein ganzheitlicher Ansatz des organisatorischen Wandels, der Elemente der Organisationsgestaltung und der Organisationsentwicklung enthält.

Weiterführende Literatur Kapitel 7

Organisation allgemein
Vahs, D.: Organisation: Ein Lehr- und Managementbuch, Stuttgart.

Geschäftsprozessmanagement
Schmelzer, H. J./Sesselmann, W.: Geschäftsprozessmanagement in der Praxis: Kunden zufrieden stellen – Produktivität steigern – Wert erhöhen, München.
Freund, J./Rücker, B./Henninger, T.: Praxishandbuch BPMN, München

Klassiker
Kosiol, E.: Organisation der Unternehmung, Wiesbaden.
Bleicher, K.: Organisation: Strategien, Strukturen, Kulturen, Wiesbaden.

Weiterführende Internetverweise Kapitel 7

www.org-portal.org: Internetseite der *Gesellschaft für Organisation e. V.* und der *Schweizerischen Gesellschaft für Organisation und Management*.
www.zfo.de: Internetseite der *Zeitschrift Führung und Organisation*.

Schlüsselbegriffe Kapitel 7

- Organisation
- Aufgabenanalyse
- Arbeitsanalyse
- Arbeitssynthese
- Prozess
- Prozesskette
- Ablauforganisation
- Wertkette
- Aufgabensynthese
- Organisationseinheit
- Stelle
- Instanz
- Stabsstelle
- Gremium
- Abteilung
- Leitungsspanne
- Leitungstiefe
- Einliniensystem
- Mehrliniensystem
- Primärorganisation
- Sekundärorganisation
- Division
- Produktmanagement
- Strategisches Geschäftsfeld
- Organisationsentwicklung
- Organisationsgestaltung
- Change Management

Fragen Kapitel 7

Frage 7-1: *Definieren Sie den Begriff »Organisation«.*
Frage 7-2: *Erläutern Sie, was unter dem Analyse-Synthese-Konzept verstanden wird.*
Frage 7-3: *Definieren Sie den Begriff »Aufgabe«.*
Frage 7-4: *Nennen Sie mindestens vier Aufgabenmerkmale.*
Frage 7-5: *Definieren Sie den Begriff »Arbeitsgang«.*
Frage 7-6: *Erläutern Sie, anhand welcher drei Kriterien die Arbeitssynthese durchgeführt wird.*
Frage 7-7: *Definieren Sie den Begriff »Prozess«.*
Frage 7-8: *Nennen Sie mindestens vier Prozessmerkmale.*
Frage 7-9: *Nennen Sie die zwei Prozessarten, die nach dem Marktbezug unterschieden werden können.*
Frage 7-10: *Nennen Sie die drei Prozessarten, die nach der Tätigkeit unterschieden werden können.*
Frage 7-11: *Erläutern Sie, was unter Prozessketten verstanden wird.*
Frage 7-12: *Nennen Sie mindestens vier Möglichkeiten der Gestaltung und Optimierung von Prozessen und Prozessketten.*
Frage 7-13: *Definieren Sie den Begriff »Organisationseinheit«.*
Frage 7-14: *Nennen Sie mindestens drei Merkmale von Organisationseinheiten.*
Frage 7-15: *Definieren Sie den Begriff »Stelle«.*
Frage 7-16: *Erläutern Sie den Unterschied zwischen Linien- und unterstützenden Stellen.*
Frage 7-17: *Erläutern Sie, welche zwei Arten von Linienstellen es gibt.*
Frage 7-18: *Erläutern Sie, welche zwei Arten von Weisungsbefugnissen es gibt.*
Frage 7-19: *Erläutern Sie, welche drei Arten von unterstützenden Stellen es gibt.*
Frage 7-20: *Definieren Sie den Begriff »Gremium«.*
Frage 7-21: *Nennen Sie mindestens drei Arten von Gremien.*
Frage 7-22: *Nennen Sie zwei Beispiele für Leitungsgruppen.*
Frage 7-23: *Erläutern Sie, was unter einer Arbeitsgruppe verstanden wird.*
Frage 7-24: *Definieren Sie den Begriff »Projekt«.*
Frage 7-25: *Erläutern Sie, was unter einem Ausschuss verstanden wird.*

Frage 7-26: *Nennen Sie mindestens drei Möglichkeiten der Bildung von Organisationseinheiten.*
Frage 7-27: *Definieren Sie den Begriff »Abteilung«.*
Frage 7-28: *Definieren Sie den Begriff »Leitungsspanne«.*
Frage 7-29: *Definieren Sie den Begriff »Leitungstiefe«.*
Frage 7-30: *Erläutern Sie den Zusammenhang zwischen Leitungsspanne und Leitungstiefe.*
Frage 7-31: *Erläutern Sie, welche zwei Arten von Organisationstypen es gibt.*
Frage 7-32: *Erläutern Sie die Vor- und Nachteile des Mehrliniensystems.*
Frage 7-33: *Erläutern Sie den Unterschied zwischen der Primär- und der Sekundärorganisation.*
Frage 7-34: *Nennen Sie die drei Elemente aus denen Matrixorganisationen bestehen.*
Frage 7-35: *Nennen Sie mindestens vier Strukturierungsmerkmale von Aufbauorganisationen.*
Frage 7-36: *Erläutern Sie den Unterschied zwischen der funktionalen Organisation und dem Funktionsmanagement.*
Frage 7-37: *Erläutern Sie, was unter einer divisionalen Organisation verstanden wird.*
Frage 7-38: *Nennen Sie mindestens drei Formen des Produktmanagements.*
Frage 7-39: *Erläutern Sie, welche drei Grundformen des Projektmanagements es gibt.*
Frage 7-40: *Definieren Sie den Begriff »strategisches Geschäftsfeld«.*
Frage 7-41: *Erläutern Sie, welche zwei Formen der Aufgabenverteilung es gibt.*
Frage 7-42: *Nennen Sie mindestens zwei neuere Organisationsansätze.*
Frage 7-43: *Erläutern Sie den Unterschied zwischen einem Wandel erster und zweiter Ordnung.*
Frage 7-44: *Erläutern Sie den Unterschied zwischen der Organisationsgestaltung und der Organisationsentwicklung.*
Frage 7-45: *Definieren Sie den Begriff »Change Management«.*
Frage 7-46: *Erläutern Sie, was unter dem Lean-Management verstanden wird.*
Frage 7-47: *Erläutern Sie, was unter der lernenden Organisation verstanden wird.*

Fallstudie Kapitel 7

Fallstudie 7-1: Ablauforganisation
Die Speedy GmbH möchte ihre Kunden auch bei Fahrzeugpannen und Unfällen unterstützen und dafür entsprechende Dienstleistungen anbieten. Entwickeln Sie für den optimalen Ablauf im Falle einer Panne oder eines Unfalls eine detaillierte Prozesskette inklusive möglicher Verzweigungen. Überlegen Sie auch, durch welche Technologien der Ablauf noch weiter verbessert werden könnte.

Fallstudie 7-2: Aufbauorganisation
Die derzeitige funktionale Organisation der Speedy GmbH (Hinweis: Die bestehende Aufbauorganisation wird in der Fallstudie des Kapitels 1 beschrieben) führt zu Bereichsegoismen. So besteht beispielsweise der Eindruck, dass der Bereich Forschung und Entwicklung weder auf die Kosten der eingesetzten Materialien noch auf die praktische

Umsetzbarkeit seiner Entwicklungen achtet. Die Beschaffung lässt hingegen Qualitätsaspekte zugunsten von Kostenaspekten außer Acht. Besonders kritisch wirken sich die Bereichsegoismen auch auf die Entwicklung des neuen Speedster Off-Road aus, die bislang sehr langsam und unkoordiniert vorangeht. Der teilweise stagnierende Absatz von Fahrzeugen in wichtigen ausländischen Absatzregionen deutet zudem darauf hin, dass die Speedy GmbH nicht marktorientiert genug organisiert ist. Die Geschäftsführung der Speedy GmbH bittet Sie deshalb, eine alternative Aufbauorganisation für die Speedy GmbH zu entwickeln.

Präsentieren Sie nachfolgend Ihre Ergebnisse. Untermauern Sie Ihre Überlegungen dabei zusätzlich mit Recherchen.

Lösungen Kapitel 7

Für die Fallstudie gibt es keine eindeutige Lösung. Lösungshinweise werden deshalb nicht zur Verfügung gestellt.

Studierende, deren Dozenten das Buch einsetzen, finden passwortgeschützte Lösungsbeispiele unter folgender Internetadresse:
www.EinfuehrungInDieBetriebswirtschaftslehre.de/bwl-loesungen.html

Das Passwort für die Lösungen erhalten Sie von Ihrem Dozenten:

Passwort:

8 Personalmanagement

Kapitelnavigator

Inhalt	Lernziel
8.1 Grundlagen	8-1 Die Grundlagen des Personalmanagements kennen.
8.2 Personalbeschaffung	8-2 Die Elemente und Vorgehensweisen bei der Personalbeschaffung kennen.
8.3 Personaleinsatz	8-3 Die Elemente und Vorgehensweisen beim Personaleinsatz kennen.
8.4 Personalbeurteilung	8-4 Die Elemente und Vorgehensweisen bei der Personalbeurteilung kennen.
8.5 Personalentwicklung	8-5 Die Elemente und Vorgehensweisen bei der Personalentwicklung kennen.
8.6 Personalfreisetzung	8-6 Die Elemente und Vorgehensweisen bei der Personalfreisetzung kennen.
8.7 Kennzahlen	8-7 Die wichtigsten Personal-Kennzahlen kennen.

Der »Inputfaktor Personal« gilt in der betrieblichen Praxis heute als entscheidender Faktor in einem sich weiter verschärfenden globalen Wettbewerb. Während die technischen Einsatzgüter hinsichtlich ihrer Leistungsfähigkeit kaum mehr Differenzierungsmöglichkeiten bieten, wird in gut ausgebildeten, hoch motivierten und innovativen Mitarbeitern zu Recht ein Potenzial gesehen, das den Erfolg oder den Misserfolg eines Unternehmens entscheidend beeinflusst.

Basierend auf den Vorbemerkungen verwenden wir in diesem Kapitel folgende Definition des Personalmanagements:

> Gegenstand des **Personalmanagements** ist die Planung, die Beschaffung und die Gestaltung des Einsatzes der Mitarbeiter eines Unternehmens.

Synonym zum Begriff des Personalmanagements werden dabei die Begriffe **Personalwirtschaft** oder **Human-Resource-Management** verwendet. Institutionell ist das Personalmanagement nicht nur in den Personalabteilungen der Unternehmen verankert, sondern wird von allen Führungskräften wahrgenommen, die Personalverantwortung tragen.

8.1 Grundlagen

8.1.1 Entwicklung des Personalmanagements

Wandel der Aufgaben des Personalmanagements

Das Personalmanagement hat in den letzten Jahrzehnten einen erheblichen Bedeutungswandel erlebt (vergleiche *Krieg, H.-J./Ehrlich, H.* 1998: Seite 4 ff., 43 ff., *Scholz, C.* 1994: Seite 22 ff.):

Phase der Bürokratisierung
Noch in den 1950er-Jahren stand die reine **Personalverwaltung** im Vordergrund der Personalarbeit (Personalmanagement als Ordnungsfunktion). Hierzu gehörten vor allem die Lohn- und Gehaltsabrechnung, die Personalstatistik und die Personaleinsatzplanung.

Phase der Professionalisierung
In den 1960er-Jahren rückte die Personalplanung für die betrieblichen Teilbereiche mittels Kontrollberichten, Schaubildern und anderen Organisationshilfen in den Vordergrund. Ihren Höhepunkt fand diese Entwicklung Anfang der 1970er-Jahre, als Stellenbeschreibungen und formalisierte Zielvereinbarungen zu den Standardinstrumenten vieler Personalbereiche gehörten. Allerdings gewann in dieser Zeit auch die **Personalentwicklung** an Bedeutung.

Phase der Humanisierung und Ökonomisierung
Teilweise angeregt durch Vorbilder in den Vereinigten Staaten und in Japan wurde in den 1980er-Jahren im Personalmanagement zunehmend ein **strategischer Wettbewerbsfaktor** gesehen. Um den damit verbundenen Anforderungen gerecht zu werden, entwickelten viele Unternehmen eine Personalstrategie, die der zukunftsgerichteten Orientierung der Personalarbeit dienen sollte. Vor dem Hintergrund einer weltweit verschärften Wettbewerbssituation wurde das Personalmanagement allerdings auch unter Kostengesichtspunkten zunehmend »in die Pflicht genommen«, das heißt, insbesondere die Personalplanung musste sich intensiv Gedanken über die Möglichkeiten zur Senkung der Personalkosten und zum effizienten Einsatz der vorhandenen Personalressourcen machen.

Phase der Dezentralisierung
Vor allem in den 1990er-Jahren hat sich gezeigt, dass sich die Wahrnehmung der Aufgaben des Personalmanagements nicht auf die »Organisationseinheit Personal«, also die Personalabteilung oder den Personalbereich, beschränken kann, sondern eine Aufgabe aller betrieblichen Funktionsbereiche ist. Diese **Personalinterfunktionalität** (vergleiche *Scholz, C.* 1994: Seite 23) bedeutet, dass jeder Vorgesetzte die Rolle eines Personalmanagers wahrzunehmen hat, das heißt in seinem Verantwortungsbereich für die Umsetzung der Aufgaben des Personalmanagements verantwortlich ist. Der zentralen Personalabteilung kommt damit zusätzlich zu ihren anderen Aufgaben die Funktion der Integration aller dezentralen Aktivitäten des Personalmanagements zu.

8.1 Grundlagen

8.1.2 Ziele des Personalmanagements

Die Ziele des Personalmanagements leiten sich aus den konkreten sachlichen und ökonomischen Leistungszielen eines Unternehmens ab:

Sachziel
Das Personalmanagement verfolgt das Ziel, eine ausreichende Anzahl von Arbeitskräften mit einer angemessenen Qualifikation zur richtigen Zeit am richtigen Ort zur Verfügung zu stellen.

Formalziel
Wie der Begriff des Personalmanagements ausdrückt, geht es um die Personalarbeit unter Berücksichtigung ökonomischer Gesichtspunkte. Dabei wird angestrebt, dass die mit dem Personaleinsatz verbundenen Kosten (Personal- und Personalnebenkosten) niedriger sind als die in Geldgrößen bewertete Arbeitsleistung. Problematisch ist dabei allerdings, dass in der betrieblichen Praxis die Arbeitsleistung, insbesondere in den Verwaltungsbereichen, oft nur schwer monetär bewertet werden kann.

Sozialziel
Das Sozialziel bezieht sich auf die Erfüllung von Bedürfnissen und Interessen der Mitarbeiter. Es wird deshalb auch als »Mitarbeiterziel« bezeichnet. Als Teilziele sind beispielsweise die Arbeitsplatzsicherheit (im Sinne eines Schutzes vor Kündigung), die Sicherheit am Arbeitsplatz oder eine gerechte Entlohnung der erbrachten Arbeitsleistung zu nennen. Dabei hat sich gezeigt, dass der Grad der Verwirklichung des Sozialziels einen starken Einfluss auf die Erreichung der ökonomischen Ziele hat.

Praxis und Wissenschaft erleben immer wieder, dass der Einsatz geeigneter Methoden und Verfahren allein nicht ausreicht, um Unternehmen erfolgreich zu machen. Vielmehr hängt der Unternehmenserfolg zu einem großen Teil von dem Leistungswillen und der Leistungsfähigkeit der Mitarbeiter ab. Von daher gilt es, das im Unternehmen vorhandene Wissens-, Erfahrungs- und Fähigkeitspotenzial zielorientiert freizusetzen und durch geeignete Maßnahmen ständig zu erweitern (zum Beispiel Weiterbildung, Personalentwicklung, Entgeltsystem, Arbeitsplatzgestaltung, Schaffen von Kreativitäts- und Entscheidungsfreiräumen). Damit wird auch dem zunehmenden Wunsch der Mitarbeiter nach Selbstverwirklichung am Arbeitsplatz Rechnung getragen.

Fallbeispiel 8-1 Personalziele bei einem Automobilhersteller

▶▶▶ Die *Speedy GmbH* plant ihren Personalbedarf auf der Grundlage der geplanten Ausbringungsmenge an Fahrzeugen. Angesichts der festgelegten Planmengen an Personenkraftwagen für die Folgeperiode errechnet die Personalabteilung beispielsweise gemeinsam mit dem Produktionsbereich den Bedarf an direkten (in der Produktion beschäftigten) und indirekten (in den produktionsnahen Verwaltungsbereichen wie der Arbeitsvorbereitung oder der Qualitätssicherung beschäftigten) Arbeitskräften. Dabei spielen sowohl konkrete Bedarfswerte der betreffenden Fachbereiche als auch Erfahrungswerte eine Rolle. Aufgrund des Wettbewerbsdrucks wurde dabei seitens der Personalabteilung in der Vergangenheit immer wieder versucht, den Bedarf an Arbeitskräften zu reduzieren, um so die Personalkosten zu senken, die bei der *Speedy GmbH* einen wesentlichen Kostenfaktor darstellen. Dies führte unter anderem zu erheblichen Rationalisierungen im Produktionsbereich durch den Einsatz vollautomatisierter Produktionseinrichtungen oder durch die Fremdvergabe von Produktionsaufträgen (»Outsourcing«) und lief in der Regel nicht konfliktfrei ab, weil die Arbeitnehmer das Sozialziel der Sicherheit ihrer Arbeitsplätze gefährdet sahen. Das Fallbeispiel zeigt, dass es sich bei dem Sachziel, dem Formalziel und dem Sozialziel des Personalmanagements häufig um konfliktäre Zielsetzungen handelt. ◄◄◄

8.1.3 Restriktionen des Personalmanagements

Bevor auf die Handlungsfelder des Personalmanagements eingegangen wird, müssen die rechtlichen Rahmenbedingungen erörtert werden, die die personellen Entscheidungen und Maßnahmen beeinflussen oder sogar einschränken. Die rechtlichen Rahmenbedingungen können in das für die einzelnen Arbeitnehmer und ihre Arbeitsverträge geltende Individualarbeitsrecht und das für alle Arbeitnehmer beziehungsweise bestimmte Gruppen geltende kollektive Arbeitsrecht unterteilt werden (vergleiche zum Folgenden *Berthel, J.* 1995: Seite 432 ff., *Hohmeister, F.* 1998: Seite 3 ff., *Krieg, H.-J./Ehrlich, H.* 1998: Seite 10 ff., *Scholz, C.* 1994, Seite 60 ff.; zur Entstehung und Entwicklung der arbeitsrechtlichen Grundlagen vergleiche *Schanz, G.* 1993: Seite 219 ff.).

Individualarbeitsrecht
Das Arbeitsrecht in Deutschland setzt sich aus einer Vielzahl von Einzelgesetzen aus unterschiedlichen Quellen zusammen, die verschiedene Aspekte für alle Arbeitnehmer regeln (kollektives Arbeitsrecht). Allgemeine Rechtsquellen sind das Grundgesetz (zum Beispiel *Grundgesetz:* Artikel 12: Recht auf freie Berufs-, Arbeitsplatz- und Ausbildungsstättenwahl), das Bürgerliche Gesetzbuch, das Handelsgesetzbuch und die Gewerbeordnung. Diese Gesetzestexte werden durch spezielle Arbeitsgesetze ergänzt, wie beispielsweise das Kündigungsschutzgesetz, die entgeltwirksamen Gesetze (Entgeltfortzahlungsgesetz, Gesetz zur betrieblichen Altersversorgung), die arbeitsbezogenen Gesetze (Arbeitszeitgesetz, Bundesurlaubsgesetz) und die arbeitssicherheitsbezogenen Gesetze (Arbeitssicherheitsgesetz, Arbeitsstättenverordnung).

Allen diesen rechtlichen Regelungen liegt der Grundgedanke des Schutzes der wirtschaftlich Schwächeren zugrunde, also der Arbeitnehmer. Unter Berücksichtigung des kollektiven Arbeitsrechts schließt der Arbeitnehmer mit dem Arbeitgeber einen individuell gestaltbaren **Arbeitsvertrag**, der den zentralen Bestandteil des Individualarbeitsrechts darstellt und ein schuldrechtlicher Vertrag im Sinne des *Bürgerlichen Gesetzbuches* §§ 611–630 (Dienstvertrag) ist.

Kollektives Arbeitsrecht

Mitbestimmungsgesetze

Das »Gesetz über die Mitbestimmung der Arbeitnehmer« (Mitbestimmungsgesetz) von 1976 und das »Gesetz über die Mitbestimmung der Arbeitnehmer in den Aufsichtsräten und Vorständen der Unternehmen des Bergbaus und der Eisen und Stahl erzeugenden Industrie« (Montan-Mitbestimmungsgesetz) von 1951/1956 regeln die Art und Weise der Beteiligung der Arbeitnehmer an den unternehmerischen Entscheidungen. Diese Beteiligung erfolgt über die Arbeitnehmer-Vertretung in den Leitungs- und Aufsichtsorganen der Unternehmen. Sie hängt im Einzelfall von der Rechtsform, der Anzahl der Mitarbeiter und der Branche ab (vergleiche *Hohmeister, F.* 1998: Seite 223 ff., *Schanz, G.* 1993: Seite 240 f.).

Die Beteiligung an den arbeitsrechtlichen und personellen Entscheidungen erfolgt in erster Linie über den Betriebsrat, dessen Größe von der Beschäftigtenzahl des jeweiligen Betriebes abhängt (vergleiche *Betriebsverfassungsgesetz § 9*). Die rechtliche Grundlage für die Einrichtung von Betriebsräten ist das Betriebsverfassungsgesetz von 1952, das nach dem 2. Weltkrieg dafür sorgen sollte, dass (wieder) demokratische Elemente in den Unternehmen Eingang fanden. Es regelt die Interessenvertretung der Arbeitnehmer (mit Ausnahme der leitenden Angestellten, die durch einen Sprecherausschuss vertreten werden; vergleiche *Betriebsverfassungsgesetz § 5 Absatz 3, 4* und *Gesetz über Sprecherausschüsse der leitenden Angestellten § 1*) durch entsprechende Organe (Betriebsrat) gegenüber dem Arbeitgeber und gilt für jedes inländische Unternehmen, wenn dieses in der Regel mindestens fünf wahlberechtigte Arbeitnehmer beschäftigt, von denen mindestens drei wählbar sind (*Betriebsverfassungsgesetz § 1*). Allerdings besteht für die im *Betriebsverfassungsgesetz § 1* genannten Betriebe keine Verpflichtung zur Wahl eines Betriebsrats. Deshalb gibt es in der Praxis auch größere mittelständische Unternehmen, in denen kein Betriebsrat existiert (vergleiche *Hohmeister, F.* 1998: Seite 214). Neben dem sozialen Schutz der Beschäftigten wird vor allem eine vertrauensvolle Zusammenarbeit zwischen der Arbeitnehmervertretung und dem Arbeitgeber angestrebt.

Die grundsätzlichen Mitwirkungs- und Mitbestimmungsrechte des Betriebsrats beziehen sich unter anderem auf die Bereiche Personalplanung (Informations- und Beratungsrecht), Stellenausschreibung (Informations- und Initiativrecht), Einstellung (Informations- und Mitbestimmungsrecht), Versetzung (Informationsrecht), Betriebsänderung (Informations- und Beratungsrecht sowie Initiativrecht hinsichtlich des Sozialplans), Berufsbildung (Beratungs- und Initiativrecht) und Kündigung (Anhörungs- und Mitbestimmungsrecht).

8.1.4 Aufgaben und Vorgehensweise

Welche Funktionen hat das Personalmanagement heute in einem Unternehmen zu erfüllen? Als zentrale Aufgabenbereiche des Personalmanagements können die Personalbeschaffung, der Personaleinsatz, die Personalbeurteilung, die Personalentwicklung und die Personalfreisetzung gelten. Sie bilden einen Prozess, der sich in Abhängigkeit von der jeweiligen Unternehmenssituation laufend wiederholt (↗ Abbildung 8-1):

8.1 Personalmanagement
Grundlagen

Aufgaben des Personalmanagements

Abb. 8-1 Zentrale Aufgabenbereiche des Personalmanagements

Personalbeschaffung

Die Personalbeschaffung ist die Voraussetzung für eine erfolgreiche Personalarbeit. Sie umfasst im Rahmen der Personalplanung die quantitative und die qualitative Personalbedarfsermittlung für den kurz-, mittel- und langfristigen Zeitraum. Im Rahmen der Personalbereitstellung ist der ermittelte Personalbedarf durch entsprechende Maßnahmen der Personalsuche und der Personalauswahl termingerecht zu decken. Dadurch sollen Probleme vermieden werden, die sich aus einer Unter- oder Überdeckung des Personalbedarfs, einer Unter- oder Überforderung einzelner Mitarbeiter an den zugewiesenen Arbeitsplätzen, überhöhten Fehlzeiten oder Fehlleistungen ergeben.

Personaleinsatz

Der Personaleinsatz umfasst die Einarbeitung neuer Mitarbeiter, die Gestaltung von Arbeitsbedingungen, Arbeitszeit und Vergütung, die Personalführung sowie die Personalverwaltung.

Personalbeurteilung
Die Personalbeurteilung erfolgt im Hinblick auf die Festlegung von personalpolitischen Maßnahmen.

Personalentwicklung
Die anschließende Personalentwicklung strebt eine Weiterentwicklung der Mitarbeiter im Hinblick auf eine bessere Erreichung der Unternehmensziele an.

Personalfreisetzung
Die Personalfreisetzung beschäftigt sich schließlich mit der Trennung des Unternehmens von seinen Mitarbeitern.

8.2 Personalbeschaffung

8.2.1 Personalplanung

Die Personalplanung ist ein systematischer Prozess, in dessen Verlauf die für die Zielerreichung wesentlichen personellen Größen vorausschauend festgelegt werden.

Das Ergebnis der Personalplanung ist der Personalplan, der quantitative und qualitative Soll-Werte (Plan-Werte) enthält. Er ist neben anderen Funktionsbereichsplänen, wie beispielsweise dem Absatz-, dem Produktions-, dem Beschaffungs- und dem Finanzplan, ein integraler Bestandteil jeder Unternehmensplanung (↗ Abbildung 8-2). Hinsichtlich des Planungszeitraums werden in der Wirtschaftspraxis operative Personalpläne mit einem Planungshorizont von einem Jahr und strategische Personalpläne mit einem Planungshorizont von etwa drei bis acht Jahren unterschieden.
Personalplan

Menschliche Arbeit lässt sich nicht lagern, kostenneutral »auf Vorrat« beschaffen oder mathematisch exakt in ihrem Leistungsvolumen kalkulieren, was insbesondere für dispositive Tätigkeiten und den Verwaltungsbereich gilt. Somit ist es eine schwierige und anspruchsvolle Aufgabe, den Personalbedarf langfristig zu planen und durch geeignete Maßnahmen zu decken.

Die folgenden Fragen können als Grundfragen der Personalplanung gelten, die durch den Einsatz von entsprechenden Planungsmethoden zu beantworten sind:
Grundfragen der Personalplanung

- Wie viele Mitarbeiter werden in den einzelnen Organisationseinheiten (Abteilungen, Bereiche, Direktionen) in der Planperiode benötigt (quantitativer [Brutto-] Personalbedarf)?
- Welchen qualitativen Anforderungen müssen die Mitarbeiter in der Planperiode genügen (qualitativer Personalbedarf)?
- Werden innerhalb der Planperiode quantitative und/oder qualitative Veränderungen des Personalbedarfs erwartet?

8.2 Personalmanagement
Personalbeschaffung

Abb. 8-2

Integration der Personalplanung in die Unternehmensplanung

Vergleiche Berthel, J. 1995: Seite 119

Fallbeispiel 8-2 · Personalplanung bei einem Automobilhersteller

▶▶▶ Wenn die *Speedy GmbH* ihren Gesamtplan für das neue Geschäftsjahr aufstellt, benötigt der Personalchef die Teilbereichspläne und den sich aus ihnen ergebenden Personalbedarf der anderen Funktionsbereiche. In der Regel finden dann mehrere Geschäftsführungssitzungen statt, um die Bereichspläne aufeinander abzustimmen. Beispielsweise übersteigen die Personalanforderungen und die sich daraus ergebenden Personalkosten jedes Mal das vorgesehene Personalbudget. »Kürzungsrunden« und Rationalisierungsüberlegungen sind die Folge. Nach der Planverabschiedung ist es dann allerdings die Aufgabe des Personalbereichs, den festgeschriebenen Planbedarf sachzielgerecht zu decken. ◀◀◀

8.2.1.1 Ermittlung des quantitativen Personalbedarfs

Der **Netto-Personalbedarf** lässt sich vereinfachend wie in ↗ Tabelle 8-1 dargestellt errechnen (vergleiche *Berthel, J.* 1995: Seite 161, *Krieg, H.-J./Ehrlich, H.* 1998: Seite 53 ff.).

Die einfache Bedarfsrechnung birgt allerdings einige Unsicherheiten in sich, da beispielsweise die fluktuationsbedingten Abgänge von der im Planungszeitraum aktuellen Wirtschaftslage abhängen. Ebenso spielen das Betriebsklima und die sich darauf auswirkenden Zukunftsaussichten des Unternehmens eine Rolle. Zudem wird der quantitative (Brutto-)Personalbedarf in der Praxis häufig mittels statistischer

Tab. 8-1

Vorgehensweise zur Berechnung des Personalbedarfs/-überhangs

	Prognostizierter **Brutto-Personalbedarf** am Jahresende
−	**Personalbestand** am Jahresanfang
+	**Personalabgänge** während des Jahres (1. Sichere Abgänge z. B. Pensionierungen; 2. Aus Erfahrungswerten statistisch ermittelbare Abgangswerte durch Fluktuation, Invalidität, Tod; 3. Abgänge als Auswirkung getroffener Entscheidungen wie Beförderungen und Versetzungen)
−	Bereits feststehende **Personalzugänge** während des Jahres (z. B. durch bereits geschlossene Arbeitsverträge)
=	Bis zum Jahresende zu beschaffender **Netto-Personalbedarf** oder freizusetzender **Netto-Personalüberhang**

Methoden (Trendfortschreibung), Prognosen (Prognose der Entwicklung der Arbeitsproduktivität) und oft auch auf der Basis von subjektiven Schätzungen der verantwortlichen Führungskräfte ermittelt. Alles dies sind Faktoren, die in der Regel dazu führen, dass die Planwerte im laufenden Jahr immer wieder korrigiert und entsprechende **Personalanpassungsmaßnahmen** durch die Beschaffung oder die Freisetzung von Personal vorgenommen werden müssen.

Zwischenübung Kapitel 8.2.1.1

Da die Fertigungstiefe der Speedy GmbH reduziert werden soll, wird sich das zu beschaffende Teilespektrum einer Gruppe in der Abteilung Beschaffung erheblich vergrößern. Der Gruppenleiter schätzt deshalb, dass im nächsten Jahr 7 statt der vorhandenen 5 Mitarbeiter benötigt werden. Einer der vorhandenen Mitarbeiter will im nächsten Jahr in den Vorruhestand wechseln, ein anderer Mitarbeiter soll eine Gruppenleiterposition in einer anderen Gruppe übernehmen. Der Gruppenleiter hat deshalb bereits einer Studentin, die eine Zeitlang in der Gruppe mitgearbeitet hat, für das Ende ihres Studiums im nächsten Jahr einen Arbeitsvertrag angeboten, den diese angenommen hat. Wie hoch ist der Netto-Personalbedarf der Gruppe im nächsten Jahr? (Hinweis: Zwischenergebnisse dienen der Selbstkontrolle)

	Brutto-Personalbedarf am Jahresende	
−	**Personalbestand** am Jahresanfang	
+	**Personalabgänge** während des Jahres	
−	Bereits feststehende **Personalzugänge** während des Jahres	
=	Bis zum Jahresende zu beschaffender **Netto-Personalbedarf**	**3 Mitarbeiter**

> **Wirtschaftspraxis 8-1**
>
> **Fehlzeiten müssen beim Brutto-Personalbedarf berücksichtigt werden**
>
> Eine nicht zu vernachlässigende Thematik bei der Planung des Brutto-Personalbedarfs sind Fehl- beziehungsweise Ausfallzeiten. Dabei handelt es sich um Zeiten, zu denen die Mitarbeiter während ihrer vereinbarten Arbeitszeit aus bestimmten Gründen nicht zur Verfügung stehen, wie beispielsweise aufgrund von Erholungs- und Bildungsurlaub, Fortbildungsveranstaltungen, Krankheit, Kuren oder »fehlender Motivation«. So lag die Fehlzeitenquote nach einer empirischen Untersuchung in Deutschland Anfang der 1990er-Jahre bei etwa 8,5 Prozent der gesamten Belegschaft, während es in den Vereinigten Staaten lediglich 3,4 Prozent und in Japan sogar nur 1,8 Prozent waren.
>
> Quelle: *Schanz, G.*: Personalwirtschaftslehre, Lebendige Arbeit in verhaltenswissenschaftlicher Perspektive, 2. Auflage, München 1993, Seite 259.

8.2.1.2 Ermittlung des qualitativen Personalbedarfs

Stellenbeschreibung

Der qualitative Personalbedarf erfasst die fachlichen und die persönlichen Anforderungen (= Soll-Vorstellungen) an die Mitarbeiter, auf die nachfolgend bei der Personalbeurteilung eingegangen wird. Anhand von Arbeitsplatzanalysen (zum Beispiel durch Beobachtung, Interview oder Arbeitstagebuch), mit denen alle vorhandenen oder geplanten Arbeitsplätze und -vorgänge untersucht und beschrieben werden, lassen sich die Anforderungen an den jeweiligen Stelleninhaber ableiten. Diese Anforderungen sind in Abhängigkeit von dem zu bewältigenden Schwierigkeitsgrad der Arbeitsaufgabe zu bewerten und finden ihren Niederschlag in den in der Regel personenunabhängig abgefassten Arbeitsplatz- oder Stellenbeschreibungen (↗ Tabelle 8-2).

Qualifikationspotenzial

Um den qualitativen Nettopersonalbedarf ermitteln zu können, ist das gegenwärtig verfügbare dem zukünftig erforderlichen Qualifikationspotenzial der Mitarbeiter gegenüberzustellen. Hierzu sind klare Vorstellungen darüber zu entwickeln, welche Qualifikationen derzeit im Unternehmen vorhanden sind und welche Anforderungen an die Mitarbeiter zukünftig gestellt werden. Die Analyse des Qualifikationspotenzials erfordert dessen systematische Erfassung und Beurteilung, beispielsweise anhand von Leistungsbewertungen (zum Beispiel im Rahmen der jährlichen Leistungsbeurteilung) und Potenzialeinschätzungen (zum Beispiel im Rahmen von Führungskräfte-Assessment-Centern). Die Darstellung der zukünftigen Anforderungen setzt möglichst treffsichere Prognosen über die Arbeitssituation des Planjahres voraus, die insbesondere bei schwer planbaren, innovativen Aufgaben regelmäßig Probleme bereiten (zum Beispiel bei der auftragsorientierten Einzelfertigung eines relativ breiten Produktspektrums).

Anforderungs- und Fähigkeitsprofil

Der Soll- und der Ist-Zustand des Qualifikationspotenzials lassen sich mittels Anforderungsprofil (Soll-Profilen) und Fähigkeitsprofilen (Ist-Profilen) grafisch veranschaulichen. Auf diese Weise lassen sich auch sogenannte **Fähigkeitslücken** visualisieren (↗ Abbildung 8-3; der Doppelpfeil bei dem Kriterium »Ausdrucksvermögen« zeigt beispielhaft eine solche Fähigkeitslücke).

Tab. 8-2

Beispiel einer Stellenbeschreibung der BHW Bausparkasse AG

Stellenbeschreibung	Leiter des Referats Büroorganisation
Unternehmensbereich	Zentraldienste (UBZ)
Organisationseinheit	Hauptabteilung Organisation und Verwaltung (ORG-VW)
Referat	Büroorganisation (BUE 5)
Stellenbeschreibung	Leiter des Referates
Der Stelleninhaber ist unterstellt	dem Leiter der Hauptabteilung
Der Stelleninhaber ist überstellt	dem Beauftragten für das Betriebliche Vorschlagswesen (in BVW-Angelegenheiten)
Der Stelleninhaber wird vertreten	von dem Beauftragten für das betriebliche Vorschlagswesen
Vollmachten	Korrespondenzvollmacht 2 nach der für die BHW Bausparkasse gültigen Vollmachtenregelung
Ziele der Stelle	Unterstützen des Leiters der Hauptabteilung bei der Erfüllung seiner Aufgaben, insbesondere durch Erarbeitung von Gutachten, Beratung in methodischen Fragen, Ausarbeitung von Vorschlägen und Alternativkonzepten in organisatorischen Aufgabenstellungen; Fördern und Nutzen des Ideenpotentials der Mitarbeiter in allen betrieblichen Belangen im Rahmen des Betrieblichen Vorschlagswesens; Sicherstellen der Durchführung und Weiterentwicklung des Betrieblichen Vorschlagswesens
Aufgaben	▸ Führen und Leiten des Referats nach den Unternehmensgrundsätzen (Grundsätze für Führung und Zusammenarbeit, Organisationsgrundsätze und Planungsgrundsätze) gemäß dem Anforderungsprofil ▸ Erarbeiten von Vorschlägen zur Weiterentwicklung und Verbesserung des Betrieblichen Vorschlagswesens (BVW) ▸ Leiten der Sitzungen des Bewertungsausschusses für das BVW ▸ Erarbeiten von Vorschlägen zur Weiterentwicklung und Verbesserung der Investitions- und Budgetkontrolle in der BHW-Gruppe ▸ Beraten und Koordinieren in Fragen der Aus- und Weiterbildung von Auszubildenden, Jungkaufleuten und Praktikanten im Unternehmensbereich (UB) Zentraldienste ▸ Entwickeln von Grundsätzen zur Arbeitsgestaltung unter Berücksichtigung aktueller Erkenntnisse aus der Arbeitswissenschaft, Arbeitspsychologie und Ergonomie ▸ Auf- und Ausbauen eines organisatorisch ausgerichteten Kennzahlensystems (sowohl hausintern als auch im Vergleich zu Wettbewerbern) ▸ Vertreten des UB Zentraldienste im Ausschuss für Arbeitsschutz und Betriebssicherheit, Führen des Sitzungsprotokolls sowie Weitergeben der aus diesem Ausschuss resultierenden organisatorischen Aufträge an die zuständigen Stellen ▸ Ausarbeiten von Vorschlägen zur Organisation des Datenschutzes, zusammen mit dem Datenschutzbeauftragten der BHW-Gruppe ▸ Erstellen von Gutachten, Stellungnahmen und alternativen Lösungskonzepten für Organisationsvorhaben auf Veranlassung des Hauptabteilungsleiters und in Abstimmung mit dem Leiter der Abteilung Betriebsorganisation und dem Leiter des Referats Organisationstechnik ▸ Beraten der Hauptabteilungsleiter in Fragen der die Organisation betreffenden grundsätzlichen Personalentwicklungsmaßnahmen ▸ Erstellen der Maßnahmen-, Personalbedarfs- und Budgetplanung für das Referat einschließlich Überwachen der Kosten ▸ Wahrnehmen von Aufgaben für die BHW-Gruppe sowie für die von der BHW Bausparkasse betreuten Mandanten in Abstimmung mit dem Vorgesetzten ▸ Erledigen von Einzelaufträgen und Sonderaufgaben, die dem Wesen nach zum Aufgabenbereich gehören

Abb. 8-3

Beispiel für ein Anforderungs- und Fähigkeitsprofil

8.2.1.3 Personalanpassungsmaßnahmen

Personalbedarfs-schwankungen

Oft ändern sich die zum Planungszeitpunkt gültigen Prämissen in der Umsetzungsphase. Dies ist in der betrieblichen Praxis häufiger der Fall, beispielsweise durch unerwartet im Markt auftretende Wettbewerber (geringere Absatzzahlen als geplant und damit reduzierter Personalbedarf) oder durch Zusatzaufträge (höhere Stückzahlen und damit erhöhter Personalbedarf).

Derartige ungeplante Personalbedarfe oder -überhänge können beispielsweise über zeitlich befristete Arbeitsverträge, flexible Arbeitszeitregelungen oder über entsprechende Personalzu- und -abgänge ausgeglichen werden. Allerdings sind umfangreichere, nicht vorhersehbare Schwankungen in Deutschland problematisch, da den Unternehmen durch die arbeitsrechtlichen Vorschriften enge Grenzen bei der Disposition von Arbeitskräften gesetzt sind.

8.2.2 Personalbereitstellung

Nachdem der Netto-Personalbedarf ermittelt worden ist, soll die erforderliche Arbeitsleistung zum richtigen Zeitpunkt, am richtigen Ort und in der richtigen Qualität bereitstehen. Hierzu muss das Unternehmen die potenziellen Arbeitskräfte zunächst identifizieren (Personalsuche), danach in einem Auswahl- und Verhandlungsprozess die am besten qualifizierten Personen gewinnen (Personalauswahl) und sie schließlich in den betrieblichen Leistungsprozess integrieren (Personaleinsatz).

8.2.2.1 Personalsuche

Im Rahmen der Personalsuche kann das Unternehmen die Arbeitskräfte zum einen auf dem externen oder auf dem internen Arbeitsmarkt suchen:

Alternativen der Personalsuche

Externe Personalsuche

Die Problematik der externen Personalsuche liegt vor allem in der mangelnden Transparenz des Arbeitsmarktes, der teilweise geringen Mobilität der Arbeitskräfte und der Tatsache, dass konjunktur- und branchenabhängig in bestimmten Berufszweigen mitunter Engpässe auftreten, wie beispielsweise bei Datenverarbeitungsfachleuten oder bei Ingenieuren.

Interne Personalsuche

Eine zweite Möglichkeit besteht in der unternehmensinternen Personalrekrutierung, das heißt über die Umbesetzung von Stellen (zum Beispiel mithilfe innerbetrieblicher Stellenausschreibungen), die Vereinbarung von Mehrarbeit (in Form von Überstunden und Sonderschichten) und die Veränderung von Aufgabeninhalten.

Im Folgenden wird vor allem auf die externe Personalbeschaffung eingegangen, die in die unbefristete Neueinstellung eines Mitarbeiters oder immer häufiger auch in den Abschluss eines Zeitarbeitsvertrages mündet, zum Beispiel im Rahmen des Personalleasings. Die Voraussetzung hierfür ist der Einsatz von geeigneten Methoden und Verfahren der **Personalwerbung** (Personalmarketing), die auf das Unternehmen als Arbeitgeber aufmerksam machen, seine Vorzüge und Potenziale aufzeigen und auf diese Weise geeignete potenzielle Arbeitnehmer dazu bewegen sollen, mit dem Unternehmen in Kontakt zu treten und gegebenenfalls Eintrittsverhandlungen aufzunehmen. Im Folgenden werden verschiedene Wege der Personalsuche aufgezeigt (vergleiche *Berthel, J.* 1995: Seite 169 ff., *Drumm, H. J.* 1995: Seite 271 ff.):

Instrumente der Personalsuche

Massenmedien

Ein wichtiges Instrument der Personalsuche ist der Einsatz von Massenmedien, wie beispielsweise **Anzeigen** in Tageszeitungen und Fachzeitschriften, **Rundfunkspots** oder **Internet-Stellenanzeigen**. Sie sprechen zumeist bestimmte Zielgruppen an, die zu einer Bewerbung aufgefordert werden sollen oder enthalten allgemeine positive Botschaften über das Unternehmen.

Direktkontakte

Wirkungsvoller sind dagegen die Formen der Personalsuche, bei denen der direkte Kontakt zu den potenziellen Arbeitnehmern hergestellt wird. Hierzu gehören beispielsweise die Durchführung von **Veranstaltungen** an den Ausbildungsstätten (Bewerbertage an Schulen und Hochschulen), die **Präsenz auf Fachmessen** (zum Beispiel Stände auf Absolventenkongressen) oder die Ausschreibung und die Durchführung von **Praktika** und **Diplomarbeiten** in den Unternehmen.

Arbeitsagenturen

Auch die lokalen oder überregionalen Vermittlungsdienste der Arbeitsagenturen unterstützen die Unternehmen bei der Personalsuche. Der Erfolg hängt jedoch stark von der Arbeitsmarktsituation und der gewünschten Qualifikation des zukünftigen Mitarbeiters ab.

Personalberater

Insbesondere bei der Suche nach Führungskräften des mittleren und oberen Managements und nach bestimmten Spezialisten werden zunehmend Personalberater eingeschaltet, die in dem Bereich des **Direct Search** (sogenanntes »Headhunting«), also der gezielten und unmittelbaren Ansprache von Führungskräften, über ein spezifisches Know-how zur Identifikation und Gewinnung von Interessenten verfügen.

Unternehmenspublikationen

Allgemeine Unternehmenspublikationen (Imagebroschüren, Geschäftsberichte, Recruitingbroschüren) enthalten Informationen über die Größe, das Produktprogramm, die Philosophie und die Geschäftsentwicklung des Unternehmens. Teilweise wird auch auf die Sozialleistungen, die Ausbildungsmethoden und die verfügbaren Traineeprogramme für Hochschulabsolventen eingegangen. Sie dienen damit weniger der Personalsuche als vielmehr dem Personalmarketing.

Mitarbeiter des Unternehmens

Letztendlich sind vor allem die Mitarbeiter eines Unternehmens selbst ein wesentlicher Imagefaktor für die Personalsuche beziehungsweise für das Personalmarketing, da deren Glaubwürdigkeit von außenstehenden Personen in der Regel als sehr hoch eingeschätzt wird. Unternehmen müssen sich jedoch bewusst sein, dass diese Einschätzung sowohl für positive als auch für negative Äußerungen gleichermaßen gilt.

8.2.2.2 Personalauswahl

Sind genügend Interessenten vorhanden, die durch die Maßnahmen des Personalmarketings zu einer Bewerbung veranlasst wurden oder die sich aus eigener Initiative beworben haben, so muss von dem Unternehmen eine Personalauswahl getroffen werden. Das dabei eingesetzte Auswahlverfahren soll sicherstellen, dass derjenige Bewerber eingestellt wird, der dem Anforderungsprofil der zu besetzenden Stelle am besten entspricht. Bei der Personalauswahl können neben den fachlichen, psychischen und physischen Kriterien auch solche Merkmale geprüft werden, die sich auf

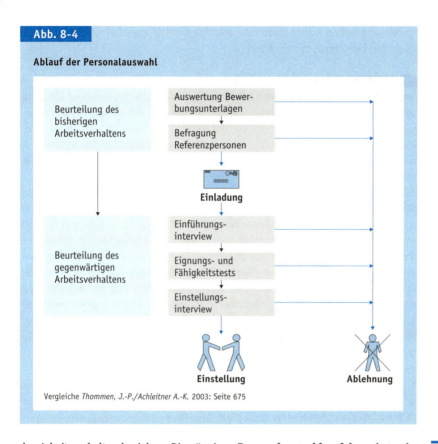

Abb. 8-4
Ablauf der Personalauswahl

Vergleiche Thommen, J.-P./Achleitner A.-K. 2003: Seite 675

das Arbeitsverhalten beziehen. Die gängigen **Personalauswahlverfahren** betrachten zwei Aspekte (↗ Abbildung 8-4):

Aspekte der Personalauswahl

Bisheriges Arbeitsverhalten
Aus dem bisherigen Arbeitsverhalten des Bewerbers lassen sich Rückschlüsse auf sein zukünftiges Arbeitsverhalten ziehen. In diesem Fall werden Methoden zur Bewertung der Bewerbungsunterlagen (vor allem von früheren Arbeitszeugnissen und anderen Leistungsnachweisen) als Auswahlverfahren eingesetzt und eventuell vom Bewerber benannte Referenzpersonen befragt.

Gegenwärtiges Arbeitsverhalten
Aus dem gegenwärtigen Verhalten des Bewerbers in arbeitsnahen Situationen lassen sich Rückschlüsse auf sein zukünftiges Arbeitsverhalten ziehen. Zu den hier eingesetzten Testverfahren gehören Einzelinterviews sowie psychologische Eignungs- und Fähigkeitstests, die in einer Beziehung zu dem künftigen Aufgabenbereich stehen und sowohl die fachliche und methodische als auch die soziale Kompetenz des Bewerbers prüfen. Hierbei kommen häufig **Assessment-Center** (AC) als umfassende Testverfahren zum Einsatz. Im Rahmen solcher Assessment-Center werden ergänzend

zu den vorgenannten Auswahlverfahren häufig noch Gruppendiskussionen, Rollenspiele und Fallstudien durchgeführt.

Fallbeispiel 8-3   Personalauswahl bei einem Automobilhersteller

▶▶▶ Wie wird in der *Speedy GmbH* bei der Personalauswahl vorgegangen? Zunächst werden von der Personalabteilung die eingegangenen Bewerbungsunterlagen ausgewertet. Dabei werden die Form der Unterlagen, das Bewerbungsschreiben, der Lebenslauf und die vorgelegten Zeugnisse und Referenzen eingehend analysiert. Solche Bewerber, die den festgelegten Anforderungen (zum Beispiel Fachkenntnisse, Notendurchschnitt, Persönlichkeitsmerkmale) nicht entsprechen, werden bereits in dieser Auswahlstufe ausgeschieden. In der Regel sind dies zwischen 80 und 90 Prozent der eingegangenen Bewerbungen. Die verbliebenen Bewerber werden dann in einer zweiten Stufe zu einem Vorstellungsgespräch eingeladen, dem sich in einer dritten Stufe ein zweitägiges Assessment-Center mit 10–15 Bewerbern anschließt. Im Rahmen dieses AC werden verschiedene Einzel- und Gruppenübungen durchgeführt (zum Beispiel Postkorb-Übungen, Bearbeitung von Beispielen, Einzel- und Gruppenpräsentationen, Rollenspiele, schriftliche Ausarbeitungen). Die Personalabteilung und die am AC beteiligten Führungskräfte verschiedener Fachabteilungen beurteilen die Kandidaten anhand eines Kriterienkataloges. Dieses Vorgehen dient der Prüfung, ob und inwieweit die Bewerber im Hinblick auf ihre Eignung, Einstellung und sonstigen Persönlichkeitsmerkmale den Anforderungsprofilen der zu besetzenden Stellen entsprechen. Die erfolgreichen Kandidaten erhalten im Anschluss an das AC ein konkretes Vertragsangebot. In der Vergangenheit hat sich in der *Speedy GmbH* gezeigt, dass die Validität der AC-Ergebnisse im Vergleich zu anderen Auswahlverfahren relativ hoch ist (»Trefferquote« bis zu 75 Prozent). ◀◀◀

Wirtschaftspraxis 8-2

Die Auswahl von High Potentials bei Unilever

Die Auswahl von Nachwuchskräften erfolgt bei dem internationalen Markenartikelhersteller *Unilever* in mehreren Stufen. Alle Bewerber, die an dem Nachwuchsprogramm »*UniTrain*« teilnehmen wollen, durchlaufen zuerst ein »unique.st« genanntes internetbasiertes Testverfahren. Mithilfe dieses Online-Assessments werden ausschließlich kognitive Fähigkeiten getestet, während »weiche« Faktoren, wie beispielsweise Teamfähigkeit und Kommunikationsgeschick, zunächst unberücksichtigt bleiben. Etwa die Hälfte aller Teilnehmer besteht den Test im Internet und kann dann an einem anschließenden Telefoninterview teilnehmen. Wenn sich dabei der positive Eindruck des Unternehmens bestätigt, werden die Bewerber schließlich zum Live-Assessment eingeladen auf dessen Basis *Unilever* seine zukünftigen High Potentials auswählt.

Quelle: *Böcker, M.*: Die Rückkehr des Online-Assessment, in: Handelsblatt, Nummer 156 vom 13.08.2004, Seite k01.

Wirtschaftspraxis 8-3

Die DIN-Norm für Einstellungstests

Es wird geschätzt, dass in Deutschland jedes Jahr etwa 40 Millionen Personalentscheidungen getroffen werden. Die meisten dieser Entscheidungen werden auf der Basis des nach wie vor beliebtesten Auswahlverfahrens getroffen, nämlich dem klassischen, frei geführten Vorstellungsgespräch. Dieses Verfahren gibt in der Regel jedoch nur eine begrenzt gültige Antwort auf die Frage nach den späteren Leistungen des Bewerbers.

Damit Personalentscheidungen unabhängig vom Entscheider und damit objektiv, hinsichtlich der mehrfachen Durchführung zuverlässig und hinsichtlich der Ergebnisse mit hoher Gültigkeit getroffen werden können, hat das *Deutsche Institut für Normung* auf Initiative des *Berufsverbandes deutscher Psychologinnen und Psychologen (BdP)* im Jahr 2002 die DIN 33430 »Anforderungen an Verfahren und deren Einsatz bei berufsbezogenen Eignungsbeurteilungen« veröffentlicht. Die Norm soll unter anderem als Leitfaden für die Planung und die Durchführung von Eignungsbeurteilungen dienen, Personalverantwortlichen in Unternehmen bei der Qualitätssicherung von Personalentscheidungen helfen und Bewerber vor unsachgemäßen Eignungsbeurteilungen schützen.

Quelle: *Paulus, J.*: DIN-Norm für Personalchefs, in: Bild der Wissenschaft, 7/2003, Seite 69.

8.3 Personaleinsatz

Um die Mitarbeiter langfristig zu binden, müssen Rahmenbedingungen geschaffen werden, die einen Verbleib im Unternehmen attraktiv machen, denn Fluktuation ist ein erheblicher Kostenverursacher, wie bereits gezeigt wurde. So entstehen beispielsweise hohe Kosten für die Anwerbung und die Einarbeitung von neuen Mitarbeitern. Außerdem ist es selbstverständlich im Interesse des Unternehmens, dass die Mitarbeiter die ihnen gestellten Aufgaben optimal erfüllen und damit aktiv zur Erreichung der Unternehmensziele beitragen. Im Rahmen des Personaleinsatzes wird versucht, diesen Sachverhalten so gut wie möglich Rechnung zu tragen. Entsprechende Ansatzpunkte sind die folgenden Bestimmungsfaktoren der Arbeitsleistung (↗ Abbildung 8-5, zum Folgenden vergleiche *Jung, H.* 2004: Seite 923):

Bestimmungsfaktoren der Arbeitsleistung

Leistungsvermögen

Das Leistungsvermögen wird durch die Leistungsfähigkeit und die Leistungsdisposition bestimmt. Die **Leistungsfähigkeit** ergibt sich aus den angeborenen physischen und psychischen Anlagen des Menschen und aus dem durch Lernen erworbenen Wissen. Sie bestimmt die maximal mögliche Arbeitsleistung. Die **Leistungsdisposition** hängt unter anderem vom Tagesrhythmus, vom Gesundheitszustand und vom Ermüdungsgrad ab. Sie bestimmt, welcher Anteil der Leistungsfähigkeit für die Arbeit zur Verfügung steht.

Leistungsbereitschaft

Die Leistungsbereitschaft beziehungsweise **Motivation** ist der Wille von Mitarbeitern, ihr Leistungsvermögen in den Prozess der Leistungserstellung einzubringen.

8.3 Personalmanagement
Personaleinsatz

Abb. 8-5

Bestimmungsfaktoren der Arbeitsleistung

Vergleiche *Jung, H.* 2004: Seite 923

Leistungsbedingungen

Die Leistungs- beziehungsweise **Arbeitsbedingungen** ergeben sich insbesondere aus den Arbeitsinhalten, der Gestaltung des Arbeitsplatzes und dem Arbeitsumfeld. Wenn sie nicht optimal sind, schränken sie die aufgrund von Leistungsvermögen und Leistungsbereitschaft maximal mögliche Arbeitsleistung weiter ein.

8.3.1 Einarbeitung

Problematik des Personaleinsatzes

Der Personaleinsatz beginnt zu dem Zeitpunkt, an dem der neue Mitarbeiter seine Arbeit aufnimmt (Arbeits-, Dienstantritt). Allerdings ist die Personalbereitstellung erst dann erfolgreich abgeschlossen, wenn er dauerhaft fachlich und sozial in das Unternehmen integriert werden konnte. Die ersten Wochen und Monate sind dabei besonders kritisch, wie Untersuchungen zeigen: Die Fluktuationsrate innerhalb der ersten sechs bis zwölf Monate liegt vielfach zwischen 30 und 60 Prozent. Die durch derartige Frühfluktuationen verursachten Kosten belaufen sich auf Beträge zwischen 20 000 Euro für einen Facharbeiter und weit über 150 000 Euro für eine Führungskraft. Als besondere Problemfelder gelten die mit dem Arbeitsplatzwechsel oder dem Arbeitsbeginn nach dem Studium oder der Ausbildung verbundene Orientierungslosigkeit von vielen neuen Mitarbeitern, die noch nicht verinnerlichte Unternehmenskultur, der Realitätsschock (vor allem bei jungen Mitarbeitern, die von der Hochschule kommen) und Führungsdefizite der Vorgesetzten. Am schädlichsten wirkt sich nach einer empirischen Studie jedoch die qualitative Unterforderung aus, die zur Sinnfrage und damit zur Demotivation führt (»Was soll ich eigentlich in diesem Unternehmen?«).

Um derartigen Problemen entgegenzuwirken, haben viele Unternehmen Einarbeitungsprogramme entwickelt, die den neuen Mitarbeiter gezielt an seine Arbeitsaufgabe und sein neues Arbeitsumfeld heranführen und ihm von Anfang an die notwendige Orientierung geben. Zu den Kernbestandteilen von derartigen Programmen gehören beispielsweise Einführungsseminare, Patenkonzepte und Traineeprogramme (vergleiche Berthel, J. 1995: Seite 201 ff.).

8.3.2 Gestaltung der Arbeitsbedingungen

Die Arbeitsbedingungen sind eine wichtige Einflussgröße der Arbeitsleistung. Durch ihre Gestaltung werden wirtschaftliche und soziale Ziele gleichermaßen angesprochen. Gestaltbar sind der Arbeitsinhalt, der Arbeitsplatz und das Arbeitsumfeld:

Gestaltung des Arbeitsinhalts

Eine dem jeweiligen Stelleninhaber entsprechende Gestaltung des Arbeitsinhalts ist eine wichtige Voraussetzung für dessen Arbeitszufriedenheit und Arbeitsleistung. Sind die Arbeitsinhalte zu einseitig und oder zu weit gefasst, so führt dies zu Monotonie oder zu Überforderung. In beiden Fällen wird die erbrachte Leistung des Mitarbeiters suboptimal sein. Um dem entgegenzuwirken, können die folgenden Konzepte eingesetzt werden, mit denen die Mitarbeiter neue Fach- und Führungserfahrungen gewinnen:

- **Job-Enlargement:** Quantitative Aufgabenerweiterung durch das Hinzufügen von neuen, inhaltlich in etwa gleichartigen Verrichtungen,
- **Job-Enrichment:** Qualitative Erweiterung des Arbeitsfeldes, die durch höhere Ansprüche sowie mehr Kompetenzen und Verantwortung eine hohe motivationale Wirkung besitzt,
- **Job-Rotation:** Planmäßiger Stellenwechsel innerhalb des Unternehmens mit veränderten Aufgaben, Kompetenzen und Verantwortung,
- **Selbststeuernde Gruppen:** Die Verantwortung für die Aufgabenerfüllung geht gesamthaft auf eine Arbeitsgruppe über. Grundsätzlich sollte jede Tätigkeit innerhalb der Gruppe von jedem Gruppenmitglied ausgeübt werden können.

Möglichkeiten zur Gestaltung der Arbeitsinhalte

Gestaltung des Arbeitsplatzes

Die Gestaltung des Arbeitsplatzes ist eine wesentliche Leistungsdeterminante. Zu den Gestaltungsgrößen gehören insbesondere:

- die Anordnung der Arbeitselemente, wie zum Beispiel die Positionierung der Werkzeuge und des Materials in der Produktion,
- die ergonomische Arbeitsplatzgestaltung,
- die Beleuchtung,
- die Farbgebung des Arbeitsraums,
- das Raumklima,
- der Lärmpegel und
- andere störende Umwelteinflüsse.

Gestaltungsgrößen des Arbeitsplatzes

> **Wirtschaftspraxis 8-4**
>
> **Die »Open-Door-Policy« von Hewlett-Packard**
>
> Viele Unternehmen beeinflussen die Unternehmenskultur durch bestimmte Grundsätze. So ist die *Hewlett-Packard GmbH* für ihre »Open-Door-Policy« bekannt. Gemäß diesem Grundsatz arbeiten Vorgesetzte und Mitarbeiter Schreibtisch an Schreibtisch in Großraumbüros zusammen und gehen über alle Hierarchieebenen hinweg offen miteinander um. *Hewlett-Packard* will damit erreichen, dass das Management durch Inspiration und nicht durch Furcht führt, dass die Kreativität und der Teamgeist der Mitarbeiter gestärkt werden, dass Mitarbeiter Informationen miteinander teilen und dass Mitarbeiter eigenverantwortlich Entscheidungen treffen.
>
> Quelle: *Hewlett-Packard GmbH*: Geschäftsethik, unter: www.hp.com, Stand: 2006.

Gestaltung des Arbeitsumfeldes

Schließlich wirkt sich auch das Arbeitsumfeld positiv oder negativ auf die Leistung des Mitarbeiters aus. Was allgemein mit **Betriebsklima** bezeichnet wird, ist eigentlich das Sozialklima des Unternehmens. Da viele Mitarbeiter mehr Zeit im Unternehmen als mit ihrer Familie verbringen, ist die Bedeutung der Entwicklung und der Pflege des Sozialklimas für ein Unternehmen von grundlegender Bedeutung. Möglich ist dies beispielsweise durch:

Einflussgrößen auf das Betriebsklima

- eine Art und Weise der **Mitarbeiterführung**, die den Mitarbeiter als Menschen betrachtet, der eigene Ziele, Vorstellungen und Handlungsmotive besitzt,
- die Gestaltung eines **Sozialklimas**, das sowohl unter materiellen als auch unter immateriellen Gesichtspunkten als »angenehm« empfunden wird. Materielle Gestaltungsspielräume liegen in der Entlohnung, der Arbeitszeitgestaltung und der betrieblichen Altersversorgung. Immaterielle Anreize kann die Unternehmenskultur bieten, wobei sie beispielsweise über die Mitarbeiterinformation, das Zulassen von Kritik und Kreativität motivierend auf die Mitarbeiter wirkt,
- **Ausbildungs- und Aufstiegsanreize** im Rahmen der Personalentwicklung, die zu einer Befriedigung der Bedürfnisse nach Wertschätzung und Selbstverwirklichung beitragen.

8.3.3 Zeitwirtschaft

8.3.3.1 Arbeitszeit

Im Rahmen der Zeitwirtschaft werden Arbeitszeiten und entsprechende Arbeitszeitmodelle festgelegt und die Arbeitszeiten der einzelnen Mitarbeiter gemäß diesen Vorgaben geplant und kontrolliert. Im *Arbeitszeitgesetz* § 2 Absatz I wird die Arbeitszeit folgendermaßen definiert:

> **Arbeitszeit** ist »… die Zeit vom Beginn bis zum Ende der Arbeit ohne die Ruhepausen«.

Wirtschaftspraxis 8-5

In den Niederlanden wird am wenigsten gearbeitet

Die Wochenarbeitszeit der deutschen Arbeitnehmer ist im letzten Jahrhundert immer kürzer geworden. Im Jahr 1900 wurde noch 60 Stunden in der Woche gearbeitet. 1918 wurde dann der 8-Stunden-Tag eingeführt, 1956 die Fünf-Tage-Woche und 1965 schließlich die 40-Stunden-Woche. Die durchschnittliche tariflich vereinbarte Wochenarbeitszeit liegt seit Ende der 1990er-Jahre bei ca. 37,7 Stunden pro Woche.
Deutschland ist auch im internationalen Vergleich eines der Länder, in denen durchschnittlich die wenigsten Stunden im Jahr gearbeitet wird. Im Jahr 2010 wurde mit 2 193 Stunden im Jahr in Korea am längsten gearbeitet. Auf dem zweiten und dritten Platz lagen Griechenland (2 109 Stunden) und Chile (2 068 Stunden). In den Vereinigten Staaten wurde 1 778 Stunden gearbeitet, in Japan 1 733. Deutschland lag ziemlich weit hinten mit 1 419 Stunden. Am wenigsten wurde mit 1 377 Jahresarbeitsstunden in den Niederlanden gearbeitet.

Quellen: Wochenarbeitszeit: WSI-Tarifarchiv, unter http://www.boeckler.de/wsi-tarifarchiv_4831.htm, Stand: 25.04.2012.
Jahresarbeitszeit: OECD, Statistics, Average annual hours actually worked per worker, unter: http://stats.oecd.org, Stand: 25.04.2012.

Bei der Festlegung der Arbeitszeit können die folgenden Bestimmungsparameter verändert werden (vergleiche *Wöhe, G.* 1993: Seite 264 ff.):

- **Dauer** der Arbeit und der Pausen,
- **Beginn und Ende** der Arbeitszeit und der Pausen,
- **Verteilung** der Arbeit auf Tage, Wochen, Jahre.

Bestimmungsparameter der Arbeitszeit

Die Freiheitsgrade werden bei der Festlegung der Arbeitszeiten allerdings durch eine Reihe von gesetzlichen und anderen Regelungen eingeschränkt. Folgende Gesetze und Verträge haben beispielsweise Einfluss auf die Festlegung der Arbeitszeit:

- Arbeitszeitgesetz zur Regelung der Dauer der täglichen Arbeitszeit, Arbeitspausen und Ruhezeiten,
- Gewerbeordnung, beispielsweise Verbot von Sonn- und Feiertagsarbeit,
- Bundesurlaubsgesetz,
- Jugendarbeitsschutzgesetz,
- Mutterschutzgesetz,
- Verordnungen von Bund und Ländern für bestimmte Gewerbezweige,
- Unfallverhütungsvorschriften der Berufsgenossenschaften und
- Tarifverträge.

8.3.3.2 Arbeitszeitmodelle

Durch die Variation der Dauer, des Beginns und des Endes sowie der Verteilung der Arbeitszeit ergeben sich verschiedene Arbeitszeitmodelle. Primäre Ziele bei der Entwicklung von Arbeitszeitmodellen sind eine bessere Anpassung an Personalbedarfsschwankungen und eine bessere Nutzung der kapitalintensiven Anlagen. Es lassen sich verschiedene Arbeitszeitmodelle unterscheiden (vergleiche *Wöhe, G.* 1993: Seite 266 ff.):

Gleitende Arbeitszeit
Bei der gleitenden Arbeitszeit handelt es sich um ein insbesondere im Angestelltenbereich vorzufindendes Arbeitszeitmodell. Der Arbeitnehmer kann bei diesem Modell innerhalb bestimmter, festgelegter Zeitspannen seinen Arbeitsbeginn und sein Arbeitsende selbst bestimmen.

Schichtarbeitszeitmodelle
Schichtarbeitszeitmodelle werden häufig in der industriellen Produktion und in Branchen eingesetzt, bei denen eine durchgängige Bereitschaft gegeben sein muss, so etwa im Gesundheitswesen. Ein Arbeitsplatz wird bei diesem Modell nacheinander von verschiedenen Arbeitnehmern besetzt.

Teilzeitarbeit
Bei der Teilzeitarbeit ist die Arbeitszeit gegenüber der üblichen Arbeitszeit verkürzt, beispielsweise auf acht Stunden in der Woche. Die Teilzeitarbeit wird insbesondere bei kurzfristigen Nachfrageschwankungen, zum Beispiel im Einzelhandel oder in der Gastronomie, eingesetzt.

Jahresarbeitszeitmodelle
Bei Jahresarbeitszeitmodellen wird die jährliche und nicht wie sonst üblich die wöchentliche oder monatliche Arbeitszeit festgesetzt. In Jahreszeiten mit größerem Arbeitsbedarf kann dann mehr, in Jahreszeiten mit geringerem Bedarf entsprechend weniger gearbeitet werden. Jahresarbeitszeitmodelle werden insbesondere in Branchen mit saisonalen Schwankungen eingesetzt, wie beispielsweise in der Landwirtschaft.

Lebensarbeitszeitmodelle
Bei Lebensarbeitszeitmodellen wird die Dauer der Arbeitszeit auf Basis der erwarteten Lebensarbeitszeit festgelegt. Der Arbeitnehmer kann in diesem Modell über die Jahre hinweg Zeit ansammeln und mit diesem Zeitbudget dann früher in den Ruhestand wechseln oder sich längere Zeit beurlauben lassen.

Wirtschaftspraxis 8-6

Das neue Arbeitszeitmodell von VW

Die *Volkswagen AG* führte im Jahr 2006 in ihrem Stammwerk Wolfsburg ein neues Arbeitszeitmodell ein, um 50 Millionen Euro im Jahr einzusparen. Das neue Arbeitszeitmodell umfasste einen Drei-Schicht-Betrieb von Montag bis Donnerstag mit je 7,2 Arbeitsstunden und eine freiwillige Dauernachtschicht. Über das Jahr betrachtet blieb durch dieses Modell die 28,8-Stunden- und 4-Tage-Woche für die Mitarbeiter erhalten, jedoch fielen bezahlte Pausen und Nachschichtzuschläge weg. Das neue Arbeitszeitmodell war Teil des Kostensenkungsprogramms *ForMotion*, mit dem *VW* bis zum Jahr 2008 insgesamt sieben Milliarden Euro einsparen wollte.

Quellen: VW führt Schichtmodell ein, unter: www.handelsblatt.com, Stand: 17.10.2005; VW will mit neuem Schichtmodell Millionen sparen, unter: www.handelsblatt.com, Stand: 08.11.2005.

8.3.4 Vergütung

Verliert das Geld angesichts des vielfach postulierten Übergangs unserer Gesellschaft vom Materialismus zum Post-Materialismus als **Leistungsanreiz** an Bedeutung? Obwohl interessante und fordernde Arbeitsaufgaben eine hohe Leistungsmotivation bewirken, ist die Vergütung der Arbeitsleistung für die Mehrheit der Mitarbeiter immer noch das Instrument mit der größten Anreizwirkung. Geld ist nach wie vor ein wichtiges Statussymbol und dient der Befriedigung der individuellen Wertschätzungsbedürfnisse (vergleiche *Schanz, G.* 1993: Seite 478). Aus Unternehmenssicht sind die Personalkosten eine wesentliche Einflussgröße für die Höhe der Gesamtkosten, was sie nicht nur für die Personalabteilung, sondern auch für das Finanz- und Rechnungswesen (insbesondere das Controlling) interessant macht. Von daher verdient die Frage der Vergütung eine besondere Aufmerksamkeit.

Wirkung des Arbeitsentgelts

8.3.4.1 Zusammensetzung der Vergütung

Der Begriff »Vergütung« wird als ein Sammelbegriff für Lohn, Gehalt, Entlohnung, Entgelt oder Ähnliches verwendet und umfasst sämtliche Entgeltbestandteile. Die rechtliche Grundlage für die Vergütung einer Arbeitsleistung ist der Arbeitsvertrag. Die Gesamtvergütung eines Arbeitnehmers setzt sich aus dem **Entgelt für die geleistete Arbeit** (Direktvergütung) und den **Personalnebenkosten** zusammen, die aus den gesetzlichen (zum Beispiel Sozialversicherungsbeiträge des Arbeitgebers, Lohnfortzahlung im Krankheitsfall), den tariflichen und den freiwilligen Sozialleistungen bestehen (zum Beispiel Urlaubsgeld, 13. Monatsgehalt, betriebliche Altersversorgung). In den letzten Jahrzehnten hat sich der Anteil der Personalnebenkosten bezogen auf die Personalkosten insgesamt deutlich erhöht: Waren es im produzierenden Gewerbe 1966 noch 30,2 Prozent, so stieg dieser Anteil bis 1992 auf 45,6 Prozent, im Bankgewerbe stieg dieser Anteil bis 1992 sogar auf 50,7 Prozent (vergleiche *Berthel, J.* 1995: Seite 383 ff.).

Die Gestaltung der Vergütung ist in der Praxis immer wieder ein Anlass für Konflikte zwischen dem Arbeitgeber und dem Arbeitnehmer. Das Empfinden darüber, welche Höhe der Vergütung als »gerecht« und »angemessen« anzusehen ist, differiert mitunter sehr stark. Deshalb ist die Lohngerechtigkeit eine wesentliche Voraussetzung für die Höhe der Vergütung. Im Allgemeinen wird die Entlohnung dann als gerecht empfunden, wenn sie den Anforderungen der Arbeitsaufgabe, der Qualifikation des Mitarbeiters und der tatsächlichen Arbeitsleistung entspricht. Dem ist durch eine nachvollziehbare und transparente Lohn- und Gehaltsdifferenzierung ausreichend Rechnung zu tragen.

Lohngerechtigkeit

8.3.4.2 Formen der Vergütung

Die Vergütung setzt sich aus einer Grundvergütung und gegebenenfalls einer zusätzlichen Vergütung zusammen (↗ Abbildung 8-6).

Folgende Formen der Grundvergütung werden unterschieden (vergleiche *Bröckermann, R.* 2012: Seite 201 ff.):

8.3 Personalmanagement
Personaleinsatz

Abb. 8-6: Formen der Vergütung

Vergleiche Bröckermann, R. 2012: Seite 246 und 269

Formen der Grundvergütung

Stücklohn (Akkordlohn)

Der Stücklohn bietet eine unmittelbare Motivation zur Mehrleistung, da hier ein fester Geldbetrag pro **Leistungseinheit** bezahlt wird. Während der Lohnanteil an den Stückkosten konstant bleibt, steigt oder sinkt die Vergütung proportional zur erbrachten Leistungsmenge, wobei in der Praxis ein bestimmter Mindestlohn nicht unterschritten wird (↗ Abbildung 8-7). Diese Lohnform kommt sinnvollerweise dann zum Einsatz, wenn die Leistungsmenge vom Mitarbeiter beeinflusst werden kann und das Arbeitsergebnis einfach und individuell messbar ist. Außerdem sollte die Qualität der Arbeitsleistung eine untergeordnete Rolle spielen oder durch entsprechende Qualitätsprämien Berücksichtigung finden. Durch die zunehmende Automatisierung in der industriellen Produktion verliert der Stücklohn in seiner reinen Form zunehmend an Bedeutung.

Zeitlohn

Der Zeitlohn ist die rechnerisch einfachste Lohnform. Die Arbeitstätigkeit wird nicht pro Leistungseinheit, sondern in Abhängigkeit von der **Leistungsdauer** vergütet (Stunde, Tag, Woche, Monat). Die Leistung selbst und ihre Qualität sind für die Bemessung der Vergütung ohne Bedeutung. Dies führt einerseits zu konstanten Lohnkosten je Zeiteinheit und andererseits bei einer steigenden Leistungsmenge zu fallenden Lohnkosten je Arbeitseinheit (Lohnstückkostendegression, ↗ Abbildung 8-8). Der Zeitlohn ohne die Ergänzung um leistungsbezogene Bestandteile (Leistungszulagen) bietet damit keinen Anreiz zu einer erhöhten Arbeitsleistung. Er kommt vornehmlich bei Tätigkeiten mit hohen Qualitätsanforderungen zur Anwen-

8.3 Personaleinsatz

Abb. 8-7

Stücklohn

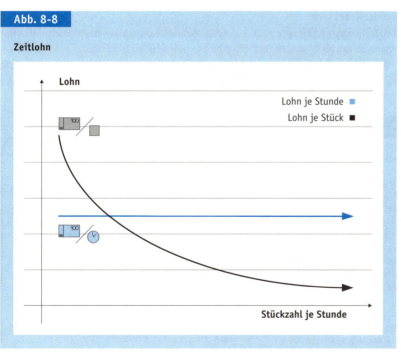

Abb. 8-8

Zeitlohn

dung oder bei einer erhöhten Unfallgefahr und wenn die Arbeitsleistung nur schwer messbar ist.

Gehalt

Zwischen Zeitlohn und Gehalt besteht heute zumeist nur noch ein Unterschied hinsichtlich der Empfänger, da in der Praxis in der Regel zwischen Lohn- und Gehaltsempfängern unterschieden wird.

In Abhängigkeit von den individual- und kollektivrechtlichen Bedingungen und der Erreichung bestimmter Zielvorgaben erhalten Arbeitnehmer häufig eine zusätzliche Vergütung, so insbesondere in Form von Prämien, Leistungszulagen oder Erfolgsbeteiligungen:

Formen der zusätzlichen Vergütung

Prämien

Zusätzlich zum Zeit- oder zum Stücklohn werden häufig Prämien für bestimmte Leistungen bezahlt, um die Arbeitnehmer zu einer Steigerung der Mengenleistung und/oder zu einer Erhöhung der Arbeitsqualität zu veranlassen (zum Beispiel Prämien für Termineinhaltung, geringe Unfallzahlen, Abarbeitung einer Aufgabe mit weit über den Erwartungen liegenden Ergebnissen, optimale Nutzung einer kapitalintensiven Anlage, hohe Qualität der Arbeitsausführung). Prämien eignen sich insbesondere dort, wo die über den Anforderungen liegende Leistung eines Mitarbeiters nicht direkt gemessen werden kann.

Leistungszulagen

Leistungszulagen stehen nicht mit einer Mehrleistung im Zusammenhang. Sie sind vielmehr Ausgleichsleistungen für eine besondere Beeinträchtigung des Arbeitnehmers bei der Erbringung der Arbeitsleistung, beispielsweise durch Lärm, Schmutz oder Gefahren (sogenannte Lärm-, Schmutz- und Gefahrenzulagen), oder für eine

---

Wirtschaftspraxis 8-7

Die Prämien der Fußballer

Die Profis der Fußballbundesliga erhalten in der Regel zusätzlich zu ihrem Gehalt Prämien. Üblich sind dabei Auflaufprämien beziehungsweise Antrittsprämien für jedes Spiel, an dem die Spieler teilnehmen, Erfolgsprämien für einen Sieg oder ein Remis und Prämien für das Erreichen bestimmter Runden in den verschiedenen Fußballligen. Für den Sieg bei Fußballweltmeisterschaften wurden je Spieler in den letzten Jahrzehnten folgende Prämien vereinbart und im Erfolgsfall bezahlt: Deutschland 1974: 70 000,00 Mark, Argentinien 1978: 70 000,00 Mark, Spanien 1982: 70 000,00 Mark, Mexiko 1986: 100 000,00 Mark, Italien 1990: 125 000,00 Mark, USA 1994: 125 000,00 Mark, Frankreich 1998: 150 000,00 Mark, Japan und Südkorea 2002: 92 000,00 Euro, Deutschland 2006: 300 000,00 Euro.

Im Vergleich zum Grundgehalt und den Werbeeinnahmen vieler Fußballer sind die Prämien jedoch relativ »bescheiden«, so soll der brasilianische Fußballspieler *Ronaldinho* im Jahr 2005 zusätzlich zu einem Gehalt von 8,5 Millionen Euro und Werbeeinnahmen von 14 Millionen Euro »nur« 0,5 Millionen Euro Prämiengelder erhalten haben.

Quellen: *Hermanns, S.*: Nur der Titel zählt, in: Handelsblatt, Nummer 59 vom 24.03.2005, Seite 48; *Golla, G.*: Personalfluktuation und Unternehmenserfolg: Die relative Bedeutung allgemeinen und spezifischen Humankapitals für die Performance professioneller Sport-Teams, Dissertation, Greifswald 2002, Seite 30 f.

Leistungserbringung unter besonderen Umständen (zum Beispiel Schicht-, Nachtarbeits-, Ortszulagen, die teilweise auch als »Zuschläge« bezeichnet werden).

Erfolgsbeteiligungen
Erfolgsbeteiligungen im weiteren Sinne können sich auf den Unternehmenserfolg insgesamt oder auf den Erfolg einzelner Arbeitnehmer oder Gruppen beziehen. So kommen beispielsweise im Vertriebsbereich häufig **Provisionen** zum Einsatz, bei denen es sich um einen festen Prozentsatz vom Umsatzerlös oder Deckungsbeitrag handelt. Die Höhe der Vergütung steht damit in einer direkten Beziehung zum Absatzerfolg.

Demgegenüber zielt die **Tantieme** oder Erfolgsbeteiligung im engeren Sinne auf eine Beteiligung am Gesamterfolg des Unternehmens. Sie soll den Mitarbeiter noch stärker auf die Unternehmensziele verpflichten und eine Identifikation mit diesen Zielen fördern. Ihre Höhe orientiert sich zumeist an der Höhe des Umsatzerlöses, des Gewinns oder an Rentabilitätskennziffern wie der Eigenkapitalrentabilität. Eine Beteiligung am Umsatzerlös ist jedoch insofern problematisch, als die Höhe des Umsatzerlöses nur bedingt eine Aussage über den Unternehmenserfolg zulässt. Die am häufigsten praktizierten Beteiligungsformen sind Mitarbeiterdarlehen, stille Beteiligungen und Belegschaftsaktien.

Neuere Modelle der Gehaltsfindung (insbesondere für Führungskräfte) gehen von einer Kombination von fixen und variablen Gehaltsbestandteilen aus, wobei die tatsächliche Höhe der variablen Zahlungen zum einen durch die allgemeine Geschäftsentwicklung und zum anderen durch die individuelle Leistung der Führungskraft bestimmt wird. Teilweise haben die Mitarbeiter im Rahmen sogenannter »Cafeteria-Systeme« die Möglichkeit, aus einem Angebot von Vergütungsbestandteilen (zum Beispiel Versicherungen, Firmenwagen, Arbeitgeberdarlehen, betriebliche Altersversorgung) gemäß ihren individuellen Bedürfnissen selbst auswählen zu können.

Cafeteria-Modelle

Fallbeispiel 8-4 Vergütung bei einem Automobilhersteller
▶▶▶ Mit dem Beginn des neuen Geschäftsjahres hat die *Speedy GmbH* eine neue Vergütungsregelung für ihre Führungskräfte eingeführt: Deren Gehalt setzt sich nun aus einem fixen Bestandteil, dem sogenannten Grundgehalt, und aus variablen, leistungsbezogenen Bestandteilen zusammen. Während das Grundgehalt etwa 60 Prozent der Gesamtvergütung ausmacht, werden die übrigen 40 Prozent erfolgsabhängig vergütet, das heißt, 25 Prozent sind abhängig von der Erreichung der im Rahmen von Zielvereinbarungsgesprächen festgelegten Individualziele jeder einzelnen Führungskraft und 15 Prozent orientieren sich an den übergeordneten Unternehmenszielen. Dadurch sollen die Führungskräfte zu einer stärkeren Zusammenarbeit über die Ressortgrenzen hinweg veranlasst werden und das Unternehmen stärker »als Ganzes« sehen. ◀◀◀

8.3.5 Personalführung

Die Personalführung wird auch oft als »Führung im engeren Sinne« bezeichnet. Sie bezieht sich auf das Verhältnis zwischen den Vorgesetzten und ihren Mitarbeitern und dient damit der unmittelbaren Beeinflussung des Leistungsverhaltens der Mitarbeiter im Hinblick auf die Unternehmensziele.

Zielkonflikte

Dabei muss berücksichtigt werden, dass diejenigen Ziele, welche die Mitarbeiter für sich selber setzen die sogenannten »Individualziele«, nicht immer mit den Unternehmenszielen übereinstimmen. Daraus entstehen häufig Zielkonflikte, die im Allgemeinen zulasten des Unternehmens gehen. Im Rahmen der Personalführung wird versucht, durch geeignete Motivationsmaßnahmen zumindest eine teilweise Übereinstimmung von Unternehmens- und Individualzielen zu erreichen.

Fallbeispiel 8-5 Personalführung bei einem Automobilhersteller
▶▶▶ Beispielsweise hat der Personalchef der *Speedy GmbH* schon vor längerer Zeit ein Zielvereinbarungssystem eingeführt. Im Rahmen der jährlichen Planungsrunde stimmen die Vorgesetzten mit den ihnen unterstellten Mitarbeitern die Ziele des Unternehmens und die individuellen Mitarbeiterziele soweit als möglich aufeinander ab. Dadurch wird eine hohe Akzeptanz der gemeinsam festgelegten Ziele erreicht. Konkret hat sich der Erfolg dieses Systems in einem Rückgang der Personalfluktuation und in einer deutlich geringeren Absentismusquote gezeigt. ◀◀◀

8.3.5.1 Modelle des Personalmanagements

Menschenbilder

Der Umgang mit Menschen erfolgt vor dem Hintergrund eines bestimmten, durch Erziehung und Erlebnisse geformten »Menschenbildes«. Modelle des Personalmanagements sind im Grunde genommen nichts anderes als der Versuch, derartige Menschenbilder zu vereinfachen und in einer allgemeinen Form darzustellen. Sie bestehen aus Annahmen über die Determinanten menschlichen Verhaltens und ermöglichen so Aussagen darüber, wie sich das Verhalten der Mitarbeiter von Unternehmen im Hinblick auf die Unternehmensziele beeinflussen lässt. Derartige Erklärungsansätze sollen mit dazu beitragen, den Umgang mit der »Ressource Personal« so sinnvoll wie möglich zu gestalten und Personalprobleme besser lösen zu können. Letztendlich geht es dabei um die Frage, über welche Steuerungsgrößen die Arbeitsleistung gesteigert und dadurch die Erreichung der ökonomischen Ziele sichergestellt werden kann. Drei bekannte Modelle werden im Folgenden dargestellt.

8.3.5.1.1 Mechanistisches Grundmodell des Scientific Management

Angesichts der zunehmenden Mechanisierung und Arbeitsteilung in den Unternehmen des ausgehenden 19. Jahrhunderts befasste sich der amerikanische Betriebsingenieur *Frederick W. Taylor* (1856–1915) mit der Frage, wie der Einsatz der menschlichen Arbeitskraft in der Produktion möglichst effizient gestaltet werden kann. In dem 1913 erschienenen Buch über »Die Grundsätze wissenschaftlicher Betriebsführung« (»The Principles of Scientific Management«) formulierte er seine Vorstellungen über die Bestimmungsgrößen des menschlichen Arbeitsverhaltens und die Möglichkeiten zu einer systematischen Erhöhung der Arbeitsleistung durch den optimalen Einsatz von Mensch und Maschine.

Vor dem Hintergrund eines niedrigen Bildungsniveaus, einer in den Vereinigten Staaten fehlenden Lehrlings-, Gesellen- und Meisterausbildung sowie eines Überangebots an Arbeitskräften ging *Taylor* dabei von einem Menschenbild aus, das den Arbeiter lediglich als maschinenähnlichen Ausführungsgehilfen sah. Dieser reagiert ausschließlich auf monetäre Reize und kann somit durch eine als gerecht empfundene Entlohnung in seinen Ansprüchen zufriedengestellt werden. Um die Grundlage hierfür zu schaffen, zerlegt das Scientific Management jede Tätigkeit bis in das letzte Detail, um ihre Ausführung optimal planen und gestalten zu können. Dadurch soll ein Höchstmaß an Effizienz erreicht werden. Beispielsweise werden im Rahmen des tayloristischen Ansatzes die folgenden Maßnahmen ergriffen (vergleiche *Vahs, D.* 2012: Seite 26 ff.):

- Es werden Arbeitsmethoden festgelegt, die aufgrund von systematischen Zeit- und Bewegungsstudien zur Ermittlung des »one best way« der Arbeitsausführung ein maximales Arbeitsergebnis gewährleisten sollen.
- Die **Arbeitsplätze** werden im Hinblick auf die physiologischen Merkmale des Arbeiters optimal gestaltet. Einflussfaktoren sind beispielsweise Umgebungseinflüsse wie die Lichtstärke, die Raumklimatisierung und die zweckmäßige Anordnung der Maschinen und Werkzeuge.
- Die Arbeitsteilung erfolgt mit der Zielsetzung, die Anforderungen so niedrig zu halten, dass Arbeiter nur eine **kurze Anlernzeit** benötigen, um die einzelnen Arbeitsvorgänge optimal durchführen zu können.
- Dispositive Planungsaufgaben und die Entwicklung von Regeln zur Festlegung von Arbeitsschwerpunkten und -reihenfolgen werden an speziell ausgebildete Vorgesetzte delegiert, die sogenannten **Funktionsmeister** (Prinzip der Trennung von Hand- und Kopfarbeit).
- Ein **System von Leistungsnormen** und leistungsbezogenen Entlohnungsregeln dient dazu, den Arbeiter zu motivieren und die leistungsmaximale Arbeitsmethode anzuwenden (Einführung des Zeitlohnakkords beziehungsweise differenzierter Akkordlöhne).

Merkmale des tayloristischen Ansatzes

Aus heutiger Sicht ist der völlige Verzicht des »Taylorismus« auf die psychologischen und sozialen Komponenten der Arbeitsgestaltung nicht nachvollziehbar. Um die Arbeiter zu Höchstleistungen zu motivieren, wird ausschließlich auf materielle Anreize zurückgegriffen und das Menschbild eines »rational economic man« oder »homo oeconomicus« unterstellt, der seinen ökonomischen Nutzen zu maximieren sucht. Die Bedeutung von nichtmonetären Leistungsanreizen (beispielsweise von interessanten Arbeitsaufgaben und eigenverantwortlichem Handeln) für die menschliche Arbeitsleistung wurde erst später nachgewiesen, obwohl sich bereits zu *Taylors* Lebzeiten teilweise heftiger Widerstand gegen die »Entmenschlichung der menschlichen Arbeit« regte.

Kritik des Ansatzes

8.3.5.1.2 Grundmodell der Human-Relations-Bewegung

Mit der Human-Relations-Bewegung gab es einen Paradigmenwechsel in der Managementforschung (vergleiche *Berthel, J.* 1995: Seite 16). Die Begründer dieser Bewegung waren die drei Wissenschaftler *Mayo, Roethlisberger* und *Dickson*. Auf der Basis von Arbeitsexperimenten, die in den *Hawthorne*-Werken der *Western Electric Company* in den 1920er- und 1930er-Jahren durchgeführt und dadurch als »Hawthorne-Experimente« bekannt wurden, entstand die Theorie, dass die Menschen in Unternehmen nicht als isolierte Individuen handeln und denken. Vielmehr werden sie in ihrem Verhalten und in ihrem Leistungswillen stark von ihrer Zufriedenheit mit der Arbeitssituation beeinflusst, die wiederum von den sozialen Bedingungen und Beziehungen abhängt (Menschenbild des **»social man«**). Der Struktur und der Ausprägung ihres betrieblichen sozialen Umfeldes kommt demzufolge eine besondere Bedeutung zu. So zeigten die Experimente beispielsweise, dass

Forschungsergebnisse

▸ die sozialen Interaktionsprozesse zwischen den Mitgliedern einer Organisationseinheit einen grundlegenden Einfluss auf deren Verhalten ausüben,
▸ sich neben der offiziellen Gruppenstruktur ein informales Gruppengefüge bildet und
▸ diese ungeplanten Gruppen bewusst oder unbewusst eigene Regeln, Normen und Verhaltenserwartungen entwickeln, die von den formal vorgegebenen Normen abweichen können.

Kritik des Ansatzes

Die Vertreter der Human-Relations-Bewegung plädierten daher für die gezielte Förderung der sozialen Beziehungen, weil sie erkannten, dass sich diese positiv auf die Arbeitszufriedenheit und damit indirekt auf die Arbeitsleistung auswirken. Allerdings wird auch hier ein monokausaler Zusammenhang unterstellt, indem die Erfolgsdeterminante »Lohn« durch die Erfolgsdeterminante »Arbeitszufriedenheit« ersetzt wird. Aus diesem Grund ist auch das Modell der Human-Relations-Bewegung in seiner Aussagekraft eingeschränkt, denn es ist unwahrscheinlich, dass die Leistungsbereitschaft des Menschen lediglich von einer einzigen Bestimmungsgröße abhängt. So führt beispielsweise ein gutes »Betriebsklima« noch lange nicht zwangsläufig zu einer höheren Arbeitsleistung (vergleiche *Berthel, J.* 1995: Seite 17).

8.3.5.1.3 Human-Resource-Modell

Anfang der 1960er-Jahre entstand eine neue Sichtweise des Menschen im Unternehmen. Ihre Vertreter (vor allem *Maslow, McGregor, Argyris*) sahen das Bedürfnis nach Selbstverwirklichung und nach psychologischem Wachstum im Mittelpunkt des neuen Menschenbildes eines »complex man«, der eben nicht nur auf die Entlohnung seiner Arbeit und auf die sozialen Rahmenbedingungen reagiert. Erst wenn die Bedürfnisse nach persönlicher Entfaltung im Rahmen der beruflichen Tätigkeit verwirklicht werden können, sind die Mitarbeiter bereit, einem Unternehmen ihre volle Leistungskraft zur Verfügung zu stellen.

Daraus schlossen die Vertreter des Human-Resource-Ansatzes, der auch als »humanistischer Ansatz« bezeichnet wird, dass die Arbeitsaufgaben bedürfnisgerecht zu gestalten sind. In diesem Fall entstehen zwischen den Individualzielen der Mitarbeiter und den Zielsetzungen des Unternehmens keine Konflikte, und die sogenannte »intrinsische« Motivation aus der Aufgabe heraus führt zu einer entsprechend hohen Arbeitsleistung.

In der betrieblichen Führungspraxis fand diese Sichtweise nicht zuletzt deshalb eine hohe Akzeptanz, weil die Mitarbeiter nicht über Lohnerhöhungen oder andere kostenintensive Anreize motiviert werden mussten. Stattdessen versuchten die Unternehmen, die Entscheidungs- und Handlungsspielräume ihrer Mitarbeiter zu erweitern, die Aufgabenbereiche zu vergrößern und einen partizipativen Führungsstil zu pflegen. Allerdings fand und findet die Umsetzung dieses Ansatzes an den strukturellen und personellen Rahmenbedingungen jedes einzelnen Betriebes ihre jeweiligen Grenzen (vergleiche *Berthel, J.* 1995: Seite 18).

Kritik des Ansatzes

8.3.5.2 Motivationstheoretische Ansätze

Die Ziele, die Mitarbeiter für sich selber setzen, hängen von deren Motiven ab. Bekannt ist in diesem Zusammenhang die Motivations- oder Bedürfnispyramide von *Maslow* geworden, die ein hierarchisch geordnetes Bedürfnissystem darstellt (↗ Kapitel 18 Marketing). Aus dieser Hierarchisierung der Bedürfnisse ergeben sich unmittelbare Auswirkungen für die Festlegung von Leistungsanreizen im Führungssystem, bei dem in Abhängigkeit von der Situation des einzelnen Mitarbeiters unterschiedliche Leistungsanreize wirksam sind. Trotz der Plausibilität des *Maslow*schen Ansatzes ist zu kritisieren, dass eine zweifelsfrei nachweisbare Verknüpfung zwischen den Annahmen der individuellen Bedürfnisbefriedigung und dem tatsächlichen Verhalten ebenso fehlt wie eine ausreichende empirische Basis (vergleiche *Staehle, W. H.* 1991: Seite 202 ff., *Steinmann, H./Schreyögg, G.* 1993: Seite 747 ff.).

Bedürfnispyramide

Konkreter auf die Arbeitssituation geht *McGregor* mit seiner »Theory X« ein. Er ist einer der prominentesten Vertreter der dualistischen Ansätze, in denen auf das Konstrukt »Menschenbild« zurückgegriffen wird (vergleiche *Staehle, W. H.* 1991: Seite 173 f.). *McGregors* Theorie bezieht sich auf zwei unterschiedliche Menschentypen und ihre Arbeitsmotivation: den Typ X und den Typ Y (↗ Tabelle 8-3). Jeder Typ

Theory X

Tab. 8-3

Theory X von *McGregor*

Typ X-Menschenbild	Typ Y-Menschenbild
▸ Der durchschnittliche Mensch hat eine angeborene Abscheu vor der Arbeit und wird die Arbeit meiden, wenn es möglich ist. ▸ Die meisten Menschen müssen unter Strafandrohung zur Arbeit gezwungen, kontrolliert und geführt werden, damit sie einen angemessenen Beitrag zur Zielerreichung leisten. ▸ Der Mitarbeiter möchte gelenkt werden. Er meidet die Verantwortung. Er hat wenig Ehrgeiz. Er wünscht Sicherheit über alles.	▸ Arbeit ist für den Menschen so natürlich wie Ruhe und Spiel. ▸ Wenn ein Mensch sich mit den Zielen identifiziert, übt er Selbstdisziplin und Selbstkontrolle. Fremdkontrolle und Strafandrohung sind wirkungslos. ▸ Die Verpflichtung gegenüber einer Zielsetzung ist eine Funktion der Belohnung. ▸ Bei entsprechender Anleitung sucht der Mensch die Verantwortung. ▸ Einfallsreichtum und Kreativität sind in der arbeitenden Bevölkerung weit verbreitet. ▸ Das geistige Potenzial wird im industriellen Leben kaum aktiviert.

muss mit anderen Leistungsanreizen motiviert werden: Während der ideale Typ Y durch die Zuweisung eines eigenen Aufgaben- und Verantwortungsbereiches mehr Leistung zeigt, wird Typ X diesen Freiraum dazu nutzen, Arbeit zu vermeiden und dementsprechend weniger leisten. Auch wenn diese beiden extremen Ausprägungen von Menschentypen in der beschriebenen Form in der Wirklichkeit nur sehr selten anzutreffen sind, geben sie dennoch Aufschluss über die bei bestimmten Mitarbeitern wirksamen und unwirksamen Leistungsanreize. Im Mittelpunkt stehen dabei die sozialen und ideellen Bedürfnisse der Menschen und nicht mehr die ausschließlich materielle Bedürfnissituation. Insofern hat *McGregor* mit seinem Ansatz einen weiteren Weg zur Steigerung der Arbeitsmotivation aufgezeigt.

8.3.5.3 Führungsstile

> Unter dem **Führungsstil** wird das langfristig relativ stabile Verhalten eines Vorgesetzten verstanden, das von der jeweiligen Führungssituation unabhängig ist.

Der Führungsstil ist damit eine wichtige Einflussgröße im Hinblick auf die Steuerung des Mitarbeiterverhaltens. Er prägt das Verhalten des Vorgesetzten in konkreten Situationen und bildet den Handlungsrahmen, in dem sich die Personalführung vollzieht. Der Führungsstil kann anhand von drei Merkmalen charakterisiert werden:

Merkmale des Führungsstils

Taktik bei der Willensdurchsetzung
Die Taktik bei der Willensdurchsetzung bezeichnet die Vorgehensweise, mit der ein Vorgesetzter seine Mitarbeiter von einer getroffenen oder zu treffenden Entscheidung überzeugen oder zu einer bestimmten Handlung bewegen möchte. Dabei können formale oder inhaltliche Argumente eingesetzt werden.

Ausmaß der Partizipation
Je nachdem, ob die Mitarbeiter an den Entscheidungen beteiligt werden oder nicht, werden partizipative Gruppenentscheidungen und autoritäre Einzelentscheidungen unterschieden.

Art der Kontrolle
Bezüglich der Kontrolle können verschiedene Aspekte untersucht werden: Nach dem Inhalt werden Tätigkeits- und Ergebniskontrollen unterschieden, nach der Häufigkeit regelmäßige und unregelmäßige Kontrollen und nach der Richtung einseitige und beiderseitige Kontrollen.

Anhand dieser Merkmale können vereinfachend zwei gegensätzliche Führungsstile unterschieden werden:

8.3 Personaleinsatz

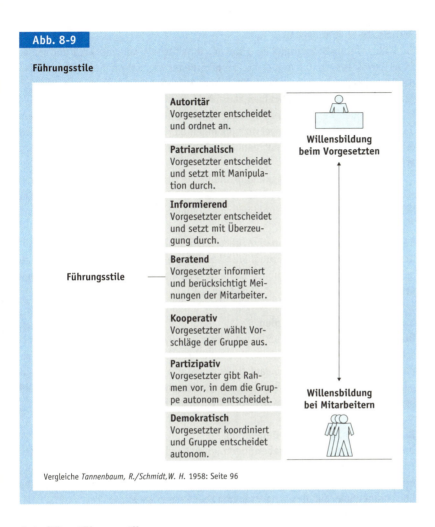

Abb. 8-9 Führungsstile

Vergleiche Tannenbaum, R./Schmidt, W. H. 1958: Seite 96

Autoritärer Führungsstil

Bei der Willensdurchsetzung setzt der Führende die ihm aufgrund seiner Position zugesprochene formale Autorität ein, das heißt, er kann sich sachlichen Argumenten verschließen, wenn sie seinen Zielen zuwiderlaufen.

Im Hinblick auf die Partizipation ist eine strenge Trennung von Entscheidung, Ausführung und Kontrolle festzustellen. Nur der Führende hat Entscheidungs- und Weisungskompetenzen, während der Geführte die erteilten Anweisungen zu akzeptieren und auszuführen hat.

Der Führende kontrolliert seine Mitarbeiter oft, unregelmäßig und unangekündigt. Primär interessiert ihn dabei, ob die Mitarbeiter tatsächlich arbeiten (Tätigkeitskontrolle). Das Kontrollrecht besteht dabei nur in der einen Richtung vom Vorgesetzten zum Mitarbeiter.

Grundlegende Führungsstile

Partizipativer Führungsstil
Zur Willensdurchsetzung setzt der Führende inhaltliche Argumente aufgrund seines Expertenwissens ein. Die Argumente der Mitarbeiter werden von ihm gehört und bei der Entscheidung in angemessener Weise berücksichtigt.

Die Trennung von Entscheidung, Ausführung und Kontrolle wird gemildert. Die Entscheidungen werden in der Regel auf diejenige betriebliche Ebene verlagert, auf der die notwendige Fachkompetenz vorhanden ist. Durch diese Delegation werden eine höhere Identifikation mit den Aufgaben und damit eine höhere Akzeptanz erreicht.

Eine regelmäßige und angekündigte Kontrolle bezieht sich bei diesem Führungsstil primär auf die Arbeitsergebnisse. Zudem werden verstärkt Mechanismen der Selbstkontrolle eingesetzt. Grundsätzlich besteht ein beiderseitiges Kontrollrecht.

Der autoritäre und der partizipative Führungsstil sind nicht die beiden einzigen Möglichkeiten der Mitarbeiterführung. Sie bilden vielmehr die Extrempositionen an den beiden Enden eines Kontinuums, das eine Vielfalt von Mischformen der beiden grundlegenden Stile umfasst (↗ Abbildung 8-9).

8.3.5.4 Managementprinzipien
Die Managementprinzipien umfassen bestimmte Gestaltungs- und Verhaltensvorschriften, die auf eine einheitliche Personalführung ausgerichtet sind. Diese Prinzipien erstrecken sich zum einen auf die Mitarbeiterführung und zum anderen auf allgemeine Organisationsprinzipien. Im Folgenden werden die Grundzüge von fünf bekannten Managementprinzipien vorgestellt.

8.3.5.4.1 Management-by-Delegation
Bei der **Führung durch Aufgabenübertragung** handelt es sich um ein partizipatives Führungskonzept. Bei diesem Konzept werden die für die Aufgabenbewältigung erforderlichen Entscheidungskompetenzen und die zugehörige Verantwortung ohne Einschränkungen auf die nachgeordneten Ebenen übertragen.

Beurteilung

Dadurch ergibt sich eine weitgehende Entlastung der Leitungsstellen. Durch die Verteilung der Kompetenzen ist grundsätzlich eine schnellere Entscheidungsfindung möglich. Die erforderlichen organisatorischen Regelungen sind vom Umfang her sehr viel geringer als beim weiter unten dargestellten Management-by-Exception. Problematisch ist aber vor allem die mangelnde Kontrolle, da es nicht erforderlich ist, Rückmeldungen über die laufenden oder abgeschlossenen Tätigkeiten zu geben. Eine strenge und klar abgegrenzte Aufgabenzuordnung ist aufgrund der sich laufend verändernden Arbeitsanforderungen außerdem in vielen Fällen nicht möglich.

8.3.5.4.2 Management-by-Decision-Rules
Bei der **Führung durch Vorgabe von Entscheidungsregeln** werden die delegierten Aufgaben von den Mitarbeitern nicht selbstständig durchgeführt, sondern entsprechend bestimmter Vorgaben beziehungsweise Entscheidungsregeln abgewickelt.

Dieses Managementprinzip wird eingesetzt, wenn die durchzuführenden Aufgaben und die dabei zu treffenden Entscheidungen einander immer sehr ähnlich sind, sodass die Entscheidungsregeln im Vorhinein festgelegt werden können. So können beispielsweise Entscheidungen über die Vergabe von Krediten bei Banken oder viele Entscheidungen in Behörden nach immer gleichen Regeln erfolgen.

8.3.5.4.3 Management-by-Exception
Gemäß der **Führung nach dem Ausnahmeprinzip** werden die zu bewältigenden Aufgaben und die erforderlichen Kompetenzen fast vollständig an die ausführenden Stellen delegiert. Die Durchführung der Aufgaben und die damit verbundene Verantwortung obliegen damit den betreffenden Mitarbeitern. Nur wenn bereits vorher festgelegte Toleranzwerte überschritten werden, greift der jeweilige Vorgesetzte in Ausnahmefällen in den Prozess der Aufgabenerfüllung ein. Eine organisatorische Voraussetzung ist somit die genaue Definition der zugrunde liegenden Aufgaben, ihrer Grenzen und der erforderlichen Kompetenzen.

Positiv wirkt sich dieses Managementprinzip auf die Leitungsebenen aus. Sie werden von Routine- und Kontrolltätigkeiten zu einem großen Teil entlastet und können sich dadurch auf »echte« Führungsaufgaben konzentrieren. Durch die Delegation von Verantwortung und Entscheidungsbefugnissen auf die Mitarbeiter wird deren Arbeitsmotivation erhöht. Allerdings kann das Prinzip des Management-by-Exception in Ausnahmefällen dazu führen, dass die nachgeordneten Stellen ein Eingreifen von oben dadurch verhindern wollen, indem sie negative Informationen unterdrücken. Insofern setzt dieser Führungsstil ein hohes Maß an Vertrauen zwischen den Vorgesetzten und den nachgeordneten Stellen voraus.

Beurteilung

Fallbeispiel 8-6 **Management-by-Exception bei einem Automobilhersteller**
▶▶▶ Für Beschaffungen im Produktionsbereich gilt in der *Speedy GmbH* das Management-by-Exception-Prinzip. So dürfen die Produktionsplaner nur Sachanlagen mit Anschaffungskosten von bis zu 10 000 Euro selbst bestellen. Bestellungen bis zu 20 000 Euro darf der Leiter der Produktionsplanung und -steuerung genehmigen und über noch höhere Beträge entscheidet die Geschäftsführung der *Speedy GmbH*. ◀◀◀

8.3.5.4.4 Management-by-Results
Die **Führung durch Ergebnisüberwachung** ist ein Führungskonzept, bei dem die zu erfüllenden Ziele »von oben« vorgegeben werden. Eine Abstimmung der Ziele zwischen Vorgesetzten und Mitarbeitern erfolgt nicht. Die Führungskraft übernimmt die Kontrollaufgabe, da die Zielerreichung in der Regel auch hier mit einer ergebnisgebundenen Entlohnung einhergeht.

Dieses Managementprinzip ähnelt von der Grundidee dem Management-by-Objectives. Es ist jedoch wesentlich autoritärer ausgerichtet, da den Mitarbeitern keine Mitsprache- und Widerspruchsrechte bei der Zielfestsetzung eingeräumt werden.

Beurteilung

8.3.5.4.5 Management-by-Objectives
Die **Führung durch Zielvereinbarung** bezeichnet ein Managementprinzip, bei dem die jeweiligen Vorgesetzten die Ziele gemeinsam mit ihren Mitarbeitern festlegen. Ausgehend von den Unternehmenszielen werden dabei möglichst realistische und exakt definierte Leistungsziele vereinbart. Die Zwischenergebnisse werden regelmäßig mit den gesetzten Zielen verglichen. Gegebenenfalls werden unangemessene

8.3 Personalmanagement
Personaleinsatz

> **Wirtschaftspraxis 8-8**
>
> **Management-by-Objectives ermöglicht Telearbeit**
>
> Telearbeit ist dadurch gekennzeichnet, dass beim Kunden, unterwegs oder zu Hause gearbeitet wird, aber nur noch selten im Büro. Schnelle Datennetze und leistungsfähige Laptops machen diese Form der mobilen Arbeit möglich, die heute von vielen Unternehmen genutzt wird. Da bei der Telearbeit keine Überwachung im herkömmlichen Sinne mehr möglich ist, erfolgt die Führung in der Regel durch Zielvereinbarungen. So ist beispielsweise bei der *IBM* die erreichte Kundenzufriedenheit das Hauptkriterium für die Leistungsbeurteilung.
> Die Auswahl der richtigen Mitarbeiter ist dabei der wichtigste Erfolgsgarant für die Telearbeit. Nicht jeder Mitarbeiter verfügt jedoch über genug Eigenverantwortung und Disziplin für diese Art der Tätigkeit und nicht jeder Manager kommt mit dieser sehr selbstständigen und auf Vertrauen basierenden Arbeitsform zurecht. Insofern sind Vorgesetzte und Mitarbeiter sorgfältig auszuwählen und auf diese Art der Tätigkeit vorzubereiten.
>
> Quelle: *Brückner, M.*: Die Zahl der anwesenden Mitarbeiter besagt nichts mehr über die Wertigkeit der Manager – Tele-Arbeit stellt Führungsverhalten auf die Probe, in: Handelsblatt, Nummer 49 vom 08.03.1996: Seite k01.

Zielsetzungen korrigiert oder ausgesondert. Abweichungen der Ist- von den Planwerten werden gemeinsam analysiert und diskutiert.

Innerhalb seines Aufgabenbereiches kann jeder Mitarbeiter selbstständig entscheiden, wie er die vereinbarten Ziele erreichen will. Die Leistungsbeurteilung erfolgt auf der Grundlage des Grades der Zielerfüllung. Die Voraussetzung hierfür ist eine detaillierte Planung aller Teilziele sowie eine umfassende Erfolgskontrolle. Üblich ist ein Management-by-Objectives beispielsweise im Vertriebsbereich, in dem die Ziele über eindeutige monetäre Vorgaben definiert werden können (zum Beispiel Umsatzerlös, Gewinn, Deckungsbeitrag).

Beurteilung

Besonders hervorzuheben an diesem Managementkonzept ist die simultane Förderung der Ziele »Mitarbeitermotivation« und »Optimierung des Unternehmenserfolges«. Dadurch wird die partnerschaftliche Zusammenarbeit unterstützt und die betrieblichen und die individuellen Zielsysteme werden einander angenähert oder sogar zu einer Übereinstimmung gebracht. Für dieses Konzept spricht zudem die Möglichkeit einer klaren Zuordnung der Handlungs- und Entscheidungsverantwortung. Die Mitwirkung bei der Zielvereinbarung verbessert darüber hinaus die Akzeptanz der Unternehmensziele.

Ein möglicher Nachteil besteht jedoch in der Gefahr von unrealistischen Zielvereinbarungen, die von den Vorgesetzten und ihren Mitarbeitern in Unkenntnis der Sachlage getroffen werden. Dies ist insbesondere dann kritisch, wenn es den Vorgesetzten später an der Bereitschaft zu einer Korrektur der zu optimistischen Ziele fehlt. Schließlich erfordert das Management-by-Objectives aufgrund der damit verbundenen Abstimmungsprozesse vergleichsweise viel Zeit.

8.3.6 Personalverwaltung

Zu den Aufgaben der Personalverwaltung gehören neben der Vorbereitung und der Abwicklung von Personalveränderungen in erster Linie die Bearbeitung von Personalinformationen und Vergütungsangelegenheiten (vergleiche *Berthel, J.* 1995: Seite 416 ff.):

Aufgaben der Personalverwaltung

Personalinformationsverarbeitung
Um den Personaleinsatz steuern zu können, sind aktuelle Informationen über die verfügbaren quantitativen und qualitativen Potenziale erforderlich. Die Personalabteilung ist die zentrale Stelle für die Sammlung, die Verarbeitung und die Weitergabe von Personalinformationen. Hierzu führt sie für jeden Mitarbeiter eine Personalakte, in der alle wesentlichen Informationen, wie beispielsweise persönliche Daten (zum Beispiel Name, Geburtstag, Familienstand), Verhaltensdaten (zum Beispiel Fehlzeiten, Verhalten am Arbeitsplatz) und Leistungsdaten (zum Beispiel Beurteilungen, Zeugnisse), enthalten sind. Um die Informationsbearbeitung zu systematisieren und effizienter zu gestalten, haben einige Unternehmen umfassende Personalinformationssysteme eingerichtet, in denen sämtliche Arbeitsplatz- und Mitarbeiterdaten gespeichert sind. Allerdings sind bei der Erfassung und der Speicherung von Personaldaten die rechtlichen Restriktionen zu beachten, die in dem 1978 in Kraft getretenen »Bundesdatenschutzgesetz« festgehalten sind.

Vergütungsangelegenheiten
Die zweite wesentliche Aufgabe der Personalverwaltung ist die **Abrechnung** der Löhne für die Arbeiter und der Gehälter für die Angestellten. Sie ist in ihrer Bedeutung für die Arbeitsmotivation nicht zu unterschätzen, denn eine falsch berechnete oder zu spät ausgezahlte Vergütung führt regelmäßig zu einer Verärgerung der Betroffenen. Durch den Einsatz der Datenverarbeitung ist die Fehleranfälligkeit in den meisten Unternehmen heute jedoch gering.

8.4 Personalbeurteilung

In den meisten Unternehmen werden alle Mitarbeiter in regelmäßigen Zeitabständen beurteilt (vergleiche zum Folgenden auch *Bröckermann, R.* 2012: Seite 155.). Die Personalbeurteilung kann folgendermaßen definiert werden:

> Die **Personalbeurteilung** ist die Bewertung von Mitarbeitern hinsichtlich ihrer Arbeitsergebnisse, hinsichtlich ihres Leistungs-, Führungs- und sozialen Verhaltens sowie hinsichtlich ihres Potenzials.

Die Ergebnisse der Beurteilung dienen zur Festlegung weiterer personalpolitischer Maßnahmen, wie Gehaltserhöhungen, Beförderungen oder Freisetzungen. Im Hinblick auf die Zielsetzung werden die **Leistungsbeurteilung** und die **Potenzialbeurteilung** unterschieden.

Für die Personalbeurteilung werden insbesondere die folgenden Kriterien nach *Raschke* verwendet (vergleiche *Olfert, K.* 1990: Seite 226 ff.):

8.4 Personalmanagement
Personalbeurteilung

Beurteilungskriterien

- **Geistige Fähigkeiten** (Auffassungsgabe, Gedächtnis, Kreativität),
- **Arbeitsverhalten** (Arbeitsgüte, Arbeitstempo, Ausdauer, Belastbarkeit, Fleiß, Fachkenntnisse, Initiative, Lernwillen, Selbstständigkeit, Verantwortungsbereitschaft, Zuverlässigkeit),
- **Persönliches Auftreten** (Erscheinungsbild, Ausdrucksvermögen, Selbstbewusstsein),
- **Verhalten gegenüber Kollegen und Vorgesetzten** (Aufgeschlossenheit, Hilfsbereitschaft, Toleranz, Zusammenarbeit) und
- **Führungsverhalten** (Durchsetzungsvermögen, Motivationsfähigkeit, Objektivität).

Methoden der Personalbeurteilung

Bei der Personalbeurteilung kommen im Wesentlichen die folgenden Methoden zur Anwendung:

Methode der freien Beschreibung
Bei dieser Methode bestimmt allein der Beurteilende, anhand welcher Bewertungskriterien er die Beurteilung durchführt und wie er die Eigenschaften des Beurteilten beschreibt.

Fragebogen mit frei formulierten Antworten
Bei dieser Methode werden dem Beurteilenden Fragen zu den Eigenschaften des zu beurteilenden Mitarbeiters vorgegeben. Die Beantwortung der Fragen erfolgt frei formuliert.

Rangordnungsmethode
Beim Rangordnungsverfahren wird der zu beurteilende Mitarbeiter hinsichtlich verschiedener vorgegebener Beurteilungskriterien mit anderen Mitarbeitern verglichen und so eine Rangordnung gebildet.

Wirtschaftspraxis 8-9

Die Leadership-Kriterien von smart

Der Automobilhersteller *smart* verwendet im Rahmen seiner Personalbeurteilung folgende fünf Leadership-Kriterien:
- der Mitarbeiter denkt und handelt strategisch und gibt Orientierung,
- der Mitarbeiter initiiert und treibt Veränderungen,
- der Mitarbeiter zeigt und unterstützt Top-Performance,
- der Mitarbeiter geht mit Wissen und Informationen professionell um und
- der Mitarbeiter schafft Wertschöpfung und handelt im Sinne des Unternehmens.

Quelle: *smart GmbH*.

Einstufungsmethode

Bei der sehr weit verbreiteten Einstufungsmethode wird der Ausprägungsgrad der Beurteilungskriterien durch Einordnung in verbal oder numerisch definierte Skalen ermittelt.

Wirtschaftspraxis 8-10

Die Performancestufen von smart-Mitarbeitern

Zur Beschreibung der Performancestufen seiner Mitarbeiter verwendet der Automobilhersteller *smart* die folgenden fünf Gesamteinstufungen:
- Insufficient,
- Inconsistent,
- Fully Effective,
- Excellent und
- Outstanding.

Bei Mitarbeitern der ersten beiden Kategorien wird versucht, die Performance zu verbessern, bei Mitarbeitern mit mittlerer Beurteilung wird eine Weiterentwicklung auf der gleichen Ebene empfohlen, bei Mitarbeitern der letzten beiden Stufen wird das Potenzial für eine Beförderung gesehen.

Quelle: *smart GmbH.*

Als Ergebnis der Beurteilung kann eine Klassifikation von Mitarbeitern erfolgen. Einen Ansatz dazu stellt der Portfolio-Ansatz von *Odiorne* dar (vergleiche *Odiorne, G. S.: 1984*). In der Vier-Felder-Matrix wird die aktuelle Leistung eines Mitarbeiters oder Mitarbeitertyps in Beziehung zu seiner Entwicklungsfähigkeit gesetzt (↗ Abbil-

Human-Resources-Portfolio

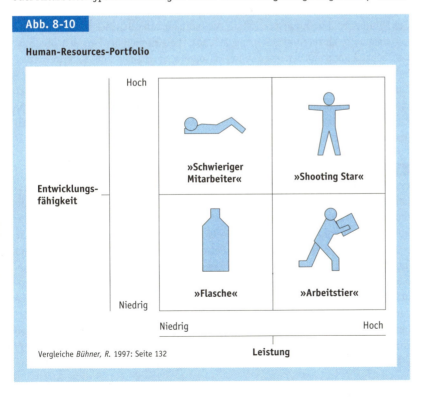

Abb. 8-10

Human-Resources-Portfolio

Vergleiche *Bühner, R.* 1997: Seite 132

dung 8-10). In Abhängigkeit von der Positionierung sind dann die entsprechenden Personalentwicklungsmaßnahmen durchzuführen. Vor allem die »Stars« (auch als »High-Potentials« bezeichnet) mit einem hohen persönlichen Potenzial und herausragenden Arbeitsergebnissen sind gezielt in ihrer Karriere zu fördern, während die »Flaschen« mit geringem Potenzial und schwacher Arbeitsleistung letztendlich zu entlassen sind. Laut *Odiorne* sind rund 79 Prozent der Führungskräfte »Arbeitstiere« und bilden damit gewissermaßen das »Rückgrat« der Unternehmen, denn den karrierefreudigen »Shootingstars« sind die notwendigen Routineaufgaben nicht herausfordernd genug.

8.5 Personalentwicklung

Die Personalentwicklung strebt eine Weiterentwicklung der Mitarbeiter im Hinblick auf eine bessere Erreichung ihrer persönlichen Ziele und der Unternehmensziele an. Sie wirkt auf das Qualifikationspotenzial ein und umfasst alle Hierarchieebenen. Gegenstände von Personalentwicklungsmaßnahmen sind:

Kompetenzarten

- ▸ die **Fachkompetenz**, also das fachlich-anwendungsbezogene Wissen,
- ▸ die **Methodenkompetenz**, also die analytischen und konzeptionellen Fähigkeiten, und
- ▸ die **Sozialkompetenz**, also das personen- und gruppenbezogene Verhalten,

der Mitarbeiter. Durch entsprechende Maßnahmen, zum Beispiel Training-on-the-job, Seminare, Einzel- und Gruppencoachings, die zwischen der Personalabteilung, der Fachabteilung und den betroffenen Personen abzustimmen sind, sollen die Mitarbeiter für die Übernahme höherwertiger Aufgaben qualifiziert werden. Die Grundlagen hierfür bilden die Nachfolge- und Laufbahnplanung für Führungspositionen und die Durchführung von Management-Audits, mit denen die Bedarfsentwicklung der strategisch wichtigen Führungsstellen einerseits und die Fähigkeiten der jetzigen Stelleninhaber andererseits analysiert werden.

Fallbeispiel 8-7 **Personalentwicklung bei einem Automobilhersteller**

▸▸▸ Die *Speedy GmbH* stand in der Vergangenheit immer wieder vor dem Problem, dass bei dem (ungeplanten) Ausscheiden von Führungskräften zunächst keine oder nur unzureichend qualifizierte Nachfolger zur Verfügung standen. Um die Nachfolgeplanung für Führungspositionen reibungsloser zu gestalten und Qualifikationslücken so weit wie möglich zu vermeiden, hat die Personalabteilung im aktuellen Geschäftsjahr gemeinsam mit den anderen Funktionsbereichen und einer externen Unternehmensberatung ein Personalentwicklungsprogramm konzipiert: »PEP 0010«. Dieses Programm ist ein fester Bestand der strategischen Personalplanung. Auf der Grundlage von Stellenanalysen wurden die Anforderungsprofile überarbeitet und für die nächsten zehn Jahre fortgeschrieben. Gleichzeitig wurde die Qualifikation der derzeitigen Führungskräfte in Management-Audits überprüft und in standardisierter Form erfasst. Dadurch konnte der Weiterbildungsbedarf für jede einzelne Führungs- und

Wirtschaftspraxis 8-11

Maßgeschneiderte Weiterbildung für Manager

Viele deutsche Großunternehmen lassen sich von einigen der bekanntesten Business Schools der Welt Fortbildungsprogramme für ihre Führungskräfte entwickeln. So schicken Unternehmen, wie *BMW*, *Allianz*, *Deutsche Bank*, *RWE*, *SAP* oder *Thyssen-Krupp*, ihre Manager zu Business Schools, wie der *Harvard Business School*, der *London Business School*, dem *IMD* oder dem *Insead*.

Der Medienkonzern *Bertelsmann* lässt beispielsweise pro Jahr etwa 100 Senior Executives in seinem »Mastering New Challenges-Programm« an der *Harvard Business School* und am *IMD* schulen und in seinem Nachwuchsprogramm »Preparing for Opportunities« etwa 80 Jungmanager bei *Insead* weiterbilden.

Die maßgeschneiderten Fortbildungsprogramme sind zwar in der Regel teurer als die Standardprogramme der Business Schools, sie bieten aber zum einen den Vorteil, dass Inhalte vermittelt werden, die die Teilnehmer wirklich in ihrem Arbeitsumfeld benötigen, und zum anderen, dass die Teilnehmer mit Kollegen aus ihrem Unternehmen Netzwerke bilden können.

Quelle: *Mohr, C.*: Maßgeschneidertes Wissen für Manager, in: Handelsblatt, Nummer 5 vom 06.01.2006, Seite k03.

Führungsnachwuchskraft festgestellt werden. Im Rahmen von »PEP 0010« finden derzeit Qualifizierungsmaßnahmen statt, die sowohl interne On-the-job-Maßnahmen, wie die Übernahme von Projektaufgaben, als auch externe Trainingsmaßnahmen bis hin zum berufsbegleitenden MBA-Studium umfassen. ◀◀◀

8.6 Personalfreisetzung

Die Personalfreisetzung ist ein weiteres Handlungsfeld des Personalmanagements. Bei ihm geht es um die Verringerung von Personalüberhängen. Die Personalfreisetzung kann sowohl intern durch eine zeitliche und örtliche Personalanpassung als auch extern durch die Kündigung von Mitarbeitern erfolgen. Personalfreisetzungen haben für das Unternehmen sowohl positive (vor allem wirtschaftliche) als auch negative Wirkungen (Verschlechterung des Betriebsklimas, Imageverlust). Für die betroffenen Mitarbeiter wirken sie sich dagegen fast ausschließlich negativ aus (zum Beispiel Bedrohung der materiellen Existenz, Statusverlust, geringeres Selbstwertgefühl).

Ursachen für die Personalfreisetzung sind unter anderem eine verschärfte Wettbewerbssituation beispielsweise durch das Auftreten von neuen Wettbewerbern im Markt, eine negative konjunkturelle Entwicklung, saisonale Schwankungen des Absatzes, der zu Rationalisierungen führende technologische Wandel, strategische Fehleinschätzungen des Managements oder die mangelnde Leistungsbereitschaft und -leistungsfähigkeit von Mitarbeitern (vergleiche *Berthel, J.* 1995: Seite 207 f., *Schanz, G.* 1993: Seite 292 f.).

Der Prozess der Personalfreisetzung kann in fünf Phasen gegliedert werden (vergleiche *Scholz, C.* 1994: Seite 258):

8.6 Personalmanagement
Personalfreisetzung

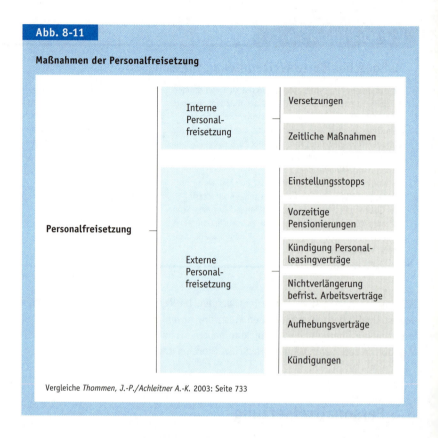

Abb. 8-11: Maßnahmen der Personalfreisetzung

Personalfreisetzungs-Prozess

- Ermittlung des Personalüberhangs (= Freisetzungsvolumen),
- Wahl der Freisetzungsform (interne und/oder externe Personalfreisetzung),
- Identifikation der freizusetzenden Mitarbeiter,
- Durchführung der Personalfreisetzung,
- Kontrolle der Personalfreisetzung.

Berthel unterscheidet die interne und die externe Personalfreisetzung (↗ Abbildung 8-11, vergleiche *Berthel, J.* 1995: Seite 213 ff.).

8.6.1 Interne Personalfreisetzung

Die interne Personalfreisetzung erfolgt ohne eine Verringerung des Personalbestandes. Maßnahmen der internen Personalfreisetzung sind insbesondere (vergleiche *Bröckermann, R.* 2012: Seite 12 und *Thommen, J.-P./Achleitner A.-K.* 2003: Seite 734):

Maßnahmen der internen Personalfreisetzung

- **Versetzungen** auf der gleichen Hierarchieebene (horizontale Versetzungen) oder Beförderungen (vertikale Versetzungen) und
- **zeitliche Maßnahmen**, wie der Abbau von Überstunden, der Abbau von Urlaubstagen, die Einführung von Kurzarbeit oder die Vereinbarung von Teilzeitarbeit.

> **Wirtschaftspraxis 8-12**
>
> **Personalfreisetzungen bei der Gewerkschaft Verdi**
>
> Aufgrund des großen Verlustes an Mitgliedern und der dadurch sinkenden Beitragseinnahmen kündigte die Dienstleistungsgewerkschaft *Verdi* im Jahr 2003 den »sozialverträglichen« Abbau von 700 Stellen an, um die Personalkosten bis zum Jahr 2007 auf unter 50 Prozent der Beitragseinnahmen zu senken. Neben dieser Maßnahme der externen Personalfreisetzung sollten die Personalkosten zusätzlich durch freiwillige Teilzeitarbeit und allgemeine Arbeitszeitverkürzungen ohne Lohnausgleich reduziert werden. Betriebsbedingte Kündigungen wurden ausgeschlossen.
>
> Quellen: Personalüberhang zwingt Verdi auf harten Sparkurs, in: Handelsblatt, Nummer 147 vom 04.08.2003, Seite 3; Verdi-Mitarbeiter sollen künftig kürzer arbeiten, in: Handelsblatt, Nummer 213 vom 05.11.2003, Seite 6.

8.6.2 Externe Personalfreisetzung

Im Falle der externen Personalfreisetzung wird der Personalbestand zahlenmäßig verringert. Allerdings müssen Unternehmen zunehmend erkennen, wie schwer es ist, den damit verbundenen Know-how-Verlust angemessen zu ersetzen. Maßnahmen der externen Personalfreisetzung sind insbesondere (vergleiche *Bröckermann, R.* 2012: Seite 349.):

- **Einstellungsstopps**, die durch die natürliche **Fluktuation** aufgrund von Kündigungen, Pensionierungen, Invalidität oder Tod zu einer Reduzierung des Personalbestandes in einer Größenordnung von 2 bis 20 Prozent pro Jahr führen können (vergleiche *Schanz, G.* 1993: Seite 294),
- **vorzeitige Pensionierungen** älterer Arbeitnehmer,
- **Kündigungen von Personalleasingverträgen**,
- **Nichtverlängerungen von befristeten Arbeitsverträgen**,
- Schließung von **Aufhebungsverträgen** im gegenseitigen Einvernehmen und als letzte Möglichkeit
- **Kündigungen von Arbeitnehmern**.

Maßnahmen der externen Personalfreisetzung

Hinsichtlich der Kündigung sind die ordentliche und die außerordentliche Kündigung zu unterscheiden:

Ordentliche Kündigung

Die Gründe für eine ordentliche Kündigung können in der Person des Arbeitnehmers (zum Beispiel mangelnde Eignung, das heißt, der Mitarbeiter kann die ihm gestellten Aufgaben nicht bewältigen), in dessen Verhalten (zum Beispiel Verstoß gegen Arbeitszeitvorschriften; allerdings muss der Kündigung in der Regel eine Abmahnung vorausgehen) und in dringenden betrieblichen Erfordernissen liegen. Solche Erfordernisse können sich unter anderem aus Rationalisierungsmaßnahmen oder aus einem dauerhaften Mangel an Aufträgen ergeben, der Kündigungen unvermeidbar macht.

Arten der Kündigung

Wirtschaftspraxis 8-13

Unentschuldigtes Fernbleiben ist der wichtigste Kündigungsgrund

Empirische Untersuchungen ergaben insbesondere folgende Gründe für arbeitgeberseitige Kündigungen:
- unentschuldigtes Fernbleiben, 23 Prozent der Kündigungen,
- mangelhafte Leistungen, 21 Prozent der Kündigungen,
- häufige und lange Krankheiten, 20 Prozent der Kündigungen,
- Arbeitsmangel, 16 Prozent der Kündigungen,
- fehlende Eignung, 12 Prozent der Kündigungen,
- Unpünktlichkeit, 11 Prozent der Kündigungen,
- Alkoholmissbrauch, 10 Prozent der Kündigungen,
- abnehmende Leistungsfähigkeit, 10 Prozent der Kündigungen,
- Rationalisierungen, 9 Prozent der Kündigungen, und
- Arbeitsverweigerungen, 8 Prozent der Kündigungen.

Allerdings glauben 57 Prozent der Gekündigten, dass vor allem persönliche Unstimmigkeiten ausschlaggebend für die Kündigung durch den Arbeitgeber waren.

Quellen: *Scholz, C.*: Personalmanagement, 4. Auflage, München 1994

Außerordentliche Kündigung

Die außerordentliche Kündigung erfolgt in der Regel fristlos aus wichtigem Grund (*Bürgerliches Gesetzbuch* § 626), wie beispielsweise einer groben Verletzung des Treueverhältnisses zum Arbeitgeber (zum Beispiel durch Unterschlagung von Geldmitteln, Weitergabe vertraulicher Informationen an Dritte, Alkohol- und Drogenabhängigkeit).

Im Falle einer Kündigung sind die allgemeinen Vorschriften des Kündigungsschutzgesetzes (KSchG) und die einschlägigen Vorschriften der anderen relevanten Gesetze (zum Beispiel Schwerbehindertengesetz, Mutterschutzgesetz, Arbeitsplatzschutzgesetz) zu beachten.

Outplacement

Um insbesondere Führungskräften das Ausscheiden aus dem Unternehmen zu erleichtern, bieten viele Unternehmen mittlerweile sogenannte »Outplacement-Programme« an. Sie umfassen sowohl eine Unterstützung in materieller Hinsicht (zum Beispiel durch Abfindungen) als auch in psychologischer Hinsicht (zum Beispiel durch das Angebot von Qualifizierungsmaßnahmen) und sollen die mit einer externen Personalfreisetzung verbundenen Probleme verringern (vor allem Vermeidung eines Rechtsstreits). Damit dient das Outplacement nicht nur den betroffenen Mitarbeitern, sondern trägt auch dazu bei, negative Imagewirkungen auf das freisetzende Unternehmen zu vermeiden oder zumindest zu reduzieren.

8.7 Kennzahlen

Zur Information und Steuerung werden im Personalmanagement eine Reihe von Kennzahlen verwendet. Die Informationen werden dem Management und den Mitarbeitern in den Personalabteilungen in der Regel in monatlichen Berichten zur Verfügung gestellt. Zur Information über die verschiedenen Bereiche des Personalmanagements können unter anderem die nachfolgenden Kennzahlen eingesetzt werden (vergleiche *Jung, H*. 2003: Seite 542 ff.):

Kennzahlen der Personalbeschaffung

$$\text{Personalbedarf} = \frac{\text{Benötigte Arbeitsstunden (Arbeitsvolumen)}}{\text{Durchschnittliche Arbeitszeit je Mitarbeiter}} \quad [\text{Mitarbeiter}]$$

$$\text{Bewerberquote} = \frac{\text{Gesamtzahl der Bewerbungen}}{\text{Gesamtzahl der Ausschreibungen}} \quad [\text{Bewerbungen/Ausschreibung}]$$

Kennzahlen des Personaleinsatzes

$$\frac{\text{Personalaufwand}}{\text{je Mitarbeiter}} = \frac{\text{Gesamtaufwendungen für Personal}}{\text{Gesamtzahl der Mitarbeiter}} \quad [\text{€/Mitarbeiter}]$$

$$\frac{\text{Tarifgruppen-}}{\text{struktur}} = \frac{\text{Anzahl der Mitarbeiter in einer bestimmten Tarifgruppe}}{\text{Gesamtzahl der Mitarbeiter}} \quad [\%]$$

$$\text{Behindertenanteil} = \frac{\text{Anzahl beschäftigter Behinderter}}{\text{Gesamtzahl der Mitarbeiter}} \quad [\%]$$

$$\text{Frauenanteil} = \frac{\text{Anzahl beschäftigter Frauen}}{\text{Gesamtzahl der Mitarbeiter}} \quad [\%]$$

$$\frac{\text{Durchschnittsalter}}{\text{der Mitarbeiter}} = \frac{\text{Summe der Lebensalter aller Mitarbeiter}}{\text{Gesamtzahl der Mitarbeiter}} \quad [\text{Jahre/Mitarbeiter}]$$

$$\text{Krankheitsquote} = \frac{\text{Summe der durch Krankheit ausgefallenen Arbeitstage}}{\text{Soll-Arbeitstage}} \quad [\%]$$

Kennzahlen der Personalentwicklung

$$\text{Qualifikationsstruktur} = \frac{\text{Anzahl der Mitarbeiter mit einer bestimmten Qualifikation}}{\text{Gesamtzahl der Mitarbeiter}} \quad [\%]$$

$$\frac{\text{Weiterbildungszeit}}{\text{je Mitarbeiter}} = \frac{\text{Gesamtzahl der Weiterbildungstage}}{\text{Gesamtzahl der Mitarbeiter}} \quad [\text{Tage/Mitarbeiter}]$$

Kennzahlen der Personalfreisetzung

$$\text{Fluktuationsrate} = \frac{\text{Anzahl der Austritte}}{\text{Durchschnittliche Anzahl der Mitarbeiter}} \quad [\%]$$

$$\frac{\text{Durchschnittliche}}{\text{Betriebszugehörigkeit}} = \frac{\text{Summe der Betriebszugehörigkeit aller Mitarbeiter}}{\text{Gesamtzahl der Mitarbeiter}} \quad [\text{Jahre/Mitarbeiter}]$$

Zusammenfassung Kapitel 8

- Gegenstand des Personalmanagements ist die Planung, die Beschaffung und der zielgerichtete und effiziente Einsatz der Mitarbeiter eines Unternehmens.
- In der Personalplanung wird der quantitative und qualitative Netto-Personalbedarf ermittelt.
- Im Rahmen der Personalbereitstellung werden die potenziellen Arbeitskräfte identifiziert und danach in einem Auswahl- und Verhandlungsprozess die am besten qualifizierten Personen gewonnen.
- Die Personalauswahl basiert sowohl auf dem bisherigen Arbeitsverhalten als auch auf dem gegenwärtigen Verhalten.
- Leistungsvermögen, -bereitschaft und -bedingungen bestimmen die Arbeitsleistung.
- Die gestaltbaren Arbeitsbedingungen umfassen Arbeitsinhalt, Arbeitsplatz und Arbeitsumfeld.
- Die Arbeitszeit ist die Zeit vom Beginn bis zum Ende der Arbeit ohne die Ruhepausen.
- Arbeitszeitmodelle variieren die Dauer, den Beginn, das Ende sowie die Verteilung der Arbeitszeit.
- Die Vergütung besteht aus einer Grund- und einer zusätzlichen Vergütung.
- Beim Stücklohn wird die Leistungsmenge vergütet.
- Beim Zeitlohn und beim Gehalt wird die Leistungsdauer vergütet.
- Formen der zusätzlichen Vergütung sind Prämien, Leistungszulagen und Erfolgsbeteiligungen.
- Modelle des Personalmanagements dienen dazu, Menschenbilder zu vereinfachen und in einer allgemeinen Form darzustellen.
- Unter dem Führungsstil wird das langfristig relativ stabile Verhalten eines Vorgesetzten verstanden, das von der jeweiligen Führungssituation unabhängig ist.
- Managementprinzipien umfassen bestimmte Gestaltungs- und Verhaltensvorschriften, die auf eine einheitliche Personalführung ausgerichtet sind.
- Die Personalbeurteilung ist die Bewertung von Mitarbeitern hinsichtlich ihrer Arbeitsergebnisse, hinsichtlich ihres Leistungs-, Führungs- und Sozialverhaltens sowie hinsichtlich ihres Potenzials.
- Gegenstand von Personalentwicklungsmaßnahmen sind die Fachkompetenz, die Methodenkompetenz und die Sozialkompetenz der Mitarbeiter.
- Die interne Personalfreisetzung erfolgt ohne eine Verringerung des Personalbestandes.
- Im Falle der externen Personalfreisetzung wird der Personalbestand zahlenmäßig verringert.

Weiterführende Literatur Kapitel 8

Bröckermann, R.: Personalwirtschaft: Lehr- und Übungsbuch für Human Resource Management, Stuttgart.
Scholz, C.: Grundzüge des Personalmanagements, München.

Weiterführende Internetverweise Kapitel 8

http://bundesrecht.juris.de/arbst_ttv_2004/: Text der Verordnung über Arbeitsstätten.
http://bundesrecht.juris.de/arbzg/: Text des Arbeitszeitgesetzes.
http://bundesrecht.juris.de/betravg/: Text des Gesetzes zur Verbesserung der betrieblichen Altersversorgung.
http://bundesrecht.juris.de/betrvg/: Text des Betriebsverfassungsgesetztes.
http://bundesrecht.juris.de/burlg/: Text des Mindesturlaubsgesetzes für Arbeitnehmer.
http://bundesrecht.juris.de/entgfg/: Text des Gesetzes über die Zahlung des Arbeitsentgelts an Feiertagen und im Krankheitsfall.
http://bundesrecht.juris.de/gewo/: Text der Gewerbeordnung.
http://bundesrecht.juris.de/jarbschg/: Text des Gesetzes zum Schutz der arbeitenden Jugend.
http://bundesrecht.juris.de/kschg/: Text des Kündigungsschutzgesetzes.
http://bundesrecht.juris.de/mitbestg/: Text des Gesetzes über die Mitbestimmung der Arbeitnehmer.
http://bundesrecht.juris.de/muschg/: Text des Gesetzes zum Schutz der erwerbstätigen Mutter.
www.arbeitgeber.de: Internetseite der *Bundesvereinigung der Deutschen Arbeitgeberverbände e. V.*
www.arbeitsagentur.de: Internetseite der *Bundesagentur für Arbeit*.
www.dgb.de: Internetseite des *Deutschen Gewerkschaftsbundes*.
www.monster.de: Internetseite einer der führenden deutschsprachigen Jobbörsen.
www.stepstone.de: Internetseite einer der führenden deutschsprachigen Jobbörsen.

Schlüsselbegriffe Kapitel 8

- Arbeitsrecht
- Personalplanung
- Personalbedarf
- Stellenbeschreibung
- Arbeitsleistung
- Job-Enlargement
- Job-Enrichment
- Job-Rotation
- Arbeitszeit
- Schichtarbeit
- Teilzeitarbeit
- Zeitlohn
- Stücklohn
- Gehalt
- Prämie
- Cafeteria-System
- Theory X
- Theory Y
- Führungsstil
- Managementprinzip
- Management-by-Delegation
- Management-by-Decision-Rules
- Management-by-Exception
- Management-by-Results
- Management-by-Objectives
- Personalbeurteilung
- Personalentwicklung
- Fachkompetenz
- Methodenkompetenz
- Sozialkompetenz
- Kündigung

Fragen Kapitel 8

Frage 8-1: *Definieren Sie den Begriff »Personalmanagement«.*
Frage 8-2: *Erläutern Sie, welche Ziele im Personalmanagement verfolgt werden.*
Frage 8-3: *Erläutern Sie, welche rechtlichen Rahmenbedingungen für das Personalmanagement von Bedeutung sind.*
Frage 8-4: *Nennen Sie mindestens vier Aufgaben des Personalmanagements.*
Frage 8-5: *Erläutern Sie, wie bei der Personalplanung vorgegangen wird.*
Frage 8-7: *Erläutern Sie, wie bei der Ermittlung des quantitativen Personalbedarfs vorgegangen wird.*
Frage 8-6: *Nennen Sie mindestens fünf Elemente von Stellenbeschreibungen.*
Frage 8-7: *Erläutern Sie, wozu Anforderungs- und Fähigkeitsprofile dienen.*
Frage 8-8: *Erläutern Sie, welche Anpassungsmaßnahmen bei Personalbedarfsschwankungen ergriffen werden können.*
Frage 8-9: *Erläutern Sie, worin sich die externe von der internen Personalsuche unterscheidet.*
Frage 8-10: *Nennen Sie mindestens fünf Instrumente der Personalsuche.*
Frage 8-11: *Erläutern Sie, welche zwei Aspekte bei der Personalauswahl betrachtet werden.*
Frage 8-12: *Erläutern Sie, welche drei Faktoren die Arbeitsleistung bestimmen.*
Frage 8-13: *Erläutern Sie, welche drei Aspekte bei der Gestaltung der Arbeitsbedingungen beachtet werden müssen.*
Frage 8-14: *Definieren Sie den Begriff »Arbeitszeit«.*
Frage 8-15: *Nennen Sie die drei Parameter, die die Arbeitszeit bestimmen.*
Frage 8-16: *Nennen Sie mindestens vier Arbeitszeitmodelle.*
Frage 8-17: *Erläutern Sie, was unter Schichtarbeitszeitmodellen verstanden wird.*
Frage 8-18: *Erläutern Sie, was unter Jahresarbeitszeitmodellen verstanden wird.*
Frage 8-19: *Erläutern Sie, aus welchen zwei Bestandteilen sich die Vergütung zusammensetzen kann.*
Frage 8-20: *Erläutern Sie, welche drei Formen der Grundvergütung unterschieden werden.*
Frage 8-21: *Nennen Sie drei Formen der zusätzlichen Vergütung.*
Frage 8-22: *Erläutern Sie den Unterschied zwischen Prämien und Leistungszulagen.*
Frage 8-23: *Erläutern Sie, wie sich beim Akkordlohn die Lohnkosten je Stück bei einer Steigerung der je Stunde produzierten Stückzahl verändern.*
Frage 8-24: *Nennen Sie drei Modelle des Personalmanagements.*
Frage 8-25: *Erläutern Sie, welche zwei Menschenbilder die Theory X von McGregor unterscheidet.*
Frage 8-26: *Definieren Sie den Begriff »Führungsstil«.*
Frage 8-27: *Erläutern Sie, welche drei Merkmale Führungsstile kennzeichnen.*
Frage 8-28: *Erläutern Sie, welche zwei grundlegenden Führungsstile es gibt.*
Frage 8-29: *Erläutern Sie, wie sich der patriarchalische vom informierenden Führungsstil unterscheidet.*
Frage 8-30: *Erläutern Sie, wie sich der beratende vom kooperativen Führungsstil unterscheidet.*

Frage 8-31: *Nennen Sie fünf Managementprinzipien.*
Frage 8-32: *Erläutern Sie, was unter dem Management-by-Delegation verstanden wird.*
Frage 8-33: *Erläutern Sie, was unter dem Management-by-Decision-Rules verstanden wird und wo es eingesetzt werden kann.*
Frage 8-34: *Erläutern Sie, was unter dem Management-by-Exception verstanden wird.*
Frage 8-35: *Erläutern Sie, was unter dem Management-by-Results verstanden wird.*
Frage 8-36: *Erläutern Sie den Unterschied zwischen dem Management-by-Results und dem Management-by-Objectives.*
Frage 8-37: *Erläutern Sie, welche zwei Aufgaben die Personalverwaltung vorrangig hat.*
Frage 8-38: *Definieren Sie den Begriff »Personalbeurteilung«.*
Frage 8-39: *Nennen Sie mindestens vier Kriterien der Personalbeurteilung.*
Frage 8-40: *Erläutern Sie vier Methoden der Personalbeurteilung.*
Frage 8-41: *Erläutern Sie, wie das Human-Resources-Portfolio aufgebaut ist.*
Frage 8-42: *Nennen Sie drei Kompetenzarten, die Gegenstand von Personalentwicklungsmaßnahmen sein können.*
Frage 8-43: *Erläutern Sie, worin sich die interne von der externen Personalfreisetzung unterscheidet.*
Frage 8-44: *Nennen Sie zwei Maßnahmen der internen Personalfreisetzung.*
Frage 8-45: *Nennen Sie mindestens vier Maßnahmen der externen Personalfreisetzung.*
Frage 8-46: *Erläutern Sie, welche zwei Arten der Kündigung es gibt.*
Frage 8-47: *Erläutern Sie, was unter einem Outplacement verstanden wird.*

Fallstudie Kapitel 8

Fallstudie 8-1: Ermittlung des Personalbedarfs

Der Personalbereich der Speedy GmbH geht für das Geschäftsjahr 0003 von den in der ↗ Tabelle 8-4 angegebenen Daten für das Gesamtunternehmen aus. Für das Jahr 0003 wird mit einer Produktion und einem Absatz von 100 000 Fahrzeugen des Typs Speedster City und 75 000 Fahrzeugen des Typs Speedster Family gerechnet. Ermitteln Sie anhand dieser Rahmendaten in der nachfolgenden Tabelle den Netto-Personalbedarf an Lohn- und Gehaltsempfängern für das Jahr 0003.

	Lohnempfänger	Gehaltsempfänger
Brutto-Personalbedarf für den *Speedster City*		
Brutto-Personalbedarf für den *Speedster Family*		
Fix benötigte Anzahl von Mitarbeitern		
Brutto-Personalbedarf gesamt Ende 0003	1 589 Mitarbeiter	
Personalbestand Anfang 0003		

Personalmanagement
Fallstudie Kapitel 8

	Lohnempfänger	Gehaltsempfänger
Personalabgänge 0003		
Personalzugänge 0003		
Netto-Personalbedarf bis Ende 0003	310 Mitarbeiter	139 Mitarbeiter

Tab. 8-4

Personaldaten der *Speedy GmbH* für das Jahr 0003

	Lohnempfänger	Gehaltsempfänger
Benötigte Mitarbeiter je *Speedster City*	0,0070 Mitarbeiter je Fahrzeug	0,0010 Mitarbeiter je Fahrzeug
Benötigte Mitarbeiter je *Speedster Family*	0,0091 Mitarbeiter je Fahrzeug	0,0010 Mitarbeiter je Fahrzeug
Fix benötigte Anzahl von Mitarbeitern	206 Mitarbeiter	1 190 Mitarbeiter
Mitarbeiterzahl Anfang 0003	1 463 Mitarbeiter	1 350 Mitarbeiter
Erwartete Fluktuation 0003 bezogen auf die Mitarbeiterzahl Anfang 0003	10 %	6 %
Zusätzlich feststehende Pensionierungen 0003	58 Mitarbeiter	54 Mitarbeiter
Für 0003 bereits neu eingestellte Mitarbeiter	20 Mitarbeiter	11 Mitarbeiter

Fallstudie 8-2: Anforderungs- und Fähigkeitsprofil
Da auch der bisherige Leiter Beschaffung in Pension geht, wird bei der Speedy GmbH in Kürze dessen Position vakant. Überlegen Sie, welche fünf Anforderungen der neue Leiter erfüllen muss und ordnen Sie diese Anforderungen hinsichtlich ihrer Bedeutung für die Auswahl des Nachfolgers.

Fallstudie 8-3: Personalauswahl
Auf eine entsprechende interne und externe Ausschreibung hin bewerben sich die folgenden fünf Kandidaten für die Position des Leiters Beschaffung:
- *Kai T. ist 45 Jahre alt, verheiratet und Vater von zwei Kindern. Er ist seit vier Jahren Gruppenleiter in der Beschaffung der Speedy GmbH. Nach einem durchschnittlichen Realschulabschluss hat er eine Ausbildung zum Industriekaufmann gemacht und bei verschiedenen Unternehmen in der Beschaffung gearbeitet. Er gilt als zuverlässiger, verhandlungsstarker Mitarbeiter, der allerdings nicht sehr innovativ ist. Seine Englisch- und Computer-Kenntnisse sind mittelmäßig.*
- *Jörg A. ist 39 Jahre alt, geschieden und alleinerziehender Vater eines Kindes. Nach einem sehr guten Wirtschaftsingenieur-Studium ist er seit 10 Jahren bei einem großen deutschen Automobilkonzern in verschiedenen Positionen in der Beschaffung tätig, derzeit als Gruppenleiter. Er gibt in seiner Bewerbung an, über sehr gute Englisch- und Software-Kenntnisse zu verfügen.*

- Astrid C. ist 33 Jahre alt, ledig und kinderlos. Sie hat an der Technischen Universität München Betriebswirtschaftslehre studiert und bei einem renommierten Professor mit hervorragendem Ergebnis zum Thema E-Procurement promoviert. Sie ist seit einem Jahr für einen großen deutschen Automobilkonzern als Projektleiterin für die Einführung einer Beschaffungssoftware in den Vereinigten Staaten zuständig.
- Jan S. ist 40 Jahre alt, verheiratet und kinderlos. Nach einem guten Maschinenbaustudium hat er bei der deutschen Niederlassung eines amerikanischen Herstellers von Waschmitteln und ähnlichen Konsumgütern ein Trainee-Programm im Bereich Materialwirtschaft absolviert. Er ist jetzt seit 11 Jahren für das Unternehmen tätig, davon ein Jahr als Leiter der Materialwirtschaft.
- Magnus R. ist 37 Jahre alt, verheiratet und Vater von einem Kind. Der ehemalige Preisträger des Bundeswettbewerbs Mathematik hat nach einem ausgezeichneten Germanistikstudium in Betriebswirtschaftslehre promoviert. Er ist jetzt seit 6 Jahren bei der deutschen Niederlassung einer amerikanischen Top-Management-Unternehmensberatung tätig. Als Senior-Consultant ist er dabei für den Bereich Automotive mitverantwortlich.

Bringen Sie die Kandidaten in eine Reihenfolge hinsichtlich ihrer Eignung für die ausgeschriebene Position.

Fallstudie 8-4: Personalbeurteilung
Simulieren Sie anschließend eine Gruppendiskussion im Rahmen eines Assessment-Centers. Teilen Sie dazu Ihre Gruppe in zwei jeweils gleich große Teilgruppen ein, die sich bei den anschließenden Diskussionen abwechselnd gegenseitig beobachten. Ein Mitglied der beobachtenden Gruppe sollte dabei jeweils ein Mitglied der diskutierenden Gruppe beobachten. Verwenden Sie für die Beobachtungen die im ↗ Kapitel Personalbeurteilung aufgeführten Beurteilungskriterien. Führen Sie dann zu folgender Frage eine zeitlich begrenzte erste Diskussion durch:

»Welche fünf Anforderungen muss der neue Leiter Beschaffung der Speedy GmbH erfüllen?« (Hinweis: Jedes Gruppenmitglied der diskutierenden Gruppe muss dabei die anderen Mitglieder möglichst von seinen Anforderungen und seiner Kriterienreihenfolge überzeugen.)

Im Anschluss an die Diskussion sollten die Beobachter den Beobachteten in einem Zweiergespräch ihre Eindrücke mitteilen. Anschließend tauschen die beobachtende und die diskutierende Teilgruppe die Rollen. Die Gruppe, die bisher beobachtet hat, soll jetzt die nachfolgende Frage diskutieren:

»Welcher der fünf Bewerber ist am besten für die Position des Leiters Beschaffung geeignet?« (Hinweis: Jedes Gruppenmitglied der diskutierenden Gruppe muss dabei die anderen Mitglieder möglichst von seinen Kandidaten und seiner Bewerberreihenfolge überzeugen.)

Tauschen Sie im Anschluss an die Diskussion erneut Ihre gegenseitigen Beobachtungen aus.

Fallstudie 8-5: Vergütung

Um die Leistung des Leiters der Beschaffung zu steigern, sollen 40 % seiner Vergütung leistungsorientiert erfolgen. Überlegen Sie in der Gruppe, welche Kriterien Sie heranziehen würden, um die Leistungen des Leiters Beschaffung zu messen.

Fallstudie 8-6: Schichtarbeitszeitmodelle

Bei der Speedy GmbH gibt es ein Servicetelefon für Pannen und Unfälle, das 24 Stunden am Tag inklusive des Wochenendes besetzt sein soll. Von Montag bis Freitag von 8:00 Uhr bis 19:00 Uhr sollen dazu zwei Mitarbeiter, die restliche Zeit ein Mitarbeiter zur Verfügung stehen. Ein Mitarbeiter arbeitet durchschnittlich 1 540 Stunden im Jahr. Ermitteln Sie den Mindestpersonalbedarf für den Betrieb des Servicetelefons und entwickeln Sie für einen Monat einen Schichtplan zur Besetzung des Telefons.

Lösungen Kapitel 8

Lösungshinweise zu den Rechnungen im Kapitel finden Sie unter folgender Internetadresse:
www.EinfuehrungInDieBetriebswirtschaftslehre.de/bwl-loesungshinweise.html

Studierende, deren Dozenten das Buch einsetzen, finden ausführliche passwortgeschützte Lösungen unter folgender Internetadresse:
www.EinfuehrungInDieBetriebswirtschaftslehre.de/bwl-loesungen.html

Das Passwort für die Lösungen erhalten Sie von Ihrem Dozenten:

Passwort:	

9 Controlling

Kapitelnavigator

Inhalt	Lernziel
9.1 Grundlagen	9-1 Die Grundlagen des Controllings kennen.
9.2 Planung	9-2 Die Elemente und Vorgehensweisen bei der strategischen und operativen Planung definieren.
9.3 Kontrolle	9-3 Die Elemente und Vorgehensweisen bei der Kontrolle kennen.
9.4 Informationsversorgung	9-4 Die Elemente und Vorgehensweisen bei der Informationsversorgung kennen.

Im Anschluss an die Festlegung der Abläufe und des Aufbaus durch die Organisation und die Besetzung der dabei geschaffenen Stellen durch das Personalmanagement kann der eigentliche Führungsprozess durchgeführt werden, der vom Controlling als drittem Führungsinstrument koordiniert wird.

Der Begriff des Controllings leitet sich von dem englischen Begriff »to control« im Sinne von »lenken, steuern, regeln« ab. Das Controlling stellt sicher, dass der Führungsprozess unabhängig vom aktuellen Management in geregelter Art und Weise abläuft. Es kann entsprechend folgendermaßen definiert werden (vergleiche hierzu die ausführlichen Darstellungen bei *Horváth, P.* 1996 und *Weber, J.* 1993):

> Das **Controlling** koordiniert sämtliche Planungs-, Kontroll- und Informationsaktivitäten zur Steuerung von Unternehmen.

9.1 Grundlagen

9.1.1 Führungsprozess

Der Führungsprozess, der Gegenstand des Controllings ist, kann in verschiedene, klar voneinander abgrenzbare Einzelphasen unterteilt werden (↗ Abbildung 9-1), die regelmäßig zu durchlaufen sind. Dabei dürfen die einzelnen Phasen nicht als unabhängig voneinander angesehen werden. Zwischen ihnen bestehen vielmehr systematische Folge- und Informationsbeziehungen, die nicht zwingend linear verlaufen, sondern vielfältige Vor- und Rückkopplungen über Feed-back- und Feed-forward-Informationen aufweisen (vergleiche *Hahn, D.* 1994: Seite 41 ff., *Wild, J.* 1982: Seite 33 ff.).

Der Führungsprozess umfasst folgende Phasen (vergleiche *Küpper, H.-U.* 1997: Seite 59 ff., *Macharzina, K.* 2003: Seite 376 ff., *Mag, W.* 1993: Seite 15 ff., *Töpfer, A.* 1976: Seite 81 ff., *Wild, J.* 1982: Seite 33 ff.):

Zielbildung

Planungsphase

Die Zielbildung ist die erste Phase des Planungsprozesses. Mit der Entwicklung von Zielen als anzustrebenden Soll-Zuständen wird die Grundlage geschaffen, um später getroffene und in Handlungen umgesetzte Entscheidungen hinsichtlich ihrer Vorteilhaftigkeit beurteilen zu können. Mit der Zielbildung werden demnach Maßstäbe aufgestellt, an denen das zukünftige Handeln zu messen ist (vergleiche zur Zielbildung ↗ Kapitel 2 Entscheidungstheorie).

Problemanalyse

Planungsprozesse werden in der Regel erst ausgelöst, wenn Probleme auftreten. Probleme können grundsätzlich als Abweichung des Soll-Zustandes vom prognostizierten Wird- oder vom realisierten Ist-Zustand gekennzeichnet werden. Wird eine solche Abweichung festgestellt, müssen deren Ursachen und die zu erwartenden Konsequenzen ermittelt werden. Hierzu wird ausgehend von einer Lageanalyse, welche die gegenwärtige Situation so umfassend wie nötig beschreibt, eine Lageprognose erstellt, die Aussagen über die zukünftigen Auswirkungen des Problems enthält. Der Abgleich von Lageanalyse und Lageprognose führt dann zu der sogenannten »Ziellücke«, deren Ausmaß den Umfang des vorhandenen Problems kennzeichnet.

Alternativen aufstellen

Um die festgestellte Ziellücke schließen zu können, sind geeignete Aktivitäten erforderlich. Im Rahmen der Aufstellung von Alternativen werden deshalb systematisch Lösungsideen gesucht, die für eine Problemlösung geeignet erscheinen.

Alternativen bewerten und entscheiden

Entscheidungsphase

In der Entscheidungsphase werden den Handlungsalternativen die prognostizierten Auswirkungen auf die Ziele zugeordnet und diese damit bewertet. Im Rahmen der Entscheidung wird dann die nutzenmaximale Alternative ausgewählt.

Vorgabe von Soll-Werten

Durch die Entscheidung für eine Alternative kommt es zugleich zur Vorgabe von Soll-Werten. Hierbei kann es sich sowohl um quantitative als auch um qualitative Soll-Werte handeln. Wichtig ist dabei, dass die Soll-Werte operational sind, also hinsichtlich Inhalt, Ausmaß, Zeitbezug und sachlichem Geltungsbereich ausreichend beschrieben sind.

Grundlagen 9.1

Durchsetzung und Ausführung

Im Anschluss an die Entscheidung ist es im Zuge der Realisierung wichtig, die getroffenen Entscheidungen durchzusetzen, also möglichst alle Betroffenen davon zu überzeugen. Im Anschluss erfolgt dann die eigentliche Ausführung.

Realisierungsphase

Ermittlung von Wird-/Ist-Werten

Zur Steuerung ist es erforderlich, fortlaufend die prognostizierten Wird-Werte und die realisierten Ist-Werte zu ermitteln. Sie messen das Ergebnis der Planrealisation und schaffen damit die Grundlage für eine Beurteilung, ob und in welchem Ausmaß die Planvorgaben erfüllt wurden.

Abweichungsanalyse

Im Rahmen der Kontrolle werden **Soll-Wird-** und **Soll-Ist-Vergleich** durchgeführt. Diese ermöglichen die Ermittlung von aufgetretenen Abweichungen nach Art und Umfang und damit Aussagen über den Grad der Zielerreichung. Die darauf folgende **Abweichungsanalyse** soll herausfinden, worauf die ermittelten Abweichungen zurückzuführen sind. So wird beispielsweise im Rahmen der Plankostenrechnung zwischen Beschäftigungs- und Verbrauchsabweichungen unterschieden, die je nach

Kontrollphase

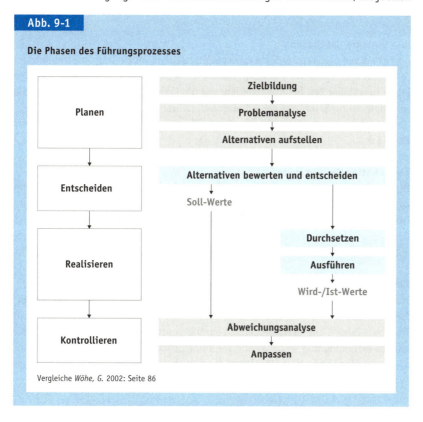

Abb. 9-1 Die Phasen des Führungsprozesses

Vergleiche *Wöhe, G.* 2002: Seite 86

Ausprägung auf nicht beeinflussbare Preisänderungen oder auf den ineffizienten Einsatz der zur Verfügung gestellten Ressourcen zurückzuführen sind.

Anpassung
Auf der Grundlage der Ergebnisse der Abweichungsanalyse können dann gegebenenfalls erforderliche Korrekturen der Planumsetzung initiiert werden, oder die Planung muss insgesamt geändert werden. Letzteres ist beispielsweise dann der Fall, wenn sich die Annahmen der Planung und die daraus resultierenden Zielprognosen und Ziele, beispielsweise aufgrund der gesamtwirtschaftlichen Entwicklung der Wettbewerbssituation oder unternehmensinterner Ursachen, als völlig unrealistisch erwiesen haben.

9.1.2 Aufgaben des Controllings im Führungsprozess

In Anlehnung an die Aufgabendefinition des amerikanischen *Financial Executives Institute* (FEI) lassen sich folgende Kernaufgaben des Controllings unterscheiden: (↗ Abbildung 9-2, zum Folgenden vergleiche *Financial Executives Institute* 1962: Seite 289):

Koordination der Planung

Kernaufgaben des Controllings

Als Grundlage des Führungsprozesses koordiniert das Controlling die strategische, taktische und operative Planung. Dazu wird unter anderem festgelegt, welche Pläne zu welcher Zeit benötigt werden, wer die Planungen durchführt und welche Instrumente zur Erstellung der Pläne eingesetzt werden. Abhängig von der betrieblichen Aufgabenverteilung wirkt das Controlling häufig auch bei der Erstellung der Pläne mit.

Koordination der Kontrolle
Die aus der Planung resultierenden Soll-Werte auf strategischer, taktischer und operativer Ebene müssen im Rahmen der Kontrolle mit den sich bei der Realisierung ergebenden Ist-Werten verglichen und Abweichungsursachen analysiert werden. Das Controlling koordiniert diese Tätigkeiten und ist abhängig von der betrieblichen Aufgabenverteilung auch an der eigentlichen Durchführung der Kontrollen beteiligt.

Koordination der Informationsversorgung
Planung und Kontrolle sind informationsverarbeitende Prozesse, die auf Informationen über das Unternehmen und seine Umwelt basieren und die Informationen in Form von Plänen und Berichten erzeugen. Das Controlling koordiniert die entsprechende Erstellung und Weiterleitung von Informationen an die verschiedenen Empfänger im Management und gestaltet die dazu notwendigen Datenverarbeitungssysteme.

Abb. 9-2

Management und Controlling im Führungsprozess

9.2 Planung

9.2.1 Grundlagen

Die Planung ist ein unentbehrliches Instrument, um Unternehmen zielgerichtet zu steuern. Den weiteren Ausführungen soll folgende Definition zugrunde liegen:

> **Planung** ist ein systematischer Prozess, der dazu dient, zu erreichende Zustände und den Weg dorthin zu beschreiben sowie die auf dem Weg möglicherweise auftretenden Probleme vorausschauend zu identifizieren und zu lösen.

Das Ergebnis der Planung sind einzelne **Pläne** oder Systeme von mehreren Plänen.

9.2.1.1 Arten der Planung

Die betriebswirtschaftliche Bedeutung der Planung hat dazu geführt, dass im Laufe der Zeit eine Vielzahl von Unterscheidungsmerkmalen für die verschiedenen Planungsarten herausgearbeitet wurde. Die ↗ Abbildung 9-3 zeigt die Unterscheidungsmerkmale und die verschiedenen Merkmalsausprägungen der Planung.

Abb. 9-3

Typologisierung von Planungsarten

9.2.1.1.1 Strategische, taktische und operative Planung

Die Unterscheidung nach der Planungsebene nimmt Bezug darauf, dass die verschiedenen in einem Unternehmen aufgestellten Pläne in einem Über- und Unterordnungsverhältnis zueinander stehen und dementsprechend eine Planungshierarchie bilden. Dabei grenzen die übergeordneten Pläne jeweils den Handlungsrahmen für die untergeordneten Planungsebenen ab (vergleiche *Heinen, E.* 1991: Seite 64 ff.). In der Literatur und in der betrieblichen Praxis hat sich eine Drei-Ebenen-Einteilung in Form der strategischen, der taktischen und der operativen Planung herausgebildet (↗ Tabelle 9-1):

Strategische Planung

Strategische Pläne besitzen eine grundlegende Bedeutung für das Unternehmen. Sie betreffen in der Regel alle Unternehmensbereiche und sind eher vage und global definiert. Die strategische Planung bezieht sich auf einen Zeitraum, der etwa 5 bis 8 Jahre beträgt. Allerdings ist der Planungshorizont je nach Branche sehr unterschiedlich. Zumeist geht es im Rahmen dieser Langfristplanung um die gleichzeitige

Tab. 9-1

Kennzeichnung von strategischer, taktischer und operativer Planung

Merkmale / Planungsebenen	Strategische Planung	Taktische Planung	Operative Planung
Zeithorizont	Langfristig (> 5 Jahre)	Mittelfristig (1–5 Jahre)	Kurzfristig (< 1 Jahr)
Differenzierungsgrad	Ein Gesamtplan	Wenige Teilpläne	Viele Teilpläne
Detaillierungsgrad	Niedriger Detaillierungsgrad, Kernprobleme	Mittlerer Detaillierungsgrad	Hoher Detaillierungsgrad, Detailprobleme
Einsatzbereiche	Schlecht definierte Probleme, z. B. Planung von Produktionsstandorten oder Absatzmärkten	Gut definierte Probleme, z. B. Investitions- oder Produktprogrammplanung	Sehr gut definierte Probleme, z. B. Kapazitätsplanung

Vergleiche *Pfohl, H.-C.* 1981: Seite 123

Optimierung von mehreren abhängigen Größen (mehrdimensionales Zielsystem). Der lange Planungszeitraum und die Vielfalt der zu berücksichtigenden Einflussgrößen führen dazu, dass die strategische Planung außerordentlich komplex ist. Typische Beispiele für strategische Planungen sind die Errichtung einer neuen Produktionsstätte, die Erschließung eines neuen Absatzmarktes oder die Planung des zukünftigen Produktportfolios einschließlich der damit verbundenen Maßnahmen der Neuproduktentwicklung.

Taktische Planung
Aus der strategischen Planung werden die taktischen Pläne in Form von groben Maßnahmenkatalogen abgeleitet. Sie bilden den Rahmen für die Handlungen der organisatorischen Untereinheiten des Unternehmens (Funktions-, Geschäfts-, Länderbereiche). Im Gegensatz zu den strategischen Entscheidungen ist der Planungshorizont mittelfristig auf 1–5 Jahre angelegt, wodurch sich die Komplexität und die Unsicherheit der Entscheidungssituation verringern. Allerdings sind aufgrund des höheren Konkretisierungsgrades die zahlreichen Interdependenzen zwischen den einzelnen Funktionsbereichen zu berücksichtigen. Deshalb ist eine enge Zusammenarbeit zwischen den verschiedenen Organisationseinheiten bei der taktischen Planung zwingend erforderlich. Beispiele für taktische Planungssituationen sind mittelfristige Investitions- oder Produktprogrammentscheidungen.

Operative Planung
Operative Pläne sind kurzfristig orientiert (bis zu einem Jahr) und zumeist sehr detailliert. Sie beinhalten konkrete Ziele und Maßnahmen. So erfolgt zum Beispiel die geplante Anpassung an Nachfrageschwankungen durch konkrete Maßnahmen der zeitlichen, mengen- oder intensitätsmäßigen Kapazitätssteuerung in Form von Überstunden oder Kurzarbeit.

Formen der hierarchischen Plankoordination

9.2.1.1.2 Retrograde, progressive und zirkuläre Planung

Für die hierarchische Koordination von Plänen gibt es mehrere Verfahren (↗ Abbildung 9-4, zum Folgenden vergleiche *Mag, W.* 1993: Seite 54 f.):

Retrograde Planung (Top-down-Planung)
Bei der retrograden Planung verläuft die Planungsrichtung von der Unternehmensführung (»von oben«) zur Ausführungsebene (»nach unten«). Bei diesem Vorgehen sind die unteren (Planungs-) Hierarchien nur unzureichend in den Planungsprozess integriert. Ihre Pläne leiten sich jeweils unmittelbar aus denen der höheren Ebenen ab. Alle relevanten Planungsentscheidungen liegen damit letztendlich beim Top-Management. Die Motivationswirkung für die unteren Planungsebenen und deren Identifikation mit dem Unternehmensgesamtplan und ihrem jeweiligen Teilplan ist demzufolge häufig gering.

Progressive Planung (Bottom-up-Planung)
Die progressive Planung kehrt den eben skizzierten Planungsvorgang um. Es erfolgt eine Planung »von unten nach oben«. Durch die schrittweise Aggregation der Teilpläne von Hierarchiestufe zu Hierarchiestufe muss die Unternehmensführung die einzelnen Teilplanungen letztendlich koordinieren und zu einem unternehmerischen Gesamtplan zusammenfügen. Diese Koordination ist durchaus problematisch, weil die Einzelpläne bereits einen hohen Detaillierungsgrad aufweisen, der eine gegenseitige Abstimmung im Hinblick auf die Oberziele des Unternehmens erschwert.

Zirkuläre Planung (Gegenstrom-Verfahren)
Die zirkuläre Planung verbindet die beiden Verfahren der retrograden und der progressiven Planung miteinander. Nach einer retrograden Phase, in der von der Unternehmensführung die globalen Rahmenziele »top-down« vorgegeben werden, folgt eine progressive Phase, in der die Teilziele und die geplanten Maßnahmen »bottom-up« präzisiert und im Hinblick auf den Gesamtplan schrittweise integriert werden. Entspricht der so entstandene Gesamtplan nicht den Vorstellungen der Unternehmensführung, so finden weitere Planungsdurchläufe statt. Das Verfahren wird deshalb auch als »Gegenstromplanung« oder »Down-up-Planung« bezeichnet. Mit seiner Hilfe lassen sich die horizontalen und die vertikalen Interdependenzen zwischen den Plänen besser berücksichtigen. Durch das partizipative Vorgehen werden die Akzeptanz der Planvorgaben und die Motivation der Planungsträger wesentlich erhöht. Diese Vorteile werden allerdings mit einem höheren Koordinations- und Zeitaufwand erkauft.

9.2.1.1.3 Sukzessive und simultane Planung

Wenn in einem Unternehmen mehrere Pläne erstellt werden, so beispielsweise Absatz-, Beschaffungs-, Finanz-, Personalpläne, müssen im Rahmen des Planungsprozesses die Interdependenzen zwischen diesen Einzelplänen berücksichtigt werden. Nur auf diese Weise ist sichergestellt, dass sich die Einzelpläne in die Gesamtplanung einfügen und keine Ziel- und Mittelkonflikte auftreten. Diese Planabstimmung kann sachlich und zeitlich sukzessiv oder simultan erfolgen (vergleiche *Hahn, D.* 1994: Seite 75 f.):

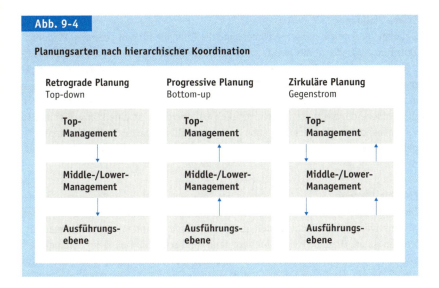

Abb. 9-4

Planungsarten nach hierarchischer Koordination

Sukzessive Planung
Im Rahmen der sukzessiven Planung werden die vorliegenden Einzelpläne schrittweise und aufeinander aufbauend erstellt und anschließend zusammengeführt beziehungsweise verdichtet. Dieses Verfahren ist zwar relativ einfach zu handhaben, birgt aber die Gefahr, dass die ganzheitliche Sicht verloren geht.

Formen der zeitlichen Koordination

Simultane Planung
Bei der sukzessiven Planung wird den bestehenden Interdependenzen zwischen den Einzelplänen erst bei deren Konsolidierung Rechnung getragen. Dagegen betrachtet die simultane Planung diese Wirkungszusammenhänge bereits von Anfang an. In einem einzigen Entscheidungsprozess werden gleichzeitig alle betrachteten Planungsbereiche und Planungsperioden unter Berücksichtigung der zwischen ihnen auftretenden Wechselbeziehungen zusammengefügt. Aufgrund der sich dadurch ergebenden Komplexität wird in der Praxis selten simultan geplant.

Fallbeispiel 9-1 Sukzessive Planung bei einem Automobilhersteller

▶▶▶ In der *Speedy GmbH* erfolgt die Planung sukzessiv. Dazu wird zunächst ein Absatzplan für das nächste Geschäftsjahr erstellt. Aus dem Absatzplan wird dann der Produktionsplan abgeleitet. Darauf aufbauend erfolgt dann sukzessive die Personal-, Investitions- und Beschaffungsplanung. Die resultierenden Auswirkungen im Rechnungs- und Finanzwesen werden abschließend in Erfolgs- und Finanzplänen berücksichtigt. ◀◀◀

9.2.1.1.4 Starre und flexible Planung
Je nachdem, ob die Planung im Zeitablauf den veränderten Rahmenbedingungen angepasst werden kann oder nicht, lassen sich die starre und die flexible Planung unterscheiden:

Starre Planung

Formen der Planverbindlichkeit

Bei dem Vorliegen von starren Plänen sind die Teilpläne für den gesamten Planungszeitraum verbindlich, das heißt, zu Beginn der Planungsperiode werden die einzelnen Pläne nicht nur für die erste Teilperiode, sondern auch für alle geplanten Folgeperioden definitiv festgelegt. Dieses Vorgehen ist jedoch nur bei Vorliegen vollkommener Informationen sinnvoll, da eine flexible Reaktion auf Veränderungen der Entscheidungssituation nicht möglich ist. Insofern ist eine starre Planung in einem marktwirtschaftlichen System wenig sinnvoll, in dem fortlaufend Veränderungen auftreten, so beispielsweise hinsichtlich der Markt- und Wettbewerbsverhältnisse.

Flexible Planung

Im Gegensatz zur starren Planung wird bei der flexiblen Planung nur über diejenigen Alternativen definitiv entschieden, die in der gerade beginnenden Periode realisiert werden sollen. Über die Folgepläne wird dann von Periode zu Periode in Abhängigkeit von der jeweils aktuell eingetretenen Situation beschlossen. Dieses Vorgehen wird der großen Dynamik von heutigen Wirtschaftsprozessen gerecht und trägt mit dazu bei, eine Fehlallokation der knappen Unternehmensressourcen zu vermeiden.

9.2.1.1.5 Anpassungsformen der Planung

Die Rahmenbedingungen der Planung sind im Zeitablauf nur sehr selten stabil. Vielmehr erweist sich die Unternehmensumwelt in aller Regel als außerordentlich dynamisch. Beispielsweise treten neue Wettbewerber auf oder die Einstellung der Konsumenten gegenüber bestimmten Produkten verändert sich. Damit stellt sich die Frage, wie die Unternehmensplanung den sich laufend verändernden Planungsprämissen ausreichend Rechnung tragen kann, das heißt, welche Anpassungsform geeignet erscheint.

Rollende Planung

Die wohl bekannteste Anpassungsform ist die rollende (auch rollierende, gleitende) Planung, bei der die Anpassung von Feinplänen nach Ablauf eines Teilplans und die Anpassung von Grobplänen in Jahresabständen erfolgen (vergleiche *Heinen, E.* 1991: Seite 66, *Macharzina, K.* 2003: Seite 383, *Wild, J.* 1982: Seite 144 f., 178 f.). Das Prinzip der rollenden Planung verdeutlicht das Beispiel in der ↗ Abbildung 9-5 (vergleiche *Troßmann, E.* 1992: Seite 124). Zunächst werden im Rahmen der Mittelfristplanung die nächsten fünf Jahre grob geplant. Danach erfolgt eine detaillierte Planung des ersten Planjahres (Jahr 01) auf der Basis einer Quartalsplanung. Am Ende des ersten Quartals wird die Planung »fortgeschrieben«, das heißt, das nächste Quartal (1. Quartal im Jahr 02) wird detailliert geplant. Am Ende des ersten Planjahres erfolgt eine Grobplanung des Jahres 06. Dadurch wird die Rahmenplanung um ein Jahr fortgeschrieben und der Planungsprozess beginnt wieder in der geschilderten Weise.

9.2.1.2 Aufgaben der Planung

In der Literatur finden sich einige wesentliche Aufgaben der Planung. Zu ihnen gehören (vergleiche *Küpper, H.-U.* 1997: Seite 59, *Macharzina, K.* 2003: Seite 351 f., *Mag, W.* 1993: Seite 6, *Wild, J.* 1982: Seite 15 ff.):

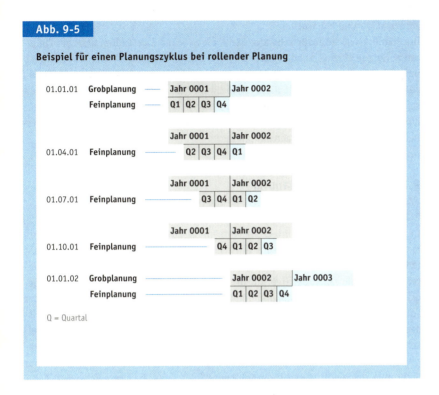

Abb. 9-5

Beispiel für einen Planungszyklus bei rollender Planung

Q = Quartal

Ausrichtung der Planungsobjekte auf die angestrebten Ziele
Durch die Planung wird die Vielzahl der Teil- und Zwischenziele, die innerhalb eines Unternehmens bestehen, geordnet und auf die strategischen Unternehmensziele hin ausgerichtet. Dadurch können die im Planungszeitraum voraussichtlich verfügbaren finanziellen, personellen und materiellen Ressourcen optimal eingesetzt werden.

Risikoerkennung und Flexibilitätserhöhung
Unter Zuhilfenahme von entsprechenden Planungsmethoden und -verfahren können die mit dem »Blick in die Zukunft« verbundenen Risiken rechtzeitig erkannt und frühzeitig entsprechende Gegenmaßnahmen eingeleitet werden. Weitreichende Planungsaktivitäten verschaffen dem Planenden demnach einen zeitlichen Anpassungsvorsprung.

Schaffung von Entscheidungsgrundlagen
Da sämtlichen Planungsaktivitäten das Bestreben zugrunde liegt – oder zumindest liegen sollte – nicht irgendeine, sondern die für die Zielerreichung beste Alternative zu wählen, erfordert die Planung eine intensive Auseinandersetzung mit den Planungsinhalten und den Rahmenbedingungen der Planung. Dadurch werden vorschnelle Entscheidungen und eine Fehlallokation der knappen Mittel vermieden.

9.2 Controlling
Planung

Information und Motivation

Die Planung legt die anzustrebenden Ziele, die zweckmäßigste Alternative zur Zielerreichung, die einzusetzenden Ressourcen und nicht zuletzt die Termine verbindlich fest. Sie bietet damit allen Beteiligten eine umfassende Orientierung für deren zukünftiges Handeln. Die Möglichkeit, aktiv am Planungsprozess teilzunehmen, beispielsweise im Rahmen eines Managements-by-Objectives, wirkt darüber hinaus motivierend und fördert in der Umsetzungsphase eine den Plänen entsprechende Verhaltensweise der Unternehmensmitglieder.

9.2.2 Strategische Planung

9.2.2.1 Grundlagen

Strategiebegriff

Der Strategiebegriff ist in den letzten Jahrzehnten zu einem Modewort des modernen Managements geworden. Sein sprachlicher Ursprung liegt im Griechischen und geht auf die beiden Worte »stratós« (Heer) und »ágein« (führen) zurück. Strategie bedeutet demnach die Kunst der Heerführung oder die Feldherrnkunst. Der Strategiebegriff wurde von *John von Neumann* und *Oskar Morgenstern*, den beiden Erfindern der sogenannten »Spieltheorie«, aus dem militärischen Bereich auf die Wirtschaftswissenschaften übertragen. Strategie bedeutet in der Spieltheorie eine Folge von Einzelschritten, die auf ein bestimmtes Ziel hin ausgerichtet ist. *Igor Ansoff* hat den Strategiebegriff 1965 im Management eingeführt und die Strategie als Maßnahmen zur Sicherung des langfristigen Unternehmenserfolgs definiert (vergleiche *Bea, F. X./ Haas, J.* 1997: Seite 45, *Macharzina, K.* 2003: Seite 235). Den weiteren Ausführungen liegt folgende Definition der Unternehmensstrategie zugrunde:

> Eine **Strategie** ist das rational geplante Entscheidungs-, Maßnahmen- und Verhaltensbündel, das der langfristigen Sicherung des Unternehmenserfolgs dient.

9.2.2.1.1 Arten von Strategien

In der Praxis werden Strategien häufig anhand von denjenigen Unternehmenseinheiten und -bereichen unterschieden, die von der Strategieformulierung betroffen sind. Diese Form der Differenzierung führt zu einer Unterscheidung von Unternehmensstrategien (Corporate Strategies), Funktionsbereichsstrategien (Functional Unit Strategies) und Geschäftsbereichsstrategien (Business Unit Strategies). Die zwischen diesen drei Strategietypen bestehenden Zusammenhänge werden in der ↗ Abbildung 9-6 verdeutlicht (vergleiche *Braun, C. C.* 1995: Seite 17 f., *Hahn, D.* 1997: Seite 152, *Pümpin, C./Gälweiler, A./Neubauer, F.-F.* et al. 1981: Seite 20).

Unternehmensstrategien

Auf Gesamtunternehmensebene richtet sich der strategische Fokus vor allem auf solche Fragestellungen, die sich aus den Grundsatzproblemen der Unternehmenstätigkeit ableiten lassen. Hier stellt sich also weniger die Frage, wie etwas getan werden

Abb. 9-6

Arten von Strategien

soll, als vielmehr, was überhaupt getan werden soll. Im Mittelpunkt steht demnach die Effektivität (effectiveness: »to do the right things«). Die Kernfragen einer effektiven strategischen Unternehmensführung sind beispielsweise:
- Auf welchen Märkten soll das Unternehmen präsent sein?
- Welche Produkte sollen auf den jeweiligen Märkten angeboten werden?
- Wo liegen zukünftige Kernkompetenzen?

Strategische Kernfragen

Die Fragen verdeutlichen, dass es bei der Formulierung der Unternehmensstrategie um Produkt-Markt-Strategien geht, die festlegen, welche langfristigen Wachstums- und Ertragsziele verfolgt werden und welche grundlegenden Handlungsprogramme hierzu eingesetzt werden sollen. Im Rahmen der strategischen Umsetzung erfolgt dann die Verteilung der zur Verfügung stehenden finanziellen, materiellen und personellen Ressourcen auf der Gesamtunternehmensebene.

Funktions- und Geschäftsbereichsstrategien

Die Funktionsbereichs- und die Geschäftsbereichsstrategien zeichnen sich durch eine stärkere Effizienzorientierung aus. Dieses Streben nach Effizienz (efficiency: »to do the things right«) ergibt sich aus ihrer schrittweisen Ableitung aus der übergeordneten Unternehmensstrategie:
- Die **Funktionsbereichsstrategien** legen die grundsätzlichen Zielsetzungen und Aktivitäten der verschiedenen Funktionsbereiche eines Unternehmens fest, zum Beispiel in Form der Personalstrategie, der Forschungs- und Entwicklungs-Strategie, der Marketing-Strategie oder der Datenverarbeitung-Strategie.
- Im Rahmen der **Geschäftsbereichsstrategie** wird die strategische Ausrichtung eines einzelnen Geschäftsbereichs (Division, Sparte, Center, Business-Unit) festgelegt, wobei sich ein Geschäftsbereich (organisatorische Einheit) in der Praxis häufig auf ein Geschäftsfeld konzentriert (strategische Einheit), das heißt für die Bearbeitung eines spezifischen Markts oder Marktsegments verantwortlich ist.

Funktions- und Geschäftsbereichsstrategien

Durch ihre Stellung als untergeordnete Strategieebenen sind die Funktionsbereichs- und die Geschäftsbereichsstrategien eng mit der Unternehmensstrategie verknüpft. Zwischen ihnen bestehen weitreichende Beziehungen sowohl hinsichtlich der Ressourcenbindung als auch in Bezug auf die strategische Zielausrichtung. Sie müssen deshalb im Rahmen der Strategieformulierung aufeinander abgestimmt werden.

Fallbeispiel 9-2 **Strategische Planung bei einem Automobilhersteller**
▶▶▶ Der jährliche Planungsprozess der *Speedy GmbH* verläuft in mehreren Abschnitten: Zunächst werden von der Geschäftsführung die Rahmenziele für das folgende Geschäftsjahr erarbeitet. Sie müssen ihrerseits in den Rahmen der strategischen Zielsetzungen passen. Danach legen die Funktionsbereiche ihre Zielsetzungen fest (zum Beispiel die Höhe der Bereichskosten und die Leistungsmenge). Nach der Verabschiedung des Unternehmensplans und der Bereichspläne werden alle Führungskräfte im Rahmen des Führungsgesprächs über die Planung informiert. Sie geben diese Information wiederum an ihre Mitarbeiter weiter und vereinbaren jeweils individuelle Mitarbeiterziele für das folgende Geschäftsjahr. Darüber hinaus sind die Plandaten und ihr aktueller Zielerreichungsgrad jederzeit im Intranet der *Speedy GmbH* abrufbar. ◀◀◀

9.2.2.1.2 Vorgehensweise bei der strategischen Planung

Hinsichtlich der Vorgehensweise bei der strategischen Planung bestehen in der Betriebswirtschaftslehre sehr unterschiedliche Ansätze, die *Mintzberg* in die »zehn Schulen« der strategischen Planung unterteilt (vergleiche *Mintzberg, H.* 2005).

Das in diesem Buch verwendete Modell wird in ↗ Abbildung 9-7 dargestellt. Es enthält sowohl Elemente des Strategiemodells der *Harvard Business School* als auch des *St. Galler General Management Navigators* von *Müller-Stewens* und *Lechner* (vergleiche *Müller-Stewens, G./Lechner C.* 2005: Seite 27 ff. und 61 ff.). Ergänzend dazu werden verschiedene Instrumente der Strategieformulierung im Modell aufgeführt und eingeordnet.

In Abhängigkeit von der Zielsetzung kann die strategische Planung ressourcen- oder marktorientiert erfolgen. Generell lassen sich dabei mehrere Schritte unterscheiden, die zur Entwicklung und Umsetzung einer Unternehmensstrategie vollzogen werden müssen (vergleiche *Hinterhuber, H. H.* 1996: Seite 113 ff., *Müller-Stewens, G./Lechner C.* 2005: Seite 27 ff. und *Ulrich, H./Fluri, E.* 1995: Seite 116 ff.):

Schritte der strategischen Planung

Initiierung
Der Prozess der strategischen Planung kann durch verschiedene Impulse initiiert werden, wie beispielsweise durch das Auftreten neuer Konkurrenten oder durch das Bestreben von Mitarbeitern, ein Unternehmen in eine bestimmte Richtung zu entwickeln.

Situationsanalyse
Im Rahmen der Situationsanalyse werden die gegenwärtige und die zukünftig zu erwartende Situation des Unternehmens und seiner Umwelt analysiert. Die Analyse

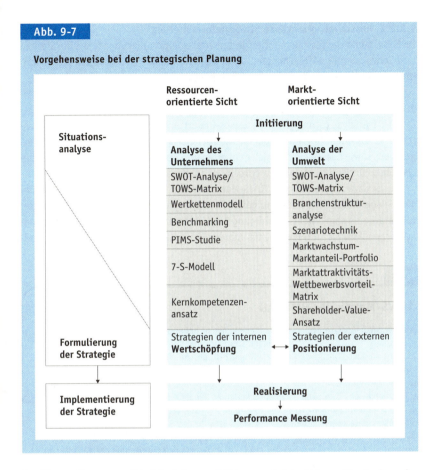

Abb. 9-7 Vorgehensweise bei der strategischen Planung

des Unternehmens ergibt dabei dessen Stärken und Schwächen, die Analyse der Umwelt die Chancen und Risiken des Unternehmens.

Für die Situationsanalyse gibt es eine Reihe von methodischen Ansätzen. In der Regel ist dabei keine eindeutige Abgrenzung zu der nachfolgenden Strategieformulierung möglich, da sich aus den Analyseergebnissen im Allgemeinen immer auch bestimmte Strategien ergeben.

Strategieformulierung

Die Formulierung von Strategien kann ressourcen- und/oder marktorientiert erfolgen. Sie wird weiter unterteilt in die Entwicklung verschiedener Strategiealternativen und in die anschließende Entscheidung für eine dieser Alternativen.

Implementierung der Strategie

Im Anschluss an die Formulierung von Strategien werden diese implementiert. Die Implementierung umfasst die Realisierung und Performance-Messung zur Kontrolle des Implementierungserfolgs.

9.2.2.2 Ressourcenorientierte Strategieformulierung

Im Mittelpunkt der ressourcenorientierten Strategieformulierung stehen die Stärken und Schwächen von Unternehmen und basierend darauf die Strategien zur Gestaltung und Optimierung der internen Wertschöpfung.

9.2.2.2.1 SWOT-Analyse und TOWS-Matrix

SWOT-Analyse

Die SWOT-Analyse (Strengths-Weaknesses-Opportunities-Threats) ist ein Analyseinstrument, das einen Überblick über die internen Stärken und Schwächen eines Unternehmens sowie dessen externe Gelegenheiten und Bedrohungen gibt. Die SWOT-Analyse umfasst insofern sowohl ressourcen- als auch marktorientierte Aspekte.

TOWS-Matrix

In der darauf aufbauenden TOWS-Matrix werden die Stärken und Schwächen zu den Gelegenheiten und Bedrohungen in Beziehung gesetzt und daraus vier Gruppen von Strategien abgeleitet (↗ Abbildung 9-8). Die Strategien werden dann einer systematischen Analyse unterzogen, um mindestens eine geeignete strategische Hand-

---

Wirtschaftspraxis 9-1

SWOT-Analyse und TOWS-Matrix der BMW AG

Eine in den 1990er-Jahren erstellte SWOT-Analyse der *BMW AG* ergab folgende Einschätzung:
- **Stärken (Strengths S):** (S1) die Produktqualität wurde seit 1989 um etwa 25 Prozent erhöht. (S2) *BMW* verfügt in der Fertigung über hohe Flexibilitätspotenziale. (S3) *BMW* verfügt mit der *Forschungs- und Ingenieurzentrum GmbH* über einen »Think-Tank«. (S4) *BMW* ist in den vergangenen Jahren stärker gewachsen als die Gesamtbranche. (S5) *BMW* hat seine Kompetenzen auf den Automobilbereich fokussiert.
- **Schwächen (Weaknesses W):** (W1) überdurchschnittliches Lohnniveau im Vergleich zu ausländischen Herstellern. (W2) *BMW* ist an relativ wenigen strategischen Allianzen beteiligt. (W3) Konkurrent *Mercedes-Benz* setzt in Japan und in den Vereinigten Staaten wesentlich mehr Komfortlimousinen ab. (W4) *BMW* verfügt lediglich über eine Marke.
- **Gelegenheiten (Opportunities O):** (O1) Der dichter werdende Straßenverkehr erfordert neue, kompakte Fahrzeugkonzepte. (O2) immer mehr junge Menschen können sich einen *BMW* leisten. (O3) die Wiedervereinigung ermöglicht den Aufbau von Werken in Ostdeutschland.
- **Gefahren (Threats T):** (T1) der Dollar notiert niedrig. (T2) die japanische Konkurrenz erweitert ihr Angebot im Bereich der Komfortlimousinen. (T3) die Benzinkosten steigen. (T4) die Gesellschaft wird gegenüber Ökologieproblemen sensibler. (T5) die Auslastung in der Automobilbranche schwankt stark. (T6) der Welt-Automobilmarkt wächst nur begrenzt.

Aufbauend darauf ließen sich in einer TOWS-Matrix folgende Strategien ableiten:
- **Strength-Opportunities-Strategien (SO):** Strategie aus (S2), (S3), (O1), (O2): Markteinführung des *BMW 316i compact*; Strategie aus (S5), (O3): Aufbau und Erweiterung des *BMW*-Werkes in Eisenach/Thüringen; Strategie aus (S1), (S2), (S3), (O1): Entwicklung eines Kleinwagens für den Stadtverkehr.
- **Weakness-Opportunity-Strategie (WO):** Strategie aus (W1), (O3): Aufbau und Erweiterung des *BMW*-Werkes in Eisenach/Thüringen.
- **Strength-Threats-Strategien (ST):** Strategie aus (S5), (T1), (T5): Aufnahme der Roadster-Fertigung in den Vereinigten Staaten; Strategie aus (S2), (S3), (T6): Angebot einer hohen Ausstattungsvielfalt in der Kompaktklasse; Strategie aus (S4), (S5), (T2), (T5), (T6): Konzernwachstum, Gewinnung einer zweiten Marke und Diversifikation durch Übernahme der *Rover Group PLC*.
- **Weakness-Threats-Strategien (WT):** Strategie aus (W1), (W3), (T1), (T5): Aufnahme der Roadster-Fertigung in den Vereinigten Staaten; Strategie aus (W4), (T2), (T5), (T6): Konzernwachstum, Gewinnung einer zweiten Marke und Diversifikation durch Übernahme der *Rover Group PLC*; Strategie aus (W2), (W4), (T3), (T4): Gewinnung einer zweiten Marke und Diversifikation; Entwicklung eines Kleinwagens für den Stadtverkehr.

Quelle: *Macharzina, K.*: Unternehmensführung, 2. Auflage, Wiesbaden 1995, Seite 278 f.

Abb. 9-8

SWOT-Analyse und TOWS-Matrix

Vergleiche ähnlich *Macharzina, K.* 2003: Seite 299

lungsoption für jede der vier Strategiegruppen zu ermitteln. Durch die ausgewählten Strategien sollen zum einen Stärken ausgebaut und Schwächen des Unternehmens reduziert werden und zum anderen sich bietende Chancen genutzt und Risiken so weit wie möglich vermieden werden (vergleiche *Macharzina, K.* 2003: Seite 298 ff. und *Müller-Stewens, G./Lechner C.* 2005: Seite 224 ff.).

9.2.2.2.2 Wertkettenmodell

Das Wertkettenmodell wurde von dem amerikanischen Wirtschaftswissenschaftler *Michael E. Porter* entwickelt. Es handelt sich um ein analytisches Instrument, mit dessen Hilfe sämtliche Prozesse eines Unternehmens hinsichtlich ihres Einflusses auf die Gewinnspanne untersucht werden können. Anhand des Marktbezugs werden dabei Primär- und Sekundäraktivitäten beziehungsweise -prozesse unterschieden.

Die Gewinnspanne kann nach dem Wertkettenmodell gesteigert werden, indem Unternehmen strategisch relevante Aktivitäten zu niedrigeren Kosten als ihre Wettbewerber erbringen oder indem sich Unternehmen in strategisch relevanten Aktivitäten von ihren Wettbewerbern unterscheiden. Durch die systematische Analyse aller Aktivitäten der Wertkette können somit Ansatzpunkte für Strategien der Kostensenkung und der Differenzierung formuliert werden (↗ Abbildung 9-9, *Porter, M. E.* 2000: Seite 65 ff. und *Müller-Stewens, G./Lechner C.* 2005: Seite 216 ff.).

Abb. 9-9 Wertkettenmodell

Vergleiche *Porter, M. E.* 2000: Seite 62

9.2.2.2.3 Benchmarking

Das Benchmarking (englisch: Leistungsvergleich) ist eine Analysemethode, bei der durch systematische Vergleiche die besten Methoden und Verfahren zur Durchführung eines bestimmten Prozesses, die sogenannten **Best-Practices**, identifiziert und im eigenen Unternehmen angewendet werden sollen. Das Benchmarking läuft in folgenden Schritten ab (vergleiche *Jung, H.* 2003: Seite 311 ff.):

Auswahl der Benchmarkingbereiche
Im ersten Schritt wird festgelegt, welche Prozesse verglichen werden sollen. Dies können beispielsweise Produktions- oder Logistikprozesse, aber auch administrative Prozesse sein.

Vorgehensweise beim Benchmarking

Auswahl der Benchmarks
In dieser Phase werden die Benchmarks festgelegt, die für die Vergleiche herangezogen werden. In der Regel handelt es sich dabei um Kennzahlen, wie beispielsweise die Liefertreue in der Logistik, die für die Produktion vergleichbarer Produkte erforderliche Arbeitszeit, die Anzahl der durchgeführten Buchungen je Mitarbeiter und Tag im Rechnungswesen oder die Wartezeit bei einem Anruf im Servicebereich.

Auswahl von Vergleichspartnern
Im nächsten Schritt werden mögliche Vergleichspartner gesucht. Hinsichtlich der Vergleichspartner lassen sich folgende Formen des Benchmarkings unterscheiden (↗ Abbildung 9-10):
▸ Beim **internen Benchmarking** erfolgt der Vergleich innerhalb des Betriebes, beispielsweise indem zwei Werke miteinander verglichen werden, die ähnliche Produkte produzieren.

Arten des Benchmarkings

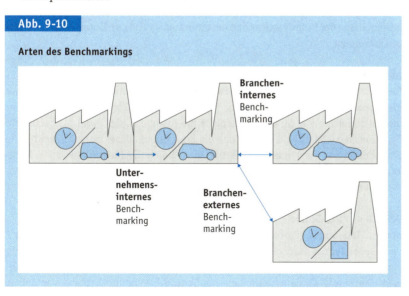

Abb. 9-10
Arten des Benchmarkings

Wirtschaftspraxis 9-2

Der wichtigste Benchmark der Automobilhersteller

Als wichtigster Benchmark der Automobilhersteller gilt die von der Unternehmensberatung *Harbour Consulting* ermittelte Kennzahl »Arbeitsstunden pro Auto«. Sie ist ein Maß für die Produktivität von Automobilherstellern. Die berücksichtigten Arbeitsstunden umfassen dabei nicht nur Arbeitsstunden von Mitarbeitern, die direkt an der Produktion von Automobilen beteiligt sind, sondern auch Arbeitsstunden von Mitarbeitern aus indirekten Bereichen, wie der Materialwirtschaft oder der Verwaltung.

Der Benchmark erlaubt sowohl unternehmensinterne Vergleiche zwischen verschiedenen Standorten als auch brancheninterne Vergleiche zwischen verschiedenen Automobilherstellern. So wurden im Jahr 2005 zur Herstellung eines *Ford Fiesta* in Köln 14,95 Arbeitsstunden pro Auto benötigt (Rang 1 des *Harbour Report Europe* 2005), während dafür im spanischen Valencia 19,00 Arbeitsstunden (Rang 8 des *Harbour Report Europe* 2005) erforderlich waren. Für die Produktion eines *Audi TT* im ungarischen Györ fielen hingegen sogar 80,60 Arbeitsstunden an, was den *Audi TT* auf den Rang 47 des *Harbour Report Europe* 2005 brachte.

Quelle: *Harbour Report*: Bestgehütetes Geheimnis, in: *Capital*, 6/2006, Seite 39.

- Beim **brancheninternen Benchmarking** erfolgt ein direkter Vergleich mit Konkurrenten. Dies soll in der Regel Aufschluss über die Positionierung im Markt geben.
- Beim **branchenexternen Benchmarking** erfolgt der Vergleich mit Unternehmen aus völlig anderen Bereichen und Branchen. Dadurch soll bei speziellen Prozessen branchenübergreifend die beste Vorgehensweise ermittelt werden.

Durchführung des Vergleichs

Das interne Benchmarking wird häufig von internen Beratungsabteilungen durchgeführt. Das brancheninterne und das branchenexterne Benchmarking erfolgen in der Regel unter der Moderation eines Verbandes oder einer Unternehmensberatung, die die Daten anonym erfassen und auswerten. Ein Problem stellt dabei häufig die genaue Beschreibung der Best-Practices dar, um diese auch in anderen Unternehmen einsetzen zu können.

Ableitung von Strategien

Die im Rahmen des Benchmarkings gewonnenen Erkenntnisse geben Aufschluss über die eigenen Stärken und Schwächen. Diese Erkenntnisse können die Grundlage für die Formulierung von Strategien sein. Da die Analyse in der Regel für bestimmte Funktionsbereiche erfolgt, eignen sich die Erkenntnisse dabei insbesondere für die Entwicklung von Funktionsbereichsstrategien. Durch die Identifikation von Kernkompetenzen lassen sich darüber hinaus aber auch Unternehmensstrategien entwickeln beziehungsweise weiterentwickeln.

9.2.2.2.4 PIMS-Studie

Bei der PIMS-Studie (Profit Impact of Market Strategy) handelt es sich um eine seit den 1960er-Jahren durchgeführte branchenübergreifende Analyse der Entwicklung von etwa 3 000 strategischen Geschäftseinheiten (SGE) in mehr als 400 Unternehmen. Die Studie wurde ursprünglich von *General Electric* initiiert und von *Sidney Schoeffler* von der *Harvard Business School* geleitet.

Die Studie verfolgt das Ziel, mittels multipler Regressionsanalysen den Einfluss von 37 Faktoren, wie beispielsweise des Marktanteils, der Produktqualität, der Forschungs- und Entwicklungsausgaben oder dem Diversifizierungsgrad, auf den Return-on-Investment (ROI) und den Cashflow der Strategischen Geschäftseinheiten zu ermitteln. Aus den sich ergebenden Zusammenhängen lassen sich auch Unternehmensstrategien ableiten. Die Studie ergab unter anderem folgende Zusammenhänge (vergleiche *Müller-Stewens, G./Lechner C.* 2005: Seite 320 ff.):

Zielsetzung der PIMS-Studie

- Der **Marktanteil** hat den größten positiven Einfluss auf die Zielgrößen Return-on-Investment und Cashflow.
- Eine im Vergleich zu Wettbewerbern hohe **Produktqualität** wirkt sich sehr positiv auf den Return-on-Investment und den Cashflow aus, da höhere Preise erzielt werden können.
- Eine hohe **Produktivität**, ausgedrückt als »Wertschöpfung je Beschäftigter«, wirkt sich positiv auf den Return-on-Investment und den Cashflow aus. Allerdings nicht, wenn die Produktivität mit einer hohen **Investitionsintensität** einhergeht.
- Mit einer hohen **Innovationsrate** kann eine Verbesserung des Return-on-Investment und des Cashflows erreicht werden, allerdings nur, wenn die Unternehmen über einen hohen Marktanteil verfügen.

Einflussfaktoren auf ROI und Cashflow

9.2.2.2.5 7-S-Modell

In dem 7-S- oder **Erfolgsfaktoren-Modell** werden sieben erfolgsrelevante Faktoren von Unternehmen aufgezeigt (↗ Abbildung 9-11). Das Modell beruht auf einer Untersuchung von 62 amerikanischen Unternehmen, wie *Hewlett-Packard*, *IBM*, *3M*, *Kodak* oder *Procter & Gamble*, und den Erfahrungen von *Peters* und *Waterman*, die diese als Mitarbeiter des Beratungsunternehmens *McKinsey* sammelten. Das Modell soll die »Spitzenleistungen« der – zum Zeitpunkt der Untersuchung Anfang der 1980er-Jahre – exzellenten Unternehmen erklären (vergleiche *Peters, T. J./Waterman, R. H.* 1984: Seite 32, *Waterman, R. H./Peters, T. J./Phillips, J. R.* 1980: Seite 2 ff.).

Peters und *Waterman* unterscheiden in ihrem Erfolgsfaktorenmodell die drei »harten« Faktoren: Strategie, Strukturen, Systeme, die einen eher rational-quantitativen Charakter aufweisen, und die vier »weichen« Faktoren: Ziele, Fähigkeiten, Personal, Führungsstil/-kultur, die vorwiegend emotional-qualitativer Natur sind. Ähnlich wie das Wertkettenmodell stellen diese sieben Erfolgsfaktoren einen Rahmen für die strukturierte Analyse und Strategieformulierung dar. Nach Ansicht von *Peters* und *Waterman* macht dabei erst die Wechselwirkung dieser Faktoren ein Unternehmen erfolgreich, wobei es nach ihrer Meinung überwiegend die weichen Faktoren sind, die Unternehmen zu Spitzenleistungen führen, und nicht, wie häufig angenommen, die harten Faktoren.

Erfolgsfaktoren

Peters und *Waterman* identifizierten zudem folgende acht Merkmale von exzellenten Unternehmen (vergleiche *Peters, T. J./Waterman, R. H.* 1984: Seite 36 ff.):

Merkmale erfolgreicher Unternehmen

- Primat des Handelns (»A bias for action«),
- Nähe zum Kunden (»Close to the customer«),
- Freiraum für Unternehmertum (»Autonomy and entrepreneurship«),
- Produktivität durch Menschen (»Productivity through people«),
- Sichtbar gelebtes Wertesystem (»Hands-on, value driven«),

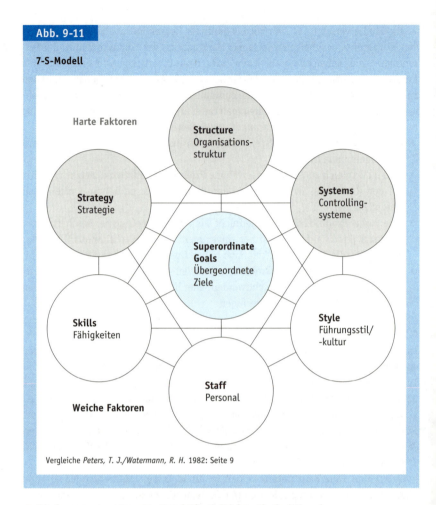

Abb. 9-11

7-S-Modell

Vergleiche Peters, T. J./Watermann, R. H. 1982: Seite 9

- Bindung an angestammte Geschäfte (»Stick to the knitting«),
- Einfache, flexible Organisationsstrukturen (»Simple form, lean staff«),
- Straff-lockere Führung (»Simultaneous loose-tight properties«).

Diese Merkmale können auch heute noch Anregungen für die Festlegung der zu verfolgenden Unternehmensziele und Strategien geben. Sie sind in den meisten Fällen jedoch zu allgemein, um den spezifischen Anforderungen der in der Praxis anzutreffenden Unternehmenssituationen gerecht zu werden (vergleiche Vahs, D. 2012: Seite 3 ff.).

9.2.2.2.6 Kernkompetenzenansatz

Die in den vorangegangenen Kapiteln beschriebenen Ansätze können zur Identifikation von sogenannten Kernkompetenzen verwendet werden. Das Konzept der Kernkompetenzen wurde von den beiden amerikanischen Managementwissenschaftlern *Prahalad* und *Hamel* entwickelt (vergleiche *Prahalad, C. K./Hamel G.* 1996: Seite 309 ff.). Aufgrund der Beobachtung der Erfolge und Misserfolge verschiedener Unternehmen entwickelten sie die Auffassung, dass erfolgreiche Unternehmen nicht über ein Portfolio von Geschäftseinheiten, sondern über ein Portfolio von Kernkompetenzen verfügen.

> **Kernkompetenzen** sind die kollektiv erworbenen Fähigkeiten und das Wissen eines Unternehmens, das dieses über Jahre und Jahrzehnte durch die permanente Weiterentwicklung seiner Produkte und Prozesse aufgebaut hat.

So kann ein Unternehmen beispielsweise Ingenieure mit sehr speziellen Kenntnissen beschäftigen, es kann spezielle Produktionseinrichtungen besitzen oder es kann über entsprechende Patente verfügen. Aufgrund ihrer langen Entwicklungsdauer sind Kernkompetenzen dabei in der Regel schwer von Wettbewerbern zu imitieren.

Prahalad und *Hamel* sehen diversifizierte Konzerne bildhaft gesprochen sozusagen als Bäume (↗ Abbildung 9-12). Die Kernkompetenzen sind die Wurzeln des Baums. Durch die Kombination von Kernkompetenzen entstehen die **Kernprodukte** eines Unternehmens, der Stamm des Baums. So konnte beispielsweise der japanische Elektronikkonzern *Canon* durch die Kombination seiner Kernkompetenzen in der Fotooptik und der Mikroelektronik das Kernprodukt digitale Fotoapparate entwickeln. Durch die Anpassung der Kernprodukte an die Markterfordernisse entstehen **Geschäftseinheiten** und **Produkte**, die als die Zweige und die Blätter beziehungsweise die Früchte des Baums angesehen werden können. Bei *Canon* sind dies beispielsweise Fotoapparate für den Konsumbereich und den industriellen Bereich. Im Rahmen der strategischen Planung gilt es nun zu überprüfen:

Kernprodukte und Geschäftseinheiten

▸ welche Kernkompetenzen ein Unternehmen hat und
▸ welche Kernkompetenzen es nicht hat,
▸ welche der vorhandenen Kompetenzen in das Unternehmensportfolio passen und

Abb. 9-12 Kernkompetenzenansatz

Vergleiche *Prahalad, C. K./Hamel G.* 1996: Seite 315

> **Wirtschaftspraxis 9-3**
>
> **Die Kernkompetenzen von Canon**
>
> Als Kernkompetenzen des japanischen Unternehmens *Canon Inc.* gelten die Feinmechanik, die Feinoptik und die Mikroelektronik. Auf diesen Kernkompetenzen basieren Kernprodukte, wie beispielsweise Kameras, Drucker, Kopierer oder Videosysteme. Im Consumer-Bereich von *Canon* resultieren daraus dann beispielsweise Produkte wie verschiedene Kompakt- und Spiegelreflexkameras.
>
> Quelle: *Prahalad, C. K./Hamel G.*: Nur Kernkompetenzen sichern das Überleben, in: Strategie – Die brillanten Beiträge der weltbesten Strategie-Experten, herausgegeben von *Montgomery, C. A./Porter M. E.*, Wien 1996, Seite 309–335.

- welche der vorhandenen Kompetenzen nicht benötigt werden und deshalb beispielsweise verkauft werden sollten und
- welche Kompetenzen, beispielsweise durch Zukauf von Unternehmen, aufgebaut werden sollten.

9.2.2.3 Marktorientierte Strategieformulierung

Im Mittelpunkt der marktorientierten Strategieformulierung stehen die Chancen und Risiken von Unternehmen in ihrer Umwelt und basierend darauf die Strategien zur Verbesserung der externen Positionierung gegenüber Marktteilnehmern und anderen Stakeholdern.

9.2.2.3.1 Branchenstrukturanalyse

Die Branchenstrukturanalyse ist ein Instrument zur Analyse der Unternehmensumwelt. Sie stammt von dem amerikanischen Strategieexperten *Porter* (vergleiche *Porter M. E.* 1996: Seite 13 ff.). Zu Beginn der Branchenstrukturanalyse wird die Branche abgegrenzt.

> Nach *Porter* ist eine **Branche** eine Gruppe von Unternehmen, die Produkte erzeugen, die sich gegenseitig nahezu ersetzen können.

Wie eng die Branchengrenzen dabei gezogen werden, hängt von den Analysezielen ab. Sind diese sehr global, kann beispielsweise die gesamte Automobilbranche betrachtet werden, sind diese sehr speziell, können beispielsweise nur zweisitzige Luxuscabriolets betrachtet werden. Innerhalb einer Branche hängt die Wettbewerbssituation dann von fünf Kräften, den sogenannten **Five-Forces** ab (↗ Abbildung 9-13):

Wettbewerbsbestimmende Kräfte

- Intensität des Wettbewerbs innerhalb der **Branche:** Dieser hängt insbesondere von der Anzahl der Wettbewerber und von deren Marktanteilen ab. Viele Wettbewerber führen in der Regel zu einem intensiven Preiswettbewerb.
- Markteintrittsschranken für **Einsteiger:** Wenn neue Wettbewerber leicht in die Branche eintreten können, führt dies tendenziell zu niedrigen Gewinnen innerhalb der Branche.
- Bedrohung durch **Ersatz-** beziehungsweise **Substitutionsprodukte:** Ersatzprodukte können die Branchenstruktur völlig verändern, wenn sie dafür sorgen, dass die Nachfrage nach den vorhandenen Produkten einbricht. Beispiele für Ersatz-

Planung 9.2

Abb. 9-13

Branchenstrukturanalyse

Vergleiche Porter, M. E. 1996: Seite 14

produkte sind Feuerzeuge, die Streichhölzer ersetzen, oder der Internettelefonanbieter Skype, der die klassische Telefonie ersetzt.
- Verhandlungsstärke der **Zulieferer** in Preis- und Vertragsverhandlungen: Mit der Anzahl der Zulieferer geht in der Regel die Verhandlungsstärke des einzelnen Zulieferers zurück.
- Verhandlungsstärke der **Kunden** in Preis- und Vertragsverhandlungen: Mit der Anzahl der Kunden geht in der Regel die Verhandlungsstärke des einzelnen Kunden zurück.

Nach *Porter* wird die Rentabilität einer Branche dabei von der stärksten **Wettbewerbskraft** bestimmt. Ist diese Wettbewerbskraft identifiziert, so gilt es, entsprechende Strategien zu entwickeln. Wenn beispielsweise die Verhandlungsstärke der Zulieferer zu groß ist, so könnte versucht werden, einzelne Zulieferunternehmen aufzukaufen oder zusätzliche Zulieferer aufzubauen.

9.2.2.3.2 Szenariotechnik

Die Szenariotechnik (von: scenarium, lateinisch: Szenenfolge im Drama) wurde in den 1950er-Jahren von *Herman Kahn* im Rahmen von militärstrategischen Studien in den Vereinigten Staaten entwickelt.

Die Szenariotechnik unterscheidet sich von der Prognosetechnik, bei der in der Vergangenheit beobachtete Zusammenhänge einfach in die Zukunft fortgeschrieben

Unterschied zu Prognosetechniken

9.2 Controlling
Planung

werden. Während Prognosen beispielsweise die in den letzten Jahren festgestellte Umsatzsteigerung eines Unternehmens um fünf Prozent pro Jahr für das anstehende Planjahr fortschreiben, ist die Szenariotechnik ein Projektionsverfahren. Sie beschreibt die logische Entwicklung des Projektionsgegenstandes im Zeitablauf unter alternativen Rahmenbedingungen und gibt damit eine Antwort auf die Frage: »Was passiert, wenn …?«. So werden beispielsweise für die Ermittlung der Umsatzerlöse eines Unternehmens für das folgende Geschäftsjahr verschiedene Szenarien aufgestellt, die bestimmte Marketingaktionen der Wettbewerber abbilden und alternative gesamtwirtschaftliche Entwicklungen mit einbeziehen.

Vorgehensweise

Im Rahmen der Szenariotechnik werden in der Regel drei bis fünf Szenarien der Umfeldsituation entwickelt, so zum Beispiel Zunahme, Abnahme oder Kontinuität der Nachfrage in einem Marktsegment. Dabei werden normalerweise ein **Best-Case-Szenario** und ein **Worst-Case-Szenario** erstellt, die die sogenannte »Prognosetrompete« bilden, sowie für den wahrscheinlichsten Fall ein Trend-Szenario (↗ Abbildung 9-14). Zusätzlich werden mögliche Störereignisse im Projektionszeitraum, wie zum Beispiel das Auftreten eines neuen Wettbewerbers, mit ihren Auswirkungen beschrieben und mögliche Gegenmaßnahmen entwickelt (*Geschka, H./Hammer, R.* 1986: Seite 245 ff., *Staehle, W. H.* 1991: Seite 507 f. und *Vahs, D.* 2012: Seite 516).

Der Vorteil der Szenariotechnik ergibt sich damit vor allen Dingen daraus, dass sie die quantitativen und qualitativen Einflussfaktoren der künftigen Umfeldentwicklung und damit auch sogenannte **schwache Signale** (»weak signals«) gesamthaft berücksichtigt und so mehrere alternative Zukunftsbilder zeichnet, die als Grundlage

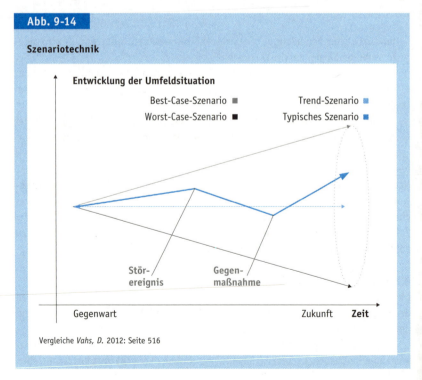

Abb. 9-14

Szenariotechnik

Vergleiche *Vahs, D.* 2012: Seite 516

> **Wirtschaftspraxis 9-4**
>
> **Einsatz der Szenariotechnik bei Shell**
>
> Der Mineralölkonzern *Shell* ist einer der Pioniere beim Einsatz der Szenariotechnik in der strategischen Planung. In der *Shell*-Studie »Shell energy scenarios to 2050« aus dem Jahr 2008 wird beispielsweise untersucht, wie angesichts eines steigenden Energiebedarfs gleichzeitig die Kohlendioxidemissionen gesenkt werden können. Im ersten Szenario, »Scramble«, unterstützt die Politik den effizienten Einsatz von Energie erst dann, wenn das Angebot sich merklich verknappt. Ebenso werden die Emissionen von Treibhausgas erst dann gesenkt, nachdem sich größere Klimaschocks ereignet haben. Im zweiten Szenario, »Blueprints«, wird die Herausforderung aus ökonomischer Entwicklung, sicherer Energieversorgung und Umweltverschmutzung als Folge zunächst lokaler Maßnahmen angenommen. Letztlich wird für Emissionen ein Preis gezahlt, was einen Anreiz zu effizienterer Nutzung von Energie darstellt.
>
> Quelle: *Shell International BV, Shell energy scenarios to 2050*, unter: www.shell.com, Stand: 25.04.2012.

für die strategische Planung dienen können. Die Unsicherheitsfaktoren und die möglichen Störgrößen werden offensichtlich. In den verschiedenen Szenarien lassen sich zudem die Wirkungen von Gegenmaßnahmen simulieren und beurteilen. Damit dient die Szenariotechnik insbesondere auch der Krisenprävention (vergleiche *Hinterhuber, H. H.* 1996: Seite 215 f.).

9.2.2.3.3 Marktwachstum-Marktanteil-Portfolio

Als ein Instrument für die strategische Steuerung eines Unternehmens bietet sich das schon »klassisch« zu nennende Marktwachstum-Marktanteil-Portfolio an. In seiner ursprünglichen Form als **Vier-Felder-Matrix** wurde es von der *Boston Consulting Group (BCG)* entwickelt, einem amerikanischen Beratungsunternehmen, das sich vor allem auf dem Gebiet der Strategieberatung einen Namen gemacht hat. Das Marktwachstum-Marktanteil-Portfolio wird deshalb auch häufig als **BCG-Portfolio** bezeichnet. In der Marktattraktivität-Wettbewerbsvorteil-Matrix, die gemeinsam von der *General Electric Corporation* und der Beratungsgesellschaft *McKinsey & Co.* entwickelt wurde, fand das Marktwachstum-Marktanteil-Portfolio später eine Erweiterung.

Die Portfoliotechnik hat bei der Festlegung von Unternehmensstrategien und im Rahmen der strategischen Steuerung in den letzten Jahrzehnten eine große Bedeutung erlangt. Ihre ursprüngliche Herkunft ist die finanzwirtschaftliche **Portefeuille-Theorie**, die sich mit der Vermögensaufteilung auf verschiedene Anlageformen wie Geld- und Sachanlagen, Wertpapiere oder Rentenpapiere mit dem Ziel der Ertragsmaximierung beziehungsweise der Risikominimierung befasst. Dieses finanzwirtschaftliche Konzept lässt sich auf den Produkt-Markt-Bereich, den Beschaffungsbereich, den Personalbereich und andere unternehmerische Entscheidungsfelder übertragen. Das Grundkonzept des Marktwachstum-Marktanteil-Portfolios geht dabei von einem Mehrproduktunternehmen aus, in dem eine klare Abgrenzung der einzelnen Produktgruppen beziehungsweise strategischen Geschäftsfelder (SGF) voneinander möglich ist. Angewandt wurde das Portfoliokonzept in der betrieblichen Praxis erstmals von der *General Electric Corporation* (vergleiche *Macharzina, K.* 2003: Seite 304 ff.).

Ursprünge der Portfoliotechnik

Die in der ↗ Abbildung 9-15 dargestellte *BCG*-Matrix (Marktanteils-Marktwachstums-Portfolio) stellt die einfachste, aber auch die in der Praxis am weitesten verbrei-

BCG-Matrix

9.2 Controlling
Planung

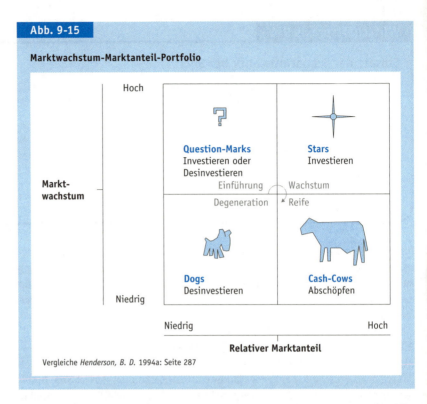

Abb. 9-15

Marktwachstum-Marktanteil-Portfolio

Vergleiche *Henderson, B. D.* 1994a: Seite 287

tete Portfolio-Version dar. Die strategische Steuerung erfolgt bei diesem Portfolio anhand der beiden Dimensionen »durchschnittliches Marktwachstum« (Ordinate, umweltbezogene Dimension) und »relativer Marktanteil« (Abszisse, unternehmensbezogene Dimension). Dabei bezeichnet das durchschnittliche **Marktwachstum** die erwartete Entwicklung des Marktvolumens der für die Geschäftsfelder relevanten Märkte und der relative **Marktanteil** den Anteil eines Strategischen Geschäftsfeldes (SGF) im Verhältnis zum Marktanteil des stärksten Konkurrenten in dem relevanten Marktsegment.

Wirtschaftspraxis 9-5

Portfoliomanagement bei BASF

Die *BASF AG* betreibt ein sehr ausgeprägtes Portfoliomanagement. Das Portfolio des Unternehmens umfasste im Jahr 2006 die Bereiche »Kunststoffe«, »Veredlungsprodukte«, »Chemikalien«, »Öl und Gas« sowie »Pflanzenschutz und Ernährung«.
Zur Optimierung dieses Portfolios wurden laufend Unternehmen zugekauft und andere wieder verkauft. So wurde beispielsweise durch den Kauf der Bauchemie-Sparte von *Degussa* der Bereich Veredlungsprodukte erweitert, die Übernahme des Bereichs Elektronikchemikalien von *Merck* im Jahr 2005 stärkte dagegen das Spezialitätengeschäft des Bereichs Chemikalien.
Auf der anderen Seite verkaufte *BASF* in den letzten Jahren seine amerikanische Polystyrolsparte an *Ineos*, die Beteiligung am Kunststoff-Konzern *Basell* an *Access Industries* und die Sparte Druckfarben an den Finanzinvestor *CVC*.

Quelle: *Hofmann, S.*: Schub für die *BASF*-Chemie, in: Handelsblatt, Nummer 105 vom 01.06.2006, Seite 12.

9.2.2.3.3.1 Normstrategien

Für jedes der vier Matrixfelder des Produkt-Markt-Portfolios können generelle **Normstrategien** abgeleitet werden. Derartige Strategien geben gewissermaßen die Handlungsrichtung im Sinne einer Empfehlung vor:

Offensivstrategie

Für die **Question-Marks** handelt es sich bei der Normstrategie in jedem Fall um eine Offensivstrategie, denn entweder lassen sich die Nachwuchsprodukte zu Star-Produkten weiterentwickeln (Investitionsstrategie) oder sie werden vorzeitig zu Dog-Produkten (Desinvestitionsstrategie).

Investitionsstrategie

Demgegenüber ist in die **Stars** zu investieren, um die dominierende Marktstellung erhalten oder weiter ausbauen zu können. Durch diese Investitionsstrategie sollen die strategischen Erfolgspotenziale auch zukünftig gesichert werden.

Abschöpfungsstrategie

Die erforderlichen Investitionsmittel liefern die **Cash-Cows**, die bei geringen Investitionen und einem hohen Marktanteil eine Abschöpfungsstrategie sinnvoll machen.

Desinvestitionsstrategie

Schließlich ist eine Desinvestitionsstrategie in denjenigen strategischen Geschäftsfeldern empfehlenswert, die gleichermaßen ein geringes Marktwachstum und niedrige relative Marktanteile aufweisen.

9.2.2.3.3.2 Produktlebenszyklus-Modell

Das Produktlebenszyklus-Modell ist eine der theoretischen Säulen des Marktwachstum-Marktanteil-Portfolios. Es geht davon aus, dass Produkte im Laufe ihres »Lebens« von der Idee bis zur Elimination verschiedene Phasen durchlaufen, die jeweils durch ganz bestimmte Merkmale gekennzeichnet sind.

Der Lebenszyklus eines Produkts besteht aus der Entwicklungsperiode und der Marktperiode. Periodenübergreifend lässt sich der sogenannte **Innovationszyklus** abgrenzen, der neben der Entwicklungsperiode noch die Markteinführungsphase umfasst (↗ Abbildung 9-16):

Phasen des Produktlebenszyklus

Entwicklungsperiode

Da ein Unternehmen möglichst frühzeitig nach der Markteinführung eines Produkts positive Deckungsbeiträge und Gewinne erzielen möchte, sollen marktfähige Produktinnovationen das Ergebnis der Entwicklungsperiode sein. In der Entwicklungsperiode selber fallen Kosten an, denen keine Umsatzerlöse gegenüberstehen. Insofern ergeben sich in dieser Phase negative Produktdeckungsbeiträge, die in den späteren Lebenszyklusphasen ausgeglichen werden müssen.

Abb. 9-16

Produktlebenszyklus

Einführungs- und Wachstumsphase
In der Einführungs- und der Wachstumsphase gilt es dann, die speziellen Kundenwünsche zu berücksichtigen und das Produkt durch Verbesserungsinnovationen zu variieren oder zu differenzieren. Dies geschieht auch, um sich im Kampf um Marktanteile gegenüber den Wettbewerbern behaupten zu können.

Reifephase
Prozessinnovationen, also die Optimierung vor allem der Beschaffungs-, Logistik-, Produktions- und Marketingprozesse, kommen vor allem in der Reifephase zum Einsatz. Mit ihrer Hilfe sollen angesichts sinkender Zuwachsraten die Kosten reduziert und so die Deckungsbeiträge trotz intensiver Konkurrenz verbessert werden.

Sättigungs- und Degenerationsphase
Neigt sich der Produktlebenszyklus seinem Ende entgegen und sinken in der Sättigungs- und in der Degenerationsphase die Absatzmenge und der Produktdeckungsbeitrag schließlich auch absolut, so kann mithilfe von Produktdifferenzierungen und -variationen versucht werden, den Absatz und damit auch den Deckungsbeitrag des Produkts noch einmal zu steigern **(Relaunch)**, bevor es endgültig vom Markt ge-

nommen und durch ein innovatives Nachfolgeprodukt ersetzt werden muss **(Produktelimination)**.

Das Modell des Produktlebenszyklus ist ein deterministisches, zeitraumbezogenes Marktreaktionsmodell. Es sind unterschiedliche Kurvenverläufe denkbar, wobei zumeist von einem ertragsgesetzförmigen Kurvenverlauf (S-Kurve) ausgegangen wird. Die Einteilung der einzelnen Phasen erfolgt dabei relativ willkürlich und orientiert sich an den mathematischen Charakteristika des Kurvenverlaufs (eine eingehende Erläuterung der einzelnen Phasen findet sich beispielsweise bei *Meffert, H.* 1998: Seite 329 ff.).

Modellkritik

Die Phasen des Produktlebenszyklus lassen sich den Feldern des Marktwachstum-Marktanteil-Portfolios zuordnen:

Zuordnung zum Marktwachstum-Marktanteil-Portfolio

- So ist die Einführungsphase von neuen Produkten beziehungsweise strategischen Geschäftsfeldern (SGF) idealtypisch durch einen zunächst niedrigen Marktanteil und ein hohes durchschnittliches Marktwachstum gekennzeichnet. Der Markterfolg ist unsicher, das heißt, die Produkte/SGF sind **Question-Marks.**
- Nach einer erfolgreichen Markteinführung steigt der relative Marktanteil bei einem weiterhin hohen Marktwachstum an. Diejenigen Produkte/SGF, die diese Wachstumsphase erreichen, werden zu sogenannten **Stars** mit hohen Umsatzerlösen und hohen Deckungsbeiträgen.
- Auch in der dritten Phase (Reife) bleibt der relative Marktanteil hoch, während das durchschnittliche Marktwachstum zurückgeht. Die Produkte/SGF liefern hohe Umsatzerlöse, während die Investitionen bereits weitgehend amortisiert sind **(Cash-Cows)**.
- In der vierten und letzten Phase des Produktlebenszyklus gehen sowohl das durchschnittliche Marktwachstum als auch der relative Marktanteil weiter zurück. Der Deckungsbeitrag und die Rentabilität der in der Degenerationsphase befindlichen Produkte/SGF **(Dogs)** tendieren gegen Null, und irgendwann werden diese Produkte/SGF aus dem Portfolio eliminiert.

9.2.2.3.3.3 Erfahrungskurvenkonzept

Das Erfahrungskurvenkonzept ist eine weitere theoretische Säule des Marktwachstum-Marktanteil-Portfolios. Aus ihm lässt sich die Bedeutung der Höhe des **relativen Marktanteils** für die Entwicklung eines strategischen Geschäftsfeldes im Marktwachstum-Marktanteil-Portfolio ableiten (vergleiche *Macharzina, K.* 2003: Seite 312 f.). Das Erfahrungskurvenkonzept (experience curve) besagt, dass die Stückkosten eines Produkts mit jeder Verdoppelung der im Zeitablauf kumulierten Produktionsmenge um einen konstanten Prozentsatz von durchschnittlich 20 oder 30 Prozent sinken (↗ Abbildung 9-17). Dieser Zusammenhang wurde in einer Studie der *Boston Consulting Group* nachgewiesen. Ökonomisch schlägt sich das Ergebnis in den sogenannten **Skaleneffekten** beziehungsweise den **Economies-of-Scale** nieder. Die Erfahrungskurve hat verschiedene Ursachen (vergleiche *Coenenberg, A. G.* 2003: Seite 185 ff.):

Ursachen der Erfahrungskurve

Dynamische Skaleneffekte

Dynamische Skaleneffekte entstehen durch die Anzahl der insgesamt produzierten Erzeugnisse. Die Stückkosten sinken aufgrund von:

- **Lernkurveneffekten**, da viele Tätigkeiten den Ausführenden leichter fallen und fehlerfreier ausgeführt werden können, wenn sie fortlaufend wiederholt ausgeübt werden,
- **technischem Fortschritt** durch die Weiterentwicklung der Erzeugnisse und der Prozesse und
- **Rationalisierungseffekten**, beispielsweise durch den Ersatz von menschlicher Arbeitskraft durch Maschinen.

Statische Skaleneffekte

Statische Skaleneffekte entstehen nicht durch die Anzahl der insgesamt produzierten Erzeugnisse, sondern durch die Anzahl der in einer Periode, beispielsweise einem Geschäftsjahr, hergestellten Erzeugnisse. Die Stückkosten sinken aufgrund von:

- **Fixkostendegressionen**, wenn beispielsweise Fixkosten für die Entwicklung, das Marketing oder die Abschreibungen der Produktionseinrichtungen auf eine größere Stückzahl umgelegt werden, und
- **Betriebsgrößeneffekten**, beispielsweise durch die Nutzung der Marktmacht im Einkauf oder durch die Bündelung von Know-how in der Forschung und der Entwicklung.

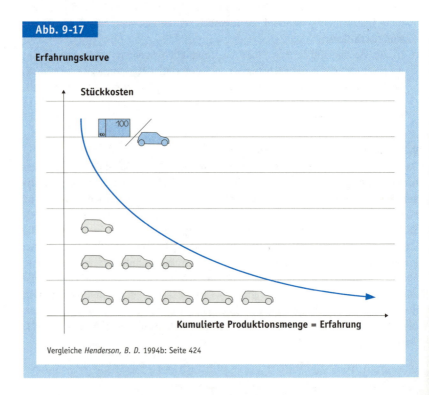

Abb. 9-17

Erfahrungskurve

Vergleiche *Henderson, B. D.* 1994b: Seite 424

Wie stark der Rückgang der Stückkosten der ersten produzierten Einheit k(1) in Abhängigkeit von der danach insgesamt produzierten Stückzahl x ist, wird durch die sogenannte **Kostenelastizität** bestimmt:

$$k(x) = \frac{k(1)}{x^{-\text{Kostenelastizität}}}$$

mit:
- k = Stückkosten [€/Stück]
- x = Insgesamt produzierte Stückzahl [Stück]

Die Kostenelastizität kann mittels der Zweipunktmethode ermittelt werden, wenn für zwei kumulierte Produktionsmengen x_1 und x_2 die Stückkosten k_1 und k_2 bekannt sind:

$$\text{Kostenelastizität} = \frac{\ln(k_2) - \ln(k_1)}{\ln(x_2) - \ln(x_1)}$$

mit:
- x_1 = Insgesamt produzierte Stückzahl 1 [Stück]
- x_2 = Insgesamt produzierte Stückzahl 2 [Stück]
- k_1 = Stückkosten bei der insgesamt produzierten Stückzahl x_1 [€/Stück]
- k_2 = Stückkosten bei der insgesamt produzierten Stückzahl x_2 [€/Stück]

Eine noch genauere Ermittlung der Kostenelastizität ist mittels einer linearen Regression möglich; auf diese soll hier jedoch nicht näher eingegangen werden.

Auf Basis der Kostenelastizität kann auch die sogenannte **Erfahrungsrate** ermittelt werden. Diese gibt an, um wie viel Prozent die Stückkosten bei einer Verdopplung der kumulierten Produktionsmenge zurückgehen:

$$\text{Erfahrungsrate} = 1 - \frac{1}{2^{-\text{Kostenelastizität}}}$$

Die Erfahrungsrate hängt dabei vom Produkt ab und natürlich davon, inwieweit Kostensenkungspotentiale auch wirklich durch die Unternehmen ausgeschöpft werden. In der Industrie sind Erfahrungsraten bis zu 30 Prozent anzutreffen, was einer Kostenelastizität von etwa –0,5 entspricht (vergleiche *Homburg, C.* 2000: Seite 72 ff.).

Zwischenübung Kapitel 9.2.2.3.3.2

Bei der Speedy GmbH wurden für einen neuen Motor die Stückkosten k des ersten produzierten Motors und die des zehnten produzierten Motors ermittelt.

Stückzahl x	ln (x)	Stückkosten k	ln (k)
1 Stück		10 000,00 €/Motor	
10 Stück		6 309,57 €/Motor	

Berechnen Sie mittels dieser Angaben die Kostenelastizität und die Erfahrungsrate der Motorenproduktion:

Kostenelastizität	
Erfahrungsrate	

Berechnen Sie zudem, wie sich die Stückkosten k bei den folgenden Stückzahlen x idealerweise entwickeln werden:

Insgesamt produzierte Anzahl von Motoren x	Kosten je Motor k
100 Stück	
200 Stück	
100 000 Stück	
200 000 Stück	870,55 €/Motor

9.2.2.3.4 Marktattraktivität-Wettbewerbsvorteil-Matrix

»GE-Matrix«

Im Gegensatz zu dem in der ↗ Abbildung 9-15 dargestellten Marktwachstums-Marktanteil-Portfolio bietet die in der ↗ Abbildung 9-18 erläuterte Marktattraktivität-Wettbewerbsvorteil-Matrix, die auch als »GE-Matrix« oder »McKinsey-Matrix« bezeichnet wird, differenziertere Strategieoptionen. Anstelle des durchschnittlichen Marktwachstums wird hier die **Marktattraktivität** (Marktwachstum und -größe, Marktqualität, Energie- und Rohstoffversorgung, Umweltsituation) und anstelle des relativen Marktanteils werden die **relativen Wettbewerbsvorteile** (relative Marktposition, relatives Produktionspotenzial, relatives Forschungs- und Entwicklungspotenzial, relative Qualifikation der Führungskräfte und Mitarbeiter) als Dimensionen gewählt. Dadurch wird die sehr vereinfachende Sichtweise der Vier-Felder-Matrix beseitigt.

9.2.2.3.5 Shareholder-Value-Ansatz

Das Ziel der wertorientierten Ansätze der Strategieformulierung, die insbesondere auf *Rappaport* und *Copeland* zurückgehen, ist die systematische Steigerung des Unternehmenswertes. Beim Shareholder-Value-Ansatz (englisch: Wert für die Aktionäre/Gesellschafter) bezieht sich die Wertsteigerung dabei auf das in ein Unternehmen investierte Eigenkapital (vergleiche *Jung, H.* 2003: Seite 521 ff.).

Ermittlung des Shareholder-Values

Für das investierte Eigenkapital erhalten die Aktionäre beziehungsweise die Gesellschafter in den folgenden Jahren als Rückflüsse die sogenannten **Free-Cashflows** (↗ Kapitel 10 Externes Rechnungswesen). Für die Ermittlung des Shareholder-Values gibt es verschiedene Methoden. Die am häufigsten eingesetzte Methode ist die **Discounted-Cashflow-Methode** (DCF). Bei dieser Methode ergibt sich der Shareholder-Value aus dem Barwert zukünftiger Free-Cashflows, also dem Wert zukünftiger Free-Cashflows zum Zeitpunkt der Ermittlung des Shareholder-Values (vergleiche zur Ermittlung von Barwerten das ↗ Kapitel 13 Investition). Die Free-Cashflows werden dazu über einen Zeitraum von 5–10 Jahren geschätzt. Für die folgende Zeit wird der sogenannte Fortführungs- beziehungsweise Residualwert herangezogen, der sich

9.2 Planung

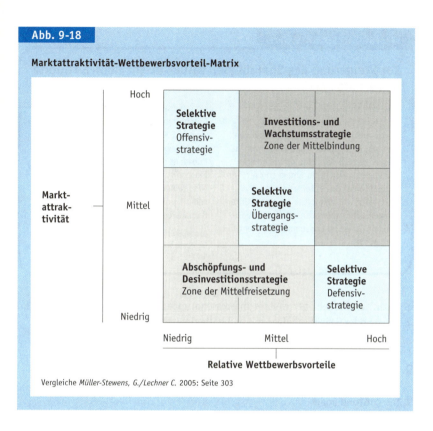

Abb. 9-18

Marktattraktivität-Wettbewerbsvorteil-Matrix

Vergleiche *Müller-Stewens, G./Lechner C.* 2005: Seite 303

ergibt, wenn das Unternehmen ewig Free-Cashflows in der bisherigen Höhe erwirtschaften würde.

Aus der Zielsetzung der Steigerung des Shareholder-Value lassen sich verschiedene strategische Vorgaben ableiten:

- **Unternehmensportfolios** werden nach finanzwirtschaftlichen Kriterien und nicht aus marktlicher Sicht oder aus Kompetenzsicht zusammengestellt.
- Im Hinblick auf die **Kapitalaufbringung** wird zur Steigerung der Rentabilität beziehungsweise der Verzinsung angestrebt, die Kapitalkosten zu minimieren.
- Im Hinblick auf die **Kapitalverwendung** wird zur Steigerung der Rentabilität beziehungsweise der Verzinsung angestrebt, unrentable Unternehmensbereiche zu verkaufen und andere Unternehmen, insbesondere im Hinblick auf die Steigerung der Rentabilität, zu akquirieren.

Prämissen der Wertorientierung

Am Shareholder-Value-Ansatz wird zum einen kritisiert, dass er sich nur an den Anteilseignern und damit nur an einer von mehreren möglichen Anspruchsgruppen orientiert. Zum anderen wird bemängelt, dass die ausschließlich finanzwirtschaftliche Betrachtungsweise häufig zu kurzfristig orientiert ist, um den Erfolg eines Unternehmens dauerhaft sicherzustellen. Aufgrund der Kritikpunkte des Shareholder-Value wurde der Ansatz des **Stakeholder-Value** (englisch: Wert für die Anspruchs-

Kritik des Ansatzes

> **Wirtschaftspraxis 9-6**
>
> **Zur Steigerung des Shareholder-Values macht Konica Minolta keine Fotos mehr**
>
> *Konica Minolta Holdings, Inc.*, der drittgrößte Fotofilm-Hersteller der Welt, beschloss im Jahr 2006 die Produktion von Kameras, Fotopapieren und Filmen einzustellen, da sich das schrumpfende Film- und Kamerageschäft zu einem chronischen Verlustbringer des Unternehmens entwickelt hatte. Mit »Minolta« ging dem Unternehmen dabei aber auch die Marke verloren, mit der es im Konsumbereich identifiziert wurde.
>
> »Würden wir an den Verlust bringenden Geschäften festhalten, könnten wir Firmenwert und Shareholder-Value nicht steigern«, begründete *Yoshikatsu Ota*, der neue Präsident des Unternehmens den größten Einschnitt in die Firmengeschichte. *Konica Minolta* konzentrierte sich stattdessen auf seine Kernkompetenzen im Bereich der Büroausrüstung.
>
> Quelle: *Bastian, N.*: *Konica macht keine Fotos mehr*, in: Handelsblatt, Nummer 15 vom 20.01.2006, Seite 11.

gruppen) entwickelt, der weitere Interessengruppen, wie Mitarbeiter, Lieferanten, Gläubiger oder Gewerkschaften mit in die Überlegungen einbezieht.

9.2.3 Operative Planung

9.2.3.1 Grundlagen

Im Rahmen der operativen Planung werden die in der strategischen Planung formulierten langfristigen Strategien in detaillierte, kurzfristige Pläne mit einem Zeithorizont von in der Regel einem Geschäftsjahr überführt und die Umsetzung dieser Pläne dann kontrolliert. In vielen Unternehmen wird die entsprechende Planung auch als **Jahresplanung** bezeichnet. Typischerweise werden in der operativen Planung dazu folgende Einzelpläne erstellt (↗ Abbildung 9-19, zum Folgenden vergleiche *Jung, H.* 2003: Seite 372 ff.):

- **Absatzpläne** mit den geplanten Absatzzahlen der verschiedenen Bereiche,
- **Produktionspläne** mit den für die Produktion der geplanten Absatzmengen benötigten Kapazitäten,
- **Beschaffungspläne** mit den zu lagernden und den zu beschaffenden Materialien.
- **Personalpläne** mit den geplanten Maßnahmen der Personalbeschaffung und -entwicklung,
- **Investitionspläne** mit den in den verschiedenen Bereichen geplanten Investitionen,
- **Erfolgspläne** mit den geplanten Umsatzerlösen und Aufwendungen beziehungsweise Kosten der verschiedenen Bereiche,
- **Finanzpläne** mit den erwarteten Ein- und Auszahlungen und
- **Planbilanzen** mit den Auswirkungen der Einzelpläne auf das Vermögen und die Schulden des Unternehmens.

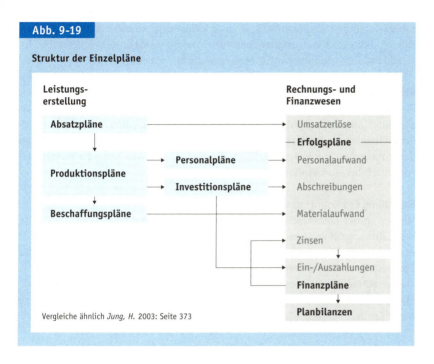

Abb. 9-19
Struktur der Einzelpläne

Vergleiche ähnlich *Jung, H.* 2003: Seite 373

Während des Geschäftsjahres und danach erfolgt die operative Kontrolle der Planvorgaben. Diese wird in Form von **Soll-Ist-Vergleichen** und anschließenden **Abweichungsanalysen** mit einer Ermittlung der Abweichungsursachen durchgeführt. Damit sollen nach Möglichkeit schon während des Geschäftsjahres auftretenden Abweichungen entgegengewirkt und nachfolgende Planungen im Sinne eines Regelkreises genauer durchgeführt werden.

9.2.3.2 Budgetierung

Auf Basis der Pläne der operativen Planung erfolgt die Zuweisung von Budgets.

> **Budgets** sind Kostenvorgaben für Kostenstellen auf der Basis von Leistungsvorgaben.

Die Kostenstellen sind dabei in der Regel den Organisationseinheiten des Unternehmens zugeordnet (vergleiche zu Kostenstellen auch das ↗ Kapitel 11 Internes Rechnungswesen).

Bei der Ermittlung des in einer Kostenstelle im nächsten Geschäftsjahr benötigten Budgets kann in folgenden Schritten vorgegangen werden:

Festlegung eines Beschäftigungsmaßstabes für die Kostenstelle

Bei Kostenstellen im Produktionsbereich werden beispielsweise die Produktionszahlen als Beschäftigungsmaßstab verwendet. Werden in der Kostenstelle verschiedene Erzeugnisse produziert, so sind die unterschiedlichen Aufwendungen dafür bei-

Schritte zur Ermittlung des Budgets

spielsweise durch Äquivalenzziffern zu nivellieren. In administrativen Bereichen müssen indirekte Beschäftigungsmaßstäbe gewählt werden, so beispielsweise die Anzahl der durchzuführenden Buchungen in der Buchhaltung.

Bestimmung der Planbeschäftigung
Die Planbeschäftigung von Kostenstellen wird im Allgemeinen aus den Absatzplänen abgeleitet. So kann beispielsweise die Produktion daraus ableiten, wie viele verschiedene Produkte sie im Planungszeitraum herstellen muss. Die Buchführung kann damit zumindest ansatzweise ermitteln, wie viele Buchungen sie in der Planperiode voraussichtlich durchzuführen hat.

Ermittlung des benötigten Budgets
Mit den in der Kostenrechnung ermittelten variablen und fixen beziehungsweise beschäftigungsabhängigen und beschäftigungsunabhängigen Kosten kann auf Basis der Planbeschäftigung dann das im nächsten Geschäftsjahr benötigte Budget der Kostenstelle errechnet werden.

Die spätere Durchführung von Soll-Ist-Vergleichen der Budgets und von Abweichungsanalysen erfolgt dann im Rahmen der Plankostenrechnung (vergleiche dazu das ↗ Kapitel 11 Internes Rechnungswesen).

Im Anschluss an die Ermittlung der Budgets oder parallel dazu erfolgt in der Regel ein Abgleich der Budgets zwischen den verschiedenen Hierarchieebenen. Der Abgleich kann auf drei Arten erfolgen (↗ Abbildung 9-20, zum Folgenden vergleiche *Jung, H.* 2003: Seite 386 ff.):

Abb. 9-20
Vorgehensweise bei der Budgetierung

Top-down-Budgetierung
Bei der Top-down-Budgetierung macht die Unternehmensführung (»von oben«) den untergeordneten Ausführungsebenen (»nach unten«) Budgetvorgaben für das kommende Geschäftsjahr. Bei diesem Vorgehen sind die unteren Hierarchien also nicht an der Budgetierung beteiligt.

Bottom-up-Budgetierung
Bei der Bottom-up-Budgetierung ermitteln die untergeordneten Ausführungsebenen (»von unten«) ihr benötigtes Budget für das kommende Geschäftsjahr und melden dies der Unternehmensführung (»nach oben«), die die Budgets dann zusammenfasst. Dies kann problematisch sein, da erfahrungsgemäß das Gesamtbudget des Unternehmens überschritten wird.

Down-up-Budgetierung
Die Down-up-Budgetierung stellt eine Mischform der beiden vorgenannten Budgetierungsformen dar. Sie ist die in der Praxis am häufigsten vorkommende Form der Budgetierung. Die Vorgaben der Unternehmensführung werden dabei mit den Planungen der Ausführungsebenen abgestimmt und daraus dann ein Gesamtbudget entwickelt.

Budgetierungsarten

9.2.3.3 Besondere Ausprägungen der Budgetierung
Insbesondere für die Budgetierung in administrativen Bereichen, wie dem Personalwesen, dem Marketing oder dem Rechnungswesen, gibt es Weiterentwicklungen der traditionellen Budgetierung:

Weiterentwicklungen der Budgetierung

Gemeinkosten-Wertanalyse (GWA)
Bei diesem von der Unternehmensberatung *McKinsey* entwickelten Verfahren wird die aus der Forschung und Entwicklung bekannte Methode der Wertanalyse auf administrative Bereiche übertragen. Dabei wird für jede Kostenstelle hinterfragt, welchen Wert die dort erbrachten Leistungen für das Unternehmen haben, welches Budget dieser Kostenstelle dementsprechend zugeordnet werden sollte und welche Einsparmöglichkeiten es erforderlichenfalls gibt, um dieses Budget zu erreichen.

Zero-Base-Budgeting (ZBB)
Beim Zero-Base-Budgeting werden alle Leistungen der Kostenstellen von Grund auf infrage gestellt, also quasi kein Budget beziehungsweise »Zero« (Null) zur Verfügung gestellt. Um dann ein Budget zu erhalten, muss begründet werden, warum und wofür ein Budget gebraucht wird. Dazu werden von jeder Kostenstelle sogenannte Entscheidungspakete mit durchzuführenden Tätigkeiten und entsprechenden Kosten definiert und in eine Reihenfolge hinsichtlich ihrer Bedeutung für die Zielerreichung gebracht. Jedem Entscheidungspaket werden zudem Leistungsstufen mit den dazu benötigten Budgets zugeordnet, also beispielsweise mit welchem Budget kann eine Minimalleistung erbracht werden, mit welchem Budget eine Normalleistung. Von Seiten der Unternehmensführung ist dann zu entscheiden, welche der Entscheidungspakete durchgeführt werden sollen und falls ja, in welcher Leistungsstufe dies erfolgen soll.

> **Fallbeispiel 9-3** **Budgetierung bei einem Automobilhersteller**
> ▶▶▶ Im Bereich Personalbeschaffung wären für die *Speedy GmbH* beispielsweise folgende Entscheidungspakete denkbar:
> - Teilnahme an einem Absolventenkongress, Kosten: 15 000,00 Euro, Nutzen: Kontakt zu 500 Absolventen,
> - Schalten eines Banners auf einer geeigneten Internetplattform,
>   Kosten: 6 000,00 Euro, Nutzen: Kontakt zu 8 000 Interessenten.
>
> Aufgrund des besseren Kosten-Nutzen-Verhältnisses wird beschlossen, einen Banner zu schalten. Dies soll allerdings nicht das ganze Jahr erfolgen, sondern nur 6 Monate und damit für 3 000,00 Euro. ◀◀◀

9.3 Kontrolle

Im Rahmen des betrieblichen Führungsprozesses sind die Planung und die Kontrolle untrennbar miteinander verbunden. Der Satz »Planung ohne Kontrolle ist sinnlos, Kontrolle ohne Planung unmöglich« macht dies deutlich (*Wild, J.* 1982: Seite 44). Grund dafür ist, dass Pläne im Allgemeinen mit Unsicherheiten verbunden sind. Für die zielgerichtete Führung eines Unternehmens ist es deshalb unerlässlich, die Zielerreichung laufend zu überprüfen, entstandene Planabweichungen aufzudecken und auf ihre Ursachen hin zu analysieren. An dieser Stelle setzen die Maßnahmen der Kontrolle an.

> **Kontrolle** ist ein systematischer Prozess zur Ermittlung und Analyse von Abweichungen zwischen geplanten Soll- und prognostizierten Wird- oder realisierten Ist-Werten.

9.3.1 Kontrollarten

Abhängig davon, welche Größen verglichen werden, können insbesondere folgende Arten der Kontrolle unterschieden werden (vergleiche *Macharzina, K.* 2003: Seite 373 ff., *Pfohl, H.-C.* 1981: Seite 59 ff., *Schierenbeck, H.* 1993: Seite 89, *Schweitzer, M.* 1993: Seite 96 f.):

Arten der Kontrolle

Soll-Wird-Vergleich: Planfortschrittskontrolle
Als Soll-Wird-Vergleich stellen Planfortschrittskontrollen nach bestimmten Planabschnitten (sogenannten **Milestones** oder **Checkpoints**) den vorgegebenen Zielgrößen bereits während der Planperiode die prognostizierten Wird-Größen der späteren Planrealisierung gegenüber. Dadurch können mögliche Störgrößen rechtzeitig entdeckt und potenzielle Soll-Ist-Abweichungen vermieden werden.

Soll-Ist-Vergleich: Ergebniskontrolle
Am Ende der Planrealisierung steht die Ergebniskontrolle in Form eines Soll-Ist-Vergleichs. Diese ermöglicht Aussagen über den Grad der Planerfüllung. Als Ex-post-Kontrolle repräsentiert die Ergebniskontrolle dabei die »traditionelle« Sichtweise der Kontrollfunktion im Unternehmen. Die Resultate der Ergebniskontrolle stellen gemeinsam mit den Erkenntnissen der im Abweichungsfall durchzuführenden Ursachenanalyse wichtige Rückkopplungsinformationen für die Steuerung des Unternehmensgeschehens dar.

Weitere Kontrollarten sind die **Zielkontrolle**, die der Überprüfung dient, ob realistische Ziele gewählt wurden, und die **Prämissenkontrolle**, die der Überprüfung dient, ob bei der Planung von den richtigen Prämissen ausgegangen wurde.

9.3.2 Aufgaben der Kontrolle

Die im Rahmen des Planungsprozesses aufgestellten Pläne sind im Allgemeinen mit Unsicherheiten verbunden, die eine exakte Planerfüllung fast unmöglich machen. Damit hat die Kontrolle einige wichtige Aufgaben für die Unternehmensführung (vergleiche *Macharzina, K.* 2003: Seite 370 ff.):

Beobachtungs- und Abbildungsfunktion
Durch die Ermittlung der Leistungsergebnisse, die als Folge der im Rahmen der Planung getroffenen Entscheidungen eingetreten sind, werden wichtige Informationen für zukünftige Planungsprozesse gewonnen.

Beurteilungsfunktion
Erst durch den Vergleich mit einer normierten Größe können die tatsächlich erreichten Leistungsergebnisse objektiv bewertet und hinsichtlich ihres Wirkungspotenzials eingeschätzt werden.

Präventivfunktion
Die systematische Überwachung der Leistungsergebnisse führt auch dazu, dass die Unternehmensmitglieder im Bewusstsein der bevorstehenden Kontrollmaßnahmen ihr Verhalten stärker an den festgelegten Zielen ausrichten und dadurch verhaltensbedingte Planabweichungen weitgehend vermieden werden können.

Fallbeispiel 9-4 **Abweichungsanalyse bei einem Automobilhersteller**
▶▶▶ Im vergangenen Geschäftsjahr hat die *Speedy GmbH* ihr Ergebnisziel nicht erreicht. Anstatt ein Ergebnis vor Steuern in Höhe von 15 Millionen Euro (Soll-Wert) zu erzielen, belief sich das tatsächliche Ergebnis vor Steuern auf lediglich 12,2 Millionen Euro (Ist-Wert). Im Rahmen ihrer Planungssitzung setzt sich die Geschäftsführung mit der Frage auseinander, welche Ursachen zu der Ergebnisdifferenz von − 2,8 Millionen Euro geführt haben. Dazu hat der Geschäftsführer, *Dr. Scharrenbacher*, den Leiter des Finanzwesens beauftragt, eine Abweichungsanalyse durchzufüh-

ren und die Soll-Ist-Überleitung zu erläutern. *Manfred Kolb* präsentiert in der Planungsrunde das in der ↗ Abbildung 9-21 dargestellte Ergebnis:

- Nach seiner Analyse ist ein Betrag von – 0,8 Mill. Euro auf sogenannte Mengen- und Struktureffekte zurückzuführen. Das bedeutet einerseits, dass die geplanten Absatzstückzahlen nicht erreicht wurden. Andererseits gab es zwischen den einzelnen Produktgruppen offenbar strukturelle Verschiebungen, die sich ebenfalls negativ auf das Ergebnis ausgewirkt haben. So wurden beispielsweise von dem Produkt »*Speedster Family*«, das aufgrund seiner preislichen Positionierung im Markt nur einen geringen Ergebnisbeitrag erbringt, mehr Fahrzeuge als geplant abgesetzt. Demgegenüber blieb der Absatz des »*Speedster Off-Road*« (hoher Ergebnisbeitrag) deutlich hinter den Erwartungen zurück.
- Aufgrund des starken Wettbewerbs im Segment der familienfreundlichen Fahrzeuge musste zudem der Preis des »*Speedster Family*« im vergangenen Geschäftsjahr zweimal gesenkt werden. Dies bewirkte einen negativen Preiseffekt von – 0,4 Millionen Euro.
- Besonders negativ wirkte sich die Erhöhung der Fertigungskosten um 2,0 Mill. Euro auf das Ergebnis aus. Die Kostensteigerung ergab sich aufgrund von ungeplanten Ersatzinvestitionen in der *Speedster Off-Road*-Produktion, die allerdings zwingend erforderlich waren, um die gewünschte Produktqualität in diesem Premium-Segment sicherzustellen.
- Schlussendlich gab es wenigstens einen positiven ergebniswirksamen Effekt, wie Finanzchef *Kolb* nicht ohne Stolz vermerkt: Durch sein Verhandlungsgeschick gegenüber den Fremdkapitalgebern der *Speedy GmbH* konnten die Finanzierungskosten im letzten Geschäftsjahr um 0,4 Millionen Euro gesenkt werden. ◂◂◂

Abb. 9-21

Soll-Ist-Überleitung als Ergebnis einer Abweichungsanalyse

9.4 Informationsversorgung

9.4.1 Berichtswesen

Die Planung und die Kontrolle eines Unternehmens beruhen auf Informationen. Sie bilden in der heutigen Zeit einen wesentlichen Produktionsfaktor, ja sogar die Unternehmensressource schlechthin (vergleiche *Macharzina, K.* 2003: Seite 774).

> **Informationen** sind zweckgerichtetes Wissen.

Die Koordination der Versorgung mit Informationen ist die zweite Hauptaufgabe des Controllings. Im Rahmen dieser Koordination ist festzulegen, wer welche Informationen in welchem Verdichtungsgrad zu welchem Zeitpunkt erhält (vergleiche *Horváth, P.* 1991: Seite 347). Die Durchführung der Informationsversorgung erfolgt dabei durch das Berichtswesen beziehungsweise das **Reporting**. Dieses hat im Einzelnen die Aufgaben (vergleiche *Jung, H.* 2003: Seite 139 ff.):

▸ der **Informationserstellung**, also die Erfassung und die Aufbereitung von Informationen aus dem Unternehmen und erforderlichenfalls seinem näheren und weiteren Umfeld und

▸ der gezielten **Weiterleitung** dieser Informationen an das Management zur Informationsverwendung.

Aufgaben des Berichtswesens

Die Informationen werden dabei in der Regel in Form von Berichten aufbereitet. In Abhängigkeit von der Verwendung der Informationen lassen sich folgende Berichtsarten unterscheiden:

Berichtsarten

Standardberichte
Standardberichte werden in gleicher Form mit gleichen Inhalten in regelmäßigen Zeitabständen für das Management erstellt. Die Inhalte der Berichte werden dabei einmalig im Rahmen einer Informationsbedarfsanalyse ermittelt. Typische Berichtszeiträume sind Wochen, Monate, Quartale und Jahre.

Fallbeispiel 9-5   **Standardberichte bei einem Automobilhersteller**
▸▸▸ So erhält beispielsweise das Produktionsmanagement der *Speedy GmbH* regelmäßig Informationen über die aktuellen Produktionszahlen, das Management des Personalbereichs Informationen über die Personalzu- und -abgänge und das Management des Marketingbereichs Informationen über die Produktverkäufe. ◂◂◂

Abweichungsberichte
Abweichungsberichte werden ebenfalls in der Regel in standardisierter Form und mit standardisierten Inhalten erstellt. Sie erfolgen aber erst bei Über- oder Unterschreitung bestimmter Toleranzwerte und damit unregelmäßig. Die Inhalte der Abweichungsberichte werden normalerweise einmalig im Vorfeld festgelegt. Abweichungsberichte sollen im Sinne eines Regelkreises Maßnahmen des Managements auslösen, um den festgestellten Abweichungen entgegenzuwirken. Typische Abweichungen,

Wirtschaftspraxis 9-7

Der Ampel-Bericht

In der *Siemens AG* wurde zur Steuerung der 100 Geschäftseinheiten im Jahr 2005 ein neues Berichtssystem eingeführt, das die Rentabilität der Geschäftseinheiten darstellt. Die Zielvorgabe für die Umsatzrentabilität beträgt bei der *Siemens AG* 8 bis 11 Prozent. Die entsprechenden Berichte basieren auf den Farben einer Ampel. Grün bedeutet exzellente Rentabilität, Gelb befriedigende Rentabilität und bei Rot müssen die verantwortlichen Bereichsleiter vor den anderen Bereichsleitern ausführen, mit welchen Maßnahmen sie die Rentabilität steigern wollen.

Quellen: *Kleinfeld* steuert *Siemens* mit der Ampel, unter: www.faz.net, Stand: 04.07.2005; *Siemens* streicht weitere 1 000 Stellen, unter: www.faz.net, Stand: 28.04.2006.

die Berichte auslösen, sind zu hohe Kosten, zu niedrige Produktionszahlen oder zu niedrige Umsatzerlöse.

Fallbeispiel 9-6 **Abweichungsberichte im Marketing**
▶▶▶ Beispielsweise erhält das Management des Marketings der *Speedy GmbH* einen Bericht, wenn die monatlichen Auftragseingänge einen bestimmten Wert unterschreiten. Das Management versucht dann, etwa durch verstärkte Marketingaktivitäten, die Auftragseingänge wieder zu erhöhen. ◀◀◀

Bedarfsberichte
Bedarfsberichte werden auf Aufforderung des Managements für spezielle Zwecke erstellt. Sie sind nicht standardisiert. Häufig werden sie verfasst, wenn ein Problem auftritt und das Management ausführliche und detaillierte Informationen über das Problem und dessen Ursachen haben möchte.

Fallbeispiel 9-7 **Bedarfsberichte im Marketing**
▶▶▶ Da sich das Management des Marketings im vorgenannten Fallbeispiel nicht sicher ist, warum die Auftragseingänge so zurückgegangen sind, wird ein Controller beauftragt, einen Bericht zu erstellen, bei welchen Außendienstmitarbeitern, bei welchen Produkten und in welchen Absatzregionen es zu Rückgängen der Auftragseingänge kam. ◀◀◀

9.4.2 Kennzahlen und Kennzahlensysteme

9.4.2.1 Kennzahlen
Berichte basieren in der Regel zu großen Teilen auf Kennzahlen und deren grafischer Darstellung.

> **Kennzahlen** sind Zahlen, die betriebliche Sachverhalte in konzentrierter Form abbilden.

Hinsichtlich der Ermittlung lassen sich Kennzahlen folgendermaßen unterteilen (↗ Abbildung 9-22, zum Folgenden vergleiche *Jung, H.* 2003: Seite 154 ff.):

Abb. 9-22

Arten von Kennzahlen

Vergleiche *Jung, H.* 2003: Seite 155

Absolute Kennzahlen

Absolute Kennzahlen sind Einzelwerte oder Werte, die durch Addition, Subtraktion oder durch Mittelung gebildet werden. Die absoluten Kennzahlen lassen sich entsprechend weiter unterteilen in:

- **Einzelwerte**, so beispielsweise den Umsatzerlös eines Monats,
- **Summen**, so beispielsweise die Summen der Umsatzerlöse der letzten zwölf Monate,
- **Differenzen**, so beispielsweise die absolute Veränderung der Umsatzerlöse zwischen zwei Jahren, und
- **Mittelwerte**, so beispielsweise der durchschnittliche Umsatzerlös der letzten zwölf Monate.

Verhältniszahlen

Bei Verhältniszahlen werden absolute Kennzahlen durcheinander dividiert und damit in Beziehung zueinander gesetzt. Die Verhältniszahlen lassen sich unterteilen in:

- **Gliederungszahlen**, die eine Teilgröße zu einer Gesamtgröße ins Verhältnis setzen, so beispielsweise der Umsatzerlös eines Geschäftsbereichs zum Gesamtumsatzerlös des Unternehmens,
- **Indexzahlen**, die die relative beziehungsweise prozentuale Entwicklung einer Größe aufzeigen, so beispielsweise die prozentuale Veränderung des Umsatzerlöses zwischen zwei Jahren, und
- **Beziehungszahlen**, die zwei absolute Kennzahlen durcheinander dividieren, die in einer bestimmten sachlichen Beziehung zueinander stehen, so beispielsweise der Umsatzerlös je Mitarbeiter.

9.4.2.2 Kennzahlensysteme

In Kennzahlensystemen werden verschiedene Kennzahlen im Hinblick auf eine bestimmte Zielsetzung zueinander in Beziehung gesetzt (vergleiche *Jung, H.* 2003: Seite 161 ff.). Mit dem ROI- und *ZVEI*-Kennzahlensystem sowie der Balanced-Scorecard werden nachfolgend drei der bekanntesten Kennzahlensysteme vorgestellt, mit denen Unternehmen die entscheidungsrelevanten Informationen für ihre Führungskräfte aufbereiten können.

9.4.2.2.1 ROI-Kennzahlensystem

Das ROI-Kennzahlensystem wurde 1919 von dem Chemieunternehmen *DuPont* entwickelt. Es wird deshalb auch als **DuPont-Kennzahlensystem** bezeichnet. An der Spitze dieses Kennzahlensystems steht mit dem ROI beziehungsweise dem Return-on-Investment eine Rentabilitätskennzahl (↗ Abbildung 9-23). Der Return-on-Investment entspricht in seiner Definition im ROI-Kennzahlensystem der **Gesamtkapitalrentabilität** (vergleiche *Wöhe, G.* 2002: Seite 1070 f.). Anders als bei der ursprünglichen Version werden bei der Ermittlung des Return-on-Investment heute auch Fremdkapitalzinsen berücksichtigt. Bei *DuPont* wurde dies nicht gemacht, da das Unternehmen nicht mit verzinslichem Fremdkapital arbeiten durfte. Das Kennzahlensystem verdeutlicht den Einfluss der Erträge, der Aufwendungen, des Vermögens und des Kapitals auf die Rentabilität des in das Unternehmen investierten Kapitals. Es kann somit insbesondere für eine finanzwirtschaftlich orientierte Steuerung des Unternehmens verwendet werden (vergleiche *Jung, H.* 2003: Seite 163 f.).

Wirtschaftspraxis 9-8

Return-on-Investment und Umsatzrentabilität deutscher Unternehmen

Der Return-on-Investment und die Umsatzrentabilität gehören nach wie vor zu den wichtigsten Kennzahlen zur Steuerung und Beurteilung von Unternehmen. Das *Institut für Wirtschaftsprüfung* der *Universität des Saarlandes* hat diese Kennzahlen deshalb für eine Reihe großer deutscher Unternehmen ermittelt:

- Die analysierten Unternehmen hatten einen durchschnittlichen Return-on-Investment von 7,8 Prozent. Spitzenreiter war der Sportartikelhersteller *Puma AG* mit einem Return-on-Investment von 40 Prozent,

 Schlusslicht der Arzneimittelhersteller *Evotec AG* mit –66,9 Prozent.
- Die Umsatzrentabilität der *DAX*-Unternehmen lag zwischen 17,6 Prozent, die von der *SAP AG* erreicht wurde, und –4,6 Prozent, die von der *Infineon Technologies AG* erzielt wurde.

Quellen: Deutschlands Top-Konzerne, in: Handelsblatt, Nummer 161 vom 22.08.2005, Seite 11; Umsatzrendite der Dax-Unternehmen 2000/2004/2005, unter: www.handelsblatt.com, Stand: 20.03.2006.

Zwischenübung Kapitel 9.4.2.2.1

Welcher Return-on-Investment und welche Umsatzrentabilität ergeben sich, wenn Umsatzerlösen von 800 000,00 Euro variable Kosten von 450 000,00 Euro und fixe Kosten von 250 000,00 Euro gegenüberstehen und das Anlagevermögen 250 000,00 Euro und das Umlaufvermögen 500 000,00 Euro betragen (Hinweis: Zwischenergebnisse dienen der Selbstkontrolle).

9.4 Informationsversorgung

Deckungsbeitrag	
Gewinn	
Umsatzrentabilität	
Gesamtkapital	
Kapitalumschlag	
Return-on-Investment	13,3 %

Abb. 9-23
ROI-Kennzahlensystem

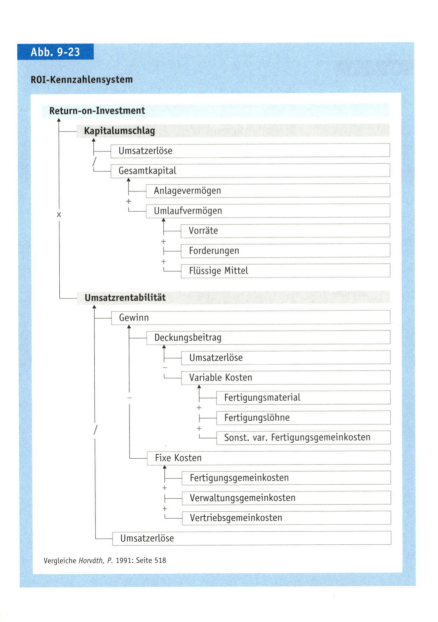

Vergleiche *Horváth, P.* 1991: Seite 518

9.4.2.2.2 ZVEI-Kennzahlensystem

Der *Zentralverband der Elektrotechnischen Industrie* (*ZVEI*) entwickelte 1969 mit dem *ZVEI*-Kennzahlensystem ein ebenfalls primär finanzwirtschaftlich orientiertes Kennzahlensystem zur Wachstums- und Strukturanalyse von Unternehmen, in dessen Mittelpunkt die Eigenkapitalrentabilität steht (↗ Abbildung 9-24):

Wachstumsanalyse
Im Rahmen der Wachstumsanalyse kann die zeitliche Veränderung von Größen, wie des Auftragsbestandes, der Umsatzerlöse, des Jahresüberschusses, des Cashflows, des Personalaufwands, der Wertschöpfung oder der Mitarbeiterzahl, analysiert werden.

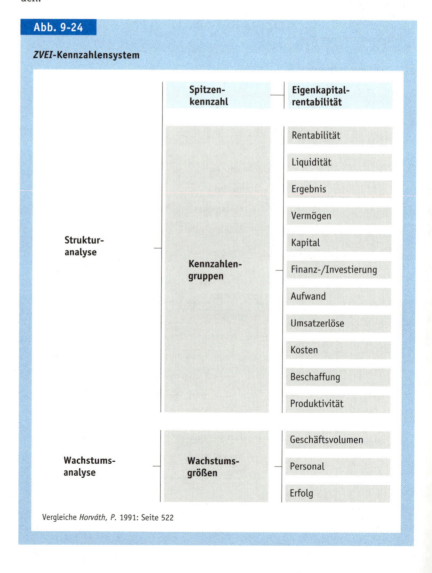

Abb. 9-24 ZVEI-Kennzahlensystem

Vergleiche *Horváth*, P. 1991: Seite 522

Strukturanalyse
Im Rahmen der Strukturanalyse werden die Einflussfaktoren auf die Eigenkapitalrentabilität analysiert. Dieser Teil ähnelt dem ROI-Kennzahlensystem. Im Vergleich zu diesem System lässt das *ZVEI*-Kennzahlensystem mit etwa 200 Kennzahlen aber wesentlich differenziertere Analysen zu (vergleiche *Horváth, P.* 1991: Seite 519 ff.).

9.4.2.2.3 Balanced-Scorecard

Die Balanced-Scorecard (englisch: ausbalancierte Kennzahlentafel) ist ein auf die beiden amerikanischen Wirtschaftswissenschaftler *Kaplan* und *Norton* zurückgehendes ganzheitliches Kennzahlensystem. *Kaplan* und *Norton* gehen davon aus, dass sich Unternehmen, um langfristig erfolgreich zu sein, nicht nur an finanzwirtschaftlichen Kriterien orientieren dürfen, wie dies die ROI- und *ZVEI*-Kennzahlensysteme tun. Stattdessen müssen sie für eine »ausbalancierte« Steuerung des Unternehmens die vier folgenden, sich gegenseitig beeinflussenden Perspektiven beachten (↗ Abbildung 9-25):

Perspektiven der Balanced-Scorecard

Wissensperspektive
Die Wissens- beziehungsweise Lern- und Entwicklungsperspektive beschreibt die Ziele des Unternehmens im Hinblick auf das im Unternehmen vorhandene Wissen und die Weiterentwicklung dieses Wissens. Im Mittelpunkt stehen dabei die Mitarbeiter mit ihrer Qualifikation und Motivation sowie die Innovations- und Änderungsfähigkeit des Unternehmens. Messgrößen sind beispielsweise Kennzahlen wie die Fluktuationsrate, die Mitarbeiterzufriedenheit, die Aufwendungen für Weiterbildung oder das Durchschnittsalter der Produkte. Die Mitarbeiterqualifikation und -motivation wirken sich insbesondere auf die Durchführung der Prozesse im Unternehmen aus.

Prozessperspektive
Im Mittelpunkt der Prozessperspektive steht die Leistungserstellung des Unternehmens, also Innovations-, Produktions- und Marketingprozesse und deren Verbesserung in Bezug auf Kosten, Qualität und Zeit. Kennzahlen zur Messung der Prozessperspektive sind beispielsweise die Produktivität, die Ausschussquote oder die Entwicklungszeit. Die Beherrschung der Prozesse beeinflusst insbesondere die Kundenzufriedenheit.

Kundenperspektive
Die Kundenperspektive beschreibt die Ziele in Bezug auf die relevanten Kunden- und Marktsegmente. Die Kundenperspektive wird mit Kennzahlen wie dem Marktanteil, dem Anteil an Neukunden, der Kundenzufriedenheit oder der Kundentreue quantifiziert. Die erreichte Kundenzufriedenheit hat letztendlich großen Einfluss auf die Erreichung der finanziellen Ziele.

Finanzperspektive
Die Finanzperspektive beschreibt die finanziellen Ziele des Unternehmens. Auch innerhalb der Balanced-Scorecard sind die Finanzziele den anderen Zielen übergeordnet. Kennzahlen zur Messung der Finanzperspektive sind zumeist klassische

9.4 Controlling
Informationsversorgung

Abb. 9-25

Aufbau einer Balanced-Scorecard

Finanzielle Perspektive
Finanzielle Kennzahlen, z. B. Return-on-Investment

Kundenperspektive
Kennzahlen zu Kunden- und Marktsegmenten, z. B. Marktanteile

Prozessperspektive
Kennzahlen zur Leistungserstellung, z. B. Durchlaufzeiten

Wissensperspektive
Kennzahlen zur Wissensentwicklung, z. B. Weiterbildung

Vergleiche *Hahn, D.* 1998: Seite 574

Wirtschaftspraxis 9-9

Die Balanced-Scorecard des VfB

Der Fußball-Bundesligist *VfB Stuttgart* führte im Jahr 2004 das »Balanced Scorecard Planning System« oder kurz »Bal-Plan« als neues Steuerungsinstrument ein. Die Balanced-Scorecard umfasst 130 Kennzahlen in den vier Dimensionen »Wirtschaftliche Perspektive«, »Kundenperspektive«, »Sportliche Perspektive« und »Interne Prozess- und Potenzialperspektive«:

- Steuerungsgrößen der Dimension »Wirtschaftliche Perspektive« sind unter anderem der Umsatz, die Profitabilität, die eventuell um Spielertransfers bereinigte Liquidität, der Verschuldungsgrad, die beispielsweise durch die Kennzahl »Sportbudget zu erzielten Ligapunkten« gemessene Etat-Effizienz und die Wertsteigerung für die Aktionäre.
- Steuerungsgrößen der Dimension »Kundenperspektive« sind unter anderem die Stadionauslastung, der Anteil an Neukunden, der Catering-Umsatzerlös je Stadionbesucher und die Loyalität der Fans.
- Steuerungsgrößen der Dimension »Sportliche Perspektive« sind unter anderem der Tabellenplatz in der Meisterschaft, die in anderen Wettbewerben erreichten Runden, die beispielsweise durch die »durchschnittliche Beschäftigungsdauer« gemessene Trainerkontinuität und der unter anderem durch die »Summe der Marktwerte« gemessene Teamwert.
- Steuerungsgrößen der Dimension »Interne Prozess- und Potenzialperspektive« sind unter anderem die Talent-Scouting-Erfolgsquote, der Anteil der aus der eigenen Jugend in die Profi-Mannschaft übernommenen Spieler, die durchschnittliche Wartezeit in der Telefon-Hotline und die Management-Kontinuität.

Quelle: *Schönwitz, D.*: Die Geheimwaffe des VfB, in: Handelsblatt, Nummer 31 vom 13.02.2004, Seite k01.

Kennzahlen, wie die Umsatz- und die Eigenkapitalrentabilität, der Unternehmenswert, der Cashflow oder die Liquidität.

Kaplan und *Norton* empfehlen, die genannten vier Perspektiven durch nicht mehr als insgesamt 25 Kennzahlen abzubilden. Die Balanced-Scorecard ist in ihrer genauen Ausgestaltung nicht standardisiert. Vielmehr muss eine Anpassung an die speziellen Gegebenheiten des Unternehmens erfolgen, das sie einsetzt. Das Konzept der Balanced-Scorecard kann und soll auch nicht nur zur Steuerung des gesamten Unternehmens verwendet werden. Vielmehr ist an einen pyramidenartigen Einsatz in den untergeordneten Hierarchieebenen gedacht.

In den vier Perspektiven der Balanced-Scorecard spiegeln sich die Vorstellungen von *Kaplan* und *Norton* hinsichtlich der Erfolgsfaktoren von Unternehmen wider. Insofern lassen sich aus der Balanced-Scorecard auch Strategien ableiten (vergleiche *Jung, H.* 2003: Seite 173 f. und *Hahn, D.* 1998: Seite 574 f.)

Zusammenfassung Kapitel 9

- Planung und Kontrolle sind Teil des Führungsprozesses, der außerdem die Phasen Entscheiden und Realisieren umfasst.
- Das Controlling koordiniert sämtliche Planungs-, Kontroll- und Informationsaktivitäten zur Steuerung von Unternehmen.
- Planung ist ein systematischer Prozess, der dazu dient, die anzustrebenden Ziele festzulegen und zukünftige Probleme vorausschauend zu identifizieren und zu lösen.
- Hinsichtlich des Umfangs und des Zeithorizonts der Planung werden insbesondere die strategische, die taktische und die operative Planung unterschieden.
- Eine Strategie ist das rational geplante Entscheidungs-, Maßnahmen- und Verhaltensbündel, das der langfristigen Sicherung des Unternehmenserfolgs dient.
- Strategien werden in Unternehmens-, Geschäftsbereichs- und Funktionsbereichsstrategien unterteilt.
- Die Strategieformulierung kann ressourcen- oder marktorientiert erfolgen.
- Instrumente der ressourcenorientierten Strategieformulierung sind die SWOT-Analyse und die TOWS-Matrix, das Wertkettenmodell, das Benchmarking, die PIMS-Studie, das 7-S-Modell sowie der Kernkompetenzenansatz.
- Instrumente der marktorientierten Strategieformulierung sind die Branchenstrukturanalyse, die Szenariotechnik, das Marktwachstum-Marktanteil-Portfolio, die Marktattraktivität-Wettbewerbsvorteil-Matrix sowie der Shareholder-Value-Ansatz.
- Im Rahmen der operativen Planung werden aufeinander aufbauend Absatz-, Produktions-, Beschaffungs-, Personal-, Investitions-, Erfolgs- und Finanzpläne sowie Planbilanzen erstellt.
- Budgets sind Kostenvorgaben für Kostenstellen auf der Basis von Leistungsvorgaben.

- Kontrolle ist ein systematischer Prozess zur Ermittlung und Analyse von Abweichungen zwischen geplanten Soll- und tatsächlich realisierten Ist-Werten.
- Im Berichtswesen werden Informationen in Form von Standard-, Abweichungs- und Bedarfsberichten erstellt und weitergeleitet.
- Der Return-on-Investment und die Umsatzrentabilität sind wichtige Größen zur Steuerung von Unternehmen.
- Die Balanced-Scorecard bildet zusätzlich zu Finanzaspekten auch Prozess-, Wissens- und Kundenaspekte ab.

Weiterführende Literatur Kapitel 9

Controlling allgemein
Weber, J./Schäffer, U.: Einführung in das Controlling, Stuttgart.
Horváth, P.: Controlling, München.

Strategische Planung
Müller-Stewens, G./Lechner, C.: Strategisches Management: Wie strategische Initiativen zum Wandel führen, Stuttgart.
Mintzberg, H.: Strategy Safari, Heidelberg.

Kennzahlen
Reichmann, T.: Controlling mit Kennzahlen: Die systemgestützte Controlling-Konzeption mit Analyse- und Reportinginstrumenten, München.

Klassiker
Montgomery, C. A./Porter M. E. (Herausgeber): Strategie – Die brillanten Beiträge der weltbesten Strategie-Experten, Wien.
Oetinger, B. von (Herausgeber): Das Boston Consulting Group Strategie-Buch, Düsseldorf et al.

Weiterführende Internetverweise Kapitel 9

www.bcg.de: Internetseite der Unternehmensberatung *The Boston Consulting Group GmbH* mit vielen Artikeln zum strategischen Management.
www.handelsblatt.com/firmencheck: Internetseite der Zeitung *Handelsblatt* mit Kennzahlen großer deutscher Unternehmen.
www.isc.hbs.edu: Internetseite des von *Michael E. Porter* geleiteten *Institute for Strategy and Competitiveness* an der *Harvard Business School*.
www.pimsonline.com: Internetseite des *Strategic Planning Institute* zur PIMS-Studie.
www.strategylab.ch: Internetseite des *Instituts für Betriebswirtschaft* der *Universität St. Gallen* zum strategischen Management.

Schlüsselbegriffe Kapitel 9

- Führungsprozess
- Planung
- Unternehmensstrategie
- Strategieformulierung
- Ressourcenorientierung
- Marktorientierung
- SWOT-Analyse/TOWS-Matrix
- Wertkettenmodell
- Benchmarking
- PIMS
- 7-S-Modell
- Kernkompetenz
- Branchenstruktur
- Szenario
- Marktwachstum-Marktanteil-Portfolio
- Produktlebenszyklus
- Erfahrungskurve
- Marktattraktivität-Wettbewerbsvorteil-Matrix
- Shareholder-Value
- Budget
- Kontrolle
- Bericht
- Kennzahl
- Return-on-Investment
- Umsatzrentabilität
- Balanced-Scorecard

Fragen Kapitel 9

Frage 9-1: *Definieren Sie den Begriff »Controlling«.*
Frage 9-2: *Erläutern Sie, in welchen vier Phasen der Führungsprozess verläuft.*
Frage 9-3: *Erläutern Sie, welche drei Aufgaben das Controlling hat.*
Frage 9-4: *Definieren Sie den Begriff »Planung«.*
Frage 9-5: *Erläutern Sie, welche Merkmale die strategische, die taktische und die operative Planung aufweisen.*
Frage 9-6: *Erläutern Sie, welche drei Formen der hierarchischen Plankoordination unterschieden werden.*
Frage 9-7: *Erläutern Sie den Unterschied zwischen der sukzessiven und der simultanen Planung.*
Frage 9-8: *Erläutern Sie den Unterschied zwischen der starren und der flexiblen Planung.*
Frage 9-9: *Erläutern Sie, was unter der rollenden Planung verstanden wird.*
Frage 9-10: *Definieren Sie den Begriff »Strategie«.*
Frage 9-11: *Erläutern Sie, was unter einer Unternehmensstrategie verstanden wird.*
Frage 9-12: *Erläutern Sie, was unter Funktions- und Geschäftsbereichsstrategien verstanden wird.*
Frage 9-13: *Nennen Sie die vier Schritte der strategischen Planung.*
Frage 9-14: *Erläutern Sie, worin sich die ressourcen- von der marktorientierten Strategieformulierung unterscheidet.*
Frage 9-15: *Nennen Sie mindestens vier Modelle der ressourcenorientierten Strategieformulierung.*
Frage 9-16: *Erläutern Sie die Struktur der SWOT-Analyse.*
Frage 9-17: *Erläutern Sie die vier Strategien gemäß der TOWS-Matrix.*
Frage 9-18: *Erläutern Sie die Struktur des Wertkettenmodells.*
Frage 9-19: *Erläutern Sie, wofür das Wertkettenmodell dient.*
Frage 9-20: *Erläutern Sie, wofür das Benchmarking dient.*

Controlling
Fragen Kapitel 9

Frage 9-21: *Erläutern Sie, welche drei Arten des Benchmarkings es gibt.*
Frage 9-22: *Erläutern Sie, was unter Best-Practices verstanden wird.*
Frage 9-23: *Erläutern Sie, was in der PIMS-Studie untersucht wird.*
Frage 9-24: *Erläutern Sie die Struktur des 7-S-Modells.*
Frage 9-25: *Erläutern Sie, was das 7-S-Modell besagt.*
Frage 9-26: *Definieren Sie den Begriff »Kernkompetenz«.*
Frage 9-27: *Erläutern Sie, was der Kernkompetenzenansatz besagt.*
Frage 9-28: *Nennen Sie mindestens vier Modelle der marktorientierten Strategieformulierung.*
Frage 9-29: *Definieren Sie den Begriff »Branche«.*
Frage 9-30: *Erläutern Sie, welche fünf Kräfte in der Branchenstrukturanalyse analysiert werden.*
Frage 9-31: *Erläutern Sie, wofür die Branchenstrukturanalyse dient.*
Frage 9-32: *Erläutern Sie, worin sich Prognosen und Szenarien unterscheiden.*
Frage 9-33: *Nennen Sie die drei Szenarien, die bei Anwendung der Szenariotechnik normalerweise erstellt werden.*
Frage 9-34: *Erläutern Sie die Struktur des Marktwachstum-Marktanteil-Portfolios.*
Frage 9-35: *Erläutern Sie, worin sich das Marktwachstum-Marktanteil-Portfolio von dem Kernkompetenzenansatz unterscheidet.*
Frage 9-36: *Erläutern Sie, welche Normstrategien es im Marktwachstum-Marktanteil-Portfolio gibt.*
Frage 9-37: *Erläutern Sie die sechs Phasen, in denen ein typischer Produktlebenszyklus verläuft.*
Frage 9-38: *Erläutern Sie, was unter einem Relaunch verstanden wird.*
Frage 9-39: *Erläutern Sie, was Erfahrungskurven besagen.*
Frage 9-40: *Erläutern Sie, worin sich dynamische von statischen Skaleneffekten unterscheiden.*
Frage 9-41: *Nennen Sie drei Ursachen von dynamischen Skaleneffekten.*
Frage 9-42: *Nennen Sie zwei Ursachen von statischen Skaleneffekten.*
Frage 9-43: *Erläutern Sie, welchen Einfluss Skaleneffekte darauf haben können, ob global oder lokal produziert wird.*
Frage 9-44: *Erläutern Sie, welchen Einfluss Skaleneffekte auf zwischenbetriebliche Verbindungen haben können.*
Frage 9-45: *Erläutern Sie die Struktur der Marktattraktivitäts-Wettbewerbsvorteil-Matrix.*
Frage 9-46: *Erläutern Sie, welche Zielsetzung beim Shareholder-Value-Ansatz verfolgt wird.*
Frage 9-47: *Nennen Sie mindestens fünf Einzelpläne der operativen Planung.*
Frage 9-48: *Nennen Sie die zwei Einzelpläne, auf die sich Absatzpläne primär auswirken.*
Frage 9-49: *Nennen Sie die drei Einzelpläne, auf die sich Produktionspläne primär auswirken.*
Frage 9-50: *Definieren Sie den Begriff »Budget«.*
Frage 9-51: *Erläutern Sie, wie bei der Budgetierung vorgegangen wird.*
Frage 9-52: *Nennen Sie die drei Arten des Budgetabgleichs.*

Frage 9-53: *Erläutern Sie, welche besonderen Ausprägungen der Budgetierung es gibt.*
Frage 9-54: *Definieren Sie den Begriff »Kontrolle«.*
Frage 9-55: *Erläutern Sie die zwei wichtigsten Arten der Kontrolle.*
Frage 9-56: *Definieren Sie den Begriff »Information«.*
Frage 9-57: *Erläutern Sie, welche drei Arten von Berichten es gibt.*
Frage 9-58: *Definieren Sie den Begriff »Kennzahl«.*
Frage 9-59: *Erläutern Sie, welche zwei Arten von Kennzahlen es gibt.*
Frage 9-60: *Erläutern Sie die drei Arten von Verhältniszahlen.*
Frage 9-61: *Nennen Sie ein Synonym zum Begriff ROI-Kennzahlensystem.*
Frage 9-62: *Erläutern Sie, welche zwei Analysen mittels des ZVEI-Kennzahlensystems durchgeführt werden können.*
Frage 9-63: *Erläutern Sie, welche vier Perspektiven die Balanced-Scorecard umfasst.*

Fallstudie Kapitel 9

Die Geschäftsführung der Speedy GmbH will im nächsten Monat eine Klausursitzung zur zukünftigen Strategie des Unternehmens durchführen. Herr Dr. Scharrenbacher bittet Sie deshalb, ihn bei der Vorbereitung dieser Sitzung zu unterstützen. Er möchte auf der Sitzung verschiedene Ansätze für die Speedy GmbH diskutieren.

Fallstudie 9-1: Kernkompetenzen
Überlegen Sie, über welche Kernkompetenzen Automobilhersteller typischerweise verfügen. Welche Kernkompetenzen könnte demgegenüber die Speedy GmbH haben? Welche Kernkompetenzen sollte die Speedy GmbH zukünftig noch entwickeln, und welche Kernprodukte und Geschäfte könnte die Speedy GmbH aus ihren Kernkompetenzen zukünftig ableiten? Stellen Sie die Ergebnisse Ihrer Überlegungen grafisch dar.

Fallstudie 9-2: Branchenstrukturanalyse
Führen Sie für den neuen Speedster Off-Road eine Branchenstrukturanalyse durch. Was ist in dieser Branche Ihrer Meinung nach die stärkste Wettbewerbskraft? Welche Strategie leiten Sie daraus für die Speedy GmbH ab? Stellen Sie die Ergebnisse Ihrer Überlegungen grafisch dar.

Fallstudie 9-3: Marktwachstum-Marktanteil-Portfolio
Ordnen Sie die Produkte der Speedy GmbH den Feldern des Marktwachstum-Marktanteil-Portfolios zu und stellen Sie das Ergebnis grafisch dar (Hinweis: Hierzu relevante Angaben zur Speedy GmbH finden Sie insbesondere in den Kapiteln Grundlagen sowie Externes und Internes Rechnungswesen). Welche Strategien leiten Sie daraus für die Speedy GmbH ab? Ermitteln Sie zum Vergleich das Marktwachstum-Marktanteil-Portfolio eines wirklichen Automobilherstellers.

Fallstudie 9-4: Marktattraktivität-Wettbewerbsvorteil-Matrix
Ordnen Sie die Produkte der Speedy GmbH den Feldern der Marktattraktivität-Wettbewerbsvorteil-Matrix zu, und stellen Sie das Ergebnis grafisch dar. Welche Strategien

leiten Sie daraus für die Speedy GmbH ab? Stellen Sie zum Vergleich die Bereiche eines wirklichen Automobilherstellers in der Marktattraktivität-Wettbewerbsvorteil-Matrix dar.

Fallstudie 9-5: Kennzahlensystem
Für die monatlichen Berichte an die Geschäftsführung hätte Dr. Scharrenbacher zudem gerne ein Kennzahlensystem, mit dem er schnell einen Überblick über den aktuellen Zustand der Speedy GmbH erhält. Welche Kennzahlen würden Sie in einer Balanced-Scorecard für die Speedy GmbH aufführen?
Stellen Sie zusätzlich die Finanzdaten der Speedy GmbH in einem ROI-Kennzahlensystem dar. Ergänzen Sie dazu die nachfolgende Tabelle, die die Daten der Speedy GmbH für das Geschäftsjahr 0001 enthält (vergleiche zu den Daten ↗ Kapitel 10 Externes Rechnungswesen und ↗ Kapitel 11 Internes Rechnungswesen).

Fertigungsmaterial	498 200,00 €
Fertigungslöhne	66 650,00 €
Variable Kosten	
Umsatzerlöse	1 150 000,00 €
Deckungsbeitrag	
Fertigungsgemeinkosten inkl. Materialgemeinkosten	300 344,00 €
Verwaltungsgemeinkosten	116 271,00 €
Vertriebsgemeinkosten	41 986,00 €
Fixe Kosten	
Gewinn	
Umsatzrentabilität	
Umlaufvermögen	655 000,00 €
Anlagevermögen	335 000,00 €
Gesamtkapital	
Kapitalumschlag	
Return-on-Investment	12,8 %

Präsentieren Sie nachfolgend Ihre Ergebnisse. Untermauern Sie Ihre Überlegungen dabei zusätzlich mit Recherchen.

Lösungen Kapitel 9

Lösungshinweise zu den Rechnungen im Kapitel finden Sie unter folgender Internetadresse:
www.EinfuehrungInDieBetriebswirtschaftslehre.de/bwl-loesungshinweise.html

Studierende, deren Dozenten das Buch einsetzen, finden ausführliche passwortgeschützte Lösungen unter folgender Internetadresse:
www.EinfuehrungInDieBetriebswirtschaftslehre.de/bwl-loesungen.html

Das Passwort für die Lösungen erhalten Sie von Ihrem Dozenten:

Passwort:

Teil III
Rechnungs- und Finanzwesen

Abb. III-1

Einordnung des Rechnungs- und Finanzwesens in das 4-Ebenen-Modell der BWL

I Konstitutive Entscheidungen

- Entscheidungstheorie
  - Standortentscheidungen
  - Rechtsformentscheidungen
  - Zwischenbetriebliche Verbindungen

II Unternehmensführung

- Unternehmensverfassung
  - Organisation (Abläufe, Aufbau)
  - Personalmanagement (Einsatz, Führung)
  - Controlling (Planung, Kontrolle)

III Rechnungs- und Finanzwesen — Informationen — Nominalgüter

- Internes Rechnungswesen

IV Leistungserstellung — Realgüter

- Innovationsmanagement
- Beschaffung — Produktion — Marketing
- Logistik — Logistik

Lieferanten: Informationen, Aufträge, Dienstleistungen, RHB-Stoffe, Weitere Produktionsfaktoren, Waren

Kunden: Informationen, Aufträge, Dienstleistungen, Erzeugnisse, Waren

Produkte

Bedarfe — Bedarfe

Geld — **Investition** — **Finanzierung** — Geld

Steuern | Gewinne | Zinsen | Geld

Externes Rechnungswesen

Informationen — Informationen

Staat — **Eigen- und Fremdkapitalgeber**

Rechnungs- und Finanzwesen

Das Rechnungs- und das Finanzwesen bilden die dritte Ebene des diesem Buch zugrunde liegenden 4-Ebenen-Modells (↗ Abbildung III-1). Beide Bereiche haben die Nominalgüter, also das Geld zum Gegenstand und beide Bereiche stellen Schnittstellen zwischen der Ebene der Unternehmensführung und der Ebene der Leistungserstellung dar. Das Rechnungswesen bildet dabei in erster Linie die informationelle Schnittstelle:

> Gegenstand des **Rechnungswesens** ist die Ermittlung und die Bereitstellung von Informationen über monetäre Größen in Betrieben und die ihnen zugrunde liegenden mengenmäßigen Größen.

Das Finanzwesen dient hingegen in erster Linie der Umsetzung der Vorgaben der Unternehmensführung im Hinblick auf die Leistungserstellung:

> Gegenstand des **Finanzwesens** ist die Bereitstellung und Verwendung finanzieller Mittel.

Um Ihnen die wichtigsten Kenntnisse und Fertigkeiten im Hinblick auf das Rechnungs- und das Finanzwesens zu vermitteln, wurde der dritte Teil dieses Buchs in folgende Kapitel untergliedert:

- Im ↗ **Kapitel 10 Externes Rechnungswesen** werden wir uns zuerst damit beschäftigen, welche Informationen externen Stakeholdern zur Verfügung gestellt werden.
- Im ↗ **Kapitel 11 Internes Rechnungswesen** werden wir uns dann anschauen, wie die Informationen ermittelt werden, die die internen Stakeholder zur Steuerung von Unternehmen benötigen.
- Im ↗ **Kapitel 12 Finanzierung** werden wir darauf eingehen, welche Möglichkeiten Unternehmen haben, sich Geld zu beschaffen.
- Im ↗ **Kapitel 13 Investition** werden wir zuletzt betrachten, wie das Geld möglichst vorteilhaft in Unternehmen verwendet wird.

10 Externes Rechnungswesen

Kapitelnavigator

Inhalt	Lernziel
10.1 Grundlagen	10-1 Die Grundlagen des externen Rechnungswesens kennen.
10.2 Buchführung	10-2 Die Elemente und Vorgehensweisen bei der Buchführung kennen.
10.3 Jahresabschluss	10-3 Die Auswirkungen von Geschäftsvorfällen auf die Jahresabschlussrechnungen ermitteln können.
10.4 Internationale Rechnungslegung	10-4 Die Elemente der internationalen Rechnungslegung kennen.
10.5 Kennzahlen	10-5 Die wichtigsten Kennzahlen des externen Rechnungswesens kennen.

Zur Rechenschaftslegung gegenüber Externen ist es notwendig, alle monetär wirksamen betrieblichen Geschehnisse zu dokumentieren. Diese Aufgaben werden auf Basis der im Rechnungswesen ermittelten Informationen durchgeführt.

> Gegenstand des **externen Rechnungswesens** ist insbesondere die Ermittlung und die Bereitstellung von Informationen über wert- und mengenmäßige Größen, die benötigt werden, um Informationsadressaten außerhalb des Unternehmens über den Zustand und die Veränderungen von Unternehmen zu informieren.

Das externe Rechnungswesen wird synonym auch als **Finanz-** oder **Geschäftsbuchführung** bezeichnet. Es wendet sich insbesondere an folgende Informationsadressaten:
- Eigenkapitalgeber, wie Gesellschafter oder Aktionäre,
- Fremdkapitalgeber, wie Banken,
- Lieferanten und
- Finanzbehörden.

10.1 Grundlagen

10.1.1 Rechengrößen

Für das Verständnis der nachfolgenden Ausführungen ist es nötig, sich mit den Definitionen und der gegenseitigen Abgrenzung der Begriffspaare Auszahlungen und Einzahlungen, Ausgaben und Einnahmen sowie Aufwendungen und Erträge vertraut zu machen (↗ Abbildung 10-1 und 10-2, zum Folgenden vergleiche *Hummel, S./Männel, W.* 1995: Seite 61 ff. und *Jórasz, W.* 2003: Seite 33 ff.).

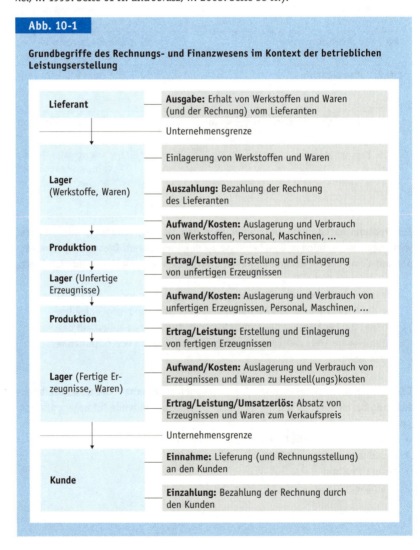

Abb. 10-1

Grundbegriffe des Rechnungs- und Finanzwesens im Kontext der betrieblichen Leistungserstellung

10.1.1.1 Aus- und Einzahlungen

Zur Beschreibung von Änderungen der flüssigen Mittel gibt es in der Betriebswirtschaftslehre zwei Rechengrößen, die Auszahlungen und die Einzahlungen:

> **Auszahlungen** bezeichnen Minderungen der flüssigen Mittel durch den Abgang von Bar- oder Buchgeld.

> **Einzahlungen** bezeichnen Mehrungen der flüssigen Mittel durch den Zugang von Bar- oder Buchgeld.

Bei den flüssigen Mitteln handelt es sich dabei um eine Bilanzposition, die das **Bargeld**, also materielle Zahlungsmittel, wie Münzen oder Geldscheine, und das **Buchgeld**, also insbesondere Guthaben auf Konten bei Kreditinstituten, umfasst.

Fallbeispiel 10-1   Aus- und Einzahlungen bei einem Automobilhersteller
▶▶▶ Zu einer Auszahlung kommt es beispielsweise, wenn die *Speedy GmbH* die Löhne und Gehälter an ihre Mitarbeiter überweist oder die Rechnung eines Zulieferers für Bleche bezahlt. Zu einer Einzahlung kommt es, wenn der Käufer eines *Speedster City* den Kaufpreis an die *Speedy GmbH* überweist. ◀◀◀

10.1.1.2 Ausgaben und Einnahmen

Eng verknüpft mit den Rechengrößen Auszahlungen und Einzahlungen sind die Rechengrößen Ausgaben und Einnahmen. Diese sind dabei begrifflich weiter gefasst, denn sie beziehen sich nicht nur auf die flüssigen Mittel, sondern zusätzlich auch auf liquiditätsnahe Mittel in Form von rechtlichen Ansprüchen auf Finanzmittel:

> **Ausgaben** bezeichnen Minderungen des aus den flüssigen Mitteln zuzüglich der Forderungen abzüglich der Verbindlichkeiten bestehenden Geldvermögens.

> **Einnahmen** bezeichnen Mehrungen des aus den flüssigen Mitteln zuzüglich der Forderungen abzüglich der Verbindlichkeiten bestehenden Geldvermögens.

Entsprechend dieser Definitionen kann es zu Ausgaben oder Einnahmen durch Auszahlungen oder Einzahlungen kommen oder durch die Entstehung und die Auflösung von Verbindlichkeiten und Forderungen, die sich beispielsweise bei der Beschaffung oder beim Verkauf durch den Übergang der wirtschaftlichen Verfügungsmacht bei Lieferungen und Leistungen ergeben.

Zwischen Einzahlungen und Einnahmen und Auszahlungen und Ausgaben gibt es dabei keine wertmäßigen Differenzen, sondern in bestimmten Fällen nur zeitliche Unterschiede. So erfolgt bei einem Barkauf beispielsweise die Ausgabe zum gleichen Zeitpunkt wie die Auszahlung. Bei einem Zielkauf, also einem Kauf mit einem Zielzeitpunkt bis zu dem gezahlt werden soll, erfolgt eine Ausgabe, wenn die Güter übergeben werden, und später eine Auszahlung, wenn die Güter bezahlt werden. Bei einer

Zeitliche Unterschiede zu Ein- und Auszahlungen

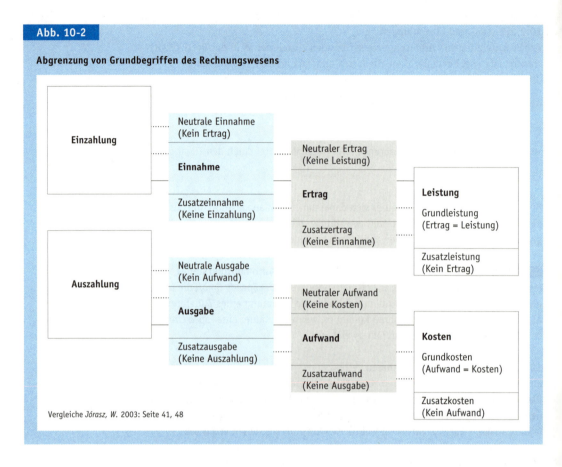

Abb. 10-2

Abgrenzung von Grundbegriffen des Rechnungswesens

Vergleiche Jórasz, W. 2003: Seite 41, 48

Vorauszahlung erfolgt schließlich erst eine Auszahlung und später, wenn die Güter übergeben werden, eine Ausgabe.

Fallbeispiel 10-2 Ausgaben und Einnahmen bei einem Automobilhersteller
▶▶▶ Zu einer Ausgabe kommt es beispielsweise, wenn die *Speedy GmbH* von einem Zulieferer Bleche geliefert bekommt, zu einer Einnahme, wenn ein Kunde der *Speedy GmbH* seinen neuen *Speedster City* abholt. ◀◀◀

10.1.1.3 Aufwendungen und Erträge

Aufwendungen bezeichnen Minderungen des Erfolges, die insbesondere auf den Verbrauch von Vermögensgegenständen oder auf Ausgaben für die Inanspruchnahme von Gütern zurückzuführen sind.

Erträge bezeichnen Mehrungen des Erfolges, die insbesondere auf die Herstellung von Vermögensgegenständen oder auf Einnahmen aus dem Verkauf oder der Bereitstellung von Gütern zurückzuführen sind.

Aufwendungen und Erträge beeinflussen den Erfolg von Unternehmen und somit indirekt immer die Bilanzposition »Eigenkapital«. Erträge und Aufwendungen sind deshalb insbesondere im Hinblick auf die Gewinn- und Verlustrechnung von Bedeutung.

Die Inanspruchnahme von Gütern und die Bereitstellung von Gütern kommen dabei beispielsweise bei der Vermietung oder bei der Inanspruchnahme von Krediten vor. Erträge aus dem Verkauf werden auch als Umsatzerlöse bezeichnet (vergleiche *Handelsgesetzbuch § 277, Absatz 1*):

> **Umsatzerlöse** bezeichnen in der Regel Erträge aus dem Verkauf von Gütern.

Fallbeispiel 10-3 **Aufwendungen und Erträge bei einem Automobilhersteller**
▶▶▶ Bei der *Speedy GmbH* entsteht beispielsweise ein Aufwand, wenn ein Teil der gekauften Bleche in die Automobile eingebaut und somit verbraucht wird oder wenn eine Maschine eingesetzt und damit verbraucht wird. Ein Ertrag entsteht beispielsweise durch die Erstellung eines *Speedster City*. Die Einnahmen durch den Absatz der *Speedster* und die Ausgaben für die Bleche werden dabei zur Bewertung der Erträge und Aufwendungen herangezogen. ◀◀◀

10.1.2 Einordnung

Das externe Rechnungswesen ist einer der zwei Teilbereiche des Rechnungswesens. Schnittstellen bestehen insbesondere zu folgenden Bereichen (↗ Abbildung 10-3):

- **Leistungserstellung:** Im externen Rechnungswesen wird die Leistungserstellung abgebildet. In der Bilanz sind davon die Posten des Umlaufvermögens betroffen, in der Gewinn- und Verlustrechnung die Posten des Betriebsergebnisses und in der Kapitalflussrechnung die Posten des Cashflows aus laufender Geschäftstätigkeit.
- **Finanzierung:** Im externen Rechnungswesen werden alle in Unternehmen ablaufenden Finanzierungsprozesse abgebildet. In der Bilanz sind davon die Posten des Eigen- und Fremdkapitals betroffen, in der Gewinn- und Verlustrechnung die Posten des Finanzergebnisses und in der Kapitalflussrechnung die Posten des Cashflows aus der Finanzierungstätigkeit.
- **Investition:** Im externen Rechnungswesen werden alle in Unternehmen ablaufenden Investitionsprozesse abgebildet. In der Bilanz sind davon die Posten des Anlagevermögens betroffen, in der Gewinn- und Verlustrechnung die Posten des Betriebs- und des Finanzergebnisses und in der Kapitalflussrechnung die Posten des Cashflows aus der Investitionstätigkeit.
- **Internes Rechnungswesen:** Das interne Rechnungswesen basiert weitgehend auf den Daten des externen Rechnungswesens.
- **Eigenkapitalgeber:** Die Informationen für die Eigenkapitalgeber und die an sie ausschüttbaren Gewinne werden im externen Rechnungswesen ermittelt.
- **Staat:** Die Informationen für den Staat und die zu zahlenden Steuern werden auf der Basis von Daten des externen Rechnungswesens ermittelt.

10.1 Externes Rechnungswesen
Grundlagen

Abb. 10-3
Einordnung des externen Rechnungswesens

10.1.3 Unterteilung

Das externe Rechnungswesen wird weiter in die Bereiche Buchführung und Jahresabschluss unterteilt (↗ Abbildung 10-4).

10.1.4 Aufgaben des externen Rechnungswesens

Die Dokumentationsaufgaben des externen Rechnungswesens umfassen die Durchführung der Buchführung und darauf aufbauend die Erstellung des Jahresabschlusses. Im Rahmen der Buchführung werden jedes Geschäftsjahr folgende Tätigkeiten durchgeführt (↗ Abbildung 10-5):

Vorgehensweise bei der Buchführung

Tätigkeiten zu Beginn des Geschäftsjahres

Zu Beginn des Geschäftsjahres, das bei den meisten Unternehmen mit dem Kalenderjahr übereinstimmt, wird die **Eröffnungsbilanz** aus der Schlussbilanz des Vorjahres abgeleitet. Basierend auf der Eröffnungsbilanz werden dann die Konten eröffnet.

Tätigkeiten während des Geschäftsjahres

Während des Geschäftsjahres werden die anhand von Belegen, wie Rechnungen, Materialentnahmescheinen oder Kontoauszügen, abgebildeten Geschäftsvorfälle des

Abb. 10-4
Teilbereiche des externen Rechnungswesens

Unternehmens aufgezeichnet, indem entsprechend auf den Bestands- und den Erfolgskonten gebucht wird. In der vollständigen und richtigen Erfassung aller Geschäftsvorfälle liegt dabei die Hauptaufgabe der Buchführung.

Tätigkeiten am Ende des Geschäftsjahres

Am Ende des Geschäftsjahres werden Erträge und Einnahmen sowie Aufwendungen und Ausgaben, die jeweils unterschiedlichen Geschäftsjahren zuzuordnen sind, zeitlich abgegrenzt.

Im Anschluss erfolgen im Rahmen einer **Inventur** zuerst eine mengenmäßige Bestandsaufnahme und dann eine Bewertung des gesamten Vermögens und der gesamten Schulden. Die daraus resultierende detaillierte Auflistung wird als **Inventar** bezeichnet. Das Inventar dient insbesondere dazu, falsche Buchbestände zu korrigieren.

Zum Schluss werden zuerst die Erfolgs- und dann die Bestandskonten abgeschlossen und aus dem resultierenden **Schlussbilanzkonto** die **Schlussbilanz** abgeleitet.

10.1 Externes Rechnungswesen
Grundlagen

Vorgehensweise bei der Erstellung des Jahresabschlusses

Parallel zur Buchführung wird im externen Rechnungswesen der Jahresabschluss des vorausgegangenen Geschäftsjahres erstellt. Die dabei durchzuführenden Tätigkeiten werden nachfolgend am Beispiel einer großen deutschen Aktiengesellschaft aufgezeigt (↗ Abbildung 10-5):

Aufstellung des Jahresabschlusses

Basierend auf den Informationen aus der Buchführung, wird innerhalb von drei Monaten nach dem Bilanzstichtag der unter anderem aus der Bilanz und der Gewinn- und Verlustrechnung bestehende Jahresabschluss und gegebenenfalls der Lagebericht aufgestellt. Diese nach Handelsgesetzbüchern erstellten Abschlussunterla-

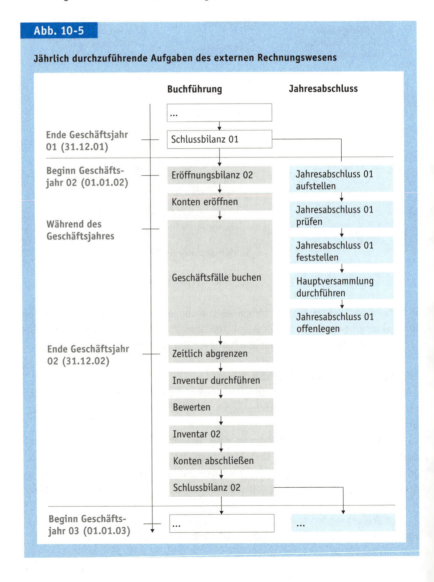

Abb. 10-5 Jährlich durchzuführende Aufgaben des externen Rechnungswesens

gen werden auch als **Handelsbilanz** bezeichnet. Aus ihnen wird nachfolgend die sogenannte **Steuerbilanz** abgeleitet, bei der insbesondere Erträge und Aufwendungen aufgrund der Steuergesetzgebungen anders als in der Handelsbilanz bewertet werden.

Bei Aktiengesellschaften kann zudem das Jahresergebnis nach erwarteten Steuern bereits bei der Aufstellung des Jahresabschlusses auf Beschluss des Vorstandes teilweise verwendet werden, indem Einstellungen in die Gewinnrücklagen erfolgen.

Prüfung und Feststellung des Jahresabschlusses

Im Anschluss an die Aufstellung des Jahresabschlusses wird dieser durch von der Hauptversammlung gewählte und vom Aufsichtsrat beauftragte Wirtschaftsprüfer kontrolliert, ein Prüfbericht erstellt und ein Bestätigungsvermerk erteilt. Diese Unterlagen werden zusammen mit dem Jahresabschluss dem Aufsichtsrat zur abschließenden Prüfung vorgelegt. Mit der Zustimmung des Aufsichtsrates ist der Jahresabschluss dann festgestellt.

Durchführung der Hauptversammlung

Innerhalb von acht Monaten nach dem Bilanzstichtag beruft der Vorstand eine Hauptversammlung ein, die den festgestellten Jahresabschluss und den Beschluss über die Verwendung des Jahresergebnisses entgegennehmen, bestätigen und über die Verwendung des verbleibenden Bilanzgewinns entscheiden muss.

Offenlegung des Jahresabschlusses

Um Externe zu informieren, wird der Jahresabschluss zuletzt vor Ablauf des neunten Monats nach dem Bilanzstichtag durch den Vorstand beim Bundesanzeiger zur Veröffentlichung eingereicht.

10.2 Buchführung

10.2.1 Gesetzliche Grundlagen

Durch eine Reihe von handels- und steuerrechtlichen Bestimmungen und durch die Grundsätze ordnungsgemäßer Buchführung wird sichergestellt, dass die Durchführung der Buchführung und die Aufstellung der Jahresabschlüsse gesetzeskonform und in einer standardisierten und damit vergleichbaren Form erfolgen (vergleiche *Schöttler, J./Spulak, R.* 1989: Seite 17 ff., *Schmolke, S./Deitermann, M.* 1998: Seite 7):

Handels- und steuerrechtliche Bestimmungen

Handelsrechtliche Bestimmungen

Das *Handelsgesetzbuch* §§ 238–263 enthält grundlegende Regelungen zur Buchführung. Ergänzende Vorschriften für Kapitalgesellschaften sind im *Handelsgesetzbuch* §§ 264–335 enthalten. Im *Handelsgesetzbuch* § 266 wird der Aufbau der Bilanz geregelt, im *Handelsgesetzbuch* § 275 der Aufbau der Gewinn- und Verlustrechnung.

Steuerrechtliche Bestimmungen
Die *Abgabenordnung* §§ 140 ff. enthält steuerrechtliche Regelungen zur Buchführung. Das Umsatzsteuergesetz und das Einkommensteuergesetz enthalten weitere Regelungen.

Weitere Bestimmungen
Das Aktiengesetz, das Gesetz betreffend die Gesellschaften mit beschränkter Haftung, das Gesetz betreffend die Erwerbs- und Wirtschaftsgenossenschaften und das Gesetz über die Rechnungslegung von bestimmten Unternehmen und Konzernen enthalten weitere, die Buchführung betreffende Vorschriften.

Ergänzend zu den vorgenannten gesetzlichen Bestimmungen haben sich in der Praxis die **Grundsätze ordnungsmäßiger Buchführung** (GoB) entwickelt. Mit diesen Regelungen wird insbesondere die Zielsetzung verfolgt, Anteilseigner, Gläubiger und Steuerbehörden vor Vermögensverlusten durch Fehlinformationen zu schützen. Dies gilt als gewährleistet, wenn die gesetzlichen Vorschriften beachtet werden und ein sachverständiger Dritter sich in angemessener Zeit allein einen Überblick über die Geschäftsvorfälle und die Lage des Unternehmens verschaffen kann (vergleiche *Handelsgesetzbuch* § 238 und *Abgabenordnung* § 145) Die folgenden wichtigen Grundsätze lassen sich unterscheiden (vergleiche *Schmolke, S./Deitermann, M.* 1998: Seite 11):

Grundsätze der ordnungsgemäßen Buchführung

- Die Buchführung muss **klar und übersichtlich** erfolgen. Dies beinhaltet insbesondere eine übersichtliche und systematische Organisation der Buchführung und des Jahresabschlusses. Dadurch sollen Dritte ohne großen Aufwand einen Überblick über zurückliegende Geschäftsvorfälle und die finanzielle Situation des Unternehmens erhalten können (*Handelsgesetzbuch* §§ 243 Absatz 2, 266, 275).
- Alle Geschäftsvorfälle müssen **ordnungsgemäß erfasst** werden. Dies umfasst eine fortlaufende, vollständige, richtige, verständliche, zeit- und sachgerechte Aufzeichnung (*Handelsgesetzbuch* § 238 Absatz 1, § 239 Absatz 2 und *Abgabenordnung* § 146 Absatz 1).
- Jede Buchung muss nach dem sogenannten **Belegprinzip** auf einem Beleg basieren.
- Die Unterlagen der Buchführung sind **ordnungsgemäß aufzubewahren**. Buchungsbelege müssen 6 Jahre aufbewahrt werden, Bücher und Jahresabschlüsse 10 Jahre (*Handelsgesetzbuch* § 257 und *Abgabenordnung* § 147 Absatz 2, 3).

10.2.2 Bücher

Während die Buchführung heute fast ausnahmslos über entsprechende Softwaresysteme erfolgt, wurde sie früher anhand von schriftlichen Eintragungen in Büchern durchgeführt. Aus dieser Zeit leitet sich auch die Bezeichnung »Buchführung« ab. Die Buchführung basiert auf folgenden Büchern (↗ Abbildung 10-6, zum Folgenden vergleiche *Schmolke, S./Deitermann, M.* 1998: Seite 91 ff.):

Abb. 10-6 In der Buchführung verwendete Bücher

Grundbuch/Journal
Das Grundbuch beziehungsweise Journal enthält eine zeitlich geordnete Auflistung der durchgeführten Buchungen. Es dient auch zur Vergabe von Nummern für die Durchnummerierung der Belege und damit der Belegsicherung.

Hauptbuch
Das Hauptbuch ist eine sachlich nach Konten geordnete Auflistung der durchgeführten Buchungen.

Nebenbücher
Die Nebenbücher enthalten ergänzende Informationen zu bestimmten Konten. Die wichtigsten Nebenbücher sind:
- die **Kontokorrentbücher**, die weiter aufgeteilt werden in die **Debitorenbücher**, die die Höhe und die Fälligkeit von Forderungen gegenüber Kunden ausweisen und die **Kreditorenbücher**, die die Verbindlichkeiten gegenüber Lieferanten ausweisen,
- die **Lagerbücher**, in denen alle Lagerbestände sowie Lagerzu- und -abgänge aufgezeichnet werden,
- die **Lohn- und Gehaltsbücher**, die die für das Rechnungswesen relevanten Informationen von jedem Arbeitnehmer enthalten, so das Gehalt, den Familienstand oder die vermögenswirksamen Leistungen, und
- die **Anlagenbücher**, in denen alle Sachanlagen des Betriebes mit ihren Inventarnummern, ihren Anschaffungskosten sowie den bisher durchgeführten Abschreibungen aufgeführt werden.

10.2.3 Konten

Die Buchführung erfolgt über die sogenannten Konten (von: conto, italienisch: Rechnung). Konten sind zweiseitige Rechnungen. Der aus historischen Gründen als **Soll** bezeichneten linken Seite steht auf der rechten Seite das **Haben** gegenüber. Aufgrund ihres Aussehens werden die entsprechenden Konten auch als **T-Konten** bezeichnet. Die Differenz aus den Beträgen auf den Soll- und den Haben-Seiten der Konten wird als **Saldo** bezeichnet. Der Saldo wird in der Regel erst zum Ende eines Geschäftsjahres ermittelt.

Kontobezeichnung

Die Kontobezeichnung erfolgt entsprechend dem verwendeten **Kontenrahmen** und umfasst in der Regel eine mindestens vierstellige Gliederungsnummer und eine ausgeschriebene Bezeichnung, wie beispielsweise »1800 Bank«. In Deutschland werden insbesondere die **Spezialkontenrahmen** (SKR) der *DATEV* oder der 1971 vom *Bundesverband der Deutschen Industrie* (*BDI*) herausgegebene **Industriekontenrahmen** (IKR) verwendet. Daneben bestehen noch andere Kontenrahmen wie der Einzel-

Abb. 10-7

Grundschema der Buchführung

handelskontenrahmen, der Großhandelskontenrahmen oder der Handwerkskontenrahmen, die von den entsprechenden Interessenvertretungen entwickelt wurden. Es werden drei Arten von Konten unterschieden (↗ Abbildung 10-7):

Kontenarten

Bestandskonten
Die Bilanz wird in Bestandskonten aufgelöst, auf denen die Veränderungen der einzelnen Bilanzpositionen während des Geschäftsjahres aufgezeichnet werden. Entsprechend dem Aufbau der Bilanz werden **Aktiv-** und **Passivkonten** unterschieden, so zum Beispiel das Aktivkonto »Bank« und das Passivkonto »Verbindlichkeiten«.

Erfolgskonten
Die Erfolgskonten leiten sich aus der Gewinn- und Verlustrechnung ab. Auf ihnen werden während des Geschäftsjahres Erträge und Aufwendungen aufgezeichnet. Entsprechend werden **Ertrags-** und **Aufwandskonten** unterschieden, so zum Beispiel das Ertragskonto »Umsatzerlöse« und das Aufwandskonto »Aufwendungen für Rohstoffe«. Die Salden aller Erfolgskonten werden in das Gewinn- und Verlustkonto übertragen, dessen Saldo wiederum den Gewinn oder den Verlust und damit den Erfolg des Geschäftsjahres ergibt.

Vortrags- und Abschlusskonten
Zusätzlich zu den Bestands- und den Erfolgskonten existieren Vortrags- und Abschlusskonten, die nur am Beginn und am Ende des Geschäftsjahres verwendet werden. Zur Eröffnung der Konten am Beginn des Geschäftsjahres wird das Konto **Saldenvorträge** verwendet, zum Abschließen der Konten am Ende des Geschäftsjahres das **Gewinn- und Verlust-** und das **Schlussbilanzkonto**.

10.2.4 Buchungen

Im Rahmen des sogenannten Buchens werden auf den Soll- und auf den Haben-Seiten der Konten während des Geschäftsjahres Eintragungen vorgenommen. Kennzeichnend für die **doppelte Buchführung** ist dabei, dass jeder Geschäftsvorfall mindestens zwei Konten betrifft und dass auf den Soll-Seiten der Konten immer gleich große Beträge eingetragen werden wie auf den Haben-Seiten. Ob Konten durch Eintragungen zu- oder abnehmen, hängt dabei von der Kontenart und der Seite ab, auf der die Eintragung erfolgt (↗ Abbildung 10-7 und 10-8).

Die Syntax der durchzuführenden Eintragungen wird als **Buchungssatz** bezeichnet. In Buchungssätzen werden zuerst die Konten aufgeführt, bei denen auf der Soll-Seite gebucht wird, und dann die Konten, bei denen auf der Haben-Seite gebucht wird. Der Buchungssatz für den Verbrauch von Rohstoffen für die Produktion würde also beispielsweise »Aufwendungen für Rohstoffe, 10 000,00 Euro an Rohstoffe, 10 000,00 Euro« lauten.

Abb. 10-8

Beispielhafte Buchung von Geschäftsvorfällen

Vorgang	Buchung
Barkauf von Rohstoffen für 10 000 € (ohne Berücksichtigung der Vorsteuer)	S Rohstoffe (Aktiv) H 10 000 | S Kasse (Aktiv) H | 10 000
Verbrauch von Rohstoffen für 10 000 € für die Produktion	S Aufwendungen Rohstoffe (Aufwand) H 10 000 | S Rohstoffe (Aktiv) H | 10 000
Einlagerung von fertigen Erzeugnissen für 20 000 € nach der Produktion	S Fertige Erzeugnisse (Aktiv) H 20 000 | S Bestandsveränderung (Ertrag) H | 20 000
Auslagerung von fertigen Erzeugnissen für 20 000 € für den Verkauf	S Bestandsveränderung (Aufwand) H 20 000 | S Fertige Erzeugnisse (Aktiv) H | 20 000
Barverkauf von fertigen Erzeugnissen für 30 000 € (ohne Berücksichtigung der Umsatzsteuer)	S Kasse (Aktiv) H 30 000 | S Umsatzerlöse (Ertrag) H | 30 000

10.3 Jahresabschluss

Der Jahresabschluss von Kapitalgesellschaften muss in Abhängigkeit von der Unternehmensgröße innerhalb von drei bis sechs Monaten nach Abschluss des Geschäftsjahres erstellt werden (↗ Tabelle 10-1). Da das Geschäftsjahr in der Regel mit dem Kalenderjahr übereinstimmt, wird der Abschluss also innerhalb von drei bis sechs Monaten nach dem 31. Dezember erstellt. Der Jahresabschluss richtet sich insbeson-

Tab. 10-1

Größenabhängige Rechnungslegungspflichten

Größenkriterien gemäß HGB § 267	Kleine Gesellschaften	Mittelgroße Gesellschaften	Große Gesellschaften
Bilanzsumme	≤ 4 840 000,00 €	≤ 19 250 000,00 €	> 19 250 000,00 €
Umsatzerlös	≤ 9 680 000,00 €	≤ 38 500 000,00 €	> 38 500 000,00 €
Arbeitnehmer	≤ 50	≤ 250	> 250
Alternativ: Kapitalmarktorientiert	Nein	Nein	Ja
Größenabhängige Pflichten			
Aufstellung des Jahresabschlusses	6 Monate nach dem Bilanzstichtag	3 Monate nach dem Bilanzstichtag	3 Monate nach dem Bilanzstichtag
Aufstellung der Bilanz	Verkürzt	Ja	Ja
Offenlegung der Bilanz	Verkürzt	Verkürzt	Ja
Aufstellung der Gewinn- und Verlustrechnung	Verkürzt	Verkürzt	Ja
Offenlegung der Gewinn- und Verlustrechnung	Nein	Nur Ergebnis	Ja
Aufstellung des Anhangs	Verkürzt	Ja	Ja
Offenlegung des Anhangs	Ja	Ja	Ja
Aufstellung des Lageberichts	Nein	Ja	Ja
Offenlegung des Lageberichts	Nein	Ja	Ja
Prüfungspflicht	Nein	Ja	Ja
Publizitätsfristen	12 Monate nach dem Bilanzstichtag	9 Monate nach dem Bilanzstichtag	9 Monate nach dem Bilanzstichtag

dere an die Eigentümer und die Gläubiger des Unternehmens sowie an die Steuerbehörden. Je nach der Größe und der Rechtsform des Unternehmens umfasst der Jahresabschluss insbesondere die folgenden Unterlagen:

- Bilanz,
- Gewinn- und Verlustrechnung,
- Kapitalflussrechnung und
- Anhang.

Darüber hinaus ist gegebenenfalls ein Lagebericht aufzustellen.

Bestandteile des Jahresabschlusses

> **Wirtschaftspraxis 10-1**
>
> **Die größten Unternehmen der Welt**
>
> Gemessen am Umsatzerlös waren die zehn größten Unternehmen der Welt nach der Liste Global 500 des Magazins *Fortune* im Jahr 2011:
>
> | Rang | Unternehmen | Land | Branche | Umsatz |
> |---|---|---|---|---|
> | 1 | Wal-Mart Stores | USA | Einzelhandel | 421 Mrd. $ |
> | 2 | Royal Dutch Shell | Niederlande | Öl und Gas | 378 Mrd. $ |
> | 3 | Exxon Mobil | USA | Öl und Gas | 354 Mrd. $ |
> | 4 | BP | UK | Öl und Gas | 308 Mrd. $ |
> | 5 | Sinopec Group | China | Öl und Gas | 273 Mrd. $ |
> | 6 | China National Petroleum | China | Öl und Gas | 240 Mrd. $ |
> | 7 | State Grid | China | Versorger | 226 Mrd. $ |
> | 8 | Toyota Motor | Japan | Automobil | 221 Mrd. $ |
> | 9 | Japan Post Holdings | Japan | Dienstleistungen | 203 Mrd. $ |
> | 10 | Chevron | USA | Öl und Gas | 196 Mrd. $ |
>
> Quelle: http://money.cnn.com/magazines/fortune/global500/2011/, Stand: 24.04.2012

10.3.1 Bilanz

Der Begriff »Bilanz« stammt von dem italienischen Begriff »bilancia« ab, der Bezeichnung für eine zweischalige Waage (↗ Abbildung 10-9). In der Bilanz erfolgt dementsprechend eine Gegenüberstellung des Vermögens und des Kapitals eines Unternehmens. Das Vermögen wird dabei als **Aktiva** bezeichnet, das Eigenkapital und die Verbindlichkeiten als **Passiva**. Die Aktiva geben über die Verwendung des Kapitals Auskunft, die Passiva über die Herkunft.

Damit die Bilanz im Gleichgewicht ist, muss das Vermögen immer denselben Wert haben, wie das von den Eigenkapitalgebern und den Gläubigern bereitgestellte Kapital. Entsprechend gilt immer die folgende Bilanzgleichung (vergleiche *Schmolke, S./ Deitermann, M.* 1998: Seite 22):

Bilanzgleichung

Aktiva = Passiva

Der Aufbau der Bilanz wird im *Handelsgesetzbuch* §§ 247 ff., 266 vorgegeben. Die verschiedenen Positionen der Bilanz müssen vollständig und in nachvollziehbarer, klarer Form aufgegliedert werden (vergleiche *Langenbeck, J./Wolf, J.* 1996: Seite 172 ff., *Schmolke, S./Deitermann, M.* 1998: Seite 240 f.).

Abb. 10-9

Bilanzwaage

Fallbeispiel 10-4   Bilanz eines Automobilherstellers
▶▶▶ Beispielhaft für die Bilanz eines Automobilherstellers wird in der ↗ Tabelle 10-2 die Bilanz der *Speedy GmbH* für die Geschäftsjahre 0001 und 0002 dargestellt. ◀◀◀

10.3.1.1 Bilanzpositionen der Aktivseite
Die Aktivseite der Bilanz umfasst gemäß dem *Handelsgesetzbuch* § 266 die nachfolgend aufgeführten Positionen:

(A) Anlagevermögen
Gemäß dem *Handelsgesetzbuch* § 247 Absatz 2 setzt sich das Anlagevermögen aus allen Gegenständen zusammen, »die bestimmt sind, dauernd dem Geschäftsbetrieb zu dienen«. Ob ein Gegenstand dem Anlagevermögen zuzurechnen ist, ergibt sich also aus seiner Verwendung in Bezug zum Unternehmensgegenstand.

Kennzeichnend für die Gegenstände des Anlagevermögens ist ihr langfristiger Verbleib im Unternehmen. Das Anlagevermögen setzt sich aus folgenden Positionen zusammen:

▸ **I. Immaterielle Vermögensgegenstände**
   Die Bilanzposition Immaterielle Vermögensgegenstände umfasst insbesondere Konzessionen (öffentlich-rechtliche Befugnisse, beispielsweise Verkehrskonzessionen), gewerbliche Schutzrechte (Patente, Gebrauchsmuster, Warenzeichen, Urheber- und Verlagsrechte), Lizenzen (Erlaubnis zur Nutzung von gewerblichen Schutzrechten) sowie Geschäfts- und Firmenwerte (Unterschiedsbetrag, der sich bei der Übernahme anderer Unternehmen zwischen dem Kaufpreis und der Differenz aus den Zeitwerten der aktivierungsfähigen Vermögensgegenstände und den Schulden ergibt. Der vom Unternehmen selbst geschaffene, sogenannte originäre Geschäftswert, darf hingegen nicht aktiviert werden).

Positionen des Anlagevermögens

Tab. 10-2

Bilanz der *Speedy GmbH* zum 31.12.0002

Aktiva	0002 (in T€)	0001 (in T€)
A. Anlagevermögen		
I. Immaterielle Vermögensgegenstände	65 000	65 000
II. Sachanlagen	320 000	205 000
III. Finanzanlagen	65 000	65 000
	450 000	**335 000**
B. Umlaufvermögen		
I. Vorräte	75 000	60 000
II. Forderungen aus Lieferungen und Leistungen	150 000	70 000
III. Übrige Forderungen und sonstige Vermögensgegenstände	53 000	53 000
IV. Wertpapiere	80 000	80 000
V. Flüssige Mittel	400 000	390 000
	758 000	**653 000**
C. Rechnungsabgrenzungsposten	2 000	2 000
Summe Aktiva	**1 210 000**	**990 000**

Passiva	0002 (in T€)	0001 (in T€)
A. Eigenkapital		
I. Gezeichnetes Kapital	15 000	15 000
II. Kapitalrücklagen	40 000	40 000
III. Gewinnrücklagen	318 000	218 000
IV. Bilanzgewinn	120 000	0
	493 000	**273 000**
B. Rückstellungen		
I. Rückstellungen für Pensionen und ähnliche Verpflichtungen	115 000	115 000
II. Übrige Rückstellungen	345 000	345 000
	460 000	**460 000**
C. Verbindlichkeiten		
I. Finanzverbindlichkeiten	150 000	150 000
II. Verbindlichkeiten aus Lieferungen und Leistungen	81 000	81 000
III. Übrige Verbindlichkeiten	25 000	25 000
	256 000	**256 000**
D. Rechnungsabgrenzungsposten	1 000	1 000
Summe Passiva	**1 210 000**	**990 000**

- **II. Sachanlagen**
  Die Bilanzposition Sachanlagen umfasst insbesondere Grundstücke und Bauten einschließlich der Bauten auf fremden Grundstücken, technische Anlagen und Maschinen, Betriebs- und Geschäftsausstattung (zum Beispiel Möbel, Computer, Fuhrpark) sowie geleistete Anzahlungen und Anlagen im Bau.
- **III. Finanzanlagen**
  Die Bilanzposition Finanzanlagen umfasst insbesondere Anteile an verbundenen Unternehmen (Tochterunternehmen, auf die aufgrund einer einheitlichen Leitung oder aufgrund konzerntypischer Merkmale ein beherrschender Einfluss besteht), Ausleihungen an verbundene Unternehmen, Beteiligungen (Anteile an anderen Unternehmen, die bestimmt sind, dem eigenen Geschäftsbetrieb durch Herstellung einer dauerhaften Verbindung zu dienen; das Ausmaß der finanziellen Verflechtung und die Möglichkeit der Einflussnahme sind geringer als bei verbundenen Unternehmen), Ausleihungen an Unternehmen, mit denen ein Beteiligungsverhältnis besteht, sowie Wertpapiere des Anlagevermögens.

Fallbeispiel 10-5 Zuordnung zum Anlage- und Umlaufvermögen
▶▶▶ Ein Computer der *Speedy GmbH* ist Teil von deren Anlagevermögen, während er bei ihrem langjährigen Computerlieferanten ein Teil von dessen Umlaufvermögen ist. ◀◀◀

(B) Umlaufvermögen
Das Umlaufvermögen besteht aus allen Gegenständen, die nicht dazu bestimmt sind, dauernd dem Geschäftsbetrieb zu dienen. Das Umlaufvermögen setzt sich aus folgenden Positionen zusammen:

- **I. Vorräte**
  Die Bilanzposition Vorräte umfasst insbesondere Roh-, Hilfs- und Betriebsstoffe, unfertige Erzeugnisse, fertige Erzeugnisse und Waren sowie geleistete Anzahlungen.
- **II. Forderungen aus Lieferungen und Leistungen**
  Forderungen aus Lieferungen und Leistungen entstehen in der Regel bei Verkäufen auf Ziel, wenn ein Kunde nach der Lieferung oder der Erstellung von Leistungen bei der Rechnungsstellung nicht sofort zahlt, sondern ein gegebenes Zahlungsziel von beispielsweise zehn Tagen nutzt.
- **III. Übrige Forderungen und sonstige Vermögensgegenstände**
  Die Bilanzposition übrige Forderungen und sonstige Vermögensgegenstände umfasst primär Positionen, die von keiner anderen Bilanzposition des Umlaufvermögens erfasst werden, wie beispielsweise Forderungen gegen verbundene Unternehmen, Forderungen gegen Gesellschafter auf noch nicht eingezahltes Eigenkapital, Forderungen gegen Mitarbeiter und sonstige Forderungen.
- **IV. Wertpapiere**
  Die Bilanzposition Wertpapiere umfasst insbesondere Wertpapiere, die zur vorübergehenden Anlage flüssiger Mittel oder zur Spekulation eingesetzt werden.

Positionen des Umlaufvermögens

▸ **V. Flüssige Mittel**
Die Bilanzposition flüssige beziehungsweise liquide Mittel umfasst insbesondere Guthaben bei Kreditinstituten und Kassenbestände, also beispielsweise Bargeld im Safe des Unternehmens.

(C) Rechnungsabgrenzungsposten
Rechnungsabgrenzungsposten dienen dazu, Aufwendungen und Erträge den Geschäftsjahren zuzuordnen, in denen sie tatsächlich entstanden sind. Auf der Aktivseite der Bilanz werden bereits getätigte Ausgaben aufgeführt, die erst in einem nachfolgenden Geschäftsjahr Aufwendungen darstellen, so beispielsweise eine Mietvorauszahlung des Unternehmens.

10.3.1.2 Bilanzpositionen der Passivseite
Die Passivseite der Bilanz umfasst die nachfolgenden Positionen:

(A) Eigenkapital
Das Eigenkapital ist das Kapital, das die Aktionäre beziehungsweise die Gesellschafter in das Unternehmen eingebracht oder dort belassen haben. Das Eigenkapital setzt sich aus folgenden Positionen zusammen:

Positionen des Eigenkapitals

▸ **I. Gezeichnetes Kapital**
Das gezeichnete Kapital wird abhängig von der Rechtsform auch als Grund-, Stamm- oder Nominalkapital bezeichnet. Es ist das im Handelsregister eingetragene Kapital, auf das die Haftung der Aktionäre beziehungsweise der Gesellschafter beschränkt ist. Bei der Gesellschaft mit beschränkter Haftung sind dies derzeit mindestens 25 000,00 Euro, bei der Aktiengesellschaft mindestens 50 000,00 Euro.

▸ **II. Kapitalrücklagen**
Die Bilanzposition Kapitalrücklagen umfasst insbesondere das dem Unternehmen neben dem gezeichneten Kapital von außen zugeführte Eigenkapital. Kapitalrücklagen entstehen in der Regel durch das Aufgeld (Agio) bei einer Kapitalerhöhung, wenn Aktien oder Gesellschaftsanteile zu einem Preis über dem Nennwert verkauft werden.

▸ **III. Gewinnrücklagen**
Gewinnrücklagen werden auf Beschluss der Haupt- beziehungsweise der Gesellschafterversammlung durch Einbehaltung eines Teils des bereits versteuerten Jahresergebnisses gebildet.

▸ **IV. Bilanzgewinn**
Der Bilanzgewinn ist der in der Gewinn- und Verlustrechnung ermittelte Gewinn oder Verlust des Geschäftsjahres nach dessen teilweiser Verwendung. Die Bilanzposition Bilanzgewinn bildet insofern die Schnittstelle der Bilanz zu dieser Rechnung.

(B) Rückstellungen
Unternehmen bilden Rückstellungen für Verpflichtungen, die zwar am Bilanzstichtag bekannt sind, deren Fälligkeitstermin und/oder deren genaue Höhe aber noch unsicher sind. Die Rückstellungen setzen sich aus folgenden Positionen zusammen:

- **I. Rückstellungen für Pensionen und ähnliche Verpflichtungen**
- **II. Übrige Rückstellungen**
  Die Bilanzposition übrige Rückstellungen umfasst insbesondere Steuerrückstellungen sowie Rückstellungen für Prozessrisiken, für Garantieverpflichtungen, für drohende Verluste aus laufenden Geschäften und für Aufwendungen für Instandhaltung.

Positionen der Rückstellungen

(C) Verbindlichkeiten
Die Verbindlichkeiten setzen sich aus folgenden Positionen zusammen:
- **I. Finanzverbindlichkeiten**
  Die Bilanzposition Finanzverbindlichkeiten umfasst insbesondere Anleihen und Verbindlichkeiten gegenüber Kreditinstituten.
- **II. Verbindlichkeiten aus Lieferungen und Leistungen**
  Verbindlichkeiten aus Lieferungen und Leistungen entstehen in der Regel bei Käufen auf Ziel, wenn das Unternehmen nach dem Erhalt von Gütern oder nach der Erstellung von Leistungen bei der Rechnungsstellung nicht sofort zahlt, sondern ein gegebenes Zahlungsziel nutzt.
- **III. Übrige Verbindlichkeiten**
  Die Bilanzposition übrige Verbindlichkeiten umfasst insbesondere erhaltene Anzahlungen auf Bestellungen, Verbindlichkeiten gegenüber verbundenen Unternehmen, Verbindlichkeiten gegenüber Unternehmen, mit denen ein Beteiligungsverhältnis besteht und sonstige Verbindlichkeiten.

Positionen der Verbindlichkeiten

(D) Rechnungsabgrenzungsposten
Auf der Passivseite der Bilanz werden bereits erhaltene Einnahmen aufgeführt, die erst in einem nachfolgenden Geschäftsjahr einen Ertrag darstellen, so beispielsweise die Mietvorauszahlung eines Mieters von Gebäuden des Unternehmens.

10.3.1.3 Bilanzänderungen
Die Bilanz gibt den Stand des Vermögens und der Schulden zum Ende des Geschäftsjahres an. Die Positionen der Bilanz ändern sich während des Geschäftsjahres jedoch ständig durch die jeweils anfallenden Geschäftsvorfälle. Im Rahmen der doppelten Buchführung bedingt dabei jede Änderung einer Bilanzposition gleichzeitig die Änderung von mindestens einer anderen Bilanzposition. Entsprechend gibt es die folgenden vier Grundformen von Bilanzänderungen (↗ Abbildung 10-10 und 10-11):

Bilanzverlängerung (Aktiv-Passiv-Mehrung)
Eine Bilanzverlängerung liegt vor, wenn mindestens eine Aktivposition der Bilanz zunimmt und gleichzeitig mindestens eine Passivposition zunimmt. So nehmen beispielsweise die Aktivposition Vorräte und die Passivposition Verbindlichkeiten aus Lieferungen und Leistungen zu, wenn Rohstoffe auf Ziel gekauft werden.

Arten der Bilanzänderung

Abb. 10-10

Grundformen von Bilanzänderungen

Bilanzverkürzung (Aktiv-Passiv-Minderung)

Eine Bilanzverkürzung liegt vor, wenn mindestens eine Aktivposition der Bilanz abnimmt und gleichzeitig mindestens eine Passivposition abnimmt. So nehmen beispielsweise die Aktivposition flüssige Mittel und die Passivposition Verbindlichkeiten aus Lieferungen und Leistungen ab, wenn die vorgenannten Rohstoffe bezahlt werden.

Aktivtausch

Ein Aktivtausch liegt vor, wenn mindestens eine Aktivposition der Bilanz zunimmt und gleichzeitig mindestens eine Aktivposition abnimmt. So nimmt beispielsweise die Aktivposition Vorräte zu und die Aktivposition flüssige Mittel ab, wenn Rohstoffe bar gekauft werden.

Passivtausch

Ein Passivtausch liegt vor, wenn mindestens eine Passivposition der Bilanz zunimmt und gleichzeitig mindestens eine Passivposition abnimmt. So nimmt beispielsweise die Passivposition Gewinnrücklagen zu und die Passivposition Bilanzgewinn ab, wenn ein Teil des Bilanzgewinns in die Gewinnrücklagen eingestellt wird.

Jahresabschluss **10.3**

Abb. 10-11

Beispiele für Bilanzänderungen

10.3.2 Gewinn- und Verlustrechnung

Die Gewinn- und Verlustrechnung (GuV) ist die zweite wichtige Jahresabschlussrechnung. In ihr werden die während des Geschäftsjahres entstandenen Erträge und Aufwendungen einander gegenübergestellt und damit der Gewinn oder der Verlust ermittelt.

10.3.2.1 Erträge
In Industriebetrieben fallen typischerweise folgende Erträge an:

Absatzleistungen
Die Absatzleistungen umfassen insbesondere Umsatzerlöse für fertige Erzeugnisse, Umsatzerlöse für Waren und Umsatzerlöse für Dienstleistungen.

Erträge im Industriebetrieb

Bestandserhöhungen
Bestandserhöhungen ergeben sich, wenn die während des Geschäftsjahres produzierten Mengen an unfertigen und fertigen Erzeugnissen größer sind als die für die Produktion und den Absatz verwendeten Mengen. Die Bewertung erfolgt dabei zu Herstellungskosten.

Eigenleistungen
Eigenleistungen sind aktivierte, also auf einem Aktivkonto verbuchte, innerbetriebliche Leistungen, so insbesondere selbst produzierte technische Anlagen und Maschinen, die im eigenen Betrieb Verwendung finden.

Sonstige betriebliche Erträge
Die sonstigen Erträge sind ein Sammelposten für alle nicht im gesetzlichen Gliederungsschema der Gewinn- und Verlustrechnung vorgegebenen Arten von Erträgen, so beispielsweise Mieterträge und Erträge aus dem Abgang von Vermögensgegenständen, falls der Verkaufspreis höher als der Buchwert ist.

Finanzerträge
Die Finanzerträge umfassen insbesondere:
- Erträge aus Beteiligungen, die in das **Beteiligungsergebnis** der Gewinn- und Verlustrechnung eingehen, und
- erhaltene Zinsen, die in das **Zinsergebnis** der Gewinn- und Verlustrechnung eingehen.

10.3.2.2 Aufwendungen

Aufwendungen im Industriebetrieb

Den Erträgen stehen im Industriebetrieb typischerweise folgende Aufwendungen gegenüber:

Bestandsminderungen
Bestandsminderungen ergeben sich, wenn die während des Geschäftsjahres produzierten Mengen an unfertigen und fertigen Erzeugnissen kleiner sind als die für die Produktion und den Absatz verwendeten Mengen. Dies setzt voraus, dass zu Beginn des Geschäftsjahres entsprechende Bestände vorhanden sind. Die Bewertung erfolgt dabei zu Herstellungskosten.

Materialaufwendungen
Die Materialaufwendungen umfassen Aufwendungen, die durch die Verwendung von Rohstoffen, Hilfsstoffen, Betriebsstoffen und Waren entstehen.

Personalaufwendungen
Die Personalaufwendungen umfassen insbesondere Aufwendungen für Löhne und Gehälter sowie die gesetzlichen und die freiwilligen Sozialabgaben.

Abschreibungen

Abschreibungen entstehen aufgrund von planmäßigen und außerplanmäßigen Wertminderungen des Vermögens, wie beispielsweise die Wertminderung eines Automobils durch die Benutzung und Alterung.

Sonstige betriebliche Aufwendungen

Die sonstigen betrieblichen Aufwendungen sind ein Sammelposten für alle nicht im gesetzlichen Gliederungsschema der Gewinn- und Verlustrechnung vorgegebenen Arten von Aufwendungen. Sie umfassen insbesondere:
- die Inanspruchnahme von Rechten und Diensten, wie beispielsweise Mieten, Beratungen, Reinigung oder Instandhaltungen,
- Beiträge, wie beispielsweise für Versicherungen,
- Marketingaufwendungen, wie beispielsweise für Werbung, Bewirtung und Reisen, sowie
- Aufwendungen für Kommunikation und den Betrieb von Büros, wie beispielsweise Portokosten, Telefonkosten, Bürobedarf und Geldverkehr.

Finanzaufwendungen

Die Finanzaufwendungen umfassen insbesondere gezahlte Zinsen, die in das **Zinsergebnis** der Gewinn- und Verlustrechnung eingehen.

Steuern

Die Steuern umfassen zum einen die Steuern vom Einkommen und Ertrag, also bei Kapitalgesellschaften die Körperschaftsteuer zuzüglich Solidaritätszuschlag und die Gewerbesteuer. Darüber hinaus umfassen die Steuern sonstige Steuern, wie die Grundsteuer oder die Kraftfahrzeugsteuer.

10.3.2.3 Aufbau der Gewinn- und Verlustrechnung

Die oben aufgeführten Erträge und Aufwendungen werden einander am Ende des Geschäftsjahres in der Gewinn- und Verlustrechnung gegenübergestellt. Der Saldo ergibt dann den **Erfolg** des Geschäftsjahres. Sind die Erträge des Geschäftsjahres größer als die Aufwendungen, so ergibt sich ein **Gewinn**, andernfalls ein **Verlust** (↗ Tabelle 10-3):

Tab. 10-3

Ermittlung des Erfolgs am Beispiel der *Speedy GmbH*

	0002 (in T€)	0001 (in T€)
Erträge	1 720 000	1 265 000
− Aufwendungen	−1 500 000	−1 092 000
= **Erfolg (Gewinn oder Verlust)**	**220 000**	**173 000**

10.3 Externes Rechnungswesen
Jahresabschluss

Der Erfolg wird in der Gewinn- und Verlustrechnung als **Ergebnis** ausgewiesen. Der Aufbau der Gewinn- und Verlustrechnung wird im *Handelsgesetzbuch* § 275 vorgegeben (vergleiche dazu und zum Folgenden *Langenbeck, J./Wolf, J.* 1996: Seite 178 ff., *Schmolke, S./Deitermann, M.* 1998: Seite 244 f.). Die verschiedenen Positionen der Gewinn- und Verlustrechnung müssen vollständig und in nachvollziehbarer, klarer Form aufgegliedert werden.

EBIT und EBITDA

Das Ergebnis der gewöhnlichen Geschäftstätigkeit setzt sich aus dem **Betriebsergebnis** und dem **Finanzergebnis** zusammen (vergleiche zur Ermittlung die ↗ Abbildung 10-12). Das Betriebsergebnis wird international auch als EBIT (Earnings Before Interest and Taxes) bezeichnet. Das Ergebnis vor Steuern und Abschreibungen, der sogenannte EBITDA (Earnings Before Interest, Taxes, Depreciation and Amortisation) ergibt sich, wenn bei der Ermittlung des Betriebsergebnisses die Abschreibungen auf immaterielle Vermögensgegenstände und Sachanlagen nicht berücksichtigt werden.

Tab. 10-4

Gewinn- und Verlustrechnung der *Speedy* GmbH für die Zeit vom 01.01.0002 bis 31.12.0002

	0002 (in T€)	0001 (in T€)
Umsatzerlöse	1 655 000	1 150 000
Bestandsveränderungen und andere aktivierte Eigenleistungen	−45 000	15 000
Gesamtleistung	**1 610 000**	**1 165 000**
Sonstige betriebliche Erträge	0	20 000
Materialaufwand	−765 000	−530 000
Personalaufwand	−225 000	−215 000
Abschreibungen auf immaterielle Vermögensgegenstände und Sachanlagen	−60 000	−38 000
Sonstige betriebliche Aufwendungen	−270 000	−195 000
Beteiligungsergebnis	65 000	80 000
Zinsergebnis	−10 000	−10 000
Abschreibungen auf Finanzanlagen und Wertpapiere des Umlaufvermögens	0	−2 000
Ergebnis der gewöhnlichen Geschäftstätigkeit	**345 000**	**275 000**
Steuern vom Einkommen und vom Ertrag	−125 000	−102 000
Jahresergebnis	**220 000**	**173 000**
Einstellung in Gewinnrücklagen	−100 000	−173 000
Bilanzgewinn	**120 000**	**0**

Fallbeispiel 10-6 Gewinn- und Verlustrechnung eines Automobilherstellers
▶▶▶ Beispielhaft für die Gewinn- und Verlustrechnung eines Automobilherstellers wird in ↗ Tabelle 10-4 die Gewinn- und Verlustrechnung der *Speedy GmbH* für die Geschäftsjahre 0001 und 0002 dargestellt. ◀◀◀

10.3.2.4 Gesamtkostenverfahren versus Umsatzkostenverfahren

Gemäß dem *Handelsgesetzbuch* § 275 Absatz 1 ist die Gewinn- und Verlustrechnung nach dem Gesamtkostenverfahren oder dem Umsatzkostenverfahren aufzustellen. Beim Gesamtkostenverfahren werden den Umsatzerlösen die Herstellungskosten der produzierten und nicht der abgesetzten Güter sowie die bewerteten Bestandsveränderungen gegenübergestellt.

Beim Umsatzkostenverfahren werden den Umsatzerlösen hingegen nur die Herstellungskosten der abgesetzten Güter und keine bewerteten Bestandsveränderungen gegenübergestellt (↗ Abbildung 10-12, vergleiche *Schöttler, J./Spulak, R.* 1989: Seite 115 f.). Die meisten größeren deutschen Unternehmen erstellen die Gewinn- und Verlustrechnung nach dem Umsatzkostenverfahren.

Abb. 10-12

Gegenüberstellung von Gesamt- und Umsatzkostenverfahren

Gewinn- und Verlustrechnung nach dem **Gesamtkostenverfahren**

Aufwendungen	GuV-Rechnung	Erträge
Materialaufwand der **produzierten** Güter	Bestandsveränderungen, Eigenleistungen	
Personalaufwand der **produzierten** Güter	Sonstige betriebliche Erträge	
Abschreibungen	Umsatzerlöse	
Sonstige betriebliche Aufwendungen		
Betriebsergebnis		
Abschreibungen auf Finanzanlagen, Aufwendungen für Zinsen	Erträge aus Beteiligungen, Wertpapieren und Zinsen	
Finanzergebnis		
Außerordentliche Aufwendungen	Außerordentliche Erträge	
Außerordentliches Ergebnis		

Gewinn- und Verlustrechnung nach dem **Umsatzkostenverfahren**

Aufwendungen	GuV-Rechnung	Erträge
Herstellungskosten der **abgesetzten** Güter	Sonstige betriebliche Erträge	
Vertriebskosten	Umsatzerlöse	
Verwaltungskosten		
Sonstige betriebliche Aufwendungen		
Betriebsergebnis		
Abschreibungen auf Finanzanlagen, Aufwendungen für Zinsen	Erträge aus Beteiligungen, Wertpapieren und Zinsen	
Finanzergebnis		
Außerordentliche Aufwendungen	Außerordentliche Erträge	
Außerordentliches Ergebnis		

Abb. 10-13

Erfolgsermittlung durch Eigenkapitalvergleich

10.3.2.5 Zusammenhang zwischen Gewinn- und Verlustrechnung und Bilanz

Im Rahmen der Buchführung erfolgt die Ermittlung des Erfolges in der Gewinn- und Verlustrechnung vor der Gegenüberstellung der Aktiv- und Passivpositionen in der Bilanz. Der in der Gewinn- und Verlustrechnung ermittelte positive oder negative Erfolg wird dabei als Bilanzgewinn oder Bilanzverlust und als Gewinnrücklage unter der Position Eigenkapital in der Bilanz ausgewiesen. Der Bilanzgewinn oder -verlust und die Gewinnrücklagen stellen insofern die Schnittstelle zwischen Bilanz und Gewinn- und Verlustrechnung dar. Erträge erhöhen das Eigenkapital, Aufwendungen reduzieren es. Entsprechend lässt sich der Erfolg eines Geschäftsjahres auch durch Vergleich des Eigenkapitals am Jahresende mit dem Eigenkapital am Jahresanfang ermitteln (↗ Abbildung 10-13).

10.3.3 Kapitalflussrechnung

Kapitalmarktorientierte Mutter-/Holdinggesellschaften von Konzernen müssen gemäß dem *Handelsgesetzbuch* § 297 Absatz 1 ihrem Jahresabschluss eine Kapitalflussrechnung beifügen, die häufig auch als dritte Jahresabschlussrechnung bezeichnet wird.

Charakterisierung der Kapitalflussrechnung

Während in der Gewinn- und Verlustrechnung Erträge und Aufwendungen gegenübergestellt werden, erfolgt in der Kapitalflussrechnung eine Gegenüberstellung von Einzahlungen und Auszahlungen. Die Differenz aus Ein- und Auszahlungen ergibt den Cashflow.

> Der **Cashflow** bezeichnet aus Ein- und Auszahlungen resultierende Geldzu- und -abflüsse.

Jahresabschluss 10.3

Basierend auf der Kapitalflussrechnung können verschiedene Cashflows ermittelt und damit aufgezeigt werden, womit Geld eingenommen wurde und wofür dieses Geld verwendet wurde (↗ Tabelle 10-5, *Coenenberg, A. G.* 2005: Seite 1011 ff. und *Hugentobler, W./Blattner, M.* 2005: Seite 368 ff.):

Tab. 10-5

Aufbau der Kapitalflussrechnung

1. Operativer Bereich	
	Jahresergebnis
±	Ab-/Zuschreibungen auf das Anlagevermögen
±	Zu-/Abnahme der Rückstellungen
=	**Brutto Cashflow**
±	Sonstige zahlungsunwirksame Aufwendungen/Erträge
±	Verluste/Gewinne aus dem Abgang von Gegenständen des Anlagevermögens
±	Ab-/Zunahme der Vorräte, der Forderungen aus Lieferungen und Leistungen sowie anderer Aktiva
±	Zu-/Abnahme der Verbindlichkeiten aus Lieferungen und Leistungen sowie anderer Passiva
=	**Mittelzu-/-abfluss aus der laufenden Geschäftstätigkeit (Operativer Cashflow)**
2. Investitionsbereich	
	Einzahlungen aus Abgängen von Gegenständen des Anlagevermögens
–	Auszahlungen für Investitionen in das Anlagevermögen
=	**Mittelzu-/-abfluss (Cashflow) aus der Investitionstätigkeit**
3. Finanzierungsbereich	
	Einzahlungen aus Kapitalerhöhungen und Zuschüssen der Gesellschafter
–	Auszahlungen an Gesellschafter (Dividenden, Kapitalrückzahlungen, andere Ausschüttungen)
+	Einzahlungen aus der Begebung von Anleihen und aus der Aufnahme von (Finanz-)Krediten
–	Auszahlungen für die Tilgung von Anleihen und (Finanz-)Krediten
=	**Mittelzu-/-abfluss (Cashflow) aus der Finanzierungstätigkeit**
4. Finanzmittelbestand	
	Zahlungswirksame Veränderungen des Finanzmittelbestandes (Zwischensumme 1–3)
±	Wechselkursbedingte und sonstige Wertänderungen des Finanzmittelbestandes
+	Finanzmittelbestand am Anfang des Geschäftsjahres
=	**Finanzmittelbestand am Ende des Geschäftsjahres**

Vergleiche *Deutsche Rechnungslegungs Standards*: Nr. 2, Tabelle 6

Externes Rechnungswesen
Jahresabschluss

Cashflow-Arten

Operativer Cashflow

Der operative Cashflow gibt an, wie viel Geld während des Geschäftsjahres im Rahmen der laufenden Geschäftstätigkeit eingenommen wurde. Der zur Ermittlung des operativen Cashflows indirekt über das Jahresergebnis ermittelte **Brutto Cashflow** gibt dabei an, welche Ein- und Auszahlungen erfolgten, die das sogenannte **Nettoumlaufvermögen**, also das Umlaufvermögen abzüglich der Verbindlichkeiten aus Lieferungen und Leistungen, nicht beeinflussten.

Cashflow aus der Investitionstätigkeit

Der Cashflow aus der Investitionstätigkeit zeigt auf, wie viel Geld während des Geschäftsjahres in das Anlagevermögen investiert wurde beziehungsweise durch den Verkauf von Teilen des Anlagevermögens eingenommen wurde.

Abb. 10-14

Zusammenhang zwischen den Jahresabschlussrechnungen

Vergleiche *Hugentobler, W./Blattner, M.* 2005: Seite 370 f.

Free Cashflow
Der Free Cashflow ergibt sich, indem von dem durch die Geschäftstätigkeit erzielten operativen Cashflow der davon für (Ersatz-)Investitionen verwendete Cashflow aus der Investitionstätigkeit abgezogen wird. Der resultierende Cashflow kann insbesondere zur Selbstfinanzierung verwendet werden (↗ Kapitel 12 Finanzierung).

Cashflow aus der Finanzierungstätigkeit
Der Cashflow aus der Finanzierungstätigkeit gibt an, welche Ein- und Auszahlungen an Eigen- und Fremdkapital während des Geschäftsjahres im Rahmen der Außenfinanzierung (↗ Kapitel 12 Finanzierung) getätigt wurden.

Aus den vorgenannten Cashflows resultiert eine Veränderung des Finanzmittelbestandes beziehungsweise der Bilanzposition »Flüssige Mittel« und damit der Liquidität während des Geschäftsjahres.

Den Zusammenhang zwischen der Kapitalflussrechnung auf der einen Seite sowie der Gewinn- und Verlustrechnung und der Bilanz auf der anderen Seite verdeutlicht die ↗ Abbildung 10-14.

10.3.4 Anhang

Gemäß dem *Handelsgesetzbuch* § 264 müssen alle Kapitalgesellschaften den Jahresabschluss um einen Anhang erweitern. Der Anhang soll im Wesentlichen die in der Bilanz und der Gewinn- und Verlustrechnung gemachten Angaben genauer erläutern (vergleiche *Wöhe, G.* 2002: Seite 952 f., *Langenbeck, J./Wolf, J.* 1996: Seite 186 ff.). In der Bilanz und der Gewinn- und Verlustrechnung werden dazu in der Regel bei den verschiedenen Positionen numerische Verweise auf die entsprechenden Kapitel im Anhang gemacht. Gemäß dem *Handelsgesetzbuch* §§ 284–285 müssen im Anhang unter anderem die folgenden Angaben gemacht werden:

- Vorgehensweise bei der Erstellung von Konzernjahresabschlüssen (Konsolidierung),
- angewandte Bilanzierungs- und Bewertungsmethoden und Abweichungen davon,
- Vorgehensweise bei der Umrechnung von Währungen,
- Erläuterungen zu einzelnen Positionen der Bilanz und der Gewinn- und Verlustrechnung,
- Namen und Gesamtbezüge der Organmitglieder, also von Vorständen, Geschäftsführern und Aufsichtsräten, sowie
- wesentliche Beteiligungen an anderen Unternehmen.

Angaben im Anhang

10.3.5 Lagebericht

Gemäß dem *Handelsgesetzbuch* § 289 müssen mittelgroße und große Kapitalgesellschaften einen Lagebericht erstellen, der die Aufgabe hat, Externen ein den tatsächlichen Verhältnissen entsprechendes Bild der Situation des Unternehmens zu vermit-

10.3 Externes Rechnungswesen
Jahresabschluss

teln. Der Lagebericht ist kein Bestandteil des Jahresabschlusses. Er wird bei der Veröffentlichung den entsprechenden Unterlagen jedoch beigefügt (vergleiche *Wöhe, G.* 2002: Seite 953 f., *Langenbeck, J./Wolf, J.* 1996: Seite 186 ff.). Im Lagebericht werden insbesondere folgende Angaben gemacht:

Angaben im Lagebericht
- Verlauf des vergangenen Geschäftsjahres,
- Situation des Unternehmens,
- geplante Weiterentwicklung des Unternehmens,
- Situation der verschiedenen Geschäftsbereiche des Unternehmens,
- Aktivitäten im Bereich Forschung und Entwicklung sowie
- Entwicklungen im Personalbereich.

10.3.6 Verwendung des Jahresergebnisses

Im Rahmen der Erstellung des Jahresabschlusses wird auch darüber entschieden, wie das Jahresergebnis verwendet wird, insbesondere welche Beträge in die Gewinnrücklagen eingestellt werden und welche Beträge als Dividende an die Aktionäre von Aktiengesellschaften oder als Gewinnausschüttung an die Gesellschafter von Gesellschaften mit beschränkter Haftung ausgeschüttet werden (↗ Abbildung 10-15). Die Vorgehensweise erfolgt bei diesen beiden Rechtsformen unterschiedlich:

Rechtsformabhängige Verwendung des Jahresergebnisses

Verwendung bei Aktiengesellschaften
Bei Aktiengesellschaften wird das Jahresergebnis nach (erwarteten) Steuern in der Regel bereits bei der Aufstellung der Bilanz auf Beschluss des Vorstandes teilweise verwendet und entsprechend in der Gewinn- und Verlustrechnung ausgewiesen. Nach der Vorverwendung durch den Vorstand wird dann in der Hauptversammlung spätestens nach acht Monaten (bei kleinen Gesellschaften nach elf Monaten) ein Beschluss gefasst, wie der verbleibende Bilanzgewinn zu verwenden ist.

Abb. 10-15 Verwendung des Jahresergebnisses

Verwendung bei Gesellschaften mit beschränkter Haftung
Bei Gesellschaften mit beschränkter Haftung gibt es anders als bei Aktiengesellschaften keine Vorverwendung des Jahresergebnisses durch die Geschäftsführung. Die Gesellschafter müssen spätestens nach acht Monaten (bei kleinen Gesellschaften nach elf Monaten) in der Gesellschafterversammlung einen Beschluss über die Verwendung des Jahresergebnisses fassen.

10.3.7 Offenlegung des Jahresabschlusses

Im Anschluss an die Erstellung des Jahresabschlusses und die Haupt- beziehungsweise die Gesellschafterversammlung wird der Jahresabschluss offengelegt. Seit dem Jahr 2007 wird der Jahresabschluss dazu nicht mehr beim örtlichen Handelsregister eingereicht, sondern beim Betreiber des **Elektronischen Bundesanzeigers**, der den Jahresabschluss veröffentlicht und an das **Unternehmensregister** zur Einstellung in das Register übermittelt. Welche Jahresabschlussunterlagen dabei in welchem Umfang offenzulegen sind, kann der ↗ Tabelle 10-1 entnommen werden.

Zwischenübung Kapitel 10.3

Durch sogenannte Geschäftsvorfälle während des Geschäftsjahres ändern sich die Bilanz und die Gewinn- und Verlustrechnung. Alle Geschäftsvorfälle bewirken dabei mindestens eine der vorgenannten vier Möglichkeiten der Bilanzänderung. Nachfolgend wird exemplarisch aufgezeigt, aufgrund welcher Geschäftsvorfälle sich die in ↗ Tabelle 10-2 aufgeführte Bilanz und die in ↗ Tabelle 10-4 aufgeführte Gewinn- und Verlustrechnung der Speedy GmbH zum 31.12.0002 ergeben haben. Die Umsatzsteuer wird dabei aus Vereinfachungsgründen nicht berücksichtigt.

(A) Kauf von Werkstoffen gegen Banküberweisungen für 825 000 T€
Während des Geschäftsjahres werden Werkstoffe, wie beispielsweise Stahl, gekauft und in dem Eingangslager eingelagert:
- *Der Geschäftsvorfall hat keinen Einfluss auf die Gewinn- und Verlustrechnung, dies hat erst der nachfolgende Verbrauch der gekauften Werkstoffe.*
- *Durch den Geschäftsvorfall kommt es zu einem Aktivtausch in der Bilanz: Die Bilanzposition Vorräte nimmt um 825 000 T€ zu, die Bilanzposition flüssige Mittel nimmt um den gleichen Betrag ab.*
- *Bei dem Geschäftsvorfall handelt es sich um eine Auszahlung und eine Ausgabe.*

(B) Kauf von Sachanlagen gegen Banküberweisungen für 175 000 T€
Während des Geschäftsjahres werden beispielsweise Maschinen gekauft:
- *Der Geschäftsvorfall hat keinen Einfluss auf die Gewinn- und Verlustrechnung, dies haben erst die Abschreibungen für die gekauften Sachanlagen.*

- Durch den Geschäftsvorfall kommt es zu einem Aktivtausch in der Bilanz: Die Bilanzposition Sachanlagen nimmt um 175 000 T€ zu, die Bilanzposition flüssige Mittel nimmt um den gleichen Betrag ab.
- Bei dem Geschäftsvorfall handelt es sich um eine Auszahlung und eine Ausgabe.

(C) Verbrauch von Werkstoffen für 765 000 T€
Während des Geschäftsjahres werden dem Eingangslager Materialien, wie beispielsweise Stahl, entnommen und in der Produktion verwendet und somit verbraucht.
- Der Geschäftsvorfall hat Einfluss auf die Gewinn- und Verlustrechnung: der Materialaufwand (Hinweis: Der Verbrauch von Werkstoffen und Waren wird immer als Materialaufwand, und nicht als Bestandsveränderung erfasst) nimmt um 765 000 T€ zu, wodurch der Bilanzgewinn in gleichem Umfang abnimmt.
- Durch den Geschäftsvorfall kommt es zu einer Bilanzverkürzung: Die Bilanzposition Vorräte nimmt um 765 000 T€ ab, die Bilanzposition Bilanzgewinn nimmt um den gleichen Betrag ab.
- Bei dem Geschäftsvorfall handelt es sich um einen Aufwand und Kosten. Die Auszahlung und die Ausgabe erfolgten beim Kauf der Werkstoffe.

(D) Zahlung von Löhnen und Gehältern in Höhe von 225 000 T€
Während des Geschäftsjahres werden die Löhne und die Gehälter der Mitarbeiter überwiesen:
- Der Geschäftsvorfall hat Einfluss auf die Gewinn- und Verlustrechnung: Der Personalaufwand nimmt um 225 000 T€ zu, wodurch der Bilanzgewinn in gleichem Umfang abnimmt.
- Durch den Geschäftsvorfall kommt es zu einer Bilanzverkürzung: Die Bilanzposition flüssige Mittel nimmt um 225 000 T€ ab, die Bilanzposition Bilanzgewinn nimmt um den gleichen Betrag ab.
- Bei dem Geschäftsvorfall handelt es sich gleichzeitig um eine Auszahlung, eine Ausgabe, einen Aufwand und Kosten.

(E) Wertverlust von Sachanlagen in Höhe von 60 000 T€
Während des Geschäftsjahres verlieren die Sachanlagen an Wert, beispielsweise durch Nutzung der Maschinen:
- Der Geschäftsvorfall hat Einfluss auf die Gewinn- und Verlustrechnung: Die Abschreibungen auf immaterielle Vermögensgegenstände und Sachanlagen nehmen um 60 000 T€ zu, wodurch der Bilanzgewinn in gleichem Umfang abnimmt.
- Durch den Geschäftsvorfall kommt es zu einer Bilanzverkürzung: Die Bilanzposition Sachanlagen nimmt um 60 000 T€ ab, die Bilanzposition Bilanzgewinn nimmt um den gleichen Betrag ab.
- Bei dem Geschäftsvorfall handelt es sich um einen Aufwand und Kosten. Die Auszahlung und die Ausgabe erfolgten beim Kauf der Sachanlagen.

(F) Zahlung von Fremdleistungen im Umfang von 270 000 T€

Während des Geschäftsjahres werden Fremdleistungen, wie beispielsweise die Miete, ein Putzservice und die Erstellung des Jahresabschlusses durch einen Steuerberater, per Überweisung bezahlt:

- Der Geschäftsvorfall hat Einfluss auf die Gewinn- und Verlustrechnung: Die sonstigen betrieblichen Aufwendungen nehmen um 270 000 T€ zu, wodurch der Bilanzgewinn in gleichem Umfang abnimmt.
- Durch den Geschäftsvorfall kommt es zu einer Bilanzverkürzung: Die Bilanzposition flüssige Mittel nimmt um 270 000 T€ ab, die Bilanzposition Bilanzgewinn nimmt um den gleichen Betrag ab.
- Bei dem Geschäftsvorfall handelt es sich gleichzeitig um eine Auszahlung, eine Ausgabe, einen Aufwand und Kosten.

(G) Produktion und Einlagerung von unfertigen und fertigen Erzeugnissen für 1 030 000 T€

Während des Geschäftsjahres werden unfertige Erzeugnisse, wie beispielsweise Kotflügel aus Stahl, und fertige Erzeugnisse, wie Automobile oder Ersatzteile, hergestellt und in die Produktions- und Distributionslager eingelagert:

- Der Geschäftsvorfall hat Einfluss auf die Gewinn- und Verlustrechnung: Es kommt zu positiven Bestandsveränderungen von 1 030 000 T€ (Hinweis: Die Produktion und der Verbrauch von Erzeugnissen wird immer als Bestandsveränderung und nicht als Materialaufwand erfasst), wodurch der Bilanzgewinn in gleichem Umfang zunimmt.
- Durch den Geschäftsvorfall kommt es zu einer Bilanzverlängerung: Die Bilanzposition Vorräte nimmt um 1 030 000 T€ zu, die Bilanzposition Bilanzgewinn nimmt um den gleichen Betrag zu.
- Bei dem Geschäftsvorfall handelt es sich um einen Ertrag und eine Leistung.

(H) Auslagerung von unfertigen Erzeugnissen für die Produktion und von fertigen Erzeugnissen für den Verkauf für 1 075 000 T€

Während des Geschäftsjahres werden den Produktionslagern unfertige Erzeugnisse zur Weiterverarbeitung und den Distributionslagern fertige Erzeugnisse zur Übergabe an die Kunden entnommen. Da die entsprechenden Lager zu Beginn des Geschäftsjahres bereits Bestände auswiesen, ist es möglich, mehr auszulagern als eingelagert wurde:

- Der Geschäftsvorfall hat Einfluss auf die Gewinn- und Verlustrechnung: Es kommt zu negativen Bestandsveränderungen von 1 075 000 T€, wodurch der Bilanzgewinn in gleichem Umfang abnimmt.
- Durch den Geschäftsvorfall kommt es zu einer Bilanzverkürzung: Die Bilanzposition Vorräte nimmt um 1 075 000 T€ ab, die Bilanzposition Bilanzgewinn nimmt um den gleichen Betrag ab.
- Bei dem Geschäftsvorfall handelt es sich um einen Aufwand und Kosten.

(I) Verkäufe gegen Banküberweisung für 1 575 000 T€

Während des Geschäftsjahres werden ausgelagerte fertige Erzeugnisse, wie Automobile oder Ersatzteile, abgesetzt:

- Der Geschäftsvorfall hat Einfluss auf die Gewinn- und Verlustrechnung: Es kommt zu Umsatzerlösen von 1 575 000 T€, wodurch der Bilanzgewinn in gleichem Umfang zunimmt.
- Durch den Geschäftsvorfall kommt es zu einer Bilanzverlängerung: Die Bilanzposition flüssige Mittel nimmt um 1 575 000 T€ zu, die Bilanzposition Bilanzgewinn nimmt um den gleichen Betrag zu.
- Bei dem Geschäftsvorfall handelt es sich um eine Einzahlung, eine Einnahme, einen Ertrag, einen Umsatzerlös und eine Leistung.

(J) Verkäufe mit einem Zahlungsziel für 80 000 T€
Während des Geschäftsjahres werden ausgelagerte fertige Erzeugnisse, wie Automobile oder Ersatzteile, auf Ziel abgesetzt. Zum Jahresende haben die Kunden die Rechnungen noch nicht bezahlt:
- Der Geschäftsvorfall hat Einfluss auf die Gewinn- und Verlustrechnung: Es kommt zu Umsatzerlösen von 80 000 T€, wodurch der Bilanzgewinn in gleichem Umfang zunimmt.
- Durch den Geschäftsvorfall kommt es zu einer Bilanzverlängerung: Die Bilanzposition Forderungen aus Lieferung und Leistungen nimmt um 80 000 T€ zu, die Bilanzposition Bilanzgewinn nimmt um den gleichen Betrag zu.
- Bei dem Geschäftsvorfall handelt es sich um eine Einnahme, einen Ertrag, einen Umsatzerlös und eine Leistung.

(K) Erhalt von Dividenden aus Beteiligungen in Höhe von 65 000 T€
Während des Geschäftsjahres erhält die Speedy GmbH von Aktiengesellschaften, an denen sie beteiligt ist, Dividenden:
- Der Geschäftsvorfall hat Einfluss auf die Gewinn- und Verlustrechnung: Es kommt zu einer Erhöhung des Beteiligungsergebnisses um 65 000 T€, wodurch der Bilanzgewinn in gleichem Umfang zunimmt.
- Durch den Geschäftsvorfall kommt es zu einer Bilanzverlängerung: Die Bilanzposition flüssige Mittel nimmt um 65 000 T€ zu, die Bilanzposition Bilanzgewinn nimmt um den gleichen Betrag zu.
- Bei dem Geschäftsvorfall handelt es sich um eine Einzahlung, eine Einnahme und einen Ertrag.

(L) Zahlung von Zinsen für Bankverbindlichkeiten in Höhe von 10 000 T€
Während des Geschäftsjahres werden Zinsen für Bankkredite gezahlt:
- Der Geschäftsvorfall hat Einfluss auf die Gewinn- und Verlustrechnung: Es kommt zu einer Reduzierung des Zinsergebnisses um 10 000 T€, wodurch der Bilanzgewinn in gleichem Umfang abnimmt.
- Durch den Geschäftsvorfall kommt es zu einer Bilanzverkürzung: Die Bilanzposition flüssige Mittel nimmt um 10 000 T€ ab, die Bilanzposition Bilanzgewinn nimmt um den gleichen Betrag ab.
- Bei dem Geschäftsvorfall handelt es sich um eine Auszahlung, eine Ausgabe und einen Aufwand.

(M) Vorauszahlung von erwarteten Steuern von Einkommen und Ertrag von 125 000 T€

Während des Geschäftsjahres werden bereits Steuern an das Finanzamt abgeführt:

▸ Der Geschäftsvorfall hat Einfluss auf die Gewinn- und Verlustrechnung: Es kommt zu einer Erhöhung der Steuern auf Einkommen und Ertrag um 125 000 T€, wodurch der Bilanzgewinn in gleichem Umfang abnimmt.

▸ Durch den Geschäftsvorfall kommt es zu einer Bilanzverkürzung: Die Bilanzposition flüssige Mittel nimmt um 125 000 T€ ab, die Bilanzposition Bilanzgewinn nimmt um den gleichen Betrag ab.

▸ Bei dem Geschäftsvorfall handelt es sich um eine Auszahlung und einen Aufwand.

(N) Einstellung von 100 000 T€ in die Gewinnrücklagen

Ein Teil des Jahresüberschusses wird den Gewinnrücklagen zugeführt:

▸ Der Geschäftsvorfall hat keinen Einfluss auf das Ergebnis, die Verwendung wird aber in der Gewinn- und Verlustrechnung ausgewiesen.

▸ Durch den Geschäftsvorfall kommt es zu einem Passivtausch in der Bilanz: Die Bilanzposition Gewinnrücklagen nimmt um 100 000 T€ zu, die Bilanzposition Bilanzgewinn nimmt um den gleichen Betrag ab.

Die Erstellung der Bilanz und der Gewinn- und Verlustrechnung der Speedy GmbH für das Jahr 0002 kann durch Eintragung der vorgenannten Geschäftsvorfälle in die nachfolgenden Tabellen nachvollzogen werden (Hinweis: Da die Geschäftsvorfälle entsprechend den Stufen der Leistungserstellung aufgeführt wurden und Zusammenfassungen von normalerweise über das ganze Geschäftsjahr verteilten Geschäftsvorfällen darstellen, kommt es zwischendurch zu negativen Bankbeständen. Die angegebenen Zwischenergebnisse dienen der Selbstkontrolle).

Bilanz der *Speedy GmbH* zum 31.12.0002	T€	T€
Aktiva	0002	0001
A. Anlagevermögen		
I. Immaterielle Vermögensgegenstände	+ 0	65 000
II. Sachanlagen		205 000
III. Finanzanlagen	+ 0	65 000
	450 000	335 000
B. Umlaufvermögen		
I. Vorräte		60 000
II. Forderungen aus Lieferungen und Leistungen		70 000
III. Übrige Forderungen und sonstige Vermögensgegenstände	+ 0	53 000
IV. Wertpapiere	+ 0	80 000

Bilanz der *Speedy GmbH* zum 31.12.0002	T€	T€
V. Flüssige Mittel		390 000
	758 000	653 000
C. Rechnungsabgrenzungsposten	2 000	2 000
Summe Aktiva	1 210 000	990 000

Bilanz der *Speedy GmbH* zum 31.12.0002	T€	T€
Passiva	**0002**	**0001**
A. Eigenkapital		
I. Gezeichnetes Kapital	+ 0	15 000
II. Kapitalrücklagen	+ 0	40 000
III. Gewinnrücklagen		218 000
IV. Bilanzgewinn		0
	493 000	*273 000*
B. Rückstellungen		
I. Rückstellungen für Pensionen und ähnliche Verpflichtungen	+ 0	115 000
II. Übrige Rückstellungen	+ 0	345 000
	460 000	460 000
C. Verbindlichkeiten		
I. Finanzverbindlichkeiten	+ 0	150 000
II. Verbindlichkeiten aus Lieferungen und Leistungen	+ 0	81 000
III. Übrige Verbindlichkeiten	+ 0	25 000
	256 000	256 000
D. Rechnungsabgrenzungsposten	1 000	1 000
Summe Passiva	1 210 000	990 000

Gewinn- und Verlustrechnung der *Speedy GmbH* für die Zeit vom 01.01.0002 bis 31.12.0002	T€
Umsatzerlöse	
Bestandsveränderungen und andere aktivierte Eigenleistungen	
Gesamtleistung	**1 610 000**
Sonstige betriebliche Erträge	0
Materialaufwand	
Personalaufwand	
Abschreibungen auf immaterielle Vermögensgegenstände und Sachanlagen	
Sonstige betriebliche Aufwendungen	
Beteiligungsergebnis	
Zinsergebnis	
Abschreibungen auf Finanzanlagen und Wertpapiere des Umlaufvermögens	0
Ergebnis der gewöhnlichen Geschäftstätigkeit	**345 000**
Steuern vom Einkommen und vom Ertrag	
Jahresergebnis	**220 000**
Einstellung in Gewinnrücklagen	
Bilanzgewinn	**120 000**

10.4 Internationale Rechnungslegung

Neben den nationalen Rechnungslegungsvorschriften sind für europäische Konzerne insbesondere die Regelungen des **International Financial Reporting Standards** (IFRS) und – falls eine Aktiennotierung an einer amerikanischen Börse angestrebt wird – die in den Vereinigten Staaten geltenden **Generally Accepted Accounting Principles** (US-GAAP) von Bedeutung.

Die International Financial Reporting Standards (IFRS), die bis zum Jahr 2003 **International Accounting Standards** (IAS) hießen, werden vom *International Accounting Standards Board* (IASB) entwickelt, um die internationale Vergleichbarkeit von Jahresabschlüssen und von Unternehmensbewertungen sicherzustellen.

Kapitalmarktorientierte und damit in der Regel börsennotierte europäische Konzerne müssen inzwischen ihre Konzernabschlüsse gemäß dieser Standards erstellen, nicht kapitalmarktorientierte europäische Konzerne dürfen ihre Konzernabschlüsse

Anwendungsbereiche der Standards

statt der landesüblichen Rechnungslegungsvorschriften gemäß dieser Standards erstellen und Nichtkonzerne dürfen ihre Einzelabschlüsse zusätzlich zu den landesüblichen Rechnungslegungsvorschriften gemäß dieser Standards erstellen.

Das vom *International Accounting Standards Board* geschaffene Regelwerk umfasst:

Aufbau des Regelwerks

- ein **Framework** von allgemeinen Rahmenbedingungen,
- die **Standards** IAS 1 bis 41 und seit dem Jahr 2003 die Standards IFRS 1 und folgende, die spezielle Sachverhalte regeln, so beispielsweise die Segmentberichterstattung durch den IAS 14, und
- die **Interpretations** SIC 1 und folgende, die die Standards kommentieren und ergänzen.

Zielsetzung der Standards

Mit den International Financial Reporting Standards wird eine andere Zielsetzung als mit den Rechnungslegungsvorschriften des Handelsgesetzbuches verfolgt. Während Letztere primär auf den Schutz von Fremdkapitalgebern wie Banken ausgerichtet sind und bei der Informationsbereitstellung gemäß dem sogenannten **Vorsichtsprinzip** agieren, sind die International Financial Reporting Standards auf den Schutz von Eigenkapitalgebern, wie Aktionären, ausgelegt. Diesen sollen im Rahmen der sogenannten **Fair Presentation** möglichst realistische Informationen bereitgestellt werden.

10.5 Kennzahlen

Im Rahmen der sogenannten **Bilanzanalyse**, die sich allerdings auch auf andere Teile des Jahresabschlusses als die Bilanz bezieht, werden Kennzahlen ermittelt, um die Situation des Unternehmens beurteilen und mit der anderer Unternehmen vergleichen zu können.

In der Bilanzanalyse werden finanzwirtschaftliche und erfolgswirtschaftliche Kennzahlen unterschieden. Erstere richten sich primär an Kreditgeber. Auf sie wird im ↗ Kapitel 12 Finanzierung genauer eingegangen werden. Für die erfolgswirtschaftliche Analyse, die insbesondere für Investoren von Bedeutung ist, können unter anderem folgende Kennzahlen verwendet werden (vergleiche *Wöhe G.* 2002: Seite 1056 und 1067 ff.):

$$\text{Eigenkapitalrentabilität} = \frac{\text{Bilanzgewinn}}{\text{Eigenkapital}} \ [\%]$$

$$\text{Gesamtkapitalrentabilität} = \frac{\text{Bilanzgewinn (+ Fremdkapitalzinsen)}}{\text{Gesamtkapital}} \ [\%]$$

$$\text{Umsatzrentabilität} = \frac{\text{Bilanzgewinn}}{\text{Umsatzerlös}} \ [\%]$$

$$\text{Price-Earnings-Ratio} = \frac{\text{Preis je Aktie}}{\text{Gewinn je Aktie}} \; [\%]$$

$$\text{Personalaufwandsquote} = \frac{\text{Personalaufwand}}{\text{Gesamtleistung}} \; [\%]$$

$$\text{Materialaufwandsquote} = \frac{\text{Materialaufwand}}{\text{Gesamtleistung}} \; [\%]$$

Zusammenfassung Kapitel 10

- Gegenstand des externen Rechnungswesens ist die Ermittlung und die Bereitstellung von Informationen über monetäre und mengenmäßige Größen, die benötigt werden, um die betrieblichen Geschehnisse gegenüber Externen zu dokumentieren.
- Monetäre Zugänge und Mehrungen des Erfolges werden mit den Begriffen Einzahlung, Einnahme, Ertrag und Umsatzerlös beschrieben.
- Monetäre Abgänge und Minderungen des Erfolges werden mit den Begriffen Auszahlung, Ausgabe und Aufwand beschrieben.
- Die Aufgaben des externen Rechnungswesens umfassen insbesondere die Durchführung der Buchführung und die Erstellung des Jahresabschlusses.
- Die Buchführung basiert auf dem Grundbuch, dem Hauptbuch und den Nebenbüchern.
- Es werden Bestands-, Erfolgs-, Vortrags- und Abschlusskonten unterschieden.
- Bei der doppelten Buchführung bewirkt jeder Geschäftsvorfall mindestens die Veränderung der Soll-Seite eines Kontos und der Haben-Seite eines anderen Kontos.
- Nach der Bilanzsumme, den Umsatzerlösen, der Arbeitnehmerzahl und dem Vorhandensein börsengängiger Aktien werden kleine, mittelgroße und große Gesellschaften unterschieden.
- Der Jahresabschluss umfasst immer die Bilanz und die Gewinn- und Verlustrechnung.
- Die Aktivseite der Bilanz besteht insbesondere aus dem Anlage- und dem Umlaufvermögen, die Passivseite aus dem Eigenkapital und den Verbindlichkeiten.
- Nach der Bilanzgleichung sind Aktiva und Passiva gleich groß.
- Die Bilanzverlängerung, die Bilanzverkürzung, der Aktivtausch und der Passivtausch stellen die vier Grundformen der Bilanzänderung dar.
- In der Gewinn- und Verlustrechnung werden die Erträge und die Aufwendungen einander gegenübergestellt und damit der Gewinn oder der Verlust ermittelt.
- Die Gewinn- und Verlustrechnung kann nach dem Gesamtkosten- oder dem Umsatzkostenverfahren aufgestellt werden.
- Der Cashflow bezeichnet aus Ein- und Auszahlungen resultierende Geldzu- und -abflüsse.

- Die Kapitalflussrechnung stellt die Mittelzu- und -abflüsse aus der laufenden Geschäftstätigkeit und aus Investitions- und Finanzierungsvorgängen dar.
- Im Anhang werden die in der Bilanz und in der Gewinn- und Verlustrechnung gemachten Angaben erläutert.
- Der Lagebericht vermittelt Externen ein genaueres Bild der Situation des Unternehmens.
- Die Rechnungslegung gemäß dem Handelsgesetzbuch erfolgt nach dem Vorsichtsprinzip, die gemäß der International Financial Reporting Standards nach dem Prinzip der Fair Presentation.

Weiterführende Literatur Kapitel 10

Externes Rechnungswesen allgemein
Schäfer-Kunz, J.: Buchführung und Jahresabschluss für Schule, Studium und Beruf: Auf der Grundlage der Kontenrahmen SKR03, SKR04 und IKR, Stuttgart.

Jahresabschluss
Coenenberg, A. G./Haller, A./Schultze, W.: Jahresabschluss und Jahresabschlussanalyse: Betriebswirtschaftliche, handelsrechtliche, steuerrechtliche und internationale Grundsätze – HGB, IFRS, US-GAAP, DRS, Stuttgart.

Weiterführende Internetverweise Kapitel 10

http://bundesrecht.juris.de/hgb/: Text des Handelsgesetzbuches.
www.buchfuehrungsnetz.de: Internetseite der *Verlagsgruppe Praktisches Wissen* mit Hinweisen zur Buchführung und zur Rechnungslegung.
www.datev.de: Internetseite der *DATEV eG* mit Hinweisen zur Buchführung und zu Kontenrahmen.
www.drsc.de: Internetseite des *Deutschen Rechnungslegungs Standards Committee e. V.*
www.ebundesanzeiger.de: Internetseite des elektronischen Bundesanzeigers.
www.ernstyoung.de: Internetseite der *Ernst & Young AG* mit zahlreichen Studien zum externen Rechnungswesen.
www.iasb.org: Internetseite des *International Accounting Standards Boards*.
www.ifrs-portal.com: Internetseite zu den International Financial Reporting Standards.
www.kpmg.de: Internetseite der *KPMG Deutsche Treuhand-Gesellschaft AG* mit zahlreichen Studien zum externen Rechnungswesen.
www.rechnungswesenforum.de: Internetforum zum Rechnungswesen.
www.unternehmensregister.de: Internetseite des Unternehmensregisters des *Bundesministeriums der Justiz*.

Schlüsselbegriffe Kapitel 10

- Auszahlung
- Einzahlung
- Ausgabe
- Einnahme
- Aufwand
- Ertrag
- Umsatzerlös
- Eröffnungsbilanz
- Schlussbilanz
- Inventur
- Inventar
- Handelsbilanz
- Steuerbilanz
- Hauptversammlung
- Buchführung
- Belegprinzip
- Grundbuch
- Hauptbuch
- Nebenbuch
- Kontokorrentbuch
- Lagerbuch
- Lohn- und Gehaltsbuch
- Anlagenbuch
- Konto
- Soll
- Haben
- Saldo
- Kontenrahmen
- Bestandskonto
- Erfolgskonto
- Buchungssatz
- Jahresabschluss
- Bilanz
- Aktiva
- Passiva
- Bilanzgleichung
- Anlagevermögen
- Sachanlage
- Umlaufvermögen
- Vorrat
- Forderung
- Flüssige Mittel
- Eigenkapital
- Gezeichnetes Kapital
- Gewinnrücklage
- Bilanzgewinn
- Rückstellung
- Verbindlichkeit
- Bilanzverlängerung
- Bilanzverkürzung
- Aktivtausch
- Passivtausch
- Gewinn- und Verlustrechnung
- Bestandserhöhung
- Erfolg
- Ergebnis
- Gesamtkostenverfahren
- Umsatzkostenverfahren
- Kapitalflussrechnung
- Cashflow
- Anhang
- Lagebericht
- Verwendung
- Offenlegung
- International Financial Reporting Standards
- Vorsichtsprinzip
- Fair presentation
- Bilanzanalyse

Fragen Kapitel 10

Frage 10-1: *Definieren Sie den Begriff »Externes Rechnungswesen«.*
Frage 10-2: *Definieren Sie den Begriff »Auszahlung«.*
Frage 10-3: *Definieren Sie den Begriff »Einnahme«.*
Frage 10-4: *Definieren Sie den Begriff »Aufwand«.*
Frage 10-5: *Definieren Sie den Begriff »Ertrag«.*
Frage 10-6: *Nennen Sie ein Beispiel für einen Geschäftsvorfall, bei dem es sich nur um eine Ausgabe handelt.*
Frage 10-7: *Nennen Sie ein Beispiel für einen Geschäftsvorfall, bei dem es sich nur um eine Auszahlung handelt.*
Frage 10-8: *Nennen Sie ein Beispiel für einen Geschäftsvorfall, bei dem es sich um eine Auszahlung, eine Ausgabe und einen Aufwand handelt.*
Frage 10-9: *Nennen Sie die zwei Teilbereiche des Rechnungswesens.*
Frage 10-10: *Erläutern Sie, welche Aufgaben im externen Rechnungswesen jährlich durchzuführen sind.*
Frage 10-11: *Erläutern Sie, wozu die Grundsätze ordnungsmäßiger Buchführung dienen.*

Frage 10-12: *Nennen Sie die drei Arten von Büchern, auf denen die Buchführung basiert.*
Frage 10-13: *Erläutern Sie, welche Funktionen Kontenrahmen haben.*
Frage 10-14: *Nennen Sie die drei Kontenarten.*
Frage 10-15: *Erläutern Sie, was die doppelte Buchführung kennzeichnet.*
Frage 10-16: *Nennen Sie vier Bestandteile von Jahresabschlüssen.*
Frage 10-17: *Nennen Sie die vier Kriterien anhand derer die Größeneinteilung von Unternehmen gemäß dem Handelsgesetzbuch § 267 erfolgt.*
Frage 10-18: *Erläutern Sie, welche Rechnungslegungspflichten von der Unternehmensgröße abhängen.*
Frage 10-19: *Erläutern Sie, was die in der Bilanz ausgewiesenen Aktiva aufzeigen.*
Frage 10-20: *Erläutern Sie, was die in der Bilanz ausgewiesenen Passiva aufzeigen.*
Frage 10-21: *Nennen Sie die Bilanzgleichung.*
Frage 10-22: *Erläutern Sie den Unterschied zwischen dem Anlage- und dem Umlaufvermögen.*
Frage 10-23: *Nennen Sie die vier Arten von Bilanzänderungen.*
Frage 10-24: *Nennen Sie die beiden Rechengrößen, die in der Gewinn- und Verlustrechnung gegenübergestellt werden.*
Frage 10-25: *Erläutern Sie den Unterschied zwischen dem Gesamtkosten- und dem Umsatzkostenverfahren.*
Frage 10-26: *Nennen Sie den Bilanzposten, der die Schnittstelle zur Gewinn- und Verlustrechnung bildet.*
Frage 10-27: *Erläutern Sie, wie sich Aufwendungen und Erträge auf das in der Bilanz ausgewiesene Eigenkapital auswirken.*
Frage 10-28: *Definieren Sie den Begriff »Cashflow«.*
Frage 10-29: *Nennen Sie die beiden Rechengrößen, die in der Kapitalflussrechnung gegenübergestellt werden.*
Frage 10-30: *Erläutern Sie, welche drei Cashflows in der Kapitalflussrechnung ermittelt werden.*
Frage 10-31: *Erläutern Sie, welche Aufgabe der Anhang hat.*
Frage 10-32: *Erläutern Sie, welche Aufgabe der Lagebericht hat.*
Frage 10-33: *Erläutern Sie, wer über die Verwendung des Jahresergebnisses bei Aktiengesellschaften und bei Gesellschaften mit beschränkter Haftung entscheidet.*
Frage 10-34: *Erläutern Sie, wie die Offenlegung des Jahresabschlusses erfolgt.*
Frage 10-35: *Erläutern Sie, welche unterschiedlichen Zielsetzungen die Rechnungslegungsvorschriften des Handelsgesetzbuches und die der International Financial Reporting Standards verfolgen.*

Fallstudie Kapitel 10

Während des ersten Monats des Geschäftsjahres 0003 kam es bei der Speedy GmbH unter anderem zu folgenden Geschäftsvorfällen (Hinweis: Die Umsatzsteuer ist nachfolgend jeweils nicht zu berücksichtigen):

(A) *Kauf eines neuen Hochleistungscomputers für die Entwicklung gegen Banküberweisung von 300 T€.*
(B) *Kauf von Aktien eines Herstellers von Rohstoffen an der Börse zur langfristigen Beteiligung für 10 000 T€ gegen Banküberweisung.*
(C) *Zielkauf von Kunststoffen für 3 T€.*
(D) *Bezahlung von Verbindlichkeiten aus Lieferung und Leistung in Höhe von 8 T€ per Banküberweisung.*
(E) *Verbrauch von Kunststoffen für die Produktion von Autotüren gemäß Materialentnahmeschein für 4 T€.*
(F) *Just-in-time-Anlieferung von Sitzen und einer entsprechenden Rechnung über 20 T€ durch einen Zulieferer. Die Sitze werden nicht eingelagert, sondern direkt in der Produktion eingebaut.*
(G) *Überweisung des Gehalts von Dr. Karl-Heinz Scharrenbacher in Höhe von 300 T€.*
(H) *Einlagerung von produzierten Autotüren für 9 T€.*
(I) *Auslagerung von Speedster Fahrzeugen für 500 T€ zum Verkauf.*
(J) *Barverkauf eines Speedster Family für 20 T€ an einen ausländischen Importeur.*
(K) *Verkauf von Speedster City für 998 T€ auf Ziel an einen Autovermieter.*
(L) *Bezahlung von Forderungen aus Lieferungen und Leistungen in Höhe von 30 T€ durch Kunden per Banküberweisung.*
(M) *Für Barauszahlungen werden vom Bankkonto 100 T€ abgehoben und in einen Safe auf dem Fabrikgelände gelegt.*
(N) *Der Hauptgesellschafter der Speedy GmbH erhöht seine Einlage in das Unternehmen durch Banküberweisung um 1 000 T€.*
(O) *Aufnahme eines kurzfristigen Bankkredits von 100 T€.*
(P) *Umwandlung eines mittelfristigen Bankkredits über 50 T€ mit einer Laufzeit von 2 Jahren in einen langfristigen Bankkredit mit einer Laufzeit von 7 Jahren.*

Erstellen Sie auf Basis des Jahresabschlusses 0002 mit den nachfolgenden Tabellen eine Zwischenbilanz und eine Zwischengewinn- und Verlustrechnung für die Speedy GmbH zum 31.01.0003 und bestimmten Sie für die einzelnen Geschäftsvorfälle jeweils, ob es sich um einen Aktivtausch, einen Passivtausch, eine Bilanzverlängerung oder eine Bilanzverkürzung handelt und ob es sich um Einzahlungen, Einnahmen, Erträge, Umsatzerlöse, Auszahlungen, Ausgaben und/oder Aufwendungen handelt (Hinweis: Zwischenergebnisse dienen der Selbstkontrolle).

Externes Rechnungswesen
Fallstudie Kapitel 10

Bilanz der *Speedy GmbH* zum 31.01.0003	T€	T€
Aktiva	0003	0002
A. Anlagevermögen		
I. Immaterielle Vermögensgegenstände	+ 0	65 000
II. Sachanlagen		320 000
III. Finanzanlagen		65 000
	460 300	450 000
B. Umlaufvermögen		
I. Vorräte		75 000
II. Forderungen aus Lieferungen und Leistungen		150 000
III. Übrige Forderungen und sonstige Vermögensgegenstände	+ 0	53 000
IV. Wertpapiere	+ 0	80 000
V. Flüssige Mittel		400 000
	749 018	758 000
C. Rechnungsabgrenzungsposten	2 000	2 000
Summe Aktiva	1 211 318	1 210 000

Bilanz der *Speedy GmbH* zum 31.01.0003	T€	T€
Passiva	0003	0002
A. Eigenkapital		
I. Gezeichnetes Kapital		15 000
II. Kapitalrücklagen	+ 0	40 000
III. Gewinnrücklagen	+ 0	318 000
IV. Bilanzgewinn		120 000
	494 203	493 000
B. Rückstellungen		
I. Rückstellungen für Pensionen und ähnliche Verpflichtungen	+ 0	115 000
II. Übrige Rückstellungen	+ 0	345 000
	460 000	460 000
C. Verbindlichkeiten		

Bilanz der *Speedy GmbH* zum 31.01.0003	T€	T€
I. Finanzverbindlichkeiten		150 000
II. Verbindlichkeiten aus Lieferungen und Leistungen		81 000
III. Übrige Verbindlichkeiten	+ 0	25 000
	256 115	256 000
D. Rechnungsabgrenzungsposten	1 000	1 000
Summe Passiva	1 211 318	1 210 000

Gewinn- und Verlustrechnung der *Speedy GmbH* für die Zeit vom 01.01.0003 bis 31.01.0003	T€
Umsatzerlöse	
Bestandsveränderungen und andere aktivierte Eigenleistungen	
Gesamtleistung	527
Sonstige betriebliche Erträge	0
Materialaufwand	
Personalaufwand	
Abschreibungen auf immaterielle Vermögensgegenstände und Sachanlagen	0
Sonstige betriebliche Aufwendungen	0
Beteiligungsergebnis	0
Zinsergebnis	0
Abschreibungen auf Finanzanlagen und Wertpapiere des Umlaufvermögens	0
Ergebnis der gewöhnlichen Geschäftstätigkeit	203
Steuern vom Einkommen und vom Ertrag	0
Jahresergebnis	203
Einstellung in Gewinnrücklagen	0
Bilanzgewinn	203

Externes Rechnungswesen
Lösungen Kapitel 10

Geschäftsvorfall	Aktivtausch	Passivtausch	Bilanzverlängerung	Bilanzverkürzung	Einzahlung	Einnahme	Ertrag	Umsatzerlös	Auszahlung	Ausgabe	Aufwand
A											
B											
C											
D											
E											
F											
G											
H											
I											
J											
K											
L											
M											
N											
O											
P											

Lösungen Kapitel 10

Lösungshinweise zu den Rechnungen im Kapitel finden Sie unter folgender Internetadresse:
www.EinfuehrungInDieBetriebswirtschaftslehre.de/bwl-loesungshinweise.html

Studierende, deren Dozenten das Buch einsetzen, finden ausführliche passwortgeschützte Lösungen unter folgender Internetadresse:
www.EinfuehrungInDieBetriebswirtschaftslehre.de/bwl-loesungen.html

Das Passwort für die Lösungen erhalten Sie von Ihrem Dozenten:

Passwort:

11 Internes Rechnungswesen

Kapitelnavigator

Inhalt	Lernziel
11.1 Grundlagen	11-1 Die Grundlagen des internen Rechnungswesens erarbeiten.
11.2 Kostentheorie	11-2 Die Aussagen der Kostentheorie kennen.
11.3 Kalkulation	11-3 Kalkulationen durchführen können.
11.4 Erfolgsrechnungen	11-4 Die Einsatzfelder von Erfolgsrechnungen definieren.
11.5 Entscheidungsrechnungen	11-5 Die Einsatzfelder von Entscheidungsrechnungen kennen.
11.6 Kontrollrechnungen	11-6 Die Einsatzfelder von Kontrollrechnungen kennen.

Um ihre Arbeit durchführen zu können, benötigen sowohl die Mitglieder der Unternehmensleitung als auch alle mit administrativen Aufgaben betrauten Mitarbeiter eine Vielzahl von Informationen.

> Gegenstand des **internen Rechnungswesens** ist insbesondere die Ermittlung und die Bereitstellung von Informationen über wert- und mengenmäßige Größen, die benötigt werden, um die betriebliche Leistungserstellung zu steuern.

Entsprechend wendet sich das interne Rechnungswesen an Informationsadressaten, die die Leistungserstellung im Unternehmen zu verantworten haben, so insbesondere an:
- Aufsichtsgremien, wie den Aufsichtsrat von Aktiengesellschaften,
- Mitglieder des Vorstandes oder der Geschäftsführung,
- Mitglieder des Managements und
- Arbeitnehmer.

11.1 Grundlagen

11.1.1 Kosten und Leistungen

Während im externen Rechnungswesen die Begriffe Aufwendungen und Erträge üblich sind, werden im internen Rechnungswesen die Begriffe Kosten und Leistungen verwendet.

> **Kosten** bezeichnen Minderungen des Erfolges durch den Verbrauch oder die Inanspruchnahme von Gütern im Rahmen der gewöhnlichen betrieblichen Tätigkeit der Periode.

> **Leistungen** bezeichnen Mehrungen des Erfolges durch die Herstellung, den Verkauf oder die Bereitstellung von Gütern im Rahmen der gewöhnlichen betrieblichen Tätigkeit der Periode.

Während es sich bei den Erträgen beziehungsweise den Aufwendungen um alle Arten der Erfolgserhöhung beziehungsweise der Erfolgsreduzierung handelt, umfassen Leistungen beziehungsweise Kosten nur die Erfolgserhöhungen beziehungsweise die Erfolgsreduzierungen, die im Rahmen einer betriebstypischen Tätigkeit in nicht außerordentlicher Weise innerhalb der Periode, also in der Regel des Geschäftsjahres, entstehen.

Als Basis des internen Rechnungswesens ist eine Abgrenzung zum externen Rechnungswesen durchzuführen:

Abgrenzung von Kosten und Aufwendungen
Im Hinblick auf die Abgrenzung von Kosten und Aufwendungen werden diese weiter in folgende Rechengrößen unterteilt:
- Kosten, die in ihrer Höhe Aufwendungen entsprechen, werden als **Grundkosten** bezeichnet.
- Bei den **neutralen Aufwendungen** handelt es sich um Aufwendungen ohne Kostenbezug, die in nicht betriebstypischer Weise (betriebsfremde Aufwendungen) oder in einer anderen Periode (periodenfremde Aufwendungen) entstanden sind oder die in unerwarteter Höhe (außerordentliche Aufwendungen) auftreten. Beispiele dafür sind Aufwendungen für die Werkswohnungen eines Automobilherstellers, Steuernachzahlungen oder Schäden durch Umweltkatastrophen.
- Bei den **Zusatzkosten** handelt es sich um kalkulatorische Kosten, denen kein Aufwand gegenübersteht. Dies trifft zu auf:
  - kalkulatorische Unternehmerlöhne, die bei Einzelunternehmen und Personengesellschaften angesetzt werden können, weil deren geschäftsführende Unternehmer kein Geschäftsführergehalt beziehen, und auf
  - kalkulatorische Mieten, die bei Einzelunternehmen und bei Personengesellschaften angesetzt werden können, wenn diese Grundstücke und Gebäude nutzen, die im Eigentum der Gesellschafter liegen.

Grundlagen 11.1

▸ Darüber hinaus gibt es noch **Anderskosten**. Dies sind kalkulatorische Kosten, denen Aufwendungen in anderer Höhe gegenüberstehen, da diese anders berechnet werden. Dies trifft zu auf:
- kalkulatorische Abschreibungen,
- kalkulatorische Wagnisse sowie
- kalkulatorische Zinsen.

Abgrenzung von Leistungen und Erträgen
Im Hinblick auf die Abgrenzung von Leistungen und Erträgen werden diese weiter in folgende Rechengrößen unterteilt:
▸ Leistungen, die in ihrer Höhe Erträgen entsprechen, werden als **Grundleistungen** bezeichnet.
▸ Bei den **neutralen Erträgen** handelt es sich um Erträge ohne Leistungsbezug, die in nicht betriebstypischer Weise (betriebsfremde Erträge) oder in einer anderen Periode (periodenfremde Erträge) entstanden sind oder die in unerwarteter Höhe (außerordentliche Erträge) auftreten. Beispiele dafür sind staatliche Subventionen, nachträgliche Steuerrückerstattungen oder der Verkauf von Produktionseinrichtungen zu einem Betrag über dem Restbuchwert.
▸ **Zusatzleistungen** sind Leistungen, die nicht gleichzeitig einen Ertrag darstellen.
▸ **Andersleistungen** sind Leistungen, denen Erträge in anderer Höhe gegenüberstehen, beispielsweise weil Erzeugnisse in der Kostenrechnung anders als in der Buchführung bewertet werden.

Die Überleitung der Erträge und Aufwendungen aus dem externen Rechnungswesen in Leistungen und Kosten im internen Rechnungswesen erfolgt im Rahmen der Kostenartenrechnung über eine sogenannte Abgrenzungsrechnung. Dabei wird das **Gesamtergebnis** des externen Rechnungswesens durch Abspaltung eines **neutralen Ergebnisses** in das **Betriebsergebnis** des internen Rechnungswesens überführt.

Abgrenzungsrechnung

11.1.2 Einordnung

Das interne Rechnungswesen ist neben dem externen Rechnungswesen, der zweite Hauptbestandteil des Rechnungswesens. Schnittstellen bestehen insbesondere zu folgenden Bereichen (↗ Abbildung 11-1):
▸ **Externes Rechnungswesen:** Das interne Rechnungswesen basiert weitgehend auf den Daten des externen Rechnungswesens.
▸ **Unternehmensführung:** Das interne Rechnungswesen liefert der Unternehmensführung die für die Steuerung des Unternehmens benötigen Informationen.
▸ **Leistungserstellung:** Das interne Rechnungswesen liefert der Leistungserstellung vielfältige Informationen, so beispielsweise Preisuntergrenzen für Produkte, Preisobergrenzen für Zukaufteile, Daten zur Planung des optimalen Produktprogramms oder Kostenstellendaten.

11.1 Internes Rechnungswesen
Grundlagen

Abb. 11-1

Einordnung des internen Rechnungswesens

11.1.3 Unterteilung

Unterteilung des internen Rechnungswesens

Teilbereiche des internen Rechnungswesens sind die Kostenrechnung und die Betriebsstatistik. Die Kosten- beziehungsweise die **Kosten- und Leistungsrechnung**, die im Mittelpunkt der nachfolgenden Ausführungen stehen wird, lässt sich nach Aufgaben weiter in:

- die Kalkulation,
- die Erfolgsrechnung,
- die Entscheidungsrechnung sowie
- die Kontrollrechnung

unterteilen (↗ Abbildung 11-2, vergleiche *Jórasz, W.* 2003: Seite 14 ff. und *Coenenberg, A. G.* 2003: Seite 18 f.).

Kostenrechnungssysteme lassen sich darüber hinaus in Abhängigkeit vom Zeitbezug der Rechengrößen in Ist-, Normal- und Plankostenrechnungen unterscheiden. In Abhängigkeit von dem Ausmaß der verrechneten Kosten werden außerdem Voll- und Teilkostenrechnungen differenziert (↗ Abbildung 11-3, zum Folgenden vergleiche *Jórasz, W.* 2003: Seite 29 ff.).

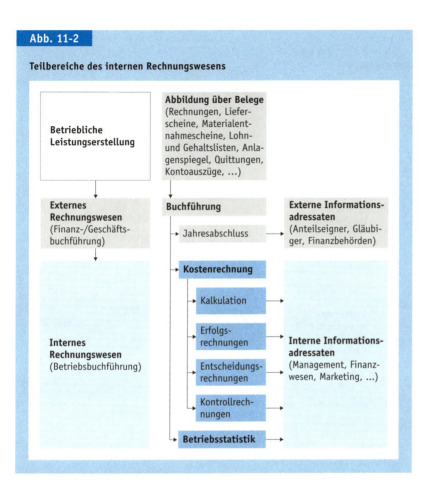

Abb. 11-2

Teilbereiche des internen Rechnungswesens

Ist-, Normal- und Plankostenrechnung

Gegenstand der Istkostenrechnung sind die tatsächlich in einer Periode angefallenen Kosten. Da sich diese Kosten nur nachträglich ermitteln lassen, ist die Istkostenrechnung vergangenheitsorientiert. Auf Vollkostenbasis stellt sie die traditionelle Form der Kosten- und Leistungsrechnung dar (vergleiche *Hummel, S./Männel, W.* 1995: Seite 112 f.).

Istkostenrechnung

Gegenstand der Normalkostenrechnung sind die in den vergangenen Perioden durchschnittlich angefallenen Istkosten. Durch die Durchschnittsbildung werden Schwankungen der Kosten in verschiedenen Perioden nivelliert und die Kosten somit besser vergleichbar gemacht. Da sie sich auf Istkosten bezieht, handelt es sich bei der Normalkostenrechnung ebenfalls um eine vergangenheitsorientierte Rechnung (vergleiche *Hummel, S./Männel, W.* 1995: Seite 113).

Normalkostenrechnung

Gegenstand der Plankostenrechnung sind zukünftige, für eine erwartete Beschäftigung prognostizierte Kosten. Bei der Plankostenrechnung handelt es sich also um eine zukunftsorientierte Rechnung. Die Plankosten stellen in der Regel Vorgaben für Kostenstellen dar. Im Rahmen der Plankostenrechnung werden die Einhaltung

Plankostenrechnung

11.1 Internes Rechnungswesen
Grundlagen

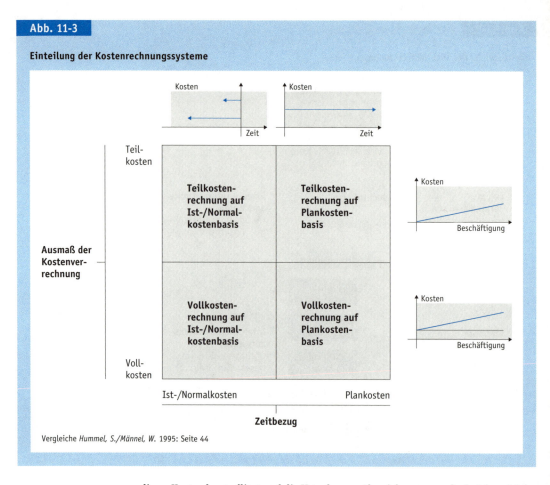

Abb. 11-3

Einteilung der Kostenrechnungssysteme

Vergleiche Hummel, S./Männel, W. 1995: Seite 44

dieser Kosten kontrolliert und die Ursache von Abweichungen analysiert (vergleiche Hummel, S./Männel, W. 1995: Seite 114 f.).

Voll- und Teilkostenrechnung

Vollkostenrechnung
Im Rahmen der Vollkostenrechnung werden alle angefallenen Kosten auf die Kostenträger verrechnet. Durch dieses Vorgehen wird sichergestellt, dass mit den kalkulierten Preisen alle entstehenden Kosten gedeckt werden. Die Vollkostenrechnung auf Istkostenbasis ist das in der Praxis am weitesten verbreitete Kostenrechnungssystem (vergleiche Hummel, S./Männel, W. 1995: Seite 44 f.). Da bei der Vollkostenrechnung alle und somit auch die fixen Kosten proportionalisiert werden, werden den Kostenträgern Kosten zugerechnet, die diese gar nicht verursacht haben. Darüber hinaus ist es in der Regel nicht möglich, die für eine Entscheidung relevanten Kosten zu identifizieren. Um diese Mängel zu beheben, werden Teilkostenrechnungen bedarfsweise ergänzend zu Vollkostenrechnungen durchgeführt.

Teilkostenrechnung
Im Rahmen der Teilkostenrechnung erfolgt in allen Stufen der Kostenrechnung eine Kostenspaltung, die es ermöglicht, Kostenträgern nur die Einzelkosten oder

die variablen Kosten zuzurechnen, die diese wirklich verursacht haben (Verursachungsprinzip). In der Regel erfolgt die Kostenspaltung im Rahmen der Teilkostenrechnung dabei in fixe und variable Kosten (vergleiche *Hummel, S./Männel, W.* 1995: Seite 49 ff.).

11.1.4 Aufgaben der Kostenrechnung

Die wichtigste Funktion der Kostenrechnung besteht darin, bestimmte Kosten und Leistungen auf bestimmte Objekte zu verteilen (↗ Abbildung 11-4). So werden über die Kalkulation Kosten und Leistungen auf Kostenträger, wie beispielsweise Produkte, verteilt. Über die Erfolgsrechnung erfolgt eine Verteilung von Kosten und Leistungen auf Geschäftsbereiche, über die Entscheidungsrechnung auf Entscheidungsalternativen, wie beispielsweise die Eigenerstellung oder den Zukauf von Gütern. Im Rahmen der Kontrollrechnung werden schließlich Kosten und Leistungen auf Projekte oder Kostenstellen, wie beispielsweise Abteilungen, verteilt.

Grundfunktionen der Kostenrechnung

11.1.5 Vorgehensweise bei der Kostenrechnung

Die Kostenrechnung erfolgt immer in drei aufeinander aufbauenden Stufen, nämlich der Kostenarten-, der Kostenstellen- und der Kostenträgerrechnung (↗ Abbildung 11-5). Die Kostenartenrechnung dient dabei der **Kostenermittlung**, während die Kostenstellen- und die Kostenträgerrechnung der **Kostenverteilung** auf Kostenstellen und Kostenträger dienen. Die verschiedenen Kostenrechnungssysteme umfassen immer die genannten Stufen. Sie unterscheiden sich jedoch hinsichtlich der Vorgehensweise innerhalb der Stufen.

Abb. 11-4 Grundfunktionen der Kostenrechnung

Abb. 11-5

Vorgehensweise bei der Kostenrechnung

11.2 Kostentheorie

Das interne Rechnungswesen basiert auf der Kostentheorie, die ihrerseits auf der **Produktionstheorie** aufbaut und diese ergänzt (↗ Abbildung 11-6). Die Kostentheorie erklärt, wie sich die Gesamtkosten K im Verhältnis zur Anzahl der produzierten Güter x verändern. Ebenso wie die Produktionsfunktionen können auch die Kostenfunktionen unterschiedliche Verlaufsformen haben. Die Summe der mit Faktorpreisen k multiplizierten Verbrauchsmengen der Produktionsfaktoren q ergibt dabei die Gesamtkosten K:

Allgemeine Kostenfunktion

$$K = q_1 \times k_1 + q_2 \times k_2 + \ldots + q_n \times k_n$$

mit:
- K = Gesamtkosten
- q = Verbrauchsmenge des Produktionsfaktors
- k = Faktorpreis des Produktionsfaktors
- n = Anzahl der Produktionsfaktoren

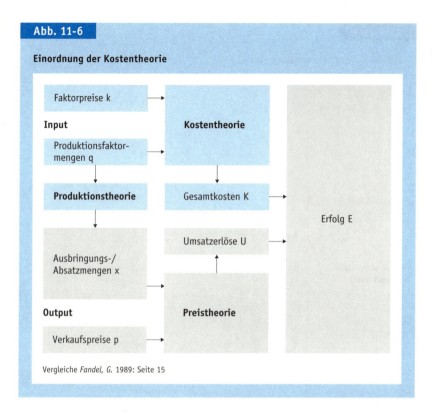

Abb. 11-6 Einordnung der Kostentheorie

Vergleiche *Fandel, G.* 1989: Seite 15

Bei den sogenannten Kostenträgereinzelkosten, auf die nachfolgend noch ausführlich eingegangen wird, ist dieser Zusammenhang leicht nachvollziehbar. Problematischer ist dagegen die Behandlung von Kostenträgergemeinkosten, da der Verbrauch der entsprechenden Produktionsfaktoren nur indirekt oder gar nicht von der Anzahl der produzierten Güter abhängt. Die deshalb erforderlichen Schlüsselungen erfolgen über die nachfolgend beschriebenen Systeme der Kostenrechnung.

11.3 Kalkulation

Die Kalkulation bildet den Kern des internen Rechnungswesens. Es handelt sich dabei um eine Vollkostenrechnung auf Ist- oder Normalkostenbasis, die zur Ermittlung der Kosten von Kostenträgern, also insbesondere von Produkten, durchgeführt wird. Nachfolgend werden die dazu in der Kostenarten-, der Kostenstellen- und der Kostenträgerrechnung durchzuführenden Schritte beschrieben.

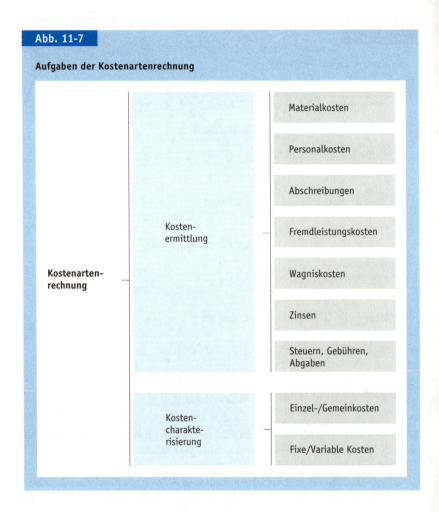

Abb. 11-7

Aufgaben der Kostenartenrechnung

11.3.1 Kostenartenrechnung

Die Kostenartenrechnung ist die erste Stufe der Kostenrechnung und damit die Basis für die nachfolgenden Kostenstellen- und Kostenträgerrechnungen. Die Kostenartenrechnung hat die Aufgabe, die in der Kostenrechnung zu verteilenden Kosten zu ermitteln und diese für die Festlegung der weiteren Behandlung in Einzel- und Gemeinkosten sowie in fixe und variable Kosten zu unterteilen (↗ Abbildung 11-7).

Datenherkunft

Die Kostenartenrechnung basiert auf Informationen, die das externe Rechnungswesen zur Verfügung stellt. Aus diesem System werden die **Grundkosten** übernommen, also Kosten, die mit Aufwendungen übereinstimmen (↗ Kapitel 10 Externes Rechnungswesen). Zusätzlich werden in der Kostenartenrechnung die **Zusatzkosten** ermittelt. Dabei handelt es sich insbesondere um die kalkulatorischen Abschreibungen und die kalkulatorischen Zinsen.

Kalkulation **11.3**

Die in Unternehmen verwendeten Kostenarten werden in sogenannten **Kostenartenplänen** dokumentiert. Üblicherweise erfolgt eine Untergliederung in Materialkosten, Personalkosten, Abschreibungen, Fremdleistungskosten, Wagniskosten, Zinsen sowie Steuern, Gebühren und Abgaben (vergleiche *Jórasz, W.* 2003: Seite 53 ff.).

Dokumentation

11.3.1.1 Kostenermittlung

11.3.1.1.1 Materialkosten

Die Materialkosten können abhängig von der Materialart in Kosten für Rohstoffe, Hilfsstoffe, Betriebsstoffe und Waren untergliedert werden. Rohstoffe und Waren werden dabei in der Regel als Einzelkosten, Hilfsstoffe und Betriebsstoffe als Gemeinkosten behandelt. Die kostenmäßige Bewertung des verbrauchten Materials erfolgt über den Anschaffungspreis oder über den Wiederbeschaffungspreis. Für die Ermittlung der verbrauchten Mengen gibt es folgende Methoden:

Inventurmethode

Bei der Inventurmethode wird am Ende einer Periode der Bestand an Materialien im Rahmen der Inventur erfasst und dem Bestand am Ende der vorausgegangenen Periode gegenübergestellt.

Ermittlung des Mengenverbrauchs

Fortschreibungsmethode

Bei der Fortschreibungsmethode erfolgt die Erfassung des Materialverbrauchs fortlaufend über Materialentnahmescheine.

Retrograde Methode

Bei der retrograden Methode wird der Materialverbrauch anhand der produzierten Halb- und Fertigerzeugnisse über die entsprechenden Stücklisten berechnet.

11.3.1.1.2 Personalkosten

Die Personalkosten werden auf Basis der Daten ermittelt, die die Lohn- und Gehaltsbuchführung liefert. Die Personalkosten werden üblicherweise weiter in Lohnkosten, Gehaltskosten, Personalzusatzkosten und den kalkulatorischen Unternehmerlohn untergliedert:

Lohnkosten

Lohnkosten entstehen durch die Bezahlung der Arbeiter. Fertigungslöhne, die über Arbeitspläne direkt bestimmten Produkten zugerechnet werden können, sind dabei Kostenträgereinzelkosten. Hilfslöhne sind in der Regel Gemeinkosten.

Bestandteile der Personalkosten

Gehaltskosten

Gehaltskosten entstehen durch die Bezahlung der Angestellten. In der Regel sind die Gehälter auch Gemeinkosten.

Personalzusatzkosten
Unter den Personalzusatzkosten werden insbesondere Lohn- und Gehaltsnebenkosten, aber auch Zulagen und Prämien zusammengefasst. Beispiele sind der Arbeitgeberanteil zur Krankenversicherung, das Urlaubsgeld, die Abgaben für Behinderte, die vermögenswirksamen Leistungen oder die Beihilfen für die Verpflegung. Die Personalzusatzkosten stellen in der Regel Gemeinkosten dar.

Kalkulatorischer Unternehmerlohn
Der kalkulatorische Unternehmerlohn wird bei Eigentümerunternehmen angesetzt, deren Eigentümer kein Gehalt für ihre Tätigkeit beziehen. Die Höhe des kalkulatorischen Unternehmerlohns richtet sich dabei nach dem Gehalt von Führungskräften in vergleichbaren Positionen (vergleiche *Hummel, S./Männel, W.* 1995: Seite 184 f.).

11.3.1.1.3 Abschreibungen
Durch Abschreibungen werden Wertminderungen des Vermögens abgebildet. Abschreibungen stellen dabei im Hinblick auf die Kostenträger in der Regel Gemeinkosten dar, können aber über das Anlagevermögen den Kostenstellen als Einzelkosten zugerechnet werden (vergleiche dazu und zum Folgenden *Jórasz, W.* 2003: Seite 72 ff.).

Unterschiede zu bilanziellen Abschreibungen

In der Kostenrechnung werden die sogenannten **kalkulatorischen Abschreibungen** verwendet. Diese sollen den wirklichen Verbrauch des Anlagevermögens aufzeigen. Entsprechend wird von folgenden Abschreibungsparametern ausgegangen:
- Betroffene Anlagegüter: nur betriebsnotwendige,
- Abschreibungsbasis: erwartete Wiederbeschaffungskosten,
- Resterlöswert: erwarteter Liquidationserlös oder 0,00 Euro,
- Nutzungsdauer: wirtschaftliche Nutzungsdauer, die von den betriebsspezifischen Aufgaben und Einsatzbedingungen und damit dem Leistungsvolumen abhängt,
- Abschreibungsmethode: Methode, die die Wertminderung möglichst gut abbildet.

Durch die Abschreibungsmethode wird festgelegt, wie die Wertminderung auf die Perioden innerhalb der Nutzungsdauer verteilt wird. In der Praxis gebräuchliche Abschreibungsmethoden sind insbesondere die lineare und teilweise die geometrisch degressive Abschreibung.

Lineare Abschreibung

Bei Anwendung der linearen Abschreibungsmethode werden die in der Kostenrechnung zu berücksichtigen Abschreibungsbeträge folgendermaßen berechnet:

$$\text{Abschreibungsbetrag} = \frac{\text{Wiederbeschaffungskosten} - \text{Liquidationserlös}}{\text{Nutzungsdauer}}$$

Degressive Abschreibung

Im Vergleich dazu werden die Abschreibungsbeträge bei Anwendung der geometrisch degressiven Abschreibungsmethode nach folgender Formel ermittelt:

$$\text{Abschreibungsbetrag} = \text{Fortgeführte Wiederbeschaffungskosten} \times \text{Abschreibungssatz}$$

Die fortgeführten Wiederbeschaffungskosten ergeben sich dabei aus den Wiederbeschaffungskosten abzüglich der bisher vorgenommenen Abschreibungen.

11.3.1.1.4 Fremdleistungskosten

Fremdleistungskosten entstehen durch die Inanspruchnahme von Dienstleistungen Externer. Beispiele für solche Dienstleistungen sind Instandhaltungs-, Rechtsberatungs-, Reinigungs-, Wach-, Transport-, Versicherungs- und Forschungsleistungen sowie die Vermietung von Gebäuden und Anlagen. Die Fremdleistungskosten stellen in der Regel Kostenträgergemeinkosten dar.

11.3.1.1.5 Wagniskosten

Durch das Ansetzen von Wagniskosten sollen Einzelrisiken, wie beispielsweise der Verlust von Anlagegütern aufgrund von außergewöhnlichen Schäden, der Verlust von gelagerten Erzeugnissen, fehlgeschlagene Forschungsvorhaben oder Transportschäden, in der Kostenrechnung berücksichtigt werden. Keine Wagniskosten werden für das allgemeine Unternehmerrisiko angesetzt, das sich auf Nachfrageänderungen und den technischen Fortschritt bezieht, und für Risiken, die versichert sind. Die Höhe der anzusetzenden Wagniskosten kann sich an den Schadensaufwendungen der Vergangenheit oder an den entsprechenden Versicherungsprämien orientieren. Die Wagniskosten stellen in der Regel Kostenträgergemeinkosten dar, die über die Kostenstellenrechnung verrechnet werden.

11.3.1.1.6 Zinsen

Während im externen Rechnungswesen nur Fremdkapitalzinsen als Aufwand berücksichtigt werden, können bei der Kostenrechnung auch Zinsen für das im betriebsnotwendigen Kapital enthaltene Eigenkapital angesetzt werden. Durch diese kalkulatorischen Zinsen soll dem Umstand Rechnung getragen werden, dass durch die Bindung von Kapital im Unternehmen diese Geldmittel einer anderweitigen Nutzung, also zum Beispiel einer Anlage in Wertpapieren, entzogen werden und somit Zinserträge verloren gehen. Im Hinblick auf die Zurechnung auf Kostenträger stellen die kalkulatorischen Zinsen Gemeinkosten dar.

Das betriebsnotwendige Kapital ergibt sich aus dem betriebsnotwendigen Vermögen durch Abzug von zinslos zur Verfügung gestelltem Kapital, wie Rückstellungen, Anzahlungen von Kunden und Verbindlichkeiten aus Lieferungen und Leistungen.

Für den für die Berechnung zu verwendenden kalkulatorischen Zinssatz gibt es verschiedene Ansätze:

- **Weighted Average Cost of Capital** (WACC), die die schwierig zu bestimmenden Eigenkapitalkosten nach dem Capital Asset Pricing Model (CAPM), die Fremdkapitalkosten und den Steuersatz berücksichtigen.
- **Zinsen für Staatsanleihen**, gegebenenfalls zuzüglich eines Risikoaufschlags.
- **Höchster Fremdkapitalzinssatz**, der vom Unternehmen gezahlt wird.

11.3.1.1.7 Steuern, Gebühren und Abgaben

Zusätzlich zu den genannten Kostenarten müssen Unternehmen eine Reihe von Abgaben an die öffentliche Hand leisten. Neben **Steuern** sind das auch **Gebühren**, wie beispielsweise die Müllabfuhrgebühren, und **öffentliche Abgaben**, wie beispielsweise Erschließungsbeiträge. Im Gegensatz zu den Steuern, die der Finanzierung von Staatsaufgaben dienen, stehen den Gebühren und Abgaben dabei konkrete Leistun-

Abb. 11-8 Kostencharakterisierung

gen der öffentlichen Hand gegenüber. Steuern, Gebühren und Abgaben stellen in der Regel ebenfalls Kostenträgergemeinkosten dar.

11.3.1.2 Kostencharakterisierung

Ergänzend zu der Ermittlung der Kosten muss im Rahmen der Kostenartenrechnung für die nachfolgenden Schritte der Kostenrechnung deren Charakter bestimmt werden. Abhängig von dieser Einordnung wird festgelegt, welche Kosten in welcher Weise Kostenträgern und Kostenstellen zugerechnet werden. Für die Charakterisierung werden die Kosten in Einzel- und Gemein- sowie in fixe und variable Kosten unterteilt (↗ Abbildung 11-8).

Zwischen den Einzel- und den Gemeinkosten sowie den fixen und den variablen Kosten bestehen Zusammenhänge: Einzelkosten sind stets variabel, Gemeinkosten sind meistens fix, können aber auch variabel sein (vergleiche *Coenenberg, A. G.* 2003: Seite 35).

11.3.1.2.1 Einzel- und Gemeinkosten

Je nachdem, ob die Kosten einem Kalkulationsobjekt, wie einem Kostenträger oder einer Kostenstelle, zugerechnet werden können oder nicht, erfolgt eine Unterteilung in Einzel- und Gemeinkosten (vergleiche *Coenenberg, A. G.* 2003: Seite 32 f.):

Einzelkosten

> **Einzelkosten** können einem Kostenobjekt über Belege in einer wirtschaftlichen Art und Weise eindeutig zugerechnet werden.

So können beispielsweise die Kosten eines zugekauften Lenkrads über Stücklisten direkt einem Automobil als Materialkosten zugerechnet werden. Auch die Personalkosten, die durch die Montage des Lenkrads entstehen, könnten dem Automobil zugerechnet werden, da die entsprechenden Zeiten in einem Arbeitsplan hinterlegt sind.

Gemeinkosten

> **Gemeinkosten** können einem Kostenobjekt nicht über Belege und/oder nicht in einer wirtschaftlichen Art und Weise eindeutig zugerechnet werden.

Häufig können Kosten einem Kalkulationsobjekt nicht eindeutig zugerechnet werden, da sie mehrere Kalkulationsobjekte oder sogar den gesamten Betrieb betreffen oder da es keine entsprechenden Belege gibt über die eine Zuordnung möglich wäre. So können beispielsweise häufig die Abschreibungen für Gebäude keinem bestimmten Produkt zugerechnet werden, da mehrere Produkte in dem Gebäude hergestellt werden. Die Gemeinkosten werden den Kostenobjekten dann über **Schlüssel** zugerechnet.

Neben diesen »echten« Gemeinkosten gibt es auch sogenannte »unechte« Gemeinkosten, die zwar Kalkulationsobjekten eindeutig zugerechnet werden könnten, dies aus Wirtschaftlichkeitsgründen aber nicht werden. So ist beispielsweise der Aufwand zur Erfassung, wie viel Hilfsstoffe in einem Produkt verwendet werden, in der Regel höher, als der Wert der verbrauchten Hilfsstoffe.

Unechte Gemeinkosten

Abb. 11-9

Unterteilung in Einzel- und Gemeinkosten in der Kostenarten- und in der Kostenstellenrechnung

Vergleiche *Jórasz, W.* 2003: Seite 57

Im Rahmen der Kostenartenrechnung erfolgt zuerst eine Unterteilung in Kostenträgereinzel- und Kostenträgergemeinkosten. Die in die Kostenstellenrechnung eingehenden Kostenträgergemeinkosten werden weiter in Kostenstelleneinzel- und Kostenstellengemeinkosten unterteilt (↗ Abbildung 11-9).

Fallbeispiel 11-1 **Kostenrechnung Automobilhersteller**
▶▶▶ Aufbauend auf den Daten des externen Rechnungswesens wurden für das Geschäftsjahr 0001 im Rahmen der Kostenartenrechnung der *Speedy GmbH* die in der ↗ Tabelle 11-1 aufgeführten Kostenarten ermittelt und in Kostenträgereinzel-, Kostenstelleneinzel- und Kostenstellengemeinkosten unterteilt. ◀◀◀

11.3.1.2.2 Fixe und variable Kosten

In Abhängigkeit davon, ob sich Kosten mit der Beschäftigung ändern oder nicht, werden sie in variable und fixe Kosten unterteilt. Der Beschäftigungsmaßstab hängt von der analysierten betrieblichen Funktion ab, so ist der klassische Beschäftigungsmaßstab der Produktion beispielsweise die produzierte Stückzahl (vergleiche *Coenenberg, A. G.* 2003: Seite 33 ff.).

Fixe Kosten

> **Fixe Kosten** ändern sich innerhalb eines bestimmten Beschäftigungsintervalls nicht, wenn sich die Beschäftigung ändert.

Beispielsweise sind die Abschreibungen für Produktionsgebäude fix, solange die Gebäude für die zu produzierenden Stückzahlen ausreichen. Verändern sich die Kosten bei der Überschreitung bestimmter Beschäftigungsgrenzen schlagartig, so handelt es sich um sogenannte **intervall-** oder **sprungfixe Kosten**. Beispielsweise sind

Tab. 11-1

Kostenarten der *Speedy GmbH*

	Kostenart	Betrag
Kostenträgereinzelkosten	Materialeinzelkosten (Rohstoffe)	498 200 T€
	Fertigungslöhne	66 650 T€
Kostenstelleneinzelkosten	Material (Hilfs- und Betriebsstoffe)	31 800 T€
	Hilfslöhne	36 550 T€
	Gehälter	111 800 T€
	Kalkulatorische Abschreibungen	38 000 T€
Kostenstellengemeinkosten	Fremdleistungskosten	191 100 T€
	Versicherungen	3 380 T€
	Kalkulatorische Zinsen	45 450 T€
	Grundsteuer	520 T€

die Abschreibungen für Maschinen bis zu einer bestimmten Produktionsmenge fix. Wird diese Menge überschritten, so muss eine weitere Maschine gekauft werden, wodurch sich die Abschreibungen entsprechend erhöhen.

Variable Kosten

> **Variable Kosten** ändern sich innerhalb eines bestimmten Beschäftigungsintervalls, wenn sich die Beschäftigung ändert.

So ändern sich beispielsweise die Materialkosten für Rohstoffe oder die Personalkosten für Akkordlöhne, wenn größere Stückzahlen hergestellt werden. Die variablen Kosten können sich **proportional**, **degressiv** (zum Beispiel Materialkosten beim Vorliegen von Mengenrabatten) oder in sehr seltenen Fällen auch **progressiv** (zum Beispiel Schichtzulagen) zur Beschäftigung verändern.

Die vorgenannten Möglichkeiten von Kostenverläufen in Abhängigkeit von der Beschäftigung werden in der ↗ Abbildung 11-10 zusammengefasst.

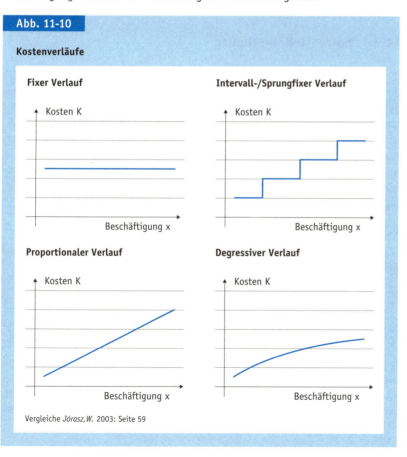

Abb. 11-10 Kostenverläufe

Vergleiche *Jórasz, W.* 2003: Seite 59

Kostenauflösung

Um das Verhalten der verschiedenen Kostenarten in Bezug auf Beschäftigungsänderungen zu charakterisieren, wird im Rahmen der sogenannten Kostenauflösung häufig eine Funktion K (x) zur Beschreibung des Kostenverlaufs aufgestellt:

$$K(x) = K_f + k_v \times x$$

mit:
$K(x)$ = Kostenfunktion [€]
K_f = Fixe Kosten [€]
k_v = Variable Stückkosten [€/Stück]
x = Beschäftigung [Stück]

Die fixen Kosten K_f und die variablen Kosten k_v werden dabei so bestimmt, dass sich eine möglichst genaue Korrelation zu den bisherigen Kosten-Beschäftigungskombinationen ergibt. Die sich ergebende Kostenauflösung ist insbesondere für die Erfolgsrechnungen auf Teilkostenbasis und für die Entscheidungsrechnungen von Bedeutung, da darüber die variablen Selbstkosten ermittelt werden können (vergleiche *Coenenberg, A. G.* 2003: Seite 36 ff.).

11.3.2 Kostenstellenrechnung

Die Kostenstellenrechnung ist die zweite Stufe der Kostenrechnung. Sie verbindet die Kostenarten- mit der Kostenträgerrechnung. In die Kostenstellenrechnung gehen die Gemeinkosten ein, die nicht direkt den Kostenträgern zugeordnet werden können (vergleiche *Coenenberg, A. G.* 2003: Seite 98 ff.). Im Rahmen der Kostenstellenrechnung werden diese Kostenträgergemeinkosten dann auf die Kostenstellen verteilt. Dadurch ist es zum einen möglich, zu analysieren und zu kontrollieren, in welchen Bereichen des Unternehmens welche Kosten anfallen, und zum anderen können Kalkulationssätze gebildet werden, mit denen sich diese Kosten den Kostenträgern des Unternehmens zuordnen lassen.

11.3.2.1 Bildung und Strukturierung von Kostenstellen
Zur Durchführung der Kostenstellenrechnung muss das ganze Unternehmen über Kostenstellen abgebildet werden.

> **Kostenstellen** sind Teilbereiche eines Unternehmens, deren Kosten erfasst, geplant und kontrolliert werden (vergleiche *Hummel, S./Männel, W.* 1995: Seite 190).

Bildung von Kostenstellen

In der Regel werden die Kostenstellen dabei analog zu der Organisationsstruktur und damit zu den Verantwortungsbereichen von Unternehmen gebildet. Der Leiter der Produktion ist dann beispielsweise auch für die Kostenstelle »Produktion« verantwortlich. Entsprechend gibt es in den meisten Fällen auch eine **Kostenstellenhierar-**

chie, die oft mit sogenannten **Kostenplätzen** bis auf die Maschinenebene hinunter reicht und in sogenannten **Kostenstellenplänen** dokumentiert wird (↗ Abbildung 11-11).

Zur Durchführung der Kostenstellenrechnung werden die so gebildeten Kostenstellen weiter in Vor- und Endkostenstellen unterteilt (vergleiche *Hummel, S./Männel, W.* 1995: Seite 192 ff.):

Unterteilung nach rechentechnischen Gesichtspunkten

Vorkostenstellen
In den Vorkostenstellen werden Leistungen für andere Kostenstellen erbracht. Die Leistungen dienen dabei nur mittelbar der Erstellung der Kostenträger. Beispiele für Vorkostenstellen sind die Kantine, die Informationsverarbeitung, die Arbeitsvorbereitung oder die Energieversorgung.

Endkostenstellen
Endkostenstellen dienen im Gegensatz zu den Vorkostenstellen unmittelbar der Erstellung der Kostenträger. Ihre Kosten werden den Kostenträgern direkt zugerechnet, während die Kosten der Vorkostenstellen erst den Endkostenstellen und dann

Abb. 11-11

Kostenstellenhierarchie

Vergleiche *Coenenberg, A. G.* 2003: Seite 59

über diese den Kostenträgern zugerechnet werden. Klassisch sind die Endkostenstellen:
- Material(wirtschaft),
- Fertigung,
- Verwaltung und
- Vertrieb.

Unterteilung nach produktionstechnischen Gesichtspunkten

Neben der genannten Unterteilung kann auch eine Unterteilung in **Hauptkostenstellen**, die für die Herstellung der Hauptprodukte zuständig sind, **Nebenkostenstellen**, die für die Herstellung von Nebenprodukten zuständig sind, und **Hilfskostenstellen**, die nur indirekt an der Herstellung beteiligt sind und damit mit den Vorkostenstellen übereinstimmen, erfolgen (vergleiche *Coenenberg, A. G.* 2003: Seite 57 ff.).

Fallbeispiel 11-2 (Fortsetzung 11-1) **Kostenrechnung Automobilhersteller**
▶▶▶ Im Kostenrechnungssystem der *Speedy GmbH* bestehen aktuell die zwei Vorkostenstellen Kantine und Instandhaltung und die vier Endkostenstellen Material, Fertigung, Verwaltung und Vertrieb. ◀◀◀

11.3.2.2 Verrechnung der Kostenträgergemeinkosten

Als erster Schritt der Kostenstellenrechnung werden die sogenannten primären Gemeinkosten, also die in der Kostenartenrechnung identifizierten Kostenträgergemeinkosten auf die Vor- und Endkostenstellen verteilt. Die Verrechnung der Kostenträgergemeinkosten auf Kostenstellen wird im sogenannten **Betriebsabrechnungsbogen (BAB)** durchgeführt. Dabei handelt es sich um eine Tabelle, bei der in der Vertikalen die zu verteilenden Kostenarten und in der Horizontalen die empfangenden Kostenstellen, unterteilt in Vor- und Endkostenstellen, aufgeführt werden. Die Verrechnung der Kostenträgergemeinkosten auf Kostenstellen und die Ermittlung neuer Verrechnungs- und Zuschlagssätze wird dabei in der Regel monatlich oder jährlich durchgeführt.

Unterteilung der Kostenträgergemeinkosten

Für die Verrechnung werden die Kosten in Kostenstelleneinzel- und in Kostenstellengemeinkosten unterteilt (vergleiche dazu und zum Folgenden *Hummel, S./Männel, W.* 1995: Seite 202 ff. und *Jórasz, W.* 1996: Seite 124 ff.):

Kostenstelleneinzelkosten
Kostenstelleneinzelkosten können den Kostenstellen direkt zugerechnet werden. Beispiele sind Materialkosten für Hilfs- und Betriebsstoffe, die den Kostenstellen über Entnahmescheine zugerechnet werden, Hilfslöhne und Gehälter, die den Kostenstellen über Lohn- und Gehaltslisten zugerechnet werden und kalkulatorische Abschreibungen, die den Kostenstellen entsprechend dem dort vorhandenen Anlagevermögen zugerechnet werden.

Kalkulation 11.3

Tab. 11-2

Verteilung der Kostenstelleneinzel- und -gemeinkosten auf Kostenstellen im Betriebsabrechnungsbogen der *Speedy GmbH* (BWL6_11_Tabelle-Fallbeispiel.xls)

Kostenstellen-daten		Summe	Vorkostenstellen		Endkostenstellen			
			Kantine	Instand-haltung	Material	Ferti-gung	Verwal-tung	Vertrieb
Fläche [m²]		130 000	1 300	3 900	19 500	78 000	15 600	11 700
Betriebsnotwen-diges Vermögen [T€]		909 000	9 090	18 180	227 250	545 400	45 450	63 630
Kostenstell-einzelkosten	Zurechnung							
Material (HB-Stoffe) [T€]	Entnahme-schein	31 800	318	636	6 360	22 896	954	636
Hilfslöhne [T€]	Lohnlisten	36 550	906	1 812	10 870	15 715	5 435	1 812
Gehälter [T€]	Gehaltsliste	111 800	1 118	1 118	3 354	12 298	78 260	15 652
Kalk. Abschrei-bungen [T€]	Anlage-vermögen	38 000	760	1 520	3 420	25 840	3 420	3 040
Kostenstellen-gemeinkosten	Schlüssel							
Fremdleistungs-kosten [T€]	Fläche	191 100	1 911	5 733	28 665	114 660	22 932	17 199
Versicherungen [T€]	Betriebsnot-wendiges Vermögen	3 380	34	67	845	2 028	169	237
Kalkulatorische Zinsen [T€]	Betriebsnot-wendiges Vermögen	45 450	455	909	11 363	27 270	2 272	3 181
Grundsteuer [T€]	Fläche	520	5	16	78	312	62	47
Primäre Gemein-kosten [T€]		**458 600**	**5 507**	**11 811**	**64 955**	**221 019**	**113 504**	**41 804**

Kostenstellengemeinkosten

Die Kostenstellengemeinkosten können den Kostenstellen nicht direkt zugerechnet werden. Stattdessen werden diese Kosten den Kostenstellen über einen Schlüssel zugerechnet. Dazu können:
- **Mengenschlüssel**, wie zum Beispiel die Anzahl der Mitarbeiter oder die Fläche der Kostenstelle, oder
- **Wertschlüssel**, wie zum Beispiel die Kostenstelleneinzelkosten, das betriebsnotwendige Vermögen oder die Umsatzerlöse,

verwendet werden. So kann beispielsweise die Miete von Unternehmen über die Fläche der Kostenstellen auf diese verrechnet werden.

11.3 Internes Rechnungswesen
Kalkulation

Fallbeispiel 11-3 (Fortsetzung 11-1) **Kostenrechnung Automobilhersteller**

▶▶▶ Die ↗ Tabelle 11-2 zeigt die Verrechnung der Kostenstelleneinzel- und Kostenstellengemeinkosten in der Kostenrechnung der *Speedy GmbH* im Geschäftsjahr 0001. Die Hilfs- und Betriebsstoffe werden den Kostenstellen dabei über Materialentnahmescheine zugerechnet, die Hilfslöhne und Gehälter über Lohn- und Gehaltslisten. Die Abschreibungen werden für das in jeder Kostenstelle vorhandene Anlagevermögen berechnet. Die Kostenstellengemeinkosten werden mit den Schlüsselgrößen Fläche und betriebsnotwendiges Vermögen auf die Kostenstellen verrechnet. ◀◀◀

Zwischenübung Kapitel 11.3.2.2

In einem Unternehmen ergaben sich im Geschäftsjahr Kostenstellengemeinkosten von 100 000,00 €. Verteilen Sie diese in der nachfolgenden Tabelle entsprechend dem angegebenen Umlageschlüssel auf die Kostenstellen und ermitteln Sie die primären Gemeinkosten.

Kostenstellendaten	Summe	Vorkostenstelle 1	Vorkostenstelle 2	Endkostenstelle Material	Endkostenstelle Fertigung	Endkostenstelle Verwaltung	Endkostenstelle Vertrieb
Umlageschlüssel Kostenstellengemeinkosten		1	4	11	30	16	18
Kostenstelleneinzelkosten	2 764 000,00 €	3 750,00 €	4 900,00 €	485 250,00 €	1 258 000,00 €	637 700,00 €	374 400,00 €
Kostenstellengemeinkosten	100 000,00 €						
Primäre Gemeinkosten							396 900,00 €

11.3.2.3 Verrechnung innerbetrieblicher Leistungen

Als zweiter Schritt der Kostenstellenrechnung erfolgt die Verrechnung der innerbetrieblichen Leistungen beziehungsweise der sogenannten **sekundären Gemeinkosten**, indem die Kosten der Vorkostenstellen auf die Endkostenstellen umgelegt werden. Dazu eignen sich verschiedene Verfahren (↗ Abbildung 11-12, zum Folgenden vergleiche *Hummel, S./Männel, W.* 1995: Seite 211 ff. und *Jórasz, W.* 2003: Seite 120 ff.):

Verfahren der innerbetrieblichen Leistungsverrechnung

Kalkulation 11.3

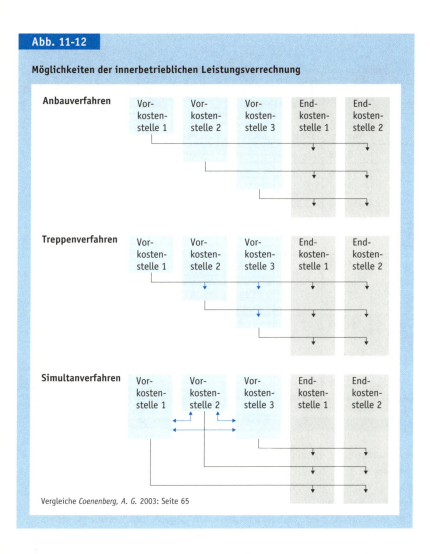

Abb. 11-12

Möglichkeiten der innerbetrieblichen Leistungsverrechnung

Vergleiche Coenenberg, A. G. 2003: Seite 65

Anbauverfahren

Beim Anbauverfahren werden die Kosten der Vorkostenstellen direkt und vollständig auf die Endkostenstellen verteilt. Leistungsbeziehungen zwischen den Vorkostenstellen werden nicht berücksichtigt.

Treppenverfahren

Beim Treppenverfahren werden die Kosten der Vorkostenstellen vollständig auf die Endkostenstellen und im Gegensatz zum Anbauverfahren auch auf andere Vorkostenstellen verteilt. Dieses Verfahren wird beginnend mit der Vorkostenstelle, die die meisten Leistungen abgibt und die wenigsten Leistungen empfängt, so lange durchgeführt, bis die Kosten aller Vorkostenstellen auf die Endkostenstellen umgelegt wurden. Anders als das Anbauverfahren berücksichtigt das Treppenverfahren da-

Tab. 11-3

Innerbetriebliche Leistungsverrechnung nach dem Treppenverfahren im Betriebsabrechnungsbogen der *Speedy GmbH* (BWL6_11_Tabelle-Fallbeispiel.xls)

Kostenstellen-daten	Schlüssel	Summe	Vorkostenstellen		Endkostenstellen			
			Kantine	Instand-haltung	Material	Ferti-gung	Verwal-tung	Vertrieb
Mitarbeiterzahl		2 688	27	40	207	1 218	987	209
Instandhaltungs-stunden [h]		59 400	594	0	11 880	44 550	1 188	1 188
Primäre Gemein-kosten [T€]		458 600	5 507	11 811	64 955	221 019	113 504	41 804
Leistungs-verrechnung	Schlüssel							
Umlage Kantine [T€]	Mitarbeiter-zahl	5 507		83	428	2 521	2 042	433
Zwischensumme [T€]		458 600		11 894	65 383	223 540	115 546	42 237
Umlage Instand-haltung [T€]	Instand-haltungs-stunden	11 894			2 403	9 011	240	240
Primäre und sekundäre Ge-meinkosten [T€]		458 600			67 786	232 551	115 786	42 477
Kostenart					MGK	FGK	VwGK	VtGK

durch einseitige Leistungsbeziehungen zwischen den Vorkostenstellen, wodurch es genauer als das Anbauverfahren ist.

Simultanverfahren

Die Simultanverfahren berücksichtigen auch gegenseitige Leistungsbeziehungen zwischen den Kostenstellen. Diese können über Gleichungssysteme beschrieben werden, durch deren Lösung die Kostenumlage von den Vor- auf die Endkostenstellen erfolgt. Die Simultanverfahren erzielen dadurch die genauesten Ergebnisse.

Fallbeispiel 11-4 (Fortsetzung 11-1) **Kostenrechnung Automobilhersteller**

▶▶▶ Die ↗ Tabelle 11-3 zeigt die Verrechnung innerbetrieblicher Leistungen in der Kostenrechnung der *Speedy GmbH* im Geschäftsjahr 0001. Die Verrechnung erfolgt mit dem Treppenverfahren. Zuerst werden dazu die im vorherigen Schritt ermittelten primären Gemeinkosten der Kantine auf alle anderen Kostenstellen proportional zur Anzahl der jeweiligen Mitarbeiter verrechnet. Danach werden die Kosten der Instandhaltung zuzüglich der verrechneten Kosten der Kantine auf alle anderen Kostenstellen außer der Kantine über die in Anspruch genommenen Instandhaltungsstunden verrechnet. Die von der Kantine in Anspruch genommenen Instandhaltungsstunden bleiben also unberücksichtigt, was zu einer gewissen Ungenauigkeit führt. ◀◀◀

Kalkulation 11.3

Zwischenübung Kapitel 11.3.2.3

In der vorangegangenen Zwischenübung haben Sie die primären Gemeinkosten eines Unternehmens ermittelt. Verwenden Sie diese, um im Rahmen der innerbetrieblichen Leistungsverrechnung mittels des Treppenverfahrens zuerst die Kosten der Vorkostenstelle 1, entsprechend dem angegebenen Umlageschlüssel, und dann die Kosten der Vorkostenstelle 2, entsprechend dem angegebenen Umlageschlüssel, auf die Endkostenstellen Material, Fertigung, Verwaltung und Vertrieb umzulegen.

Kostenstellendaten	Vorkostenstelle 1	Vorkostenstelle 2	Endkostenstelle Material	Endkostenstelle Fertigung	Endkostenstelle Verwaltung	Endkostenstelle Vertrieb
Umlageschlüssel Vorkostenstelle 1	20	40	200	1600	120	40
Umlageschlüssel Vorkostenstelle 2	2	198	10	10	140	40
Primäre Gemeinkosten	5 000,00 €					
Umlage Vorkostenstelle 1	—					
Zwischensumme	—	10 000,00 €				
Umlage Vorkostenstelle 2	—	—				
Primäre und sekundäre Gemeinkosten	—	—				399 000,00 €
Kostenart	—	—	MGK	FGK	VwGK	VtGK

11.3.3 Kostenträgerrechnung

Die Kostenträgerrechung ist die dritte und letzte Stufe der Kostenrechnung. Mit ihr soll die Frage beantwortet werden, wofür Kosten angefallen sind.

> **Kostenträger** sind dabei allgemein die Objekte, auf die bestimmte Kosten von Unternehmen verteilt werden.

Sie können weiter unterteilt werden in Absatzleistungen und Eigenleistungen. Im Rahmen der sogenannten **Kostenträgerstückrechnung**, die die **Kalkulation** im engeren Sinne darstellt, werden die **Selbstkosten** ermittelt, die bei der Produktion und bei dem Absatz der Kostenträger entstehen. Die Selbstkosten werden insbesondere verwendet, um Verkaufspreise und interne Verrechnungspreise festzulegen (vergleiche *Hummel, S./Männel, W.* 1995: Seite 260 ff. und *Jórasz, W.* 2003: Seite 154 ff.).

11.3 Internes Rechnungswesen
Kalkulation

Kalkulationssätze

11.3.3.1 Verfahren der Kostenträgerrechnung

Abhängig von der Komplexität und der Verschiedenartigkeit der Produkte eines Betriebes eignen sich verschiedene Verfahren der Kostenträgerrechnung für die Bestimmung der Selbstkosten (↗ Abbildung 11-13). Die Verfahren unterscheiden sich darin, welche Art von Kalkulationssatz verwendet wird, um Kosten auf die Kostenträger umzulegen. Zur Bildung der Kalkulationssätze werden die zu verrechnenden Kosten ins Verhältnis zu einer von der Herstellung des Kostenträgers abhängigen Mengen- oder Wertgröße gesetzt, um damit eine Basis für die Kalkulation der Kostenträger zu erhalten:

$$\text{Kalkulationssatz} = \frac{\text{Zu verrechnende Kosten}}{\text{Bezugsbasis}}$$

Arten von Kalkulationssätzen

Abhängig von der Bezugsbasis werden zwei Arten von Kalkulationssätzen unterschieden:

Verrechnungssätze
Bei Verrechnungssätzen ist die Bezugsbasis eine **Mengengröße**, also beispielsweise die Anzahl der Kostenträger oder die Bearbeitungsdauer auf einer Maschine. Verrechnungssätze kommen bei den Verfahren der Divisionskalkulation, der Äquivalenzziffernkalkulation und der Maschinenstundensatzrechnung zum Einsatz.

Zuschlagssätze
Bei Zuschlagssätzen ist die Bezugsbasis eine **Wertgröße**, also beispielsweise die Materialeinzelkosten der Kostenträger. Zuschlagssätze kommen bei den Verfahren der Zuschlagskalkulation und der Maschinenstundensatzrechnung zum Einsatz.

Abb. 11-13 Einsatzfelder verschiedener Kostenträgerrechnungen

Vergleiche *Coenenberg, A. G.* 2003: Seite 74

Tab. 11-4

Einstufige Divisionskalkulation für die Produkte der *Speedy GmbH*
(📂 BWL6_11_Tabelle-Fallbeispiel.xls)

	Speedy GmbH	Speedster City	Speedster Family
Gesamtkosten K der Periode	1 023 450 T€		
Produktions- und Absatzstückzahl X der Periode		85 000 Stück	40 000 Stück
/ Summe Produktions- und Absatzstückzahl X der Periode	125 000 Stück		
= **Verrechnungssatz Vs je Stück**	8 187,60 €/Stück		
× 1			
= **Selbstkosten Sk je Stück**		8 187,60 €/Stück	8 187,60 €/Stück

11.3.3.2 Divisionskalkulation

Bei der Divisionskalkulation werden auf alle Kostenträger unabhängig von Unterschieden zwischen diesen die gleichen Kosten verrechnet. Die Divisionskalkulation findet deshalb insbesondere bei sogenannten Einproduktunternehmen Anwendung, die nur ein einziges Produkt oder sehr ähnliche Produkte herstellen.

Abhängig davon, ob Unterschiede zwischen Produktions- und Absatzstückzahlen berücksichtigt werden oder nicht, und davon, ob Lagerbestände innerhalb der Produktion berücksichtigt werden sollen oder nicht, wird zwischen der ein-, zwei- und mehrstufigen Divisionskalkulation unterschieden, wobei wir nachfolgend nur auf die **einstufige Divisionskalkulation** eingehen werden. Bei dieser werden keine Unterschiede zwischen Produktions- und Absatzstückzahlen und keine Lagerbestände innerhalb der Produktion berücksichtigt. Die Selbstkosten Sk je Kostenträger werden durch Division der Gesamtkosten K des Unternehmens durch die gesamten in einer Periode hergestellten Produktionsmengen X aller Kostenträger ermittelt. Eine Kostenstellenrechnung ist dazu nicht erforderlich:

$$Vs = \frac{K}{\sum_{i=1}^{n}(X_{Kostenträger_i} \times 1)}$$

$$Sk = Vs \times 1$$

mit:

Vs	= Verrechnungssatz [€/Stück]
K	= Gesamtkosten der Periode [€]
n	= Anzahl der Kostenträger, bei Einproduktunternehmen ist n = 1
$X_{Kostenträger_i}$	= Produktions- beziehungsweise Absatzstückzahl der Periode des Kostenträgers i [Stück]
Sk	= Selbstkosten je Stück [€/Stück]

Fallbeispiel 11-5 (Fortsetzung 11-1) **Kostenrechnung Automobilhersteller**

▶▶▶ Bei der *Speedy GmbH* ergaben sich im Geschäftsjahr 0001 Gesamtkosten von 1 023 450 T€. Um die Selbstkosten je Auto zu ermitteln, wird dieser Betrag durch die gesamte Zahl produzierter beziehungsweise abgesetzter Autos geteilt. Die sich ergebenden Selbstkosten je Auto sind allerdings für alle Autos gleich, unabhängig davon, welcher Aufwand zu ihrer Herstellung erforderlich war. ◀◀◀

11.3.3.3 Äquivalenzziffernkalkulation

Bei der Äquivalenzziffernkalkulation handelt es sich um eine Abwandlung der Divisionskalkulation. Sie wird in erster Linie bei Unternehmen eingesetzt, die im gleichen Leistungserstellungsprozess zwar verschiedene, aber miteinander verwandte Produkte herstellen. Mittels der Äquivalenzziffern wird angegeben, wie viel größer oder kleiner der Aufwand zur Herstellung eines bestimmten Produkts im Vergleich zu einem Einheitsprodukt ist. Durch die Umrechnung aller Stückzahlen auf die Stückzahlen eines Einheitsprodukts können dann die Kosten anhand einer Divisionskalkulation verteilt werden (vergleiche *Hummel, S./Männel, W.* 1995: Seite 275 ff., *Jórasz, W.* 2003: Seite 180 ff.).

Nach der Anzahl der Bezugsgrößen, die zur Verteilung der Gesamtkosten verwendet werden, werden die einstufige und die mehrstufige Äquivalenzziffernkalkulation unterschieden, wobei wir nachfolgend nur auf die **einstufige Äquivalenzziffernkalkulation** eingehen werden. Bei dieser erfolgt die Verteilung der Gesamtkosten K auf die Kostenträger anhand einer einzigen Bezugsgröße:

$$Vs = \frac{K}{\sum_{i=1}^{n}(X_{Kostenträger_i} \times Äz_{Kostenträger_i})}$$

$$Sk_{Kostenträger_i} = Vs \times Äz_{Kostenträger_i}$$

mit:

Vs	=	Verrechnungssatz [€/Stück]
K	=	Gesamtkosten der Periode [€]
n	=	Anzahl der Kostenträger
$X_{Kostenträger_i}$	=	Produktions- und Absatzstückzahl der Periode des Kostenträgers i [Stück]
$Äz_{Kostenträger_i}$	=	Äquivalenzziffer des Kostenträgers i
$Sk_{Kostenträger_i}$	=	Selbstkosten je Kostenträger i [€/Stück]

Fallbeispiel 11-6 (Fortsetzung 11-1) **Kostenrechnung Automobilhersteller**

▶▶▶ Bei der *Speedy GmbH* ergaben sich im Geschäftsjahr 0001 Gesamtkosten von 1 023 450 T€. Auf Basis der Herstellungszeit wurde festgelegt, dass der *Speedster Family* das 1,2-fache der Kosten des *Speedster City* tragen soll. ◀◀◀

Tab. 11-5

Einstufige Äquivalenzziffernkalkulation für die Produkte der *Speedy GmbH*
(🖱 BWL6_11_Tabelle-Fallbeispiel.xls)

	Speedy GmbH	Speedster City	Speedster Family
Gesamtkosten K je Jahr	1 023 450 T€		
Produktions- und Absatzstückzahl X je Jahr		85 000 Stück	40 000 Stück
× Äquivalenzziffer Äz		1,0	1,2
= Einheitsstückzahlen		85 000 Stück	48 000 Stück
/ Summe Einheitsstückzahlen	133 000 Stück		
= Selbstkosten Einheitsprodukt	7 695,11 €/Stück		
× Äquivalenzziffer Äz		1,0	1,2
= Selbstkosten Sk je Stück		7 695,11 €/Stück	9 234,13 €/Stück

11.3.3.4 Zuschlagskalkulation

Während die Verfahren der Divisionskalkulation und der Äquivalenzziffernkalkulation Kosten ins Verhältnis zu Stückzahlen setzen, setzen die Verfahren der Zuschlagskalkulation Gemeinkosten ins Verhältnis zu Einzelkosten.

Abhängig davon, ob auf diese Weise einer oder mehrere Zuschlagssätze gebildet werden, werden die Verfahren der summarischen und der differenzierten Zuschlagskalkulation unterschieden, wobei wir nachfolgend nur auf die **differenzierte Zuschlagskalkulation** eingehen werden. Aufgrund des einführenden Charakters dieses Lehrbuches werden wir dabei vereinfachend davon ausgehen, dass die Produktionsstückzahlen den Absatzstückzahlen entsprechen und dass keine Sondereinzelkosten der Fertigung und des Vertriebes anfallen.

Die Zuschlagskalkulation eignet sich insbesondere für Unternehmen mit einer Einzel- oder einer Serienfertigung, die sehr unterschiedliche Produkte herstellen.

11.3.3.4.1 Ermittlung der Zuschlagssätze des Unternehmens

Bei der differenzierten Zuschlagskalkulation werden zuerst für das ganze Unternehmen geltende Zuschlagssätze ermittelt. Die Zuschlagssätze für die Endkostenstellen Material und Fertigung werden berechnet, indem die in der Kostenstellenrechnung ermittelten Gemeinkosten dieser Kostenstellen durch die gesamten Material- und Fertigungseinzelkosten des Unternehmens geteilt werden. Die Einzelkosten werden dabei auf Basis der Produktionsstückzahlen ermittelt:

$$Zs_{MGk} = \frac{MGK}{\sum_{i=1}^{n}(X_{Pr\ Kostenträger_i} \times MEk_{Kostenträger_i})} = \frac{MGK}{MEK}$$

$$Zs_{FGk} = \frac{FGK}{\sum_{i=1}^{n}(X_{Pr\ Kostenträger_i} \times FEk_{Kostenträger_i})} = \frac{FGK}{FEK}$$

mit:

Zs_{MGk}	=	Materialgemeinkostenzuschlagssatz [%]
MGK	=	Materialgemeinkosten der Periode [€]
n	=	Anzahl der Kostenträger
$X_{Pr\ Kostenträger_i}$	=	Produktionsstückzahl der Periode des Kostenträgers i [Stück]
$MEk_{Kostenträger_i}$	=	Materialeinzelkosten je Kostenträger i [€/Stück]
MEK	=	Materialeinzelkosten der Periode [€]
Zs_{FGk}	=	Fertigungsgemeinkostenzuschlagssatz [%]
FGK	=	Fertigungsgemeinkosten der Periode [€]
$FEk_{Kostenträger_i}$	=	Fertigungseinzelkosten je Kostenträger i [€/Stück]
FEK	=	Fertigungseinzelkosten der Periode [€]

Als Basis für die Ermittlung der Zuschlagssätze der Endkostenstellen Verwaltung und Vertrieb dienen die Herstellkosten des Unternehmens. Normalerweise werden diese auf Basis der Absatzstückzahlen ermittelt. Da wir diese aus Vereinfachungsgründen mit den Produktionsstückzahlen gleich gesetzt haben, können die Herstellkosten und die auf ihnen basierenden Zuschlagssätze folgendermaßen ermittelt werden:

$$HK = MGK + MEK + FGK + FEK$$

$$Zs_{VwGk} = \frac{VwGK}{HK}$$

$$Zs_{VtGk} = \frac{VtGK}{HK}$$

mit:

HK	=	Herstellkosten der Periode [€]
MGK	=	Materialgemeinkosten der Periode [€]
MEK	=	Materialeinzelkosten der Periode [€]
FGK	=	Fertigungsgemeinkosten der Periode [€]
FEK	=	Fertigungseinzelkosten der Periode [€]
Zs_{VwGk}	=	Verwaltungsgemeinkostenzuschlagssatz [%]
VwGK	=	Verwaltungsgemeinkosten der Periode [€]
Zs_{VtGk}	=	Vertriebsgemeinkostenzuschlagssatz [%]
VtGK	=	Vertriebsgemeinkosten der Periode [€]

Kalkulation 11.3

Fallbeispiel 11-7 (Fortsetzung 11-1) **Kostenrechnung Automobilhersteller**

▶▶▶ Zur Ermittlung der Zuschlagssätze der *Speedy GmbH* für das Jahr 0001 müssen zuerst die gesamten Material- und Fertigungseinzelkosten der *Speedy GmbH* ermittelt werden. Dazu werden die Material- und die Fertigungseinzelkosten des *Speedster City* und des *Speedster Family* jeweils mit den Produktionsstückzahlen multipliziert und dann die Summen dieser Werte gebildet. Mit den Einzelkosten und den im Betriebsabrechnungsbogen in der ↗ Tabelle 11-3 ermittelten Gemeinkosten der Kostenstellen Material (MGK), Fertigung (FGK), Verwaltung (VwGK) und Vertrieb (VtGK) können dann die Zuschlagssätze der *Speedy GmbH* ermittelt werden (↗ Tabelle 11-6). ◀◀◀

Tab. 11-6

Schema zur Ermittlung der Zuschlagssätze der *Speedy GmbH* für das Jahr 0001
(📂 BWL6_11_Tabelle-Fallbeispiel.xls)

	Speedy GmbH	Speedster City	Speedster Family
Materialgemeinkosten MGK je Jahr aus Kostenstellenrechnung	67 786 T€		
Materialeinzelkosten MEk je Stück		3 745,86 €/Stück	4 495,04 €/Stück
Produktionsstückzahl je Jahr		85 000 Stück	40 000 Stück
Materialeinzelkosten MEK je Jahr		318 398 T€	179 802 T€
Summe der Materialeinzelkosten MEK je Jahr	498 200 T€		
Zs_{MGk} = MGK / MEK	13,6 %		
Fertigungsgemeinkosten FGK je Jahr aus Kostenstellenrechnung	232 551 T€		
Fertigungseinzelkosten FEk je Stück		486,50 €/Stück	632,45 €/Stück
Produktionsstückzahl je Jahr		85 000 Stück	40 000 Stück
Fertigungseinzelkosten FEK je Jahr		41 352 T€	25 298 T€
Summe der Fertigungseinzelkosten FEK je Jahr	66 650 T€		
Zs_{FGk} = FGK / FEK	348,9 %		
Verwaltungsgemeinkosten VwGK je Jahr aus Kostenstellenrechnung	115 786 T€		
Herstellkosten HK = MGK + MEK + FGK + FEK	865 187 T€		
Zs_{VwGk} = VwGK / HK	13,4 %		
Vertriebsgemeinkosten VtGK je Jahr aus Kostenstellenrechnung	42 477 T€		
Herstellkosten HK = MGK + MEK + FGK + FEK	865 187 T€		
Zs_{VtGk} = VtGK / HK	4,9 %		

11.3.3.4.2 Kalkulation einzelner Kostenträger

Mittels der für das ganze Unternehmen geltenden Zuschlagssätze können nachfolgend die Selbstkosten der einzelnen Kostenträger ermittelt werden. Welche Selbstkosten für einen Kostenträger anfallen, hängt dadurch von seinen jeweiligen Material- und Fertigungseinzelkosten ab:

$$Sk_{Kostenträger_i} = (MEk_{Kostenträger_i} \times (1 + Zs_{MGk}) + FEk_{Kostenträger_i} \times (1 + Zs_{FGk})) \times (1 + Zs_{VwGk} + Zs_{VtGk})$$

mit:

$Sk_{Kostenträger_i}$ = Selbstkosten je Kostenträger i [€/Stück]
$MEk_{Kostenträger_i}$ = Materialeinzelkosten je Kostenträger i [€/Stück]
Zs_{MGk} = Materialgemeinkostenzuschlagssatz [%]
$FEk_{Kostenträger_i}$ = Fertigungseinzelkosten je Kostenträger i [€/Stück]
Zs_{FGk} = Fertigungsgemeinkostenzuschlagssatz [%]
Zs_{VwGk} = Verwaltungsgemeinkostenzuschlagssatz [%]
Zs_{VtGk} = Vertriebsgemeinkostenzuschlagssatz [%]

Tab. 11-7

Schema zur Durchführung der Zuschlagskalkulation für die einzelnen Produkte
(⌕ BWL6_11_Tabelle-Fallbeispiel.xls)

	Materialkosten	Speedster City	Speedster Family
	Materialeinzelkosten MEk	3 745,86 €/Stück	4 495,04 €/Stück
	Materialgemeinkostenzuschlagssatz Zs_{MGk}	13,6 %	13,6 %
+	Materialgemeinkosten MGk = MEk × Zs_{MGk}	509,44 €/Stück	611,33 €/Stück
=	**Materialkosten Mk = MEk × (1 + Zs_{MGk})**	4 255,30 €/Stück	5 106,37 €/Stück
	Fertigungskosten		
	Fertigungseinzelkosten FEk	486,50 €/Stück	632,45 €/Stück
	Fertigungsgemeinkostenzuschlagssatz Zs_{FGk}	348,9 %	348,9 %
+	Fertigungsgemeinkosten FGk = FEk × Zs_{FGk}	1 697,40 €/Stück	2 206,62 €/Stück
=	**Fertigungskosten Fk = FEk × (1 + Zs_{FGk})**	2 183,90 €/Stück	2 839,07 €/Stück
	Herstellkosten		
	Materialkosten Mk	4 255,30 €/Stück	5 106,37 €/Stück
+	Fertigungskosten Fk	2 183,90 €/Stück	2 839,07 €/Stück
=	**Herstellkosten Hk = MEk + MGk + FEk + FGk**	6 439,20 €/Stück	7 945,44 €/Stück
	Selbstkosten		
	Herstellkosten Hk	6 439,20 €/Stück	7 945,44 €/Stück
	Verwaltungsgemeinkostenzuschlagssatz Zs_{VwGk}	13,4 %	13,4 %
+	Verwaltungsgemeinkosten VwGk = Hk × Zs_{VwGk}	862,85 €/Stück	1 064,69 €/Stück
	Vertriebsgemeinkostenzuschlagssatz Zs_{VtGk}	4,9 %	4,9 %
+	Vertriebsgemeinkosten VtGk = Hk × Zs_{VtGk}	315,52 €/Stück	389,33 €/Stück
=	**Selbstkosten Sk = Hk × (1 + Zs_{VwGk} + Zs_{VtGk})**	7 617,57 €/Stück	9 399,46 €/Stück

Fallbeispiel 11-8 (Fortsetzung 11-1) Kostenrechnung Automobilhersteller

▶▶▶ Mit den Zuschlagssätzen der *Speedy GmbH* können anschließend in ↗ Tabelle 11-7 die Selbstkosten des *Speedster City* und des *Speedster Family* berechnet werden. ◀◀◀

Zwischenübung Kapitel 11.3.3.4

In der vorangegangenen Zwischenübung haben Sie die Gemeinkosten der Endkostenstellen eines Unternehmens ermittelt. Das Unternehmen hat zwei Produkte. Die Materialeinzelkosten des Produkts A, von dem in der Periode 10 000 Stück produziert und abgesetzt wurden, betrugen 100,00 Euro je Stück, die Fertigungseinzelkosten 150,00 Euro je Stück. Die Materialeinzelkosten des Produkts B, von dem 20 000 produziert und abgesetzt wurden, betrugen 200,00 Euro je Stück, die Fertigungseinzelkosten 250,00 Euro je Stück.

Ermitteln Sie mittels dieser Angaben in der nachfolgenden Tabelle die Selbstkosten der beiden Produkte (Hinweis: Zwischenergebnisse dienen der Selbstkontrolle).

	Unternehmen	Produkt A	Produkt B
MGK je Jahr aus Kostenstellenrechnung	€	—	—
Stückzahl je Jahr	—	10 000 Stück	20 000 Stück
MEk je Stück	—	100,00 €/Stück	200,00 €/Stück
MEK je Jahr	—	€	€
Summe der MEK je Jahr	€	—	—
Zs_{MGk}	%	—	—
MGk je Stück	—	€/Stück	€/Stück
Mk je Stück	—	€/Stück	€/Stück
FGK je Jahr aus Kostenstellenrechnung	1 300 000,00 €	—	—
Stückzahl je Jahr	—	10 000 Stück	20 000 Stück
FEk je Stück	—	150,00 €/Stück	250,00 €/Stück
FEK je Jahr	—	€	€
Summe der FEK je Jahr	€	—	—
Zs_{FGk}	%	—	—
FGk je Stück	—	€/Stück	€/Stück
Fk je Stück	—	€/Stück	€/Stück

	Unternehmen	Produkt A	Produkt B
Hk je Stück	—	290,00 €/Stück	€/Stück
HK je Jahr (MGK + …)	€	—	—
VwGK je Jahr aus Kostenstellenrechnung	€	—	—
Zs_{VwGk}	%	—	—
VwGk je Stück	—	€/Stück	€/Stück
VtGK je Jahr aus Kostenstellenrechnung	€	—	—
Zs_{VtGk}	%	—	—
VtGk je Stück	—	€/Stück	€/Stück
Sk je Stück	—	€/Stück	561,60 €/Stück

11.3.3.5 Maschinenstundensatzrechnung

Die Maschinenstundensatzrechnung erweitert die differenzierte Zuschlagskalkulation um eine Verrechnungssatzkalkulation für die Fertigungsgemeinkosten. Diese werden über mehrere Verrechnungssätze und einen Zuschlagssatz für Restgemeinkosten auf die Kostenträger verrechnet statt über einen einzigen Zuschlagssatz, wie dies bei der differenzierten Zuschlagskalkulation erfolgt. Durch dieses Vorgehen ist eine verursachungsgerechtere Verrechnung der Fertigungsgemeinkosten möglich. Die Umlage der Material-, Verwaltungs- und Vertriebskosten erfolgt hingegen nach wie vor über Zuschlagssätze, wie bei der Zuschlagskalkulation beschrieben.

Zur Durchführung der Maschinenstundensatzrechnung wird die Fertigungsendkostenstelle weiter unterteilt:
- in Maschinenkostenstellen für Werkstätten mit gleichartigen Maschinen, wie beispielsweise eine Dreherei, eine Fräserei oder eine Lackiererei, oder noch differenzierter
- in Maschinenkostenplätze für einzelne Maschinen.

Darüber hinaus wird eine Kostenstelle für maschinenunabhängige Restgemeinkosten eingerichtet, die nicht den Werkstätten oder den Maschinen zugeordnet werden können, so beispielsweise die Personalkosten des Fertigungsleiters.

Zur Ermittlung der Maschinenstundensätze werden die sich im Rahmen der Kostenstellenrechnung ergebenden Fertigungsgemeinkosten FGK, die den Werkstätten oder den einzelnen Maschinen zugerechnet werden können, wie:
- Kosten für Hilfsstoffe,
- Kosten für Betriebsstoffe inklusive Verbrauchswerkzeugen und Energie,
- Miete,
- Reparaturkosten,

- kalkulatorische Abschreibungen und
- kalkulatorische Zinsen,

durch die gesamten Maschinen- beziehungsweise Nutzungsstunden MH der Werkstätten oder der einzelnen Maschinen während der Periode geteilt:

$$Vs_{Mh_j} = \frac{FGK_j}{MH_j} = \frac{FGK_j}{\sum_{i=1}^{n}(X_{Kostenträger_i} \times Mh_{Kostenträger_{ij}})}$$

mit:

$Vs_{Mh\,j}$	=	Maschinenstundensatz der Werkstatt/Maschine j [€/h]
FGK_j	=	Fertigungsgemeinkosten der Periode der Werkstatt/Maschine j [€]
MH_j	=	Maschinenstunden der Periode der Werkstatt/Maschine j [h]
n	=	Anzahl der Kostenträger
$X_{Kostenträger_i}$	=	Produktionsstückzahl der Periode des Kostenträgers i [Stück]
$Mh_{Kostenträger_{ij}}$	=	Maschinenstunden je Kostenträger i auf der Maschine j [h/Stück]

Die Maschinen- beziehungsweise Nutzungsstunden ergeben sich dabei aus der Summe der mit den Produktionsstückzahlen X multiplizierten Maschinenstunden Mh der einzelnen Kostenträger. Diese können in der Regel den Arbeitsplänen entnommen werden.

Zusätzlich werden die verbleibenden Fertigungsrestgemeinkosten FRGk, die keiner Werkstätte oder Maschine zugerechnet werden können, über einen Zuschlagssatz ZS_{FRGk} auf Basis der Fertigungseinzelkosten, wie bei der Zuschlagskalkulation beschrieben, auf die Kostenträger verrechnet.

$$Zs_{FRGk} = \frac{FRGK}{\sum_{i=1}^{n}(X_{Kostenträger_i} \times FEk_{Kostenträger_{ij}})}$$

mit:

Zs_{FRGk}	=	Fertigungsrestgemeinkostenzuschlagssatz [%]
FRGK	=	Fertigungsrestgemeinkosten der Periode [€]
n	=	Anzahl der Kostenträger
$X_{Kostenträger_i}$	=	Produktionsstückzahl der Periode des Kostenträgers i [Stück]
$FEk_{Kostenträger_i}$	=	Fertigungseinzelkosten je Kostenträger i [€/Stück]

Die einem Kostenträger zuzuordnenden Fertigungsgemeinkosten FGk ergeben sich dann als Summe der anteiligen Gemeinkosten der Werkstätten oder Maschinen, die der Kostenträger im Rahmen der Fertigung durchläuft, zuzüglich der anteiligen Fertigungsrestgemeinkosten:

11.3 Kalkulation
Internes Rechnungswesen

$$FGk_{Kostenträger_i} = \sum_{j=1}^{m}(Vs_{Mh_j} \times Mh_{Kostenträger_{ij}}) + Zs_{FRGk} \times FEk_{Kostenträger_i}$$

mit:

$FGk_{Kostenträger_i}$	=	Fertigungsgemeinkosten je Kostenträger i [€/Stück]
m	=	Anzahl der Werkstätten/Maschinen
Vs_{Mh_j}	=	Maschinenstundensatz der Werkstatt/Maschine j [€/h]
$Mh_{Kostenträger_{ij}}$	=	Maschinenstunden je Kostenträger i auf der Maschine j [h/Stück]
Zs_{FRGk}	=	Fertigungsrestgemeinkostenzuschlagssatz [%]
$FEk_{Kostenträger_i}$	=	Fertigungseinzelkosten je Kostenträger i [€/Stück]

Tab. 11-8

Schema zur Durchführung der Maschinenstundensatzrechnung (📄 BWL6_11_Tabelle-Fallbeispiel.xls)

Rahmendaten	Speedy GmbH	Speedster City	Speedster Family
Fertigungsgemeinkosten FGK je Jahr	232 551 000,00 €		
Teilefertigung			
Fertigungsgemeinkosten FGK$_{Teilefertigung}$ je Jahr	155 809 170,00 €		
Produktionsstückzahlen X je Jahr		85 000 Stück	40 000 Stück
× Maschinenstunden Mh$_{Teilefertigung}$ je Stück		15 h/Stück	20 h/Stück
= Maschinenstunden MH$_{Teilefertigung}$ je Jahr	2 075 000 h	1 275 000 h	800 000 h
= Maschinenstundensatz Mhs$_{Teilefertigung}$	75,09 €/h		
× Maschinenstunden Mh$_{Teilefertigung}$ je Stück		15 h/Stück	20 h/Stück
= Fertigungsgemeinkosten FGk$_{Teilefertigung}$ je Stück		1 126,35 €/Stück	1 501,80 €/Stück
Montage			
Fertigungsgemeinkosten FGK$_{Montage}$ je Jahr	58 137 750,00 €		
Produktionsstückzahlen X je Jahr		85 000 Stück	40 000 Stück
× Maschinenstunden Mh$_{Montage}$ je Stück		10 h/Stück	15 h/Stück
= Maschinenstunden MH$_{Montage}$ je Jahr	1 450 000 h	850 000 h	600 000 h
= Maschinenstundensatz Mhs$_{Montage}$	40,10 €/h		
× Maschinenstunden Mh$_{Montage}$ je Stück		10 h/Stück	15 h/Stück
= Fertigungsgemeinkosten FGk$_{Montage}$ je Stück		401,00 €/Stück	601,50 €/Stück

Kalkulation 11.3

Tab. 11-8

Fortsetzung

Prüfung			
Fertigungsgemeinkosten FGK$_{Prüfung}$ je Jahr	6 976 530,00 €		
Produktionsstückzahlen X je Jahr		85 000 Stück	40 000 Stück
× Maschinenstunden Mh$_{Prüfung}$ je Stück		2 h/Stück	3 h/Stück
= Maschinenstunden MH$_{Prüfung}$ je Jahr	290 000 h	170 000 h	120 000 h
= **Maschinenstundensatz Mhs$_{Prüfung}$**	24,06 €/h		
× Maschinenstunden Mh$_{Prüfung}$ je Stück		2 h/Stück	3 h/Stück
= **Fertigungsgemeinkosten FGk$_{Prüfung}$ je Stück**		48,12 €/Stück	72,18 €/Stück
Fertigungsrestgemeinkosten			
Fertigungsrestgemeinkosten FRGK je Jahr	11 627 550,00 €		
Produktionsstückzahlen X je Jahr		85 000 Stück	40 000 Stück
× Fertigungseinzelkosten FEk je Stück		486,50 €/Stück	632,45 €/Stück
= Fertigungseinzelkosten FEK je Jahr	66 650 500,00 €	41 352 500,00 €	25 298 000,00 €
= **Fertigungsrestgemeinkostenzuschlagssatz FRGkZs**	17,45 %		
× Fertigungseinzelkosten FEk je Stück		486,50 €/Stück	632,45 €/Stück
= **Fertigungsrestgemeinkosten FRGk je Stück**		84,89 €/Stück	110,36 €/Stück
Fertigungskosten			
Fertigungseinzelkosten FEk je Stück		486,50 €/Stück	632,45 €/Stück
+ Fertigungsgemeinkosten FGk$_{Teilfertigung}$ je Stück		1 126,35 €/Stück	1 501,80 €/Stück
+ Fertigungsgemeinkosten FGk$_{Montage}$ je Stück		401,00 €/Stück	601,50 €/Stück
+ Fertigungsgemeinkosten FGk$_{Prüfung}$ je Stück		48,12 €/Stück	72,18 €/Stück
+ Fertigungsrestgemeinkosten FRGk je Stück		84,89 €/Stück	110,36 €/Stück
= **Fertigungskosten Fk je Stück**		2 146,86 €/Stück	2 918,29 €/Stück

Fallbeispiel 11-9 (Fortsetzung 11-1) **Kostenrechnung bei einem Automobilhersteller**

▶▶▶ Zur genaueren Verrechnung der Fertigungsgemeinkosten wurde die Fertigungskostenstelle der *Speedy GmbH* in die vier Maschinenkostenstellen: Teilefertigung, Montage, Prüfung und Fertigungsrestgemeinkosten zerlegt. Für die Verrechnung der sich in der Kostenstellenrechnung ergebenden Gemeinkosten der ersten drei Maschinenkostenstellen wurden dann Maschinenstundensätze gebildet und die Fertigungsgemeinkosten je Kostenstelle und je Kostenträger ermittelt. Für die Fertigungsrestgemeinkosten wurde hingegen ein Zuschlagssatz auf Basis der Fertigungseinzelkosten ermittelt und damit die Fertigungsrestgemeinkosten je Kostenträger berechnet.

Die gesamten Fertigungskosten je Kostenträger ergeben sich dann aus den Fertigungseinzelkosten und der Summe der Fertigungsgemeinkosten der Maschinenkostenstelle. ◀◀◀

11.3.4 Ermittlung des Verkaufspreises

Ausgehend von den in der Kostenträgerrechnung ermittelten Selbstkosten kann der Bruttoverkaufspreis ermittelt werden, also der Preis, zu dem die Produkte den Kunden des Unternehmens angeboten werden. Dieser Verkaufspreis stellt die langfristige Preisuntergrenze dar.

Zur Berechnung des Bruttoverkaufspreises wird zu den Selbstkosten zuerst ein Gewinnaufschlag addiert, wodurch sich der Barverkaufspreis ergibt. Der Gewinnaufschlagssatz wird dabei in der Regel für jedes Produkt vorgegeben:

$$\text{Barverkaufspreis}_{\text{Kostenträger}_i} = \text{Selbstkosten}_{\text{Kostenträger}_i} \times (1 + \text{Gewinnaufschlagssatz})$$

Um Gewinnschmälerungen zu vermeiden, werden im Anschluss in der Regel die erfahrungsgemäß gewährten Skonto- und Rabattsätze auf den Barverkaufspreis aufgeschlagen, wodurch sich der Ziel- und der Nettoverkaufspreis ergeben:

$$\text{Zielverkaufspreis}_{\text{Kostenträger}_i} = \frac{\text{Barverkaufspreis}_{\text{Kostenträger}_i}}{1 - \text{Skontosatz}}$$

$$\text{Nettokaufspreis}_{\text{Kostenträger}_i} = \frac{\text{Zielverkaufspreis}_{\text{Kostenträger}_i}}{1 - \text{Rabattsatz}}$$

Zuletzt wird die Umsatzsteuer zum Nettoverkaufspreis hinzuaddiert, wodurch sich der Bruttoverkaufspreis ergibt:

$$\text{Bruttoverkaufspreis}_{\text{Kostenträger}_i} = \text{Nettoverkaufspreis}_{\text{Kostenträger}_i} \times (1 + \text{Umsatzsteuersatz})$$

Fallbeispiel 11-10 (Fortsetzung 11-1) **Kostenrechnung Automobilhersteller**

▶▶▶ Die ↗ Tabelle 11-9 zeigt für das Geschäftsjahr 0001 die Ermittlung der Bruttoverkaufspreise für den *Speedster City* und für den *Speedster Family*. Der Gewinnaufschlag wurde von der Geschäftsführung der *Speedy GmbH* aufgrund der aktuellen Marktsituation vorgegeben. Die Skonto- und Rabattsätze wurden auf Basis der bisherigen Verkäufe ermittelt. ◀◀◀

11.3 Kalkulation

Tab. 11-9

Schema zur Ermittlung von Bruttoverkaufspreisen (📎 BWL6_11_Tabelle-Fallbeispiel.xls)

Ermittlung des Verkaufspreises	Speedster City	Speedster Family
Barverkaufspreis		
Selbstkosten Sk	7 617,57 €/Stück	9 399,46 €/Stück
Gewinnaufschlagssatz	7 %	9 %
= **Barverkaufspreis** = Sk × (1 + Gewinnaufschlagssatz)	8 150,80 €/Stück	10 245,41 €/Stück
Zielverkaufspreis		
Barverkaufspreis	8 150,80 €/Stück	10 245,41 €/Stück
Durchschnittlicher Skontosatz bezogen auf den Zielverkaufspreis	2 %	2 %
= **Zielverkaufspreis** = Barverkaufspreis / (1 − Skonto)	8 317,14 €/Stück	10 454,50 €/Stück
Nettoverkaufspreis		
Zielverkaufspreis	8 317,14 €/Stück	10 454,50 €/Stück
Durchschnittlicher Rabattsatz bezogen auf den Nettoverkaufspreis	1 %	1 %
= **Nettoverkaufspreis** = Zielverkaufspreis / (1 − Rabatt)	8 401,15 €/Stück	10 560,10 €/Stück
Bruttoverkaufspreis		
Nettoverkaufspreis	8 401,15 €/Stück	10 560,10 €/Stück
Umsatzsteuersatz	19 %	19 %
= **Bruttoverkaufspreis** = Nettoverkaufspreis × (1 + Umsatzsteuersatz)	9 997,37 €/Stück	12 566,52 €/Stück

Zwischenübung Kapitel 11.3.4

Welcher Bruttoverkaufspreis ergibt sich für ein Produkt mit den in der nachfolgenden Tabelle angegebenen Werten?

Selbstkosten Sk	313,20 €/Stück
Gewinnaufschlagssatz	10 %
Barverkaufspreis	
Durchschnittlicher Skontosatz	3 %
Zielverkaufspreis	
Durchschnittlicher Rabattsatz	10 %
Nettoverkaufspreis	
Umsatzsteuersatz	19 %
Bruttoverkaufspreis	1 469,62 €/Stück

11.3.5 Prozesskostenrechnung

Die Prozesskostenrechnung ist ein System der Vollkostenrechnung, das in der Regel zusätzlich zu den vorhandenen »traditionellen« Kostenrechnungssystemen eingesetzt wird. Ihr Hauptziel ist die Erhöhung der Kostentransparenz in den Gemeinkostenbereichen, wie der Verwaltung, dem Marketing oder der Forschung und Entwicklung, um die Kosten besser kontrollieren zu können und um Ansatzpunkte für Kostenreduzierungen zu finden. Um dies zu erreichen, werden die Prozesse in den Gemeinkostenbereichen kostenstellenübergreifend analysiert und kalkuliert. Beispiele für Prozesse sind die Änderung eines Produktes, die Gewinnung eines neuen Kunden oder die Erstellung und Bezahlung einer Rechnung.

Cost Driver

Im Anschluss an die Bestimmung der Prozesse werden der oder die Einflussfaktoren auf die Kosten der Prozesse, die sogenannten Cost Driver, ermittelt. Ein häufig anzutreffender Kostentreiber ist beispielsweise die Variantenzahl. Im Rahmen der Prozesskostenrechnung lassen sich die kostenmäßigen Auswirkungen einer Veränderung der Variantenzahl analysieren und dadurch eine Optimierung der Variantenzahl vornehmen (vergleiche *Coenenberg, A. G.* 2003: Seite 205 ff.).

11.4 Erfolgsrechnungen

Die Erfolgsrechnungen haben die Aufgabe, den im Rahmen der gewöhnlichen betrieblichen Tätigkeit der Periode erwirtschafteten Gewinn oder Verlust von Betrieben und ihren Geschäftsbereichen zu ermitteln. Die im internen Rechnungswesen durchgeführten Erfolgsrechnungen unterscheiden sich dabei von den im externen Rechnungswesen durchgeführten Gewinn- und Verlustrechnungen dadurch, dass Leistungen und Kosten statt Erträge und Aufwendungen einander gegenübergestellt werden.

Unterteilung der Erfolgsrechnungen

In der Regel handelt es sich bei den Erfolgsrechnungen um Kostenrechnungen auf Ist- oder Normalkostenbasis. Eine Unterteilung erfolgt jedoch danach, ob die Erfolgsrechnungen auf Voll- oder Teilkostenbasis durchgeführt werden (➚ Abbildung 11-14).

11.4.1 Erfolgsrechnungen auf Vollkostenbasis

Die Erfolgsrechnungen auf Vollkostenbasis werden auch als **Kostenträgerzeitrechnungen** bezeichnet. Die erzeugten Leistungen einer Periode, also eines Geschäftsjahrs, eines Quartals oder eines Monats, werden bei diesen Rechnungen den entstandenen Kosten gegenübergestellt. Mittels des **Gesamtkosten-** oder des **Umsatzkostenverfahrens** (➚ Kapitel 10 Externes Rechnungswesen) kann damit der Periodenerfolg, oder bei unterjähriger Berechnung beispielsweise der Erfolg eines Monats, ermittelt werden (vergleiche *Hummel, S./Männel, W.* 1995: Seite 260 und *Jórasz, W.* 2003: Seite 155).

11.4 Erfolgsrechnungen

Abb. 11-14 Arten von Erfolgsrechnungen

11.4.2 Erfolgsrechnungen auf Teilkostenbasis

Während im Rahmen der Erfolgsrechnungen auf Vollkostenbasis alle Kosten inklusive der fixen Kosten auf die Kostenträger verrechnet werden, werden bei den Erfolgsrechnungen auf Teilkostenbasis nur die von den Kostenträgern wirklich verursachten Kosten verrechnet. Mittels dieser Kosten lässt sich dann der sogenannte Deckungsbeitrag der Kostenträger ermitteln.

> Der **Deckungsbeitrag** ist der Betrag, den ein Kostenträger zur Deckung noch nicht subtrahierter Kosten und damit zum Erfolg beiträgt (vergleiche *Hummel, S./Männel, W.* 1995: Seite 50).

Die verschiedenen Systeme der Erfolgsrechnung auf Teilkostenbasis ziehen dabei unterschiedliche Kosten ab (vergleiche *Coenenberg, A. G.* 2003: Seite 97 ff. und *Olfert, K.* 1994: Seite 278). Der sich bei Subtraktion der variablen Selbstkosten ergebende Zusammenhang zwischen Umsatzerlös, Deckungsbeitrag und Erfolg wird in der ↗ Abbildung 11-15 verdeutlicht.

Abb. 11-15

Zusammenhang von Umsatzerlös, Deckungsbeitrag und Erfolg

Vergleiche Thommen, J.-P./Achleitner, A.-K. 2003: Seite 456

Fallbeispiel 11-11 — **Deckungsbeitrag Automobilhersteller**

▶▶▶ Die Kostenträgereinzelkosten eines Autos betragen 5 000,00 €. Zusätzlich entstehen durch die Produktion des Autos variable Kostenträgergemeinkosten in Höhe von 3 000,00 €. Von dem Auto werden jedes Jahr 100 000 Stück zum Preis von 20 000,00 € zuzüglich Umsatzsteuer verkauft. Damit ergeben sich folgender Stückdeckungsbeitrag je Auto und folgender Gesamtdeckungsbeitrag je Jahr:

Stückdeckungsbeitrag = 20 000,00 €/Stück − (5000,00 €/Stück + 3000,00 €/Stück)
= 12 000,00 €/Stück

Gesamtdeckungsbeitrag = 12 000,00 €/Stück × 100 000 Stück = 1 200 000 000,00 € ◀◀◀

11.4.2.1 Einstufige Deckungsbeitragsrechnung

Bei der einstufigen Deckungsbeitragsrechnung, die auch als **Direct Costing** bezeichnet wird, wird der Deckungsbeitrag der Kostenträger ermittelt, indem von den Umsatzerlösen die variablen Selbstkosten abgezogen werden:

Deckungsbeitrag = Umsatzerlös − Variable Selbstkosten

Die variablen Selbstkosten umfassen dabei die Kostenträgereinzel- und die variablen Kostenträgergemeinkosten.

Das Betriebsergebnis ergibt sich bei der einstufigen Deckungsbeitragsrechnung dann, indem von den Deckungsbeiträgen aller Kostenträger die gesamten fixen Kostenträgergemeinkosten des Betriebes abgezogen werden (↗ Tabelle 11-10).

Voraussetzung für die Durchführung von einstufigen Deckungsbeitragsrechnungen ist eine Trennung von fixen und variablen Kostenträgergemeinkosten in der Kostenarten- und Kostenstellenrechnung, da in der anschließenden Kostenträgerrechnung nur die variablen Kostenträgergemeinkosten auf die Kostenträger verrechnet werden (↗ Abbildung 11-16).

11.4 Erfolgsrechnungen

Abb. 11-16 Aufbau der einstufigen Deckungsbeitragsrechnung

Vergleiche *Jórasz, W.* 2003: Seite 259

Mit der einstufigen Deckungsbeitragsrechnung können insbesondere unprofitable Produkte mit einem negativen Deckungsbeitrag identifiziert werden. Die ermittelten variablen Selbstkosten werden zudem für die nachfolgenden Entscheidungsrechnungen benötigt (vergleiche *Coenenberg, A. G.* 2003: Seite 101).

Fallbeispiel 11-12 Einstufige Deckungsbeitragsrechnung Automobilhersteller
▶▶▶ Die in ↗ Tabelle 11-10 dargestellte einstufige Deckungsbeitragsrechnung der *Speedy GmbH* ergibt, dass die Ersatzteile einen negativen Deckungsbeitrag aufweisen. Als mögliche Gegenmaßnahmen schlägt die Geschäftsführung vor, zu prüfen, ob die Umsatzerlöse durch Erhöhungen der Verkaufspreise gesteigert werden können oder ob die variablen Selbstkosten durch Rationalisierungen reduziert werden können. ◀◀◀

11.4.2.2 Mehrstufige Deckungsbeitragsrechnung

Bei der mehrstufigen Deckungsbeitragsrechnung, die auch als **stufenweise Fixkostendeckungsrechnung** bezeichnet wird, werden die fixen Kostenträgergemeinkosten des Betriebes weiter hierarchisch untergliedert, so etwa in:

- **Erzeugnisfixkosten**, wie beispielsweise Kosten für produktspezifische Spritzgussformen,
- **Erzeugnisgruppenfixkosten**, wie beispielsweise Kosten zur Entwicklung von Erzeugnisgruppen,
- **Bereichsfixkosten**, wie beispielsweise Kosten eines Bereichscontrollings, und
- **Betriebsfixkosten**, wie beispielsweise Kosten der Unternehmensführung.

Gliederung der Fixkosten

Tab. 11-10

Einstufige Deckungsbeitragsrechnung für die Speedy GmbH

	Geschäftsbereich Automobile			Bereich Zusatzleistungen	
	Erzeugnisgruppe 1		Erzeugnisgruppe 2	Erzeugnisgruppe 3	
	Speedster City	*Speedster Family*	*Speedster Off-Road*	Ersatzteile	Dienstleistungen
Umsatzerlöse	800 Mill. €	680 Mill. €	30 Mill. €	60 Mill. €	80 Mill. €
− Variable Selbstkosten	430 Mill. €	360 Mill. €	16 Mill. €	65 Mill. €	30 Mill. €
= **Deckungsbeitrag**	370 Mill. €	320 Mill. €	14 Mill. €	−5 Mill. €	50 Mill. €
− Fixe Kostenträgergemeinkosten					629 Mill. €
= **Betriebsergebnis**					120 Mill. €

Im Rahmen der mehrstufigen Deckungsbeitragsrechnung werden dann verschiedene Deckungsbeiträge ermittelt, indem von den Umsatzerlösen erst die variablen Selbstkosten und dann in mehreren Schritten die oben genannten Fixkosten der verschiedenen Hierarchiestufen abgezogen werden (↗ Tabelle 11-11).

Um die Fixkosten der verschiedenen Hierarchiestufen zu ermitteln, müssen in der Kostenstellenrechnung nicht nur fixe und variable Kostenträgergemeinkosten getrennt werden, sondern auch die fixen Kosten über zusätzliche Kostenstellen den verschiedenen Hierarchiestufen zugeordnet werden (vergleiche *Coenenberg, A. G.* 2003: Seite 235 f.).

Die mehrstufige Deckungsbeitragsrechnung erlaubt eine noch differenziertere Analyse als die einstufige Deckungsbeitragsrechnung. Sie gibt insbesondere Hinweise darauf, welche Unternehmensbereiche aufgrund hoher Fixkosten für negative Deckungsbeiträge verantwortlich sind und von anderen Bereichen »quersubventioniert« werden.

Fallbeispiel 11-13 Mehrstufige Deckungsbeitragsrechnung Automobilhersteller

▶▶▶ Die in ↗ Tabelle 11-11 dargestellte mehrstufige Deckungsbeitragsrechnung der *Speedy GmbH* ergibt, dass zusätzlich zu den negativen Deckungsbeiträgen der Ersatzteile durch hohe Erzeugnisfixkosten ein negativer Deckungsbeitrag 2 beim *Speedster Off-Road* verursacht wird. Eine daraufhin vom Controlling durchgeführte Analyse zeigt, dass es sich um Kosten handelt, die einmalig durch die Markteinführung des neuen *Speedster Off-Road* entstanden. Weitere Maßnahmen werden deshalb nicht eingeleitet. ◀◀◀

Tab. 11-11

Mehrstufige Deckungsbeitragsrechnung für die *Speedy GmbH*

	Geschäftsbereich Automobile			Bereich Zusatzleistungen	
	Erzeugnisgruppe 1		Erzeugnis-gruppe 2	Erzeugnisgruppe 3	
	Speedster City	*Speedster Family*	*Speedster Off-Road*	Ersatzteile	Dienst-leistungen
Umsatzerlöse	800 Mill. €	680 Mill. €	30 Mill. €	60 Mill. €	80 Mill. €
− Variable Selbstkosten	430 Mill. €	360 Mill. €	16 Mill. €	65 Mill. €	30 Mill. €
= **Deckungsbeitrag 1**	370 Mill. €	320 Mill. €	14 Mill. €	−5 Mill. €	50 Mill. €
− Erzeugnisfixkosten	240 Mill. €	230 Mill. €	50 Mill. €	15 Mill. €	5 Mill. €
= **Deckungsbeitrag 2**	130 Mill. €	90 Mill. €	−36 Mill. €	−20 Mill. €	45 Mill. €
− Erzeugnisgruppenfix-kosten		20 Mill. €	24 Mill. €		12 Mill. €
= **Deckungsbeitrag 3**		200 Mill. €	−60 Mill. €		13 Mill. €
− Bereichsfixkosten			15 Mill. €		8 Mill. €
= **Deckungsbeitrag 4**			125 Mill. €		5 Mill. €
− Betriebsfixkosten					10 Mill. €
= **Betriebsergebnis**					120 Mill. €

11.4.2.3 Relative Einzelkosten- und Deckungsbeitragsrechnung

Bei der relativen Einzelkosten- und Deckungsbeitragsrechnung nach *Riebel* handelt es sich ebenfalls um eine Erfolgsrechnung auf Teilkostenbasis.

Entsprechend dem sogenannten Identitätsprinzip werden in der relativen Einzelkosten- und Deckungsbeitragsrechnung jeweils nur die direkt zurechenbaren Einzelkosten auf Bezugsgrößen verrechnet. Die Bezugsgrößen sind hierarchisch strukturiert. Die Aufspaltung in Einzel- und Gemeinkosten ist nicht absolut, sondern nur relativ zu den Bezugsgrößen. So lassen sich beispielsweise die Treibstoffkosten einem einzelnen Lkw, die Kosten des für die Instandhaltung der Lkws verantwortlichen Mitarbeiters dem gesamten Fuhrpark und die Kosten einer Tankstelle allen diesel- und benzingetriebenen Fördermitteln als Einzelkosten zurechnen.

Die Kosten werden in der Hierarchie der Bezugsgrößen dabei jeweils auf der niedrigsten Stufe zugerechnet, bei der sie noch als Einzelkosten ausgewiesen werden können. Alle Kosten, die einer Bezugsgröße direkt zugerechnet werden können, stellen gegenüber den dieser Bezugsgröße untergeordneten Bezugsgrößen Gemeinkosten dar. So sind die Kosten des für die Instandhaltung zuständigen Mitarbeiters in Bezug auf den Fuhrpark Einzelkosten, hinsichtlich des einzelnen Lkws

Identitätsprinzip

jedoch Gemeinkosten (vergleiche *Riebel, P.* 1994, *Schäfer-Kunz, J./Tewald, C.* 1998: Seite 127 ff.).

Durch das stringente Vorgehen bei der Einteilung in Einzel- und Gemeinkosten eignet sich die relative Einzelkosten- und Deckungsbeitragsrechnung sehr gut für die Entscheidungsunterstützung. Die aufwändige Durchführung hat jedoch bislang eine größere Verbreitung in der betrieblichen Praxis verhindert.

11.5 Entscheidungsrechnungen

Eine wichtige Aufgabe der Kostenrechnung besteht in der Lieferung von Kosteninformationen für die Vorbereitung und Durchführung betrieblicher Entscheidungen. Im Hinblick auf die Entscheidungen müssen die sogenannten entscheidungsrelevanten Kosten ermittelt werden.

> **Entscheidungsrelevante Kosten** sind »Kosten ..., die erwartungsgemäß ausschließlich durch eine ganz bestimmte Entscheidungsalternative ausgelöst werden. In Zukunft für mehrere Entscheidungsalternativen gemeinsam anfallende Kosten sind keine alternativenspezifischen und demzufolge auch keine relevanten Kosten.« (*Hummel, S./Männel, W.* 1995: Seite 117)

Nachfolgend soll auf Entscheidungen im Hinblick auf die Planung des Produktionsprogramms, die Bestimmung von Preisober- und -untergrenzen, die Ermittlung von Gewinnschwellen und die Optimierung der Leistungstiefe eingegangen werden (↗ Abbildung 11-17).

Abb. 11-17

Einsatzfelder der Entscheidungsrechnungen

11.5.1 Programmplanung

Im Rahmen der Programmplanung wird festgelegt, welche Produkte sowohl kurz- als auch langfristig in welcher Menge produziert werden. Da entsprechende Entscheidungen erheblichen Einfluss auf das Sortiment des Unternehmens haben, sind sie insbesondere mit den Bereichen Marketing und Forschung und Entwicklung abzustimmen. Das Vorgehen bei der Planung des Produktionsprogramms ist davon abhängig, ob ein **Kapazitätsengpass** vorliegt oder nicht (vergleiche *Coenenberg, A. G.* 2003: Seite 293 ff., *Olfert K.* 1994: Seite 314 ff.).

Vorgehensweise

Programmplanung ohne Vorliegen eines Engpasses
Bestehen keine Engpässe, so verbleiben alle Kostenträger im Sortiment, die einen positiven Deckungsbeitrag aufweisen.

Programmplanung bei Vorliegen eines Engpasses
Das Vorliegen eines Engpasses bedeutet, dass nicht so viele Leistungen produziert werden können, wie abgesetzt werden könnten. In dieser Entscheidungssituation sollten diejenigen Leistungen produziert werden, die bezogen auf die Inanspruchnahme des Engpassfaktors den größten Deckungsbeitrag aufweisen. Zur Ermittlung dieser Leistungen wird der engpassbezogene Deckungsbeitrag mittels Division des Deckungsbeitrages durch die von der Leistung in Anspruch genommenen Einheiten des Engpassfaktors ermittelt. Einheiten des Engpassfaktors können abhängig von der Art des Faktors beispielsweise Arbeitsminuten oder Maschinenminuten sein:

$$\text{Deckungsbeitrag je Einheit des Engpassfaktors} = \frac{\text{Deckungsbeitrag}}{\text{Engpassbelastung pro Stück}}$$

Je größer der engpassbezogene Deckungsbeitrag ist, desto vorteilhafter ist die Erstellung der entsprechenden Leistung. Das Sortiment ergibt sich dann aus den vorteilhaftesten Leistungen, die gerade noch produziert werden können.

11.5.2 Preisbestimmung

Die Preisbestimmung wird unterteilt in die Bestimmung von Preisobergrenzen für Produktionsfaktoren, die Unternehmen zukaufen, und von Preisuntergrenzen für Produkte, die Unternehmen verkaufen (vergleiche *Coenenberg, A. G.* 2003: Seite 313 ff., *Olfert K.* 1994: Seite 295 ff.):

Preisgrenzen

Preisobergrenzen
Für Verhandlungen mit Lieferanten im Beschaffungsbereich ist es wichtig, die Preisobergrenzen zu kennen. Die Preisobergrenzen von Werkstoffen sind dadurch gekennzeichnet, dass die Produkte, in denen die Werkstoffe verwendet werden, gerade keinen Deckungsbeitrag mehr erbringen.

Preisuntergrenzen

Um den Preis als Wettbewerbsfaktor einsetzen zu können, müssen mögliche Preisuntergrenzen bekannt sein. Dabei sind insbesondere kurzfristige Preisuntergrenzen relevant, die eingesetzt werden, wenn ein Produkt für einen begrenzten Zeitraum sehr preiswert angeboten werden soll, beispielsweise um ein neues Produkt zu etablieren oder um Wettbewerber vom Markt zu verdrängen. Die zu wählende Preisuntergrenze hängt von der Entscheidungssituation ab:

Entscheidungssituationen

▸ Zur Bestimmung von **langfristigen Preisuntergrenzen** werden die im Rahmen der Kalkulation auf Vollkostenbasis ermittelten **Selbstkosten** herangezogen. Durch die Wahl dieser Preisuntergrenze wird sichergestellt, dass durch den Verkauf der Produkte alle Kosten des Unternehmens abgedeckt werden.

▸ Zur Bestimmung von **kurzfristigen Preisuntergrenzen** werden die im Rahmen der Erfolgsrechnung auf Teilkostenbasis ermittelten **variablen Selbstkosten** verwendet. Muss bei ausgelasteten Produktionskapazitäten, also bei dem Vorliegen eines **Engpasses**, eine Preisuntergrenze für zusätzlich herzustellende Produkte bestimmt werden, beispielsweise aufgrund der Anfrage eines Kunden, so müssen zu den variablen Selbstkosten noch die Deckungsbeiträge von anderen Produkten addiert werden, die bei Erhalt des Auftrages nicht produziert und abgesetzt werden könnten.

11.5.3 Break-even-Analyse

Die Break-even-Analyse, die auch als **Gewinnschwellenanalyse** bezeichnet wird, dient insbesondere dazu, die Absatz- und die Produktionsmenge zu bestimmen, ab der sowohl die fixen als auch die variablen Kosten durch die Umsatzerlöse gedeckt sind, sodass ein Gewinn erwirtschaftet wird (↗ Abbildung 11-18). Der entsprechende Punkt wird als **Break-even-Point**, **Kostendeckungspunkt** oder **Gewinnschwelle** bezeichnet.

Berechnung

Der Break-even-Point wird ermittelt, indem die Gesamtkostenfunktion mit der Umsatzerlösfunktion gleichgesetzt wird. Damit ergibt sich folgende Formel zur Berechnung der Break-even-Menge x_{Be}:

$$x_{Be} = \frac{K_f}{p - k_v}$$

mit:

x_{Be} = Break-even-Menge [Stück]
K_f = Fixe Kosten [€]
p = Verkaufspreis [€]
k_v = Variable Stückkosten [€/Stück]

Anwendung

Die Break-even-Analyse wird insbesondere im Rahmen von **Businessplänen** eingesetzt, um für neue Produkte abzuschätzen, ob das Marktpotenzial groß genug ist, um die Gewinnzone zu erreichen.

Abb. 11-18

Break-even-Analyse

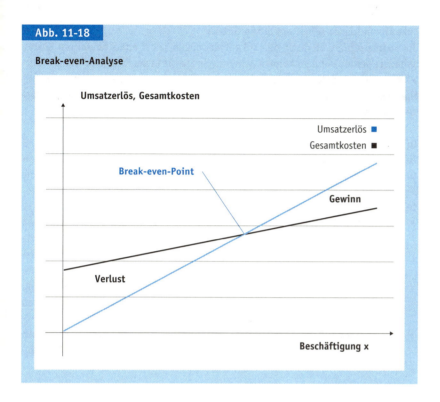

Fallbeispiel 11-14 Break-even-Menge

▶▶▶ Ein neues Produkt soll einen Verkaufspreis p von 100,00 €/Stück haben. Die prognostizierten variablen Kosten k_v je Stück betragen 60,00 €/Stück, die fixen Kosten K_f 200 000,00 €. Als Break-even-Menge ergibt sich:

$$x_{Be} = \frac{200\,000{,}00\,\text{€}}{100{,}00\,\underset{\text{Stück}}{\frac{\text{€}}{}} - 60{,}00\,\underset{\text{Stück}}{\frac{\text{€}}{}}} = 5\,000\,\text{Stück} \quad ◀◀◀$$

11.5.4 Make-or-buy-Analysen

Die Optimierung der Leistungstiefe durch den Zukauf (Buy) von Leistungen ist insbesondere in der Produktion und in der Logistik eine häufig anzutreffende Fragestellung. Neben strategischen Aspekten, wie Differenzierungsvorteilen oder Abhängigkeiten, und qualitativen Aspekten, wie der Produktqualität oder der Risikoteilung, sind kostenbezogene Aspekte von besonderer Bedeutung bei der Entscheidungsfindung. Die anzuwendende Entscheidungsregel ist primär abhängig von der Entscheidungssituation (vergleiche *Schäfer-Kunz, J./Tewald, C.* 1998):

Entscheidungssituationen

Zukauf von bisher selbst erstellten Gütern

Um zu überprüfen, ob durch den Zukauf von bisher selbst erstellten Gütern Kosten reduziert werden können, können näherungsweise die in der Erfolgsrechnung ermittelten **variablen Selbstkosten** mit den von Lieferanten angebotenen Preisen verglichen werden. Für eine genauere Analyse muss dann untersucht werden, welche Kosten wirklich durch den Fremdbezug abgebaut werden könnten.

Zukauf von zusätzlich nachgefragten Gütern

Soll eine Nachfrageerhöhung durch Zukauf gedeckt werden, hängen die zu vergleichenden Kosten davon ab, ob es sich um eine kurzfristig anhaltende oder um eine längerfristige Nachfrageerhöhung handelt und ob das Unternehmen über freie Produktionskapazitäten verfügt oder nicht.

- Soll eine **kurzfristige Nachfrageerhöhung** durch Zukauf gedeckt werden, wenn ein Unternehmen nicht über freie Produktionskapazitäten verfügt, so müssen die Kosten der zugekauften Güter niedriger sein als die eigenen **variablen Selbstkosten zuzüglich der Deckungsbeiträge** von anderen Produkten, die aufgrund der Eigenerstellung nicht produziert werden können. Um keine Kunden zu verlieren, werden Unternehmen in solchen Situationen aber in der Regel unabhängig von den Ergebnissen der Make-or-buy-Analysen die Güter zukaufen.
- Sollen **länger andauernde Nachfrageerhöhungen** abgedeckt werden, so müssen alternativ zum Fremdbezug eigene Kapazitäten aufgebaut werden. In diesen Fällen ist eine **Investitionsrechnung** durchzuführen (↗ Kapitel 13 Investition).

11.6 Kontrollrechnungen

11.6.1 Systeme der Kontrollrechnung

Die Systeme der Kontrollrechnung haben die Aufgabe, Kosten- und Leistungsabweichungen zu analysieren, um bei kritischen Abweichungen korrigierende Maßnahmen einleiten zu können. Systeme der Kontrollrechnung sind insbesondere (vergleiche *Coenenberg, A. G.* 2003: Seite 358 ff.):

- die **Plankostenrechnungen**, die Abweichungen zwischen geplanten und entstandenen Kosten von Kostenstellen analysieren,
- die **Ergebnisabweichungsanalysen**, die Abweichungen zwischen geplanten und erzielten Ergebnissen analysieren, und
- die **Kostenkontrollen von Projekten**, die Abweichungen zwischen geplanten und erzielten Projektkosten im Verhältnis zum Projektfortschritt analysieren (↗ Kapitel 14 Innovationsmanagement).

Nachfolgend wird näher auf die Plankostenrechnungen eingegangen.

11.6.2 Plankostenrechnungen

Im Rahmen der **Budgetierung** (↗ Kapitel 9 Controlling) werden Kostenstellen Budgets für das Geschäftsjahr vorgegeben, die sie einhalten sollen. Die Budgets basieren auf den geplanten Leistungen der Kostenstellen, die auch als **Planbeschäftigungen** bezeichnet werden. Die Budgets der Kostenstellen setzen sich dabei aus Budgets für die verschiedenen Kostenarten in den Kostenstellen zusammen, es gibt also ein Budget für die Materialkosten, ein Budget für die Personalkosten und so weiter.

Kostenvorgaben

Der Beschäftigungsmaßstab, der für die Planung verwendet wird, hängt von der Art der in den Kostenstellen ausgeübten Tätigkeiten ab. Während in der Produktion beispielsweise die produzierte Stückzahl der Beschäftigungsmaßstab sein kann, kann dies in der Buchhaltung beispielsweise die Anzahl der verbuchten Belege sein.

Beschäftigungsmaßstab

Um zu prognostizieren, welche Kosten in einer Kostenstelle anfallen werden und wie groß insofern das Budget dieser Kostenstelle sein sollte, wird im Rahmen der **Kostenauflösung** für jede Kostenart eine auf der Beschäftigung x basierende Sollkostenfunktion $K_S(x)$ aufgestellt, die bei der **flexiblen Plankostenrechnung auf Vollkostenbasis** die fixen Kosten K_f und die variablen Stückkosten k_v enthält:

$$K_S(x) = K_f + k_v \times x$$

mit:

$K_S(x)$ = Sollkostenfunktion [€]
K_f = Fixe Kosten [€]
k_v = Variable Stückkosten [€/Stück]
x = Beschäftigung [Stück]

Mit dieser Funktion können für eine geplante Beschäftigung x_P die Plankosten K_P ermittelt werden. Diesen Plankosten können im Rahmen der Kostenkontrolle dann die wirklich entstandenen Istkosten K_I bei der Istbeschäftigung x_I gegenübergestellt werden. In der Regel weicht die Istbeschäftigung x_I jedoch von der geplanten Beschäftigung x_P ab, so beispielsweise wenn aufgrund geringerer als erwarteter Absätze weniger produziert werden musste. Für die Kostenkontrolle werden deshalb mit der Sollkostenfunktion die Sollkosten K_S ermittelt, die in der Kostenstelle bei der Istbeschäftigung x_I eigentlich hätten anfallen müssen.

Die Abweichung zwischen den Sollkosten K_S und den wirklich entstandenen Istkosten K_I wird als Verbrauchsabweichung ΔV bezeichnet:

Verbrauchsabweichungen

$$\Delta V = K_I - K_S$$

mit:

ΔV = Verbrauchsabweichung [€]
K_I = Istkosten [€]
K_S = Sollkosten [€]

Für Verbrauchsabweichungen kann in der Regel der Leiter der Kostenstelle verantwortlich gemacht werden. Ursachen können in der Produktion beispielsweise ungünstig gewählte Fertigungsverfahren, ungünstige Losgrößen, hohe Rüstkosten,

11.6 Kontrollrechnungen

Weitere Abweichungen

ungünstige Erzeugniseinlastungen, fehlerhafte Maschinenbedienungen oder hoher Ausschuss sein.

Die Abweichung zwischen den Sollkosten K_S und den proportional verrechneten Plankosten K_{Pverr} wird als **Beschäftigungsabweichung** ΔB bezeichnet:

$$\Delta B = K_S - K_{Pverr} = K_S - K_P \times \frac{x_I}{x_P}$$

mit:

ΔB = Beschäftigungsabweichung der Periode [€]
K_S = Sollkosten der Periode [€]
K_{Pverr} = Verrechnete Plankosten der Periode [€]
K_P = Plankosten der Periode [€]
x_I = Istbeschäftigung der Periode [Stück]
x_P = Planbeschäftigung der Periode [Stück]

Beschäftigungsabweichungen ergeben sich durch Abweichungen der Ist- von der Planbeschäftigung, beispielsweise, wenn aufgrund von veränderten Absatzstückzahlen mehr oder weniger als ursprünglich geplant produziert wurde. Für Beschäftigungsabweichungen kann der Leiter der Kostenstelle in der Regel nicht verantwortlich gemacht werden, genauso wie für **Preisabweichungen** ΔP, die sich durch Veränderungen der Preise von Produktionsfaktoren ergeben.

Abb. 11-19
Beispiel einer flexiblen Plankostenrechnung auf Vollkostenbasis

Vergleiche *Jórasz, W.* 2003: Seite 249

Fallbeispiel 11-15 Plankostenrechnung bei einem Automobilhersteller

▶▶▶ Für die Personalkosten einer Fertigungskostenstelle der *Speedy GmbH* wird von einer Sollkostenfunktion mit fixen Kosten K_f von 50 000,00 Euro und variablen Stückkosten k_v von 8,75 Euro je gefertigtem Stück ausgegangen. Für das gerade vergangene Geschäftsjahr wurde bei der Budgetierung von einer Produktionsstückzahl beziehungsweise Planbeschäftigung x_P von 8 000 Stück ausgegangen. Der Kostenstelle wurde deshalb ein Budget von 120 000,00 Euro als Plankosten zugewiesen (↗ Abbildung 11-19).

Entgegen der Prognose musste nur eine Iststückzahl x_I von 6 000 Stück produziert werden. Dadurch hätten sich Sollkosten K_S von 102 500,00 Euro in der Kostenstelle ergeben müssen. In Wirklichkeit entstanden aber Istkosten K_I von 110 000,00 Euro. Der Leiter der Kostenstelle muss deshalb eine Verbrauchsabweichung ΔV von 7 500,00 Euro verantworten und gemeinsam mit dem Controlling nach den Ursachen der Abweichung suchen. Für die Beschäftigungsabweichung ΔB ist der Leiter der Kostenstelle hingegen nicht verantwortlich:

$$\Delta B = K_S - K_P \times \frac{x_I}{x_P} = 102\,500{,}00\,€ - 120\,000{,}00\,€ \times \frac{6\,000\ \text{Stück}}{8\,000\ \text{Stück}} = 12\,500{,}00\,€ \ \text{◀◀◀}$$

Zusammenfassung Kapitel 11

- Gegenstand des Internen Rechnungswesens ist die Ermittlung und die Bereitstellung von Informationen über monetäre und mengenmäßige Größen, die benötigt werden, um die betriebliche Leistungserstellung zu planen und zu kontrollieren.
- Die Kostenrechnung als wichtigster Teil des internen Rechnungswesens umfasst die Kalkulation, die Erfolgsrechnung, die Entscheidungsrechnung sowie die Kontrollrechnung.
- Kostenrechnungssysteme lassen sich in Abhängigkeit vom Zeitbezug in Ist-, Normal-, und Plankostenrechnungen und in Abhängigkeit vom Ausmaß der verrechneten Kosten in Voll- und Teilkostenrechnungen unterteilen.
- Die Kostenrechnung erfolgt in den drei Stufen Kostenarten-, Kostenstellen- und Kostenträgerrechnung.
- In der Kostenartenrechnung werden Materialkosten, Personalkosten, Abschreibungen, Fremdleistungskosten, Wagniskosten, Zinsen sowie Steuern, Gebühren und Abgaben ermittelt und in Einzel- und Gemein- sowie in fixe und variable Kosten unterteilt.
- Einzelkosten können Kalkulationsobjekten eindeutig zugerechnet werden, Gemeinkosten nicht.
- Variable Kosten ändern sich mit der Beschäftigung, fixe nicht.
- In der Kostenstellenrechnung werden erst die Kostenträgergemeinkosten auf die Kostenstellen verteilt und dann im Rahmen der innerbetrieblichen Leistungsverrechnung die Kosten der Vorkostenstellen auf die Endkostenstellen.
- In der Kostenträgerrechnung werden die Kosten auf die Kostenträger verteilt.

- In der Zuschlagskalkulation werden die Selbstkosten der Kostenträger durch Zuschläge auf die Einzelkosten ermittelt.
- In den Erfolgsrechnungen wird das Betriebsergebnis ermittelt und analysiert.
- Der Deckungsbeitrag ist der Betrag, den ein Kostenträger zur Deckung noch nicht subtrahierter Kosten und damit zum Gewinn beiträgt.
- Entscheidungsrechnungen dienen der Planung des Produktionsprogramms, der Bestimmung von Preisgrenzen, der Ermittlung von Gewinnschwellen und der Optimierung der Leistungstiefe.
- In der Plankostenrechnung werden die geplanten Kosten von Kostenstellen mit den tatsächlich entstandenen Kosten verglichen.

Weiterführende Literatur Kapitel 11

Coenenberg, A. G./Fischer, T./Günther, T.: Kostenrechnung und Kostenanalyse, Stuttgart.
Hummel, S./Männel, W.: Kostenrechnung (2 Bände), Wiesbaden.
Friedl, G./Hofmann, C./Pedell, B.: Kostenrechnung, München.

Schlüsselbegriffe Kapitel 11

- Kalkulation
- Erfolgsrechnung
- Entscheidungsrechnung
- Kontrollrechnung
- Kostenrechnungssystem
- Istkostenrechnung
- Normalkostenrechnung
- Plankostenrechnung
- Vollkostenrechnung
- Teilkostenrechnung
- Kostenartenrechnung
- Kostenstellenrechnung
- Kostenträgerrechnung
- Kalkulatorische Abschreibung
- AfA-Tabelle
- Lineare Abschreibung
- Kalkulatorische Zinsen
- Betriebsnotwendiges Vermögen
- Einzelkosten
- Gemeinkosten
- Unechte Gemeinkosten
- Kostenträgereinzelkosten
- Kostenträgergemeinkosten
- Kostenstelleneinzelkosten
- Kostenstellengemeinkosten
- Beschäftigung
- Variable Kosten
- Fixe Kosten
- Sprungfixe Kosten
- Kostenstelle
- Vorkostenstelle
- Endkostenstelle
- Betriebsabrechnungsbogen
- Innerbetriebliche Leistungsverrechnung
- Anbauverfahren
- Treppenverfahren
- Simultanverfahren
- Kostenträgerstückrechnung
- Kalkulationssatz
- Verrechnungssatz
- Zuschlagssatz
- Divisionskalkulation
- Äquivalenzziffernkalkulation
- Zuschlagskalkulation
- Verkaufspreis
- Prozesskostenrechnung
- Kostenträgerzeitrechnung
- Deckungsbeitrag
- Einstufige Deckungsbeitragsrechnung
- Mehrstufige Deckungsbeitragsrechnung
- Relative Einzelkosten- und Deckungsbeitragsrechnung
- Programmplanung
- Engpass
- Preisobergrenze
- Preisuntergrenze
- Break-even-Point
- Make-or-buy
- Plankostenrechnung
- Sollkosten
- Beschäftigungsabweichung
- Verbrauchsabweichung

Fragen Kapitel 11

Frage 11-1: *Definieren Sie den Begriff »Internes Rechnungswesen«.*
Frage 11-2: *Definieren Sie den Begriff »Kosten«.*
Frage 11-3: *Definieren Sie den Begriff »Leistungen«.*
Frage 11-4: *Nennen Sie die vier Teilbereiche der Kostenrechnung.*
Frage 11-5: *Erläutern Sie, welche drei Grundtypen von Kostenrechnungssystemen sich nach dem Zeitbezug unterscheiden lassen.*
Frage 11-6: *Erläutern Sie, welche zwei Grundtypen von Kostenrechnungssystemen sich nach dem Ausmaß der verrechneten Kosten unterscheiden lassen.*
Frage 11-7: *Nennen Sie die drei Stufen der Kostenrechnung.*
Frage 11-8: *Erläutern Sie, welche Aufgaben die Kostenartenrechnung hat.*
Frage 11-9: *Nennen Sie mindestens fünf Kostenarten.*
Frage 11-10: *Erläutern Sie den Unterschied zwischen Einzel- und Gemeinkosten.*
Frage 11-11: *Erläutern Sie an einem Beispiel, was unter unechten Gemeinkosten verstanden wird.*
Frage 11-12: *Erläutern Sie den Unterschied zwischen fixen und variablen Kosten.*
Frage 11-13: *Nennen Sie jeweils ein Beispiel für sprungfixe und für degressive Kosten.*
Frage 11-14: *Definieren Sie den Begriff »Kostenstelle«.*
Frage 11-15: *Erläutern Sie, welche Aufgaben die Kostenstellenrechnung hat.*
Frage 11-16: *Erläutern Sie den Unterschied zwischen Vor- und Endkostenstellen.*
Frage 11-17: *Erläutern Sie, in welchen zwei Stufen die Kostenstellenrechnung durchgeführt wird.*
Frage 11-18: *Erläutern Sie die zwei Möglichkeiten, Kostenstellengemeinkosten auf Kostenstellen zu verrechnen.*
Frage 11-19: *Nennen Sie die drei Verfahren um innerbetriebliche Leistungen zu verrechnen.*
Frage 11-20: *Definieren Sie den Begriff »Kostenträger«.*
Frage 11-21: *Erläutern Sie, welche Aufgaben die Kostenträgerrechnung hat.*
Frage 11-22: *Erläutern Sie, welche zwei Arten von Kalkulationssätzen unterschieden werden.*
Frage 11-23: *Nennen Sie zwei Verfahren der Kostenträgerrechnung, die auf Verrechnungssätzen basieren.*
Frage 11-24: *Nennen Sie ein Verfahren der Kostenträgerrechnung, das auf Zuschlagssätzen basiert.*
Frage 11-25: *Erläutern Sie, welchen Vorteil der Einsatz der Maschinenstundensatzrechnung hat.*
Frage 11-26: *Erläutern Sie, warum bei der Ermittlung von Verkaufspreisen Skonto- und Rabattsätze aufgeschlagen werden.*
Frage 11-27: *Definieren Sie den Begriff »Deckungsbeitrag«.*
Frage 11-28: *Erläutern Sie, wozu die einstufige Deckungsbeitragsrechnung dient.*
Frage 11-29: *Erläutern Sie, welche Vorteile die mehrstufige Deckungsbeitragsrechnung bietet.*
Frage 11-30: *Definieren Sie den Begriff »entscheidungsrelevante Kosten«.*

Frage 11-31: *Erläutern Sie, wie das Produktionsprogramm bei Vorliegen eines Engpasses ermittelt werden kann.*
Frage 11-32: *Erläutern Sie, wie sich die verschiedenen Preisgrenzen ergeben.*
Frage 11-33: *Erläutern Sie, was bei der Break-even-Analyse bestimmt wird.*
Frage 11-34: *Erläutern Sie, wie bei Make-or-buy-Entscheidungen vorgegangen wird.*
Frage 11-35: *Erläutern Sie, wozu die Plankostenrechnung dient.*
Frage 11-36: *Erläutern Sie, welche Abweichungsarten bei der Plankostenrechnung unterschieden werden.*

Fallstudie Kapitel 11

Für das kommende Geschäftsjahr sollen die Zuschlagssätze der Speedy GmbH berechnet und damit die Produkte der Speedy GmbH kalkuliert und Verkaufspreise für sie ermittelt werden.

Fallstudie 11-1: Durchführung der Kostenstellenrechnung
Vervollständigen Sie den in der nachfolgenden Tabelle aufgeführten Betriebsabrechnungsbogen der Speedy GmbH (Hinweis: Zwischenergebnisse dienen der Selbstkontrolle). Gehen Sie dabei in folgenden Schritten vor:
(1) Ermitteln Sie in der Rubrik »Kostenstellendaten« die Summen der Flächen und des betriebsnotwendigen Vermögens über alle Kostenstellen hinweg.
(2) Ergänzen Sie in der Rubrik »Kostenstellengemeinkosten« die fehlenden Daten, indem Sie die Summen der Kostenstellengemeinkosten mittels der angegebenen Schlüssel auf die Kostenstellen umlegen. Beispielsweise können die Fremdleistungskosten der Fertigung bestimmt werden, indem die Fläche der Fertigung durch die Gesamtfläche aller Kostenstellen geteilt und dieser Quotient dann mit der Summe der Fremdleistungskosten multipliziert wird.
(3) Ermitteln Sie die fehlenden primären Gemeinkosten der Kostenstellen, indem Sie die Summen der Kostenstelleneinzel- und der Kostenstellengemeinkosten bilden und addieren.
(4) Legen Sie im Rahmen einer innerbetrieblichen Leistungsverrechnung mittels des Treppenverfahrens in der Rubrik »Leistungsverrechnung« die Kosten der Kantine über die Mitarbeiterzahl je Kostenstelle auf die anderen Kostenstellen um
(Hinweis: Die Mitarbeiter der Kantine sind dabei nicht zu berücksichtigen).
(5) Legen Sie anschließend die Kosten der Instandhaltung zuzüglich der verrechneten Kosten der Kantine auf alle anderen Kostenstellen außer der Kantine über die in Anspruch genommenen Instandhaltungsstunden um (Hinweis: Die Instandhaltungsstunden der Kantine und der Instandhaltung sind dabei nicht zu berücksichtigen).
(6) Ermitteln Sie die Summen der Gemeinkosten der Endkostenstellen (MGK, FGK, VwGK, VtGK), indem Sie die primären Gemeinkosten sowie die Umlage der Kantine und der Instandhaltung addieren.

Fallstudie Kapitel 11

			Vorkostenstellen		Endkostenstellen			
		Summe	Kantine	Instand-haltung	Material	Ferti-gung	Verwal-tung	Vertrieb
Kostenstellendaten								
Fläche [m²]			1 350	4 050	20 250	81 000	16 200	12 150
Betriebsnotwendiges Vermögen [T€]			11 290	22 580	282 250	677 400	56 450	79 030
Mitarbeiterzahl		2 813	28	43	216	1 275	1 033	218
Instandhaltungs-stunden [h]		63 855	639	0	12 771	47 891	1 277	1 277
Kostenstelleinzel-kosten	Zurech-nung							
Material (HB-Stoffe) [T€]	Entnahme-schein	45 900	459	918	9 180	33 048	1 377	918
Hilfslöhne [T€]	Lohnlisten	38 250	906	1 877	11 388	16 508	5 694	1 877
Gehälter [T€]	Gehaltsliste	117 000	1 170	1 170	3 510	12 870	81 900	16 380
Kalk. Abschreibungen [T€]	Anlagever-mögen	60 000	1 200	2 400	5 400	40 800	5 400	4 800
Summe		261 150	3 735	6 365	29 478	103 226	94 371	23 975
Kostenstellengemein-kosten	Schlüssel							
Fremdleistungskosten [T€]	Fläche	264 600	2 646	7 938			31 752	23 814
Versicherungen [T€]	Betriebs-notwen-diges Vermögen	4 860	49	97			243	340
Kalkulatorische Zinsen [T€]	Betriebs-notwen-diges Vermögen	56 450	565	1 129			2 822	3 951
Grundsteuer [T€]	Fläche	540	5	16			65	49
Summe		326 450	3 265	9 180			34 882	28 154
Primäre Gemeinkosten [T€]		587 600	7 000	15 545			129 253	52 129
Leistungsverrechnung	Schlüssel							
Umlage Kantine [T€]	Mitarbeiter-zahl	—	—	108				
Zwischensumme [T€]		587 600	—	15 653				
Umlage Instandhaltung [T€]	Instand-haltungs-stunden	—	—	—	3 162			
Kostenart		—	—	—	MGK	FGK	VwGK	VtGK
Primäre und sekun-däre Gemeinkosten [T€]		587 600	—	—				

Internes Rechnungswesen
Fallstudie Kapitel 11

Fallstudie 11-2: Ermittlung von Zuschlagssätzen
Ermitteln Sie auf Basis der Daten des Betriebsabrechnungsbogens in der nachfolgenden Tabelle die Zuschlagssätze der Speedy GmbH. Gehen Sie dabei in folgenden Schritten vor:

(1) Übertragen Sie aus dem Betriebsabrechnungsbogen die Gemeinkosten der Endkostenstellen (MGK, FGK, VwGK, VtGK) in die nachfolgende Tabelle.

(2) Ermitteln Sie die Material- und Fertigungseinzelkosten (MEK, FEK) der Speedy GmbH, indem Sie die Stückzahlen der beiden Produkte mit deren jeweiligen Material- und Fertigungseinzelkosten multiplizieren.

(3) Berechnen Sie die Material- und Fertigungsgemeinkostenzuschlagssätze (Zs_{MGk}, Zs_{FGk}), indem Sie die Gemeinkosten (MGK, FGK) durch die entsprechenden Einzelkosten (MEK, FEK) teilen.

(4) Ermitteln Sie die Herstellkosten (HK), indem Sie die Material- und Fertigungseinzel- und gemeinkosten (MGK, MEK, FGK, FEK) addieren.

(5) Berechnen Sie die Verwaltungs- und die Vertriebsgemeinkostenzuschlagssätze (Zs_{VwGk}, Zs_{VwGk}), indem Sie die Gemeinkosten der Kostenstellen Verwaltung und Vertrieb (VwGK, VtGK) durch die Herstellkosten (HK) teilen.

	Speedy GmbH	Speedster City	Speedster Family
Materialgemeinkosten MGK je Jahr	88 282 T€	—	—
Materialeinzelkosten MEk je Stück	—	4 156,65 €/Stück	4 987,98 €/Stück
Produktions- und Absatzstückzahl	—	95 000 Stück	65 000 Stück
Materialeinzelkosten MEK je Jahr	—	394 882 T€	T€
Summe der Materialeinzelkosten MEK je Jahr	T€	—	—
Materialgemeinkosten-zuschlagssatz Zs_{MGk}	%	—	—
Fertigungsgemeinkosten FGK je Jahr	T€		
Fertigungseinzelkosten FEk je Stück	—	388,58 €/Stück	505,15 €/Stück
Produktions- und Absatzstückzahl	—	95 000 Stück	65 000 Stück
Fertigungseinzelkosten FEK je Jahr	—	T€	T€
Summe der Fertigungseinzelkosten FEK je Jahr	T€	—	—
Fertigungsgemeinkosten-zuschlagssatz Zs_{FGk}	%	—	—

	Speedy GmbH	Speedster City	Speedster Family
Verwaltungsgemeinkosten VwGK je Jahr	T€		
Herstellkosten HK je Jahr	T€		
Verwaltungsgemeinkostenzuschlagssatz Zs_{VwGk}	%		
Vertriebsgemeinkosten VtGK je Jahr	T€		
Herstellkosten HK je Jahr	T€		
Vertriebsgemeinkostenzuschlagssatz Zs_{VwGk}	4,4 %		

Fallstudie 11-3: Ermittlung von Selbstkosten und Bruttoverkaufspreisen

Basierend auf den Zuschlagssätzen der Speedy GmbH können die Bruttoverkaufspreise der einzelnen Produkte der Speedy GmbH ermittelt werden. Dabei sollen nicht nur bestehende Produkte, wie der Speedster Family, kalkuliert werden, sondern für die weiteren Marketingaktivitäten auch der Bruttoverkaufspreis des neuen Speedster Off-Roads berechnet werden.

Vervollständigen Sie zur Ermittlung der Bruttoverkaufspreise die in der nachfolgenden Tabelle aufgeführte Rechnung mit den dort angegebenen Werten für den Gewinnaufschlag, das Skonto, den Rabatt und die Umsatzsteuer (Hinweis: Zwischenergebnisse dienen der Selbstkontrolle). Die benötigen Zuschlagssätze (Zs_{MGk}, Zs_{FGk}, Zs_{VwGk}, Zs_{VwGk}) können der vorangegangenen Tabelle entnommen werden.

		Speedster Family	Speedster Off-Road
	Materialeinzelkosten MEk	4 987,98 €/Stück	6 000,00 €/Stück
	Materialgemeinkostenzuschlagssatz Zs_{MGk}		
+	Materialgemeinkosten MGk		
=	**Materialkosten Mk**		
	Fertigungseinzelkosten FEk	505,15 €/Stück	650,00 €/Stück
	Fertigungsgemeinkostenzuschlagssatz Zs_{FGk}	450,4 %	450,4 %
+	Fertigungsgemeinkosten FGk		
=	**Fertigungskosten Fk**		
=	**Herstellkosten Hk**	8 381,85 €/Stück	
	Verwaltungsgemeinkostenzuschlagssatz Zs_{VwGk}		
+	Verwaltungsgemeinkosten VwGk		
	Vertriebsgemeinkostenzuschlagssatz Zs_{VtGk}		
+	Vertriebsgemeinkosten VtGk		

	Speedster Family	Speedster Off-Road
= Selbstkosten Sk		11 914,52 €/Stück
Gewinnaufschlagssatz	8,0 %	10,0 %
= Barverkaufspreis	10 455,52 €/Stück	
Durchschnittlicher Skontosatz	3,0 %	2,0 %
= Zielverkaufspreis		13 373,44 €/Stück
+ Rabatt	2,0 %	1,0 %
= Nettoverkaufspreis	10 998,87 €/Stück	
Umsatzsteuersatz	19,0 %	19,0 %
+ Umsatzsteuer		
= Bruttoverkaufspreis	13 088,66 €/Stück	16 075,15 €/Stück

Lösungen Kapitel 11

Lösungshinweise zu den Rechnungen im Kapitel finden Sie unter folgender Internetadresse:
www.EinfuehrungInDieBetriebswirtschaftslehre.de/bwl-loesungshinweise.html

Studierende, deren Dozenten das Buch einsetzen, finden ausführliche passwortgeschützte Lösungen unter folgender Internetadresse:
www.EinfuehrungInDieBetriebswirtschaftslehre.de/bwl-loesungen.html

Das Passwort für die Lösungen erhalten Sie von Ihrem Dozenten:

Passwort:

12 Finanzierung

Kapitelnavigator

Inhalt	Lernziel
12.1 Grundlagen	12-1 Die Grundlagen der Finanzierung kennen und Finanzplanungen durchführen können.
12.2 Beteiligungsfinanzierung	12-2 Die Formen der Beteiligungsfinanzierung kennen.
12.3 Selbstfinanzierung	12-3 Die Formen der Selbstfinanzierung kennen.
12.4 Kreditfinanzierung	12-4 Die Formen der Kreditfinanzierung kennen.
12.5 Finanzierung aus Rückstellungen	12-5 Die Formen der Finanzierung aus Rückstellungen kennen.
12.6 Weitere Formen der Finanzierung	12-6 Weitere Formen der Finanzierung kennen.
12.7 Kapitalsubstitution	12-7 Die Möglichkeiten der Finanzierung durch Kapitalsubstitution kennen.
12.8 Kennzahlen	12-8 Die wichtigsten Finanzkennzahlen ermitteln können.

Um wirtschaften zu können, benötigen Unternehmen Geld beziehungsweise Kapital. Im Rahmen der Finanzierung muss deshalb ermittelt werden, wie viel Kapital benötigt wird und wie dieses Kapital beschafft werden kann.

Die Finanzierung kann entsprechend bilanziell wie folgt definiert werden:

> Unter der **Finanzierung** werden alle Aktivitäten verstanden, die sich auf den Umfang und die Zusammensetzung des auf der Passivseite der Bilanz ausgewiesenen Kapitals auswirken (vergleiche *Schäfer-Kunz, J.* 2011: Seite 179).

12.1 Grundlagen

12.1.1 Begriffe

Das auf der Passivseite der Bilanz ausgewiesene Kapital kann nach verschiedenen Kriterien systematisiert werden:

12.1 Internes Rechnungswesen
Grundlagen

Tab. 12-1

Unterschiede zwischen Eigen- und Fremdkapital

	Eigenkapital	Fremdkapital
Einflussmöglichkeiten auf die Finanz- und Geschäftspolitik	Gegeben	In der Regel nicht gegeben
Fristigkeit der Überlassung	Zeitlich unbegrenzt	Zeitlich begrenzt
Gegenleistung für die Kapitalnutzung	Gewinnanteil	Zinsen
Haftung	Mit Einlage und abhängig von der Rechtsform darüber hinaus	Keine Haftung
Rechtsanspruch auf Rückzahlung	Nicht gegeben	Gegeben

Kapitalarten

Rechtsverhältnis zu Kapitalgebern
Abhängig vom Rechtsverhältnis zu den Kapitalgebern erfolgt eine Unterteilung in (↗ Tabelle 12-1):
- **Eigenkapital**, das von den Eignern des Unternehmens, wie beispielsweise Aktionären, zur Verfügung gestellt wird, und in
- **Fremdkapital**, das von den Gläubigern des Unternehmens, wie beispielsweise Banken zur Verfügung gestellt wird.

Fristigkeit
Abhängig von der Fristigkeit der Mittelüberlassung erfolgt eine Unterteilung in:
- **kurzfristiges Kapital**, das innerhalb von einem Jahr zurückgezahlt werden muss,
- **mittelfristiges Kapital**, das innerhalb von fünf Jahren zurückgezahlt werden muss, und
- **langfristiges Kapital**, das nach mehr als fünf Jahren oder gar nicht zurückgezahlt werden muss.

12.1.2 Einordnung

Die Finanzierung ist einer der Teilbereiche des Finanzwesens. Schnittstellen bestehen insbesondere zu folgenden Bereichen (↗ Abbildung 12-1):
- **Eigenkapitalgeber:** Eigenkapitalgeber stellen Unternehmen im Rahmen der Beteiligungs- oder Selbstfinanzierung Eigenkapital zur Verfügung und erhalten im Gegenzug Gewinnanteile.
- **Fremdkapitalgeber:** Fremdkapitalgeber stellen Unternehmen im Rahmen der Kreditfinanzierung oder der Finanzierung aus Rückstellungen Fremdkapital zur Verfügung und erhalten im Gegenzug Zinsen.

Abb. 12-1

Einordnung der Finanzierung

- **Kunden:** Das Geld, das Unternehmen von Kunden als Gegenleistung für die Produkte erhalten, dient der Selbstfinanzierung.
- **Leistungserstellung:** Der Leistungserstellungsbereich bestimmt den Investitions- und damit den Finanzierungsbedarf.
- **Investition:** Der Finanzbereich gibt den maximal möglichen Investitionsrahmen vor.

Im externen Rechnungswesen werden Finanzierungsprozesse folgendermaßen in den Jahresabschlussrechnungen abgebildet:

- **Bilanz:** In den Posten des Eigen- und Fremdkapitals.
- **Gewinn- und Verlustrechnung:** In den Posten des Finanzergebnisses.
- **Kapitalflussrechnung:** In den Posten des Cashflows aus der Finanzierungstätigkeit.

12.1.3 Unterteilung der Finanzierungsformen

Die Möglichkeiten der Finanzierung lassen sich nach dem Rechtsverhältnis zu den Kapitalgebern unterteilen in (vergleiche *Schäfer-Kunz, J.* 2011: Seite 180):

- die **Eigenfinanzierung**, bei der von den Eignern des Unternehmens zur Verfügung gestelltes Kapital zur Finanzierung verwendet wird, und
- die **Fremdfinanzierung**, bei der von den Gläubigern des Unternehmens zur Verfügung gestelltes Kapital zur Finanzierung verwendet wird.

12.1 Internes Rechnungswesen
Grundlagen

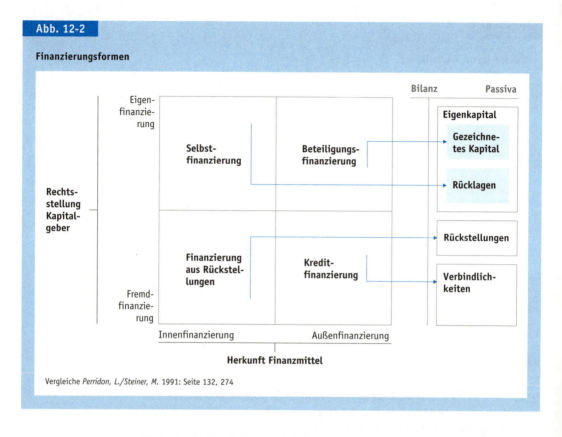

Abb. 12-2 Finanzierungsformen

Vergleiche *Perridon, L./Steiner, M.* 1991: Seite 132, 274

Nach der Herkunft des Kapitals lassen sich die Möglichkeiten der Finanzierung unterteilen in:
- die **Außenfinanzierung**, bei der von Kapitalgebern außerhalb des Unternehmens eingebrachtes Kapital zur Finanzierung verwendet wird, und
- die **Innenfinanzierung**, bei der vom Unternehmen selbst erzeugtes Kapital zur Finanzierung verwendet wird.

Aus der Kombination der vorgenannten Möglichkeiten ergeben sich vier Formen der Finanzierung, nämlich (↗ Abbildung 12-2):
- die Beteiligungsfinanzierung,
- die Selbstfinanzierung,
- die Kreditfinanzierung und
- die Finanzierung aus Rückstellungen.

12.1.4 Ziele der Finanzierung

Im Rahmen der Finanzierung werden insbesondere folgende Ziele verfolgt (vergleiche *Schmidt, R. H.* 1990: Seite 171 ff.):

Wirtschaftspraxis 12-1

Die größten deutschen Insolvenzen seit 2000

Firma	Jahr	Geschäftsfeld
Philip Holzmann	2002	Bau
Babcock Borsig	2002	Maschinen und Anlagen
Kirch Media Gruppe	2002	Medien
Walter Bau	2005	Bau
Schieder Gruppe	2007	Möbel
PIN Group	2008	Brief, Paketdienst
Arcandor AG	2009	Handel und Touristik
Woolworth Deutschland	2009	Einzelhandel
Manroland AG	2011	Druckmaschinenbau
Schlecker	2012	Einzelhandel

Quelle: Creditreform, Die größten Insolvenzen des Jahrzehnts und Insolvenzen in Europa Jahre 2011/12 sowie 2010/11, unter: www.creditreform.de, Stand 25.04.2012.

Zahlungsfähigkeit

Wenn Unternehmen nicht mehr zahlungsfähig sind, sind sie **insolvent** und müssen gegebenenfalls ihre Betriebstätigkeit einstellen. Die Sicherstellung der Zahlungsfähigkeit hat deshalb im Rahmen der Finanzierung die höchste Priorität. Unter der **Zahlungsfähigkeit** beziehungsweise der **Liquidität** wird dabei die Fähigkeit eines Unternehmens verstanden, zu jeder Zeit seine fälligen Verbindlichkeiten zurückzahlen zu können. Um die Liquidität sicherzustellen, ist eine möglichst weit vorausschauende Finanzplanung erforderlich.

Kreditwürdigkeit

Die Kreditwürdigkeit bestimmt, ob Unternehmen Kredite erhalten und zu welchen Konditionen Unternehmen Kredite erhalten. Die Sicherstellung einer hohen Kreditwürdigkeit ist deshalb ein weiteres wichtiges finanzwirtschaftliches Ziel.

Unabhängigkeit

Die Bewahrung der Unabhängigkeit von Kapitalgebern im Hinblick auf deren Möglichkeiten, die Finanz- und Geschäftspolitik von Unternehmen zu bestimmen, ist ein weiteres wichtiges finanzwirtschaftliches Ziel.

12.1.5 Vorgehensweise

Im Rahmen des Führungsprozesses sind hinsichtlich der Finanzierung kontinuierlich folgende Tätigkeiten durchzuführen:

Zielsystem der Finanzierung

Abb. 12-3

Einflussfaktoren auf den Cash-to-Cash-Zyklus

Vergleiche *Kreuzer, C.* 2005: Seite 344

Planungsphase

In der Planungsphase muss zuerst der Finanzierungsbedarf ermittelt werden. Wie viel Kapital benötigt wird, hängt insbesondere davon ab, wie viel Mittel in das Anlagevermögen investiert werden müssen und wie viel Umlaufvermögen aufgrund des Cash-to-Cash-Zyklus zu finanzieren ist.

Cash-to-Cash-Zyklus

Der Cash-to-Cash-Zyklus gibt den zu finanzierenden Zeitraum zwischen den Auszahlungen für die zur Leistungserstellung benötigten Güter und den Einzahlungen der Kunden für die erhaltenen Produkte an. Einflussfaktoren auf den Cash-to-Cash-Zyklus sind die Dauer der Leistungserstellung, die insbesondere den Umfang der zu finanzierenden Vorräte bestimmt, und die Zahlungsziele, die die Lieferanten dem Unternehmen gewähren und die das Unternehmen den Kunden gewährt (↗ Abbildung 12-3).

Finanzplan

Die prognostizierten Ein- und Auszahlungen des Unternehmens werden dann in einem Finanzplan zusammengefasst, aus dem ersichtlich wird, ob und wenn ja zu welchem Zeitpunkt Liquiditätsengpässe auftreten (↗ Abbildung 12-4).

Im Anschluss an die Finanzplanung werden verschiedene Alternativen der Mittelbeschaffung aufgestellt.

Entscheidungsphase

In der Entscheidungsphase erfolgen Entscheidungen darüber, wie viel Kapital in welcher Art beschafft werden soll.

Realisierungsphase

In der Realisierungsphase werden die benötigten Finanzmittel beschafft, indem beispielsweise mit Banken entsprechende Gespräche geführt werden.

12.1 Grundlagen

Abb. 12-4

Planung der Bestände an flüssigen Mitteln im Rahmen der Finanzplanung

Vergleiche Perridon, L./Steiner, M. 1991: Seite 534

Kontrollphase

Im Rahmen der Kontrollphase wird die Finanzplanung fortlaufend auf Soll-Ist-Abweichungen überprüft, und es werden erforderlichenfalls entsprechende Anpassungen eingeleitet.

Zwischenübung Kapitel 12.1.5

Cash-to-Cash-Zyklus
Wie lange ist der Cash-to-Cash-Zyklus eines Unternehmens, wenn die durchschnittliche Zahlungsdauer des Unternehmens gegenüber Lieferanten 85 Tage beträgt, die durchschnittliche Dauer der Leistungserstellung 210 Tage und die durchschnittliche Zahlungsdauer der Kunden des Unternehmens 8 Tage?

Cash-to-Cash-Zyklus:	

Finanzplanung
Ausgehend von einem Anfangsbestand an Zahlungsmitteln von 390 000 T€ werden für das Geschäftsjahr 0002 der Speedy GmbH die in der nachfolgenden Tabelle angegebenen Ein- und Auszahlungen erwartet.

	Einzahlungen	Auszahlungen	Zahlungsmittel-bestand
Dezember 0001			390 000 T€
Januar 0002	10 000 T€	−100 000 T€	
Februar 0002	20 000 T€	−200 000 T€	
März 0002	50 000 T€	−80 000 T€	
April 0002	70 000 T€	−140 000 T€	
Mai 0002	90 000 T€	−300 000 T€	
Juni 0002	150 000 T€	−30 000 T€	
Juli 0002	130 000 T€	−40 000 T€	
August 0002	40 000 T€	−60 000 T€	
September 0002	20 000 T€	−130 000 T€	
Oktober 0002	200 000 T€	−20 000 T€	
November 0002	180 000 T€	−10 000 T€	
Dezember 0002	190 000 T€	−30 000 T€	400 000 T€

Ermitteln Sie mit diesen Daten die Zahlungsmittelbestände während des Geschäftsjahres. Gab es kritische Situationen und wann hätten Sie was getan, um diese kritischen Situationen zu vermeiden?

12.2 Beteiligungsfinanzierung

> Bei der **Beteiligungsfinanzierung** wird von externen Kapitalgebern eingebrachtes Eigenkapital zur Finanzierung verwendet.

Bei der Beteiligungsfinanzierung handelt es sich also um eine Außen- und Eigenfinanzierung. Zu Beteiligungsfinanzierungen kommt es:
- bei der **Gründung** von Unternehmen und gegebenenfalls
- in der folgenden **Umsatzphase** in Form von sogenannten **Kapitalerhöhungen**.

Formen der Beteiligungsfinanzierung

Im Hinblick auf die Herkunft der Mittel werden zwei Formen der Beteiligungsfinanzierung unterschieden (vergleiche *Perridon, L./Steiner, M.* 1991: Seite 277 ff., *Wöhe, G.* 2002: Seite 675 ff.):

Beteiligungsfinanzierung über Private Equity
Nicht börsennotierte Unternehmen, wie beispielsweise Einzelunternehmen, Personengesellschaften, Gesellschaften mit beschränkter Haftung oder kleinere Aktiengesellschaften, sind auf Private Equity (englisch: Privates Beteiligungskapital) angewiesen, für das es in der Regel keine organisierten Märkte gibt.

Für **Start-up-Unternehmen**, also Unternehmen in der Gründungsphase, oder für stark wachsende Unternehmen kann die Beteiligungsfinanzierung unter Umständen

Wirtschaftspraxis 12-2

Venture Capital von Intel

Viele große Unternehmen engagieren sich aus strategischen Gründen mit Venture Capital bei jungen Unternehmen. So hielt der amerikanische Chip-Hersteller *Intel* im Jahr 2002 über sein Tochterunternehmen *Intel-Capitel* rund 500 Beteiligungen im Wert von 1,7 Milliarden Dollar an jungen Unternehmen. *Intel* geht dabei in der Regel Minderheitsbeteiligungen von 5 bis 10 Prozent in den für *Intel* strategisch relevanten Bereichen Internet-Infrastruktur, Mobilfunk, Kommunikation, optische Netzwerke und Computertechnologien ein.

Quelle: Eher noch mehr investieren, in: Handelsblatt, Nummer 67 vom 08.04.2002, Seite n05.

über sogenanntes **Venture Capital** (englisch: Risikokapital) erfolgen. Die Kapitalgeber gehen dabei in der Regel Minderheitsbeteiligungen mit der Zielsetzung ein, das Unternehmen an dem die Beteiligung erfolgt nach etwa zwei bis fünf Jahren Gewinn bringend im Rahmen eines **Going-public** beziehungsweise **Initial Public Offering** (**IPO**) an die Börse zu bringen oder die Beteiligung an ein anderes Unternehmen zu verkaufen.

Beteiligungsfinanzierung über Public Equity
Public Equity (englisch: Öffentliches Beteiligungskapital) steht in der Regel nur börsennotierten Aktiengesellschaften zur Verfügung, die über die Ausgabe von neuen Aktien eine Erhöhung des Eigenkapitals durchführen können.

Die Rechte und die Pflichten, die sich aus einer Beteiligung ergeben, hängen von der Rechtsform des Unternehmens und der Ausgestaltung des Gesellschaftsvertrages ab. Mögliche Rechte und Pflichten sind beispielsweise die Mitarbeit in der Unternehmensführung, das Mitspracherecht bei unternehmerischen Entscheidungen, die Beteiligung am Gewinn, die Beteiligung am Liquidationserlös, die Beteiligung an Verlusten und die gesamtschuldnerische Haftung.

12.3 Selbstfinanzierung

> Bei der **Selbstfinanzierung** wird das Eigenkapital durch die Einbehaltung von Gewinnen erhöht.

Bei der Selbstfinanzierung handelt es sich also um eine Innen- und Eigenfinanzierung. Die Finanzierung erfolgt dabei nicht durch Einzahlungen, wie typischerweise bei der Beteiligungsfinanzierung, sondern dadurch, dass es während der Finanzierungsdauer nicht zu Auszahlungen kommt, da Gewinne nicht ausgeschüttet werden.

Arten der Selbstfinanzierung

In Abhängigkeit von der Erkennbarkeit der Finanzierung in der Bilanz werden die offene und die stille Selbstfinanzierung unterschieden (vergleiche *Perridon, L./Steiner, M.* 1991: Seite 392 ff., *Wöhe, G.* 2002: Seite 728 ff.).

Offene Selbstfinanzierung

Bei der offenen Selbstfinanzierung werden die in der Gewinn- und Verlustrechnung ausgewiesenen Gewinne zur Bildung von Rücklagen herangezogen. In der Bilanz werden die entsprechenden Gewinne als Gewinnrücklagen ausgewiesen (*Handelsgesetzbuch* § 266).

Aktiengesellschaften sind gemäß dem *Aktiengesetz* § 150 verpflichtet, Rücklagen zu bilden. Die gesetzlichen und die Kapitalrücklagen müssen dabei mindestens 10 Prozent des Grundkapitals betragen. Solange diese Bedingung nicht erfüllt ist, sind jährlich 5 Prozent des Jahresüberschusses in die Rücklage einzustellen.

Stille Selbstfinanzierung

Bei der stillen Selbstfinanzierung wird das in der Gewinn- und Verlustrechnung ausgewiesene Jahresergebnis reduziert, indem im Rahmen der steuerrechtlich zulässigen Spielräume Vermögenspositionen niedriger bewertet oder höhere Rückstellungen gebildet werden. Durch das dadurch verringerte Jahresergebnis werden zum einen die Auszahlungen für Steuern vom Einkommen und vom Ertrag reduziert und zum anderen werden in der Regel weniger flüssige Mittel für Dividendenzahlungen beziehungsweise Gewinnausschüttungen benötigt. Diese Mittel können dann zur Finanzierung verwendet werden.

Zeitliche Begrenzung

In der Regel ist die stille Selbstfinanzierung im Gegensatz zur offenen Selbstfinanzierung zeitlich begrenzt. Die stille Selbstfinanzierung hat deshalb für Unternehmen die Qualität eines zinslosen Kredits. Werden die niedriger bewerteten Vermögensgegenstände zu einem den Buchwert übersteigenden Preis verkauft oder die höheren Rückstellungen aufgelöst, muss der entstehende Gewinn versteuert und gegebenenfalls für Dividendenzahlungen beziehungsweise Gewinnausschüttungen verwendet werden.

12.4 Kreditfinanzierung

Bei der **Kreditfinanzierung** wird von externen Kapitalgebern eingebrachtes Fremdkapital zur Finanzierung verwendet.

Bei der Kreditfinanzierung handelt es sich also um eine Außen- und Fremdfinanzierung. Zwischen dem Kreditgeber und dem Kreditnehmer besteht bei der Kreditfinanzierung ein schuldrechtlicher Vertrag. Der Kreditgeber hat aber – zumindest theoretisch – kein Mitwirkungsrecht bei der Geschäftsführung des Kreditnehmers. Anders als bei der Beteiligungsfinanzierung werden zudem im Voraus die Verzinsung und die Tilgung festgelegt (vergleiche *Perridon, L./Steiner, M.* 1991: Seite 295 ff.).

Wirtschaftspraxis 12-3

Die Bonitätsnoten der Ratingagenturen

Die Ratingagenturen *Standard & Poor's*, *Fitch* und *Moody's* unterteilen Unternehmen und öffentliche Kreditnehmer hinsichtlich ihrer Bonität in zwei Klassen. Innerhalb der Klassen erfolgt durch Buchstabenkombinationen eine weitere Differenzierung:

- **Investmentklasse**: Das »AAA« von *Standard & Poor's* und *Fitch* und das »Aaa« von *Moody's* stellen die besten Bewertungen dar. Es besteht praktisch keine Ausfallgefahr. Bei »AA« ist die Bonität immer noch hoch, im Bereich »A« gut. Das »BBB« von *Standard & Poor's* und *Fitch* und das »Baa« von *Moody's* stehen für eine mittlere Bonität.
- **Spekulationsklasse**: Ab Noten von »BB« beziehungsweise »Ba« gelten Anleihen von Unternehmen oder öffentlichen Kreditnehmern als spekulative »Junk-Bonds« (englisch: Schrott-Anleihen) mit einer hohen Wahrscheinlichkeit, dass Zinsen nicht pünktlich gezahlt werden. Bei einem CCC kann nur noch eine sehr gute wirtschaftliche Entwicklung die Bedienung der Schulden sicherstellen, bei einem »CC« ist die Ausfallgefahr sehr hoch und bei einem »C« oder »D« ist der Schuldner schon in Zahlungsverzug.

Quelle: Das ABC der Bonität, unter: www.handelsblatt.com, Stand: 26.06.2006.

Aufgrund der vom *Basler Ausschuss für Bankenaufsicht* erarbeiteten Eigenkapitalvorschriften, die als **»Basel II«** bekannt wurden und die gemäß der europäischen Richtlinie 2006/49/EG seit dem 01.01.2007 in den Mitgliedsstaaten der *Europäischen Union* angewendet werden, erfolgt vor der Vergabe größerer Kredite im Rahmen von sogenannten **Ratings** (englisch: Beurteilung) eine Überprüfung der **Bonität** des Kreditnehmers, also von seiner Fähigkeit, zukünftig seinen Schuldendienstverpflichtungen nachzukommen. Prüfkriterien sind unter anderem die Wettbewerbsposition des Unternehmens, die Eignung und die Pläne des Managements sowie die Ertrags- und die Finanzlage. Basierend auf dieser Prüfung legt der Kreditgeber dann die Kredithöhe und die Kreditzinsen fest (vergleiche *Nagl, A.* 2003: Seite 65 ff.).

Prüfung des Kreditnehmers

Als Ergebnis der Prüfung wird zudem häufig eine Kreditbesicherung gefordert, die sicherstellt, dass der Kreditgeber im Insolvenzfall zumindest einen Teil der bereitgestellten Finanzmittel zurückerhält. Formen der Kreditbesicherungen sind insbesondere (vergleiche *Perridon, L./Steiner, M.* 1991: Seite 297 ff.):

Kreditbesicherung

- Bürgschaften,
- Sicherungsübereignungen von materiellen Gütern,
- Grundpfandrechte an Grundstücken in Form von Hypotheken und
- Sicherungsabtretungen von Rechten und Forderungen.

Nach der Fristigkeit lassen sich die in ↗ Abbildung 12-5 aufgeführten Formen der Kreditfinanzierung unterscheiden, auf die nachfolgend noch genauer eingegangen wird (vergleiche dazu *Perridon, L./Steiner, M.* 1991: Seite 305 ff., *Schierenbeck, H.* 2003: Seite 430 ff. und *Wöhe, G.* 2002: Seite 686 ff.).

Da sie nicht nur Fremd-, sondern auch Eigenkapitalmerkmale aufweisen, werden die nachfolgend aufgeführten Wandelschuldverschreibungen, Optionsschuldver-

Mezzaninefinanzierung

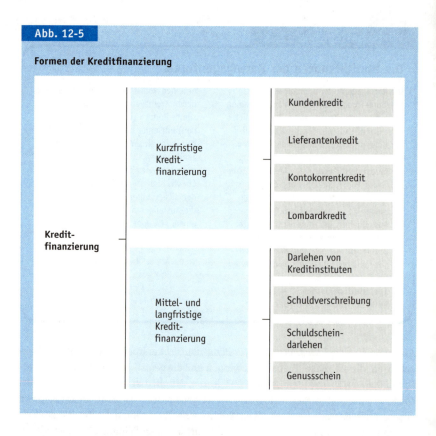

Abb. 12-5

Formen der Kreditfinanzierung

schreibungen, Gewinnschuldverschreibungen und Genussscheine zudem der sogenannten Mezzaninefinanzierung zugerechnet (vergleiche *Hugentobler, W./Blattner, M.* 2005: Seite 448).

12.4.1 Kundenkredit

Kundenkredite sind in der Regel zinslose An- oder Vorauszahlungen von Abnehmern an ihre Lieferanten. Sie sind bei Großprojekten üblich, bei denen umfangreiche Leistungen über einen längeren Zeitraum hinweg erstellt werden, so beispielsweise im Maschinen-, Schiff- oder Hausbau. Die Kundenkredite bilden zusammen mit den nachfolgend aufgeführten Lieferantenkrediten die sogenannten **Handelskredite**.

12.4.2 Lieferantenkredit

Lieferantenkredite ergeben sich durch das Zahlungsziel, das Lieferanten ihren Abnehmern einräumen. Dies geschieht beispielsweise durch auf Rechnungen ausgewiesene Formulierungen wie »zahlbar innerhalb von 10 Tagen«. In der Regel besteht

> **Wirtschaftspraxis 12-4**
>
> **Lieferanten sind die größten Kreditgeber für kurzfristiges Kapital**
>
> Mit etwa 300 Milliarden Euro haben die Unternehmen in der deutschen Wirtschaft höhere Schulden gegenüber ihren Lieferanten als kurzfristige Verbindlichkeiten gegenüber ihren Banken. Säumige Abnehmer sind dabei auch für etwa drei Viertel der Insolvenzen von Lieferanten verantwortlich. Dennoch betreiben viele Unternehmen kein Forderungsmanagement zur Reduzierung ihrer Forderungen.
>
> Quelle: Lieferanten sind größte Kreditgeber, in: Handelsblatt, Nummer 175 vom 11.09.2006, Seite 37.

dabei zur Kreditsicherung ein Eigentumsvorbehalt des Lieferanten an den gelieferten Produkten, bis die Bezahlung erfolgt ist. Der Lieferantenkredit ist in der betrieblichen Praxis sehr häufig anzutreffen. Die Konditionen hängen dabei primär von den Machtverhältnissen zwischen Abnehmern und Lieferanten ab.

12.4.3 Kontokorrentkredit

Ein Kontokorrentkredit (von: conto corrente, italienisch: laufende Rechnung) ist der Betrag, um den ein Kontokorrent- beziehungsweise Girokonto überzogen werden darf. Für den Kreditnehmer bestehen dabei mit der Bank verhandelbare Höchstgrenzen. Der Kontokorrentkredit ist eine der am häufigsten benutzten Formen der kurzfristigen Kreditfinanzierung. Der einfachen Handhabbarkeit stehen in der Regel hohe Zinsen und damit Kreditkosten gegenüber.

12.4.4 Lombardkredit

Ein Lombardkredit ist ein kurzfristiger Kredit, bei dem ein leicht zu liquidierendes, mobiles Gut als Pfand dient. Die Beleihungsgrenze liegt in der Regel bei 60 bis 80 Prozent des Wertes des verpfändeten Gutes. Der Lombardkredit wird meist zur Überbrückung temporärer Liquiditätsprobleme eingesetzt. In Abhängigkeit von den verpfändeten Gütern werden Effektenlombards, Edelmetalllombards, Warenlombards und Forderungslombards unterschieden. Die größte Bedeutung in der Praxis haben Effektenlombards, bei denen leicht verkäufliche Wertpapiere, wie beispielsweise Aktien, als Pfand dienen.

12.4.5 Darlehen von Kreditinstituten

Darlehen von Kreditinstituten stellen die klassische Form der mittel- und langfristigen Kreditfinanzierung kleiner und mittelgroßer Unternehmen dar. Die Kreditkonditionen hängen dabei insbesondere von dem **Rating** des Kreditantragstellers ab.

12.4.6 Schuldverschreibungen

Schuldverschreibungen, die auch als **Anleihen**, **Obligationen** oder **Bonds** bezeichnet werden, dienen der langfristigen Kreditfinanzierung von Großunternehmen. Es handelt sich bei den Schuldverschreibungen um auf einen bestimmten Nennbetrag ausgestellte, festverzinsliche Wertpapiere, mit denen sich der ausstellende Kreditnehmer dem Kreditgeber gegenüber zur gleichmäßigen Tilgung und Zinszahlung verpflichtet. Die oft mehrere Hundert Millionen Euro betragenden Gesamtschulden werden in der Regel in Teilschuldverschreibungen aufgeteilt und dann über Börsen gehandelt, sodass auch Privatpersonen als Kreditgeber auftreten können.

Varianten der Schuldverschreibung

Zusätzlich zu den klassischen Schuldverschreibungen wurden insbesondere folgende Varianten entwickelt:

Zerobonds
Bei Zerobonds beziehungsweise **Null-Kupon-Anleihen** werden die zu zahlenden Zinsen und Zinseszinsen von dem kreditnehmenden Unternehmen einbehalten und erst beim Ablauf der Schuldverschreibung ausbezahlt.

Floating-Rate-Notes
Bei Floating-Rate-Notes besteht keine feste Verzinsung. Der Zinssatz wird vielmehr in festgelegten Intervallen, in der Regel alle sechs Monate, an einen Referenzzinssatz angepasst.

Mischformen der Schuldverschreibung

Teilweise werden normale Schuldverschreibungen auch mit zusätzlichen Rechten gekoppelt, um ihre Attraktivität zu steigern und die zu zahlenden Zinsen zu reduzieren. Dadurch entstehen insbesondere folgende Mischformen:

Wandelschuldverschreibungen
Wandelschuldverschreibungen beziehungsweise **Wandelanleihen** beinhalten das Recht, sie in einem festgelegten Verhältnis in Aktien des kreditnehmenden Unternehmens zu wandeln.

Optionsschuldverschreibungen
Optionsschuldverschreibungen beziehungsweise **Optionsanleihen** beinhalten das Recht, Aktien des kreditnehmenden Unternehmens zu einem bestimmten Kurs zu beziehen.

Gewinnschuldverschreibungen
Gewinnschuldverschreibungen garantieren zusätzlich zu einer festen Verzinsung einen Anteil am Gewinn des kreditnehmenden Unternehmens.

Wirtschaftspraxis 12-5

Die Finanzierung der Übernahme von Schering

Die *Bayer AG* hat die über 16 Milliarden Euro teure Übernahme des Pharmaunternehmens *Schering* im Jahr 2006 mit vier Milliarden Euro Eigenkapital und vergleichbaren Mitteln, mit zwei Milliarden Euro aus Vermögensumschichtungen durch Verkäufe von Unternehmensbeteiligungen und mit Krediten finanziert. Unter anderem wurde dazu eine sogenannte Zwangswandelanleihe von 2 Milliarden Euro begeben. Bei dieser Form der Schuldverschreibung müssen die Kreditgeber in Aktien des kreditnehmenden Unternehmens wandeln. Die Anleihe wurde von einem Konsortium unter der Führung der *Citigroup* und der *Credit Suisse* innerhalb von vier Stunden bei institutionellen Investoren untergebracht.

Quelle: Bayer besorgt sich Kapital, in: Handelsblatt, Nummer 64 vom 30.03.2006, Seite 21.

12.4.7 Schuldscheindarlehen

Schuldscheindarlehen sind Kredite mit Laufzeiten von vier bis zehn Jahren, bei denen als Beweisurkunde für den Kreditgeber ein nicht frei veräußerbarer Schuldschein ausgestellt wird. Die Kreditnehmer sind in der Regel Großunternehmen, die Kreditgeber in der Regel Versicherungsunternehmen und Sozialversicherungsträger. Im Unterschied zu Schuldverschreibungen, die in den meisten Fällen über Börsen vermittelt werden, kommen Schuldscheindarlehen direkt zwischen den Unternehmen zustande.

12.4.8 Genussscheine

Bei Genussscheinen, die auch als **Partizipationsscheine** bezeichnet werden, handelt es sich um Kredite, die als Verzinsung und damit Genussrecht in der Regel Anteile am Erfolg inklusive möglichen Verlusten des kreditnehmenden Unternehmens verbriefen. Anders als Beteiligungen verbriefen Genussscheine keine Mitgliedschafts- und damit Stimmrechte, sondern lediglich Gläubigerrechte. Bei Genussscheinen handelt es sich um gesetzlich nicht geregelte Wertpapiere, die über Börsen gehandelt werden und abhängig von der vertraglichen Gestaltung dem Fremd- oder dem Eigenkapital zugeordnet werden. In der Regel endet ihre Laufzeit mit dem Ablauf der Kreditfrist.

12.5 Finanzierung aus Rückstellungen

Bei der **Finanzierung aus Rückstellungen** werden die für Rückstellungen vorgesehenen finanziellen Mittel bis zu ihrer Fälligkeit zur Finanzierung verwendet.

Bei der Finanzierung aus Rückstellungen handelt es sich um eine Form der Fremdfinanzierung, da die Rückstellungen für zukünftig erwartete Verbindlichkeiten gegenüber Externen, wie beispielsweise Pensionären, gebildet werden. Die Finanzierung erfolgt dabei nicht durch Einzahlungen, wie typischerweise bei der Kreditfinanzierung, sondern dadurch, dass es während der Finanzierungsdauer nicht zu Auszahlungen kommt.

Unternehmen bilden Rückstellungen für Verpflichtungen, die zwar am Bilanzstichtag bekannt sind, deren Fälligkeitstermin oder deren genaue Höhe aber unsicher sind. Rückstellungen lassen sich nach der Fristigkeit unterscheiden:

Arten von Rückstellungen

- **Kurzfristige Rückstellungen** werden beispielsweise für Steuern, Instandhaltungen oder Provisionen gebildet.
- **Mittelfristige Rückstellungen** dienen beispielsweise der Absicherung von Prozessrisiken oder von Garantieverpflichtungen.
- **Langfristige Rückstellungen** werden insbesondere für Pensionsansprüche von Unternehmensmitarbeitern gebildet.

Da die Rückstellungen vor der Fälligkeit der entsprechenden Verbindlichkeiten gebildet werden, können sie zur kurz-, mittel- und langfristigen Finanzierung von Unternehmen verwendet werden (vergleiche *Perridon, L./Steiner, M.* 1991: Seite 407 ff., *Wöhe, G.* 2002: Seite 732 ff.).

12.6 Weitere Formen der Finanzierung

12.6.1 Finanzierung aus Vermögensumschichtungen

> Bei der **Finanzierung aus Vermögensumschichtung** erfolgt die Bereitstellung von finanziellen Mitteln durch den Verkauf von Vermögensgegenständen.

Bei der Finanzierung aus Vermögensumschichtungen handelt es sich also um eine Innenfinanzierung. Während sich die bisher dargestellten Möglichkeiten der Innenfinanzierung immer auf die Passivseite der Bilanz auswirkten, handelt es sich bei der Finanzierung durch Vermögensumschichtungen aus bilanzieller Sicht um einen Aktivtausch (↗ Kapitel 10 Externes Rechnungswesen), so beispielsweise wenn ein Gebäude verkauft wird, wodurch das Anlagevermögen abnimmt, während gleichzeitig die flüssigen Mittel zunehmen. Entsprechende Vorgänge werden in der Kapitalflussrechnung als Cashflow aus der (Des-)Investitionstätigkeit ausgewiesen. Da das Geld nicht von externen Kapitalgebern stammt, wird die Finanzierung durch Vermögensumschichtung der Innenfinanzierung zugerechnet. Aufgrund der fehlenden Auswirkungen auf die Passivseite der Bilanz ist jedoch keine Zuordnung zur Eigen- oder Fremdfinanzierung möglich.

12.6.2 Subventionsfinanzierung

> Bei der **Subventionsfinanzierung** wird von staatlichen Kapitalgebern eingebrachtes Kapital zur Finanzierung verwendet, für dessen Einbringung keine unmittelbaren geldlichen Gegenleistungen zu erbringen sind.

Typische Erscheinungsformen der Subventionsfinanzierung sind direkte Kapitalzuschüsse, zinsreduzierte Kredite oder Steuerbegünstigungen. Entsprechende Subventionen werden beispielsweise eingesetzt, um den Aufbau von Betriebsstätten in strukturschwachen Regionen zu fördern oder um die Durchführung von innovativen, aber risikoreichen Forschungsvorhaben, an denen ein öffentliches Interesse besteht, sicherzustellen (vergleiche *Schierenbeck, H.* 2003: Seite 447 f.).

12.7 Kapitalsubstitution

Statt Kapital zu beschaffen, kann auch das zu finanzierende Anlage- und Umlaufvermögen von Unternehmen reduziert werden und damit Eigen- oder Fremdkapital substituiert werden.

12.7.1 Miete, Pacht und Leasing

Um keine Finanzierung vornehmen zu müssen, werden insbesondere Sachanlagen häufig nicht angeschafft oder selbst hergestellt, sondern gemietet, gepachtet oder geleast. Zwischen diesen drei Möglichkeiten bestehen dabei folgende Unterschiede:

Miete
Werden Anlagegüter gemietet, so darf der Mieter, also das mietende Unternehmen, diese Mietsache während der Mietzeit gegen Entgelt gebrauchen (*Bürgerliches Gesetzbuch* § 535 Inhalt und Hauptpflichten des Mietvertrags, Absatz 1).

Pacht
Die Pacht unterscheidet sich von der Miete dadurch, dass der Pächter die Pachtsache nicht nur gebrauchen darf, sondern auch die damit direkt erwirtschafteten Erträge erhält (*Bürgerliches Gesetzbuch* § 581 Vertragstypische Pflichten beim Pachtvertrag, Absatz 1). Dies ist beispielsweise bei der Pacht einer Jagd, eines Gastronomiebetriebs oder einer Landwirtschaftsfläche der Fall.

Leasing
Beim Leasing handelt es sich um eine atypische Form der Miete. Über zusätzliche vertragliche Bestimmungen werden dabei Risiken und Pflichten vom Leasinggeber, also dem Vermieter, auf den Leasingnehmer, also den Mieter, übertragen. Dadurch

ergeben sich abhängig von der Vertragsgestaltung mehr oder weniger die Merkmale eines Ratenkaufs. Risiken und Pflichten, die übertragen werden können, sind beispielsweise Risiken von Wertminderungen des Leasinggegenstandes oder Verpflichtungen zur Instandhaltung des Leasinggegenstandes.

Während gemietete und gepachtete Anlagegüter grundsätzlich nicht dem Eigentum des Mieters beziehungsweise Pächters zugeordnet und somit nicht in deren Bilanz ausgewiesen werden, hängt dies beim Leasing von den getroffenen vertraglichen Bestimmungen ab. Entsprechend werden verschiedene Formen des Leasings unterschieden, auf die hier jedoch nicht näher eingegangen werden soll.

12.7.2 Sale-and-lease-back

Das Sale-and-lease-back-Verfahren stellt eine Mischung aus Vermögensumschichtung und Leasing dar. Unternehmen verkaufen dabei Güter des Anlagevermögens, wie beispielsweise Immobilien, an Leasingunternehmen und mieten die Güter dann von diesen zurück.

12.7.3 Factoring

> Das **Factoring** bezeichnet den Aufkauf von Forderungen aus Lieferungen und Leistungen durch eine Factoringgesellschaft, den sogenannten Factor.

Im Einzelnen übernimmt der Factor für Unternehmen (↗ Abbildung 12-6, zum Folgenden vergleiche *Jung, H.* 2004: Seite 745):

Funktionen des Factors

- **Finanzierungsfunktionen**, da Unternehmen vom Factor das Geld, das ihnen ihre Kunden schulden, bekommen,
- **Kreditversicherungsfunktionen**, da der Factor beim echten Factoring das Risiko trägt, wenn Kunden nicht zahlen.
- **Dienstleistungsfunktionen**, da der Factor administrative Aufgaben, wie beispielsweise die Debitorenbuchhaltung oder das Mahnwesen übernimmt.

Die Gebühren für das Factoring betragen allerdings 10 bis 15 Prozent des Forderungsvolumens. Das Factoring stellt damit eine relativ teure Form der Fremdfinanzierung dar (vergleiche *Perridon, L./Steiner, M.* 1991: Seite 359 ff., *Wöhe, G.* 2002: Seite 710 ff.).

12.8 Kennzahlen

Im Hinblick auf die Steuerung der Finanzierung ist insbesondere die Kapitalstruktur von Bedeutung. Zu Erfassung und Optimierung der Kapitalstruktur gibt es eine Reihe von Kennzahlen und **Finanzierungsregeln**, wobei letztere hinsichtlich ihrer Bedeu-

Abb. 12-6 Ablauf des Factorings

Vergleiche *Jung, H.* 2004: Seite 745

tung umstritten sind. Die horizontale Kapitalstruktur bezieht sich auf Posten der Aktiv- und der Passivseite der Bilanz, die vertikale Kapitalstruktur nur auf die Struktur innerhalb einer Seite der Bilanz (↗ Abbildung 12-7).

12.8.1 Horizontale Kapitalstruktur

Für die Analyse und Verbesserung der horizontalen Kapitalstruktur sind die folgenden Kennzahlen und Regeln von Bedeutung (vergleiche *Günther, P./Schittenhelm, F. A.* 2003: Seite 10 f.).

12.8.1.1 Liquiditätsgrade

Die Liquiditätsgrade ersten bis dritten Grades sind ein Maßstab dafür, ob genug flüssige Mittel und gegebenenfalls in flüssige Mittel umwandelbare Vermögensgegenstände vorhanden sind, um kurzfristige Verbindlichkeiten zu erfüllen. Sie setzen entsprechend die liquiden Mittel, die Forderungen und das Umlaufvermögen in ein Verhältnis zu den kurzfristigen Verbindlichkeiten. Als Regel gilt dabei, dass die Liquidität dritten Grades über 200 Prozent betragen sollte. Werte unter 100 Prozent gelten hingegen als Indikator dafür, dass die Existenz des Unternehmens bedroht ist.

Die Liquiditätsgrade werden folgendermaßen ermittelt (vergleiche *Coenenberg, A. G.* 2005: Seite 959, 964 und 1006):

$$\text{Liquidität 1. Grades} = \frac{\text{Liquide Mittel}}{\text{Kurzfristiges Fremdkapital}} [\%]$$

Abb. 12-7

Kapitalstruktur

$$\text{Liquidität 2. Grades} = \frac{\text{Liquide Mittel} + \text{Forderungen a. Lieferungen u. Leistungen}}{\text{Kurzfristiges Fremdkapital}} [\%]$$

$$\text{Liquidität 3. Grades} = \frac{\text{Umlaufvermögen}}{\text{Kurzfristiges Fremdkapital}} [\%]$$

Der Posten »Liquide Mittel« setzt sich dabei aus den Bilanzpositionen:
- flüssige Mittel und
- Wertpapiere des Umlaufvermögens

zusammen, der Posten »Kurzfristiges Fremdkapital« näherungsweise aus den Bilanzpositionen:
- Bilanzgewinn,
- 50 Prozent der Rückstellungen,
- Verbindlichkeiten aus Lieferungen und Leistungen,
- übrige Verbindlichkeiten und
- passive Rechnungsabgrenzungsposten.

12.8.1.2 Goldene Finanzierungsregel/Goldene Bankregel

Die goldene Finanzierungsregel, die auch als »Goldene Bankregel« bezeichnet wird, besagt, dass die Dauer der Kapitalbindung in dem Anlage- und Umlaufvermögen mit der Dauer der Kapitalüberlassung übereinstimmen soll. Die sogenannte »Goldene Bilanzregel« operationalisiert diese Regel, indem gefordert wird, dass das Anlagevermögen mit Eigenkapital und langfristigem Fremdkapital finanziert wird:

$$\frac{\text{Eigenkapital + langfristiges Fremdkapital}}{\text{Anlagevermögen}} \geq 1 \qquad \text{Goldene Bilanzregel}$$

Bei der praktischen Anwendung der genannten Regeln ergeben sich häufig Probleme, da es schwierig ist, den verschiedenen Positionen der Bilanz bestimmte Fristigkeiten zuzuordnen. Die genannten Regeln werden jedoch insofern in der Praxis befolgt, als dort zumindest angestrebt wird, die Dauer der Kapitalbindung in Objekte des Anlagevermögens mit der Fristigkeit der Finanzierung dieser Objekte abzugleichen.

12.8.2 Vertikale Kapitalstruktur

Für die Erfassung und Optimierung der vertikalen Kapitalstruktur sind insbesondere die folgenden Kennzahlen und Regeln, die sich auf die Passivpositionen der Bilanz beziehen, von Bedeutung (vergleiche *Günther, P./Schittenhelm, F. A.* 2003: Seite 8 f. und 64 ff.).

12.8.2.1 Vertikale Kapitalstrukturregel

Gemäß der vertikalen Kapitalstrukturregel soll genauso viel Eigen- wie Fremdkapital eingesetzt werden. Dies wird insbesondere damit begründet, dass dadurch das Risiko der Gläubiger niedrig ist. Die vertikale Kapitalstruktur kann mittels des Verschuldungsgrades oder mittels der Eigenkapitalquote analysiert werden. Nach der vertikalen Kapitalstrukturregel sollte der Verschuldungsgrad kleiner als 100 Prozent beziehungsweise die Eigenkapitalquote größer als 50 Prozent sein.

$$\text{Verschuldungsgrad} = \frac{\text{Fremdkapital}}{\text{Eigenkapital}} [\%]$$

$$\text{Eigenkapitalquote} = \frac{\text{Eigenkapital}}{\text{Eigenkapital + Fremdkapital}} [\%]$$

Wirtschaftspraxis 12-6

Eigenkapitalquoten mittelständischer Unternehmen

Die Eigenkapitalquote des Mittelstands ist im Median aller mittelständischer Unternehmen – also bis zur Obergrenze von 50 Millionen Euro Jahresumsatz – von 15,1 Prozent (2009) deutlich auf 18,3 Prozent (Trend 2010) gestiegen. Die Entwicklung zeigte sich einerseits bei den mittelgroßen Unternehmen (Umsatz von 1 bis 50 Millionen Euro): Die Eigenkapitalquote nahm von 19,5 auf 21,4 Prozent zu. Auch bei Kleinunternehmen mit Umsätzen unter 1 Million Euro, bei denen die Quote traditionell am niedrigsten ist, stieg die Eigenkapitalquote von 9,3 auf 12,1 Prozent. Dies hat mit der Rechtsform und der persönlichen Haftung bei diesen Firmen zu tun, in denen oft Einzelunternehmer mit ihrem Privatvermögen haften. Gleichwohl weisen selbst Kleinunternehmen nun nennenswert Eigenkapital aus.

Quelle: Deutscher Sparkassen- und Giroverband, Diagnose Mittelstand 2012, unter: www.dsgv.de, Stand: 25.04.2012.

Dem Fremdkapital werden für die Ermittlung auch die Rückstellungen und die passiven Rechnungsabgrenzungsposten zugerechnet.

12.8.2.2 Leverage-Effekt

Die meisten Unternehmen halten sich nicht an die vertikale Kapitalstrukturregel, sondern setzen wesentlich mehr Fremd- als Eigenkapital ein. Als Grund dafür wird insbesondere der sogenannte Leverage-Effekt (englisch: Hebel-Effekt) genannt. Dieser besagt, dass die Rentabilität des in ein Unternehmen investierten Eigenkapitals durch eine höhere Verschuldung gesteigert werden kann, wenn die im Unternehmen erzielte Gesamtrentabilität größer ist als der Zinssatz, zu dem Fremdkapital aufgenommen werden kann:

$$R_E = R + (R - r) \times \frac{FK}{EK}$$

mit:

- R_E = Eigenkapitalrentabilität
- R = Gesamtkapitalrentabilität
- r = Fremdkapitalzinssatz
- FK = Fremdkapital
- EK = Eigenkapital
- FK/EK = Verschuldungsgrad

Der höheren Eigenkapitalrentabilität steht aber auch ein höheres Risiko gegenüber, da es bei einem hohen Verschuldungsgrad und einer zurückgehenden Gesamtrentabilität schnell zu einer negativen Eigenkapitalrentabilität und damit langfristig zu einer Überschuldung und Insolvenz kommen kann. Dieser Zusammenhang wird in der ↗ Tabelle 12-2 verdeutlicht.

Tab. 12-2

Auswirkungen des Leverage-Effekts

Gesamtkapitalrentabilität \ Verschuldungsgrad	Eigenkapitalrentabilität bei einem Fremdkapitalzinssatz von 5 %		
	0	2	4
0 %	0 %	−10 %	−20 %
5 %	5 %	5 %	5 %
10 %	10 %	20 %	30 %

Zwischenübung Kapitel 12.8

Aus der Bilanz der Speedy GmbH zum 31.12.0001 wurden die in nachfolgender Tabelle dargestellten Werte abgeleitet. Wie ist die Kapitalstruktur der Speedy GmbH auf Basis dieser Werte zu beurteilen?

Anlagevermögen	335 000 T€
Umlaufvermögen	653 000 T€
Forderungen aus Lieferungen und Leistungen	70 000 T€
Liquide Mittel	470 000 T€
Eigenkapital	273 000 T€
Fremdkapital	717 000 T€
Langfristiges Fremdkapital	380 000 T€
Kurzfristiges Fremdkapital	337 000 T€
Liquidität 1. Grades	
Liquidität 2. Grades	
Liquidität 3. Grades	
Goldene Bilanzregel	
Verschuldungsgrad	
Eigenkapitalquote	

Zusammenfassung Kapitel 12

- Unter der Finanzierung werden alle Aktivitäten verstanden, die sich auf den Umfang und die Zusammensetzung des auf der Passivseite der Bilanz ausgewiesenen Kapitals auswirken.
- Je nach Rechtsstellung des Kapitalgebers werden die Eigen- und die Fremdfinanzierung unterschieden.
- In Abhängigkeit von der Herkunft des Kapitals werden die Innen- und die Außenfinanzierung unterschieden.
- Unter der Liquidität wird die Fähigkeit eines Unternehmens verstanden, zu jeder Zeit seine fälligen Verbindlichkeiten zurückzahlen zu können.
- Bei der Beteiligungsfinanzierung wird von externen Kapitalgebern eingebrachtes Eigenkapital zur Finanzierung verwendet.
- Bei der Selbstfinanzierung wird das Eigenkapital durch die Einbehaltung von Gewinnen erhöht.
- Bei der Kreditfinanzierung wird von externen Kapitalgebern eingebrachtes Fremdkapital zur Finanzierung verwendet.
- Erscheinungsformen der kurzfristigen Kreditfinanzierung sind Kunden-, Lieferanten-, Kontokorrent- und Lombardkredite.

- Erscheinungsformen der mittel- und langfristigen Kreditfinanzierung sind Bankkredite, Schuldverschreibungen, Schuldscheindarlehen und Genussscheine.
- Bei der Finanzierung aus Rückstellungen werden die für Rückstellungen vorgesehenen finanziellen Mittel bis zu ihrer Fälligkeit zur Finanzierung verwendet.
- Bei der Finanzierung aus Vermögensumschichtung erfolgt die Bereitstellung von finanziellen Mitteln durch den Verkauf von Vermögensgegenständen.
- Bei der Subventionsfinanzierung wird von staatlichen Kapitalgebern eingebrachtes Kapital zur Finanzierung verwendet, für dessen Einbringung keine unmittelbaren geldlichen Gegenleistungen zu erbringen sind.
- Das Factoring bezeichnet den Aufkauf von Forderungen aus Lieferungen und Leistungen durch eine Factoringgesellschaft.
- Für die Analyse und die Optimierung der horizontalen Kapitalstruktur werden die Liquiditätsgrade und die Goldene Finanzierungsregel verwendet.
- Für die Analyse und die Optimierung der vertikalen Kapitalstruktur werden der Verschuldungsgrad und der Leverage-Effekt verwendet.

Weiterführende Literatur Kapitel 12

Perridon, L./Steiner, M.: Finanzwirtschaft der Unternehmung, München.

Weiterführende Internetverweise Kapitel 12

www.bankenverband.de: Internetseite des *Bundesverbandes deutscher Banken e. V.*
www.bdl-leasing-verband.de: Internetseite des *Bundesverbandes Deutscher Leasing-Unternehmen e. V.*
www.boersenlexikon.de: Börsenlexikon der *Frankfurter Allgemeinen Zeitung*.
www.bvk-ev.de: Internetseite des *Bundesverbandes Deutscher Kapitalbeteiligungsgesellschaften e. V.*
www.bvr.de: Internetseite des *Bundesverbandes der Deutschen Volksbanken und Raiffeisenbanken e. V.*
www.dai.de: Internetseite des *Deutschen Aktieninstituts e. V.* mit zahlreichen Publikationen.
www.deutsche-boerse.com: Internetseite der *Deutsche Börse AG*.
www.dsgv.de: Internetseite des *Deutschen Sparkassen- und Giroverbandes*.
www.factoring.de: Internetseite des *Deutschen Factoring-Verbandes e. V.*
www.ifk-cfs.de: Internetseite des *Centers for Financial Studies* mit zahlreichen Publikationen.
www.standardandpoors.com: Internetseite der Ratingagentur *Standard & Poor's*.

Schlüsselbegriffe Kapitel 12

- Finanzierung
- Eigenkapital
- Fremdkapital
- Eigenfinanzierung
- Fremdfinanzierung
- Außenfinanzierung
- Innenfinanzierung
- Liquidität
- Cash-to-Cash-Zyklus
- Beteiligungsfinanzierung
- Public Equity
- Private Equity
- Venture Capital
- Going-public
- Initial Public Offering
- Selbstfinanzierung
- Kreditfinanzierung
- Rating
- Bonität
- Junk-Bond
- Kreditbesicherung
- Mezzaninefinanzierung
- Handelskredit
- Kundenkredit
- Lieferantenkredit
- Kontokorrentkredit
- Lombardkredit
- Bankkredit
- Schuldverschreibung
- Anleihe
- Obligation
- Bond
- Zerobond
- Floating-Rate-Note
- Wandelschuldverschreibung
- Optionsschuldverschreibung
- Gewinnschuldverschreibung
- Schuldscheindarlehen
- Genussschein
- Rückstellung
- Vermögensumschichtung
- Subventionsfinanzierung
- Kapitalsubstitution
- Leasing
- Sale-and-lease-back
- Factoring
- Liquiditätsgrad
- Goldene Bankregel
- Verschuldungsgrad
- Leverage-Effekt

Fragen Kapitel 12

Frage 12-1: *Definieren Sie den Begriff »Finanzierung«.*
Frage 12-2: *Erläutern Sie anhand von mindestens vier Kriterien, worin sich das Eigen- vom Fremdkapital unterscheidet.*
Frage 12-3: *Erläutern Sie, was unter mittelfristigem Kapital verstanden wird.*
Frage 12-4: *Erläutern Sie den Unterschied zwischen der Innen- und der Außenfinanzierung.*
Frage 12-5: *Nennen Sie die vier wichtigsten Formen der Finanzierung.*
Frage 12-6: *Nennen Sie drei Ziele der Finanzierung.*
Frage 12-7: *Erläutern Sie, wovon der Finanzierungsbedarf abhängt.*
Frage 12-8: *Erläutern Sie, wozu eine Finanzplanung durchgeführt wird.*
Frage 12-9: *Definieren Sie den Begriff »Beteiligungsfinanzierung«.*
Frage 12-10: *Erläutern Sie, für welche Unternehmen sich eine Beteiligungsfinanzierung über Private Equity eignet.*
Frage 12-11: *Erläutern Sie, was unter Venture Capital verstanden wird.*
Frage 12-12: *Erläutern Sie, wie die Beteiligungsfinanzierung über Public Equity erfolgt.*
Frage 12-13: *Erläutern Sie, wie die Selbstfinanzierung erfolgt.*
Frage 12-14: *Erläutern Sie, was unter der offenen Selbstfinanzierung verstanden wird.*
Frage 12-15: *Definieren Sie den Begriff »Kreditfinanzierung«.*
Frage 12-16: *Erläutern Sie, wozu Ratings dienen.*
Frage 12-17: *Erläutern Sie, was unter der Bonität verstanden wird.*
Frage 12-18: *Nennen Sie mindestens fünf Formen der Kreditfinanzierung.*

Frage 12-19: *Erläutern Sie, was kennzeichnend für Mezzaninefinanzierungen ist.*
Frage 12-20: *Erläutern Sie, was unter einem Kundenkredit verstanden wird.*
Frage 12-21: *Erläutern Sie, was unter einem Lieferantenkredit verstanden wird.*
Frage 12-22: *Erläutern Sie, was unter einem Kontokorrentkredit verstanden wird.*
Frage 12-23: *Erläutern Sie, was unter Schuldverschreibungen verstanden wird.*
Frage 12-24: *Erläutern Sie, wie die Finanzierung aus Rückstellungen erfolgt.*
Frage 12-25: *Erläutern Sie, wie die Finanzierung aus Vermögensumschichtung erfolgt.*
Frage 12-26: *Erläutern Sie, was unter einer Kapitalsubstitution verstanden wird.*
Frage 12-27: *Nennen Sie mindestens drei Möglichkeiten der Kapitalsubstitution.*
Frage 12-28: *Erläutern Sie die Unterschiede zwischen der Miete, der Pacht und dem Leasing.*
Frage 12-29: *Erläutern Sie, was unter dem Sale-and-lease-back verstanden wird.*
Frage 12-30: *Erläutern Sie, was unter dem Factoring verstanden wird.*
Frage 12-31: *Erläutern Sie, was die goldene Bilanzregel besagt.*
Frage 12-32: *Erläutern Sie, welchen Zusammenhang der Leverage-Effekt beschreibt.*

Fallstudie Kapitel 12

Analysieren Sie auf Basis der in nachfolgender Tabelle angegebenen Werte die Kapitalstruktur der Speedy GmbH und interpretieren Sie die Ergebnisse.

Anlagevermögen	450 000 T€
Umlaufvermögen	758 000 T€
Forderungen aus Lieferungen und Leistungen	150 000 T€
Liquide Mittel	480 000 T€
Eigenkapital	493 000 T€
Fremdkapital	717 000 T€
Langfristiges Fremdkapital	380 000 T€
Kurzfristiges Fremdkapital	457 000 T€
Liquidität 1. Grades	
Liquidität 2. Grades	
Liquidität 3. Grades	
Goldene Bilanzregel	
Verschuldungsgrad	
Eigenkapitalquote	

Lösungen Kapitel 12

Lösungshinweise zu den Rechnungen im Kapitel finden Sie unter folgender Internetadresse:
www.EinfuehrungInDieBetriebswirtschaftslehre.de/bwl-loesungshinweise.html

Studierende, deren Dozenten das Buch einsetzen, finden ausführliche passwortgeschützte Lösungen unter folgender Internetadresse:
www.EinfuehrungInDieBetriebswirtschaftslehre.de/bwl-loesungen.html

Das Passwort für die Lösungen erhalten Sie von Ihrem Dozenten:

Passwort:	

13 Investition

Kapitelnavigator

Inhalt	Lernziel
13.1 Grundlagen	13-1 Die Grundlagen von Investitionen kennen.
13.2 Ermittlung der Investitionsdaten	13-2 Investitionsdaten ermitteln können.
13.3 Statische Verfahren der Investitionsrechnung	13-3 Die statischen Verfahren der Investitionsrechnung durchführen können.
13.4 Dynamische Verfahren der Investitionsrechnung	13-4 Die dynamischen Verfahren der Investitionsrechnungen durchführen können.
13.5 Qualitative Aspekte von Investitionsentscheidungen	13-5 Die qualitativen Aspekte von Investitionsentscheidungen kennen.
13.6 Kennzahlen	13-6 Die wichtigsten Investitionskennzahlen kennen.

Um erfolgreich zu sein, müssen Unternehmen das ihnen im Rahmen der Finanzierung zur Verfügung gestellte Kapital »richtig« verwenden. Was richtig ist, wird im Investitionsbereich entschieden. Als Maßstab dienen dabei die durch die Verwendung des Kapitals erwirtschafteten finanziellen Mittel.

Unter einer Investition kann entsprechend allgemein die Verwendung finanzieller Mittel für die Erwirtschaftung finanzieller Mittel verstanden werden. In der Regel wird der Investitionsbegriff aber auf Anlagegüter eingeschränkt. Er kann dann bilanziell wie folgt definiert werden:

> Unter **Investitionen** werden alle Aktivitäten verstanden, die sich auf den Umfang und die Zusammensetzung des in der Bilanz ausgewiesenen Anlagevermögens auswirken (vergleiche *Schäfer-Kunz, J.* 2011: Seite 221 f.).

13.1 Grundlagen

13.1.1 Einordnung

Der Investitionsbereich ist einer der Teilbereiche des Finanzwesens. Schnittstellen bestehen insbesondere zu folgenden Bereichen (↗ Abbildung 13-1):

Abb. 13-1
Einordnung des Investitionsbereichs

- **Leistungserstellung:** Der Leistungserstellungsbereich bestimmt den Investitionsbedarf.
- **Finanzierung:** Der Finanzbereich gibt den maximal möglichen Investitionsrahmen vor.
- **Lieferanten:** Die Investitionsmittel fließen Lieferanten zu, die im Gegenzug die für die Leistungserstellung benötigten Investitionsgüter liefern.

Im externen Rechnungswesen werden Investitionsprozesse folgendermaßen in den Jahresabschlussrechnungen abgebildet:
- **Bilanz:** In den Posten des Anlagevermögens.
- **Gewinn- und Verlustrechnung:** In den Posten des Betriebs- und des Finanzergebnisses.
- **Kapitalflussrechnung:** In den Posten des Cashflows aus der Investitionstätigkeit.

13.1.2 Unterteilung der Investitionen

Investitionen lassen sich hinsichtlich des Investitionsobjekts, der Zielsetzung der Investition, der Nutzungsdauer des Investitionsobjekts und des Auftretens im Zeitablauf klassifizieren (↗ Abbildung 13-2).

Investitionen in Betriebmittel beziehungsweise Sachanlagen werden als **Real-** oder **Sachinvestitionen** bezeichnet. Sie werden im Mittelpunkt der nachfolgenden Ausführungen stehen. Bei Investitionen in Unternehmensbeteiligungen oder in andere Möglichkeiten der Finanzanlage handelt es sich um **Finanzinvestitionen**, bei Investitionen in Dienstleistungen oder Know-how um **immaterielle Investitionen**.

Unterteilung nach dem Investitionsobjekt

Von besonderer Bedeutung für die Beurteilung von Investitionen ist die Zielsetzung beziehungsweise der Anlass einer Investition. Hinsichtlich der Zielsetzung lassen sich folgende Investitionen unterscheiden:

Unterteilung nach der Zielsetzung

Errichtungsinvestitionen
Eine Errichtungsinvestition liegt bei der erstmaligen Beschaffung eines Betriebmittels zur Produktion eines neuen Produkts vor. Das ist beispielsweise der Fall, wenn eine neue Fabrik errichtet wird.

Abb. 13-2 Investitionsarten

Erweiterungsinvestitionen

Charakteristisch für eine Erweiterungsinvestition ist, dass die Kapazität der vorhandenen Betriebsmittel vergrößert wird, beispielsweise indem eine zweite, mit der bisherigen Einrichtung identische Produktionseinrichtung beschafft wird. Meist ist dies notwendig, um die gestiegene Nachfrage nach einem Produkt befriedigen zu können.

Ersatzinvestitionen

Bei einer Ersatzinvestition werden Betriebsmittel, die hohe Instandhaltungskosten verursachen oder nicht mehr dem aktuellen Stand der Technik entsprechen, durch neue Betriebsmittel ersetzt. Dies ist beispielsweise bei dem Ersatz einer alten, manuell gesteuerten Fräsmaschine durch einen CNC-Fräsautomaten der Fall.

Rationalisierungsinvestitionen

Im Rahmen von Rationalisierungsinvestitionen wird menschliche Arbeitskraft durch (voll-)automatische Betriebsmittel ersetzt, also beispielsweise ein manueller Montageplatz durch einen Montageautomaten.

Sozial-/Sicherheitsinvestitionen

Durch Sozial- und Sicherheitsinvestitionen sollen die Arbeitsbedingungen verbessert werden. Die Schaffung eines Betriebskindergartens stellt beispielsweise eine Sozialinvestition dar, ein verbesserter Eingriffsschutz an einer Maschine eine Sicherheitsinvestition. Eine Beurteilung der wirtschaftlichen Vorteilhaftigkeit entsprechender Investitionen ist meist nicht möglich.

Fallbeispiel 13-1 Investitionsentscheidung Montageautomat

▶▶▶ Die *Speedy GmbH* stellt für den eigenen Bedarf in ihrer Produktion Türmodule her, die eine Innenverkleidung, eine Schließanlage, einen Fensterheber inklusive Fenster und einen Lautsprecher umfassen. Die Türmodule werden von fünf Mitarbeitern manuell montiert. Durch die Löhne dieser Mitarbeiter entstehen im Jahr Auszahlungen von 50 000,00 Euro je Mitarbeiter.
Der Produktionsleiter, Herr *Röthi*, erwägt, die manuelle Türmodulmontage durch einen Halb- oder einen Vollautomat zu ersetzen. Beim Halbautomaten würden drei der fünf Mitarbeiter wegrationalisiert, beim Vollautomaten alle fünf Mitarbeiter.
Durch die Automaten würde sich auch die produzierbare Menge an Türmodulen erhöhen. Nach einer ersten Untersuchung könnte die bisher produzierte und abgesetzte Menge von 30 000 Stück durch die beiden Investitionsalternativen um 5 000 Stück auf 35 000 Stück je Jahr gesteigert werden. Die zusätzlichen Türmodule würden dann an andere Automobilhersteller verkauft werden. Es handelt sich bei dem Fallbeispiel also nicht nur um eine Rationalisierungs-, sondern auch um eine Erweiterungsinvestition. ◀◀◀

Grundlagen **13.1**

Zwischenübung Kapitel 13.1.2

In einem Fertigungsbereich mit 20 Mitarbeitern wird überlegt, 2 Mitarbeiter durch eine Maschine zu ersetzen. Um welche Art von Investition handelt es sich?

Investitionsart	

13.1.3 Aufgaben im Investitionsbereich

Die mit Investitionsentscheidungen von Unternehmen betrauten Bereiche haben in der Regel folgende Aufgaben:

Überprüfung der Investitionsdaten
Im Rahmen von Investitionsentscheidungen werden zuerst die Daten und die getroffenen Annahmen, die in der Regel von anderen Bereichen bereitgestellt werden, auf ihre Richtigkeit und Plausibilität hin überprüft.

Überprüfung der Mindestvorteilhaftigkeit
In der Regel bestehen in Unternehmen bestimmte Mindestanforderungen an Investitionsprojekte, so beispielsweise, dass die Amortisationsdauer weniger als drei Jahre beträgt oder der interne Zinsfuß größer als 12 Prozent ist. Zur Überprüfung wird die **absolute Vorteilhaftigkeit** der einzelnen Investitionsprojekte bestimmt.

Wahl zwischen Investitionsalternativen
Die Wahl zwischen Investitionsalternativen ist durchzuführen, wenn es verschiedene Investitionsmöglichkeiten gibt, mit denen dasselbe Ziel erreicht werden kann, so beispielsweise wenn eine Auswahl zwischen den Fräsmaschinen verschiedener Hersteller getroffen werden muss. Zur Auswahl wird die **relative Vorteilhaftigkeit** der Investitionsalternativen bestimmt.

Auswahl der besten Investitionsprojekte
Eine Auswahl der besten Investitionsprojekte ist erforderlich, wenn nicht genügend finanzielle Mittel zur Verfügung stehen, um alle vorteilhaften Investitionen durchführen zu können.

Investitionscontrolling
Die im Rahmen der Investitionsentscheidung ermittelten Daten werden während der Realisierung der Investition zur Steuerung und zur Kontrolle herangezogen. Falls im Projektverlauf absehbar ist, dass die Investitionsziele nicht erreicht werden, kann es dadurch sogar zu einem Abbruch des Investitionsprojekts kommen.

13.1.4 Vorgehensweise bei Investitionsentscheidungen

Investitionsentscheidungen laufen in der Regel in den nachfolgend beschriebenen Phasen ab (↗ Abbildung 13-3, zum Folgenden vergleiche *Perridon, L./Steiner, M.* 1991: Seite 28 ff. und *Thommen, J.-P./Achleitner, A.-K.* 2003: Seite 588 ff.):

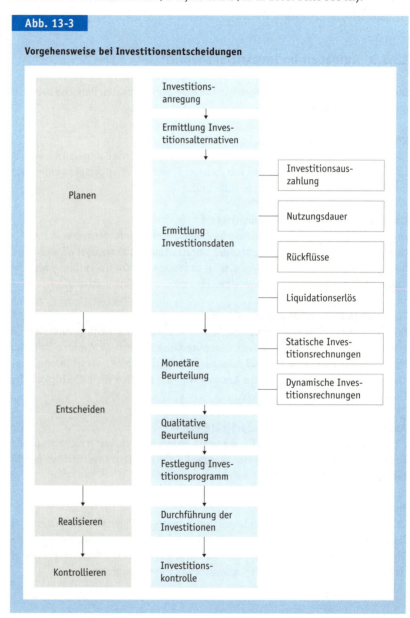

Abb. 13-3
Vorgehensweise bei Investitionsentscheidungen

Planungsphase

Die Planungsphase beginnt mit der Anregung einer Investition. Meistens erfolgt dies aufgrund von Planungen in den verschiedenen Unternehmensbereichen, zu deren Realisierung Investitionen notwendig sind. So kann beispielsweise im Produktionsbereich eines Unternehmens aufgrund einer prognostizierten Nachfragesteigerung ein Bedarf für eine zusätzliche Spritzgussmaschine für Kunststoffteile entstehen.

Aufgrund der Investitionsanregung werden nachfolgend mögliche Investitionsalternativen und die entsprechenden Investitionsdaten ermittelt. Da die Auswirkungen in der Zukunft liegen, kommen hierbei in der Regel Prognose- und Schätzverfahren zur Anwendung. In dem vorgenannten Beispiel könnte ein Produktionsplaner des Unternehmens verschiedene Angebote für Spritzgussmaschinen einholen und die finanziellen Auswirkungen auf das Unternehmen ermitteln.

Investitionsanregung

Investitionsalternativen und -daten

Entscheidungsphase

Nach der Bestimmung der verschiedenen Investitionsalternativen und ihrer Auswirkungen werden die Alternativen mittels der statischen und der dynamischen Verfahren der Investitionsrechnung quantitativ und im Hinblick auf die Erreichung bestimmter Ziele, wie beispielsweise der Flexibilität, oftmals auch qualitativ beurteilt. Basierend auf dieser Beurteilung erfolgt dann eine Entscheidung für eine Investitionsalternative. So entscheidet sich der Produktionsplaner in dem vorgenannten Beispiel aufgrund des höheren Kapitalwerts für eine der Spritzgussmaschinen.

Beurteilung

Für das gesamte Unternehmen stellt sich häufig nicht nur die Frage, ob eine einzelne Investition durchgeführt werden soll oder nicht, sondern es bestehen gleichzeitig Investitionsbedarfe in verschiedenen Unternehmensbereichen, über die entschieden werden muss. Da oft nicht genügend finanzielle Mittel vorhanden sind, um alle Investitionen durchzuführen, müssen den Investitionen Prioritäten zugeordnet und damit ein Investitionsprogramm aufgestellt werden.

Investitionsprogramm

Realisierungsphase

Nachdem entschieden wurde, welche Investitionen durchgeführt werden sollen, werden diese realisiert. In dem vorgenannten Beispiel wird die Spritzgussmaschine beschafft, in der Produktion des Unternehmens aufgebaut und in Betrieb genommen.

Kontrollphase

Die Investitionskontrolle umfasst zum einen die sogenannte **Ausführungskontrolle**, bei der überprüft wird, ob die Investitionsvorhaben wie geplant realisiert worden sind, und zum anderen die sogenannte **Ergebniskontrolle** bei der überprüft wird, ob die Investitionen die erwarteten Ergebnisse erzielt haben. So überprüft im vorgenannten Beispiel ein Controller des Unternehmens nach der Inbetriebnahme der Spritzgussmaschine, ob die laufenden Maschinenkosten mit den geplanten Kosten übereinstimmen. Sollten sich bei den Kontrollen Abweichungen ergeben, sind entsprechende Korrekturmaßnahmen einzuleiten.

13.2 Ermittlung der Investitionsdaten

Vor der Durchführung von Investitionsrechnungen müssen eine Reihe von Daten für die verschiedenen Investitionsalternativen ermittelt werden. In der Regel sind dies:
- die Investitionsauszahlung,
- die Nutzungsdauer,
- der Liquidationserlös und
- die Rückflüsse über den Jahren.

Da die Investitionsdaten zu großen Teilen auf Prognosen und Schätzungen basieren, stellen sie den größten Unsicherheitsfaktor bei der monetären Beurteilung von Investitionsvorhaben dar. Den nachfolgend beschriebenen Verfahren der Investitionsrechnung liegen zudem eine Reihe vereinfachender Annahmen zugrunde. Es wird unterstellt, dass

Prämissen

- die Zahlungsströme den Investitionsobjekten eindeutig zugeordnet werden können,
- die Zeitpunkte und die Höhe der zukünftigen Zahlungsströme bekannt sind,
- sich die tatsächliche Nutzungsdauer der Investitionsobjekte genau bestimmen lässt,
- ein vollkommener Kapitalmarkt vorliegt, auf dem die Aufnahme und die Anlage von Kapital zum selben Zinssatz erfolgen, und
- sich die Zinsen während der gesamten Nutzungsdauer des Investitionsobjekts nicht verändern.

Vor der Ermittlung der Investitionsdaten muss darüber hinaus abgegrenzt werden, in welchem Umfang durch die Investition verursachte Zins- und Steuerzahlungen berücksichtigt werden sollen:

Zinszahlungen
Bei der Innenfinanzierung von Investitionen werden in der Regel Zinseinzahlungen, die bisher mit den verwendeten Mitteln erzielt wurden, reduziert. Wenn für die Investition zusätzliche Verbindlichkeiten aufgenommen werden, entstehen hingegen Auszahlungen für Zinsen (↗ Abbildung 13-4). Die durch die Investition erzeugten Rückflüsse können zudem wieder investiert oder zur Tilgung von Verbindlichkeiten herangezogen werden. In Abhängigkeit von den Rückflüssen verändern sich dadurch in jeder Periode die in der Investitionsrechnung zu berücksichtigenden Zinsen für das investierte und erzeugte Kapital.

Steuerzahlungen
Durch Investitionen entstehen Erträge und Aufwendungen, die die vom Unternehmen zu zahlenden Steuern erhöhen oder reduzieren. Bei der Berücksichtigung steuerlicher Effekte von Investitionen werden in die Investitionsrechnung zusätzlich die resultierenden Ein- und Auszahlungen einbezogen.

Bei den nachfolgenden Ausführungen werden Zins- und Steuerzahlungen nicht berücksichtigt.

Abb. 13-4

Veränderung der Zinszahlungen aufgrund der Finanzierung von Investitionen

13.2.1 Ermittlung der Investitionsauszahlung

Eine Sachinvestition beginnt typischerweise mit der Herstellung oder der Beschaffung des Anlageguts.

> Bei der **Investitionsauszahlung** beziehungsweise dem **Kapitaleinsatz** handelt es sich um alle Auszahlungen, die geleistet werden, um Anlagegüter zu erwerben und in einen betriebsbereiten Zustand zu versetzen.

Die Ermittlung des Kapitaleinsatzes erfolgt anhand einer möglichst vollständigen Auflistung der Anschaffungspreise aller benötigten Anlagegüter und einer Abschätzung der durch die Herstellung, den Kauf und die Inbetriebnahme entstehenden Anschaffungsnebenkosten. Für den Bau einer neuen Fabrik müssen beispielsweise umfangreiche Planungen durchgeführt, Grundstücke gekauft, Gebäude mit der entsprechenden Ausrüstung errichtet, Produktions- und Logistikeinrichtungen beschafft und installiert, Mitarbeiter eingestellt und geschult sowie Patente für die zu produzierenden Produkte erworben werden.

Fallbeispiel 13-2 (Fortsetzung 13-1) **Investitionsentscheidung Montageautomat**
▶▶▶ In dem Fallbeispiel der Produktion von Türmodulen lässt sich der Produktionsleiter, Herr *Röthi* von einem Sondermaschinenbauer Angebote ausarbeiten. Die Investitionsauszahlungen zum Bau und zur Aufstellung bei der *Speedy GmbH* würden für den Halbautomaten 650 000,00 Euro betragen und für den Vollautomaten 1 000 000,00 Euro. Für das Fallbeispiel ergeben sich damit die in der ↗ Tabelle 13-1 aufgeführten Werte. ◀◀◀

13.2 Investition
Ermittlung der Investitionsdaten

Tab. 13-1

Investitionsauszahlungen des Fallbeispiels (BWL6_13_Tabelle-Fallbeispiel.xls)

A	Investitionsdaten	Halbautomat	Vollautomat
A1	Investitionsauszahlung I_0	650 000,00 €	1 000 000,00 €

Zwischenübung Kapitel 13.2.1

Bei der Rationalisierungsinvestition im Fertigungsbereich würde der Anschaffungspreis der Maschine 198 000,00 Euro betragen. Durch die Fundamentierung, die Aufstellungen und den Anschluss der Maschine würden Auszahlungen von 20 0000,00 Euro entstehen. Durch die Schulung der Mitarbeiter auf der Maschine würden Auszahlungen von 2 000,00 Euro entstehen. Im Zuge der Aufstellung der Maschine könnte auch der Pausenraum erneuert werden. Dadurch würden Auszahlungen von 30 000,00 Euro entstehen. Ermitteln Sie die durch die Anschaffung der Maschine verursachte Investitionsauszahlung.

Investitionsauszahlung I_0

13.2.2 Ermittlung der Nutzungsdauer

Dem Kapitaleinsatz zu Beginn einer Investition stehen in der Regel Rückflüsse in den nachfolgenden Jahren gegenüber.

> Die **Nutzungsdauer** einer Investition gibt an, über welchen Zeitraum mit Rückflüssen aus einer Investition gerechnet wird.

Bei Betriebsmitteln, die speziell für die Produktion eines bestimmten Produkts gebaut werden, wie beispielsweise Montage- oder Prüfautomaten, ergibt sich die Nutzungsdauer in der Regel aus der erwarteten Produktlebensdauer. Bei universell einsetzbaren Betriebsmitteln, wie beispielsweise einer Stanzmaschine, kann als Nutzungsdauer auch die erwartete Lebensdauer des Betriebsmittels herangezogen werden.

Fallbeispiel 13-3 (Fortsetzung 13-1) **Investitionsentscheidung Montageautomat**
▶▶▶ In dem Fallbeispiel wird damit gerechnet, dass die Türmodule, aufgrund der Modelllebensdauern der *Speedster*, in denen sie verwendet werden, fünf Jahre lang produziert werden. Für das Fallbeispiel ergeben sich damit die in der ↗ Tabelle 13-2 aufgeführten Werte. ◀◀◀

Tab. 13-2

Nutzungsdauern des Fallbeispiels (📎 BWL6_13_Tabelle-Fallbeispiel.xls)

A	Investitionsdaten	Halbautomat	Vollautomat
A2	Nutzungsdauer n	5 Jahre	5 Jahre

13.2.3 Ermittlung des Liquidationserlöses

Nach Beendigung der Nutzung der Betriebsmittel können diese häufig noch verkauft werden. So werden beispielsweise ganze Produktionslinien in Schwellen- und Entwicklungsländer verkauft, wo sie dann eine weitere Verwendung finden. Die dabei entstehenden Einzahlungen stellen den Liquidationserlös dar.

Fallbeispiel 13-4 (Fortsetzung 13-1) **Investitionsentscheidung Montageautomat**
▶▶▶ In dem Fallbeispiel der Produktion von Türmodulen wird damit gerechnet, dass die Automaten nach der Nutzung an ein ausländisches Unternehmen verkauft werden können. Aufgrund von Erfahrungen in ähnlichen Fällen wird mit Liquidationserlösen von 150 000 Euro für den Halb- und von 200 000 Euro für den Vollautomaten gerechnet. Für das Fallbeispiel ergeben sich damit die in der ↗ Tabelle 13-3 aufgeführten Werte. ◀◀◀

Tab. 13-3

Liquidationserlöse des Fallbeispiels (📎 BWL6_13_Tabelle-Fallbeispiel.xls)

A	Investitionsdaten	Halbautomat	Vollautomat
A3	Liquidationserlös L_5	150 000,00 €	200 000,00 €

13.2.4 Ermittlung der Rückflüsse

Die durch Investitionen verursachten Rückflüsse R ergeben sich aus der Differenz zwischen Einzahlungen und Auszahlungen (vergleiche *Perridon, L./Steiner, M.* 1991: Seite 58):

Rückfluss R = Einzahlungen − Auszahlungen

Entscheidungsrelevant für Investitionsrechnungen sind dabei jeweils nur die Ein- und Auszahlungen, die durch die Wahl einer Investitionsalternative verursacht werden, und nicht die Ein- und Auszahlungen, die unabhängig von der Wahl der Investitionsalternative bestehen.

Entscheidungsrelevante Rückflüsse

13.2.4.1 Ermittlung der durch Investitionen verursachten Einzahlungen

Durch Errichtungs- oder Erweiterungsinvestitionen können neue Produkte oder eine größere Anzahl der bisher schon produzierten Produkte hergestellt werden. Durch den Verkauf dieser Produkte entstehen zusätzliche Umsatzerlöse und damit Einzahlungen.

Durch Ersatz- oder Rationalisierungsinvestitionen entstehen keine zusätzlichen Einzahlungen. Stattdessen kommt es zu einer Reduzierung von Auszahlungen durch eingesparte Energie, Instandhaltungen und Reparaturen bei Ersatzinvestitionen oder durch eingesparte Löhne und Gehälter bei Rationalisierungsinvestitionen.

Fallbeispiel 13-5 (Fortsetzung 13-1) **Investitionsentscheidung Montageautomat**

▶▶▶ Wie die Einzahlungen im Rahmen von Investitionsrechnungen ermittelt werden, zeigt das Rechenschema in ↗ Tabelle 13-4, am Fallbeispiel der Produktion von Türmodulen. Die eingesparten Auszahlungen kommen durch den Wegfall der Löhne von 50 000,00 Euro je Mitarbeiter der drei beziehungsweise fünf wegrationalisierten Mitarbeiter zustande.

Für die zusätzlich produzier- und absetzbaren Türmodule wird mit einem Verkaufspreis von 100,00 Euro je Stück gerechnet. Durch den Verkauf von 5 000 Stück würde es im Fallbeispiel somit zu zusätzlichen Einzahlungen von 500 000,00 Euro kommen. Einzahlungen durch Zinsen oder durch reduzierte Steuern werden nicht berücksichtigt. ◀◀◀

Tab. 13-4

Einzahlungen des Fallbeispiels (🗎 BWL6_13_Tabelle-Fallbeispiel.xls)

Investitionsdaten A	Ermittlung der durch die Investition verursachten Einzahlungen	Halbautomat	Vollautomat
A4	Anzahl wegrationalisierter Mitarbeiter	3	5
A5	Lohn je Mitarbeiter je Jahr	50 000,00 €	50 000,00 €
A6	Reduzierte Auszahlungen durch die Aufgabe des Betriebs alter Betriebsmittel (Ersatzinvestitionen) oder durch die Wegrationalisierung von Mitarbeitern je Jahr (Rationalisierungsinvestitionen) = A4 × A5	150 000,00 €	250 000,00 €
A7	Anzahl zusätzlich produzier- und absetzbarer Produkte	5 000 Stück	5 000 Stück
A8	Stückverkaufspreis je zusätzlich abgesetztem Produkt	100,00 €	100,00 €
A9	Einzahlungen durch zusätzlich abgesetzte Produkte je Jahr (Errichtungs-/Erweiterungsinvestitionen) = A7 × A8	500 000,00 €	500 000,00 €
A10	(Einzahlungen durch Zinsen je Jahr)	–	–
A11	(Reduzierte Auszahlungen für Steuern je Jahr)	–	–
A12	**Summe der Einzahlungen je Jahr = A6 + A9 + A10 + A11**	650 000,00 €	750 000,00 €

13.2 Ermittlung der Investitionsdaten

Zwischenübung Kapitel 13.2.4.1

Bei der Rationalisierungsinvestition im Fertigungsbereich würden 2 der 20 Mitarbeiter durch die Maschine ersetzt werden. Die Maschine würde drei Jahre genutzt werden. Der Lohn je Mitarbeiter würde im 1. Jahr 53 000,00 Euro, im 2. Jahr 54 000,00 Euro und im 3. Jahr 55 000,00 Euro betragen. Durch die im Fertigungsbereich hergestellten Erzeugnisse werden jedes Jahr Umsatzerlöse von 5 000 000,00 Euro erzielt. Ermitteln Sie die durch die Investition verursachten Einzahlungen:

Einzahlungen 1. Jahr:	
Einzahlungen 2. Jahr:	
Einzahlungen 3. Jahr:	

13.2.4.2 Ermittlung der durch Investitionen verursachten Auszahlungen

Den durch Errichtungs- oder Erweiterungsinvestitionen verursachten Einzahlungen stehen in der Regel zusätzliche Auszahlungen für die Produktion der zusätzlichen Produkte gegenüber, so insbesondere für Material und Personal.

Bei den meisten Investitionen entstehen zusätzliche Auszahlungen für den Betrieb neuer Betriebsmittel, so beispielsweise für Energie, zusätzliches geschultes Bedienpersonal, Instandhaltungen, Reparaturen und Zinsen.

Fallbeispiel 13-6 (Fortsetzung 13-1) **Investitionsentscheidung Montageautomat**
▶▶▶ Wie die Auszahlungen im Rahmen von Investitionsrechnungen ermittelt werden zeigt das Rechenschema in ↗ Tabelle 13-5, am Fallbeispiel der Produktion von Türmodulen.

Tab. 13-5

Auszahlungen des Fallbeispiels (🖱 BWL6_13_Tabelle-Fallbeispiel.xls)

Investitionsdaten A	Ermittlung der durch die Investition verursachten Auszahlungen	Halbautomat	Vollautomat
A7	Anzahl zusätzlich produzier- und absetzbarer Produkte	5 000 Stück	5 000 Stück
A13	Auszahlungen je zusätzlich produziertem Produkt (Material, Löhne, …)	70,00 €	70,00 €
A14	Auszahlungen durch zusätzlich produzierte Produkte je Jahr (Errichtungs-/Erweiterungsinvestitionen) = A7 × A13	350 000,00 €	350 000,00 €
A15	Auszahlungen durch den Betrieb neuer Betriebsmittel je Jahr (Energie, Maschinenbedienung, Instandhaltung, Reparaturen, …)	50 000,00 €	100 000,00 €
A16	(Auszahlungen für Zinsen je Jahr)	–	–
A17	(Auszahlungen für Steuern je Jahr)	–	–
A18	**Summe der Auszahlungen je Jahr = A14 + A15 + A16 + A17**	400 000,00 €	450 000,00 €

13.2 Investition
Ermittlung der Investitionsdaten

Durch die Produktion der 5 000 zusätzlichen Türmodule würde es im Fallbeispiel zu zusätzliche Auszahlungen von 70,00 Euro je Stück für Material und Löhne in den der Montage vor- und nachgelagerten Bereichen kommen.

Für den Betrieb des Halbautomaten wird mit stückzahlunabhängigen Auszahlungen für Energie, Maschinenbedienung, Instandhaltungen und Reparaturen in Höhe von 50 000,00 Euro je Jahr gerechnet. Die entsprechenden Auszahlungen für den Betrieb des Vollautomaten würden 100 000,00 Euro je Jahr betragen.

Auszahlungen durch Zinsen oder durch Steuern werden wiederum nicht berücksichtigt. ◂◂◂

Zwischenübung Kapitel 13.2.4.2

Bei der Rationalisierungsinvestition im Fertigungsbereich würden durch den Betrieb der Maschine im 1. Jahr Strom- und Wartungskosten in Höhe von 3 500,00 Euro, im 2. Jahr von 4 000,00 Euro und im 3. Jahr von 4 500,00 Euro entstehen. Für die Materialien, die für die im Fertigungsbereich hergestellten Erzeugnisse verwendet werden, entstehen jedes Jahr Auszahlungen von 1 000 000,00 Euro. Ermitteln Sie die durch die Investition verursachten Auszahlungen:

Auszahlungen 1. Jahr:	
Auszahlungen 2. Jahr:	
Auszahlungen 3. Jahr:	

13.2.4.3 Ansatz von Abschreibungen im Rahmen von Investitionsrechnungen

Für bestimmte Verfahren der Investitionsrechnung müssen auch Abschreibungen ermittelt und zu den vorgenannten Auszahlungen addiert werden. Abschreibungen sind die Aufwendungen beziehungsweise Kosten zur Erfassung der Wertminderung des abnutzbaren Anlagevermögens. Die bei einigen Verfahren der Investitionsrechnung berücksichtigten Abschreibungen verteilen die Investitionsauszahlung auf die Nutzungsdauer des Betriebsmittels (vergleiche *Hummel, S./Männel, W.* 1990: Seite 375).

Unter Zugrundelegung einer linearen Abschreibung ergeben sich die Abschreibungen je Periode durch die gleichmäßige Verteilung der Differenz zwischen der Investitionsauszahlung I_0 am Anfang und dem Liquidationserlös L_n am Ende der Nutzungsdauer auf die gesamte Nutzungsdauer n (vergleiche *Perridon, L./Steiner, M.* 1991: Seite 39, *Schierenbeck, H.* 2002: Seite 343):

Abschreibung

$$A = \frac{I_0 - L_n}{n}$$

mit:

A = Durchschnittliche Abschreibung je Periode [€/Jahr]
I_0 = Investitionsauszahlung [€]
L_n = Liquidationserlös am Ende der Nutzungsdauer [€]
n = Nutzungsdauer [Jahre]

Wird von steuerlichen Effekten abgesehen, beeinflussen die Abschreibungen nur den Erfolg, nicht aber die Rückflüsse, da sie zwar Aufwendungen und Kosten, aber keine Auszahlungen sind (vergleiche *Hummel, S./Männel, W.* 1990: Seite 65). Die Abschreibungen werden deshalb nur bei der Kosten-, der Gewinn- und der Rentabilitätsvergleichsrechnung berücksichtigt. Bei den dynamischen Verfahren der Investitionsrechnung geht der Wertverlust der Betriebsmittel hingegen durch die Differenz zwischen dem Kapitaleinsatz und dem Liquidationserlös in die Berechnungen ein. Bei der Amortisationsrechnung wird nur der Kapitaleinsatz berücksichtigt.

Fallbeispiel 13-7 (Fortsetzung 13-1) **Investitionsentscheidung Montageautomat**
▶▶▶ Wie die Abschreibungen im Rahmen von Investitionsrechnungen ermittelt werden zeigt das Rechenschema in ↗ Tabelle 13-6, am Fallbeispiel der Produktion von Türmodulen. ◀◀◀

Tab. 13-6

Abschreibungen des Fallbeispiels (⌂ BWL6_13_Tabelle-Fallbeispiel.xls)

	Abschreibungen	Halbautomat	Vollautomat
A1	Investitionsauszahlung I_0	650 000,00 €	1 000 000,00 €
A2	Nutzungsdauer n	5 Jahre	5 Jahre
A3	Liquidationserlös L_5	150 000,00 €	200 000,00 €
	Abschreibungen für die Automaten je Jahr = (A1 – A3) / A2	100 000,00 €	160 000,00 €

Zwischenübung Kapitel 13.2.4.3

Ermitteln Sie die bei der Rationalisierungsinvestition im Fertigungsbereich anzusetzenden jährlichen Abschreibungen, wenn die Maschine nach 3 Jahren für 40 000,00 Euro verkauft werden könnte.

Abschreibung	

13.2.5 Aufstellung der Zahlungsreihe

In Zahlungsreihen von Investitionen werden deren positive und negative Zahlungsströme über der Zeit zusammengefasst (↗ Abbildung 13-5). Die Zahlungsreihe beginnt in der Regel mit der **Investitionsauszahlung**. Der Investitionsauszahlung stehen in den nachfolgenden Perioden dann positive **Rückflüsse** und am Ende zusätzlich ein **Liquidationserlös** gegenüber.

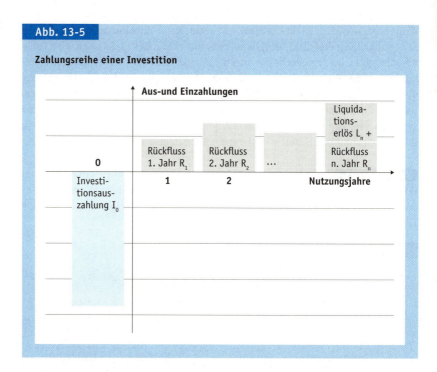

Abb. 13-5

Zahlungsreihe einer Investition

Fallbeispiel 13-8 (Fortsetzung 13-1) **Investitionsentscheidung Montageautomat**
▶▶▶ Auf Basis der in den vorangegangenen Kapiteln ermittelten Investitionsdaten kann die in ↗ Tabelle 13-7 dargestellte Zahlungsreihe des Fallbeispiels aufgestellt werden. ◀◀◀

Tab. 13-7

Zahlungsreihe des Fallbeispiels (⌂ BWL6_13_Tabelle-Fallbeispiel.xls)

B	Zahlungsreihe	Jahr	Halbautomat	Vollautomat
B1		0. Jahr: Investitionsauszahlung I_0 = − A1	−650 000,00 €	−1 000 000,00 €
B2		1. Jahr: Rückfluss R_1 = A12 − A18	250 000,00 €	300 000,00 €
B3		2. Jahr: Rückfluss R_2 = A12 − A18	250 000,00 €	300 000,00 €
B4		3. Jahr: Rückfluss R_3 = A12 − A18	250 000,00 €	300 000,00 €
B5		4. Jahr: Rückfluss R_4 = A12 − A18	250 000,00 €	300 000,00 €
B6		5. Jahr: Rückfluss R_5 = A12 − A18	250 000,00 €	300 000,00 €
B7		5. Jahr: Liquidationserlös L_5 = A3	150 000,00 €	200 000,00 €

Zwischenübung Kapitel 13.2.5

Stellen Sie die durch die Rationalisierungsinvestition im Fertigungsbereich entstehende Zahlungsreihe auf.

0. Jahr: Investitionsauszahlung I_0	
1. Jahr: Rückfluss R_1	
2. Jahr: Rückfluss R_2	
3. Jahr: Rückfluss R_3	
3. Jahr: Liquidationserlös L_3	40 000,00 €

13.3 Statische Verfahren der Investitionsrechnung

In Anschluss an die Ermittlung der Investitionsdaten und die Aufstellung der Zahlungsreihe können zur Beurteilung der monetären Vorteilhaftigkeit von Investitionen Investitionsrechnungen durchgeführt werden. Die Verfahren der Investitionsrechnung lassen sich in statische und dynamische Verfahren unterteilen.

Im Rahmen der statischen Verfahren der Investitionsrechnung (↗ Abbildung 13-6) wird mit Durchschnittswerten operiert. Der Zeitpunkt, zu dem Rückflüsse anfallen, hat dadurch keinen Einfluss auf das Ergebnis der Investitionsrechnung. Die statischen Verfahren bieten gegenüber den dynamischen Verfahren den Vorteil einer einfachen Rechenmethodik. Diesem Vorteil steht bei mehrjährigen Investitionen mit in den einzelnen Perioden stark schwankenden Rückflüssen eine geringere Genauigkeit gegenüber. Zudem ist es bei den meisten Verfahren nicht möglich, unterschiedliche Nutzungsdauern und ungleiche Kapitaleinsätze zu berücksichtigen, was die Praxistauglichkeit der statischen Verfahren infrage stellt.

Abb. 13-6 Übersicht über die statischen Verfahren der Investitionsrechnung

Vergleiche *Jung, H.* 2004: Seite 783

13.3.1 Kostenvergleichsrechnung

Im Rahmen der Kostenvergleichsrechnung werden die Kosten von mehreren Investitionsalternativen miteinander verglichen.

Vorgehensweise

Die in der Kostenvergleichsrechnung anzusetzenden Kosten ergeben sich näherungsweise, indem die Abschreibungen zu den durch die Investition verursachten Auszahlungen hinzuaddiert werden:

Kosten ≈ Auszahlungen + Abschreibungen

Für den Kostenvergleich können die durchschnittlichen Kosten je Jahr, die durchschnittlichen Kosten je Stück oder die Kosten über die gesamte Nutzungsdauer verwendet werden. Letztere werden insbesondere in der Informationsverarbeitungsbranche auch als **Total Cost of Ownership** (TCO) bezeichnet.

Vorteilhaftigkeit

Die absolute Vorteilhaftigkeit einer Investition lässt sich mittels der Kostenvergleichsrechnung nicht beurteilen.

Hinsichtlich der relativen Vorteilhaftigkeit gilt, dass eine Investition 1 vorteilhafter als eine Investition 2 ist, wenn:

$\text{Kosten}_{\text{Investition 1}} < \text{Kosten}_{\text{Investition 2}}$

Anwendung

Der Einsatz der Kostenvergleichsrechnung ist nur sinnvoll, wenn sich Investitionsalternativen nicht hinsichtlich der durch sie verursachten Erträge beziehungsweise Einzahlungen unterscheiden. Mittels der Kostenvergleichsrechnung lassen sich zudem nur Aussagen hinsichtlich der relativen Vorteilhaftigkeit von Investitionsalternativen machen.

Fallbeispiel 13-9 (Fortsetzung 13-1) **Investitionsentscheidung Montageautomat**
▶▶▶ Für das Fallbeispiel ergeben sich die in der ↗ Tabelle 13-8 aufgeführten Werte. Kosten entstehen durch den Betrieb der Automaten und durch die Produktion der zusätzlichen Türmodule. Der Halbautomat hat dabei sowohl die niedrigeren Kosten je Jahr als auch je Stück. Er stellt somit nach der Kostenvergleichsrechnung die vorteilhaftere Investitionsalternative dar. ◀◀◀

Zwischenübung Kapitel 13.3.1

Ermitteln Sie für die Rationalisierungsinvestition im Fertigungsbereich die Kosten je Jahr und die gesamten Kosten über der Nutzungsdauer.

1. Jahr: Kosten$_1$	
2. Jahr: Kosten$_2$	
3. Jahr: Kosten$_3$	
Durchschnittliche Kosten je Jahr	64 000,00 €
Kosten über der Nutzungsdauer	

Tab. 13-8

Kostenvergleichsrechnung für das Fallbeispiel (🔗 BWL6_13_Tabelle-Fallbeispiel.xls)

C	Kostenvergleichsrechnung	Halbautomat	Vollautomat
A18	Summe der Auszahlungen je Jahr	400 000,00 €	450 000,00 €
C1	Abschreibungen für die Automaten je Jahr	100 000,00 €	160 000,00 €
C2	1. Jahr: $Kosten_1 \approx A18 + C1$	500 000,00 €	610 000,00 €
C3	2. Jahr: $Kosten_2 \approx A18 + C1$	500 000,00 €	610 000,00 €
C4	3. Jahr: $Kosten_3 \approx A18 + C1$	500 000,00 €	610 000,00 €
C5	4. Jahr: $Kosten_4 \approx A18 + C1$	500 000,00 €	610 000,00 €
C6	5. Jahr: $Kosten_5 \approx A18 + C1$	500 000,00 €	610 000,00 €
C7	**Durchschnittliche Kosten je Jahr**	**500 000,00 €**	**610 000,00 €**
A7	Anzahl zusätzlich produzier- und absetzbarer Produkte	5 000 Stück	5 000 Stück
C8	**Durchschnittliche Kosten je Stück = C7 / A7**	**100,00 €**	**122,00 €**
C9	**Kosten über der Nutzungsdauer**	**2 500 000,00 €**	**3 050 000,00 €**

13.3.2 Gewinnvergleichsrechnung

Die Gewinnvergleichsrechnung ist eine Weiterentwicklung der Kostenvergleichsrechnung. Bei ihr werden die Gewinne von mehreren Investitionsalternativen miteinander verglichen.

Vorgehensweise

Der in der Gewinnvergleichsrechnung anzusetzende Gewinn ergibt sich näherungsweise, indem die in der Kostenvergleichsrechnung ermittelten Kosten von den Einzahlungen abgezogen werden:

Gewinn E ≈ Einzahlungen − Kosten

Alternativ kann der Gewinn auch näherungsweise ermittelt werden, indem die durch die Investition verursachten Rückflüsse um die Abschreibungen korrigiert werden:

Gewinn E ≈ Rückfluss R − Abschreibungen

Vorteilhaftigkeit

Hinsichtlich der absoluten Vorteilhaftigkeit gilt, dass eine Investition vorteilhaft ist, wenn:

Gewinn > 0

Hinsichtlich der relativen Vorteilhaftigkeit gilt, dass eine Investition 1 vorteilhafter als eine Investition 2 ist, wenn:

$Gewinn_{Investition\ 1} > Gewinn_{Investition\ 2}$

13.3 Investition
Statische Verfahren der Investitionsrechnung

Anwendung

Die Gewinnvergleichsrechnung ermöglicht auch den Vergleich von Investitionsalternativen mit unterschiedlichen Erträgen beziehungsweise Einzahlungen. Ihr Einsatz ist allerdings nur sinnvoll, wenn sich die Investitionsalternativen nicht hinsichtlich der Nutzungsdauer unterscheiden. Die Gewinnvergleichsrechnung ist zudem nur bedingt zur Beurteilung der absoluten Vorteilhaftigkeit einer Investition geeignet.

Fallbeispiel 13-10 (Fortsetz. 13-1) **Investitionsentscheidung Montageautomat**

▶▶▶ Für das Fallbeispiel ergeben sich die in der ↗ Tabelle 13-9 aufgeführten Werte. Die eingesparten Kosten erhöhen den Gewinn. Durch den Verkauf der zusätzlich produzierten Türmodule entstehen Erträge, die nach Abzug der Kosten ebenfalls den Gewinn erhöhen. Der Halbautomat weist dabei den höheren Gewinn aus und ist somit auch nach der Gewinnvergleichsrechnung die vorteilhaftere Investitionsalternative. ◀◀◀

Tab. 13-9

Gewinnvergleichsrechnung für das Fallbeispiel
(📂 BWL6_13_Tabelle-Fallbeispiel.xls)

D	Gewinnvergleichsrechnung	Halbautomat	Vollautomat
A12	Summe der Einzahlungen je Jahr	650 000,00 €	750 000,00 €
D1	1. Jahr: $Gewinn_1 \approx A12 - C2$	150 000,00 €	140 000,00 €
D2	2. Jahr: $Gewinn_2 \approx A12 - C3$	150 000,00 €	140 000,00 €
D3	3. Jahr: $Gewinn_3 \approx A12 - C4$	150 000,00 €	140 000,00 €
D4	4. Jahr: $Gewinn_4 \approx A12 - C5$	150 000,00 €	140 000,00 €
D5	5. Jahr: $Gewinn_5 \approx A12 - C6$	150 000,00 €	140 000,00 €
D6	Durchschnittlicher Gewinn E je Jahr = (D1 + D2 + D3 + D4 + D5) / A2	150 000,00 €	140 000,00 €

Zwischenübung Kapitel 13.3.2

Ermitteln Sie für die Rationalisierungsinvestition im Fertigungsbereich die Gewinne je Jahr und den durchschnittlichen Gewinn je Jahr.

1. Jahr: $Gewinn_1$	
2. Jahr: $Gewinn_2$	
3. Jahr: $Gewinn_3$	
Durchschnittlicher Gewinn je Jahr	

13.3.3 Rentabilitätsvergleichsrechnung

Die Rentabilitätsvergleichsrechnung stellt eine weiter verbesserte Form der Kosten- und der Gewinnvergleichsrechnung dar.

Im Rahmen der Rentabilitätsvergleichsrechnung wird der **Return-on-Investment** (ROI) ermittelt. Während dazu bei dem im ↗ Kapitel 9 Controlling vorgestellten ROI-Kennzahlensystem der Gewinn des Unternehmens ins Verhältnis zum Gesamtkapital gesetzt wurde, wird bei der Rentabilitätsvergleichsrechnung der durch die Investition verursachte Gewinn ins Verhältnis zum Kapitaleinsatz zu Beginn der Investition gesetzt:

Vorgehensweise

$$\text{Return-on-Investment} = \frac{\text{Durchschnittlicher Gewinn E}}{\text{Investitionsauszahlung } I_0} [\%]$$

Alternativ kann als Bezugsgröße auch der durchschnittliche Kapitaleinsatz während der Laufzeit der Investition herangezogen werden. Dieser ergibt sich als Mittelwert zwischen der Investitionsauszahlung I_0 am Anfang und dem Liquidationserlös L_n am Ende der Nutzungsdauer (vergleiche *Perridon, L./Steiner, M.* 1991: Seite 50, *Blohm, H./Lüder, K.* 1991: Seite 166 f.):

$$\bar{I} = \frac{I_0 + L_n}{2}$$

mit:

$\bar{I}$ = Durchschnittlicher Kapitaleinsatz [€]
I_0 = Investitionsauszahlung [€]
L_n = Liquidationserlös am Ende der Nutzungsdauer [€]

Hinsichtlich der absoluten Vorteilhaftigkeit gilt, dass eine Investition vorteilhaft ist, wenn:

Vorteilhaftigkeit

Return-on-Investment > 0

und

Return-on-Investment > Mindest-Return-on-Investment des Unternehmens

Hinsichtlich der relativen Vorteilhaftigkeit gilt, dass eine Investition 1 vorteilhafter als eine Investition 2 ist, wenn:

Return-on-Investment$_{\text{Investition 1}}$ > Return-on-Investment$_{\text{Investition 2}}$

Für die Rentabilitätsvergleichsrechnung gelten die bei der Gewinn- und der Kostenvergleichsrechnung aufgeführten Kritikpunkte weitgehend nicht. Ihr Einsatz ist aber nur sinnvoll, wenn sich Investitionsalternativen nicht hinsichtlich des Kapitaleinsatzes unterscheiden, da sonst die Anlagemöglichkeiten für die Kapitaldifferenzen berücksichtigt werden müssten.

Anwendung

Fallbeispiel 13-11 (Fortsetz. 13-1) **Investitionsentscheidung Montageautomat**
▶▶▶ Für das Fallbeispiel ergeben sich die in der ↗ Tabelle 13-10 aufgeführten Werte. Der Halbautomat weist – bezogen auf die Investitionsauszahlung zu Beginn – den größeren Return-on-Investment auf und stellt deshalb auch nach der Rentabilitätsvergleichsrechnung die vorteilhaftere Alternative dar. ◀◀◀

Tab. 13-10

Rentabilitätsvergleichsrechnung für das Fallbeispiel
(🕮 BWL6_13_Tabelle-Fallbeispiel.xls)

E	Rentabilitätsvergleichsrechnung	Halbautomat	Vollautomat
A1	Investitionsauszahlung I_0	650 000,00 €	1 000 000,00 €
D6	Durchschnittlicher Gewinn E je Jahr	150 000,00 €	140 000,00 €
E1	Return-on-Investment ROI = D6 / A1	23,08 %	14,00 %

Zwischenübung Kapitel 13.3.3

Ermitteln Sie für die Rationalisierungsinvestition im Fertigungsbereich den Return-on-Investment.

0. Jahr: Investitionsauszahlung I_0	220 000,00 €
Durchschnittlicher Gewinn E je Jahr	44 000,00 €
Return-on-Investment	

13.3.4 Statische Amortisationsrechnung

Im Rahmen der Amortisationsrechnung wird der Zeitraum ermittelt, der benötigt wird, um das investierte Kapital über die Rückflüsse zurückzugewinnen. Der Zeitraum dient insbesondere zur Beurteilung des Risikos von Investitionen, da Investoren im Hinblick auf mögliche zukünftige Marktänderungen möglichst kurze Amortisationszeiten bevorzugen.

Vorgehensweise

Anders als die bisher vorgestellten statischen Verfahren der Investitionsrechnung betrachtet die Amortisationsrechnung die Rückflüsse. Für die Ermittlung der Amortisationsdauer gibt es zwei Möglichkeiten:

Kumulationsmethode
Die Amortisationsdauer kann zum einen mittels der Kumulationsmethode ermittelt werden, indem die Rückflüsse aufsummiert werden, bis sie den Kapitaleinsatz übersteigen (↗ Abbildung 13-7).

Abb. 13-7

Vorgehen bei der statischen Amortisationsrechnung

Vergleiche Warnecke, H. J. et al. 1996: Seite 55

Durchschnittsmethode

Alternativ kann die Amortisationsdauer mittels der Durchschnittsmethode aus dem Verhältnis des Kapitaleinsatzes I_0 zu den durchschnittlichen Rückflüssen R ermittelt werden. Der Liquiditätserlös wird dabei in der Regel nicht einbezogen, da von einer Amortisation vor dem Ende der Nutzungsdauer ausgegangen wird:

$$\text{Amortisationsdauer} = \frac{\text{Investitionsauszahlung } I_0}{\text{Durchschnittlicher Rückfluss R}} \;[\text{Jahre}]$$

Hinsichtlich der absoluten Vorteilhaftigkeit gilt, dass eine Investition vorteilhaft ist, wenn:

Amortisationsdauer < Nutzungsdauer

und

Amortisationsdauer < Höchst-Amortisationsdauer des Unternehmens

In der Praxis sind dabei Amortisationsdauern bis zu drei Jahren üblich. Hinsichtlich der relativen Vorteilhaftigkeit gilt, dass eine Investition 1 vorteilhafter als eine Investition 2 ist, wenn:

$\text{Amortisationsdauer}_{\text{Investition 1}} < \text{Amortisationsdauer}_{\text{Investition 2}}$

Vorteilhaftigkeit

13.4 Investition
Dynamische Verfahren der Investitionsrechnung

Anwendung

Die Amortisationsrechnung eignet sich sowohl zur absoluten Beurteilung des Risikos von Investitionen als auch zum Alternativenvergleich. Da die Amortisationsdauer vor allem ein Maß für das Investitionsrisiko ist, sollte die statische Amortisationsrechnung allerdings nur ergänzend zu Investitionsrechenverfahren eingesetzt werden, die die Wirtschaftlichkeit beurteilen.

Fallbeispiel 13-12 (Fortsetzung 13-1) **Investitionsentscheidung Montageautomat**
▶▶▶ Für das Fallbeispiel ergeben sich die in der ↗ Tabelle 13-11 aufgeführten Werte. Beide Investitionen amortisieren sich innerhalb der Nutzungsdauer. Der Halbautomat weist die kürzere Amortisationsdauer auf. Die entsprechende Investition weist also das geringere Risiko auf und ist somit zu bevorzugen. Die sich rechnerisch ergebende Dauer von 2,6 Jahren ist erfahrungsgemäß auch ein in der Praxis noch akzeptabler Wert. ◀◀◀

Tab. 13-11

Statische Amortisationsrechnung für das Fallbeispiel
(📄 BWL6_13_Tabelle-Fallbeispiel.xls)

F	Statische Amortisationsrechnung	Halbautomat	Vollautomat
A1	Investitionsauszahlung I_0	650 000,00 €	1 000 000,00 €
D1	Durchschnittlicher Rückfluss R je Jahr	250 000,00 €	300 000,00 €
F2	**Amortisationsdauer = A1 / D1**	**2,60 Jahre**	**3,33 Jahre**

Zwischenübung Kapitel 13.3.4

Ermitteln Sie für die Rationalisierungsinvestition im Fertigungsbereich die statische Amortisationsdauer (Lösungshinweis: Die Amortisationsdauer liegt zwischen 2,00 und 2,20 Jahren).

0. Jahr: Investitionsauszahlung I_0	220 000,00 €
Durchschnittlicher Rückfluss R je Jahr	
Amortisationsdauer	

13.4 Dynamische Verfahren der Investitionsrechnung

Die dynamischen Verfahren der Investitionsrechnung (↗ Abbildung 13-8) berücksichtigen im Gegensatz zu den statischen Verfahren die Zeitpunkte, zu denen Rückflüsse anfallen. Da frühere Rückflüsse zinsbringend investiert werden können, haben diese für Investoren einen höheren Wert als gleich hohe, spätere Rückflüsse. Die dynamischen Verfahren bieten gegenüber den statischen Verfahren entsprechend

Abb. 13-8

Übersicht über die dynamischen Verfahren der Investitionsrechnung

den Vorteil der höheren Genauigkeit und die Möglichkeit des Vergleichs von Investitionsalternativen mit unterschiedlichen Nutzungsdauern und Kapitaleinsätzen. Die genannten Vorteile werden jedoch mit einem höheren Aufwand bei der Datenermittlung und einer komplizierteren Rechenmethodik erkauft. Der höheren Genauigkeit steht zudem eine große Ungenauigkeit bei der Schätzung der zukünftigen Rückflüsse gegenüber.

13.4.1 Diskontierung

Um Investitionsalternativen im Rahmen der dynamischen Verfahren der Investitionsrechnung vergleichbar zu machen, werden die zu unterschiedlichen Zeitpunkten auftretenden Rückflüsse diskontiert und damit auf den Zeitpunkt der Investition bezogen. Die Diskontierung beziehungsweise **Abzinsung** ist eine umgekehrte Zinseszinsrechnung. Die Abzinsung erfolgt mittels des Kalkulationszinsfußes r. Der abgezinste Betrag wird als Barwert bezeichnet. Er gibt an, was ein in der Zukunft liegender Rückfluss zum Zeitpunkt der Investition t_0 wert ist, wenn eine periodische Verzinsung mit dem Kalkulationszinsfuß r erfolgen würde.

Für einen bestimmten zukünftigen Rückfluss R ergibt sich der Barwert R_0 aus der Multiplikation von R mit dem sogenannten Barwertfaktor:

$$R_0 = R_t \times \frac{1}{(1 + r)^t}$$

mit:

R_0 = Barwert des Rückflusses [€]
R_t = Rückfluss im Jahr t [€]
r = Kalkulationszinsfuß [%]
t = Jahr

Ein Rückfluss von 121,00 Euro in zwei Jahren wäre also beispielsweise bei einem Kalkulationszinsfuß von 10 Prozent heute 100,00 Euro wert.

Abb. 13-9

Einflussfaktoren auf den Kalkulationszinsfuß

Kalkulationszinsfuß r ← Zinssatz für Fremdkapital (Sollzinsen)
Kalkulationszinsfuß r ← Zinssatz für alternative Geldanlage (Habenzinsen)
Kalkulationszinsfuß r ← Risikozuschlag
Kalkulationszinsfuß r ← Gewinnzuschlag

Vergleiche *Jung, H.* 2004: Seite 801

Wahl des Kalkulationszinsfußes

Die Wahl des Kalkulationszinsfußes r beeinflusst die Ergebnisse der dynamischen Verfahren erheblich. Der Kalkulationszinsfuß kann grundsätzlich vom Entscheidungsträger frei gewählt werden. Je höher der Kalkulationszinsfuß ist, desto unvorteilhafter erscheinen Investitionen. Die Höhe des Kalkulationszinsfußes orientiert sich entweder:

- an den Zinssätzen, zu denen Fremdkapital beschafft werden kann (**Sollzinsen**), oder
- an den Zinssätzen, zu denen Geld in alternativen Kapitalanlagen angelegt werden kann (**Habenzinsen**).

In größeren Unternehmen existieren meist einheitliche Vorgaben über die Höhe des zu verwendenden Kalkulationszinsfußes. In der Regel werden die Soll- oder die Habenzinsen dabei noch um **Risiko- und Gewinnzuschläge** erhöht (↗ Abbildung 13-9). Bei den nachfolgenden Rechnungen wird davon ausgegangen, dass es keine Kapitalrestriktionen gibt und der Kalkulationszinsfuß im Zeitablauf konstant ist.

13.4.2 Kapitalwertmethode

Im Rahmen der Kapitalwertmethode wird eine Investition an einer Alternativinvestition gemessen, die sich mit dem Kalkulationszinsfuß r verzinst.

Vorgehensweise

Der Kapitalwert wird durch die Addition aller abgezinsten Rückflüsse R und des abgezinsten Liquidationserlöses L_n abzüglich der Investitionsauszahlung I_0 ermittelt (↗ Abbildung 13-10):

Abb. 13-10 Ermittlung des Kapitalwertes

$$C_0 = \frac{R_1}{(1+r)^1} + \frac{R_2}{(1+r)^2} + \ldots + \frac{R_n}{(1+r)^n} + \frac{L_n}{(1+r)^n} - I_0$$

mit:

- C_0 = Kapitalwert [€]
- R_t = Rückflüsse in den verschiedenen Jahren t [€]
- r = Kalkulationszinsfuß [%]
- n = Nutzungsdauer [Jahre]
- L_n = Liquidationserlös [€]
- I_0 = Investitionsauszahlung [€]

Hinsichtlich der absoluten Vorteilhaftigkeit gilt, dass eine Investition vorteilhaft ist und die geforderte Mindestverzinsung erzielt, wenn:

Kapitalwert $\geq$ 0

Wenn der Kapitalwert größer als Null ist, wird dabei nicht nur die Mindestverzinsung erreicht, sondern im Vergleich zu einer Alternativinvestition ergibt sich auch ein Kapitalzuwachs.

Hinsichtlich der relativen Vorteilhaftigkeit gilt, dass eine Investition 1 vorteilhafter als eine Investition 2 ist, wenn:

Kapitalwert$_{\text{Investition 1}}$ > Kapitalwert$_{\text{Investition 2}}$

13.4 Investition
Dynamische Verfahren der Investitionsrechnung

Fallbeispiel 13-13 (Fortsetz. 13-1) **Investitionsentscheidung Montageautomat**

▶▶▶ Die Berechnung der Kapitalwerte der beiden Investitionsalternativen des Fallbeispiels wird in der ↗ Tabelle 13-12 dargestellt. Beide Alternativen weisen einen positiven Kapitalwert auf und erbringen somit die geforderte Verzinsung von 10 Prozent sowie einen darüber hinausgehenden Kapitalzuwachs. Der Halbautomat hat den größeren Kapitalwert und stellt somit wiederum die vorteilhaftere Alternative dar. ◀◀◀

Tab. 13-12

Kapitalwertberechnung für das Fallbeispiel (📄 BWL6_13_Tabelle-Fallbeispiel.xls)

G	Kapitalwertmethode	Halbautomat	Vollautomat
A1	Investitionsauszahlung I_0	650 000,00 €	1 000 000,00 €
G1	Kalkulationszinsfuß r	10,0 %	10,0 %
G2	1. Jahr: Diskontierter Rückfluss R_{01} = B2 / (1 + G1)^1	227 272,73 €	272 727,27 €
G3	2. Jahr: Diskontierter Rückfluss R_{02} = B3 / (1 + G1)^2	206 611,57 €	247 933,88 €
G4	3. Jahr: Diskontierter Rückfluss R_{03} = B4 / (1 + G1)^3	187 828,70 €	225 394,44 €
G5	4. Jahr: Diskontierter Rückfluss R_{04} = B5 / (1 + G1)^4	170 753,36 €	204 904,04 €
G6	5. Jahr: Diskontierter Rückfluss R_{05} = B6 / (1 + G1)^5	155 230,33 €	186 276,40 €
G7	5. Jahr: Diskontierter Liquidationserlös L_{05} = B7 / (1 + G1)^5	93 138,20 €	124 184,26 €
G8	Kapitalwert C_0 = G2 + G3 + G4 + G5 + G6 + G7 − A1	390 834,89 €	261 420,29 €

Zwischenübung Kapitel 13.4.2

Ermitteln Sie für die Rationalisierungsinvestition im Fertigungsbereich die diskontierten Rückflüsse, den diskontierten Liquidationserlös und den Kapitalwert mit einem Kalkulationszinsfuß von 10 Prozent.

0. Jahr: Investitionsauszahlung I_0	
1. Jahr: Diskontierter Rückfluss R_{01}	
2. Jahr: Diskontierter Rückfluss R_{02}	85 950,41 €
3. Jahr: Diskontierter Rückfluss R_{03}	
3. Jahr: Diskontierter Liquidationserlös L_{03}	
Kapitalwert C_0	

13.4.3 Interne Zinsfußmethode

Bei der Internen Zinsfußmethode wird der Zinsfuß ermittelt, mit dem sich das investierte Kapital verzinst.

Die Ermittlung des internen Zinsfußes r_i erfolgt, indem der Kapitalwert C_0 gleich Null gesetzt wird. Da hierzu in der Regel eine Gleichung n-ten Grades gelöst werden muss, kann der Kapitalwert alternativ auch nährungsweise berechnet werden (↗ Abbildung 13-11). Dazu werden zu zwei beliebigen Versuchszinssätzen r_1 und r_2 die entsprechenden Kapitalwerte C_{01} und C_{02} errechnet. Anhand dieser Werte kann der interne Zinsfuß r_i dann mittels Interpolation ermittelt werden:

$$r_i \approx r_1 - \frac{C_{01} \times (r_2 - r_1)}{C_{02} - C_{01}}$$

mit:

r_i = Interner Zinsfuß [%]
r_1, r_2 = Versuchszinssätze 1 und 2 [%]
C_{01}, C_{02} = Kapitalwerte, die sich bei den beiden Versuchszinssätzen ergeben [€]

Hinsichtlich der absoluten Vorteilhaftigkeit gilt, dass eine Investition vorteilhaft ist, wenn:

Interner Zinsfuß > 0

und

Interner Zinsfuß > Mindest-Verzinsung des Unternehmens

Abb. 13-11

Näherungsverfahren zur Bestimmung des internen Zinsfußes

Vergleiche *Warnecke, H. J.* et al. 1996: Seite 101

13.4 Investition
Dynamische Verfahren der Investitionsrechnung

Hinsichtlich der relativen Vorteilhaftigkeit gilt, dass eine Investition 1 vorteilhafter als eine Investition 2 ist, wenn:

Interner Zinsfuß$_{Investition\ 1}$ > Interner Zinsfuß$_{Investition\ 2}$

Fallbeispiel 13-14 (Fortsetz. 13-1) **Investitionsentscheidung Montageautomat**

▶▶▶ In der ↗ Tabelle 13-13 werden die Ergebnisse der näherungsweisen und der genaueren iterativen Ermittlung des internen Zinsfußes für das Fallbeispiel dargestellt. Der Halbautomat hat einen höheren internen Zinsfuß und ist somit zu bevorzugen. Wie am Beispiel des Halbautomaten zudem deutlich wird, kann es zu erheblichen Abweichungen zwischen dem näherungsweise bestimmten Zinsfuß und dem iterativ ermittelten Zinsfuß kommen. ◀◀◀

Tab. 13-13

Berechnung des internen Zinsfußes für das Fallbeispiel
(⌂ BWL6_13_Tabelle-Fallbeispiel.xls)

H	Interne Zinsfußmethode	Halbautomat	Vollautomat
G1	Versuchszinssatz r_1	10,0 %	10,0 %
G8	Kapitalwert C_{01}	390 834,89 €	261 420,29 €
H1	Versuchszinssatz r_2	20,0 %	20,0 %
H2	Kapitalwert C_{02}	157 934,67 €	−22 440,84 €
H3	Näherungsweise ermittelter intern. Zinsfuß r_i = G1 − (H1 − G1) × G8 / (H2 − G8)	26,78 %	19,21 %
H4	Iterativ ermittelter interner Zinsfuß r_i	29,95 %	19,05 %

Zwischenübung Kapitel 13.4.3

Ermitteln Sie für die Rationalisierungsinvestition im Fertigungsbereich den internen Zinsfuß, mittels der in der Tabelle angegebenen Investitionsdaten (Lösungshinweis: Der interne Zinsfuß liegt zwischen 26,0 % und 27,0 %).

Versuchszinssatz r_1	10,0 %
Kapitalwert C_{01}	68 448,53 €
Versuchszinssatz r_2	28,0 %
Kapitalwert C_{02}	−7 065,51 €
Näherungsweise ermittelter interner Zinsfuß r_i	

13.4.4 Annuitätenmethode

Bei der Annuitätenmethode wird der Kapitalwert einer Investition in gleich große jährliche Beträge beziehungsweise **Annuitäten** A_n umgerechnet, deren abgezinste Summe wieder den Kapitalwert C_0 ergeben würde.

Die Ermittlung der Annuität erfolgt über den sogenannten **Kapitalwiedergewinnungsfaktor**. Dieser Faktor stellt den Kehrwert des Rentenbarwertfaktors dar. Die Formel für die Berechnung der Annuität einer Investition lautet somit:

Vorgehensweise

$$AN = C_0 \times \frac{r \times (1+r)^n}{(1+r)^n - 1}$$

mit:

AN = Annuität [€]
C_0 = Kapitalwert [€]
r = Kalkulationszinsfuß [%]
n = Nutzungsdauer [Jahre]

Hinsichtlich der absoluten Vorteilhaftigkeit gilt, dass eine Investition vorteilhaft ist, wenn:

Vorteilhaftigkeit

Annuität ≥ 0

Hinsichtlich der relativen Vorteilhaftigkeit gilt, dass eine Investition 1 vorteilhafter als eine Investition 2 ist, wenn:

Annuität$_{Investition\ 1}$ > Annuität$_{Investition\ 2}$

Fallbeispiel 13-15 (Fortsetz. 13-1) **Investitionsentscheidung Montageautomat**
▶▶▶ Für das Fallbeispiel ergeben sich die in ↗ Tabelle 13-14 aufgeführten Werte. Der Halbautomat weist dabei die höhere Annuität auf und ist somit zu bevorzugen. ◀◀◀

Tab. 13-14

Annuitätenberechnung für das Fallbeispiel (🖱 BWL6_13_Tabelle-Fallbeispiel.xls)

I	Annuitätenmethode	Halbautomat	Vollautomat
A2	Nutzungsdauer n	5 Jahre	5 Jahre
G1	Kalkulationszinsfuß r	10,0 %	10,0 %
G8	Kapitalwert C_0	390 834,89 €	261 420,29 €
I1	**Annuität AN** = G8 × (G1 × (1 + G1)^A2) / ((1 + G1)^A2 − 1)	**103 101,26 €**	**68 962,01 €**

> **Zwischenübung** Kapitel 13.4.4

Ermitteln Sie für die Rationalisierungsinvestition im Fertigungsbereich die Annuität auf Basis der in der nachfolgenden Tabelle angegebenen Investitionsdaten (Lösungshinweis: Die Annuität liegt zwischen 27 500,00 Euro und 28 000,00 Euro).

Nutzungsdauer n	3 Jahre
Kalkulationszinsfuß r	10,0 %
Kapitalwert C_0	68 448,53 €
Annuität AN	

13.5 Qualitative Aspekte von Investitionsentscheidungen

Investitionsentscheidungen werden in der Regel nicht nur aufgrund der Ergebnisse von Investitionsrechnungen, sondern auch unter Berücksichtigung von qualitativen Faktoren getroffen. Von besonderer Bedeutung sind die nachfolgenden Kriterien (↗ Abbildung 13-12):

Qualitative Kriterien zur Investitionsbeurteilung

Marktbezogene Kriterien
Zu den marktbezogenen Kriterien gehört der Zeitpunkt, bis zu dem eine Investition realisiert werden kann, damit die Marktleistungen erbracht werden können, die Produktqualität, die aufgrund der Investition realisiert werden kann, und unter Umständen die Auftragsdurchlaufzeit, die aufgrund der Investition realisiert werden kann.

Technische Kriterien
Die technischen Kriterien hängen primär davon ab, in welche Art von Betriebsmitteln investiert werden soll. Sie umfassen die mengen- und die typmäßige Flexibilität, die Lebensdauer und die Störanfälligkeit des Betriebsmittels, die Verfügbarkeit von Serviceleistungen, wie beispielsweise einem 24-Stunden-Service, oder die durch die Investition verursachte Umweltbelastung.

Soziale Kriterien
Die aufgrund der Investition notwendigen Entlassungen, die für die Bedienung des Betriebsmittels benötigte Mitarbeiterqualifikation, die Auswirkungen auf die Arbeitsbedingungen, wie beispielsweise der durch das Betriebsmittel erzeugte Lärm, und die Auswirkungen auf die Arbeitssicherheit gehören zu den sozialen Kriterien zur Beurteilung von Investitionen.

Diese Aspekte werden häufig im Rahmen einer Nutzwertanalyse betrachtet. Um monetäre und qualitative Faktoren gleichermaßen zu berücksichtigen, kann beispielsweise auch der Kapitalwert mit dem Nutzenwert multipliziert werden (vergleiche *Blohm, H./Lüder, K.* 1991: Seite 174 ff.).

Fallbeispiel 13-16 (Fortsetzung 13-1) **Investitionsentscheidung Montageautomat**
▶▶▶ Auch bei der Entscheidung über den Ersatz der manuellen Türmontage in der *Speedy GmbH* durch einen Halbautomaten oder einen Vollautomaten gilt es, verschiedene qualitative Aspekte zu beachten. Da der Automat in einer alten Fabrikhalle aufgestellt werden soll, deren Decken nur eine bestimmte Tragfähigkeit aufweisen, darf er nicht zu schwer sein. Da ungewiss ist, ob dem Produktionsbereich im nächsten Jahr ausreichend finanzielle Mittel zugewiesen werden, um die Investition zu finanzieren, soll die Investition möglichst im laufenden Geschäftsjahr erfolgen, für das noch genug finanzielle Mittel vorhanden sind. Aufgrund schlechter Erfahrungen in der Vergangenheit ist es dem Produktionsleiter, Herrn *Röthi*, zudem besonders wichtig, dass der Automat aus möglichst wenigen elektrischen und pneumatischen Komponenten besteht, da mit steigender Anzahl auch die Störanfälligkeit steigt. Um die qualitativen Aspekte bei der Investitionsentscheidung zu berücksichtigen, lässt Herr *Röthi* einen Ingenieur aus seinem Bereich eine Nutzwertanalyse erstellen, die alle zu beachtenden Kriterien enthält. Da der Halbautomat ein geringeres Gewicht als der Vollautomat aufweist, in kürzerer Zeit von dem Sondermaschinenhersteller gebaut werden kann und weniger elektrische und pneumatische Komponenten enthält, entscheidet sich die Geschäftsführung der *Speedy GmbH* abschließend dafür, die manuelle Montage durch den Halbautomaten zu ersetzen. ◀◀◀

13.6 Kennzahlen

Zur Steuerung der betrieblichen Investitionstätigkeiten eignen sich insbesondere die nachfolgenden Kennzahlen (vergleiche *Jung, H.* 2003: Seite 531):

$$\text{Investitionsstruktur} = \frac{\text{Investition je Unternehmensbereich/Betriebsmitteltyp/...}}{\text{Summe aller Investitionen}} \, [\%]$$

$$\text{Investitionsdeckung} = \frac{\text{Abschreibungen auf das Anlagevermögen}}{\text{Investitionen im Anlagevermögen}} \, [\%]$$

$$\text{Investitionen je Mitarbeiter} = \frac{\text{Summe aller Investitionen}}{\text{Anzahl der Mitarbeiter}} \, [\text{€/Mitarbeiter}]$$

$$\text{Investitionsquote} = \frac{\text{Investitionen in Anlagevermögen}}{\text{Anlagevermögen}} \, [\%]$$

Zusammenfassung Kapitel 13

- Unter einer Investition wird die Verwendung finanzieller Mittel für Güter verstanden, die der Erwirtschaftung finanzieller Mittel dienen.
- Hinsichtlich der Zielsetzung werden Errichtungs-, Erweiterungs-, Ersatz-, Rationalisierungs-, Sozial- und Sicherheitsinvestitionen unterschieden.
- Zur Durchführung von Investitionsrechnungen müssen die Investitionsauszahlung, die Rückflüsse und der Liquidationserlös ermittelt werden.
- Bei Ersatz- und Rationalisierungsinvestitionen ergeben sich Einzahlungen durch eingesparte Auszahlungen.
- Statische Verfahren der Investitionsrechnung sind die Kostenvergleichs-, die Gewinnvergleichs-, die Rentabilitätsvergleichs- und die statische Amortisationsrechnung.
- Die statische Amortisationsdauer wird zur Beurteilung des Risikos von Investitionen eingesetzt.
- Die dynamischen Verfahren der Investitionsrechnung berücksichtigen die Zeitpunkte, zu denen Rückflüsse anfallen.
- Der durch Diskontierung ermittelte Barwert gibt an, was ein in der Zukunft liegender Rückfluss zu Beginn der Investition wert ist.
- Dynamische Verfahren der Investitionsrechnung sind die Kapitalwertmethode, die interne Zinsfußmethode und die Annuitätenmethode.
- Ist der Kapitalwert einer Investition Null, wird eine Verzinsung zum Kalkulationszinsfuß erreicht.
- Der interne Zinsfuß ist der Zinssatz, bei dem der Kapitalwert einer Investition Null ist.
- Bei der Annuitätenmethode wird der Kapitalwert in gleich große Beträge über die Nutzungsdauer verteilt.
- Neben monetären Aspekten werden bei Investitionen in der Regel auch marktbezogene, technische und soziale Kriterien berücksichtigt.

Weiterführende Literatur Kapitel 13

Perridon, L./Steiner, M.: Finanzwirtschaft der Unternehmung, München.

Schlüsselbegriffe Kapitel 13

- Investition
- Realinvestition
- Sachinvestition
- Finanzinvestition
- Immaterielle Investition
- Errichtungsinvestition
- Erweiterungsinvestition
- Ersatzinvestition
- Rationalisierungsinvestition
- Sozialinvestition
- Sicherheitsinvestition
- Investitionsrechnung
- Zahlungsreihe
- Investitionsauszahlung
- Nutzungsdauer
- Liquidationserlös
- Rückfluss
- Kostenvergleichsrechnung
- Gewinnvergleichsrechnung
- Rentabilitätsvergleichsrechnung

- Amortisationsdauer
- Diskontierung
- Barwert
- Kapitalwert
- Kalkulationszinsfuß
- Rentenbarwertfaktor
- Interner Zinsfuß
- Annuität
- Kapitalwiedergewinnungsfaktor

Fragen Kapitel 13

Frage 13-1: *Definieren Sie den Begriff »Investition«.*

Frage 13-2: *Nennen Sie mindestens vier Investitionsarten, die sich nach der Zielsetzung unterscheiden lassen.*

Frage 13-3: *Erläutern Sie, was unter einer Ersatzinvestition verstanden wird.*

Frage 13-4: *Erläutern Sie, was unter Sozial- und Sicherheitsinvestitionen verstanden wird.*

Frage 13-5: *Erläutern Sie den Unterschied zwischen der absoluten und der relativen Vorteilhaftigkeit von Investitionen.*

Frage 13-6: *Erläutern Sie, in welcher Situation die besten Investitionsprojekte bestimmt werden müssen.*

Frage 13-7: *Definieren Sie den Begriff »Investitionsauszahlung«.*

Frage 13-8: *Erläutern Sie, woraus sich die Rückflüsse bei Rationalisierungsinvestitionen ergeben.*

Frage 13-9: *Nennen Sie die Verfahren der Investitionsrechnung, bei denen Abschreibungen berücksichtigt werden.*

Frage 13-10: *Erläutern Sie, warum Abschreibungen nicht bei Verfahren der Investitionsrechnung berücksichtigt werden, die auf Rückflüssen basieren.*

Frage 13-11: *Erläutern Sie, welche Unterschiede zwischen den statischen und den dynamischen Verfahren der Investitionsrechnung bestehen.*

Frage 13-12: *Erläutern Sie, was anhand der Amortisationsdauer primär beurteilt wird.*

Frage 13-13: *Nennen Sie vier Einflussfaktoren auf die Höhe des bei den dynamischen Verfahren der Investitionsrechnung zu verwendenden Kalkulationszinsfuß.*

Frage 13-14: *Erläutern Sie, welche Verzinsung bei einem Kapitalwert von Null erreicht wird.*

Frage 13-15: *Nennen Sie die drei Kriterien-Kategorien zur qualitativen Beurteilung von Sachinvestitionen.*

Frage 13-16: *Nennen Sie mindestens fünf qualitative Kriterien zur Beurteilung von Sachinvestitionen.*

Fallstudie Kapitel 13

Fallstudie 13-1: Zahlungsreihe

Nach einer genaueren Analyse der Absatzmöglichkeiten für die zusätzlich produzierbaren Türmodule wurden für die Produktion und den Absatz des vorher beschriebenen Beispiels statt der zusätzlichen 5 000 Türmodule je Jahr die in ↗ Tabelle 13-15 angegebenen Stückzahlen ermittelt.

Tab. 13-15

Geänderte Investitionsdaten des Fallbeispiels

A	Investitionsdaten	Halbautomat	Vollautomat
$A7_1$	1. Jahr: Anzahl zusätzlich produzier- und absetzbarer Produkte	900 Stück	900 Stück
$A7_2$	2. Jahr: Anzahl zusätzlich produzier- und absetzbarer Produkte	2 800 Stück	2 800 Stück
$A7_3$	3. Jahr: Anzahl zusätzlich produzier- und absetzbarer Produkte	4 700 Stück	4 700 Stück
$A7_4$	4. Jahr: Anzahl zusätzlich produzier- und absetzbarer Produkte	5 600 Stück	5 600 Stück
$A7_5$	5. Jahr: Anzahl zusätzlich produzier- und absetzbarer Produkte	6 800 Stück	6 800 Stück

Ermitteln Sie mit den neuen zusätzlichen Produktions- und Absatzzahlen für die beiden Investitionsalternativen die Zahlungsreihen und tragen Sie das Ergebnis in die nachfolgende Tabelle ein (Hinweis: Zwischenergebnisse dienen der Selbstkontrolle).

B	Zahlungsreihe	Halbautomat	Vollautomat
B1	0. Jahr: Investitionsauszahlung I_0 = A1	−650 000,00 €	−1 000 000,00 €
B2	1. Jahr: Rückfluss R_1	127 000,00 €	
B3	2. Jahr: Rückfluss R_2		
B4	3. Jahr: Rückfluss R_3		
B5	4. Jahr: Rückfluss R_4		
B6	5. Jahr: Rückfluss R_5		354 000,00 €
B7	5. Jahr: Liquidationserlös L_5 = A3	150 000,00 €	200 000,00 €

Fallstudie 13-2: Investitionsrechnungen

Bei einer noch genaueren Analyse der Absatzmöglichkeiten für die zusätzlich produzierbaren Türmodule wurde die in ↗ Tabelle 13-16 angegebene Zahlungsreihe ermittelt.

Tab. 13-16

Geänderte Zahlungsreihe des Fallbeispiels

B	Zahlungsreihe	Halbautomat	Vollautomat
B1	0. Jahr: Investitionsauszahlung I_0 = A1	−650 000,00 €	−1 000 000,00 €
B2	1. Jahr: Rückfluss R_1	130 000,00 €	180 000,00 €
B3	2. Jahr: Rückfluss R_2	190 000,00 €	240 000,00 €
B4	3. Jahr: Rückfluss R_3	250 000,00 €	300 000,00 €
B5	4. Jahr: Rückfluss R_4	280 000,00 €	330 000,00 €
B6	5. Jahr: Rückfluss R_5	310 000,00 €	360 000,00 €
B7	5. Jahr: Liquidationserlös L_5 = A3	150 000,00 €	200 000,00 €

Vergleichen Sie durch die Ermittlung der entsprechenden Werte in der nachfolgenden Tabelle (Hinweis: Zwischenergebnisse dienen der Selbstkontrolle) auf Basis der Zahlungsreihe die beiden Investitionsalternativen mittels:
- der Gewinnvergleichsrechnung (Hinweis: Verwenden Sie die durchschnittlichen Rückflüsse je Jahr),
- der Rentabilitätsvergleichsrechnung (Hinweis: Verwenden Sie die durchschnittlichen Rückflüsse je Jahr),
- der statischen Amortisationsrechnung (Hinweis: Verwenden Sie die durchschnittlichen Rückflüsse je Jahr),
- der Kapitalwertmethode (Hinweis: Verwenden Sie nicht die durchschnittlichen Rückflüsse, sondern die einzelnen Rückflüsse je Jahr),
- der Internen Zinsfußmethode (Hinweis: Bei einem zweiten Versuchszinssatz von 20 Prozent ergaben sich für den Halbautomat ein Kapitalwert von 54 848,25 Euro und für den Vollautomat ein Kapitalwert von −125 527,26 Euro) und
- der Annuitätenmethode mit einem Kalkulationszinsfuß von 10 Prozent.

D	Gewinnvergleichsrechnung	Halbautomat	Vollautomat
D1	Durchschnittlicher Rückfluss R je Jahr		
C1	Abschreibungen für die Automaten je Jahr		
D2	Durchschnittlicher Gewinn E je Jahr		122 000,00 €
E	**Rentabilitätsvergleichsrechnung**		
E1	Return-on-Investment ROI	20,3 %	
F	**Statische Amortisationsrechnung**		
F2	Amortisationsdauer		3,5 Jahre
G	**Kapitalwertmethode**		
G1	Kalkulationszinsfuß r_1	10,0 %	10,0 %
G2	1. Jahr: Diskontierter Rückfluss R_{01}	118 181,82 €	
G3	2. Jahr: Diskontierter Rückfluss R_{02}		
G4	3. Jahr: Diskontierter Rückfluss R_{03}		
G5	4. Jahr: Diskontierter Rückfluss R_{04}		
G6	5. Jahr: Diskontierter Rückfluss R_{05}		
G7	5. Jahr: Diskontierter Liquidationserlös L_{05}		124 184,26 €
G8	Kapitalwert C_{01}	289 902,89 €	

H	Interne Zinsfußmethode		
H1	Versuchszinssatz r_2	20,0 %	20,0 %
H2	Kapitalwert C_{02}	54 848,25 €	−125 527,26 €
H3	Näherungsweise ermittelter intern. Zinsfuß r_i		
H4	Iterativ ermittelter interner Zinsfuß r_i	23,1 %	15,1 %
I	**Annuitätenmethode**		
I1	Annuität AN		42 336,41 €

Lösungen Kapitel 13

Lösungshinweise zu den Rechnungen im Kapitel finden Sie unter folgender Internetadresse:
www.EinfuehrungInDieBetriebswirtschaftslehre.de/bwl-loesungshinweise.html

Studierende, deren Dozenten das Buch einsetzen, finden ausführliche passwortgeschützte Lösungen unter folgender Internetadresse:
www.EinfuehrungInDieBetriebswirtschaftslehre.de/bwl-loesungen.html

Das Passwort für die Lösungen erhalten Sie von Ihrem Dozenten:

Passwort:	

Teil IV
Leistungserstellung

Abb. IV-1

Einordnung der Leistungserstellung in das 4-Ebenen-Modell der BWL

Die betriebliche Leistungserstellung bildet den Kern des diesem Buch zugrunde liegenden 4-Ebenen-Modells der BWL (↗ Abbildung IV-1). Sie hat primär die Realgüter in Form von Erzeugnissen, Waren und Dienstleistungen zum Gegenstand.

Um Ihnen die wichtigsten Kenntnisse und Fertigkeiten im Hinblick auf die Teilbereiche der Leistungserstellung zu vermitteln, wurde der vierte Teil dieses Buchs in folgende Kapitel untergliedert:

- Im ↗ **Kapitel 14 Innovationsmanagement** werden wir uns zuerst mit der Entwicklung neuer Produkte beschäftigen,
- Im ↗ **Kapitel 15 Beschaffung** werden wir uns dann anschauen, wie die Versorgung der Leistungserstellung mit Gütern, wie Rohstoffen, durch die Erteilung von Aufträgen an Lieferanten sichergestellt wird.
- Im ↗ **Kapitel 16 Logistik** werden wir ergänzend darauf eingehen wie die Ver- und Entsorgung von Unternehmen und ihren Kunden mit Gütern durch Logistikfunktionen, wie Transporte und Lagerungen, erfolgt.
- Im ↗ **Kapitel 17 Produktionswirtschaft** steht der Transformationsprozess von Produktionsfaktoren in Produkte im Mittelpunkt, der durch die in Aufträge umgewandelte Nachfrage der Kunden nach Produkten angestoßen wird.
- Im ↗ **Kapitel 18 Marketing** werden wir zuletzt betrachten, wie Kunden dazu gebracht werden, Produkte nachzufragen.

14 Innovationsmanagement

Kapitelnavigator

Inhalt	Lernziel
14.1 Grundlagen	14-1 Die Grundlagen des Innovationsmanagements kennen.
14.2 Strategisches Innovationsmanagement	14-2 Die Elemente und Vorgehensweisen des strategischen Innovationsmanagements kennen.
14.3 Operatives Innovationsmanagement	14-3 Die Elemente und Vorgehensweisen des operativen Innovationsmanagements kennen.
14.4 Innovationskultur	14-4 Den Einfluss der Innovationskultur kennen.
14.5 Kennzahlen	14-5 Die wichtigsten Innovationskennzahlen kennen.

Die gesamte Entwicklungsgeschichte des Menschen ist von Innovationen geprägt. Während sich Menschen in der Frühzeit durch neue Werkzeuge und Waffen gegenüber Tieren und anderen Menschen behaupten konnten, können sich Unternehmen heute durch neue Produkte und neue Prozesse gegenüber anderen Unternehmen durchsetzen. Innovationen treten dabei in den verschiedensten Formen in Erscheinung, etwa als neues Automobil, als neues Gebäude, als neue Mode, als neues Musikalbum, als neue Software, als neue Geldanlageform oder als neue Dienstleistung.

> Das **Innovationsmanagement** umfasst alle Planungs-, Entscheidungs-, Organisations- und Kontrollaufgaben im Hinblick auf die Forschung, Entwicklung, Produktion und Markteinführung neuer Produkte und Prozesse.

14.1 Grundlagen

Welchen Einfluss Innovationen auf die Entwicklung von Volkswirtschaften haben, zeigte der russische Wirtschaftswissenschaftler *Nikolai D. Kondratieff* bereits 1926 mit seinem Modell der »long wave cycles« beziehungsweise der **langen Konjunkturwellen**. Diese auch als »*Kondratieff*-Zyklen« bezeichneten Wellen kommen durch Basisinnovationen zustande, die jeweils eine 50 bis 60 Jahre andauernde wirtschaftliche Aufschwungphase nach sich ziehen und dadurch zu einer Erhöhung des Volks-

Makroökonomische Bedeutung von Innovationen

14.1 Innovationsmanagement
Grundlagen

> **Wirtschaftspraxis 14-1**
>
> **Innovative Menschen verdrängten den Neandertaler**
>
> Der heutige Stand der Forschung geht davon aus, dass der *Homo sapiens* als Vorfahre des heutigen Menschen bei seiner Ausbreitung in Europa den *Neandertaler* vor etwa 40 000 Jahren verdrängte. Die beiden Menschentypen konkurrierten damals um dieselben Territorien, dieselben Nutztiere, dieselben Brennvorräte und dieselben Höhlen. Da der *Homo sapiens* jedoch über bessere Kleidung, bessere Werkzeuge und bessere Waffen verfügte und zudem das Feuer besser kontrollieren konnte, wird vermutet, dass er den *Neandertaler* innerhalb von etwa 1 000 bis 6 000 Jahren verdrängte.
>
> Quelle: Neandertaler schneller verdrängt als bisher bekannt, unter: www.faz.net, Stand: 22.02.2006.

einkommens führen. Bislang werden folgende *Kondratieff*-Zyklen unterschieden (↗ Abbildung 14-1, zum Folgenden vergleiche *Kondratieff, N. D.* 1984: Seite 1 ff.):

Kondratieff-Zyklen

- Zu einem ersten Zyklus kam es aufgrund der Erfindung der **Dampfmaschine** durch den Engländer *James Watt* im Jahre 1769, die den Übergang von der handwerklichen zur industriellen Produktion einleitete.
- Der zweite *Kondratieff*-Zyklus wurde durch die Erfindung neuer Verfahren der **Stahlproduktion** durch *Krupp* und *Hoesch* und durch die Erfindung der **Dampflokomotive** durch *George Stephenson* im Jahr 1814 ausgelöst.

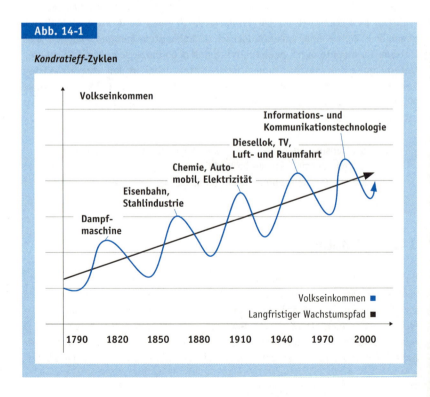

Abb. 14-1: *Kondratieff*-Zyklen

- Der zunehmende Einsatz von **Elektrizität** als Energiequelle in der industriellen Produktion und die Erfindung des **Automobils** und neuer Verfahren der **Chemieproduktion** leiteten ab etwa 1880 den dritten *Kondratieff*-Zyklus ein.
- Auslöser des vierten *Kondratieff*-Zyklus war insbesondere die Entwicklung der **Luft- und Raumfahrttechnik** und des **Fernsehens**.
- Der vorerst letzte weltwirtschaftlich bedeutsame Konjunkturschub beruhte auf der **Informations- und Kommunikationstechnologie**, durch die der Übergang von einer Industrie- zu einer Dienstleistungsgesellschaft eingeleitet wurde.

Heute wird angenommen, dass der nächste *Kondratieff*-Zyklus durch Innovationen auf dem Gebiet der **Life-Sciences** (englisch: Lebenswissenschaften), ausgelöst werden wird, zu denen unter anderem die Ernährungswissenschaften, die Medizin, die Molekularbiologie und die Neurowissenschaften zählen.

Die meisten Innovationen, die die *Kondratieff*-Zyklen auslösten, führten zur Gründung von Unternehmen, die die Innovationen verwerteten und weiterentwickelten. Diese Unternehmen prosperierten, da ihnen die neuen Produkte Alleinstellungsmerkmale im Markt verschafften. Auch heute hängt die Wettbewerbsfähigkeit von Unternehmen ganz wesentlich von ihrer Fähigkeit ab, Innovationen hervorzubringen. Die Art und Weise, wie das Management von Innovationen erfolgt, ist deshalb von großer Bedeutung für den wirtschaftlichen Erfolg von Unternehmen und für ihre langfristige Existenzsicherung.

Mikroökonomische Wirkung von Innovationen

Abb. 14-2

Einfluss des Innovationsmanagements auf die Kosten

14.1 Innovationsmanagement
Grundlagen

Einfluss auf die Kostenstruktur

Das Innovationsmanagement hat aber nicht nur erheblichen Einfluss auf die Marktstellung, sondern auch auf die Kostenstruktur von Unternehmen. Der Grund dafür liegt darin, dass die Herstellkosten von Produkten bereits in der Entwicklungsphase weitgehend festgelegt werden. Demgegenüber nehmen die Möglichkeiten zur Kostenbeeinflussung durch eine optimale Planung oder durch Rationalisierungsmaßnahmen in der sich der Entwicklung anschließenden Produktionsphase immer weiter ab (↗ Abbildung 14-2).

14.1.1 Begriffe

14.1.1.1 Forschung und Entwicklung

Technische Innovationen, die nachfolgend primär betrachtet werden, basieren auf der Durchführung von Forschungs- und Entwicklungsaktivitäten.

> Die **Forschung und Entwicklung** umfasst sämtliche Aktivitäten, die dem Erwerb von neuem Wissen und der Verwendung dieses Wissens in neuen Produkten und Prozessen dienen.

Innovationsphasen

Die Forschung schafft dabei die Grundlagen für die nachfolgende Entwicklung, die ihrerseits die Basis der nachfolgenden Produktion und Markteinführung ist. Im sogenannten *Frascati*-Handbuch der *OECD* erfolgt eine weitere zeitliche Differenzierung der Forschung in die **Grundlagenforschung** und die **angewandte Forschung** sowie der Entwicklung in die **Vorentwicklung** und die **Entwicklung im engeren Sinne** (↗ Abbildung 14-3, vergleiche *Gerpott, T. J.* 2005: Seite 25 und 31 ff., *OECD* 1982: Seite 29 sowie *Specht, G./Beckmann, C./Amelingmeyer, J.* 2002: Seite 14).

Vom Innovationsmanagement ist das **Forschungs- und Entwicklungsmanagement** abzugrenzen, das mit der Entwicklung der Produkte und Prozesse vor der eigentlichen Produktion und Markteinführung abschließt. Von dem Forschungs- und Entwicklungsmanagement wiederum unterscheidet sich das **Technologiemanagement**, das nur Planungs-, Entscheidungs-, Organisations- und Kontrollaufgaben im Hinblick auf die angewandte Forschung und die Vorentwicklung umfasst (vergleiche *Gerpott, T. J.* 2005: Seite 57).

14.1.1.2 Theorien als Ergebnis der Grundlagenforschung

Die Grundlagenforschung hat die von einer praktischen Anwendung unabhängige Gewinnung von neuen Theorien zum Ziel.

> **Theorien** sind allgemeine wissenschaftliche Erkenntnisse, die empirisch feststellbare Ursache-Wirkungsbeziehungen beschreiben.

Theorien erklären also in abstrakter Form in der Realität zu beobachtende Sachverhalte (vergleiche *Specht, G./Beckmann, C./Amelingmeyer, J.* 2002: Seite 12). Beispielsweise besagt die physikalische Theorie, dass die sogenannte Gleitreibung zwischen zwei Körpern, die sich zueinander bewegen, kleiner ist als die sogenannte

Abb. 14-3

Phasen und Begriffe des Innovationsmanagements

Vergleiche Specht, G./Beckmann, C./Amelingmeyer, J. 2002: Seite 16

Haftreibung zwischen zwei Körpern, die sich nicht zueinander bewegen. Zwischen der Bewegung und der Reibung besteht also eine Ursache-Wirkungsbeziehung.

Obwohl Theorien immateriell sind, werden zu ihrer Herleitung und Überprüfung häufig Versuchsaufbauten in Laboratorien realisiert. So ist beispielsweise die *Europäische Organisation für Kernforschung CERN* in Genf das größte Teilchen-Physik-Labor der Welt.

Träger der Grundlagenforschung sind in der Regel staatliche Forschungseinrichtungen, wie Institute an Hochschulen oder Großforschungseinrichtungen, zu denen unter anderem die *Max-Planck-Gesellschaft* gehört. Unternehmen engagieren sich in dieser Phase der Forschung und Entwicklung hingegen eher selten, da sie sich aufgrund des fehlenden unmittelbaren Anwendungsbezugs keinen ökonomischen Nutzen davon versprechen.

Träger der Grundlagenforschung

14.1.1.3 Technologien als Ergebnis der angewandten Forschung

Die angewandte Forschung baut auf den Ergebnissen der Grundlagenforschung auf. Ihr Gegenstand ist die Gewinnung von Technologien.

Technologien sind auf Theorien basierende Anweisungen zum technischen Handeln.

Technologien sind also Funktionsprinzipen, die Ziel-Mittelbeziehungen zur Lösung praktischer Probleme beschreiben (vergleiche *Gerpott, T. J.* 2005: Seite 27 und *Specht, G./Beckmann, C./Amelingmeyer, J.* 2002: Seite 12 f.). Beispielsweise basiert die in vielen Automobilen umgesetzte Antiblockier-Technologie auf der im vorherigen Kapitel beschriebenen Theorie der Haft- und Gleitreibung. Die Antiblockier-Technologie beschreibt, wie die Räder eines Automobils so abgebremst werden können, dass sie nicht blockieren. Durch diese Technologie wird beim Bremsen die Haftreibung statt der Gleitreibung genutzt, wodurch die Bremswirkung erheblich vergrößert wird.

Technologien können nach verschiedenen Kriterien systematisiert werden (↗ Abbildung 14-4, zum Folgenden vergleiche *Gerpott, T. J.* 2005: Seite 26 f.):

Systematisierung von Technologien nach dem Einsatzgebiet
Hinsichtlich des Einsatzgebiets können Produkt- und Prozesstechnologien unterschieden werden. **Produkttechnologien** sind die in den Produkten zur Anwendung kommenden Technologien, **Prozesstechnologien** dienen hingegen der Erstellung von Produkten.

Systematisierung von Technologien nach der Lebenszyklusphase
Hinsichtlich der Lebenszyklusphase können Schrittmachertechnologien, Schlüsseltechnologien und Basistechnologien unterschieden werden. Von **Schrittmachertechnologien** wird erwartet, dass sie zukünftig einen großen Einfluss auf die Struktur einer Branche haben werden. Wenn diese Technologien dann nachfolgend von den ersten Unternehmen beherrscht und eingesetzt werden, handelt es sich um **Schlüsseltechnologien**. Werden diese Technologien schließlich von allen Unternehmen einer Branche beherrscht, werden sie zu **Basistechnologien**.

Abb. 14-4 Systematisierung von Technologien

Vergleiche *Gerpott, T. J.* 2005: Seite 26 f.

Grundlagen 14.1

> **Wirtschaftspraxis 14-2**
>
> ### Die MP3-Technologie
>
> Ende der 1980er-Jahre wurde am *Fraunhofer Institut für Integrierte Schaltungen* (*IIS*) eine Technologie zur Komprimierung von Audioinformationen entwickelt, die bald darauf die Musikindustrie revolutionieren sollte. *MPEG-1, Layer 3* – oder abgekürzt *MP3* – ist eine Technologie, die beschreibt, wie aus Audioinformationen Teile entfernt werden können, die von den meisten Hörern nicht wahrgenommen werden. Die Komprimierung erfolgt dabei unter Berücksichtigung der psychoakustischen Eigenschaften des menschlichen Ohrs. So kann das menschliche Gehör beispielsweise zwei Töne erst ab einem gewissen Mindestunterschied der Frequenzen voneinander unterscheiden oder direkt nach sehr lauten Tönen keine sehr leisen Töne wahrnehmen. Durch Ausnutzung dieser Effekte lassen sich Audioinformationen ohne hörbare Unterschiede um den Faktor 1:10 bis 1:20 komprimieren.
>
> Quelle: *Fraunhofer-Institut für Integrierte Schaltungen*: MP3: MPEG Audio Layer-3, unter: www.iis.fraunhofer.de, Stand: 2006.

Wenn sie einen entsprechenden Neuigkeitsgrad aufweisen, lassen sich Technologien durch **Patente** schützen. Unternehmen ist es dadurch möglich, ihre Position als Ersterfinder beziehungsweise Pionierunternehmen zumindest für einen gewissen Zeitraum gegenüber Wettbewerbern abzusichern.

Schutz von Technologien

> **Wirtschaftspraxis 14-3**
>
> ### Die Bedeutung gewerblicher Schutzrechte
>
> Welche Bedeutung gewerbliche Schutzrechte für die Wirtschaft haben, zeigt beispielsweise der Bestand des *Deutschen Patent- und Markenamtes* an solchen Rechten. So verwaltete das Amt im Jahr 2005 einen Bestand von über 430 000 Patenten, 100 000 Gebrauchsmustern, 310 000 Geschmacksmustern und 730 000 Marken.
>
> Quelle: *Deutsches Patent- und Markenamt*: Jahresbericht 2005, Seite 8.

14.1.1.4 Technik als Ergebnis der Entwicklung

Die Entwicklung basiert auf den in der angewandten Forschung gewonnenen Technologien. Wenn diese Technologien in Prototypen und nachfolgend in Produkten oder Prozessen realisiert werden, handelt es sich um Technik.

> **Technik** ist die Umsetzung von Technologien in materiellen oder immateriellen Produkten und Prozessen.

In dem im vorherigen Kapitel beschriebenen Beispiel ist Technik also das realisierte Antiblockier-System eines Automobils. Neben den materiellen Komponenten ist dabei für die Realisierung auch eine immaterielle Software notwendig, die das Antiblockier-System steuert (vergleiche *Gerpott, T. J.* 2005: Seite 17 ff. und *Specht, G./*

Beckmann, C./Amelingmeyer, J. 2002: Seite 12 f.). Die Entwicklung gliedert sich in zwei Phasen:

Entwicklungsphasen

Vorentwicklung
In der Vorentwicklung wird ein **Prototyp** entwickelt, der es ermöglicht, die Funktionsweise des späteren Produktes oder Prozesses in der Realität zu überprüfen.

Entwicklung im engeren Sinne
Die sich der Vorentwicklung anschließende Entwicklung im engeren Sinne mündet in einem produzier- und vermarktbaren Produkt oder einem umsetzbaren Prozess. Dabei handelt es sich zugleich um eine Invention (vergleiche *Gerpott, T. J.* 2005: Seite 25 ff. und *Specht, G./Beckmann, C./Amelingmeyer, J.* 2002: Seite 13).

> Eine **Invention** ist eine technisch realisierte Erfindung eines neuen Produktes oder Prozesses als Ergebnis der Forschung und Entwicklung.

Schutz von Inventionen

Wenn Inventionen entsprechende Unterschiede zum aktuellen Stand der Technik aufweisen, lassen sie sich als **Gebrauchsmuster** oder unter Umständen sogar als **Patent** schützen. Die ästhetische Gestaltung von Inventionen lässt sich zudem als **Geschmacksmuster** schützen.

14.1.1.5 Innovationen als Ergebnis der Produktion und Markteinführung

Wird die Invention schließlich im Rahmen der betrieblichen Leistungserstellung verwendet, handelt es sich um eine Innovation.

> Unter einer **Innovation** wird die erstmalige wirtschaftliche Nutzung einer Invention durch die Produktion und den Absatz eines neuen Produkts oder durch den Einsatz eines neuen Prozesses in der Produktion verstanden.

Wirtschaftspraxis 14-4

Die Entwicklung des Spielfilms »Final Destination«

In der Filmindustrie werden häufig vor der endgültigen Fertigstellung »Filmprototypen« erstellt, die dazu verwendet werden, Testvorführungen vor einem dem Zielpublikum entsprechenden Testpublikum durchzuführen. Entsprechende Tests des Horrorfilms »*Final Destination*« des amerikanischen Unternehmens *New Line Cinema* ergaben beispielsweise, dass das Publikum mit dem zuerst realisierten, eher nachdenklichen Ende, bei dem eine der Hauptdarstellerinnen dem Tod durch die Geburt eines Kindes entging, nicht zufrieden war. Das Publikum erwartete stattdessen auch am Ende eine überraschende Sterbeszene. Aus diesem Grund wurde ein neues, die Erwartungen des Publikums befriedigendes Ende für den Film entwickelt und in einem sechs Tage dauernden und zwei Millionen Dollar kostenden Nachdreh filmisch umgesetzt.

Quelle: Testing Final Destination, unter: Hauptmenü/Extras/Dokumentationen, DVD Final Destination, USA 2000.

Der Begriff »Innovation« stammt dabei von dem lateinischen Wort »innovatio« ab, das so viel wie Neuerung, Erneuerung, Neueinführung oder auch Neuheit bedeutet. Innovationen können weiter in Produkt- und Prozessinnovationen unterteilt werden (vergleiche *Gerpott, T. J.* 2005: Seite 37 ff. und *Specht, G./Beckmann, C./Amelingmeyer, J.* 2002: Seite 13 f.):

Innovationsarten

Produktinnovationen

Innovationen, die sich auf die von einem Unternehmen produzierten und abgesetzten Produkte beziehen, werden als Produktinnovationen bezeichnet. Sie lassen sich weiter unterteilen in

- **Marktneuheiten**, die es bisher überhaupt nicht gab, und
- **Unternehmensneuheiten**, die nur für das Unternehmen neu sind.

Prozessinnovationen

Innovationen, die sich auf die von einem Unternehmen durchgeführten Prozesse der Leistungserstellung beziehen, werden als Prozess- oder **Verfahrensinnovationen** bezeichnet. Die Prozessinnovationen können weiter in folgende Innovationen unterteilt werden:

- **Technische Prozessinnovationen** sind beispielsweise neue Verfahren der Metallbearbeitung oder eine neue Buchhaltungssoftware.
- **Sozialinnovationen** sind nichttechnische Prozessinnovationen, die den Menschen und sein Verhalten im Unternehmen zum Gegenstand haben. Hierzu gehören beispielsweise neue Ansätze zur Steigerung der Arbeitszufriedenheit oder neue Ansätze der Arbeitszeitregelung.
- **Strukturinnovationen** bezeichnen Änderungen der Aufbau- und der Ablauforganisation im Rahmen des organisatorischen Wandels (↗ Kapitel 7 Organisation).
- **Geschäftsmodellinnovationen** beziehen sich zuletzt auf die gesamte Art und Weise, wie Unternehmen Geschäfte machen.

Gegenstand der nachfolgenden Ausführungen werden dabei technische Prozessinnovationen sein.

Welche Bedeutung Produkt- und Prozessinnovationen im Verlauf der Zeit für Unternehmen haben, hängt in der Regel vom Reifegrad und von der Art der betreffenden Branche ab. Während sich Unternehmen in jungen Branchen vornehmlich durch Produktinnovationen differenzieren, gewinnen Prozessinnovationen und die durch sie erreichbaren Kostenreduzierungen mit einem zunehmenden Reifegrad der Branche an Bedeutung (↗ Abbildung 14-5). In manchen Branchen sind zur Produktion von neuen Produkten jedoch auch neue Produktionsprozesse erforderlich, weshalb beispielsweise in der Halbleiterindustrie Produkt- und Prozessinnovation zeitgleich erfolgen.

Bedeutung von Produkt- und Prozessinnovationen

Abb. 14-5

Veränderung der Bedeutung von Produkt- und Prozessinnovationen im Zeitablauf

Vergleiche Utterback, J. M. 1994: Seite 91

14.1.2 Einordnung des Innovationsmanagements

Das Innovationsmanagement ist Teil der Leistungserstellung. Schnittstellen bestehen insbesondere zu folgenden Bereichen (↗ Abbildung 14-6):

- **Kunden:** Das Innovationsmanagement erhält von Kunden Anstöße zur Entwicklung und lässt Kunden Prototypen testen und beurteilen.
- **Marketing:** In der Regel erstellt das Marketing im Rahmen der Produktpolitik Vorgaben für das Innovationsmanagement hinsichtlich der zu entwickelnden Produkte.
- **Lieferanten:** Mit Lieferanten erfolgt eine Abstimmung, wer welche Entwicklungsarbeiten übernimmt, und hinsichtlich der Schnittstellen zwischen den von den Lieferanten entwickelten Teilen und den selbst entwickelten Teilen.
- **Produktion:** Die Produktion erhält am Ende vom Innovationsmanagement die Daten der zu produzierenden Produkte. Bei der Entwicklung liefert die Produktion Hinweise im Hinblick auf eine produktionsgerechte Gestaltung der Produkte.

14.1.3 Entwicklung des Innovationsmanagements

Aus der historischen Perspektive heraus lassen sich folgende Entwicklungsphasen des Innovationsmanagements unterscheiden:

Abb. 14-6

Einordnung des Innovationsmanagements in die Leistungserstellung

Phase des Technology-Pushs

Bis Mitte der 1960er-Jahre wurden Innovationen in der Regel technologiegetrieben durch den sogenannten Technology-Push (englisch: **Technologiedruck**) initiiert. Die Ergebnisse der Forschung und Entwicklung bestimmten also, welche Produkte angeboten wurden. Die Beziehungen zwischen Unternehmen und ihren Kunden waren zu dieser Zeit typisch für sogenannte Verkäufermärkte.

Entwicklungsphasen des Innovationsmanagements

Phase des Market-Pulls

Mit dem Wechsel vom Verkäufer- zum Käufermarkt wurden Innovationen ab Ende der 1960er-Jahre primär markt- und kundengetrieben durch den sogenannten Market-Pull (englisch: **Marktsog**) initiiert. Die Unternehmen entwickelten also nicht mehr das, was technisch möglich war, sondern das, was die Kunden vermeintlich wollten.

Phase der Ökologieorientierung

Infolge der ersten großen Energiekrise in den Jahren 1973/74 und dem dadurch zunehmenden ökologischen Bewusstsein breiter Bevölkerungsschichten dominierten Forderungen nach »sauberen« Technologien und ökologische Zielsetzungen, wie beispielsweise Recyclingfähigkeit und Ressourcenschonung, lange Zeit die Innovationsaktivitäten von Unternehmen.

Phase der Open-Innovation

Insbesondere im Bereich der Softwareentwicklung etablierte sich seit Mitte der 1980er-Jahre die Idee, Software nicht von Unternehmen, sondern von vielen unabhängigen Personen entwickeln zu lassen. Das Betriebssystem *Linux* oder *Apple* mit seinen Apps sind Beispiele für so entstandene Software.

Abb. 14-7

Ziele des Innovationsmanagements

14.1.4 Ziele des Innovationsmanagements

Die Ziele des Innovationsmanagements lassen sich aus den übergeordneten Unternehmenszielen ableiten. Das Hauptanliegen der Innovationstätigkeit ist es, gegenüber der Konkurrenz Wettbewerbsvorteile zu erzielen, die sich in messbaren ökonomischen Erfolgsgrößen niederschlagen, wie beispielsweise dem Gewinn oder dem Marktanteil. Um dies zu erreichen, werden mit dem Innovationsmanagement insbesondere folgende Ziele verfolgt (↗ Abbildung 14-7):

Zielsystem des Innovationsmanagements

Kostenziele
Im Rahmen des Innovationsmanagements gilt es, den Aufwand für die eigentliche Entwicklung von Produkten und Prozessen zu reduzieren, um so den Gewinn zu steigern.

Da die Gestaltung der Produkte zudem erhebliche Auswirkungen auf die Produktions- und Logistikkosten hat, ist es ein weiteres Ziel des Innovationsmanagements, diese Folgekosten zu reduzieren.

Zeitziele
Im Innovationsbereich kann der Faktor Zeit erheblichen Einfluss auf den Markterfolg haben. Häufig gilt, dass diejenigen Unternehmen, die als erstes ein neues Produkt anbieten, auch den sogenannten »**Innovationsprofit**« abschöpfen können. Um zudem schnell auf Marktänderungen reagieren zu können, sollten deshalb möglichst kurze Entwicklungsdauern für neue Produkte und Prozesse realisiert werden.

Das Innovationsmanagement muss zudem dafür sorgen, dass die im Rahmen der Timingstrategie festgelegten Termine der Fertigentwicklung und der Markteinführung neuer Produkte eingehalten werden.

Ergebnisziele

Das Ergebnis des Innovationsprozesses hat eine quantitative und eine qualitative Dimension. Das qualitative Ergebnis bezieht sich auf die Menge der jährlich hervorgebrachten Technologien, Inventionen und Innovationen.

Die entwickelten Produkte müssen zudem hinsichtlich ihrer Qualität und damit hinsichtlich ihrer Funktionalität den Anforderungen der Kunden entsprechen. Dabei ist auch darauf zu achten, dass die Produkte die Kundenanforderungen nicht übertreffen, also nicht »overengineered« sind.

14.1.5 Restriktionen des Innovationsmanagements

Das Innovationsmanagement von Unternehmen unterliegt einer Reihe von externen und internen Rahmenbedingungen, die die Handlungsspielräume einschränken können:

Wettbewerbsdruck

Aufgrund der wachsenden Globalisierung gibt es heute kaum noch »geographische Marktnischen«. Der daraus resultierende unmittelbare Wettbewerbsdruck zwingt die Unternehmen geradezu zu einer ausgeprägten Innovationsorientierung. Dadurch wird nicht nur der generelle Zwang zu erfolgreichen Innovationen verstärkt, sondern häufig auch der Zeitdruck erhöht, unter dem Innovationen hervorgebracht werden müssen.

Risiken

Mit Innovationen ist in der Regel nicht nur eine Reihe von Chancen, sondern auch eine Reihe von Risiken verbunden. Hierzu gehören insbesondere:

- **technische Risiken**, da nicht alle durchgeführten Forschungs- und Entwicklungsprojekte auch zu funktionsfähigen Produkten führen,
- **Marktrisiken**, da viele Inventionen aufgrund mangelnden Kundeninteresses nicht im Markt eingeführt werden, und
- **wirtschaftliche Risiken**, da nicht alle Innovationen Gewinne erwirtschaften.

Wie groß die Risiken sind, zeigt der Umstand, dass nur etwa fünf bis zehn Prozent aller Produktideen letztendlich erfolgreich sind.

Risiken von Innovationen

Innovationshemmnisse

Häufig bestehen innerhalb von Unternehmen erhebliche Innovationshemmnisse so insbesondere aufgrund von (vergleiche *BMBF* 1996: Seite 16) unternehmensinternen Widerständen, hohen Innovationskosten, langen Amortisationsdauern, leichter Imitierbarkeit der Innovationen, fehlendem Kapital, mangelndem Fachpersonal, mangelnder technischer Ausstattung und fehlendem Know-how.

14.1 Innovationsmanagement
Grundlagen

> **Wirtschaftspraxis 14-5**
>
> **Die Lebenszyklen des Walkmans**
>
> Welche Auswirkungen der Innovationsdruck haben kann, zeigt eindrucksvoll das Beispiel des *Walkmans* der *Sony Corporation*: Seit das japanische Unternehmen 1979 den ersten *Walkman* einführte, wurden über 370 neue Modelle und Modellvarianten des tragbaren Kassettenrecorders auf den Markt gebracht und über 140 Millionen Stück abgesetzt. Die Lebenszyklen der einzelnen Modelle betrugen dabei in der Regel nicht mehr als sechs Monate.
>
> Quelle: *Hoffritz, J.*: Arme Schlucker, in: Wirtschaftswoche 18/1996, Seite 128–131.

14.1.6 Aufgaben und Vorgehensweise

Um zu erfolgreichen Innovationen zu gelangen, ist es von entscheidender Bedeutung, den Innovationsprozess systematisch und zielorientiert zu planen, zu realisieren und zu kontrollieren. Zu den wesentlichen Aufgaben des Innovationsmanagements gehören dementsprechend insbesondere:

Aufgaben des Innovationsmanagements

- die Bestimmung der Innovationsstrategie,
- die Aufstellung des Forschungs- und Entwicklungsprojektprogramms,
- die Festlegung, wie Technologie und Technik bereitgestellt werden,
- die Planung und die Realisierung der einzelnen Forschungs- und Entwicklungsprojekte,
- die Planung und die Realisierung der Produktion und des Marketings sowie
- die Schaffung einer innovationsfördernden Organisationsstruktur und -kultur.

Abb. 14-8: Aufgaben und Vorgehensweise des Innovationsmanagements

Die Vorgehensweise bei der Erfüllung dieser Aufgaben wird in der ↗ Abbildung 14-8 verdeutlicht. Danach können ein strategisches und ein operatives Innovationsmanagement unterschieden werden.

Vorgehensweise

14.2 Strategisches Innovationsmanagement

14.2.1 Innovationsstrategie

Die Innovationsstrategie ist für die zukünftige Positionierung eines Unternehmens im Markt von grundlegender Bedeutung. Sie umfasst die Technologie-, die Produkt-, die Prozess- und die Timingstrategie. Aus der Innovationsstrategie wird anschließend das Forschungs- und Entwicklungsprojektprogramm abgeleitet. Zudem wird auf ihrer Basis entschieden, wie die Technologie und die Technik bereitgestellt werden sollen (↗ Abbildung 14-9).

Zwischen der Technologie-, der Produkt- und der Prozessstrategie bestehen Abhängigkeiten. So ermöglichen neue Technologien und neue Prozesse im Sinne eines Technology-Pushs die Realisierung neuer Produkte. Gleichzeitig kann im Sinne eines Market-Pulls aber auch die Nachfrage nach neuen Produkten dazu führen, dass neue Prozesse und Technologien entwickelt werden müssen, um diese Produkte zu realisieren. Der mögliche Markteintrittszeitpunkt hängt schließlich von den Inventionszeitpunkten der Produkte und der Prozesse ab.

Wechselwirkungen zwischen den Strategien

14.2.1.1 Technologiestrategie

Im Rahmen der Bestimmung der Technologiestrategie wird festgelegt, welche Technologien das Unternehmen entwickeln beziehungsweise weiterentwickeln wird und welche es aufgeben oder verkaufen wird. Die Entwicklung und die Umsetzung von

Abb. 14-9
Teilbereiche der Innovationsstrategie

14.2 Innovationsmanagement
Strategisches Innovationsmanagement

Technologiestrategien sind dabei von besonders großer Bedeutung für Unternehmen, da die meisten revolutionären Innovationen technologie- und nicht marktinduziert sind.

14.2.1.2 Anstoß zur Technologieentwicklung

Leistungszyklen von Technologien

Technologien durchlaufen Zyklen, gegen deren Ende sich ihre Leistungsfähigkeit einem Grenzwert nähert. Dieser Zusammenhang wird in dem sogenannten **S-Kurven-Konzept** der Unternehmensberatung *McKinsey* beschrieben. Ein neuer Leistungszyklus auf einem höheren Leistungsniveau beginnt dann durch den Übergang auf eine neue Technologie, die auch als »**Substitutionstechnologie**« bezeichnet wird, weil sie die alte Technologie im Zeitablauf ersetzt. So verdrängte beispielsweise die DVD die Videokassette als Datenträger (↗ Abbildung 14-10, vergleiche *Gerpott, T. J.* 2005: Seite 113 ff.).

Technologiefrüherkennung und -prognose

Um den Übergang auf neue Technologien nicht zu verpassen, müssen Unternehmen ihr Umfeld im Rahmen der sogenannten **Technologiefrüherkennung** systematisch auf technologierelevante **schwache Signale** hin analysieren und dann mithilfe der sogenannten **Technologieprognose** abschätzen, welche Bedeutung die neuen Technologien für die eigenen Produkte und Prozesse zukünftig haben werden.

Für die Technologiefrüherkennung und damit den Anstoß zur Technologieentwicklung sind insbesondere folgende interne und externe Informationsquellen relevant (vergleiche *Gerpott, T. J.* 2005: Seite 101 ff. und *Specht, G./Beckmann, C./Amelingmeyer, J.* 2002: Seite 80 f.):

Abb. 14-10 S-Kurven-Konzept

Vergleiche *Gerpott, T. J.* 2005: Seite 118

Strategisches Innovationsmanagement 14.2

> **Wirtschaftspraxis 14-6**
>
> ### Fehlprognosen in der Computerindustrie
>
> Wie schwierig Technologieprognosen sind, zeigt das Beispiel der *IBM*. So vertrat *Thomas J. Watson*, der frühere Vorstandsvorsitzende des Unternehmens, im Jahre 1943 folgende Einschätzung: »Ich denke, dass es einen Weltmarkt für vielleicht fünf Computer gibt.«
> Einige Jahrzehnte später irrte sich das Management des Unternehmens erneut, als es um die Einschätzung des Marktpotenzials von Personalcomputern ging. Niemand hätte sich damals vorstellen können, dass im Jahr 2004 weltweit über 800 Millionen Personalcomputer im Einsatz sein würden. Statt in entsprechende Technologien zu investieren, setzte die *IBM* deshalb auf Großrechnertechnologien und verlor dadurch schnell Marktanteile an Konkurrenten wie *Apple*.
>
> Quelle: Das hat doch keine Zukunft, in: Silvesterbeilage der Stuttgarter Zeitung vom 31.12.2005, Seite IX.

Mitarbeiter
Mitarbeiter können beispielsweise über Anträge für Forschungsprojekte und über Verbesserungsvorschläge Anregungen für neu zu entwickelnde Technologien liefern.

Innovationsanstoß

Zulieferer
Durch innovative Zulieferer und ihre in der Entwicklung befindlichen Produkte lassen sich häufig frühzeitig Informationen über neue Technologietrends gewinnen.

Forschungseinrichtungen
Kontakte mit Forschungseinrichtungen in den für Unternehmen relevanten Technologiebereichen können Impulse für neue Technologien liefern.

Schriftliche Informationen
Zusätzlich zu den genannten Quellen können auch Artikel in Fachzeitschriften und neu angemeldete Patente der Technologiefrüherkennung dienen.

14.2.1.3 Auswahl der Technologiestrategie
Unternehmen haben hinsichtlich der zu verfolgenden Technologiestrategie folgende Alternativen:

Mögliche Technologiestrategien

Entwicklung beziehungsweise Weiterentwicklung von Technologien
Neue Technologien können entwickelt und bestehende Technologien können weiterentwickelt werden.

Beibehaltung von Technologien
Bestehende Technologien können beibehalten werden, ohne sie im größeren Umfang weiterzuentwickeln. Falls durch eine Technologie keine Differenzierung gegenüber anderen Unternehmen möglich ist, kann sie diesen auch über Lizenzen zu Verfügung gestellt werden.

14.2 Innovationsmanagement
Strategisches Innovationsmanagement

Aufgabe von Technologien
Bestehende Technologien können aufgegeben und möglicherweise vorhandene Schutzrechte verkauft werden.

Eine Entscheidungshilfe zur Auswahl der Technologiestrategie liefert das Technologieportfolio (↗ Abbildung 14-11). Danach haben insbesondere solche Technologien im Hinblick auf die Entwicklung beziehungsweise Weiterentwicklung eine hohe **Technologiepriorität**, die einerseits attraktiv erscheinen und die andererseits aufgrund der im Unternehmen verfügbaren Ressourcen realisiert werden können.

Die **Technologieattraktivität** beziehungsweise der Technologiedruck wird durch die Vorteile bestimmt, die durch eine Weiterentwicklung der Technologie im Hinblick auf die Bedarfsdeckung und die technologischen Potenziale des Unternehmens entstehen.

Die **Ressourcenstärke** hängt von dem vorhandenen Know-how und den finanziellen Möglichkeiten des Unternehmens in Relation zu seinen wichtigsten Wettbewerbern ab (vergleiche *Gerpott, T. J.* 2005: Seite 156 f. und *Specht, G./Beckmann, C./Amelingmeyer, J.* 2002: Seite 78 und 98 ff.)

Die mithilfe eines Technologieportfolios für die Entwicklung und Weiterentwicklung ausgewählten Technologien werden mit ihren gegenseitigen Abhängigkeiten

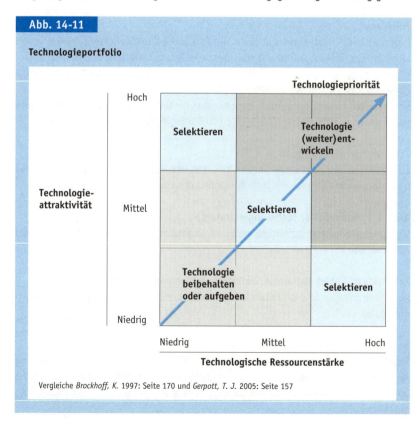

Abb. 14-11 Technologieportfolio

Vergleiche *Brockhoff, K.* 1997: Seite 170 und *Gerpott, T. J.* 2005: Seite 157 anschließend häufig in sogenannten **Technologie-Roadmaps** dargestellt, die damit einen Bezug zur Zeitachse herstellen und aufzeigen, wann welche Technologien realisiert werden sollen.

14.2.1.4 Produktstrategie

Im Rahmen der Produktstrategie wird entschieden, welche Produkte entwickelt und welche beibehalten oder aufgegeben werden sollen. Die Produktstrategie muss dabei insbesondere mit der **Produktpolitik** des Marketings abgestimmt werden (↗ Kapitel 18 Marketing).

14.2.1.4.1 Anstoß zur Produktentwicklung

Der Anstoß zur Produktentwicklung kann durch neu entwickelte Technologien erfolgen oder marktseitig induziert werden. Marktseitig erfolgt der Anstoß insbesondere aufgrund folgender Anregungen oder Situationen:

Anregungen von Mitarbeitern

Die Mitarbeiter von Unternehmen haben oft ein gutes Gefühl für am Markt benötigte Produkte. Sie können dementsprechend über Anträge für Entwicklungsprojekte und über Verbesserungsvorschläge Anregungen für neu zu entwickelnde Produkte geben.

Innovationsanstoß

Anregungen von Kunden

Auch die bislang nicht erfüllten Wünsche und Ideen von innovativen Kunden, den sogenannten »**Lead-Usern**«, können die Produktentwicklung anstoßen, da die Bedürfnisse dieser Kunden in der Regel den Bedürfnissen breiterer Kundenschichten zeitlich vorausgehen.

Diskrepanz zu Konkurrenzprodukten

Häufig erfolgt die Produktentwicklung aufgrund einer Diskrepanz zwischen dem eigenen Produkt und den als »besser« wahrgenommenen Konkurrenzprodukten.

Einen ersten Anhalt dafür kann eine **Preis-Nutzen-Analyse** liefern, die Rückschlüsse darüber erlaubt, ob die eigenen Produkte hinsichtlich des Preis-Nutzen-Verhältnisses für die Kunden richtig positioniert sind (↗ Abbildung 14-12). Kritisch sind dabei insbesondere Produkte, deren Preis-Nutzen-Verhältnis unter dem branchentypischen Verhältnis liegt.

Eine differenziertere Analyse der Produkteigenschaften kann mittels einer sogenannten **Konkurrenzanalyse** erfolgen. Dazu werden die für Kaufentscheidungen relevanten Eigenschaften des eigenen Produkts mit den Eigenschaften von Konkurrenzprodukten verglichen. Aus negativen Abweichungen lassen sich dann Rückschlüsse auf im Rahmen der Produktentwicklung zu verbessernden Produkteigenschaften ziehen (↗ Abbildung 14-13, vergleiche *Gerpott, T. J.* 2005: Seite 135 ff.).

Inkrafttreten neuer gesetzlicher Bestimmungen

Auch neue gesetzliche Bestimmungen, die insbesondere aus Gründen der Sicherheit, des Umweltschutzes oder des Verbraucherschutzes in Kraft treten, können die Produktentwicklung anstoßen.

14.2 Innovationsmanagement
Strategisches Innovationsmanagement

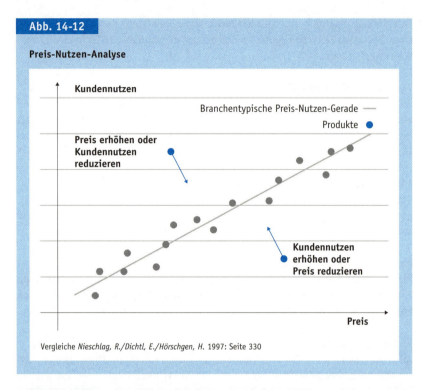

Abb. 14-12

Preis-Nutzen-Analyse

Vergleiche Nieschlag, R./Dichtl, E./Hörschgen, H. 1997: Seite 330

Abb. 14-13

Konkurrenzanalyse eines Automobils

Strategisches Innovationsmanagement

Um die aufgeführten Anregungen und Situationen zu erfassen, müssen Unternehmen ihr Umfeld und die dort auftretenden Entwicklungen im Hinblick auf zukünftig zu entwickelnde Produkte laufend analysieren.

14.2.1.4.2 Auswahl der Produktstrategie

Im Rahmen des Innovationsmanagements stehen den Unternehmen mit der Produktelimination, der Produktbeibehaltung, der Produktvariation, der Produktdifferenzierung und der Produktdiversifikation fünf strategische Handlungsfelder zur Verfügung (↗ Abbildung 14-14, zum Folgenden vergleiche *Meffert, H.* 2000: Seite 437 ff. und *Nieschlag, R./Dichtl, E./Hörschgen, H.* 1997: Seite 277):

Produktelimination
Durch die Produktelimination wird das Absatzprogramm eines Unternehmens »bereinigt«. Aufgrund von Rentabilitäts- und Kundenanalysen werden dabei solche Produkte ausgesondert, die mittel- und langfristig keinen Markterfolg mehr versprechen oder nicht mehr zu den Kernkompetenzen des Unternehmens passen (↗ Kapitel 9 Controlling).

Mögliche Produktstrategien

Produktbeibehaltung
In vielen Branchen wird ein Großteil der Produkte über Jahre hinweg unverändert beibehalten, weil sie immer noch einen ausreichenden Absatzerfolg haben. So werden zum Beispiel selbst in der schnelllebigen Musikbranche noch Alben verkauft, die schon vor Jahrzehnten aufgenommen wurden.

Produktvariation
Mit einer Produktvariation werden nur geringfügige Veränderungen der ästhetischen, physikalischen, funktionalen und/oder symbolischen Nutzenkomponenten eines im Markt eingeführten Produkts vorgenommen. Die Grundfunktionen des Pro-

Abb. 14-14 Alternative Produktstrategien

dukts bleiben erhalten, und es besteht ein großer Anteil an Gleichteilen zu den bestehenden Produkten. Werden die neuen Produkte ergänzend zu den bestehenden Produkten entwickelt, erweitern sie die Programm- beziehungsweise die Sortimentstiefe von Unternehmen. Produkte werden insbesondere deshalb variiert, weil die bestehenden Marktsegmente besser ausgeschöpft werden sollen. Beispiele für Produktvariationen in der Automobilindustrie sind Sondermodelle oder unterschiedliche Motorisierungen innerhalb einer Baureihe.

Nachfolgeprodukte

Darüber hinaus stellen in der Regel auch Nachfolgeprodukte, die bestehende Produkte im Rahmen eines **Relaunches** (↗ Kapitel 9 Controlling) ersetzen, Produktvariationen dar.

Produktdifferenzierung
Bei der Produktdifferenzierung hat das neue Produkt ähnliche Grundfunktionalitäten wie die bereits bestehenden Produkte und basiert auf vielen gleichen Technologien wie diese. Allerdings besteht ein wesentlich kleinerer Anteil an Gleichteilen zu den bestehenden Produkten als bei einer Produktvariation. Das neue Produkt erweitert aber ebenso die Programm- beziehungsweise die Sortimentstiefe. Durch die Produktdifferenzierung versuchen Unternehmen in der Regel, neue Marktsegmente zu erschließen. In der Automobilindustrie stellt beispielsweise die Entwicklung einer neuen Baureihe eine Produktdifferenzierung dar.

Produktdiversifikation
Bei der Produktdiversifikation hat das neue Produkt andere Grundfunktionalitäten als die bereits bestehenden Produkte. Es basiert zudem auf anderen Technologien als diese und es gibt keine oder nur sehr wenige Gleichteile. Durch die Produktdiversifikation wird die Programm- beziehungsweise Sortimentsbreite vergrößert. So haben beispielsweise in den letzten Jahren viele Automobilhersteller Fahrräder entwickelt oder bieten zusätzlich zum ursprünglichen Kerngeschäft auch Finanzdienstleistungen an.

Auswahl der Produktstrategie

Die Auswahl der zu verfolgenden Produktstrategie kann insbesondere mithilfe der im ↗ Kapitel 9 Controlling vorgestellten **Marktattraktivität-Wettbewerbsvorteil-Matrix** erfolgen (↗ Abbildung 9-18). Danach haben Produkte in attraktiven Marktseg-

Wirtschaftspraxis 14-7

Das Produktspektrum von Panasonic

Die *Panasonic Corporation*, die insbesondere durch ihre gleichnamige Marke bekannt ist, verfügt mit über 15 000 Produkten über ein sehr breites Produktspektrum. Eine Produktdiversifikation stellt dabei beispielsweise das gleichzeitige Anbieten von Camcordern und Elektrowerkzeugen dar. Innerhalb der Camcorder stellen die Baureihe für semiprofessionelle Anwender und die Baureihe für Einsteiger eine Produktdifferenzierung dar und innerhalb der Camcorder für Einsteiger sind deren unterschiedliche Ausstattungen ein Beispiel für eine Produktvariation.

Quelle: www.panasonic.net, Stand: 26.04.2012.

menten, in denen gegenüber den Wettbewerbern relative Vorteile bestehen, eine hohe **Marktpriorität** beziehungsweise einen großen Marktsog im Hinblick auf die Entwicklung und Weiterentwicklung. Merkmale der **Marktattraktivität** sind insbesondere die erwartete Entwicklung der Marktgröße und der Grad der Wettbewerbsintensität, Merkmale des **Wettbewerbsvorteils** sind die bestehende Marktposition und die Renditeerwartungen (vergleiche *Brockhoff, K.* 1997: Seite 170).

14.2.1.4.3 Abgleich zwischen Technologie- und Produktstrategie

Da Produkte auf Technologien beruhen und sich dadurch die Technologie- und die Produktstrategie gegenseitig beeinflussen, ist ein Abgleich zwischen beiden Strategien notwendig. Dieser Abgleich kann über ein **Markt-Technologie-Portfolio** erfol-

Abb. 14-15

Markt-Technologie-Portfolio

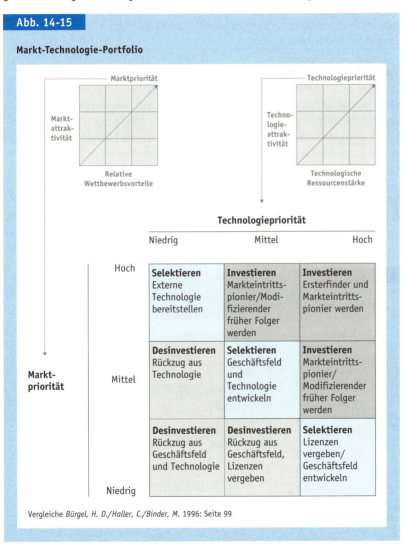

Vergleiche *Bürgel, H. D./Haller, C./Binder, M.* 1996: Seite 99

gen. Unstrittig ist dabei in der Regel die Entwicklung und Weiterentwicklung von Produkten und der ihnen zugrunde liegenden Technologien bei einer hohen Markt- und Technologiepriorität. Eine Selektion ist dagegen notwendig, wenn nur die Markt- oder nur die Technologiepriorität hoch ist (↗ Abbildung 14-15, vergleiche *Brockhoff, K.* 1997: Seite 170, *Bürgel, H. D./Haller, C./Binder, M.* 1996: Seite 96 ff., 114 ff. und *Gerpott, T. J.* 2005: Seite 161 ff.).

14.2.1.5 Prozessstrategie
Die von einem Unternehmen zu verfolgende Prozessstrategie leitet sich in den meisten Fällen aus der Technologie- und der Produktstrategie ab. Neue Technologien stoßen Prozessinnovationen insbesondere dann an, wenn durch deren Einsatz Kostenreduzierungen erwartet werden. Neue Produkte induzieren Prozessinnovationen hingegen insbesondere dann, wenn neue Prozesse notwendig sind, um die Produkte überhaupt produzieren zu können.

14.2.1.6 Timingstrategie
Im Anschluss an die Festlegung, welche Technologien, Produkte und Prozesse entwickelt werden sollen, erfolgt im Rahmen der Timingstrategie die Festlegung des **Inventionstimings** und des **Innovationstimings** (↗ Abbildung 14-16). Falls bestehende Produkte im Rahmen eines Relaunches durch neue Produkte ersetzt werden sollen, ist die Timingstrategie zusätzlich mit dem Produktlebenszyklus der betroffenen Produkte abzugleichen.

14.2.1.6.1 Inventionstiming
Im Rahmen des Inventionstimings wird bestimmt, zu welchen Zeitpunkten Inventionen vorliegen, also Produkte und Prozesse fertig entwickelt sein sollen. Im Hinblick auf das Inventionstiming können Unternehmen folgende Rollen anstreben (verglei-

Abb. 14-16 Inventions- und Innovationstiming

14.2 Strategisches Innovationsmanagement

che *Gerpott, T. J.* 2005: Seite 217 f. und *Specht, G./Beckmann, C./Amelingmeyer, J.* 2002: Seite 108 f.):

Inventionstimingstrategien

Ersterfinder

Ersterfinder beziehungsweise **Pionierunternehmen** streben durch einen frühzeitigen Beginn der Forschung und Entwicklung an, vor ihren Wettbewerbern produzier- und marktfähige Produkte zu realisieren. Neben der Möglichkeit, als erstes Unternehmen in den Markt eintreten zu können, können Ersterfinder auch häufig durch die Sicherung von Schutzrechten für die neuen Produkte dauerhafte Wettbewerbsvorteile gegenüber ihren Konkurrenten erzielen. Diesen Vorteilen steht der Nachteil höherer Forschungs- und Entwicklungsaufwendungen gegenüber, da das Finden funktionierender Lösungen häufig mit vielen Irrwegen und damit mit hohen Aufwendungen verbunden ist.

Modifizierende Folger

Modifizierende Folger warten ab, bis die ersten Ergebnisse von Ersterfindern bekannt werden, und versuchen dann, die entsprechende Technologie und Technik mit einem geringeren Forschungs- und Entwicklungsaufwand durch eine Weiterentwicklung noch zu verbessern und so die häufig bei neuen Produkten vorhandenen »Kinderkrankheiten« zu vermeiden. Die Strategie des Folgers kann sich dabei als problematisch erweisen, wenn Technologien und Techniken eingesetzt werden müssen, die durch Schutzrechte geschützt sind.

Imitierende Folger

Imitierende Folger warten ebenfalls ab, bis die Ergebnisse von Ersterfindern bekannt werden. Anders als die modifizierenden Folger entwickeln sie die Technologie und Technik jedoch nicht weiter, sondern imitieren sie in ihren Produkten weitgehend. Dadurch ist der Forschungs- und Entwicklungsaufwand noch geringer als bei den modifizierenden Folgern.

14.2.1.6.2 Innovationstiming

Im Rahmen des Innovationstimings wird bestimmt, wann der Markteintritt einer Invention erfolgen soll. Im Hinblick auf das Innovationstiming können Unternehmen folgende Rollen anstreben (vergleiche *Gerpott, T. J.* 2005: Seite 218 f. und *Specht, G./Beckmann, C./Amelingmeyer, J.* 2002: Seite 108 f.):

Innovationstimingstrategien

Markteintrittspionier

Markteintrittspioniere wollen ein neues Produkt als erste verkaufen. Die Monopolstellung, die diese Unternehmen zu Beginn haben, ermöglicht es ihnen, bei der innovationsfreudigen Käufergruppe der **First-Buyer** beziehungsweise der **Lead-User** hohe Gewinne abzuschöpfen und durch Erfahrungskurveneffekte (↗ Kapitel 9 Controlling) Kostenvorteile gegenüber den später in den Markt eintretenden Unternehmen zu erzielen. Allerdings gehen Markteintrittspioniere hohe Marktrisiken ein, da noch nicht bekannt ist, ob eine neue Technologie von den Konsumenten tatsächlich so wie erwartet angenommen wird.

> **Wirtschaftspraxis 14-8**
>
> ### JVC überholte mit seinen Videorecordern Philips
>
> Eine typische Erfolgsgeschichte eines frühen Folgers schrieb das Unternehmen *JVC* (*Victor Company of Japan, Ltd.*) Mitte der 1970er-Jahre in dem damals hoch innovativen Segment der Videorecorder. Obwohl *Philips* als Markteintrittspionier schon 1972 mit dem »*N 1500*« die ersten Geräte im Markt eingeführt hatte, konnte diese Pionierposition mangels der ausreichenden Generierung von Nachfrage nicht gehalten werden. Erst *JVC* gelang es, mithilfe eines intensiv betriebenen Marketings und einer vergleichsweise niedrigen preislichen Positionierung das *VHS*-System als Marktstandard zu etablieren. Auch der zweite Versuch von *Philips* misslang, *JVC* die Marktposition streitig zu machen. Zwar konnte mit dem in Zusammenarbeit mit *Grundig* entwickelten Standard *Video 2000* ein technisch überlegenes System präsentiert werden. Die einseitig zugunsten von *JVC* geprägten Marktverhältnisse verhinderten aber die Durchsetzung von *Video 2000* im Markt.
>
> Quelle: *Perillieux, R.*: Einstieg bei technischen Innovationen: früh oder spät? in: Zeitschrift Führung und Organisation 1/1989, Seite 24.

Frühe Folger

Frühe Folger mindern durch einen Markteintritt nach dem Markteintrittspionier zwar ihre Marktrisiken; die Umsetzung der Frühe-Folger-Strategie wird aber durch den Umstand erschwert, dass zumindest die Präferenzen der frühen Käufer oft bereits durch den Pionier befriedigt worden sind. Trotzdem bietet der Markt zu einem frühen Zeitpunkt noch deutliche Wettbewerbsvorteile gegenüber den später nachfolgenden Konkurrenten.

Späte Folger

Späte Folger, die auch als **Me-too-Anbieter** bezeichnet werden, treten erst in einen Markt ein, wenn sich die Marktentwicklung und das Käuferverhalten stabilisiert haben und die weitere Entwicklung relativ sicher eingeschätzt werden kann. Die Marktrisiken eines frühen Markteintritts werden damit vermieden. Häufig setzen die späten Folger auf eine Imitationsstrategie, die es ihnen ermöglicht, ihre Leistungen zu niedrigen und damit wettbewerbsfähigen Preisen anzubieten. Späte Folger stehen jedoch häufig vor Markteintrittsbarrieren und haben in der Regel keine Aussicht auf hohe Marktanteile.

14.2.2 Forschungs- und Entwicklungsprojektprogrammplanung

Im Anschluss an die Bestimmung der Innovationsstrategie wird im Rahmen der Forschungs- und Entwicklungsprojektprogrammplanung ermittelt, welche Forschungs- und Entwicklungsprojekte durchgeführt werden sollen (↗ Abbildung 14-17). Die Durchführung der Programmplanung erfolgt dabei in der Regel periodisch, also typischerweise jährlich oder halbjährlich. Dabei werden sowohl neue Forschungs- und Entwicklungsprojekte aufgelegt als auch bestehende Projekte hinsichtlich ihrer Weiterführung überprüft (vergleiche *Specht, G./Beckmann, C./Amelingmeyer, J.* 2002: Seite 201 ff.).

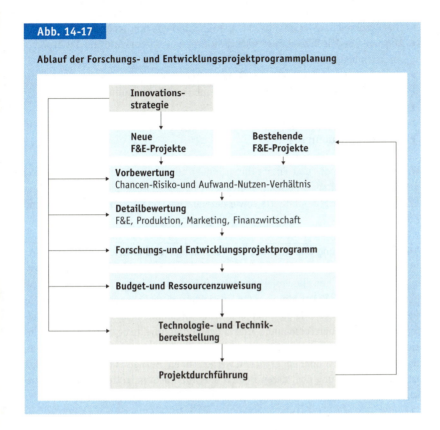

Abb. 14-17

Ablauf der Forschungs- und Entwicklungsprojektprogrammplanung

14.2.2.1 Auflegen von neuen Forschungs- und Entwicklungsprojekten

Aus der Technologie-, Produkt- und Prozessstrategie ergeben sich in der Regel neu aufzulegende Forschungs- und Entwicklungsprojekte. Diese unterscheiden sich zum Teil erheblich hinsichtlich ihrer Komplexität und reichen beispielsweise in der Automobilindustrie von der Entwicklung eines ergonomischer geformten Schaltknaufs bis hin zur Entwicklung einer völlig neuen Baureihe.

Zur Vorbereitung der Bewertung der Forschungs- und Entwicklungsprojekte müssen diese beschrieben werden. Die Beschreibung erfolgt in der Regel in einem – abhängig vom Projektumfang mehr oder weniger ausführlichen – Businessplan.

Beschreibung von F&E-Projekten

> Ein **Businessplan** ist ein schriftliches Dokument, das die Realisierung eines Innovationsprojektes mit allen wesentlichen Voraussetzungen, Planungen und Maßnahmen in einem Zeithorizont von etwa ein bis fünf Jahren darstellt.

Der Businessplan dient dabei nicht nur dem Innovationsmanagement, sondern bei größeren Vorhaben auch Aufsichtsorganen, Gesellschaftern und Kreditgebern als Entscheidungsgrundlage. Bestandteile eines Businessplans sind in der Regel (vergleiche *Nagl, A.* 2005: Seite 17 ff.):

Bestandteile des Businessplans

- eine Beschreibung der zu entwickelnden **Technologie** und **Technik**,
- Angaben über die **Branchenstruktur**, die Größe der **Zielmärkte** und das geplante Vorgehen beim **Marketing**,
- eine Abschätzung der benötigten **Ressourcen**,
- eine **Grobstruktur des Projekts** mit Terminen und Kapazitäten,
- **Chancen** und **Risiken** des Projekts,
- eine **Wirtschaftlichkeitsbetrachtung** und
- eine **Finanzplanung**.

Wird ein Forschungs- und Entwicklungsprojekt auf der Basis eines Businessplans genehmigt, erfolgt anschließend eine genauere Planung des Projekts mithilfe eines Lasten- und eines Pflichtenhefts sowie detaillierter Projektstruktur-, Termin- und Kapazitätspläne.

14.2.2.2 Bewertung und Auswahl von Forschungs- und Entwicklungsprojekten

Bewertung von Forschungs- und Entwicklungsprojekten

In den meisten Fällen reichen die vorhandenen Forschungs- und Entwicklungsressourcen nicht aus, um alle Projekte durchzuführen, da es in der Regel zusätzlich zu den bereits laufenden Forschungs- und Entwicklungsprojekten auch viele Anträge für neu aufzulegende Projekte gibt. In regelmäßigen Abständen müssen deshalb die laufenden und die neuen Forschungs- und Entwicklungsprojekte bewertet werden. Hinsichtlich der bereits laufenden Projekte ist in diesem Zusammenhang zu entscheiden, ob sie weitergeführt oder abgebrochen werden sollen. Bezüglich der neuen Projekte ist eine Entscheidung über deren Beginn oder Nichtbeginn zu treffen. Die der Entscheidung vorausgehende Bewertung wird in zwei Schritten durchgeführt:

Vorbewertung

Die Vorbewertung von Forschungs- und Entwicklungsprojekten erfolgt in einer ersten Stufe in Form einer **Chancen-Risiko-Bewertung**. Projekte mit hohen Chancen und geringen oder reduzierbaren Risiken werden dann in einem zweiten Schritt einer groben **Aufwand-Nutzen-Bewertung** unterzogen. Projekte, die auch ein günstiges Aufwand-Nutzen-Verhältnis aufweisen, werden dann nachfolgend detailliert bewertet (vergleiche *Specht, G./Beckmann, C./Amelingmeyer, J.* 2002: Seite 221 f.).

Detailbewertung

Durch die Detailbewertung erhalten die Forschungs- und Entwicklungsprojekte eine Priorität hinsichtlich ihrer Durchführung. Die Bewertung kann mittels der im ↗ Kapitel 2 Entscheidungstheorie dargestellten Entscheidungsmodelle durchgeführt werden. In der Regel handelt es sich um Entscheidungen bei mehrfacher Zielsetzung. Die Zielsetzungen lassen sich dabei in Abstimmung mit der Innovationsstrategie aus den in der ↗ Abbildung 14-18 aufgeführten Kriterien ableiten (vergleiche *Specht, G./Beckmann, C./Amelingmeyer, J.* 2002: Seite 215 ff.).

Auswahl von F&E-Projekten

Das Forschungs- und Entwicklungsprojektprogramm der nächsten Periode ergibt sich dann aus den am besten bewerteten Projekten, die mit den verfügbaren Ressourcen durchgeführt werden können.

Strategisches Innovationsmanagement 14.2

Abb. 14-18

Bewertungskriterien für Forschungs- und Entwicklungsprojekte

Bewertungskriterien F&E-Projekte

- **F&E-Kriterien**
  - Übereinstimmung mit Innovationsstrategie
  - Risiken
  - Vorhandenes F&E-Know-how
  - F&E-Kapazitätsbedarf und -verfügbarkeit
  - Entwicklungsdauer
  - Patentsituation

- **Produktions-Kriterien**
  - Vorhandenes Produktions-Know-how
  - Kapazitätsbedarf und -verfügbarkeit

- **Marketing-Kriterien**
  - Verwandtschaft zum vorhandenen Sortiment
  - Branchenstruktur und -entwicklung
  - Benötigte und vorhandene Vertriebsstrukturen

- **Finanzwirtschaftliche Kriterien**
  - Investitionsbedarf
  - Umsatzerlöse
  - Return-on-Investment
  - Amortisationsdauer
  - Staatliche Fördermöglichkeiten

Vergleiche *Brockhoff, K.* 1997: Seite 251 und *Specht, G./Beckmann, C./Amelingmeyer, J.* 2002: Seite 229

> **Wirtschaftspraxis 14-9**
>
> **Die größten Forschungs- und Entwicklungsbudgets**
>
> Welchen Umfang Forschungs- und Entwicklungsbudgets erreichen können, zeigt das jährlich von der EU-Kommission veröffentlichte Ranking der Ausgaben für Forschung und Entwicklung Im Jahr 2010 belegte der Schweizer Pharmakonzern *Roche* mit 7,2 Milliarden Euro den ersten Platz. Danach folgten *Pfizer* (Pharma, USA, 7 Milliarden Euro) und *Microsoft* (USA, 6,7 Milliarden Euro). Auf Platz sechs liegt *Volkswagen* mit 6,3 Milliarden Euro. Das nächste deutsche Unternehmen ist *Daimler* mit 4,8 Milliarden Euro auf Platz 13.
>
> Quelle: European Commission, The 2011 EU Industrial R&D Investment Scoreboard, unter: http://iri.jrc.ec.europa.eu, Stand: 27.04.2012.

14.2.2.3 Budget- und Ressourcenzuweisung

Im Anschluss an die Auswahl der durchzuführenden Forschungs- und Entwicklungsprojekte werden das Forschungs- und Entwicklungsbudget und die Personal- und Sachressourcen des Forschungs- und Entwicklungsbereichs auf die ausgewählten Projekte verteilt (vergleiche zur Budgetierung das ↗ Kapitel 9 Controlling). Diese Zuweisung erfolgt entsprechend den in der vorangegangenen Bewertung ermittelten Prioritäten der Forschungs- und Entwicklungsprojekte (vergleiche *Specht, G./Beckmann, C./Amelingmeyer, J.* 2002: Seite 501 ff.).

14.2.3 Technologie- und Technikbereitstellung

Im Rahmen des strategischen Innovationsmanagements muss auch darüber entschieden werden, wie Technologien und Technik im Rahmen von Forschungs- und Entwicklungsprojekten bereitgestellt werden sollen. Dabei muss unterschieden werden, ob es sich um neue oder um bereits bei anderen Unternehmen vorhandene Technologie und Technik handelt (↗ Abbildung 14-19, zum Folgenden vergleiche *Gerpott, T. J.* 2005: Seite 34 ff.):

Bereitstellung neuer Technologien und Technik
Falls die bereitzustellende Technologie oder Technik Kernkompetenzen des Unternehmens betrifft, empfiehlt sich in der Regel die **autonome Forschung** und Entwicklung ohne die Beteiligung anderer Unternehmen.

Technologie und Technik, die außerhalb der Kernkompetenzen des eigenen Unternehmens liegt oder deren Entwicklung die Ressourcen des Unternehmens übersteigt, kann dagegen im Rahmen einer Vertrags- beziehungsweise **Kontrakt-Forschung und Entwicklung** von Dienstleistern, wie zum Beispiel Forschungseinrichtungen, oder in **Forschungskooperationen** mit Wettbewerbern, branchenfremden Unternehmen oder Zulieferern entwickelt werden (↗ Kapitel 5 Entscheidungen über zwischenbetriebliche Verbindungen).

Strategisches Innovationsmanagement 14.2

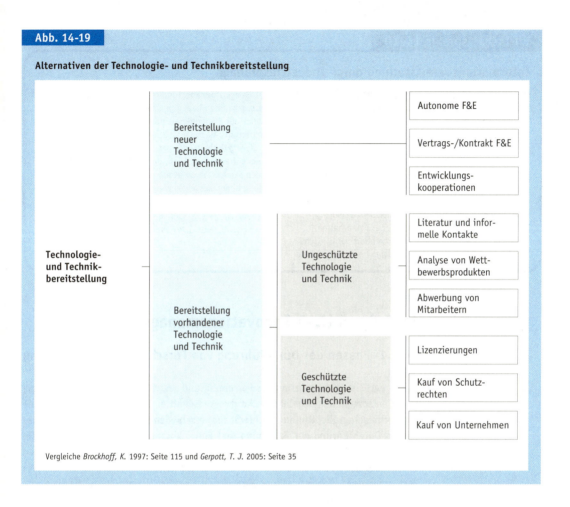

Abb. 14-19 Alternativen der Technologie- und Technikbereitstellung

Vergleiche *Brockhoff, K.* 1997: Seite 115 und *Gerpott, T. J.* 2005: Seite 35

Bereitstellung vorhandener Technologie und Technik

Die Möglichkeiten der Bereitstellung von Technologie und Technik, die bereits bei Forschungseinrichtungen oder anderen Unternehmen vorhanden ist, hängen davon ab, ob diese durch Schutzrechte, wie Patente, Gebrauchs- oder Geschmacksmuster, geschützt sind oder nicht.

Über ungeschützte Technologie und Technik können sich Unternehmen über Veröffentlichungen oder informelle Kontakte aber auch durch die Zerlegung und Analyse von Wettbewerbsprodukten im Rahmen des sogenannten **Reverse-Engineerings** Kenntnisse verschaffen. Auch die Abwerbung entsprechender Know-how-Träger ist ein in der Unternehmenspraxis häufig beschrittener Weg zur Know-how-Beschaffung.

Geschützte Technologien und Technik können hingegen durch Lizenzierung, durch den Kauf von Schutzrechten oder durch den Kauf von ganzen Unternehmen bereitgestellt werden.

Bereitstellung ungeschützter Technologie und Technik

Bereitstellung geschützter Technologie und Technik

> **Wirtschaftspraxis 14-10**
>
> **Informationsbereitstellung durch Industriespionage**
>
> Manche Unternehmen beschaffen sich Informationen auch bei ihren Wettbewerbern ohne deren Wissen. Beispielsweise gab der Konsumgüterhersteller *Procter & Gamble Co.* im Jahr 2001 zu, bei seinem niederländisch-britischen Rivalen *Unilever N. V.* spioniert zu haben, um an firmeninterne Informationen über Haarpflegeprodukte zu gelangen. Dazu hat *Procter & Gamble* ein Unternehmen engagiert, das in den Mülleimern des Konkurrenten nach Geschäftsgeheimnissen suchte. Zudem hatten als Marktforscher getarnte Vertreter des Unternehmens versucht, Informationen von *Unilever*-Mitarbeitern zu erhalten.
> In einem anderen Fall wurde der führende amerikanische Luftfahrt- und Rüstungskonzern *Boeing* beschuldigt, Ende der 1990er-Jahre illegal interne Unterlagen von *Lockheed Martin* gekauft zu haben, um sich damit einen Vorteil im Hinblick auf Regierungsaufträge für den Transport von Satelliten ins All zu verschaffen. Im Jahr 2006 einigte sich *Boeing* deshalb mit dem amerikanischen Justizministerium auf einen Vergleich, der die Einstellung der schwebenden Strafverfahren gegen das Unternehmen gegen die Zahlung eines Bußgeldes von 615 Millionen Dollar vorsah.
>
> Quellen: Unilever im Visier von Spionen, in: Handelsblatt, Nummer 169 vom 03.09.2001, Seite 13; Boeing beugt sich US-Justiz, in: Handelsblatt, Nummer 94 vom 16.05.2006, Seite 107.

14.3 Operatives Innovationsmanagement

14.3.1 Phasen der Durchführung von Forschung und Entwicklung

Die eigentliche Durchführung der Forschung und Entwicklung erfolgt in der Regel durch entsprechend ausgebildete Naturwissenschaftler und Ingenieure. Eine Reihe von technischen Richtlinien beschreibt für verschiedene Güter die Vorgehensweise bei der Durchführung der Forschung und Entwicklung. Beispielsweise enthält die *VDI*-Richtlinie 2222 die Konstruktionsmethodik materieller Güter. Im Allgemeinen werden bei der Durchführung der Forschung und Entwicklung immer die Phasen: Festlegung der Aufgabenstellung, Konzeption, Entwurf, Ausarbeitung, Realisierung und Erprobung durchlaufen (↗ Abbildung 14-20).

Im Rahmen der Durchführung der Forschung und Entwicklung hat das Innovationsmanagement die Aufgabe, die Durchführung zu steuern und unterstützende methodische Hilfsmittel, wie beispielsweise das Quality Function Deployment, die Failure Mode and Effects Analysis, das Target Costing oder die Wertanalyse, zur Verfügung zu stellen (↗ Abbildung 14-21).

14.3.2 Detailplanung von Forschungs- und Entwicklungsprojekten

14.3.2.1 Festlegung der Aufgabenstellung über Lasten- und Pflichtenhefte

Zur genaueren Festlegung der Aufgabenstellung von Forschungs- und Entwicklungsprojekten werden die entsprechenden Businesspläne in der Regel um Lasten- und Pflichtenhefte gemäß der DIN 69905 ergänzt.

Operatives Innovationsmanagement 14.3

Abb. 14-20

Phasen der Durchführung von Forschung und Entwicklung

Abb. 14-21

Instrumente des operativen Innovationsmanagements

> Das **Lastenheft** definiert aus Unternehmenssicht die Anforderungen an die zu erbringenden Forschungs- und Entwicklungsleistungen.

Dazu werden beispielsweise zu entwickelnde materielle Güter hinsichtlich ihrer Funktionalität, ihrer Leistung, ihrer qualitativen Anforderungen, ihrer Abmessungen, ihres Gewichts, ihres Designs, der zu verwendenden Zukaufteile und so weiter beschrieben. Je nachdem wer die Forschung und Entwicklung durchführt, richtet sich das Lastenheft entweder an die Forschungs- und Entwicklungsabteilung oder an die Zulieferer des Unternehmens.

> Das **Pflichtenheft** definiert aus Sicht des Leistungserbringers, wie das vorgegebene Lastenheft umgesetzt werden soll.

In der Regel erfolgt diese Beschreibung mit einem wesentlich höheren Detaillierungsgrad als im Lastenheft. So wird ein Produktkonzept im Pflichtenheft unter anderem bis auf die Ebene der einzelnen Baugruppen und gegebenenfalls der Einzelteile technisch beschrieben und durch konkrete Zielkosten- und Wirtschaftlichkeitsaussagen ergänzt.

14.3.2.2 Strukturierung von Forschungs- und Entwicklungsprojekten

Um Forschungs- und Entwicklungsprojekte im Rahmen des Projektmanagements steuern zu können, ist es erforderlich, die Projekte zu strukturieren und einen sogenannten **Projektstrukturplan** zu erstellen. Typischerweise werden Forschungs- und Entwicklungsprojekte folgendermaßen strukturiert (↗ Abbildung 14-22, zum Folgenden vergleiche *Bürgel, H. D./Haller, C./Binder, M.* 1996: Seite 122 ff. und *Schmeisser, W.* et al. 2006: Seite 71 ff.):

Objektorientierte Strukturierung
Bei Forschungs- und Entwicklungsprojekten, die komplexe Produkte zum Gegenstand haben, erfolgt in der Regel zuerst in mehreren Stufen eine objektorientierte Unterteilung. Dazu wird das Projekt in **Teilprojekte** gegliedert, die jeweils Teilobjekte zum Gegenstand haben. Soll beispielsweise eine neue Automobilbaureihe entwickelt werden, so kann das Projekt »Entwicklung eines Automobils« in die Teilprojekte »Entwicklung der Karosserie«, »Entwicklung des Fahrwerks« und »Entwicklung des Antriebs« unterteilt werden, die dann wiederum in weitere Teilprojekte gegliedert werden können.

Phasenorientierte Strukturierung
Unterhalb der objektorientiert gebildeten Teilprojekte erfolgt in der Regel eine zeitliche Strukturierung entsprechend der in der ↗ Abbildung 14-20 aufgeführten **Forschungs- und Entwicklungsphasen**. Bei komplexen Objekten sind dabei zusätzliche Phasen für die Integration der Teilobjekte vorzusehen.

14.3 Operatives Innovationsmanagement

Abb. 14-22 Projektstrukturierung

Verrichtungsorientierte Strukturierung

Die Strukturierung der Forschungs- und Entwicklungsprojekte endet mit der Definition von **Arbeitspaketen**. Diese werden insbesondere durch die Merkmale Arbeitspaketverantwortlicher, am Arbeitspaket beteiligte Mitarbeiter, Voraussetzungen zur Erledigung des Arbeitspakets, im Arbeitspaket durchzuführende Aktivitäten, erwartete Ergebnisse, Start- und Endtermin sowie erwarteter Personalaufwand beschrieben.

14.3.2.3 Termin- und Kapazitätsplanung

Parallel zur Projektstrukturierung erfolgt eine projektübergreifende Termin- und Kapazitätsplanung mit der festgelegt wird, welche Arbeitspakete, in welchem Zeitraum, von welchen Personen mit welchen Sachmitteln durchgeführt werden. Bei dieser Planung kommt insbesondere die in der DIN 69900 beschriebene **Netzplantechnik** zur Anwendung.

Im Rahmen des sogenannten **Simultaneous Engineerings** wird zudem versucht, die Forschungs- und Entwicklungszeiten durch die parallele Durchführung von Arbeitspaketen zu reduzieren (↗ Kapitel 7 Organisation). Diese Zeitreduzierung wird insbesondere dadurch erreicht, dass schon während der Entwicklung der Produkte mit der Entwicklung und der Realisierung der erforderlichen Produktionsprozesse begonnen wird (↗ Abbildung 14-23).

Verkürzung von Entwicklungszeiten

Abb. 14-23

Simultaneous Engineering

14.3.3 Instrumente des operativen Innovationsmanagements

14.3.3.1 Quality Function Deployment

Das Quality Function Deployment (QFD) dient dazu, Kundenanforderungen bereits bei der Festlegung der Aufgabenstellungen für die Produkt- und Prozessentwicklung stärker zu berücksichtigen. Unter Qualität wird dabei nicht nur die Zuverlässigkeit von Produkten und Prozessen verstanden, sondern alle Merkmale, die einen Kundennutzen stiften. Der Quality-Function-Deployment-Prozess erfolgt in vier aufeinander aufbauenden Stufen (↗ Abbildung 14-24):

Phasen des Quality Function Deployment

Produktplanung

In der Produktplanung werden aus Kundenanforderungen Funktionsmerkmale abgeleitet.

Teileplanung

In der Teileplanung werden aus den Funktionsmerkmalen Merkmale von Produkten, Baugruppen und Bauteilen abgeleitet.

Prozessplanung

In der Prozessplanung werden aus den Merkmalen von Produkten, Baugruppen und Bauteilen Betriebsabläufe abgeleitet.

Produktionsplanung

In der Produktionsplanung werden aus den Betriebsabläufen konkrete Produktionserfordernisse abgeleitet.

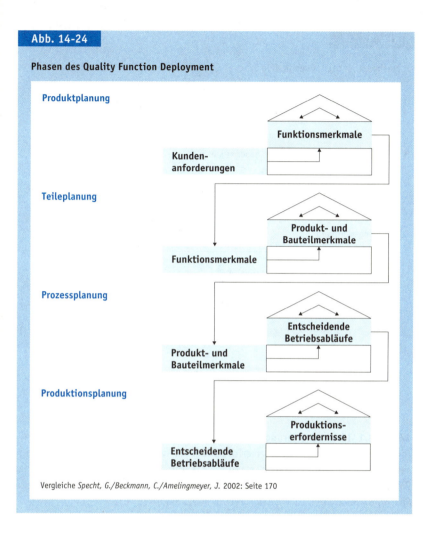

Abb. 14-24
Phasen des Quality Function Deployment

Vergleiche Specht, G./Beckmann, C./Amelingmeyer, J. 2002: Seite 170

In jeder Stufe wird dazu anhand einer Beziehungsmatrix ermittelt, welche technischen Lösungen am besten zur Erfüllung der Anforderungen beitragen. So leiten sich beispielsweise aus der Kundenanforderung, dass eine Autotür bei Regen dicht sein soll, die Funktionsmerkmale ab, dass die Tür abdichten und dass die Dichtungen wasserbeständig sein sollen. Mithilfe einer dachförmigen Korrelationsmatrix wird zudem bestimmt, welchen Einfluss die technischen Lösungen aufeinander haben (vergleiche Specht, G./Beckmann, C./Amelingmeyer, J. 2002: Seite 167 ff.).

14.3.3.2 Methoden der Ideengewinnung

In den Phasen Konzeption, Entwurf und Ausarbeitung müssen in Forschungs- und Entwicklungsprojekten immer wieder Ideen gewonnen werden. Neue Ideen werden dabei mittels der **Ideengenerierung** gewonnen, bestehende Ideen mittels der **Ideensammlung** (↗ Abbildung 14-25).

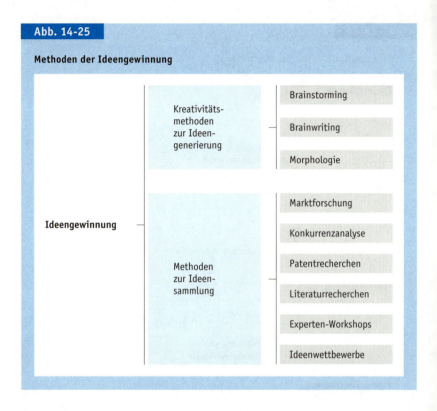

Abb. 14-25

Methoden der Ideengewinnung

14.3.3.2.1 Ideengenerierung

Die Generierung von neuen Ideen erfordert bei den beteiligten Personen das Ingangsetzen kreativer Prozesse. Hier setzen die Kreativitätsmethoden an, von denen im Folgenden die drei bekanntesten Verfahren kurz dargestellt werden (vergleiche Specht, G./Beckmann, C./Amelingmeyer, J. 2002: Seite 136 ff.):

Kreativitätsmethoden

Brainstorming

Beim Brainstorming generiert eine interdisziplinär zusammengesetzte Gruppe von fünf bis zwölf Personen in einer etwa 30 bis 60 Minuten dauernden »Ideenkonferenz« Ideen durch das wechselseitige Aufgreifen und Weiterentwickeln von Ideen. Um den dabei entstehenden Ideenfluss nicht zu unterbrechen, ist jede Form von Kritik während der Sitzung verboten, während ein »Herumspinnen« der Teilnehmer ausdrücklich erwünscht ist. Dadurch sollen in kurzer Zeit möglichst viele Ideen generiert werden, die erst im Anschluss an die Sitzung bewertet werden.

Brainwriting

Beim Brainwriting schreiben die Mitglieder einer interdisziplinär zusammengesetzten Gruppe zu Beginn jeweils eigene Ideen auf vorbereitete Formulare. Diese Ideen werden dann von den anderen Teilnehmern weiterentwickelt. Bei der sogenannten »635 Methode«, einer Ausprägung des Brainwritings, schreiben 6 Teilnehmer jeweils

3 Ideen auf, die dann in 5 Durchläufen von den anderen Teilnehmern weiterentwickelt werden.

Morphologie
Bei der Morphologie werden für ein Forschungs- und Entwicklungsproblem möglichst alle Lösungsparameter mit ihren jeweiligen Ausprägungen aufgelistet und durch die Neukombination der verschiedenen Ausprägungen neuartige Problemlösungen generiert. So kann die Öffnung eines Autodachs erfolgen, indem ein Teil des Dachs oder das ganze Dach geöffnet wird. Das Öffnen kann manuell, elektrisch, pneumatisch oder hydraulisch erfolgen. Das Dach kann aus Glas, Metall, Kunststoff oder Textilien bestehen. Eine Kombination dieser Ausprägungen würde beispielsweise ein elektrisch ganz öffnendes Dach aus Glas als eine mögliche Lösung ergeben.

14.3.3.2.2 Ideensammlung
Im Rahmen der Ideensammlung werden gezielt Informationsquellen genutzt. Die Ideensammlung erfolgt dementsprechend insbesondere durch Marktforschungen, Analysen von Konkurrenzprodukten, Patentrecherchen, Literaturrecherchen, Experten-Workshops und Ideenwettbewerbe.

14.3.3.2.3 Ideenbewertung und -auswahl
Im Anschluss an die Ideengenerierung und/oder -sammlung müssen die gefundenen Ideen bewertet und die bei der Konzeption, dem Entwurf oder der Ausarbeitung zu verwendende Idee ausgewählt werden. Für die Bewertung können in der Regel die gleichen Kriterien verwendet werden, die bei der Bewertung von Forschungs- und Entwicklungsprojekten zum Einsatz gekommen sind (↗ Abbildung 14-18).

14.3.3.3 Failure Mode and Effects Analysis
Die Failure Mode and Effects Analysis (englisch: Fehler-Möglichkeiten-und-Einfluss-Analyse beziehungsweise FMEA) wird insbesondere in der Konzeptions- und in der Entwurfsphase eingesetzt. Sie soll sicherstellen, dass die Produkte und die Prozesse so gestaltet werden, dass Fehler mit gravierenden Folgen vermieden werden. Die Failure Mode and Effects Analysis wird in zwei aufeinander aufbauenden Stufen durchgeführt (vergleiche *Specht, G./Beckmann, C./Amelingmeyer, J.* 2002: Seite 172 ff.):

Ablauf der FMEA

Analyse der Fehler-Möglichkeiten
In einem ersten Schritt wird analysiert, wie und wodurch Produkt- und Prozessbestandteile so versagen können, dass sie ihre Funktion nicht mehr erfüllen. Beispielsweise funktioniert eine Autobremse nicht, wenn keine Bremsflüssigkeit vorhanden ist. Ein Grund für die fehlende Bremsflüssigkeit könnte ein Leck im Bremssystem sein.

Analyse der Fehler-Auswirkungen
Im Anschluss an die Analyse der Fehler-Möglichkeiten wird bewertet, welche Auswirkungen dieses Versagen haben kann und – abhängig von der Schwere dieser Auswirkungen – welche vorbeugenden Maßnahmen eingeleitet werden können. Beispiels-

weise könnte das Nichtfunktionieren der Autobremsen dazu führen, dass die Insassen tödlich verunglücken. Eine mögliche Gegenmaßnahme wäre die Integration eines Sensors in das Bremssystem, der den Fahrer vor fehlender Bremsflüssigkeit warnt.

14.3.3.4 Target-Costing

Das Target-Costing (englisch: Zielkostenrechnung) ist ein Instrument, um aus dem am Markt vermeintlich erzielbaren Preis eines zu entwickelnden Produkts Kostenziele für die einzelnen Produktbestandteile abzuleiten. Dazu wird in folgenden Schritten vorgegangen (vergleiche *Specht, G./Beckmann, C./Amelingmeyer, J.* 2002: Seite 176 ff.):

Ablauf des Target-Costing

Bestimmung der Zielkosten des Produkts
Zuerst werden die Zielkosten beziehungsweise die sogenannten »**allowable costs**« des gesamten Produkts ermittelt. Dazu kann beispielsweise der angestrebte Gewinn von dem voraussichtlich am Markt für das Produkt erzielbaren Preis abgezogen werden oder alternativ abgeschätzt werden, welche Kostenstrukturen Wettbewerber mit vergleichbaren Produkten haben.

Planung der Zielkosten der Produktbestandteile
Die Zielkosten des gesamten Produkts werden anschließend im Rahmen der sogenannten **Zielkostenspaltung** auf die einzelnen Produktbestandteile verteilt. Als Maßstab für die Kostenverteilung dient dabei deren **Nutzenanteil**, also der Anteil, den die Produktbestandteile jeweils am Gesamtnutzen des Produkts erbringen.

Steuerung der Zielkosteneinhaltung
Zur Steuerung der Zielkosteneinhaltung wird dem Nutzenanteil der Produktbestandteile als Soll-Größe jeweils deren aktuell abgeschätzter Kostenanteil als Ist-Größe gegenübergestellt und damit der sogenannte Zielkostenindex ermittelt:

Zielkostenindex

$$\text{Zielkostenindex} = \frac{\text{Nutzenanteil des Produktbestandteils}}{\text{Kostenanteil des Produktbestandteils}}$$

Der Zielkostenindex sollte möglichst 1 sein. Die Nutzen- und die Kostenanteile der Produktbestandteile sollten sich also möglichst entsprechen. Bewegt sich der Zielkostenindex innerhalb einer vorab festgelegten **Zielkostenzone**, wird nicht steuernd eingegriffen. Ein Eingriff erfolgt erst, wenn der Zielkostenindex zu klein wird, weil der Kostenanteil des Produktbestandteils zu groß wird. In diesem Fall müssen dann Maßnahmen zur Kostenreduzierung des betroffenen Produktbestandteils eingeleitet werden.

14.3.3.5 Wertanalyse
Die in der DIN 69910 beschriebene Wertanalyse weist deutliche Parallelen zum Target Costing auf. Die Wertanalyse ist ein Instrument, das insbesondere in der Konzeptions- und Entwurfsphase zur Beurteilung von Lösungsalternativen eingesetzt wird. Die Beurteilung erfolgt dabei, indem dem erwarteten Kundennutzen einer Lösung

die jeweils erwarteten Realisierungskosten gegenübergestellt werden. Durch die Einbeziehung der Wertanalyse sollen dann Produkte und Prozesse mit einem optimalen Kosten-Nutzen-Verhältnis entwickelt werden (vergleiche *Specht, G./Beckmann, C./Amelingmeyer, J.* 2002: Seite 171 f.).

14.3.4 Überwachung von Forschungs- und Entwicklungsprojekten

Im Rahmen des Innovationscontrollings gilt es insbesondere, den Fortschritt von Forschungs- und Entwicklungsprojekten zu überwachen und im Falle von festgestellten Abweichungen entsprechend gegenzusteuern. Bei Forschungs- und Entwicklungsprojekten kann es zu drei Arten von Abweichungen kommen (↗ Abbildung 14-26, zum Folgenden vergleiche *Brockhoff, K.* 1997: Seite 340 und *Specht, G./Beckmann, C./Amelingmeyer, J.* 2002: Seite 473 ff.):

Abweichungen von Forschungs- und Entwicklungsprojekten

Leistungsabweichungen
Leistungsabweichungen entstehen, wenn die Forschung und Entwicklung nicht zu den geplanten Ergebnissen führt. Dazu kommt es meistens, wenn sich eine Technologie nicht so wie beabsichtigt in Technik umsetzen lässt. Falls keine alternativen Lösungsmöglichkeiten gefunden werden, führt das Nichterreichen von Forschungs- und Entwicklungsergebnissen in den meisten Fällen zum Projektabbruch.

Abb. 14-26 Abweichungsarten von Forschungs- und Entwicklungsprojekten

Vergleiche *Bürgel, H. D./Haller, C./Binder, M.* 1996: Seite 316 und *Specht, G./Beckmann, C./Amelingmeyer, J.* 2002: Seite 490

Zeitabweichungen
Überschreitungen der geplanten Forschungs- und Entwicklungsdauer führen zu Zeitabweichungen. Sie werden insbesondere erkannt, wenn die im Projektstrukturplan vorgegebenen Projektmeilensteine nicht zum geplanten Zeitpunkt erreicht werden.

Kostenabweichungen
Überschreitungen der Forschungs- und Entwicklungskosten führen zu Kostenabweichungen. Sie werden insbesondere erkannt, wenn die im Projektstrukturplan vorgegebenen Projektmeilensteine nicht mit den geplanten Kosten erreicht werden.

Um auch zwischen den Meilensteinen eines Projekts steuernd eingreifen zu können, werden in der Regel sogenannte **Meilenstein-Trendanalysen** zur Termin- und Kostenprognose durchgeführt.

14.3.5 Produktion und Markteinführung

Im Anschluss an die Entwicklung der Produkte und Prozesse erfolgen die Produktion und schließlich die Markteinführung. Damit werden die Inventionen zu Innovationen.

Produktion

Im Rahmen des sogenannten **Anlaufmanagements** muss in dieser Phase des Innovationsprozesses die Produktion der Produkte hochgefahren werden, um die gesetzten Leistungs- und Qualitätsziele möglichst schnell zu erreichen. Sogenannte Vor- und **Nullserien** dienen dabei dem Test des Produktionssystems und der Überprüfung der Qualität der produzierten Produkte.

Markteinführung

Im Zuge der Markteinführung versucht das Marketing insbesondere im Rahmen des sogenannten **Vorfeldmarketings** das neue Produkt durch Vorabinformationen bekannt zu machen und das Interesse potenzieller zukünftiger Käufer zu wecken (vergleiche hierzu auch das ↗ Kapitel 18 Marketing).

14.4 Innovationskultur

Neben den oben aufgeführten Methoden des Innovationsmanagements hat die Innovationskultur erheblichen Einfluss auf den Innovationserfolg von Unternehmen.

> Unter der **Innovationskultur** werden alle in einem Unternehmen wirksamen Werte, Normen und Einstellungen verstanden, die das Denken, die Entscheidungen und das Verhalten der Führungskräfte und der Mitarbeiter in Bezug auf den Umgang mit Neuerungen prägen.

Viele Unternehmen wie beispielsweise *Hewlett-Packard* oder *Bayer* bringen diese Sichtweise in ihren Unternehmensgrundsätzen zum Ausdruck, wenn sie dort beispielsweise schreiben, »eine innovationsfreudige und leistungsorientierte Unter-

> **Wirtschaftspraxis 14-11**
>
> ### Die Innovationskultur von 3M
>
> Die Innovationskultur des hochinnovativen Unternehmens 3M (*Minnesota Mining and Manufacturing Corporation*) beruht nach wie vor auf Grundprinzipien, die der frühere Präsident und Chairman of the Board, *William L. McKnight*, im Jahr 1948 formuliert hat. Diese Prinzipien propagieren ein Lernen aus Fehlern und die Gewährung von kreativen Freiräumen für alle Mitarbeiter des Unternehmens. Die Kernaussagen der sogenannten *McKnight*-Principles lauten:
>
> - »As our business grows, it becomes increasingly necessary to delegate responsibility and to encourage men and women to exercise their initiative. This requires considerable tolerance. Those men and women, to whom we delegate authority and responsibility, if they are good people, are going to want to do their jobs in their own way.«
> - »Mistakes will be made. But if a person is essentially right, the mistakes he or she makes are not as serious in the long run as the mistakes management will make if it undertakes to tell those in authority exactly how they must do their jobs.«
> - »Management that is destructively critical when mistakes are made kills initiative. And it's essential that we have many people with initiative if we are to continue to grow.«
>
> Quelle: McKnight-Principles, unter: www.3m.com, Stand: 2012.

nehmenskultur« fördern und eine Arbeitsumgebung schaffen zu wollen, die ein »kreatives Arbeiten« ermöglicht.

Gerade neue, revolutionäre Ideen brauchen eine Atmosphäre im Unternehmen, die Querdenken erlaubt und den Mitarbeitern Spielräume für die Entwicklung eigener Gedanken lässt. Innovative Unternehmen weisen entsprechend eine Reihe von Merkmalen auf, die als Indikatoren für eine positive Innovationskultur angesehen werden können. Hierzu gehört insbesondere, dass:

- Innovationen einen hohen Stellenwert im Unternehmen haben,
- die Mitarbeiter die Möglichkeit haben, aus Fehlern zu lernen,
- die Mitarbeiter kreative Freiräume für eigenständige Überlegungen und Handlungen haben,
- besonders innovative Mitarbeiter, die auch als **Innovationschampions**« bezeichnet werden, gefördert werden,
- Informationen geteilt und allen zur Verfügung gestellt werden,
- kooperativ geführt und gearbeitet wird und
- umfassende Aus- und Weiterbildungsmöglichkeiten angeboten werden.

Merkmale einer positiven Innovationskultur

14.5 Kennzahlen

Zur Information und Steuerung wird im Innovationsmanagement eine Reihe von Kennzahlen verwendet. Die Informationen werden dem Management und den Mitarbeitern im Innovationsmanagement in der Regel in jährlichen Berichten zur Verfügung gestellt. Es können unter anderem die nachfolgenden Kennzahlen eingesetzt werden (vergleiche *Gerpott, T. J.* 2005: Seite 75 ff. und die dort angegebenen Literatur):

Inputbezogene Kennzahlen

$$\text{F\&E-Aufwandsintensität} = \frac{\text{F\&E-Aufwendungen}}{\text{Umsatzerlöse}} [\%]$$

$$\text{F\&E-Personalintensität} = \frac{\text{Mitarbeiter mit F\&E-Aufgaben}}{\text{Gesamtzahl Mitarbeiter}} [\%]$$

Throughputbezogene Kennzahlen

$$\text{Termineinhaltungsquote} = \frac{\text{Termingerecht abgeschlossene Projektschritte}}{\text{Gesamtzahl abgeschlossener Projektschritte}} [\%]$$

$$\text{Patentproduktivität} = \frac{\text{Anzahl beantragter/erteilter Patente}}{\text{F\&E-Aufwendungen}} [\text{Patente}/€]$$

Outputbezogene Kennzahlen

$$\text{Konstruktionsquote} = \frac{\text{Anzahl erstellter Zeichnungen}}{\text{Zeitraum}} [\text{Zeichnungen/Jahr}]$$

$$\text{Patentquote} = \frac{\text{Anzahl beantragter/erteilter Patente}}{\text{Zeitraum}} [\text{Patente/Jahr}]$$

$$\text{Produktinnovationsrate} = \frac{\text{Umsatzerlös mit neuen Produkten}}{\text{Gesamtumsatzerlös}} [\%]$$

Zusammenfassung Kapitel 14

- Das Innovationsmanagement umfasst alle Planungs-, Entscheidungs-, Organisations- und Kontrollaufgaben im Hinblick auf die Forschung, Entwicklung, Produktion und Markteinführung neuer Produkte.
- Technologien sind das Ergebnis der angewandten Forschung.
- Technik ist das Ergebnis der Entwicklung.
- Eine Invention ist eine technisch realisierte Erfindung eines neuen Produktes oder Prozesses als Ergebnis der Forschung und Entwicklung.
- Unter einer Innovation wird die erstmalige wirtschaftliche Nutzung einer Invention durch die Produktion und den Absatz eines neuen Produkts (Produktinnovation) oder durch den Einsatz eines neuen Prozesses in der Produktion (Prozessinnovation) verstanden.
- Im Rahmen der Bestimmung der Technologiestrategie wird festgelegt, welche Technologien das Unternehmen entwickeln beziehungsweise weiterentwickeln soll.

- Im Rahmen der Produktstrategie wird darüber entschieden, welche Produkte entwickelt werden sollen.
- Im Innovationsmanagement gibt es mit der Produktelimination, der Produktbeibehaltung, der Produktvariation, der Produktdifferenzierung und der Produktdiversifikation fünf strategische Handlungsoptionen.
- Im Rahmen des Inventionstimings wird bestimmt, zu welchen Zeitpunkten Inventionen vorliegen sollen, während im Rahmen des Innovationstimings festgelegt wird, zu welchen Zeitpunkten mit Inventionen ein Markteintritt erfolgen soll.
- In der Forschungs- und Entwicklungsprojektprogrammplanung wird festgelegt, welche Forschungs- und Entwicklungsprojekte mit welchen Ressourcen durchgeführt werden sollen.
- Zur Steuerung von Forschungs- und Entwicklungsprojekten wird ein Projektstrukturplan erstellt und es wird eine Termin- und Kapazitätsplanung durchgeführt.
- Instrumente des operativen Innovationsmanagements sind unter anderem das Quality Function Deployment, die Ideengewinnung, die Failure Mode and Effects Analysis, das Target Costing und die Wertanalyse.
- Bei Forschungs- und Entwicklungsprojekten kann es zu Leistungs-, Zeit- und/oder Kostenabweichungen kommen.
- Die Innovationskultur ist eine wesentliche Einflussgröße in Bezug auf den Innovationserfolg.
- Positive Innovationskulturen weisen Innovationen einen hohen Stellenwert im Unternehmen zu und erlauben das Lernen aus Fehlern in einer kreativen Arbeitsatmosphäre.

Weiterführende Literatur Kapitel 14

Vahs, D./Brem, A.: Innovationsmanagement: Von der Idee zur erfolgreichen Vermarktung, Stuttgart.

Möller, K./Menninger, J./Robers, D.: Innovationscontrolling: Erfolgreiche Steuerung und Bewertung von Innovationen, Stuttgart.

Weiterführende Internetverweise Kapitel 14

http://cordis.europa.eu/: Forschungs- und Entwicklungsinformationsdienst der *Europäischen Union*.

www.dpma.de: Internetseite des *Deutschen Patent- und Markenamtes*.

www.european-patent-office.org: Internetseite des *Europäischen Patentamtes*.

www.fraunhofer.de: Internetseite der *Fraunhofer-Gesellschaft zur Förderung der angewandten Forschung e. V.*

www.helmholtz.de: Internetseite der *Helmholtz-Gemeinschaft*, einem Zusammenschluss von naturwissenschaftlich-technischen und medizinisch-biologischen Forschungszentren.

www.ifdesign.de: Internetseite mit im Designwettbewerb des *iF Industrie Forum e. V.* ausgezeichneten innovativen Produkten.

www.innovationen-fuer-deutschland.de: Internetseite der Initiative »*Partner für Innovation*«.

www.kompetenznetze.de: Internetseite des *Bundesministeriums für Wirtschaft und Technologie* mit einer Übersicht über Innovationsfelder, in denen in Deutschland Spitzenleistungen erzielt werden.

www.mpg.de: Internetseite der *Max-Planck-Gesellschaft zur Förderung der Wissenschaften e. V.*

www.plagiarius.com: Internetseite der *Aktion Plagiarius e. V.* mit zahlreichen Beispielen für Produktplagiate.

www.red-dot.de: Internetseite mit im Designwettbewerb des *Design Zentrum Nordrhein Westfalen e. V.* ausgezeichneten innovativen Produkten.

Schlüsselbegriffe Kapitel 14

- Kondratieff-Zyklus
- Forschung
- Entwicklung
- Innovationsmanagement
- Forschungs- und Entwicklungsmanagement
- Technologiemanagement
- Grundlagenforschung
- Vorentwicklung
- Theorie
- Technologie
- Technik
- Prototyp
- Invention
- Innovation
- Produktinnovation
- Prozessinnovation
- Sozialinnovation
- Strukturinnovation
- Technology-Push
- Market-Pull
- S-Kurve
- Technologiefrüherkennung
- Technologieprognose
- Produktbeibehaltung
- Produktvariation
- Produktelimination
- Produktdifferenzierung
- Produktdiversifikation
- Inventionstiming
- Innovationstiming
- Ersterfinder
- Pionierunternehmen
- Folger
- Markteintrittspionier
- Lead-User
- Businessplan
- Reverse-Engineering
- Lastenheft
- Pflichtenheft
- Projektstrukturplan
- Simultaneous Engineering
- Quality Function Deployment
- Brainstorming
- Brainwriting
- Morphologie
- Failure Mode and Effects Analysis
- Target-Costing
- Wertanalyse
- Innovationskultur
- Innovationschampions

Fragen Kapitel 14

Frage 14-1: *Definieren Sie den Begriff »Innovationsmanagement«.*
Frage 14-2: *Erläutern Sie, was unter »Kondratieff-Zyklen« verstanden wird.*
Frage 14-3: *Nennen Sie mindestens vier Kondratieff-Zyklen.*
Frage 14-4: *Definieren Sie die Begriffe »Forschung und Entwicklung«.*
Frage 14-5: *Nennen Sie die fünf Phasen des Innovationsmanagements und jeweils das Ergebnis dieser Phasen.*
Frage 14-6: *Erläutern Sie, worin sich das Innovations- von dem Forschungs- und Entwicklungs- und von dem Technologiemanagement unterscheidet.*
Frage 14-7: *Definieren Sie den Begriff »Theorie« und nennen Sie ein Beispiel dafür.*
Frage 14-8: *Definieren Sie den Begriff »Technologie« und nennen Sie ein Beispiel dafür.*
Frage 14-9: *Erläutern Sie den Unterschied zwischen Produkt- und Prozesstechnologien.*
Frage 14-10: *Erläutern Sie, worin sich Schrittmachertechnologien von Schlüssel- und Basistechnologien unterscheiden.*
Frage 14-11: *Definieren Sie den Begriff »Technik« und nennen Sie ein Beispiel dafür.*
Frage 14-12: *Erläutern Sie, wie sich Technologien schützen lassen.*
Frage 14-13: *Erläutern Sie, wie sich Inventionen schützen lassen.*
Frage 14-14: *Erläutern Sie, wodurch sich Inventionen von Innovationen unterscheiden.*
Frage 14-15: *Erläutern Sie, welche zwei grundlegenden Innovationsarten es gibt.*
Frage 14-16: *Nennen Sie zwei Arten von Produktinnovationen.*
Frage 14-17: *Nennen Sie mindestens drei Arten von Prozessinnovationen.*
Frage 14-18: *Erläutern Sie, was unter Geschäftsmodellinnovationen verstanden wird.*
Frage 14-19: *Erläutern Sie, wodurch sich der Technology-Push vom Market-Pull unterscheidet.*
Frage 14-20: *Erläutern Sie, was unter Open-Innovation verstanden wird.*
Frage 14-21: *Erläutern Sie, welche Ziele das Innovationsmanagement verfolgen kann.*
Frage 14-22: *Erläutern Sie drei wesentliche Risiken von Innovationen.*
Frage 14-23: *Erläutern Sie, was das S-Kurven-Konzept beschreibt.*
Frage 14-24: *Erläutern Sie die Struktur des Technologieportfolios.*
Frage 14-25: *Nennen Sie die drei möglichen Technologiestrategien von Unternehmen.*
Frage 14-26: *Nennen Sie vier Möglichkeiten für marktseitige Anstöße zur Produktentwicklung.*
Frage 14-27: *Erläutern Sie, wozu die Preis-Nutzen-Analyse dient.*
Frage 14-28: *Erläutern Sie, wozu die Konkurrenzanalyse dient.*
Frage 14-29: *Nennen Sie die fünf möglichen Produktstrategien von Unternehmen.*
Frage 14-30: *Erläutern Sie, was unter der Produktvariation verstanden wird.*
Frage 14-31: *Erläutern Sie, welche Unterschiede zwischen der Produktdifferenzierung und der Produktdiversifikation bestehen.*
Frage 14-32: *Erläutern Sie die Struktur des Markt-Technologie-Portfolios.*
Frage 14-33: *Erläutern Sie, welche drei Rollen Unternehmen hinsichtlich des Inventionstimings anstreben können.*

Frage 14-34: *Erläutern Sie, welche drei Rollen Unternehmen hinsichtlich des Innovationstimings anstreben können.*
Frage 14-35: *Erläutern Sie, welche Aufgaben die Forschungs- und Entwicklungsprojektprogrammplanung hat.*
Frage 14-36: *Definieren Sie den Begriff »Businessplan«.*
Frage 14-37: *Erläutern Sie, in welchen zwei Stufen Forschungs- und Entwicklungsprojekte ausgewählt werden.*
Frage 14-38: *Nennen Sie die vier Kategorien von Kriterien zur Beurteilung von Forschungs- und Entwicklungsprojekten.*
Frage 14-39: *Nennen Sie mindestens zwei Möglichkeiten, um neue Technologien und Techniken bereitzustellen.*
Frage 14-40: *Nennen Sie mindestens zwei Möglichkeiten, um vorhandene Technologien und Techniken bereitzustellen, die ungeschützt sind.*
Frage 14-41: *Nennen Sie mindestens zwei Möglichkeiten, um vorhandene Technologien und Techniken bereitzustellen, die geschützt sind.*
Frage 14-42: *Nennen Sie mindestens fünf Phasen, die bei der Durchführung der Forschung und Entwicklung in der Regel durchgeführt werden.*
Frage 14-43: *Erläutern Sie, worin sich Lasten- und Pflichtenhefte unterscheiden.*
Frage 14-44: *Erläutern Sie drei typische Möglichkeiten, um Forschungs- und Entwicklungsprojekte zu strukturieren.*
Frage 14-45: *Erläutern Sie, welche Zielsetzung das Simultaneous Engineering verfolgt.*
Frage 14-46: *Erläutern Sie, wozu das Quality Function Deployment dient.*
Frage 14-47: *Nennen Sie drei Möglichkeiten der Ideengenerierung.*
Frage 14-48: *Nennen Sie mindestens vier Möglichkeiten der Ideensammlung.*
Frage 14-49: *Erläutern Sie, wozu die Failure Mode and Effects Analysis dient.*
Frage 14-50: *Erläutern Sie, wozu das Target-Costing dient.*
Frage 14-51: *Erläutern Sie, wozu die Wertanalyse dient.*
Frage 14-52: *Erläutern Sie, welche drei möglichen Abweichungen es bei Forschungs- und Entwicklungsprojekten gibt.*
Frage 14-53: *Definieren Sie den Begriff »Innovationskultur«.*
Frage 14-54: *Nennen Sie drei Merkmale einer positiven Innovationskultur.*

Fallstudie Kapitel 14

Fallstudie 14-1: Technologiestrategie
Als bekannt wird, dass ein namhafter Wettbewerber entsprechende Forschungen betreibt, erwägt auch die Geschäftsführung der Speedy GmbH, sich im Bereich der Brennstoffzellentechnologien und der Technologien für Automobile, die autonom fahren, ohne dass ein Mensch sie steuern muss, zu engagieren. Beurteilen Sie mittels eines Technologieportfolios, ob die Speedy GmbH in diese Technologien investieren sollte oder nicht.

Fallstudie 14-2: Produktstrategie
Ermitteln Sie im Rahmen eines Brainstormings Möglichkeiten der Produktvariation, der Produktdifferenzierung und der Produktdiversifikation für die Speedy GmbH. Wählen Sie nachfolgend mittels einer Marktattraktivität-Wettbewerbsvorteil-Matrix vier Ideen aus, die weiterverfolgt werden sollen.

Fallstudie 14-3: Timingstrategie
Erarbeiten Sie eine Inventions- und Innovationstimingstrategie für die vier vorher ermittelten Produktideen.

Fallstudie 14-4: Forschungs- und Entwicklungsprojektprogrammplanung
Leiten Sie aus den vier vorher ermittelten Produktideen Forschungs- und Entwicklungsprojekte mit einer Kurzbeschreibung ab. Wählen Sie mittels einer Vor- und Detailbewertung ein Projekt aus, dessen Durchführung Sie der Geschäftsführung der Speedy GmbH empfehlen würden.

Fallstudie 14-5: Projektstrukturplan
Sie wurden dem neuen Projekt »Entwicklung eines Fußgänger-Airbags« zugeordnet, in dem ein Airbag für den Frontbereich des Speedster Family entwickelt werden soll, der einen Fußgänger oder Radfahrer bei einer Kollision mit dem Speedster Family schützen soll. Erstellen Sie einen Projektstrukturplan für dieses Entwicklungsprojekt.

Präsentieren Sie nachfolgend Ihre Ergebnisse. Untermauern Sie Ihre Überlegungen dabei zusätzlich mit Recherchen.

Lösungen Kapitel 14

Für die Fallstudie gibt es keine eindeutige Lösung. Lösungshinweise werden deshalb nicht zur Verfügung gestellt.

Studierende, deren Dozenten das Buch einsetzen, finden passwortgeschützte Lösungsbeispiele unter folgender Internetadresse:
www.EinfuehrungInDieBetriebswirtschaftslehre.de/bwl-loesungen.html

Das Passwort für die Lösungen erhalten Sie von Ihrem Dozenten:

Passwort:

15 Beschaffung

Kapitelnavigator

Inhalt	Lernziel
15.1 Grundlagen	15-1 Die Grundlagen der Beschaffung kennen.
15.2 Strategische Aspekte der Beschaffung	15-2 Die strategischen Aspekte der Beschaffung kennen.
15.3 Operative Aspekte der Beschaffung	15-3 Bestellpunkte und Bestellmengen bestimmen können.
15.4 Lieferantenpolitik	15-4 Die Elemente und Vorgehensweisen der Lieferantenpolitik kennen.
15.5 Elektronische Beschaffung	15-5 Die Möglichkeiten der elektronischen Beschaffung kennen.
15.6 Kennzahlen	15-6 Die wichtigsten Beschaffungskennzahlen kennen.

Die Beschaffung ist heute für die meisten Unternehmen von überragender Bedeutung, da im Rahmen reduzierter Produktionstiefen ein Großteil der Wertschöpfung in Form von Zwischenprodukten zugekauft wird.

Die Beschaffung stellt dabei eine unmittelbare Verbindung zu den Beschaffungsmärkten her, die der betrieblichen Leistungserstellung vorgelagert sind. Der Gegenstand der Beschaffung lässt sich entsprechend folgendermaßen definieren:

> Gegenstand der **Beschaffung** ist es, die bedarfsgerechte Versorgung mit denjenigen Gütern sicherzustellen, die in die betriebliche Leistungserstellung eingehen.

Synonym zum Begriff Beschaffung wird in der Wirtschaftspraxis häufig der Begriff **Einkauf** verwendet. Teilweise wird im Einkauf aber auch nur eine Teilfunktion der Beschaffung gesehen, die lediglich die Durchführung des eigentlichen Kaufvorganges bei unternehmensexternen Lieferanten zum Gegenstand hat.

Abgrenzung zum Einkauf

15.1 Grundlagen

15.1.1 Begriffe

Im Mittelpunkt der Beschaffung steht das Material als Oberbegriff für eine Reihe von Gütern.

> Das **Material** umfasst die Werkstoffe, die unfertigen und die fertigen Erzeugnisse sowie die Waren eines Betriebes.

Darüber hinaus kann die Beschaffung auch Informationen, Güter des Anlagevermögens, wie Patente, Grundstücke, Gebäude und Maschinen, sowie Dienstleistungen zum Gegenstand haben, während die Logistik neben dem Material auch Informationen und Personen zum Gegenstand haben kann (↗ Abbildung 15-1).

Werkstoffe

Die in die Produktion als Produktionsfaktor eingehenden Werkstoffe werden weiter in Roh-, Hilfs- und Betriebsstoffe beziehungsweise in die sogenannten **RHB-Stoffe** unterteilt:

Rohstoffe

> **Rohstoffe** sind mengen- und/oder wertmäßige Hauptbestandteile der Erzeugnisse eines Betriebes.

Die für die Erzeugnisse benötigten Mengen an Rohstoffen werden dabei in der Regel über Stücklisten oder Rezepte festgelegt. Welche Arten von Rohstoffen in einem Betrieb verwendet werden, hängt insbesondere von der Erzeugungsstufe (↗ Kapitel 1 Grundlagen) und der Produktionstiefe ab. Unter Rohstoffen werden dabei heute nicht mehr nur »rohe« Stoffe im Sinne von unbearbeiteten Stoffen verstanden. Beispiele für Rohstoffe sind insofern außer Urprodukten, wie beispielsweise Eisenerz oder Kohle, auch Zwischenprodukte, wie Stahlbleche oder Elektromotoren.

Hilfsstoffe

> **Hilfsstoffe** sind mengen- und/oder wertmäßige Nebenbestandteile der Erzeugnisse eines Betriebes.

Die für ein Erzeugnis benötigte Menge an Hilfsstoffen wird daher, anders als die benötigte Menge an Rohstoffen, in der Regel nicht genau mithilfe von Stücklisten oder Rezepten festgelegt. Beispiele für Hilfsstoffe sind Klebstoffe, Lacke oder Verpackungsmaterialien.

Betriebsstoffe

> **Betriebsstoffe** gehen nicht in die Erzeugnisse eines Betriebes ein, sondern werden mittelbar oder unmittelbar bei deren Produktion verbraucht.

15.1 Grundlagen

Abb. 15-1

Objekte der Beschaffung und der Logistik

In der Regel werden Betriebsstoffe nicht in den Stücklisten beziehungsweise den Rezepten der Erzeugnisse aufgeführt. Beispiele für Betriebsstoffe sind Schmier- und Kühlmittel, Energie und sogenannte Verbrauchswerkzeuge, wie Bohrer oder Wendeschneidplatten.

15.1.2 Einordnung der Beschaffung

Die Beschaffung ist Teil der Leistungserstellung und ein Teilbereich der Materialwirtschaft. Schnittstellen bestehen insbesondere zu folgenden Bereichen (↗ Abbildung 15-2):

- **Produktion:** Von der Produktion erhält die Beschaffung die Aufträge, Materialien zu beschaffen.
- **Logistik:** Von der Logistik erhält die Beschaffung Informationen über die Lagerbestände an Materialien.
- **Lieferanten:** Die Beschaffung wählt die Lieferanten aus und erteilt diesen Aufträge zur Lieferung von Materialien und anderen Inputgütern.
- **Investitionsbereich:** Im Hinblick auf Entscheidungen, ob und welche Sachanlagen gekauft werden sollen, erfolgt eine Zusammenarbeit mit dem Investitionsbereich.

Abb. 15-2

Einordnung der Beschaffung in die Leistungserstellung

15.1.3 Ziele der Beschaffung

Zielsystem der Beschaffung und der Logistik

Die Ziele der Beschaffung ergeben sich aus den übergeordneten Unternehmenszielen. In der Beschaffung werden insbesondere die folgenden Ziele verfolgt (↗ Abbildung 15-3):

Kostenziele

Im Hinblick auf die eigentliche Erbringung der materialwirtschaftlichen Aufgaben ist es ein Ziel, die **Beschaffungskosten** zu reduzieren.

Das wichtigste Ziel der Beschaffung ist darüber hinaus in der Regel die Reduzierung der Einkaufspreise und dadurch der **Materialkosten** des Betriebes. Da sich dadurch auch der Wert der im Betrieb gelagerten Materialien verringert, wird die **Kapitalbindung** kleiner, was wiederum den Finanzierungsbedarf und die zu zahlenden Zinsen reduziert. Zudem sollen durch eine entsprechende Bestellpolitik die Lagerbestände und damit die Lagerkosten reduziert werden.

Ergebnisziele

Der Beschaffungsbereich hat nicht nur das Ziel, die Materialkosten zu senken, sondern muss gleichzeitig sicherstellen, dass die beschafften Materialien die benötigte **Qualität** aufweisen.

Eine weitere, sehr wichtige Zielsetzung der Beschaffung ist die Sicherstellung der **Lieferbereitschaft** bei stochastischen Materialbedarfen. Sie ist ein Maß dafür, welcher Anteil an zufälligen Bedarfen sofort beziehungsweise innerhalb einer vereinbarten Zeit befriedigt werden kann.

Abb. 15-3

Ziele der Beschaffung

15.1.4 Aufgaben der Beschaffung

Die Beschaffung wird in die strategische und in die operative Beschaffung mit folgenden Aufgaben unterteilt (↗ Abbildung 15-4):

Aufgaben der Beschaffung

Aufgaben der strategischen Beschaffung
Im Rahmen der strategischen Beschaffung wird zuerst festgelegt, welche Güter selbst erstellt und welche beschafft werden sollen, bevor anschließend Entscheidungen

Abb. 15-4

Aufgaben der Beschaffung

über die Komplexität der zugekauften Güter, die Anzahl der Lieferanten und die Standorte der Lieferanten getroffen werden.

Aufgaben der operativen Beschaffung
Im Rahmen der operativen Beschaffung wird insbesondere ermittelt, wie viele Güter benötigt werden, wie groß die Bestände dieser Güter sein sollen, wann und wie viel bestellt werden soll und welche Angebote von welchen Lieferanten angenommen werden sollen.

15.2 Strategische Aspekte der Beschaffung

Im Bereich der Beschaffung bestehen verschiedene strategische Handlungsoptionen, auf die nachfolgend genauer eingegangen wird (↗ Abbildung 15-5, zum Folgenden vergleiche *Pfohl, H.-C.* 1996: Seite 183 f.).

15.2.1 Insourcing versus Outsourcing

Bevor über weitergehende Strategien im Beschaffungsbereich nachgedacht wird, muss zuerst darüber entschieden werden, ob die Güter, um die es geht, selbst erstellt

Abb. 15-5 Strategische Handlungsoptionen in der Beschaffung

werden (Insourcing) oder von Zulieferern beziehungsweise Dienstleistern bezogen werden (Outsourcing). Entsprechende Entscheidungen werden auch als **Make-or-buy-Entscheidungen** bezeichnet. Make-or-buy-Entscheidungen haben die folgenden drei Dimensionen (vergleiche *Schäfer-Kunz, J./Tewald, C.* 1998: Seite 1 ff.):

Dimensionen von Make-or-buy-Entscheidungen

Strategische Dimension
Güter sollten insbesondere dann zugekauft werden, wenn die eigenen Kompetenzen in dem entsprechenden Bereich gering sind, während die Möglichkeiten, sich über die Güter von Wettbewerbern zu unterscheiden, groß sind.

Kostendimension
Güter werden in der Regel nur zugekauft, wenn die Einkaufspreise niedriger als die Kosten der Eigenerstellung sind.

Qualitative Dimension
Neben der Frage der Kompetenz und der Kosten ist die Qualität der zugekauften Güter von besonderer Bedeutung. Die Qualität sollte mindestens so gut wie bei einer Eigenerstellung sein. Daneben spielen auch kapazitätsmäßige sowie risikowirtschaftliche Aspekte bei der Entscheidung eine Rolle. Häufig ist es aus Kapazitätsgründen gar nicht möglich, bestimmte Güter selbst zu erstellen. Darüber hinaus bietet der Zukauf den Vorteil, dass Nachfrageschwankungen und die damit verbundenen Absatzrisiken an Zulieferer weitergegeben werden können, ohne im Unternehmen eigene Kapazitäten mit entsprechenden Fixkosten und damit Risiken aufzubauen.

15.2.2 Strategien im Rahmen des Outsourcings

Wenn sich ein Unternehmen dafür entschieden hat, Güter zuzukaufen, kann diese Entscheidung durch folgende Strategien weiter differenziert werden:

Beschaffungsstrategien

Systemsourcing versus Componentsourcing
Es können einerseits sehr einfache, standardisierte Komponenten, wie beispielsweise Schrauben, bezogen werden (Componentsourcing). Andererseits ist der Bezug von sehr komplexen Gütern möglich (Systemsourcing beziehungsweise **Modularsourcing**), so beispielsweise von ganzen Armaturenbrettern oder Sitzen in der Automobilindustrie. In den meisten Industrien geht der Trend zum Systemsourcing. Die Systemzulieferer haben dabei ihrerseits Zulieferer von Teilsystemen und so weiter. Dadurch entstehen Beschaffungspyramiden (vergleiche beispielsweise für die Automobilindustrie die ↗ Abbildung 15-6).

Singlesourcing versus Multiplesourcing
Güter können von einem (Singlesourcing) oder von mehreren Zulieferern (Multiplesourcing) bezogen werden. Je einfacher und standardisierter die Güter sind, desto mehr mögliche Zulieferer gibt es in der Regel. Wenn bei mehreren Zulieferern beschafft wird, können Preise und Qualitäten besser verglichen und entsprechender

Abb. 15-6

Sourcingstrukturen der deutschen Automobilindustrie

6 Automobilhersteller
(OEM Original Equipment Manufacturer)
BMW, Daimler Ford, Opel, Porsche, VW

Etwa 40 Systemlieferanten
(1st-Tier-Supplierr) mit mehr als
5 000 Mitarbeitern auf der 1. Stufe
Behr, Bosch, Continental, Eberspächer,
INA, Mahle, Siemens, Valeo, ZF, ...

Etwa 250 Teilsystemlieferanten
(2nd-Tier-Supplier) mit mehr als
500 Mitarbeitern auf der 2. Stufe

Etwa 1 400 Komponentenlieferanten
(n-Tier-Supplier) mit weniger als
500 Mitarbeitern auf den weiteren
Stufen

Druck auf die Zulieferer ausgeübt werden. Mit der Anzahl der Zulieferer steigen allerdings auch die Verhandlungsaufwendungen des beschaffenden Unternehmens. In der Regel wird deshalb angestrebt, bei drei bis vier Zulieferern zu kaufen.

Globalsourcing versus Domesticsourcing
Güter können von internationalen (Globalsourcing) oder von nationalen Zulieferern (Domesticsourcing) bezogen werden. Bei der Entscheidung darüber sind häufig logistische Aspekte ausschlaggebend. Den Kostenvorteilen internationaler Zulieferer stehen häufig Versorgungsrisiken, beispielsweise bei Seetransporten, gegenüber.

15.3 Operative Aspekte der Beschaffung

15.3.1 Bedarfsplanung

Im Rahmen der Bedarfsplanung wird für alle zu beschaffenden Güter ermittelt, welche Mengen zu welchen Zeitpunkten benötigt werden. Wie komplex die dabei zu bewältigenden Aufgaben sind, lässt sich aus dem Umstand schließen, dass ein Erzeugnis wie beispielsweise ein Automobil heute aus etwa 10 000 Einzelteilen besteht.

15.3 Operative Aspekte der Beschaffung

Abb. 15-7

Bedarfsarten

Vergleiche *Jung, H.* 2004: Seite 345

15.3.1.1 Bedarfsarten

Im Hinblick auf die Bedarfsplanung werden drei Arten von Bedarfen unterschieden (↗ Abbildung 15-7):

Bedarfsarten

Primärbedarf
Der Primärbedarf ergibt sich aus dem geplanten Absatzprogramm und beschreibt den Bedarf an zu produzierenden Erzeugnissen und zu beschaffenden Waren.

Sekundärbedarf
Der Sekundärbedarf ergibt sich aus dem Primärbedarf der Produktion und beschreibt den Bedarf an zu produzierenden oder zu beschaffenden Baugruppen und Einzelteilen.

Tertiärbedarf
Der Tertiärbedarf ergibt sich aus dem Sekundärbedarf der Produktion und beschreibt den Bedarf an zu beschaffenden Hilfs- und Betriebsstoffen.

Für die genannten Bedarfe werden im Rahmen der Bedarfsplanung zwei Bedarfe ermittelt:

Brutto- und Nettobedarf

- Der **Bruttobedarf** ist der Bedarf ohne Berücksichtigung von vorhandenen Lagerbeständen.
- Der **Nettobedarf** ergibt sich aus dem Bruttobedarf, indem von diesem die vorhandenen Lagerbestände abgezogen werden.

15.3.1.2 Klassifikation der zu beschaffenden Güter

Die zu beschaffenden Güter lassen sich nach der Höhe des Bedarfs und nach der Stetigkeit des Bedarfs klassifizieren.

15.3.1.2.1 ABC-Analyse

Die ABC-Analyse dient der Klassifikation von Gütern nach der Höhe des Bedarfs. Sie teilt die Beschaffungsgüter oder andere zu klassifizierende Objekte nach ihrem relativen Anteil am Gesamtumfang in A-, B- und C-Güter ein. Für die Klassifikation in A-, B-, und C-Güter gibt es in der betriebswirtschaftlichen Literatur und in der Praxis keine standardisierten Vorgaben. Typischerweise werden die folgenden Prozentsätze verwendet (vergleiche zum Folgenden *Bichler, K./Schröter, N.* 1995: Seite 22 ff. und *Weber, J./Baumgarten, H.* 1999: Seite 345 f.):

ABC-Klassifikation

- **A-Güter** kennzeichnet, dass einem kleinen Anteil von etwa 10 bis 20 Prozent an der Menge ein großer Anteil von etwa 60 bis 80 Prozent am Wert gegenübersteht. A-Güter haben insofern eine hohe Priorität.
- **B-Güter** kennzeichnet, dass einem mittleren Anteil von etwa 30 bis 40 Prozent an der Menge ein mittlerer Anteil von etwa 10 bis 20 Prozent am Wert gegenübersteht. B-Güter haben insofern eine mittlere Priorität.
- **C-Güter** kennzeichnet, dass einem großen Anteil von etwa 40 bis 60 Prozent an der Menge ein kleiner Anteil von etwa 5 bis 10 Prozent am Wert gegenübersteht. C-Güter haben insofern eine niedrige Priorität.

Vorgehensweise

Bei der ABC-Analyse wird in folgenden Schritten vorgegangen (↗ Tabelle 15-1):
1. Zunächst wird basierend auf den Verbrauchsdaten der Vergangenheit der Periodenverbrauch aller Güter in Mengeneinheiten ermittelt.
2. Dann werden diese Mengeneinheiten mit ihren Preisen multipliziert, um den Wertverbrauch der einzelnen Güterarten festzustellen.
3. Danach wird jede Güterart entsprechend diesem Wertverbrauch geordnet (Spalte 3 in ↗ Tabelle 15-1).
4. Schließlich werden die kumulierten Verbrauchswerte und Prozentsätze des mengen- und wertmäßigen Verbrauchs errechnet und die Güter nach dem wertmäßigen Verbrauch in A-, B- und C-Kategorien klassifiziert (Spalten 4 und 5 in ↗ Tabelle 15-1).

Die Güter müssen bei der ABC-Analyse dabei nicht zwangsläufig in drei Klassen eingeteilt werden. Vielmehr können je nach Detaillierungserfordernis auch zwei, vier oder mehr Klassen gebildet werden. Die Ergebnisse der ABC-Analyse lassen sich anschließend mit einer sogenannten **Lorenzkurve** grafisch verdeutlichen (↗ Abbildung 15-8).

Einsatz der ABC-Analyse

Die ABC-Analyse ist eine Methode, die nicht nur in der Materialwirtschaft, sondern in allen betrieblichen Bereichen eingesetzt wird, in denen Priorisierungen vorgenommen werden müssen. So kann beispielsweise im Marketing der Umsatzerlös je Kunde ermittelt werden, um die A-Kunden mit dem größten Umsatzerlösanteil zu identifizieren.

Tab. 15-1

Vorgehensweise bei der ABC-Analyse

	Beschaffungs-gut	Beschaffungsvolumen, absteigend geordnet	Kumuliertes Beschaffungsvolumen	Kumulierter Anteil am Gesamtbeschaffungsvolumen
A-Güter (2 Güter, 71,4 % Volumen)	Steuergeräte	420 000,00 €	420 000,00 €	37,5 %
	Motorbaugruppe	380 000,00 €	800 000,00 €	71,4 %
B-Güter (3 Güter, 19,2 % Volumen)	Stoßdämpfer	78 000,00 €	878 000,00 €	78,4 %
	Bleche	72 000,00 €	950 000,00 €	84,8 %
	Getriebe	65 000,00 €	1 015 000,00 €	90,6 %
C-Güter (5 Güter, 9,4 % Volumen)	Schrauben	28 000,00 €	1 043 000,00 €	93,1 %
	Zahnräder	27 000,00 €	1 070 000,00 €	95,5 %
	Spiegel	23 000,00 €	1 093 000,00 €	97,6 %
	U-Profile	18 000,00 €	1 111 000,00 €	99,2 %
	Klebstoff	9 000,00 €	1 120 000,00 €	100,0 %

Abb. 15-8

Lorenzkurve zur Darstellung der Ergebnisse einer ABC-Analyse

15.3.1.2.2 XYZ-Analyse

Die XYZ-Analyse dient der Klassifikation von Gütern nach der Stetigkeit des Bedarfs und damit der Prognostizierbarkeit ihres Bedarfsverlaufs. Im Rahmen der Analyse werden die Güter folgendermaßen unterteilt (vergleiche *Bichler, K./Schröter N.* 1995: Seite 25 f. und *Weber, J./Baumgarten, H.* 1999: Seite 346):

- **X-Güter** weisen einen konstanten Bedarfsverlauf auf.
- **Y-Güter** weisen einen trendförmigen oder einen saisonalen Bedarfsverlauf auf.
- **Z-Güter** weisen einen unregelmäßigen Bedarfsverlauf auf.

Vorgehensweise

Die XYZ-Klassifikation kann mittels des Variationskoeffizienten erfolgen. Dieser setzt die Schwankungsbreite des Bedarfsverlaufs ausgedrückt durch die Standardabweichung ins Verhältnis zum durchschnittlichen Bedarf:

$$v_x = \frac{\sigma_x}{\bar{x}}$$

mit:

v_x = Variationskoeffizient
σ_x = Standardabweichung der Bedarfe [Stück]
$\bar{x}$ = Durchschnittliche Bedarfe je Jahr/Quartal/Monat/Woche/Tag [Stück]

Für die Klassifikation in X-, Y-, und Z-Güter gibt es in der betriebswirtschaftlichen Literatur und in der Praxis keine standardisierten Vorgaben. Typischerweise werden die folgenden Werte verwendet:

- Variationskoeffizienten v_x kleiner als 0,2: X-Gut,
- Variationskoeffizienten v_x zwischen 0,2 und 0,5: Y-Gut,
- Variationskoeffizienten v_x größer als 0,5: Z-Gut.

15.3.1.2.3 Kombinierte ABC-XYZ-Analyse

Aus der Kombination der ABC- und der XYZ-Analyse lassen sich Rückschlüsse ziehen, wie die Bedarfe zu ermitteln sind und wie die Bereitstellung erfolgen soll (↗ Tabelle 15-2).

15.3.2 Bedarfsgesteuerte Materialbereitstellung

Bei der bedarfsgesteuerten Materialbereitstellung, die auch als auftragsgetriebene oder programmgebundene Materialbereitstellung bezeichnet wird, leitet sich die exakte Menge der zu beschaffenden Materialien und der exakte Zeitpunkt ihrer Bereitstellung aus dem Bedarf der übergeordneter Materialien ab. Wenn die Bedarfsmenge und der Bedarfszeitpunkt der übergeordneten Materialien genau bekannt sind, sind im Idealfall keine Lager erforderlich. Die bedarfsgesteuerte Materialbereitstellung eignet sich deshalb insbesondere für A-Güter und selektiv für B-Güter, da diese hohe Werte haben, wodurch bei der Lagerung eine hohe Kapitalbindung entstehen würde.

15.3 Operative Aspekte der Beschaffung

Abb. 15-9

Typische Bedarfsverläufe

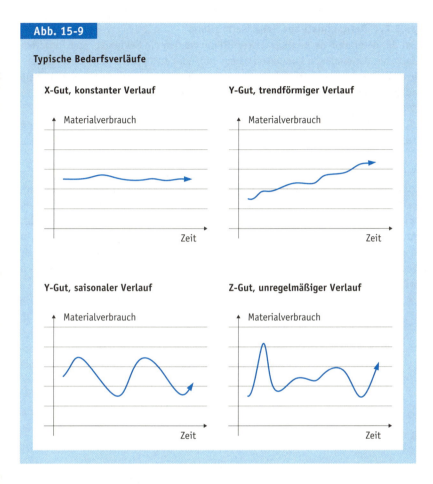

Tab. 15-2

Kombinierte ABC-XYZ-Analyse

	X-Güter	Y-Güter	Z-Güter
A-Güter	Bedarfsgesteuerte Bereitstellung, Just-in-time	Bedarfsgesteuerte Bereitstellung, eventuell Just-in-time	Bedarfsgesteuerte Bereitstellung, Einzelbeschaffung im Bedarfsfall
B-Güter	Bedarfs- oder verbrauchsgesteuerte Bereitstellung, eventuell Just-in-time	Bedarfs- oder verbrauchsgesteuerte Bereitstellung	Bedarfs- oder verbrauchsgesteuerte Bereitstellung
C-Güter	Verbrauchsgesteuerte Bereitstellung	Verbrauchsgesteuerte Bereitstellung	Verbrauchsgesteuerte Bereitstellung

15.3.2.1 Deterministische Bedarfsermittlung

Bei der deterministischen Bedarfsermittlung werden die Sekundär- und Tertiärbedarfe aus vorhandenen Kundenaufträgen und/oder dem prognostizierten zukünftigen Absatzprogramm abgeleitet. Diese Form der Bedarfsermittlung wird deshalb auch als **programmgebundene Bedarfsplanung** bezeichnet (vergleiche *Zäpfel, G.* 1996: Seite 123 ff.).

Die Ermittlung der Bedarfe erfolgt bei der deterministischen Bedarfsermittlung auf der Basis von Stücklisten oder Rezepten (vergleiche *Arnold, U.* 1995: Seite 127 ff.):

Stücklisten

Stücklisten und Rezepte

Stücklisten werden für die Bedarfsermittlung beim Vorliegen von Stückgütern eingesetzt. Stücklisten sind tabellarische Verzeichnisse, die die Struktur und die Mengen an Baugruppen und Einzelteilen beschreiben, aus denen ein Erzeugnis besteht. Außer in der Materialwirtschaft werden diese Informationen beispielsweise auch in der Konstruktion, in der Arbeitsvorbereitung und im Rechnungswesen verwendet. Für die Materialwirtschaft sind insbesondere die folgenden Formen von Stücklisten wichtig:

- **Strukturstücklisten** spiegeln den Aufbau von Erzeugnissen wider. Die ↗ Tabelle 15-3 zeigt beispielhaft den Aufbau einer Strukturstückliste für die in der ↗ Abbildung 15-10 dargestellte Erzeugnisgliederung.
- **Mengenübersichtsstücklisten**, die aus den Strukturstücklisten durch Stücklistenauflösung abgeleitet werden, geben für jedes Einzelteil eines Erzeugnisses die benötigte Gesamtmenge an.

Abb. 15-10

Erzeugnisgliederung eines Automobils

Tab. 15-3

Ausschnitt aus der Strukturstückliste eines Automobils

Gliederung	Bezeichnung	Menge
1	Fahrwerk	1
2	Antrieb	1
...	...	...
1.1	Rad	4
1.2	Bodengruppe	1
...	...	...
1.1.1	Radmutter	5
1.1.2	Felge	1
...	...	...

Rezepte

Rezepte werden für die Bedarfsermittlung beim Vorliegen von Flüssigkeiten, Gasen und teilweise von Schüttgütern verwendet. Sie kommen beispielsweise in der chemischen Industrie oder in der Nahrungsmittelindustrie zur Anwendung und beschreiben die gewichts- oder mengenmäßige Zusammensetzung von Erzeugnissen.

Die deterministische Bedarfsermittlung erfolgt durch Stücklisten- oder Rezeptauflösung. Zur Ermittlung der für ein Automobil benötigten Radmuttern ist bei der Stücklistenauflösung beispielsweise folgendermaßen vorzugehen (↗ Abbildung 15-10):

1. Ein Automobil besteht unter anderem aus einer Baugruppe »Fahrwerk«. Für jedes Automobil wird somit eine (1×1) dieser Baugruppen benötigt.
2. Die Baugruppe »Fahrwerk« besteht ihrerseits unter anderem aus den vier Baugruppen »Rad«. Für jedes Automobil werden somit vier ($1 \times 1 \times 4$) dieser Baugruppen benötigt.
3. Die Baugruppe »Rad« besteht ihrerseits unter anderem aus den fünf Einzelteilen »Radmutter«. Für jedes Automobil werden somit zwanzig ($1 \times 1 \times 4 \times 5$) dieser Einzelteile benötigt.

Die so ermittelten Bedarfe werden nachfolgend in der Regel noch um stochastisch ermittelte Prozentsätze für **Ausschuss** korrigiert.

Stücklisten- und Rezeptauflösung

Zwischenübung Kapitel 15.3.2.1.1

Ein Automobilhersteller hat für den folgenden Monat Bestellungen über 500 Autos eines bestimmten Typs, von denen bereits 40 Stück inklusive Felgen und Radmuttern produziert wurden und auf die Abholung warten. In seinem Lager hat er noch 60 Felgen ohne zugehörige Radmuttern und 633 Radmuttern. Die Radmuttern stellen Hilfsstoffe dar. Je Auto werden 4 Felgen benötigt. Zur Montage einer Felge werden 5 Radmuttern benötigt. Leiten Sie aus diesen Angaben den primären, den sekundären und den tertiären Brutto- und Nettobedarf ab.

	Bruttobedarf	Nettobedarf
Primärbedarf		
Sekundärbedarf		
Tertiärbedarf		8 567 Radmuttern

15.3.2.2 Bereitstellungsprinzipien

Bei der bedarfsgesteuerten Materialbereitstellung kommen insbesondere folgende Bereitstellungsprinzipien zur Anwendung:

Just-in-time-/Einsatzsynchrone Bereitstellung
Die einsatzsynchrone Bereitstellung eignet sich insbesondere für X- und selektiv auch für Y-Güter. Bei ihr werden keine Lagerbestände angelegt, sondern die Liefertermine genau auf das Produktionsprogramm abgestimmt. Die Lieferung erfolgt dann idealerweise genau zu dem Zeitpunkt, zu dem die Materialien benötigt werden.

Innerhalb der einsatzsynchronen Beschaffung erfolgt häufig ergänzend eine **Just-in-Sequence-Bereitstellung**, also eine Bereitstellung entsprechend der geplanten Verwendungsreihenfolge in der Produktion.

Einzelbereitstellung im Bedarfsfall
Die Einzelbereitstellung eignet sich insbesondere für Z-Güter. Bei ihr werden ebenfalls keine Lagerbestände angelegt, sondern die Güter erst bestellt, wenn sie benötigt werden. Dieses Vorgehen wird auch als **Hand-to-mouth-buying** bezeichnet.

15.3.3 Verbrauchsgesteuerte Materialbereitstellung

Bei der verbrauchsgesteuerten Materialbereitstellung, die auch als prognosegetriebene Materialbereitstellung bezeichnet wird, werden die Mengen der zu beschaffenden Materialien und die Zeitpunkte ihrer Bereitstellung auf der Basis von Vergangenheitswerten der einzelnen Materialien ohne Berücksichtigung der Bedarfe übergeordneter Materialien prognostiziert. Da es sich bei der verbrauchsgesteuerten Materialbereitstellung um kein exaktes Verfahren handelt, werden in der Regel Lager als Puffer eingesetzt, die dann abhängig vom Verbrauch aufgefüllt werden. Die verbrauchsgesteuerte Materialbereitstellung eignet sich deshalb insbesondere für C-Güter und selektiv für B-Güter, da diese keinen hohen Wert haben, wodurch bei der Lagerung keine hohe Kapitalbindung entsteht.

15.3.3.1 Bedarfsermittlung
Der Bedarf wird bei der verbrauchsgesteuerten Materialbereitstellung im Regelfall stochastisch und nur bei neuen Erzeugnissen über Schätzungen ermittelt.

15.3.3.1.1 Stochastische Bedarfsermittlung
Die Bedarfsermittlung erfolgt bei der verbrauchsgesteuerten Materialbereitstellung in der Regel stochastisch (vergleiche zum Folgenden *Arnold, U.* 1995: Seite 134 ff. und *Zäpfel, G.* 1996: Seite 155 ff.). Bei dieser Art der Bedarfsermittlung wird der zukünftige Materialverbrauch aus dem Materialverbrauch der Vergangenheit abgeleitet. Daher müssen zuverlässige Aussagen über die Verbrauchsmengen der Vergangenheit vorliegen, wenn aussagefähige Bedarfsschätzungen möglich sein sollen. Im Vorhersagezeitraum müssen typische Bedarfsverläufe erfasst und alle wichtigen und bekannten Lieferfristen berücksichtigt werden. Idealtypisch lassen sich die folgenden Verläufe unterscheiden (↗ Abbildung 15-9):

Verläufe des Materialverbrauchs

X-Güter mit konstantem Bedarfsverlauf
Es sind geringe, zufällige Schwankungen der einzelnen Verbrauchswerte um einen stabilen Durchschnittswert zu beobachten, so zum Beispiel beim Verbrauch von Ersatzteilen für Kraftfahrzeuge. Zur Mengenermittlung können die Verbrauchswerte aller vergangenen Perioden gemittelt werden.

Y-Güter mit trendförmigem Bedarfsverlauf
Die Verbrauchswerte zeigen über einen längeren Zeitraum eine – um zufällige Sonderbewegungen bereinigte – steigende oder fallende Tendenz, so zum Beispiel beim Verbrauch des Rohstoffs Mineralwasser bei Getränkeherstellern. Die Mengenermittlung kann hier durch die **Methode der gleitenden Durchschnitte** erfolgen, bei der nur die jüngsten Werte berücksichtigt werden, beispielsweise die letzten 12 Monate. Die **Regressionsanalyse** ist eine weitere Methode, mit deren Hilfe der mathematische Zusammenhang zwischen Zeitablauf und Materialverbrauch geschätzt werden kann.

Y-Güter mit saisonalem Bedarfsverlauf
Bei den Verbrauchswerten zeigen sich zyklische, innerhalb bestimmter Perioden immer wiederkehrende Bewegungen. Periodisch treten Maximal- und Minimalbedarfe auf, die auf ganz bestimmte, nicht zufällige Bedarfsschwankungen zurückzuführen sind, so zum Beispiel beim Bedarf des Grundstoffs Schokolade an Weihnachten und Ostern. Im Grunde sind hier dieselben Methoden wie die oben genannten anwendbar, nur dass beispielsweise bei der Durchschnittsbildung nicht alle Vergangenheitswerte berücksichtigt werden, sondern nur diejenigen vergleichbarer Zeiträume. Möchte beispielsweise ein Eiscremehersteller seinen Sahnebedarf für die Eisproduktion im Monat Juni ermitteln, so kann er sich an den Verbrauchsmengen der letzten sechs Junimonate der Vorjahre (und nicht der letzten sechs Kalendermonate) orientieren.

Z-Güter mit unregelmäßigem Bedarfsverlauf
Im Verbrauch sind keinerlei Regelmäßigkeiten zu beobachten, so zum Beispiel beim Materialverbrauch bei der Produktion von Erzeugnissen, die einer wechselnden Nachfrage unterliegen. Hier ist es kaum möglich, die Bedarfsmenge sinnvoll mit statistischen Methoden zu bestimmen, sodass häufig umfangreiche Sicherheitsbestände angelegt werden.

15.3.3.1.2 Schätzverfahren zur Bedarfsermittlung

Liegen bei neu zu produzierenden Erzeugnissen weder Informationen über das geplante Produktionsprogramm noch eine ausreichende Zahl von Vergangenheitswerten vor, so versagen die deterministischen und die stochastischen Bedarfsermittlungsverfahren. In diesen Fällen werden subjektive Schätzverfahren verwendet, wobei sich Analog- und Intuitivschätzung unterscheiden lassen:

Subjektive Schätzverfahren

Analogschätzung
Die Analogschätzung stellt eine Verbindung zwischen den zu prognostizierenden Verbrauchswerten der Güter und den tatsächlichen Verbrauchswerten artverwandter Güter her.

Intuitivschätzung
Bei der Intuitivschätzung werden rein subjektive, häufig nicht operationalisierbare Erfahrungswerte als Grundlage der Schätzung herangezogen.

15.3.3.2 Bestandsarten

Die bei der verbrauchsgesteuerten Materialbereitstellung benötigten Bestände lassen sich begrifflich weiter in folgende Bestände unterteilen (↗ Abbildung 15-11, zum Folgenden vergleiche *Bichler, K./Schröter, N.* 1995: Seite 79 ff.):

Lagerbestand
Der Lagerbestand ist der im Lager physisch tatsächlich vorhandene Bestand.

Buchbestand
Der Buchbestand ist der in der Lagerbuchhaltung des Rechnungswesens geführte Bestand. Dieser ergibt sich, indem der in der Inventur erfasste Bestand um Zu- und Abgänge korrigiert wird. Im Idealfall stimmt der Buchbestand mit dem Lagerbestand überein, was jedoch aufgrund von Zähl-, Mess-, Schreib- und Übertragungsfehlern sowie durch nicht erfasste Zu- und Abgänge, Verluste, Diebstähle oder Verderb nicht immer zutrifft. Zum Abgleich erfolgt deshalb regelmäßig im Rahmen der Inventur eine physische Bestandsaufnahme.

Sicherheitsbestand
Der Sicherheitsbestand dient der Sicherstellung der Lieferbereitschaft bei stochastischen Materialbedarfen.

Abb. 15-11
Bestandsarten

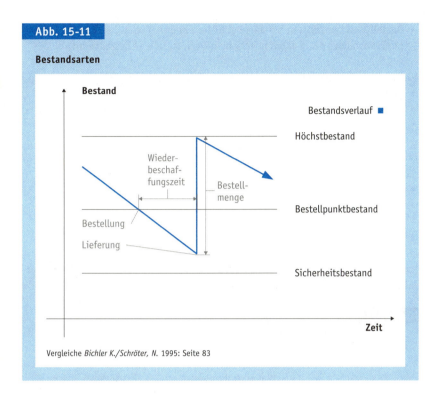

Vergleiche *Bichler K./Schröter, N.* 1995: Seite 83

Bestellpunktbestand

Der Bestellpunktbestand, der synonym auch als **Bestell-** oder **Meldebestand** bezeichnet wird, ist der Bestand, bei dessen Unterschreiten eine Bestellung ausgelöst wird. Er ergibt sich in der Regel aus dem Bestand zur Überbrückung der Wiederbeschaffungszeit zuzüglich eines Sicherheitsbestandes.

Höchstbestand

Der Höchstbestand beziehungsweise das **Sollniveau** bezeichnet den Bestand, bis zu dem ein Lager aufgefüllt werden soll oder aufgrund begrenzter Kapazitäten aufgefüllt werden kann.

15.3.3.3 Bestellpolitiken

Im Rahmen der Bestellpolitik werden bei der verbrauchsgesteuerten Materialbereitstellung für alle Güter:

- die **Bestellzeitpunkte** und
- die **Bestellmengen**

festgelegt. Hinsichtlich der Bestellzeitpunkte gibt es dabei folgende Alternativen:

- **Bestellrhythmusverfahren**, bei dem in gleich bleibenden Zeitintervallen t bestellt wird, oder

Alternativen der Bestellung

▶ **Bestellpunktverfahren**, bei dem bei Unterschreitung eines bestimmten Bestellpunktbestandes s und damit in variablen Zeitintervallen t bestellt wird.

Hinsichtlich der Bestellmengen gibt es folgende Alternativen:
▶ **gleich bleibende Bestellmengen** q oder
▶ **variable Bestellmengen**, die so gewählt werden, dass die Lager jeweils bis zu einem bestimmten Sollniveau S aufgefüllt werden.

Durch Kombination dieser Möglichkeiten ergeben sich als grundlegende Alternativen der Bestellpolitik:
▶ die t-S-Bestellpolitik,
▶ die s-S-Bestellpolitik,
▶ die t-q-Bestellpolitik und
▶ die s-q-Bestellpolitik.

Darüber hinaus ergeben sich als Mischformen, die auch als **Kontrollrhythmusverfahren** bezeichnet werden, die t-s-S- und die t-s-q-Bestellpolitik (↗ Abbildung

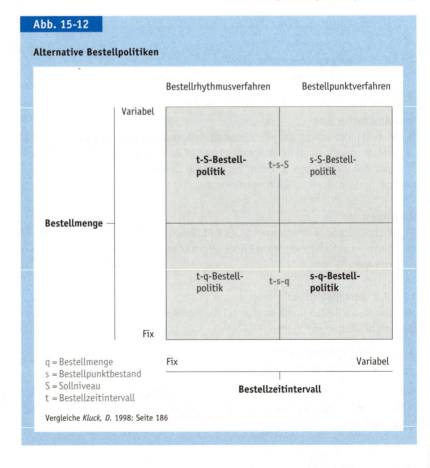

Abb. 15-12 Alternative Bestellpolitiken

q = Bestellmenge
s = Bestellpunktbestand
S = Sollniveau
t = Bestellzeitintervall

Vergleiche *Kluck, D.* 1998: Seite 186

15-12). Von besonderer Bedeutung in der Praxis sind dabei die t-S- und die s-q-Bestellpolitik, auf die wir deshalb nachfolgend näher eingehen werden.

15.3.3.3.1 t-S-Bestellpolitik
Bei der t-S-Bestellpolitik wird das Lager in konstanten Zeitintervallen t bis zu einem konstanten Sollniveau S aufgefüllt. Die zu bestellende Menge q schwankt dadurch (↗ Abbildung 15-13). Die t-S-Bestellpolitik lässt sich mit einem geringen Verwaltungsaufwand realisieren, die Lagerbestände und die Bestellmengen sind aber nicht optimal.

Fallbeispiel 15-1

▶▶▶ In der *Speedy GmbH* wird die t-S-Bestellpolitik von einem Zulieferer eingesetzt, um die Bestände an Kleinteilen aufzufüllen, wie beispielsweise Schrauben, die direkt in der Produktion gelagert werden. Dazu kommt einmal pro Woche ein Mitarbeiter des Zulieferers in die Produktion und füllt die Kleinteilebestände bis zu einem vorher definierten Niveau auf. ◀◀◀

15.3.3.3.2 s-q-Bestellpolitik
Bei der s-q-Bestellpolitik wird bei Erreichen beziehungsweise Unterschreiten eines konstanten Bestellpunktbestandes s eine Bestellung zur Auffüllung des Lagers mit der konstanten Bestellmenge q ausgelöst (↗ Abbildung 15-14). Die s-q-Bestellpolitik ermöglicht eine Optimierung der Bestellmengen und der Lagerbestände.

Abb. 15-13 t-S-Bestellpolitik

Vergleiche *Kluck, D.* 1998: Seite 188

15.3 Beschaffung
Operative Aspekte der Beschaffung

Wirtschaftspraxis 15-1

Das C-Teile-Management von Würth

Die Beschaffungskosten von C-Gütern betragen häufig ein Vielfaches des eigentlichen Materialpreises. Die *Adolf Würth GmbH & Co. KG* bietet ihren Kunden deshalb nicht nur entsprechende Güter zum Kauf an, sondern ergänzend auch die Abwicklung der zugehörigen Beschaffungs- und Logistikprozesse. Dazu werden beispielsweise in der Produktion der Kunden von *Würth* auf deren Bedürfnisse maßgeschneiderte Regale als Bevorratungs- und Entnahmesysteme errichtet. Die Regale werden dann von den *Würth*-Außendienstmitarbeitern regelmäßig entsprechend dem jeweiligen Verbrauch mit C-Gütern aufgefüllt und dem Kunden dann jeweils die Auffüllmengen in Rechnung gestellt. Die Kunden von *Würth* müssen sich durch dieses System nicht mit Bestandsplanungen, Nachbestellungen, Qualitätsprüfungen und Einlagerungen beschäftigen, sondern können sich auf ihre Kernkompetenzen konzentrieren.

Quelle: *Boeckh, M.*: Maßgeschneiderte Logistikkonzepte machen Lagerhaltung überflüssig, in: Handelsblatt, Nummer 53 vom 15.03.2000, Seite b08.

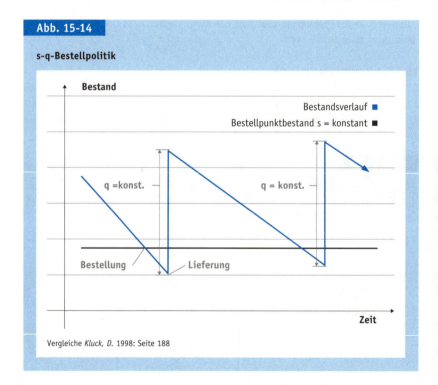

Abb. 15-14

s-q-Bestellpolitik

Vergleiche *Kluck, D.* 1998: Seite 188

Fallbeispiel 15-2

▶▶▶ In der *Speedy GmbH* wird die s-q-Bestellpolitik zur Beschaffung großer Zukaufteile verwendet. Jeder Lagerzu- und -abgang wird dazu in der Lagerbuchhaltung erfasst. Bei Unterschreiten eines für jedes Zukaufteil vorgegebenen Meldebestandes wird dann computerunterstützt eine Bestellung ausgelöst. Um sie an eine veränderte Nachfrage vonseiten der Produktion anzupassen, werden die Bestellmengen und die Meldebestände zudem halbjährlich optimiert. ◀◀◀

15.3.3.3.2.1 Ermittlung des Bestellpunktbestandes

Der Bestellpunktbestand s, bei dessen Unterschreiten eine Bestellung ausgelöst wird, hängt zum einen davon ab, wie schnell der Bestand durchschnittlich abnimmt und zum andern davon, ob die Abnahme konstant verläuft oder ob es größere Schwankungen gibt. Der Bestellpunktbestand s ergibt sich entsprechend aus einem Bestand zur Überbrückung der Wiederbeschaffungszeit S_W und einem Sicherheitsbestand S_S (vergleiche *Melzer-Ridinger, R.* 1994: Seite 125 ff.):

$$s = S_W + S_S$$

$$s = \bar{x}_{Tag} \times \bar{t}_w + \sigma_x \times f_s$$

Bestellpunktbestand

mit:

- s = Bestellpunktbestand [Stück]
- S_W = Bestand zur Überbrückung der Wiederbeschaffungszeit [Stück]
- S_S = Sicherheitsbestand [Stück]
- $\bar{x}_{Tag}$ = durchschnittlicher Lagerabgang je Tag [Stück/Tag]
- $\bar{t}_w$ = durchschnittliche Wiederbeschaffungszeit [Tage]
- σ_x = Standardabweichung der Lagerabgänge [Stück]
- f_s = Sicherheitsfaktor

Der Bestand S_W zur Überbrückung der Wiederbeschaffungszeit ist das Produkt der durchschnittlichen Lagerabgänge $\bar{x}$ und der durchschnittlichen Wiederbeschaffungszeit $\bar{t}_w$.

Der Sicherheitsbestand S_S kann näherungsweise ermittelt werden, indem die Standardabweichung der Lagerabgänge σ_x mit einem Sicherheitsfaktor f_s multipliziert wird, der statistisch berechnet werden kann. Die Höhe des Faktors hängt dabei vom Lieferbereitschaftsgrad ab, der erzielt werden soll (↗ Tabelle 15-4). Der **Lieferbereitschaftsgrad** ist ein Maß dafür, welcher Anteil der Bedarfe direkt aus dem Lager bedient werden kann.

Ermittlung des Sicherheitsbestandes

Die bei der Berechnung des Sicherheitsbestandes S_S verwendete Standardabweichung der Lagerabgänge ist ein Maß für die durchschnittliche Abweichung vom durchschnittlichen Lagerabgang und damit die Streuung um diesen Mittelwert. Sie wird für die Lagerabgänge folgendermaßen berechnet:

Standardabweichung der Lagerabgänge

Tab. 15-4

Sicherheitsfaktoren verschiedener Lieferbereitschaftsgrade

Lieferbereitschaftsgrad	Sicherheitsfaktor f_s
50 %	0,00
90 %	1,29
96 %	1,75
99 %	2,33

Vergleiche *Melzer-Ridinger, R.* 1994: Seite 135

$$\sigma_x = \sqrt{\frac{1}{n} \times \sum_{i=1}^{n}(x_i - \bar{x}_{Quartal/Monat/Tag})^2}$$

Alternativ kann auch folgende Formel zur Berechnung verwendet werden:

$$\sigma_x = \sqrt{\frac{1}{n} \times \left(\sum_{i=1}^{n}x_i^2\right) - \bar{x}^2_{Quartal/Monat/Tag}}$$

mit:

σ_x	=	Standardabweichung der Lagerabgänge [Stück]
n	=	Anzahl der erfassten Quartale/Monate/Tage
x_i	=	Lagerabgang des Quartals/Monats/Tages i [Stück]
$\bar{x}_{Quartal/Monat/Tag}$	=	Durchschnittlicher Lagerabgang je Quartal/Monat/Tag [Stück]

Je kleiner der dabei jeweils erfasste Zeitraum gewählt wird, desto genauer wird die Berechnung. Bei der Ermittlung der Standardabweichung müssen dabei auch Zeiträume ohne Lagerabgänge berücksichtigt werden, da diese auch vom durchschnittlichen Lagerabgang abweichen können. Im Hinblick auf die Lagerabgänge gibt die Standardabweichung dann an, ob die Lagerabgänge immer ähnlich groß sind oder stark schwanken. Im ersten Fall wird – da die Standardabweichung sehr klein wird – nur ein kleiner Sicherheitsbestand S_s benötigt, im zweiten Fall ergibt sich hingegen ein großer Sicherheitsbestand S_s.

Zwischenübung Kapitel 15.3.3.3.2.1

Im letzten Jahr wurden jedes Quartal die Lagerabgänge einer Baugruppe erfasst. Die Abgänge erfolgten während des Jahres an 250 Tagen. Von der Nachbestellung bis zur Einlagerung vergingen im Durchschnitt 20 Tage. In den vier Quartalen kam es zu folgenden Abgängen:
- *1. Quartal: 200 Stück,*
- *2. Quartal: 300 Stück,*
- *3. Quartal: 0 Stück und*
- *4. Quartal: 500 Stück.*

Wie ist der Bestellpunktbestand zu wählen, wenn ein Lieferbereitschaftsgrad von 96 Prozent erzielt werden soll und wie hoch ist der Variationskoeffizient des Gutes? Verwenden Sie hierzu die nachfolgende Tabelle (Hinweis: Zwischenergebnisse dienen der Selbstkontrolle).

	Summe der Lagerabgänge	
/	Tage mit Lagerabgängen	
=	**Durchschnittlicher Lagerabgang je Tag** $\bar{x}_{Tag}$	
×	Durchschnittliche Wiederbeschaffungszeit $\bar{t}_w$	
=	**Bestand zur Überbrückung der Wiederbeschaffungszeit S_W**	

	Summe der Lagerabgänge	
/	Anzahl der erfassten Quartale n	
=	**Durchschnittlicher Lagerabgang je Quartal** $\bar{x}_{Quartal}$	
	Standardabweichung der Lagerabgänge σ_x	180 Stück
×	Sicherheitsfaktor f_s	
=	**Sicherheitsbestand S_S**	

	Bestellpunktbestand $s = S_W + S_S$	395 Stück

Variationskoeffizient $v_x = \sigma_x / \bar{x}_{Quartal}$	

15.3.3.3.2.2 Ermittlung der optimalen Bestellmenge

Hinsichtlich der optimalen Bestellmengen ist über geeignete Verfahren eine (annähernd) optimale Lösung zu suchen, mit der die Summe aus bestellfixen Kosten und Lagerkosten minimiert wird. Bestellfixe Kosten fallen bei jeder Bestellung unabhängig von dem Bestellvolumen an, beispielsweise Kosten der Bestellabwicklung oder der Materialannahme. Lagerkosten entstehen durch die Lagerung von Gütern im Unternehmen und steigen mit der einzulagernden Menge. Die Bestimmungsgrößen der Lagerkosten sind die Lagerbestandsmenge, der Lagerbestandswert, die Lagerdauer, die Kapitalbindungs- und Versicherungskosten und die Wertminderungen der gelagerten Güter zum Beispiel durch Verderb oder Marktpreisschwankungen.

<small>Problem der optimalen Bestellmenge</small>

Im Hinblick auf die Ermittlung der optimalen Bestellmenge q_{opt} geht *Andler* davon aus, dass die jährlichen Lagerkosten K_L proportional zur Menge q, die jeweils bestellt wird, steigen, während die jährlichen Kosten für die Durchführung der Bestellungen K_B gleichzeitig sinken. Die optimale Bestellmenge q_{opt} ergibt sich dann nach der sogenannten *Andler*-Formel beziehungsweise *Andler'schen*-Losgrößenformel in dem Punkt, in dem die Summe dieser beiden Kosten minimal ist (↗ Abbildung 15-15).

<small>Ermittlung nach Andler</small>

Die bei der Herleitung der *Andler*-Formel verwendeten jährlichen Lagerkosten K_L ergeben sich, indem der durchschnittliche jährliche Lagerwert mit dem Zins- und Lagerkostensatz k_L multipliziert wird. Dadurch werden insbesondere Zinsen für das in den Lagerbeständen gebundene Kapital, Raumkosten für die Lagerflächen und Versicherungskosten berücksichtigt. Der durchschnittliche jährliche Lagerwert ist dabei näherungsweise die Hälfte des Produkts der Bestellmenge q und des Einkaufspreises k, sodass die Lagerkosten K_L folgendermaßen berechnet werden können:

<small>Ermittlung der Lagerkosten</small>

$$K_L = \frac{q \times k}{2} \times k_L$$

mit:

K_L = Jährliche Lagerkosten [€]
q = Bestellmenge [Stück]
k = Einkaufspreis je Stück [€/Stück]
k_L = Zins- und Lagerkostensatz [%]

Ermittlung der Bestellkosten

Die bei der Herleitung der *Andler*-Formel verwendeten jährlichen Kosten für die Durchführung der Bestellungen K_B, die auch als **mittelbare Beschaffungskosten** bezeichnet werden, ergeben sich als Produkt aus der Anzahl an jährlichen Bestellungen m_B und den fixen Kosten je Bestellung K_f:

$$K_B = m_B \times K_f$$

mit:

K_B = Jährliche Bestellkosten [€]
m_B = Anzahl jährlicher Bestellungen [Bestellungen]
K_f = Fixe Kosten je Bestellung [€/Bestellung]

Andler-Formel

Zur Herleitung der *Andler*-Formel werden die Lagerkosten K_L und die Bestellkosten K_B addiert, die sich ergebende Summenfunktion abgeleitet und zur Ermittlung des Minimums die Nullstelle der Ableitung bestimmt. Daraus resultiert folgende Formel für die Berechnung der optimalen Bestellmenge:

$$q_{opt} = \sqrt{\frac{2 \times x_B \times K_f}{k \times k_L}}$$

mit:

q_{opt} = Optimale Bestellmenge [Stück]
x_B = Bedarfsmenge je Jahr [Stück]
K_f = Fixkosten je Bestellung [€]
k = Einkaufspreis je Stück [€/Stück]
k_L = Zins- und Lagerkostensatz [%]

Anzahl der Bestellungen

Die Anzahl der jährlich durchzuführenden Bestellungen m_B ergibt sich dabei, indem die Bedarfsmenge je Jahr x_B durch die optimale Bestellmenge q_{opt} geteilt wird:

$$m_B = \frac{x_B}{q_{opt}}$$

mit:

m_B = Anzahl jährlicher Bestellungen
q_{opt} = Optimale Bestellmenge [Stück]
x_B = Bedarfsmenge je Jahr [Stück]

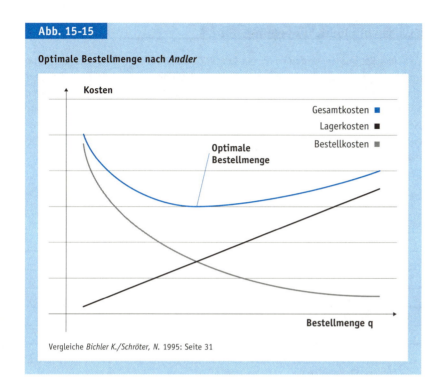

Abb. 15-15

Optimale Bestellmenge nach *Andler*

Vergleiche *Bichler K./Schröter, N.* 1995: Seite 31

Fallbeispiel 15-3 Optimale Bestellmenge

▶▶▶ Zur Optimierung der Bestellmenge einer Baugruppe, von der 1 000 Stück im Jahr benötigt werden, wird bei der *Speedy GmbH* berechnet, welche Bestell- und Lagerkosten entstehen würden, wenn jeweils 50 oder alternativ 200 Stück bestellt würden. Wenn jeweils 50 oder alternativ 200 Stück bestellt würden, wären dazu 20 (1 000 Stück/50 Stück) oder alternativ 5 (1 000 Stück/200 Stück) Bestellungen notwendig. Durch jede Bestellung, Lieferung und Einlagerung der Baugruppe entstehen jeweils Kosten von 50,00 Euro. Dies würde somit jährliche Bestellkosten von 1 000,00 Euro (20 Bestellungen × 50,00 Euro/Bestellung) oder alternativ 250,00 Euro (5 Bestellungen × 50,00 Euro/Bestellung) verursachen.

Bei einem gleichmäßigen Verbrauch wäre im Durchschnitt jeweils die Hälfte der Bestellmenge im Lager, also 25 (50 Stück/2) oder 100 Stück (200 Stück/2). Bei einem Einkaufspreis der Baugruppe von 100,00 Euro wäre der Lagerbestand im Durchschnitt also 2 500,00 Euro (25 Stück × 100,00 Euro) oder 10 000,00 Euro (100 Stück × 100,00 Euro) wert. Bei einem Lagerkostensatz für die Baugruppe von 10 Prozent würden die Lagerkosten je Jahr somit 250,00 Euro (2 500,00 Euro × 0,1) oder 1 000,00 Euro (10 000,00 Euro × 0,1) betragen. Die Gesamtkosten wären dadurch mit 1 250,00 Euro bei beiden Varianten gleich, was den Schluss zulässt, dass die optimale Bestellmenge zwischen den beiden Bestellmengen liegt. ◀◀◀

Zwischenübung Kapitel 15.3.3.3.2.2

Von einer Baugruppe wurden im letzten Jahr 1 000 Stück benötigt. Durch die Bestellung und die Lieferung der Baugruppe entstanden jeweils Kosten von 50,00 Euro. Der Zins- und Lagerkostensatz für die Baugruppe betrug 10 Prozent. Die Baugruppe hatte einen Einkaufspreis von 100,00 Euro. Welche Bestellmenge ist für die Baugruppe optimal, wie viele Bestellungen müssen dazu pro Jahr durchgeführt werden und welche Gesamtkosten entstehen durch die Lagerung und durch die Bestellungen pro Jahr (Hinweis: Zwischenergebnisse dienen der Selbstkontrolle)?

	Faktor	2
×	Bedarfsmenge je Jahr x_B	
×	Fixkosten je Bestellung K_f	
/	Zins- und Lagerkostensatz k_L	
/	Einkaufspreis je Stück k	
	Wurzel	
=	**Optimale Bestellmenge q_{opt}**	
	Bedarfsmenge je Jahr x_B	
/	Optimale Bestellmenge q_{opt}	
=	**Anzahl jährlicher Bestellungen m_B**	10 Bestellungen
	Jährliche Lagerkosten K_L	
+	Jährliche Bestellkosten K_B	
=	**Jährliche Gesamtkosten**	1.000,00 €

15.4 Lieferantenpolitik

Die Lieferantenpolitik umfasst insbesondere die Gestaltung der Lieferantenstruktur, die Beurteilung von Lieferanten und darauf aufbauend den Vergleich verschiedener Angebote für die zu beschaffenden Güter (vergleiche *Arnold, U.* 1995: Seite 164 ff.).

15.4.1 Lieferantenstruktur

Aufgrund der in vielen Branchen anzutreffenden reduzierten Produktionstiefen bestehen heute zwischen Unternehmen und ihren Lieferanten häufig große gegenseitige Abhängigkeiten. Neben dem Beschaffungsumfang hat dabei insbesondere die Lieferantenstruktur, also die Anzahl und die räumliche Verteilung der Lieferanten, großen Einfluss auf die Machtverhältnisse zwischen Unternehmen und ihren Lieferanten.

15.4 Lieferantenpolitik

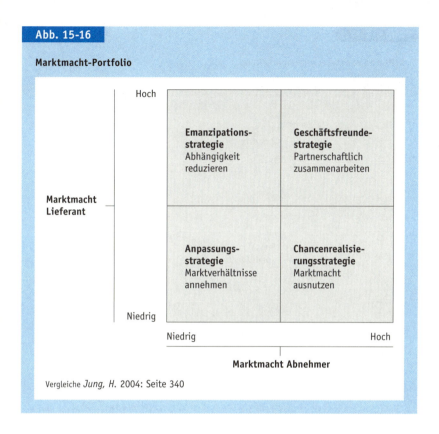

Abb. 15-16 Marktmacht-Portfolio

Vergleiche Jung, H. 2004: Seite 340

Hinweise dafür, wie die Lieferantenstruktur in verschiedenen Marktsituationen entwickelt werden sollte, lassen sich aus dem Marktmacht-Portfolio ableiten (↗ Abbildung 15-16).

Verfügen die Lieferanten über eine größere Marktmacht als die abnehmenden Unternehmen, werden die Unternehmen bestrebt sein, sich zu emanzipieren, indem sie zusätzliche Lieferanten aufbauen und dann entsprechend der «60/30/10-Formel»:

60/30/10-Formel

- 60 Prozent des Mengenvolumens auf einen Hauptlieferanten,
- 30 Prozent auf einen zweiten Hauptlieferanten und
- 10 Prozent auf einen Reservelieferanten

verteilen (vergleiche Jung, H. 2004: Seite 339 ff. und Thommen, J.-P./Achleitner A.-K. 2003: Seite 298).

15.4.2 Lieferantenbeurteilung

Im Rahmen der Lieferantenbeurteilung wird ermittelt, wie gut sich ein anderes Unternehmen als Lieferant eignet. Die entsprechenden Beurteilungen werden dann

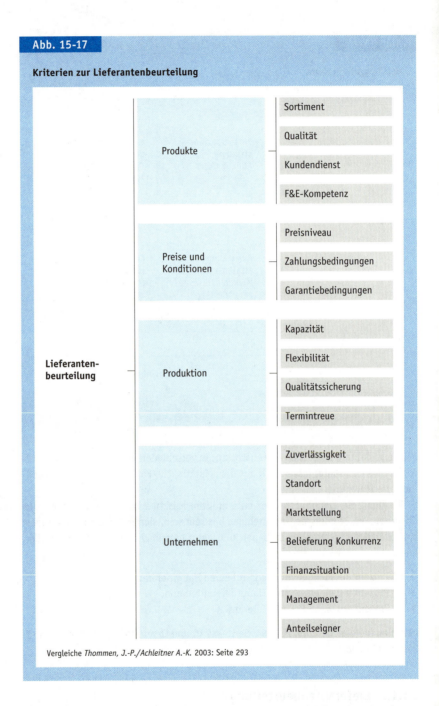

Abb. 15-17

Kriterien zur Lieferantenbeurteilung

Vergleiche *Thommen, J.-P./Achleitner A.-K.* 2003: Seite 293

bei der Entwicklung der Lieferantenstruktur und bei Vergleichen von Angeboten berücksichtigt. Im Rahmen der Beschaffung werden Lieferantenbeurteilungen in der Regel aufgrund von Routinebeurteilungen, Produktänderungen, Lieferantenwechseln oder Neuprodukteinführungen durchgeführt. Beim Lieferantenwechsel und bei der Neuprodukteinführung werden dabei auch neue Lieferanten beurteilt.

Die Beurteilung kann mittels der im ↗ Kapitel 2 Entscheidungstheorie dargestellten Entscheidungsmodelle durchgeführt werden. Meist handelt es sich um Entscheidungen bei mehrfacher Zielsetzung. Die Zielsetzungen lassen sich dabei in Abstimmung mit der Beschaffungsstrategie aus den in der ↗ Abbildung 15-17 aufgeführten Kriterien ableiten (vergleiche *Arnold, U.* 1995: Seite 164 ff.).

15.4.3 Angebotsvergleich

Ist ein Gut erstmalig zu beschaffen, fällt ein bisheriger Lieferant aus oder soll ein neuer Lieferant aufgebaut werden, so werden Angebote bei möglichen Lieferanten eingeholt, die dann hinsichtlich:

- des **Einkaufspreises** der angebotenen Güter,
- der sich aus der Entscheidung ergebenden **Folgekosten**, beispielsweise durch Lizenzen,
- der **Lieferkonditionen**, wie dem Zahlungsziel, dem Zeitpunkt der Rechnungsstellung, Vertragsstrafen und Schadensersatzregelungen,
- der **Qualität** der angebotenen Güter und
- der allgemeinen **Lieferantenbeurteilung**

Kriterien für Angebotsvergleiche

bewertet werden. Die isolierte Betrachtung des Einkaufspreises als zentrales Kriterium ist dabei unter langfristigen Aspekten in der Regel nicht sinnvoll. Vielmehr sollten insbesondere auch die ökonomischen und technischen Verhältnisse des Lieferanten berücksichtigt werden, die ihn befähigen, ein Gut langfristig anzubieten und weiterzuentwickeln.

Mit dem ausgewählten Lieferanten werden im Anschluss an die Bewertung Verträge geschlossen, deren Inhalte sich unter anderem auf die zu liefernden Gütermengen und -beschaffenheiten, die Verpackungen, die Liefertermine, die Erfüllungsorte, die Einkaufspreise einschließlich der Zahlungsbedingungen und die Entsorgung beziehen (vergleiche *Arnold, U.* 1995: Seite 172 ff.).

Lieferverträge

15.5 Elektronische Beschaffung

Die elektronische Beschaffung beziehungsweise das **E-Procurement** zielt auf die Bildung von internetbasierten Netzwerken mit Lieferanten ab, um die Kosten der einzukaufenden Produkte zu reduzieren und den Beschaffungsaufwand zu minimieren. Das Beschaffungsgut bestimmt dabei die einzusetzende Lösung (↗ Abbildung 15-18, zum Folgenden vergleiche *KPMG* 2000: Seite 4 ff.):

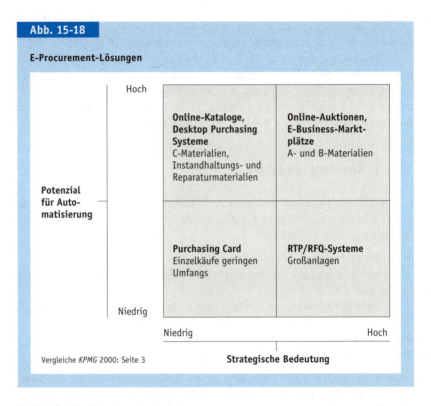

Abb. 15-18
E-Procurement-Lösungen

Vergleiche KPMG 2000: Seite 3

Purchasing Card
Bei der Purchasing Card handelt es sich um eine spezielle Kreditkarte, mit der Mitarbeiter des Unternehmens Bestellungen ohne mehrstufige Genehmigungsprozesse direkt und eigenverantwortlich bei ausgewählten Lieferanten vornehmen können.

Request for Proposal (RFP) und Request for Quotation (RFQ)
Beim Request for Proposal und Request for Quotation werden Ausschreibungsverfahren und Angebotsanfragen internetbasiert abgewickelt.

Online-Kataloge
Online-Kataloge sind elektronische Kataloge ausgewählter Lieferanten, die allen zur Beschaffung berechtigten Mitarbeitern über das Intranet des Unternehmens zur Verfügung gestellt werden.

Desktop Purchasing
Im Rahmen des Desktop Purchasing erhalten die zur Beschaffung berechtigten Mitarbeiter eine Software, die es ihnen ermöglicht, »vom Schreibtisch aus« in Online-Katalogen ausgewählte Materialien zu bestellen.

E-Business Marktplätze

E-Business-Marktplätze sind Internet-Plattformen, auf denen analog zu realen Marktplätzen die Angebote und die Nachfragen von Unternehmen miteinander abgeglichen und Käufe durchgeführt werden.

Online-Auktionen

In der industriellen Beschaffung werden häufig umgekehrte beziehungsweise reverse Auktionen online durchgeführt. Bei dieser Auktionsform geben die Käufer einen bestimmten Materialbedarf an. Die Verkäufer der Materialien unterbieten sich dann gegenseitig hinsichtlich des Verkaufspreises.

15.6 Kennzahlen

Zur Information und Steuerung wird in der Beschaffung eine Reihe von Kennzahlen verwendet. Die Informationen werden dem Management und den Mitarbeitern in der Beschaffung in der Regel in monatlichen Berichten zur Verfügung gestellt. Es können unter anderem die nachfolgenden Kennzahlen eingesetzt werden (vergleiche *Jung, H.* 2003: Seite 488 f., 499):

$$\text{Preisindex} = \frac{\text{Preis im Berichtszeitpunkt}}{\text{Preis im Basiszeitpunkt}} \; [\%]$$

$$\text{Einsparquote} = \frac{\text{Durchschnittspreis Vorjahr} - \text{Durchschnittspreis aktuell}}{\text{Durchschnittspreis Vorjahr}} \; [\%]$$

$$\text{Beschaffungsproduktivität} = \frac{\text{Anzahl Einkaufsmaterialien}}{\text{Anzahl Einkäufer}} \; [\text{Materialien/Einkäufer}]$$

$$\text{Fehllieferungsquote Lieferanten} = \frac{\text{Zahl der Fehllieferungen}}{\text{Gesamtzahl der Lieferungen}} \; [\%]$$

$$\text{Lieferservice Lieferanten} = \frac{\text{Zahl der termingerechten Lieferungen}}{\text{Gesamtzahl der Lieferungen}} \; [\%]$$

Zusammenfassung Kapitel 15

▸ Gegenstand der Beschaffung ist es, die bedarfsgerechte Versorgung mit denjenigen Gütern sicherzustellen, die in die betriebliche Leistungserstellung eingehen.
▸ Das Material umfasst die Werkstoffe, die unfertigen und die fertigen Erzeugnisse sowie die Waren eines Betriebes.

- Strategische Handlungsoptionen der Beschaffung sind das In- oder Out-, das System- oder Component-, das Single- oder Multiple- sowie das Global- oder Domesticsourcing.
- In der Bedarfsplanung werden die Primär-, die Sekundär- und die Tertiärbedarfe ermittelt.
- Die ABC-Analyse dient der Bildung von Prioritätsklassen.
- Die XYZ-Analyse klassifiziert Güter aufgrund der Prognostizierbarkeit ihres Bedarfsverlaufs.
- Der Bestellpunktbestand besteht aus einem Bestand zur Überbrückung der Wiederbeschaffungszeit und einem Sicherheitsbestand.
- Die optimale Bestellmenge ist nach *Andler* diejenige Bestellmenge, bei der die Summe aus Lager- und Bestellkosten minimal ist.
- Die Lieferantenpolitik umfasst insbesondere die Gestaltung der Lieferantenstruktur, die Beurteilung von Lieferanten und den Vergleich von Angeboten.

Weiterführende Literatur Kapitel 15

Melzer-Ridinger, R.: Materialwirtschaft und Einkauf, München.

Weiterführende Internetverweise Kapitel 15

www.bme.de: Internetseite des *Bundesverbandes für Materialwirtschaft, Einkauf und Logistik e. V. (BME)*.
www.diedeutscheindustrie.de: Bezugsquellenverzeichnis für Investitionsgüter des *Bundesverbandes der Deutschen Industrie e. V. (BDI)*.

Schlüsselbegriffe Kapitel 15

- Beschaffung
- Material
- Rohstoff
- Hilfsstoff
- Betriebsstoff
- Lieferbereitschaft
- Einkauf
- Make-or-buy-Entscheidung
- Insourcing
- Outsourcing
- Systemsourcing
- Componentsourcing
- Singlesourcing
- Multiplesourcing
- Globalsourcing
- Domesticsourcing
- Primärbedarf
- Sekundärbedarf
- Tertiärbedarf
- ABC-Analyse
- XYZ-Analyse
- Stückliste
- Rezept
- Stücklistenauflösung
- Just-in-Time
- Just-in-Sequence
- Einzelbeschaffung
- Buchbestand
- Sicherheitsbestand
- Bestellpunktbestand
- Bestellpolitik
- Bestellrhythmusverfahren
- Bestellpunktverfahren
- t-S-Bestellpolitik
- s-q-Bestellpolitik
- Andler-Formel
- Lieferantenpolitik
- 60/30/10-Formel
- Lieferantenbeurteilung
- Angebotsvergleich
- E-Procurement

Fragen Kapitel 15

Frage 15-1: *Definieren Sie den Begriff »Beschaffung«.*
Frage 15-2: *Definieren Sie den Begriff »Rohstoffe«.*
Frage 15-3: *Erläutern Sie den Unterschied zwischen Hilfs- und Betriebsstoffen.*
Frage 15-4: *Erläutern Sie, warum die Reduzierung der Kapitalbindung ein Ziel der Beschaffung ist.*
Frage 15-5: *Erläutern Sie die drei Dimensionen von Make-or-buy-Entscheidungen.*
Frage 15-6: *Erläutern Sie den Unterschied zwischen dem System- und dem Component-sourcing.*
Frage 15-7: *Erläutern Sie den Unterschied zwischen dem Single- und dem Multiple-sourcing.*
Frage 15-8: *Erläutern Sie den Unterschied zwischen dem Global- und dem Domestic-sourcing.*
Frage 15-9: *Erläutern Sie, aus welchem Einzelplan die Bedarfe abgeleitet werden.*
Frage 15-10: *Nennen Sie die drei Bedarfsarten mit den zugehörigen Gütern, die im Hinblick auf die Bedarfsplanung unterschieden werden.*
Frage 15-11: *Erläutern Sie den Unterschied zwischen dem Brutto- und dem Nettobedarf.*
Frage 15-12: *Erläutern Sie, welche Aussagen sich aus der ABC-Analyse ableiten lassen.*
Frage 15-13: *Erläutern Sie die Unterschiede zwischen A-, B- und C-Gütern.*
Frage 15-14: *Erläutern Sie, welche Aussagen sich aus der XYZ-Analyse ableiten lassen.*
Frage 15-15: *Erläutern Sie die Unterschiede zwischen X-, Y- und Z-Gütern.*
Frage 15-16: *Erläutern Sie, welche Aussagen sich aus der Kombination der ABC- mit der XYZ-Analyse ableiten lassen.*
Frage 15-17: *Erläutern Sie den Unterschied zwischen der bedarfs- und der verbrauchsgesteuerten Materialbereitstellung.*
Frage 15-18: *Erläutern Sie, auf Basis welcher zwei Arten von Dokumenten die deterministische Bedarfsermittlung erfolgen kann.*
Frage 15-19: *Erläutern Sie, was unter der Just-in-time-Bereitstellung verstanden wird.*
Frage 15-20: *Erläutern Sie, was unter der Just-in-Sequence-Bereitstellung verstanden wird.*
Frage 15-21: *Erläutern Sie, was unter der stochastischen Bedarfsermittlung verstanden wird.*
Frage 15-22: *Erläutern Sie, wann Schätzverfahren zur Bedarfsermittlung eingesetzt werden.*
Frage 15-23: *Erläutern Sie den Unterschied zwischen Lager- und Buchbeständen.*
Frage 15-24: *Erläutern Sie, wozu der Sicherheitsbestand benötigt wird.*
Frage 15-25: *Erläutern Sie, wie bei der t-S-Bestellpolitik vorgegangen wird.*
Frage 15-26: *Erläutern Sie, wie bei der s-q-Bestellpolitik vorgegangen wird.*
Frage 15-27: *Erläutern Sie die Struktur des Marktmacht-Portfolios.*
Frage 15-28: *Nennen Sie die vier Kriterien-Kategorien, nach denen Lieferantenbeurteilungen durchgeführt werden.*
Frage 15-29: *Nennen Sie mindestens sechs Kriterien für eine Lieferantenbeurteilung.*
Frage 15-30: *Nennen Sie mindestens drei Kriterien für einen Angebotsvergleich.*
Frage 15-31: *Nennen Sie mindestens vier Arten der elektronischen Beschaffung.*

Beschaffung
Fallstudie Kapitel 15

Frage 15-32: *Erläutern Sie, in welchen Fällen sich Online-Auktionen für die elektronische Beschaffung eignen.*

Frage 15-33: *Erläutern Sie, was unter dem Desktop Purchasing verstanden wird.*

Fallstudie Kapitel 15

Aus dem Eingangslager der Speedy GmbH wurden während eines Jahres die in der ↗ Tabelle 15-5 aufgeführten Materialien entnommen.

Fallstudie 15-1: ABC-Analyse
Führen Sie für die angegebenen Materialien eine ABC-Analyse durch, um festzustellen, auf welche Teilearten sich die Beschaffung im Hinblick auf Preissenkungsmaßnahmen konzentrieren soll. Verwenden Sie dazu und für die nachfolgenden Aufgaben die nachfolgende Tabelle (Hinweis: Zwischenergebnisse dienen der Selbstkontrolle).

Fallstudie 15-2: Bestellpunktbestände
Um die Logistikkosten zu reduzieren, sollen die Bestellpunktbestände der vorher aufgeführten Materialien ermittelt werden. Die durchschnittliche Wiederbeschaffungszeit aller Materialien beträgt 10 Tage. Zu Entnahmen kann es an 300 Tagen im Jahr kommen. Wie Sie der vorangegangenen Tabelle entnehmen können, wurden die Entnahmen monatlich erfasst (Hinweis: Beachten Sie bei der Ermittlung der Standardabweichung auch Monate ohne Entnahmen!). Ermitteln Sie die Bestellpunktbestände aller Materialien bei einem Lieferbereitschaftsgrad von 99 Prozent.

Tab. 15-5

Materialentnahmen aus dem Eingangslager der *Speedy GmbH*

Lager-abgänge	Verstell-mechanik	Halterung	Getriebe	Steuerung	Dichtgummi	Schrauben
Januar	102	300	0	0	0	2 400
Februar	95	600	1 600	0	170	2 400
März	104	200	0	0	0	2 400
April	103	500	0	0	250	2 400
Mai	99	400	2 000	0	0	2 400
Juni	100	500	0	1 200	130	2 400
Juli	96	100	0	0	0	2 400
August	100	400	2 100	0	150	2 400
September	98	600	0	0	0	2 400
Oktober	101	500	0	0	270	2 400
November	105	300	1 500	0	0	2 400
Dezember	97	400	0	0	230	2 400

Fallstudie 15-3: XYZ-Analyse
Ermitteln Sie die Variationskoeffizienten der Materialen und klassifizieren Sie die Materialien damit in X-, Y- und Z-Güter.

Fallstudie 15-4: Optimale Bestellmenge
Ermitteln Sie für alle Materialien die optimalen Bestellmengen und die Anzahl jährlicher Bestellungen, wenn bei einer Bestellung in der Regel fixe Kosten von 100,00 Euro entstehen und der Zins- und Lagerkostensatz 16 Prozent beträgt.

	Verstellmechanik	Halterung	Getriebe	Steuerung	Dichtgummi	Schrauben
Lagerabgänge je Jahr x_B	1 200 Stück					
Einkaufspreis je Stück k	680,70 €	25,88 €	13,00 €	38,48 €	4,50 €	0,10 €
Gesamteinkaufspreis $x_B \times k$	816 840,00 €					
Kumulierte Gesamteinkaufspreise	816 840,00 €	941 064,00 €				1 089 120,00 €
Kumulierter Anteil am Gesamteinkaufspreis	75,0 %					100,0 %
ABC-Klassifikation	A					
Durchschnittlicher Lagerabgang je Tag $\bar{x}_{Tag}$	4 Stück/Tag					
Überbrückungsbestand Wiederbeschaffung S_W	40 Stück					
Durchschnittlicher Lagerabgang je Monat $\bar{x}_{Monat}$	100 Stück					
Standardabweichung der Lagerabgänge σ_x	3 Stück					
Sicherheitsbestand S_S	7 Stück					
Bestellpunktbestand s	47 Stück	503 Stück	2 246 Stück	814 Stück	289 Stück	960 Stück
Variationskoeffizient v_x	0,030					
XYZ-Klassifikation	X					
Optimale Bestellmenge q_{opt}	46,9 Stück					
Anzahl jährlicher Bestellungen m_B	25,6	10,0	8,7	6,1	2,1	1,5

Fallstudie 15-5: Materialbereitstellung
Tragen Sie die Materialien in das nachfolgende Klassifikationsschema ein und leiten Sie daraus ab, wie die Bereitstellung der Materialien jeweils erfolgen sollte.

	X-Güter	Y-Güter	Z-Güter
A-Güter	Verstellmechanik		
B-Güter			
C-Güter			

Lösungen Kapitel 15

Lösungshinweise zu den Rechnungen im Kapitel finden Sie unter folgender Internetadresse:
www.EinfuehrungInDieBetriebswirtschaftslehre.de/bwl-loesungshinweise.html

Studierende, deren Dozenten das Buch einsetzen, finden ausführliche passwortgeschützte Lösungen unter folgender Internetadresse:
www.EinfuehrungInDieBetriebswirtschaftslehre.de/bwl-loesungen.html

Das Passwort für die Lösungen erhalten Sie von Ihrem Dozenten:

Passwort:	

16 Logistik

Kapitelnavigator

Inhalt	Lernziel
16.1 Grundlagen	16-1 Die Grundlagen der Logistik kennen.
16.2 Logistikfunktionen	16-2 Die verschiedenen Logistikfunktionen kennen.
16.3 Gestaltung von Logistiksystemen	16-3 Die zu gestaltenden Elemente von Logistiksystemen kennen.
16.4 Steuerung der Logistik	16-4 Die Möglichkeiten der Steuerung der Logistik kennen.
16.5 Kennzahlen	16-5 Die wichtigsten Logistik-Kennzahlen kennen.

Für das Funktionieren der Leistungserstellung ist es wichtig, dass die richtigen Güter im richtigen Zustand zur richtigen Zeit am richtigen Empfangsort verfügbar sind.

Alle diejenigen Funktionen, die dieses Ziel verfolgen, werden unter dem Begriff Logistik zusammengefasst, der entsprechend folgendermaßen definiert werden kann:

> Gegenstand der **Logistik** ist es, für alle Bereiche und alle Kunden von Betrieben durch die Änderung der räumlichen, der zeitlichen und der strukturellen Eigenschaften von Gütern die Versorgung mit und die Entsorgung von Gütern entsprechend der jeweiligen Bedarfe sicherzustellen.

Die Logistik stellt dabei bei Industrie- und Handelsunternehmen eine unternehmensübergreifende Querschnittsfunktion dar, die sich über alle Phasen der Leistungserstellung erstreckt.

16.1 Grundlagen

16.1.1 Einordnung der Logistik

Die Logistik ist Teil der Leistungserstellung und ein Teilbereich der Materialwirtschaft. Schnittstellen bestehen insbesondere zu folgenden Bereichen (↗ Abbildung 16-1):

- **Produktion:** Die Logistik versorgt die Produktion mit Roh-, Hilfs-, und Betriebsstoffen, indem sie diese zwischenlagert und zu den verschiedenen Produktionsbereichen transportiert. Zudem sorgt die Logistik für eine Entsorgung von Abfällen.
- **Lieferanten:** In Absprache mit den Lieferanten stellt die Logistik die Transporte der Roh-, Hilfs-, und Betriebsstoffe und der Waren zum Unternehmen sicher.
- **Kunden:** Die Logistik versorgt die Kunden mit fertigen Erzeugnissen und Waren, indem sie diese zwischenlagert und zu den Kunden transportiert.
- **Beschaffung:** Die Logistik informiert die Beschaffung über die Lagerbestände an Materialien.

16.1.2 Unterteilung der Logistik

16.1.2.1 Unterteilung der Logistik nach Gütern

Hinsichtlich der Güter, die Gegenstand der Logistik sind, ist insbesondere eine Unterteilung in:

- die Materiallogistik,
- die Informationslogistik und
- die Personenlogistik

möglich. Je nachdem, um welches Gut es sich handelt, erfolgt die Änderung der räumlichen, zeitlichen oder strukturellen Eigenschaften dabei mit unterschiedlichen Mitteln (↗ Tabelle 16-1).

Tab. 16-1

Unterteilung der Logistik nach Gütern

	Änderung der räumlichen Gütereigenschaften	Änderung der zeitlichen Gütereigenschaften	Änderung der strukturellen Gütereigenschaften
Materiallogistik	Transportieren (Fahrzeuge, Fließbänder, ...)	Lagern (Bodenlager, Regallager, ...)	Kommissionieren, Ladeeinheiten bilden, Verpacken
Informationslogistik	Übermitteln (Compact Discs, Internet, ...)	Speichern (Festplatten, USB-Sticks, ...)	Hinzufügen, Löschen (Datenbanksoftware, ...)
Personenlogistik	Befördern (Züge, Flugzeuge, ...)	Warten (Bahnhöfe, Flughäfen, ...)	Ein-, Aus-, Umsteigen

Grundlagen 16.1

Abb. 16-1

Einordnung der Logistik in die Leistungserstellung

16.1.2.2 Unterteilung der Logistik nach Phasen

Die Materiallogistik, die im Mittelpunkt der nachfolgenden Ausführungen steht, kann nach Phasen weiter in die:

- Beschaffungslogistik,
- die Produktionslogistik,
- die Distributionslogistik und
- die Entsorgungslogistik

unterteilt werden (↗ Abbildung 16-2, vergleiche *Arnold, U.* 1995: Seite 6 ff.).

Abb. 16-2

Phasenspezifische Unterteilung der Materiallogistik

16.1 Logistik
Grundlagen

Zielsystem der Beschaffung und der Logistik

16.1.3 Ziele der Logistik

Die Ziele der Logistik ergeben sich aus den übergeordneten Unternehmenszielen. In der Logistik werden insbesondere die folgenden Ziele verfolgt (↗ Abbildung 16-3):

Kostenziele

Im Hinblick auf die eigentliche Erbringung der materialwirtschaftlichen Aufgaben ist es ein Ziel, die meist relativ hohen **Logistikkosten** zu reduzieren.

Zeitziele

Das wichtigste Ziel der Logistik ist in der Regel die **Termineinhaltung** bei der Versorgung der Produktion und der Kunden mit Material und damit die Vermeidung von sogenannten Fehlmengenkosten. **Fehlmengenkosten** entstehen, wenn die Produktion oder die Kunden das erforderliche Material nicht zum vereinbarten Termin erhalten und dann die Produktion stillsteht, teureres Ersatzmaterial verwendet oder Konventionalstrafen gezahlt werden müssen.

Ein weiteres Zeitziel der Logistik ist die Reduzierung der **Durchlaufzeiten** des Materials durch den Betrieb, da dadurch der Bestand im Betrieb und somit die Kapitalbindung geringer werden.

Ergebnisziele

In der Logistik wird die Qualität der Leistungserbringung durch die sogenannten **4 R's** für die vier richtig zu erbringenden Aufgaben der Logistik beschrieben. Die Logistik hat danach die Zielsetzung die Materialempfänger zur richtigen Zeit, am richtigen Empfangsort, mit den – hinsichtlich der Art und der Menge – richtigen

Abb. 16-3
Ziele der Logistik

Grundlagen 16.1

Gütern, im – hinsichtlich der Eigenschaften der Güter – richtigen Zustand zu versorgen (vergleiche *Pfohl, H.-C.* 1996: Seite 12).

16.1.4 Aufgaben der Logistik

Die Logistik hat durchführende und gestaltende Aufgaben (↗ Abbildung 16-4). Im Hinblick auf die Logistikfunktionen gilt es, die Basisfunktionen Transportieren und Lagern und die ergänzenden Funktionen Umschlagen, Kommissionieren, Verpacken und Ladeeinheiten bilden möglichst wirtschaftlich durchzuführen. Im Rahmen der Gestaltung von Logistiksystemen werden insbesondere die Strukturen der Transport-, der Lager- und der Steuerungssysteme festgelegt.

Abb. 16-4

Aufgaben der Logistik

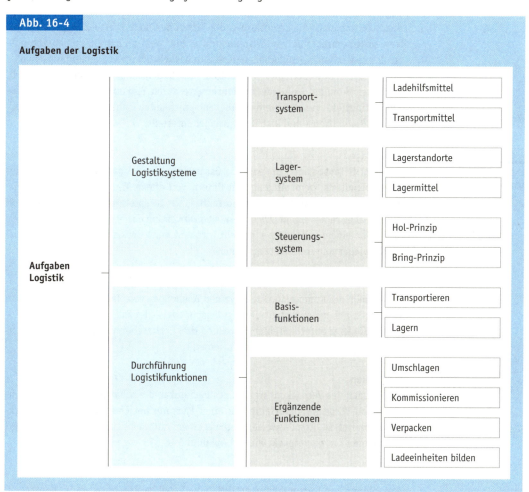

16.2 Logistikfunktionen

Die Logistik umfasst die logistischen Basisfunktionen Transportieren und Lagern und die ergänzenden Funktionen Umschlagen, Kommissionieren, Verpacken und Ladeeinheiten bilden (vergleiche *Jünemann, R.* 1989: Seite 121 ff., *Pfohl, H.-C.* 1996: Seite 69 ff.):

Logistische Basisfunktionen

Transportieren
Unter dem Transportieren wird die Raumüberbrückung beziehungsweise Ortsveränderung von Transportgütern mithilfe von Transportmitteln verstanden. Es können inner- und außerbetriebliche Transporte unterschieden werden.

Lagern
Das Lagern umfasst die Bevorratung, die Pufferung und die Verteilung von Lagergütern zur Überbrückung von Zeiträumen und zum Wechsel der Zusammensetzungsstruktur zwischen Zu- und Abgängen. Dadurch ist ein Schutz vor Versorgungsengpässen in der Produktion und hinsichtlich der Belieferung von Kunden möglich. Außerdem können Größendegressionseffekte durch Einkaufsrabatte und größere Produktionslose genutzt werden. Die entsprechenden Lager werden in Beschaffungs-, Produktions- und Distributionslager unterteilt.

Ergänzende Logistikfunktionen

Umschlagen
Der Begriff Umschlagen umfasst die Gesamtheit aller Vorgänge beim Wechsel des Transportmittels, beim Abgang von Gütern von einem Transportmittel und beim Übergang von Gütern auf ein Transportmittel, also beispielsweise, wenn Material mit einem Gabelstapler einem Lkw entnommen wird, wenn das Material dann vom Gabelstapler an einem Lagerplatz abgestellt wird und wenn der Gabelstapler das Material später wieder vom Lagerplatz aufnimmt.

Kommissionieren
Im Rahmen des Kommissionierens werden Teilmengen von Materialien aufgrund von Aufträgen zusammengestellt. Dies ist beispielsweise der Fall, wenn bei einem Automobilzulieferer aufgrund einer Bestellung drei Ersatzscheinwerfer und eine Innenraumbeleuchtung zusammengestellt werden.

Verpacken
Im Rahmen des Verpackens werden ein **Packgut** und ein **Packmittel** unter Anwendung von Verpackungsverfahren zu einer Packung beziehungsweise einem **Packstück** vereint, so beispielsweise, wenn bei einem Automobilzulieferer ein Scheinwerfer in einen Karton verpackt wird (↗ Abbildung 16-5).

Ladeeinheiten bilden
Die Bildung von Ladeeinheiten erfolgt in der Regel im Anschluss an das Verpacken. Dabei werden Packstücke und **Ladehilfsmittel** zu **Ladeeinheiten** vereint. Dies ist beispielsweise der Fall, wenn die vorgenannten Kartons mit Scheinwerfern auf Palet-

Abb. 16-5 Bildung von Packstücken und Ladeeinheiten

Vergleiche *Jünemann, R.* 1989: Seite 125

ten gestapelt und diese dann in einem Container untergebracht werden (↗ Abbildung 16-5). Eine oder mehrere Ladeeinheiten bilden schließlich eine **Ladung**.

16.3 Gestaltung von Logistiksystemen

16.3.1 Komponenten von Logistiksystemen

Logistiksysteme bestehen aus Liefer- und Empfangspunkten, die über Transporte miteinander verknüpft sind:
- **Lieferpunkte** sind Produktionsstätten oder Lager, die die Materialien bereitstellen.
- **Empfangspunkte** sind Produktionsstätten oder Lager, die die Materialien aufnehmen und verwenden.

Die Liefer- und Empfangspunkte können hinsichtlich der ein- und ausgehenden Materialflüsse noch differenziert werden in (vergleiche *Pfohl, H.-C.* 1996: Seite 5 ff.):
- **Konzentrationspunkte**, in denen Materialien von mehreren Lieferpunkten zusammengeführt werden, beispielsweise wenn ein Zentrallager von mehreren Produktionsstätten beliefert wird, und

Formen der Liefer- und Empfangspunkte

16.3 Logistik
Gestaltung von Logistiksystemen

Abb. 16-6
Ausschnitt aus einem Logistiksystem

▸ **Auflösungspunkte**, von denen aus Materialien an mehrere Empfangspunkte geliefert werden, beispielsweise wenn ein Zentrallager mehrere Regionallager beliefert, die wiederum Auslieferungslager beliefern (↗ Abbildung 16-6).

Im Rahmen der Gestaltung von Logistiksystemen gilt es, festzulegen:
▸ wie viele Liefer- und Empfangspunkte es gibt,
▸ wo die Liefer- und Empfangspunkte geographisch anzusiedeln sind und
▸ wie die Liefer- und Empfangspunkte über Transporte zu verknüpfen sind.

Die beiden erstgenannten Punkte stellen dabei eine Form der Standortentscheidung dar.

16.3.2 Transportsysteme

Transportformen

Im Rahmen der Gestaltung von Transportsystemen wird festgelegt, welche Fördergüter mit welchen Förder- und Verkehrsmitteln zwischen welchen Liefer- und Empfangspunkten transportiert werden. Dabei werden inner- und außerbetriebliche Transporte unterschieden (vergleiche *Jünemann, R.* 1989: Seite 189 ff., 555 ff.):

Innerbetriebliche Transporte
Innerbetriebliche Transporte umfassen Transporte zwischen Gebäuden und innerhalb von Gebäuden, beispielsweise zwischen den in der Produktion eingesetzten Maschinen und zwischen Maschinen und Lagern.

Gestaltung von Logistiksystemen 16.3

Außerbetriebliche Transporte
Außerbetriebliche Transporte umfassen Transporte zwischen verschiedenen Unternehmen und Transporte zwischen den Produktionsstätten und den Lagern eines Unternehmens, wenn sich diese außerhalb des Betriebsgeländes befinden.

Im Rahmen der Gestaltung von Transportsystemen sind insbesondere Entscheidungen hinsichtlich der einzusetzenden Ladehilfs- und Transportmittel zu treffen.

Ladehilfsmittel
Ladehilfsmittel dienen dazu, größere Mengen von Stückgütern oder Packstücken zu Ladeeinheiten zusammenzufassen, die dadurch leichter transportiert, gelagert und umgeschlagen werden können. Typische Ladehilfsmittel sind Behälter, Werkstückträger, Paletten, Gitterboxpaletten oder Container (vergleiche *Jünemann, R.* 1989: Seite 134).

Transportmittel
Mithilfe der Transportmittel werden Ladungen in Form einzelner oder zu Ladeeinheiten zusammengefasster Güter bewegt. Die Transportmittel werden weiter in Förder- und Verkehrsmittel unterteilt (vergleiche *Jünemann, R.* 1989: Seite 189 ff. und 279 ff.):

- **Fördermittel** werden für den innerbetrieblichen Transport eingesetzt. Sie können weiter in Stetig- und Unstetigförderer unterteilt werden. Beispiele für **Stetigförderer** sind Rollenbahnen, Bandförderer oder Schwingförderer. Beispiele für **Unstetigförderer** sind Kräne, Gabelstapler, Aufzüge oder Regalbediengeräte.
- **Verkehrsmittel** werden für den außerbetrieblichen Transport verwendet. Beispiele für Verkehrsmittel sind Lastkraftwagen, Eisenbahnzüge, Schiffe und Flugzeuge.

Arten von Transportmitteln

Wirtschaftspraxis 16-1

Die Transporte zwischen den Airbus-Produktionsstätten

Durch die Aufteilung der Produktion auf verschiedene Standorte haben außerbetriebliche Transporte in vielen Unternehmen inzwischen eine große Bedeutung erlangt. So war beispielsweise geplant, das Großraumflugzeug *Airbus A380* in Betriebsstätten in Deutschland, Frankreich, Großbritannien und Spanien zu produzieren. Die Rumpfschalen des Flugzeuges sollten in Nordenham, 70 Kilometer nördlich von Bremen hergestellt werden. Die Schalen sollten anschließend in acht Meter hohen Spezialcontainern per Schiff nach Finkenwerder bei Hamburg transportiert und dort zu Rumpfsektionen zusammengebaut werden. Im Anschluss daran sollten die Rumpfsektionen mit dem über 150 Meter langen Spezialfrachter »Ville de Bordeaux« über die Nordsee und über die Gironde nach Bordeaux transportiert werden. Von dort aus sollten die Sektionen auf Lastkähnen 40 Kilometer weit über die Garonne verschifft werden, um dann schließlich mit Schwertransportern die restlichen 240 Kilometer nach Toulouse gebracht zu werden. Nach der dortigen Montage sollten die zusammengebauten Flugzeuge zurück nach Finkenwerder fliegen, dort fertig ausgestattet und lackiert werden und von dort aus dann schließlich an die Kunden in Europa und im Mittleren Osten ausgeliefert werden.

Quelle: *Eberle, M.*: Seine Majestät, das Flugzeug, in: Handelsblatt, Nummer 54 vom 17.03.2004, Seite 12.

16.3.3 Lagersysteme

Bei der Gestaltung von Lagersystemen sind insbesondere Entscheidungen hinsichtlich der Lagerstandorte und der Lagermittel zu treffen. Die Wahl des Lagerstandortes ist abhängig von der internen Planung des Materialflusses und der externen Transportinfrastruktur für die Materialan- beziehungsweise -auslieferung per Bahn, Straße und Wasser. Dabei bieten sich grundsätzlich zwei Möglichkeiten an:

Arten der Lagerhaltung

Zentrale Lagerhaltung
Bei der zentralen Lagerhaltung wird eine möglichst nahe räumliche Zusammenfassung aller Lagerhaltungsfunktionen und Lagergüter angestrebt. Die Vorteile liegen in der besseren Raumnutzung und einem geringeren Materialbestand, einer besseren Kontrolle der Bestände sowie einer hohen Auslastung der teuren Lagereinrichtung. Die Nachteile sind vor allem die längeren innerbetrieblichen Transportwege.

Dezentrale Lagerhaltung
Bei der dezentralen Lagerhaltung werden verschiedene Lager mit jeweils auf die nahe Absatzumgebung abgestimmten Lagerbeständen unterhalten.

In der Praxis finden sich in der Regel Zwischenformen, so beispielsweise ein Zentrallager in der Nähe der Produktion mit mehreren dezentralen Nebenlagern in verschiedenen angrenzenden Ländern und Regionen.

Nach der Festlegung der Lagerstandorte gilt es insbesondere, die einzusetzenden Lagermittel zu bestimmen. **Lagermittel** sind die Sachanlagen, die zur Lagerung eingesetzt werden. Je nach Lagermittel lassen sich drei Grundformen der Lagerung unterscheiden (vergleiche *Jünemann, R.* 1989: Seite 153):

Grundformen der Lagerung

Bodenlagerung
Bei der Bodenlagerung ist der Boden das Lagermittel, auf dem die Güter gelagert werden. Die Bodenlagerung wird häufig in der Produktion eingesetzt. Sie hat den Vorteil sehr flexibel zu sein, nachteilig ist jedoch der große Flächenbedarf.

Regallagerung
In größeren Lagern werden in der Regel Regale als Lagermittel eingesetzt. Durch die dadurch erzielbare Höhe ist der Flächenbedarf des Lagers relativ gering. Dem stehen in der Regel jedoch hohe Investitionen für Lager- und Fördermittel gegenüber.

Lagerung auf Transportmitteln
Im Rahmen des Transports von Gütern kommt es nicht nur zu einer Raum-, sondern während der Transportzeiten auch zu einer Zeitüberbrückung durch die Lagerung auf den Transportmitteln. Diese Lagerung wird insbesondere in der Produktion häufig bewusst eingeplant.

> **Wirtschaftspraxis 16-2**
>
> **Das größte Buchlager Deutschlands**
>
> Die im Zwischenbuchhandel tätige *Libri GmbH* betreibt in Bad Hersfeld das größte Buchlager Deutschlands. Das Distributionszentrum wird dabei nicht nur von der *Libri* als Zentrallager genutzt, sondern dient auch Buchhandelsketten wie *Hugendubel* als externes Zentrallager. In dem Distributionszentrum werden die Buchsendungen aus den Distributionslagern der Verlage eingelagert und dann entsprechend der Bestellungen aus dem Bucheinzelhandel kommissioniert und mit dem Bücherwagendienst *Booxpress* ausgeliefert. Das Distributionszentrum hat dazu eine Kommissionierungsleistung von bis zu 400 000 Büchern pro Tag, die zu Spitzenzeiten auch genutzt wird.
>
> Quelle: So kommt der neue *Potter* zum Leser, unter: www.handelsblatt.com, Stand: 08.11.2003.

16.4 Steuerung der Logistik

Die Steuerung der Logistik kann nach dem Hol- oder nach dem Bring-Prinzip erfolgen (vergleiche *Weber, J./Baumgarten, H.* 1999: Seite 426 ff.):

Steuerungsprinzipien

Hol-Prinzip
Beim Hol-Prinzip holt ein Empfangspunkt das Material bedarfsweise von einem vorgelagerten Lieferpunkt. Dieses Prinzip ist das klassische Prinzip zur Koordination der Logistik zwischen Unternehmen. Die Auslösung einer Lieferung erfolgt dabei in der Regel durch eine Bestellung. Innerbetrieblich wird das Hol-Prinzip durch das Kanban-Konzept umgesetzt (↗ Kapitel 17 Produktionswirtschaft).

Bring-Prinzip
Beim Bring-Prinzip wird das Material von einem Lieferpunkt an einen Empfangspunkt geliefert, sobald die Bearbeitung im Lieferpunkt abgeschlossen ist. Dies geschieht unabhängig davon, ob im Empfangspunkt ein Bedarf besteht oder nicht. Das Bring-Prinzip erfordert insofern einen genauen zeitlichen Abgleich der Bereitstellung und der Verwendung von Materialien.

Innerbetrieblich kann die Steuerung der Logistik **zentral** oder **dezentral** erfolgen. Die Koordination der Logistik zwischen Betrieben erfolgt in der Regel dezentral. Zur Koordination werden dabei in den letzten Jahren vermehrt Systeme des Supply Chain Managements und des Collaborative Planning, Forecasting and Replenishments eingesetzt (↗ Abbildung 16-7):

Steuerungskonzepte

Supply Chain Management (SCM)
Das Supply Chain Management beziehungsweise das »Versorgungskettenmanagement« ist ein Ansatz zur Optimierung der Logistikkette vom Lieferanten bis zum Kunden durch einen fortlaufenden Austausch von Informationen über Produktion und

16.4 Logistik
Steuerung der Logistik

Abb. 16-7: Konzepte zur Steuerung der Logistik

Absatz. Der Informationsaustausch erfolgt dabei in der Regel mittels des EDI-Standards (Electronic Data Interchange). Besteht ein durchgängiges Versorgungskettenmanagement, dann erhält beispielsweise das Unternehmen, das die Erze für die Stahlgewinnung fördert, Information darüber, dass ein Automobil abgesetzt wird, in dem der Stahl verwendet wird. Durch die frühzeitige Information kann das Erz fördernde Unternehmen seine Produktionsmenge wesentlich besser steuern.

Wirtschaftspraxis 16-3

Die Steuerung der Logistik im Bekleidungseinzelhandel

Große Bekleidungskonzerne wie *Hennes & Mauritz* oder *Zara* verkaufen Bekleidung nicht nur, sondern produzieren sie auch selbst. Durch eine ausgefeilte Materialwirtschaft stellen diese Unternehmen dabei sicher, dass Informationen über den Abverkauf von der Ladenkasse direkt in die Informationsverarbeitungssysteme der Zentrallager und der Produktionsstätten überspielt werden, die dann entsprechend reagieren können.

Damit der deutsche Bekleidungseinzelhandel gegen solche Unternehmen konkurrieren kann, bietet die *Katag AG*, Europas größter Einkaufsverbund für Textilfachgeschäfte, ihren Mitgliedern ein als »Never-out-of-Stock-System« bezeichnetes elektronisches System zur Steuerung der Logistik an. Durch dieses System ist es im Einzelhandel möglich, verkaufte Artikel direkt von der Kasse aus bei den angeschlossenen Lieferanten nachzubestellen und dadurch die benötigten Lagerbestände im Geschäft zu reduzieren. Als Voraussetzung für das System schuf die *Katag* zusammen mit dem *Bundesverband des Textileinzelhandels (BTE)* in Köln einen einheitlichen Warenschlüssel für das Stammsortiment, die sogenannten *Basics*. Dieser *EAN*-Code ermöglicht es, alle Daten eines Bekleidungsartikels, wie die Ausführung, die Farbe oder die Größe, zu erfassen und damit eine standardisierte Kommunikation mit den Lieferanten sicherzustellen.

Quelle: *Vierbuchen, R.*: Katag will den Vertikalen Paroli bieten, in: Handelsblatt, Nummer 113 vom 15.06.2005, Seite 31.

Collaborative Planning, Forecasting and Replenishment (CPFR)
Das Collaborative Planning, Forecasting and Replenishment beziehungsweise die »Gemeinsame Planung, Prognose und Wiederbeschaffung« ergänzt das Konzept des Supply Chain Management insbesondere um gemeinsam durchgeführte Bedarfs- und Bestellprognosen innerhalb der Logistikkette. So bespricht beispielsweise ein Automobilhersteller eine geplante Sonderverkaufsaktion für Automobile bereits im Vorfeld mit seinen Zulieferern. Diese können sich dadurch besser auf die Produktion von höheren Stückzahlen einstellen.

16.5 Kennzahlen

Zur Information und Steuerung wird in der Logistik eine Reihe von Kennzahlen verwendet. Die Informationen werden dem Management und den Mitarbeitern in der Logistik in der Regel in monatlichen Berichten zur Verfügung gestellt. Es können unter anderem die nachfolgenden Kennzahlen eingesetzt werden (vergleiche *Jung, H.* 2003: Seite 488 f., 499):

$$\text{Lieferbereitschaftsgrad/Servicegrad} = \frac{\text{Anzahl der befriedigten Bedarfsanforderungen}}{\text{Anzahl der abgegebenen Bedarfsanforderungen}} \; [\%]$$

$$\text{Gesamtumschlagshäufigkeit} = \frac{\text{Jahresumsatzerlös}}{\text{Lagerbestandswert}} \; [\text{Anzahl}]$$

$$\text{Umschlagsdauer} = \frac{\text{Durchschnittlicher Lagerbestand}}{\text{Jahresbedarf}} \times 365 \; [\text{Tage}]$$

$$\text{Lagerreichweite} = \frac{\text{Durchschnittlicher Lagerbestand}}{\text{Durchschnittlicher Bedarf je Tag}} \; [\text{Tage}]$$

$$\text{Lagerkapazitätsauslastungsgrad} = \frac{\text{Belegte Lagerfläche/-volumen}}{\text{Vorhandene Lagerfläche/-volumen}} \; [\%]$$

Zusammenfassung Kapitel 16

▸ Gegenstand der Logistik ist es, für alle Bereiche und alle Kunden von Betrieben durch die Änderung der räumlichen, zeitlichen und strukturellen Eigenschaften von Gütern die Versorgung mit und die Entsorgung von Gütern entsprechend der jeweiligen Bedarfe sicherzustellen.
▸ Hinsichtlich der Güter kann die Logistik in die Material-, die Informations- und die Personenlogistik unterteilt werden.

- Hinsichtlich der Phasen wird die Materiallogistik in die Beschaffungs-, die Produktions-, die Distributions- und die Entsorgungslogistik unterteilt.
- Basisfunktionen der Logistik sind das Transportieren und das Lagern, ergänzende Funktionen das Umschlagen, das Kommissionieren, das Verpacken und das Bilden von Ladeeinheiten.
- Im Rahmen der Logistik werden Transport-, Lager- und Steuerungssysteme gestaltet.

Weiterführende Literatur Kapitel 16

Hompel, M. ten/Schmidt T./Nagel, L./Jünemann, R.: Materialflusssysteme: Förder- und Lagertechnik, Berlin, Heidelberg.
Günther, H.-O./Tempelmeier, H.: Produktion und Logistik, Berlin.

Weiterführende Internetverweise Kapitel 16

www.bvl.de: Internetseite der *Bundesvereinigung Logistik e. V. (BVL)*.
www.iml.fraunhofer.de: Internetseite des *Fraunhofer-Instituts für Materialfluss und Logistik*.
www.logistics.de: Internetseite der *Deutschen Gesellschaft für Logistik mbH (DGfL)* und der *NetSkill AG* mit Veröffentlichungen und Foren zur Logistik.
www.logistik-inside.de: Internetseite der *Springer Transport Media GmbH* mit einem Logistiklexikon und zahlreichen Studien.
www.logistik-lexikon.de: Logistiklexikon der *ROI Management Consulting AG*.

Schlüsselbegriffe Kapitel 16

- Logistik
- Stückgut
- Schüttgut
- Materiallogistik
- Fehlmengenkosten
- 4 R's
- Ladehilfsmittel
- Ladeeinheit
- Ladung
- Transportmittel
- Lagermittel
- Hol-Prinzip
- Bring-Prinzip
- Supply Chain Management

Fragen Kapitel 16

Frage 16-1: *Definieren Sie den Begriff »Logistik«.*
Frage 16-2: *Nennen Sie drei Möglichkeiten zur Unterteilung der Logistik nach Gütern.*
Frage 16-3: *Nennen Sie die vier Phasen, in die die Materiallogistik unterteilt wird.*
Frage 16-4: *Erläutern Sie, mittels welcher Logistikfunktion die räumlichen Gütereigenschaften in der Materiallogistik verändert werden können.*

Frage 16-5: *Erläutern Sie, mittels welcher Logistikfunktion die zeitlichen Gütereigenschaften in der Materiallogistik verändert werden können.*
Frage 16-6: *Erläutern Sie, mittels welcher Logistikfunktionen die strukturellen Gütereigenschaften in der Materiallogistik verändert werden können.*
Frage 16-7: *Erläutern Sie, welche Zeitziele in der Logistik verfolgt werden können.*
Frage 16-8: *Erläutern Sie an einem Beispiel die «4 R's» der Logistik.*
Frage 16-9: *Nennen Sie die zwei logistischen Basisfunktionen.*
Frage 16-10: *Erläutern Sie, was unter dem Umschlagen verstanden wird.*
Frage 16-11: *Erläutern Sie, was unter dem Kommissionieren verstanden wird.*
Frage 16-12: *Erläutern Sie an einem Beispiel, aus welchen zwei Bestandteilen Packstücke bestehen.*
Frage 16-13: *Erläutern Sie an einem Beispiel, aus welchen zwei Bestandteilen Ladeeinheiten bestehen.*
Frage 16-14: *Erläutern Sie die Unterschiede zwischen Liefer- und Empfangs- sowie Konzentrations- und Auflösungspunkten.*
Frage 16-15: *Erläutern Sie den Unterschied zwischen inner- und außerbetrieblichen Transporten.*
Frage 16-16: *Erläutern Sie anhand von Beispielen die Unterschiede zwischen Förder- und Verkehrsmitteln.*
Frage 16-17: *Nennen Sie die drei Grundformen der Lagerung.*
Frage 16-18: *Erläutern Sie den Unterschied zwischen der Steuerung der Logistik nach dem Hol- und nach dem Bring-Prinzip.*
Frage 16-19: *Erläutern Sie, was unter dem Supply Chain Management verstanden wird.*
Frage 16-20: *Erläutern Sie, was unter dem Collaborative Planning, Forecasting and Replenishment verstanden wird.*

Fallstudie Kapitel 16

Für die Reparatur von Automobilien werden in allen Vertragswerkstätten der Speedy GmbH weltweit Ersatzteile benötigt. Entwickeln Sie für die Ersatzteillogistik zwei alternative Logistikkonzepte. Lassen Sie sich dabei von folgenden Fragen führen:
(1) Welche Ziele eigenen sich besonders gut zur Bewertung der Logistikkonzepte?
(2) Welche Ersatzteile sollen gelagert werden, welche bedarfsweise produziert?
(3) Wo in der Logistikkette sollen welche Ersatzteile gelagert werden?
(4) Ist die Errichtung von Zentrallagern in Kontinenten, Staaten oder Regionen sinnvoll?
(5) Sind Quertransporte von Ersatzteilen zwischen Lagern oder zwischen Vertragswerkstätten sinnvoll und wie beeinflussen sie die Lagerbestände?
(6) Welche Verkehrsmittel sollten für die Transporte eingesetzt werden?
(7) Soll die Speedy GmbH die Transporte und die Lagerung selbst durchführen oder dies von Dienstleistern durchführen lassen?
Präsentieren Sie nachfolgend Ihre Ergebnisse. Untermauern Sie Ihre Überlegungen dabei mit zusätzlichen Recherchen.

Lösungen Kapitel 16

Für die Fallstudie gibt es keine eindeutige Lösung. Lösungshinweise werden deshalb nicht zur Verfügung gestellt.

Studierende, deren Dozenten das Buch einsetzen, finden passwortgeschützte Lösungsbeispiele unter folgender Internetadresse:
www.EinfuehrungInDieBetriebswirtschaftslehre.de/bwl-loesungen.html

Das Passwort für die Lösungen erhalten Sie von Ihrem Dozenten:

Passwort:

17 Produktionswirtschaft

Kapitelnavigator

Inhalt	Lernziel
17.1 Grundlagen	17-1 Die Grundlagen der Produktionswirtschaft kennen.
17.2 Produktionstheorie	17-2 Die Aussagen der Produktionstheorie kennen.
17.3 Gestaltung von Produktionssystemen	17-3 Die zu gestaltenden Elemente von Produktionssystemen kennen.
17.4 Produktionsplanung und -steuerung	17-4 Die Möglichkeiten der Produktionsplanung und -steuerung kennen.
17.5 Kennzahlen	17-5 Die wichtigsten Produktionskennzahlen kennen.

Die Produktion bildet den Kern der betrieblichen Leistungserstellung. Sie ist damit gewissermaßen das »Bindeglied« zwischen der Beschaffung auf der einen und dem Absatz auf der anderen Seite.

Die Produktionswirtschaft kann dementsprechend folgendermaßen definiert werden (vergleiche *Corsten, H.* 1996: Seite 1 f.):

> Gegenstand der **Produktionswirtschaft** ist die wirtschaftliche Gestaltung und Durchführung der Transformation von vorhandenen Produktionsfaktoren in Erzeugnisse, Eigenleistungen oder Verrichtungen unter Anwendung von Produktionsverfahren.

Die industrielle Produktion, die im Mittelpunkt der nachfolgenden Ausführungen steht, kann dabei weiter in:

- die **Fertigung** von Teilen und
- die **Montage** dieser Teile

untergliedert werden (vergleiche *Warnecke, H.-J.* 1995: Seite 1).

17.1 Grundlagen

17.1.1 Begriffe

Produktionsfaktoren

Produktionsfaktoren sind die in der Produktion eingesetzten materiellen und immateriellen Güter, durch deren Gebrauch und Verbrauch neue Güter entstehen (vergleiche hierzu und zum Folgenden *Corsten, H.* 1996: Seite 8 ff.). Klassisch werden in der Volkswirtschaftslehre die drei Produktionsfaktoren **Arbeit, Boden** und **Kapital** unterschieden.

Produktionsfaktoren nach Gutenberg

Die heute in der Betriebswirtschaftslehre gebräuchliche Unterteilung stammt von *Gutenberg*, der die folgenden Produktionsfaktoren unterscheidet (↗ Abbildung 17-1):

Werkstoffe
Hierunter fallen Roh-, Hilfs- und Betriebsstoffe, die für die Produktion und die Aufrechterhaltung der Produktion eingesetzt werden.

Betriebsmittel
Hierunter werden die Güter des Anlagevermögens verstanden, die bei der Produktion genutzt werden, so insbesondere Boden, Gebäude, Anlagen, Einrichtungen, Know-how, Patente und Lizenzen.

Menschliche Arbeit
Gutenberg unterteilt die menschliche Arbeit weiter in **objektbezogene**, ausführende Arbeiten im Produktionsprozess und in **dispositive** Arbeiten im Rahmen der Gestaltung und der Führung der Produktion.

Abb. 17-1 Produktionsfaktoren nach *Gutenberg*

Vergleiche *Vahs, D.* 2012: Seite 21

Abb. 17-2

Einordnung der Produktion in die Leistungserstellung

17.1.2 Einordnung der Produktion

Die Produktion ist Teil der Leistungserstellung. Schnittstellen bestehen insbesondere zu folgenden Bereichen (↗ Abbildung 17-2):
- **Logistik:** Die Logistik versorgt die Produktion mit Roh-, Hilfs-, und Betriebsstoffen, indem sie diese zwischenlagert und zu den verschiedenen Produktionsbereichen transportiert. Zudem sorgt die Logistik für eine Entsorgung von Abfällen.
- **Beschaffung:** Die Beschaffung erhält von der Produktion die Aufträge, Materialien zu beschaffen.
- **Marketing:** Die Produktion erhält vom Marketing die Aufträge, Produkte herzustellen.
- **Investitionsbereich:** Der Investitionsbereich entscheidet über die Bereitstellung von Anlagegütern in der Produktion.

17.1.3 Ziele der Produktionswirtschaft

Die Ziele der Produktionswirtschaft ergeben sich aus den übergeordneten Unternehmenszielen. Aufgrund ihrer engen Verknüpfung miteinander weisen die Ziele der Produktionswirtschaft viele Parallelen zu den Zielen der Materialwirtschaft auf. In der Produktionswirtschaft werden insbesondere die folgenden Zielsetzungen verfolgt (↗ Abbildung 17-3, zum Folgenden vergleiche *Ruile, H./Stettin, A.* 2005: Seite 216 ff.):

Zielsystem der Produktionswirtschaft

Abb. 17-3
Ziele der Produktionswirtschaft

Kostenziele
Die Produktion soll insgesamt zu möglichst niedrigen **Produktionskosten** durchgeführt werden, damit möglichst niedrige **Herstellkosten** je Erzeugnis erzielt werden können.

Zeitziele
Im Hinblick auf die termingerechte Versorgung von Kunden ist die Einhaltung von **Lieferterminen** und damit die Vermeidung von Fehlmengenkosten in der Regel das wichtigste Ziel der Produktion (↗ Kapitel 16 Logistik).

Um Kundenaufträge schnell abwickeln zu können und um die Bestände und damit die Kapitalbindung zu reduzieren, sollen möglichst kurze **Durchlaufzeiten** der Materialien durch die Produktion realisiert werden.

Ergebnisziele
Insbesondere in der Massenproduktion gilt es, **Stückzahlvorgaben** je Planungsperiode, also je Monat oder je Jahr, zu erfüllen.

Darüber hinaus ist die **Qualität** der Erzeugnisse und der Eigenleistungen von großer Bedeutung für die Wettbewerbsfähigkeit.

17.1.4 Aufgaben der Produktionswirtschaft

Gestaltung von Produktionssystemen

Die Produktionswirtschaft hat gestaltende und durchführende Aufgaben (↗ Abbildung 17-4). Im Rahmen der Gestaltung von Produktionssystemen müssen zuerst das Produktionsprogramm und die benötigten Produktionskapazitäten ermittelt werden. Darauf aufbauend wird mit dem Übergangspunkt von der prognose- zur auftragsge-

Abb. 17-4

Aufgaben der Produktionswirtschaft

triebenen Produktion die Auftragseindringtiefe festgelegt und für die beiden resultierenden Teilbereiche der Produktion jeweils der Prozess- und der Organisationstyp bestimmt. Parallel oder im Anschluss daran werden die einzusetzenden Produktionsverfahren ausgewählt und die Qualitätssicherung gestaltet. Zuletzt werden die Teilbereiche des Produktionssystems im Rahmen der Layoutgestaltung räumlich angeordnet.

17.2 Produktionstheorie

Durchführung der Produktion

Mit Blick auf die eigentliche Durchführung der Produktion sind die Programmplanung, die Mengenplanung, die Termin- und Kapazitätsplanung sowie die Steuerung der Produktion möglichst wirtschaftlich durchzuführen.

17.2 Produktionstheorie

Die Produktionstheorie hat ihren Ursprung in der Volkswirtschaftslehre (vergleiche *Frantzke, A.* 1999: Seite 130 ff., *Corsten, H.* 1996: Seite 57 ff., *Jehle, E.* et al. 1994: Seite 95 ff). Gegenstand der Produktionstheorie ist die Erklärung der Beziehungen zwischen der für die Produktion eingesetzten Menge an Produktionsfaktoren und der damit produzierten Menge an Ausbringungsgütern. Im Rahmen der Produktionstheorie wird versucht, über Produktionsfunktionen entsprechende Gesetzmäßigkeiten zwischen dem Input und dem Output zu formulieren.

> **Produktionsfunktionen** stellen die Beziehung zwischen den technisch effizienten Faktoreinsatzkombinationen von Produktionsfaktoren und den Ausbringungsmengen an Gütern dar (vergleiche *Wöhe, G.* 2002: Seite 344 f.).

Mathematisch kann die Ausbringungsmenge an Gütern x als eine Funktion der Mengen an Produktionsfaktoren q definiert werden:

Allgemeine Produktionsfunktion

$$x = f(q_1, q_2, ..., q_n)$$

mit:

- x = Ausbringungsmenge an Erzeugnissen
- $f()$ = Produktionsfunktion
- q = Verbrauchsmengen der Produktionsfaktoren
- n = Anzahl der Produktionsfaktoren

Die ↗ Abbildung 17-5 gibt einen schematischen Überblick über den Zusammenhang der Produktionstheorie zur Kosten- und Preistheorie.

Fallbeispiel 17-1 Produktionstheorie bei einem Automobilhersteller

▶▶▶ Für die Produktion eines Autositzes bei der *Speedy GmbH* werden beispielsweise Werkstoffe wie Stoff, Füllmaterial, Stahlschienen, Maschinen und menschliche Arbeit benötigt. Im Rahmen der Produktionstheorie wird der Frage nachgegangen, welche Mengen dieser Produktionsfaktoren zur Produktion eines oder mehrerer Autositze benötigt werden. ◀◀◀

17.2 Produktionstheorie

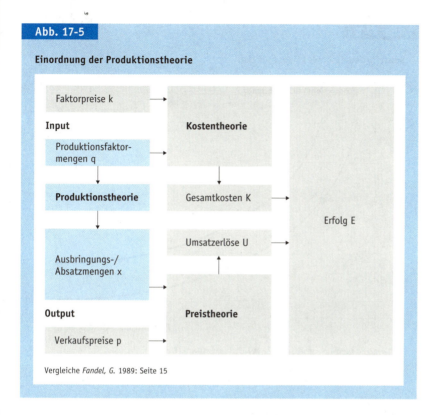

Abb. 17-5 Einordnung der Produktionstheorie

Vergleiche *Fandel, G.* 1989: Seite 15

17.2.1 Mengenverhältnisse der Produktionsfaktoren

In Abhängigkeit davon, ob die Mengen an Produktionsfaktoren q in einem bestimmten Verhältnis zueinander stehen müssen oder nicht, werden **substitutionale** und **limitationale** Produktionsfunktionen unterschieden.

17.2.1.1 Substitutionale Produktionsfunktionen

Bei substitutionalen Produktionsfunktionen müssen die Mengen an Produktionsfaktoren q nicht in einem genau festgelegten Verhältnis zueinander stehen. Die Veränderung der Menge eines einzigen Produktionsfaktors führt in der Regel zu einer Veränderung der Ausbringungsmenge an Gütern x. Genauso können gleiche Ausbringungsmengen x durch unterschiedliche Mengenkombinationen der Produktionsfaktoren erzielt werden, da sich diese gegenseitig substituieren (↗ Abbildung 17-6). Klassischerweise kann der Produktionsfaktor menschliche Arbeitskraft durch den Produktionsfaktor Betriebsmittel ersetzt werden.

17.2.1.2 Limitationale Produktionsfunktionen

Bei limitationalen Produktionsfunktionen stehen die Mengen an Produktionsfaktoren q anders als bei substitutionalen Produktionsfunktionen in einem bestimmten

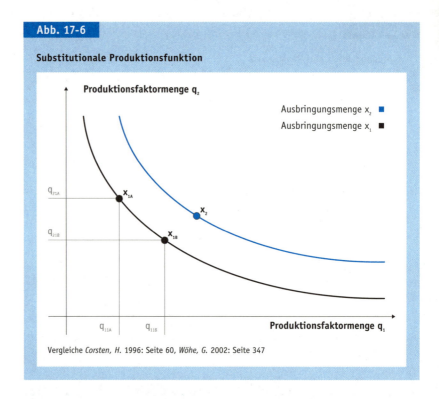

Abb. 17-6

Substitutionale Produktionsfunktion

Vergleiche Corsten, H. 1996: Seite 60, Wöhe, G. 2002: Seite 347

Verhältnis zueinander. Die Veränderung der Menge eines einzigen Produktionsfaktors führt in der Regel nicht zu einer Veränderung der Ausbringungsmenge an Gütern x. Vielmehr müssen alle Mengen an Produktionsfaktoren in einem bestimmten Verhältnis zueinander gesteigert werden (↗ Abbildung 17-7).

Fallbeispiel 17-2 Limitationale Produktionsfaktoren bei einem Automobilhersteller

▶▶▶ Zur Produktion eines Autositzes bei der *Speedy GmbH* werden beispielsweise immer genau zwei Sitzschienen und eine Kopfstütze benötigt. ◀◀◀

17.2.2 Verhältnis der Produktionsfaktoren zur Ausbringungsmenge

Substitutionale und limitationale Produktionsfunktionen sind Grundtypen von Produktionsfunktionen im Hinblick auf das Mengenverhältnis der Produktionsfaktoren q zueinander. Das Verhältnis des Einsatzes an Produktionsfaktoren q zur Ausbringungsmenge x ist Gegenstand der nachfolgend beschriebenen Produktionsfunktionen.

Abb. 17-7 Limitationale Produktionsfunktion

Vergleiche Corsten, H. 1996: Seite 61, Wöhe, G. 2002: Seite 348

17.2.2.1 Produktionsfunktion vom Typ A

Die Produktionsfunktion vom Typ A, die auch als **ertragsgesetzliche Produktionsfunktion** bezeichnet wird, ist typisch für die landwirtschaftliche Produktion und ein Beispiel für eine substitutionale Produktionsfunktion. In der Landwirtschaft führt ein zunehmender Einsatz von Düngemitteln, also die Steigerung der Menge des Produktionsfaktors q_1, zunächst zu einer progressiven Steigerung der Erntemenge, also der Ausbringungsmenge x. Bei einer weiteren Erhöhung der Menge an Düngemitteln wird der Anstieg degressiv. Schließlich ist sogar ein absoluter Rückgang der Erntemenge aufgrund der Überdüngung des Bodens festzustellen (↗ Abbildung 17-8).

Substitutionale Produktionsfunktion

17.2.2.2 Produktionsfunktion vom Typ B

Die Produktionsfunktion vom Typ B wurde von *Erich Gutenberg* zur Beschreibung der industriellen Produktion aufgestellt. Es handelt sich dabei um eine limitationale Produktionsfunktion. *Gutenberg* unterteilt die Produktionsfaktoren hinsichtlich ihres Einflusses auf die Ausbringungsmenge x in Gebrauchs- und Verbrauchsfaktoren. Zudem beschreibt er dabei nicht die Abhängigkeit der Ausbringungsmenge x von den Mengen an Produktionsfaktoren q, sondern umgekehrt in Form von sogenannten Verbrauchsfunktionen den Verbrauch an Produktionsfaktoren in Abhängigkeit von der Ausbringungsmenge:

Limitationale Produktionsfunktion

Abb. 17-8

Ertragsfunktion der Produktionsfunktion vom Typ A

Vergleiche *Jehle, E.* et al. 1994: Seite 102

Verbrauchsfaktoren

Der Verbrauch an Verbrauchsfaktoren q_i hängt bei der Produktionsfunktion vom Typ B unmittelbar von der Ausbringungsmenge x ab. Typische Verbrauchsfaktoren sind Materialien und Zukaufteile:

$$q_i = f_i(x)$$

mit:

q_i = Verbrauchsmenge des Verbrauchsfaktors i
$f_i()$ = Verbrauchsfunktion des Verbrauchsfaktors i
x = Ausbringungsmenge an Erzeugnissen

Gebrauchsfaktoren

Der Verbrauch von Gebrauchsfaktoren hängt bei der Produktionsfunktion vom Typ B nur mittelbar von der Ausbringungsmenge x ab. Typische Gebrauchsfaktoren sind Betriebsmittel, wie Maschinen und menschliche Arbeit. Der Verbrauch hängt dabei von den (technischen) **Eigenschaften** z_1, z_2, ... des Gebrauchsfaktors, also beispielsweise der aufgrund der Bauart maximal erzielbaren Fräsgeschwindigkeit einer Fräsmaschine, und der **Intensität** d der Nutzung des Gebrauchsfaktors ab, also beispielsweise der wirklich verwendeten Fräsgeschwindigkeit. Die entsprechende Verbrauchsfunktion lautet (vergleiche *Wöhe, G.* 2002: Seite 392 ff.):

$$q_i = f_i(z_{i1}, z_{i2}, ..., z_{in}; d_i) \times g_i(x)$$

mit:
- q_i = Verbrauchsmenge des Gebrauchsfaktors i
- $f_i()$ = Verbrauchsfunktion des Gebrauchsfaktors i
- z_i = (Technische) Eigenschaften des Gebrauchsfaktors i
- n = Anzahl der (technischen) Eigenschaften
- d_i = Nutzungsintensität des Gebrauchsfaktors i
- $g_i()$ = Ausbringungsabhängiger Verbrauch des Gebrauchsfaktors i
- x = Ausbringungsmenge an Erzeugnissen

An der Produktionsfunktion vom Typ B wurde insbesondere der limitationale Charakter kritisiert. Dies führte zur Entwicklung der Produktionsfunktion vom Typ C, die versucht, beide Typen von Produktionsfunktionen zu integrieren. Auf eine ausführliche Betrachtung wird an dieser Stelle jedoch ebenso verzichtet wie auf eine Erläuterung der Produktionsfunktionen vom Typ D und E.

Produktionsfunktion vom Typ C

17.3 Gestaltung von Produktionssystemen

17.3.1 Festlegung des Produktionsprogramms

Die Festlegung des Produktionsprogramms ist ein elementarer Bestandteil des strategischen Planungsprozesses eines Unternehmens, da es sich hierbei um eine Entscheidung mit mittel- bis langfristiger Reichweite und einer entsprechend großen Bedeutung für das Unternehmen handelt. Es wird festgelegt, welche Produkte für bestimmte Märkte produziert werden sollen. Zu klären ist dabei nicht nur die Frage, welche Produkt-Markt-Kombinationen angestrebt werden, sondern auch ob die Komponenten, die für die Produktion des Produktes notwendig sind, selbst produziert oder fremdbezogen werden sollen. Abhängig davon ergibt sich die Produktionstiefe (↗ Abbildung 17-9).

Die Produktionstiefe ist dabei der prozentuale Anteil an der Wertschöpfung, den ein Unternehmen selbst erbringt. Bei einer Produktionstiefe von 30 Prozent werden also 70 Prozent des Wertes eines Erzeugnisses bei Lieferanten zugekauft und nur 30 Prozent selbst geschaffen.

Produktionstiefe

Die Frage der optimalen Produktionstiefe wird primär im Zusammenhang mit erhofften Einsparungen und einem gewünschten Know-how-Zuwachs durch die Integration von externen Anbietern in den Produktionsprozess diskutiert, so zum Beispiel eine geringere Fertigungstiefe im Automobilbau durch die Produktion und den Einbau der Lenkung durch einen externen Lenkungshersteller. Die Produktionstiefe beeinflusst eine Reihe von betrieblichen Größen, die bei der Entscheidung über ihr optimales Ausmaß berücksichtigt werden müssen:

Bestimmung der optimalen Produktionstiefe

- Anforderungen an die Maschinenausstattung, Lager- und Produktionsflächen sowie Produktionsstandorte,

Auswirkungen der Produktionstiefe

Abb. 17-9

Bestimmung von Produktionsprogramm und -tiefe

- Höhe und Struktur der Kosten, insbesondere das Verhältnis von fixen und variablen Kosten,
- Ausmaß der Kapitalbindung im Unternehmen,
- Anzahl der Mitarbeiter und Beschäftigungsrisiko des Unternehmens,
- produktionswirtschaftliche Flexibilität, denn interne Umstellungen des Leistungsprogramms sind im Normalfall schwieriger durchzusetzen als Änderungen von Zulieferleistungen durch eine Einflussnahme auf den Lieferanten oder einen Lieferantenwechsel.

Zur Bestimmung der optimalen Produktionstiefe gibt es verschiedene Möglichkeiten. Beispielsweise können externe Preise und interne Kosten miteinander verglichen werden. Zudem sind Überlegungen anhand von strategischen Checklisten üblich, welche die Vor- und Nachteile von Eigenproduktion und Fremdbezug einander qualitativ und quantitativ gegenüberstellen. Schließlich können mit einer sogenannten **Transaktionskostenanalyse** die Kosten der Information und Kommunikation ermittelt werden, die bei der Organisation und Abwicklung von arbeitsteiligen Prozessen anfallen. Hierzu zählen im Falle des Fremdbezugs die Kosten für die Suche nach Lieferanten, die Vereinbarung, Abwicklung und Kontrolle von Verträgen und die Überwachung von Lieferungen. Derartige Kosten entstehen auch bei der innerbetrieblichen Leistungserstellung und treten zu den eigentlichen Produktionskosten hinzu.

Neben den monetären Gründen für eine Fremdvergabe ist in der Praxis zu beobachten, dass Leistungen und Funktionen immer öfter ausgelagert werden, wenn sie gut strukturiert, planbar und standardisiert sind. Die Eigenproduktion wird demge-

Wirtschaftspraxis 17-1

Die Produktionstiefe in der Uhrenindustrie

An der als »Deutschlands Uhrenmeile« bekannten Altenberger Straße in Glashütte ist mit den Unternehmen *A. Lange & Söhne, Glashütte Original, Union, Nomos* und *Nautische Instrumente Mühle* die Elite der deutschen Uhrenproduzenten angesiedelt. Während bei vielen Industrieunternehmen der Trend dahin geht, die Produktionstiefe zu reduzieren und beispielsweise in der Automobilindustrie heute Produktionstiefen von 20 Prozent nicht ungewöhnlich sind, geht die Entwicklung bei diesen Produzenten hochwertiger mechanischer Uhren wieder hin zu einer Erhöhung der Produktionstiefe. Dafür ist nicht nur ausschlaggebend, dass Uhren nur dann den für Qualität bürgenden Schriftzug »*Glashütte*« tragen dürfen, wenn mindestens 50 Prozent der Wertschöpfung am Uhrwerk in dem Ort Glashütte selbst erfolgt sind, sondern auch die Tatsache, dass ein Uhrenproduzent sich nach den ungeschriebenen Gesetzen der Branche erst dann als »Manufaktur« bezeichnen darf, wenn er ausschließlich selbst entwickelte und von ihm weitgehend selbst produzierte Uhrwerke verwendet und nicht die von sogenannten Etablisseuren hergestellten Standardrohwerke.

Quelle: *Häußermann, M.*: Den Mond auf Trab gebracht, in: Handelsblatt, Nummer 63 vom 01.04.2005, Seite w03.

---

genüber vorgezogen, wenn Leistungen und Funktionen strategisch wichtig, innovativ, unternehmensspezifisch und schlecht planbar sind (vergleiche zu Make-or-buy-Entscheidungen auch *Schäfer-Kunz, J./ Tewald, C.* 1998).

17.3.2 Bestimmung der Produktionskapazitäten

Ein Hauptproblem bei der Gestaltung von Produktionssystemen ist die Festlegung der quantitativen und der qualitativen Produktionskapazität des Gesamtbetriebes.

Arten der Produktionskapazität

Quantitative Produktionskapazität

Die benötigte quantitative Produktionskapazität ergibt sich aus dem geplanten Produktionsprogramm. Sie wird weiter in die Total- und in die Periodenkapazität unterteilt. Die **Totalkapazität** beschreibt die Ausbringungsmenge eines Produktionssystems über dessen gesamte Lebensdauer, während die **Periodenkapazität** die Ausbringungsmenge pro Periode, also beispielsweise pro Jahr, beschreibt.

Qualitative Produktionskapazität

Die qualitative Produktionskapazität beschreibt die Anpassungsfähigkeit beziehungsweise die Flexibilität des Produktionssystems im Hinblick auf Erzeugnisalternativen, die produziert werden können.

Nach der Ermittlung der quantitativen und qualitativen Soll-Kapazitäten des gesamten Produktionssystems muss bestimmt werden, welche Kapazitäten die einzelnen Betriebsmittel haben müssen, um diese Soll-Kapazitäten bereitstellen zu können. Dazu ist für jedes Betriebsmittel im Kontext der Abhängigkeiten von anderen Betriebsmitteln abzuschätzen, wie groß die jeweils zur Verfügung stehende **Nutzungshauptzeit** ist und wie groß die **Rüst-** und die **Brachzeiten** sind (↗ Abbildung 17-10).

Betriebsmittelzeit

Abb. 17-10
Gliederung der Betriebsmittelzeit

Vergleiche *Schierenbeck, H.* 2003: Seite 215 nach REFA

Einfluss der Arbeitszeit

Erheblichen Einfluss auf die quantitative Kapazität beziehungsweise die Anzahl der benötigten Betriebsmittel hat die wöchentliche Arbeitszeit. Werden die Kapazitäten eines Produktionssystems auf einen Ein-Schicht-Betrieb hin ausgelegt, wird etwa vier Mal so viele Kapazität benötigt wie bei einem durchgängigen Betrieb inklusive Wochenenden. Produktionssysteme werden heute in der Regel auf einen Zwei-Schicht-Betrieb hin konzipiert, um durch Personalverschiebungen eventuell auftretende Nachfrageschwankungen ausgleichen zu können. Auf einen durchgängigen Betrieb hin ausgelegt werden nur sehr kapitalintensive Produktionssysteme, wie beispielsweise Systeme zur Halbleiterproduktion, und Produktionssysteme, die aufgrund der eingesetzten Produktionsverfahren durchgängig betrieben werden müssen, wie beispielsweise Hochöfen.

17.3.3 Festlegung der Auftragseindringtiefe

Die Produktion kann entweder durch Prognosen oder durch Kundenaufträge angestoßen werden. In Abhängigkeit davon, wo der sogenannte **Order-Penetration-Point** liegt, also der Punkt, an dem die prognosegetriebene in die auftragsgetriebene Produktion übergeht, werden verschiedene Ausprägungen der Auftragseindringtiefe unterschieden (↗ Abbildung 17-11, zum Folgenden vergleiche *Ruile, H./Stettin, A.* 2005: Seite 222):

17.3 Gestaltung von Produktionssystemen

Abb. 17-11: Ausprägungen der Auftragseindringtiefe (Vergleiche Zäpfel, G. 1996: Seite 266)

Lagerproduktion (make to stock)
Bei der Lagerproduktion erfolgt eine rein prognosegetriebene Fertigung und Montage auf Lager. Die Lagerproduktion findet sich häufig bei der Massenproduktion von standardisierten Erzeugnissen ohne kundenspezifische Merkmale, so etwa von Schrauben oder von Zündkerzen.

Auftragsmontage (assemble to order)
Die Produktion vieler Erzeugnisse erfolgt in einer Mischform aus prognose- und auftragsgetriebener Produktion. Während beispielsweise bei Automobilen die Teile prognosegetrieben gefertigt werden, erfolgt die anschließende Montage abhängig von der vom Kunden gewünschten Ausstattung.

Auftragsfertigung (make to order)
Bei der Auftragsfertigung erfolgt nicht nur die Montage, sondern auch die Fertigung der Teile aufgrund eines Kundenauftrages. Die Materialien, aus denen die Erzeugnisse hergestellt werden, werden jedoch prognosegetrieben beschafft. Eine typische Auftragsfertigung stellt beispielsweise die Einzelproduktion von Sondermaschinen dar.

> **Wirtschaftspraxis 17-2**
>
> **Die Auftragseindringtiefen in der Systemgastronomie**
>
> Die Produktionssysteme der in Deutschland vertretenen Systemgastronomen basieren auf unterschiedlichen Auftragseindringtiefen. Beispielsweise werden bei *Burger King* und bei *McDonald's* standardisierte Hamburger quasi »auf Lager« produziert und hinter dem Verkaufspersonal zur direkten Entnahme durch dieses gelagert. Durch diese Produktionsweise ist eine sofortige Belieferung der Kunden ohne Wartezeiten aufgrund der Zubereitung möglich.
> Bei dem Systemgastronomen *Subway* werden dagegen die Sandwiches vor den Augen der Kunden nach deren jeweiligen Vorgaben »montiert«, während die hierzu benötigten Zutaten jeweils vorab auf Lager produziert werden.

Sonderproduktion (purchase and make to order)
Die Sonderproduktion unterscheidet sich von der Auftragsfertigung dadurch, dass auch die Beschaffung bestimmter Materialien aufgrund eines Kundenauftrages erfolgt. Dies ist notwendig, wenn für ein Erzeugnis ungewöhnliche Materialien verwendet werden sollen.

17.3.4 Festlegung des Prozesstyps der Produktion

Je nach **Auflagen-** beziehungsweise **Losgröße**, also der Anzahl an gleichen Erzeugnissen, die nacheinander produziert werden, und in Abhängigkeit davon, ob die Betriebsmittel umgerüstet werden oder nicht, lassen sich verschiedene Prozesstypen der Produktion unterscheiden (↗ Abbildung 17-12, zum Folgenden vergleiche *Corsten, H.* 1996: Seite 40 f., *Ruile, H./Stettin, A.* 2005: Seite 258 f. und *Warnecke, H.-J.* 1995: Seite 4):

Prozesstypen

Einzelproduktion
Bei der Einzelproduktion beträgt die Auflagengröße eins. Die Einzelproduktion wird weiter in die **Einmalproduktion** und in die **Wiederholproduktion** in größeren unregelmäßigen Zeitabständen unterteilt. In der Regel werden die Betriebsmittel bei der Einzelproduktion nach jeder Auflage für die nächste Auflage umgerüstet. Im Rahmen der Einzelproduktion werden insbesondere nicht standardisierte Erzeugnisse im Kundenauftrag produziert, wie beispielsweise Gebäude oder Sondermaschinen.

Serienproduktion
Bei der Serienproduktion handelt es sich um eine Mehrfachproduktion, bei der die Auflagengröße vor dem Produktionsbeginn festgelegt wird. In der Regel werden die Betriebsmittel im Anschluss an die Produktion einer Serie für die Produktion der nächsten Serie umgerüstet. Im Rahmen der Serienproduktion werden insbesondere standardisierte Erzeugnisse mit kundenspezifischen Merkmalen hergestellt, wie beispielsweise Lichtmaschinen für verschiedene Motortypen.

Abb. 17-12
Prozesstypen der Produktion

Massenproduktion

Bei der Massenproduktion handelt es sich um eine Mehrfachproduktion, bei der vor Produktionsbeginn keine Auflagengröße festgelegt wird und bei der die Betriebsmittel nicht umgerüstet werden. Im Rahmen der Massenproduktion werden standardisierte Erzeugnisse ohne kundenspezifische Merkmale produziert, wie beispielsweise Schrauben oder Zündkerzen.

Einen speziellen Prozesstyp stellt die Chargenproduktion dar, die insbesondere in der chemischen und in der Nahrungsmittelindustrie anzutreffen ist. Eine Chargenproduktion ist notwendig, wenn flüssige oder gasförmige Erzeugnisse nicht kontinuierlich, sondern nur in diskreten Mengen produziert werden können. Die **Charge** gibt dabei quasi die Auflagengröße an. Sie ergibt sich durch die Kapazität von Betriebsmitteln, in denen die Erzeugnisse eine bestimmte Zeit verbleiben müssen. So ergibt sich beispielsweise die Chargengröße bei der Weinproduktion durch die Kapazität der Fässer, in denen der Wein gelagert wird.

Chargenproduktion

Eine Mischung aus Einzel- und Massenproduktion besteht bei der sogenannten **Mass-Customization** (englisch: Individualisierte Massenproduktion). Die Erzeugnisse durchlaufen dabei im Sinne einer Massenproduktion die immer gleichen Fertigungs- und Montageschritte. Im Sinne einer Einzelproduktion werden die Erzeugnisse dabei jedoch im Rahmen vorgegebener Auswahlmöglichkeiten individualisiert. Dadurch wird es möglich, kundenindividuelle Erzeugnisse zu Herstellkosten zu produzieren, die denen der Massenproduktion entsprechen. Die Mass-Customization findet sich heute in vielen Branchen, wie beispielsweise im Automobilbau oder in der Bekleidungsindustrie.

Individualisierte Massenproduktion

> **Wirtschaftspraxis 17-3**
>
> **Individuelle Turnschuhe**
>
> Der Sportartikelhersteller *Nike* bietet seinen Kunden über das Internet die Möglichkeit, selbst gestaltete Turnschuhe zu bestellen. Der Kunde wählt dazu zunächst ein farbloses Turnschuhmodell aus und kann dann die Farben verschiedener Elemente, wie des Obermaterials, der Sohle, des Logos oder der Schnürsenkel, aus einer Vielzahl von Alternativen auswählen. Der von dem Kunden selbst gestaltete Schuh wird ihm dabei nach jeder Änderung am Bildschirm angezeigt. Zusätzlich können die Schuhe durch eine aus bis zu 8 Zeichen bestehende »ID« weiter individualisiert werden. Es ist zu vermuten, dass diese Form der Mass-Customization von *Nike* auch als Marktforschungsinstrument genutzt wird, um für verschiedene Kundengruppen und Regionen zu ermitteln, wohin der Trend bei Farben und Schuhmodellen geht.
>
> Quelle: Was ist NIKE id, unter: www.nikeid.com, Stand: 2006.

17.3.5 Festlegung des Organisationstyps der Produktion

Im Rahmen der Festlegung des Organisationstyps der Produktion werden die räumliche Anordnung der Betriebsmittel und die Art der Bewegung der Erzeugnisse und der Betriebsmittel zueinander festgelegt. Hinsichtlich der räumlichen Anordnung können:

Möglichkeiten der Anordnung von Betriebsmitteln

- alle Betriebsmittel an einem Ort zusammengefasst werden,
- alle Betriebsmittel, die für ähnliche Verrichtungen ausgelegt sind, zusammengefasst werden oder
- alle Betriebsmittel, die für die Produktion eines bestimmten Erzeugnistyps ausgelegt sind, zusammengefasst werden.

Hinsichtlich der Bewegung der Erzeugnisse und der Betriebsmittel zueinander können:

- zwischen den Produktionsstufen bewegliche Erzeugnisse kombiniert mit unbeweglichen Betriebsmitteln und
- zwischen den Produktionsstufen unbewegliche Erzeugnisse kombiniert mit beweglichen Betriebsmitteln

Organisationstypen der Produktion

unterschieden werden. Dadurch ergeben sich vier grundsätzliche Organisationstypen der Produktion (↗ Abbildung 17-13, zum Folgenden vergleiche *Corsten, H.* 1996: Seite 33 ff., *Ruile, H./Stettin, A.* 2005: Seite 257 f. und *Warnecke, H.-J.* 1995: Seite 8 ff.):

Punktfertigung und -montage
Bei der Punktfertigung und -montage werden alle Betriebsmittel an einem Ort zur Produktion eines zwischen den Produktionsstufen unbeweglichen Erzeugnisses zusammengefasst. In der Regel sind dabei die meisten Betriebsmittel relativ zum Erzeugnis beweglich. Ausprägungen der Punktfertigung und -montage sind:

17.3 Gestaltung von Produktionssystemen

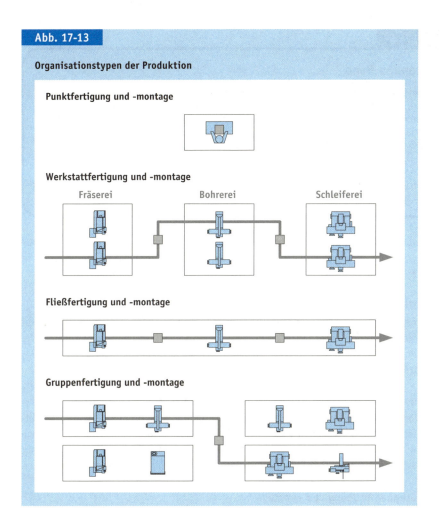

Abb. 17-13

Organisationstypen der Produktion

- die **Einzelplatz-** beziehungsweise **Werkbankfertigung** und **-montage**, etwa bei der Herstellung von hochwertigen Uhren, bei der Reparatur von Automobilen in Autowerkstätten oder bei der Operation von Menschen in Krankenhäusern und
- die **Baustellenfertigung** und **-montage**, etwa bei der Produktion von Gebäuden, Straßen oder Schiffen.

Werkstattfertigung und -montage

Bei der Werkstattfertigung und -montage werden unbewegliche Betriebsmittel, die für ähnliche Verrichtungen ausgelegt sind, zu sogenannten **Werkstätten** zusammengefasst und die Erzeugnisse entsprechend der jeweiligen Produktionsfolge zwischen den Werkstätten mit Unstetigförderern, wie Gabelstaplern, transportiert. Die Werkstattfertigung und -montage ist hinsichtlich der produzierbaren Erzeugnistypen sehr flexibel und aufgrund der Redundanz der Betriebsmittel sehr ausfallsicher. Nachteile

Wirtschaftspraxis 17-4

Maschinen am laufenden Band

Die in Ditzingen bei Stuttgart beheimatete *Trumpf Werkzeugmaschinen GmbH & Co. KG*, die insbesondere Laser- und Blechbearbeitungsmaschinen herstellt, erhielt im Jahr 2002 die begehrte Auszeichnung »Fabrik des Jahres«, die das Fachblatt »Produktion« gemeinsam mit den Unternehmensberatern von *A. T. Kearney* vergibt. Prämiert wurde dabei die Umstellung der Maschinenmontage von der in der Maschinenbaubranche üblichen Punktmontage auf eine getaktete Fließmontage. Die Maschinen werden dabei unter anderem auf Luftkissenfahrzeugen von Montagestation zu Montagestation transportiert. Durch Einführung dieses Organisationstyps wurde die Produktionszeit des Unternehmens halbiert und die Flächenproduktivität um 40 Prozent gesteigert.

Quelle: *Jocham, A.*: Bei Trumpf wandern Maschinen – Montage von Station zu Station, in: Handelsblatt, Nummer 43 vom 03.03.2003, Seite 17.

---

sind der hohe Steuerungsaufwand und die mittlere Produktivität. Die Werkstattfertigung und -montage eignet sich insofern insbesondere für die Einzel- und die Serienproduktion.

Fließfertigung und -montage

Bei der Fließfertigung und -montage werden unbewegliche Betriebsmittel, die für die Produktion eines bestimmten Erzeugnistyps ausgelegt sind, entsprechend der Produktionsfolge nacheinander angeordnet. Für den Transport zwischen den Betriebsmitteln werden in der Regel Stetigförderer, wie Fließbänder, eingesetzt.

Die Fließfertigung und -montage ist eng mit dem Namen *Taylor* und ihrem Einsatz in den *Ford*-Werken am Anfang des 20. Jahrhunderts verbunden. Die heute aus Gründen der Motivation und der starken physischen und psychischen Belastung der Mitarbeiter mit negativen Attributen versehene Fließfertigung und -montage hat nach wie vor Vorteile bei der Massenproduktion. Die hohe Produktivität geht jedoch mit einer hohen Inflexibilität im Hinblick auf die produzierbaren Erzeugnistypen einher.

Gruppenfertigung und -montage

Die Gruppenfertigung und -montage, die auch als **Insel-** oder **Zellenfertigung** und **-montage** bezeichnet wird, stellt eine Mischung aus der Werkstatt- und der Fließfertigung und -montage dar. Teile der Produktion werden dazu im Rahmen einer Fließfertigung und -montage zu Gruppen zusammengefasst. Da die Erzeugnisse unterschiedliche Gruppen durchlaufen können, werden die Flexibilitätsvorteile der Werkstatt- mit den Produktivitätsvorteilen der Fließfertigung und -montage kombiniert.

17.3.6 Wahl der Produktionsverfahren

Zeitgleich oder im Anschluss an die Festlegung des Prozess- und des Organisationstyps der Produktion erfolgt die Entscheidung für die einzusetzenden Produktionsverfahren (vergleiche *Steinbuch, P./Olfert, K.* 1995: Seite 103 ff.).

> **Produktionsverfahren** bezeichnen die Technologien, die in der Produktion eingesetzt werden, um die Produktionsfaktoren in Erzeugnisse und Eigenleistungen sowie deren Vorstufen zu transformieren.

Hinsichtlich der Technologie lassen sich die in der ↗ Abbildung 17-14 aufgeführten industriellen Produktionsverfahren unterscheiden.

Die Entscheidung für ein Produktionsverfahren kann mittels der im ↗ Kapitel 2 Entscheidungstheorie dargestellten Entscheidungsmodelle erfolgen. In der Regel handelt es sich um Entscheidungen bei mehrfacher Zielsetzung. Von besonderer Bedeutung bei der Wahl des Produktionsverfahrens sind dabei die nachfolgenden Kriterien:

Kriterien zur Wahl des Produktionsverfahrens

Erzielbare Erzeugniseigenschaften
In den meisten Fällen bedingen die zu erzielenden Erzeugniseigenschaften bestimmte Produktionsverfahren. Soll beispielsweise eine feine Metalloberfläche erzielt werden, so werden meist Schleifverfahren eingesetzt.

Eignung für die benötigte Periodenkapazität
Die benötigte Periodenkapazität hat ebenfalls großen Einfluss auf die Wahl des Produktionsverfahrens. In der Regel sind für die Produktion von kleinen Mengen arbeitsintensive Produktionsverfahren kostengünstiger, während für die Produktion von großen Mengen automatisierte, damit aber auch kapitalintensivere Produktionsver-

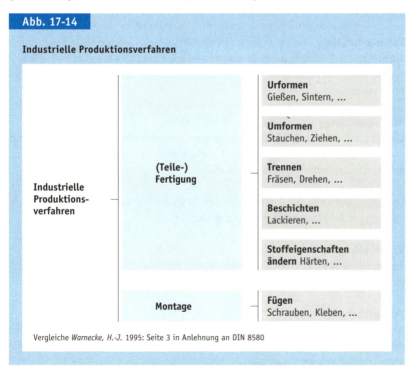

Abb. 17-14 Industrielle Produktionsverfahren

Vergleiche *Warnecke, H.-J.* 1995: Seite 3 in Anlehnung an DIN 8580 fahren günstiger sind. In der Automobilindustrie werden beispielsweise Karosserieersatzteile für Oldtimer häufig per Hand durch das Umformen von Blechen über Hämmer hergestellt, während die Karosserieteile der aktuellen Baureihen in automatischen Transferpressen produziert werden.

17.3.7 Gestaltung der Qualitätssicherung

Neben dem Preis dient die Qualität der Erzeugnisse heute immer häufiger als wesentliches Differenzierungskriterium. Hierbei spielen nicht nur die weiter steigenden Ansprüche der Verbraucher eine Rolle; auch intensivere Qualitätskontrollen seitens der Abnehmer oder erweiterte Risiken aus der Produkthaftung verstärken diesen Trend.

> **Qualität** ist die Gesamtheit von Eigenschaften und Merkmalen eines Gutes, die sich auf die Eignung zur Erfüllung gegebener Anforderungen bezieht (vergleiche DIN 55350).

Aus dieser Definition wird deutlich, dass Qualität kein absoluter, sondern ein relativer Begriff ist. Ob ein Gut eine hohe oder niedrige Qualität hat, hängt davon ab, inwieweit die an das Gut gestellten Anforderungen erfüllt werden.

Qualitätsprüfverfahren

Zur Überprüfung, ob Güter bestimmten, objektiv messbaren Qualitätsanforderungen entsprechen, werden zwei Verfahren eingesetzt:

Variablenprüfung
Sie erfolgt bei Kriterien, deren Ausprägungen auf einer Skala messbar sind. Als Beispiel können hier Stahlsorten unterschiedlicher Zusammensetzung und Härte angeführt werden.

Attributprüfung
Eine Attributprüfung wird dann vorgenommen, wenn bei einem Kriterium nur geprüft werden kann, ob es erfüllt ist oder nicht, nicht aber, in welchem Ausmaß oder Umfang dem Kriterium Rechnung getragen wurde.

Prüfumfang

In Abhängigkeit von den Eigenschaften des Prüfguts sind zwei Verfahren zur Sicherstellung der Qualitätsanforderungen denkbar:

Vollerhebung
Zum einen kann im Rahmen einer Vollerhebung die gesamte Charge geprüft und minderwertige Güter aussortiert werden.

Stichproben
Zum anderen können über Stichproben Hochrechnungen auf den Ausschussanteil einer Charge vorgenommen werden. Stichproben sind bei großen Stückzahlen die wirtschaftlich sinnvollere Lösung.

17.3 Gestaltung von Produktionssystemen

Fallbeispiel 17-3 Qualitätssicherung bei einem Automobilhersteller

▶▶▶ In der *Speedy GmbH* werden umfangreiche Prüfungen durchgeführt. So wird beispielsweise stichprobenartig überprüft, ob die Scheinwerferleuchtmittel die geforderte Lichtstärke haben (Variablenprüfung). Aufgrund ihrer Bedeutung werden im Rahmen einer Vollerhebung alle zugekauften Bremssysteme hinsichtlich ihrer Funktionsfähigkeit überprüft (Attributprüfung). ◀◀◀

Um Produkte produzieren zu können, die den Anforderungen der Kunden genügen, ist es zudem erforderlich, die gesamte Produktionskette mit einem Qualitätsmanagementsystem (QMS) zu steuern und zu überwachen. Dabei wird die Produktion über die verschiedenen Stufen vom Zulieferer bis zum Abnehmer vollständig abgedeckt. Der Schwerpunkt von Qualitätsmanagementsystemen liegt auf der konstruktiven Qualitätssicherung, bei der die Erfüllung von Qualitätsanforderungen an das Produkt und an die Produktion von Vornherein geplant und nicht nur nachträglich geprüft wird.

Qualitätsmanagementsystem

Noch umfassender ist das sogenannte »Total Quality Management« (TQM). Darunter wird die umfassende Orientierung von Unternehmen an der Qualität verstanden. Der Ansatz umfasst insbesondere die folgenden Aspekte (vergleiche *Spur, G.* 1994: Seite 281 ff.):

Total Quality Management

Kundenorientierung
Welche Produktqualität produziert wird, soll sich aus den Anforderungen der Kunden ergeben. Kunden im TQM-Sinn sind dabei nicht nur Externe, sondern auch andere Bereiche innerhalb des Unternehmens.

Mitarbeiterorientierung
Da Mitarbeiter die Hauptverantwortung für die Qualität tragen, sollen sie in die Qualitätssicherung aktiv eingebunden und bei ihnen ein durchgängiges Qualitätsbewusstsein geschaffen werden.

Prozessorientierung
Die Qualitätssicherung bezieht sich nicht nur auf die Überprüfung der Erzeugnisse, also der Prozessergebnisse, sondern versucht, gemäß dem Motto: »Mach's gleich richtig« die Produktionsprozesse so zu gestalten, dass keine Fehler auftreten können.

Ständige Verbesserungen (KVP, CIP)
Bestehende Prozesse und Produkte sollen dauernd hinterfragt und dann Verbesserungsvorschläge erarbeitet und umgesetzt werden. Durch solche ständigen (kleinen) Verbesserungen soll die Qualität kontinuierlich gesteigert werden, weshalb von KVP (Kontinuierlicher Verbesserungsprozess) oder CIP (Continuous Improvement Process) die Rede ist.

Abb. 17-15

Sankey-Diagramm der innerbetrieblichen Materialflussintensität

17.3.8 Layoutgestaltung

Die vorgenannten Aspekte der Gestaltung von Produktionssystemen haben einen erheblichen Einfluss auf die räumliche Anordnung der Betriebsmittel. Die Layoutplanung hat darüber hinaus die Zielsetzung, die Produktionseinrichtungen so anzuordnen, dass der innerbetriebliche Transportaufwand und damit die Materialflusskosten minimiert werden. Da unterschiedliche Produkte häufig unterschiedliche Produktionsabläufe und damit Wege durch die Produktion haben, ist die Layoutplanung sehr aufwändig.

Darstellung der Materialflüsse

Zur Verdeutlichung der innerbetrieblichen Materialflüsse und zur Planung des Layouts werden häufig **Digraphen** oder **Sankey-Diagramme** verwendet, die die Materialflussintensität zwischen Produktionseinrichtungen durch Pfeilstärken visualisieren. So sollte die Position der Maschine 4 in der ↗ Abbildung 17-15 mit der der Maschine 2 vertauscht werden, um den Materialfluss zu optimieren.

17.4 Produktionsplanung und -steuerung

Die Produktionsplanung und -steuerung hat das Ziel, die Produktionsaufträge unter Berücksichtigung der vorhandenen Betriebsmittel- und Personalkapazitäten termingerecht zu erfüllen.

17.4 Produktionsplanung und -steuerung

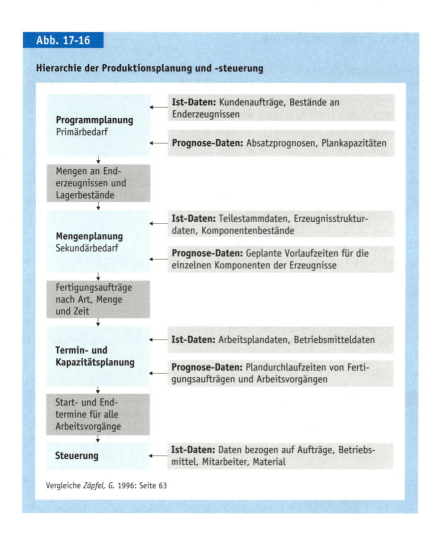

Abb. 17-16

Hierarchie der Produktionsplanung und -steuerung

Vergleiche Zäpfel, G. 1996: Seite 63

Sie erfolgt in der Regel hierarchisch, indem zuerst eine Programmplanung durchgeführt wird, die sich dann in einer Mengenplanung konkretisiert. Aufbauend auf den Daten der Mengenplanung werden die Kapazitäten, mit denen die Aufträge durchgeführt werden sollen, und die Termine, zu denen die Aufträge angefangen beziehungsweise abgeschlossen sein müssen, geplant. Die eigentliche Umsetzung der Planung erfolgt dann im Rahmen der Produktionssteuerung (↗ Abbildung 17-16).

Die Produktionsplanung und -steuerung wird heute in der Regel computergestützt durchgeführt. Die aufgeführte hierarchische Planung kann beispielsweise durch Systeme, die auf dem MRP II-Konzept (Manufacturing Resource Planning) beruhen, realisiert werden.

17.4.1 Programmplanung

Die Programmplanung ist die erste Stufe der Produktionsplanung und –steuerung. Ihr Planungsgegenstand ist der Primärbedarf an fertigen Erzeugnissen. Im Rahmen der Programmplanung wird festgelegt:

Fragen der Programmplanung

- welche Endprodukte in welcher Menge im Planungszeitraum produziert werden,
- zu welchen Zeitpunkten die Lieferungen der Endprodukte erfolgen sollen und
- wie groß die Endlagerbestände sein sollen.

Darüber hinaus werden die Kundenaufträge verwaltet. Der Ablauf der Programmplanung ist der ↗ Abbildung 17-17 zu entnehmen. Die aggregierte Programmplanung kann dabei auf zwei Arten erfolgen:

Auftragsgetriebene Programmplanung

Arten der Programmplanung

Die auftragsgetriebene Programmplanung, die auch als programmgebunden oder bedarfsgesteuert bezeichnet wird, erfolgt deterministisch auf der Basis von bestehenden Kundenaufträgen.

Prognosegetriebene Programmplanung

Die prognosegetriebene Programmplanung, die auch als verbrauchsgesteuert bezeichnet wird, erfolgt stochastisch, indem die Primärbedarfe an fertigen Erzeugnissen auf Basis der Bedarfe in der Vergangenheit progostiziert werden.

Abb. 17-17

Ablauf der Programmplanung im MRP II-System

Vergleiche *Zäpfel, G.* 1996: Seite 118

Die Ergebnisse der Programmplanung bilden die Grundlage der nachfolgenden Mengenplanung.

17.4.2 Mengenplanung

Die Mengenplanung ist die zweite Stufe der Produktionsplanung und -steuerung. Ihr Planungsgegenstand ist der Sekundär- und Tertiärbedarf. Im Rahmen der Mengenplanung werden die Ergebnisse der Programmplanung entsprechend detailliert und es wird festgelegt:
- wie viele unfertige Erzeugnisse und Materialien benötigt werden,
- wie groß die Lagerbestände in der Produktion und in der Beschaffung sein sollen und
- was eigen- und was fremdproduziert werden soll.

Fragen der Mengenplanung

Darüber hinaus werden die entsprechenden Bestellungen eingeleitet. In Abhängigkeit davon, wann innerhalb der Produktion der Übergang von der prognose- zur auftragsgetriebenen Produktion erfolgt, wird auch die Mengenplanung prognose- oder auftragsgetrieben durchgeführt (vergleiche dazu auch die Ausführungen zur Bedarfsplanung im ↗ Kapitel 15 Beschaffung):

Arten der Mengenplanung

Auftragsgetriebene Mengenplanung
Die auftragsgetriebene Mengenplanung, die auch als programmgebunden oder bedarfsgesteuert bezeichnet wird, erfolgt deterministisch, indem die Sekundär- und Tertiärbedarfe an unfertigen Erzeugnissen und Materialien aus den Primärbedarfen an fertigen Erzeugnissen durch Stücklistenauflösungen abgeleitet werden.

Prognosegetriebene Mengenplanung
Die prognosegetriebene Mengenplanung, die auch als verbrauchsgesteuert bezeichnet wird, erfolgt stochastisch, indem die Sekundär- und Tertiärbedarfe an unfertigen Erzeugnissen und Materialien auf Basis der Bedarfe in der Vergangenheit progostiziert werden.

Die Ergebnisse der Mengenplanung bilden die Grundlage der nachfolgenden Termin- und Kapazitätsplanung.

17.4.3 Termin- und Kapazitätsplanung

Die Termin- und Kapazitätsplanung ist die dritte Stufe der Produktionsplanung und -steuerung. Im Rahmen der Termin- und Kapazitätsplanung werden die Ergebnisse der Mengenplanung detailliert und es wird festgelegt:
- wann die Durchführung von Produktionsaufträgen startet und endet,
- wie viel Kapazitäten benötigt werden und ob dieser Bedarf durch die vorhandenen Kapazitäten abgedeckt wird und
- welche Arbeitsvorgänge mit welchen Kapazitäten durchgeführt werden sollen.

Fragen der Terminplanung

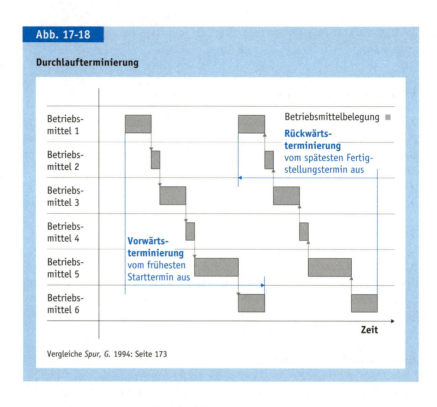

Abb. 17-18
Durchlaufterminierung

Vergleiche Spur, G. 1994: Seite 173

Arten der Durchlaufterminierung

Die Termin- und Kapazitätsplanung wird häufig anhand einer Durchlaufterminierung durchgeführt. Dabei handelt es sich um eine zentrale, deterministische Form der Termin- und Kapazitätsplanung. In der Regel erfolgt eine kombinierte Vorwärts- und Rückwärtsterminierung (↗ Abbildung 17-18):

Vorwärtsterminierung
Bei der Vorwärtsterminierung werden Aufträge zu den frühestmöglichen Zeitpunkten auf den Betriebsmitteln eingeplant und so der frühestmögliche Endtermin ermittelt, zu dem ein Produktionsauftrag abgeschlossen wird.

Rückwärtsterminierung
Bei der Rückwärtsterminierung wird, ausgehend von dem Zeitpunkt, zu dem der Produktionsauftrag spätestens abgeschlossen sein muss, der Zeitpunkt ermittelt, zu dem der Produktionsauftrag spätestens begonnen werden muss.

Da die Durchlaufterminierung die Auslastung der vorhandenen Kapazitäten nur unzureichend berücksichtigt, wird sie in der Regel mit weiteren Verfahren, wie der Kapazitätsterminierung, kombiniert (vergleiche Spur, G. 1994: Seite 173 ff.). Die Ergebnisse der Termin- und Kapazitätsplanung bilden die Grundlage der nachfolgenden Steuerung.

17.4.4 Produktionssteuerung

Die Produktionssteuerung ist die vierte und letzte Stufe der Produktionsplanung und -steuerung. Im Rahmen der Produktionssteuerung werden die Ergebnisse der Termin- und Kapazitätsplanung umgesetzt indem:

- die Verfügbarkeit der vorhandenen Produktionsfaktoren überprüft wird,
- die Produktionsaufträge den Mitarbeitern und Produktionseinrichtungen zugeordnet werden,
- die Produktionsaufträge freigegeben werden,
- der Produktionsfortschritt überwacht wird und
- Anpassungsmaßnahmen bei Soll-Ist-Abweichungen ausgelöst werden.

Fragen der Produktionssteuerung

Die Produktionssteuerung kann zentral oder dezentral erfolgen (↗ Abbildung 17-19, zum Folgenden vergleiche *Weber, J./Baumgarten, H.* 1999: Seite 426 ff):

Arten der Produktionssteuerung

Zentrale Steuerung

Bei der zentralen Produktionssteuerung erfolgt die Steuerung durch eine übergeordnete Stelle, die eine Gesamtkoordination sämtlicher Produktionsvorgänge und innerbetrieblicher Transporte vornimmt.

Dezentrale Steuerung

Bei der dezentralen Steuerung erfolgt die Steuerung der Produktion und der Materialverteilung durch eine Vielzahl selbstregelnder Steuerkreise in den verschiedenen Bereichen der Produktion.

Abb. 17-19: Alternativen der Produktionssteuerung

Vergleiche *Thonemann, U.* 2005: Seite 351

17.4 Produktionswirtschaft
Produktionsplanung und -steuerung

Kanban-Prinzip

Das japanische »Kanban-Prinzip« stellt die bekannteste Ausprägung der dezentralen Steuerung dar. Dieses Steuerungskonzept wurde in den 1950er-Jahren von dem japanischen Unternehmen *Toyota* entwickelt. Merkmale des Kanban-Prinzips sind (vergleiche *Bichler, K./Schröter N.* 1995: Seite 95 ff.):

- Zwischen den verschiedenen Stufen des Produktionsprozesses bestehen Kunden-Lieferanten-Beziehungen.
- Zwischen den Produktionsstufen bestehen Lager beziehungsweise Puffer.
- Die Steuerung erfolgt nach dem sogenannten Hol-Prinzip. Nachgelagerte Produktionsstufen holen die benötigten Materialien selbstständig von den Ausgangslagern der vorausgehenden Produktionsstufen ab.
- Die Steuerkreise bestehen jeweils zwischen zwei Produktionsstufen, sodass im Unternehmen insgesamt eine Vielzahl dezentraler Steuerkreise existiert.
- Die zum Transport verwendeten Transporthilfsmittel sind mit einer Karte, dem sogenannten Kanban (japanisch: Schild, Karte), ausgestattet. Das Kanban enthält Informationen über die Menge und die Art der Produkte auf dem Transporthilfsmittel und verbleibt am Abholort.
- In der vorausgelagerten Produktionsstufe wird durch das verbleibende Kanban dann wiederum eine Produktion oder Beschaffung zur Auffüllung des Lagers beziehungsweise Puffers eingeleitet.
- Die insgesamt im Unternehmen vorhandene Materialumlaufmenge kann durch die Anzahl der verwendeten Kanbans gezielt begrenzt werden.

Wirtschaftspraxis 17-5

Kanban in der Motorenproduktion

In ihrem Berliner Werk in Marienfelde produzierte die *Daimler AG* im Jahr 2006 mit über 3 300 Mitarbeitern täglich etwa 1 000 Motoren. Das Spektrum der produzierten Motoren reicht dabei vom 41 PS starken Antrieb für den *Smart* bis zum 550 PS starken Antrieb für den *Maybach*.
Die Motoren werden unter anderem in den deutschen Werken Bremen, Düsseldorf und Sindelfingen, im österreichischen Graz, im spanischen Vitoria, in den amerikanischen Werken Detroit und Tuscaloosa sowie im südafrikanischen East London verwendet.
Die Montage der im Durchschnitt aus 300 Teilen bestehenden Motoren dauert im Mittel 95 Minuten. Die Belieferung des Werks erfolgt größtenteils über ein von der *TNT Logistik GmbH* betriebenes Lieferanten-Logistikzentrum. In diesem werden die Materialien der über 500 Lieferanten im Schnitt eine Woche vor der Verwendung in der Produktion zwischengelagert. Das zugehörige Hochregallager bietet mit einem Volumen von 56 700 Kubikmetern Platz für 13 000 Paletten und 48 000 Kästen.
Die eigentliche Belieferung der Produktion erfolgt nach dem Kanban-Prinzip. Wenn der Materialvorrat am Montageband zur Neige geht, wird vollautomatisch eine Nachschubbestellung an das Lieferanten-Logistikzentrum abgeschickt. Dort wird das entsprechende Material ausgelagert und in die benachbarte Produktion transportiert. In den Besitz des Automobilherstellers geht das Material dabei erst über, wenn es das Lieferanten-Logistikzentrum verlässt. Dadurch muss die *Daimler AG* nur die in der Produktion verwendeten und nicht die im Lieferanten-Logistikzentrum gelagerten Materialien finanzieren.

Quelle: *During, R. W.*: Von Smart bis Maybach – In Marienfelde werden Motoren für die gesamte Fahrzeugpalette von *Daimler-Chrysler* gebaut, in: Handelsblatt, Nummer 83 vom 28.04.2006, Seite B22.

17.5 Kennzahlen

Zur Information und Steuerung wird in der Produktionswirtschaft eine Reihe von Kennzahlen eingesetzt. Die Informationen werden dem Management und den Mitarbeitern in der Produktionswirtschaft in der Regel in monatlichen Berichten zur Verfügung gestellt. Hierzu können unter anderem die nachfolgenden Kennzahlen verwendet werden (vergleiche *Jung, H.* 2003: Seite 511):

$$\text{Ausschussquote} = \frac{\text{Anzahl nicht verwendbarer Produkte}}{\text{Produktionsmenge}} \quad [\%]$$

$$\text{Fehlerquote} = \frac{\text{Anzahl festgestellter Fehler}}{\text{Produktionsmenge}} \quad [\text{Fehler/Stück}]$$

$$\text{Beschäftigungsgrad} = \frac{\text{Produktionszeit}}{\text{Geplante Produktionszeit}} \quad [\%]$$

$$\text{Kapazitätsauslastungsgrad} = \frac{\text{Produktionszeit}}{\text{Maximal mögliche Produktionszeit}} \quad [\%]$$

$$\text{Produktionstiefe} = \frac{\text{Produktionskosten} - \text{Materialkosten}}{\text{Produktionskosten}} \quad [\%]$$

Zusammenfassung Kapitel 17

- Gegenstand der Produktionswirtschaft ist die wirtschaftliche Gestaltung und Durchführung der Transformation von vorhandenen Produktionsfaktoren in Erzeugnisse und Eigenleistungen unter Anwendung von Produktionsverfahren.
- Produktionsfaktoren sind die in der Produktion eingesetzten materiellen und immateriellen Güter.
- Produktionsfaktoren nach *Gutenberg* sind Werkstoffe, Betriebsmittel und menschliche Arbeit.
- Die Produktionstheorie beschreibt, wie sich die Produktionsfaktormenge auf die Ausbringungsmenge auswirkt.
- Es gibt limitationale und substitutionale Produktionsfunktionen.
- Die Produktionstiefe ist der prozentuale Anteil am Wert eines Erzeugnisses, den ein Unternehmen durch die Produktion selbst schafft.
- Die Produktion kann auftragsgetrieben oder prognosegetrieben erfolgen.
- Prozesstypen der Produktion sind die Einzel-, die Serien- und die Massenproduktion.
- Organisationstypen der Produktion sind die Punkt-, die Werkstatt-, die Fließ- und die Gruppenfertigung und -montage.

- Produktionsverfahren bezeichnen die Technologien, die eingesetzt werden, um die Produktionsfaktoren in Erzeugnisse und Eigenleistungen zu transformieren.
- Die Qualität ist die Gesamtheit von Eigenschaften und Merkmalen eines Erzeugnisses, die sich auf die Eignung zur Erfüllung gegebener Anforderungen bezieht.
- Die Produktionsplanung erfolgt in den Stufen Programm-, Mengen- sowie Termin- und Kapazitätsplanung.
- Die Produktionssteuerung kann zentral oder dezentral erfolgen.

Weiterführende Literatur Kapitel 17

Corsten, H./Gössinger, R.: Produktionswirtschaft: Einführung in das industrielle Produktionsmanagement, München, Wien.
Zäpfel, G.: Grundzüge des Produktions- und Logistikmanagement, München, Wien.
Fandel, G./Fistek, A./Stütz, S.: Produktionsmanagement, Berlin.
Günther, H.-O./Tempelmeier, H.: Produktion und Logistik, Berlin.

Weiterführende Internetverweise Kapitel 17

www.mass-customization.de: Internetseite zur Mass-Customization.
www.produktionsforschung.de: Internetseite des *Forschungszentrums Karlsruhe GmbH* zu Trends der aktuellen Produktionsforschung.
www.vdma.de: Internetseite des *Verbandes Deutscher Maschinen- und Anlagenbau e. V. (VDMA)*.

Schlüsselbegriffe Kapitel 17

- Produktionswirtschaft
- Fertigung
- Montage
- Produktionsfaktor
- Betriebsmittel
- Produktionstheorie
- Produktionsfunktion
- Produktionsprogramm
- Produktionstiefe
- Produktionskapazität
- Totalkapazität
- Periodenkapazität
- Nutzungshauptzeit
- Brachzeit
- Auftragseindringtiefe
- Order-Penetration-Point
- Lagerproduktion
- Auftragsmontage
- Auftragsfertigung
- Sonderproduktion
- Prozesstyp
- Einzelproduktion
- Serienproduktion
- Massenproduktion
- Chargenproduktion
- Mass-Customization
- Organisationstyp
- Punktfertigung
- Baustellenfertigung
- Werkstattfertigung
- Fließfertigung
- Gruppenfertigung
- Produktionsverfahren
- Qualität
- Variablenprüfung
- Attributprüfung
- Qualitätsmanagementsystem
- Total Quality Management
- Layout
- Programmplanung
- Mengenplanung
- Terminplanung
- Kapazitätsplanung
- Vorwärtsterminierung
- Rückwärtsterminierung
- Produktionssteuerung
- Bring-Prinzip
- Hol-Prinzip
- Kanban

Fragen Kapitel 17

Frage 17-1: *Definieren Sie den Begriff »Produktion«.*
Frage 17-2: *Nennen Sie die zwei Teilbereiche der Produktion.*
Frage 17-3: *Nennen Sie die drei »klassischen« Produktionsfaktoren der Volkswirtschaftslehre.*
Frage 17-4: *Nennen Sie die drei Produktionsfaktoren nach Gutenberg.*
Frage 17-5: *Erläutern Sie, welche zwei Formen menschlicher Arbeit Gutenberg unterscheidet.*
Frage 17-6: *Erläutern Sie, welche Ziele im Produktionsbereich verfolgt werden können.*
Frage 17-7: *Definieren Sie den Begriff »Produktionsfunktion«.*
Frage 17-8: *Erläutern Sie den Unterschied zwischen substitutionalen und limitationalen Produktionsfunktionen.*
Frage 17-9: *Erläutern Sie, welche Art der Produktion in der Produktionsfunktion vom Typ A abgebildet wird.*
Frage 17-10: *Erläutern Sie, welche Art der Produktion in der Produktionsfunktion vom Typ B abgebildet wird.*
Frage 17-11: *Erläutern Sie den Unterschied zwischen Verbrauchs- und Gebrauchsfaktoren bei der Produktionsfunktion vom Typ B.*
Frage 17-12: *Erläutern Sie, was unter der Produktionstiefe verstanden wird.*
Frage 17-13: *Erläutern Sie, wovon die Produktionskapazität abhängt.*
Frage 17-14: *Erläutern Sie den Unterschied zwischen der quantitativen und der qualitativen Produktionskapazität.*
Frage 17-15: *Erläutern Sie den Unterschied zwischen der Total- und der Periodenkapazität.*
Frage 17-16: *Nennen sie die zwei Zeiten in die die Betriebsmittelzeit unterteilt wird.*
Frage 17-17: *Nennen sie die zwei Zeiten in die die Nutzungszeit unterteilt wird.*
Frage 17-18: *Erläutern Sie, was unter dem Order-Penetration-Point verstanden wird.*
Frage 17-19: *Nennen sie die vier Ausprägungen der Auftragseindringtiefe.*
Frage 17-20: *Erläutern Sie anhand von Beispielen, für welche Einsatzbereiche sich die vier Ausprägungen der Auftragseindringtiefe eignen.*
Frage 17-21: *Nennen sie die drei Prozesstypen der Produktion.*
Frage 17-22: *Erläutern Sie anhand von Beispielen, für welche Einsatzbereiche sich die drei Prozesstypen der Produktion eignen.*
Frage 17-23: *Erläutern Sie, was unter der Chargenproduktion verstanden wird.*
Frage 17-24: *Erläutern Sie, was unter der Mass-Customization verstanden wird.*
Frage 17-25: *Nennen sie die vier Organisationstypen der Produktion.*
Frage 17-26: *Erläutern Sie, welche zwei Ausprägungen der Punktfertigung und -montage unterschieden werden.*
Frage 17-27: *Erläutern Sie den Unterschied zwischen der Werkstatt- und der Fließfertigung.*
Frage 17-28: *Definieren Sie den Begriff »Produktionsverfahren«.*
Frage 17-29: *Nennen sie mindestens vier Kategorien von Produktionsverfahren der Fertigung und jeweils ein Beispiel dafür.*

Frage 17-30: *Erläutern Sie, welche zwei Kriterien das einzusetzende Produktionsverfahren bestimmen.*

Frage 17-31: *Definieren Sie den Begriff »Qualität«.*

Frage 17-32: *Erläutern Sie den Unterschied zwischen der Variablen- und der Attributprüfung.*

Frage 17-33: *Erläutern Sie, was unter dem Total Quality Management verstanden wird.*

Frage 17-34: *Erläutern Sie, welche Zielsetzung die Layoutplanung von Produktionssystemen hat.*

Frage 17-35: *Nennen sie die vier Stufen der Produktionsplanung und -steuerung und jeweils das Ergebnis dieser Stufen.*

Frage 17-36: *Erläutern Sie, welche Aufgaben die Programmplanung hat.*

Frage 17-37: *Erläutern Sie, auf welche zwei Arten die Programmplanung durchgeführt werden kann.*

Frage 17-38: *Erläutern Sie, welche Aufgaben die Mengenplanung hat.*

Frage 17-39: *Erläutern Sie, auf welche zwei Arten die Mengenplanung durchgeführt werden kann.*

Frage 17-40: *Erläutern Sie, welche Aufgaben die Termin- und Kapazitätsplanung hat.*

Frage 17-41: *Erläutern Sie, welche zwei Alternativen der Durchlaufterminierung es gibt.*

Frage 17-42: *Erläutern Sie, welche Aufgaben die Produktionssteuerung hat.*

Frage 17-43: *Erläutern Sie, auf welche zwei Arten die Produktionssteuerung durchgeführt werden kann.*

Frage 17-44: *Erläutern Sie, was unter dem Kanban-Prinzip verstanden wird.*

Fallstudie Kapitel 17

In ihrem Aggregatewerk montiert die Speedy GmbH unter anderem die Motoren für ihre Fahrzeuge. Im Hinblick auf die Produktion gibt es drei verschiedene Typen von Motoren:
- **Standardmotoren**, die für Fahrzeugsondermodelle **in gleicher Ausführung in sehr großen Stückzahlen** produziert werden. Die Motoren werden immer mit den gleichen Komponenten ausgestattet.
- Motoren, die für normale Fahrzeuge **in mittelgroßen Stückzahlen** entsprechend der jeweils vom Kunden gewählten Fahrzeugausstattung innerhalb eines **Baukastensystems** montiert werden. In Abhängigkeit von der Ausstattung des Fahrzeugs mit Schalt- oder Automatikgetriebe, Antriebsschlupfregelung, Klimaanlage oder Tempomat und von der gewählten Motorstärke werden unterschiedliche Komponenten montiert.
- **Sondermotoren**, die für Fahrzeuge für den Rennsport extra konstruiert und in **sehr kleinen Stückzahlen** produziert werden.

Die Motoren werden aufgrund von Bestellungen der nachgelagerten Fahrzeugmontage produziert. Die Produktion ist als Werkstattfertigung organisiert. Alle Motortypen werden in denselben Werkstätten produziert. Die Bestellungen der Fahrzeugmontage werden im Aggregatewerk folgendermaßen bearbeitet:

(A) Die Bestellung geht an die Abteilung **Auftragsverwaltung**.

*(B) Die Abteilung Auftragsverwaltung erstellt daraufhin einen Auftrag und leitet diesen an die Abteilung **Materialwirtschaft** des Aggregatewerks weiter. Dort wird überprüft, ob die benötigten Materialien im Rohmateriallager des Aggregatewerks vorhanden sind. Ist dem nicht so, wird das Material nachbestellt.*
*(C) Die Materialwirtschaft leitet den Auftrag dann an die **Konstruktion** und die **Arbeitsvorbereitung** weiter. Dort wird überprüft, ob für den Auftrag aufgrund besonderer Kundenwünsche Konstruktionszeichnungen und Arbeitspläne abgeändert beziehungsweise erstellt werden müssen.*
*(D) Die Konstruktion leitet den Auftrag dann an die **Produktionssteuerung** weiter. Diese gibt der Werkstatt »Gießerei« den Auftrag, die benötigten Teile zu produzieren. Im Anschluss erfolgt eine Rückmeldung an die Produktionssteuerung. Diese gibt daraufhin der Werkstatt »Metallbearbeitung« den Auftrag, die gegossenen Teile zu bearbeiten. Nach Rückmeldung an die Produktionssteuerung werden die Teile zusammen mit Teilen aus anderen Werken und Zukaufteilen in der Werkstatt »Montage« zu Motoren zusammengebaut und von dort an das Ausgangslager des Aggregatewerks weitergeleitet.*
*(E) Vom **Ausgangslager** werden die Motoren an die Fahrzeugmontage ausgeliefert. Dies wird dann der Auftragsverwaltung mitgeteilt.*
*(F) Die Auftragsverwaltung teilt abschließend dem **Rechnungswesen** des Aggregatewerks mit, dass eine interne Leistungsverrechnung an die Fahrzeugmontage erfolgen kann.*

Aufgrund der gestiegenen Absatzzahlen und des dadurch gestiegenen Bedarfs an Motoren wird das Aggregatewerk zunehmend zum Engpassfaktor der Speedy GmbH. Wegen der daraus resultierenden längeren Lieferzeiten bei den Fahrzeugsondermodellen und den normalen Fahrzeugen haben nach Aussagen des Marketings schon viele Kunden ihr Auto bei einem Wettbewerber gekauft. Die Geschäftsführung der Speedy GmbH bittet Sie deshalb, ein neues Produktionskonzept für das Aggregatewerk zu entwickeln:
(1) Stellen Sie den bestehenden Auftragsdurchlauf graphisch dar.
(2) Überlegen Sie anschließend, wie der Auftragsdurchlauf und die Organisation der Produktion verbessert werden können, um insbesondere kürzere Lieferzeiten sicherzustellen.
(3) Stellen Sie den verbesserten Auftragsdurchlauf und ein mögliches Layout der Produktion graphisch dar.

Präsentieren Sie nachfolgend Ihre Ergebnisse.

Produktionswirtschaft
Lösungen Kapitel 17

Lösungen Kapitel 17

Für die Fallstudie gibt es keine eindeutige Lösung. Lösungshinweise werden deshalb nicht zur Verfügung gestellt.

Studierende, deren Dozenten das Buch einsetzen, finden passwortgeschützte Lösungsbeispiele unter folgender Internetadresse:
www.EinfuehrungInDieBetriebswirtschaftslehre.de/bwl-loesungen.html

Das Passwort für die Lösungen erhalten Sie von Ihrem Dozenten:

Passwort:

18 Marketing

Kapitelnavigator

Inhalt	Lernziel
18.1 Grundlagen	18-1 Die Grundlagen des Marketings kennen.
18.2 Preistheorie	18-2 Die Aussagen der Preistheorie kennen.
18.3 Marktanalyse	18-3 Die Elemente und Vorgehensweisen der Marktanalyse kennen.
18.4 Marketingstrategien	18-4 Die verschiedenen Marketingstrategien kennen.
18.5 Absatzpolitische Instrumente	18-5 Die absatzpolitischen Instrumente kennen.
18.6 Kennzahlen	18-6 Die wichtigsten Marketing-Kennzahlen kennen.

Für die meisten Märkte ist heutzutage ein Angebotsüberhang charakteristisch. Deshalb müssen sich die meisten Unternehmen besonders um den Absatz ihrer Produkte bemühen.

Alle diejenigen Funktionen, die dieses Ziel verfolgen, werden unter dem Begriff Marketing zusammengefasst:

> Gegenstand des **Marketings** ist die Planung und die Durchführung von Aktivitäten, die unmittelbar oder mittelbar dazu dienen, dass Individuen oder Gruppen die Produkte eines Unternehmens kaufen oder dessen Anliegen unterstützen.

Synonym zum Begriff Marketing werden die Begriffe **Absatzwirtschaft** und **Absatzpolitik** verwendet. Teilweise werden auch die Begriffe **Vertrieb** oder **Verkauf** synonym verwendet. In der Regel werden darin jedoch nur Teilfunktionen des Marketings gesehen, die primär die akquisitorische Distribution zum Gegenstand haben (vergleiche *Meffert, H.* 2000: Seite 615 f. und *Nieschlag, R./Dichtl, E./Hörschgen, H.* 1997: Seite 10).

Synonyme

Abb. 18-1

Einordnung des Marketings in die Leistungserstellung

18.1 Grundlagen

18.1.1 Einordnung des Marketings

Das Marketing ist Teil der Leistungserstellung. Schnittstellen bestehen insbesondere zu folgenden Bereichen (↗ Abbildung 18-1):

- **Innovationsmanagement:** In der Regel erstellt das Marketing im Rahmen der Produktpolitik Vorgaben für das Innovationsmanagement hinsichtlich der zu entwickelnden Produkte.
- **Kunden:** Das Marketing bewirkt, dass Kunden die Produkte des Unternehmens kaufen.
- **Produktion:** Die Produktion erhält vom Marketing die Aufträge, Produkte für die Kunden herzustellen.
- **Logistik:** Die Logistik versorgt die Kunden mit fertigen Erzeugnissen und Waren, indem sie diese zwischenlagert und zu den Kunden transportiert.

18.1.2 Unterteilung des Marketings

In Abhängigkeit von der Art des Unternehmens und den abzusetzenden Gütern lassen sich verschiedene Formen des Marketings unterscheiden (↗ Abbildung 18-2, zum Folgenden vergleiche *Schierenbeck, H.* 2003: Seite 268 ff.):

Formen des Marketings

Kommerzielles Marketing

Das Marketing von gewinnorientierten Unternehmen, das im Mittelpunkt der nachfolgenden Ausführungen steht, wird als kommerzielles Marketing bezeichnet. Es

Abb. 18-2 Formen des Marketings

Vergleiche *Schierenbeck, H.* 2003: Seite 269

umfasst das **Investitionsgütermarketing,** für das ein direktes, auf bestimmte Unternehmen ausgerichtetes Marketing typisch ist, und das **Konsumgütermarketing**, für das ein auf breite Bevölkerungsgruppen ausgerichtetes Marketing mittels Massenmedien charakteristisch ist.

Nonprofit-Marketing
Das Marketing von gemeinnützigen Unternehmen wird als Nonprofit-Marketing bezeichnet. Viele Nonprofit-Organisationen wollen Konsumgüter und hier vor allem **konsumtive Dienstleistungen** absetzen, wie beispielsweise ein Sportverein, der seine Sportkurse vermarkten möchte. Darüber hinaus hat das Marketing bei den meisten Nonprofit-Organisationen die Aufgabe, für **soziale Anliegen** zu sensibilisieren, wie beispielsweise für den Abbau von Armut in bestimmten geografischen Regionen oder für die Erhaltung der Umwelt.

18.1.3 Entwicklung des Marketings

Nach dem Zweiten Weltkrieg war für viele Märkte ein Nachfrageüberhang kennzeichnend. Auf diesen sogenannten **Verkäufermärkten** dominierten die Anbieter das Marktgeschehen vielfach fast monopolartig. Die Marketingaktivitäten der Unternehmen konzentrierten sich deshalb auf die Gestaltung der Verkaufspreise und die Distribution der Güter. — 1950er-Jahre

Nachdem der Nachholbedarf der Jahre nach dem Zweiten Weltkrieg gedeckt war, trat etwa ab der Mitte der 1960er-Jahre auf vielen Märkten der westlichen Industriegesellschaften eine zunehmende Marktsättigung ein, die mit deutlichen Nachfragerückgängen verbunden war. Aus den Verkäufermärkten wurden dadurch **Käufermärkte,** und im Mittelpunkt des Marketings stand von nun an der Verbraucher als »König Kunde« (↗ Abbildung 18-3). — 1960er-Jahre

Abb. 18-3

Entwicklung der Marketingorientierung

Vergleiche *Meffert, H.* 2000: Seite 5

1970er-Jahre

Die 1970er-Jahre waren von einer zunehmenden Nachfragemacht des Handels geprägt. Entsprechend wurden im Marketing verstärkt auf die Handelsstufen ausgerichtete Instrumente entwickelt und eingesetzt.

1980er-Jahre

Durch die zunehmende Internationalisierung und damit das Aufkommen zusätzlicher Wettbewerber wurde das Marketing in den 1980er-Jahren insbesondere durch den Einsatz von Instrumenten zur Differenzierung gegenüber Wettbewerbern geprägt. Für viele Unternehmen lautete die entscheidende Frage: Wie kann ich meinen Kunden den kaufentscheidenden Unterschied zwischen den eigenen Produkten und denen der Konkurrenz vermitteln?

1990er-Jahre

Bereits infolge der ersten großen Energiekrise in den Jahren 1973/74 und dem dadurch zunehmenden ökologischen Bewusstsein breiter Bevölkerungsschichten begann eine stärkere Orientierung an ökologischen, aber auch gesellschaftlichen Rahmenbedingungen, die besonders in den 1990er-Jahren ausgeprägt war und damit auch das Marketing beeinflusste.

2000er-Jahre

Aufgrund der Entwicklungen im Bereich der Informations- und Kommunikationstechnologien orientiert sich das Marketing aktuell an der Entwicklung von Netzwerken mit anderen Marktteilnehmern (vergleiche *Meffert, H.* 2000: Seite 4 ff.).

Typisch für die Käufer in der Gegenwart sind dabei sogenannte **hybride** oder **multioptionale Kunden**. Diese Kunden meiden alles Mittelmäßige und kaufen entweder preisbewusst bei Discountern oder luxusorientiert bei Premiumanbietern. Entsprechend hat das Marketing von Unternehmen derzeit insbesondere die Aufgabe, niedrige Verkaufspreise oder den durch den Kauf bestimmter Güter vermeintlich erhältlichen Lebensstil in den Mittelpunkt der Kommunikation zu stellen.

18.1.4 Ziele des Marketings

Klare und konsistente Ziele sind eine wesentliche Voraussetzung, um die Aufgaben des Marketings wirkungsvoll zu erfüllen. Sie müssen mit den anderen Zielsetzungen des Unternehmens in Einklang stehen und Zielkonflikte so weit als möglich vermeiden. Im Folgenden werden die Ziele des Marketings kurz erläutert (vergleiche *Meffert, H.* 2000: Seite 76 ff.).

Zielsystem des Marketings

Marktanteile
Der Marktanteil gibt den Grad der Ausschöpfung des Marktpotenzials durch ein Unternehmen an. Er lässt erkennen, in welchen Märkten, zum Beispiel bezogen auf bestimmte geografische Gebiete, Kundengruppen oder Produktgruppen, ein Unternehmen gegenüber seinen Konkurrenten besonders erfolgreich ist. Darüber hinaus kann auch die Etablierung in neuen Märkten, wie beispielsweise in bestimmten ausländischen Märkten, Ziel eines Unternehmens sein.

Umsatzerlöse
Zur Erzielung hoher Umsatzerlöse ist es notwendig, möglichst viele Produkte zu möglichst hohen Preisen zu verkaufen. Da das Marketing auf beide Faktoren Einfluss hat, ist der Umsatzerlös in der Regel eine der wichtigsten Zielgrößen des Marketings.

Deckungsbeiträge
Hohe Umsatzerlöse allein gewährleisten keine hohen Gewinne, da sie auch durch niedrige Preise erzielt werden können. Die erzielten Deckungsbeiträge einzelner Produkte, Produktgruppen und Kundengruppen sind deshalb eine weitere wichtige Zielgröße des Marketings.

Produkt- und Unternehmensimage
Da viele Produkte austauschbar geworden sind, werden Kaufentscheidungen häufig aufgrund des Produkt- oder Unternehmensimages getroffen. Die Vermittlung eines positiven Images ist deshalb ein weiteres wichtiges Ziel des Marketings.

Fallbeispiel 18-1   Marketingziele eines Automobilherstellers
▶▶▶ Im Rahmen ihres neuen, langfristigen Marketingkonzepts »Marketing 0010« hat die *Speedy GmbH* die beiden folgenden Zielsetzungen als Kernziele formuliert: »Verdoppelung des Marktanteils im Bereich der Mittelklassewagen in Europa bis zum Jahr 0010 von derzeit 4,5 Prozent auf 9 Prozent« und »Wesentliche Verbesserung des derzeitigen Markenimages des *Speedsters* auf allen europäischen Märkten«. Während die erste Zielsetzung quantitativ messbar ist und damit kaum zu Diskussionen innerhalb der Geschäftsführung führte, erhitzte das qualitative Imageziel lange Zeit die Gemüter. Die immer wieder gestellte Frage lautete: Wie soll das »Image« des *Speedsters* gemessen werden? Schließlich erfolgt eine Einigung darauf, das Imageziel zum einen durch Marktbefragungen zu operationalisieren, zum anderen geht die Geschäftsführung davon aus, dass der Absatz der Produkte direkt mit dem Markenimage korreliert und insofern höhere Absatzzahlen auch auf ein verbessertes Image zurückgeführt werden können. ◀◀◀

18.1.5 Restriktionen des Marketings

Im Marketing sind vor allem die folgenden Rahmenbedingungen zu beachten:

Gesamtwirtschaftliche Entwicklung
Die gesamtwirtschaftliche Entwicklung beschränkt den absatzpolitischen Handlungsspielraum der Unternehmen. Beispielsweise beeinflussen die aktuelle konjunkturelle Situation, die Stabilität des Geldwertes und die Wechselkurse die Absatzchancen auf den nationalen und internationalen Märkten.

Verhalten der Nachfrager
Das Verhalten der Nachfrager ist eine weitere Restriktion. So können die Konsumgewohnheiten oder die begrenzten finanziellen Mittel die Absatzchancen für bestimmte Produkte wesentlich verringern.

Verhalten der Wettbewerber
Auch das Verhalten der Wettbewerber bildet oft eine nicht zu unterschätzende Barriere für den Absatz der eigenen Produkte. Dabei kommt es vor allem auf die Marktmacht der einzelnen Wettbewerber und auf den Grad der Vollkommenheit des Marktes an, der es den Konsumenten erlaubt oder auch nicht erlaubt, sich alle für die Kaufentscheidung relevanten Informationen problemlos zu beschaffen (vergleiche *Ott, A. E.* 1979: Seite 39).

Rechtliche Bedingungen
Bestimmte Rechtsvorschriften können den Einsatz der Marketing-Instrumente einschränken. So ist beispielsweise die Fernsehwerbung für Zigaretten in Deutschland durch den Gesetzgeber verboten.

18.1.6 Aufgaben und Vorgehensweise

Innerhalb des Marketingmanagementprozesses lassen sich folgende Aufgaben des Marketings unterscheiden (↗ Abbildung 18-4, zum Folgenden vergleiche *Meffert, H.* 2000: Seite 11 ff.):

Marktanalysen durchführen
Als Basis für die Entwicklung von Marketingstrategien und die anschließende Gestaltung des Marketingmix werden mithilfe von Marktanalysen die bereits vorhandenen und die potenziellen Marktteilnehmer untersucht und Prognosen darüber erstellt, mit welchen Marketingmaßnahmen sich welche Absatzergebnisse erzielen lassen.

Marktsegmentierungen durchführen
Basierend auf der Marktanalyse wird mittels der Marktsegmentierung der Gesamtmarkt in homogene Käufergruppen für die weitere Bearbeitung durch das Marketing unterteilt.

Abb. 18-4

Aufgaben des Marketings

Marketingstrategien entwickeln

Im Rahmen der Entwicklung der Marketingstrategie wird anschließend festgelegt, welche Produkte des Unternehmens in welchen Marktsegmenten mit welcher Strategie abgesetzt werden sollen.

Marketingmix festlegen

Zur Umsetzung der Marketingstrategie wird zuletzt für jedes Marktsegment die Ausprägung der Produkt-, Preis-, Konditionen-, Kommunikations- und Distributionspolitik bestimmt.

18.2 Preistheorie

Ursprünglich wurde davon ausgegangen, dass der Verkaufspreis der einzige Aktionsparameter von Unternehmen ist und es keine anderen Differenzierungsmöglichkeiten gegenüber Wettbewerbern gibt. Die klassische Preistheorie beschreibt entsprechend den Zusammenhang zwischen dem Verkaufspreis, der Absatzmenge, dem Umsatzerlös und dem Unternehmenserfolg und ermöglicht damit insbesondere die theoretische Bestimmung gewinnmaximaler Verkaufspreise (↗ Abbildung 18-5).

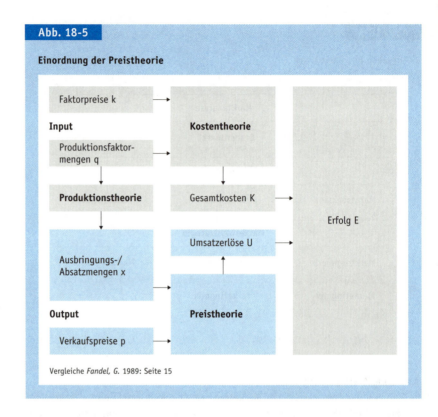

Abb. 18-5

Einordnung der Preistheorie

Vergleiche *Fandel, G.* 1989: Seite 15

18.2.1 Preis-Absatz-Funktion

Die Preistheorie basiert auf der sogenannten Preis-Absatz-Funktion, die den Zusammenhang zwischen dem Verkaufspreis p und der Absatzmenge x abbildet:

Preis-Absatz-Funktion

$x = f(p)$

mit:
- x = Absatzmenge
- f() = Preis-Absatz-Funktion
- p = Verkaufspreis

In welchem Maß Änderungen der Nachfrage dabei von Änderungen des Verkaufspreises abhängig sind, wird als **Preiselastizität** der Nachfrage bezeichnet.

Auf der Grundlage von Preis-Absatz-Funktionen lassen sich bei verschiedenen Marktsituationen die optimalen Verkaufspreise ermitteln. Beispielsweise steigen im Angebotsmonopol die Umsatzerlöse zunächst mit einem zurückgehenden Verkaufspreis aufgrund der größer werdenden Absatzmengen an, um dann ab einem gewissen Punkt wieder zu fallen. Der Umsatzerlös U errechnet sich dabei als Produkt aus dem Verkaufspreis p und der Absatzmenge x:

$U = p \times x$

Umsatzerlös

mit:
- U = Umsatzerlös
- p = Verkaufspreis
- x = Absatzmenge

Der maximale und damit optimale Gewinn ergibt sich im Angebotsmonopol dann im sogenannten *Cournotschen* Punkt, wenn der Grenzumsatzerlös, also der Anstieg des Umsatzerlöses, genauso groß ist wie die Grenzkosten, also der Anstieg der Kosten (↗ Abbildung 18-6, vergleiche *Schierenbeck, H.* 2003: Seite 287 ff. sowie *Wöhe, G.* 2002: Seite 533 ff.).

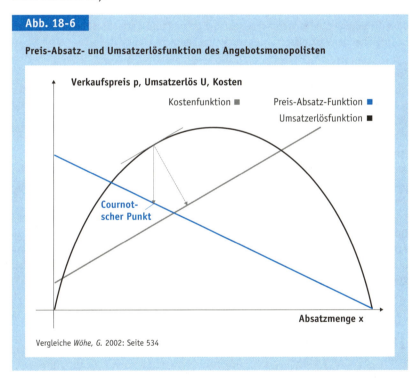

Abb. 18-6

Preis-Absatz- und Umsatzerlösfunktion des Angebotsmonopolisten

Vergleiche *Wöhe, G.* 2002: Seite 534

18.2.2 Nachfrageeffekte

Im Allgemeinen haben hohe Verkaufspreise niedrige Absatzmengen zur Folge und niedrige Verkaufspreise entsprechend hohe Absatzmengen. Ausnahmen von diesem Zusammenhang ergeben sich durch folgende Effekte (vergleiche *Wöhe, G.* 2002: Seite 533):

Veblen-/Prestige-Effekt

Aufgrund des *Veblen-* beziehungsweise des Prestige-Effekts kaufen Nachfrager trotz eines steigenden Verkaufspreises mehr von einem Produkt, da sie davon ausgehen,

> **Wirtschaftspraxis 18-1**
>
> **Luxushandys**
>
> Prestige- und Qualitäts-Effekte spielen wahrscheinlich auch bei Kaufentscheidungen für die Luxushandys des Herstellers Vertu eine Rolle. Das im Jahr 2002 von Nokia gegründete Unternehmen produziert im britischen Church Crookham technisch hervorragende Mobiltelefone unter Verwendung von Gold, Platin und Diamanten. Die Handys sind auf eine Lebensdauer von zwanzig Jahren ausgelegt und kosten zwischen 4 000,00 und 35 000,00 Euro.
>
> Quelle: König, A.: Höhere Töchter, in: fivetonine, Nummer 4, 2006, Seite 101.

dass die ihnen entgegengebrachte soziale Achtung und Wertschätzung umso größer ist, je höher der Verkaufspreis des von ihnen benutzten Produktes ist.

Snob-Effekt
Aufgrund des Snob-Effekts kaufen Nachfrager trotz eines steigenden Verkaufspreises mehr von einem Produkt, da die meisten anderen Nachfrager weniger kaufen und sie sich so von den übrigen Konsumenten differenzieren können.

Mitläufer-Effekt
Aufgrund des Mitläufer-Effekts kaufen Nachfrager trotz eines steigenden Verkaufspreises mehr von einem Produkt, da sie bestimmten Meinungsführern beziehungsweise Lead-Customern folgen, die dieses Produkt kaufen.

Qualitäts-Effekt
Aufgrund des Qualitäts-Effekts kaufen Nachfrager trotz eines steigenden Verkaufspreises mehr von einem Produkt, da sie davon ausgehen, dass es einen positiven Zusammenhang zwischen dem Verkaufspreis und der Qualität des Produkts gibt.

18.3 Marktanalyse

Als Grundlage für die Entwicklung von Marketingstrategien und die anschließende Gestaltung des Marketingmix müssen die Unternehmen ihre Kunden und ihre Wettbewerber sowie die Einflussfaktoren auf deren Verhalten kennen. Dadurch können sie abschätzen, durch welche Marketingmaßnahmen sich welche Absatzergebnisse erzielen lassen. Um entsprechende Kenntnisse zu erlangen, analysieren die Unternehmen ihre bereits bestehenden und ihre potenziellen, neuen Märkte und bilden darauf aufbauend Marktsegmente für die weitere Marktbearbeitung (vergleiche *Meffert, H.* 2000: Seite 93).

18.3.1 Käuferverhalten

18.3.1.1 Entscheider im Kaufprozess

Die Personen, die die Entscheidung im Kaufprozess treffen, müssen aus Sicht des Marketings zielgerichtet im Sinne des Unternehmens beeinflusst werden. Insofern ist die Identifikation der Kaufentscheider wesentlich für die Wahl und den Einsatz der Marketinginstrumente. Hinsichtlich der Entscheidungsträger im Kaufprozess wird zum einen unterschieden, ob es sich bei den Kunden:

- um **Haushalte** oder
- um **Betriebe**

handelt, und zum anderen, ob die Kaufentscheidung:

- von **einer** oder
- von **mehreren Personen**

getroffen wird. Den Schwerpunkt der nachfolgenden Ausführungen bilden dabei Kaufentscheidungen von Konsumenten (↗ Abbildung 18-7, vergleiche *Meffert, H.* 2000: Seite 101 ff.).

Abb. 18-7

Entscheider im Kaufprozess

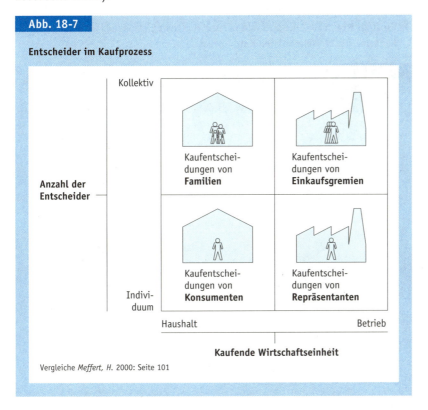

Vergleiche *Meffert, H.* 2000: Seite 101

Kaufverhaltensmodelle

18.3.1.2 Erklärungsmodelle des Käuferverhaltens
Zur Beschreibung des Käuferverhaltens werden zwei Arten von Modellen eingesetzt (vergleiche *Meffert, H.* 2000: Seite 99 f.):

Stimulus-Response-Modelle/Black-Box-Modelle
Stimulus-Response- beziehungsweise S-R-Modelle gehen davon aus, dass die beim Konsumenten ablaufenden psychischen Prozesse nicht beobachtet werden können. Der Konsument ist damit also gewissermaßen eine »Black-Box«. Erfasst werden können demzufolge lediglich seine Reaktionen (Response), wie beispielsweise eine Kaufhandlung, die er auf externe Sinneswirkungen (Stimulus), wie beispielsweise eine bestimmte Werbemaßnahme, zeigt.

Stimulus-Organismus-Response-Modelle
Die Stimulus-Organismus-Response- beziehungsweise S-O-R-Modelle berücksichtigen zusätzlich noch Merkmale und kognitive Prozesse des Konsumenten (Organismus) bei der Erklärung des Käuferverhaltens (↗ Abbildung 18-8):
- Die **neobehavioristischen Modelle** verwenden dazu Variablen, um beispielsweise den Einfluss der Einstellungen, der Motive und der Emotionen der Konsumenten auf den Kaufprozess zu analysieren.
- Die **kognitiven Modelle** betrachten zusätzlich den Einfluss des Lernens, des Denkens und des Wissens auf den Kaufprozess.

Abb. 18-8

Einflussfaktoren auf den Kaufprozess

Vergleiche *Kotler, P./Bliemel, F.* 2001: Seite 355

18.3.1.3 Kaufprozesse

Für das Marketing ist es wichtig zu wissen, wie die Kaufprozesse für die Produkte des Unternehmens ablaufen, um diese Prozesse gezielt zu beeinflussen. Kaufprozesse können die folgenden Phasen umfassen (↗ Abbildung 18-8, zum Folgenden vergleiche *Kotler, P./Bliemel, F.* 2001: Seite 354 ff.).

18.3.1.3.1 Bedürfnisrealisierung

Kaufentscheidungen werden in der Regel zur Befriedigung von Bedürfnissen getroffen. In den meisten Fällen beginnen Kaufprozesse deshalb mit der Realisierung eines Bedürfnisses. Im Marketing muss deshalb analysiert werden, welche latenten Bedürfnisse potenzielle Kunden haben, und dann versucht werden, diese Bedürfnisse durch die absatzpolitischen Instrumente zu wecken. Zur Erklärung, wie Bedürfnisse entstehen, gibt es verschiedene Modelle:

Bedürfnispyramide

Die Bedürfnispyramide von *Maslow* stellt ein hierarchisch geordnetes Bedürfnissystem dar (↗ Abbildung 18-9). Nach *Maslow* wenden sich Menschen mit der zunehmenden Erfüllung einer Bedürfnisebene immer mehr der nächsthöheren Bedürfnisebene zu. Während die Ebenen eins bis vier sogenannte **Defizitbedürfnisse**, wie beispielsweise das Bedürfnis nach Nahrung, Geborgenheit, sozialen Kontakten und Wertschätzung durch Andere, beschreiben, ist das Bedürfnis nach Selbstverwirklichung in der letzten Ebene ein sogenanntes **Wachstumsbedürfnis** (vergleiche *Staehle, W. H.* 1991: Seite 202 ff., *Steinmann, H./Schreyögg, G.* 1993: Seite 747 ff.).

Abb. 18-9
Bedürfnispyramide nach *Maslow*

Wirtschaftspraxis 18-2

Von den Bedürfnissen der Superreichen

Dass auch Superreiche noch materielle Bedürfnisse haben, zeigt *Alexander von Schönburg* in seinem Buch »Die Kunst des stilvollen Verarmens«. Er erzählt dort von einem Interview mit *Adnan Kashoggi*, der in den 1980er-Jahren häufig als »der reichste Mann der Welt« bezeichnet wurde. Das Interview fand in *Kashoggis* Privatflugzeug, einem *Boeing-Business-Jet* auf dem Londoner Flughafen Heathrow statt: »Durch das Fenster sahen wir, wie ein weiterer Privatjet auf seinen Stellplatz eingewiesen wurde. Plötzlich hatte ich *Kashoggis* Aufmerksamkeit verloren, er starrte nur noch aus dem Fenster auf dieses Flugzeug, die neue *Gulfstream V* von *Sir James Goldsmith*. Sie war ganz weiß, mit einem breiten Strich in British Racing Green verziert, der sich von der Schnauze bis zum Heck zog. Auf der Heckflosse keine ordinären Initialen, sondern das Abbild eines Skorpions. *Kashoggis* Gelassenheit war dahin. Er begann, über die Vorteile einer *Boeing* zu sprechen, obwohl ganz offensichtlich war, dass er unbedingt auch so ein Flugzeug wie *Goldsmith* haben wollte.«

Quelle: *von Schönburg, A.*: Die Kunst des stilvollen Verarmens, 7. Auflage, Berlin 2005, Seite 199 f.

Limbic-Modell

Das *Limbic*-Modell ist ein aus Erkenntnissen der Neurobiologie entwickeltes Modell. Entsprechend dem Aufbau des Gehirns werden drei Haupt- und sechs Subsysteme zur Erklärung menschlicher Emotionen und Motive unterschieden (↗ Abbildung 18-10 und vergleiche *Häusel, H.-G.* 2007b: Seiten 69 und 72).

AIDA-Modell

Der Ablauf der Bedürfnisentstehung wird im AIDA-Modell beschrieben, einem Werbewirkungsmodell. Danach werden folgende Phasen unterschieden:
- **Attention:** Der Käufer wird auf das Produkt aufmerksam.
- **Interest:** Aus Aufmerksamkeit wird Interesse.
- **Desire:** Aus Interesse wird Verlangen.
- **Action:** Das Verlangen mündet entweder direkt in einer Kaufentscheidung oder der potenzielle Käufer informiert sich ausführlicher.

18.3.1.3.2 Informationssuche

Bei extensiven und limitierten Käufen erfolgt vor einer Kaufentscheidung die Suche nach Produkten zur Befriedigung der zuvor realisierten Bedürfnisse und nach Informationen über diese Produkte. Die Informationsquellen potenzieller Käufer sind:

Informationsquellen von potenziellen Käufern

- **persönliche Quellen**, wie Familienangehörige oder Freunde,
- **kommerzielle Quellen**, wie Werbespots oder Verkäufer, und
- **öffentliche Quellen**, wie Tests in Fachzeitschriften oder Meinungsäußerungen im Internet.

Im Rahmen der Marktanalyse muss das Marketing herausfinden, wie sich potenzielle Käufer informieren, und über die entsprechenden Informationskanäle dann gezielt Informationen über die Produkte verbreiten.

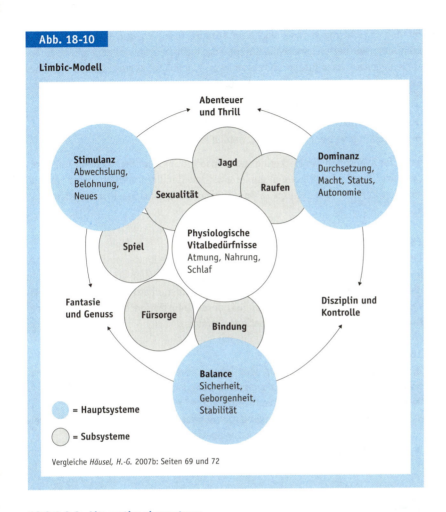

Abb. 18-10

Limbic-Modell

Vergleiche Häusel, H.-G. 2007b: Seiten 69 und 72

18.3.1.3.3 Alternativenbewertung

Bei extensiven und limitierten Käufen erfolgt nach der Informationssuche eine Bewertung der verschiedenen Produktalternativen. Das Marketing muss deshalb für die Produkte des Unternehmens zunächst feststellen, welche Kriterien den Konsumenten bei der Produktbewertung besonders wichtig sind. Anschließend muss es darauf Einfluss nehmen, dass diese Kriterien bei der Entwicklung der eigenen Produkte und bei der Gestaltung der Verkaufspreise und der Konditionen besonders gut erfüllt werden. Zudem müssen im Rahmen der Kommunikation die Vorteile des eigenen Produkts hinsichtlich der kaufrelevanten Merkmale besonders hervorgehoben werden.

18.3.1.3.4 Kaufentscheidung

Im Anschluss an die Alternativenbewertung entsteht günstigstenfalls eine **Kaufabsicht** für ein bestimmtes Produkt, die dann schließlich auch zu einem **Kauf** führt. Trotz Kaufabsichten können Einwände vonseiten Dritter, wie der Familie oder anderer

18.3 Marketing
Marktanalyse

Attribute von Kaufentscheidungen

für den Entscheidungsträger wichtiger sozialer Gruppen, und unvorhergesehene Ereignisse, wie beispielsweise die Kürzung des Weihnachtsgeldes oder andere finanzielle Engpässe, dazu führen, dass es nicht zu einem Kauf kommt. Im Rahmen eines Kaufs werden dann Entscheidungen bezüglich:

- des Händlers, bei dem das Produkt erworben werden soll,
- dem Zeitpunkt, zu dem gekauft werden soll, und
- der Zahlungsweise, die eingesetzt werden soll,

getroffen. Vonseiten des Marketings muss insofern insbesondere sichergestellt werden, dass die Produkte bei den entsprechenden Händlern verfügbar sind und die von den Kunden gewünschten Zahlungsweisen auch tatsächlich realisiert werden können.

18.3.1.3.5 Verhalten nach dem Kauf

Da die Käufer eines Produkts auch andere potenzielle Käufer positiv oder negativ beeinflussen können, müssen im Marketing auch Maßnahmen getroffen werden, um die Zufriedenheit der Käufer nach dem Kauf aufrechtzuerhalten. Dies kann beispielsweise durch einen guten Kundendienst, durch Informationsbriefe oder durch die Bereitstellung ergänzender Informationen erfolgen.

18.3.1.4 Kaufarten

Wie Kaufprozesse ablaufen, hängt sehr davon ab, welche Produkte in welcher Situation gekauft werden. Abhängig davon werden folgende Kaufarten unterschieden:

- **Extensive Käufe:** Zu extensiven Käufen kommt es insbesondere bei teuren, langlebigen Produkten. Kennzeichnend für entsprechende Käufe ist eine umfangreiche Informationssuche und Alternativenbewertung.
- **Limitierte Käufe:** Zu limitierten Käufen kommt es insbesondere bei Produkten mit geringerem Wert. Kennzeichnend für entsprechende Käufe ist die Berücksich-

---

Wirtschaftspraxis 18-3

Die Markenbindung in der Automobilindustrie

Die Markenbindung ist ein Indikator für die vorhandene emotionale Bindung zwischen den Konsumenten einerseits und den Produkten eines bestimmten Herstellers andererseits. Die Markenbindung kann deshalb als Prognoseinstrument für zukünftige Käufe und Marktanteile eingesetzt werden.

Eine Studie der *BBDO Consulting GmbH* ergab, dass *Audi* mit einer Markenbindung von 74 Prozent, *BMW* mit 72 Prozent und *Mercedes-Benz* mit 71 Prozent die höchsten Markenbindungen hatten. Dies wurde insbesondere darauf zurückgeführt, dass die Produkte dieser Hersteller den Leistungsversprechen und dem Image des Herstellers entsprachen.

Die niedrigste Markenbindung in der Studie wies *Seat* auf, was unter anderem darauf zurückgeführt wurde, dass die angestrebte Markenpositionierung als sportliches Auto nicht im Markt angekommen war, dass die Marke trotz der Zugehörigkeit zum *VW*-Konzern bislang kein Qualitätsimage aufbauen konnte und dass die Marke keine klassische Automobilhistorie und damit keine eigene Identität besitzt.

Quelle: *Audi* hat die Kunden mit der höchsten Markenbindung in Deutschland, unter: www.bbdo.de, Stand: 08.06.2006.

tigung einer limitierten Anzahl von Kriterien, also beispielsweise nur ein gutes Testurteil.
- **Impulsivkäufe:** Zu Impulsivkäufen kommt es insbesondere bei Produkten mit geringem Wert. Der Kauf wird in der Regel durch plötzlich auftretende Reize ausgelöst und erfolgt spontan und ohne größere Überlegungen.
- **Habituelle Käufe:** Zu habituellen beziehungsweise gewohnheitsmäßigen Käufen kommt es insbesondere bei Alltagsgegenständen, wie Nahrungsmitteln. Die erstmalige Entscheidung für das Produkt erfolgt dabei bei einem früheren extensiven oder limitierten Kauf.

18.3.2 Marktforschung

18.3.2.1 Durch die Marktforschung zu beantwortenden Fragen

Um das Risiko einer Fehleinschätzung der Unternehmens- und Marktsituation zu reduzieren, werden mithilfe der Marktforschung insbesondere die folgenden Fragen beantwortet (vergleiche *Kamenz, U.* 1997: Seite 57 ff.):

Grundfragen der Marktforschung

Beurteilung der Nachfragesituation
Wie hoch ist die voraussichtlich zu erwartende Absatzmenge des Produkts, welche Beziehung besteht zwischen der Produktmenge und dem Produktpreis, welche Struktur hat der relevante Absatzmarkt, wo liegen die Preisschwellen der Konsumenten, das heißt, wie reagiert der Markt auf Preisänderungen und welche Auswirkungen haben kommunikationspolitische Maßnahmen auf die Nachfrage und auf den Preis?

Beurteilung der Konkurrenzsituation
Welches Konkurrenzverhalten ist zu erwarten, welche Reaktionszeit benötigen die Wettbewerber, um Gegenmaßnahmen zu ergreifen, wie wirksam werden die Konkurrenzmaßnahmen sein und welche Kosten werden die eigenen Gegenmaßnahmen verursachen?

Beurteilung der Kostensituation
Wie verläuft die Kostenfunktion bei alternativen Ausbringungsmengen, wo liegen die lang- und die kurzfristigen Preisuntergrenzen und wie stellt sich die Kostensituation der Konkurrenz dar?

Preisentscheidung
Ist das Ziel eine kurz- oder eine langfristige Gewinnmaximierung, welche Preispolitik macht den Markteintritt für die Konkurrenz unattraktiv und welche Preisstrategie soll realisiert werden?

18.3.2.2 Formen der Marktforschung
Zur Beantwortung der Fragen der Marktforschung gibt es zwei sich häufig ergänzende Möglichkeiten (↗ Abbildung 18-11):

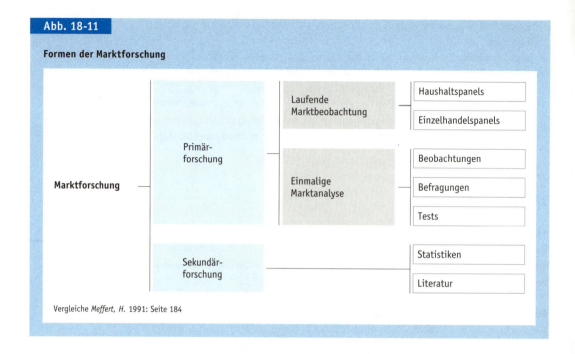

Abb. 18-11

Formen der Marktforschung

Vergleiche *Meffert, H.* 1991: Seite 184

Primärforschung

Bei der Primärforschung werden die Marktinformationen durch das Unternehmen selbst oder durch von ihm beauftragte Dienstleister ermittelt. Die Primärforschung wird weiter in laufende Marktbeobachtungen und einmalige Marktanalysen unterteilt.

- **Laufende Marktbeobachtungen**, die oft über Jahrzehnte hinweg durchgeführt werden, dienen insbesondere der Erfassung von Änderungen des Konsumentenverhaltens, die sich beispielsweise in der Zusammensetzung eines durchschnittlichen Warenkorbes, in Relation zu Marketingmaßnahmen niederschlagen.
- **Einmalige Marktanalysen** werden hingegen in der Regel vor der Erschließung neuer Märkte oder vor Produktvariationen, -differenzierungen oder -diversifikationen durchgeführt, um zu ermitteln, wie die Konsumenten voraussichtlich reagieren werden.

Sekundärforschung

Bei der Sekundärforschung wird auf bereits vorhandene Statistiken und Marktuntersuchungen zurückgegriffen, die entweder im betreffenden Unternehmen oder bei anderen Stellen, wie bei Meinungsforschungsinstituten, bei Hochschuleinrichtungen, bei Branchenverbänden oder bei statistischen Ämtern, vorliegen.

18.3.2.3 Neuere Ansätze der Marktforschung

Neue Formen der Primärforschung

Ergänzend zu den klassischen Methoden der Marktforschung gewinnen in neuerer Zeit auch andere Methoden der Primärforschung an Bedeutung.

Wirtschaftspraxis 18-4

Der gläserne Verbraucher

Mittels eines *ConsumerScan* genannten Verbraucherpanels beobachtet die *GfK AG* die Einkaufsentscheidungen und -verhaltensweisen von Verbrauchern hinsichtlich der Güter des täglichen Bedarfs. Der Panel umfasst die Bereiche Beverages (Heißgetränke, alkoholhaltige und alkoholfreie Getränke), Body- and Homecare (Körper- und Haarpflege, Kosmetik sowie Wasch-, Putz- und Reinigungsmittel) und Food (Lebensmittel, Blumen und Heimtierbedarf).
Zur Ermittlung der Daten erfassen ausgewählte Verbraucher in ganz Europa ihre Einkäufe mit sogenannten Electronic Diarys. Mit diesen Daten lassen sich dann unter anderem Aussagen darüber gewinnen, wie sich der Konsum bestimmter Marken und Produkte entwickelt, welche Verbraucher welche Produkte kaufen, wie loyal die Verbraucher gegenüber bestimmten Marken sind, welche Einkaufsstätten die Verbraucher bevorzugen und wie sich Änderungen der Verkaufspreise und der Werbung auf das Kaufverhalten auswirken.

Quelle: *GfK* ConsumerScan, unter: www.gfk.de, Stand: 16.11.2006.

Zaltman Metaphor Elicitation Technique

Ausgehend von der Erkenntnis, dass die meisten Kaufentscheidungen unbewusst getroffen werden und die dabei ablaufenden Vorgänge somit nicht über die in der Marktforschung üblichen Befragungen erfasst werden können, hat der *Harvard*-Professor *Gerald Zaltman* die Marktforschungsmethode »Zaltman Metaphor Elicitation Technique« (ZMET) entwickelt und sich patentieren lassen. Die Methode kombiniert Erkenntnisse aus der Anthropologie, der Kunst, der Linguistik, der Neurobiologie, der Psychoanalyse und der Soziologie und setzt auf Assoziationen zu den untersuchten Produkten, die durch Bilder ausgelöst werden. Um dies herauszufinden, werden im Rahmen dieser Methode insbesondere Bilderkollagen eingesetzt.

Neuroökonomie

Die Neuroökonomie untersucht mithilfe von Kernspintomographen und anderen Geräten, welche Vorgänge bei der Durchführung ökonomischer Aktivitäten im menschlichen Gehirn ablaufen. Marktforscher versprechen sich davon, herauszufinden, welche Regionen des Gehirns bei Kaufprozessen aktiviert werden und wie entsprechende Aktivierungen durch externe Stimulationen erreicht werden können (vergleiche *Hollricher, K.* 2005: Seite 24 ff.).

18.3.3 Marktsegmentierung

Im Rahmen der Marktsegmentierung wird der Gesamtmarkt in Marktsegmente unterteilt (↗ Abbildung 18-12, vergleiche *Meffert, H.* 2000: Seite 181 ff.).

> **Marktsegmente** sind möglichst homogene Gruppen von aktuellen und potenziellen Käufern bestimmter Produkte.

Das Unternehmen kann sich dann entscheiden, welche Marktsegmente es wie bearbeiten will. Für jedes der ausgewählten Marktsegmente wird dazu ein Marketingmix

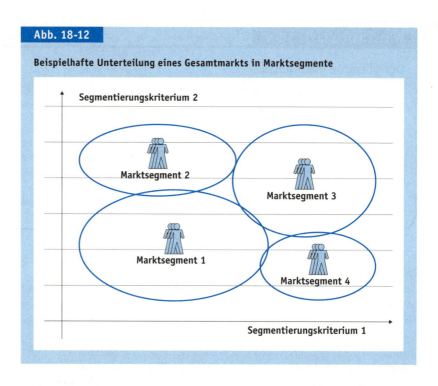

Abb. 18-12

Beispielhafte Unterteilung eines Gesamtmarkts in Marktsegmente

erarbeitet. Märkte können anhand von einem oder von mehreren der folgenden Kriterien segmentiert werden (vergleiche *Kotler, P./Bliemel, F.* 2001: Seite 431 f. und *Thommen, J.-P./Achleitner A.-K.* 2003: Seite 133):

Segmentierungskriterien

Geografische Segmentierungskriterien
Mögliche geografische Kriterien mit beispielhaften Ausprägungen sind die **Region** (Staat, Bundesland, Postleitzahlenbereich, ...), die **Ortsgröße** (unter 5 000 Einwohner, 5 000 bis 50 000 Einwohner, ...), das **Klima** (Sonnenscheindauer, Durchschnittstemperatur, ...) und die **Sprache**.

Demographische Segmentierungskriterien
Mögliche demographische Kriterien mit beispielhaften Ausprägungen sind das **Geschlecht** (männlich, weiblich), die **Nationalität**, die **Konfession** (keine, katholisch, evangelisch, ...), das **Alter**, die **Haushaltsgröße** (Einpersonenhaushalt, Mehrpersonenhaushalt, ...), die **Ausbildung** (ohne Schulabschluss, Hochschulreife, Hochschulabschluss, ...), die **Berufsgruppe** (Landwirt, Facharbeiter, Angestellter, ...), die **Kaufkraft** (verfügbares Nettoeinkommen, ...) und die **soziale Schicht** (Unterschicht, Mittelschicht, Oberschicht, ...).

Psychografische Segmentierungskriterien
Mögliche psychografische Kriterien mit beispielhaften Ausprägungen sind die **Persönlichkeit** (gesellig, ehrgeizig, impulsiv, konservativ, ...) und der **Lebensstil** (sparsam, verschwenderisch, ...).

18.4 Marketingstrategien

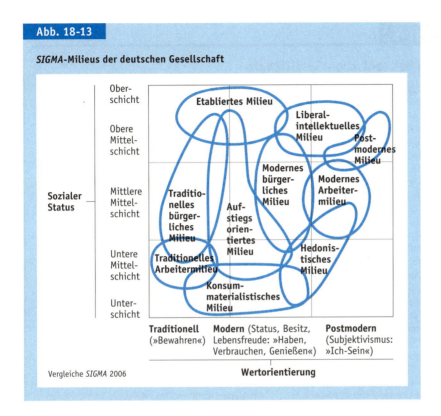

Abb. 18-13

SIGMA-Milieus der deutschen Gesellschaft

Vergleiche *SIGMA* 2006

Verhaltensbezogene Segmentierungskriterien

Mögliche verhaltensbezogene Kriterien mit beispielhaften Ausprägungen sind das **allgemeine Verhalten** (Ess- und Trinkgewohnheiten, Lesegewohnheiten, Fernsehgewohnheiten, Freizeitgestaltung, Urlaubsgestaltung, Vereinsmitgliedschaften, ...) und das **produktbezogene Verhalten** (Kaufanlässe, Kaufmotive, verwendete Informationsquellen, Markentreue, ...).

18.4 Marketingstrategien

18.4.1 Produkt-Markt-Strategien

Auf der Basis der Marktsegmentierung wird die Marketingstrategie festgelegt und entschieden, welche Produkte in welchen Märkten abgesetzt werden sollen. Folgende Produkt-Markt-Strategien sind nach *Ansoff* möglich (↗ Abbildung 18-14, zum Folgenden vergleiche *Meffert, H.* 2000: Seite 244 f.):

Strategien nach Ansoff

Wirtschaftspraxis 18-5

Die Segmentierung der deutschen Gesellschaft

Eine der bekanntesten Marktsegmentierungen der deutschen Gesellschaft stammt von der *SIGMA, Gesellschaft für internationale Marktforschung und Beratung mbH*, die nach dem sozialen Status und der Wertorientierung die folgenden zehn Milieus unterscheidet (↗ Abbildung 18-13):

- **Konsum-materialistisches Milieu** (etwa 10,5 Prozent der Wohnbevölkerung über 16): Die neuen und die alten Armen, mit geringen Chancen am Arbeitsmarkt, die in einem von materiellen Sorgen geprägten Alltag die Reichen und die Berühmten bewundern und denen Geld und Konsum sowie der Anschluss an den gesellschaftlichen Mainstream besonders wichtig sind.
- **Traditionelles Arbeitermilieu** (etwa 4,9 Prozent der Wohnbevölkerung über 16): Von der Industriegesellschaft geprägte Arbeiterschaft mit starken gewerkschaftlichen Bindungen, der materielle und soziale Sicherheit, Solidar- und Gemeinschaftswerte sowie ein bescheidener Wohlstand besonders wichtig sind.
- **Modernes Arbeitnehmermilieu** (etwa 9,2 Prozent der Wohnbevölkerung über 16): Ein insbesondere aus jüngeren Facharbeitern der modernen Dienstleistungsbranchen bestehendes Milieu, das ambitioniert und konsumfreudig ist und für das Lebensfreude, soziale Kontakte und ein ausgeglichenes Verhältnis von Arbeit, Freizeit und Familie besonders wichtig sind.
- **Hedonistisches Milieu** (etwa 9,9 Prozent der Wohnbevölkerung über 16): Von der Jugendkultur geprägtes, nach Sinneslust strebendes Milieu, das sich durch unkonventionelle Lebensformen, Freiheitsdrang, Spontaneität und die Ablehnung von Normen und Konventionen auszeichnet, das häufig die Keimzelle neuer Moden ist und dem Abwechslung, Coolness sowie »Fun and Action« besonders wichtig sind.
- **Traditionelles bürgerliches Milieu** (etwa 12,3 Prozent der Wohnbevölkerung über 16): Milieu, das sich an traditionellen Werten und Moralvorstellungen orientiert, finanziell häufig gut situiert ist und dem geordnete Verhältnisse, Sicherheit sowie ein angemessener bürgerlicher Lebensstandard besonders wichtig sind.
- **Modernes bürgerliches Milieu** (etwa 11,9 Prozent der Wohnbevölkerung über 16): Bodenständiges, häusliches und zugleich modernes Milieu, das ein ausgeglichenes, materiell wie auch emotional angenehmes und behütetes Leben ohne Risiken und Extreme anstrebt und für das Familie und Kinder die höchste Priorität haben.
- **Liberal-Intellektuelles Milieu** (etwa 8,2 Prozent der Wohnbevölkerung über 16): Das typischerweise in der gediegenen Altbauwohnung lebende Bildungsbürgertum mit postmaterialistischer Orientierung, für das Selbstverwirklichung und Ich-Identität in Beruf und Freizeit einen hohen Stellenwert haben, das Äußerlichkeitswerte ablehnt, aber das Edle, das Echte und das Auserlesene schätzt und das gleichermaßen ökologische und politische Korrektheit, soziale Gerechtigkeit und sinnstiftenden Genuss auf hohem Niveau anstrebt.
- **Aufstiegsorientiertes Milieu** (etwa 17,1 Prozent der Wohnbevölkerung über 16): Milieu, das das Erreichen des Lebensstandards gehobener Schichten als Maßstab für den eigenen Erfolg heranzieht, für das der Konsum und das zur Schau stellen renommierter Marken zum Alltag gehören und für das beruflicher Erfolg insbesondere ein Mittel zur Finanzierung von Fernreisen, Nobelsportarten, Luxusartikeln und Designermöbeln ist.
- **Etabliertes Milieu** (etwa 9,1 Prozent der Wohnbevölkerung über 16): Die konservative Elite, die einen distinguierten, traditionellen Lebensstil, gute Umgangsformen, Understatement und Diskretion besonders schätzt, sich häufig als Wahrer kultureller und moralischer Werte und Traditionen sieht und aus ihrem oftmals hohen sozialen Status und aus ihrem Selbstverständnis als Elite einen gesellschaftlichen und wirtschaftlichen Führungsanspruch ableitet.
- **Postmodernes Milieu** (etwa 6,9 Prozent der Wohnbevölkerung über 16): Die junge, formal oft hoch gebildete Avantgarde der Metropolen mit multipler Identität, die als Lebensstil-Trendsetter eine radikal subjektivistische Lebensphilosophie vertritt, als selbstbewusste Lifestyle-Architekten den Durchschnittsgeschmack ablehnt und der die Identität von Ich und Außenwelt hinsichtlich Marken und Produkten besonders wichtig sind.

Quelle: *SIGMA* Milieus für Deutschland, unter: www.sigma-online.com, Stand: 03.08.2006.

Abb. 18-14

Produkt-Markt-Strategien nach Ansoff

Vergleiche *Ansoff, H. I.* 1966: Seite 13

Marktdurchdringung
Durch Verstärkung der Marketingaktivitäten sollen die Produktverwendung bei bestehenden Kunden erhöht und Kunden gewonnen werden, die bisher nicht oder bei der Konkurrenz kauften.

Produktentwicklung
Durch Produktvariation, -differenzierung oder -diversifikation soll die Marktdurchdringung erhöht werden.

Markterschließung
Durch eine geographische Ausdehnung oder durch die Gewinnung neuer Marktsegmente sollen neue Märkte erschlossen werden.

Diversifikation
Durch eine zusätzliche Ausrichtung der Unternehmensaktivitäten auf für das Unternehmen neue Produkte und neue Märkte soll ein Wachstum erfolgen.

18.4.2 Generische Strategien

Im Hinblick auf die Profilierung innerhalb von Märkten gibt es nach *Porter* drei Möglichkeiten für Unternehmen, die sogenannten »generischen Strategien« (↗ Abbildung 18-15, zum Folgenden vergleiche *Porter, M. E.* 1983: Seite 62 ff.):

Strategien nach Porter

Strategie der Preisführerschaft
Unternehmen versuchen bei dieser Strategie, über möglichst niedrige Preise für ihre Produkte Vorteile gegenüber ihren Wettbewerbern zu erlangen. In der Automobilbranche ist das koreanische Unternehmen *KIA* ein Beispiel für ein Unternehmen mit dieser Strategie. Im Marketing wird diese Strategie insbesondere durch die Instrumente der Preispolitik umgesetzt.

Strategie der Differenzierung
Bei dieser Strategie versuchen Unternehmen, sich durch zusätzliche Produkteigenschaften, wie beispielsweise die Qualität der Produkte, den Service oder durch ergänzende Dienstleistungen, von ihren Wettbewerbern zu unterscheiden. So steht beispielsweise der Automobilhersteller *Mercedes-Benz* für qualitativ hochwertige Produkte mit ergänzenden Dienstleistungen, wie einer Mobilitätsgarantie. Im Marketing wird die Strategie der Differenzierung insbesondere über die Instrumente der Produktpolitik umgesetzt.

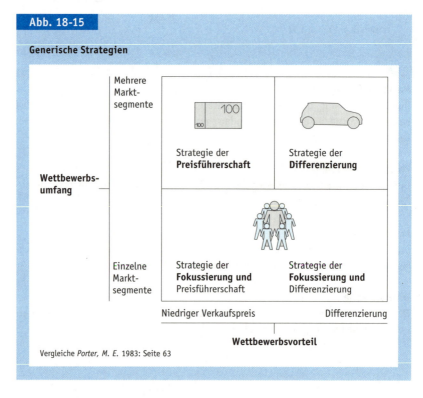

Abb. 18-15 Generische Strategien

Vergleiche *Porter, M. E.* 1983: Seite 63

Strategie der Fokussierung
Statt in einer Vielzahl von Marktsegmenten beziehungsweise branchenweit tätig zu sein, können Unternehmen sich auch auf bestimmte Marktsegmente beziehungsweise **Nischen** konzentrieren. Innerhalb dieser Segmente kann dann wiederum eine Strategie der Preisführerschaft oder der Differenzierung eingesetzt werden. In der Automobilbranche verfahren so beispielsweise *Smart* und *Porsche*.

18.5 Absatzpolitische Instrumente

Das absatzpolitische Instrumentarium umfasst die Produktpolitik, die Preis- und Konditionenpolitik, die Kommunikationspolitik sowie die Distributionspolitik. In ihrer Ausprägung für ein bestimmtes Marktsegment werden die absatzpolitischen Instrumente als **Marketingmix** bezeichnet (↗ Abbildung 18-16).

Marketingmix

18.5.1 Produktpolitik

> Unter der **Produktpolitik** wird die marktgerechte Gestaltung der angebotenen Produkte eines Unternehmens verstanden.

Entscheidend für den Markterfolg eines Produkts ist dabei, ob und inwieweit es gelingt, die einzelnen Leistungs- und Nutzenmerkmale zu einer unverwechselbaren

Abb. 18-16 Marketingmix

Vergleiche Kotler, P./Bliemel, F. 2001: Seite 151

18.5 Marketing
Absatzpolitische Instrumente

Instrumente der Produktpolitik

Produktpersönlichkeit zu integrieren. Im Rahmen der Produktpolitik gibt es dazu eine Reihe von Entscheidungstatbeständen (↗ Abbildung 18-17):

Sortimentspolitik
Im Rahmen der Sortimentspolitik werden die **Sortimentsbreite**, also die Anzahl verschiedenartiger Produktgruppen, und die **Sortimentstiefe**, also die Anzahl der Varianten innerhalb einer Produktgruppe, festgelegt. Sortimentspolitische Maßnahmen sind die Produktelimination, die -beibehaltung, die -variation, die -differenzierung und die -diversifikation, auf die bereits im ↗ Kapitel 14 Innovationsmanagement eingegangen wurde. Auswirkung auf die Sortimentsbreite haben dabei die Produktdiversifikation und gegebenenfalls die Produktelimination, während die Produktvariation und die -differenzierung die Sortimentstiefe beeinflussen.

Produkteigenschaften
Die Produkteigenschaften beziehen sich auf den **Produktkern**, also die technisch-konstruktiven Eigenschaften und die Grundfunktionen eines Produkts, und das vom Kunden wahrgenommene **Produktäußere**. Im Rahmen der Produktpolitik werden

Abb. 18-17 Instrumente der Produktpolitik

Wirtschaftspraxis 18-6

Alessis Differenzierung durch Design

Alessi Spa, der italienischen Hersteller von Haushaltsartikeln, hat sich innerhalb von wenigen Jahrzehnten von einem Handwerksbetrieb zu einer »Fabrik des italienischen Designs« entwickelt. Als wesentlicher Erfolgsfaktor des Unternehmens wird dabei die Gestaltung der Produkte gesehen. Alessi arbeitet dazu seit 1955 mit weltbekannten Designern wie *Ettore Sottsass*, *Richard Sapper*, *Achille Castiglioni*, *Aldo Rossi*, *Frank Gehry* und *Philippe Starck* zusammen. Deren Design verwandelt profane Haushaltsgegenstände, wie Brotkörbe, Essig- und Ölbehälter, Korkenzieher oder Espressomaschinen, in Designklassiker mit Kultstatus, die sich entsprechend gut und teuer verkaufen lassen.

Quelle: Alessi, A.: Die Traumfabrik, Köln 1998.

---

entsprechend die Funktionen, der Verwendungszweck, die Qualität, die Haltbarkeit, das Material, die Form, das Design und die Farbgebung des Produkts festgelegt und dann im Rahmen der Forschung und Entwicklung umgesetzt.

Verpackung
Im Rahmen der Produktpolitik werden Vorgaben für die Gestaltung der Verpackung des Produkts gemacht. Dabei müssen Gesichtspunkte wie Befüllbarkeit, Stapelbarkeit, Schutz des Produkts, Sichtbarkeit des Produkts, Markenkennzeichnung und ökologische Qualität berücksichtigt werden.

Zusatzleistungen
Im Rahmen der Produktpolitik wird auch bestimmt, welche Zusatz- beziehungsweise Serviceleistungen angeboten werden. Zusatzleistungen sind an das Produkt gekoppelte Dienstleistungen, wie beispielsweise Beratung, Servicetelefonnummern oder Kundendienst.

Markenpolitik
Innerhalb der Markenpolitik wird festgelegt, ob das Produkt als **anonymes Produkt** (No-Name-Produkt) oder als **Markenprodukt** vermarktet werden soll. Kennzeichen von Markenprodukten sind insbesondere die gleich bleibend hohe Qualität und ein hoher Bekanntheitsgrad. Innerhalb der Markenprodukte werden Hersteller- und Handelsmarken unterschieden. Die Kennzeichnung als Markenprodukt erfolgt meist durch die optische Gestaltung sowie durch Qualitätssiegel und Warenzeichen.

Namensgebung
Für den Erfolg von Produkten kann auch deren Name wichtig sein. Bei der Namensgebung ist insbesondere darauf zu achten, welche Bedeutung der Name in verschiedenen Kulturkreisen hat und welche Assoziationen dort mit ihm verbunden werden. Darüber hinaus muss geprüft werden, ob der Name für die Produktkategorie nicht schon durch Schutzrechte anderer Unternehmen geschützt ist und dadurch nicht mehr verwendet werden kann.

> **Wirtschaftspraxis 18-7**
>
> **Die Lieblingsmarken der Popstars**
>
> Ein deutliches Bild der von Popstars bevorzugten Auto-, Kleidungs-, Getränke- und Waffenmarken zeichnet ein von der *Agenda Inc.* erstelltes Ranking der in den Liedtexten der Top-20 der *Billboard-Charts* genannten Marken. Die meisten Nennungen hatten dort im Jahr 2005: *Mercedes-Benz* mit 100 Nennungen, *Nike* mit 63 Nennungen, *Cadillac* mit 62 Nennungen, *Bentley* mit 51 Nennungen, *Rolls-Royce* mit 46 Nennungen, *Hennessy* mit 44 Nennungen, *Chevrolet* mit 40 Nennungen, *Louis Vuitton* mit 35 Nennungen, *Louis Roederer Cristal* mit 35 Nennungen, *AK-47* mit 33 Nennungen, *Lamborghini* mit 32 Nennungen, *Dom Pérignon* mit 25 Nennungen, *Beretta* mit 24 Nennungen und *Dolce & Gabbana* mit 19 Nennungen.
>
> Quelle: American Brandstand 2005, unter: www.americanbrandstand.com, Stand: 2006.

Fallbeispiel 18-2 Produktpolitik eines Automobilherstellers

▶▶▶ Bezogen auf die *Speedy GmbH* und ihr Produkt »Auto« lässt sich der Produktkern anhand der Komponenten Motor, Getriebe und Fahrwerk beschreiben. Das Produktäußere differenziert sich über die verschiedenen Karosserievarianten (zum Beispiel Limousine, Kombi, Coupé, Cabrio) und die unterschiedlichen Fahrzeugausstattungen (zum Beispiel elegant, sportlich). Als Zusatzleistungen kommen beispielsweise die angebotenen Finanzierungs- und Leasingvarianten sowie die Garantie- und Serviceleistungen des Herstellers infrage. Durch die Kombination dieser Merkmale entstehen für den Kunden eindeutig unterscheidbare Produktangebote, beispielsweise der *Speedster*-Off-Road mit Dreiliter-Einspritzmotor, Sportgetriebe und -fahrwerk, sportlicher Innenausstattung und besonderen Serviceleistungen. ◀◀◀

18.5.2 Preis- und Konditionenpolitik

> Die **Preis- und Konditionenpolitik** umfasst alle Vereinbarungen über die für Produkte zu zahlenden Entgelte und über die ergänzenden Regelungen zwischen Unternehmen und ihren Kunden.

Synonym zur Preis- und Konditionenpolitik wird auch der Begriff **Kontrahierungspolitik** als Politik des Abschlusses von Verträgen verwendet.

Die Preis- und Konditionenpolitik ist ein relativ flexibles absatzpolitisches Instrument. Da die entsprechenden Entscheidungen direkt mit den jeweiligen Kaufakten der Konsumenten zusammenhängen, können sie im Gegensatz zu den anderen Handlungsfeldern des Marketingmixes kurzfristig variiert und den Marktgegebenheiten angepasst werden. Darüber hinaus besitzen Preise und Konditionen eine starke Wirkung auf die Wahrnehmung und die Beurteilung des Produktes durch die Nachfrager. So konnte in empirischen Studien nachgewiesen werden, dass die Veränderung des Produktpreises eine bis zu zwanzig Mal höhere Wirkung auf das Verhalten der Konsumenten hat, als es beispielsweise Veränderungen des Werbebudgets haben (ver-

Abb. 18-18

Instrumente der Preis- und Konditionenpolitik

gleiche hierzu und zum Folgenden *Meffert, H.* 2000: Seite 482 ff.). Allerdings ist dabei zu berücksichtigen, dass sich gerade Preissenkungen nicht ohne Weiteres rückgängig machen lassen. In derartigen Fällen besteht die Gefahr, dass die Konsumenten auf ähnliche Wettbewerbsprodukte ausweichen, die zu einem niedrigeren Preis angeboten werden.

18.5.2.1 Preispolitik

18.5.2.1.1 Preisbestimmung

In der betrieblichen Praxis erfolgt die Festlegung von Verkaufspreisen im Allgemeinen nicht entsprechend der Preistheorie, sondern mittels einem der nachfolgend dargestellten Verfahren (vergleiche *Berndt, R.* 1995: Seite 170 ff., *Kotler, P./Bliemel, F.* 2001: Seite 833 ff., *Meffert, H.* 2000: Seite 506 ff.):

Verfahren der Preisbestimmung

Kostenorientierte Preisbestimmung

Bei der kostenorientierten Preisbestimmung wird den kalkulierten Selbstkosten ein gewisser Prozentsatz für den Gewinn zugeschlagen, der von dem jeweiligen Produkt, den Marktgegebenheiten sowie der Risikoneigung und Erfahrung der Entscheidungsträger abhängt. Erfolgt der Absatz des Produkts über Absatzmittler, so erhöht sich der Preis um einen vorgegebenen oder frei zu bestimmenden Aufschlag, die sogenannte »Handelsspanne«. Das Kostenprinzip ist in der Handhabung sehr einfach und in der Praxis weit verbreitet. Allerdings orientiert es sich ausschließlich an der Produktionsseite. Eine schnelle Reaktion auf Veränderungen der Nachfrage ist damit nicht gewährleistet.

Nachfrageorientierte Preisbestimmung

Das **Wertprinzip** betrachtet die aktuelle oder die erwartete Nachfragesituation: Bei einer starken Nachfrage werden hohe Preise verlangt und umgekehrt. Die Kosten- und die Wettbewerbssituation werden lediglich indirekt berücksichtigt. Insofern ist eine ausschließlich nachfrageorientierte Preisbestimmung insbesondere im Monopolfall zweckmäßig.

Konkurrenz- und branchenorientierte Preisbestimmung

Bei dieser Vorgehensweise verzichtet das Unternehmen auf eine eigene Preissetzung. Maßgeblich für die Höhe des eigenen Produktpreises sind die Preise des Marktführers (**Leitpreis**) oder der Durchschnittspreis für vergleichbare Produkte (**Branchenpreis**). Verändert sich der gewählte Referenzpreis, so wird der eigene Preis der jeweiligen Veränderung angepasst. Dieses Verfahren wird vor allem in Märkten mit sehr homogenen Produkten (Nahrungsmittel, Rohstoffe) und einer überwiegend oligopolistischen oder polypolistischen Struktur angewandt. Als Schwäche ist dabei vor allem die fehlende Berücksichtigung der Kostenseite zu nennen. Trotzdem ist die Ausrichtung der Preispolitik an den Hauptwettbewerbern zu einem wesentlichen Element der Preisbestimmung geworden.

Nutzenorientierte Preisbestimmung

Letztendlich entscheiden die Konsumenten darüber, welches Produkt sie zur Befriedigung ihrer individuellen Bedürfnisse erwerben. Insofern spielt der mit einem Produkt verbundene Nutzen für die Kaufentscheidung eine wichtige Rolle. Ein Unternehmen muss deshalb versuchen, mit seinem Produkt ein besseres Preis-Leistungs-Verhältnis (**Product-Value**) zu bieten als die Konkurrenz. Das Produkt wird dabei als ein Bündel von bestimmten Eigenschaften aufgefasst, die jeweils einen Teilnutzen stiften. Als

Methode für die Nutzenbestimmung der einzelnen Produkteigenschaften hat sich die **Conjoint-Analyse** durchgesetzt, bei der die miteinander verbundenen Leistungseigenschaften eines Produkts hinsichtlich ihrer Wirkung auf die Kundenpräferenzen für bestimmte Anbieter bewertet werden. Damit bietet die nutzenorientierte Preisbestimmung eine – allerdings recht aufwändige – Möglichkeit zur Bestimmung des annähernd optimalen Produktpreises.

18.5.2.1.2 Preisdifferenzierung

Neben der Preisfestlegung ist zu entscheiden, ob der Markt als Einheit betrachtet oder ob für verschiedene Marktsegmente verschiedene Preise verlangt werden sollen. Bei der Preisdifferenzierung wird ein Produkt also bestimmten Kunden oder Kundengruppen zu unterschiedlichen Preisen angeboten. Dies ist möglich, wenn sich der Gesamtmarkt segmentieren lässt, keine völlige Markttransparenz herrscht und ein Unternehmen eine ausreichende Marktmacht besitzt. Für eine Preisdifferenzierung kommen folgende Kriterien in Betracht (vergleiche *Kotler, P./Bliemel, F.* 2001: Seite 851 ff., *Meffert, H.* 2000: Seite 550 ff., *Ott, A. E.* 1979: Seite 190, *Simon, H.* 1995: Seite 107):

Alternativen der Preisdifferenzierung

Räumliche Preisdifferenzierung
Beispiele einer räumlichen Preisdifferenzierung sind Inlands- und Auslandspreise oder sitzplatzabhängige Preiskategorien in Theatern.

Kundenbezogene Preisdifferenzierung
Beispiele einer kundenbezogenen Preisdifferenzierung sind Schüler-, Studenten- und Seniorenpreise oder unterschiedliche Abrechnungen ärztlicher Leistungen bei Kassen- und Privatpatienten.

Zeitliche Preisdifferenzierung
Beispiele einer zeitlichen Preisdifferenzierung sind Tages-, Nacht- und Wochenendtarife oder Vor- und Hauptsaisontarife.

Mengenbezogene Preisdifferenzierung
Beispiele einer mengenbezogenen Preisdifferenzierung sind unterschiedlich hohe Verkaufspreise für Produkte in Klein- und in Großpackungen.

Verwendungsbezogene Preisdifferenzierung
Beispiele einer verwendungsbezogenen Preisdifferenzierung sind unterschiedlich hohe Verkaufspreise für die Verwendung von Salz als Streu- oder als Speisesalz.

Produktbezogene Preisdifferenzierung
Beispiele einer produktbezogenen Preisdifferenzierung sind nicht nur durch die Kosten zu erklärende Unterschiede bei den Verkaufspreisen für Bücher in gebundener Form oder als Taschenbuch oder für Normal- und für Metallic-Lackierungen bei Automobilen.

> **Wirtschaftspraxis 18-8**
>
> **Die Preisdifferenzierung der Lufthansa**
>
> Als Basis einer preislichen Differenzierung hat die Lufthansa AG ihre Economy Class in zwölf Tarifklassen unterteilt. Die Tarifklassen unterscheiden sich insbesondere hinsichtlich des Verkaufspreises und hinsichtlich der Flexibilität. In den niedrigpreisigen Tarifklassen können Tickets nicht storniert und nur sehr teuer umgebucht werden. Zudem werden sie in der Regel wenige Tage vor dem Abflugtermin nicht mehr verkauft. Die hochpreisigen Tarifklassen bieten hingegen die volle Flexibilität und können noch direkt vor dem Abflug gekauft werden.
>
> Die eigentliche Preisdifferenzierung erfolgt über die Anzahl der für einen bestimmten Flug in den verschiedenen Tarifklassen angebotenen Tickets. Bei Flügen, bei denen eine schwache Nachfrage prognostiziert wird, werden bis zu 30 Prozent der Sitze in den niedrigpreisigen Tarifklassen angeboten, während bei stark nachgefragten Flügen nur Tickets in den hochpreisigen und keine in den niedrigpreisigen Tarifklassen angeboten werden.
>
> Auf die Nachfrage wirken sich eine Reihe von Faktoren aus. Großen Einfluss haben der Wochentag und die Abflugzeit. Am Freitagnachmittag, am Sonntagabend und am Montagmorgen ist beispielsweise die Nachfrage besonders groß, da viele Geschäftsleute ins Wochenende oder aus dem Wochenende zur Arbeit fliegen. Auch etwa 200 Termine im Jahr haben Einfluss auf die Nachfrage, so beispielsweise Feiertage und Ferien sowie große Messen und Veranstaltungen, wie etwa das Oktoberfest. Darüber hinaus haben insbesondere die Preisgestaltung der Wettbewerber und deren Sonderaktionen einen Einfluss auf die Nachfrage und damit auf die von der Lufthansa in den niedrigpreisigen Tarifklassen angebotenen Tickets.
>
> Für Kunden bedeutet die Preisdifferenzierungspolitik der Lufthansa, dass sie möglichst frühzeitig buchen und nicht auf eines der immer seltener werdenden Last-Minute-Angebote warten sollten, wenn sie preiswert fliegen möchten.
>
> Quelle: *Scherff, D.* 2006: Billiger fliegen, wenn keiner fliegt, in: Frankfurter Allgemeine Sonntagszeitung, Nummer 45 vom 12.11.2006, Seite 53.

18.5.2.1.3 Preisverlauf

Hinsichtlich des Verlaufs des Verkaufspreises über der Zeit können Unternehmen verschiedene preispolitische Strategien einsetzen (↗ Abbildung 18-19, zum Folgenden vergleiche *Kotler, P./Bliemel, F.* 1999: Seite 762 ff. und *Meffert, H.* 2000: Seite 549 ff.):

Preispolitische Strategien

Prämienpreispolitik

Prämienpreise sind gleichbleibend hohe Preise, die insbesondere für Produkte mit einer hohen Qualität festgelegt werden. Sie können die Gewinnspanne deutlich vergrößern, wenn die hohen Preise nicht zu Mengenrückgängen führen. Diese Preisstrategie wird im Allgemeinen von kommunikationspolitischen Maßnahmen flankiert und durch spezifische Vertriebssysteme unterstützt. Die Zielgruppe ist dabei zumeist relativ klein und exklusiv.

Promotionspreispolitik

Im Gegensatz zur Prämienpreispolitik setzt die Promotionspreispolitik beziehungsweise **Niedrigpreisstrategie** dauerhaft auf relativ niedrige Produktpreise. Der Schwerpunkt der Argumentation gegenüber den Kunden liegt damit auf der Preiswürdigkeit der Produkte als dem größten Kaufanreiz. Dieses Vorgehen ist die klassische Strategie von Unternehmen wie *ALDI* oder *IKEA*.

Abb. 18-19

Preispolitische Strategien

Penetrationspreispolitik

Bei der Penetrationspreispolitik beziehungsweise **Durchdringungsstrategie** werden bei der Einführung eines Produkts zunächst niedrige Preise verlangt, die später nach und nach erhöht werden. Dadurch sollen zum einen schnell neue Massenmärkte erschlossen und zum anderen potenzielle Konkurrenten vom Markt ferngehalten werden, indem Markteintrittsbarrieren aufgebaut werden. Problematisch bei dieser Vorgehensweise sind die längere Amortisationsdauer von Investitionen, die Verbindung des niedrigen Penetrationspreises mit einer geringen Produktqualität, der geringe preispolitische Spielraum nach unten und die Tatsache, dass sich nachträgliche Preiserhöhungen gegenüber den Konsumenten erfahrungsgemäß schwer erklären und durchsetzen lassen.

Abschöpfungspreispolitik

Die Abschöpfungspreispolitik (**Skimming-Pricing**) verwendet in der Einführungsphase eines Neuprodukts vergleichsweise hohe Preise, die mit einer zunehmenden Markterschließung und einem wachsenden Wettbewerbsdruck schrittweise gesenkt werden. Sinnvoll und durchsetzbar ist eine derartige Preisstrategie dann, wenn es auf dem relevanten Markt noch keine vergleichbaren Produkte gibt und zumindest ein Teil der Kunden bereit ist, als Innovatoren einen relativ hohen Preis für das neue Produkt zu bezahlen. Bei Produkten, die schnell veralten, ist die Abschöpfungsstrategie schließlich die einzige Möglichkeit für ein Unternehmen, seine Investitionen überhaupt zu amortisieren. Hohe Einführungspreise können allerdings die Konkurrenz dazu veranlassen, so schnell wie möglich einen Markteintritt zu versuchen, um bei einem großen Bedarf ebenfalls die sogenannte **Konsumentenrente** abzuschöpfen. Dem versuchen innovative Unternehmen, mit Patenten, exklusiven Vertriebskanälen oder einer aufwändigen Produktvermarktung entgegenzuwirken.

18.5.2.2 Konditionenpolitik

Neben den Preisen haben die Konditionen ebenfalls großen Einfluss auf Kaufentscheidungen. Die Konditionen sind Gegenstand der vertraglichen Regelungen zwischen Verkäufern und Käufern und umfassen:

Arten von Konditionen

- Garantiebedingungen,
- Umtausch- und Rückgaberechte,
- Rabatte, wie Mengen-, Treue-, Sonder-, Funktionsrabatte,
- Skonti, also Preisnachlässe bei Zahlung innerhalb einer bestimmten Frist,
- Boni als periodenbezogene Form des Mengenrabatts sowie
- Lieferungs- und Zahlungsbedingungen, so beispielsweise Lieferung frei Haus, zahlbar innerhalb von 14 Tagen.

Im Rahmen der absatzwirtschaftlichen Ausrichtung eines Unternehmens ist zu entscheiden, welche Konditionen grundsätzlich gewährt werden. Darüber hinaus können die Konditionen im Rahmen der Produkteinführung sehr flexibel zum Einsatz kommen und auch kurzfristig an die aktuellen Marktbedingungen angepasst werden, so zum Beispiel in Form von Sonderkonditionen, Einführungspreisen und Ähnlichem.

Durch die Gestaltung der Konditionen lässt sich das Kaufrisiko der Kunden verringern. Beispielsweise kann durch die Vereinbarung von Probenutzungen und Rückgaberechten die Schwelle der Kaufbereitschaft herabgesetzt werden, die vor allem bei Marktneuheiten aufgrund der fehlenden Vergleichsmöglichkeiten in der Regel besonders hoch ist. Insofern ist die Kontrahierungspolitik ein nicht zu vernachlässigendes Handlungsfeld im Rahmen der Einführung von Neuprodukten im Markt.

18.5.3 Kommunikationspolitik

> Gegenstand der **Kommunikationspolitik** ist es, den aktuellen und den potenziellen Kunden eines Unternehmens sowie der Öffentlichkeit ein den Unternehmenszielen entsprechendes Bild von den Produkten und von dem Unternehmen selbst zu vermitteln.

Unter **Kommunikation** wird dabei allgemein der Austausch von Informationen verstanden. Im Rahmen des Marketings ist dabei der **Kommunikationsmix** des Unternehmens festzulegen, auf dessen Bestandteile wir nachfolgend eingehen werden (↗ Abbildung 18-20, dazu und zum Folgenden vergleiche *Berndt, R.* 1995: Seite 274 ff., *Kotler, P./Bliemel, F.* 2001: Seite 881 ff., *Meffert, H.* 2000: Seite 678 ff. und *Pepels, W.* 1997: Seite 94 ff.).

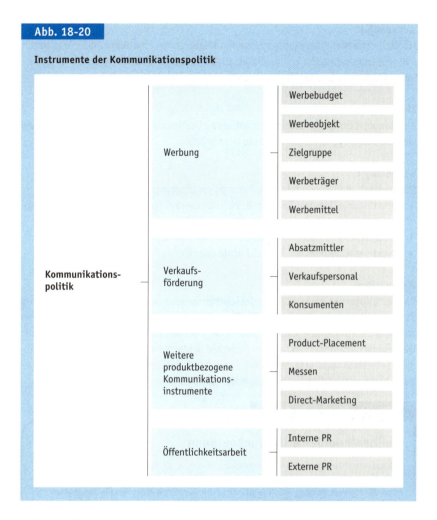

Abb. 18-20
Instrumente der Kommunikationspolitik

18.5.3.1 Werbung

Die klassische Werbung ist das wichtigste Instrument der Kommunikationspolitik. Im Rahmen der Werbung müssen folgende Entscheidungen getroffen werden (vergleiche Berndt, R. 1995: Seite 329 ff.):

Werbeplanung und -kontrolle

Werbebudget

Die für die Werbung zur Verfügung zu stellenden finanziellen Mittel lassen sich mithilfe der folgenden Methoden festlegen:

- **Competitive-Parity-Method:** Die Höhe des Werbebudgets orientiert sich an den Werbeausgaben der wichtigsten Wettbewerber.
- **Percentage-of-Sales-Method:** Das Werbebudget ergibt sich als ein Prozentsatz des Umsatzerlöses.
- **All-you-can-afford-Method**: Die Höhe des Werbebudgets richtet sich nach den zur Verfügung stehenden Finanzmitteln.

Werbeobjekt

Mögliche Werbeobjekte sind einzelne Produkte, ganze Produktgruppen, das Unternehmen insgesamt oder die im Markt angebotenen Zusatzleistungen wie beispielsweise Finanzierung oder Kundendienst.

Zielgruppen

Aus den im Rahmen der Marktsegmentierung bestimmten möglichen Käufergruppen sind die Zielgruppen für die Werbung auszuwählen.

Werbeträger

Für die Werbung können folgende Werbeträger eingesetzt werden:
- Insertionsmedien, wie Zeitungen, Publikums- und Fachzeitschriften oder Außenwerbung,
- elektronische Medien, wie Radio, Fernsehen oder Internet,
- Direktwerbemedien, wie Briefe, Anrufe oder Mails.

Werbemittel

Die Gestaltung der Werbemittel umfasst deren visuelle Gestaltung und die Festlegung der zu vermittelnden **Werbebotschaften**. Diese enthalten die eigentlichen Werbeaussagen, die gegenüber den Adressaten der Werbung kommuniziert werden soll. Die Werbebotschaften können in Form einfacher Schlagworte (»Das Beste«), kurzer Slogans (»Da weiß man, was man hat«), logischer Argumentationen oder der Beschreibung bestimmter Situationen ausgestaltet werden.

Wirtschaftspraxis 18-9

Maßgeschneiderte Internetwerbung

Mit *AdSense* bietet der Internetsuchmaschinenbetreiber *Google Inc.* eine neuartige Form der Internetwerbung an. *AdSense* blendet auf Internetseiten zu deren Inhalten passende Werbebanner ein, indem vor der Einblendung die Inhalte der Internetseite analysiert werden. Auf einer Seite zur Buchführung können deshalb beispielsweise Werbebanner für Buchführungsprogramme erscheinen.

Für die Analyse der Seiteninhalte nutzt *Google* die eigene Suchmaschinentechnologie. Da die Werbung weitgehend mit den Interessen der Besucher der Internetseite übereinstimmt, werden die Werbebanner häufiger als die Banner der klassischen Affiliate-Programme angeklickt, wodurch wiederum die Betreiber der Internetseiten besser verdienen.

AdSense berücksichtigt zudem regionale Unterschiede der Besucher, wodurch diese in erster Linie Werbung in ihrer Landessprache angeboten bekommen. Zukünftig ist damit zu rechnen, dass die Werbung aufgrund der besser werdenden Informationen über die Besucher noch genauer auf deren Interessen abgestimmt werden wird.

Quelle: www.google/com/adsense/www/de/tour, Stand: 2012.

Wirtschaftspraxis 18-10

Die VIP-Fahrzeugflotte von BMW

Eine kombinierte Form der Öffentlichkeitsarbeit und der konsumentenorientierten Verkaufsförderung betreiben einige Automobilhersteller mit ihren VIP-Fahrzeugen. Mit etwa tausend Limousinen verfügt dabei *BMW* über die weltweit größte Flotte zum Transport von VIPs.

Um bei öffentlichen Ereignissen, wie bei der Vergabe des Deutschen Fernsehpreises oder bei Formel 1-Rennen, aufzufallen, wird darauf geachtet, dass möglichst identische Fahrzeuge – meist *7er-BMW* oder *Rolls-Royce* – eingesetzt werden, die zudem alle in schwarzer Wagenfarbe und mit nach Möglichkeit fortlaufender Nummerierung der Kennzeichen ausgestattet sind. Für den perfekten Auftritt werden dabei nur Wagen verwendet, die nicht älter als ein Jahr sind und mindestens einmal täglich gewaschen werden. Die meisten der über 300 Chauffeure sind fahr- und produktgeschulte Studenten in zu den Automobilen passender dunkler Kleidung, die ein adäquates Gesprächsniveau sicherstellen können.

Neben der öffentlichen Wirkung dient die Flotte auch dazu, die beförderten VIPs mit den Fahrzeugen vertraut zu machen und sie dafür zu begeistern. Es handelt sich insofern auch um eine konsumentenorientierte Form der Verkaufsförderung.

Quelle: *Kanter, O.*: Sänfte der Stars, in: fivetonine, Nummer 4, 2006, Seite 62 ff.

18.5.3.2 Verkaufsförderung (Sales-Promotion)

Die Verkaufsförderung umfasst informierende, motivierende und schulende Maßnahmen entlang der Absatzwege. Hinsichtlich der Absatzstufen werden drei Arten der Verkaufsförderung unterschieden (*Meffert, H.* 2000: Seite 723):

Arten der Verkaufsförderung

Absatzmittlerorientierte Verkaufsförderung

Im Rahmen der absatzmittler- beziehungsweise handelsorientierten Verkaufsförderung werden unter anderem die folgenden Instrumente eingesetzt: regelmäßige Informationen der Absatzmittler, Werbemaßnahmen in der Region des Absatzmittlers, Fachmessen, Handelsseminare, Schaufensterausstattungen, Displaymaterialien für die Produktpräsentation, Produktvideos für die Verkaufsräume sowie Regalbetreuungen im Einzelhandel. Durch diese Instrumente sollen die Listungen und die Produktpräsenz bei den Absatzmittlern erhöht und die Beziehungen zu diesen gefestigt werden.

Verkaufspersonalorientierte Verkaufsförderung

Im Rahmen der verkaufspersonalorientierten Verkaufsförderung werden unter anderem die folgenden Instrumente eingesetzt: Verkäuferinformationen, Verkäufertreffen, Verkaufswettbewerbe, Prämiensysteme, Werksbesichtigungen, Produktschulungen, Verkaufshandbücher sowie Argumentationshilfen. Durch diese Instrumente sollen das Verkaufspersonal der Unternehmen und der Absatzmittler so beeinflusst werden, dass es die Produkte des Unternehmens bevorzugt und besser verkauft.

Konsumentenorientierte Verkaufsförderung

Im Rahmen der konsumenten- beziehungsweise endnachfragerorientierten Verkaufsförderung werden unter anderem die folgenden Instrumente eingesetzt: Newsletter, Prospekte, Bedienungsanleitungen, Werksbesichtigungen, Händlerlisten, Konsumentenmessen, Preisausschreiben, Gewinnspiele, Proben, Verkostungen,

Zugaben von anderen Produkten, Produktvorführungen, Gutscheine sowie Rückerstattungsangebote. Durch diese Maßnahmen sollen die potenziellen Käufer in ihrer Einstellung gegenüber den angebotenen Produkten positiv beeinflusst und möglichst unmittelbar vor Ort zu Initialkäufen angeregt werden.

18.5.3.3 Weitere produktbezogene Kommunikationsinstrumente

Zusätzlich zu den aufgeführten klassischen Instrumenten der Kommunikationspolitik gibt es eine Reihe weiterer Instrumente:

Product-Placement

Unter Product-Placement wird der gezielte Einsatz eines Markenartikels in dem Medium Film verstanden, so zum Beispiel in einem Kinofilm, einer Fernsehsendung oder einem Videoclip. Produkte, die sich hierfür eignen, sind insbesondere Konsumgüter des gehobenen Bedarfs, so etwa das Sportwagencabrio *Z3* von *BMW* im *James-Bond*-Film »Golden Eye«, aber auch Dienstleistungen, wie das Logistikunternehmen *FedEx* in dem Spielfilm »Cast away«. Die Vorteile des Product-Placements sind vor allem die große Reichweite und die positive Umfeldwirkung durch die Integration des Produkts in die Spielhandlung. Zudem kann der für das Werbefernsehen typische »Zapping-Effekt« umgangen werden, der nach empirischen Studien dazu führt, dass nur etwa 20 Prozent der Fernsehzuschauer tatsächlich von einem bestimmten Werbespot erreicht werden (vergleiche *Meffert, H.* 2000: Seite 720). Problematisch am Product-Placement sind allerdings die Auswahl eines geeigneten Filmprojekts und die negative Interpretation des Product-Placements als »Schleichwerbung« durch den Zuschauer. Außerdem kann auf die beabsichtigte Werbebotschaft zumeist kein direkter Einfluss genommen werden. Auch der Erfolg des Product-Placements ist schwer vorhersehbar, weil er maßgeblich von dem Erfolg des zugrunde liegenden Films abhängt.

Messen und Ausstellungen

Eine weitere Form der Kommunikationspolitik sind Messen und Ausstellungen. Sie ermöglichen eine direkte Ansprache der Kunden und einen unmittelbaren Konkurrenzvergleich, haben Ereignischarakter und finden normalerweise in regelmäßigen zeitlichen Abständen statt. In der Praxis wird häufig zwischen Fachmessen, die nur für das Fachpublikum zugänglich sind, und allgemein zugänglichen Konsumentenmessen unterschieden.

Direkt-Marketing

Auch die Maßnahmen des Direkt-Marketing, wie Direct-Mailings oder Telefonaktionen, gewinnen zunehmend an Bedeutung. Mit derartigen Aktionen versuchen die Werbetreibenden, einen direkten persönlichen Kontakt mit der ausgewählten Zielgruppe oder zumindest eine erhöhte Aufmerksamkeit zu erreichen.

Dabei eröffnen sich den Unternehmen im Bereich der **Multimedia-Anwendungen** neue, attraktive Kommunikationskanäle. Durch die Verbindung mehrerer Medien, wie Text, Bild und Ton werden vor allem technikinteressierte Verbraucher angesprochen. Ein Beispiel für den Einsatz von Multimedia ist das Internet, das zunehmend zu einem Medium für den Aufbau von direkten Kundenkontakten wird, die bis zu dem Abschluss von Kaufverträgen reichen.

18.5.3.4 Öffentlichkeitsarbeit (Public Relations)

Im Mittelpunkt der Öffentlichkeitsarbeit stehen nicht die Produkte von Unternehmen, sondern die Unternehmen selbst. Die Kommunikation richtet sich dabei an alle **Stakeholder** des Unternehmens und nicht primär an bestimmte Zielgruppen. Bei den Stakeholdern soll durch die Öffentlichkeitsarbeit ein positives Unternehmensimage erzeugt werden.

Die Instrumente der Öffentlichkeitsarbeit können in persönliche und nicht persönliche sowie in interne und externe Instrumente unterteilt werden (vergleiche *Meffert, H.* 2000: Seite 724 ff.):

Persönliche interne Öffentlichkeitsarbeit
Instrumente der persönlichen, internen Öffentlichkeitsarbeit sind beispielsweise Betriebs- oder Hauptversammlungen.

Nicht persönliche interne Öffentlichkeitsarbeit
Instrumente der nicht persönlichen, internen Öffentlichkeitsarbeit sind beispielsweise Mitarbeiterzeitungen oder Intranetseiten.

Persönliche externe Öffentlichkeitsarbeit
Instrumente der persönlichen, externen Öffentlichkeitsarbeit sind beispielsweise Pressekonferenzen, Betriebsbesichtigungen, Tage der offenen Tür oder Veranstaltungen im Rahmen des sogenannten Event-Marketing, so etwa die Weihnachtstour von Coca-Cola oder die Streetball Challenge von Adidas.

Nicht persönliche externe Öffentlichkeitsarbeit
Instrumente der nicht persönlichen, externen Öffentlichkeitsarbeit sind beispielsweise Unternehmenspublikationen, wie Geschäftsberichte oder Imagebroschüren, Anzeigen in Zeitungen, Pressenotizen, Internetseiten oder das Sponsoring. Letzteres kann weiter unterteilt werden in:
- das **Sportsponsoring**, bei dem beispielsweise Sportvereine unterstützt werden,
- das **Kultursponsoring**, bei dem beispielsweise Kunstausstellungen oder Konzerte unterstützt werden,
- das **Sozialsponsoring**, bei dem beispielsweise Kindergärten oder Hochschulen unterstützt werden, und
- das **Umweltsponsoring**, bei dem beispielsweise Baumpflanzungen oder Luftschutzaktionen unterstützt werden.

Sponsoring

18.5.3.5 Customer-Relationship-Management

Da eine Vielzahl von Unternehmensbereichen Kundenkontakte hat, gehen viele Unternehmen heute dazu über, die dabei entstehenden Informationen zusammenzufassen und den verschiedenen Unternehmensbereichen die jeweils notwendigen Informationen zur Verfügung zu stellen. Das Customer-Relationship-Management

(CRM) steht entsprechend für das Management aller Kundenbeziehungen, Kundeninformationen und kundenbezogenen Interaktionen über alle Unternehmensbereiche und Kommunikationskanäle hinweg mit der Zielsetzung, bestehende Kunden zu binden und neue Kunden zu identifizieren und zu akquirieren (↗ Abbildung 18-21). Durch dieses einheitliche Management der Kundenbeziehungen werden insbesondere Redundanzen vermieden. So verwenden beispielsweise alle Bereiche die gleichen Kundenadressen und die Kunden werden nicht unkoordiniert von verschiedenen Bereichen des Unternehmens kontaktiert.

18.5.4 Distributionspolitik

Die **Distributionspolitik** umfasst alle Entscheidungen und Maßnahmen, die im Zusammenhang mit dem Weg der Produkte von den Unternehmen zu ihren Kunden stehen.

Hierzu sind die Distributionsziele zu formulieren, die Absatzwege und die Distributionslogistik festzulegen und alle Maßnahmen zur Umsetzung der Distributionspolitik zu planen, durchzuführen und zu kontrollieren (↗ Abbildung 18-22, zum Folgenden vergleiche *Berndt, R.* 1995: Seite 459 ff., *Kotler, P./Bliemel, F.* 2001: Seite 1073 ff. und *Meffert, H.* 2000: Seite 600 ff.).

18.5.4.1 Absatzwegepolitik (Akquisitorische Distribution)

Die **Absatzwege** (synonym: Absatzkanäle, Vertriebswege) umfassen die wirtschaftlichen, rechtlichen und sozialen Beziehungen zwischen allen am Distributionsprozess beteiligten Personen und Institutionen. Dabei können zwischen dem Hersteller und dem Endkunden sowohl **Absatzmittler**, wie zum Beispiel Großhändler oder Einzelhändler, als auch **Absatzhelfer**, wie zum Beispiel Handelsvertreter oder Makler, auf-

Abb. 18-22

Instrumente der Distributionspolitik

treten. Während die Absatzmittler die Instrumente des Marketingmixes zumindest teilweise eigenständig einsetzen, erfüllen die Absatzhelfer lediglich vertriebsunterstützende Funktionen.

In der Regel setzen Unternehmen im Rahmen des sogenannten **Multi-Channel-Managements** auch mehrere Absatzwege für ihre Produkte ein. Dies ist beispielsweise dann der Fall, wenn ein Produkt sowohl direkt über den Internetshop eines Unternehmens gekauft werden kann als auch parallel dazu im Einzelhandel. Hinsichtlich des Absatzweges lassen sich zwei grundlegende Alternativen unterscheiden (↗ Abbildung 18-23):

Direkter Vertrieb

Beim direkten Vertrieb sind keine Absatzmittler in den Vertrieb eingebunden. Er wird deshalb auch als **Direktvertrieb** bezeichnet. Der Absatz erfolgt über eine zentrale Verkaufsabteilung, einen eigenen Versandhandel oder über herstellereigene Vertriebsstellen. Beispiele für einen direkten Absatz finden sich im Großanlagenbau, im Vertrieb von komplexen und entsprechend erklärungsbedürftigen Kommunikationssystemen oder bei Direktversicherungen. Auch verschiedene Konsumgüterhersteller, wie *WMF*, *Aigner* und *Vorwerk*, haben sich für diese Absatzvariante entschieden oder betreiben zumindest einen sogenannten »Werks-« oder »Fabrikverkauf« (Factory-Outlet). Allerdings verzichten viele Unternehmen aus Kostengründen auf einen direkten Absatz ihrer Produkte, weil der Aufbau eines eigenen Vertriebsnetzes, sofern er erforderlich ist, zumeist teurer ist als die Nutzung von Absatzmittlern. Über sie kann vielfach zu günstigeren Konditionen an den Endverbraucher geliefert werden. Die unbestrittenen Vorteile des direkten Absatzes sind jedoch der unmittelbare Kundenkontakt und die vollständige Kontrolle über den Absatzkanal.

Alternative Absatzwege

Indirekter Vertrieb

Beim indirekten Vertrieb werden eine oder mehrere Absatzstufen zwischen den Hersteller und seine Kunden geschaltet. Die Anzahl der Absatzstufen bestimmt damit die Länge des Absatzweges:

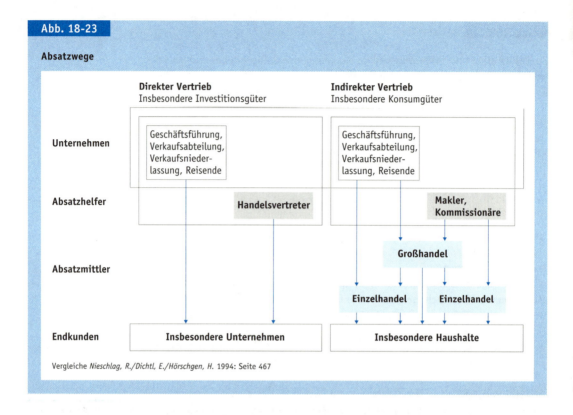

Abb. 18-23 Absatzwege

Vergleiche Nieschlag, R./Dichtl, E./Hörschgen, H. 1994: Seite 467

- Beim **einstufig** indirekten Vertrieb wird nur ein Absatzmittler in den Absatzweg eingebunden. Beispielsweise kaufen Einzelhändler von dem Hersteller Ware im eigenen Namen, auf eigene Rechnung und auf eigenes Risiko.
- Durch die Einbindung von weiteren Absatzmittlern wird der Vertrieb **mehrstufig**. In manchen Branchen finden sich beispielsweise Großhändler zwischen dem Hersteller und dem Einzelhandel. Sie agieren ebenfalls unter eigenem Namen und auf eigene Rechnung. Generell lässt sich sagen, dass mit der Länge des Absatzweges auch die Vertriebskosten für ein Produkt steigen.

18.5.4.2 Distributionslogistik (Physische Distribution)

Die Distributionslogistik (synonym: Absatzlogistik, Vertriebslogistik, Marketinglogistik) dient dazu, die Produkte physisch vom Hersteller zum Endkunden zu übermitteln. Es geht also vor allem um die Lösung des Problems, wie das Produkt durch Transport (Wahl der Transportwege und -mittel), Lagerung (Wahl von Lagerstandort, Lagergröße und Lagerhaltungssystem) und Auslieferung zum richtigen Zeitpunkt und in der richtigen Menge an den richtigen Absatzort zu bringen ist. Durch einen optimalen Lieferservice soll die zuverlässige, flexible und termingerechte Versorgung der Absatzmittler und der Endkunden gewährleistet werden.

18.6 Kennzahlen

Zur Information und Steuerung wird im Marketing eine Reihe von Kennzahlen verwendet. Die Informationen werden dem Management und den Mitarbeitern des Marketings in der Regel in monatlichen Berichten zur Verfügung gestellt. Hierzu können unter anderem die nachfolgenden Kennzahlen eingesetzt werden (vergleiche *Jung, H.* 2003: Seite 451 f.):

$$\text{Angebotserfolgsquote} = \frac{\text{Wert/Anzahl der angenommenen Angebote}}{\text{Wert/Anzahl der abgegebenen Angebote}} \; [\%]$$

$$\text{Auftragseingangsquote} = \frac{\text{Auftragseingänge}}{\text{Geplante Auftragseingänge}} \; [\%]$$

$$\text{Auftragsreichweite} = \frac{\text{Auftragsbestand}}{\text{Jahresumsatzerlös}} \; [\text{Jahre}]$$

$$\text{Preiselastizität} = \frac{\text{Prozentuale Absatzänderung}}{\text{Prozentuale Preisänderung}} \; [\%]$$

$$\text{Umsatzmarktanteil} = \frac{\text{Umsatzerlöse des Unternehmens}}{\text{Umsatzerlöse der Branche}} \; [\%]$$

$$\text{Umsatzentwicklung} = \frac{\text{Umsatzerlöse im Ermittlungszeitraum}}{\text{Umsatzerlöse im Basiszeitraum}} \; [\%]$$

Zusammenfassung Kapitel 18

- Gegenstand des Marketings ist die Planung und die Durchführung von Aktivitäten, die unmittelbar oder mittelbar dazu dienen, dass Gruppen oder Individuen die Produkte eines Unternehmens kaufen oder dessen Anliegen unterstützen.
- Das Marketing wird in ein kommerzielles und ein Nonprofit-Marketing unterteilt.
- Die meisten Märkte haben sich heute von Verkäufer- zu Käufermärkten entwickelt.
- Die klassische Preistheorie gibt den theoretischen Zusammenhang zwischen dem Verkaufspreis, der Absatzmenge, dem Umsatzerlös und dem Unternehmenserfolg wieder.
- Mit Marktanalysen werden bestehende und potenzielle Marktteilnehmer untersucht und Prognosen darüber erstellt, mit welchen Marketingmaßnahmen sich welche Absatzergebnisse erzielen lassen.
- Das Käuferverhalten kann über Stimulus-Organismus-Response-Modelle erklärt werden.

- Die Bedürfnispyramide stellt ein hierarchisch geordnetes System zur Erklärung menschlicher Bedürfnisse dar, die unter anderem Kaufprozesse auslösen können.
- Mit der Marktsegmentierung wird der Gesamtmarkt mittels geografischer, demographischer, psychografischer und verhaltensbezogener Kriterien in homogene Käufergruppen unterteilt.
- Die Marketingstrategie legt fest, in welchen Marktsegmenten das Unternehmen welche Produkte absetzen wird und ob in den Segmenten eine Strategie der Preisführerschaft, der Differenzierung oder der Fokussierung angewendet wird.
- Der Marketingmix bestimmt für jedes Marktsegment die Ausprägung der Produkt-, Preis-, Konditionen-, Kommunikations- und Distributionspolitik.
- Unter der Produktpolitik wird die marktgerechte Gestaltung der angebotenen Produkte eines Unternehmens verstanden.
- Die Preis- und Konditionenpolitik umfasst alle Vereinbarungen über die für Produkte zu zahlenden Entgelte und über die ergänzenden Regelungen zwischen Unternehmen und ihren Kunden.
- Gegenstand der Kommunikationspolitik ist es, den aktuellen und den potenziellen Kunden eines Unternehmens sowie der Öffentlichkeit ein den Unternehmenszielen entsprechendes Bild von den Produkten des Unternehmens und von dem Unternehmen selbst zu vermitteln.
- Die Distributionspolitik umfasst alle Entscheidungen und Maßnahmen, die im Zusammenhang mit dem Weg der Produkte von den Unternehmen zu ihren Kunden stehen.

Weiterführende Literatur Kapitel 18

Marketing allgemein
Kotler, P./Armstrong, G./Saunders, J./Wong, V.: Grundlagen des Marketing, München
Scharf, A./Schubert, B./Hehn, P.: Marketing: Einführung in Theorie und Praxis, Stuttgart.
Meffert, H./Burmann C./Kirchgeorg, M.: Marketing: Grundlagen marktorientierter Unternehmensführung. Konzepte – Instrumente – Praxisbeispiele, Wiesbaden
Homburg, C.: Marketingmanagement: Strategie – Instrumente – Umsetzung – Unternehmensführung, Wiesbaden.

Marktforschung
Goffin, K./Koners, U.: Hidden Needs: Versteckte Kundenbedürfnisse entdecken und in Produkte umsetzen, Stuttgart.

Werbung
Armstrong, J. S.: Werbung mit Wirkung: Bewährte Prinzipien überzeugend einsetzen, Stuttgart.

Neuromarketing
Häusel, H.-G. (Herausgeber): Neuromarketing, Planegg.

Weiterführende Internetverweise Kapitel 18

www.adc.de: Internetseite des *Art Directors Club für Deutschland e. V.* (ADC).
www.adm-ev.de: Internetseite des *Arbeitskreises Deutscher Markt- und Sozialforschungsinstitute e. V.* mit Hinweisen zu Marktforschungen.
www.bbdo-consulting.de: Internetseite der *BBDO Consulting GmbH* mit zahlreichen Publikationen zum Marketing.
www.gesis.org: Internetseite der *Gesellschaft Sozialwissenschaftlicher Infrastruktureinrichtungen e. V.* mit Hinweisen zu Marktuntersuchungen.
www.gfk.com: Internetseite des Konsum-, Markt- und Absatzforschungsunternehmens *GfK AG*.
www.jdw.de: Internetseite zum Jahrbuch Werbung mit zahlreichen Beispielen für Kampagnen.
www.markenlexikon.com: Internetseite zu Marken und deren Positionierung und Steuerung.
www.marketingverband.de: Internetseite des *Deutschen Marketing-Verbandes e. V.*
www.mkt-trends.com: Internetseite zu aktuellen Trends im Marketing.
www.mtp.org: Internetseite der Studenteninitiative *Marketing zwischen Theorie und Praxis e. V.* zur Förderung der Marketing-Ausbildung.
www.neuroeconomy.de: Internetseite des *Forschungsteams Neuroeconomics* der *Universität Münster* zur Neuroökonomie.
www.olsonzaltman.com: Internetseite von *Olson Zaltman Associates* mit Hinweisen zur *Zaltman* Metaphor Elicitation Technique.
www.sigma-online.com: Internetseite der *SIGMA, Gesellschaft für internationale Marktforschung und Beratung mbH*, mit Hinweisen zu den *SIGMA* Milieus.
www.sociovision.de: Internetseite der *Sinus Sociovision GmbH* mit Hinweisen zu den *Sinus* Milieus.
www.nymphenburg.de: Internetseite der *Nymphenburg Consult AG* mit Hinweisen zum *Limbic*-System.

Schlüsselbegriffe Kapitel 18

- Marketing
- Absatzwirtschaft
- Absatzpolitik
- Vertrieb
- Verkauf
- Investitionsgütermarketing
- Konsumgütermarketing
- Nonprofit-Marketing
- Verkäufermarkt
- Käufermarkt
- Preistheorie
- Preis-Absatz-Funktion
- Veblen-Effekt
- Prestige-Effekt
- Snob-Effekt
- Mitläufer-Effekt
- Qualitäts-Effekt
- Cournotscher Punkt
- Marktanalyse
- Käuferverhalten
- Stimulus-Response-Modell
- Black-Box-Modell
- Stimulus-Organismus-Response-Modell
- Kaufprozess
- Bedürfnispyramide
- AIDA
- Kaufentscheidung
- Kaufabsicht
- Primärforschung
- Sekundärforschung
- Zaltman Metaphor Elicitation Technique
- Neuroökonomie
- Marktsegmentierung
- Marktdurchdringung

- Produktentwicklung
- Markterschließung
- Diversifikation
- Generische Strategie
- Preisführerschaft
- Fokussierung
- Marketingmix
- Produktpolitik
- Sortimentspolitik
- Verpackung
- Markenpolitik
- Preispolitik
- Konditionenpolitik
- Preisbestimmung
- Preisdifferenzierung
- Prämienpreispolitik
- Promotionspreispolitik
- Penetrationspreispolitik
- Abschöpfungspreispolitik
- Kommunikationspolitik
- Werbung
- Werbeobjekt
- Werbeträger
- Werbemittel
- Verkaufsförderung
- Öffentlichkeitsarbeit
- Public Relation
- Event Marketing
- Sponsoring
- Product-Placement
- Direkt-Marketing
- Customer-Relationship-Management
- Distributionspolitik
- Absatzwegepolitik
- Absatzmittler
- Absatzhelfer
- Multi-Chanel-Management
- Distributionslogistik

Fragen Kapitel 18

Frage 18-1: *Definieren Sie den Begriff »Marketing«.*
Frage 18-2: *Nennen Sie die zwei grundsätzlichen Formen des Marketings.*
Frage 18-3: *Erläutern Sie den Unterschied zwischen dem Investitions- und dem Konsumgütermarketing.*
Frage 18-4: *Erläutern Sie den Unterschied zwischen Käufer- und Verkäufermärkten.*
Frage 18-5: *Erläutern Sie, was unter hybriden Kunden verstanden wird.*
Frage 18-6: *Nennen Sie mindestens drei Ziele des Marketings.*
Frage 18-7: *Erläutern Sie, was unter einer Preis-Absatz-Funktion verstanden wird.*
Frage 18-8: *Erläutern Sie, was unter der Preiselastizität der Nachfrage verstanden wird.*
Frage 18-9: *Erläutern Sie, wo der Cournotsche Punkt beim Angebotsmonopol liegt.*
Frage 18-10: *Nennen Sie vier Effekte, aufgrund derer trotz steigender Preise mehr gekauft wird.*
Frage 18-11: *Erläutern Sie den Unterschied zwischen dem Veblen- und dem Snob-Effekt.*
Frage 18-12: *Erläutern Sie, was unter dem Qualitäts-Effekt verstanden wird.*
Frage 18-13: *Nennen Sie die vier möglichen Entscheider bei Kaufprozessen.*
Frage 18-14: *Erläutern Sie den Unterschied zwischen dem Stimulus-Response- und dem Stimulus-Organismus-Response-Modell.*
Frage 18-15: *Nennen Sie die fünf Phasen, in denen Kaufprozesse idealtypisch ablaufen.*
Frage 18-16: *Nennen Sie die fünf Bedürfnisarten nach Maslow.*
Frage 18-17: *Erläutern Sie, was unter dem Limbic-Modell verstanden wird.*
Frage 18-18: *Erläutern Sie, wofür AIDA steht.*
Frage 18-19: *Nennen Sie die drei möglichen Informationsquellen von potenziellen Käufern.*
Frage 18-20: *Nennen Sie die vier Kaufarten, die unterschieden werden.*
Frage 18-21: *Erläutern Sie den Unterschied zwischen extensiven und limitierten Käufen.*
Frage 18-22: *Erläutern Sie, was unter habituellen Käufen verstanden wird.*

Frage 18-23: *Erläutern Sie den Unterschied zwischen der primären und der sekundären Marktforschung.*
Frage 18-24: *Definieren Sie den Begriff »Marktsegment«.*
Frage 18-25: *Nennen Sie die vier Gruppen von Kriterien, anhand derer Märkte segmentiert werden, können.*
Frage 18-26: *Nennen Sie mindestens drei demographische Segmentierungskriterien.*
Frage 18-27: *Nennen Sie die zwei Kriterien, anhand derer die Marktsegmentierung entsprechend den SIGMA-Milieus erfolgt.*
Frage 18-28: *Nennen Sie die vier Produkt-Markt-Strategien nach Ansoff.*
Frage 18-29: *Erläutern Sie, welche drei generischen Strategien es nach Porter gibt.*
Frage 18-30: *Nennen Sie die vier absatzpolitischen Instrumente.*
Frage 18-31: *Erläutern Sie, was unter dem Marketingmix verstanden wird.*
Frage 18-32: *Definieren Sie den Begriff »Produktpolitik«.*
Frage 18-33: *Nennen Sie mindestens vier Instrumente der Produktpolitik.*
Frage 18-34: *Erläutern Sie an einem Beispiel den Unterschied zwischen der Sortimentsbreite und der Sortimentstiefe.*
Frage 18-35: *Nennen Sie mindestens vier Aspekte, die bei der Gestaltung von Verpackungen berücksichtigt werden müssen.*
Frage 18-36: *Erläutern Sie, was unter einem Markenprodukt verstanden wird.*
Frage 18-37: *Definieren Sie den Begriff »Preis- und Konditionenpolitik«.*
Frage 18-38: *Nennen Sie die drei Instrumente der Preispolitik.*
Frage 18-39: *Erläutern Sie die vier Möglichkeiten der Preisbestimmung.*
Frage 18-40: *Nennen Sie mindestens vier Möglichkeiten der Preisdifferenzierung.*
Frage 18-41: *Erläutern Sie, welche vier preispolitischen Strategien unterschieden werden.*
Frage 18-42: *Nennen Sie mindestens drei Konditionen, die im Rahmen der Konditionenpolitik festgelegt werden können.*
Frage 18-43: *Definieren Sie den Begriff »Kommunikationspolitik«.*
Frage 18-44: *Erläutern Sie mindestens zwei Möglichkeiten, wie das Werbebudget festgelegt werden kann.*
Frage 18-45: *Nennen Sie die drei Arten von Werbeträgern und jeweils ein Beispiel dafür.*
Frage 18-46: *Erläutern Sie, was unter Werbemitteln verstanden wird.*
Frage 18-47: *Erläutern Sie an Beispielen die drei Arten der Verkaufsförderung.*
Frage 18-48: *Erläutern Sie, was unter dem Product-Placement verstanden wird.*
Frage 18-49: *Erläutern Sie, was unter dem Direkt-Marketing verstanden wird.*
Frage 18-50: *Erläutern Sie, welche Zielsetzung die Öffentlichkeitsarbeit verfolgt.*
Frage 18-51: *Nennen Sie mindestens vier Arten der Öffentlichkeitsarbeit und jeweils ein Beispiel dafür.*
Frage 18-52: *Nennen Sie mindestens drei Arten des Sponsorings.*
Frage 18-53: *Erläutern Sie, welche Aufgaben das Customer-Relationship-Management hat.*
Frage 18-54: *Definieren Sie den Begriff »Distributionspolitik«.*
Frage 18-55: *Erläutern Sie den Unterschied zwischen der akquisitorischen und der physischen Distribution.*

Frage 18-56: *Erläutern Sie den Unterschied zwischen Absatzmittlern und Absatzhelfern und nennen Sie jeweils ein Beispiel für diese.*

Frage 18-57: *Erläutern Sie, was unter dem Multi-Channel-Management verstanden wird.*

Frage 18-58: *Erläutern Sie den Unterschied zwischen dem direkten und dem indirekten Vertrieb.*

Fallstudie Kapitel 18

Die Geschäftsführung der Speedy GmbH ist noch unzufrieden mit dem Absatz des zweisitzigen Speedster City. Der Geschäftsführer, Dr. Scharrenbacher, ist der Meinung, dass der Speedster City auch für Senioren das ideale Fahrzeug wäre. Sie sollen deshalb folgende Punkte ausarbeiten:

(1) Definieren Sie anhand verschiedener Segmentierungskriterien die vier aussichtsreichsten Marktsegmente (inklusive Senioren) für Kleinwagen wie den Speedster City.

(2) Um welche Produkt-Markt-Strategie würde es sich bei einer Bearbeitung des Marktsegments Senioren handeln?

(3) Schätzen Sie grob ab, wie groß das Marktsegment Senioren in Deutschland ist.

(4) Mit welchen Fragestellungen und Methoden würden Sie in diesem Marktsegment die Marktforschung durchführen?

(5) Welche Einflussfaktoren und Bedürfnisse sind nach Ihrer Meinung in diesem Marktsegment ausschlaggebend bei der Kaufentscheidung?

(6) Welche konkreten produktpolitischen Maßnahmen würden Sie aus den vorausgegangenen Überlegungen für den »Senioren Speedster City« vorschlagen?

(7) Welche konkreten preispolitischen Maßnahmen würden Sie empfehlen?

(8) Welche konkreten kommunikationspolitischen Maßnahmen würden Sie vorschlagen?

(9) Welche konkreten distributionspolitischen Maßnahmen würden Sie vorschlagen?

Präsentieren Sie nachfolgend Ihre Ergebnisse. Untermauern Sie Ihre Überlegungen dabei mit zusätzlichen Recherchen.

Lösungen Kapitel 18

Für die Fallstudie gibt es keine eindeutige Lösung. Lösungshinweise werden deshalb nicht zur Verfügung gestellt.

Studierende, deren Dozenten das Buch einsetzen, finden passwortgeschützte Lösungsbeispiele unter folgender Internetadresse:
www.EinfuehrungInDieBetriebswirtschaftslehre.de/bwl-loesungen.html

Das Passwort für die Lösungen erhalten Sie von Ihrem Dozenten:

Passwort:

Literaturverzeichnis

Arnold, U. 1995: Beschaffungsmanagement, Stuttgart 1995.
Baetge, J. 1993: Überwachung, in: *Vahlens* Kompendium der Betriebswirtschaft, Band 2, herausgegeben von *M. Bitz* et al., 3. Auflage, München 1993, Seiten 177–218.
Bamberg, G./Coenenberg, A. G. 1996: Betriebswirtschaftliche Entscheidungslehre, 9. Auflage, München 1996.
Bankhofer, U. 2001: Industrielles Standortmanagement – Aufgabenbereiche, Entwicklungstendenzen und problemorientierte Lösungsansätze, Wiesbaden 2001.
Bartling, H./Luzius, F. 1996: Grundzüge der Volkswirtschaftslehre, Einführung in die Wirtschaftstheorie und Wirtschaftspolitik, 11. Auflage, München 1996.
Bartölke, K. 1992: Teilautonome Arbeitsgruppen, in: Handwörterbuch der Organisation, 3. Auflage, herausgegeben von *Frese, E.*, Stuttgart 1992, Spalte 2384–2399.
Baumbach, A./Hopt, K. J. 2000: Handelsgesetzbuch, 30. Auflage, München 2000.
Bea, F. X./Haas, J. 1997: Strategisches Management, 2. Auflage, Stuttgart 1997.
Behrens, K. C. 1971: Allgemeine Standortbestimmungslehre, 2. Auflage, Opladen 1971.
Beisel, W./Klumpp, H.-H. 2006: Der Unternehmenskauf, Gesamtdarstellung der zivil- und steuerrechtlichen Vorgänge, 5. Auflage, München 2006.
Berens, W./Delfmann, W./Schmitting/W. 2004: Quantitative Planung, 4. Auflage, Stuttgart 2004.
Berndt, R. 1995: Marketing 2, Marketing-Politik, 3. Auflage, Berlin et al. 1995.
Berthel, J. 1997: Personalmanagement: Grundzüge für die Konzeption betrieblicher Personalarbeit, 5. Auflage, Stuttgart 1997.
Bestmann, U. (Herausgeber) 1992: Kompendium der Betriebswirtschaftslehre, 6. Auflage, München, Wien 1992.
Bichler, K./Schröter, N. 1995: Praxisorientierte Logistik, Stuttgart et al. 1995.
Binder, U./Jünemann. M./Merz, F./Sinewe, P. 2007: Die Europäische Aktiengesellschaft (SE): Recht, Steuern, Beratung, Wiesbaden 2007.
Bisani, F. 1995: Personalwesen und Personalführung, Der State of the Art der betrieblichen Personalarbeit, 4. Auflage, Wiesbaden 1995.
Bleicher, K. 1991: Organisation, Strategien, Strukturen, Kulturen, 2. Auflage, Wiesbaden 1991.
Bleicher, K. 1994: Normatives Management, Politik, Verfassung und Philosophie des Unternehmens, Frankfurt, New York 1994.
Bleicher, K. 1996: Das Konzept Integriertes Management, 4. Auflage, Frankfurt, New York 1996.
Bleicher, K./Leberl, D./Paul, H. 1989: Unternehmensverfassung und Spitzenorganisation, Wiesbaden 1989.
Blohm, H./Lüder, K. 1991: Investition, Schwachstellen im Investitionsbereich des Industriebetriebes und Wege zu ihrer Beseitigung, 7. Auflage, München 1991.
BMBF (Herausgeber) 1996: Bundesbericht Forschung 1996, Bonn 1996.

Bonsen, M. zur 1992: Mehr Tempo durch Vision, in: Speed-Management, herausgegeben von *Hirzel, Leder & Partner*, Wiesbaden 1992, Seiten 133–146.
Braun, C. C. 1995: Innovationsstrategien multinationaler Unternehmungen, Frankfurt et al. 1995.
Bröckermann, R. 2012: Personalwirtschaft, 6. Auflage, Stuttgart 2012.
Brockhoff, K. 1997: Forschung und Entwicklung, 4. Auflage, München et al. 1997.
Brütsch, D. 1999: Virtuelle Unternehmen, Zürich 1999.
Bühner, R. 1996: Betriebswirtschaftliche Organisationslehre, 8. Auflage, München et al. 1996.
Bühner, R. 1997: Personalmanagement, 2. Auflage, Landsberg am Lech 1997.
Bühner, R. 2004: Betriebswirtschaftliche Organisationslehre, 10. Auflage, München 2004.
Bundesministerium für Arbeit und Sozialordnung (Herausgeber) 1995: Mitbestimmung, Unternehmensmitbestimmung und Betriebsverfassung, Bonn 1995.
Bürgel, H. D./Haller, C./Binder, M. 1996: F&E-Management, München 1996.
Cassel, G. 1923: Theoretische Sozialökonomie, 3. Auflage, Erlangen, Leipzig 1923.
Coenenberg, A. G. 2003: Kostenrechnung und Kostenanalyse, 5. Auflage, Stuttgart 2003.
Coenenberg, A. G. 2005: Jahresabschluss und Jahresabschlussanalyse, 20. Auflage, Stuttgart 2005.
Coenenberg, A. G./Fischer, T. H. 1996: Kostenrechnung und Controlling, in: Lexikon des Controlling, herausgegeben von *Schulte, C.*, München, Wien 1996, Seiten 456–460.
Corsten, H. 1996: Produktionswirtschaft, 6. Auflage, München, Wien 1996.
Davidow, W. H./Malone, M. S. 1993: Das virtuelle Unternehmen, Der Kunde als Co-Produzent, Frankfurt, New York 1993.
Drucker, P. F. 2000: Die Kunst des Managements, 2. Auflage, München 2000.
Drumm, H. J. 1995: Personalwirtschaftslehre, 3. Auflage, Berlin et al. 1995.
Eisenführ, F./Weber, M. 1994: Rationales Entscheiden, 2. Auflage, Berlin et al. 1994.
Emmerich, V. 1994: Kartellrecht, 7. Auflage, München 1994.
Emmerich, V. 1995: Das Recht des unlauteren Wettbewerbs, 4. Auflage, München 1995.
Emmerich, V./Sonnenschein, J. 1993: Konzernrecht, 5. Auflage, München 1993.
Fandel, G. 1989: Produktions- und Kostentheorie, Berlin 1989.
Financial Executives Institute (Herausgeber) 1962: Controllership and Treasurership Functions defined by *FEI*, in: The Controller (30) 1962, Seite 289.
Frantzke, A. 1999: Grundlagen der Volkswirtschaftslehre, Mikroökonomische Theorie und Aufgaben des Staates in der Marktwirtschaft, Stuttgart 1999.
Frantzke, A. 1999: Grundlagen der Volkswirtschaftslehre, Stuttgart 1999.
Frese, E. 1987: Unternehmensführung, Landsberg am Lech 1987.
Gaitanides, M. 1983: Prozessorganisation, Entwicklung, Ansätze und Programme prozessorientierter Organisationsgestaltung, München 1983.
Gaitanides, M./Scholz, R./Vrohlings, A. 1994: Prozessmanagement, Grundlagen und Zielsetzungen, in: Prozessmanagement, Konzepte, Umsetzungen und Erfahrungen des Reengineering, herausgegeben von *Gaitanides, M./Scholz, R./Vrohlings, A. et al.*, München et al. 1994, Seiten 1–19.

Gerpott, T. J. 2005: Strategisches Technologie- und Innovationsmanagement, 2. Auflage, Stuttgart 2005.

Geschka, H./Hammer, R. 1986: Die Szenario-Technik in der strategischen Unternehmensplanung, in: Strategische Unternehmensplanung – Stand und Entwicklungstendenzen, herausgegeben von *Hahn, D./Taylor, B.*, Heidelberg et al. 1986, Seiten 238–263.

Günther, P./Schittenhelm, F. A. 2003: Investition und Finanzierung – Eine Einführung in das Finanz- und Risikomanagement, Stuttgart 2003.

Gutenberg, E. 1955: Grundlagen der Betriebswirtschaftslehre, Erster Band: Die Produktion, 2. Auflage, Berlin et al. 1955.

Hahn, D. 1994: Organisation der Planung (I), in: Das Wirtschaftsstudium 1994, Seiten 43–48.

Hahn, D. 1994: PuK, Planung und Kontrolle, Controllingkonzepte, 4. Auflage, Wiesbaden 1994.

Hahn, D. 1997: US-amerikanische Konzepte strategischer Unternehmensführung, in: Strategische Unternehmensführung, 7. Auflage, herausgegeben von *Hahn, D./Taylor, B.*, Heidelberg 1997, Seiten 144–164.

Hahn, D. 1998: Konzepte strategischer Führung, in: Zeitschrift für Betriebswirtschaft, 68. Jahrgang, 1998, Nummer 6, Seiten 563–579.

Hansmann, K.-W. 1974: Entscheidungsmodelle zur Standortplanung der Industrieunternehmen, Wiesbaden 1974.

Häusel, H.-G. (Herausgeber) 2007a: Neuromarketing, Planegg 2007.

Häusel, H.-G. 2007b: Limbic: Die Emotions- und Motivwelten im Gehirn des Kunden und Konsumenten kennen und treffen, in: Häusel, H.-G. (Herausgeber) 2007a.

Heinen, E. 1991: Industriebetriebslehre, Entscheidungen im Industriebetrieb, 9. Auflage, Wiesbaden 1991.

Henderson, B. D. 1994a: Das Portfolio, in: Das Boston Consulting Group Strategie-Buch, 3. Auflage, herausgegeben von *von Oetinger, B.* Düsseldorf et al. 1994a, Seiten 286–291.

Henderson, B. D. 1994b: Die Erfahrungskurve – Preisstabilität, in: Das Boston Consulting Group Strategie-Buch, 3. Auflage, herausgegeben von *von Oetinger, B.* Düsseldorf et al. 1994b, Seiten 421–427.

Hentze, J. 1990: Personalwirtschaftslehre 2, 4. Auflage, Bern, Stuttgart 1990.

Heubes, J. 1992: Marktwirtschaft, Eine problemorientierte und systematische Einführung in die Volkswirtschaftslehre, München 1992.

Hill, W./Fehlbaum, R./Ulrich, P. 1994: Organisationslehre 1, Ziele, Instrumente und Bedingungen der Organisation sozialer Systeme, 5. Auflage, Bern et al. 1994.

Hinterhuber, H. H. 1996: Strategische Unternehmensführung – I. Strategisches Denken, 6. Auflage, Berlin et al. 1996.

Hohmeister, F. 1998: Grundzüge des Arbeitsrechts, Lehr- und Studienbuch für Studierende der Rechts- und Wirtschaftswissenschaften, Stuttgart 1998.

Hohmeister, F. 2002: Grundzüge des Arbeitsrechts, 2. Auflage, Stuttgart 2002.

Hollricher, K. 2005: Die Marke macht's, in: Bild der Wissenschaft, Nummer 9, 2005 Seiten 24–30.

Homburg, C. 2000: Quantitative Betriebswirtschaftslehre, 3. Auflage, Wiesbaden 2000.
Hopfenbeck, W. 1998: Allgemeine Betriebswirtschafts- und Managementlehre, Das Unternehmen im Spannungsfeld zwischen ökonomischen, sozialen und ökologischen Interessen, 12. Auflage, Landsberg/Lech 1998.
Horváth, P. 1996: Controlling, 6. Auflage, München 1996.
Hucke, A./Ammann, H. 2003: Der Deutsche Corporate Governance Kodex, Ein Praktiker-Leitfaden für Unternehmer und Berater, Herne, Berlin 2003.
Hugentobler, W./Blattner M. 2005: Finanzmanagement, in: *Hugentobler, W./ Schaufelbühl, K./Blattner M.* (Herausgeber): Integrale Betriebswirtschaftslehre, Zürich 2005.
Hummel, S./Männel, W. 1995: Kostenrechnung 1: Grundlagen, Aufbau und Anwendung, 4. Auflage, Wiesbaden 1995.
Ihde, G. B. 1984: Standortdynamik als strategische Antwort auf wirtschaftliche Strukturveränderungen, in: *Gaugler, E.* et al. (Herausgeber): Strategische Unternehmensführung und Rechnungslegung, Stuttgart 1984, Seiten 83–96.
Jackson, P./Ashton, D. 1996: ISO 9000, Der Weg zur Zertifizierung, 4. Auflage, Landsberg/Lech 1996.
Jehle, E./Müller, K./Michael, H. 1994: Produktionswirtschaft, 4. Auflage, Heidelberg 1994.
Jórasz, W. 2003: Kosten- und Leistungsrechnung, 3. Auflage, Stuttgart 2003.
Jünemann, R. 1989: Materialfluss und Logistik, Berlin et al. 1989.
Jung, H. 1995: Personalwirtschaft, München 1995.
Jung, H. 2003: Controlling, München 2003.
Jung, H. 2004: Allgemeine Betriebswirtschaftslehre, 9. Auflage, München, Wien 2004.
Jung, R. H./Kleine, M. 1993: Management, Personen – Strukturen – Funktionen – Instrumente, München et al. 1993.
Kamenz, U. 1997: Marktforschung, Einführung mit Beispielen, Aufgaben und Lösungen, Stuttgart 1997.
Keller, G./Nüttgens, M./Scheer, A.-W. 1992: Semantische Prozessmodellierung auf der Grundlage »Ereignisgesteuerter Prozessketten (EPK)«, Veröffentlichungen des Instituts für Wirtschaftsinformatik, Universität des Saarlandes, Heft 89, Saarbrücken 1992.
Kiechl, R. 1990: Intrapreneurship bringt neuen Elan, in: io management 12/1990, Seiten 27–30.
Kieser, A./Kubicek, H. 1992: Organisation, 3. Auflage, Berlin et al. 1992.
Klunzinger, E. 1987: Einführung in das Bürgerliche Recht, Grundkurs für Studierende der Wirtschaftswissenschaften, München 1987.
Klunzinger, E. 2004: Grundzüge des Gesellschaftsrechts, 13. Auflage, München 2004.
Kondratieff, N. D. 1984: The Long Wave Cycle, New York 1984.
Kosiol, E. 1976a: Organisation der Unternehmung, 2. Auflage, Wiesbaden 1976.
Kosiol, E. 1976b: Pagatorische Bilanz, Berlin 1976.
Kotler, P./Bliemel, F. 2001: Marketing-Management, 10. Auflage, Stuttgart 2001.
KPMG (Herausgeber) 2000: Electronic Procurement – Chancen, Potenziale, Gestaltungsansätze, München 2000.

Kreikebaum, H. 1991: Strategische Unternehmensplanung, 4. Auflage, Stuttgart 1991.
Krelle, W. 1968: Präferenz- und Entscheidungstheorie, Tübingen 1968.
Kreuzer, C. 2005: BWL kompakt, Wien 2005.
Krieg, H.-J./Ehrlich, H. 1998: Personal, Lehrbuch mit Beispielen und Kontrollfragen, Stuttgart 1998.
Krüger, W. 1993: Organisation der Unternehmung, 2. Auflage, Stuttgart et al. 1993.
Küpper, H.-U. 1997: Controlling, 2. Auflage, Stuttgart 1997.
Langenbeck, J./Wolf, J. 1996: Buchführung und Jahresabschluss, 2. Auflage, Berlin 1996.
Laux, H. 1998: Entscheidungstheorie, 4. Auflage, Berlin et al. 1998.
Laux, H./Liermann, F. 1997: Grundlagen der Organisation, Die Steuerung von Entscheidungen als Grundproblem der Betriebswirtschaftslehre, 4. Auflage, Berlin et al. 1997.
Litke, H.-D. 1995: Projektmanagement, 3. Auflage, München et al. 1995.
Lüder, K./Küpper, W. 1983: Unternehmerische Standortplanung und regionale Wirtschaftsförderung: Eine empirische Analyse des Standortverhaltens industrieller Großunternehmen, Göttingen 1983.
Lutter, M./Krieger, G. 2002: Rechte und Pflichten des Aufsichtsrats, 4. Auflage, Köln 2002.
Macharzina, K. 2003: Unternehmensführung, Das internationale Managementwissen, Konzepte – Methoden – Praxis, 4. Auflage, Wiesbaden 2003.
Mag, W. 1990: Grundzüge der Entscheidungstheorie, München 1990.
Mag, W. 1992: Ausschüsse, in: Handwörterbuch der Organisation, 3. Auflage, herausgegeben von *Frese, E.*, Stuttgart 1992, Spalte 252–262.
Mag, W. 1993: Planung, in: *Vahlens* Kompendium der Betriebswirtschaft, Band 2, herausgegeben von *Bitz, M.* et al., 3. Auflage, München 1993, Seiten 3–56.
Mankiw, N. G. 2004: Volkswirtschaftslehre, 3. Auflage, Stuttgart 2004.
Meffert, H. 1991: Marketing, 7. Auflage, Wiesbaden 1991.
Meffert, H. 2000: Marketing, 9. Auflage, Wiesbaden 2000.
Melzer-Ridinger, R. 1994: Materialwirtschaft und Einkauf, Band 1, 3. Auflage, München 1994.
Mertens, P. et al. 1998: Virtuelle Unternehmen und Informationsverarbeitung, Berlin et al. 1998.
Mintzberg, H. 2005: Strategy Safari, Heidelberg 2005.
Müller-Stewens, G./Brauer, M. 2009: Corporate Strategy & Governance: Wege zur nachhaltigen Wertsteigerung im diversifizierten Unternehmen, Stuttgart 2009.
Müller-Stewens, G./Lechner C. 2005: Strategisches Management, 3. Auflage, Stuttgart 2005.
Nagl, A. 2003: Rating, Freiburg 2003.
Nagl, A. 2005: Der Businessplan, 2. Auflage, Wiesbaden 2005.
Nieschlag, R./Dichtl, E./Hörschgen, H. 1997: Marketing, 18. Auflage, Berlin 1997.
Odiorne, G. S. 1984: Strategic Management of Human Resources, A Portfolio Approach, San Francisco et al. 1984.

OECD (Herausgeber) 1982: Die Messung wissenschaftlicher und technischer Tätigkeiten, 4. Auflage, Bonn 1982.
Oechsler, W. 1997: Personal und Arbeit, Einführung in die Personalwirtschaft unter Einbeziehung des Arbeitsrechts, 6. Auflage, München 1997.
Olfert K. 1994: Kostenrechnung, 9. Auflage, Ludwigshafen, 1994.
Olfert, K. 1990: Personalwirtschaft, 4. Auflage, Ludwigshafen 1990.
Ott, A. E. 1979: Grundzüge der Preistheorie, 3. Auflage, Göttingen 1979.
Pausenberger, E. 1989: Zur Systematik von Unternehmenszusammenschlüssen, in: Das Wirtschaftsstudium 11/1989, Seiten 621–626.
Peltzer, M. 2004: Deutsche Corporate Governance, Ein Leitfaden, 2. Auflage, München 2004.
Pepels, W. 1997: Einführung in die Kommunikationspolitik, Eine Werbelehre mit Beispielen und Kontrollfragen, Stuttgart 1997.
Perridon, L./Steiner, M. 1991: Finanzwirtschaft der Unternehmung, 6. Auflage, München 1991.
Peters, T. J./Waterman, R. H. 1984: Auf der Suche nach Spitzenleistungen – Was man von den bestgeführten US-Unternehmen lernen kann, 9. Auflage, Landsberg/Lech 1984.
Peters, T. J./Watermann, R. H. 1982: In Search of Excellence, New York 1982.
Pfitzer, N./Oser, P. 2003: Deutscher Corporate Governance Kodex, Ein Handbuch für Entscheidungsträger, Stuttgart 2003.
Pfohl, H.-C. 1981: Planung und Kontrolle, Stuttgart et al. 1981.
Pfohl, H.-C. 1996: Logistiksysteme, 5. Auflage, Berlin 1996.
Picot, A./Dietl, H./Franck, E. 1997: Organisation, Eine ökonomische Perspektive, Stuttgart 1997.
Picot, G. (Herausgeber) 2000: Handbuch Mergers & Acquisitions, Planung, Durchführung, Integration, Stuttgart 2000.
Picot, G. (Herausgeber) 2002: Handbuch Mergers & Acquisitions, Planung, Durchführung, Integration, Stuttgart 2002.
Porter, M. E. 1983: Wettbewerbsstrategie, Frankfurt 1983.
Porter, M. E. 2000: Wettbewerbsvorteile (Competitive Advantage), Spitzenleistungen erreichen und behaupten, 6. Auflage, Frankfurt 2000.
Porter, M. E. 1996: Wie die Wettbewerbskräfte die Strategie beeinflussen, in: Strategie – Die brillanten Beiträge der weltbesten Strategie-Experten, herausgegeben von *Montgomery, C. A./Porter M. E.*, Wien 1996, Seiten 13–30.
Prahalad, C. K./Hamel G. 1996: Nur Kernkompetenzen sichern das Überleben, in: Strategie – Die brillanten Beiträge der weltbesten Strategie-Experten, herausgegeben von *Montgomery, C. A./Porter M. E.*, Wien 1996, Seiten 309–335.
Pümpin, C./Gälweiler, A./Neubauer, F.-F. et al. 1981: Produkt-Markt-Strategien, Bern 1981.
Raffée, H. 1993: Gegenstand, Methoden und Konzepte der Betriebswirtschaftslehre, in: *Vahlens* Kompendium der Betriebswirtschaftslehre, herausgegeben von *Bitz, M.* et al., Bd. 1, 3. Auflage, München 1993, Seiten 1–46.
REFA (Herausgeber) 1984: Methodenlehre des Arbeitsstudiums, Teil 1: Grundlagen, 7. Auflage, München 1984.

Regierungskommission Deutscher Corporate Governance Kodex 2005: Deutscher Corporate Governance Kodex, Fassung vom 02.06.2005.
Rehkugler, H./Schindel, V. 1990: Entscheidungstheorie, Erklärung und Gestaltung betrieblicher Entscheidungen, 5. Auflage, München 1990.
Reichwald, R. et al. 1998: Telekooperation, Verteilte Arbeits- und Organisationsformen, Berlin et al. 1998.
Reichwald, R./Hesch, G. 1998: Mitarbeiter und Manager in neuen Organisationsformen, in: Komplexitätsmanagement, Schriften zur Unternehmensführung, Bd. 61, herausgegeben von *Adam, D.*, Wiesbaden 1998, Seiten 87–96.
Riebel, P. 1994: Einzelkosten- und Deckungsbeitragsrechnung, 7. Auflage, Wiesbaden 1994.
Rose, G./Glorius-Rose, C. 2001: Unternehmen: Rechtsformen und Verbindungen, Ein Überblick aus betriebswirtschaftlicher, rechtlicher und steuerlicher Sicht, 3. Auflage, Köln 2001.
Rüegg-Stürm, J. 2002: Das neue St. Galler Management-Modell, 2. Auflage, Bern et al. 2002.
Ruile, H./Stettin, A. 2005: Beschaffung, Marktleistungserstellung und Distribution, in: *Hugentobler, W./Schaufelbühl, K./Blattner M.* (Herausgeber): Integrale Betriebswirtschaftslehre, Zürich 2005.
Schäfer-Kunz, J. 1995: Strategische Allianzen im deutschen und europäischen Kartellrecht, Frankfurt et al. 1995.
Schäfer-Kunz, J. 2011: Buchführung und Jahresabschluss, Stuttgart 2011.
Schäfer-Kunz, J./Tewald, C. 1998: Make-or-buy-Entscheidungen in der Logistik, Wiesbaden 1998.
Schanz, G. 1993: Personalwirtschaftslehre, Lebendige Arbeit in verhaltenswissenschaftlicher Perspektive, 2. Auflage, München 1993.
Schanz, G. 1994: Organisationsgestaltung, Management von Arbeitsteilung und Koordination, 2. Auflage, München 1994.
Schierenbeck, H. 1993: Grundzüge der Betriebswirtschaftslehre, 11. Auflage, München 1993.
Schierenbeck, H. 2003: Grundzüge der Betriebswirtschaftslehre, 16. Auflage, München, Wien 2003.
Schildbach, T. 1993: Entscheidung, in: *Vahlens* Kompendium der Betriebswirtschaftslehre, herausgegeben von *Bitz, M.* et al., Bd. 2, 3. Auflage, München 1993, Seiten 59–99.
Schmalen, H. 2002: Grundlagen und Probleme der Betriebswirtschaft, 12. Auflage, Stuttgart 2002.
Schmeisser, W./Kantner, A./Geburtig, A./Schindler, F. 2006: Forschungs- und Technologie-Controlling, Stuttgart 2006.
Schmelzer, H. J./Sesselmann, W. 2006: Geschäftsprozessmanagement in der Praxis, 5. Auflage, München, Wien 2006.
Schmidt, R. H. 1990: Grundzüge der Investitions- und Finanzierungstheorie, 2. Auflage, Wiesbaden 1990.
Schmolke, S./Deitermann, M. 1998: Industrielles Rechnungswesen IKR, 26. Auflage, Darmstadt 1998.

Schneider, D. 1987: Allgemeine Betriebswirtschaftslehre, 3. Auflage, München et al. 1987.

Scholz, C. 1994: Personalmanagement, Informationsorientierte und verhaltenstheoretische Grundlagen, 4. Auflage, München 1994.

Scholz, C. 1996: Virtuelle Unternehmen – Organisatorische Revolution mit strategischer Implikation, in: Management und Computer, Band 4, Heft 1, 1996, Seiten 27–34.

Scholz, C. 1997: Strategische Organisation, Prinzipien zur Vitalisierung und Virtualisierung, Landsberg/Lech 1997.

Schöttler, J./Spulak, R. 1989: Technik des betrieblichen Rechnungswesens. 5. Auflage, München, Wien 1989.

Schwarz, P. 1992: Management in Nonprofit Organisationen, Bern, Stuttgart 1992.

Schweitzer, M. 1993: Planung und Kontrolle, in: Allgemeine Betriebswirtschaftslehre, Band 2: Führung, herausgegeben von *Bea, F. X./Dichtl, E./Schweitzer, M.*, 6. Auflage, Stuttgart 1993, Seiten 19–102.

Seghezzi, H. D. 1994: Qualitätsmanagement, Stuttgart 1994.

Seidel, E./Redel, W. 1987: Führungsorganisation, München et al. 1987.

Servatius, H.-G. 1994: Reengineering-Programme umsetzen, Von erstarrten Strukturen zu fließenden Prozessen, Stuttgart 1994.

Siemens AG (Herausgeber) 1990: Unternehmensleitsätze, Grundsätze der Organisation und Zusammenarbeit, München 1990.

SIGMA 2006: *SIGMA* Milieus für Deutschland, unter: www.sigma-online.com, Stand: 03.08.2006.

Simon, H. 1995: Preismanagement Kompakt, Wiesbaden 1995.

Specht, G./Beckmann, C./Amelingmeyer, J. 2002: F&E-Management, 2. Auflage, Stuttgart 2002.

Spur, G. 1994: Fabrikbetrieb, München, Wien 1994.

Staehle, W. H. 1991: Management, Eine verhaltenswissenschaftliche Perspektive, 6. Auflage, München 1991.

Staerkle, R. 1992: Leitungssystem, in: Handwörterbuch der Organisation, 3. Auflage, herausgegeben von *Frese, E.*, Stuttgart 1992, Spalte 1229–1239.

Stehle, H./Stehle, A. 2005: Die rechtlichen und steuerlichen Wesensmerkmale der verschiedenen Gesellschaftsformen, 19. Auflage, Stuttgart et al. 2005.

Steinbuch, P./Olfert, K. 1995: Fertigungswirtschaft, 6. Auflage, Ludwigshafen 1995.

Steiner, M. 1993: Konstituierende Entscheidungen, in: *Vahlens* Kompendium der Betriebswirtschaftslehre, Bd. 1, 3. Auflage, herausgegeben von *Bitz, M.* et al., München 1993, Seiten 115–169.

Steinle, C. 1992: Stabsstelle, in: Handwörterbuch der Organisation, 3. Auflage, herausgegeben von *Frese, E.*, Stuttgart 1992, Spalte 2310–2321.

Steinmann, H./Schreyögg, G. 1993: Management, Grundlagen der Unternehmensführung, 3. Auflage, Wiesbaden 1993.

Sydow, J. (Herausgeber) 1999: Management von Netzwerkorganisationen, Beiträge aus der Managementforschung, Wiesbaden 1999.

Tannenbaum, R./Schmidt, W. H. 1958: How to choose a leadership pattern, in: HBR March/Apr. 1958, Seiten 95–101.

Tesch, P. 1980: Die Bestimmungsgründe des internationalen Handels und der Direktinvestition, Berlin 1980.
Thom, N. 1992: Stelle, Stellenbildung und -besetzung, in: Handwörterbuch der Organisation, 3. Auflage, herausgegeben von *Frese, E.*, Stuttgart 1992, Spalte 2321–2333.
Thommen, J.-P./Achleitner A.-K. 2003: Allgemeine Betriebswirtschaftslehre, 4. Auflage, Wiesbaden 2003.
Thonemann, U. 2005: Operations Management, München 2005.
Töpfer, A. 1976: Planungs- und Kontrollsysteme industrieller Unternehmungen – Eine theoretische, technologische und empirische Analyse, Berlin 1976.
Troßmann, E. 1992: Prinzipien der rollenden Planung, in: Wirtschaftswissenschaftliches Studium 1992, Seiten 123–130.
Ulrich, P./Fluri, E. 1995: Management – Eine konzentrierte Einführung, 7. Auflage, Bern 1995.
Utterback, J. M. 1994: Mastering the Dynamics of Innovation, Boston 1994.
Vahs, D. 2012: Organisation: Ein Lehr- und Managementbuch, 8. Auflage, Stuttgart 2012.
Vahs, D./Brem, A.: Innovationsmanagement – von der Idee zur erfolgreichen Vermarktung, 4. Auflage, Stuttgart 2012.
Vahs, D./Leiser, W. 2007: Change Management in schwierigen Zeiten, Erfolgsfaktoren und Handlungsempfehlungen für die Gestaltung von Veränderungsprozessen, 2., veränderter Nachdruck, Wiesbaden 2007.
Volkelt, L. 2011: Die Unternehmergesellschaft (UG), Gründung, Geschäftsführung, Recht und Steuern, 2. Auflage, Wiesbaden 2011.
Warnecke, H. J./Bullinger, H.-J./Hichert, R./Voegele, A. 1996: Wirtschaftlichkeitsrechnung für Ingenieure, 3. Auflage, München, Wien 1996.
Warnecke, H.-J. 1995: Der Produktionsbetrieb 2, 3. Auflage, Berlin et al. 1995.
Waterman, R. H./Peters, T. J./Phillips, J. R. 1980: Structure is not organization, in: The McKinsey Quarterly, Summer 1980, Seiten 2–20.
Weber, A. 1914: Industrielle Standortlehre, Tübingen 1914.
Weber, J. 1993: Einführung in das Controlling, 4. Auflage, Stuttgart 1993.
Weber, J./Baumgarten, H. 1999: Handbuch Logistik, Stuttgart 1999.
Welge, M., K./Eulerich, M. 2012: Corporate-Governance-Management: Theorie und Praxis der guten Unternehmensführung, Wiesbaden 2012.
Werder, A. von 2008: Führungsorganisation – Grundlagen der Corporate Governance, Spitzen- und Leitungsorganisation, 2. Auflage, Wiesbaden, 2008.
Wild, J. 1982: Grundlagen der Unternehmensplanung, 4. Auflage, Opladen 1982.
Wittlage, H. 1993: Unternehmensorganisation, 5. Auflage, Herne et al. 1993.
Wöhe, G. 2002: Einführung in die Allgemeine Betriebswirtschaftslehre, 21. Auflage, München 2002.
Zäpfel, G. 1996: Grundzüge des Produktions- und Logistikmanagements, Berlin, New York 1996.

Autoren

Prof. Dr. Dr. h.c. (KNUTD) Dietmar Vahs studierte an der Universität Tübingen Volks- und Betriebswirtschaftslehre und promovierte auf dem Gebiet des Controlling. Er hat eine langjährige Erfahrung als Führungskraft in einem internationalen Automobilkonzern sowie als Berater, Trainer und Coach. Seine Tätigkeitsschwerpunkte als Leiter des Instituts für Change Management und Innovation (CMI) sind die ganzheitliche Planung und Umsetzung von Veränderungs- und Innovationsprozessen in Profit- und Nonprofit-Unternehmen, die Organisationsoptimierung und die Konzeption und Durchführung von begleitenden Führungskräftetrainings. Professor Vahs ist Autor zahlreicher Veröffentlichungen zu den Themen Change Management, Innovationsmanagement, Prozessmanagement und Unternehmensführung. Unter anderem sind die folgenden Bücher von ihm im Schäffer-Poeschel Verlag erschienen: Change Management in Nonprofit-Organisationen, Stuttgart 2007, Workbook Change Management – Methoden und Techniken, Stuttgart 2010, Organisation – Ein Lehr- und Managementbuch, 8. Auflage, Stuttgart 2012, und Innovationsmanagement – Von der Idee zur erfolgreichen Vermarktung, 4. Auflage, Stuttgart 2012.

Prof. Dr. Jan Schäfer-Kunz studierte an der Universität Stuttgart Maschinenbau und Betriebswirtschaftslehre und promovierte auf dem Gebiet der zwischenbetrieblichen Zusammenarbeit. Langjährige Berufs- und Führungserfahrung sammelte er bei einer Großforschungseinrichtung und bei einem internationalen Automobilzulieferer. Seit 1999 ist er Professor für Betriebswirtschaftslehre mit Schwerpunkt Rechnungswesen. Professor Schäfer-Kunz ist Autor zahlreicher Publikationen. Unter anderem ist von ihm im Schäffer-Poeschel Verlag das Lehrbuch: Buchführung und Jahresabschluss erschienen.

Firmen-, Organisationen- und Markenverzeichnis

A

ABN Amro 203
Adidas 186, 765
AdSense 762
Aigner 767
Airbus 202, 683
Air France 214
AK-47 754
A. Lange & Söhne 703
Aldi 276, 758
Alessi 753
Alhambra 98, 186
Allianz 333
American Airlines 214
Apollo 278
Apple 186, 597, 603
Arbeitskreis Deutscher Markt- und Sozialforschungsinstitute 771
Arcandor AG 519
Art Director Club für Deutschland (ADC) 771
Astra 107
A.T. Kearney 710
Audi 9, 98, 742
Audi A3 98
Audi A4 98
Audi A6 98
Audi A8 98
Audi TT 98, 364

B

Babcock Borsig 519
Basell 372
BASF 372
Basler Ausschuss für Bankenaufsicht 525
Bayer 210, 269, 529, 628
Bayerische Motorenwerke (BMW) 26, 262, 333, 360, 644, 742, 763, 764
BBDO Consulting 742, 771
Behr 644
Bentley 98, 754
Beretta 754
Bertelsmann 192, 333
Berufsverband deutscher Psychologinnen und Psychologen 309
BHW Bausparkasse 303
Billboard-Charts 754
Boeing 618, 740
Booxpress 685
Bora 98
Bosch 644
Boston Consulting Group 371, 375, 396
BP 422
British Airways (BA) 214
Bulgari 207
Bundesagentur für Arbeit 339
Bundesanzeiger 439
Bundeskartellamt 198, 212, 218
Bundesministerium der Justiz 448
Bundesministerium für Wirtschaft und Technologie 179, 632
Bundesverband der Deutschen Industrie (BDI) 201, 218, 418, 670
Bundesverband der Deutschen Volksbanken und Raiffeisenbanken (BVR) 538
Bundesverband deutscher Banken 538
Bundesverband Deutscher Kapitalbeteiligungsgesellschaften 538
Bundesverband Deutscher Leasing-Unternehmen 538
Bundesverband für Materialwirtschaft, Einkauf und Logistik (BME) 670
Bundesvereinigung der Deutschen Arbeitgeberverbände (BDA) 201, 218, 339
Bundesvereinigung Logistik (BVL) 688
Burger King 706

C

Cadillac 754
Canon 367, 368
Cartier 207
Cayenne 98
CERN 591
Chevrolet 754
Chevron 422
China National Petroleum 422
Citigroup 529
Coca-Cola 765
ConsumerScan 745
Continental 644
Copeland 378
Credit Suisse 529
CVC 372

D

Daimler 25, 100, 119, 167, 644, 720
DATEV 418, 448
DAX 390
De Beers 207
Degussa 372
Delta Air Lines 214
Deutsche Bank 203, 333
Deutsche Börse 538
Deutsche Gesellschaft für Logistik (DGfL) 688
Deutsche Post 255
Deutscher Corporate Governance Kodex (DCGK) 231
Deutscher Factoring-Verband 538
Deutscher Franchise-Verband (DFV) 218
Deutscher Genossenschafts- und Raiffeisenverband (DGRV) 179, 218
Deutscher Gewerkschaftsbund (DGB) 339
Deutscher Industrie- und Handelskammertag (DIHK) 202, 219
Deutscher Marketing-Verband 771
Deutscher Sparkassen- und Giroverband 538
Deutsches Institut für Normung (DIN) 309
Deutsches Patent- und Markenamt 593, 631
DHL 255
Dior 207
Dolce & Gabbana 754
Dom Pérignon 207, 754
DuPont 390

E

Eberspächer 644
Eismann 206
EU-Kommission 186, 196, 212, 218
Europäisches Patentamt 631
Evotec 390
Exxon Mobil 422

F

Festo 27
Fiesta 364
Final Destination 594
Fitch 525
Format Tresorbau 109

Firmen-, Organisationen- und Markenverzeichnis

Fortune   194
Fox   98
Fraunhofer-Gesellschaft   118, 632
Fraunhofer Institut für Integrierte
    Schaltungen   593
Fraunhofer-Institut für Materialfluss
    und Logistik   688

G

Galaxy   98, 186
GBL   192
General Electric (GE)   280, 364, 371
General Motors (GM)   107
Gesellschaft Sozialwissenschaftlicher
    Infrastruktureinrichtungen   771
Gewerkschaft Bauen-Agrar-Umwelt   9
GfK   745, 771
Glashütte Original   703
Golf   98
Google   762
Grundig   612
Gulfstream   740

H

Harbour Consulting   364
Harvard Business School (HBS)   333,
    358, 364, 396
Heidelberg-Cement   198
Helmholtz-Gemeinschaft   632
Henkel   172, 267, 287
Hennes & Mauritz (H&M)   686
Hennessy   207, 754
Hénokiens   7
Hewlett-Packard (HP)   312, 365, 628
Hugendubel   685
Hugo Boss   232

I

IBM   328, 365, 603
IKEA   758
IMD   128, 333
INA   644
Ineos   372
Infineon Technologies   390
Insead   333
Institute for Strategy
    and Competitiveness   396
Institut für Wirtschaftsprüfung
    der Universität des Saarlandes   390
Intel   523
International Accounting Standards
    Board   445, 448
Invest in Germany   128
iPod   186

J

Japan Post Holdings   422
JPMorgan   203
JVC   612

K

Katag   686
KIA   750
Kirch Media Gruppe   519
Kirin Brewery   216
KLM   214
Kodak   365
Kongo Gumi   7
Konica Minolta   380
KPMG   448
Krupp   100

L

Lamborghini   98, 754
Leifheit   109
Libri   685
Linux   597
Lockheed Martin   618
London Business School (LBS)   333
Louis Roederer Cristal   754
Louis Vuitton   207, 754
Lufthansa   214, 758
Lupo   98
LVMH   207

M

Mahle   644
Manhattan Engineering District
    Projekt   278
Manroland AG   519
Massachusetts Institute of Technology
    (MIT)   286
Max-Planck-Gesellschaft   118
Maybach   720
McDonald's   206, 706
McKinsey & Company   365, 371, 378,
    602
Mercedes-Benz   285, 360, 742, 750,
    754
Mercer Human Resource
    Consulting   114
Merck   372
Metro   203, 276
Mitsubishi   216
Moët & Chandon   207
MP3   593

N

NAFTA   110
NASA   278

Nautische Instrumente Mühle   703
Nestlé   29
New Beetle   98
New Line Cinema   594
Nike   186, 708, 754
Nokia   736
Nomos   703
N-Tec   109
Nymphenburg Consult   771

O

Olson Zaltman Associates   771
OPEC   205
Opel   107, 644

P

Passat   98
Phaeton   98
Philip Holzmann   519
Philips   612
PIN Group   519
Polar   186
Porsche   98, 235, 284, 644, 751
Praktiker Bau- und Heimwerker-
    märkte   203
PricewaterhouseCoopers   271
Procter & Gamble   190, 275, 276, 365,
    618
Puma   390

R

Rewe   276
Robert Bosch Stiftung   176
Rolls-Royce   754, 763
Rover   360
Royal Dutch Shell   422
RTL   192
RWE   333

S

SAP   254, 333, 390
Schering   529
Schieder Gruppe   519
Schlecker   519
Schülerhilfe   206
Schweizerische Gesellschaft für Organi-
    sation und Management   288
Seat   98, 742
Sharan   98, 186
Siemens   100, 167, 274, 388, 644
SIGMA Gesellschaft für inter-
    nationale Marktforschung
    und Beratung   748, 771
Sinopec Group   422

Firmen-, Organisationen- und Markenverzeichnis

Sinus Sociovision 771
Sky-Team 214
smart 37, 330, 331, 720, 751
Soehnle 109
Sonic Identity 27
Sony 600
STAMPIT 255
Star Alliance 214
State Grid 422
Steigenberger Hotels 172
Subway 706
Südwestmetall Verband der Metall- und Elektroindustrie Baden-Württemberg 201

T
TAG Heuer 207
Thyssen-Krupp 333
Tiffany 207
Tin Lizzy 25
TNT 720
Toyota 286, 422, 720
TUI 167, 206

U
Unilever 308, 618
Union 703

United Airlines 214
Universität Münster 771
Universität St. Gallen (HSG) 32, 358
UNO 29

V
Valeo 644
Vectra 107
Verband der Chemischen Industrie (VCI) 201
Verband der Deutschen Automobilindustrie (VDA) 201
Verband Deutscher Maschinen- und Anlagenbau (VDMA) 722
Verdi 335
Vertu 736
Veuve Clicquot Ponsardin 207
VfB 394
VHS 612
Video 2000 612
Volksbank 206
Volkswagen (VW) 9, 98, 111, 167, 186, 235, 314, 644, 742
Volvo 261
von Poschinger Glasmanufaktur 7
Vorwerk 767

W
Walkman 600
Wal-Mart Stores 422
Walter Bau 519
Wella 190
Western Electric Company 322
WMF 767
Woolworth Deutschland 519
Würth 658

X
Xetra 167
Zara 686

Z
Zentralverband der Elektrotechnischen Industrie (ZVEI) 201, 392
Zentralverband des deutschen Handwerks (ZDH) 202
ZF 644

Sach- und Personenverzeichnis

Symbole
3M 365, 629
4-Ebenen-Modell 34
7-S-Modell 365
60/30/10-Formel 665
µ-Prinzip 83
(µ, σ)-Prinzip 85

A
ABC-Analyse 646
ABC-XYZ-Analyse 648
Ablauforganisation 248, 256
Absatzfinanzierung 121
Absatzgenossenschaft 206
Absatzhelfer 121, 766
Absatzinfrastruktur 121
Absatzleistung 429
Absatzmarkt 14, 100
Absatzmittler 121, 766
Absatzplan 380
Absatzpolitik 727
Absatzweg 766
Absatzwegepolitik 766
Absatzwirtschaft 727
Abschlusskonto 419
Abschlussprüferrichtlinie 230
Abschöpfungspreispolitik 759
Abschöpfungsstrategie 373
Abschreibung 431, 466
Abschreibungsmethode 466
Abstimmungskollegialität 238
Abteilung 266
Abweichungsanalyse 347
Abweichungsbericht 387
Abzinsung 567
Agglomeration 121
AIDA 740
Akkordlohn 316
Akquisitorische Distribution 766
Aktie 166
Aktiengesellschaft (AG) 166
Aktienregister 167
Aktion 55
Aktionenraum 55
Aktiva 422
Aktivität 250
Aktivkonto 419
Aktiv-Passiv-Mehrung 427
Aktiv-Passiv-Minderung 428
Aktivseite 423
Aktivtausch 428
Allgemeine Betriebswirtschaftslehre 19
Allgemeines Deutsches Handelsgesetzbuch 21
allowable costs 626
all-you-can-afford-method 761
Alternativenbewertung 346
Amortisationsdauer 565
Amortisationsrechnung 564
Ampel-Bericht 388
Analogschätzung 654
Analyse-Synthese-Konzept 244
Anbauverfahren 477
Änderungsgesetz 230
Andler-Formel 661
Angebotserfolgsquote 769
Angebotsvergleich 667
Angewandte Forschung 591
Anhang 437
Anlagenbuch 417
Anlagevermögen 423
Anlaufmanagement 628
Anleihe 528
Annuitätenmethode 573
Ansoff 356
Anspruchsgruppe 15, 32
Äquivalenzziffernkalkulation 482
Arbeitgeberverband 201
Arbeitsagentur 306
Arbeitsanalyse 246
Arbeitsbedingung 310, 311
Arbeitsgang 247, 250
Arbeitsgemeinschaft 202
Arbeitsgruppe 261
Arbeitsinhalt 311
Arbeitskosten 101, 115
Arbeitsleistung 115
Arbeitsmarkt 14
Arbeitspaket 621
Arbeitsplatzgestaltung 311
Arbeitsprozess 249
Arbeitsschritt 250
Arbeitsteil 247
Arbeitsteilung 244
Arbeitsumfeld 312
Arbeitsvereinigung 244
Arbeitsvermittlung 115
Arbeitszeit 312, 704
Arbeitszeitmodell 313
Argyris 322
Aristoteles 21
ASEAN 110
assemble to order 705
Assessment-Center (AC) 307
Assistenzstelle 260
Assoziiertes Unternehmen 191
Attributprüfung 712
Audit Committee 237
Aufbauorganisation 256
Aufbereitungsbetrieb 5
Aufgabe 246
Aufgabenanalyse 245
Aufgabenerfüllungsprozess 249
Aufgabenmerkmal 246
Aufgabenträger 246
Aufhebungsvertrag 335
Auflagengröße 706
Auflösungsphase 7
Auflösungspunkt 682
Aufsichtsorgan 188
Aufsichtsrat 164, 168
Aufteilung 108
Auftragseindringtiefe 704
Auftragseingangsquote 769
Auftragsfertigung 705
Auftragsmontage 705
Auftragsreichweite 769
Aufwand 410, 430
Aufwand-Nutzen-Bewertung 614
Aufwandskonto 419
Auktion 14
Ausbringungsgut 11
Ausfallzeiten 302
Ausführung 347
Ausführungskontrolle 549
Ausführungsstelle 259
Ausfuhrverbot 121
Ausgabe 409
Ausschuss 263, 651
Außenfinanzierung 518
Außengesellschaft 137
Ausstellung 764
Auszahlung 409, 555
Autonomieprinzip 4
Autoritärer Führungsstil 325

B
Balanced-Scorecard 393
Bankkredit 527

Barverkaufspreis 492
Barwert 567
Barwertfaktor 567
Basel II 525
Basisinnovation 587
Basistechnologie 592
Baustellenfertigung 709
Bayes-Prinzip 83
BCG-Matrix 371
Beauftragter 264
Bebauungsplan 117
Bedarfsbericht 388
Bedarfsgesteuerte Materialbereitstellung 648
Bedarfsplanung 644
Bedarfsverlauf 653
Bedürfnispyramide 323, 739
Beförderung 334
Beherrschungsvertrag 189
Benchmark 363
Benchmarking 29, 363
Benz 100
Bergrechtliche Gewerkschaft 133
Berichtswesen 387
Bernoulli 87
Bernoulli-Prinzip 87
Berufsanfänger 115
Beschaffung 637
Beschaffungskosten 640, 662
Beschaffungslogistik 677
Beschaffungsmarkt 14
Beschaffungsplan 380
Beschäftigtenzahl 6
Beschäftigungsmaßstab 505
Beschlussfassung 238
Bestandsart 654
Bestandserhöhung 430
Bestandskonto 419
Bestandsminderung 430
Best-Case-Szenario 370
Bestellbestand 655
Bestellmenge 655
Bestellpolitik 655
Bestellpunktbestand 655, 659
Bestellpunktverfahren 656
Bestellrhythmusverfahren 655
Bestellzeitpunkt 655
Best-Practice 363
Beteiligung 189, 190
Beteiligungsergebnis 430
Beteiligungsfinanzierung 522
Betrieb 3
Betriebsabrechnungsbogen (BAB) 474

Betriebsbesichtigung 765
Betriebsergebnis 432, 496
Betriebsgrößeneffekt 376
Betriebsklima 312
Betriebsmittelzeit 703
Betriebspachtvertrag 190
Betriebsstoff 465, 638
Betriebsüberlassungsvertrag 190
Betriebsversammlung 765
Betriebswirtschaftslehre 1, 19
Beurteilungsgröße 68
Beurteilungskriterium 329
Bevölkerungsdichte 126
Beziehungszahl 389
BGB-Gesellschaft 149
Bilanz 422
Bilanzanalyse 446
Bilanzänderung 427
Bilanzgewinn 426
Bilanzgleichung 422
Bilanzsumme 6
Bilanzverkürzung 428
Bilanzverlängerung 427
Bindungsinstrument 188
Bindungsintensität 187
Binnennachfrage 120
Black-Box-Modell 738
Board of Directors 237
Board-System 236
Boden 692
Bodenlagerung 684
Bohrgesellschaft 133
Bond 528
Bonität 525
Börsenkapitalisierung 6
Börsenwert 6
Bosch 100, 176
Bottom-up-Budgetierung 383
Bottom-up-Planung 352
Brachzeit 703
Brainstorming 624
Brainwriting 624
Branche 368
Branchenpreis 756
Branchenstrukturanalyse 368
Break-even-Point 502
Bring-Prinzip 685
Bruttobedarf 645
Brutto Cash-Flow 436
Bruttoverkaufspreis 492
Buchbestand 654
Buchführung 415
Buchung 419

Buchungssatz 419
Budget 381, 616
Budgetierung 381, 505
Bundesdatenschutzgesetz 329
Bundesurlaubsgesetz 313
Bürgschaft 203, 525
Bürokratiemodell 244
Bürokratisierung 294
Business-Mission 26
Business Model 32
Businessplan 502, 613
Business-Process-Reengineering (BPR) 254, 283, 286

C

Cafeteria-System 319
Cash-Flow 434
Cash-to-Cash-Zyklus 520
Chancen-Risiko-Bewertung 614
Change Management 285
Charge 707
Chargenproduktion 707
Checklistenverfahren 123
Chief Executive Officer (CEO) 237
Clean-Sheet-Ansatz 286
Collaborative Planning, Forecasting and Replenishment (CPFR) 687
competitive-parity-method 761
Completely-knocked-down (CKD) 102, 119
complex man 322
Compliance 233
Componentsourcing 643
Conjoint-Analyse 757
Continuous Improvement Process (CIP) 713
Controlling 345
Corporate Architecture 27
Corporate Behaviour 28
Corporate Design 27
Corporate Fashion 27
Corporate-Governance-Grundsätze 230
Corporate Governance System 227
Corporate Identity 26
Corporate Scent 27
Corporate Strategy 356
Cost-Center 274
Cost driver 494
Cournotscher Punkt 735
Customer-Relationship-Management (CRM) 765

D

Darlehen 527
Davidow 216
Debitorenbuch 417
Deckungsbeitrag 495, 501, 731
Deckungsbeitragsrechnung 499
Defizitbedürfnis 739
Degenerationsphase 374
Degressiver Kostenverlauf 471
Desinvestitionsstrategie 373
Desktop Purchasing 668
Destinatär 175
Deterministische Bedarfsermittlung 650
Dezentralisierung 280, 294
Diagonale zwischenbetriebliche Verbindungen 185
Dickson 322
Dienstleistung 13, 118
Dienstleistungsstelle 260
Dienstleistungsunternehmen 5
Dienstweg 268
Differenzierung 750
Digraphen 714
Direct Costing 496
Direct Search 306
Direkter Bereich 258
Direktionsrecht 258
Direkt-Marketing 764
Direktorialprinzip 238
Direktvergütung 315
Discounted-Cash-Flow-Methode (DCF) 378
Diskontierung 567
Dispositive Arbeit 692
Distributionslogistik 677, 768
Distributionspolitik 766
Diversifikation 6, 749
Division 274
Divisionskalkulation 481
Do-it-yourself-Strategie 108
Domesticsourcing 644
Down-up-Budgetierung 383
Drei-Schicht-Betrieb 116
Dualistische Spitzenorganisation 237
Due Diligence 199
DuPont-Kennzahlensystem 390
Durchlaufzeit 251, 678, 694
Durchschnittsmethode 565
Durchsetzung 347
Dynamische Investitionsrechnung 566

E

EBIT 432
EBITDA 432
E-Business-Marketplace 669
Economies-of-Scale 375
ECOWAS 110
Effektivität 357
Eigenkapital 426, 516
Eigenkapitalgeber 16
Eigenkapitalquote 535
Eigenkapitalrentabilität 30, 536
Eigenleistung 12, 430
Eigentümer 16
Einarbeitung 310
Einbetriebunternehmen 104
Einfuhrverbot 114
Eingetragene Genossenschaft 173
Eingliederungsbeteiligung 192
Eingliederungskonzern 192, 210
Einkauf 637
Einkaufsgenossenschaft 206
Einkaufsrabatt 680
Einkommensteuer 142
Einlinensystem 268
Einmalproduktion 706
Einnahme 409
Einpersonenhaushalt 2
Einsatzgut 11
Ein-Schicht-Betrieb 704
Einstellungsstopp 335
Einstellungstest 309
Einstufige Deckungsbeitragsrechnung 496
Einstufungsmethode 331
Eintrittswahrscheinlichkeit 83
Einzahlung 409, 554
Einzelbeschaffung 652
Einzelgeschäftsführung 141
Einzelkosten 469
Einzelplatzfertigung 709
Einzelproduktion 706
Einzelunternehmen 133, 147
Elementaraufgabe 246
Emissionskonsortium 203
Empfangspunkt 681
Endkostenstelle 473
Endprodukt 12
Energieversorgung 117
Engels 22
Engpass 502
Entscheidung 346
Entscheidungsfeld 55
Entscheidungsfunktion 68

Entscheidungsmatrix 66
Entscheidungsmodelle 68
Entscheidungsorientierte Betriebswirtschaftslehre 20
Entscheidungsrechnung 500
Entscheidungsrelevante Kosten 500
Entscheidungsweg 267
Entsorgung 117
Entsorgungslogistik 677
Entsprechenserklärung 231
Entwicklung 590, 593
Entwicklungsland 115
E-Procurement 667
Erbschaftsteuer 146
Ereignisgesteuerte Prozesskette (EPK) 253
Erfahrungskurveneffekt 101, 206
Erfahrungskurvenkonzept 375
Erfahrungsrate 377
Erfolg 432
Erfolgsbeteiligung 319
Erfolgsfaktoren-Modell 365
Erfolgskonto 419
Erfolgsplan 380
Erfolgsrechnung 494
Erfolgsziel 30
Ergebnis 57, 432
Ergebnisabweichungsanalyse 504
Ergebnisfunktion 57
Ergebniskontrolle 385, 549
Ergebnismatrix 58
Eröffnungsbilanz 412
Errichtung 108
Errichtungsinvestition 545
Ersatzinvestition 546
Ersatzprodukt 368
Ersterfinder 593, 611
Ertrag 410, 429
Ertragskonto 419
Erweiterung 108
Erweiterungsinvestition 546
Erwerbswirtschaftliches Prinzip 4
Erzeugnis 12
Erzeugungsstufe 5
Europäische Union (EU) 110, 631
Europäische wirtschaftliche Interessenvereinigung (EWIV) 157
Event-Marketing 765
Experience Curve 375
Export 121
Exportförderung 121
Exportzoll 121
Extensiver Kauf 742

Sach- und Personenverzeichnis

Externes Rechnungswesen 407
Extremierung 65

F
Fabrikverkauf 767
Fachkompetenz 332
Factoring 532
Factory-Outlet 767
Fähigkeitslücken 302
Failure Mode and Effects-Analysis (FMEA) 625
Fair presentation 446
Faktischer Konzern 210
Familienstiftung 174
Farbgebung 311
Fayol 260, 268
Fayolsche Brücke 269
Fehllieferungsquote 669
Fehlmengenkosten 678
Fehlzeiten 302
Fertigerzeugnis 12
Fertigfabrikat 12
Fertigung 691
Fertigungstiefe 701
Financial Executives Institute (FEI) 348
Finanzanlage 425
Finanzaufwand 431
Finanzbuchführung 407
Finanzergebnis 432
Finanzertrag 430
Finanzholding 210
Finanzielles Gleichgewicht 3
Finanzierung 515
Finanzierungsform 517
Finanzierungsregel 532
Finanzinfrastruktur 117
Finanzinvestition 545
Finanzplan 380, 520
Finanzwesen 403, 405
Finanzwissenschaft 3
Finanzziel 30
Firma 140
First-Buyer 611
Fixe Kosten 470
Fixierung 65
Fixkostendegression 376
Flächenhomogenität 123
Flexible Plankostenrechnung auf Vollkostenbasis 505
Flexible Planung 354
Fließfertigung 710
Floating-Rate-Note 528

Flughafen 117
Fluktuation 335
Flussdiagramm 253
Flüssige Mittel 426
Fokales Netzwerk 215
Fokussierung 751
Folger 611, 612
Forbes 207
Ford 25, 98, 186, 364, 644, 710
Fördermittel 683
Forderung 425
Forecastingsystem 235
Formalziel 60
Form-Kaufmann 137
Forschung 590
Forschungsinfrastruktur 118
Forschungs- und Entwicklungsmanagement 590
Forschungs- und Entwicklungsprojektprogrammplanung 612
Forstwirtschaft 119
Fortschreibungsmethode 465
Franchising 205
Free-Cash-Flow 378, 437
Freiberufler 147, 149
Freies Gut 10
Freizeitangebot 115
Fremdkapital 516
Fremdkapitalgeber 16
Fremdleistungskosten 467
Fugger 21
Führungsinstrument 225
Führungsorganisation 236
Führungsprozess 345
Führungsstil 324
Fünfjahresplan 22
Funktionsbereichsstrategie 357
Funktionsmanagement 273
Fusion 210

G
Gangelement 247
Garantiekonsortium 203
Gebäude 116
Gebietskartell 204
Gebrauchsfaktor 700
Gebrauchsgut 11
Gebrauchsmuster 593, 594
Gebühr 467
Gefangenendilemma 90
Gegenstandsgebundene Rechtsform 133
Gegenstandsungebundene Rechtsform 133

Gegenstrom-Verfahren 352
Gehalt 318
Gehaltskosten 465
Geisteswissenschaft 17
Geld 21
Geldvermögen 409
Gelegenheitsgesellschaft 149, 202
Gemeineigentum 4
Gemeinkosten 469
Gemeinkosten-Wertanalyse 383
Gemeinnützigkeit 4
Gemeinschaftsunternehmen 189, 206
Generalunternehmerschaft 202
Generische Strategie 750
Genossenschaft 189, 206
Genussschein 529
Geologie 119
Geometrisch degressive Abschreibung 466
Gesamtaufgabe 246
Gesamtgeschäftsführung 141
Gesamthandsvermögen 133
Gesamtkapitalrentabilität 30, 390
Gesamtkostenverfahren 433, 494
Geschäftsbereich 274
Geschäftsbereichsorganisation 274
Geschäftsbereichsstrategie 357
Geschäftsbericht 765
Geschäftsbuchführung 407
Geschäftseinheit 367
Geschäftsführung 141, 163, 261
Geschäftsjahr 412
Geschäftsleitung 141
Geschäftsmodel 32
Geschäftsmodellinnovationen 595
Geschäftsordnung 163
Geschäftsprozess 33, 252
Geschmacksmuster 593, 594
Gesellschaft 133
Gesellschaft bürgerlichen Rechts (GbR) 149
Gesellschafterversammlung 163
Gesellschaft für Organisation 288
Gesellschaft mit beschränkter Haftung (GmbH) 162
Gesellschaftsvertrag 163
Gesetz gegen Wettbewerbsbeschränkungen 196
Gesetz zur Kontrolle und Transparenz im Unternehmensbereich 230
Gewaltenteilung 228
Gewerbeordnung 313
Gewerbesteuer 142

Sach- und Personenverzeichnis

Gewerkschaft 116
Gewinnabführungsvertrag 190
Gewinnaufschlag 492
Gewinngemeinschaft 190
Gewinnrücklage 426
Gewinnschuldverschreibung 528
Gewinnschwelle 502
Gewinnschwellenanalyse 502
Gewinn- und Verlustkonto 419
Gewinn- und Verlustrechnung (GuV) 429, 431, 494
Gewinnungsbetrieb 5
Gewinnvergleichsrechnung 561
Gezeichnetes Kapital 426
Gleitende Arbeitszeit 314
Gliederungstiefe 266
Gliederungszahl 389
Globalsourcing 644
Glücksspiel 87
GmbH & Co. KG 155
going public 132
Goldene Bankregel 534
Goldene Bilanzregel 534
Goldene Finanzierungsregel 534
Governance-Leitlinie 232
Gremium 261
Größendegressionseffekte 680
Grundbuch 417
Grundkosten 456, 464
Grundlagenforschung 590
Grundleistung 457
Grundpfandrecht 525
Grundsätze ordnungsmäßiger Buchführung (GOB) 416
Grundstück 116
Grundtypenvermischung 155
Gründungsphase 6, 100
Grundvergütung 315
Gruppe 261
Gruppenarbeit 261
Gruppenfertigung 710
Gut 10
Gutenberg 21, 692, 699

H

Haben 418
Habenzins 568
Habitueller Kauf 743
Hafen 117
Haftung 142
Halbfabrikat 12
Hamel 366
Hammer 286

Handel 12
Handelsbilanz 415
Handelsgesellschaft 137, 173
Handelskredit 526
Handelsregister 144, 439
Handelsspanne 756
Handelsware 12
Handlungsvollmacht 146
Handlungsziele 29
hand-to-mouth-buying 652
Handwerker 149
Hauptbuch 417
Hauptkostenstelle 474
Hauptversammlung 168, 237, 415, 765
Hauptziel 61
Haushalt 2
Hawthorne-Experimente 322
Headhunting 306
Herkunftsgoodwill 120
Herstellkosten 694
Hierarchieebene 266
High Potential 308
Hilfskostenstelle 474
Hilfsstoff 465, 638
Höchstbestand 655
Höchstwert 65
Holding 149
Holdinggesellschaft 210
Holdingkonzern 210
Hol-Prinzip 685
Homo oeconomicus 321
Horizontale zwischenbetriebliche Verbindungen 185
Humanisierung 294
Human-Relations-Bewegung 322
Hurwicz-Regel 78
Hybrider Kunde 730
Hypothek 525

I

Idealwissenschaft 17
Ideengenerierung 624
Ideengewinnung 623
Ideensammlung 625
Identitäts-Mix 27
Identitätsprinzip 499
Image 30
Imagebroschüre 765
Immaterieller Vermögensgegenstände 423
Immaterielles Gut 10
Import 119
Importbeschränkung 102

Importzoll 119
Impulsivkauf 743
Indexzahl 389
Indirekter Bereich 259
Individualarbeitsrecht 296
Individualziel 320
Industriekontenrahmen (IKR) 418
Informationslogistik 676
Informationssystem 235
Inhaberaktie 167
Initial Public Offering (IPO) 523
Innenfinanzierung 518
Innengesellschaft 137
Innovation 594
Innovationschampion 629
Innovationskultur 628
Innovationsmanagement 587
Innovationsprofit 598
Innovationsstrategie 601
Innovationstiming 611
Inputgut 11
Inselfertigung 710
Insolvenz 7
Insourcing 642
Instanz 258
Instanzenzug 268
Institutionenökonomieorientierte Betriebswirtschaftslehre 20
Instrumentalrelation 61
Intensität 700
Interdependenzrelation 62
International Accounting Standards (IAS) 445
Internationales Unternehmen 99
International Financial Reporting Standards (IFRS) 445
Internes Rechnungswesen 455
Interne Zinsfußmethode 571
Intervallfixe Kosten 470
Intranet 765
Intuitivschätzung 654
Inventar 413
Invention 594
Inventionstiming 610
Inventur 413
Inventurmethode 465
Investition 543
Investitionsart 544
Investitionsauszahlung 551, 557
Investitionscontrolling 547
Investitionsdaten 550
Investitionsdeckung 576
Investitionsgut 12

Investitionsgütermarketing 729
Investitionsplan 380
Investitionsquote 576
Investitionsrechnung 124, 559
Investitionsstrategie 373
Investitionsstruktur 576
Investment-Center 274
Invisible Hand 23
Ist-Kaufmann 136
Istkostenrechnung 459

J

Jahresarbeitszeitmodell 314
Jahresplanung 380
Job-Enlargement 311
Job-Enrichment 311
Job-Rotation 262, 311
Joint-Venture 206
Jones 286
Journal 417
Jugendarbeitsschutzgesetz 313
Junk-Bond 525
Juristische Person 135
Just-in-Sequence 652
Just-in-time 102, 286, 652

K

Kaizen-Prinzip 262
Kalenderjahr 412
Kalkulation 479, 486
Kalkulationszinsfuß 567, 568
Kalkulatorische Abschreibung 466
Kalkulatorischer Unternehmer-
 lohn 466
Kanban-Prinzip 720
Kann-Kaufmann 137
Kapazitätsengpass 501
Kapazitätsplanung 621, 717
Kapital 117, 692
Kapitalbindung 640
Kapitaleinsatz 551
Kapitalerhöhung 522
Kapitalflussrechnung 434
Kapitalgesellschaft 162
Kapitalmarkt 14
Kapitalrücklage 426
Kapitalstruktur 30, 532, 533
Kapitalstrukturregel 535
Kapitalsubstitution 531
Kapitalverkehr 114
Kapitalwertmethode 568
Kaplan 393, 395
Kartell 149, 204

Kassationskollegialität 238
Kaufabsicht 741
Kaufart 742
Kaufentscheidung 741
Käufermarkt 597, 729
Käuferverhalten 737, 738
Kaufkraft 126
Kaufmannseigenschaft 135
Kaufprozess 739
Keilschrift 21
Keiretsu 215
Kennzahl 388
Kennzahlensystem 390
Kernkompetenz 217, 367, 607, 616
Kernprodukt 367
Kernprozess 252
Key-Account-Management 276
Knappes Gut 10
Kognitives Modell 738
Kollegialprinzip 238
Kommanditgesellschaft auf Aktien
 (KGaA) 171
Kommanditgesellschaft (KG) 152
Kommanditist 153
Kommissionieren 680
Kommunikation 760
Kommunikationsmix 760
Kommunikationspolitik 760
Kommunikationsweg 267
Komplementär 153
Komplementäre Zielbeziehung 63
Konditionenkartell 204
Konditionenpolitik 754
Kondratieff 587
Konjunkturwelle 587
Konkurrent 16
Konkurrenzanalyse 605
Konkurrenzmeidendes
 Unternehmen 121
Konkurrenzpreisbestimmung 756
Konkurrenzsuchendes
 Unternehmen 121
Konkurrierende Zielbeziehung 63
Konsortialführer 203
Konsortialgeschäft 203
Konsortium 202, 529
Konstituive Entscheidung 49
Konstruktionsmethodik 618
Konstruktionsquote 630
Konsumgut 12
Konsumgütermarketing 729
Konsumtionswirtschaft 2
Kontenrahmen 418

Kontinuierlicher Verbesserungsprozess
 (KVP) 283, 713
Konto 418
Kontokorrentbuch 417
Kontokorrentkredit 527
Kontrahierungspolitik 754
Kontrollart 384
Kontrolle 384
Kontrollrechnung 504
Kontrollrhythmusverfahren 656
Kontrollspanne 266
Kontrollsystem 235
Konzentration 188, 208
Konzentrationspunkt 681
Konzern 208
Konzernunternehmen 208
Kooperation 187, 201
Kooperationsvertrag 189
Koordinationsinstrument 266
Körperschaft 134
Körperschaftsteuer 142
Korruption 113
Kosten 456
Kostenabweichung 628
Kostenartenplan 465
Kostenartenrechnung 464
Kostenauflösung 472, 505
Kostendeckungspunkt 502
Kostenelastizität 377
Kostenermittlung 461, 465
Kostenplatz 473
Kostenstelle 472
Kostenstelleneinzelkosten 474
Kostenstellengemeinkosten 475
Kostenstellenhierarchie 473
Kostenstellenplan 473
Kostenstellenrechnung 472
Kostentheorie 462
Kostenträgerrechnung 479
Kostenträgerstückrechnung 479
Kostenträgerzeitrechnung 494
Kosten- und Leistungsrechnung 458
Kostenvergleichsrechnung 560
Kostenverteilung 461
Kreditbesicherung 525
Kreditfinanzierung 524
Kreditkonsortium 203
Kreditmarkt 14
Kreditorenbuch 417
Kreditverein 206
Kreditwürdigkeit 30, 519
Kriminalität 113
Kriminalitätsrate 126

Sach- und Personenverzeichnis

Kultur 113
Kultursponsoring 765
Kumulationsmethode 564
Kunde 16
Kundenkredit 526
Kundenmanagement 276
Kündigung 335
Kündigungsgrund 336
Kuratorium 176
Kurzarbeit 334

L

Ladeeinheit 680, 683
Ladehilfsmittel 680, 683
Ladung 681, 683
Lagebericht 437
Lagerbestand 654
Lagerbuch 417
Lagerhaltung 684
Lagerkapazitätsauslastungsgrad 687
Lagerkosten 661
Lagermittel 684
Lagern 680
Lagerproduktion 705
Lagerreichweite 687
Landwirtschaft 20, 119
Laplace-Regel 81
Lärmpegel 311
Lastenheft 620
Layoutgestaltung 714
Lead-Customer 736
Lead-User 605, 611
Lean-Management 286
Lean-Production 286
Leasing 531
Lebensarbeitszeitmodell 314
Lebensphase 6
Leistung 12, 456
Leistungsabweichung 627
Leistungsbedingung 310
Leistungsbereitschaft 309
Leistungsbeurteilung 329
Leistungsdisposition 309
Leistungsfähigkeit 309
Leistungsprozess 8, 252
Leistungsvermögen 309
Leistungsziel 60
Leistungszulage 318
Leitpreis 756
Leitungsbreite 266
Leitungsgruppe 261
Leitungshilfsstelle 259
Leitungsorgan 233, 237
Leitungsspanne 266

Leitungsstelle 258
Leitungssystem 268
Leitungstiefe 266
Lenkungsausschuss 279
Lernende Organisation 286
Lernkurve 376
Lessons learned 200
Leverage-Effekt 536
Lexikographische Ordnung 74
Liberalismus 23
Lieferant 16
Lieferantenbeurteilung 665
Lieferantenkredit 526
Lieferantenpolitik 664
Lieferbereitschaft 640, 654
Lieferbereitschaftsgrad 687
Lieferpunkt 681
Lieferservice 669
Life-Sciences 589
Limbic-Modell 740
Limitationale Produktions-
  funktion 697
Limitierter Kauf 742
Lineare Abschreibung 466
Linie 268
Linienstelle 258
Liquidationserlös 553, 557
Liquidationsphase 7
Liquidität 437, 519
Liquiditätsgrad 533
Local-Content-Bedingung 114
Local-for-local-Strategie 120
Logistik 675
Logistikfunktion 680
Logistikkosten 678
Logistiksystem 681
Lohngerechtigkeit 315
Lohnkosten 465
Lohn- und Gehaltsbuch 417
Lombardkredit 527
Lorenzkurve 646
Losgröße 706
Lower-Management 259

M

Machtziel 30
Make-or-buy-Entscheidung 503
make to order 705
make to stock 705
Makrostandortbestimmung 110
Malone 216
Management 225
Management-by-Decision-Rules 326
Management-by-Delegation 326

Management-by-Exception 327
Management-by-Objectives 327
Management-by-Results 327
Managementholding 210
Managementprinzip 326
Managementprozess 33, 252
Managementpyramide 266
Manager 16, 228
Manufaktur 703
Marke 593
Markenpolitik 753
Markenprodukt 753
Marketing 727
Marketingmix 751
Market-Pull 597
Markt 13
Marktabgrenzung 13
Marktanalyse 736
Marktanteil 30, 375, 731
Marktattraktivität 378, 609
Marktattraktivität-Wettbewerbsvorteil-
  Matrix 378, 608
Marktdurchdringung 749
Markteintrittspionier 611
Markterschließung 749
Marktform 14, 195
Marktforschung 121, 743
Marktmacht-Portfolio 665
Marktnähe 102
Marktneuheit 595
Marktpriorität 609
Marktrisiko 599
Marktsegment 745
Marktsegmentierung 745
Marktsog 597, 609
Markt-Technologie-Portfolio 609
Marktwirtschaft 23
Marktziel 30
Marx 22
Maschinenstundensatzrechnung 488
Maslow 322, 323, 739
Mass-Customization 707
Massenmedien 305
Massenproduktion 707
Material 638
Materialaufwand 430
Materialaufwandsquote 446
Materialkosten 465, 640
Materiallogistik 676
Materielles Gut 10
Matrixleitung 270
Matrixorganisation 270
Matrixschnittstelle 270
Matrixstelle 270

Maximalprinzip 9
Maximax-Regel 75
Maximin-Regel 77
Maximumprinzip 9
Max-Planck-Gesellschaft 591, 632
Mayo 322
McGregor 322, 323
Mehrbetrieb-Unternehmen 104
Mehrheitsbeteiligung 191
Mehrliniensystem 269
Mehrpersonenhaushalt 2
Mehrstufige Deckungsbeitragrechnung 497
Mehrwert 15
Mehrwertsteuer 15
Meilenstein-Trendanalyse 628
Meinungsführer 736
Meldebestand 655
Mengenkartell 204
Mengenplanung 717
Mengenschlüssel 475
Mengenübersichtsstückliste 650
Merger 211
Messe 121, 764
Methodenkompetenz 332
Me-too-Anbieter 612
Mezzaninefinanzierung 525
Middle-Management 259
Miete 531
Mikrostandortbestimmung 111
MikroWebFab 217
Milieu 748
Mill 23
Minderheitsbeteiligung 191
Mindestwert 65
Minimalprinzip 9
Minimumprinzip 9
Minimum-Regret-Regel 79
Mintzberg 358
Mischkonzern 210
Mission-Statement 26
Mitarbeiter 16
Mitarbeiterzeitung 765
Mitbestimmung 142
Mitläufer-Effekt 736
Mitteilungsweg 267
Mittelstandskartell 205
Mobilität 115
Modulare Organisation 281
Monistische Spitzenorganisation 236
Monopol 196
Monopson 195
Montage 691

Morgenstern 356
Morphologie 625
Motivation 309, 356
MRP II 716
Multi-Chanel-Management 767
Multimedia 764
Multinationales Unternehmen 99
Multioptionaler Kunde 730
Multiplesourcing 643
Multiprojektmanagement 279
Multivan 98
Muttergesellschaft 209
Mutterschutzgesetz 313

N

Nachfolgeprodukt 608
Nachfrage 14
Namensaktie 167
Namensgebung 753
Nationales Unternehmen 99
Naturkatastrophe 119
Naturwissenschaft 17
Nebenbuch 417
Nebenkostenstelle 474
Nebenziel 61
Nennbetragsaktie 166
Neobehavioristisches Modell 738
Nettobedarf 645
Nettoumlaufvermögen 436
Nettoverkaufspreis 492
Netzplantechnik 621
Netzwerkorganisation 214
Neumann 356
Neun-Felder-Matrix 371, 378
Neuroökonomie 745
Neutrale Zielbeziehung 63
Nichtmonetäres Ziel 29
Nichtregierungsorganisation 32
Niedriglohnland 109
Niklisch 21
Nischenmarkt 751
Nominalgut 10
Nominalkapital 426
Non-Governmental Organization 32
Nonprofit-Marketing 729
Nonprofit-Organisation 6, 729
Normalkostenrechnung 459
Normalleistung 264
Normativer Rahmen 24
Normenkartell 205
Normstrategie 373
Norton 393, 395
Null-Kupon-Anleihe 528
Nullserie 628

Nutzenfunktion 66
Nutzenwert 66
Nutzungsdauer 552
Nutzungshauptzeit 703
Nutzungsplan 117
Nutzwertanalyse 72, 125

O

Oberziel 61
Obligation 528
Odiorne 331
Offene Handelsgesellschaft (OHG) 151
Offene Selbstfinanzierung 524
Offenlegung 439
Offensivstrategie 373
Öffentlicher Betrieb 4, 132
Öffentlicher Haushalt 3
Öffentlichkeitsarbeit 28
Off-Site-Expansion 108
Ohno 286
Ökologieorientierung 597
Ökologisches Ziel 30
Ökonomisches Prinzip 3, 9
Ökonomisierung 294
Oligopol 196
Oligopson 195
One-Tier-System 236
Oneworld 214
Online-Auktion 669
On-Site-Contraction 108
On-Site-Expansion 108
Open-Door-Policy 312
Open-Innovation 597
Operationalisierung 64
Operative Planung 351, 380
Operativer Cash-Flow 436
Oppenheimer 207
Optimale Bestellmenge 661
Optimismus-Parameter 78
Optionsanleihe 528
Optionsschuldverschreibung 528
Order-Penetration-Point 704
Organigramm 266
Organisation 243
Organisationseinheit 256
Organisationsentwicklung 284
Organisationsgestaltung 284
Organisationsschaubild 266
Organisationstyp 268, 708
Organprinzip 4
Outplacement 336
Outputgut 11
Outsourcing 642

P
Pacht 117, 531
Pacioli 21
Packstation 255
Partenreederei 133
Partizipation 324
Partizipationsschein 529
Partizipativer Führungsstil 326
Partnerschaftsgesellschaft 158
Passiva 422
Passivkonto 419
Passivseite 426
Passivtausch 428
Patent 593, 594
Patentproduktivität 630
Patentquote 630
Penetrationspreispolitik 759
Pensionierung 335
Percentage-of-sales-method 761
Periodenkapazität 703, 711
Personalanpassungsmaßnahmen 304
Personalaufwand 430
Personalauswahl 306
Personalbedarf 300, 302
Personalbereitstellung 305
Personalbeschaffung 298
Personalbeurteilung 299, 329
Personaleinsatz 298, 309
Personalentwicklung 294, 299, 332
Personalerhaltung 309
Personalfreisetzung 299, 333
Personalführung 320
Personalinformation 329
Personalkosten 465
Personalmanagement 293
Personalmarketing 305
Personalnebenkosten 315
Personalplan 299, 380
Personalplanung 299
Personalsuche 305
Personalverwaltung 294, 328
Personalwerbung 305
Personalzusatzkosten 466
Personengesellschaft 133, 148
Personenlogistik 676
Pessimismus-Optimismus-Regel 78
Peters 365
Pflichtenheft 620
Physische Distribution 768
PIMS-Studie 364
Pionierunternehmen 593, 611
Plan 349
Planbeschäftigung 505

Planbilanz 380
Planfortschrittskontrolle 384
Plankostenrechnung 459, 505
Planung 349
Planungsart 350
Planungszweck 354
Policies and Practice 28
Polypol 195
Portefeuille-Theorie 371
Porter 251, 362, 368, 750
Portfolio-Ansatz 331
Post-Merger-Integration (PMI) 199
Potenzialbeurteilung 329
Potenzialfaktor 11
Präferenzrelation 61
Prahalad 366
Prämienpreispolitik 758
Prämissenkontrolle 385
Preis 14
Preis-Absatz-Funktion 734
Preisbestimmung 501, 756
Preisbildung 14
Preisdifferenzierung 757
Preiselastizität 734, 769
Preisführerschaft 750
Preisindex 669
Preiskartell 204
Preisobergrenze 501
Preispolitik 754, 756
Preistheorie 733
Preisuntergrenze 502
Preisverlauf 758
Preiswettbewerb 197
Pressekonferenz 765
Pressenotiz 765
Prestige-Effekt 735
Prestigeziel 30
Primärbedarf 645
Primärer Sektor 5
Primärforschung 744
Primärorganisation 269
Primärprozess 251
Primatkollegialität 238
Private Equity 522
Privater Betrieb 4
Privater Haushalt 2
Problemanalyse 346
Problemlösegruppe 263
Product-Placement 764
Product-value 756
Produkt 12
Produktausschuss 275
Produktäußeres 752

Produktbeibehaltung 607
Produktdifferenzierung 608
Produktdiversifikation 608
Produktelimination 607
Produktentwicklung 749
Produktinnovation 595
Produktinnovationsrate 630
Produktionsfaktor 12, 692
Produktionsfaktororientierte Betriebswirtschaftslehre 20
Produktionsfunktion 696
Produktionsfunktion vom Typ A 699
Produktionsfunktion vom Typ B 699
Produktionsfunktion vom Typ C 701
Produktionsgut 12
Produktionskapazität 100, 703
Produktionslogistik 677
Produktionsplan 380
Produktionsplanung 714
Produktionsprogramm 701
Produktionssteuerung 714, 719
Produktionssystem 701
Produktionstheorie 696
Produktionstiefe 637, 701
Produktionsverfahren 710
Produktionswirtschaft 3, 691
Produktivgenossenschaft 206
Produktivität 40, 115
Produktkern 752
Produktlebenszyklus 373, 375, 610
Produktmanagement 274
Produkt-Markt-Strategie 747
Produktpolitik 605, 751
Produktprogramm 30
Produktsortiment 100
Produktstrategie 605
Produkttechnologie 592
Produktvariation 607
Produktwettbewerb 197
Produktziel 30
Profit-Center 274
Prognosetrompete 370
Programmbreite 608
Programmplanung 501, 716
Programmtiefe 608
Progressive Planung 352
Progressiver Kostenverlauf 471
Projekt 262
Projektgruppe 262
Projektleiter 263
Projektmanagement 277
Projektmanager 263
Projektstrukturplan 620

Sach- und Personenverzeichnis

Prokura 145
Promotionspreispolitik 758
Proportionaler Kostenverlauf 471
Prototyp 594
Provision 319
Prozess 33, 249
Prozessinnovation 595
Prozesskette 249, 252
Prozesskostenrechnung 494
Prozessstrategie 610
Prozesstechnologie 592
Prozesstyp 706
Prüflistenverfahren 123
Public Equity 523
Public Relations 28, 765
Publizität 144, 234
Punktbewertungs-Modell 72
Punktfertigung 708
purchase and make to order 706
Purchasing Card 668

Q
Qualität 694, 712
Qualitäts-Effekt 736
Qualitätsmanagement (QM) 286
Qualitätsmanagementsystem (QMS) 713
Qualitätssicherung 712
Quality Function Deployment (QFD) 622
Quotenkartell 204

R
Rabatt 492
Rabattkartell 204
Raiffeisenbank 206
Rangordnungsmethode 330
Rappaport 378
Rating 525, 527
Rational economic man 321
Rationalisierung 376
Rationalisierungsinvestition 546
Raumklima 311
Realgut 10
Realinvestition 545
Realwissenschaft 17
Rechnungsabgrenzungsposten 426
Rechnungslegung 144
Rechnungswesen 405
Rechtsformentscheidungen 131
Rechtsgrundlage 140
Recycling 30
Reederei 133

Reengineering 286
Regallagerung 684
Reifephase 374
Relative Einzelkosten- und Deckungsbeitragsrechnung 499
Relaunch 374, 608, 610
Religion 113
Rentabilität 30
Rentabilitätsvergleichsrechnung 563
Repetierfaktor 11
Reportingsystem 235
Request for Proposal 668
Request for Quotation 668
Ressource 12
Ressourcenorientierte Strategieformulierung 360
Ressourcenschonung 30
Restrukturierung 6
Retrograde Methode 465
Retrograde Planung 352
Return-on-Investment-Kennzahlensystem 390
Return-on-Investment (ROI) 390, 563
Reverse-Engineering 617
Rezept 651
RHB-Stoffe 638
Ricardo 23
Richtlinienkompetenz 260
Riebel 499
Risiko 70, 83, 599
Risikofreude 88
Risikokapital 523
Risikomanagementsystem 235
Risikoneutralität 87
Risikopräferenzfunktion 87
Risikoscheue 89
Roethlisberger 322
Rohstoff 465, 638
Rohstoffverein 206
Rollende Planung 354
Roos 286
Rückfluss 553, 557
Rückstellung 426, 530
Rückwärtsintegration 185
Rückwärtsterminierung 718
Rüstzeit 703

S
Sachanlage 425
Sachinvestition 545
Sachleistung 13
Sachleistungsunternehmen 5
Sachmittel 246

Sachziel 60
Saisonaler Bedarfsverlauf 653
Saldenvortrag 419
Saldo 418
Sale-and-lease-back 532
Sales-Promotion 763
Sankey Diagramm 714
Sarbanes Oxley Act (SOX) 232
Savage-Niehans-Regel 79
Say 23
Schätzverfahren 654
Schichtarbeitszeitmodell 314
Schlussbilanz 413
Schlussbilanzkonto 413, 419
Schlüsseltechnologie 592
Schmalenbach 21
Schrittmachertechnologie 592
Schuldscheindarlehen 529
Schuldverschreibung 528
Schutzrecht 593
Schwaches Signal 370, 602
Schwellenland 115
Scientific Management 320
Screening 199
Sekundärbedarf 645
Sekundäre Gemeinkosten 476
Sekundärer Sektor 5
Sekundärforschung 744
Sekundärorganisation 270
Sekundärprozess 252
Selbstfinanzierung 523
Selbstkoordination 266
Selbststeuernde Gruppe 311
Serie 706
Serienproduktion 706
Service-Center 260
Servicegrad 687
Servicestelle 260
Shareholder 16, 233
Shareholder's Meeting 237
Shareholder-Value 378
Sicherheit 70
Sicherheitsbestand 654
Sicherheitsfaktor 659
Sicherheitsinvestition 546
Sicherungsübereignung 525
Simulationsverfahren 124
Simultaneous Engineering 256, 621
Simultane Planung 353
Simultanverfahren 478
Singlesourcing 643
Skaleneffekt 375, 376
Skimming-pricing 759

Sach- und Personenverzeichnis

Skonto 492
S-Kurven-Konzept 602
Smith 23
Snob-Effekt 736
Social man 322
Societas Europaea (SE) 170
Soft-Law 230
Soll 418
Soll-Ist-Überleitung 386
Sollniveau 655
Sollzins 568
Sonderproduktion 706
Sonnenscheindauer 126
S-O-R-Modell 738
Sortimentsbreite 608, 752
Sortimentspolitik 752
Sortimentstiefe 608, 752
Sozialinnovation 595
Sozialinvestition 546
Sozialkompetenz 332
Sozialsponsoring 765
Sozialstaatprinzip 24
Sozialversicherung 24
Sozialwissenschaft 18
Sozialziel 295
Sparte 274
Spartenorganisation 274
Sperrminderheitsbeteiligung 191
Spezialisierungskartell 205
Spezialkontenrahmen 418
Spezielle Betriebswirtschaftslehre 19
Spielmatrix 90
Spielsituation 90
Spieltheorie 90, 123
Spitzenorganisation 236
Spitzenverfassung 227
Sponsoring 765
Sportsponsoring 765
Sprungfixe Kosten 470
s-q-Bestellpolitik 657
S-R-Modell 738
s-S-Bestellpolitik 656
Staatsverfassung 228
Stabliniensystem 269
Stabsstelle 259
Stakeholder 15, 32, 233, 765
Stakeholder-Value 379
Stammaktie 167
Stammeinlage 162
Stammhauskonzern 209
Stammkapital 162
Standardabweichung 85
Standardbericht 387

Standort 97
Standortattraktivität 115
Standortbestimmung 110
Standortdiversifikation 105
Standorteinheit 104
Standortentscheidung 98
Standortfaktor 111
Standortfaktorenkatalog 123
Standortlehre 111
Standortmaßnahmen 107
Standortoptimierung 123
Standortplanung 104
Standortspaltung 104
Standortstruktur 104
Standortteilung 104
Starre Planung 354
Statistische Investitionsrechnung 559
Steiner-Weber-Modell 123
Stelle 257
Stellenbildung 264
Stelleninhaber 257
Steuer 431, 467
Steuerbilanz 415
Steueroase 102
Steuerpolitik 114
Steuerzahlung 550
St. Galler General Management Navigator 358
Stichprobe 712
Stiftung 135, 174
Stiftungsgeschäft 135, 176
Stiftungsrat 176
Stiftungsverein 175
Stille Gesellschaft 160
Stille Selbstfinanzierung 524
Stilllegung 110
Stimulus-Organismus-Response-Modell 738
Stimulus-Response-Modell 738
Stochastische Bedarfsermittlung 653
Strategic Planning Institut 396
Strategie 33
Strategieformulierung 359
Strategieholding 210
Strategische Allianz 213
Strategische Geschäftseinheit (SGE) 280
Strategische Planung 350, 358
Strategisches Geschäftsfeld (SGF) 279, 371
Struktur 33
Strukturinnovation 595
Strukturstückliste 650

Strukturveränderung 189
Stückaktie 166
Stückliste 650
Stücklistenauflösung 651
Stücklohn 316
Stufenweise Fixkostendeckungsrechnung 497
Submissionskartell 204
Subordinationsquote 266
Substitutionale Produktionsfunktion 697
Substitutionstechnologie 602
Subvention 102, 115
Subventionsfinanzierung 531
Sukzessive Planung 353
Supply Chain Management (SCM) 685
SWOT-Analyse 360
Syndikat 204
Synergieeffekt 101, 206
Systemorientierte Betriebswirtschaftslehre 20
Systemsourcing 643
Szenariotechnik 369

T

Taktische Planung 351
Tantieme 319
Target-Costing 626
Task-Force 263
Taylor 269, 321, 710
Taylorismus 254, 321
Technik 593
Technologie 591
Technologieattraktivität 604
Technologiedruck 597, 604
Technologiefrüherkennung 602
Technologiemanagement 590
Technologieportfolio 604
Technologiepriorität 604
Technologieprognose 602
Technologie-Roadmap 605
Technologiestrategie 601
Technology-Push 597
Teilaufgabe 246
Teilaufgabenhierarchie 246
Teilgewinnabführungsvertrag 190
Teilkostenrechnung 460
Teilstilllegung 108
Teilzeitarbeit 314, 334
Telearbeit 328
Tensororganisation 270
Termineinhaltungsquote 630
Terminplanung 621, 717

Tertiärbedarf 645
Tertiärer Sektor 5
Theorie 590
Theory X 323
Timingstrategie 610
T-Konto 418
Tochtergesellschaft 209
Top-down-Budgetierung 383
Top-down-Planung 352
Top-Management 258
Total Cost of Ownership (TCO) 560
Totalkapazität 703
Total Quality Management (TQM) 713
Touareg 98
Tourismusindustrie 119
TOWS-Matrix 360
Toyoda 286
t-q-Bestellpolitik 656
Transaktionskostenanalyse 702
Transformationsprozess 8
Transparenz 234
Transport 680
Transportkosten 102, 120, 123
Transportmittel 683
Transportsystem 682
Transportzeit 120
Trendförmiger Bedarfsverlauf 653
Trennungsprinzip 134
Treppenverfahren 477
Trumpf 710
t-S-Bestellpolitik 657
t-s-q-Bestellpolitik 656
t-s-S-Bestellpolitik 656
Turnaround 283
Two-Tier-System 237
Typenzwang 131
Typ X 323
Typ Y 323

U

Übernahme 211
Überwachungsorgan 234, 238
Umlaufvermögen 425
Umsatzentwicklung 769
Umsatzerlös 411
Umsatzkostenverfahren 433, 494
Umsatzmarktanteil 769
Umsatzphase 6, 100
Umsatzrentabilität 30, 388
Umschlagen 680
Umschlagsdauer 687
Umschlagshäufigkeit 687
Umwelteinfluss 311

Umweltschutz 30, 114
Umweltsphäre 32
Umweltsponsoring 765
Umweltzustand 56
Unechte Gemeinkosten 469
Unfallverhütungsvorschrift 313
Unified Modeling Language (UML) 253
Unsicherheit 70, 75
Untergesetzliches Regelwerk 230
Unterlassungsalternative 55
Unternehmen 4
Unternehmenserhalt 175
Unternehmensführung 225
Unternehmensgrundsatz 28
Unternehmensidentität 26
Unternehmenskultur 28, 33
Unternehmensleitbild 25
Unternehmensleitung 225
Unternehmensmission 26
Unternehmensnachfolge 146
Unternehmensneuheit 595
Unternehmensregister 439
Unternehmensstrategie 356
Unternehmensverband 201
Unternehmensverfassung 227
Unternehmensvertrag 189
Unternehmensvision 25
Unternehmenswert 30
Unternehmer 229
Unternehmergesellschaft (haftungsbeschränkt) 165
Unterstützungsprozess 33, 252
Unterziel 61
Urprodukt 638
Urproduktion 120
US-Generally Accepted Accounting Principles (US-GAAP) 445

V

Value Chain 256
Variable Kosten 471
Variablenprüfung 712
Veblen-Effekt 735
Venture Capital 523
Verarbeitungsbetrieb 5
Verbindlichkeit 427
Verbraucherpanel 745
Verbraucherschutz 114
Verbrauchsabweichung 505
Verbrauchsfaktor 700
Verbrauchsgesteuerte Materialbereitstellung 652
Verbrauchsgut 11

Verbrauchswerkzeug 639
Veredlungsbetrieb 5
Vereinigung 108
Vereinigungsmodell 236
Verfahrensinnovation 595
Vergütung 315
Verhaltenskoordinierung 188
Verhältniszahl 389
Verkäufermarkt 597, 729
Verkaufsförderung 763
Verkaufspreis 492
Verkehrsmittel 683
Verlagerung 108
Vermögensumschichtung 530, 532
Vernetzte Organisation 214
Verpacken 680
Verpackung 753
Verrechnungssatz 480
Verschmelzung 212
Verschuldungsgrad 535
Versetzung 334
Versicherungsverein auf Gegenseitigkeit 133
Vertikale zwischenbetriebliche Verbindungen 185
Vertrag 188, 189
Vertragskonzern 189, 210
Vertretung 141
Vertrieb 727, 767
Verwaltungsrat-System 236
Vier-Felder-Matrix 371
Virtuelles Unternehmen 216
Volkswirtschaftslehre 19
Vollerhebung 712
Vollkostenrechnung 460, 472
Vorentwicklung 594
Vorkostenstelle 473
Vorrat 425
Vorschussverein 206
Vorserie 628
Vorsichtsprinzip 446
Vorstand 169, 261
Vorstands-Aufsichtsratssystem 237
Vortragskonto 419
Vorwärtsintegration 185
Vorwärtsterminierung 718
Vorzugsaktie 167
Vulkanausbruch 120

W

Wachstumsbedürfnis 739
Wachstumsphase 374
Wagniskosten 467

Sach- und Personenverzeichnis

Währungsunion 122
Wald-Regel 77
Wandel 282
Wandelanleihe 528
Wandelschuldverschreibung 528
Ware 12, 465
Waterman 365
Weber, Alfred 111
Weber, Max 244
Wechselkurs 102
Wechselkursstabilität 119, 122
Wechselseitige Beteiligung 192
Weisungsbefugnis 258
Werbeagentur 121
Werbebotschaft 762
Werbebudget 761
Werbemittel 762
Werbeobjekt 762
Werbung 761
Werkbankfertigung 709
Werkstatt 709
Werkstattfertigung 709
Werkstoff 692
Wertanalyse 626
Wertkette 362
Wertkettenmodell 251, 362
Wertorientierte Strategie-
 formulierung 378
Wertpapier 425
Wertschlüssel 475
Wertschöpfung 15, 32
Wertschöpfungskette 256
Wettbewerb 197
Wettbewerbsart 197
Wettbewerbssituation 368
Wettbewerbsvorteil 378, 609
Whole-Site-Contraction 110
Wiederbeschaffungszeit 659
Wiederholproduktion 706

Willensdurchsetzung 324
Winzergenossenschaft 206
Wirtschaften 9
Wirtschaftlichkeit 40
Wirtschaftseinheit 2
Wirtschaftsfachverband 201
Wirtschaftsgut 10
Wirtschaftsordnung 21
Wirtschaftspolitik 114
Wirtschaftsprüfer 415
Wirtschaftssubjekt 2
Wirtschaftsverfassung 22
Wirtschaftswissenschaft 19
Wissenschaft 17
Wissensmanagement 287
Wochenendbetrieb 116
Wöhe 21
Wohnraum 115
Womack 286
Worst-Case-Szenario 370

X
Xenophon 21
XYZ-Analyse 648

Z
Zahlungsfähigkeit 30, 519
Zahlungsmoral 120
Zahlungsreihe 557
Zaibatsu 215
Zaltman Metaphor Elicitation
 Technique 745, 771
Zeitabweichung 628
Zeitlohn 316
Zeitpunkt 65
Zeitraum 65
Zeitwirtschaft 312
Zellenfertigung 710
Zentralabteilung 260

Zentralisation 280
Zentralstelle 260
Zentralverwaltungswirtschaft 22
Zero-Base-Budgeting 383
Zerobond 528
Ziel 60
Zielantinomie 63
Zielbildung 346
Zieldreieck 63
Zielgewichtung 72
Zielhierarchie 29, 61
Zielidentität 63
Zielkauf 409
Zielkontrolle 385
Zielkorridor 65
Zielkostenindex 626
Zielkostenrechnung 626
Zielkostenspaltung 626
Ziellücke 346
Zielsystem 60
Zielverkaufspreis 492
Zins 467
Zinsergebnis 430
Zinszahlung 550
Zirkuläre Planung 352
Zuliefererinfrastruktur 118
Zusatzkosten 464
Zusatzleistung 457
Zuschlagskalkulation 483
Zuschlagssatz 480, 483
Zustandsraum 56
ZVEI-Kennzahlensystem 392
Zwangswandelanleihe 529
Zweck-Mittel-Beziehung 61
Zweckvermögen 135
Zwei-Schicht-Betrieb 704
Zwischenbetriebliche Verbindung 183
Zwischenprodukt 12, 638
Zwischenziel 61